Urheber- und Verlagsrecht

dtv

Schnellübersicht

Urheber- und Verlagsrecht

Urheberrechtsgesetz
Verlagsgesetz
Recht der urheberrechtlichen Verwertungsgesellschaften
Internationales Urheberrecht

Textausgabe mit einer ausführlichen Einführung
und einem Sachverzeichnis,
herausgegeben von Hans-Peter Hillig,
Rechtsanwalt in Frechen bei Köln

20., neu bearbeitete Auflage
Stand: 1. Juli 2021

dtv

www.dtv.de
www.beck.de

Sonderausgabe
dtv Verlagsgesellschaft mbH & Co. KG,
Tumblingerstraße 21, 80337 München

Gesamtherstellung: Druckerei C. H. Beck, Nördlingen
(Adresse der Druckerei: Wilhelmstraße 9, 80801 München)
Umschlagtypographie auf der Grundlage
der Gestaltung von Celestino Piatti

CO_2 neutral
chbeck.de/nachhaltig

ISBN 978-3-423-53094-1 (dtv)
ISBN 978-3-406-77369-3 (C. H. Beck)

9 783406 773693

Inhaltsverzeichnis

[1) Diese Gesetzes- bzw. Vertragstexte sind nur auszugsweise wiedergegeben.

[1)] Diese Gesetzes- bzw. Vertragstexte sind nur auszugsweise wiedergegeben.

V. Internationales Urheberrecht

[1)] Diese Gesetzes- bzw. Vertragstexte sind nur auszugsweise wiedergegeben.

[1] Diese Gesetzes- bzw. Vertragstexte sind nur auszugsweise wiedergegeben.

Schrifttum

1. Lehr- und Handbücher

Berger/Wündisch, Urhebervertragsrecht, 2.Aufl. 2015. – Binder/Messer, Urheberrecht für Architekten und Ingenieure, 2.Aufl. 2014. – Castendyk, Fotorecht, 2.Aufl. 2012. – Delp, Kleines Praktikum für Urheber- und Verlagsrecht, 5.Aufl. 2005. – Ebling/Bullinger, Praxishandbuch Recht der Kunst, 2019. – Ebling/Schulze, Kunstrecht, 2.Aufl. 2012. – Fischer/Reich, Der Künstler und sein Recht, 3.Aufl. 2014. – Haberstumpf, Handbuch des Urheberrechts, 2.Aufl. 2000. – Haberstumpf/Hintermeier, Einführung in das Verlagsrecht, 1985. – Harke/Staats, Urheberrecht: Frage und Antworten, 3.Aufl. 2008. – v. Hartlieb/Schwarz, Handbuch des Film-, Fernseh- und Videorechts, 5.Aufl. 2011. – Herrmann/Lausen, Rundfunkrecht, 2.Aufl. 2004. – Hertin/Wagner, Urheberrecht, 3.Aufl. 2019. – Hoeren/Sieber, Handbuch Multimediarecht, Loseblattausgabe. – Homann, Praxishandbuch Filmrecht, 3.Aufl. 2009. – Heker/Riesenhuber, Recht und Praxis der GEMA, 3.Aufl. 2018. – Kurz/Kehrl/Nix, Praxishandbuch Theater- und Veranstaltungsrecht, 2.Aufl. 2015. – Löffler, Presserecht, 6.Aufl. 2015; Lutz, Grundriss des Urheberrechts, 2.Aufl. 2013. – Rehbinder/Peukert, Urheberrecht und verwandte Schutzrechte, 18.Aufl. 2018. – Lettl, Urheberrecht, 3.Aufl. 2018. – Ricker/Weberling, Handbuch des Presserechts, 6.Aufl. 2012. – Limper/Musiol, Handbuch des Fachanwalts Urheber- und Medienrecht, 2011. – Loewenheim, Handbuch des Urheberrechts, 3.Aufl. 2020. – Michow/Ulbricht, Veranstaltungsrecht, 2013. – Moser/Scheuermann/Drücke, Handbuch der Musikwirtschaft, 7.Aufl. 2018. – Peifer, Urheberrecht für Designer, 2008. – Raue/Hegemann, Münchener Anwaltshandbuch Urheber- und Medienrecht, 2.Aufl. 2017 – Nordemann, Das neue Urhebervertragsrecht, 2002. – Schack, Urheber- und Urhebervertragsrecht, 9.Aufl. 2019. – Schack, Kunst und Recht, 3.Aufl. 2017. – Schulze, Meine Rechte als Urheber, 7.Aufl. 2020. – Schwartmann, Praxishandbuch Medien- IT- und Urheberrecht, 4.Aufl. 2017. – Schwarz, Handbuch Filmrecht, 6.Aufl. 2021. – Ulmer, Urheber- und Verlagsrecht, 3.Aufl. 1980. – Wanckel, Foto- und Bildrecht, 5.Aufl. 2017. – Wandtke, Urheberrecht, 5.Aufl. 2016. – Wegner/Wallenfels/Kaboth, Recht im Verlag, 2.Aufl. 2011. – Wenzel/Burkhardt, Urheberrecht für die Praxis, 5.Aufl. 2009.

2. Kommentare

Ahlberg/Götting, Beck'scher Online-Kommentar Urheberrecht, 2012. – Bolwin/Sponer, Bühnen- und Orchesterrecht (Loseblattwerk). – Büscher/Dittmer/Schiwy, Gewerblicher Rechtsschutz, Urheberrecht, Medienrecht, 3. Aufl. 2015. – Dreier/Schulze, Urheberrechtsgesetz, 6. Aufl. 2018. – Dreyer/Kotthoff/Meckel, Urheberrecht, 3. Aufl. 2013. – Dünnwald/Gerlach, Schutz des ausübenden Künstlers, 2008. – Fromm/Nordemann, Urheberrecht, 12. Aufl. 2018. – v. Gamm, Urheberrechtsgesetz, 1968. – Heine/Holzmüller, Verwertungsgesellschaftengesetz, 2019,– Leiss, Verlagsgesetz, 1973. – Masouyé, Kommentar zur Berner Übereinkunft zum Schutz von Werken der Literatur und Kunst, 1981. – Mestmäcker/Schulze, Kommentar zum deutschen Urheberrecht (Loseblattausgabe). – Möhring/Nicolini, Urheberrecht, 4. Aufl. 2018. – Nordemann/Vinck/Hertin, Internationales Urheberrecht, 1977. – Reinbothe/v. Lewinski, The E. C. Directive on Rental and Lending Rights and on Piracy,

1993. – Reinbothe/v. Lewinski, The WIPO Treaties 1996, 2002. – Russ, VerlG-Gesetz über das Verlagsrecht, 2014. – Eichelberger/Wirth/Seifert, Urheberrechtsgesetz, 3. Aufl. 2020. – Schricker/Loewenheim, Urheberrecht, 6. Aufl. 2020. – Schricker, Verlagsrecht, 3. Aufl. 2011 – Spindler/Schuster, Recht der elektronischen Medien, 3. Aufl. 2015. – Ulmer-Eilfort/Obergfell, Verlagsrecht, 2013. – Walter, Europäisches Urheberrecht, 2001. – Walter/v. Lewinski, European Copyright Law, 2010. – Wandtke/Bullinger, Praxiskommentar zum Urheberrecht, 5. Aufl. 2019.

3. Entscheidungssammlungen

Schulze, Rechtsprechung zum Urheberrecht, Loseblattausgabe; Poll, Filmurheberrecht – Rechtsprechungssammlung mit Kurzkommentar, Loseblattausgabe; Wandtke, Rechtsprechung zum Urheberrecht, 2011.

4. Material- und Textsammlungen

Beck'sche Formularsammlung zum gewerblichen Rechtsschutz mit Urheberrecht, 5. Aufl. 2015; Delp, Der Verlagsvertrag, 8. Aufl. 2008. – Delp, Das gesamte Recht der Publizistik (Loseblattausgabe). – Götz von Olenhusen, Film und Fernsehen. Arbeitsrecht – Tarifrecht – Vertragsrecht – Deutschland, Österreich, Schweiz, 2001. – Hillig, Europäisches und Internationales Urheberrecht, 2006. – Maaßen, Vertragshandbuch für Fotografen und Bildagenturen, 1995. – Müller von der Heide/Menche, Recht im Verlag, 1995. – Rieder/Schütze/Weipert, Münchener Vertragshandbuch, Band 3. Wirtschaftsrecht II, 8. Aufl. 2021 (Vertragsmuster). – Mes, Münchener Prozeßformularbuch, Band 5. Gewerblicher Rechtsschutz, Urheber- und Presserecht, 5. Aufl. 2018. – Schulze, Urhebervertragsrecht, 3. Aufl. 1982. – Schulze, Materialien zum Urheberrechtsgesetz, Band 1 und 2, 2. Aufl. 1997, Band 3, 2003.

5. Zeitschriften

Archiv für Presserecht (AfP). – Archiv für Urheber- und Medienrecht (UFITA). – Computer und Recht (CR). – Zeitschrift für Urheber- und Medienrecht (ZUM). – Zeitschrift für Urheber- und Medienrecht – Rechtsprechungsdienst (ZUM-RD). – Gewerblicher Rechtsschutz und Urheberrecht (GRUR). – Gewerblicher Rechtsschutz und Urheberrecht – Rechtsprechungs-Report (GRUR-RR). – Gewerblicher Rechtsschutz und Urheberrecht, Internationaler Teil (GRUR Int.). – Gewerblicher Rechtsschutz und Urheberrecht, Praxis im Immaterialgüter- und Wettbewerbsrecht (GRUR-Prax) – Blatt für Patent-, Muster- und Zeichenwesen (BlfPMZ) – MultiMedia und Recht (MMR). – Kommunikation und Recht (K & R). – Zeitschrift für geistiges Eigentum (ZGE). – Medien und Recht (MR).

6. Schriftenreihen

Berliner Hochschulschriften zum Gewerblichen Rechtsschutz und Urheberrecht. – Schriftenreihe der Internationalen Gesellschaft für Urheberrecht. – Schriftenreihe der UFITA. – Schriftenreihe des Instituts für Rundfunkrecht an der Universität zu Köln. – Schriften zum geistigen Eigentum und zum Wettbewerbsrecht. – Schriften zum gewerblichen Rechtsschutz, Urheber- und Medienrecht (SGRUM). – Schriften zum Medien- und Immaterialgüterrecht (SMI). – Abhandlungen zum Urheber- und Kommunikationsrecht des Max-Planck-Instituts für Innovation und Wettbewerb. – Schriften zum Europäischen Urheberrecht. – Schriftenreihe zum Urheber- und Kunstrecht.

Abkürzungsverzeichnis

ABl.	Amtsblatt
Abs.	Absatz
AEUV	Vertrag über die Arbeitsweise der Europäischen Union
AGICOA	Association de Gestion Internationale Collective des Œuvres Audiovisuelles
AGICOA GmbH	→ AGICOA Urheberrechtsschutz GmbH
Art.	Artikel
AGB	Allgemeine Geschäftsbedingungen
Anm.	Anmerkung
BAnz.	Bundesanzeiger
Bek.	Bekanntmachung
BGB	Bürgerliches Gesetzbuch
BGBl.	Bundesgesetzblatt
BGHZ	Entscheidungen des Bundesgerichtshofs in Zivilsachen (Band, Seite)
BlfPMZ	Blatt für Patent-, Muster- und Zeichenwesen
BR-Drs.	→ Bundesrats-Drucksache
BT-Drs.	Bundestags-Drucksache
BVerfGE	Entscheidungen des Bundesverfassungsgerichts (Band, Seite)
CISAC	Confédération Internationale des Sociétés d'Auteurs et Compositeurs
DPMA	→ Deutsches Patent- und Markenamt
EG	Europäische Gemeinschaft
EuG	→ (erstinstanzliches) Gericht der Europäischen Union
EuGH	Gerichtshof der Europäischen Union
EU	Europäische Union
EWG	Europäische Wirtschaftsgemeinschaft
EWR	Europäischer Wirtschaftsraum
f, ff	→ folgende
geänd.	Geändert
gem.	→ gemäß
GEMA	Gesellschaft für musikalische Aufführungs- und mechanische Vervielfältigungsrechte, rechtsfähiger Verein kraft Verleihung
Ges.	Gesetz
GG	Grundgesetz
GRUR	Gewerblicher Rechtsschutz und Urheberrecht
GRUR Int.	Gewerblicher Rechtsschutz und Urheberrecht – Internationaler Teil
GÜFA	Gesellschaft zur Übernahme und Wahrnehmung von Filmaufführungsrechten mbH
GVL	Gesellschaft zur Verwertung von Leistungsschutzrechten mbH
GWB	Gesetz gegen Wettbewerbsbeschränkungen

Abkürzungen

GWFF	Gesellschaft zur Wahrnehmung von Film- und Fernsehrechten mbH
GWVR	→ Gesellschaft zur Wahrnehmung von Veranstalterrechten mbH
i. d. F.	in der Fassung
insbes.	insbesondere
KUG	Gesetz betreffend das Urheberrecht an Werken der bildenden Künste und der Photographie
MarkenG	Gesetz über den Schutz von Marken und sonstigen Kennzeichen (Markengesetz)
MFM	→ Mittelstandsgemeinschaft Fotomarketing
OMPI	Organisation Mondiale pour la Propriété Intellectuelle
RBÜ	Revidierte Berner Übereinkunft zum Schutz von Werken der Literatur und Kunst
RGBl.	Reichsgesetzblatt
RL	Richtlinie
S.	Seite
StPO	Strafprozessordnung
TRIPS	Trade-Related Aspects of Intellectual Property Rights
TV	Tarifvertrag
TVG	Tarifvertragsgesetz
TV FFS	Tarifvertrag für Film- und Fernsehschaffende
UrhDaG	Urheberrechts-Diensteanbieter-Gesetz
UrhG	Gesetz über Urheberrechte und verwandte Schutzrechte
UWG	Gesetz gegen den unlauteren Wettbewerb
v.	vom
VergWerkeRegV	→ Verordnung über das Register vergriffener Werke
VerlG	Gesetz über das Verlagsrecht
VGG	→ Verwertungsgesellschaftengesetz
VFF	Verwertungsgesellschaft der Film- und Fernsehproduzenten mbH
VG	Verwertungsgesellschaft
VG Bild-Kunst	→ Verwertungsgesellschaft Bild-Kunst, rechtsfähiger Verein kraft Verleihung
VGF	Verwertungsgesellschaft für Nutzungsrechte an Filmwerken mbH
VG Media	→ VG Media Gesellschaft zur Verwertung der Urheber- und Leistungsschutzrechten von Medienunternehmen mbH
VG Musikedition	→ Verwertungsgesellschaft Musikedition, rechtsfähiger Verein kraft Verleihung
VG TWF	→ Verwertungsgesellschaft Treuhandgesellschaft Werbefilm mbH
VG Wort	→ Verwertungsgesellschaft Wort, rechtsfähiger Verein kraft Verleihung
vgl.	vergleiche
VO	Verordnung
WCT	WIPO Copyright Treaty
WTO	→ Welthandelsorganisation
WDR	Westdeutscher Rundfunk Köln
WIPO	World Intellectual Property Organization

WPPT	WIPO Performances and Phonograms Treaty
WUA	Welturheberrechtsabkommen
ZBT	Zentralstelle Bibliothekstantieme
ZFS	Zentralstelle Fotokopieren an Schulen
ZPO	Zivilprozessordnung
ZPÜ	Zentralstelle für private Überspielungsrechte
ZVV	Zentralstelle für Videovermietung
ZWF	Zentralstelle für die Wiedergabe von Fernsehsendungen

Einführung

von Hans-Peter Hillig, Rechtsanwalt in Frechen bei Köln

I. Urheberrecht

1. Grundlagen

a) Der Begriff des Urheberrechts. Das Urheberrecht schützt den Urheber eines Werkes der Literatur, Wissenschaft oder Kunst gegen die unbefugte wirtschaftliche Auswertung seiner schöpferischen Leistung und gegen Verletzungen seiner ideellen Interessen am Werk. Urheberrecht im subjektiven Sinn ist das Recht, das dem Urheber die ausschließliche Verfügungsgewalt über sein Werk gewährt. Nach der Lehre vom geistigen Eigentum stehen dem Urheber nicht nur einzelne ausschließliche Verwertungsrechte zu, deren Verleihung im Ermessen des Gesetzgebers liegt, sondern ein durch den Schöpfungsakt begründetes umfassendes Recht, das sich auf alle Verwertungen seines Werkes bezieht und durch die positive Gesetzgebung nur seine Anerkennung und Ausgestaltung findet. Der Begriff geistiges Eigentum darf nicht dahin missverstanden werden, dass der Inhalt des Urheberrechts nach dem des Sacheigentums auszugestalten ist; vielmehr sind bei der Ausgestaltung und Begrenzung des Urheberrechts die besondere Natur der Geistesschöpfung und die besondere Interessenlage zu berücksichtigen. Schutzgegenstand des Urheberrechts ist das Werk. Das Werk als immaterielles Gut ist zu unterscheiden vom Werkexemplar (z.B. Manuskript, Bild, Buchexemplar), das als Sache Gegenstand des Eigentums ist. Veräußert z.B. der Urheber ein solches Werkexemplar, so räumt er mit der Eigentumsübertragung im Zweifel dem Erwerber kein urheberrechtliches Nutzungsrecht am Werk ein. Urheberrecht im objektiven Sinn ist die Urheberrechtsordnung. Sie umfasst die Gesetze und völkerrechtlichen Verträge, die die Rechtsverhältnisse an Werken der Literatur, Wissenschaft und Kunst regeln. Vom Urheberrecht sind die im Zweiten Teil des Urheberrechtsgesetzes geregelten verwandten Schutzrechte (Leistungsschutzrechte) zu unterscheiden. Ihr Gegenstand sind schützenswerte Leistungen auf kulturellem Gebiet, die zwar nicht als schöpferisch anzusehen, aber der schöpferischen Leistung des Urhebers ähnlich sind oder im Zusammenhang mit den Werken von Urhebern erbracht werden. Nicht zum Urheberrecht gehört der gewerbliche Rechtsschutz. Er dient dem Schutz des technischen und gewerblichen Schaffens und umfasst das Patentrecht, Musterrecht, Markenrecht und den Schutz gegen den unlauteren Wettbewerb. Das Designgesetz, das zum gewerblichen Rechtsschutz gerechnet wird, ist daher in der vorliegenden Textausgabe nicht mitabgedruckt.

b) Die Quellen des Urheberrechts. Die Gewährleistung des Urheberrechtsschutzes wird in der von der Generalversammlung der Vereinten Nationen am 10.12.1948 verkündeten Allgemeinen Erklärung der Menschenrechte gefordert. Nach Art. 27 Abs. 2 hat jeder Mensch das Recht auf Schutz seiner ideellen und materiellen Interessen, die sich aus der wissenschaftlichen, literarischen und künstlerischen Produktion ergeben, deren Urheber er ist. Eine entsprechende Bestimmung enthält der Internationale Pakt über wirtschaftliche, soziale und kulturelle Rechte vom 19.12.1966 (vgl. Art. 15 Abs. 1c). Wichtig ist, dass Art. 17 Abs. 2 der Europäischen Grundrechte-Charta mit dem geistigen Eigentum auch das Urheberrecht schützt.

In der Bundesrepublik Deutschland ist der Urheberrechtsschutz auch verfassungsrechtlich gewährleistet. Das Grundgesetz schützt den Urheber in seinen ideellen Interessen durch Art. 1 (Schutz der Menschenwürde) und Art. 2 Abs. 1 (Recht auf freie Entfaltung der Persönlichkeit) sowie in seinen materiellen Interessen durch Art. 14 (Gewährleistung des Eigentums), abgedruckt unter Nr. 1. Nach der Rechtsprechung des Bundesverfassungsgerichts sind das vom Urheber geschaffene Werk und die darin verkörperte Leistung in vermögensrechtlicher Hinsicht Eigentum im Sinn des Art. 14 Abs. 1 S. 1 GG (vgl. BVerfGE 31, 229, 239; 31, 275, 283; 49, 382, 392; 77, 263, 270; 79, 29, 40; 81, 12, 16). Auch die dem Urheberrecht verwandten Schutzrechte des ausübenden Künstlers und des Tonträgerherstellers sind Eigentum im Sinn des Art. 14 Abs. 1 S. 1 GG (vgl. BVerfGE 81, 12, 16; 81, 208, 219). Zu den konstituierenden Merkmalen des Urheberrechts als Eigentum im Sinn der Verfassung gehört die grundsätzliche Zuordnung des wirtschaftlichen Wertes eines geschützten Werkes an den Urheber im Weg privatrechtlicher Normierung und seine Freiheit, in eigener Verantwortung darüber verfügen zu können. Damit ist aber nicht jede nur denkbare Verwertungsmöglichkeit verfassungsrechtlich gesichert. Im Einzelnen ist es Sache des Gesetzgebers, im Rahmen der inhaltlichen Ausprägung des Urheberrechts nach Art. 14 Abs. 1 S. 2 GG sachgerechte Maßstäbe festzulegen, die eine der Natur und sozialen Bedeutung des Urheberrechts entsprechende Nutzung und angemessene Verwertung sicherstellen (BVerfGE 31, 229, 240 f.). Dabei hat der Gesetzgeber nicht nur die Individualbelange des Urhebers zu sichern, sondern ihm ist auch aufgetragen, den individuellen Berechtigungen und Befugnissen die im Interesse des Gemeinwohls erforderlichen Grenzen zu ziehen; er muss den verfassungs-rechtlich garantierten Anspruch auf eine angemessene Nutzung der schöpferischen Leistung und die schutzwürdigen Interessen der Allgemeinheit in einen gerechten Ausgleich und ein ausgewogenes Verhältnis bringen (BVerfGE 31, 229, 241; 49, 382, 394; 79, 1, 25; 79, 29, 40).

Durch Art. 5 Abs. 1 GG und Art. 11 Abs. 1 der Europäischen Grundrechte-Charta wird das Recht des Urhebers geschützt, seine Meinung in Wort, Schrift und Bild frei zu äußern und zu verbreiten; eine Zensur findet nicht statt. Diese Rechte finden ihre Schranken in den Vorschriften der allgemeinen Gesetze, den gesetzlichen Bestimmungen zum Jugendschutz und dem Recht der persönlichen Ehre (Art. 5 Abs. 2 GG).

Gem. Art. 5 Abs. 3 GG und Art. 13 der Europäischen Grundrechte-Charta sind Kunst und Wissenschaft, Forschung und Lehre frei.

Das geltende Urheberrecht ist im Gesetz über Urheberrecht und verwandte Schutzrechte (Urheberrechtsgesetz, abgedruckt unter Nr. 2) vom 9.9.1965 und im Gesetz über die Wahrnehmung von Urheberrechten und verwandten Schutzrechten durch Verwertungsgesellschaften (Verwertungsgesellschaftengesetz, abgedruckt unter Nr. 13) vom 24.5.2016 geregelt. Das Urheberrechtsgesetz wird durch die Verordnung über das Register anonymer und pseudonymer Werke (abgedruckt unter Nr. 3) und das Verwertungsgesellschaftengesetz durch die Verordnung über das Register vergriffener Werke (abgedruckt unter Nr. 14) ergänzt. Das Urheberrechtsgesetz ist durch die Gesetze vom 10.11.1972, 24.6.1985, 7.3.1990, 9.6.1993, 25.7.1994, 23.6.1995, 22.7.1997, 8.5.1998,

22.3.2002, 10.9.2003, 10.11.2006, 26.10.2007, 7.7.2008, 7.12.2008, 14.12.2012, 7.5.2013, 2.7.2013, 1.10.2013, 20.12.2016, 1.9.2017 und 28.11.2018 novelliert und geändert worden.

Die Reformarbeiten sind, wie im Koalitionsvertrag von CDU, CSU und SPD vom 16.12.2013 vereinbart, in der 18. Legislaturperiode des Bundestags fortgesetzt worden

Das erste wichtige Reformvorhaben der 18. Legislaturperiode war die Umsetzung der Richtlinie 2014/26/EU über die kollektive Wahrnehmung von Urheber- und verwandten Schutzrechten und die Vergabe von Mehrgebietslizenzen für Rechte an Musikwerken für die Online-Nutzung im Binnenmarkt sowie zur Änderung des Verfahrens betreffend die Geräte- und Speichermedienvergütung durch das Gesetz vom 24.5.2016, das am 1.6.2016 in Kraft getreten ist. Es hat das Urheberrechtswahrnehmungsgesetz vom 9.9.1965 durch ein neues Verwertungsgesellschaftengesetz (VGG) abgelöst, abgedruckt unter Nr. 13. Das neue VGG übernimmt neben den Vorgaben der Richtlinie 2014/26/EU auch die bewährten Regelungen des deutschen Wahrnehmungsrechts mit europarechtlich oder sonst gebotenen Anpassungen. Zugleich gestaltet das VGG das Verfahren zur Tarifaufstellung im Bereich der Geräte- und Speichermedienvergütung neu aus, stärkt die Staatsaufsicht über die Verwertungsgesellschaften durch das DPMA und sichert den gesetzlichen Anspruch auf die Geräte- und Speichermedienvergütung gegenüber den Vergütungsschuldnern.

Das zweite urheberrechtliche Reformvorhaben war das Gesetz zur verbesserten Durchsetzung des Anspruchs der Urheber und ausübenden Künstler auf angemessene Vergütung und zur Regelung von Fragen der Verlegerbeteiligung vom 20.12.2016, dessen Art. 1 am 1.3.2017 in Kraft getreten ist. Durch dieses Gesetz ist die individualrechtliche Stellung der Urheber und ausübenden Künstler gestärkt und das Recht der gemeinsamen Vergütungsregeln reformiert worden. Art. 2 des Gesetzes, der die Fragen der Verlegerbeteiligung regelt, ist am 24.12.2016 in Kraft getreten.

Mit einem dritten urheberrechtlichen Reformvorhaben ist das Urheberrecht an die aktuellen Erfordernisse der Wissensgesellschaft angeglichen worden. Das Urheberrechts-Wissensgesellschafts-Gesetz vom 1.9.2017 ist am 1.3.2018 in Kraft getreten. Es bereinigt die vorhandenen urheberrechtlichen Schrankenvorschriften und regelt neu, welche urheberrechtlichen Nutzungshandlungen für Unterricht, Wissenschaft und Institutionen gesetzlich erlaubt sind, ohne dass es einer Zustimmung der Urheber und sonstigen Rechtsinhaber bedarf. Der neue Teil 1 Abschnitt 6 Unterabschnitt 4 (§§ 60a–60h UrhG) muss jedoch nach vier Jahren evaluiert werden und ist ab dem 1.3.2023 nicht mehr anzuwenden (vgl. § 142 UrhG).

Die wichtigsten Bestimmungen über das Urhebervertragsrecht sind in den §§ 31 ff. UrhG und für Filme in den §§ 88 ff. UrhG enthalten. Der Verlagsvertrag über Werke der Literatur und der Musik ist im Gesetz über das Verlagsrecht (Verlagsgesetz, abgedruckt unter Nr. 6) vom 19.6.1901 geregelt. Das Urhebervertragsrecht ist durch das Gesetz zur Stärkung der vertraglichen Stellung von Urhebern und ausübenden Künstlern vom 22.3.2002, das am 1.7.2002 in Kraft getreten ist, grundlegend fortentwickelt worden. Eine weitere Reform des Urhebervertragsrechts hat das Gesetz zur verbesserten Durchsetzung des Anspruchs der Urheber und ausübenden Künstler auf angemessene Vergütung und von Fragen der Verlegerbeteiligung vom 20.12.2016 gebracht, dessen vertragsrechtliche Bestimmungen am 1.3.2017 in Kraft getreten sind.

Schließlich ist zum 7.6.2021 das Gesetz zur Anpassung des Urheberrechts an die Erfordernisse des digitalen Binnenmarktes in Kraft getreten. Dieses Gesetz bringt unter anderem weitere Änderungen des Urhebervertragsrechts (§§ 32d–f UrhG). Neue Regelungen zu nicht verfügbaren Werken (§§ 61d–g UrhG), Regelungen zum Schutz des Presseverlegers (§§ 87f–k UrhG), die Wiedereinführung der Verlegerbeteiligung an den Ausschüttungen der Verwertungsgesellschaften (§ 63a UrhG) sowie das neue Urheberrechts-Diensteanbieter-Gesetz (UrhDaG, in Kraft ab 1.8.2021, abgedruckt unter Nr. 2a).

Mit der Herstellung der staatlichen Einheit Deutschlands ist in den fünf neu gebildeten Bundesländern und in Ost-Berlin grundsätzlich Bundesrecht eingeführt worden (vgl. Art. 8 des Einigungsvertrages). Seit dem 3.10.1990 gelten daher auch alle bundesdeutschen Rechtsvorschriften auf dem Gebiet des Urheber- und Verlagsrechts in der ehemaligen DDR. Die zur Überleitung des Urheberrechtsgesetzes erforderlichen besonderen Bestimmungen enthält Anlage I Kapitel III Sachgebiet E Abschnitt II Nr. 2 zum Einigungsvertrag (abgedruckt in Beck-Texte im dtv: Urheber- und Verlagsrecht, 6. Aufl. 1995, unter Nr. 1a). Nach § 1 dieser Bestimmungen gilt vom 3.10.1990 an einheitliches Urheberrecht, das in ganz Deutschland den gleichen Schutz für Urheberrechte gewährt, auch soweit die Werke vor dem Inkrafttreten des bundesdeutschen Urheberrechtsgesetzes im beigetretenen Gebiet geschaffen wurden.

Zu den Quellen des Urheberrechts gehören ferner die für die Bundesrepublik Deutschland verbindlichen internationalen Urheberechtsabkommen, insbesondere die Revidierte Berner Übereinkunft zum Schutz von Werken der Literatur und Kunst, das Welturheberrechtsabkommen, der WIPO-Urheberrechtsvertrag, das Rom-Abkommen, der WIPO-Vertrag über Darbietungen und Tonträger und das TRIPS-Übereinkommen, abgedruckt unter den Nrn. 25a, 25b, 26, 27, 29 und 31. Nach Herstellung der Einheit Deutschlands beziehen sich die aus den internationalen Urheberrechts- abkommen folgenden Rechte und Verpflichtungen auch auf die fünf neugebildeten Bundesländer und Ost-Berlin (vgl. Art. 11 des Einigungsvertrages).

Ausübung und Entwicklung des Urheberrechts werden immer stärker auch von der Europäischen Union beeinflusst. Einschlägig sind der Schutz des geistigen Eigentums durch Art. 17 Abs. 2 der Europäischen Grundrechte-Charta und die Regelungen des Vertrags über die Arbeitsweise der Europäischen Union (AEUV) über das Diskriminierungsverbot (Art. 18), den freien Warenverkehr (Art. 23 ff.), die Niederlassungsfreiheit und den freien Dienstleistungsverkehr (Art. 49 ff. und 56 ff.) und die Wettbewerbsregeln (Art. 101 und 102). Der Vertrag über die Arbeitsweise der Europäischen Union lässt zwar den Bestand des Urheberrechts unberührt. Nach der Rechtsprechung des Gerichtshofs der Europäischen Union kann aber die Ausübung des Urheberrechts unter die Verbote des Vertrags über die Arbeitsweise der Europäischen Union fallen. Die EU-Kommission, der EuGH und das EuG haben sich auch mit den Satzungen und der Vertragspraxis der urheberrechtlichen Verwertungsgesellschaften befasst. Die EU-Kommission hat zunächst im Jahr 1988 ihr „Grünbuch über Urheberrecht und die technologische Herausforderung – Urheberrechtsfragen, die ein sofortiges Handeln erfordern" (KOM (88) 172 endg. vom 23.8.1988) und – nach kritischer Diskussion hierüber mit den beteiligten Kreisen – im Jahr 1991 ihr Arbeitsprogramm auf dem Gebiet des Urheberrechts und der verwandten Schutzrechte veröffentlicht (Mitteilung der Kommission vom 17.1.1991 – KOM (90) 584 endg.). Danach hat sie eine Harmonisierung folgender Teilbereiche des Urheberrechts durch folgende Rechtsakte in Angriff genommen:

1. Richtlinie 2009/24/EG vom 23.4.2009 über den Rechtsschutz von Computerprogrammen (Kodifizierte Fassung) (ABl. EG Nr. L 111/16, abgedruckt in der Beck'schen Textausgabe „Europäisches und Internationales Urheberrecht"); durch das Zweite Gesetz zur Änderung des Urheberrechtsgesetzes vom 9.6.1993 ins deutsche Recht umgesetzt.
2. Richtlinie 2006/115/EG vom 12.12.2006 zum Vermietrecht und Verleihrecht sowie zu bestimmten dem Urheberrecht verwandten Schutzrechten im Bereich des geistigen Eigentums (Kodifizierte Fassung) (ABl. EG Nr. L 376/28, abgedruckt unter Nr. 41a); durch das Dritte Gesetz zur Änderung des Urheberrechtsgesetzes vom 28.6.1995 ins deutsche Recht umgesetzt.
3. Richtlinie 93/83/EWG vom 27.9.1993 zur Koordinierung bestimmter urheber- und leistungsschutzrechtlicher Vorschriften betreffend Satellitenrundfunk und Kabelweiterverbreitung (ABl. EG Nr. L 248 S. 15, abgedruckt unter Nr. 42); durch das Vierte Gesetz zur Änderung des Urheberrechtsgesetzes vom 8.5.1998 ins deutsche Recht umgesetzt.
4. Richtlinie 2006/116/EG vom 12.12.2006 über die Schutzdauer des Urheberrechts und bestimmter verwandter Schutzrechte (kodifizierte Fassung) (ABl. EG Nr. L 372/12, abgedruckt unter Nr. 43); durch das Dritte Gesetz zur Änderung des Urheberrechtsgesetzes vom 28.6.1995 ins deutsche Recht umgesetzt.
5. Richtlinie 96/9/EG vom 11.3.1996 über den rechtlichen Schutz von Datenbanken (ABl. EG Nr. L 77, S. 20, abgedruckt unter Nr. 44); durch Art. 7 des Informations- und Kommunikationsdienste-Gesetzes vom 22.7.1997 ins deutsche Recht umgesetzt.
6. Richtlinie 2001/29/EG vom 22.5.2001 zur Harmonisierung bestimmter Aspekte des Urheberrechts und der verwandten Schutzrechte in der Informationsgesellschaft (ABl. EG Nr. L 167 S. 10, abgedruckt unter Nr. 45); durch das Gesetz zur Regelung des Urheberrechts in der Informationsgesellschaft vom 10.9.2003 ins deutsche Recht umgesetzt.
7. Richtlinie 2001/84/EG vom 27.9.2001 über das Folgerecht des Urhebers des Originals eines Kunstwerks (ABl. EG Nr. L 272 S. 32, abgedruckt unter Nr. 46); durch das Fünfte Gesetz zur Änderung des Urheberrechtsgesetzes vom 10.11.2006 ins deutsche Recht umgesetzt.
8. Richtlinie 2004/48/EG vom 29.4.2004 zur Durchsetzung der Rechte des geistigen Eigentums (ABl. EG Nr. L 276/54, abgedruckt in der Beck'schen Textausgabe „Europäisches und Internationales Urheberrecht"); durch das Gesetz zur Verbesserung der Durchsetzung von Rechten des geistigen Eigentums vom 7.7.2008 ins deutsche Recht umgesetzt.
9. Richtlinie 2011/77/EU vom 27.9.2011 zur Änderung der Richtlinie 2006/116/EG über die Schutzdauer des Urheberrechts und bestimmter verwandter Schutz-rechte (ABl. EU Nr. L 265/1, abgedruckt unter Nr. 43a); durch das Neunte Gesetz zur Änderung des Urheberrechtsgesetzes vom 2.7.2013 ins deutsche Recht umgesetzt.
10. Richtlinie 2012/28/EU vom 25.10.2012 über bestimmte Formen der Nutzung verwaister Werke (ABl. EU Nr. L 299/5, abgedruckt unter Nr. 47; durch das Gesetz zur Nutzung verwaister und vergriffener Werke und einer weiteren Änderung des Urheberrechtsgesetzes vom 1.10.2013 ins deutsche Recht umgesetzt.

11. Richtlinie 2014/26/EU vom 26.2.2014 über die kollektive Wahrnehmung von Urheber- und verwandten Schutzrechten und die Vergabe von Mehrgebietslizenzen für Rechte an Musikwerken für die Online-Nutzung im Binnenmarkt (ABl. EU Nr. L 84 vom 20.3.2014 S. 72, im Internet abrufbar unter www.CELEX Nr. 32014L0026), durch das Gesetz zur Umsetzung der Richtlinie 2014/26/EU über die kollektive Wahrnehmung von Urheber- und verwandten Schutzrechten und die Vergabe von Mehrgebietslizenzen für Rechte an Musikwerken für die Online-Nutzung im Binnenmarkt sowie zur Änderung des Verfahrens betreffend die Geräte- und Speichermedienvergütung (VG-Richtlinie-Umsetzungsgesetz) vom 24.5.2016 ins deutsche Recht umgesetzt.
12. Verordnung (EU) 2017/1128 vom 14.6.2017 zur grenzüberschreitenden Portabilität von Online-Inhaltediensten im Binnenmarkt (ABl. EU 2017 L 168, S. 1). Sie kommt unmittelbar zur Anwendung, ohne dass es eines weiteren nationalen Akts der Umsetzung bedarf. Sie stellt sicher, dass die Abonnenten von portablen Online-Inhaltediensten, die in ihrem Wohnsitzmitgliedstaat rechtmäßig bereitgestellt werden, während eines vorübergehenden Aufenthalts in einem anderen Mitgliedstaat als ihrem Wohnsitzmitgliedstaat auf diese Dienste zugreifen und sie nutzen können.
13. Richtlinie (EU) 2017/1564 vom 13.9.2017 über bestimmte zulässige Formen der Nutzung bestimmter urheberrechtlich oder durch verwandte Schutzrechte geschützter Werke und sonstiger Schutzgegenstände zugunsten blinder, sehbehinderter oder anderweitig lesebehinderter Personen und zur Änderung der Richtlinie 2001/29/EG zur Harmonisierung bestimmter Aspekte des Urheberrechts und der verwandten Schutzrechte in der Informationsgesellschaft (ABl. EU Nr. L 242 vom 20.9.2017, S. 6 – Marrakesch-Richtlinie), durch das Gesetz zur Umsetzung der Marrakesch-Richtlinie über einen verbesserten Zugang zu urheberrechtlich geschützten Werken zugunsten von Menschen mit einer Seh- oder Lesebehinderung vom 28.11.2018 ins deutsche Recht umgesetzt.
14. Verordnung (EU) 2017/1563 vom 13.9.2017 über den grenzüberschreitenden Austausch von Vervielfältigungsstücken bestimmter urheberrechtlich oder durch verwandte Schutzrechte geschützter Werke und sonstiger Schutzgegenstände in einem barrierefreien Format zwischen der Union und Drittländern zugunsten blinder, sehbehinderter oder anderweitig lesebehinderter Personen (ABl. EU L 242 vom 20.9.2017, S. 1 – Marrakesch-Verordnung). Sie regelt den Rechtsverkehr mit Drittstaaten außerhalb der EU und bedarf keiner weiteren Umsetzung.
15. Richtlinie(EU) 2019/790 des Europäischen Parlaments und des Rates vom 17.4.2019 über das Urheberrecht und die verwandten Schutzrechte im digitalen Binnenmarkt und zur Änderung der Richtlinien 96/9/EG und 2001/29/EG (ABl. EU Nr. L 130 vom 17.5.2019, S. 92); Berichtigung vom 10.10.2019 (ABl. EU Nr. L 259/86 vom 10.10.2019, S. 86 – DSM-Richtlinie), abgedruckt unter Nr. 48.
16. Richtlinie (EU) 2019/789 des Europäischen Parlaments und des Rates vom 17.4.2019 mit Vorschriften für die Ausübung von Urheberrechten und verwandten Schutzrechten in Bezug auf bestimmte Online-Übertragungen von Sendeunternehmen und die Weiterverbreitung von Fernseh- und Hörfunkprogrammen und zur Änderung der Richtlinie 93/

83/EWG des Rates (ABl. EU Nr. L 130 vom 17.5.2019, S. 82 –; Berichtigung vom 15.11.2019 (ABl. EU Nr. L 296/63, S. 63) – Online-SatCab-Richtlinie), abgedruckt unter Nr. 49.

Über die einheitliche Auslegung der Richtlinien entscheidet aufgrund von Vorabentscheidungsersuchen der Gerichte der Mitgliedstaaten der Gerichtshof der Europäischen Union (Art. 267 AEUV).

2. Geschützte Werke

Gegenstand des Urheberrechts sind Werke der Literatur, Wissenschaft und Kunst. Zu den geschützten Werken gehören insbesondere Sprachwerke, wie Schriftwerke, Reden und Computerprogramme, Werke der Musik, pantomimische Werke einschließlich der Werke der Tanzkunst, Werke der bildenden Künste einschließlich der Werke der Baukunst und der angewandten Kunst, Lichtbildwerke und Filmwerke einschließlich der Werke, die wie solche Werke geschaffen werden, sowie Darstellungen wissenschaftlicher oder technischer Art wie Zeichnungen, Pläne, Karten, Skizzen, Tabellen und plastische Darstellungen. Von den Lichtbildwerken und Filmwerken sind die einfachen Lichtbilder und Laufbilder (Filme ohne schöpferische Gestaltung der Bilderfolge) zu unterscheiden, für die mangels schöpferischer Leistung kein Urheberrechtsschutz, sondern nur Leistungsschutz gewährt wird (§§ 72 und 95 UrhG). Das Gesetz zählt die einzelnen geschützten Werkarten nicht abschließend, sondern nur beispielhaft auf, so dass auch etwaige in Zukunft neu aufkommende Werkarten ohne weiteres geschützt sind. Auch Computerprogramme sind urheberrechtlich geschützt; ihr Schutz ist im 8. Abschnitt des Urheberrechtsgesetzes (§§ 69a ff.) besonders geregelt. Voraussetzung für den Urheberrechtsschutz ist immer, dass eine persönliche geistige Schöpfung vorliegt. Als persönliche geistige Schöpfungen sind Erzeugnisse anzusehen, die durch ihren Inhalt oder durch ihre Form oder durch die Verbindung von Inhalt und Form etwas Neues und Eigentümliches darstellen. Das Werk muss Ergebnis individuellen geistigen Schaffens sein. Durch die Hervorhebung der Werke der Wissenschaft wird kein Schutz wissenschaftlicher Ideen und Erkenntnisse begründet. Grundsätzlich unterliegt nur die persönliche Formgebung wissenschaftlicher Werke dem Urheberrechtsschutz, während der Gedankeninhalt frei bleibt. Auch Werke von geringem schöpferischen Wert („Kleine Münze") genießen Urheberrechtsschutz. Der Schutz ist nicht an die Voraussetzung gebunden, dass das Werk schriftlich oder auf andere Weise körperlich festgelegt ist. Er setzt unmittelbar mit der Schöpfung des Werkes ein und ist nicht von einer staatlichen Verleihung oder der Erfüllung von Förmlichkeiten, wie Hinterlegung, Eintragung oder Vermerk über Vorbehalt der Rechte abhängig (Ausnahme: § 49 Abs. 1 UrhG). Auch Teile des Werkes unterliegen, wenn sie als solche persönliche geistige Schöpfungen sind, dem Urheberrechtsschutz. Der Titel eines Werkes ist, wenn er kein schutzfähiges Sprachwerk ist, nicht urheberrechtlich, sondern, wenn er kennzeichnungskräftig ist, als geschäftliche Bezeichnung nach §§ 5 und 15 Markengesetz, abgedruckt unter Nr. 5, geschützt. Danach ist es Dritten untersagt, den geschützten Werktitel oder einen ähnlichen Titel im geschäftlichen Verkehr unbefugt in einer Weise zu benutzen, die geeignet ist, Verwechslungen mit dem geschützten Titel hervorzurufen. Bei schuldhafter Verletzung ist der Dritte auch zum Schadensersatz verpflichtet. Diese Bestimmung gilt nicht nur für die Titel von Druckschriften, sondern auch für die

Namen oder besonderen Bezeichnungen von Filmwerken, Tonwerken, Bühnenwerken oder sonstigen vergleichbaren Werken. Urheberrechtlich geschützt sind auch Übersetzungen und andere Bearbeitungen, die persönliche geistige Schöpfungen des Bearbeiters sind; hiervon ausgenommen sind nur unwesentliche Bearbeitungen nicht geschützter Musikwerke. Das Urheberrecht an Bearbeitungen ist ein abgeleitetes Urheberrecht, da jede Verwertung einer Bearbeitung zugleich auch eine Verwertung des Originalwerkes bedeutet. Die Bearbeitung eines urheberrechtlich geschützten Werkes darf daher nur mit Einwilligung des Urhebers des bearbeiteten Werkes veröffentlicht und verwertet werden. Keine Bearbeitung eines Werkes ist dessen freie Benutzung zu einer selbständigen Neuschöpfung, so dass zu deren Veröffentlichung und Verwertung die Zustimmung des Urhebers des benutzten Werkes nicht erforderlich ist; bei Werken der Musik ist jedoch jede Benutzung unzulässig, durch die eine Melodie erkennbar dem Werk entnommen und einem neuen Werk zugrunde gelegt wird (Melodienschutz). Sammlungen von Werken, Daten oder anderen unabhängigen Elementen, die aufgrund der Auswahl oder Anordnung der Elemente eine persönliche geistige Schöpfung sind, genießen als Sammelwerke Urheberrechtsschutz. Amtliche Werke sind grundsätzlich vom Urheberrechtsschutz ausgenommen. Auch vermischte Nachrichten tatsächlichen Inhalts und Tagesneuigkeiten, die durch Presse oder Rundfunk veröffentlicht worden sind, sind urheberrechtlich nicht geschützt.

3. Der Urheber

Urheber eines Werkes ist dessen Schöpfer. Kein Urheberrecht steht demjenigen zu, der dem Urheber nur Anregungen zu dem Werk gibt oder ihn bei der Schöpfung des Werkes lediglich als Gehilfe unterstützt. Der Grundsatz, dass Urheberrechte originär allein in der Person des Werkschöpfers entstehen, gilt auch für im Arbeitsverhältnis geschaffene Werke und für Filmwerke. Bei Werken, die in Erfüllung arbeitsvertraglicher Pflichten geschaffen werden, entsteht das Urheberrecht in der Person des Arbeitnehmers. Der angestellte Werkschöpfer ist aber verpflichtet, dem Arbeitgeber die zur Verwertung des Werkes erforderlichen Nutzungsrechte einzuräumen. Bei dieser Rechtslage ist von einer – zumindest stillschweigenden – Rechtseinräumung zur Erreichung dieses Vertragszwecks auszugehen. Urheber des Filmwerkes sind alle Personen, die einen schöpferischen Beitrag bei seiner Herstellung geleistet haben. Der Filmhersteller muss sich somit für die Auswertung des Filmwerkes von allen als Urheber in Betracht kommenden Mitwirkenden die ihnen möglicherweise erwachsenden Urheberrechte vertraglich einräumen lassen. Um diesen für die ungehinderte Auswertung des Filmwerkes wichtigen Rechtserwerb zu erleichtern, enthält das Gesetz jedoch zugunsten des Filmherstellers eine Auslegungsregel, nach der im Zweifel jeder, der sich zur Mitwirkung bei der Herstellung eines Films verpflichtet, bereits mit dieser Verpflichtung sämtliche ihm etwa aus seiner Mitwirkung erwachsenden Nutzungsrechte am Filmwerk dem Filmhersteller einräumt (§ 89 UrhG). Haben mehrere ein Werk gemeinsam geschaffen, ohne dass sich ihre Anteile gesondert verwerten lassen, sind sie Miturheber des Werkes. Haben mehrere Urheber ihre Werke zu gemeinsamer Verwertung miteinander verbunden (z.B. Text und Musik bei einer Oper), so kann jeder vom anderen die Einwilligung zur Veröffentlichung, Verwertung oder Änderung der verbundenen Werke verlangen, wenn die Einwilligung dem anderen nach Treu und Glauben zuzumuten ist; jedem Urheber bleibt jedoch ungeachtet der Verbindung die selbständige Verwertung seines Einzelwerkes vorbehalten. Auf die Urheberschaft am Werk weist die Urheberbezeichnung hin. Der Urheber kann bestimmen, ob das Werk unter seinem wahren Namen, unter einem Decknamen oder ohne Namen veröffentlicht wird. Auch bei pseudonymer oder anonymer Veröffentlichung ist der Urheber geschützt. Auf Grund der Vermutung der Urheberschaft wird derjenige, der auf den Vervielfältigungsstücken eines erschienenen Werkes oder auf dem Original eines Werkes der bildenden Künste als Urheber bezeichnet ist, bis zum Beweis des Gegenteils als Urheber des Werkes angesehen. Fehlt eine solche Urheberbezeichnung, so wird vermutet, dass der auf den Vervielfältigungsstücken des Werkes als Herausgeber Bezeichnete oder – wenn kein Herausgeber angegeben ist – der Verleger zur Geltendmachung der Rechte des Urhebers ermächtigt ist.

4. Der Inhalt des Urheberrechts

Das Urheberrecht schützt den Urheber in seinen geistigen und persönlichen Beziehungen zum Werk und in der Nutzung des Werkes; zugleich dient es der Sicherung einer angemessenen Vergütung für die Nutzung des Werkes. Die persönlichkeitsrechtlichen und vermögensrechtlichen Befugnisse des Urhebers bilden nach dem Urheberrechtsgesetz eine untrennbare Einheit und sind vielfältig miteinander verflochten.

a) Das Urheberpersönlichkeitsrecht. Das Urheberpersönlichkeitsrecht umfasst das Recht des Urhebers zu bestimmen, ob und wie sein Werk zu veröffentlichen ist, das Recht auf Anerkennung seiner Urheberschaft am Werk und das Recht, eine Entstellung oder eine andere Beeinträchtigung seines Werkes zu verbieten, die geeignet ist, seine berechtigten geistigen oder persönlichen Interessen am Werk zu gefährden. Hinsichtlich der Herstellung und Verwertung von Filmwerken ist der Schutz des Urhebers gegen Entstellung durch § 93 UrhG eingeschränkt. Auch bei Urhebern in Arbeits- oder Dienstverhältnissen (§ 43 UrhG) kann die Ausübung der urheberpersönlichkeitsrechtlichen Befugnisse durch die Eigenart des Arbeits- oder Dienstverhältnisses eingeschränkt sein.

b) Die Verwertungsrechte. Die vermögensrechtlichen Befugnisse des Urhebers werden als „Verwertungsrechte" bezeichnet. Das Gesetz verzichtet auf eine erschöpfende Aufzählung der Verwertungsrechte des Urhebers. Es gewährt ihm stattdessen ganz allgemein das Recht, sein Werk zu verwerten, wobei es die einzelnen zur Zeit bekannten, im Geschäftsverkehr üblichen Verwertungsformen nur als Beispiele anführt. Hierdurch wird klargestellt, dass auch künftige Verwertungsformen, die bisher noch nicht bekannt sind, dem Urheber vorbehalten sind. Soweit das Gesetz die einzelnen Verwertungsrechte als Bestandteile des allgemeinen Verwertungsrechts ausdrücklich nennt, enthält es in den §§ 16–22 UrhG zugleich abschließende Begriffsbestimmungen. Die Abgrenzungen, die sich hieraus ergeben, können nicht unter Berufung auf das allgemeine Verwertungsrecht überschritten werden. Das Verwertungsrecht umfasst insbesondere das Vervielfältigungsrecht, das Verbreitungsrecht und das Ausstellungsrecht als Befugnisse zur körperlichen Verwertung des Werkes und das Vortragsrecht, das Aufführungsrecht, das Vorführungsrecht, das Recht der öffentlichen Zugänglichmachung, das Senderecht und das Recht der öffentlichen Wiedergabe mittels Bild- oder Tonträger (z. B. von Schallplattenaufführungen durch Lautsprecher) oder von Funksendungen (z. B. von Hörfunk- oder Fernsehsendungen mittels Lautsprecher oder Bildschirm) als Befugnisse zur öffentlichen Wiedergabe des Werkes in unkörperlicher Form. Das Vervielfältigungsrecht ist die Befugnis, Vervielfältigungsstücke des Werkes herzustellen, gleichviel in welchem Verfahren und in welcher Zahl (z. B. durch Druck, Fotokopie oder Xerografie). Vervielfältigung ist auch die Übertragung des Werkes auf Vorrichtungen zur wiederholbaren Wiedergabe von Bild- oder Tonfolgen (Bild- oder Tonträger), z. B. Aufnahme auf Schallplatten, Tonbänder, Filme, Videobänder, Datenträger oder sonstige Werkträger. Auch die Einspeicherung urheberrechtlich geschützter Werke in Computer ist grundsätzlich als Vervielfältigung anzusehen. Das Verbreitungsrecht wird als das Recht bezeichnet, das Original oder Vervielfältigungsstücke des Werkes der Öffentlichkeit anzubieten oder in Verkehr zu bringen. Sind die Vervielfältigungsstücke mit Zustimmung des zur Verbreitung Berechtigten im Weg der Veräußerung in den Verkehr gebracht worden, so ist ihre Weiterverbreitung mit Ausnahme der Vermietung zulässig (Grundsatz der Erschöpfung des Verbreitungsrechts). Das Recht der Wiedergabe in unkörperlicher Form ist auf die öffentliche Wiedergabe beschränkt. Diese Voraussetzung ist erfüllt, wenn die Wiedergabe für eine Mehrzahl von Mitgliedern der Öffentlichkeit bestimmt ist. Zur Öffentlichkeit gehört jeder, der nicht mit demjenigen, der das Werk verwertet, oder mit den anderen Personen, denen das Werk in unkörperlicher Form wahrnehmbar oder zugänglich gemacht wird, durch persönliche Beziehungen verbunden ist. Hiernach sind z. B. Vorträge, Aufführungen oder Vorführungen im Familien- oder engsten Freundeskreis nicht öffentlich. Das Recht der öffentlichen Zugänglichmachung ist das Recht, das Werk drahtgebunden oder drahtlos der Öffentlichkeit in einer Weise zugänglich zu machen, dass es Mitgliedern der Öffentlichkeit von Orten und zu Zeiten ihrer Wahl zugänglich ist (z. B. das Vorhalten von Werken zum Abruf im Rahmen von On-Demand-Diensten). Das Senderecht ist das Recht, das Werk durch Funk, wie Ton- und Fernsehrundfunk, Satellitenrundfunk, Kabelfunk oder ähnliche technische Mittel der Öffentlichkeit zugänglich zu machen. Unter „Funk" wird dabei jede Übertragung von Zeichen, Tönen oder Bildern durch elektromagnetische Wellen verstanden, die von einer Sendestelle drahtlos oder drahtgebunden ausgestrahlt werden und an anderen Orten von einer beliebigen Zahl von Empfangsanlagen empfangen und wieder in Zeichen, Töne oder Bilder zurückverwandelt werden können. Unbeachtlich ist, ob die Sendung analog oder digital erfolgt. Auch die Videotextausstrahlung ist im urheberrechtlichen Sinn eine Sendung. Für europäische Satellitensendungen gilt der Sendelandgrundsatz (vgl. § 20a UrhG). Dem Senderecht unterliegen Erstsendungen, Wiederholungssendungen und Weitersendungen eines bereits gesendeten Werkes. Grundsätzlich unterliegt auch die Kabelweitersendung dem Senderecht. Auch Verteileranlagen in Hotels, Altenheimen und Justizvollzugsanstalten unterfallen dem Senderecht. Das Recht der Kabelweitersendung i. S. des § 20b UrhG kann grundsätzlich nur durch eine Verwertungsgesellschaft geltend gemacht werden. Hiervon ausgenommen sind die eigenen und von Dritten abgeleiteten Kabelweitersenderechte von Sendeunternehmen. Urheber, ausübende Künstler und Filmhersteller haben aber auch dann, wenn sie ihre Kabelweitersenderechte einem Sendeunternehmen oder einem Tonträger- oder Filmhersteller eingeräumt haben, einen unverzichtbaren Vergütungsanspruch gegen das Kabelunternehmen, der nur an eine Verwertungsgesellschaft abgetreten und nur durch eine solche geltend gemacht werden kann (vgl. §§ 20b Abs. 2, 78 Abs. 4 und 94 Abs. 4 UrhG). Der private Empfang von Rundfunksendungen ist urheberrechtlich frei. Die Abgrenzung zwischen urheberrechtsfreiem Empfang z. B. in Gemeinschaftsantennenanlagen innerhalb eines Häuserblocks und vergütungspflichtiger Kabelweitersendung ist Aufgabe der Rechtsprechung. Die öffentliche Wiedergabe von Hörfunk- oder Fernsehsendungen z. B. in Gaststätten oder Hotels unterliegt dem Recht der Wiedergabe von Funksendungen (§ 22 UrhG).

c) Sonstige Rechte des Urhebers. Zu den sonstigen Rechten des Urhebers gehören das Recht auf Zugang zu Werkstücken, das Folgerecht und der Vergütungsanspruch für das Vermieten und Verleihen von Werkstücken.

Das Zugangsrecht verpflichtet den Besitzer des Originals oder Vervielfältigungsstückes eines Werkes, dem Urheber Zugang zu diesem zu gewähren, soweit es zur Herstellung von Vervielfältigungsstücken oder Bearbeitungen des Werkes erforderlich ist und nicht eigene berechtigte Interessen des Besitzers entgegenstehen.

Das Folgerecht ist der gesetzliche Anspruch des Urhebers eines Werkes der bildenden Kunst auf Beteiligung an dem aus der Weiterveräußerung seines Originalwerkes im Kunsthandel oder durch Versteigerung erzielten Erlös. Dieser Anteil ist abhängig vom Veräußerungserlös von 0,25 % bis 4 % gestaffelt und durch den Höchstbetrag von 12 500 Euro begrenzt. Bleibt der Erlös unter 400 Euro, so entfällt der Urheberanteil. Zur Durchsetzung des Folgerechts gewährt das Gesetz Auskunftsansprüche, die jedoch nur von einer Verwertungsgesellschaft geltend gemacht werden können. In der Praxis nimmt die Verwertungsgesellschaft Bild-Kunst das Folgerecht wahr. Sie hat mit dem Arbeitskreis Deutscher Kunsthandelsverbände einen Rahmenvertrag abgeschlossen, der sowohl die Abgeltung des Folgerechts als auch die Leistung der Künstlersozialabgabe nach dem Künstlersozialversicherungsgesetz durch ein Pauschalsystem regelt.

Hat der Urheber das Vermietrecht an einem Bild- oder Tonträger dem Tonträger- oder Filmhersteller eingeräumt, so hat er im Fall der Vermietung dieses Bild- oder Tonträgers gegen den jeweiligen Vermieter einen unverzichtbaren, im Voraus nur an eine Verwertungsgesellschaft abtretbaren Anspruch auf angemessene Vergütung (§ 27 Abs. 1 UrhG). Im Fall des Verleihens von Originalen oder Vervielfältigungsstücken eines Werkes, deren Weiterverbreitung nach § 17 Abs. 2 UrhG zulässig ist, steht dem Urheber ein gesetzlicher Vergütungsanspruch zu, wenn die Originale oder Vervielfältigungsstücke durch eine der Öffentlichkeit zugängliche Einrichtung verliehen werden („Bibliothekstantieme"). Die Vergütungsansprüche nach § 27 Abs. 1 und 2 können nur durch eine Verwertungsgesellschaft geltend gemacht werden. Die Verwertungsgesellschaft Wort, die GEMA und die Verwertungsgesellschaft Bild-Kunst haben mit Bund und Ländern einen Gesamtvertrag über die Abgeltung urheberrechtlicher Ansprüche nach § 27 Abs. 2 UrhG durch Zahlung einer von Bund und Ländern jährlich zu leistenden pauschalen Gesamtvergütung abgeschlossen, abgedruckt unter Nr. 17a. Durch diesen Vertrag werden sämtliche Ausleihvorgänge in Bibliotheken, soweit sie von Bund, Ländern, Gemeinden oder anderen Gebietskörperschaften betrieben werden, sowie in kirchlichen und Werkbüchereien pauschal abgegolten.

5. Die Schranken des Urheberrechts

Wie jedes absolute Recht ist auch das Urheberrecht ein sozialgebundenes Recht, das gewissen Schranken im Interesse der Allgemeinheit unterliegt. Die sachgemäße Abgrenzung der Rechte des Urhebers gegenüber den berechtigten Interessen der Allgemeinheit ist ein Kernproblem der Urheberrechtsreform gewesen, war mehrfach Gegenstand der Rechtsprechung des Bundesverfassungsgerichts, des Bundesgerichtshofs und des EuGH und stand auch im Vordergrund der Diskussion über die späteren Novellierungen des Urheberrechtsgesetzes. Soweit dem Allgemeininteresse nur der Verbotscharakter der urheberrechtlichen Befugnisse, nicht jedoch das wirtschaftliche Interesse des Urhebers widerstreitet, aus der Verwertung seines Werkes angemessenen Nutzen zu ziehen, wird dem Urheber anstelle des ausschließlichen Verwertungsrechts ein Vergütungsanspruch für die Nutzung seines Werkes gewährt. Auf diese gesetzlichen Vergütungsansprüche kann der Urheber im Voraus nicht verzichten; sie können im Voraus nur an eine Verwertungsgesellschaft oder zusammen mit der Einräumung des Verlagsrechts dem Verleger abgetreten werden, wenn dieser sie durch eine Verwertungsgesellschaft wahrnehmen lässt, die Rechte von Verlegern und Urhebern gemeinsam wahrnimmt (§ 63a). Durch das Gesetz zur Regelung des Urheberrechts in der Informationsgesellschaft wurden die Schrankenregelungen den Vorgaben der EG-Richtlinie 2001/29/EG angepasst. Schranken des Urheberrechts bestehen z. B. für Zwecke der Rechtspflege und der öffentlichen Sicherheit, zur Aufnahme kleinerer Werke oder Teile von Werken in Sammlungen für den Kirchen-, Schul- oder Unterrichtsgebrauch, zum Mitschnitt von Schulfunksendungen sowie zur Erleichterung der Berichterstattung durch Presse, Hörfunk, Fernsehen und Film. Der Freiheit des geistigen Schaffens dient das Zitatrecht. Zitiert werden dürfen veröffentlichte Werke in einem selbständigen wissenschaftlichen Werk zur Erläuterung des Inhalts (Großzitat) und einzelne Stellen eines veröffentlichten Werkes in einem selbständigen Sprachwerk (Kleinzitat). Einzelne Stellen eines erschienenen Werkes der Musik dürfen in einem selbständigen Musikwerk angeführt werden (Musikzitat). Das Zitat muss sich stets auf einen durch den Zweck gebotenen Umfang beschränken. Bei Zitaten besteht eine Verpflichtung zur Quellenangabe. Nach § 52 Abs. 1 und 2 UrhG ist die öffentliche Wiedergabe eines erschienenen Werkes zulässig:

a) wenn sie keinem Erwerbszweck des Veranstalters dient, die Teilnehmer ohne Entgelt zugelassen werden und im Fall des Vortrags oder der Aufführung des Werkes keiner der ausübenden Künstler eine besondere Vergütung erhält, oder
b) wenn sie beim Gottesdienst oder einer kirchlichen Feier der Kirchen oder Religionsgesellschaften erfolgt.

Für diese Wiedergabe ist eine angemessene Vergütung zu zahlen. Vergütungsfrei sind lediglich Veranstaltungen der Jugendhilfe, der Sozialhilfe, der Alten- und Wohlfahrtspflege, der Gefangenenbetreuung sowie Schulveranstaltungen, sofern sie nach ihrer sozialen oder erzieherischen Zweckbestimmung nur einem bestimmt abgegrenzten Kreis von Personen zugänglich sind und keinem Erwerbszweck eines Dritten (z. B. Gastwirt) dienen. Keine öffentliche Werkwiedergabe und damit nicht vergütungspflichtig nach § 52 Abs. 1 UrhG ist das nur dem eigenen Werkgenuß dienende Singen und Musizieren von Jugend- oder Wandergruppen oder von einzelnen Personen. Für die gesetzlich erlaubten Nutzungen für Unterricht, Wissenschaft und Institutionen nach Maßgabe der neuen §§ 60a–60f UrhG hat der Urheber Anspruch auf Zahlung einer angemessenen Vergütung, der nur durch eine Verwertungsgesellschaft geltend gemacht werden kann. Die Befugnis zur Vervielfältigung zum privaten und sonstigen eigenen Gebrauch ist durch das Gesetz zur Änderung von Vorschriften auf dem Gebiet des Urheberrechts vom 24.6.1985 und das Zweite Gesetz zur Regelung des Urheberrechts in der Informationsgesellschaft vom

26.10.2007 grundlegend neu geregelt worden. Nach § 53 Abs. 1 UrhG ist es erlaubt, einzelne Vervielfältigungsstücke eines Werkes zum privaten Gebrauch herzustellen, soweit nicht zur Vervielfältigung eine offensichtlich rechtswidrig hergestellte oder öffentlich zugänglich gemachte Vorlage verwendet wird. Auch außerhalb des rein privaten Bereichs dürfen einzelne Vervielfältigungsstücke zum sogenannten sonstigen eigenen Gebrauch unter den in § 53 Abs. 2 UrhG genannten Voraussetzungen hergestellt werden. Die Vervielfältigung von Noten und vollständigen Büchern oder Zeitschriften ist jedoch, soweit sie nicht durch Abschreiben vorgenommen wird, auch zum privaten oder sonstigen eigenen Gebrauch nur mit Einwilligung des Urheberberechtigten zulässig (§ 53 Abs. 4 UrhG). Die zum privaten oder sonstigen eigenen Gebrauch angefertigten Vervielfältigungsstücke dürfen weder verbreitet noch zu öffentlichen Wiedergaben benutzt werden. Für die Vervielfältigungen geschützter Werke zum privaten oder sonstigen eigenen Gebrauch hat der Urheber gegen die Hersteller und Importeure der Aufzeichnungsgeräte und Speichermedien einen Anspruch auf angemessene Vergütung (§§ 54 Abs. 1 und 54b UrhG), deren Höhe sich nach § 54a UrhG und § 40 VGG regelt. Für Kopien, die mittels in Schulen, Hochschulen, Bildungs- oder Forschungseinrichtungen, öffentlichen Bibliotheken oder sogenannten Kopierläden aufgestellter Kopiergeräte angefertigt werden, hat der Urheber auch gegen den Betreiber des Ablichtungsgeräts einen Anspruch auf angemessene Vergütung, dessen Höhe sich nach § 54c Abs. 2 UrhG bemisst. Der Urheber kann von den Herstellern und Importeuren der Aufzeichnungs- und Kopiergeräte sowie Speichermedien und den Großbetreibern von Kopiergeräten die für die Bemessung seiner Vergütung erforderliche Auskunft verlangen (§ 54f UrhG). Kommt der Auskunftspflichtige seiner Auskunftspflicht nicht, nur unvollständig oder sonst unrichtig nach, so kann der doppelte Vergütungssatz verlangt werden. Um das Vergütungsaufkommen der Urheber nicht zu gefährden, sind Importeure verpflichtet, Art und Stückzahl der eingeführten Geräte oder Speichermedien der vom Deutschen Patent- und Markenamt bekanntgegebenen Empfangsstelle zu meden (§ 54e UrhG). Die Zahlungs- und Auskunftsansprüche können nur durch eine Verwertungsgesellschaft geltend gemacht werden. Die Zentralstelle für private Überspielungsrechte (ZPÜ), deren Satzung unter Nr. 24c abgedruckt ist, nimmt für die Verwertungsgesellschaften die ihnen nach §§ 54, 54a, 54b, 54e Abs. 2, 54f und 54g UrhG zustehenden Vergütungs- und Auskunftsansprüche der Urheber- und Leistungsschutzberechtigten von Audiowerken und von audiovisuellen Werken gegenüber den Herstellern, Importeuren und Händlern von Aufnahmegeräten und Speichermedien wahr. Die Verwertungsgesellschaft Wort macht den Anspruch der Urheberberechtigten aus §§ 54c, 54e und 54f UrhG auf Vergütung und Auskunft gegenüber den Herstellern, Importeuren und Großbetreibern von Kopiergeräten geltend.

In Umsetzung der EU-Richtlinie 2012/28/EU wird mit den §§ 61 bis 61c UrhG eine Nutzung verwaister Werke für zulässig erklärt. Öffentlich zugänglichen und im Gemeinwohl errichteten Institutionen, insbesondere Bibliotheken, Archiven und den öffentlich-rechtlichen Rundfunkanstalten wird es ermöglicht, Print-, Musik- und Filmwerke, deren Rechtsinhaber auch durch eine sorgfältige Suche nicht festgestellt oder ausfindig gemacht werden können (sog. verwaiste Werke), zu digitalisieren und online zu stellen.

Auch die Nutzung vergriffener Printwerke im Rahmen von Digitalisierungsvorhaben wird durch die Regelungen in den §§ 51 und 52 VGG erleichtert, die – unter Wahrung der Belange der Rechtsinhaber – die öffentliche

Zugänglichmachung dieser Werke durch sog. Gedächtniseinrichtungen ermöglichen.

Eine gesetzliche Erlaubnis für den Zugang von Menschen mit Behinderungen zu urheberrechtlich geschützten Inhalten findet sich in § 45a UrhG, die durch die Regelungen in §§ 45b bis 45d ergänzt wird.

6. Die Schutzdauer

Zu den Schranken, denen das Urheberrecht im Interesse der Allgemeinheit unterliegt, gehört auch die Befristung des Urheberrechtsschutzes. Er besteht nur während der Lebenszeit des Urhebers und erlischt 70 Jahre nach seinem Tod (§ 64 UrhG). Mit Ablauf dieser Schutzfrist wird das Werk gemeinfrei. Für die Schutzdauer von Musikkompositionen mit Text gelten § 65 Abs. 3 und § 137m Abs. 2 UrhG.

7. Rechtsverkehr im Urheberrecht

Das Urheberrecht kann grundsätzlich nicht übertragen werden. Nur im Erbgang, in Erfüllung einer Verfügung von Todes wegen oder im Weg der Erbauseinandersetzung zwischen Miterben kann es auf einen anderen übergehen. Auch die Verwertungsrechte sind weder ganz noch teilweise abtretbar. Der Urheber kann einem anderen jedoch das Recht einräumen, das Werk auf einzelne oder alle Nutzungsarten zu nutzen (Nutzungsrecht). Das Nutzungsrecht kann als einfaches oder ausschließliches Recht eingeräumt und räumlich, zeitlich oder inhaltlich beschränkt werden. Der Urheber kann Nutzungsrechte einem anderen zur Wahrnehmung seiner Belange oder zur Nutzung des Werkes einräumen. Die seit dem 1.1.1966 geltende Bestimmung, dass die Einräumung von Nutzungsrechten für noch nicht bekannte Nutzungsarten sowie Verpflichtungen hierzu unwirksam sind, ist durch das Zweite Gesetz zur Regelung des Urheberrechts in der Informationsgesellschaft aufgehoben worden. Eine Übergangsregelung findet sich in § 137l UrhG. Nach § 31a UrhG bedürfen Verträge, durch die Urheber Rechte für unbekannte Nutzungsarten einräumen oder sich dazu verpflichten, der Schriftform. Der Urheber kann diese Rechtseinräumung oder die Verpflichtung hierzu innerhalb von drei Monaten nachdem der andere ihm die beabsichtigte Aufnahme der neuen Art der Werknutzung mitgeteilt hat, widerrufen. Praktisch wichtig ist die von der Rechtsprechung für die Auslegung von Urheberrechtsverträgen entwickelte Übertragungszwecktheorie. Sie hat ihren Niederschlag in § 31 Abs. 5 UrhG gefunden. Danach bestimmt sich, wenn bei der Rechtseinräumung die Nutzungsarten nicht ausdrücklich einzeln bezeichnet sind, nach dem von beiden Vertragspartnern zugrunde gelegten Vertragszweck, auf welche Nutzungsarten es sich erstreckt. Ferner ist zum Schutz des Urhebers vorgesehen, dass eine Weiterübertragung des Nutzungsrechts grundsätzlich nur mit seiner Zustimmung möglich ist. Für die Einräumung von Nutzungsrechten und die Erlaubnis zur Werknutzung hat der Urheber Anspruch auf die vertraglich vereinbarte Vergütung. Ist die Höhe der Vergütung nicht bestimmt, so gilt die angemessene Vergütung als vereinbart. Soweit die vereinbarte Vergütung nicht angemessen ist, kann der Urheber von seinem Vertragspartner die Einwilligung in die Änderung des Vertrags verlangen, durch die dem Urheber die angemessene Vergütung gewährt wird. Konkretisiert wird die Angemessenheit über gemeinsame Vergütungsregeln, die Vereinigungen von Urhebern mit Vereinigungen von Werknutzern oder einzelnen Werknutzern aufstellen (§ 36 UrhG). Gemeinsame Vergütungsregeln gibt es für Autoren belletristischer Werke in deutscher Sprache, abgedruckt unter Nr. 7b, für Textbeiträge von freien hauptberuflichen Journalistinnen und Journalisten an Tageszeitungen, abgedruckt unter Nr. 7c, für Bildbeiträge von freien hauptberuflichen Journalisten an Tageszeitungen, abgedruckt unter Nr. 7d, und für Übersetzungen, abgedruckt unter Nr. 7e. Für den Filmbereich sind gemeinsame Vergütungsregeln für den Bereich fiktionaler Kinofilm und für Dokumentationen und Reportagen zustande gekommen (im Internet abrufbar unter www.produzenten-allianz.de). In Tarifverträgen enthaltene Regelungen – auch für arbeitnehmerähnliche Personen (§ 12a TVG) – gehen gemeinsamen Vergütungsregeln vor (§ 36 Abs. 1 S. 3 UrhG). Der Tarifvertrag für auf Produktionsdauer beschäftigte Film- und Fernsehschaffende (TV FFS) vom 1.3.2016 und andere Tarifverträge sind auszugsweise oder vollständig abgedruckt unter Nr. 10a–10f. Die Erlösbeteiligung beim Kinofilm regelt der Ergänzungstarifvertrag vom 13.5.2013 (im Internet abrufbar unter www.produzenten-allianz.de/ergaenzungstarifvertrag). Solange es an Vergütungsregeln fehlt, hilft die gesetzliche Bestimmung der Angemessenheit: Nach § 32 Abs. 2 S. 2 UrhG ist die Vergütung angemessen, wenn sie im Zeitpunkt des Vertragsschlusses dem Üblichen und Redlichen entspricht. Der Bundesgerichtshof hat in einem Grundsatzurteil vom 7. Oktober 2009 (BGHZ 182, 337 – Talking to Addison) entschieden, dass Übersetzer literarischer Werke grundsätzlich einen Anspruch auf angemessene Vergütung in Form einer prozentualen Beteiligung am Erlös der verkauften Bücher haben. Neben diesem Anspruch auf die angemessene Vergütung nach § 32 UrhG hat der Urheber in Ausnahmefällen den Anspruch auf „Fairneßausgleich" nach § 32a UrhG, der auf die weitere angemessene Beteiligung an der besonders erfolgreichen Werknutzung gerichtet ist. Nach § 32d hat der Urheber einen gesetzlichen Anspruch auf Auskunft und Rechenschaft, der sich auch gegen Werknutzer in der Lizenzkette (§ 32e UrhG) richtet. Verträge, durch die sich der Urheber zur Einräumung von Nutzungsrechten an künftigen Werken verpflichtet, die überhaupt nicht näher oder nur der Gattung nach bestimmt sind, und Verträge über unbekannte Nutzungsarten bedürfen der schriftlichen Form. Im Übrigen ist für Verträge über die Einräumung von Nutzungsrechten keine Schriftform vorgeschrieben, aber schriftlicher Abschluss in der Praxis üblich. Schließlich ist bestimmt, dass der Urheber unter gewissen Voraussetzungen das Nutzungsrecht zurückrufen kann, wenn es von dem Berechtigten nicht ausgeübt wird oder wenn dem Urheber die Verwertung des Werkes wegen gewandelter Überzeugung nicht mehr zugemutet werden kann. Urheber, die gegen pauschale Vergütung ausschließliche Nutzungsrechte eingeräumt haben, haben gem. § 40a UrhG nach Ablauf von zehn Jahren ein Recht zur anderweitigen Verwertung ihres Werkes. Erlischt das Nutzungsrecht durch Verzicht oder Zeitablauf, so fallen die entsprechenden Befugnisse automatisch an den Urheber zurück.

8. Das Recht der Verwertungsgesellschaften

Verwertungsgesellschaften sind Organisationen, die Urheberrechte oder verwandte Schutzrechte treuhänderisch für eine große Zahl von Urhebern oder Inhabern verwandter Schutzrechte zur gemeinsamen Auswertung wahrnehmen. Das Entstehen der Verwertungsgesellschaften war eine Folge der Entwicklung des Urheberrechts, insbesondere der gesetzlichen Anerkennung des Aufführungsrechts der Urheber. Für den einzelnen Urheber war es unmöglich, alle öffentlichen Veranstaltungen daraufhin zu überwachen, ob sein Werk mitaufgeführt wurde und mit jedem Veranstalter, der sein Werk aufführen wollte, die notwendigen Vereinbarungen zu treffen. Auch für den einzelnen Veranstalter, der Werke verschiedener Urheber aufführen wollte, war es praktisch unmöglich, die einzelnen Urheber oder sonstigen Berechtigten zu ermitteln und ihre Aufführungserlaubnis einzuholen. Aus diesem Grund haben die Urheber ihre kollektiv wahrnehmbaren Rechte Verwertungsgesellschaften übertragen, die in der Lage sind, die notwendige Aufführungserlaubnis nicht nur für einzelne Werke, sondern für ein umfassendes Repertoire zu erteilen, die öffentlichen Veranstaltungen zu überwachen und die vereinbarten Vergütungen einzuziehen. Infolge der weltweiten Verbreitung der Werke der Literatur und der Kunst muss der einzelne Urheber nicht nur im Inland, sondern auch im Ausland seine Rechte wahrnehmen. Deshalb haben die in den einzelnen Ländern bestehenden Verwertungsgesellschaften miteinander Gegenseitigkeitsverträge abgeschlossen. Nach diesen Verträgen vertritt jede nationale Verwertungsgesellschaft in ihrem Land auch die ausländischen Verwertungsgesellschaften, vermittelt für ihr Gebiet die ausländischen Urheberrechte, überwacht die öffentlichen Veranstaltungen und zieht die Urheberrechtsvergütungen ein, die dann gegenseitig verrechnet werden. Internationale Dachorganisation der Verwertungsgesellschaften ist die „Confédération Internationale des Sociétés d'Auteurs et Compositeurs" (CISAC) in Paris. In der Bundesrepublik Deutschland ist das Recht der Verwertungsgesellschaften durch das Gesetz über die Wahrnehmung von Urheberrechten und verwandten Schutzrechten (VGG) vom 24.5.2016 geregelt, abgedruckt unter Nr. 13, das am 1.6.2016 in Kraft getreten ist. Es setzt die Richtlinie 2014/26/EU vom 26.2.2014 über die kollektive Wahrnehmung von Urheber- und verwandten Schutzrechten und die Vergabe von Mehrgebietslizenzen für Rechte an Musikwerken für die Online-Nutzung im Binnenmarkt um, verbessert das Verfahren zur Ermittlung der Geräte- und Speichermedienvergütung und löst das bisher geltende Urheberrechtswahrnehmungsgesetz vom 9.9.1965 ab. Eine Verwertungsgesellschaft ist eine Organisation, die gesetzlich oder aufgrund einer vertraglichen Vereinbarung berechtigt ist und deren ausschließlicher oder hauptsächlicher Zweck es ist, für Rechnung mehrerer Rechtsinhaber Urheberrechte oder verwandte Schutzrechte zu deren kollektiven Nutzen wahrzunehmen (§ 2 Abs. 1 VGG). Neu ist, dass die Vorgaben des VGG künftig nicht nur für Verwertungsgesellschaften, sondern zum Teil auch für die Tätigkeit abhängiger und unabhängiger Verwertungseinrichtungen gelten (§§ 3 und 4 VGG). Der Anwendungsbereich des VGG ist eröffnet, wenn eine der genannten Einrichtungen Urheberrechte oder verwandte Schutzrechte wahrnimmt. Zu den Urheberrechten und verwandten Schutzrechten zählen sowohl Nutzungsrechte als auch gesetzliche Vergütungs- und Ausgleichsansprüche. Das VGG unterwirft die Tätigkeit der Verwertungsgesellschaften einer staatlichen Erlaubnispflicht (vgl. §§ 77 ff. VGG). Hierdurch soll im Weg einer Vorabkontrolle sichergestellt werden, dass nur solche Verwertungsgesellschaften Rechte wahrnehmen, die dazu effektiv, wirtschaftlich, zuverlässig und unter fairer Beteiligung der Berechtigten in der Lage sind. Verwertungsgesellschaften mit Sitz in einem anderen EU-Mitgliedstaat oder anderen EWR-Vertragsstaat bedürfen dieser Erlaubnis nur für die Wahrnehmung der in § 49 Abs. 1 VGG genannten Vergütungsansprüche, des in § 50 VGG genannten Rechts oder der in § 51

VGG genannten Rechte an vergriffenen Werken. Die Voraussetzungen für den Widerruf der Erlaubnis durch das DPMA sind in § 80 VGG geregelt. Über Anträge auf Erteilung der Erlaubnis und über den Widerruf der Erlaubnis entscheidet das DPMA im Einvernehmen mit dem Bundeskartellamt. Die Verwertungsgesellschaften unterliegen einer staatlichen Aufsicht. Aufsichtsbehörde ist das Deutsche Patent- und Markenamt. Es hat darauf zu achten, dass die Verwertungsgesellschaft den ihr nach dem VGG obliegenden Verpflichtungen ordnungsgemäß nachkommt, kann von der Verwertungsgesellschaft jederzeit Auskunft über alle die Geschäftsführung betreffenden Angelegenheiten sowie Vorlage der Geschäftsbücher und anderer geschäftlicher Unterlagen verlangen und durch Beauftragte an der Mitgliederhauptversammlung sowie an den Sitzungen des Aufsichtsrats, des Verwaltungsrats, des Aufsichtsgremiums, der Vertretung der Delegierten sie aller Ausschüsse dieser Gremien teilnehmen. Für die Verwertungsgesellschaften bestehen bestimmte Unterrichtungspflichten gegenüber der Aufsichtsbehörde (§ 88 VGG). Teil 2 des VGG regelt die Rechte und Pflichten der Verwertungsgesellschaft. Jede Verwertungsgesellschaft ist verpflichtet, die zu ihrem Tätigkeitsbereich gehörenden Rechte oder Ansprüche auf Verlangen der Berechtigten zu angemessenen Bedingungen wahrzunehmen und die von ihr wahrgenommenen Rechte jedermann zu angemessenen Bedingungen einzuräumen (Wahrnehmungs- und Abschlußzwang). Kommt eine Einigung über die Höhe der Vergütung für die Einräumung der Nutzungsrechte nicht zustande, so gelten die Nutzungsrechte als eingeräumt, wenn die von der Verwertungsgesellschaft geforderte Vergütung unter Vorbehalt an sie gezahlt oder zu ihren Gunsten hinterlegt worden ist. Die Verwertungsgesellschaften sind verpflichtet, über die von ihnen wahrgenommenen Rechte mit Nutzervereinigungen Gesamtverträge zu angemessenen Bedingungen abzuschließen. Ferner sind sie verpflichtet, Tarife über die Vergütungen aufzustellen, die sie aufgrund der von ihnen wahrgenommenen Rechte und Ansprüche fordern, und diese auf ihrer Internetseite zu veröffentlichen. Berechnungsgrundlage für die Tarife sollen in der Regel die geldwerten Vorteile sein, die durch die Verwertung erzielt werden. Bei der Tarifgestaltung und bei der Einziehung der tariflichen Vergütung sollen die Verwertungsgesellschaften auf religiöse, kulturelle und soziale Belange der Nutzer, einschließlich der Belange der Jugendhilfe, angemessene Rücksicht nehmen. Besondere Vorschriften für die gebietsübergreifende Vergabe von Online-rechten an Musikwerken finden sich in den §§ 59 ff. VGG. Nach den §§ 92 ff. VGG kann bei Streitfällen, an denen eine Verwertungsgesellschaft beteiligt ist, jeder Beteiligte die beim Deutschen Patent- und Markenamt gebildete Schiedsstelle anrufen, wenn der Streitfall die Nutzung urheberrechtlich geschützter Werke oder Leistungen, die Vergütungspflicht für Geräte und Speichermedien nach § 54 UrhG oder die Betreibervergütung nach § 54c UrhG oder den Abschluss oder die Änderung eines Gesamtvertrags betrifft. Die Schiedsstelle kann von jedem Beteiligten auch bei einem Streitfall angerufen werden, an dem ein Sendeunternehmen und ein Kabelunternehmen beteiligt sind, wenn der Streit die Verpflichtung zum Abschluss eines Vertrages über die Kabelweitersendung betrifft (§ 87 Abs. 5 UrhG). Bei solchen Streitfällen können Ansprüche im Weg der Klage vor den ordentlichen Gerichten erst geltend gemacht werden, nachdem ein Verfahren vor der Schiedsstelle vorausgegangen ist oder nicht innerhalb der Frist gem. § 105 Abs. 1 VGG abgeschlossen wurde. Nach § 94 VGG ist die Schiedsstelle auch für Streitfälle über die gebietsübergreifende Vergabe von Online-Rechten an Musikwerken zuständig. Die Schiedsstelle hat auf eine gütliche Beilegung des Streitfalles hinzuwirken und den Beteiligten einen begründeten Einigungsvorschlag zu machen, der als angenommen gilt, wenn ihm nicht innerhalb eines Monats nach Zustellung widersprochen wird. Bei Streitfällen über Gesamtverträge enthält der Einigungsvorschlag den Inhalt des Gesamtvertrags. Bei Streitfällen nach § 92 Abs. 1 Nr. 2 und 3 sowie Abs. 2 VGG und nach § 94 entscheidet ausschließlich das OLG München im ersten Rechtszug. Das Verfahren vor der Schiedsstelle, das bislang in der Urheberrechtsschiedstellenverordnung vom 20.12.1985 geregelt war, richtet sich seit dem 1.6.2016 nach §§ 92–127 VGG. Eine Übergangsvorschrift für die am 10.4.2016 bei der Schiedsstelle anhängigen Verfahren findet sich in § 139 VGG. Am Jahresende 2017 waren 583 Anträge bei der Schiedsstelle anhängig (Quelle: Jahresbericht 2017 des DPMA, S.- 57). Nach § 27 VGG haben die Verwertungsgesellschaften feste Regeln für die Verteilung ihrer Einnahmen aus den von ihnen wahrgenommenen Rechten und gesetzlichen Vergütungsansprüchen aufzustellen, die ein willkürliches Vorgehen bei der Verteilung der Einnahmen aus den Rechten ausschließt (Verteilungsplan). Ferner sind die Verwertungsgesellschaften verpflichtet, einen Jahresabschluss und einen Lagebericht aufzustellen, prüfen zu lassen und offenzulegen (§ 57 VGG). Neu ist, dass Verwertungsgesellschaften gem. § 58 VVG künftig einen jährlichen Transparenzbericht zu erstellen und zu veröffentlichen haben, dessen Inhalt in einer Anlage zum VGG im Einzelnen vorgeschrieben ist. Für Klagen der Verwertungsgesellschaften wegen Rechtsverletzungen ist das Gericht am Ort der Verletzungshandlung ausschließlich zuständig. Die Bestimmungen des VGG und des GWB sind nebeneinander anwendbar. Die Bildung und Tätigkeit von Verwertungsgesellschaften ist grundsätzlich mit Art. 101 Abs. 1 AEUV vereinbar. Verwertungsgesellschaften sind der allgemeinen kartellrechtlichen Missbrauchsaufsicht gem. §§ 19 ff. GWB durch das Bundeskartellamt unterworfen. Auch Art. 102 AEUV findet auf Verwertungsgesellschaften Anwendung. Zurzeit besitzen in Deutschland 13 Verwertungsgesellschaften die nach § 77 VGG erforderliche Erlaubnis zum Geschäftsbetrieb. Die größte Verwertungsgesellschaft ist die GEMA, die bestimmte urheberrechtliche Nutzungsrechte an Musikwerken (z. B. „kleine Rechte" und mechanische Vervielfältigungsrechte) für Komponisten, Textdichter und Musikverleger treuhänderisch wahrnimmt. Die Verwertungsgesellschaft Wort nimmt bestimmte urheberrechtliche Nutzungsrechte und gesetzliche Vergütungsansprüche an Sprachwerken für Autoren, Übersetzer, Journalisten, Buch- und Bühnenverleger treuhänderisch wahr. Die Verwertungsgesellschaft Bild-Kunst nimmt die Urheberrechte der bildenden Künstler, der Fotografen, Grafikdesigner und deutschen Filmurheber sowie eines Teils der deutschen Filmproduzenten treuhänderisch wahr. Die Verwertungsgesellschaften nehmen diese Rechte auf Grund von Gegenseitigkeitsverträgen (Repräsentationsvereinbarungen) auch für ausländische Berechtigte wahr. Auch auf dem Gebiet der Leistungsschutzrechte sind mehrere Verwertungsgesellschaften tätig. Am bedeutendsten ist die Gesellschaft zur Verwertung von Leistungsschutzrechten (GVL), die insbesondere für ausübende Künstler und Tonträgerhersteller die Vergütungsansprüche aus der Sendung und öffentlichen Wiedergabe von erschienenen Tonträgern (Schallplatten und CDs) wahrnimmt. Die Verwertungsgesellschaft zur Wahrnehmung von Nutzungsrechten an Editionen (Ausgaben) von Musikwerken (VG Musikedition) befasst sich mit der Wahrnehmung der Leistungsschutzrechte an wissenschaftlichen Ausgaben und Ausgaben nachgelassener Werke. Ferner sind im Bereich des Films die Gesellschaft zur Übernahme und Wahrnehmung von Filmaufführungsrechten (GÜFA), die Verwertungsgesellschaft der Film- und Fernsehproduzenten (VFF), die Verwertungsgesellschaft für Nutzungsrechte an Filmwerken (VGF), die Gesellschaft zur Wahrnehmung von Film- und Fernsehrechten (GWFF), die AGICOA Urheberrechtsschutz-GmbH und die TWF Treuhandgesellschaft Werbefilm tätig. Die VG Media nimmt die Urheber- und Leistungsschutzrrechte von Sendeunternehmen und Presseverlegern wahr. Zweck der Gesellschaft zur Wahrnehmung von Veranstalterrechten (GWVR) ist die Wahrnehmung der Leistungsschutzrechte von Veranstaltern nach § 81 UrhG. Die Satzungen dieser Verwertungsgesellschaften sind in der vorliegenden Ausgabe unter den Nr. 16 bis 24h abgedruckt. Die Verwertungsgesellschaften erwirtschafteten im Jahr 2018 Einnahmen in Höhe von insgesamt etwa 1,741 Milliarden Euro, die sich folgendermaßen auf die einzelnen Gesellschaften verteilten (Quelle: Jahresbericht 2019 des DPMA, S. 51): GEMA: 1019,1 Mio. Euro, GVL: 229,7 Mio. Euro, VG Wort: 265,7 Mio. Euro, VG Musikedition: 7,2 Mio. Euro, VG Bild-Kunst: 57,7 Mio. Euro, GÜFA: 7,4 Mio. Euro, VFF: 28,0 Mio. Euro, VGF: 11,2 Mio. Euro, GWFF: 32,0 Mio. Euro, AGICOA GmbH: 22,9 Mio. Euro, VG Media: 54,5 Mio. Euro, VG TWF: 6,0 Mio. Euro, GWVR: 10966 Euro. Gem § 56 Abs 1 Nr. 4 und 7 VGG müssen die Verwertungsgesellschaften ihre Tarife und ihre Verteilungspläne auf ihrer Internetseite veröffentlichen.

9. Urhebervertragsrecht

a) Verlagsvertrag. Der Verlagsvertrag über Werke der Literatur und der Musik ist im Verlagsgesetz geregelt, abgedruckt unter Nr. 6. Seine Bestimmungen sind – mit Ausnahme des § 36 VerlG – abdingbar. Der Verlagsvertrag verpflichtet den Verfasser, dem Verleger das Werk zur Vervielfältigung und Verbreitung für eigene Rechnung zu überlassen. Der Verleger ist nicht nur berechtigt, sondern auch verpflichtet, das Werk zu vervielfältigen und zu verbreiten. Vervielfältigung und Verbreitung haben in der zweckentsprechenden und üblichen Weise zu erfolgen. Der Verleger ist ferner verpflichtet, dem Verfasser die vereinbarte Vergütung zu zahlen. Als stillschweigend vereinbart gilt eine Vergütung, wenn die Überlassung des Werkes den Umständen nach nur gegen eine Vergütung zu erwarten ist. Diese Regelungen werden von den zwingenden Bestimmungen des Urheberrechtsgesetzes über den Anspruch des Urhebers auf angemessene Vergütung (§ 32 UrhG) und auf weitere Beteiligung (§ 32a UrhG) überlagert. Gemeinsame Vergütungsregeln i. S. des § 36 UrhG gibt es für Autoren belletristischer Werke in deutscher Sprache, abgedruckt unter Nr. 7b, für Wort- und Bildbeiträge freier hauptberuflicher Journalistinnen und Journalisten an Tageszeitungen, abgedruckt unter Nr. 7c und Nr. 7d und für Übersetzungen, abgedruckt unter Nr. 7e. Der Verleger hat dem Verfasser auch eine bestimmte Anzahl von Freiexemplaren zu liefern und auf Verlangen vorrätige Exemplare zum niedrigsten Preis zu überlassen. Die Bestimmung des Ladenpreises steht für jede Auflage dem Verleger zu. Bis zur Beendigung der Vervielfältigung darf der Verfasser Änderungen am Werk vornehmen. Er ist aber verpflichtet, die hieraus entstehenden Kosten zu ersetzen, wenn die Vervielfältigung bereits begonnen hat und die Änderungen das übliche Maß übersteigen. Im Zweifel ist der Verleger nur zu einer Auflage von 1000 Exemplaren berechtigt. In der Praxis lassen sich jedoch die Verleger regelmäßig das Recht zur Veranstaltung aller Auflagen im Verlagsvertrag einräumen. Der Verleger ist nicht verpflichtet, von seinem Recht zur Veranstaltung einer neuen Auflage Gebrauch zu machen. Der Verfasser kann jedoch vom Verlagsvertrag zurücktreten, wenn der Verleger innerhalb angemessener Frist keine Neuauflage veranstaltet. Vor Veranstaltung einer Neuauflage hat der Verleger dem Verfasser Gelegenheit zu Änderungen zu geben. Der Verleger selbst darf das Werk nicht ändern, wenn nichts anderes vereinbart ist. Zulässig sind nur solche Änderungen, zu denen der Verfasser seine Einwilligung nach Treu und Glauben nicht versagen darf (vgl. § 39 UrhG). Der Verfasser ist verpflichtet, dem Verleger das Werk in einem für die Vervielfältigung geeigneten Zustand abzuliefern. Ferner hat sich der Verfasser während der Dauer des Verlagsvertrags jeder Vervielfältigung und Verbreitung des Werkes zu enthalten, die einem Dritten während der Dauer des Urheberrechts untersagt ist. Hiervon ausgenommen sind die in § 2 Abs. 2 VerlG genannten Befugnisse, die nur auf Grund besonderer Vereinbarung auf den Verleger übergehen. In der Praxis lassen sich jedoch die Verleger regelmäßig auch die sog. Nebenrechte miteinräumen. In dem Umfang, in dem der Verfasser zur Enthaltung verpflichtet ist, hat er dem Verleger das ausschließliche Recht zur Vervielfältigung und Verbreitung (Verlagsrecht) zu verschaffen. Das Verlagsrecht entsteht mit der Ablieferung des Werkes an den Verleger und erlischt mit der Beendigung des Verlagsvertrags. Die Rechte des Verlegers sind, wenn nichts abweichendes vereinbart wird, grundsätzlich nur mit Zustimmung des Verfassers übertragbar; der Verfasser darf jedoch die Zustimmung nicht wider Treu und Glauben verweigern (vgl. § 34 Abs. 1 UrhG). Der Verlagsvertrag endet mit Ablauf der vereinbarten Zeit, Vergriffensein der vereinbarten Zahl der Auflagen oder unter bestimmten Voraussetzungen durch Kündigung oder Rücktrittserklärung eines Vertragspartners. Auch Unmöglichkeit der Leistung kann den Verlagsvertrag beenden. Besondere Bestimmungen gelten für Beiträge in Zeitungen, Zeitschriften oder sonstigen periodischen Sammelwerken und für Bestellverträge. Nach § 38 Abs. 4 UrhG haben Autoren von wissenschaftlichen Beiträgen in Periodika, die überwiegend mit öffentlichen Mitteln gefördert werden, ein unabdingbares Zweitverwertungsrecht. Der Autor hat danach das Recht, seinen Beitrag nach einer Frist von zwölf Monaten seit der Erstveröffentlichung zu nicht gewerblichen Zwecken erneut öffentlich zugänglich zu machen.

Das Verlagsgesetz gilt nicht für den Verlagsvertrag über Werke der bildenden Kunst. Die 1926 zwischen den Berufsverbänden vereinbarten Richtlinien für Abschluss und Auslegung von Verträgen zwischen bildenden Künstlern und Verlegern sind nicht mehr verbindlich.

Für den Abschluss von Verlagsverträgen über Werke der Literatur und von Übersetzungsverträgen haben der Verband deutscher Schriftsteller und der Börsenverein des Deutschen Buchhandels Rahmenverträge und Normverträge vereinbart, abgedruckt unter Nrn. 7 und 7a. Sie haben sich verpflichtet, darauf hinzuwirken, dass ihre Mitglieder nicht ohne triftigen Grund zu Lasten des Autors bzw. Übersetzers von diesen Normverträgen abweichen. Die beiden Verbände haben ferner eine Schlichtungs- und Schiedsstelle Buch eingerichtet, deren Statut unter Nr. 8 abgedruckt ist. Sie wird auf Antrag einer der vertragschließenden Organisationen in Streitigkeiten zwischen deren Mitgliedern über urheber- und verlagsrechtliche Fragen (z. B. Verlagsverträge oder Übersetzungsverträge) entweder als Schlichtungsstelle zur Vermeidung von Prozessen oder als Schiedsgericht im Sinn der §§ 1025 ff. ZPO tätig.

Die Mittelstandsgemeinschaften deutschsprachiger Schriftsteller, literarischer Übersetzer und Journalismus haben Honorarempfehlungen für Buchveröffentlichungen, literarische Übersetzungen und freie journalistische Arbeit als

Hilfsmittel und Orientierungsmaßstab für den Abschluss von Verträgen herausgegeben.

Der Hochschulverband und der Börsenverein des Deutschen Buchhandels haben eine Vereinbarung über Vertragsnormen bei wissenschaftlichen Verlagswerken abgeschlossen, auszugsweise abgedruckt unter Nr. 9. Sinn dieser Vertragsnormen ist es, die Rechtsbeziehungen zwischen Urhebern wissenschaftlicher Werke und ihren Verlegern sowie die Verkehrssitte auf dem Gebiet der Verträge über wissenschaftliche Verlagswerke festzustellen und fortzubilden. Die Verbände haben ihren Mitgliedern empfohlen, die Vertragsnormen und Auslegungsgrundsätze für wissenschaftliche Verlagswerke beim Abschluss von Verlagsverträgen zu beachten und sie zum Bestandteil des Verlagsvertrags zu machen, soweit das mit den Besonderheiten des Einzelfalles vereinbar ist. Soweit Verlagsverträge dem Geist der Vertragsnormen in wesentlichen Punkten widersprechen, sind die vertragschließenden Verbände bereit, sich bei etwaigen Streitigkeiten zwischen Urhebern und Verlegern vermittelnd einzuschalten.

Eine Übersicht über marktübliche Vergütungen für Bildnutzungsrechte gibt die Mittelstandsgemeinschaft Foto-Marketing (MFM) jährlich heraus.

b) Sonstige Nutzungsverträge. Für die sonstigen Urheberrechtsverträge, wie Verträge mit Herstellern von Schallplatten, Filmen und Videogrammen, mit Sendeunternehmen und mit Veranstaltern, fehlen besondere gesetzliche Bestimmungen. Sie sind nach den allgemeinen Regelungen des BGB zu beurteilen. Soweit die Vertragsbedingungen zwischen den Vertragspartnern nicht im Einzelnen ausgehandelt, sondern Vertragsmuster oder Formulare eines Vertragspartners verwendet werden, handelt es sich um Allgemeine Geschäftsbedingungen, auf die die Regelungen des BGB über die Gestaltung rechts-geschäftlicher Schuldverhältnisse durch Allgemeine Geschäftsbedingungen Anwendung finden. Die im Urhebervertragsrecht bestehende Vertragsfreiheit wird für den Bereich der AGB durch die in den §§ 307–309 BGB geregelte Inhaltskontrolle eingeschränkt. Diese Inhaltskontrolle soll gewährleisten, dass der Vertragspartner, der sich vorformulierten Vertragsbedingungen unterwirft, nicht unangemessen benachteiligt wird. Nach der Generalklausel des § 307 Abs. 1 BGB sind Bestimmungen in AGB unwirksam, wenn sie den Vertragspartner des Verwenders entgegen den Geboten von Treu und Glauben unangemessen benachteiligen. Vor allem im Bereich der Massenmedien Presse, Rundfunk und Film wird Urhebervertragsrecht auch durch Tarifverträge geregelt, die zwischen Arbeitgebern oder Arbeitgeberverbänden und Gewerkschaften für Arbeitnehmer oder arbeitnehmerähnliche Personen abgeschlossen sind (vgl. §§ 1 und 12a TVG). Hierzu gehören z. B. der Tarifvertrag für arbeitnehmerähnliche freie Journalisten an Tageszeitungen, abgedruckt unter Nr. 10, die Manteltarifverträge für Redakteure an Zeitschriften und für Redakteure an Tageszeitungen, auszugsweise abgedruckt unter Nr. 10b und Nr. 10c, die Manteltarifverträge für die Arbeitnehmer der Rundfunkanstalten, die Tarifverträge für auf Produktionsdauer Beschäftigte und für arbeitnehmerähnliche Mitarbeiter der Rundfunkanstalten, die für den WDR geltenden Tarifverträge auszugsweise abgedruckt unter Nr. 10d und 10e, der Tarifvertrag für auf Produktionsdauer beschäftigte Film- und Fernsehschaffende (TV FFS), auszugsweise abgedruckt unter Nr. 10a, der Ergänzungstarifvertrag Erlösbeteiligung Kinofilm, im Internet abrufbar unter www.produzentenallianz.de/Ergänzungstarifvertrag, und der Vergütungstarifvertrag Design SDSt/AGD für arbeitnehmerähnliche freie Mitarbeiter, abgedruckt unter Nr. 10f.

10. Verwandte Schutzrechte

Unter den im Zweiten Teil des Gesetzes geregelten verwandten Schutzrechten – auch Leistungsschutzrechte genannt – versteht das Gesetz Rechte, die keine Werke, sondern Leistungen anderer Art schützen, die der schöpferischen Leistung des Urhebers ähnlich sind oder im Zusammenhang mit Werken von Urhebern erbracht werden. Im Vordergrund des Interesses stehen die Leistungsschutzrechte der ausübenden Künstler, der Hersteller von Tonträgern, der Sendeunternehmen und der Filmhersteller. Ausübender Künstler im Sinn des Gesetzes ist, wer ein Werk vorträgt oder aufführt oder bei dem Vortrag oder der Aufführung eines Werkes künstlerisch mitwirkt. Mitwirkender ist nur, wer auf die künstlerische Werkinterpretation einen bestimmenden Einfluss nimmt. Zu den ausübenden Künstlern gehören Musiker, Sänger, Tänzer, Schauspieler, Dirigenten und Regisseure. Das Gesetz unterscheidet zwischen der unmittelbaren Verwertung der Darbietung des ausübenden Künstlers, z. B. durch öffentliche Zugänglichmachung, Rundfunksendung oder Aufnahme auf Bild- oder Tonträger, und der mittelbaren Verwertung, z. B. durch Benutzung erlaubterweise hergestellter, erschienener oder öffentlich zugänglich gemachter Bild- oder Tonträger (z. B. Schallplatten) zur Rundfunksendung oder der öffentlichen Wiedergabe der Rundfunksendung einer Darbietung. In den Fällen der unmittelbaren Verwertung steht dem ausübenden Künstler ein ausschließliches Recht zu, d. h. er kann insoweit jede Verwertung seiner Darbietung verbieten, die ohne seine Einwilligung erfolgt. Wird die Darbietung des Künstlers von einem Unternehmen veranstaltet, so stehen die ausschließlichen Rechte nach § 77 Abs. 1 und 2 Satz 1 sowie § 78 UrhG neben dem ausübenden Künstler auch dem Inhaber des Unternehmens (Veranstalter) zu (§ 81 UrhG). Dagegen wird dem ausübenden Künstler in den Fällen der mittelbaren Verwertung ein gesetzlicher Anspruch auf Zahlung einer angemessenen Vergütung gewährt, auf den er im Voraus nicht verzichten kann und den er im Voraus nur an eine Verwertungsgesellschaft abtreten kann. Im Fall der Vermietung und des Verleihs von Bild- oder Tonträgern steht dem ausübenden Künstler ein Anspruch auf eine angemessene Vergütung zu, der nur durch eine Verwertungsgesellschaft geltend gemacht werden kann (§ 77 Abs. 2 i. V. m. § 27 UrhG). Der ausübende Künstler kann seine Rechte und Ansprüche aus den §§ 77 und 78 UrhG übertragen. Er kann einem anderen das Recht einräumen, die Darbietung auf einzelne oder alle der ihm vorbehaltenen Nutzungsorten zu nutzen; die Regelungen der §§ 31, 32 bis 32b sowie der §§ 32d bis 40, 41, 42 und 43 UrhG sind entsprechend anwendbar. Die Vergütung des ausübenden Künstlers für später bekannte Nutzungsarten regelt § 79b UrhG. Um den für die ungehinderte Auswertung von Filmwerken wichtigen Rechtserwerb des Filmherstellers zu erleichtern, enthält das Gesetz eine Auslegungsregel, nach der ein ausübender Künstler, der mit dem Filmhersteller einen Vertrag über seine Mitwirkung bei der Herstellung eines Filmwerks abschließt, damit im Zweifel hinsichtlich der Verwertung des Filmwerks die Rechte zur Nutzung seiner Darbietung nach § 77 Abs. 1 und 2 Satz 1 und § 78 Abs. 1 Nr. 1 und 2 UrhG einräumt. Bei Ensemble-Darbietungen wie Chor-, Orchester- und Bühnenaufführungen können die Ensemble-Mitglieder ihre Rechte und Ansprüche nur gemeinsam durch einen Vertreter geltend machen. Der Hersteller eines Tonträgers (z. B. Schallplattenhersteller) hat das ausschließliche Recht, den Tonträger zu vervielfältigen, zu verbreiten und öffentlich zugänglich zu machen. Wenn ein erschienener oder erlaubterweise öffentlich zugänglich gemachter Tonträger zur öffentlichen Wiedergabe benutzt wird, hat der Tonträgerhersteller gegen den ausübenden Künstler, dessen Darbietung auf dem Tonträger aufgenommen ist, einen Anspruch auf angemessene Beteiligung an seiner ihm in diesen Fällen nach § 78 Abs. 2 UrhG zustehenden Vergütung. Innerhalb der GVL wird das Aufkommen aus diesen Vergütungsansprüchen im Verhältnis 50:50 zwischen ausübenden Künstlern und Tonträgerherstellern geteilt. Sendeunternehmen steht das ausschließliche Recht zur Weitersendung und öffentlichen Zugänglichmachung ihrer Sendung, zur Aufnahme ihrer Sendung auf Bild- oder Tonträger, zur Herstellung von Lichtbildern von ihrer Sendung sowie zur öffentlichen Wahrnehmbarmachung ihrer Funksendungen an Stellen zu, die der Öffentlichkeit nur gegen Zahlung eines Eintrittsgeldes zugänglich sind. Filmhersteller haben das ausschließliche Recht, den Bildträger oder Bild- und Tonträger, auf den das Filmwerk aufgenommen ist, zu vervielfältigen, zu verbreiten und zur öffentlichen Vorführung, Funksendung oder öffentlichen Zugänglichmachung zu benutzen. Sie können ferner Entstellungen oder Kürzungen des Bildträgers oder Bild- und Tonträgers verbieten, die geeignet sind, ihre berechtigten Interessen an diesem zu gefährden. Die Schutzdauer beträgt für die Leistungsschutzrechte der ausübenden Künstler und der Tonträgerhersteller 70 Jahre, für die Leistungsschutzrechte der Sendeunternehmen und der Filmhersteller 50 Jahre und für die Leistungsschutzrechte des Veranstalters 25 Jahre. Ferner sieht das Gesetz Leistungsschutzrechte für wissenschaftliche Ausgaben urheberrechtlich nicht geschützter Werke oder Texte und Erstausgaben nachgelassener Werke mit einer Schutzdauer von 25 Jahren vor; für Lichtbilder, an denen nur Leistungsschutz besteht, beträgt die Schutzdauer 50 Jahre. Die Rechte des Datenbankherstellers sind in den §§ 87a ff. UrhG geregelt; ihre Schutzdauer beträgt 15 Jahre. Das seit dem 7. Juni 2021 geltende neue Leistungsschutzrecht des Presseverlegers, das ein Jahr nach der Veröffentlichung des Presseerzeugnisses erlischt, ist in den §§ 87f bis 87k UrhG normiert.

11. Ergänzende Schutzbestimmungen

Die §§ 95a bis 95d UrhG sind durch das Gesetz zur Regelung des Urheberrechts in der Informationsgesellschaft in das Urheberrechtsgesetz eingefügt worden. Sie dienen dem Schutz technischer Maßnahmen vor Umgehung, der Durchsetzung von Schrankenbestimmungen und begründen Kennzeichnungspflichten zum Schutz der Verbraucher. Sie werden ergänzt durch die Straf- und Bußgeldvorschriften der §§ 108b und 111a UrhG sowie die Regelung der Verbandsklage gem. §§ 2a und 3a des Unterlassungsklagengesetzes.

12. Rechtsverletzungen

Urheberrechtsverletzungen können zivilrechtliche und strafrechtliche Rechtsfolgen auslösen. Wird das Urheberrecht widerrechtlich verletzt, so kann der Verletzer auf Beseitigung der Beeinträchtigung, bei Wiederholungsgefahr auf Unterlassung und bei Verschulden auch auf Schadensersatz in Anspruch genommen werden. Unabhängig von einem Verschulden des Verletzers kann der Berechtigte auch die Herausgabe der Bereicherung verlangen, die durch die widerrechtliche Benutzung auf seine Kosten erlangt worden ist. Ferner bestehen Ansprüche auf Vernichtung aller rechtswidrig hergestellten, rechtswidrig verbreiteten und zur rechtswidrigen Verbreitung bestimmten Vervielfältigungsstücke sowie der zur rechtswidrigen Herstellung von Vervielfältigungsstücken bestimmten Vorrichtungen. Zur Verhinderung drohender Urheberrechtsverletzungen kann der Berechtigte unter bestimmten Voraussetzungen auch den Erlass einer einstweiligen Verfügung beantragen. Der Auskunftsanspruch des Rechtsinhabers gegen denjenigen, der das Urheberrecht verletzt, ist in § 101 geregelt. Unter bestimmten Voraussetzungen hat der Rechtsinhaber gegen den Verletzer auch einen Anspruch auf Vorlage von Urkunden und auf Besichtigung von Sachen (§ 101a). Aufgrund der Neufassung des § 97a UrhG durch das Gesetz gegen unseriöse Geschäftspraktiken sollen Verbraucher gegen überhöhte Abmahngebühren bei Urheberrechtsverletzungen geschützt werden. Deshalb sind die Kosten für die erste Abmahnung an einen privaten Nutzer fortan auf die gesetzlichen Gebühren nach einem Gegenstandswert von 1000 Euro beschränkt. Durch § 104a UrhG ist der „fliegende Gerichtsstand" bei Klagen gegen Verbraucher abgeschafft worden; ausschließlich zuständig für solche Klagen ist nur noch das Gericht, in dessen Bezirk der Beklagte seinen Wohnsitz bzw. seinen gewöhnlichen Aufenthaltsort hat. Bestimmte vorsätzliche Urheberrechtsverletzungen sind strafbar. Sie können mit Freiheitsstrafe bis zu drei Jahren oder mit Geldstrafe, bei gewerbsmäßigem Handeln mit Freiheitsstrafe bis zu fünf Jahren oder mit Geldstrafe geahndet werden. Die Strafverfolgung ist abhängig von einem Strafantrag des Verletzten, es sei denn, dass die Strafverfolgungsbehörde wegen des besonderen öffentlichen Interesses an der Strafverfolgung ein Einschreiten von Amts wegen für geboten hält. Neben der Verschärfung der strafrechtlichen Sanktionsmöglichkeiten hat das Produktpirateriegesetz vom 7.3.1990 auch die zivil- und strafrechtlichen Einziehungsmöglichkeiten erweitert (§§ 98, 99 und 110 UrhG) und die Eingriffsmöglichkeiten der Zollbehörden erweitert (§ 111b UrhG). Strafbare Urheberrechtsverletzungen können vom Verletzten im Weg der Privatklage verfolgt werden (§ 374 Abs. 1 Nr. 8 StPO).

II. Recht am eigenen Bild

Auf Grund des Rechts am eigenen Bild (§ 22 KUG, abgedruckt unter Nr. 4), das ein Ausfluß des allgemeinen Persönlichkeitsrechts ist, dürfen Bildnisse nur mit Einwilligung des Abgebildeten verbreitet oder öffentlich zur Schau gestellt werden. Die Einwilligung gilt im Zweifel als erteilt, wenn der Abgebildete dafür, dass er sich abbilden ließ, eine Entlohnung erhielt. Nach dem Tod des Abgebildeten ist bis zum Ablauf von 10 Jahren zur Veröffentlichung die Einwilligung der Angehörigen erforderlich. Zur Befriedigung des Informationsinteresses der Allgemeinheit dürfen Bildnisse aus dem Bereich der Zeitgeschichte ohne Einwilligung des Abgebildeten veröffentlicht werden (§ 23 Abs. 1 Nr. 1 KUG). Ferner dürfen Bilder von Versammlungen, Aufzügen und ähnlichen Vorgängen, an denen die dargestellten Personen teilgenommen haben, ohne ihre Einwilligung verbreitet und zur Schau gestellt werden (§ 23 Abs. 1 Nr. 3 KUG). Auch in diesen Fällen sind jedoch Wiedergaben unzulässig, durch die ein berechtigtes Interesse des Abgebildeten verletzt wird (§ 23 Abs. 2 KUG). Für Zwecke der Rechtspflege und öffentlichen Sicherheit dürfen Bildnisse ohne Einwilligung des Abgebildeten veröffentlicht werden (§ 24 KUG).

III. Internationales Urheberrecht

Der Geltungsbereich des Urheberrechtsgesetzes ist auf das Gebiet der Bundesrepublik Deutschland begrenzt (Territorialitätsprinzip). Den Schutz des Urheberrechtsgesetzes genießen grundsätzlich auch nur deutsche Staatsangehörige für alle ihre Werke und Ausländer für ihre in der Bundesrepublik erschienenen Werke. Deutschen Staatsangehörigen stehen Staatsangehörige anderer EU- oder EWR-Staaten gleich (vgl. EuGH GRUR Int. 1994, 53 – Collins/Imtrat). Der Urheberrechtsschutz deutscher Urheber im Ausland und ausländischer Urheber im Inland wird jedoch durch völkerrechtliche Verträge erweitert, denen die Bundesrepublik als Vertragsstaat angehört. Am bedeutsamsten ist die Revidierte Berner Übereinkunft zum Schutz von Werken der Literatur und Kunst, abgedruckt unter Nr. 26. Die RBÜ ist ein Staatenverband zum Schutz der Rechte der Urheber und mehrfach, zuletzt 1971 in Paris, revidiert worden. Die Urheber genießen für die Werke, für die sie durch die RBÜ geschützt sind, in allen Verbandsländern mit Ausnahme des Ursprungslandes des Werkes die Rechte, die die einschlägigen Gesetze den inländischen Urhebern gegenwärtig gewähren oder in Zukunft gewähren werden (Grundsatz der Inländerbehandlung). Ferner gewährt die RBÜ den Urhebern in allen Verbandsländern außer dem Ursprungsland des Werkes besondere Rechte, um ihnen einen bestimmten Mindestschutz zu sichern (z. B. Übersetzungsrecht, Vervielfältigungsrecht, Aufführungsrecht, Senderecht, Vortragsrecht, Bearbeitungsrecht und Verfilmungsrecht). Der Genuss und die Ausübung dieser Rechte sind nicht an die Erfüllung von Förmlichkeiten gebunden (Grundsatz der Formfreiheit). Der Schutz durch die RBÜ wird durch den WIPO-Urheberrechtsvertrag (WCT) und den WIPO-Vertrag über Darbietungen und Tonträger (WPPT) ergänzt (abgedruckt unter Nr. 25a und Nr. 25b). Sie sind auf einer weltweiten diplomatischen Konferenz am 20.12.1996 in Genf abgeschlossen worden und am 6. März 2002 (WCT) bzw. 20. Mai 2002 (WPPT) in Kraft getreten. Das deutsche Zustimmungsgesetz ist unter Nr. 25c abgedruckt. Für Deutschland und die Europäische Union sind die beiden WIPO-Abkommen am 14. März 2010 in Kraft getreten (vgl. Bekanntmachungen vom 9. August 2011, BGBl. 2011 II S. 856 und 860). Das Welturheberrechtsabkommen, das 1971 in Paris revidiert wurde (abgedruckt unter Nr. 27), verpflichtet die Vertragsstaaten, alle zum Schutz der Urheber notwendigen Bestimmungen zu treffen. Auch der durch das WUA gewährte Schutz beruht auf dem Grundsatz der Inländerbehandlung und der Anerkennung bestimmter Mindestrechte. Anders als bei der RBÜ kann nach dem WUA bei veröffentlichten Werken der Urheberrechtsschutz von der Erfüllung von Förmlichkeiten abhängig gemacht werden. Jeder Vertragsstaat hat aber die Anforderung an die Förmlichkeiten als erfüllt anzusehen, wenn alle Exemplare des Werkes das Zeichen © in Verbindung mit dem Namen des Inhabers des Urheberrechts und dem Jahr der Erstveröffentlichung tragen (Copyright-Vermerk). Durch ein besonderes Übereinkommen ist die Weltorganisation für geistiges Eigentum (WIPO/OMPI) errichtet worden (abgedruckt unter Nr. 25). Zweck dieser Organisation, die ihren Sitz in Genf hat, ist es, den Schutz des geistigen Eigentums durch Zusammenarbeit der Staaten weltweit zu fördern und die verwaltungsmäßige Zusammenarbeit zwischen den durch die Pariser Verbandsübereinkunft und die RBÜ geschaffenen internationalen Verbänden zu gewährleisten. Nur geringe praktische Bedeutung hat die Übereinkunft von

Montevideo betreffend den Schutz von Werken der Literatur und Kunst vom 11.1.1889 (RGBl. 1927 II S. 95). Neben diesen mehrseitigen völkerrechtlichen Verträgen hat die Bundesrepublik auch bilaterale Vereinbarungen zum Urheberrechtsschutz abgeschlossen. Am bedeutsamsten ist das bereits 1892 abgeschlossene Übereinkommen zwischen dem Deutschen Reich und den USA über den gegenseitigen Schutz der Urheberrechte, abgedruckt unter Nr. 39. Auch der Schutz deutscher Leistungsschutzberechtigter im Ausland und ausländischer Leistungsschutzberechtigter in der Bundesrepublik wird durch völkerrechtliche Verträge erweitert, denen die Bundesrepublik als Vertragsstaat angehört. Am wichtigsten ist das Internationale Abkommen über den Schutz der ausübenden Künstler, der Hersteller von Tonträgern und der Sendeunternehmen von 1961 (Rom-Abkommen), abgedruckt unter Nr. 29. Nach diesem Abkommen sind die Vertragsstaaten verpflichtet, ausübenden Künstlern, Herstellern von Tonträgern und Sendeunternehmen für ihre Darbietungen, Tonträger und Sendungen Schutz nach dem Grundsatz der Inländerbehandlung zu gewähren; bestimmte Mindestrechte sind gewährleistet. Der Schutz des Rom-Abkommens wird durch den WIPO-Vertrag über Darbietungen und Tonträger ergänzt (abgedruckt unter Nr. 25b). Das Übereinkommen zum Schutz der Hersteller von Tonträgern gegen die unerlaubte Vervielfältigung ihrer Tonträger von 1971 (abgedruckt unter Nr. 31) schützt die Hersteller von Tonträgern (z. B. Schallplattenhersteller) gegen die Herstellung von Vervielfältigungsstücken ohne ihre Zustimmung, gegen die Einfuhr solcher Vervielfältigungsstücke und gegen die Verbreitung solcher Vervielfältigungsstücke an die Öffentlichkeit. Zweck des Übereinkommens über die Verbreitung der durch Satelliten übertragenen programmtragenden Signale von 1974 (abgedruckt unter Nr. 33) ist es, einen Mindestschutz der durch Weltraumsatelliten übertragenen Hörfunk- und Fernsehsendungen sicherzustellen. Es verpflichtet die Vertragsstaaten, angemessene Maßnahmen zu treffen, um die Weitersendung von durch Satelliten übertragenen Sendungen in ihrem Hoheitsgebiet oder von ihrem Hoheitsgebiet aus durch ein Sendeunternehmen zu verhindern, für das die über den Satelliten geleiteten Sendungen nicht bestimmt sind. Es erfasst nicht die Sendung direkt abstrahlender Satelliten. In der Bundesrepublik ist den Ursprungsunternehmen, die die Sendung über Satelliten veranlassen, in Ausführung des Übereinkommens ein dem Urheberrecht verwandtes Schutzrecht gewährt worden, das ihnen das ausschließliche Recht gibt, die Satellitensendung weiterzusenden (vgl. Art. 2 des Gesetzes vom 14.2.1979 zu dem Übereinkommen vom 21.5.1974 über die Verbreitung der durch Satelliten übertragenen programmtragenden Signale, abgedruckt unter Nr. 34). Das Europäische Abkommen zum Schutz von Fernsehsendungen von 1960 (abgedruckt unter Nr. 35) verpflichtet die Vertragsstaaten, Sendeunternehmen gegen die Weitersendung und die körperliche Festlegung ihrer Fernsehsendungen zu schützen. Anders als das Rom-Abkommen gewährt es den Sendeunternehmen auch gegen die öffentliche Übertragung ihrer Fernsehsendungen durch Drahtfunk (z. B. Kabelfernsehen) und gegen die Festlegung und Vervielfältigung der im Rahmen ihrer Fernsehsendungen ausgestrahlten Einzelbilder Schutz.

Mit der Errichtung der Welthandelsorganisation (WTO) im Jahr 1994 wurde deren Tätigkeitsbereich auch auf den Schutz der handelsbezogenen Rechte des geistigen Eigentums erstreckt und das Übereinkommen über handelsbezogene Aspekte der Rechte des geistigen Eigentums (TRIPS-Abkommen, auszugsweise abgedruckt unter Nr. 31) abgeschlossen. Dieses Abkommen soll weltweit gelten und den internationalen Schutz der Immaterialgüterrechte gegen „Piraterie“ durch Vorschriften zur Durchsetzung dieser Rechte gegen Rechtsverletzer und Einführung von Verfahrensregelungen zur Streitvermeidung und -beilegung zwischen den Mitgliedstaaten verstärken. Für das Gebiet des Urheberrechts und der Leistungsschutzrechte verpflichtet das Abkommen die Mitgliedstaaten zur Inländerbehandlung und Meistbegünstigung und sieht es gewisse Mindestrechte vor.

Der WIPO-Vertrag von Marrakesch vom 27.6.2013 enthält Schrankenregelungen zugunsten blinder, sehbehinderter oder sonst lesebehinderter Personen. Der Vertrag trat am 30.7.2016 in Kraft und wurde von der EU mit der Richtlinie 2017/1563 und der Verordnung 2017/1564 in das Unionsrecht umgesetzt.

IV. Gesetzesmaterialien

1. Amtliche Begründung zum Entwurf eines Urheberrechtsgesetzes, Deutscher Bundestag, 4. Wahlperiode, Drucksache IV/270; Schriftlicher Bericht des Rechtsausschusses des Bundestags, zu Drucksache IV/3401.
2. Amtliche Begründung zum Entwurf eines Gesetzes über das Verlagsrecht, Drucksachen des Reichstages, 10. Legislaturperiode, II. Session 1900/1901, Nr. 97.
3. Amtliche Begründung zum Entwurf eines Verwertungsgesellschaftengesetzes, Deutscher Bundestag, 4. Wahlperiode, Drucksache IV/271; Schriftlicher Bericht des Rechtsausschusses des Bundestags, zu Drucksache IV/3402.
4. Amtliche Begründung zum Entwurf eines Gesetzes zur Änderung von Vorschriften auf dem Gebiet des Urheberrechts, Deutscher Bundestag, 10. Wahlperiode, Drucksache 10/837; Beschlußempfehlung und Bericht des Rechtsausschusses des Bundestags, Drucksache 10/3360.
5. Bericht der Bundesregierung über die Auswirkungen der Urheberrechtsnovelle 1985 und Fragen des Urheber- und Leistungsschutzrechts, Deutscher Bundestag, 11. Wahlperiode, Drucksache 11/4929; Beschlußempfehlung und Bericht des Rechtsausschusses des Bundestags, Drucksache 11/5958.
6. Amtliche Begründung zum Entwurf eines Zweiten Gesetzes zur Änderung des Urheberrechtsgesetzes, Deutscher Bundestag, 12. Wahlperiode, Drucksache 12/4022; Beschlußempfehlung und Bericht des Rechtsausschusses des Bundestags, Drucksache 12/4597.
7. Bericht der Bundesregierung über die Entwicklung des Urhebervertragsrechts, Deutscher Bundestag, 12. Wahlperiode, Drucksache 12/7489.
8. Amtliche Begründung zum Entwurf eines (Dritten) Gesetzes zur Änderung des Urheberrechtsgesetzes, Bundesrat, Drucksache 218/94; Beschlußempfehlung und Bericht des Rechtsausschusses des Bundestags (vom Rechtsausschuß in die Beratung über den Entwurf des Gesetzes zur Änderung des Patentgebührengesetzes einbezogen worden), Deutscher Bundestag, 12. Wahlperiode, Drucksache 12/7634.
9. Amtliche Begründung zum Entwurf eines Dritten Gesetzes zur Änderung des Urheberrechtsgesetzes, Deutscher Bundestag, 13. Wahlperiode,

Drucksache 13/115; Beschlußempfehlung und Bericht des Rechtsausschusses des Bundestags, Drucksache 13/1315.

10. Amtliche Begründung zum Entwurf eines (Vierten) Gesetzes zur Änderung des Urheberrechtsgesetzes, Deutscher Bundestag, 13. Wahlperiode, Drucksache 13/781; Beschlußempfehlung und Bericht des Rechtsausschusses des Bundestags, Drucksache 13/1315.
11. Amtliche Begründung zum Entwurf eines Gesetzes zur Regelung der Rahmenbedingungen für Informations- und Kommunikationsdienste (Informations- und Kommunikationsdienste – Gesetz IuKDG) – Art. 7 – Deutscher Bundestag, 13. Wahlperiode, Drucksache 13/7385; Beschlußempfehlung und Bericht des Ausschusses für Bildung, Wissenschaft, Forschung, Technologie und Technikfolgenabschätzung des Bundestags, Drucksache 13/7934.
12. Amtliche Begründung zum Entwurf eines Vierten Gesetzes zur Änderung des Urheberrechtsgesetzes, Deutscher Bundestag, 13. Wahlperiode, Drucksache 13/4796; Beschlußempfehlung und Bericht des Rechtsausschusses des Bundestags, Drucksache 13/9856.
13. Zwischenbericht der Enquête-Kommission „Zukunft der Medien in Wirtschaft und Gesellschaft – Deutschlands Weg in die Informationsgesellschaft" zum Thema „Neue Medien und Urheberrecht", Deutscher Bundestag, 13. Wahlperiode, Drucksache 13/8110.
14. Zweiter Bericht der Bundesregierung über die Entwicklung der urheberrechtlichen Vergütung gemäß §§ 54 ff. UrhG (2. Vergütungsbericht), Deutscher Bundestag, 14. Wahlperiode, Drucksache 14/3972.
15. Begründung zum Entwurf eines Gesetzes zur Stärkung der vertraglichen Stellung von Urhebern und ausübenden Künstlern, Deutscher Bundestag, 14. Wahlperiode, Drucksachen 14/6433 und 14/7564; Beschlußempfehlung und Bericht des Rechtsausschusses des Bundestags, Drucksache 14/8058.
16. Amtliche Begründung zum Entwurf eines Gesetzes zur Regelung des Urheberrechts in der Informationsgesellschaft, Deutscher Bundestag, 15. Wahlperiode, Drucksache 15/38; Beschlussempfehlung und Bericht des Rechtsausschusses des Bundestags, Drucksache 15/837.
17. Amtliche Begründung zum Entwurf eines Fünften Gesetzes zur Änderung des Urheberrechtsgesetzes, Deutscher Bundestag, 16. Wahlperiode, Drucksache 16/1107; Beschlussempfehlung und Bericht des Rechtsausschusses des Bundestags, Drucksache 16/2019.
18. Amtliche Begründung zum Entwurf eines Zweiten Gesetzes zur Regelung des Urheberrechts in der Informationsgesellschaft, Deutscher Bundestag, 16. Wahlperiode, Drucksache 16/1828; Beschlußempfehlung und Bericht des Rechtsausschusses des Bundestags, Drucksache 16/5939.
19. Amtliche Begründung zum Entwurf eines Gesetzes zur Verbesserung der Durchsetzung von Rechten des geistigen Eigentums, Deutscher Bundestag, 16. Wahlperiode, Drucksache 16/5048; Beschlussempfehlung und Bericht des Rechtsausschusses des Bundestags, Drucksache 16/8783.
20. Begründung zum Entwurf eines Sechsten Gesetzes zur Änderung des Urheberrechtsgesetzes, Deutscher Bundestag, 16. Wahlperiode, Drucksache 16/10569; Beschlussempfehlung und Bericht des Rechtsausschusses des Bundestags, Drucksache 16/10894.

21. Begründung zum Entwurf eines (Siebenten) Gesetzes zur Änderung des Urheberrechtsgesetzes, Deutscher Bundestag, 17. Wahlperiode, Drucksache 17/11317; Beschlussempfehlung und Bericht des Rechtsausschusses des Bundestags, Drucksache 17/11699.
22. Amtliche Begründung zum Entwurf eines Achten Gesetzes zur Änderung des Urheberrechtsgesetzes, Deutscher Bundestag, 17. Wahlperiode, Drucksache 17/11470; Beschlussempfehlung und Bericht des Rechtsausschusses des Bundestags, Drucksache 17/12534.
23. Amtliche Begründung zum Entwurf eines Neunten Gesetzes zur Änderung des Urheberrechtsgesetzes, Deutscher Bundestag, 17. Wahlperiode, Drucksache 17/12013; Beschlussempfehlung und Bericht des Rechtsausschusses des Bundestags, Drucksache 17/13270.
24. Amtliche Begründung zum Entwurf eines Gesetzes zur Nutzung verwaister und vergriffener Werke und einer weiteren Änderung des Urheberrechtsgesetzes, Drucksache 17/13423; Beschlussempfehlung und Bericht des Rechtsausschusses des Bundestags, Drucksache 17/14217.
25. Amtliche Begründung zum Entwurf eines Gesetzes zur Umsetzung der Richtlinie 2014/26/EU über die kollektive Wahrnehmung von Urheber- und verwandten Schutzrechten und die Vergabe von Mehrgebietslizenzen für Rechte an Musikwerken für die Online-Nutzung im Binnenmarkt sowie zur Änderung des Verfahrens betreffend die Geräte- und Speichermedienvergütung (VG-Richtlinie-Umsetzungsgesetz), Drucksache 18/7223; Beschlussempfehlung und Bericht des Ausschusses für Recht und Verbraucherschutz des Bundestags, Drucksache 18/8268.
26. Amtliche Begründung zum Entwurf eines Gesetzes zur verbesserten Durchsetzung des Anspruchs der Urheber und ausübenden Künstler auf angemessene Vergütung, Drucksache 18/8625; Beschlussempfehlung und Bericht des Ausschusses für Recht und Verbraucherschutz des Bundestags, Drucksache 18/10637.
27. Amtliche Begründung zum Entwurf eines Gesetzes zur Angleichung des Urheberrechts an die aktuellen Erfordernisse der Wissensgesellschaft (Urheberrechts-Wissensgesellschafts-Gesetz – UrhWissG), Drucksache 18/12329; Beschlussempfehlung und Bericht des Ausschusses für Recht und Verbraucherschutz des Bundestags, Drucksache 18/13014.
28. Amtliche Begründung zum Entwurf eines Gesetzes zur Umsetzung der Marrakesch-Richtlinie über einen besseren Zugang zu urheberrechtlich geschützten Werken zugunsten von Mensen mit einer Seh- oder Lesebehinderung, Drucksache 19/3071; Beschlussempfehlung und Bericht des Ausschusses für Recht und Verbraucherschutz des Bundestags, Drucksache 19/5114.

1. Grundgesetz für die Bundesrepublik Deutschland

Vom 23. Mai 1949

(BGBl. S. 1)

Zuletzt geändert durch Art. 1 u. 2. Gesetz v. 29.9.2020 (BGBl. I S. 2048)

(Auszug)

Art. 1 [Schutz der Menschenwürde, Menschenrechte, Grundrechtsbindung] (1) [1]Die Würde des Menschen ist unantastbar. [2]Sie zu achten und zu schützen ist Verpflichtung aller staatlichen Gewalt.

(2) Das Deutsche Volk bekennt sich darum zu unverletzlichen und unveräußerlichen Menschenrechten als Grundlage jeder menschlichen Gemeinschaft, des Friedens und der Gerechtigkeit in der Welt.

(3) Die nachfolgenden Grundrechte binden Gesetzgebung, vollziehende Gewalt und Rechtsprechung als unmittelbar geltendes Recht.

Art. 2 [Freie Entfaltung der Persönlichkeit, Recht auf Leben, körperliche Unversehrtheit, Freiheit der Person] (1) Jeder hat das Recht auf die freie Entfaltung seiner Persönlichkeit, soweit er nicht die Rechte anderer verletzt und nicht gegen die verfassungsmäßige Ordnung oder das Sittengesetz verstößt.

(2) [1]Jeder hat das Recht auf Leben und körperliche Unversehrtheit. [2]Die Freiheit der Person ist unverletzlich. [3]In diese Rechte darf nur auf Grund eines Gesetzes eingegriffen werden.

Art. 5 [Recht der freien Meinungsäußerung, Medienfreiheit, Kunst- und Wissenschaftsfreiheit]

(1) [1]Jeder hat das Recht, seine Meinung in Wort, Schrift und Bild frei zu äußern und zu verbreiten und sich aus allgemein zugänglichen Quellen ungehindert zu unterrichten. [2]Die Pressefreiheit und die Freiheit der Berichterstattung durch Rundfunk und Film werden gewährleistet. [3]Eine Zensur findet nicht statt.

(2) Diese Rechte finden ihre Schranken in den Vorschriften der allgemeinen Gesetze, den gesetzlichen Bestimmungen zum Schutze der Jugend und in dem Recht der persönlichen Ehre.

(3) [1]Kunst und Wissenschaft, Forschung und Lehre sind frei. [2]Die Freiheit der Lehre entbindet nicht von der Treue zur Verfassung.

Art. 14 [Eigentum, Erbrecht und Enteignung] (1) [1]Das Eigentum und das Erbrecht werden gewährleistet. [2]Inhalt und Schranken werden durch die Gesetze bestimmt.

(2) [1]Eigentum verpflichtet. [2]Sein Gebrauch soll zugleich dem Wohle der Allgemeinheit dienen.

(3) [1]Eine Enteignung ist nur zum Wohle der Allgemeinheit zulässig. [2]Sie darf nur durch Gesetz oder auf Grund eines Gesetzes erfolgen, das Art und Ausmaß der Entschädigung regelt. [3]Die Entschädigung ist unter gerechter Abwägung der Interessen der Allgemeinheit und der Beteiligten zu bestimmen. [4]Wegen der Höhe der Entschädigung steht im Streitfalle der Rechtsweg vor den ordentlichen Gerichten offen.

Art. 73 [Gegenstände der ausschließlichen Gesetzgebung] (1) Der Bund hat die ausschließliche Gesetzgebung über:

9. den gewerblichen Rechtsschutz, das Urheberrecht und das Verlagsrecht;

II. Urheberrecht

2. Gesetz über Urheberrecht und verwandte Schutzrechte (Urheberrechtsgesetz)

Vom 9. September 1965
(BGBl. I S. 1273)

FNA 440-1

zuletzt geänd. durch Art. 25 Telekommunikationsmodernisierungsgesetz v. 23.6.2021 (BGBl. I S. 1858)

Nichtamtliche Inhaltsübersicht

Der Bundestag hat das folgende Gesetz beschlossen:

Teil 1. Urheberrecht

Abschnitt 1. Allgemeines

§ 1 Allgemeines Die Urheber von Werken der Literatur, Wissenschaft und Kunst genießen für ihre Werke Schutz nach Maßgabe dieses Gesetzes.

Abschnitt 2. Das Werk

§ 2 Geschützte Werke. (1) Zu den geschützten Werken der Literatur, Wissenschaft und Kunst gehören insbesondere:

1. Sprachwerke, wie Schriftwerke, Reden und Computerprogramme;

---

1) Nr. **42**.
2) Nr. **45**.
3) Nr. **43a**.
4) Nr. **47**.

2. Werke der Musik;
3. pantomimische Werke einschließlich der Werke der Tanzkunst;
4. Werke der bildenden Künste einschließlich der Werke der Baukunst und der angewandten Kunst und Entwürfe solcher Werke;
5. Lichtbildwerke einschließlich der Werke, die ähnlich wie Lichtbildwerke geschaffen werden;
6. Filmwerke einschließlich der Werke, die ähnlich wie Filmwerke geschaffen werden;
7. Darstellungen wissenschaftlicher oder technischer Art, wie Zeichnungen, Pläne, Karten, Skizzen, Tabellen und plastische Darstellungen.

(2) Werke im Sinne dieses Gesetzes sind nur persönliche geistige Schöpfungen.

§ 3 Bearbeitungen. [1] Übersetzungen und andere Bearbeitungen eines Werkes, die persönliche geistige Schöpfungen des Bearbeiters sind, werden unbeschadet des Urheberrechts am bearbeiteten Werk wie selbständige Werke geschützt. [2] Die nur unwesentliche Bearbeitung eines nicht geschützten Werkes der Musik wird nicht als selbständiges Werk geschützt.

§ 4 Sammelwerke und Datenbankwerke. (1) Sammlungen von Werken, Daten oder anderen unabhängigen Elementen, die aufgrund der Auswahl oder Anordnung der Elemente eine persönliche geistige Schöpfung sind (Sammelwerke), werden, unbeschadet eines an den einzelnen Elementen gegebenenfalls bestehenden Urheberrechts oder verwandten Schutzrechts, wie selbständige Werke geschützt.

(2) [1] Datenbankwerk im Sinne dieses Gesetzes ist ein Sammelwerk, dessen Elemente systematisch oder methodisch angeordnet und einzeln mit Hilfe elektronischer Mittel oder auf andere Weise zugänglich sind. [2] Ein zur Schaffung des Datenbankwerkes oder zur Ermöglichung des Zugangs zu dessen Elementen verwendetes Computerprogramm (§ 69a) ist nicht Bestandteil des Datenbankwerkes.

§ 5 Amtliche Werke. (1) Gesetze, Verordnungen, amtliche Erlasse und Bekanntmachungen sowie Entscheidungen und amtlich verfaßte Leitsätze zu Entscheidungen genießen keinen urheberrechtlichen Schutz.

(2) Das gleiche gilt für andere amtliche Werke, die im amtlichen Interesse zur allgemeinen Kenntnisnahme veröffentlicht worden sind, mit der Einschränkung, daß die Bestimmungen über Änderungsverbot und Quellenangabe in § 62 Abs. 1 bis 3 und § 63 Abs. 1 und 2 entsprechend anzuwenden sind.

(3) [1] Das Urheberrecht an privaten Normwerken wird durch die Absätze 1 und 2 nicht berührt, wenn Gesetze, Verordnungen, Erlasse oder amtliche Bekanntmachungen auf sie verweisen, ohne ihren Wortlaut wiederzugeben. [2] In diesem Fall ist der Urheber verpflichtet, jedem Verleger zu angemessenen Bedingungen ein Recht zur Vervielfältigung und Verbreitung einzuräumen. [3] Ist ein Dritter Inhaber des ausschließlichen Rechts zur Vervielfältigung und Verbreitung, so ist dieser zur Einräumung des Nutzungsrechts nach Satz 2 verpflichtet.

§ 6 Veröffentlichte und erschienene Werke. (1) Ein Werk ist veröffentlicht, wenn es mit Zustimmung des Berechtigten der Öffentlichkeit zugänglich gemacht worden ist.

(2) [1] Ein Werk ist erschienen, wenn mit Zustimmung des Berechtigten Vervielfältigungsstücke des Werkes nach ihrer Herstellung in genügender Anzahl der Öffentlichkeit angeboten oder in Verkehr gebracht worden sind. [2] Ein Werk der bildenden Künste gilt auch dann als erschienen, wenn das Original oder ein Vervielfältigungsstück des Werkes mit Zustimmung des Berechtigten bleibend der Öffentlichkeit zugänglich ist.

Abschnitt 3. Der Urheber

§ 7 Urheber. Urheber ist der Schöpfer des Werkes.

§ 8 Miturheber. (1) Haben mehrere ein Werk gemeinsam geschaffen, ohne daß sich ihre Anteile gesondert verwerten lassen, so sind sie Miturheber des Werkes.

(2) [1] Das Recht zur Veröffentlichung und zur Verwertung des Werkes steht den Miturhebern zur gesamten Hand zu; Änderungen des Werkes sind nur mit Einwilligung der Miturheber zulässig. [2] Ein Miturheber darf jedoch seine Einwilligung zur Veröffentlichung, Verwertung oder Änderung nicht wider Treu und Glauben verweigern. [3] Jeder Miturheber ist berechtigt, Ansprüche aus Verletzungen des gemeinsamen Urheberrechts geltend zu machen; er kann jedoch nur Leistung an alle Miturheber verlangen.

(3) Die Erträgnisse aus der Nutzung des Werkes gebühren den Miturhebern nach dem Umfang ihrer Mitwirkung an der Schöpfung des Werkes, wenn nichts anderes zwischen den Miturhebern vereinbart ist.

(4) [1] Ein Miturheber kann auf seinen Anteil an den Verwertungsrechten (§ 15) verzichten. [2] Der Verzicht ist den anderen Miturhebern gegenüber zu erklären. [3] Mit der Erklärung wächst der Anteil den anderen Miturhebern zu.

§ 9 Urheber verbundener Werke. Haben mehrere Urheber ihre Werke zu gemeinsamer Verwertung miteinander verbunden, so kann jeder vom anderen die Einwilligung zur Veröffentlichung, Verwertung und Änderung der verbundenen Werke verlangen, wenn die Einwilligung dem anderen nach Treu und Glauben zuzumuten ist.

§ 10 Vermutung der Urheber- oder Rechtsinhaberschaft. (1) Wer auf den Vervielfältigungsstücken eines erschienenen Werkes oder auf dem Original eines Werkes der bildenden Künste in der üblichen Weise als Urheber bezeichnet ist, wird bis zum Beweis des Gegenteils als Urheber des Werkes angesehen; dies gilt auch für eine Bezeichnung, die als Deckname oder Künstlerzeichen des Urhebers bekannt ist.

(2) [1] Ist der Urheber nicht nach Absatz 1 bezeichnet, so wird vermutet, daß derjenige ermächtigt ist, die Rechte des Urhebers geltend zu machen, der auf den Vervielfältigungsstücken des Werkes als Herausgeber bezeichnet ist. [2] Ist kein Herausgeber angegeben, so wird vermutet, daß der Verleger ermächtigt ist.

(3) [1] Für die Inhaber ausschließlicher Nutzungsrechte gilt die Vermutung des Absatzes 1 entsprechend, soweit es sich um Verfahren des einstweiligen Rechtsschutzes handelt oder Unterlassungsansprüche geltend gemacht werden. [2] Die

Vermutung gilt nicht im Verhältnis zum Urheber oder zum ursprünglichen Inhaber des verwandten Schutzrechts.

Abschnitt 4. Inhalt des Urheberrechts

Unterabschnitt 1. Allgemeines

§ 11 Allgemeines. [1] Das Urheberrecht schützt den Urheber in seinen geistigen und persönlichen Beziehungen zum Werk und in der Nutzung des Werkes. [2] Es dient zugleich der Sicherung einer angemessenen Vergütung für die Nutzung des Werkes.

Unterabschnitt 2. Urheberpersönlichkeitsrecht

§ 12 Veröffentlichungsrecht. (1) Der Urheber hat das Recht zu bestimmen, ob und wie sein Werk zu veröffentlichen ist.

(2) Dem Urheber ist es vorbehalten, den Inhalt seines Werkes öffentlich mitzuteilen oder zu beschreiben, solange weder das Werk noch der wesentliche Inhalt oder eine Beschreibung des Werkes mit seiner Zustimmung veröffentlicht ist.

§ 13 Anerkennung der Urheberschaft. [1] Der Urheber hat das Recht auf Anerkennung seiner Urheberschaft am Werk. [2] Er kann bestimmen, ob das Werk mit einer Urheberbezeichnung zu versehen und welche Bezeichnung zu verwenden ist.

§ 14 Entstellung des Werkes. Der Urheber hat das Recht, eine Entstellung oder eine andere Beeinträchtigung seines Werkes zu verbieten, die geeignet ist, seine berechtigten geistigen oder persönlichen Interessen am Werk zu gefährden.

Unterabschnitt 3. Verwertungsrechte

§ 15 Allgemeines. (1) Der Urheber hat das ausschließliche Recht, sein Werk in körperlicher Form zu verwerten[1)]; das Recht umfaßt insbesondere

1. das Vervielfältigungsrecht (§ 16),
2. das Verbreitungsrecht (§ 17),
3. das Ausstellungsrecht (§ 18).

(2) [1] Der Urheber hat ferner das ausschließliche Recht, sein Werk in unkörperlicher Form öffentlich wiederzugeben (Recht der öffentlichen Wiedergabe). [2] Das Recht der öffentlichen Wiedergabe umfasst insbesondere

1. das Vortrags-, Aufführungs- und Vorführungsrecht (§ 19),
2. das Recht der öffentlichen Zugänglichmachung (§ 19a),
3. das Senderecht (§ 20),
4. das Recht der Wiedergabe durch Bild- oder Tonträger (§ 21),
5. das Recht der Wiedergabe von Funksendungen und von öffentlicher Zugänglichmachung (§ 22).

(3) [1] Die Wiedergabe ist öffentlich, wenn sie für eine Mehrzahl von Mitgliedern der Öffentlichkeit bestimmt ist. [2] Zur Öffentlichkeit gehört jeder, der

---

[1)] Beachte hierzu VerwertungsgesellschaftenG (Nr. **13**).

nicht mit demjenigen, der das Werk verwertet, oder mit den anderen Personen, denen das Werk in unkörperlicher Form wahrnehmbar oder zugänglich gemacht wird, durch persönliche Beziehungen verbunden ist.

§ 16 Vervielfältigungsrecht. (1) Das Vervielfältigungsrecht ist das Recht, Vervielfältigungsstücke des Werkes herzustellen, gleichviel ob vorübergehend oder dauerhaft, in welchem Verfahren und in welcher Zahl.

(2) Eine Vervielfältigung ist auch die Übertragung des Werkes auf Vorrichtungen zur wiederholbaren Wiedergabe von Bild- oder Tonfolgen (Bild- oder Tonträger), gleichviel, ob es sich um die Aufnahme einer Wiedergabe des Werkes auf einen Bild- oder Tonträger oder um die Übertragung des Werkes von einem Bild- oder Tonträger auf einen anderen handelt.

§ 17 Verbreitungsrecht. (1) Das Verbreitungsrecht ist das Recht, das Original oder Vervielfältigungsstücke des Werkes der Öffentlichkeit anzubieten oder in Verkehr zu bringen.

(2) Sind das Original oder Vervielfältigungsstücke des Werkes mit Zustimmung des zur Verbreitung Berechtigten im Gebiet der Europäischen Union oder eines anderen Vertragsstaates des Abkommens über den Europäischen Wirtschaftsraum im Wege der Veräußerung in Verkehr gebracht worden, so ist ihre Weiterverbreitung mit Ausnahme der Vermietung zulässig.

(3) [1] Vermietung im Sinne der Vorschriften dieses Gesetzes ist die zeitlich begrenzte, unmittelbar oder mittelbar Erwerbszwecken dienende Gebrauchsüberlassung. [2] Als Vermietung gilt jedoch nicht die Überlassung von Originalen oder Vervielfältigungsstücken

1. von Bauwerken und Werken der angewandten Kunst oder
2. im Rahmen eines Arbeits- oder Dienstverhältnisses zu dem ausschließlichen Zweck, bei der Erfüllung von Verpflichtungen aus dem Arbeits- oder Dienstverhältnis benutzt zu werden.

§ 18 Ausstellungsrecht. Das Ausstellungsrecht ist das Recht, das Original oder Vervielfältigungsstücke eines unveröffentlichten Werkes der bildenden Künste oder eines unveröffentlichten Lichtbildwerkes öffentlich zur Schau zu stellen.

§ 19 Vortrags-, Aufführungs- und Vorführungsrecht. (1) Das Vortragsrecht ist das Recht, ein Sprachwerk durch persönliche Darbietung öffentlich zu Gehör zu bringen.

(2) Das Aufführungsrecht ist das Recht, ein Werk der Musik durch persönliche Darbietung öffentlich zu Gehör zu bringen oder ein Werk öffentlich bühnenmäßig darzustellen.

(3) Das Vortrags- und das Aufführungsrecht umfassen das Recht, Vorträge und Aufführungen außerhalb des Raumes, in dem die persönliche Darbietung stattfindet, durch Bildschirm, Lautsprecher oder ähnliche technische Einrichtungen öffentlich wahrnehmbar zu machen.

(4) [1] Das Vorführungsrecht ist das Recht, ein Werk der bildenden Künste, ein Lichtbildwerk, ein Filmwerk oder Darstellungen wissenschaftlicher oder technischer Art durch technische Einrichtungen öffentlich wahrnehmbar zu machen. [2] Das Vorführungsrecht umfaßt nicht das Recht, die Funksendung

oder öffentliche Zugänglichmachung solcher Werke öffentlich wahrnehmbar zu machen (§ 22).

§ 19a Recht der öffentlichen Zugänglichmachung. Das Recht der öffentlichen Zugänglichmachung ist das Recht, das Werk drahtgebunden oder drahtlos der Öffentlichkeit in einer Weise zugänglich zu machen, dass es Mitgliedern der Öffentlichkeit von Orten und zu Zeiten ihrer Wahl zugänglich ist.

§ 20 Senderecht. Das Senderecht ist das Recht, das Werk durch Funk, wie Ton- und Fernsehrundfunk, Satellitenrundfunk, Kabelfunk oder ähnliche technische Mittel, der Öffentlichkeit zugänglich zu machen.

§ 20a Europäische Satellitensendung. (1) Wird eine Satellitensendung innerhalb des Gebietes eines Mitgliedstaates der Europäischen Union oder Vertragsstaates des Abkommens über den Europäischen Wirtschaftsraum ausgeführt, so gilt sie ausschließlich als in diesem Mitgliedsstaat oder Vertragsstaat erfolgt.

(2) [1] Wird eine Satellitensendung im Gebiet eines Staates ausgeführt, der weder Mitgliedstaat der Europäischen Union noch Vertragsstaat des Abkommens über den Europäischen Wirtschaftsraum ist und in dem für das Recht der Satellitensendung das in Kapitel II der Richtlinie 93/83/EWG des Rates vom 27. September 1993 zur Koordinierung bestimmter urheber- und leistungsschutzrechtlicher Vorschriften betreffend Satellitenrundfunk und Kabelweiterverbreitung (ABl. EG Nr. L 248 S. 15) vorgesehene Schutzniveau nicht gewährleistet ist, so gilt sie als in dem Mitgliedstaat oder Vertragsstaat erfolgt,

1. in dem die Erdfunkstation liegt, von der aus die programmtragenden Signale zum Satelliten geleitet werden, oder
2. in dem das Sendeunternehmen seine Niederlassung hat, wenn die Vorraussetzung nach Nummer 1 nicht gegeben ist.

[2] Das Senderecht ist im Fall der Nummer 1 gegenüber dem Betreiber der Erdfunkstation, im Fall der Nummer 2 gegenüber dem Sendeunternehmen geltend zu machen.

(3) Satellitensendung im Sinne von Absatz 1 und 2 ist die unter der Kontrolle und Verantwortung des Sendeunternehmens stattfindende Eingabe der für den öffentlichen Empfang bestimmten programmtragenden Signale in eine ununterbrochene Übertragungskette, die zum Satelliten und zurück zur Erde führt.

§ 20b Weitersendung. (1) [1] Das Recht, ein gesendetes Werk im Rahmen eines zeitgleich, unverändert und vollständig weiterübertragenen Programms weiterzusenden (Weitersendung), kann nur durch eine Verwertungsgesellschaft geltend gemacht werden. [2] Dies gilt nicht für

1. Rechte an einem Werk, das ausschließlich im Internet gesendet wird,
2. Rechte, die ein Sendeunternehmen in Bezug auf seine Sendungen geltend macht.

(1a) Bei der Weitersendung über einen Internetzugangsdienst ist Absatz 1 nur anzuwenden, wenn der Betreiber des Weitersendedienstes ausschließlich berechtigten Nutzern in einer gesicherten Umgebung Zugang zum Programm bietet.

(1b) Internetzugangsdienst im Sinne von Absatz 1a ist ein Dienst gemäß Artikel 2 Absatz 2 Nummer 2 der Verordnung (EU) 2015/2120 des Europäischen Parlaments und des Rates vom 25. November 2015 über Maßnahmen zum Zugang zum offenen Internet und zur Änderung der Richtlinie 2002/22/EG über den Universaldienst und Nutzerrechte bei elektronischen Kommunikationsnetzen und -diensten sowie der Verordnung (EU) Nr. 531/2012 über das Roaming in öffentlichen Mobilfunknetzen in der Union (ABl. L 310 vom 26.11.2015, S. 1), die zuletzt durch die Richtlinie (EU) 2018/1972 (ABl. L 321 vom 17.12.2018, S. 36; L 334 vom 27.12.2019, S. 164) geändert worden ist.

(2) [1] Hat der Urheber das Recht der Weitersendung einem Sendeunternehmen oder einem Tonträger- oder Filmhersteller eingeräumt, so hat der Weitersendedienst gleichwohl dem Urheber eine angemessene Vergütung für die Weitersendung zu zahlen. [2] Auf den Vergütungsanspruch kann nicht verzichtet werden. [3] Er kann im Voraus nur an eine Verwertungsgesellschaft abgetreten und nur durch eine solche geltend gemacht werden. [4] Diese Regelung steht Tarifverträgen, Betriebsvereinbarungen und gemeinsamen Vergütungsregeln von Sendeunternehmen nicht entgegen, soweit dadurch dem Urheber eine angemessene Vergütung für jede Weitersendung eingeräumt wird.

§ 20c Europäischer ergänzender Online-Dienst. (1) Ein ergänzender Online-Dienst eines Sendeunternehmens ist

1. die Sendung von Programmen im Internet zeitgleich mit ihrer Sendung in anderer Weise,
2. die öffentliche Zugänglichmachung bereits gesendeter Programme im Internet, die für einen begrenzten Zeitraum nach der Sendung abgerufen werden können, auch mit ergänzenden Materialien zum Programm.

(2) [1] Die Vervielfältigung und die öffentliche Wiedergabe von Werken zur Ausführung eines ergänzenden Online-Dienstes eines Sendeunternehmens in einem Mitgliedstaat der Europäischen Union oder einem Vertragsstaat des Abkommens über den Europäischen Wirtschaftsraum gelten ausschließlich als in dem Mitgliedstaat oder Vertragsstaat erfolgt, in dem das Sendeunternehmen seine Hauptniederlassung hat. [2] Der Rechtsinhaber und das Sendeunternehmen können den Umfang von Nutzungsrechten für ergänzende Online-Dienste des Sendeunternehmens beschränken.

(3) Absatz 2 gilt bei Fernsehprogrammen nur für Eigenproduktionen des Sendeunternehmens, die vollständig von ihm finanziert wurden, sowie für Nachrichtensendungen und die Berichterstattung über Tagesereignisse, nicht aber für die Übertragung von Sportveranstaltungen.

§ 20d Direkteinspeisung. (1) Überträgt ein Sendeunternehmen die programmtragenden Signale an einen Signalverteiler, ohne sie gleichzeitig selbst öffentlich wiederzugeben (Direkteinspeisung), und gibt der Signalverteiler diese programmtragenden Signale öffentlich wieder, so gelten das Sendeunternehmen und der Signalverteiler als Beteiligte einer einzigen öffentlichen Wiedergabe.

(2) § 20b gilt entsprechend.

§ 21 Recht der Wiedergabe durch Bild- oder Tonträger. [1]Das Recht der Wiedergabe durch Bild- oder Tonträger ist das Recht, Vorträge oder Aufführungen des Werkes mittels Bild- oder Tonträger öffentlich wahrnehmbar zu machen. [2]§ 19 Abs. 3 gilt entsprechend.

§ 22 Recht der Wiedergabe von Funksendungen und von öffentlicher Zugänglichmachung. [1]Das Recht der Wiedergabe von Funksendungen und der Wiedergabe von öffentlicher Zugänglichmachung ist das Recht, Funksendungen und auf öffentlicher Zugänglichmachung beruhende Wiedergaben des Werkes durch Bildschirm, Lautsprecher oder ähnliche technische Einrichtungen öffentlich wahrnehmbar zu machen. [2]§ 19 Abs. 3 gilt entsprechend.

§ 23 Bearbeitungen und Umgestaltungen. (1) [1]Bearbeitungen oder andere Umgestaltungen eines Werkes, insbesondere auch einer Melodie, dürfen nur mit Zustimmung des Urhebers veröffentlicht oder verwertet werden. [2]Wahrt das neu geschaffene Werk einen hinreichenden Abstand zum benutzten Werk, so liegt keine Bearbeitung oder Umgestaltung im Sinne des Satzes 1 vor.

(2) Handelt es sich um

1. die Verfilmung eines Werkes,
2. die Ausführung von Plänen und Entwürfen eines Werkes der bildenden Künste,
3. den Nachbau eines Werkes der Baukunst oder
4. die Bearbeitung oder Umgestaltung eines Datenbankwerkes,

so bedarf bereits das Herstellen der Bearbeitung oder Umgestaltung der Zustimmung des Urhebers.

(3) Auf ausschließlich technisch bedingte Änderungen eines Werkes bei Nutzungen nach § 44b Absatz 2, § 60d Absatz 1, § 60e Absatz 1 sowie § 60f Absatz 2 sind die Absätze 1 und 2 nicht anzuwenden.

§ 24 *(aufgehoben)*

Unterabschnitt 4. Sonstige Rechte des Urhebers

§ 25 Zugang zu Werkstücken. (1) Der Urheber kann vom Besitzer des Originals oder eines Vervielfältigungsstückes seines Werkes verlangen, daß er ihm das Original oder das Vervielfältigungsstück zugänglich macht, soweit dies zur Herstellung von Vervielfältigungsstücken oder Bearbeitungen des Werkes erforderlich ist und nicht berechtigte Interessen des Besitzers entgegenstehen.

(2) Der Besitzer ist nicht verpflichtet, das Original oder das Vervielfältigungsstück dem Urheber herauszugeben.

§ 26 Folgerecht. (1) [1]Wird das Original eines Werkes der bildenden Künste oder eines Lichtbildwerkes weiterveräußert und ist hieran ein Kunsthändler oder Versteigerer als Erwerber, Veräußerer oder Vermittler beteiligt, so hat der Veräußerer dem Urheber einen Anteil des Veräußerungserlöses zu entrichten. [2]Als Veräußerungserlös im Sinne des Satzes 1 gilt der Verkaufspreis ohne Steuern. [3]Ist der Veräußerer eine Privatperson, so haftet der als Erwerber oder Vermittler beteiligte Kunsthändler oder Versteigerer neben ihm als Gesamtschuldner; im Verhältnis zueinander ist der Veräußerer allein verpflichtet. [4]Die Verpflichtung nach Satz 1 entfällt, wenn der Veräußerungserlös weniger als 400 Euro beträgt.

(2) [1] Die Höhe des Anteils des Veräußerungserlöses beträgt:

1. 4 Prozent für den Teil des Veräußerungserlöses bis zu 50 000 Euro,
2. 3 Prozent für den Teil des Veräußerungserlöses von 50 000,01 bis 200 000 Euro,
3. 1 Prozent für den Teil des Veräußerungserlöses von 200 000,01 bis 350 000 Euro,
4. 0,5 Prozent für den Teil des Veräußerungserlöses von 350 000,01 bis 500 000 Euro,
5. 0,25 Prozent für den Teil des Veräußerungserlöses über 500 000 Euro.

[2] Der Gesamtbetrag der Folgerechtsvergütung aus einer Weiterveräußerung beträgt höchstens 12 500 Euro.

(3) [1] Das Folgerecht ist unveräußerlich. [2] Der Urheber kann auf seinen Anteil im Voraus nicht verzichten.

(4) Der Urheber kann von einem Kunsthändler oder Versteigerer Auskunft darüber verlangen, welche Originale von Werken des Urhebers innerhalb der letzten drei Jahre vor dem Auskunftsersuchen unter Beteiligung des Kunsthändlers oder Versteigerers weiterveräußert wurden.

(5) [1] Der Urheber kann, soweit dies zur Durchsetzung seines Anspruchs gegen den Veräußerer erforderlich ist, von dem Kunsthändler oder Versteigerer Auskunft über den Namen und die Anschrift des Veräußerers sowie über die Höhe des Veräußerungserlöses verlangen. [2] Der Kunsthändler oder Versteigerer darf die Auskunft über Namen und Anschrift des Veräußerers verweigern, wenn er dem Urheber den Anteil entrichtet.

(6) Die Ansprüche nach den Absätzen 4 und 5 können nur durch eine Verwertungsgesellschaft geltend gemacht werden.

(7) [1] Bestehen begründete Zweifel an der Richtigkeit oder Vollständigkeit einer Auskunft nach Absatz 4 oder 5, so kann die Verwertungsgesellschaft verlangen, dass nach Wahl des Auskunftspflichtigen ihr oder einem von ihm zu bestimmenden Wirtschaftsprüfer oder vereidigten Buchprüfer Einsicht in die Geschäftsbücher oder sonstige Urkunden so weit gewährt wird, wie dies zur Feststellung der Richtigkeit oder Vollständigkeit der Auskunft erforderlich ist. [2] Erweist sich die Auskunft als unrichtig oder unvollständig, so hat der Auskunftspflichtige die Kosten der Prüfung zu erstatten.

(8) Die vorstehenden Bestimmungen sind auf Werke der Baukunst und der angewandten Kunst nicht anzuwenden.

§ 27 Vergütung für Vermietung und Verleihen. (1) [1] Hat der Urheber das Vermietrecht (§ 17) an einem Bild- oder Tonträger dem Tonträger- oder Filmhersteller eingeräumt, so hat der Vermieter gleichwohl dem Urheber eine angemessene Vergütung für die Vermietung zu zahlen. [2] Auf den Vergütungsanspruch kann nicht verzichtet werden. [3] Er kann im voraus nur an eine Verwertungsgesellschaft abgetreten werden.

(2) [1] Für das Verleihen von Originalen oder Vervielfältigungsstücken eines Werkes, deren Weiterverbreitung nach § 17 Abs. 2 zulässig ist, ist dem Urheber eine angemessene Vergütung zu zahlen, wenn die Originale oder Vervielfältigungsstücke durch eine der Öffentlichkeit zugängliche Einrichtung (Bücherei, Sammlung von Bild- oder Tonträgern oder anderer Originale oder Vervielfältigungsstücke) verliehen werden. [2] Verleihen im Sinne von Satz 1 ist die zeitlich

begrenzte, weder unmittelbar noch mittelbar Erwerbszwecken dienende Gebrauchsüberlassung; § 17 Abs. 3 Satz 2 findet entsprechende Anwendung.

(3) Die Vergütungsansprüche nach den Absätzen 1 und 2 können nur durch eine Verwertungsgesellschaft geltend gemacht werden.

Abschnitt 5. Rechtsverkehr im Urheberrecht

Unterabschnitt 1. Rechtsnachfolge in das Urheberrecht

§ 28 Vererbung des Urheberrechts. (1) Das Urheberrecht ist vererblich.

(2) [1] Der Urheber kann durch letztwillige Verfügung die Ausübung des Urheberrechts einem Testamentsvollstrecker übertragen. [2] § 2210 des Bürgerlichen Gesetzbuchs ist nicht anzuwenden.

§ 29 Rechtsgeschäfte über das Urheberrecht. (1) Das Urheberrecht ist nicht übertragbar, es sei denn, es wird in Erfüllung einer Verfügung von Todes wegen oder an Miterben im Wege der Erbauseinandersetzung übertragen.

(2) Zulässig sind die Einräumung von Nutzungsrechten (§ 31), schuldrechtliche Einwilligungen und Vereinbarungen zu Verwertungsrechten sowie die in § 39 geregelten Rechtsgeschäfte über Urheberpersönlichkeitsrechte.

§ 30 Rechtsnachfolger des Urhebers. Der Rechtsnachfolger des Urhebers hat die dem Urheber nach diesem Gesetz zustehenden Rechte, soweit nichts anderes bestimmt ist.

Unterabschnitt 2. Nutzungsrechte

§ 31 Einräumung von Nutzungsrechten. (1) [1] Der Urheber kann einem anderen das Recht einräumen, das Werk auf einzelne oder alle Nutzungsarten zu nutzen (Nutzungsrecht). [2] Das Nutzungsrecht kann als einfaches oder ausschließliches Recht sowie räumlich, zeitlich oder inhaltlich beschränkt eingeräumt werden.

(2) Das einfache Nutzungsrecht berechtigt den Inhaber, das Werk auf die erlaubte Art zu nutzen, ohne dass eine Nutzung durch andere ausgeschlossen ist.

(3) [1] Das ausschließliche Nutzungsrecht berechtigt den Inhaber, das Werk unter Ausschluss aller anderen Personen auf die ihm erlaubte Art zu nutzen und Nutzungsrechte einzuräumen. [2] Es kann bestimmt werden, dass die Nutzung durch den Urheber vorbehalten bleibt. [3] § 35 bleibt unberührt.

(4) *(aufgehoben)*

(5) [1] Sind bei der Einräumung eines Nutzungsrechts die Nutzungsarten nicht ausdrücklich einzeln bezeichnet, so bestimmt sich nach dem von beiden Partnern zugrunde gelegten Vertragszweck, auf welche Nutzungsarten es sich erstreckt. [2] Entsprechendes gilt für die Frage, ob ein Nutzungsrecht eingeräumt wird, ob es sich um ein einfaches oder ausschließliches Nutzungsrecht handelt, wie weit Nutzungsrecht und Verbotsrecht reichen und welchen Einschränkungen das Nutzungsrecht unterliegt.

§ 31a Verträge über unbekannte Nutzungsarten. (1) [1] Ein Vertrag, durch den der Urheber Rechte für unbekannte Nutzungsarten einräumt oder sich dazu verpflichtet, bedarf der Schriftform. [2] Der Schriftform bedarf es nicht, wenn der Urheber unentgeltlich ein einfaches Nutzungsrecht für jedermann einräumt. [3]Der Urheber kann diese Rechtseinräumung oder die Verpflichtung hierzu widerrufen. [4]Das Widerrufsrecht erlischt nach Ablauf von drei Monaten, nachdem der andere die Mitteilung über die beabsichtigte Aufnahme der neuen Art der Werknutzung an den Urheber unter der ihm zuletzt bekannten Anschrift abgesendet hat.

(2) [1]Das Widerrufsrecht entfällt, wenn sich die Parteien nach Bekanntwerden der neuen Nutzungsart auf eine Vergütung nach § 32c Abs. 1 geeinigt haben. [2]Das Widerrufsrecht entfällt auch, wenn die Parteien die Vergütung nach einer gemeinsamen Vergütungsregel vereinbart haben. [3]Es erlischt mit dem Tod des Urhebers.

(3) Sind mehrere Werke oder Werkbeiträge zu einer Gesamtheit zusammengefasst, die sich in der neuen Nutzungsart in angemessener Weise nur unter Verwendung sämtlicher Werke oder Werkbeiträge verwerten lässt, so kann der Urheber das Widerrufsrecht nicht wider Treu und Glauben ausüben.

(4) Auf die Rechte nach den Absätzen 1 bis 3 kann im Voraus nicht verzichtet werden.

§ 32 Angemessene Vergütung. (1) [1]Der Urheber hat für die Einräumung von Nutzungsrechten und die Erlaubnis zur Werknutzung Anspruch auf die vertraglich vereinbarte Vergütung. [2]Ist die Höhe der Vergütung nicht bestimmt, gilt die angemessene Vergütung als vereinbart. [3]Soweit die vereinbarte Vergütung nicht angemessen ist, kann der Urheber von seinem Vertragspartner die Einwilligung in die Änderung des Vertrages verlangen, durch die dem Urheber die angemessene Vergütung gewährt wird.

(2) [1]Eine nach einer gemeinsamen Vergütungsregel (§ 36) ermittelte Vergütung ist angemessen. [2]Im Übrigen ist die Vergütung angemessen, wenn sie im Zeitpunkt des Vertragsschlusses dem entspricht, was im Geschäftsverkehr nach Art und Umfang der eingeräumten Nutzungsmöglichkeit, insbesondere nach Dauer, Häufigkeit, Ausmaß und Zeitpunkt der Nutzung, unter Berücksichtigung aller Umstände üblicher- und redlicherweise zu leisten ist. [3]Eine pauschale Vergütung muss eine angemessene Beteiligung des Urhebers am voraussichtlichen Gesamtertrag der Nutzung gewährleisten und durch die Besonderheiten der Branche gerechtfertigt sein.

(2a) Eine gemeinsame Vergütungsregel kann zur Ermittlung der angemessenen Vergütung auch bei Verträgen herangezogen werden, die vor ihrem zeitlichen Anwendungsbereich abgeschlossen wurden.

(3) [1]Auf eine Vereinbarung, die zum Nachteil des Urhebers von den Absätzen 1 bis 2a abweicht, kann der Vertragspartner sich nicht berufen. [2]Die in Satz 1 bezeichneten Vorschriften finden auch Anwendung, wenn sie durch anderweitige Gestaltungen umgangen werden. [3]Der Urheber kann aber unentgeltlich ein einfaches Nutzungsrecht für jedermann einräumen.

(4) Der Urheber hat keinen Anspruch nach Absatz 1 Satz 3, soweit die Vergütung für die Nutzung seiner Werke tarifvertraglich bestimmt ist.

§ 32a Weitere Beteiligung des Urhebers. (1) [1]Hat der Urheber einem anderen ein Nutzungsrecht zu Bedingungen eingeräumt, die dazu führen, dass die vereinbarte Gegenleistung sich unter Berücksichtigung der gesamten Beziehungen des Urhebers zu dem anderen als unverhältnismäßig niedrig im Vergleich zu den Erträgen und Vorteilen aus der Nutzung des Werkes erweist, so ist der andere auf Verlangen des Urhebers verpflichtet, in eine Änderung des

Vertrages einzuwilligen, durch die dem Urheber eine den Umständen nach weitere angemessene Beteiligung gewährt wird. [2] Ob die Vertragspartner die Höhe der erzielten Erträge oder Vorteile vorhergesehen haben oder hätten vorhersehen können, ist unerheblich.

(2) [1] Hat der andere das Nutzungsrecht übertragen oder weitere Nutzungsrechte eingeräumt und ergibt sich die unverhältnismäßig niedrige Vergütung des Urhebers aus den Erträgnissen oder Vorteilen eines Dritten, so haftet dieser dem Urheber unmittelbar nach Maßgabe des Absatzes 1 unter Berücksichtigung der vertraglichen Beziehungen in der Lizenzkette. [2] Die Haftung des anderen entfällt.

(3) [1] Auf die Ansprüche nach den Absätzen 1 und 2 kann im Voraus nicht verzichtet werden. [2] Die Anwartschaft hierauf unterliegt nicht der Zwangsvollstreckung; eine Verfügung über die Anwartschaft ist unwirksam. [3] Der Urheber kann aber unentgeltlich ein einfaches Nutzungsrecht für jedermann einräumen.

(4) [1] Der Urheber hat keinen Anspruch nach Absatz 1, soweit die Vergütung nach einer gemeinsamen Vergütungsregel (§ 36) oder tarifvertraglich bestimmt worden ist und ausdrücklich eine weitere angemessene Beteiligung für den Fall des Absatzes 1 vorsieht. [2] § 32 Absatz 2a ist entsprechend anzuwenden.

§ 32b Zwingende Anwendung. Die §§ 32, 32a, 32d bis 32f und 38 Absatz 4 finden zwingend Anwendung,

1. wenn auf den Nutzungsvertrag mangels einer Rechtswahl deutsches Recht anzuwenden wäre oder
2. soweit Gegenstand des Vertrages maßgebliche Nutzungshandlungen im räumlichen Geltungsbereich dieses Gesetzes sind.

§ 32c Vergütung für später bekannte Nutzungsarten. (1) [1] Der Urheber hat Anspruch auf eine gesonderte angemessene Vergütung, wenn der Vertragspartner eine neue Art der Werknutzung nach § 31a aufnimmt, die im Zeitpunkt des Vertragsschlusses vereinbart, aber noch unbekannt war. [2] § 32 Abs. 2 und 4 gilt entsprechend. [3] Der Vertragspartner hat den Urheber über die Aufnahme der neuen Art der Werknutzung unverzüglich zu unterrichten.

(2) [1] Hat der Vertragspartner das Nutzungsrecht einem Dritten übertragen, haftet der Dritte mit der Aufnahme der neuen Art der Werknutzung für die Vergütung nach Absatz 1. [2] Die Haftung des Vertragspartners entfällt.

(3) [1] Auf die Rechte nach den Absätzen 1 und 2 kann im Voraus nicht verzichtet werden. [2] Der Urheber kann aber unentgeltlich ein einfaches Nutzungsrecht für jedermann einräumen.

§ 32d Auskunft und Rechenschaft des Vertragspartners. (1) [1] Bei entgeltlicher Einräumung eines Nutzungsrechts erteilt der Vertragspartner dem Urheber mindestens einmal jährlich Auskunft über den Umfang der Werknutzung und die hieraus gezogenen Erträge und Vorteile. [2] Die Auskunft erfolgt auf der Grundlage der Informationen, die im Rahmen eines ordnungsgemäßen Geschäftsbetriebes üblicherweise vorhanden sind. [3] Die Auskunft ist erstmals ein Jahr nach Beginn der Werknutzung und nur für die Zeit der Werknutzung zu erteilen.

(1a) Nur auf Verlangen des Urhebers hat der Vertragspartner Auskunft über Namen und Anschriften seiner Unterlizenznehmer zu erteilen sowie Rechenschaft über die Auskunft nach Absatz 1 abzulegen.

(2) Die Absätze 1 und 1a sind nicht anzuwenden, soweit

1. der Urheber einen lediglich nachrangigen Beitrag zu einem Werk, einem Produkt oder einer Dienstleistung erbracht hat, es sei denn, der Urheber legt aufgrund nachprüfbarer Tatsachen klare Anhaltspunkte dafür dar, dass er die Auskunft für eine Vertragsanpassung (§ 32a Absatz 1 und 2) benötigt; nachrangig ist ein Beitrag insbesondere dann, wenn er den Gesamteindruck eines Werkes oder die Beschaffenheit eines Produktes oder einer Dienstleistung wenig prägt, etwa weil er nicht zum typischen Inhalt eines Werkes, eines Produktes oder einer Dienstleistung gehört, oder
2. die Inanspruchnahme des Vertragspartners aus anderen Gründen unverhältnismäßig ist, insbesondere wenn der Aufwand für die Auskunft außer Verhältnis zu den Einnahmen aus der Werknutzung stünde.

(3) [1] Von den Absätzen 1 bis 2 kann nur durch eine Vereinbarung abgewichen werden, die auf einer gemeinsamen Vergütungsregel (§ 36) oder einem Tarifvertrag beruht. [2] Im Fall des Satzes 1 wird vermutet, dass die kollektiven Vereinbarungen dem Urheber zumindest ein vergleichbares Maß an Transparenz wie die gesetzlichen Bestimmungen gewährleisten.

§ 32e Auskunft und Rechenschaft Dritter in der Lizenzkette.

(1) [1] Hat der Vertragspartner des Urhebers das Nutzungsrecht übertragen oder weitere Nutzungsrechte eingeräumt, so kann der Urheber Auskunft und Rechenschaft im Umfang des § 32d Absatz 1 bis 2 auch von denjenigen Dritten verlangen,

1. die die Nutzungsvorgänge in der Lizenzkette wirtschaftlich wesentlich bestimmen oder
2. aus deren Erträgnissen oder Vorteilen sich die unverhältnismäßig niedrige Vergütung des Urhebers gemäß § 32a Absatz 2 ergibt.

[2] Ansprüche nach Satz 1 kann der Urheber nur geltend machen, soweit sein Vertragspartner seiner Auskunftspflicht nach § 32d nicht innerhalb von drei Monaten ab Fälligkeit nachgekommen ist oder die Auskunft nicht hinreichend über die Werknutzung Dritter und die hieraus gezogenen Erträge und Vorteile informiert.

(2) Für die Geltendmachung der Ansprüche nach Absatz 1 genügt es, dass aufgrund nachprüfbarer Tatsachen klare Anhaltspunkte für deren Voraussetzungen vorliegen.

(3) § 32d Absatz 3 ist anzuwenden.

§ 32f Mediation und außergerichtliche Konfliktbeilegung. (1) Urheber und Werknutzer können insbesondere bei Streitigkeiten über Rechte und Ansprüche nach den §§ 32 bis 32e eine Mediation oder ein anderes freiwilliges Verfahren der außergerichtlichen Konfliktbeilegung einleiten.

(2) Auf eine Vereinbarung, die zum Nachteil des Urhebers von Absatz 1 abweicht, können sich der Vertragspartner des Urhebers oder andere Werknutzer nicht berufen.

§ 32g Vertretung durch Vereinigungen. Urheber können sich bei Streitigkeiten über Rechte und Ansprüche nach den §§ 32 bis 32f nach Maßgabe des Rechtsdienstleistungsgesetzes und der Prozessordnungen durch Vereinigungen von Urhebern vertreten lassen.

§ 33 Weiterwirkung von Nutzungsrechten. [1] Ausschließliche und einfache Nutzungsrechte bleiben gegenüber später eingeräumten Nutzungsrechten wirksam. [2] Gleiches gilt, wenn der Inhaber des Rechts, der das Nutzungsrecht eingeräumt hat, wechselt oder wenn er auf sein Recht verzichtet.

§ 34 Übertragung von Nutzungsrechten. (1) [1] Ein Nutzungsrecht kann nur mit Zustimmung des Urhebers übertragen werden. [2] Der Urheber darf die Zustimmung nicht wider Treu und Glauben verweigern.

(2) Werden mit dem Nutzungsrecht an einem Sammelwerk (§ 4) Nutzungsrechte an den in das Sammelwerk aufgenommenen einzelnen Werken übertragen, so genügt die Zustimmung des Urhebers des Sammelwerkes.

(3) [1] Ein Nutzungsrecht kann ohne Zustimmung des Urhebers übertragen werden, wenn die Übertragung im Rahmen der Gesamtveräußerung eines Unternehmens oder der Veräußerung von Teilen eines Unternehmens geschieht. [2] Der Urheber kann das Nutzungsrecht zurückrufen, wenn ihm die Ausübung des Nutzungsrechts durch den Erwerber nach Treu und Glauben nicht zuzumuten ist. [3] Satz 2 findet auch dann Anwendung, wenn sich die Beteiligungsverhältnisse am Unternehmen des Inhabers des Nutzungsrechts wesentlich ändern.

(4) Der Erwerber des Nutzungsrechts haftet gesamtschuldnerisch für die Erfüllung der sich aus dem Vertrag mit dem Urheber ergebenden Verpflichtungen des Veräußerers, wenn der Urheber der Übertragung des Nutzungsrechts nicht im Einzelfall ausdrücklich zugestimmt hat.

(5) [1] Der Urheber kann auf das Rückrufsrecht und die Haftung des Erwerbers im Voraus nicht verzichten. [2] Im Übrigen können der Inhaber des Nutzungsrechts und der Urheber Abweichendes vereinbaren.

§ 35 Einräumung weiterer Nutzungsrechte. (1) [1] Der Inhaber eines ausschließlichen Nutzungsrechts kann weitere Nutzungsrechte nur mit Zustimmung des Urhebers einräumen. [2] Der Zustimmung bedarf es nicht, wenn das ausschließliche Nutzungsrecht nur zur Wahrnehmung der Belange des Urhebers eingeräumt ist.

(2) Die Bestimmungen in § 34 Abs. 1 Satz 2, Abs. 2 und Abs. 5 Satz 2 sind entsprechend anzuwenden.

§ 35a Mediation und außergerichtliche Konfliktbeilegung bei Videoabrufdiensten. Rechtsinhaber und Werknutzer können insbesondere bei Vertragsverhandlungen über die Einräumung von Nutzungsrechten für die öffentliche Zugänglichmachung audiovisueller Werke über Videoabrufdienste eine Mediation oder ein anderes freiwilliges Verfahren der außergerichtlichen Konfliktbeilegung einleiten.

§ 36 Gemeinsame Vergütungsregeln. (1) [1] Zur Bestimmung der Angemessenheit von Vergütungen nach den §§ 32, 32a und 32c, zur Regelung der Auskünfte nach den §§ 32d und 32e sowie zur Bestimmung der angemessenen Beteiligung nach § 87k Absatz 1 stellen Vereinigungen von Urhebern mit Vereinigungen von Werknutzern oder einzelnen Werknutzern gemeinsame Vergütungsregeln auf. [2] Die gemeinsamen Vergütungsregeln sollen die Umstände des jeweiligen Regelungsbereichs berücksichtigen, insbesondere die Struktur und Größe der Verwerter. [3] In Tarifverträgen enthaltene Regelungen gehen gemeinsamen Vergütungsregeln vor.

(2) [1] Vereinigungen nach Absatz 1 müssen repräsentativ, unabhängig und zur Aufstellung gemeinsamer Vergütungsregeln ermächtigt sein. [2] Eine Vereinigung, die einen wesentlichen Teil der jeweiligen Urheber oder Werknutzer vertritt, gilt als ermächtigt im Sinne des Satzes 1, es sei denn, die Mitglieder der Vereinigung fassen einen entgegenstehenden Beschluss.

(3) [1] Ein Verfahren zur Aufstellung gemeinsamer Vergütungsregeln vor der Schlichtungsstelle (§ 36a) findet statt, wenn die Parteien dies vereinbaren. [2] Das Verfahren findet auf schriftliches Verlangen einer Partei statt, wenn

1. die andere Partei nicht binnen drei Monaten, nachdem eine Partei schriftlich die Aufnahme von Verhandlungen verlangt hat, Verhandlungen über gemeinsame Vergütungsregeln beginnt,
2. Verhandlungen über gemeinsame Vergütungsregeln ein Jahr, nachdem schriftlich ihre Aufnahme verlangt worden ist, ohne Ergebnis bleiben oder
3. eine Partei die Verhandlungen endgültig für gescheitert erklärt hat.

(4) [1] Die Schlichtungsstelle hat allen Parteien, die sich am Verfahren beteiligt haben oder nach § 36a Absatz 4a zur Beteiligung aufgefordert worden sind, einen begründeten Einigungsvorschlag zu machen, der den Inhalt der gemeinsamen Vergütungsregeln enthält. [2] Er gilt als angenommen, wenn innerhalb von sechs Wochen nach Empfang des Vorschlages keine der in Satz 1 genannten Parteien widerspricht.

§ 36a Schlichtungsstelle. (1) Zur Aufstellung gemeinsamer Vergütungsregeln bilden Vereinigungen von Urhebern mit Vereinigungen von Werknutzern oder einzelnen Werknutzern eine Schlichtungsstelle, wenn die Parteien dies vereinbaren oder eine Partei die Durchführung des Schlichtungsverfahrens verlangt.

(2) Die Schlichtungsstelle besteht aus einer gleichen Anzahl von Beisitzern, die jeweils von einer Partei bestellt werden, und einem unparteiischen Vorsitzenden, auf dessen Person sich beide Parteien einigen sollen.

(3) [1] Wenn sich die Parteien nicht einigen, entscheidet das nach § 1062 der Zivilprozessordnung zuständige Oberlandesgericht auf Antrag einer Partei über

1. die Person des Vorsitzenden,
2. die Anzahl der Beisitzer,
3. die Voraussetzungen des Schlichtungsverfahrens in Bezug auf
   a) die Fähigkeit der Werknutzer sowie Vereinigungen von Werknutzern und Urhebern, Partei des Schlichtungsverfahrens zu sein (§ 36 Absatz 1 Satz 1 und Absatz 2),
   b) ein Verfahren vor der Schlichtungsstelle, das auf Verlangen nur einer Partei stattfindet (§ 36 Absatz 3 Satz 2).

[2] Solange der Ort des Schlichtungsverfahrens noch nicht bestimmt ist, ist für die Entscheidung das Oberlandesgericht zuständig, in dessen Bezirk der Antragsgegner seinen Sitz oder seinen gewöhnlichen Aufenthalt hat. [3] Für das Ver-

fahren vor dem Oberlandesgericht gelten die §§ 1063 und 1065 der Zivilprozessordnung entsprechend.

(4) [1] Das Verlangen auf Durchführung des Schlichtungsverfahrens gemäß § 36 Abs. 3 Satz 2 muss einen Vorschlag über die Aufstellung gemeinsamer Vergütungsregeln enthalten. [2] Die Schlichtungsstelle stellt den Schriftsatz, mit dem die Durchführung des Verfahrens verlangt wird, der anderen Partei mit der Aufforderung zu, sich innerhalb eines Monats schriftlich zur Sache zu äußern.

(4a) [1] Jede Partei kann binnen drei Monaten nach Kenntnis vom Schlichtungsverfahren verlangen, dass die Schlichtungsstelle andere Vereinigungen von Urhebern zur Beteiligung auffordert, wenn der Vorschlag nach Absatz 4 Satz 1 Werke oder verbundene Werke betrifft, die üblicherweise nur unter Mitwirkung von weiteren Urhebern geschaffen werden können, die von den benannten Vereinigungen vertreten werden. [2] Absatz 4 Satz 2 ist entsprechend anzuwenden. [3] Beteiligt sich die Vereinigung von Urhebern, so benennt sie und die Partei der Werknutzer je weitere Beisitzer.

(5) [1] Die Schlichtungsstelle fasst ihren Beschluss nach mündlicher Beratung mit Stimmenmehrheit. [2] Die Beschlussfassung erfolgt zunächst unter den Beisitzern; kommt eine Stimmenmehrheit nicht zustande, so nimmt der Vorsitzende nach weiterer Beratung an der erneuten Beschlussfassung teil. [3] Benennt eine Partei keine Mitglieder oder bleiben die von einer Partei genannten Mitglieder trotz rechtzeitiger Einladung der Sitzung fern, so entscheiden der Vorsitzende und die erschienenen Mitglieder nach Maßgabe der Sätze 1 und 2 allein. [4] Der Beschluss der Schlichtungsstelle ist schriftlich niederzulegen, vom Vorsitzenden zu unterschreiben und beiden Parteien zuzuleiten.

(6) [1] Die Parteien tragen ihre eigenen Kosten sowie die Kosten der von ihnen bestellten Beisitzer. [2] Die sonstigen Kosten tragen die Parteien der Urheber, die sich am Verfahren beteiligen, und die Partei der Werknutzer jeweils zur Hälfte. [3] Sie haben als Gesamtschuldner auf Anforderung des Vorsitzenden zu dessen Händen einen für die Tätigkeit der Schlichtungsstelle erforderlichen Vorschuss zu leisten.

(7) [1] Die Parteien können durch Vereinbarung die Einzelheiten des Verfahrens vor der Schlichtungsstelle regeln. [2] Die Schlichtungsstelle informiert nach Absatz 4a beteiligte Vereinigungen von Urhebern über den Gang des Verfahrens.

(8) Das Bundesministerium der Justiz und für Verbraucherschutz wird ermächtigt, durch Rechtsverordnung ohne Zustimmung des Bundesrates die weiteren Einzelheiten des Verfahrens vor der Schlichtungsstelle zu regeln sowie weitere Vorschriften über die Kosten des Verfahrens und die Entschädigung der Mitglieder der Schlichtungsstelle zu erlassen.

§ 36b Unterlassungsanspruch bei Verstoß gegen gemeinsame Vergütungsregeln. (1) [1] Wer in einem Vertrag mit einem Urheber eine Bestimmung verwendet, die zum Nachteil des Urhebers von gemeinsamen Vergütungsregeln abweicht, kann auf Unterlassung in Anspruch genommen werden, wenn und soweit er

1. als Werknutzer die gemeinsamen Vergütungsregeln selbst aufgestellt hat oder
2. Mitglied einer Vereinigung von Werknutzern ist, die die gemeinsamen Vergütungsregeln aufgestellt hat.

[2]Der Anspruch auf Unterlassung steht denjenigen Vereinigungen von Urhebern oder Werknutzern und denjenigen einzelnen Werknutzern zu, die die gemeinsamen Vergütungsregeln aufgestellt haben.

(2) [1]Auf das Verfahren sind § 8c Absatz 1, 2 Nummer 1 und Absatz 3 und § 12 Absatz 1, 3 und 4 sowie § 13 Absatz 1 des Gesetzes gegen den unlauteren Wettbewerb entsprechend anzuwenden; soweit die Abmahnung berechtigt ist, kann der Abmahnende vom Abgemahnten Ersatz der erforderlichen Aufwendungen verlangen. [2]Für die Bekanntmachung des Urteils gilt § 103.

§ 36c Individualvertragliche Folgen des Verstoßes gegen gemeinsame Vergütungsregeln. [1]Der Vertragspartner, der an der Aufstellung von gemeinsamen Vergütungsregeln gemäß § 36b Absatz 1 Satz 1 Nummer 1 oder 2 beteiligt war, kann sich nicht auf eine Bestimmung berufen, die zum Nachteil des Urhebers von den gemeinsamen Vergütungsregeln abweicht. [2]Der Urheber kann von seinem Vertragspartner die Einwilligung in die Änderung des Vertrages verlangen, mit der die Abweichung beseitigt wird.

§ 36d Unterlassungsanspruch bei Nichterteilung von Auskünften.

(1) [1]Wer als Werknutzer Urhebern in mehreren gleich oder ähnlich gelagerten Fällen Auskünfte nach § 32d oder § 32e nicht erteilt, kann auf Unterlassung in Anspruch genommen werden. [2]Der Anspruch nach Satz 1 steht nur Vereinigungen von Urhebern zu, die im Hinblick auf die jeweilige Gruppe von Urhebern die Anforderungen des § 36 Absatz 2 erfüllen.

(2) Für die Geltendmachung des Anspruchs nach Absatz 1 genügt es, dass aufgrund nachprüfbarer Tatsachen klare Anhaltspunkte für seine Voraussetzungen vorliegen.

(3) Der Anspruch nach Absatz 1 ist ausgeschlossen, wenn die Pflicht zur Auskunftserteilung nach § 32d oder § 32e in einer Vereinbarung geregelt ist, die auf einer gemeinsamen Vergütungsregel (§ 36) oder einem Tarifvertrag beruht.

(4) § 36b Absatz 2 ist anzuwenden.

§ 37 Verträge über die Einräumung von Nutzungsrechten. (1) Räumt der Urheber einem anderen ein Nutzungsrecht am Werk ein, so verbleibt ihm im Zweifel das Recht der Einwilligung zur Veröffentlichung oder Verwertung einer Bearbeitung des Werkes.

(2) Räumt der Urheber einem anderen ein Nutzungsrecht zur Vervielfältigung des Werkes ein, so verbleibt ihm im Zweifel das Recht, das Werk auf Bild- oder Tonträger zu übertragen.

(3) Räumt der Urheber einem anderen ein Nutzungsrecht zu einer öffentlichen Wiedergabe des Werkes ein, so ist dieser im Zweifel nicht berechtigt, die Wiedergabe außerhalb der Veranstaltung, für die sie bestimmt ist, durch Bildschirm, Lautsprecher oder ähnliche technische Einrichtungen öffentlich wahrnehmbar zu machen.

§ 38 Beiträge zu Sammlungen. (1) [1]Gestattet der Urheber die Aufnahme des Werkes in eine periodisch erscheinende Sammlung, so erwirbt der Verleger oder Herausgeber im Zweifel ein ausschließliches Nutzungsrecht zur Vervielfältigung, Verbreitung und öffentlichen Zugänglichmachung. [2]Jedoch darf der Urheber das Werk nach Ablauf eines Jahres seit Erscheinen anderweit vervielfältigen, verbreiten und öffentlich zugänglich machen, wenn nichts anderes vereinbart ist.

(2) Absatz 1 Satz 2 gilt auch für einen Beitrag zu einer nicht periodisch erscheinenden Sammlung, für dessen Überlassung dem Urheber kein Anspruch auf Vergütung zusteht.

(3) [1] Wird der Beitrag einer Zeitung überlassen, so erwirbt der Verleger oder Herausgeber ein einfaches Nutzungsrecht, wenn nichts anderes vereinbart ist. [2] Räumt der Urheber ein ausschließliches Nutzungsrecht ein, so ist er sogleich nach Erscheinen des Beitrags berechtigt, ihn anderweit zu vervielfältigen und zu verbreiten, wenn nichts anderes vereinbart ist.

(4) [1] Der Urheber eines wissenschaftlichen Beitrags, der im Rahmen einer mindestens zur Hälfte mit öffentlichen Mitteln geförderten Forschungstätigkeit entstanden und in einer periodisch mindestens zweimal jährlich erscheinenden Sammlung erschienen ist, hat auch dann, wenn er dem Verleger oder Herausgeber ein ausschließliches Nutzungsrecht eingeräumt hat, das Recht, den Beitrag nach Ablauf von zwölf Monaten seit der Erstveröffentlichung in der akzeptierten Manuskriptversion öffentlich zugänglich zu machen, soweit dies keinem gewerblichen Zweck dient. [2] Die Quelle der Erstveröffentlichung ist anzugeben. [3] Eine zum Nachteil des Urhebers abweichende Vereinbarung ist unwirksam.

§ 39 Änderungen des Werkes. (1) Der Inhaber eines Nutzungsrechts darf das Werk, dessen Titel oder Urheberbezeichnung (§ 10 Abs. 1) nicht ändern, wenn nichts anderes vereinbart ist.

(2) Änderungen des Werkes und seines Titels, zu denen der Urheber seine Einwilligung nach Treu und Glauben nicht versagen kann, sind zulässig.

§ 40 Verträge über künftige Werke. (1) [1] Ein Vertrag, durch den sich der Urheber zur Einräumung von Nutzungsrechten an künftigen Werken verpflichtet, die überhaupt nicht näher oder nur der Gattung nach bestimmt sind, bedarf der schriftlichen Form. [2] Er kann von beiden Vertragsteilen nach Ablauf von fünf Jahren seit dem Abschluß des Vertrages gekündigt werden. [3] Die Kündigungsfrist beträgt sechs Monate, wenn keine kürzere Frist vereinbart ist.

(2) [1] Auf das Kündigungsrecht kann im voraus nicht verzichtet werden. [2] Andere vertragliche oder gesetzliche Kündigungsrechte bleiben unberührt.

(3) Wenn in Erfüllung des Vertrages Nutzungsrechte an künftigen Werken eingeräumt worden sind, wird mit Beendigung des Vertrages die Verfügung hinsichtlich der Werke unwirksam, die zu diesem Zeitpunkt noch nicht abgeliefert sind.

§ 40a Recht zur anderweitigen Verwertung nach zehn Jahren bei pauschaler Vergütung. (1) [1] Hat der Urheber ein ausschließliches Nutzungsrecht gegen eine pauschale Vergütung eingeräumt, ist er gleichwohl berechtigt, das Werk nach Ablauf von zehn Jahren anderweitig zu verwerten. [2] Für die verbleibende Dauer der Einräumung besteht das Nutzungsrecht des ersten Inhabers als einfaches Nutzungsrecht fort. [3] Die Frist nach Satz 1 beginnt mit der Einräumung des Nutzungsrechts oder, wenn das Werk später abgeliefert wird, mit der Ablieferung. [4] § 38 Absatz 4 Satz 2 ist entsprechend anzuwenden.

(2) Frühestens fünf Jahre nach dem in Absatz 1 Satz 3 genannten Zeitpunkt können die Vertragspartner die Ausschließlichkeit auf die gesamte Dauer der Nutzungsrechtseinräumung erstrecken.

(3) Abweichend von Absatz 1 kann der Urheber bei Vertragsschluss ein zeitlich unbeschränktes ausschließliches Nutzungsrecht einräumen, wenn

1. er einen lediglich nachrangigen Beitrag zu einem Werk, einem Produkt oder einer Dienstleistung erbringt; nachrangig ist ein Beitrag insbesondere dann, wenn er den Gesamteindruck eines Werkes oder die Beschaffenheit eines Produktes oder einer Dienstleistung wenig prägt, etwa weil er nicht zum typischen Inhalt eines Werkes, eines Produktes oder einer Dienstleistung gehört,
2. es sich um ein Werk der Baukunst oder den Entwurf eines solchen Werkes handelt,
3. das Werk mit Zustimmung des Urhebers für eine Marke oder ein sonstiges Kennzeichen, ein Design oder ein Gemeinschaftsgeschmacksmuster bestimmt ist oder
4. das Werk nicht veröffentlicht werden soll.

(4) Von den Absätzen 1 bis 3 kann zum Nachteil des Urhebers nur durch eine Vereinbarung abgewichen werden, die auf einer gemeinsamen Vergütungsregel (§ 36) oder einem Tarifvertrag beruht.

§ 41 Rückrufsrecht wegen Nichtausübung. (1) [1] Übt der Inhaber eines ausschließlichen Nutzungsrechts dieses Recht nicht oder nur unzureichend aus, so kann der Urheber entweder nur die Ausschließlichkeit des Nutzungsrechts oder das Nutzungsrecht insgesamt zurückrufen. [2] Dies gilt nicht, wenn die Nichtausübung oder die unzureichende Ausübung des Nutzungsrechts überwiegend auf Umständen beruht, deren Behebung dem Urheber zuzumuten ist.

(2) [1] Das Rückrufsrecht kann nicht vor Ablauf von zwei Jahren seit Einräumung oder Übertragung des Nutzungsrechts oder, wenn das Werk später abgeliefert wird, seit der Ablieferung geltend gemacht werden. [2] Bei einem Beitrag zu einer Zeitung beträgt die Frist drei Monate, bei einem Beitrag zu einer Zeitschrift, die monatlich oder in kürzeren Abständen erscheint, sechs Monate und bei einem Beitrag zu anderen Zeitschriften ein Jahr.

(3) [1] Der Rückruf kann erst erklärt werden, nachdem der Urheber dem Inhaber des Nutzungsrechts unter Ankündigung des Rückrufs eine angemessene Nachfrist zur zureichenden Ausübung des Nutzungsrechts bestimmt hat. [2] Der Bestimmung der Nachfrist bedarf es nicht, wenn die Ausübung des Nutzungsrechts seinem Inhaber unmöglich ist oder von ihm verweigert wird oder wenn durch die Gewährung einer Nachfrist überwiegende Interessen des Urhebers gefährdet würden.

(4) Von den Absätzen 1 bis 3 kann zum Nachteil des Urhebers nur durch eine Vereinbarung abgewichen werden, die auf einer gemeinsamen Vergütungsregel (§ 36) oder einem Tarifvertrag beruht.

(5) Mit Wirksamwerden des Rückrufs nach Absatz 1 wandelt sich das ausschließliche Nutzungsrecht in ein einfaches Nutzungsrecht um oder erlischt insgesamt.

(6) Der Urheber hat den Betroffenen zu entschädigen, wenn und soweit es der Billigkeit entspricht.

(7) Rechte und Ansprüche der Beteiligten nach anderen gesetzlichen Vorschriften bleiben unberührt.

§ 42 Rückrufsrecht wegen gewandelter Überzeugung. (1) [1] Der Urheber kann ein Nutzungsrecht gegenüber dem Inhaber zurückrufen, wenn das Werk seiner Überzeugung nicht mehr entspricht und ihm deshalb die Verwertung des Werkes nicht mehr zugemutet werden kann. [2] Der Rechtsnachfolger des Urhebers (§ 30) kann den Rückruf nur erklären, wenn er nachweist, daß der Urheber vor seinem Tode zum Rückruf berechtigt gewesen wäre und an der Erklärung des Rückrufs gehindert war oder diese letztwillig verfügt hat.

(2) [1] Auf das Rückrufsrecht kann im voraus nicht verzichtet werden. [2] Seine Ausübung kann nicht ausgeschlossen werden.

(3) [1] Der Urheber hat den Inhaber des Nutzungsrechts angemessen zu entschädigen. [2] Die Entschädigung muß mindestens die Aufwendungen decken, die der Inhaber des Nutzungsrechts bis zur Erklärung des Rückrufs gemacht hat; jedoch bleiben hierbei Aufwendungen, die auf bereits gezogene Nutzungen entfallen, außer Betracht. [3] Der Rückruf wird erst wirksam, wenn der Urheber die Aufwendungen ersetzt oder Sicherheit dafür geleistet hat. [4] Der Inhaber des Nutzungsrechts hat dem Urheber binnen einer Frist von drei Monaten nach Erklärung des Rückrufs die Aufwendungen mitzuteilen; kommt er dieser Pflicht nicht nach, so wird der Rückruf bereits mit Ablauf dieser Frist wirksam.

(4) Will der Urheber nach Rückruf das Werk wieder verwerten, so ist er verpflichtet, dem früheren Inhaber des Nutzungsrechts ein entsprechendes Nutzungsrecht zu angemessenen Bedingungen anzubieten.

(5) Die Bestimmungen in § 41 Abs. 5 und 7 sind entsprechend anzuwenden.

§ 42a Zwangslizenz zur Herstellung von Tonträgern. (1) [1] Ist einem Hersteller von Tonträgern ein Nutzungsrecht an einem Werk der Musik eingeräumt worden mit dem Inhalt, das Werk zu gewerblichen Zwecken auf Tonträger zu übertragen und diese zu vervielfältigen und zu verbreiten, so ist der Urheber verpflichtet, jedem anderen Hersteller von Tonträgern, der im Geltungsbereich dieses Gesetzes seine Hauptniederlassung oder seinen Wohnsitz hat, nach Erscheinen des Werkes gleichfalls ein Nutzungsrecht mit diesem Inhalt zu angemessenen Bedingungen einzuräumen; dies gilt nicht, wenn das bezeichnete Nutzungsrecht erlaubterweise von einer Verwertungsgesellschaft wahrgenommen wird oder wenn das Werk der Überzeugung des Urhebers nicht mehr entspricht, ihm deshalb die Verwertung des Werkes nicht mehr zugemutet werden kann und er ein etwa bestehendes Nutzungsrecht aus diesem Grunde zurückgerufen hat. [2] § 63 ist entsprechend anzuwenden. [3] Der Urheber ist nicht verpflichtet, die Benutzung des Werkes zur Herstellung eines Filmes zu gestatten.

(2) Gegenüber einem Hersteller von Tonträgern, der weder seine Hauptniederlassung noch seinen Wohnsitz im Geltungsbereich dieses Gesetzes hat, besteht die Verpflichtung nach Absatz 1, soweit in dem Staat, in dem er seine Hauptniederlassung oder seinen Wohnsitz hat, den Herstellern von Tonträgern, die ihre Hauptniederlassung oder ihren Wohnsitz im Geltungsbereich dieses Gesetzes haben, nach einer Bekanntmachung des Bundesministeriums der Justiz und für Verbraucherschutz im Bundesgesetzblatt ein entsprechendes Recht gewährt wird.

(3) Das nach den vorstehenden Bestimmungen einzuräumende Nutzungsrecht wirkt nur im Geltungsbereich dieses Gesetzes und für die Ausfuhr nach Staaten, in denen das Werk keinen Schutz gegen die Übertragung auf Tonträger genießt.

(4) Hat der Urheber einem anderen das ausschließliche Nutzungsrecht eingeräumt mit dem Inhalt, das Werk zu gewerblichen Zwecken auf Tonträger zu übertragen und diese zu vervielfältigen und zu verbreiten, so gelten die vorstehenden Bestimmungen mit der Maßgabe, dass der Inhaber des ausschließlichen Nutzungsrechts zur Einräumung des in Absatz 1 bezeichneten Nutzungsrechts verpflichtet ist.

(5) Auf ein Sprachwerk, das als Text mit einem Werk der Musik verbunden ist, sind die vorstehenden Bestimmungen entsprechend anzuwenden, wenn einem Hersteller von Tonträgern ein Nutzungsrecht eingeräumt worden ist mit dem Inhalt, das Sprachwerk in Verbindung mit dem Werk der Musik auf Tonträger zu übertragen und diese zu vervielfältigen und zu verbreiten.

(6) [1] Für Klagen, durch die ein Anspruch auf Einräumung des Nutzungsrechts geltend gemacht wird, sind, sofern der Urheber oder im Fall des Absatzes 4 der Inhaber des ausschließlichen Nutzungsrechts im Geltungsbereich dieses Gesetzes keinen allgemeinen Gerichtsstand hat, die Gerichte zuständig, in deren Bezirk das Patentamt seinen Sitz hat. [2] Einstweilige Verfügungen können erlassen werden, auch wenn die in den §§ 935 und 940 der Zivilprozessordnung bezeichneten Voraussetzungen nicht zutreffen.

(7) Die vorstehenden Bestimmungen sind nicht anzuwenden, wenn das in Absatz 1 bezeichnete Nutzungsrecht lediglich zur Herstellung eines Filmes eingeräumt worden ist.

§ 43 Urheber in Arbeits- oder Dienstverhältnissen. Die Vorschriften dieses Unterabschnitts sind auch anzuwenden, wenn der Urheber das Werk in Erfüllung seiner Verpflichtungen aus einem Arbeits- oder Dienstverhältnis geschaffen hat, soweit sich aus dem Inhalt oder dem Wesen des Arbeits- oder Dienstverhältnisses nichts anderes ergibt.

§ 44 Veräußerung des Originals des Werkes. (1) Veräußert der Urheber das Original des Werkes, so räumt er damit im Zweifel dem Erwerber ein Nutzungsrecht nicht ein.

(2) Der Eigentümer des Originals eines Werkes der bildenden Künste oder eines Lichtbildwerkes ist berechtigt, das Werk öffentlich auszustellen, auch wenn es noch nicht veröffentlicht ist, es sei denn, daß der Urheber dies bei der Veräußerung des Originals ausdrücklich ausgeschlossen hat.

Abschnitt 6. Schranken des Urheberrechts durch gesetzlich erlaubte Nutzungen

Unterabschnitt 1. Gesetzlich erlaubte Nutzungen

§ 44a Vorübergehende Vervielfältigungshandlungen. Zulässig sind vorübergehende Vervielfältigungshandlungen, die flüchtig oder begleitend sind und einen integralen und wesentlichen Teil eines technischen Verfahrens darstellen und deren alleiniger Zweck es ist,

1. eine Übertragung in einem Netz zwischen Dritten durch einen Vermittler oder

2. eine rechtmäßige Nutzung

eines Werkes oder sonstigen Schutzgegenstands zu ermöglichen, und die keine eigenständige wirtschaftliche Bedeutung haben.

§ 44b Text und Data Mining. (1) Text und Data Mining ist die automatisierte Analyse von einzelnen oder mehreren digitalen oder digitalisierten Werken, um daraus Informationen insbesondere über Muster, Trends und Korrelationen zu gewinnen.

(2) [1] Zulässig sind Vervielfältigungen von rechtmäßig zugänglichen Werken für das Text und Data Mining. [2] Die Vervielfältigungen sind zu löschen, wenn sie für das Text und Data Mining nicht mehr erforderlich sind.

(3) [1] Nutzungen nach Absatz 2 Satz 1 sind nur zulässig, wenn der Rechtsinhaber sich diese nicht vorbehalten hat. [2] Ein Nutzungsvorbehalt bei online zugänglichen Werken ist nur dann wirksam, wenn er in maschinenlesbarer Form erfolgt.

§ 45 Rechtspflege und öffentliche Sicherheit. (1) Zulässig ist, einzelne Vervielfältigungsstücke von Werken zur Verwendung in Verfahren vor einem Gericht, einem Schiedsgericht oder einer Behörde herzustellen oder herstellen zu lassen.

(2) Gerichte und Behörden dürfen für Zwecke der Rechtspflege und der öffentlichen Sicherheit Bildnisse vervielfältigen oder vervielfältigen lassen.

(3) Unter den gleichen Voraussetzungen wie die Vervielfältigung ist auch die Verbreitung, öffentliche Ausstellung und öffentliche Wiedergabe der Werke zulässig.

§ 45a Menschen mit Behinderungen. (1) Zulässig ist die nicht Erwerbszwecken dienende Vervielfältigung eines Werkes für und deren Verbreitung ausschließlich an Menschen, soweit diesen der Zugang zu dem Werk in einer bereits verfügbaren Art der sinnlichen Wahrnehmung auf Grund einer Behinderung nicht möglich oder erheblich erschwert ist, soweit es zur Ermöglichung des Zugangs erforderlich ist.

(2) [1] Für die Vervielfältigung und Verbreitung ist dem Urheber eine angemessene Vergütung zu zahlen; ausgenommen ist die Herstellung lediglich einzelner Vervielfältigungsstücke. [2] Der Anspruch kann nur durch eine Verwertungsgesellschaft geltend gemacht werden.

(3) Für die Nutzung von Sprachwerken und grafischen Aufzeichnungen von Werken der Musik zugunsten von Menschen mit einer Seh- oder Lesebehinderung sind die Absätze 1 und 2 nicht anzuwenden, sondern ausschließlich die §§ 45b bis 45d.

§ 45b Menschen mit einer Seh- oder Lesebehinderung. (1) [1] Menschen mit einer Seh- oder Lesebehinderung dürfen veröffentlichte Sprachwerke, die als Text oder im Audioformat vorliegen, sowie grafische Aufzeichnungen von Werken der Musik zum eigenen Gebrauch vervielfältigen oder vervielfältigen lassen, um sie in ein barrierefreies Format umzuwandeln. [2] Diese Befugnis umfasst auch Illustrationen jeder Art, die in Sprach- oder Musikwerken enthalten sind. [3] Vervielfältigungsstücke dürfen nur von Werken erstellt werden, zu denen der Mensch mit einer Seh- oder Lesebehinderung rechtmäßigen Zugang hat.

(2) Menschen mit einer Seh- oder Lesebehinderung im Sinne dieses Gesetzes sind Personen, die aufgrund einer körperlichen, seelischen oder geistigen Beeinträchtigung oder aufgrund einer Sinnesbeeinträchtigung auch unter Einsatz einer optischen Sehhilfe nicht in der Lage sind, Sprachwerke genauso leicht zu lesen, wie dies Personen ohne eine solche Beeinträchtigung möglich ist.

§ 45c Befugte Stellen; Vergütung; Verordnungsermächtigung.

(1) [1] Befugte Stellen dürfen veröffentlichte Sprachwerke, die als Text oder im Audioformat vorliegen, sowie grafische Aufzeichnungen von Werken der Musik vervielfältigen, um sie ausschließlich für Menschen mit einer Seh- oder Lesebehinderung in ein barrierefreies Format umzuwandeln. [2] § 45b Absatz 1 Satz 2 und 3 gilt entsprechend.

(2) Befugte Stellen dürfen nach Absatz 1 hergestellte Vervielfältigungsstücke an Menschen mit einer Seh- oder Lesebehinderung oder andere befugte Stellen verleihen, verbreiten sowie für die öffentliche Zugänglichmachung oder die sonstige öffentliche Wiedergabe benutzen.

(3) Befugte Stellen sind Einrichtungen, die in gemeinnütziger Weise Bildungsangebote oder barrierefreien Lese- und Informationszugang für Menschen mit einer Seh- oder Lesebehinderung zur Verfügung stellen.

(4) [1] Für Nutzungen nach den Absätzen 1 und 2 hat der Urheber Anspruch auf Zahlung einer angemessenen Vergütung. [2] Der Anspruch kann nur durch eine Verwertungsgesellschaft geltend gemacht werden.

(5) Das Bundesministerium der Justiz und für Verbraucherschutz wird ermächtigt, durch Rechtsverordnung ohne Zustimmung des Bundesrates in Bezug auf befugte Stellen Folgendes zu regeln:

1. deren Pflichten im Zusammenhang mit den Nutzungen nach den Absätzen 1 und 2,
2. deren Pflicht zur Anzeige als befugte Stelle beim Deutschen Patent- und Markenamt,
3. die Aufsicht des Deutschen Patent- und Markenamts über die Einhaltung der Pflichten nach Nummer 1 nach Maßgabe des § 85 Absatz 1 und 3 sowie des § 89 des Verwertungsgesellschaftengesetzes[1)].

§ 45d Gesetzlich erlaubte Nutzung und vertragliche Nutzungsbefugnis. Auf Vereinbarungen, die nach den §§ 45b und 45c erlaubte Nutzungen zum Nachteil der Nutzungsberechtigten beschränken oder untersagen, kann sich der Rechtsinhaber nicht berufen.

§ 46 Sammlungen für den religiösen Gebrauch. (1) [1] Nach der Veröffentlichung zulässig ist die Vervielfältigung, Verbreitung und öffentliche Zugänglichmachung von Teilen eines Werkes, von Sprachwerken oder von Werken der Musik von geringem Umfang, von einzelnen Werken der bildenden Künste oder einzelnen Lichtbildwerken als Element einer Sammlung, die Werke einer größeren Anzahl von Urhebern vereinigt und die nach ihrer Beschaffenheit nur für den Gebrauch während religiöser Feierlichkeiten bestimmt ist. [2] In den Vervielfältigungsstücken oder bei der öffentlichen Zugänglichmachung ist deutlich anzugeben, wozu die Sammlung bestimmt ist.

[1)] Nr. **13**.

(2) *(aufgehoben)*

(3) [1] Mit der Vervielfältigung oder der öffentlichen Zugänglichmachung darf erst begonnen werden, wenn die Absicht, von der Berechtigung nach Absatz 1 Gebrauch zu machen, dem Urheber oder, wenn sein Wohnort oder Aufenthaltsort unbekannt ist, dem Inhaber des ausschließlichen Nutzungsrechts durch eingeschriebenen Brief mitgeteilt worden ist und seit Absendung des Briefes zwei Wochen verstrichen sind. [2] Ist auch der Wohnort oder Aufenthaltsort des Inhabers des ausschließlichen Nutzungsrechts unbekannt, so kann die Mitteilung durch Veröffentlichung im Bundesanzeiger bewirkt werden.

(4) Für die nach dieser Vorschrift zulässige Verwertung ist dem Urheber eine angemessene Vergütung zu zahlen.

(5) [1] Der Urheber kann die nach dieser Vorschrift zulässige Verwertung verbieten, wenn das Werk seiner Überzeugung nicht mehr entspricht, ihm deshalb die Verwertung des Werkes nicht mehr zugemutet werden kann und er ein etwa bestehendes Nutzungsrecht aus diesem Grunde zurückgerufen hat (§ 42). [2] Die Bestimmungen in § 136 Abs. 1 und 2 sind entsprechend anzuwenden.

§ 47 Schulfunksendungen. (1) [1] Schulen sowie Einrichtungen der Lehrerbildung und der Lehrerfortbildung dürfen einzelne Vervielfältigungsstücke von Werken, die innerhalb einer Schulfunksendung gesendet werden, durch Übertragung der Werke auf Bild- oder Tonträger herstellen. [2] Das gleiche gilt für Heime der Jugendhilfe und die staatlichen Landesbildstellen oder vergleichbare Einrichtungen in öffentlicher Trägerschaft.

(2) [1] Die Bild- oder Tonträger dürfen nur für den Unterricht verwendet werden. [2] Sie sind spätestens am Ende des auf die Übertragung der Schulfunksendung folgenden Schuljahres zu löschen, es sei denn, daß dem Urheber eine angemessene Vergütung gezahlt wird.

§ 48 Öffentliche Reden. (1) Zulässig ist

1. die Vervielfältigung und Verbreitung von Reden über Tagesfragen in Zeitungen, Zeitschriften sowie in anderen Druckschriften oder sonstigen Datenträgern, die im Wesentlichen den Tagesinteressen Rechnung tragen, wenn die Reden bei öffentlichen Versammlungen gehalten oder durch öffentliche Wiedergabe im Sinne von § 19a oder § 20 veröffentlicht worden sind, sowie die öffentliche Wiedergabe solcher Reden,
2. die Vervielfältigung, Verbreitung und öffentliche Wiedergabe von Reden, die bei öffentlichen Verhandlungen vor staatlichen, kommunalen oder kirchlichen Organen gehalten worden sind.

(2) Unzulässig ist jedoch die Vervielfältigung und Verbreitung der in Absatz 1 Nr. 2 bezeichneten Reden in Form einer Sammlung, die überwiegend Reden desselben Urhebers enthält.

§ 49 Zeitungsartikel und Rundfunkkommentare. (1) [1] Zulässig ist die Vervielfältigung und Verbreitung einzelner Rundfunkkommentare und einzelner Artikel sowie mit ihnen im Zusammenhang veröffentlichter Abbildungen aus Zeitungen und anderen lediglich Tagesinteressen dienenden Informationsblättern in anderen Zeitungen und Informationsblättern dieser Art sowie die öffentliche Wiedergabe solcher Kommentare, Artikel und Abbildungen, wenn sie politische, wirtschaftliche oder religiöse Tagesfragen betreffen und nicht mit einem Vorbehalt der Rechte versehen sind. [2] Für die Vervielfältigung, Verbreitung und öffentliche Wiedergabe ist dem Urheber eine angemessene Vergütung zu zahlen, es sei denn, daß es sich um eine Vervielfältigung, Verbreitung oder öffentliche Wiedergabe kurzer Auszüge aus mehreren Kommentaren oder Artikeln in Form einer Übersicht handelt. [3] Der Anspruch kann nur durch eine Verwertungsgesellschaft geltend gemacht werden.

(2) Unbeschränkt zulässig ist die Vervielfältigung, Verbreitung und öffentliche Wiedergabe von vermischten Nachrichten tatsächlichen Inhalts und von Tagesneuigkeiten, die durch Presse oder Funk veröffentlicht worden sind; ein durch andere gesetzliche Vorschriften gewährter Schutz bleibt unberührt.

§ 50 Berichterstattung über Tagesereignisse. Zur Berichterstattung über Tagesereignisse durch Funk oder durch ähnliche technische Mittel, in Zeitungen, Zeitschriften und in anderen Druckschriften oder sonstigen Datenträgern, die im Wesentlichen Tagesinteressen Rechnung tragen, sowie im Film, ist die Vervielfältigung, Verbreitung und öffentliche Wiedergabe von Werken, die im Verlauf dieser Ereignisse wahrnehmbar werden, in einem durch den Zweck gebotenen Umfang zulässig.

§ 51 Zitate. [1] Zulässig ist die Vervielfältigung, Verbreitung und öffentliche Wiedergabe eines veröffentlichten Werkes zum Zweck des Zitats, sofern die Nutzung in ihrem Umfang durch den besonderen Zweck gerechtfertigt ist. [2] Zulässig ist dies insbesondere, wenn

1. einzelne Werke nach der Veröffentlichung in ein selbständiges wissenschaftliches Werk zur Erläuterung des Inhalts aufgenommen werden,
2. Stellen eines Werkes nach der Veröffentlichung in einem selbständigen Sprachwerk angeführt werden,
3. einzelne Stellen eines erschienenen Werkes der Musik in einem selbständigen Werk der Musik angeführt werden.

[3] Von der Zitierbefugnis gemäß den Sätzen 1 und 2 umfasst ist die Nutzung einer Abbildung oder sonstigen Vervielfältigung des zitierten Werkes, auch wenn diese selbst durch ein Urheberrecht oder ein verwandtes Schutzrecht geschützt ist.

§ 51a Karikatur, Parodie und Pastiche. [1] Zulässig ist die Vervielfältigung, die Verbreitung und die öffentliche Wiedergabe eines veröffentlichten Werkes zum Zweck der Karikatur, der Parodie und des Pastiches. [2] Die Befugnis nach Satz 1 umfasst die Nutzung einer Abbildung oder sonstigen Vervielfältigung des genutzten Werkes, auch wenn diese selbst durch ein Urheberrecht oder ein verwandtes Schutzrecht geschützt ist.

§ 52 Öffentliche Wiedergabe. (1) [1] Zulässig ist die öffentliche Wiedergabe eines veröffentlichten Werkes, wenn die Wiedergabe keinem Erwerbszweck des Veranstalters dient, die Teilnehmer ohne Entgelt zugelassen werden und im Falle des Vortrages oder der Aufführung des Werkes keiner der ausübenden Künstler (§ 73) eine besondere Vergütung erhält. [2] Für die Wiedergabe ist eine angemessene Vergütung zu zahlen. [3] Die Vergütungspflicht entfällt für Veranstaltungen der Jugendhilfe, der Sozialhilfe, der Alten- und Wohlfahrtspflege sowie der Gefangenenbetreuung, sofern sie nach ihrer sozialen oder erzieherischen Zweckbestimmung nur einem bestimmt abgegrenzten Kreis von Personen zugänglich sind. [4] Dies gilt nicht, wenn die Veranstaltung dem Erwerbszweck eines Dritten dient; in diesem Fall hat der Dritte die Vergütung zu zahlen.

(2) [1] Zulässig ist die öffentliche Wiedergabe eines erschienenen Werkes auch bei einem Gottesdienst oder einer kirchlichen Feier der Kirchen oder Religionsgemeinschaften. [2] Jedoch hat der Veranstalter dem Urheber eine angemessene Vergütung zu zahlen.

(3) Öffentliche bühnenmäßige Darstellungen, öffentliche Zugänglichmachungen und Funksendungen eines Werkes sowie öffentliche Vorführungen eines Filmwerkes sind stets nur mit Einwilligung des Berechtigten zulässig.

§§ 52a, 52b *(aufgehoben)*

§ 53 Vervielfältigungen zum privaten und sonstigen eigenen Gebrauch. (1) [1] Zulässig sind einzelne Vervielfältigungen eines Werkes durch eine natürliche Person zum privaten Gebrauch auf beliebigen Trägern, sofern sie weder unmittelbar noch mittelbar Erwerbszwecken dienen, soweit nicht zur Vervielfältigung eine offensichtlich rechtswidrig hergestellte oder öffentlich zugänglich gemachte Vorlage verwendet wird. [2] Der zur Vervielfältigung Befugte darf die Vervielfältigungsstücke auch durch einen anderen herstellen lassen, sofern dies unentgeltlich geschieht oder es sich um Vervielfältigungen auf Papier oder einem ähnlichen Träger mittels beliebiger photomechanischer Verfahren oder anderer Verfahren mit ähnlicher Wirkung handelt.

(2) [1] Zulässig ist, einzelne Vervielfältigungsstücke eines Werkes herzustellen oder herstellen zu lassen

1. *(aufgehoben)*
2. zur Aufnahme in ein eigenes Archiv, wenn und soweit die Vervielfältigung zu diesem Zweck geboten ist und als Vorlage für die Vervielfältigung ein eigenes Werkstück benutzt wird,
3. zur eigenen Unterrichtung über Tagesfragen, wenn es sich um ein durch Funk gesendetes Werk handelt,
4. zum sonstigen eigenen Gebrauch,
   a) wenn es sich um kleine Teile eines erschienenen Werkes oder um einzelne Beiträge handelt, die in Zeitungen oder Zeitschriften erschienen sind,
   b) wenn es sich um ein seit mindestens zwei Jahren vergriffenes Werk handelt.

[2] Dies gilt nur, wenn zusätzlich

1. die Vervielfältigung auf Papier oder einem ähnlichen Träger mittels beliebiger photomechanischer Verfahren oder anderer Verfahren mit ähnlicher Wirkung vorgenommen wird oder
2. eine ausschließlich analoge Nutzung stattfindet.

(3) *(aufgehoben)*

(4) Die Vervielfältigung

a) graphischer Aufzeichnungen von Werken der Musik,
b) eines Buches oder einer Zeitschrift, wenn es sich um eine im wesentlichen vollständige Vervielfältigung handelt,

ist, soweit sie nicht durch Abschreiben vorgenommen wird, stets nur mit Einwilligung des Berechtigten zulässig oder unter den Voraussetzungen des

Absatzes 2 Satz 1 Nr. 2 oder zum eigenen Gebrauch, wenn es sich um ein seit mindestens zwei Jahren vergriffenes Werk handelt.

(5) Die Absätze 1 und 2 Satz 1 Nr. 2 bis 4 finden keine Anwendung auf Datenbankwerke, deren Elemente einzeln mit Hilfe elektronischer Mittel zugänglich sind.

(6) [1] Die Vervielfältigungsstücke dürfen weder verbreitet noch zu öffentlichen Wiedergaben benutzt werden. [2] Zulässig ist jedoch, rechtmäßig hergestellte Vervielfältigungsstücke von Zeitungen und vergriffenen Werken sowie solche Werkstücke zu verleihen, bei denen kleine beschädigte oder abhanden gekommene Teile durch Vervielfältigungsstücke ersetzt worden sind.

(7) Die Aufnahme öffentlicher Vorträge, Aufführungen oder Vorführungen eines Werkes auf Bild- oder Tonträger, die Ausführung von Plänen und Entwürfen zu Werken der bildenden Künste und der Nachbau eines Werkes der Baukunst sind stets nur mit Einwilligung des Berechtigten zulässig.

§ 53a *(aufgehoben)*

Unterabschnitt 2. Vergütung der nach den §§ 53, 60a bis 60f erlaubten Vervielfältigungen

§ 54 Vergütungspflicht. (1) Lässt die Art des Werkes eine nach § 53 Absatz 1 oder 2 oder den §§ 60a bis 60f erlaubte Vervielfältigung erwarten, so hat der Urheber des Werkes gegen den Hersteller von Geräten und von Speichermedien, deren Typ allein oder in Verbindung mit anderen Geräten, Speichermedien oder Zubehör zur Vornahme solcher Vervielfältigungen benutzt wird, Anspruch auf Zahlung einer angemessenen Vergütung.

(2) Der Anspruch nach Absatz 1 entfällt, soweit nach den Umständen erwartet werden kann, dass die Geräte oder Speichermedien im Geltungsbereich dieses Gesetzes nicht zu Vervielfältigungen benutzt werden.

§ 54a Vergütungshöhe. (1) [1] Maßgebend für die Vergütungshöhe ist, in welchem Maß die Geräte und Speichermedien als Typen tatsächlich für Vervielfältigungen nach § 53 Absatz 1 oder 2 oder den §§ 60a bis 60f genutzt werden. [2] Dabei ist zu berücksichtigen, inwieweit technische Schutzmaßnahmen nach § 95a auf die betreffenden Werke angewendet werden.

(2) Die Vergütung für Geräte ist so zu gestalten, dass sie auch mit Blick auf die Vergütungspflicht für in diesen Geräten enthaltene Speichermedien oder andere, mit diesen funktionell zusammenwirkende Geräte oder Speichermedien insgesamt angemessen ist.

(3) Bei der Bestimmung der Vergütungshöhe sind die nutzungsrelevanten Eigenschaften der Geräte und Speichermedien, insbesondere die Leistungsfähigkeit von Geräten sowie die Speicherkapazität und Mehrfachbeschreibbarkeit von Speichermedien, zu berücksichtigen.

(4) Die Vergütung darf Hersteller von Geräten und Speichermedien nicht unzumutbar beeinträchtigen; sie muss in einem wirtschaftlich angemessenen Verhältnis zum Preisniveau des Geräts oder des Speichermediums stehen.

§ 54b Vergütungspflicht des Händlers oder Importeurs. (1) Neben dem Hersteller haftet als Gesamtschuldner, wer die Geräte oder Speichermedien in den Geltungsbereich dieses Gesetzes gewerblich einführt oder wiedereinführt oder wer mit ihnen handelt.

(2) [1]Einführer ist, wer die Geräte oder Speichermedien in den Geltungsbereich dieses Gesetzes verbringt oder verbringen lässt. [2]Liegt der Einfuhr ein Vertrag mit einem Gebietsfremden zugrunde, so ist Einführer nur der im Geltungsbereich dieses Gesetzes ansässige Vertragspartner, soweit er gewerblich tätig wird. [3]Wer lediglich als Spediteur oder Frachtführer oder in einer ähnlichen Stellung bei dem Verbringen der Waren tätig wird, ist nicht Einführer. [4]Wer die Gegenstände aus Drittländern in eine Freizone oder in ein Freilager nach Artikel 166 der Verordnung (EWG) Nr. 2913/92 des Rates vom 12. Oktober 1992 zur Festlegung des Zollkodex der Gemeinschaften (ABl. EG Nr. L 302 S. 1) verbringt oder verbringen lässt, ist als Einführer nur anzusehen, wenn die Gegenstände in diesem Bereich gebraucht oder wenn sie in den zollrechtlich freien Verkehr übergeführt werden.

(3) Die Vergütungspflicht des Händlers entfällt,

1. soweit ein zur Zahlung der Vergütung Verpflichteter, von dem der Händler die Geräte oder die Speichermedien bezieht, an einen Gesamtvertrag über die Vergütung gebunden ist oder
2. wenn der Händler Art und Stückzahl der bezogenen Geräte und Speichermedien und seine Bezugsquelle der nach § 54h Abs. 3 bezeichneten Empfangsstelle jeweils zum 10. Januar und 10. Juli für das vorangegangene Kalenderhalbjahr schriftlich mitteilt.

§ 54c Vergütungspflicht des Betreibers von Ablichtungsgeräten.

(1) Werden Geräte der in § 54 Abs. 1 genannten Art, die im Weg der Ablichtung oder in einem Verfahren vergleichbarer Wirkung vervielfältigen, in Schulen, Hochschulen sowie Einrichtungen der Berufsbildung oder der sonstigen Aus- und Weiterbildung, Forschungseinrichtungen, öffentlichen Bibliotheken, in nicht kommerziellen Archiven oder Einrichtungen im Bereich des Film- oder Tonerbes oder in nicht kommerziellen öffentlich zugänglichen Museen oder in Einrichtungen betrieben, die Geräte für die entgeltliche Herstellung von Ablichtungen bereithalten, so hat der Urheber auch gegen den Betreiber des Geräts einen Anspruch auf Zahlung einer angemessenen Vergütung.

(2) Die Höhe der von dem Betreiber insgesamt geschuldeten Vergütung bemisst sich nach der Art und dem Umfang der Nutzung des Geräts, die nach den Umständen, insbesondere nach dem Standort und der üblichen Verwendung, wahrscheinlich ist.

§ 54d Hinweispflicht. Soweit nach § 14 Abs. 2 Satz 1 Nr. 2 Satz 2 des Umsatzsteuergesetzes eine Verpflichtung zur Erteilung einer Rechnung besteht, ist in Rechnungen über die Veräußerung oder ein sonstiges Inverkehrbringen der in § 54 Abs. 1 genannten Geräte oder Speichermedien auf die auf das Gerät oder Speichermedium entfallende Urhebervergütung hinzuweisen.

§ 54e Meldepflicht. (1) Wer Geräte oder Speichermedien in den Geltungsbereich dieses Gesetzes gewerblich einführt oder wiedereinführt, ist dem Urheber gegenüber verpflichtet, Art und Stückzahl der eingeführten Gegenstände der nach § 54h Abs. 3 bezeichneten Empfangsstelle monatlich bis zum zehnten Tag nach Ablauf jedes Kalendermonats schriftlich mitzuteilen.

(2) Kommt der Meldepflichtige seiner Meldepflicht nicht, nur unvollständig oder sonst unrichtig nach, kann der doppelte Vergütungssatz verlangt werden.

§ 54f Auskunftspflicht. (1) [1]Der Urheber kann von dem nach § 54 oder § 54b zur Zahlung der Vergütung Verpflichteten Auskunft über Art und Stückzahl der im Geltungsbereich dieses Gesetzes veräußerten oder in Verkehr gebrachten Geräte und Speichermedien verlangen. [2]Die Auskunftspflicht des Händlers erstreckt sich auch auf die Benennung der Bezugsquellen; sie besteht auch im Fall des § 54b Abs. 3 Nr. 1. [3]§ 26 Abs. 7 gilt entsprechend.

(2) Der Urheber kann von dem Betreiber eines Geräts in einer Einrichtung im Sinne des § 54c Abs. 1 die für die Bemessung der Vergütung erforderliche Auskunft verlangen.

(3) Kommt der zur Zahlung der Vergütung Verpflichtete seiner Auskunftspflicht nicht, nur unvollständig oder sonst unrichtig nach, so kann der doppelte Vergütungssatz verlangt werden.

§ 54g Kontrollbesuch. [1]Soweit dies für die Bemessung der vom Betreiber nach § 54c geschuldeten Vergütung erforderlich ist, kann der Urheber verlangen, dass ihm das Betreten der Betriebs- und Geschäftsräume des Betreibers, der Geräte für die entgeltliche Herstellung von Ablichtungen bereithält, während der üblichen Betriebs- oder Geschäftszeit gestattet wird. [2]Der Kontrollbesuch muss so ausgeübt werden, dass vermeidbare Betriebsstörungen unterbleiben.

§ 54h Verwertungsgesellschaften; Handhabung der Mitteilungen.

(1) Die Ansprüche nach den §§ 54 bis 54c, 54e Abs. 2, §§ 54f und 54g können nur durch eine Verwertungsgesellschaft geltend gemacht werden.

(2) [1]Jedem Berechtigten steht ein angemessener Anteil an den nach den §§ 54 bis 54c gezahlten Vergütungen zu. [2]Soweit Werke mit technischen Maßnahmen gemäß § 95a geschützt sind, werden sie bei der Verteilung der Einnahmen nicht berücksichtigt.

(3) [1]Für Mitteilungen nach § 54b Abs. 3 und § 54e haben die Verwertungsgesellschaften dem Deutschen Patent- und Markenamt eine gemeinsame Empfangsstelle zu bezeichnen. [2]Das Deutsche Patent- und Markenamt gibt diese im Bundesanzeiger bekannt.

(4) [1]Das Deutsche Patent- und Markenamt kann Muster für die Mitteilungen nach § 54b Abs. 3 Nr. 2 und § 54e im Bundesanzeiger bekannt machen. [2]Werden Muster bekannt gemacht, sind diese zu verwenden.

(5) Die Verwertungsgesellschaften und die Empfangsstelle dürfen die gemäß § 54b Abs. 3 Nr. 2, den §§ 54e und 54f erhaltenen Angaben nur zur Geltendmachung der Ansprüche nach Absatz 1 verwenden.

Unterabschnitt 3. Weitere gesetzlich erlaubte Nutzungen

§ 55 Vervielfältigung durch Sendeunternehmen. (1) [1]Ein Sendeunternehmen, das zur Funksendung eines Werkes berechtigt ist, darf das Werk mit eigenen Mitteln auf Bild- oder Tonträger übertragen, um diese zur Funksendung über jeden seiner Sender oder Richtstrahler je einmal zu benutzen. [2]Die Bild- oder Tonträger sind spätestens einen Monat nach der ersten Funksendung des Werkes zu löschen.

(2) [1]Bild- oder Tonträger, die außergewöhnlichen dokumentarischen Wert haben, brauchen nicht gelöscht zu werden, wenn sie in ein amtliches Archiv

aufgenommen werden. [2]Von der Aufnahme in das Archiv ist der Urheber unverzüglich zu benachrichtigen.

§ 55a Benutzung eines Datenbankwerkes. [1]Zulässig ist die Bearbeitung sowie die Vervielfältigung eines Datenbankwerkes durch den Eigentümer eines mit Zustimmung des Urhebers durch Veräußerung in Verkehr gebrachten Vervielfältigungsstücks des Datenbankwerkes, den in sonstiger Weise zu dessen Gebrauch Berechtigten oder denjenigen, dem ein Datenbankwerk aufgrund eines mit dem Urheber oder eines mit dessen Zustimmung mit einem Dritten geschlossenen Vertrags zugänglich gemacht wird, wenn und soweit die Bearbeitung oder Vervielfältigung für den Zugang zu den Elementen des Datenbankwerkes und für dessen übliche Benutzung erforderlich ist. [2]Wird aufgrund eines Vertrags nach Satz 1 nur ein Teil des Datenbankwerkes zugänglich gemacht, so ist nur die Bearbeitung sowie die Vervielfältigung dieses Teils zulässig. [3]Entgegenstehende vertragliche Vereinbarungen sind nichtig.

§ 56 Vervielfältigung und öffentliche Wiedergabe in Geschäftsbetrieben. (1) In Geschäftsbetrieben, in denen Geräte zur Herstellung oder zur Wiedergabe von Bild- oder Tonträgern, zum Empfang von Funksendungen oder zur elektronischen Datenverarbeitung vertrieben oder instand gesetzt werden, ist die Übertragung von Werken auf Bild-, Ton- oder Datenträger, die öffentliche Wahrnehmbarmachung von Werken mittels Bild-, Ton- oder Datenträger sowie die öffentliche Wahrnehmbarmachung von Funksendungen und öffentliche Zugänglichmachungen von Werken zulässig, soweit dies notwendig ist, um diese Geräte Kunden vorzuführen oder instand zu setzen.

(2) Nach Absatz 1 hergestellte Bild-, Ton- oder Datenträger sind unverzüglich zu löschen.

§ 57 Unwesentliches Beiwerk. Zulässig ist die Vervielfältigung, Verbreitung und öffentliche Wiedergabe von Werken, wenn sie als unwesentliches Beiwerk neben dem eigentlichen Gegenstand der Vervielfältigung, Verbreitung oder öffentlichen Wiedergabe anzusehen sind.

§ 58 Werbung für die Ausstellung und den öffentlichen Verkauf von Werken. Zulässig sind die Vervielfältigung, Verbreitung und öffentliche Zugänglichmachung von öffentlich ausgestellten oder zur öffentlichen Ausstellung oder zum öffentlichen Verkauf bestimmten Werken gemäß § 2 Absatz 1 Nummer 4 bis 6 durch den Veranstalter zur Werbung, soweit dies zur Förderung der Veranstaltung erforderlich ist.

§ 59 Werke an öffentlichen Plätzen. (1) [1]Zulässig ist, Werke, die sich bleibend an öffentlichen Wegen, Straßen oder Plätzen befinden, mit Mitteln der Malerei oder Graphik, durch Lichtbild oder durch Film zu vervielfältigen, zu verbreiten und öffentlich wiederzugeben. [2]Bei Bauwerken erstrecken sich diese Befugnisse nur auf die äußere Ansicht.

(2) Die Vervielfältigungen dürfen nicht an einem Bauwerk vorgenommen werden.

§ 60 Bildnisse. (1) [1]Zulässig ist die Vervielfältigung sowie die unentgeltliche und nicht zu gewerblichen Zwecken vorgenommene Verbreitung eines Bildnisses durch den Besteller des Bildnisses oder seinen Rechtsnachfolger oder bei einem auf Bestellung geschaffenen Bildnis durch den Abgebildeten oder nach dessen Tod durch seine Angehörigen oder durch einen im Auftrag einer dieser Personen handelnden Dritten. [2] Handelt es sich bei dem Bildnis um ein Werk der bildenden Künste, so ist die Verwertung nur durch Lichtbild zulässig.

(2) Angehörige im Sinne von Absatz 1 Satz 1 sind der Ehegatte oder der Lebenspartner und die Kinder oder, wenn weder ein Ehegatte oder Lebenspartner noch Kinder vorhanden sind, die Eltern.

Unterabschnitt 4. Gesetzlich erlaubte Nutzungen für Unterricht, Wissenschaft und Institutionen

§ 60a Unterricht und Lehre. (1) Zur Veranschaulichung des Unterrichts und der Lehre an Bildungseinrichtungen dürfen zu nicht kommerziellen Zwecken bis zu 15 Prozent eines veröffentlichten Werkes vervielfältigt, verbreitet, öffentlich zugänglich gemacht und in sonstiger Weise öffentlich wiedergegeben werden

1. für Lehrende und Teilnehmer der jeweiligen Veranstaltung,
2. für Lehrende und Prüfer an derselben Bildungseinrichtung sowie
3. für Dritte, soweit dies der Präsentation des Unterrichts, von Unterrichts- oder Lernergebnissen an der Bildungseinrichtung dient.

(2) Abbildungen, einzelne Beiträge aus derselben Fachzeitschrift oder wissenschaftlichen Zeitschrift, sonstige Werke geringen Umfangs und vergriffene Werke dürfen abweichend von Absatz 1 vollständig genutzt werden.

(3) [1] Nicht nach den Absätzen 1 und 2 erlaubt sind folgende Nutzungen:

1. Vervielfältigung durch Aufnahme auf Bild- oder Tonträger und öffentliche Wiedergabe eines Werkes, während es öffentlich vorgetragen, aufgeführt oder vorgeführt wird,
2. Vervielfältigung, Verbreitung und öffentliche Wiedergabe eines Werkes, das ausschließlich für den Unterricht an Schulen geeignet, bestimmt und entsprechend gekennzeichnet ist, an Schulen sowie
3. Vervielfältigung von grafischen Aufzeichnungen von Werken der Musik, soweit sie nicht für die öffentliche Zugänglichmachung nach den Absätzen 1 oder 2 erforderlich ist.

[2] Satz 1 ist nur anzuwenden, wenn Lizenzen für diese Nutzungen leicht verfügbar und auffindbar sind, den Bedürfnissen und Besonderheiten von Bildungseinrichtungen entsprechen und Nutzungen nach Satz 1 Nummer 1 bis 3 erlauben.

(3a) Werden Werke in gesicherten elektronischen Umgebungen für die in Absatz 1 Nummer 1 und 2 sowie Absatz 2 genannten Zwecke in Mitgliedstaaten der Europäischen Union und Vertragsstaaten des Abkommens über den Europäischen Wirtschaftsraum genutzt, so gilt diese Nutzung nur als in dem Mitgliedstaat oder Vertragsstaat erfolgt, in dem die Bildungseinrichtung ihren Sitz hat.

(4) Bildungseinrichtungen sind frühkindliche Bildungseinrichtungen, Schulen, Hochschulen sowie Einrichtungen der Berufsbildung oder der sonstigen Aus- und Weiterbildung.

§ 60b Unterrichts- und Lehrmedien. (1) Hersteller von Unterrichts- und Lehrmedien dürfen für solche Sammlungen bis zu 10 Prozent eines veröffentlichten Werkes vervielfältigen, verbreiten und öffentlich zugänglich machen.

(2) § 60a Absatz 2 und 3 Satz 1 ist entsprechend anzuwenden.

(3) Unterrichts- und Lehrmedien im Sinne dieses Gesetzes sind Sammlungen, die Werke einer größeren Anzahl von Urhebern vereinigen und ausschließlich zur Veranschaulichung des Unterrichts und der Lehre an Bildungseinrichtungen (§ 60a) zu nicht kommerziellen Zwecken geeignet, bestimmt und entsprechend gekennzeichnet sind.

§ 60c Wissenschaftliche Forschung. (1) Zum Zweck der nicht kommerziellen wissenschaftlichen Forschung dürfen bis zu 15 Prozent eines Werkes vervielfältigt, verbreitet und öffentlich zugänglich gemacht werden

1. für einen bestimmt abgegrenzten Kreis von Personen für deren eigene wissenschaftliche Forschung sowie
2. für einzelne Dritte, soweit dies der Überprüfung der Qualität wissenschaftlicher Forschung dient.

(2) Für die eigene wissenschaftliche Forschung dürfen bis zu 75 Prozent eines Werkes vervielfältigt werden.

(3) Abbildungen, einzelne Beiträge aus derselben Fachzeitschrift oder wissenschaftlichen Zeitschrift, sonstige Werke geringen Umfangs und vergriffene Werke dürfen abweichend von den Absätzen 1 und 2 vollständig genutzt werden.

(4) Nicht nach den Absätzen 1 bis 3 erlaubt ist es, während öffentlicher Vorträge, Aufführungen oder Vorführungen eines Werkes diese auf Bild- oder Tonträger aufzunehmen und später öffentlich zugänglich zu machen.

§ 60d Text und Data Mining für Zwecke der wissenschaftlichen Forschung. (1) Vervielfältigungen für Text und Data Mining (§ 44b Absatz 1 und 2 Satz 1) sind für Zwecke der wissenschaftlichen Forschung nach Maßgabe der nachfolgenden Bestimmungen zulässig.

(2) [1] Zu Vervielfältigungen berechtigt sind Forschungsorganisationen. [2] Forschungsorganisationen sind Hochschulen, Forschungsinstitute oder sonstige Einrichtungen, die wissenschaftliche Forschung betreiben, sofern sie

1. nicht kommerzielle Zwecke verfolgen,
2. sämtliche Gewinne in die wissenschaftliche Forschung reinvestieren oder
3. im Rahmen eines staatlich anerkannten Auftrags im öffentlichen Interesse tätig sind.

[3] Nicht nach Satz 1 berechtigt sind Forschungsorganisationen, die mit einem privaten Unternehmen zusammenarbeiten, das einen bestimmenden Einfluss auf die Forschungsorganisation und einen bevorzugten Zugang zu den Ergebnissen der wissenschaftlichen Forschung hat.

(3) Zu Vervielfältigungen berechtigt sind ferner

1. Bibliotheken und Museen, sofern sie öffentlich zugänglich sind, sowie Archive und Einrichtungen im Bereich des Film- oder Tonerbes (Kulturerbe-Einrichtungen),
2. einzelne Forscher, sofern sie nicht kommerzielle Zwecke verfolgen.

(4) [1] Berechtigte nach den Absätzen 2 und 3, die nicht kommerzielle Zwecke verfolgen, dürfen Vervielfältigungen nach Absatz 1 folgenden Personen öffentlich zugänglich machen:

1. einem bestimmt abgegrenzten Kreis von Personen für deren gemeinsame wissenschaftliche Forschung sowie
2. einzelnen Dritten zur Überprüfung der Qualität wissenschaftlicher Forschung.

[2] Sobald die gemeinsame wissenschaftliche Forschung oder die Überprüfung der Qualität wissenschaftlicher Forschung abgeschlossen ist, ist die öffentliche Zugänglichmachung zu beenden.

(5) Berechtigte nach den Absätzen 2 und 3 Nummer 1 dürfen Vervielfältigungen nach Absatz 1 mit angemessenen Sicherheitsvorkehrungen gegen unbefugte Benutzung aufbewahren, solange sie für Zwecke der wissenschaftlichen Forschung oder zur Überprüfung wissenschaftlicher Erkenntnisse erforderlich sind.

(6) Rechtsinhaber sind befugt, erforderliche Maßnahmen zu ergreifen, um zu verhindern, dass die Sicherheit und Integrität ihrer Netze und Datenbanken durch Vervielfältigungen nach Absatz 1 gefährdet werden.

§ 60e Bibliotheken. (1) Öffentlich zugängliche Bibliotheken, die keine unmittelbaren oder mittelbaren kommerziellen Zwecke verfolgen (Bibliotheken), dürfen ein Werk aus ihrem Bestand oder ihrer Ausstellung für Zwecke der Zugänglichmachung, Indexierung, Katalogisierung, Erhaltung und Restaurierung vervielfältigen oder vervielfältigen lassen, auch mehrfach und mit technisch bedingten Änderungen.

(2) [1] Verbreiten dürfen Bibliotheken Vervielfältigungen eines Werkes aus ihrem Bestand an andere Bibliotheken oder an in § 60f genannte Institutionen für Zwecke der Restaurierung. [2] Verleihen dürfen sie restaurierte Werke sowie Vervielfältigungsstücke von Zeitungen, vergriffenen oder zerstörten Werken aus ihrem Bestand.

(3) Verbreiten dürfen Bibliotheken Vervielfältigungen eines in § 2 Absatz 1 Nummer 4 bis 7 genannten Werkes, sofern dies in Zusammenhang mit dessen öffentlicher Ausstellung oder zur Dokumentation des Bestandes der Bibliothek erfolgt.

(4) [1] Zugänglich machen dürfen Bibliotheken an Terminals in ihren Räumen ein Werk aus ihrem Bestand ihren Nutzern für deren Forschung oder private Studien. [2] Sie dürfen den Nutzern je Sitzung Vervielfältigungen an den Terminals von bis zu 10 Prozent eines Werkes sowie von einzelnen Abbildungen, Beiträgen aus derselben Fachzeitschrift oder wissenschaftlichen Zeitschrift, sonstigen Werken geringen Umfangs und vergriffenen Werken zu nicht kommerziellen Zwecken ermöglichen.

(5) Auf Einzelbestellung an Nutzer zu nicht kommerziellen Zwecken übermitteln dürfen Bibliotheken Vervielfältigungen von bis zu 10 Prozent eines erschienenen Werkes sowie einzelne Beiträge, die in Fachzeitschriften oder wissenschaftlichen Zeitschriften erschienen sind.

(6) Für öffentlich zugängliche Bibliotheken, die kommerzielle Zwecke verfolgen, ist Absatz 1 für Vervielfältigungen zum Zweck der Erhaltung eines Werkes entsprechend anzuwenden.

§ 60f Archive, Museen und Bildungseinrichtungen. (1) Für Archive, Einrichtungen im Bereich des Film- oder Tonerbes sowie öffentlich zugängliche Museen und Bildungseinrichtungen (§ 60a Absatz 4), die keine unmittelbaren oder mittelbaren kommerziellen Zwecke verfolgen, gilt § 60e mit Ausnahme der Absätze 5 und 6 entsprechend.

(2) [1] Archive, die auch im öffentlichen Interesse tätig sind, dürfen ein Werk vervielfältigen oder vervielfältigen lassen, um es als Archivgut in ihre Bestände aufzunehmen. [2] Die abgebende Stelle hat unverzüglich die bei ihr vorhandenen Vervielfältigungen zu löschen.

(3) Für Archive, Einrichtungen im Bereich des Film- oder Tonerbes sowie öffentlich zugängliche Museen, die kommerzielle Zwecke verfolgen, ist § 60e Absatz 1 für Vervielfältigungen zum Zweck der Erhaltung eines Werkes entsprechend anzuwenden.

§ 60g[1)] **Gesetzlich erlaubte Nutzung und vertragliche Nutzungsbefugnis.** (1) Auf Vereinbarungen, die erlaubte Nutzungen nach den §§ 60a bis 60f zum Nachteil der Nutzungsberechtigten beschränken oder untersagen, kann sich der Rechtsinhaber nicht berufen.

(2) Vereinbarungen, die ausschließlich die Zugänglichmachung an Terminals nach § 60e Absatz 4 und § 60f Absatz 1 oder den Versand von Vervielfältigungen auf Einzelbestellung nach § 60e Absatz 5 zum Gegenstand haben, gehen abweichend von Absatz 1 der gesetzlichen Erlaubnis vor.

§ 60h Angemessene Vergütung der gesetzlich erlaubten Nutzungen.

(1) [1] Für Nutzungen nach Maßgabe dieses Unterabschnitts hat der Urheber Anspruch auf Zahlung einer angemessenen Vergütung. [2] Vervielfältigungen sind nach den §§ 54 bis 54c zu vergüten.

(2) Folgende Nutzungen sind abweichend von Absatz 1 vergütungsfrei:

1. die öffentliche Wiedergabe für Angehörige von Bildungseinrichtungen und deren Familien nach § 60a Absatz 1 Nummer 1 und 3 sowie Absatz 2 mit Ausnahme der öffentlichen Zugänglichmachung,
2. Vervielfältigungen zum Zweck der Erhaltung gemäß § 60e Absatz 1 und 6 sowie § 60f Absatz 1 und 3 sowie zum Zweck der Indexierung, Katalogisierung und Restaurierung nach § 60e Absatz 1 und § 60f Absatz 1,
3. Vervielfältigungen im Rahmen des Text und Data Mining für Zwecke der wissenschaftlichen Forschung nach § 60d Absatz 1.

(3) [1] Eine pauschale Vergütung oder eine repräsentative Stichprobe der Nutzung für die nutzungsabhängige Berechnung der angemessenen Vergütung genügt. [2] Dies gilt nicht bei Nutzungen nach den §§ 60b und 60e Absatz 5.

(4) Der Anspruch auf angemessene Vergütung kann nur durch eine Verwertungsgesellschaft geltend gemacht werden.

(5) [1] Ist der Nutzer im Rahmen einer Einrichtung tätig, so ist nur sie die Vergütungsschuldnerin. [2] Für Vervielfältigungen, die gemäß Absatz 1 Satz 2 nach den §§ 54 bis 54c abgegolten werden, sind nur diese Regelungen anzuwenden.

---

1) Beachte hierzu Übergangsvorschrift in § 137o.

Unterabschnitt 5. Besondere gesetzlich erlaubte Nutzungen verwaister Werke

§ 61[1)] Verwaiste Werke. (1) Zulässig sind die Vervielfältigung und die öffentliche Zugänglichmachung verwaister Werke nach Maßgabe der Absätze 3 bis 5.

(2) Verwaiste Werke im Sinne dieses Gesetzes sind

1. Werke und sonstige Schutzgegenstände in Büchern, Fachzeitschriften, Zeitungen, Zeitschriften oder anderen Schriften,
2. Filmwerke sowie Bildträger und Bild- und Tonträger, auf denen Filmwerke aufgenommen sind, und
3. Tonträger

aus Sammlungen (Bestandsinhalte) von öffentlich zugänglichen Bibliotheken, Bildungseinrichtungen, Museen, Archiven sowie von Einrichtungen im Bereich des Film- oder Tonerbes, wenn diese Bestandsinhalte bereits veröffentlicht worden sind, deren Rechtsinhaber auch durch eine sorgfältige Suche nicht festgestellt oder ausfindig gemacht werden konnte.

(3) Gibt es mehrere Rechtsinhaber eines Bestandsinhalts, kann dieser auch dann vervielfältigt und öffentlich zugänglich gemacht werden, wenn selbst nach sorgfältiger Suche nicht alle Rechtsinhaber festgestellt oder ausfindig gemacht werden konnten, aber von den bekannten Rechtsinhabern die Erlaubnis zur Nutzung eingeholt worden ist.

(4) Bestandsinhalte, die nicht erschienen sind oder nicht gesendet wurden, dürfen durch die jeweilige in Absatz 2 genannte Institution genutzt werden, wenn die Bestandsinhalte von ihr bereits mit Erlaubnis des Rechtsinhabers der Öffentlichkeit zugänglich gemacht wurden und sofern nach Treu und Glauben anzunehmen ist, dass der Rechtsinhaber in die Nutzung nach Absatz 1 einwilligen würde.

(5) [1] Die Vervielfältigung und die öffentliche Zugänglichmachung durch die in Absatz 2 genannten Institutionen sind nur zulässig, wenn die Institutionen zur Erfüllung ihrer im Gemeinwohl liegenden Aufgaben handeln, insbesondere wenn sie Bestandsinhalte bewahren und restaurieren und den Zugang zu ihren Sammlungen eröffnen, sofern dies kulturellen und bildungspolitischen Zwecken dient. [2] Die Institutionen dürfen für den Zugang zu den genutzten verwaisten Werken ein Entgelt verlangen, das die Kosten der Digitalisierung und der öffentlichen Zugänglichmachung deckt.

§ 61a Sorgfältige Suche und Dokumentationspflichten. (1) [1] Die sorgfältige Suche nach dem Rechtsinhaber gemäß § 61 Absatz 2 ist für jeden Bestandsinhalt und für in diesem enthaltene sonstige Schutzgegenstände durchzuführen; dabei sind mindestens die in der Anlage bestimmten Quellen zu konsultieren. [2] Die sorgfältige Suche ist in dem Mitgliedstaat der Europäischen Union durchzuführen, in dem das Werk zuerst veröffentlicht wurde. [3] Wenn es Hinweise darauf gibt, dass relevante Informationen zu Rechtsinhabern in anderen Staaten gefunden werden können, sind auch verfügbare Informationsquellen in diesen anderen Staaten zu konsultieren. [4] Die nutzende Institution darf mit der Durchführung der sorgfältigen Suche auch einen Dritten beauftragen.

---

1) Beachte hierzu Übergangsvorschrift in § 137n.

(2) Bei Filmwerken sowie bei Bildträgern und Bild- und Tonträgern, auf denen Filmwerke aufgenommen sind, ist die sorgfältige Suche in dem Mitgliedstaat der Europäischen Union durchzuführen, in dem der Hersteller seine Hauptniederlassung oder seinen gewöhnlichen Aufenthalt hat.

(3) Für die in § 61 Absatz 4 genannten Bestandsinhalte ist eine sorgfältige Suche in dem Mitgliedstaat der Europäischen Union durchzuführen, in dem die Institution ihren Sitz hat, die den Bestandsinhalt mit Erlaubnis des Rechtsinhabers der Öffentlichkeit zugänglich gemacht hat.

(4) [1] Die nutzende Institution dokumentiert ihre sorgfältige Suche und leitet die folgenden Informationen dem Deutschen Patent- und Markenamt zu:

1. die genaue Bezeichnung des Bestandsinhalts, der nach den Ergebnissen der sorgfältigen Suche verwaist ist,
2. die Art der Nutzung des verwaisten Werkes durch die Institution,
3. jede Änderung des Status eines genutzten verwaisten Werkes gemäß § 61b,
4. die Kontaktdaten der Institution wie Name, Anschrift sowie gegebenenfalls Telefonnummer, Faxnummer und E-Mail-Adresse.

[2] Diese Informationen werden von dem Deutschen Patent- und Markenamt unverzüglich an das Harmonisierungsamt für den Binnenmarkt (Marken, Muster, Modelle) weitergeleitet.

(5) Einer sorgfältigen Suche bedarf es nicht für Bestandsinhalte, die bereits in der Datenbank des Harmonisierungsamtes für den Binnenmarkt (Marken, Muster, Modelle) als verwaist erfasst sind.

§ 61b Beendigung der Nutzung und Vergütungspflicht der nutzenden Institution. [1] Wird ein Rechtsinhaber eines Bestandsinhalts nachträglich festgestellt oder ausfindig gemacht, hat die nutzende Institution die Nutzungshandlungen unverzüglich zu unterlassen, sobald sie hiervon Kenntnis erlangt. [2] Der Rechtsinhaber hat gegen die nutzende Institution Anspruch auf Zahlung einer angemessenen Vergütung für die erfolgte Nutzung.

§ 61c Nutzung verwaister Werke durch öffentlich-rechtliche Rundfunkanstalten. [1] Zulässig sind die Vervielfältigung und die öffentliche Zugänglichmachung von

1. Filmwerken sowie Bildträgern und Bild- und Tonträgern, auf denen Filmwerke aufgenommen sind, und
2. Tonträgern,

die vor dem 1. Januar 2003 von öffentlich-rechtlichen Rundfunkanstalten hergestellt wurden und sich in deren Sammlung befinden, unter den Voraussetzungen des § 61 Absatz 2 bis 5 auch durch öffentlich-rechtliche Rundfunkanstalten. [2] Die §§ 61a und 61b gelten entsprechend.

Unterabschnitt 5a. Besondere gesetzlich erlaubte Nutzungen nicht verfügbarer Werke

§ 61d Nicht verfügbare Werke. (1) [1] Kulturerbe-Einrichtungen (§ 60d) dürfen nicht verfügbare Werke (§ 52b des Verwertungsgesellschaftengesetzes[1)]) aus ihrem Bestand vervielfältigen oder vervielfältigen lassen sowie der Öffent-

---

[1)] Nr. **13**.

lichkeit zugänglich machen. [2]Dies gilt nur, wenn keine Verwertungsgesellschaft besteht, die diese Rechte für die jeweiligen Arten von Werken wahrnimmt und insoweit repräsentativ (§ 51b des Verwertungsgesellschaftengesetzes) ist. [3]Nutzungen nach Satz 1 sind nur zu nicht kommerziellen Zwecken zulässig. [4]Die öffentliche Zugänglichmachung ist nur auf nicht kommerziellen Internetseiten erlaubt.

(2) Der Rechtsinhaber kann der Nutzung nach Absatz 1 jederzeit gegenüber dem Amt der Europäischen Union für geistiges Eigentum widersprechen.

(3) [1]Die Kulturerbe-Einrichtung informiert während der gesamten Nutzungsdauer im Online-Portal des Amtes der Europäischen Union für geistiges Eigentum über die betreffenden Werke, deren Nutzung und das Recht zum Widerspruch. [2]Die öffentliche Zugänglichmachung darf erst erfolgen, wenn der Rechtsinhaber der Nutzung innerhalb von sechs Monaten seit Beginn der Bekanntgabe der Informationen nach Satz 1 nicht widersprochen hat.

(4) [1]Die Nutzung nach Absatz 1 in Mitgliedstaaten der Europäischen Union und Vertragsstaaten des Abkommens über den Europäischen Wirtschaftsraum gilt als nur in dem Mitgliedstaat oder Vertragsstaat erfolgt, in dem die Kulturerbe-Einrichtung ihren Sitz hat. [2]Absatz 1 ist nicht auf Werkreihen anzuwenden, die überwiegend Werke aus Drittstaaten (§ 52c des Verwertungsgesellschaftengesetzes) enthalten.

§ 61e Verordnungsermächtigung. Das Bundesministerium der Justiz und für Verbraucherschutz wird ermächtigt, durch Rechtsverordnung ohne Zustimmung des Bundesrates zu folgenden Regelungen nähere Bestimmungen zu treffen:

1. Ausübung und Rechtsfolgen des Widerspruchs des Rechtsinhabers (§ 61d Absatz 2),
2. Informationspflichten (§ 61d Absatz 3).

§ 61f Information über nicht verfügbare Werke. Verwertungsgesellschaften, Kulturerbe-Einrichtungen und das Amt der Europäischen Union für geistiges Eigentum dürfen Werke vervielfältigen und der Öffentlichkeit zugänglich machen, soweit dies erforderlich ist, um im Online-Portal des Amtes darüber zu informieren, dass die Verwertungsgesellschaft Rechte an diesem Werk gemäß § 52 des Verwertungsgesellschaftengesetzes[1)] einräumt oder eine Kulturerbe-Einrichtung dieses Werk gemäß § 61d nutzt.

§ 61g Gesetzlich erlaubte Nutzung und vertragliche Nutzungsbefugnis. Auf Vereinbarungen, die erlaubte Nutzungen nach den §§ 61d und 61f zum Nachteil der Nutzungsberechtigten beschränken oder untersagen, kann sich der Rechtsinhaber nicht berufen.

Unterabschnitt 6. Gemeinsame Vorschriften für gesetzlich erlaubte Nutzungen

§ 62 Änderungsverbot. (1) [1]Soweit nach den Bestimmungen dieses Abschnitts die Benutzung eines Werkes zulässig ist, dürfen Änderungen an dem Werk nicht vorgenommen werden. [2]§ 39 gilt entsprechend.

[1)] Nr. **13**.

(2) Soweit der Benutzungszweck es erfordert, sind Übersetzungen und solche Änderungen des Werkes zulässig, die nur Auszüge oder Übertragungen in eine andere Tonart oder Stimmlage darstellen.

(3) Bei Werken der bildenden Künste und Lichtbildwerken sind Übertragungen des Werkes in eine andere Größe und solche Änderungen zulässig, die das für die Vervielfältigung angewendete Verfahren mit sich bringt.

(4) Bei Nutzungen nach den §§ 45a bis 45c sind solche Änderungen zulässig, die für die Herstellung eines barrierefreien Formats erforderlich sind.

(4a) Soweit es der Benutzungszweck nach § 51a erfordert, sind Änderungen des Werkes zulässig.

(5) [1] Bei Sammlungen für den religiösen Gebrauch (§ 46), bei Nutzungen für Unterricht und Lehre (§ 60a) und bei Unterrichts- und Lehrmedien (§ 60b) sind auch solche Änderungen von Sprachwerken zulässig, die für den religiösen Gebrauch und für die Veranschaulichung des Unterrichts und der Lehre erforderlich sind. [2] Diese Änderungen bedürfen jedoch der Einwilligung des Urhebers, nach seinem Tode der Einwilligung seines Rechtsnachfolgers (§ 30), wenn dieser Angehöriger (§ 60 Abs. 2) des Urhebers ist oder das Urheberrecht auf Grund letztwilliger Verfügung des Urhebers erworben hat. [3] Die Einwilligung gilt als erteilt, wenn der Urheber oder der Rechtsnachfolger nicht innerhalb eines Monats, nachdem ihm die beabsichtigte Änderung mitgeteilt worden ist, widerspricht und er bei der Mitteilung der Änderung auf diese Rechtsfolge hingewiesen worden ist. [4] Bei Nutzungen für Unterricht und Lehre (§ 60a) sowie für Unterrichts- und Lehrmedien (§ 60b) bedarf es keiner Einwilligung, wenn die Änderungen deutlich sichtbar kenntlich gemacht werden.

§ 63 Quellenangabe. (1) [1] Wenn ein Werk oder ein Teil eines Werkes in den Fällen des § 45 Abs. 1, der §§ 45a bis 48, 50, 51, 58, 59 sowie der §§ 60a bis 60c, 61, 61c, 61d und 61f vervielfältigt oder verbreitet wird, ist stets die Quelle deutlich anzugeben. [2] Bei der Vervielfältigung oder Verbreitung ganzer Sprachwerke oder ganzer Werke der Musik ist neben dem Urheber auch der Verlag anzugeben, in dem das Werk erschienen ist, und außerdem kenntlich zu machen, ob an dem Werk Kürzungen oder andere Änderungen vorgenommen worden sind. [3] Die Verpflichtung zur Quellenangabe entfällt, wenn die Quelle weder auf dem benutzten Werkstück oder bei der benutzten Werkwiedergabe genannt noch dem zur Vervielfältigung oder Verbreitung Befugten anderweit bekannt ist oder im Fall des § 60a oder des § 60b Prüfungszwecke einen Verzicht auf die Quellenangabe erfordern.

(2) [1] Soweit nach den Bestimmungen dieses Abschnitts die öffentliche Wiedergabe eines Werkes zulässig ist, ist die Quelle deutlich anzugeben, wenn und soweit die Verkehrssitte es erfordert. [2] In den Fällen der öffentlichen Wiedergabe nach den §§ 46, 48, 51, 60a bis 60d, 61, 61c, 61d und 61f sowie bei digitalen sonstigen Nutzungen gemäß § 60a ist die Quelle einschließlich des Namens des Urhebers stets anzugeben, es sei denn, dass dies nicht möglich ist.

(3) [1] Wird ein Artikel aus einer Zeitung oder einem anderen Informationsblatt nach § 49 Abs. 1 in einer anderen Zeitung oder in einem anderen Informationsblatt abgedruckt oder durch Funk gesendet, so ist stets außer dem Urheber, der in der benutzten Quelle bezeichnet ist, auch die Zeitung oder das Informationsblatt anzugeben, woraus der Artikel entnommen ist; ist dort eine andere Zeitung oder ein anderes Informationsblatt als Quelle angeführt, so ist diese Zeitung oder dieses Informationsblatt anzugeben. [2] Wird ein Rundfunk-

kommentar nach § 49 Abs. 1 in einer Zeitung oder einem anderen Informationsblatt abgedruckt oder durch Funk gesendet, so ist stets außer dem Urheber auch das Sendeunternehmen anzugeben, das den Kommentar gesendet hat.

§ 63a Gesetzliche Vergütungsansprüche. (1) [1] Auf gesetzliche Vergütungsansprüche nach diesem Abschnitt kann der Urheber im Voraus nicht verzichten. [2] Sie können im Voraus nur an eine Verwertungsgesellschaft abgetreten werden.

(2) [1] Hat der Urheber einem Verleger ein Recht an seinem Werk eingeräumt, so ist der Verleger in Bezug auf dieses Recht angemessen an den gesetzlichen Vergütungsansprüchen nach diesem Abschnitt zu beteiligen. [2] In diesem Fall können gesetzliche Vergütungsansprüche nur durch eine gemeinsame Verwertungsgesellschaft von Urhebern und Verlegern geltend gemacht werden.

(3) Absatz 2 ist auf den Vergütungsanspruch nach § 27 Absatz 2 entsprechend anzuwenden.

Abschnitt 7. Dauer des Urheberrechts

§ 64 Allgemeines. Das Urheberrecht erlischt siebzig Jahre nach dem Tode des Urhebers.[1)]

§ 65 Miturheber, Filmwerke, Musikkomposition mit Text. (1) Steht das Urheberrecht mehreren Miturhebern (§ 8) zu, so erlischt es siebzig Jahre nach dem Tode des längstlebenden Miturhebers.

(2) Bei Filmwerken und Werken, die ähnlich wie Filmwerke hergestellt werden, erlischt das Urheberrecht siebzig Jahre nach dem Tod des Längstlebenden der folgenden Personen: Hauptregisseur, Urheber des Drehbuchs, Urheber der Dialoge, Komponist der für das betreffende Filmwerk komponierten Musik.

(3) [1] Die Schutzdauer einer Musikkomposition mit Text erlischt 70 Jahre nach dem Tod des Längstlebenden der folgenden Personen: Verfasser des Textes, Komponist der Musikkomposition, sofern beide Beiträge eigens für die betreffende Musikkomposition mit Text geschaffen wurden. [2] Dies gilt unabhängig davon, ob diese Personen als Miturheber ausgewiesen sind.

§ 66 Anonyme und pseudonyme Werke. (1) [1] Bei anonymen und pseudonymen Werken erlischt das Urheberrecht siebzig Jahre nach der Veröffentlichung. [2] Es erlischt jedoch bereits siebzig Jahre nach der Schaffung des Werkes, wenn das Werk innerhalb dieser Frist nicht veröffentlicht worden ist.

(2) [1] Offenbart der Urheber seine Identität innerhalb der in Absatz 1 Satz 1 bezeichneten Frist oder läßt das vom Urheber angenommene Pseudonym keinen Zweifel an seiner Identität zu, so berechnet sich die Dauer des Urheberrechts nach den §§ 64 und 65. [2] Dasselbe gilt, wenn innerhalb der in Absatz 1 Satz 1 bezeichneten Frist der wahre Name des Urhebers zur Eintragung in das Register anonymer und pseudonymer Werke (§ 138) angemeldet wird.

[1)] Siehe Bek. des Notenwechsels zwischen der Regierung der Bundesrepublik Deutschland und der Regierung der Republik Österreich über die Dauer des Urheberrechtsschutzes nach Art. 7 Abs. 2 und 3 der Brüsseler Fassung der Berner Übereinkunft zum Schutz von Werken der Literatur und Kunst v. 22.4.1975 (BGBl. II S. 834) und Bek. des Notenwechsels mit der Regierung der Französischen Republik v. 21.1.1975 (BGBl. II S. 189).

(3) Zu den Handlungen nach Absatz 2 sind der Urheber, nach seinem Tode sein Rechtsnachfolger (§ 30) oder der Testamentsvollstrecker (§ 28 Abs. 2) berechtigt.

§ 67 Lieferungswerke. Bei Werken, die in inhaltlich nicht abgeschlossenen Teilen (Lieferungen) veröffentlicht werden, berechnet sich im Falle des § 66 Abs. 1 Satz 1 die Schutzfrist einer jeden Lieferung gesondert ab dem Zeitpunkt ihrer Veröffentlichung.

§ 68 Vervielfältigungen gemeinfreier visueller Werke. Vervielfältigungen gemeinfreier visueller Werke werden nicht durch verwandte Schutzrechte nach den Teilen 2 und 3 geschützt.

§ 69 Berechnung der Fristen. Die Fristen dieses Abschnitts beginnen mit dem Ablauf des Kalenderjahres, in dem das für den Beginn der Frist maßgebende Ereignis eingetreten ist.

Abschnitt 8. Besondere Bestimmungen für Computerprogramme

§ 69a Gegenstand des Schutzes. (1) Computerprogramme im Sinne dieses Gesetzes sind Programme in jeder Gestalt, einschließlich des Entwurfsmaterials.

(2) [1] Der gewährte Schutz gilt für alle Ausdrucksformen eines Computerprogramms. [2] Ideen und Grundsätze, die einem Element eines Computerprogramms zugrunde liegen, einschließlich der den Schnittstellen zugrundeliegenden Ideen und Grundsätze, sind nicht geschützt.

(3) [1] Computerprogramme werden geschützt, wenn sie individuelle Werke in dem Sinne darstellen, daß sie das Ergebnis der eigenen geistigen Schöpfung ihres Urhebers sind. [2] Zur Bestimmung ihrer Schutzfähigkeit sind keine anderen Kriterien, insbesondere nicht qualitative oder ästhetische, anzuwenden.

(4) Auf Computerprogramme finden die für Sprachwerke geltenden Bestimmungen Anwendung, soweit in diesem Abschnitt nichts anderes bestimmt ist.

(5) Die §§ 32 bis 32g, 36 bis 36d, 40a und 41 sind auf Computerprogramme nicht anzuwenden.

§ 69b Urheber in Arbeits- und Dienstverhältnissen. (1) Wird ein Computerprogramm von einem Arbeitnehmer in Wahrnehmung seiner Aufgaben oder nach den Anweisungen seines Arbeitgebers geschaffen, so ist ausschließlich der Arbeitgeber zur Ausübung aller vermögensrechtlichen Befugnisse an dem Computerprogramm berechtigt, sofern nichts anderes vereinbart ist.

(2) Absatz 1 ist auf Dienstverhältnisse entsprechend anzuwenden.

§ 69c Zustimmungsbedürftige Handlungen. Der Rechtsinhaber hat das ausschließliche Recht, folgende Handlungen vorzunehmen oder zu gestatten:

1. die dauerhafte oder vorübergehende Vervielfältigung, ganz oder teilweise, eines Computerprogramms mit jedem Mittel und in jeder Form. Soweit das Laden, Anzeigen, Ablaufen, Übertragen oder Speichern des Computerprogramms eine Vervielfältigung erfordert, bedürfen diese Handlungen der Zustimmung des Rechtsinhabers;
2. die Übersetzung, die Bearbeitung, das Arrangement und andere Umarbeitungen eines Computerprogramms sowie die Vervielfältigung der erzielten

Ergebnisse. Die Rechte derjenigen, die das Programm bearbeiten, bleiben unberührt;

3. jede Form der Verbreitung des Originals eines Computerprogramms oder von Vervielfältigungsstücken, einschließlich der Vermietung. Wird ein Vervielfältigungsstück eines Computerprogramms mit Zustimmung des Rechtsinhabers im Gebiet der Europäischen Union oder eines anderen Vertragsstaates des Abkommens über den Europäischen Wirtschaftsraum im Wege der Veräußerung in Verkehr gebracht, so erschöpft sich das Verbreitungsrecht in bezug auf dieses Vervielfältigungsstück mit Ausnahme des Vermietrechts;
4. die drahtgebundene oder drahtlose öffentliche Wiedergabe eines Computerprogramms einschließlich der öffentlichen Zugänglichmachung in der Weise, dass es Mitgliedern der Öffentlichkeit von Orten und zu Zeiten ihrer Wahl zugänglich ist.

§ 69d Ausnahmen von den zustimmungsbedürftigen Handlungen.

(1) Soweit keine besonderen vertraglichen Bestimmungen vorliegen, bedürfen die in § 69c Nr. 1 und 2 genannten Handlungen nicht der Zustimmung des Rechtsinhabers, wenn sie für eine bestimmungsgemäße Benutzung des Computerprogramms einschließlich der Fehlerberichtigung durch jeden zur Verwendung eines Vervielfältigungsstücks des Programms Berechtigten notwendig sind.

(2) [1] Die Erstellung einer Sicherungskopie durch eine Person, die zur Benutzung des Programms berechtigt ist, darf nicht vertraglich untersagt werden, wenn sie für die Sicherung künftiger Benutzung erforderlich ist. [2] Für Vervielfältigungen zum Zweck der Erhaltung sind § 60e Absatz 1 und 6 sowie § 60f Absatz 1 und 3 anzuwenden.

(3) Der zur Verwendung eines Vervielfältigungsstücks eines Programms Berechtigte kann ohne Zustimmung des Rechtsinhabers das Funktionieren dieses Programms beobachten, untersuchen oder testen, um die einem Programmelement zugrundeliegenden Ideen und Grundsätze zu ermitteln, wenn dies durch Handlungen zum Laden, Anzeigen, Ablaufen, Übertragen oder Speichern des Programms geschieht, zu denen er berechtigt ist.

(4) Computerprogramme dürfen für das Text und Data Mining nach § 44b auch gemäß § 69c Nummer 2 genutzt werden.

(5) § 60a ist auf Computerprogramme mit folgenden Maßgaben anzuwenden:

1. Nutzungen sind digital unter Verantwortung einer Bildungseinrichtung in ihren Räumlichkeiten, an anderen Orten oder in einer gesicherten elektronischen Umgebung zulässig.
2. Die Computerprogramme dürfen auch gemäß § 69c Nummer 2 genutzt werden.
3. Die Computerprogramme dürfen vollständig genutzt werden.
4. Die Nutzung muss zum Zweck der Veranschaulichung von Unterricht und Lehre gerechtfertigt sein.

(6) § 60d ist auf Computerprogramme nicht anzuwenden.

(7) Die §§ 61d bis 61f sind auf Computerprogramme mit der Maßgabe anzuwenden, dass die Computerprogramme auch gemäß § 69c Nummer 2 genutzt werden dürfen.

§ 69e Dekompilierung. (1) Die Zustimmung des Rechtsinhabers ist nicht erforderlich, wenn die Vervielfältigung des Codes oder die Übersetzung der Codeform im Sinne des § 69c Nr. 1 und 2 unerläßlich ist, um die erforderlichen Informationen zur Herstellung der Interoperabilität eines unabhängig geschaffenen Computerprogramms mit anderen Programmen zu erhalten, sofern folgende Bedingungen erfüllt sind:

1. Die Handlungen werden von dem Lizenznehmer oder von einer anderen zur Verwendung eines Vervielfältigungsstücks des Programms berechtigten Person oder in deren Namen von einer hierzu ermächtigten Person vorgenommen;
2. die für die Herstellung der Interoperabilität notwendigen Informationen sind für die in Nummer 1 genannten Personen noch nicht ohne weiteres zugänglich gemacht;
3. die Handlungen beschränken sich auf die Teile des ursprünglichen Programms, die zur Herstellung der Interoperabilität notwendig sind.

(2) Bei Handlungen nach Absatz 1 gewonnene Informationen dürfen nicht

1. zu anderen Zwecken als zur Herstellung der Interoperabilität des unabhängig geschaffenen Programms verwendet werden,
2. an Dritte weitergegeben werden, es sei denn, daß dies für die Interoperabilität des unabhängig geschaffenen Programms notwendig ist,
3. für die Entwicklung, Herstellung oder Vermarktung eines Programms mit im wesentlichen ähnlicher Ausdrucksform oder für irgendwelche anderen das Urheberrecht verletzenden Handlungen verwendet werden.

(3) Die Absätze 1 und 2 sind so auszulegen, daß ihre Anwendung weder die normale Auswertung des Werkes beeinträchtigt noch die berechtigten Interessen des Rechtsinhabers unzumutbar verletzt.

§ 69f Rechtsverletzungen; ergänzende Schutzbestimmungen.

(1) [1] Der Rechtsinhaber kann von dem Eigentümer oder Besitzer verlangen, daß alle rechtswidrig hergestellten, verbreiteten oder zur rechtswidrigen Verbreitung bestimmten Vervielfältigungsstücke vernichtet werden. [2] § 98 Abs. 3 und 4 ist entsprechend anzuwenden.

(2) [1] Absatz 1 ist entsprechend auf Mittel anzuwenden, die allein dazu bestimmt sind, die unerlaubte Beseitigung oder Umgehung technischer Programmschutzmechanismen zu erleichtern. [2] Satz 1 gilt nicht für Mittel, die Kulturerbe-Einrichtungen einsetzen, um von der gesetzlichen Nutzungserlaubnis des § 61d, auch in Verbindung mit § 69d Absatz 7, Gebrauch zu machen.

(3) Auf technische Programmschutzmechanismen ist in den Fällen des § 44b, auch in Verbindung mit § 69d Absatz 4, des § 60a, auch in Verbindung mit § 69d Absatz 5, des § 60e Absatz 1 oder 6 sowie des § 60f Absatz 1 oder 3 nur § 95b entsprechend anzuwenden.

§ 69g Anwendung sonstiger Rechtsvorschriften; Vertragsrecht.

(1) Die Bestimmungen dieses Abschnitts lassen die Anwendung sonstiger Rechtsvorschriften auf Computerprogramme, insbesondere über den Schutz von Erfindungen, Topographien von Halbleitererzeugnissen, Marken und den Schutz gegen unlauteren Wettbewerb einschließlich des Schutzes von Ge-

schäfts- und Betriebsgeheimnissen, sowie schuldrechtliche Vereinbarungen unberührt.

(2) Vertragliche Bestimmungen, die in Widerspruch zu § 69d Absatz 2, 3, 5 oder 7 oder zu § 69e stehen, sind nichtig.

Teil 2. Verwandte Schutzrechte

Abschnitt 1. Schutz bestimmter Ausgaben

§ 70 Wissenschaftliche Ausgaben. (1) Ausgaben urheberrechtlich nicht geschützter Werke oder Texte werden in entsprechender Anwendung der Vorschriften des Teils 1 geschützt, wenn sie das Ergebnis wissenschaftlich sichtender Tätigkeit darstellen und sich wesentlich von den bisher bekannten Ausgaben der Werke oder Texte unterscheiden.

(2) Das Recht steht dem Verfasser der Ausgabe zu.

(3) [1] Das Recht erlischt fünfundzwanzig Jahre nach dem Erscheinen der Ausgabe, jedoch bereits fünfundzwanzig Jahre nach der Herstellung, wenn die Ausgabe innerhalb dieser Frist nicht erschienen ist. [2] Die Frist ist nach § 69 zu berechnen.

§ 71 Nachgelassene Werke. (1) [1] Wer ein nicht erschienenes Werk nach Erlöschen des Urheberrechts erlaubterweise erstmals erscheinen läßt oder erstmals öffentlich wiedergibt, hat das ausschließliche Recht, das Werk zu verwerten. [2] Das gleiche gilt für nicht erschienene Werke, die im Geltungsbereich dieses Gesetzes niemals geschützt waren, deren Urheber aber schon länger als siebzig Jahre tot ist. [3] Die §§ 5 und 10 Abs. 1 sowie die §§ 15 bis 23, 26, 27, 44a bis 63 und 88 sind sinngemäß anzuwenden.

(2) Das Recht ist übertragbar.

(3) [1] Das Recht erlischt fünfundzwanzig Jahre nach dem Erscheinen des Werkes oder, wenn seine erste öffentliche Wiedergabe früher erfolgt ist, nach dieser. [2] Die Frist ist nach § 69 zu berechnen.

Abschnitt 2. Schutz der Lichtbilder

§ 72 Lichtbilder. (1) Lichtbilder und Erzeugnisse, die ähnlich wie Lichtbilder hergestellt werden, werden in entsprechender Anwendung der für Lichtbildwerke geltenden Vorschriften des Teils 1 geschützt.

(2) Das Recht nach Absatz 1 steht dem Lichtbildner zu.

(3) [1] Das Recht nach Absatz 1 erlischt fünfzig Jahre nach dem Erscheinen des Lichtbildes oder, wenn seine erste erlaubte öffentliche Wiedergabe früher erfolgt ist, nach dieser, jedoch bereits fünfzig Jahre nach der Herstellung, wenn das Lichtbild innerhalb dieser Frist nicht erschienen oder erlaubterweise öffentlich wiedergegeben worden ist. [2] Die Frist ist nach § 69 zu berechnen.

Abschnitt 3. Schutz des ausübenden Künstlers[1)]

§ 73 Ausübender Künstler. Ausübender Künstler im Sinne dieses Gesetzes ist, wer ein Werk oder eine Ausdrucksform der Volkskunst aufführt, singt, spielt oder auf eine andere Weise darbietet oder an einer solchen Darbietung künstlerisch mitwirkt.

§ 74 Anerkennung als ausübender Künstler. (1) [1] Der ausübende Künstler hat das Recht, in Bezug auf seine Darbietung als solcher anerkannt zu werden. [2] Er kann dabei bestimmen, ob und mit welchem Namen er genannt wird.

(2) [1] Haben mehrere ausübende Künstler gemeinsam eine Darbietung erbracht und erfordert die Nennung jedes einzelnen von ihnen einen unverhältnismäßigen Aufwand, so können sie nur verlangen, als Künstlergruppe genannt zu werden. [2] Hat die Künstlergruppe einen gewählten Vertreter (Vorstand), so ist dieser gegenüber Dritten allein zur Vertretung befugt. [3] Hat eine Gruppe keinen Vorstand, so kann das Recht nur durch den Leiter der Gruppe, mangels eines solchen nur durch einen von der Gruppe zu wählenden Vertreter geltend gemacht werden. [4] Das Recht eines beteiligten ausübenden Künstlers auf persönliche Nennung bleibt bei einem besonderen Interesse unberührt.

(3) § 10 Abs. 1 gilt entsprechend.

§ 75 Beeinträchtigung der Darbietung. [1] Der ausübende Künstler hat das Recht, eine Entstellung oder eine andere Beeinträchtigung seiner Darbietung zu verbieten, die geeignet ist, sein Ansehen oder seinen Ruf als ausübender Künstler zu gefährden. [2] Haben mehrere ausübende Künstler gemeinsam eine Darbietung erbracht, so haben sie bei der Ausübung des Rechts aufeinander angemessene Rücksicht zu nehmen.

§ 76 Dauer der Persönlichkeitsrechte. [1] Die in den §§ 74 und 75 bezeichneten Rechte erlöschen mit dem Tode des ausübenden Künstlers, jedoch erst 50 Jahre nach der Darbietung, wenn der ausübende Künstler vor Ablauf dieser Frist verstorben ist, sowie nicht vor Ablauf der für die Verwertungsrechte nach § 82 geltenden Frist. [2] Die Frist ist nach § 69 zu berechnen. [3] Haben mehrere ausübende Künstler gemeinsam eine Darbietung erbracht, so ist der Tod des letzten der beteiligten ausübenden Künstler maßgeblich. [4] Nach dem Tod des ausübenden Künstlers stehen die Rechte seinen Angehörigen (§ 60 Abs. 2) zu.

§ 77 Aufnahme, Vervielfältigung und Verbreitung. (1) Der ausübende Künstler hat das ausschließliche Recht, seine Darbietung auf Bild- oder Tonträger aufzunehmen.

(2) [1] Der ausübende Künstler hat das ausschließliche Recht, den Bild- oder Tonträger, auf den seine Darbietung aufgenommen worden ist, zu vervielfältigen und zu verbreiten. [2] § 27 ist entsprechend anzuwenden.

§ 78 Öffentliche Wiedergabe. (1) Der ausübende Künstler hat das ausschließliche Recht, seine Darbietung

1. öffentlich zugänglich zu machen (§ 19a),

[1)] Beachte auch Internationales Abkommen über den Schutz der ausübenden Künstler, der Hersteller von Tonträgern und der Sendeunternehmen (Nr. **29**), G zu dem Internationalen Abkommen (Nr. **30**) und Bek. über das Inkrafttreten v. 21.10.1966 (BGBl. II S. 1473, ber. 1967 II S. 2004).

2. zu senden, es sei denn, dass die Darbietung erlaubterweise auf Bild- oder Tonträger aufgenommen worden ist, die erschienen oder erlaubterweise öffentlich zugänglich gemacht worden sind,
3. außerhalb des Raumes, in dem sie stattfindet, durch Bildschirm, Lautsprecher oder ähnliche technische Einrichtungen öffentlich wahrnehmbar zu machen.

(2) Dem ausübenden Künstler ist eine angemessene Vergütung zu zahlen, wenn

1. die Darbietung nach Absatz 1 Nr. 2 erlaubterweise gesendet,
2. die Darbietung mittels Bild- oder Tonträger öffentlich wahrnehmbar gemacht oder
3. die Sendung oder die auf öffentlicher Zugänglichmachung beruhende Wiedergabe der Darbietung öffentlich wahrnehmbar gemacht wird.

(3) [1] Auf Vergütungsansprüche nach Absatz 2 kann der ausübende Künstler im Voraus nicht verzichten. [2] Sie können im Voraus nur an eine Verwertungsgesellschaft abgetreten werden.

(4) § 20b gilt entsprechend.

§ 79 Nutzungsrechte. (1) [1] Der ausübende Künstler kann seine Rechte und Ansprüche aus den §§ 77 und 78 übertragen. [2] § 78 Abs. 3 und 4 bleibt unberührt.

(2) Der ausübende Künstler kann einem anderen das Recht einräumen, die Darbietung auf einzelne oder alle der ihm vorbehaltenen Nutzungsarten zu nutzen.

(2a) Auf Übertragungen nach Absatz 1 und Rechtseinräumungen nach Absatz 2 sind die §§ 31, 32 bis 32b, 32d bis 40, 41, 42 und 43 entsprechend anzuwenden.

(3) [1] Unterlässt es der Tonträgerhersteller, Kopien des Tonträgers in ausreichender Menge zum Verkauf anzubieten oder den Tonträger öffentlich zugänglich zu machen, so kann der ausübende Künstler den Vertrag, mit dem er dem Tonträgerhersteller seine Rechte an der Aufzeichnung der Darbietung eingeräumt oder übertragen hat (Übertragungsvertrag), kündigen. [2] Die Kündigung ist zulässig

1. nach Ablauf von 50 Jahren nach dem Erscheinen eines Tonträgers oder 50 Jahre nach der ersten erlaubten Benutzung des Tonträgers zur öffentlichen Wiedergabe, wenn der Tonträger nicht erschienen ist, und
2. wenn der Tonträgerhersteller innerhalb eines Jahres nach Mitteilung des ausübenden Künstlers, den Übertragungsvertrag kündigen zu wollen, nicht beide in Satz 1 genannten Nutzungshandlungen ausführt.

[3] Ist der Übertragungsvertrag gekündigt, so erlöschen die Rechte des Tonträgerherstellers am Tonträger. [4] Auf das Kündigungsrecht kann der ausübende Künstler nicht verzichten.

§ 79a Vergütungsanspruch des ausübenden Künstlers. (1) [1] Hat der ausübende Künstler einem Tonträgerhersteller gegen Zahlung einer einmaligen Vergütung Rechte an seiner Darbietung eingeräumt oder übertragen, so hat der Tonträgerhersteller dem ausübenden Künstler eine zusätzliche Vergütung in Höhe von 20 Prozent der Einnahmen zu zahlen, die der Tonträgerhersteller aus der Vervielfältigung, dem Vertrieb und der Zugänglichmachung des Tonträgers erzielt, der die Darbietung enthält. [2] Enthält ein Tonträger die Aufzeichnung der Darbietungen von mehreren ausübenden Künstlern, so beläuft sich die Höhe der Vergütung ebenfalls auf insgesamt 20 Prozent der Einnahmen. [3] Als Einnahmen sind die vom Tonträgerhersteller erzielten Einnahmen vor Abzug der Ausgaben anzusehen.

(2) Der Vergütungsanspruch besteht für jedes vollständige Jahr unmittelbar im Anschluss an das 50. Jahr nach Erscheinen des die Darbietung enthaltenen Tonträgers oder mangels Erscheinen an das 50. Jahr nach dessen erster erlaubter Benutzung zur öffentlichen Wiedergabe.

(3) [1] Auf den Vergütungsanspruch nach Absatz 1 kann der ausübende Künstler nicht verzichten. [2] Der Vergütungsanspruch kann nur durch eine Verwertungsgesellschaft geltend gemacht werden. [3] Er kann im Voraus nur an eine Verwertungsgesellschaft abgetreten werden.

(4) Der Tonträgerhersteller ist verpflichtet, dem ausübenden Künstler auf Verlangen Auskunft über die erzielten Einnahmen und sonstige, zur Bezifferung des Vergütungsanspruchs nach Absatz 1 erforderliche Informationen zu erteilen.

(5) Hat der ausübende Künstler einem Tonträgerhersteller gegen Zahlung einer wiederkehrenden Vergütung Rechte an seiner Darbietung eingeräumt oder übertragen, so darf der Tonträgerhersteller nach Ablauf folgender Fristen weder Vorschüsse noch vertraglich festgelegte Abzüge von der Vergütung abziehen:

1. 50 Jahre nach dem Erscheinen des Tonträgers, der die Darbietung enthält, oder
2. 50 Jahre nach der ersten erlaubten Benutzung des die Darbietung enthaltenden Tonträgers zur öffentlichen Wiedergabe, wenn der Tonträger nicht erschienen ist.

§ 79b Vergütung des ausübenden Künstlers für später bekannte Nutzungsarten. (1) Der ausübende Künstler hat Anspruch auf eine gesonderte angemessene Vergütung, wenn der Vertragspartner eine neue Art der Nutzung seiner Darbietung aufnimmt, die im Zeitpunkt des Vertragsschlusses vereinbart, aber noch unbekannt war.

(2) [1] Hat der Vertragspartner des ausübenden Künstlers das Nutzungsrecht einem Dritten übertragen, haftet der Dritte mit der Aufnahme der neuen Art der Nutzung für die Vergütung. [2] Die Haftung des Vertragspartners entfällt.

(3) Auf die Rechte nach den Absätzen 1 und 2 kann im Voraus nicht verzichtet werden.

§ 80 Gemeinsame Darbietung mehrerer ausübender Künstler.

(1) [1] Erbringen mehrere ausübende Künstler gemeinsam eine Darbietung, ohne dass sich ihre Anteile gesondert verwerten lassen, so steht ihnen das Recht zur Verwertung zur gesamten Hand zu. [2] Keiner der beteiligten ausübenden Künstler darf seine Einwilligung zur Verwertung wider Treu und Glauben verweigern. [3] § 8 Abs. 2 Satz 3, Abs. 3 und 4 ist entsprechend anzuwenden.

(2) Für die Geltendmachung der sich aus den §§ 77, 78 und 79 Absatz 3 ergebenden Rechte und Ansprüche gilt § 74 Abs. 2 Satz 2 und 3 entsprechend.

§ 81 Schutz des Veranstalters. [1]Wird die Darbietung des ausübenden Künstlers von einem Unternehmen veranstaltet, so stehen die Rechte nach § 77 Abs. 1 und 2 Satz 1 sowie § 78 Abs. 1 neben dem ausübenden Künstler auch dem Inhaber des Unternehmens zu. [2]§ 10 Abs.1, § 31 sowie die §§ 33 und 38 gelten entsprechend.

§ 82 Dauer der Verwertungsrechte. (1) [1]Ist die Darbietung des ausübenden Künstlers auf einem Tonträger aufgezeichnet worden, so erlöschen die in den §§ 77 und 78 bezeichneten Rechte des ausübenden Künstlers 70 Jahre nach dem Erscheinen des Tonträgers, oder wenn dessen erste erlaubte Benutzung zur öffentlichen Wiedergabe früher erfolgt ist, 70 Jahre nach dieser. [2]Ist die Darbietung des ausübenden Künstlers nicht auf einem Tonträger aufgezeichnet worden, so erlöschen die in den §§ 77 und 78 bezeichneten Rechte des ausübenden Künstlers 50 Jahre nach dem Erscheinen der Aufzeichnung, oder wenn deren erste erlaubte Benutzung zur öffentlichen Wiedergabe früher erfolgt ist, 50 Jahre nach dieser. [3]Die Rechte des ausübenden Künstlers erlöschen jedoch bereits 50 Jahre nach der Darbietung, wenn eine Aufzeichnung innerhalb dieser Frist nicht erschienen oder nicht erlaubterweise zur öffentlichen Wiedergabe benutzt worden ist.

(2) [1]Die in § 81 bezeichneten Rechte des Veranstalters erlöschen 25 Jahre nach Erscheinen einer Aufzeichnung der Darbietung eines ausübenden Künstlers, oder wenn deren erste erlaubte Benutzung zur öffentlichen Wiedergabe früher erfolgt ist, 25 Jahre nach dieser. [2]Die Rechte erlöschen bereits 25 Jahre nach der Darbietung, wenn eine Aufzeichnung innerhalb dieser Frist nicht erschienen oder nicht erlaubterweise zur öffentlichen Wiedergabe benutzt worden ist.

(3) Die Fristen sind nach § 69 zu berechnen.

§ 83 Schranken der Verwertungsrechte. Auf die dem ausübenden Künstler nach den §§ 77 und 78 sowie die dem Veranstalter nach § 81 zustehenden Rechte sind die Vorschriften des Abschnitts 6 des Teils 1 entsprechend anzuwenden.

§ 84 *(aufgehoben)*

Abschnitt 4. Schutz des Herstellers von Tonträgern[1)]

§ 85 Verwertungsrechte. (1) [1]Der Hersteller eines Tonträgers hat das ausschließliche Recht, den Tonträger zu vervielfältigen, zu verbreiten und öffentlich zugänglich zu machen. [2]Ist der Tonträger in einem Unternehmen hergestellt worden, so gilt der Inhaber des Unternehmens als Hersteller. [3]Das Recht entsteht nicht durch Vervielfältigung eines Tonträgers.

(2) [1]Das Recht ist übertragbar. [2]Der Tonträgerhersteller kann einem anderen das Recht einräumen, den Tonträger auf einzelne oder alle der ihm vorbehaltenen Nutzungsarten zu nutzen. [3]§ 31 und die §§ 33 und 38 gelten entsprechend.

[1)] Siehe Übereinkommen zum Schutz der Hersteller von Tonträgern gegen die unerlaubte Vervielfältigung ihrer Tonträger (Nr. **32**), G zu dem Übereinkommen (Nr. **33**) und Bek. über das Inkrafttreten vom 29.3.1974 (BGBl. II S. 336).

(3) [1]Das Recht erlischt 70 Jahre nach dem Erscheinen des Tonträgers. [2]Ist der Tonträger innerhalb von 50 Jahren nach der Herstellung nicht erschienen, aber erlaubterweise zur öffentlichen Wiedergabe benutzt worden, so erlischt das Recht 70 Jahre nach dieser. [3]Ist der Tonträger innerhalb dieser Frist nicht erschienen oder erlaubterweise zur öffentlichen Wiedergabe benutzt worden, so erlischt das Recht 50 Jahre nach der Herstellung des Tonträgers. [4]Die Frist ist nach § 69 zu berechnen.

(4) § 10 Absatz 1 und die §§ 23 und 27 Absatz 2 und 3 sowie die Vorschriften des Teils 1 Abschnitt 6 gelten entsprechend.

§ 86 Anspruch auf Beteiligung. Wird ein erschienener oder erlaubterweise öffentlich zugänglich gemachter Tonträger, auf den die Darbietung eines ausübenden Künstlers aufgenommen ist, zur öffentlichen Wiedergabe der Darbietung benutzt, so hat der Hersteller des Tonträgers gegen den ausübenden Künstler einen Anspruch auf angemessene Beteiligung an der Vergütung, die dieser nach § 78 Abs. 2 erhält.

Abschnitt 5. Schutz des Sendeunternehmens[1)]

§ 87 Sendeunternehmen. (1) Das Sendeunternehmen hat das ausschließliche Recht,

1. seine Funksendung weiterzusenden und öffentlich zugänglich zu machen,
2. seine Funksendung auf Bild- oder Tonträger aufzunehmen, Lichtbilder von seiner Funksendung herzustellen sowie die Bild- oder Tonträger oder Lichtbilder zu vervielfältigen und zu verbreiten, ausgenommen das Vermietrecht,
3. an Stellen, die der Öffentlichkeit nur gegen Zahlung eines Eintrittsgeldes zugänglich sind, seine Funksendung öffentlich wahrnehmbar zu machen.

(2) [1]Das Recht ist übertragbar. [2]Das Sendeunternehmen kann einem anderen das Recht einräumen, die Funksendung auf einzelne oder alle der ihm vorbehaltenen Nutzungsarten zu nutzen. [3]§ 31 und die §§ 33 und 38 gelten entsprechend.

(3) [1]Das Recht erlischt 50 Jahre nach der ersten Funksendung. [2]Die Frist ist nach § 69 zu berechnen.

(4) § 10 Abs. 1 sowie die Vorschriften des Teils 1 Abschnitt 6 mit Ausnahme des § 47 Abs. 2 Satz 2 und des § 54 Abs. 1 gelten entsprechend.

(5) [1]Sendeunternehmen und Weitersendedienste sind gegenseitig verpflichtet, einen Vertrag über die Weitersendung im Sinne des § 20b Absatz 1 Satz 1 durch Kabelsysteme oder Mikrowellensysteme zu angemessenen Bedingungen abzuschließen, sofern nicht ein die Ablehnung des Vertragsabschlusses sachlich rechtfertigender Grund besteht; die Verpflichtung des Sendeunternehmens gilt auch für die ihm in Bezug auf die eigene Sendung eingeräumten oder übertragenen Senderechte. [2]Auf Verlangen des Weitersendedienstes oder des Sendeunternehmens ist der Vertrag gemeinsam mit den in Bezug auf die Weitersendung durch Kabelsysteme oder Mikrowellensysteme anspruchsberechtigten

---

[1)] Vgl. Anm. vor § 73. – Europäisches Abkommen zum Schutz von Fernsehsendungen (Nr. **36**) mit späteren Änderungen, G über das Europäische Abkommen (Nr. **37**), G zu dem Zusatzprotokoll v. 29.10.1974 (BGBl. II S. 1313) und G v. 11.12.1984 (BGBl. II S. 1014) sowie Bek. über das Inkrafttreten v. 14.2.1968 (BGBl. II S. 134, 135) und Bek. über das Inkrafttreten des Zusatzprotokolls v. 7.1. 1975 (BGBl. II S. 62).

Verwertungsgesellschaften zu schließen, sofern nicht ein die Ablehnung eines gemeinsamen Vertragsschlusses sachlich rechtfertigender Grund besteht. [3]Sofern Sendeunternehmen und Weitersendedienste Verhandlungen über andere Formen der Weitersendung aufnehmen, führen sie diese nach Treu und Glauben.

(6) Absatz 5 gilt für die Direkteinspeisung nach § 20d Absatz 1 entsprechend.

Abschnitt 6. Schutz des Datenbankherstellers

§ 87a Begriffsbestimmungen. (1) [1]Datenbank im Sinne dieses Gesetzes ist eine Sammlung von Werken, Daten oder anderen unabhängigen Elementen, die systematisch oder methodisch angeordnet und einzeln mit Hilfe elektronischer Mittel oder auf andere Weise zugänglich sind und deren Beschaffung, Überprüfung oder Darstellung eine nach Art oder Umfang wesentliche Investition erfordert. [2]Eine in ihrem Inhalt nach Art oder Umfang wesentlich geänderte Datenbank gilt als neue Datenbank, sofern die Änderung eine nach Art oder Umfang wesentliche Investition erfordert.

(2) Datenbankhersteller im Sinne dieses Gesetzes ist derjenige, der die Investition im Sinne des Absatzes 1 vorgenommen hat.

§ 87b Rechte des Datenbankherstellers. (1) [1]Der Datenbankhersteller hat das ausschließliche Recht, die Datenbank insgesamt oder einen nach Art oder Umfang wesentlichen Teil der Datenbank zu vervielfältigen, zu verbreiten und öffentlich wiederzugeben. [2]Der Vervielfältigung, Verbreitung oder öffentlichen Wiedergabe eines nach Art oder Umfang wesentlichen Teils der Datenbank steht die wiederholte und systematische Vervielfältigung, Verbreitung oder öffentliche Wiedergabe von nach Art und Umfang unwesentlichen Teilen der Datenbank gleich, sofern diese Handlungen einer normalen Auswertung der Datenbank zuwiderlaufen oder die berechtigten Interessen des Datenbankherstellers unzumutbar beeinträchtigen.

(2) § 10 Abs. 1, § 17 Abs. 2 und § 27 Abs. 2 und 3 gelten entsprechend.

§ 87c Schranken des Rechts des Datenbankherstellers. (1) Die Vervielfältigung eines nach Art oder Umfang wesentlichen Teils einer Datenbank ist zulässig

1. zum privaten Gebrauch; dies gilt nicht für eine Datenbank, deren Elemente einzeln mit Hilfe elektronischer Mittel zugänglich sind,
2. zu Zwecken der wissenschaftlichen Forschung gemäß § 60c,
3. zu Zwecken der Veranschaulichung des Unterrichts und der Lehre gemäß den §§ 60a und 60b,
4. zu Zwecken des Text und Data Mining gemäß § 44b,
5. zu Zwecken des Text und Data Mining für Zwecke der wissenschaftlichen Forschung gemäß § 60d,
6. zu Zwecken der Erhaltung einer Datenbank gemäß § 60e Absatz 1 und 6 und § 60f Absatz 1 und 3.

(2) Die Vervielfältigung, Verbreitung und öffentliche Wiedergabe eines nach Art oder Umfang wesentlichen Teils einer Datenbank ist zulässig zur Verwendung in Verfahren vor einem Gericht, einem Schiedsgericht oder einer Behörde sowie für Zwecke der öffentlichen Sicherheit.

(3) Die §§ 45b bis 45d sowie 61d bis 61g gelten entsprechend.

(4) Die digitale Verbreitung und digitale öffentliche Wiedergabe eines nach Art oder Umfang wesentlichen Teils einer Datenbank ist zulässig für Zwecke der Veranschaulichung des Unterrichts und der Lehre gemäß § 60a.

(5) Für die Quellenangabe ist § 63 entsprechend anzuwenden.

(6) In den Fällen des Absatzes 1 Nummer 2, 3, 5 und 6 sowie des Absatzes 4 ist § 60g Absatz 1 entsprechend anzuwenden.

§ 87d Dauer der Rechte. [1] Die Rechte des Datenbankherstellers erlöschen fünfzehn Jahre nach der Veröffentlichung der Datenbank, jedoch bereits fünfzehn Jahre nach der Herstellung, wenn die Datenbank innerhalb dieser Frist nicht veröffentlicht worden ist. [2] Die Frist ist nach § 69 zu berechnen.

§ 87e Verträge über die Benutzung einer Datenbank. Eine vertragliche Vereinbarung, durch die sich der Eigentümer eines mit Zustimmung des Datenbankherstellers durch Veräußerung in Verkehr gebrachten Vervielfältigungsstücks der Datenbank, der in sonstiger Weise zu dessen Gebrauch Berechtigte oder derjenige, dem eine Datenbank aufgrund eines mit dem Datenbankhersteller oder eines mit dessen Zustimmung mit einem Dritten geschlossenen Vertrags zugänglich gemacht wird, gegenüber dem Datenbankhersteller verpflichtet, die Vervielfältigung, Verbreitung oder öffentliche Wiedergabe von nach Art und Umfang unwesentlichen Teilen der Datenbank zu unterlassen, ist insoweit unwirksam, als diese Handlungen weder einer normalen Auswertung der Datenbank zuwiderlaufen noch die berechtigten Interessen des Datenbankherstellers unzumutbar beeinträchtigen.

Abschnitt 7. Schutz des Presseverlegers

§ 87f Begriffsbestimmungen. (1) [1] Presseveröffentlichung ist eine hauptsächlich aus Schriftwerken journalistischer Art bestehende Sammlung, die auch sonstige Werke oder nach diesem Gesetz geschützte Schutzgegenstände enthalten kann, und die

1. eine Einzelausgabe in einer unter einem einheitlichen Titel periodisch erscheinenden oder regelmäßig aktualisierten Veröffentlichung, etwa Zeitungen oder Magazinen von allgemeinem oder besonderem Interesse, darstellt,
2. dem Zweck dient, die Öffentlichkeit über Nachrichten oder andere Themen zu informieren, und
3. unabhängig vom Medium auf Initiative eines Presseverlegers nach Absatz 2 unter seiner redaktionellen Verantwortung und Aufsicht veröffentlicht wird.

[2] Periodika, die für wissenschaftliche oder akademische Zwecke verlegt werden, sind keine Presseveröffentlichungen.

(2) [1] Presseverleger ist, wer eine Presseveröffentlichung herstellt. [2] Ist die Presseveröffentlichung in einem Unternehmen hergestellt worden, so gilt der Inhaber des Unternehmens als Hersteller.

(3) Dienste der Informationsgesellschaft im Sinne dieses Abschnitts sind Dienste im Sinne des Artikels 1 Absatz 1 Buchstabe b der Richtlinie (EU) 2015/1535 des Europäischen Parlaments und des Rates vom 9. September 2015 über ein Informationsverfahren auf dem Gebiet der technischen Vorschriften und der Vorschriften für die Dienste der Informationsgesellschaft (ABl. L 241 vom 17.9.2015, S. 1).

§ 87g Rechte des Presseverlegers. (1) Ein Presseverleger hat das ausschließliche Recht, seine Presseveröffentlichung im Ganzen oder in Teilen für die Online-Nutzung durch Anbieter von Diensten der Informationsgesellschaft öffentlich zugänglich zu machen und zu vervielfältigen.

(2) Die Rechte des Presseverlegers umfassen nicht

1. die Nutzung der in einer Presseveröffentlichung enthaltenen Tatsachen,
2. die private oder nicht kommerzielle Nutzung einer Presseveröffentlichung durch einzelne Nutzer,
3. das Setzen von Hyperlinks auf eine Presseveröffentlichung und
4. die Nutzung einzelner Wörter oder sehr kurzer Auszüge aus einer Presseveröffentlichung.

(3) [1] Die Rechte des Presseverlegers sind übertragbar. [2] Die §§ 31 und 33 gelten entsprechend.

§ 87h Ausübung der Rechte des Presseverlegers. (1) Die Rechte des Presseverlegers dürfen nicht zum Nachteil des Urhebers oder des Leistungsschutzberechtigten geltend gemacht werden, dessen Werk oder dessen anderer nach diesem Gesetz geschützter Schutzgegenstand in der Presseveröffentlichung enthalten ist.

(2) Die Rechte des Presseverlegers dürfen nicht zu dem Zweck geltend gemacht werden,

1. Dritten die berechtigte Nutzung solcher Werke oder solcher anderen nach diesem Gesetz geschützten Schutzgegenstände zu untersagen, die auf Grundlage eines einfachen Nutzungsrechts in die Presseveröffentlichung aufgenommen wurden, oder
2. Dritten die Nutzung von nach diesem Gesetz nicht mehr geschützten Werken oder anderen Schutzgegenständen zu untersagen, die in die Presseveröffentlichung aufgenommen wurden.

§ 87i Vermutung der Rechtsinhaberschaft; gesetzlich erlaubte Nutzungen. § 10 Absatz 1 sowie die Vorschriften des Teils 1 Abschnitt 6 gelten entsprechend.

§ 87j Dauer der Rechte des Presseverlegers. [1] Die Rechte des Presseverlegers erlöschen zwei Jahre nach der erstmaligen Veröffentlichung der Presseveröffentlichung. [2] Die Frist ist nach § 69 zu berechnen.

§ 87k Beteiligungsanspruch. (1) [1] Der Urheber sowie der Inhaber von Rechten an anderen nach diesem Gesetz geschützten Schutzgegenständen sind an den Einnahmen des Presseverlegers aus der Nutzung seiner Rechte nach § 87g Absatz 1 angemessen, mindestens zu einem Drittel, zu beteiligen. [2] Von Satz 1 kann zum Nachteil des Urhebers sowie des Inhabers von Rechten an anderen nach diesem Gesetz geschützten Schutzgegenständen nur durch eine Vereinbarung abgewichen werden, die auf einer gemeinsamen Vergütungsregel (§ 36) oder einem Tarifvertrag beruht.

(2) Der Anspruch nach Absatz 1 kann nur durch eine Verwertungsgesellschaft geltend gemacht werden.

Teil 3. Besondere Bestimmungen für Filme

Abschnitt 1. Filmwerke

§ 88 Recht zur Verfilmung. (1) [1] Gestattet der Urheber einem anderen, sein Werk zu verfilmen, so liegt darin im Zweifel die Einräumung des ausschließlichen Rechts, das Werk unverändert oder unter Bearbeitung oder Umgestaltung zur Herstellung eines Filmwerkes zu benutzen und das Filmwerk sowie Übersetzungen und andere filmische Bearbeitungen auf alle Nutzungsarten zu nutzen. [2] § 31a Abs. 1 Satz 3 und 4 und Abs. 2 bis 4 findet keine Anwendung.

(2) [1] Die in Absatz 1 bezeichneten Befugnisse berechtigen im Zweifel nicht zu einer Wiederverfilmung des Werkes. [2] Der Urheber ist berechtigt, sein Werk nach Ablauf von zehn Jahren nach Vertragsabschluß anderweit filmisch zu verwerten. [3] Von Satz 2 kann zum Nachteil des Urhebers nur durch eine Vereinbarung abgewichen werden, die auf einer gemeinsamen Vergütungsregel (§ 36) oder einem Tarifvertrag beruht.

§ 89 Rechte am Filmwerk. (1) [1] Wer sich zur Mitwirkung bei der Herstellung eines Filmes verpflichtet, räumt damit für den Fall, daß er ein Urheberrecht am Filmwerk erwirbt, dem Filmhersteller im Zweifel das ausschließliche Recht ein, das Filmwerk sowie Übersetzungen und andere filmische Bearbeitungen oder Umgestaltungen des Filmwerkes auf alle Nutzungsarten zu nutzen. [2] § 31a Abs. 1 Satz 3 und 4 und Abs. 2 bis 4 findet keine Anwendung.

(2) Hat der Urheber des Filmwerkes das in Absatz 1 bezeichnete Nutzungsrecht im voraus einem Dritten eingeräumt, so behält er gleichwohl stets die Befugnis, dieses Recht beschränkt oder unbeschränkt dem Filmhersteller einzuräumen.

(3) Die Urheberrechte an den zur Herstellung des Filmwerkes benutzten Werken, wie Roman, Drehbuch und Filmmusik, bleiben unberührt.

(4) Für die Rechte zur filmischen Verwertung der bei der Herstellung eines Filmwerkes entstehenden Lichtbilder und Lichtbildwerke gelten die Absätze 1 und 2 entsprechend.

§ 90 Einschränkung der Rechte. (1) [1] Für die in § 88 Absatz 1 und § 89 Absatz 1 bezeichneten Rechte gelten nicht die Bestimmungen

1. über die Übertragung von Nutzungsrechten (§ 34),
2. über die Einräumung weiterer Nutzungsrechte (§ 35) und
3. über die Rückrufsrechte (§§ 41 und 42).

[2] Satz 1 findet bis zum Beginn der Dreharbeiten für das Recht zur Verfilmung keine Anwendung. [3] Ein Ausschluss der Ausübung des Rückrufsrechts wegen Nichtausübung (§ 41) bis zum Beginn der Dreharbeiten kann mit dem Urheber im Voraus für eine Dauer von bis zu fünf Jahren vereinbart werden.

(2) Für die in § 88 und § 89 Absatz 1 bezeichneten Rechte gilt nicht die Bestimmung über das Recht zur anderweitigen Verwertung nach zehn Jahren bei pauschaler Vergütung (§ 40a).

§ 91 *(aufgehoben)*

§ 92 Ausübende Künstler. (1) Schließt ein ausübender Künstler mit dem Filmhersteller einen Vertrag über seine Mitwirkung bei der Herstellung eines

Filmwerks, so liegt darin im Zweifel hinsichtlich der Verwertung des Filmwerks die Einräumung des Rechts, die Darbietung auf eine der dem ausübenden Künstler nach § 77 Abs. 1 und 2 Satz 1 und § 78 Abs. 1 Nr. 1 und 2 vorbehaltenen Nutzungsarten zu nutzen.

(2) Hat der ausübende Künstler im Voraus ein in Absatz 1 genanntes Recht übertragen oder einem Dritten hieran ein Nutzungsrecht eingeräumt, so behält er gleichwohl die Befugnis, dem Filmhersteller dieses Recht hinsichtlich der Verwertung des Filmwerkes zu übertragen oder einzuräumen.

(3) § 90 gilt entsprechend.

§ 93 Schutz gegen Entstellung; Namensnennung. (1) [1]Die Urheber des Filmwerkes und der zu seiner Herstellung benutzten Werke sowie die Inhaber verwandter Schutzrechte, die bei der Herstellung des Filmwerkes mitwirken oder deren Leistungen zur Herstellung des Filmwerkes benutzt werden, können nach den §§ 14 und 75 hinsichtlich der Herstellung und Verwertung des Filmwerkes nur gröbliche Entstellungen oder andere gröbliche Beeinträchtigungen ihrer Werke oder Leistungen verbieten. [2]Sie haben hierbei aufeinander und auf den Filmhersteller angemessene Rücksicht zu nehmen.

(12) Die Nennung jedes einzelnen an einem Film mitwirkenden ausübenden Künstlers ist nicht erforderlich, wenn sie einen unverhältnismäßigen Aufwand bedeutet.

§ 94 Schutz des Filmherstellers. (1) [1]Der Filmhersteller hat das ausschließliche Recht, den Bildträger oder Bild- und Tonträger, auf den das Filmwerk aufgenommen ist, zu vervielfältigen, zu verbreiten und zur öffentlichen Vorführung, Funksendung oder öffentlichen Zugänglichmachung zu benutzen. [2]Der Filmhersteller hat ferner das Recht, jede Entstellung oder Kürzung des Bildträgers oder Bild- und Tonträgers zu verbieten, die geeignet ist, seine berechtigten Interessen an diesem zu gefährden.

(2) [1]Das Recht ist übertragbar. [2]Der Filmhersteller kann einem anderen das Recht einräumen, den Bildträger oder Bild- und Tonträger auf einzelne oder alle der ihm vorbehaltenen Nutzungsarten zu nutzen. [3]§ 31 und die §§ 33 und 38 gelten entsprechend.

(3) Das Recht erlischt fünfzig Jahre nach dem Erscheinen des Bildträgers oder Bild- und Tonträgers oder, wenn seine erste erlaubte Benutzung zur öffentlichen Wiedergabe früher erfolgt ist, nach dieser, jedoch bereits fünfzig Jahre nach der Herstellung, wenn der Bildträger oder Bild- und Tonträger innerhalb dieser Frist nicht erschienen oder erlaubterweise zur öffentlichen Wiedergabe benutzt worden ist.

(4) § 10 Abs. 1 und die §§ 20b und 27 Abs. 2 und 3 sowie die Vorschriften des Abschnitts 6 des Teils 1 sind entsprechend anzuwenden.

Abschnitt 2. Laufbilder

§ 95 Laufbilder. Die §§ 88, 89 Abs. 4, 90, 93 und 94 sind auf Bildfolgen und Bild- und Tonfolgen, die nicht als Filmwerke geschützt sind, entsprechend anzuwenden.

Teil 4. Gemeinsame Bestimmungen für Urheberrecht und verwandte Schutzrechte

Abschnitt 1. Ergänzende Schutzbestimmungen

§ 95a Schutz technischer Maßnahmen. (1) Wirksame technische Maßnahmen zum Schutz eines nach diesem Gesetz geschützten Werkes oder eines anderen nach diesem Gesetz geschützten Schutzgegenstandes dürfen ohne Zustimmung des Rechtsinhabers nicht umgangen werden, soweit dem Handelnden bekannt ist oder den Umständen nach bekannt sein muss, dass die Umgehung erfolgt, um den Zugang zu einem solchen Werk oder Schutzgegenstand oder deren Nutzung zu ermöglichen.

(2) [1] Technische Maßnahmen im Sinne dieses Gesetzes sind Technologien, Vorrichtungen und Bestandteile, die im normalen Betrieb dazu bestimmt sind, geschützte Werke oder andere nach diesem Gesetz geschützte Schutzgegenstände betreffende Handlungen, die vom Rechtsinhaber nicht genehmigt sind, zu verhindern oder einzuschränken. [2] Technische Maßnahmen sind wirksam, soweit durch sie die Nutzung eines geschützten Werkes oder eines anderen nach diesem Gesetz geschützten Schutzgegenstandes von dem Rechtsinhaber durch eine Zugangskontrolle, einen Schutzmechanismus wie Verschlüsselung, Verzerrung oder sonstige Umwandlung oder einen Mechanismus zur Kontrolle der Vervielfältigung, die die Erreichung des Schutzziels sicherstellen, unter Kontrolle gehalten wird.

(3) Verboten sind die Herstellung, die Einfuhr, die Verbreitung, der Verkauf, die Vermietung, die Werbung im Hinblick auf Verkauf oder Vermietung und der gewerblichen Zwecken dienende Besitz von Vorrichtungen, Erzeugnissen oder Bestandteilen sowie die Erbringung von Dienstleistungen, die

1. Gegenstand einer Verkaufsförderung, Werbung oder Vermarktung mit dem Ziel der Umgehung wirksamer technischer Maßnahmen sind oder
2. abgesehen von der Umgehung wirksamer technischer Maßnahmen nur einen begrenzten wirtschaftlichen Zweck oder Nutzen haben oder
3. hauptsächlich entworfen, hergestellt, angepasst oder erbracht werden, um die Umgehung wirksamer technischer Maßnahmen zu ermöglichen oder zu erleichtern.

(4) Von den Verboten der Absätze 1 und 3 unberührt bleiben Aufgaben und Befugnisse öffentlicher Stellen zum Zwecke des Schutzes der öffentlichen Sicherheit oder der Strafrechtspflege sowie die Befugnisse von Kulturerbe-Einrichtungen gemäß § 61d.

§ 95b Durchsetzung von Schrankenbestimmungen. (1) [1] Soweit ein Rechtsinhaber technische Maßnahmen nach Maßgabe dieses Gesetzes anwendet, ist er verpflichtet, den durch eine der nachfolgend genannten Bestimmungen Begünstigten, soweit sie rechtmäßig Zugang zu dem Werk oder Schutzgegenstand haben, die notwendigen Mittel zur Verfügung zu stellen, um von diesen Bestimmungen in dem erforderlichen Maße Gebrauch machen zu können:

1. § 44b (Text und Data Mining),

1a. § 45 (Rechtspflege und öffentliche Sicherheit),

2. § 45a (Menschen mit Behinderungen),

3. § 45b (Menschen mit einer Seh- oder Lesebehinderung),
4. § 45c (Befugte Stellen; Vergütung; Verordnungsermächtigung),
5. § 47 (Schulfunksendungen),
6. § 53 (Vervielfältigungen zum privaten und sonstigen eigenen Gebrauch)
   a) Absatz 1, soweit es sich um Vervielfältigungen auf Papier oder einen ähnlichen Träger mittels beliebiger photomechanischer Verfahren oder anderer Verfahren mit ähnlicher Wirkung handelt,
   b) *(aufgehoben)*
   c) Absatz 2 Satz 1 Nr. 2 in Verbindung mit Satz 2 Nr. 1,
   d) Absatz 2 Satz 1 Nr. 3 und 4 jeweils in Verbindung mit Satz 2 Nr. 1,
7. § 55 (Vervielfältigung durch Sendeunternehmen),
8. § 60a (Unterricht und Lehre),
9. § 60b (Unterrichts- und Lehrmedien),
10. § 60c (Wissenschaftliche Forschung),
11. § 60d (Text und Data Mining für Zwecke der wissenschaftlichen Forschung),
12. § 60e (Bibliotheken)
    a) Absatz 1,
    b) Absatz 2,
    c) Absatz 3,
    d) Absatz 5,
13. § 60f (Archive, Museen und Bildungseinrichtungen).

[2] Vereinbarungen zum Ausschluss der Verpflichtungen nach Satz 1 sind unwirksam.

(2) [1] Wer gegen das Gebot nach Absatz 1 verstößt, kann von dem Begünstigen einer der genannten Bestimmungen darauf in Anspruch genommen werden, die zur Verwirklichung der jeweiligen Befugnis benötigten Mittel zur Verfügung zu stellen. [2] Entspricht das angebotene Mittel einer Vereinbarung zwischen Vereinigungen der Rechtsinhaber und der durch die Schrankenregelung Begünstigten, so wird vermutet, dass das Mittel ausreicht.

(3) Werden Werke und sonstige Schutzgegenstände auf Grund einer vertraglichen Vereinbarung nach § 19a öffentlich zugänglich gemacht, so gelten die Absätze 1 und 2 nur für gesetzlich erlaubte Nutzungen gemäß den nachfolgend genannten Vorschriften:

1. § 44b (Text und Data Mining),
2. § 45b (Menschen mit einer Seh- oder Lesebehinderung),
3. § 45c (Befugte Stellen; Vergütung; Verordnungsermächtigung),
4. § 60a (Unterricht und Lehre), soweit digitale Nutzungen unter Verantwortung einer Bildungseinrichtung in ihren Räumlichkeiten oder an anderen Orten oder in einer gesicherten elektronischen Umgebung erlaubt sind,
5. § 60d (Text und Data Mining für Zwecke der wissenschaftlichen Forschung), soweit Forschungsorganisationen sowie Kulturerbe-Einrichtungen Vervielfältigungen anfertigen dürfen,
6. § 60e (Bibliotheken), soweit Vervielfältigungen zum Zweck der Erhaltung erlaubt sind, sowie

7. § 60f (Archive, Museen und Bildungseinrichtungen), soweit Vervielfältigungen zum Zweck der Erhaltung erlaubt sind.

(4) Zur Erfüllung der Verpflichtungen aus Absatz 1 angewandte technische Maßnahmen, einschließlich der zur Umsetzung freiwilliger Vereinbarungen angewandten Maßnahmen, genießen Rechtsschutz nach § 95a.

§ 95c Schutz der zur Rechtewahrnehmung erforderlichen Informationen. (1) Von Rechtsinhabern stammende Informationen für die Rechtewahrnehmung dürfen nicht entfernt oder verändert werden, wenn irgendeine der betreffenden Informationen an einem Vervielfältigungsstück eines Werkes oder eines sonstigen Schutzgegenstandes angebracht ist oder im Zusammenhang mit der öffentlichen Wiedergabe eines solchen Werkes oder Schutzgegenstandes erscheint und wenn die Entfernung oder Veränderung wissentlich unbefugt erfolgt und dem Handelnden bekannt ist oder den Umständen nach bekannt sein muss, dass er dadurch die Verletzung von Urheberrechten oder verwandter Schutzrechte veranlasst, ermöglicht, erleichtert oder verschleiert.

(2) Informationen für die Rechtewahrnehmung im Sinne dieses Gesetzes sind elektronische Informationen, die Werke oder andere Schutzgegenstände, den Urheber oder jeden anderen Rechtsinhaber identifizieren, Informationen über die Modalitäten und Bedingungen für die Nutzung der Werke oder Schutzgegenstände sowie die Zahlen und Codes, durch die derartige Informationen ausgedrückt werden.

(3) Werke oder sonstige Schutzgegenstände, bei denen Informationen für die Rechtewahrnehmung unbefugt entfernt oder geändert wurden, dürfen nicht wissentlich unbefugt verbreitet, zur Verbreitung eingeführt, gesendet, öffentlich wiedergegeben oder öffentlich zugänglich gemacht werden, wenn dem Handelnden bekannt ist oder den Umständen nach bekannt sein muss, dass er dadurch die Verletzung von Urheberrechten oder verwandter Schutzrechte veranlasst, ermöglicht, erleichtert oder verschleiert.

§ 95d[1] Kennzeichnungspflichten. (1) Werke und andere Schutzgegenstände, die mit technischen Maßnahmen geschützt werden, sind deutlich sichtbar mit Angaben über die Eigenschaften der technischen Maßnahmen zu kennzeichnen.

(2) Wer Werke und andere Schutzgegenstände mit technischen Maßnahmen schützt, hat diese zur Ermöglichung der Geltendmachung von Ansprüchen nach § 95b Abs. 2 mit seinem Namen oder seiner Firma und der zustellungsfähigen Anschrift zu kennzeichnen.

§ 96 Verwertungsverbot. (1) Rechtswidrig hergestellte Vervielfältigungsstücke dürfen weder verbreitet noch zu öffentlichen Wiedergaben benutzt werden.

(2) Rechtswidrig veranstaltete Funksendungen dürfen nicht auf Bild- oder Tonträger aufgenommen oder öffentlich wiedergegeben werden.

---

[1] Beachte hierzu Übergangsvorschrift in § 137j.

Abschnitt 2. Rechtsverletzungen

Unterabschnitt 1. Bürgerlich-rechtliche Vorschriften; Rechtsweg

§ 97 Anspruch auf Unterlassung und Schadensersatz. (1) [1] Wer das Urheberrecht oder ein anderes nach diesem Gesetz geschütztes Recht widerrechtlich verletzt, kann von dem Verletzten auf Beseitigung der Beeinträchtigung, bei Wiederholungsgefahr auf Unterlassung in Anspruch genommen werden. [2] Der Anspruch auf Unterlassung besteht auch dann, wenn eine Zuwiderhandlung erstmalig droht.

(2) [1] Wer die Handlung vorsätzlich oder fahrlässig vornimmt, ist dem Verletzten zum Ersatz des daraus entstehenden Schadens verpflichtet. [2] Bei der Bemessung des Schadensersatzes kann auch der Gewinn, den der Verletzer durch die Verletzung des Rechts erzielt hat, berücksichtigt werden. [3] Der Schadensersatzanspruch kann auch auf der Grundlage des Betrages berechnet werden, den der Verletzer als angemessene Vergütung hätte entrichten müssen, wenn er die Erlaubnis zur Nutzung des verletzten Rechts eingeholt hätte. [4] Urheber, Verfasser wissenschaftlicher Ausgaben (§ 70), Lichtbildner (§ 72) und ausübende Künstler (§ 73) können auch wegen des Schadens, der nicht Vermögensschaden ist, eine Entschädigung in Geld verlangen, wenn und soweit dies der Billigkeit entspricht.

§ 97a Abmahnung. (1) Der Verletzte soll den Verletzer vor Einleitung eines gerichtlichen Verfahrens auf Unterlassung abmahnen und ihm Gelegenheit geben, den Streit durch Abgabe einer mit einer angemessenen Vertragsstrafe bewehrten Unterlassungsverpflichtung beizulegen.

(2) [1] Die Abmahnung hat in klarer und verständlicher Weise

1. Name oder Firma des Verletzten anzugeben, wenn der Verletzte nicht selbst, sondern ein Vertreter abmahnt,
2. die Rechtsverletzung genau zu bezeichnen,
3. geltend gemachte Zahlungsansprüche als Schadensersatz- und Aufwendungsersatzansprüche aufzuschlüsseln und
4. wenn darin eine Aufforderung zur Abgabe einer Unterlassungsverpflichtung enthalten ist, anzugeben, ob die vorgeschlagene Unterlassungsverpflichtung erheblich über die abgemahnte Rechtsverletzung hinausgeht.

[2] Eine Abmahnung, die nicht Satz 1 entspricht, ist unwirksam.

(3) [1] Soweit die Abmahnung berechtigt ist und Absatz 2 Satz 1 Nummer 1 bis 4 entspricht, kann der Ersatz der erforderlichen Aufwendungen verlangt werden. [2] Für die Inanspruchnahme anwaltlicher Dienstleistungen beschränkt sich der Ersatz der erforderlichen Aufwendungen hinsichtlich der gesetzlichen Gebühren auf Gebühren nach einem Gegenstandswert für den Unterlassungs- und Beseitigungsanspruch von 1 000 Euro, wenn der Abgemahnte

1. eine natürliche Person ist, die nach diesem Gesetz geschützte Werke oder andere nach diesem Gesetz geschützte Schutzgegenstände nicht für ihre gewerbliche oder selbständige berufliche Tätigkeit verwendet, und
2. nicht bereits wegen eines Anspruchs des Abmahnenden durch Vertrag, auf Grund einer rechtskräftigen gerichtlichen Entscheidung oder einer einstweiligen Verfügung zur Unterlassung verpflichtet ist.

[3]Der in Satz 2 genannte Wert ist auch maßgeblich, wenn ein Unterlassungs- und ein Beseitigungsanspruch nebeneinander geltend gemacht werden. [4]Satz 2 gilt nicht, wenn der genannte Wert nach den besonderen Umständen des Einzelfalles unbillig ist.

(4) [1]Soweit die Abmahnung unberechtigt oder unwirksam ist, kann der Abgemahnte Ersatz der für seine Rechtsverteidigung erforderlichen Aufwendungen verlangen, es sei denn, es war für den Abmahnenden zum Zeitpunkt der Abmahnung nicht erkennbar, dass die Abmahnung unberechtigt war. [2]Weitergehende Ersatzansprüche bleiben unberührt.

§ 98 Anspruch auf Vernichtung, Rückruf und Überlassung. (1) [1]Wer das Urheberrecht oder ein anderes nach diesem Gesetz geschütztes Recht widerrechtlich verletzt, kann von dem Verletzten auf Vernichtung der im Besitz oder Eigentum des Verletzers befindlichen rechtswidrig hergestellten, verbreiteten oder zur rechtswidrigen Verbreitung bestimmten Vervielfältigungsstücke in Anspruch genommen werden. [2]Satz 1 ist entsprechend auf die im Eigentum des Verletzers stehenden Vorrichtungen anzuwenden, die vorwiegend zur Herstellung dieser Vervielfältigungsstücke gedient haben.

(2) Wer das Urheberrecht oder ein anderes nach diesem Gesetz geschütztes Recht widerrechtlich verletzt, kann von dem Verletzten auf Rückruf von rechtswidrig hergestellten, verbreiteten oder zur rechtswidrigen Verbreitung bestimmten Vervielfältigungsstücken oder auf deren endgültiges Entfernen aus den Vertriebswegen in Anspruch genommen werden.

(3) Statt der in Absatz 1 vorgesehenen Maßnahmen kann der Verletzte verlangen, dass ihm die Vervielfältigungsstücke, die im Eigentum des Verletzers stehen, gegen eine angemessene Vergütung, welche die Herstellungskosten nicht übersteigen darf, überlassen werden.

(4) [1]Die Ansprüche nach den Absätzen 1 bis 3 sind ausgeschlossen, wenn die Maßnahme im Einzelfall unverhältnismäßig ist. [2]Bei der Prüfung der Verhältnismäßigkeit sind auch die berechtigten Interessen Dritter zu berücksichtigen.

(5) Bauwerke sowie ausscheidbare Teile von Vervielfältigungsstücken und Vorrichtungen, deren Herstellung und Verbreitung nicht rechtswidrig ist, unterliegen nicht den in den Absätzen 1 bis 3 vorgesehenen Maßnahmen.

§ 99 Haftung des Inhabers eines Unternehmens. Ist in einem Unternehmen von einem Arbeitnehmer oder Beauftragten ein nach diesem Gesetz geschütztes Recht widerrechtlich verletzt worden, hat der Verletzte die Ansprüche aus § 97 Abs. 1 und § 98 auch gegen den Inhaber des Unternehmens.

§ 100 Entschädigung. [1]Handelt der Verletzer weder vorsätzlich noch fahrlässig, kann er zur Abwendung der Ansprüche nach den §§ 97 und 98 den Verletzten in Geld entschädigen, wenn ihm durch die Erfüllung der Ansprüche ein unverhältnismäßig großer Schaden entstehen würde und dem Verletzten die Abfindung in Geld zuzumuten ist. [2]Als Entschädigung ist der Betrag zu zahlen, der im Fall einer vertraglichen Einräumung des Rechts als Vergütung angemessen wäre. [3]Mit der Zahlung der Entschädigung gilt die Einwilligung des Verletzten zur Verwertung im üblichen Umfang als erteilt.

§ 101 Anspruch auf Auskunft. (1) [1]Wer in gewerblichem Ausmaß das Urheberrecht oder ein anderes nach diesem Gesetz geschütztes Recht widerrechtlich verletzt, kann von dem Verletzten auf unverzügliche Auskunft über die Herkunft und den Vertriebsweg der rechtsverletzenden Vervielfältigungsstücke oder sonstigen Erzeugnisse in Anspruch genommen werden. [2]Das gewerbliche Ausmaß kann sich sowohl aus der Anzahl der Rechtsverletzungen als auch aus der Schwere der Rechtsverletzung ergeben.

(2) [1]In Fällen offensichtlicher Rechtsverletzung oder in Fällen, in denen der Verletzte gegen den Verletzer Klage erhoben hat, besteht der Anspruch unbeschadet von Absatz 1 auch gegen eine Person, die in gewerblichem Ausmaß

1. rechtsverletzende Vervielfältigungsstücke in ihrem Besitz hatte,
2. rechtsverletzende Dienstleistungen in Anspruch nahm,
3. für rechtsverletzende Tätigkeiten genutzte Dienstleistungen erbrachte oder
4. nach den Angaben einer in Nummer 1, 2 oder Nummer 3 genannten Person an der Herstellung, Erzeugung oder am Vertrieb solcher Vervielfältigungsstücke, sonstigen Erzeugnisse oder Dienstleistungen beteiligt war,

es sei denn, die Person wäre nach den §§ 383 bis 385 der Zivilprozessordnung im Prozess gegen den Verletzer zur Zeugnisverweigerung berechtigt. [2]Im Fall der gerichtlichen Geltendmachung des Anspruchs nach Satz 1 kann das Gericht den gegen den Verletzer anhängigen Rechtsstreit auf Antrag bis zur Erledigung des wegen des Auskunftsanspruchs geführten Rechtsstreits aussetzen. [3]Der zur Auskunft Verpflichtete kann von dem Verletzten den Ersatz der für die Auskunftserteilung erforderlichen Aufwendungen verlangen.

(3) Der zur Auskunft Verpflichtete hat Angaben zu machen über

1. Namen und Anschrift der Hersteller, Lieferanten und anderer Vorbesitzer der Vervielfältigungsstücke oder sonstigen Erzeugnisse, der Nutzer der Dienstleistungen sowie der gewerblichen Abnehmer und Verkaufsstellen, für die sie bestimmt waren, und
2. die Menge der hergestellten, ausgelieferten, erhaltenen oder bestellten Vervielfältigungsstücke oder sonstigen Erzeugnisse sowie über die Preise, die für die betreffenden Vervielfältigungsstücke oder sonstigen Erzeugnisse bezahlt wurden.

(4) Die Ansprüche nach den Absätzen 1 und 2 sind ausgeschlossen, wenn die Inanspruchnahme im Einzelfall unverhältnismäßig ist.

(5) Erteilt der zur Auskunft Verpflichtete die Auskunft vorsätzlich oder grob fahrlässig falsch oder unvollständig, so ist er dem Verletzten zum Ersatz des daraus entstehenden Schadens verpflichtet.

(6) Wer eine wahre Auskunft erteilt hat, ohne dazu nach Absatz 1 oder Absatz 2 verpflichtet gewesen zu sein, haftet Dritten gegenüber nur, wenn er wusste, dass er zur Auskunftserteilung nicht verpflichtet war.

(7) In Fällen offensichtlicher Rechtsverletzung kann die Verpflichtung zur Erteilung der Auskunft im Wege der einstweiligen Verfügung nach den §§ 935 bis 945 der Zivilprozessordnung angeordnet werden.

(8) Die Erkenntnisse dürfen in einem Strafverfahren oder in einem Verfahren nach dem Gesetz über Ordnungswidrigkeiten wegen einer vor der Erteilung der Auskunft begangenen Tat gegen den Verpflichteten oder gegen einen in § 52 Abs. 1 der Strafprozessordnung bezeichneten Angehörigen nur mit Zustimmung des Verpflichteten verwertet werden.

(9) [1]Kann die Auskunft nur unter Verwendung von Verkehrsdaten (§ 3 Nr. 70 des Telekommunikationsgesetzes) erteilt werden, ist für ihre Erteilung

eine vorherige richterliche Anordnung über die Zulässigkeit der Verwendung der Verkehrsdaten erforderlich, die von dem Verletzten zu beantragen ist. [2] Für den Erlass dieser Anordnung ist das Landgericht, in dessen Bezirk der zur Auskunft Verpflichtete seinen Wohnsitz, seinen Sitz oder eine Niederlassung hat, ohne Rücksicht auf den Streitwert ausschließlich zuständig. [3] Die Entscheidung trifft die Zivilkammer. [4] Für das Verfahren gelten die Vorschriften des Gesetzes über das Verfahren in Familiensachen und in den Angelegenheiten der freiwilligen Gerichtsbarkeit entsprechend. [5] Die Kosten der richterlichen Anordnung trägt der Verletzte. [6] Gegen die Entscheidung des Landgerichts ist die Beschwerde statthaft. [7] Die Beschwerde ist binnen einer Frist von zwei Wochen einzulegen. [8] Die Vorschriften zum Schutz personenbezogener Daten bleiben im Übrigen unberührt.

(10) Durch Absatz 2 in Verbindung mit Absatz 9 wird das Grundrecht des Fernmeldegeheimnisses (Artikel 10 des Grundgesetzes[1)]) eingeschränkt.

§ 101a Anspruch auf Vorlage und Besichtigung. (1) [1] Wer mit hinreichender Wahrscheinlichkeit das Urheberrecht oder ein anderes nach diesem Gesetz geschütztes Recht widerrechtlich verletzt, kann von dem Verletzten auf Vorlage einer Urkunde oder Besichtigung einer Sache in Anspruch genommen werden, die sich in seiner Verfügungsgewalt befindet, wenn dies zur Begründung von dessen Ansprüchen erforderlich ist. [2] Besteht die hinreichende Wahrscheinlichkeit einer in gewerblichem Ausmaß begangenen Rechtsverletzung, erstreckt sich der Anspruch auch auf die Vorlage von Bank-, Finanz- oder Handelsunterlagen. [3] Soweit der vermeintliche Verletzer geltend macht, dass es sich um vertrauliche Informationen handelt, trifft das Gericht die erforderlichen Maßnahmen, um den im Einzelfall gebotenen Schutz zu gewährleisten.

(2) Der Anspruch nach Absatz 1 ist ausgeschlossen, wenn die Inanspruchnahme im Einzelfall unverhältnismäßig ist.

(3) [1] Die Verpflichtung zur Vorlage einer Urkunde oder zur Duldung der Besichtigung einer Sache kann im Wege der einstweiligen Verfügung nach den §§ 935 bis 945 der Zivilprozessordnung angeordnet werden. [2] Das Gericht trifft die erforderlichen Maßnahmen, um den Schutz vertraulicher Informationen zu gewährleisten. [3] Dies gilt insbesondere in den Fällen, in denen die einstweilige Verfügung ohne vorherige Anhörung des Gegners erlassen wird.

(4) § 811 des Bürgerlichen Gesetzbuchs[2)] sowie § 101 Abs. 8 gelten entsprechend.

(5) Wenn keine Verletzung vorlag oder drohte, kann der vermeintliche Verletzer von demjenigen, der die Vorlage oder Besichtigung nach Absatz 1 begehrt hat, den Ersatz des ihm durch das Begehren entstandenen Schadens verlangen.

§ 101b Sicherung von Schadensersatzansprüchen. (1) [1] Der Verletzte kann den Verletzer bei einer in gewerblichem Ausmaß begangenen Rechtsverletzung in den Fällen des § 97 Abs. 2 auch auf Vorlage von Bank-, Finanz- oder Handelsunterlagen oder einen geeigneten Zugang zu den entsprechenden Unterlagen in Anspruch nehmen, die sich in der Verfügungsgewalt des Verletzers befinden und die für die Durchsetzung des Schadensersatzanspruchs

---

[1)] Nr. **1**.
[2)] Nr. **12**.

erforderlich sind, wenn ohne die Vorlage die Erfüllung des Schadensersatzanspruchs fraglich ist. [2]Soweit der Verletzer geltend macht, dass es sich um vertrauliche Informationen handelt, trifft das Gericht die erforderlichen Maßnahmen, um den im Einzelfall gebotenen Schutz zu gewährleisten.

(2) Der Anspruch nach Absatz 1 ist ausgeschlossen, wenn die Inanspruchnahme im Einzelfall unverhältnismäßig ist.

(3) [1]Die Verpflichtung zur Vorlage der in Absatz 1 bezeichneten Urkunden kann im Wege der einstweiligen Verfügung nach den §§ 935 bis 945 der Zivilprozessordnung angeordnet werden, wenn der Schadensersatzanspruch offensichtlich besteht. [2]Das Gericht trifft die erforderlichen Maßnahmen, um den Schutz vertraulicher Informationen zu gewährleisten. [3]Dies gilt insbesondere in den Fällen, in denen die einstweilige Verfügung ohne vorherige Anhörung des Gegners erlassen wird.

(4) § 811 des Bürgerlichen Gesetzbuchs[1)] sowie § 101 Abs. 8 gelten entsprechend.

§ 102 Verjährung. [1]Auf die Verjährung der Ansprüche wegen Verletzung des Urheberrechts oder eines anderen nach diesem Gesetz geschützten Rechts finden die Vorschriften des Abschnitts 5 des Buches 1 des Bürgerlichen Gesetzbuchs[1)] entsprechende Anwendung. [2]Hat der Verpflichtete durch die Verletzung auf Kosten des Berechtigten etwas erlangt, findet § 852 des Bürgerlichen Gesetzbuchs entsprechende Anwendung.

§ 102a Ansprüche aus anderen gesetzlichen Vorschriften. Ansprüche aus anderen gesetzlichen Vorschriften bleiben unberührt.

§ 103 Bekanntmachung des Urteils. [1]Ist eine Klage auf Grund dieses Gesetzes erhoben worden, so kann der obsiegenden Partei im Urteil die Befugnis zugesprochen werden, das Urteil auf Kosten der unterliegenden Partei öffentlich bekannt zu machen, wenn sie ein berechtigtes Interesse darlegt. [2]Art und Umfang der Bekanntmachung werden im Urteil bestimmt. [3]Die Befugnis erlischt, wenn von ihr nicht innerhalb von drei Monaten nach Eintritt der Rechtskraft des Urteils Gebrauch gemacht wird. [4]Das Urteil darf erst nach Rechtskraft bekannt gemacht werden, wenn nicht das Gericht etwas anderes bestimmt.

§ 104 Rechtsweg. [1]Für alle Rechtsstreitigkeiten, durch die ein Anspruch aus einem der in diesem Gesetz geregelten Rechtsverhältnisse geltend gemacht wird, (Urheberrechtsstreitsachen) ist der ordentliche Rechtsweg gegeben. [2]Für Urheberrechtsstreitsachen aus Arbeits- oder Dienstverhältnissen, die ausschließlich Ansprüche auf Leistung einer vereinbarten Vergütung zum Gegenstand haben, bleiben der Rechtsweg zu den Gerichten für Arbeitssachen und der Verwaltungsrechtsweg unberührt.

§ 104a Gerichtsstand. (1) [1]Für Klagen wegen Urheberrechtsstreitsachen gegen eine natürliche Person, die nach diesem Gesetz geschützte Werke oder andere nach diesem Gesetz geschützte Schutzgegenstände nicht für ihre gewerbliche oder selbständige berufliche Tätigkeit verwendet, ist das Gericht ausschließlich zuständig, in dessen Bezirk diese Person zur Zeit der Klageer-

---

[1)] Nr. 12.

hebung ihren Wohnsitz, in Ermangelung eines solchen ihren gewöhnlichen Aufenthalt hat. [2] Wenn die beklagte Person im Inland weder einen Wohnsitz noch ihren gewöhnlichen Aufenthalt hat, ist das Gericht zuständig, in dessen Bezirk die Handlung begangen ist.

(2) § 105 bleibt unberührt.

§ 105[1] Gerichte für Urheberrechtsstreitsachen. (1) Die Landesregierungen werden ermächtigt, durch Rechtsverordnung Urheberrechtsstreitsachen, für die das Landgericht in erster Instanz oder in der Berufungsinstanz zuständig ist, für die Bezirke mehrerer Landgerichte einem von ihnen zuzuweisen, wenn dies der Rechtspflege dienlich ist.

(2) Die Landesregierungen werden ferner ermächtigt, durch Rechtsverordnung die zur Zuständigkeit der Amtsgerichte gehörenden Urheberrechtsstreitsachen für die Bezirke mehrerer Amtsgerichte einem von ihnen zuzuweisen, wenn dies der Rechtspflege dienlich ist.

(3) Die Landesregierungen können die Ermächtigungen nach den Absätzen 1 und 2 auf die Landesjustizverwaltungen übertragen.

Unterabschnitt 2. Straf- und Bußgeldvorschriften

§ 106 Unerlaubte Verwertung urheberrechtlich geschützter Werke.

(1) Wer in anderen als den gesetzlich zugelassenen Fällen ohne Einwilligung des Berechtigten ein Werk oder eine Bearbeitung oder Umgestaltung eines Werkes vervielfältigt, verbreitet oder öffentlich wiedergibt, wird mit Freiheitsstrafe bis zu drei Jahren oder mit Geldstrafe bestraft.

(2) Der Versuch ist strafbar.

---

[1] Siehe hierzu ua:
- **Baden-Württemberg:** SubVOJu v. 2.4.2019 (GBl. S. 109); ZuVOJu v. 20.11.1998 (GBl. S. 680), zuletzt geänd. durch VO v. 26.11.2020 (GBl. S. 1099)
- **Bayern:** GZVJu v. 11.6.2012 (GVBl. S. 295), zuletzt geänd. durch V v. 24.11.2020 (GVBl. S. 654)
- **Berlin:** ZuwV v. 8.5.2008 (GVBl. S. 116), zuletzt geänd. durch VO v. 16.9.2019 (GVBl. S. 627)
- **Brandenburg:** GerZV v. 2.9.2014 (GVBl. II Nr. 62), zuletzt geänd. durch VO v. 26.11.2018 (GVBl. II Nr. 89)
- **Hamburg:** VO über die Zuständigkeit der Amtsgerichte in Zivil- und Handelssachen sowie für die Erledigung inländischer Rechtshilfeersuchen v. 1.9.1987 (HmbGVBl. S. 172), zuletzt geänd. durch VO v. 14.4.2020 (HmbGVBl. S. 214)
- **Hessen:** JuZuV v. 3.6.2013 (GVBl. S. 386), zuletzt geänd. durch G v. 8.10.2020 (GVBl. S. 710)
- **Mecklenburg-Vorpommern:** KonzVO M-V v. 28.3.1994 (GVOBl. M-V S. 514), zuletzt geänd. durch VO v. 22.2.2018 (GVOBl. M-V S. 59)
- **Niedersachsen:** ZustVO-Justiz v. 18.12.2009 (Nds. GVBl. S. 506, ber. S. 283), zuletzt geänd. durch VO v. 12.1.2021 (Nds. GVBl. S. 12)
- **Nordrhein-Westfalen:** VO über die Zusammenfassung von Designstreitsachen, Kennzeichenstreitsachen und Urheberrechtsstreitsachen sowie Streitigkeiten nach dem OlympiamarkenschutzG v. 30.8.2011 (GV. NRW. S. 468), geänd. durch VO v. 25.3.2014 (GV. NRW. S. 249)
- **Rheinland-Pfalz:** LandesVO zur Übertragung von Ermächtigungen auf dem Gebiet der Rechtspflege v. 15.12.1982 (GVBl. S. 460), zuletzt geänd. durch VO v. 6.11.2017 (GVBl. S. 246); LandesVO über die gerichtliche Zuständigkeit in Zivilsachen und Angelegenheiten der freiwilligen Gerichtsbarkeit v. 22.11.1985 (GVBl. S. 267), zuletzt geänd. durch VO v. 27.11.2019 (GVBl. S. 345)
- **Sachsen:** SächsJOrgVO idF der Bek. v. 7.3.2016 (SächsGVBl. S. 103), zuletzt geänd. durch VO v. 2.12.2019 (SächsGVBl. 2020 S. 17)
- **Sachsen-Anhalt:** VO über Zuständigkeiten der Amtsgerichte und Landgerichte in Zivilsachen v. 1.9.1992 (GVBl. LSA S. 664), zuletzt geänd. durch VO v. 12.2.2021 (GVBl. LSA S. 57)
- **Thüringen:** ThürGerZustVO v. 17.11.2011 (GVBl. S. 511), zuletzt geänd. durch VO v. 6.12.2019 (GVBl. S. 562)

§ 107 Unzulässiges Anbringen der Urheberbezeichnung. (1) Wer
1. auf dem Original eines Werkes der bildenden Künste die Urheberbezeichnung (§ 10 Abs. 1) ohne Einwilligung des Urhebers anbringt oder ein derart bezeichnetes Original verbreitet,
2. auf einem Vervielfältigungsstück, einer Bearbeitung oder Umgestaltung eines Werkes der bildenden Künste die Urheberbezeichnung (§ 10 Abs. 1) auf eine Art anbringt, die dem Vervielfältigungsstück, der Bearbeitung oder Umgestaltung den Anschein eines Originals gibt, oder ein derart bezeichnetes Vervielfältigungsstück, eine solche Bearbeitung oder Umgestaltung verbreitet,

wird mit Freiheitsstrafe bis zu drei Jahren oder mit Geldstrafe bestraft, wenn die Tat nicht in anderen Vorschriften mit schwererer Strafe bedroht ist.

(2) Der Versuch ist strafbar.

§ 108 Unerlaubte Eingriffe in verwandte Schutzrechte. (1) Wer in anderen als den gesetzlich zugelassenen Fällen ohne Einwilligung des Berechtigten
1. eine wissenschaftliche Ausgabe (§ 70) oder eine Bearbeitung oder Umgestaltung einer solchen Ausgabe vervielfältigt, verbreitet oder öffentlich wiedergibt,
2. ein nachgelassenes Werk oder eine Bearbeitung oder Umgestaltung eines solchen Werkes entgegen § 71 verwertet,
3. ein Lichtbild (§ 72) oder eine Bearbeitung oder Umgestaltung eines Lichtbildes vervielfältigt, verbreitet oder öffentlich wiedergibt,
4. die Darbietung eines ausübenden Künstlers entgegen den § 77 Abs. 1 oder Abs. 2 Satz 1, § 78 Abs. 1 verwertet,
5. einen Tonträger entgegen § 85 verwertet,
6. eine Funksendung entgegen § 87 verwertet,
7. einen Bildträger oder Bild- und Tonträger entgegen §§ 94 oder 95 in Verbindung mit § 94 verwertet,
8. eine Datenbank entgegen § 87b Abs. 1 verwertet,

wird mit Freiheitsstrafe bis zu drei Jahren oder mit Geldstrafe bestraft.

(2) Der Versuch ist strafbar.

§ 108a Gewerbsmäßige unerlaubte Verwertung. (1) Handelt der Täter in den Fällen der §§ 106 bis 108 gewerbsmäßig, so ist die Strafe Freiheitsstrafe bis zu fünf Jahren oder Geldstrafe.

(2) Der Versuch ist strafbar.

§ 108b Unerlaubte Eingriffe in technische Schutzmaßnahmen und zur Rechtewahrnehmung erforderliche Informationen. (1) Wer
1. in der Absicht, sich oder einem Dritten den Zugang zu einem nach diesem Gesetz geschützten Werk oder einem anderen nach diesem Gesetz geschützten Schutzgegenstand oder deren Nutzung zu ermöglichen, eine wirksame technische Maßnahme ohne Zustimmung des Rechtsinhabers umgeht oder
2. wissentlich unbefugt
   a) eine von Rechtsinhabern stammende Information für die Rechtewahrnehmung entfernt oder verändert, wenn irgendeine der betreffenden

Informationen an einem Vervielfältigungsstück eines Werkes oder eines sonstigen Schutzgegenstandes angebracht ist oder im Zusammenhang mit der öffentlichen Wiedergabe eines solchen Werkes oder Schutzgegenstandes erscheint, oder

b) ein Werk oder einen sonstigen Schutzgegenstand, bei dem eine Information für die Rechtewahrnehmung unbefugt entfernt oder geändert wurde, verbreitet, zur Verbreitung einführt, sendet, öffentlich wiedergibt oder öffentlich zugänglich macht

und dadurch wenigstens leichtfertig die Verletzung von Urheberrechten oder verwandten Schutzrechten veranlasst, ermöglicht, erleichtert oder verschleiert,

wird, wenn die Tat nicht ausschließlich zum eigenen privaten Gebrauch des Täters oder mit dem Täter persönlich verbundener Personen erfolgt oder sich auf einen derartigen Gebrauch bezieht, mit Freiheitsstrafe bis zu einem Jahr oder mit Geldstrafe bestraft.

(2) Ebenso wird bestraft, wer entgegen § 95a Abs. 3 eine Vorrichtung, ein Erzeugnis oder einen Bestandteil zu gewerblichen Zwecken herstellt, einführt, verbreitet, verkauft oder vermietet.

(3) Handelt der Täter in den Fällen des Absatzes 1 gewerbsmäßig, so ist die Strafe Freiheitsstrafe bis zu drei Jahren oder Geldstrafe.

§ 109 Strafantrag. In den Fällen der §§ 106 bis 108 und des § 108b wird die Tat nur auf Antrag verfolgt, es sei denn, daß die Strafverfolgungsbehörde wegen des besonderen öffentlichen Interesses an der Strafverfolgung ein Einschreiten von Amts wegen für geboten hält.

§ 110 Einziehung. [1] Gegenstände, auf die sich eine Straftat nach den §§ 106, 107 Abs. 1 Nr. 2, §§ 108 bis 108b bezieht, können eingezogen werden. [2] § 74a des Strafgesetzbuches ist anzuwenden. [3] Soweit den in § 98 bezeichneten Ansprüchen im Verfahren nach den Vorschriften der Strafprozeßordnung über die Entschädigung des Verletzten (§§ 403 bis 406c) stattgegeben wird, sind die Vorschriften über die Einziehung nicht anzuwenden.

§ 111 Bekanntgabe der Verurteilung. [1] Wird in den Fällen der §§ 106 bis 108b auf Strafe erkannt, so ist, wenn der Verletzte es beantragt und ein berechtigtes Interesse daran dartut, anzuordnen, daß die Verurteilung auf Verlangen öffentlich bekanntgemacht wird. [2] Die Art der Bekanntmachung ist im Urteil zu bestimmen.

§ 111a Bußgeldvorschriften. (1) Ordnungswidrig handelt, wer

1. entgegen § 95a Abs. 3
   a) eine Vorrichtung, ein Erzeugnis oder einen Bestandteil verkauft, vermietet oder über den Kreis der mit dem Täter persönlich verbundenen Personen hinaus verbreitet oder
   b) zu gewerblichen Zwecken eine Vorrichtung, ein Erzeugnis oder einen Bestandteil besitzt, für deren Verkauf oder Vermietung wirbt oder eine Dienstleistung erbringt,
2. entgegen § 95b Abs. 1 Satz 1 ein notwendiges Mittel nicht zur Verfügung stellt oder

3. entgegen § 95d Absatz 2 Werke oder andere Schutzgegenstände nicht oder nicht vollständig kennzeichnet.

(2) Die Ordnungswidrigkeit kann in den Fällen des Absatzes 1 Nr. 1 und 2 mit einer Geldbuße bis zu fünfzigtausend Euro und in den übrigen Fällen mit einer Geldbuße bis zu zehntausend Euro geahndet werden.

Unterabschnitt 3. Vorschriften über Maßnahmen der Zollbehörde

§ 111b Verfahren nach deutschem Recht. (1) [1] Verletzt die Herstellung oder Verbreitung von Vervielfältigungsstücken das Urheberrecht oder ein anderes nach diesem Gesetz geschütztes Recht, so unterliegen die Vervielfältigungsstücke, soweit nicht die Verordnung (EU) Nr. 608/2013 des Europäischen Parlaments und des Rates vom 12. Juni 2013 zur Durchsetzung der Rechte geistigen Eigentums durch die Zollbehörden und zur Aufhebung der Verordnung (EG) Nr. 1383/2003 des Rates (ABl. L 181 vom 29.6.2013, S. 15), in ihrer jeweils geltenden Fassung anzuwenden ist, auf Antrag und gegen Sicherheitsleistung des Rechtsinhabers bei ihrer Einfuhr oder Ausfuhr der Beschlagnahme durch die Zollbehörde, sofern die Rechtsverletzung offensichtlich ist. [2] Dies gilt für den Verkehr mit anderen Mitgliedstaaten der Europäischen Union sowie mit den anderen Vertragsstaaten des Abkommens über den Europäischen Wirtschaftsraum nur, soweit Kontrollen durch die Zollbehörden stattfinden.

(2) [1] Ordnet die Zollbehörde die Beschlagnahme an, so unterrichtet sie unverzüglich den Verfügungsberechtigten sowie den Antragsteller. [2] Dem Antragsteller sind Herkunft, Menge und Lagerort der Vervielfältigungsstücke sowie Name und Anschrift des Verfügungsberechtigten mitzuteilen; das Brief- und Postgeheimnis (Artikel 10 des Grundgesetzes[1)]) wird insoweit eingeschränkt. [3] Dem Antragsteller wird Gelegenheit gegeben, die Vervielfältigungsstücke zu besichtigen, soweit hierdurch nicht in Geschäfts- oder Betriebsgeheimnisse eingegriffen wird.

(3) Wird der Beschlagnahme nicht spätestens nach Ablauf von zwei Wochen nach Zustellung der Mitteilung nach Absatz 2 Satz 1 widersprochen, so ordnet die Zollbehörde die Einziehung der beschlagnahmten Vervielfältigungsstücke an.

(4) [1] Widerspricht der Verfügungsberechtigte der Beschlagnahme, so unterrichtet die Zollbehörde hiervon unverzüglich den Antragsteller. [2] Dieser hat gegenüber der Zollbehörde unverzüglich zu erklären, ob er den Antrag nach Absatz 1 in bezug auf die beschlagnahmten Vervielfältigungsstücke aufrechterhält.

1. [3] Nimmt der Antragsteller den Antrag zurück, hebt die Zollbehörde die Beschlagnahme unverzüglich auf.
2. [4] Hält der Antragsteller den Antrag aufrecht und legt er eine vollziehbare gerichtliche Entscheidung vor, die die Verwahrung der beschlagnahmten Vervielfältigungsstücke oder eine Verfügungsbeschränkung anordnet, trifft die Zollbehörde die erforderlichen Maßnahmen.

[5] Liegen die Fälle der Nummern 1 oder 2 nicht vor, hebt die Zollbehörde die Beschlagnahme nach Ablauf von zwei Wochen nach Zustellung der Mitteilung

[1)] Nr. 1.

an den Antragsteller nach Satz 1 auf; weist der Antragsteller nach, daß die gerichtliche Entscheidung nach Nummer 2 beantragt, ihm aber noch nicht zugegangen ist, wird die Beschlagnahme für längstens zwei weitere Wochen aufrechterhalten.

(5) Erweist sich die Beschlagnahme als von Anfang an ungerechtfertigt und hat der Antragsteller den Antrag nach Absatz 1 in bezug auf die beschlagnahmten Vervielfältigungsstücke aufrechterhalten oder sich nicht unverzüglich erklärt (Absatz 4 Satz 2), so ist er verpflichtet, den dem Verfügungsberechtigten durch die Beschlagnahme entstandenen Schaden zu ersetzen.

(6) [1] Der Antrag nach Absatz 1 ist bei der Generalzolldirektion zu stellen und hat Wirkung für ein Jahr, sofern keine kürzere Geltungsdauer beantragt wird; er kann wiederholt werden. [2] Für die mit dem Antrag verbundenen Amtshandlungen werden vom Antragsteller Kosten nach Maßgabe des § 178 der Abgabenordnung erhoben.

(7) [1] Die Beschlagnahme und die Einziehung können mit den Rechtsmitteln angefochten werden, die im Bußgeldverfahren nach dem Gesetz über Ordnungswidrigkeiten gegen die Beschlagnahme und Einziehung zulässig sind. [2] Im Rechtsmittelverfahren ist der Antragsteller zu hören. [3] Gegen die Entscheidung des Amtsgerichts ist die sofortige Beschwerde zulässig; über sie entscheidet das Oberlandesgericht.

§ 111c Verfahren nach der Verordnung (EU) Nr. 608/2013. Für das Verfahren nach der Verordnung (EU) Nr. 608/2013 gilt § 111b Absatz 5 und 6 entsprechend, soweit die Verordnung keine Bestimmungen enthält, die dem entgegenstehen.

Abschnitt 3. Zwangsvollstreckung

Unterabschnitt 1. Allgemeines

§ 112 Allgemeines. Die Zulässigkeit der Zwangsvollstreckung in ein nach diesem Gesetz geschütztes Recht richtet sich nach den allgemeinen Vorschriften, soweit sich aus den §§ 113 bis 119 nichts anderes ergibt.

Unterabschnitt 2. Zwangsvollstreckung wegen Geldforderungen gegen den Urheber

§ 113 Urheberrecht. [1] Gegen den Urheber ist die Zwangsvollstreckung wegen Geldforderungen in das Urheberrecht nur mit seiner Einwilligung und nur insoweit zulässig, als er Nutzungsrechte einräumen kann (§ 31). [2] Die Einwilligung kann nicht durch den gesetzlichen Vertreter erteilt werden.

§ 114 Originale von Werken. (1) [1] Gegen den Urheber ist die Zwangsvollstreckung wegen Geldforderungen in die ihm gehörenden Originale seiner Werke nur mit seiner Einwilligung zulässig. [2] Die Einwilligung kann nicht durch den gesetzlichen Vertreter erteilt werden.

(2) [1] Der Einwilligung bedarf es nicht,

1. soweit die Zwangsvollstreckung in das Original des Werkes zur Durchführung der Zwangsvollstreckung in ein Nutzungsrecht am Werk notwendig ist,
2. zur Zwangsvollstreckung in das Original eines Werkes der Baukunst,

3. zur Zwangsvollstreckung in das Original eines anderen Werkes der bildenden Künste, wenn das Werk veröffentlicht ist.

[2] In den Fällen der Nummern 2 und 3 darf das Original des Werkes ohne Zustimmung des Urhebers verbreitet werden.

Unterabschnitt 3. Zwangsvollstreckung wegen Geldforderungen gegen den Rechtsnachfolger des Urhebers

§ 115 Urheberrecht. [1] Gegen den Rechtsnachfolger des Urhebers (§ 30) ist die Zwangsvollstreckung wegen Geldforderungen in das Urheberrecht nur mit seiner Einwilligung und nur insoweit zulässig, als er Nutzungsrechte einräumen kann (§ 31). [2] Der Einwilligung bedarf es nicht, wenn das Werk erschienen ist.

§ 116 Originale von Werken. (1) Gegen den Rechtsnachfolger des Urhebers (§ 30) ist die Zwangsvollstreckung wegen Geldforderungen in die ihm gehörenden Originale von Werken des Urhebers nur mit seiner Einwilligung zulässig.

(2) [1] Der Einwilligung bedarf es nicht

1. in den Fällen des § 114 Abs. 2 Satz 1,
2. zur Zwangsvollstreckung in das Original eines Werkes, wenn das Werk erschienen ist.

[2] § 114 Abs. 2 Satz 2 gilt entsprechend.

§ 117 Testamentsvollstrecker. Ist nach § 28 Abs. 2 angeordnet, daß das Urheberrecht durch einen Testamentsvollstrecker ausgeübt wird, so ist die nach den §§ 115 und 116 erforderliche Einwilligung durch den Testamentsvollstrecker zu erteilen.

Unterabschnitt 4. Zwangsvollstreckung wegen Geldforderungen gegen den Verfasser wissenschaftlicher Ausgaben und gegen den Lichtbildner

§ 118 Entsprechende Anwendung. Die §§ 113 bis 117 sind sinngemäß anzuwenden

1. auf die Zwangsvollstreckung wegen Geldforderungen gegen den Verfasser wissenschaftlicher Ausgaben (§ 70) und seinen Rechtsnachfolger,
2. auf die Zwangsvollstreckung wegen Geldforderungen gegen den Lichtbildner (§ 72) und seinen Rechtsnachfolger.

Unterabschnitt 5. Zwangsvollstreckung wegen Geldforderungen in bestimmte Vorrichtungen

§ 119 Zwangsvollstreckung in bestimmte Vorrichtungen. (1) Vorrichtungen, die ausschließlich zur Vervielfältigung oder Funksendung eines Werkes bestimmt sind, wie Formen, Platten, Steine, Druckstöcke, Matrizen und Negative, unterliegen der Zwangsvollstreckung wegen Geldforderungen nur, soweit der Gläubiger zur Nutzung des Werkes mittels dieser Vorrichtungen berechtigt ist.

(2) Das gleiche gilt für Vorrichtungen, die ausschließlich zur Vorführung eines Filmwerkes bestimmt sind, wie Filmstreifen und dergleichen.

(3) Die Absätze 1 und 2 sind auf die nach den §§ 70 und 71 geschützten Ausgaben, die nach § 72 geschützten Lichtbilder, die nach § 77 Abs. 2 Satz 1, §§ 85, 87, 94 und 95 geschützten Bild- und Tonträger und die nach § 87b Abs. 1 geschützten Datenbanken entsprechend anzuwenden.

Teil 5. Anwendungsbereich. Übergangs- und Schlussbestimmungen

Abschnitt 1. Anwendungsbereich des Gesetzes[1)]

Unterabschnitt 1. Urheberrecht

§ 120 Deutsche Staatsangehörige und Staatsangehörige anderer EU-Staaten und EWR-Staaten. (1) [1] Deutsche Staatsangehörige genießen den urheberrechtlichen Schutz für alle ihre Werke, gleichviel, ob und wo die Werke erschienen sind. [2] Ist ein Werk von Miturhebern (§ 8) geschaffen, so genügt es, wenn ein Miturheber deutscher Staatsangehöriger ist.

(2) Deutschen Staatsangehörigen stehen gleich:

1. Deutsche im Sinne des Art.116 Abs. 1 des Grundgesetzes, die nicht die deutsche Staatsangehörigkeit besitzen, und
2. Staatsangehörige eines anderen Mitgliedstaates der Europäischen Union oder eines anderen Vertragsstaates des Abkommens über den Europäischen Wirtschaftsraum.

§ 121 Ausländische Staatsangehörige. (1) [1] Ausländische Staatsangehörige genießen den urheberrechtlichen Schutz für ihre im Geltungsbereich dieses

---

[1)] Beachte auch **Berner Übereinkunft zum Schutz von Werken der Literatur und der Kunst** vom 9.9.1886, vervollständigt in Paris am 4.5.1896, revidiert in Berlin am 13.11.1908, vervollständigt in Bern am 20.3.1914, revidiert in Rom am 2.6.1928, revidiert in Brüssel am 26.6.1948, revidiert in Stockholm am 14.7.1967 (BGBl. 1970 II S. 293, 348) und revidiert in Paris am 24.7.1971 (BGBl. 1973 II S. 1069; 1985 II S. 81).

G über die in Brüssel am 26. Juni 1948 beschlossene Fassung der Berner Übereinkunft vom 9. September 1886 zum Schutz von Werken der Literatur und der Kunst v. 15.9.1965 (BGBl. II S. 1213) mit Bek. über das Inkrafttreten v. 1.12.1966 (BGBl. II S. 1565).

G über die am 14. Juli 1967 in Stockholm unterzeichneten Übereinkünfte auf dem Gebiet des geistigen Eigentums v. 5.6.1970 (BGBl. II S. 293, 348) mit Bek. über das Inkrafttreten der **Stockholmer Fassung der Berner Übereinkunft** v. 9. September 1886 zum Schutz von Werken der Literatur und Kunst v. 16.11.1970 (BGBl. II S. 1314).

G zu den am 24. Juli 1971 in Paris unterzeichneten Übereinkünften auf dem Gebiet des Urheberrechts v. 17.8.1973 (BGBl. II S. 1069) mit der **Pariser Fassung der Berner Übereinkunft** vom 9. September 1886 zum Schutz von Werken der Literatur und Kunst v. 24.7.1971 (BGBl. 1973 II S. 1071) sowie Bek. von Änderungen der Berner Übereinkunft v. 13.12.1984 (BGBl. 1985 II S. 81). Bek. über das Inkrafttreten v. 5.2.1974 (BGBl. II S. 165) und v. 15.7.1974 (BGBl. II S. 1079).

Welturheberrechtsabkommen v. 6.9.1952 (BGBl. 1955 II S. 102). G über das am 6. September 1952 unterzeichnete **Welturheberrechtsabkommen** v. 24.2.1955 (BGBl. II S. 101), geänd. durch § 140 UrhG v. 9.9.1965 (BGBl. I S. 1273). Bek. über das Inkrafttreten v. 26.9.1955 (BGBl. II S. 892).

G zu den am 24. Juli 1971 in Paris unterzeichneten Übereinkünften auf dem Gebiet des Urheberrechts v. 17.8.1973 (BGBl. II S. 1069) mit der **Pariser Fassung des Welturheberrechtsabkommens** v. 24.7.1971 (BGBl. 1973 II S. 1111). Bek. über das Inkrafttreten (10.7.1974) v. 3.10.1974 (BGBl. II S. 1309).

Übereinkommen zur Errichtung der Weltorganisation für geistiges Eigentum v. 14.7.1967 (BGBl. 1970 II S. 295), G zu dem Übereinkommen v. 5.6.1970 (BGBl. II S. 293) geänd. durch Art. 16 G v. 25.10.1994 (BGBl. I S. 3082). Bek. über das Inkrafttreten (19.9.1970) v. 12.10.1970 (BGBl. II S. 1070).

Gesetzes erschienenen Werke, es sei denn, daß das Werk oder eine Übersetzung des Werkes früher als dreißig Tage vor dem Erscheinen im Geltungsbereich dieses Gesetzes außerhalb dieses Gebietes erschienen ist. [2] Mit der gleichen Einschränkung genießen ausländische Staatsangehörige den Schutz auch für solche Werke, die im Geltungsbereich dieses Gesetzes nur in Übersetzung erschienen sind.

(2) Den im Geltungsbereich dieses Gesetzes erschienenen Werken im Sinne des Absatzes 1 werden die Werke der bildenden Künste gleichgestellt, die mit einem Grundstück im Geltungsbereich dieses Gesetzes fest verbunden sind.

(3) Der Schutz nach Absatz 1 kann durch Rechtsverordnung des Bundesministers der Justiz und für Verbraucherschutz für ausländische Staatsangehörige beschränkt werden, die keinem Mitgliedstaat der Berner Übereinkunft zum Schutze von Werken der Literatur und der Kunst angehören und zur Zeit des Erscheinens des Werkes weder im Geltungsbereich dieses Gesetzes noch in einem anderen Mitgliedstaat ihren Wohnsitz haben, wenn der Staat, dem sie angehören, deutschen Staatsangehörigen für ihre Werke keinen genügenden Schutz gewährt.

(4) [1] Im übrigen genießen ausländische Staatsangehörige den urheberrechtlichen Schutz nach Inhalt der Staatsverträge. [2] Bestehen keine Staatsverträge, so besteht für solche Werke urheberrechtlicher Schutz, soweit in dem Staat, dem der Urheber angehört, nach einer Bekanntmachung des Bundesministers der Justiz und für Verbraucherschutz im Bundesgesetzblatt deutsche Staatsangehörige für ihre Werke einen entsprechenden Schutz genießen.

(5) Das Folgerecht (§ 26) steht ausländischen Staatsangehörigen nur zu, wenn der Staat, dem sie angehören, nach einer Bekanntmachung des Bundesministers der Justiz und für Verbraucherschutz im Bundesgesetzblatt deutschen Staatsangehörigen ein entsprechendes Recht gewährt.

(6) Den Schutz nach den §§ 12 bis 14 genießen ausländische Staatsangehörige für alle ihre Werke, auch wenn die Voraussetzungen der Absätze 1 bis 5 nicht vorliegen.

§ 122 Staatenlose. (1) Staatenlose mit gewöhnlichem Aufenthalt im Geltungsbereich dieses Gesetzes genießen für ihre Werke den gleichen urheberrechtlichen Schutz wie deutsche Staatsangehörige.

(2) Staatenlose ohne gewöhnlichen Aufenthalt im Geltungsbereich dieses Gesetzes genießen für ihre Werke den gleichen urheberrechtlichen Schutz wie die Angehörigen des ausländischen Staates, in dem sie ihren gewöhnlichen Aufenthalt haben.

§ 123 Ausländische Flüchtlinge. [1] Für Ausländer, die Flüchtlinge im Sinne von Staatsverträgen oder anderen Rechtsvorschriften sind, gelten die Bestimmungen des § 122 entsprechend. [2] Hierdurch wird ein Schutz nach § 121 nicht ausgeschlossen.

Unterabschnitt 2. Verwandte Schutzrechte

§ 124 Wissenschaftliche Ausgaben und Lichtbilder. Für den Schutz wissenschaftlicher Ausgaben (§ 70) und den Schutz von Lichtbildern (§ 72) sind die §§ 120 bis 123 sinngemäß anzuwenden.

§ 125 Schutz des ausübenden Künstlers. (1) [1] Den nach den §§ 73 bis 83 gewährten Schutz genießen deutsche Staatsangehörige für alle ihre Darbietungen, gleichviel, wo diese stattfinden. [2] § 120 Abs. 2 ist anzuwenden.

(2) Ausländische Staatsangehörige genießen den Schutz für alle ihre Darbietungen, die im Geltungsbereich dieses Gesetzes stattfinden, soweit nicht in den Absätzen 3 und 4 etwas anderes bestimmt ist.

(3) Werden Darbietungen ausländischer Staatsangehöriger erlaubterweise auf Bild- oder Tonträger aufgenommen und sind diese erschienen, so genießen die ausländischen Staatsangehörigen hinsichtlich dieser Bild- oder Tonträger den Schutz nach § 77 Abs. 2 Satz 1, § 78 Abs. 1 Nr. 1 und Abs. 2, wenn die Bild- oder Tonträger im Geltungsbereich dieses Gesetzes erschienen sind, es sei denn, daß die Bild- oder Tonträger früher als dreißig Tage vor dem Erscheinen im Geltungsbereich dieses Gesetzes außerhalb dieses Gebietes erschienen sind.

(4) Werden Darbietungen ausländischer Staatsangehöriger erlaubterweise durch Funk gesendet, so genießen die ausländischen Staatsangehörigen den Schutz gegen Aufnahme der Funksendung auf Bild- oder Tonträger (§ 77 Abs. 1) und Weitersendung der Funksendung (§ 78 Abs. 1 Nr. 2) sowie den Schutz nach § 78 Abs. 2, wenn die Funksendung im Geltungsbereich dieses Gesetzes ausgestrahlt worden ist.

(5) [1] Im übrigen genießen ausländische Staatsangehörige den Schutz nach Inhalt der Staatsverträge. [2] § 121 Abs. 4 Satz 2 sowie die §§ 122 und 123 gelten entsprechend.

(6) [1] Den Schutz nach den §§ 74 und 75, § 77 Abs. 1 sowie § 78 Abs. 1 Nr. 3 genießen ausländische Staatsangehörige für alle ihre Darbietungen, auch wenn die Voraussetzungen der Absätze 2 bis 5 nicht vorliegen. [2] Das gleiche gilt für den Schutz nach § 78 Abs. 1 Nr. 2, soweit es sich um die unmittelbare Sendung der Darbietung handelt.

(7) Wird Schutz nach den Absätzen 2 bis 4 oder 6 gewährt, so erlischt er spätestens mit dem Ablauf der Schutzdauer in dem Staat, dessen Staatsangehöriger der ausübende Künstler ist, ohne die Schutzfrist nach § 82 zu überschreiten.

§ 126 Schutz des Herstellers von Tonträgern. (1) [1] Den nach den §§ 85 und 86 gewährten Schutz genießen deutsche Staatsangehörige oder Unternehmen mit Sitz im Geltungsbereich dieses Gesetzes für alle ihre Tonträger, gleichviel, ob und wo diese erschienen sind. [2] § 120 Abs. 2 ist anzuwenden. [3] Unternehmen mit Sitz in einem anderen Mitgliedstaat der Europäischen Union oder in einem anderen Vertragsstaat des Abkommens über den Europäischen Wirtschaftsraum stehen Unternehmen mit Sitz im Geltungsbereich dieses Gesetzes gleich.

(2) [1] Ausländische Staatsangehörige oder Unternehmen ohne Sitz im Geltungsbereich dieses Gesetzes genießen den Schutz für ihre im Geltungsbereich dieses Gesetzes erschienenen Tonträger, es sei denn, daß der Tonträger früher als dreißig Tage vor dem Erscheinen im Geltungsbereich dieses Gesetzes außerhalb dieses Gebietes erschienen ist. [2] Der Schutz erlischt jedoch spätestens mit dem Ablauf der Schutzdauer in dem Staat, dessen Staatsangehörigkeit der Hersteller des Tonträgers besitzt oder in welchem das Unternehmen seinen Sitz hat, ohne die Schutzfrist nach § 85 Abs. 3 zu überschreiten.

(3) [1] Im übrigen genießen ausländische Staatsangehörige oder Unternehmen ohne Sitz im Geltungsbereich dieses Gesetzes den Schutz nach Inhalt der Staatsverträge. [2] § 121 Abs. 4 Satz 2 sowie die §§ 122 und 123 gelten entsprechend.

§ 127 Schutz des Sendeunternehmens. (1) [1] Den nach § 87 gewährten Schutz genießen Sendeunternehmen mit Sitz im Geltungsbereich dieses Gesetzes für alle Funksendungen, gleichviel, wo sie diese ausstrahlen. [2] § 126 Abs. 1 Satz 3 ist anzuwenden.

(2) [1] Sendeunternehmen ohne Sitz im Geltungsbereich dieses Gesetzes genießen den Schutz für alle Funksendungen, die sie im Geltungsbereich dieses Gesetzes ausstrahlen. [2] Der Schutz erlischt spätestens mit dem Ablauf der Schutzdauer in dem Staat, in dem das Sendeunternehmen seinen Sitz hat, ohne die Schutzfrist nach § 87 Abs. 3 zu überschreiten.

(3) [1] Im übrigen genießen Sendeunternehmen ohne Sitz im Geltungsbereich dieses Gesetzes den Schutz nach Inhalt der Staatsverträge. [2] § 121 Abs. 4 Satz 2 gilt entsprechend.

§ 127a Schutz des Datenbankherstellers. (1) [1] Den nach § 87b gewährten Schutz genießen deutsche Staatsangehörige sowie juristische Personen mit Sitz im Geltungsbereich dieses Gesetzes. [2] § 120 Abs. 2 ist anzuwenden.

(2) Die nach deutschem Recht oder dem Recht eines der in § 120 Abs. 2 Nr. 2 bezeichneten Staaten gegründeten juristischen Personen ohne Sitz im Geltungsbereich dieses Gesetzes genießen den nach § 87b gewährten Schutz, wenn

1. ihre Hauptverwaltung oder Hauptniederlassung sich im Gebiet eines der in § 120 Abs. 2 Nr. 2 bezeichneten Staaten befindet oder
2. ihr satzungsmäßiger Sitz sich im Gebiet eines dieser Staaten befindet und ihre Tätigkeit eine tatsächliche Verbindung zur deutschen Wirtschaft oder zur Wirtschaft eines dieser Staaten aufweist.

(3) Im übrigen genießen ausländische Staatsangehörige sowie juristische Personen den Schutz nach dem Inhalt von Staatsverträgen sowie von Vereinbarungen, die die Europäische Gemeinschaft mit dritten Staaten schließt; diese Vereinbarungen werden vom Bundesministerium der Justiz und für Verbraucherschutz im Bundesgesetzblatt bekanntgemacht.

§ 127b Schutz des Presseverlegers. (1) [1] Den nach § 87g gewährten Schutz genießen deutsche Staatsangehörige oder Unternehmen mit Sitz im Geltungsbereich dieses Gesetzes. [2] § 120 Absatz 2 und § 126 Absatz 1 Satz 3 sind anzuwenden.

(2) Unternehmen ohne Sitz im Geltungsbereich dieses Gesetzes genießen den nach § 87g gewährten Schutz, wenn ihre Hauptverwaltung oder ihre Hauptniederlassung sich im Geltungsbereich dieses Gesetzes oder im Gebiet eines anderen Mitgliedstaates der Europäischen Union oder eines anderen Vertragsstaates des Abkommens über den Europäischen Wirtschaftsraum befindet.

§ 128 Schutz des Filmherstellers. (1) [1] Den nach den §§ 94 und 95 gewährten Schutz genießen deutsche Staatsangehörige oder Unternehmen mit Sitz im Geltungsbereich dieses Gesetzes für alle ihre Bildträger oder Bild- und

Tonträger, gleichviel, ob und wo diese erschienen sind. [2] § 120 Abs. 2 und § 126 Abs. 1 Satz 3 sind anzuwenden.

(2) Für ausländische Staatsangehörige oder Unternehmen ohne Sitz im Geltungsbereich dieses Gesetzes gelten die Bestimmungen in § 126 Abs. 2 und 3 entsprechend.

Abschnitt 2. Übergangsbestimmungen

§ 129 Werke. (1) [1] Die Vorschriften dieses Gesetzes sind auch auf die vor seinem Inkrafttreten geschaffenen Werke anzuwenden, es sei denn, daß sie zu diesem Zeitpunkt urheberrechtlich nicht geschützt sind oder daß in diesem Gesetz sonst etwas anderes bestimmt ist. [2] Dies gilt für verwandte Schutzrechte entsprechend.

(2) Die Dauer des Urheberrechts an einem Werk, das nach Ablauf von fünfzig Jahren nach dem Tode des Urhebers, aber vor dem Inkrafttreten dieses Gesetzes veröffentlicht worden ist, richtet sich nach den bisherigen Vorschriften.

§ 130 Übersetzungen. Unberührt bleiben die Rechte des Urhebers einer Übersetzung, die vor dem 1. Januar 1902 erlaubterweise ohne Zustimmung des Urhebers des übersetzten Werkes erschienen ist.

§ 131 Vertonte Sprachwerke. Vertonte Sprachwerke, die nach § 20 des Gesetzes betreffend das Urheberrecht an Werken der Literatur und der Tonkunst vom 19. Juni 1901 (Reichsgesetzbl. S. 227) in der Fassung des Gesetzes zur Ausführung der revidierten Berner Übereinkunft zum Schutze von Werken der Literatur und Kunst vom 22. Mai 1910 (Reichsgesetzbl. S. 793) ohne Zustimmung ihres Urhebers vervielfältigt, verbreitet und öffentlich wiedergegeben werden durften, dürfen auch weiterhin in gleichem Umfang vervielfältigt, verbreitet und öffentlich wiedergegeben werden, wenn die Vertonung des Werkes vor dem Inkrafttreten dieses Gesetzes erschienen ist.

§ 132 Verträge. (1) [1] Die Vorschriften dieses Gesetzes sind mit Ausnahme der §§ 42 und 43 auf Verträge, die vor dem 1. Januar 1966 abgeschlossen worden sind, nicht anzuwenden. [2] § 43 gilt für ausübende Künstler entsprechend. [3] Die §§ 40 und 41 gelten für solche Verträge mit der Maßgabe, daß die in § 40 Abs. 1 Satz 2 und § 41 Abs. 2 genannten Fristen frühestens mit dem 1. Januar 1966 beginnen.

(2) Vor dem 1. Januar 1966 getroffene Verfügungen bleiben wirksam.

(3) [1] Auf Verträge oder sonstige Sachverhalte, die vor dem 1. Juli 2002 geschlossen worden oder entstanden sind, sind die Vorschriften dieses Gesetzes vorbehaltlich der Sätze 2 und 3 sowie des § 133 Absatz 2 bis 4 in der am 28. März 2002 geltenden Fassung weiter anzuwenden. [2] § 32a findet auf Sachverhalte Anwendung, die nach dem 28. März 2002 entstanden sind. [3] Auf Verträge, die seit dem 1. Juni 2001 und bis zum 30. Juni 2002 geschlossen worden sind, findet auch § 32 Anwendung, sofern von dem eingeräumten Recht oder der Erlaubnis nach dem 30. Juni 2002 Gebrauch gemacht wird.

(3a) Auf Verträge oder sonstige Sachverhalte, die ab dem 1. Juli 2002 und vor dem 1. März 2017 geschlossen worden sind oder entstanden sind, sind die Vorschriften dieses Gesetzes vorbehaltlich des § 133 Absatz 2 bis 4 in der bis einschließlich 28. Februar 2017 geltenden Fassung weiter anzuwenden.

(4) Die Absätze 3 und 3a gelten für ausübende Künstler entsprechend.

§ 133 Übergangsregelung bei der Umsetzung vertragsrechtlicher Bestimmungen der Richtlinie (EU) 2019/790. (1) Auf Verträge oder sonstige Sachverhalte, die ab dem 1. März 2017 und vor dem 7. Juni 2021 geschlossen worden sind oder entstanden sind, sind vorbehaltlich der Absätze 2 bis 4 die Vorschriften des Teils 1 Abschnitt 5 Unterabschnitt 2 in der am 1. März 2017 geltenden Fassung weiter anzuwenden.

(2) Die Vorschriften über die weitere Beteiligung des Urhebers (§ 32a) und über das Rückrufsrecht wegen Nichtausübung (§ 41) sind in der am 7. Juni 2021 geltenden Fassung ab diesem Zeitpunkt auch auf zuvor geschlossene Verträge anzuwenden.

(3) [1] Die Vorschriften über die Auskunft und Rechenschaft des Vertragspartners (§ 32d) und über die Auskunft und Rechenschaft Dritter in der Lizenzkette (§ 32e) sind in der am 7. Juni 2021 geltenden Fassung ab dem 7. Juni 2022 auch auf vor dem 7. Juni 2021 geschlossene Verträge anzuwenden. [2] Abweichend von Satz 1 ist bei Verträgen, die vor dem 1. Januar 2008 geschlossen worden sind, Auskunft über die Nutzung von Filmwerken oder Laufbildern und die filmische Verwertung der zu ihrer Herstellung benutzten Werke nur auf Verlangen des Urhebers zu erteilen.

(4) Die Absätze 1 bis 3 gelten für ausübende Künstler entsprechend.

§ 134 Urheber. [1] Wer zur Zeit des Inkrafttretens dieses Gesetzes nach den bisherigen Vorschriften, nicht aber nach diesem Gesetz als Urheber eines Werkes anzusehen ist, gilt, abgesehen von den Fällen des § 135, weiterhin als Urheber. [2] Ist nach den bisherigen Vorschriften eine juristische Person als Urheber eines Werkes anzusehen, so sind für die Berechnung der Dauer des Urheberrechts die bisherigen Vorschriften anzuwenden.

§ 135[1)] Inhaber verwandter Schutzrechte. Wer zur Zeit des Inkrafttretens dieses Gesetzes nach den bisherigen Vorschriften als Urheber eines Lichtbildes oder der Übertragung eines Werkes auf Vorrichtungen zur mechanischen Wiedergabe für das Gehör anzusehen ist, ist Inhaber der entsprechenden verwandten Schutzrechte, die dieses Gesetz ihm gewährt.

§ 135a Berechnung der Schutzfrist. [1] Wird durch die Anwendung dieses Gesetzes auf ein vor seinem Inkrafttreten entstandenes Recht die Dauer des Schutzes verkürzt und liegt das für den Beginn der Schutzfrist nach diesem Gesetz maßgebende Ereignis vor dem Inkrafttreten dieses Gesetzes, so wird die Frist erst vom Inkrafttreten dieses Gesetzes an berechnet. [2] Der Schutz erlischt jedoch spätestens mit Ablauf der Schutzdauer nach den bisherigen Vorschriften.

§ 136 Vervielfältigung und Verbreitung. (1) War eine Vervielfältigung, die nach diesem Gesetz unzulässig ist, bisher erlaubt, so darf die vor Inkrafttreten dieses Gesetzes begonnene Herstellung von Vervielfältigungsstücken vollendet werden.

[1)] § 135 ist mit Art. 14 Abs. 1 Satz 1 GG (Nr. **1**) unvereinbar, soweit danach § 82 Satz 1 UrhG uneingeschränkt auf die „verwandten Schutzrechte" derjenigen Anwendung findet, die am 1. Januar 1966 „nach den bisherigen Vorschriften als Urheber … der Übertragung eines Werkes auf Vorrichtungen zur mechanischen Wiedergabe für das Gehör anzusehen" waren; vgl. Beschluss des Bundesverfassungsgerichts v. 8.7.1971 – 1 BvR 766/66 – (BGBl. I S. 1943).

(2) Die nach Absatz 1 oder bereits vor dem Inkrafttreten dieses Gesetzes hergestellten Vervielfältigungsstücke dürfen verbreitet werden.

(3) Ist für eine Vervielfältigung, die nach den bisherigen Vorschriften frei zulässig war, nach diesem Gesetz eine angemessene Vergütung an den Berechtigten zu zahlen, so dürfen die in Absatz 2 bezeichneten Vervielfältigungsstücke ohne Zahlung einer Vergütung verbreitet werden.

§ 137 Übertragung von Rechten. (1) [1] Soweit das Urheberrecht vor Inkrafttreten dieses Gesetzes auf einen anderen übertragen worden ist, stehen dem Erwerber die entsprechenden Nutzungsrechte (§ 31) zu. [2] Jedoch erstreckt sich die Übertragung im Zweifel nicht auf Befugnisse, die erst durch dieses Gesetz begründet werden.

(2) [1] Ist vor dem Inkrafttreten dieses Gesetzes das Urheberrecht ganz oder teilweise einem anderen übertragen worden, so erstreckt sich die Übertragung im Zweifel auch auf den Zeitraum, um den die Dauer des Urheberrechts nach den §§ 64 bis 66 verlängert worden ist. [2] Entsprechendes gilt, wenn vor dem Inkrafttreten dieses Gesetzes einem anderen die Ausübung einer dem Urheber vorbehaltenen Befugnis erlaubt worden ist.

(3) In den Fällen des Absatzes 2 hat der Erwerber oder Erlaubnisnehmer dem Veräußerer oder Erlaubnisgeber eine angemessene Vergütung zu zahlen, sofern anzunehmen ist, daß dieser für die Übertragung oder die Erlaubnis eine höhere Gegenleistung erzielt haben würde, wenn damals bereits die verlängerte Schutzdauer bestimmt gewesen wäre.

(4) [1] Der Anspruch auf die Vergütung entfällt, wenn alsbald nach seiner Geltendmachung der Erwerber dem Veräußerer das Recht für die Zeit nach Ablauf der bisher bestimmten Schutzdauer zur Verfügung stellt oder der Erlaubnisnehmer für diese Zeit auf die Erlaubnis verzichtet. [2] Hat der Erwerber das Urheberrecht vor dem Inkrafttreten dieses Gesetzes weiterveräußert, so ist die Vergütung insoweit nicht zu zahlen, als sie den Erwerber mit Rücksicht auf die Umstände der Weiterveräußerung unbillig belasten würde.

(5) Absatz 1 gilt für verwandte Schutzrechte entsprechend.

§ 137a Lichtbildwerke. (1) Die Vorschriften dieses Gesetzes über die Dauer des Urheberrechts sind auch auf Lichtbildwerke anzuwenden, deren Schutzfrist am 1. Juli 1985 nach dem bis dahin geltenden Recht noch nicht abgelaufen ist.

(2) Ist vorher einem anderen ein Nutzungsrecht an einem Lichtbildwerk eingeräumt oder übertragen worden, so erstreckt sich die Einräumung oder Übertragung im Zweifel nicht auf den Zeitraum, um den die Dauer des Urheberrechts an Lichtbildwerken verlängert worden ist.

§ 137b Bestimmte Ausgaben. (1) Die Vorschriften dieses Gesetzes über die Dauer des Schutzes nach den §§ 70 und 71 sind auch auf wissenschaftliche Ausgaben und Ausgaben nachgelassener Werke anzuwenden, deren Schutzfrist am 1. Juli 1990 nach dem bis dahin geltenden Recht noch nicht abgelaufen ist.

(2) Ist vor dem 1. Juli 1990 einem anderen ein Nutzungsrecht an einer wissenschaftlichen Ausgabe oder einer Ausgabe nachgelassener Werke eingeräumt oder übertragen worden, so erstreckt sich die Einräumung oder Übertragung im Zweifel auch auf den Zeitraum, um den die Dauer des verwandten Schutzrechtes verlängert worden ist.

(3) Die Bestimmungen in § 137 Abs. 3 und 4 gelten entsprechend.

§ 137c Ausübende Künstler. (1) [1]Die Vorschriften dieses Gesetzes über die Dauer des Schutzes nach § 82 sind auch auf Darbietungen anzuwenden, die vor dem 1. Juli 1990 auf Bild- oder Tonträger aufgenommen worden sind, wenn am 1. Januar 1991 seit dem Erscheinen des Bild- oder Tonträgers 50 Jahre noch nicht abgelaufen sind. [2]Ist der Bild- oder Tonträger innerhalb dieser Frist nicht erschienen, so ist die Frist von der Darbietung an zu berechnen. [3]Der Schutz nach diesem Gesetz dauert in keinem Fall länger als 50 Jahre nach dem Erscheinen des Bild- oder Tonträgers oder, falls der Bild- oder Tonträger nicht erschienen ist, 50 Jahre nach der Darbietung.

(2) Ist vor dem 1. Juli 1990 einem anderen ein Nutzungsrecht an der Darbietung eingeräumt oder übertragen worden, so erstreckt sich die Einräumung oder Übertragung im Zweifel auch auf den Zeitraum, um den die Dauer des Schutzes verlängert worden ist.

(3) Die Bestimmungen in § 137 Abs. 3 und 4 gelten entsprechend.

§ 137d Computerprogramme. (1) [1]Die Vorschriften des Abschnitts 8 des Teils 1 sind auch auf Computerprogramme anzuwenden, die vor dem 24. Juni 1993 geschaffen worden sind. [2]Jedoch erstreckt sich das ausschließliche Vermietrecht (§ 69c Nr. 3) nicht auf Vervielfältigungsstücke eines Programms, die ein Dritter vor dem 1. Januar 1993 zum Zweck der Vermietung erworben hat.

(2) § 69g Abs. 2 ist auch auf Verträge anzuwenden, die vor dem 24. Juni 1993 abgeschlossen worden sind.

(3) § 69a Absatz 5 ist in der am 7. Juni 2021 geltenden Fassung nur auf Verträge und Sachverhalte anzuwenden, die von diesem Tag an geschlossen werden oder entstehen.

§ 137e Übergangsregelung bei Umsetzung der Richtlinie 92/100/EWG. (1) Die am 30. Juni 1995 in Kraft tretenden Vorschriften dieses Gesetzes finden auch auf vorher geschaffene Werke, Darbietungen, Tonträger, Funksendungen und Filme Anwendung, es sei denn, daß diese zu diesem Zeitpunkt nicht mehr geschützt sind.

(2) [1]Ist ein Orginal oder Vervielfältigungsstück eines Werkes oder ein Bild- oder Tonträger vor dem 30. Juni 1995 erworben oder zum Zweck der Vermietung einem Dritten überlassen worden, so gilt für die Vermietung nach diesem Zeitpunkt die Zustimmung der Inhaber des Vermietrechts (§§ 17, 77 Abs. 2 Satz 1, §§ 85 und 94) als erteilt. [2]Diesen Rechtsinhabern hat der Vermieter jeweils eine angemessene Vergütung zu zahlen; § 27 Abs. 1 Satz 2 und 3 hinsichtlich der Ansprüche der Urheber und ausübenden Künstler und § 27 Abs. 3 finden entsprechende Anwendung. [3]§ 137d bleibt unberührt.

(3) Wurde ein Bild- oder Tonträger, der vor dem 30. Juni 1995 erworben oder zum Zweck der Vermietung einem Dritten überlassen worden ist, zwischen dem 1. Juli 1994 und dem 30. Juni 1995 vermietet, besteht für diese Vermietung ein Vergütungsanspruch in entsprechender Anwendung des Absatzes 2 Satz 2.

(4) [1]Hat ein Urheber vor dem 30. Juni 1995 ein ausschließliches Verbreitungsrecht eingeräumt, so gilt die Einräumung auch für das Vermietrecht. [2]Hat ein ausübender Künstler vor diesem Zeitpunkt bei der Herstellung eines Filmwerkes mitgewirkt oder in die Benutzung seiner Darbietung zur Herstellung

eines Filmwerkes eingewilligt, so gelten seine ausschließlichen Rechte als auf den Filmhersteller übertragen. [3] Hat er vor diesem Zeitpunkt in die Aufnahme seiner Darbietung auf Tonträger und in die Vervielfältigung eingewilligt, so gilt die Einwilligung auch als Übertragung des Verbreitungsrechts, einschließlich der Vermietung.

§ 137f Übergangsregelung bei Umsetzung der Richtlinie 93/98 EWG.

(1) [1] Würde durch die Anwendung dieses Gesetzes in der ab dem 1. Juli 1995 geltenden Fassung die Dauer eines vorher entstandenen Rechts verkürzt, so erlischt der Schutz mit dem Ablauf der Schutzdauer nach den bis zum 30. Juni 1995 geltenden Vorschriften. [2] Im übrigen sind die Vorschriften dieses Gesetzes über die Schutzdauer in der ab dem 1. Juli 1995 geltenden Fassung auch auf Werke und verwandte Schutzrechte anzuwenden, deren Schutz am 1. Juli 1995 noch nicht erloschen ist.

(2) [1] Die Vorschriften dieses Gesetzes in der ab dem 1. Juli 1995 geltenden Fassung sind auch auf Werke anzuwenden, deren Schutz nach diesem Gesetz vor dem 1. Juli 1995 abgelaufen ist, nach dem Gesetz eines anderen Mitgliedstaates der Europäischen Union oder eines Vertragsstaates des Abkommens über den Europäischen Wirtschaftsraum zu diesem Zeitpunkt aber noch besteht. [2] Satz 1 gilt entsprechend für die verwandten Schutzrechte des Herausgebers nachgelassener Werke (§ 71), der ausübenden Künstler (§ 73), der Hersteller von Tonträgern (§ 85), der Sendeunternehmen (§ 87) und der Filmhersteller (§§ 94 und 95).

(3) [1] Lebt nach Absatz 2 der Schutz eines Werkes im Geltungsbereich dieses Gesetzes wieder auf, so stehen die wiederauflebenden Rechte dem Urheber zu. [2] Eine vor dem 1. Juli 1995 begonnene Nutzungshandlung darf jedoch in dem vorgesehenen Rahmen fortgesetzt werden. [3] Für die Nutzung ab dem 1. Juli 1995 ist eine angemessene Vergütung zu zahlen. [4] Die Sätze 1 bis 3 gelten für verwandte Schutzrechte entsprechend.

(4) [1] Ist vor dem 1. Juli 1995 einem anderen ein Nutzungsrecht an einer nach diesem Gesetz noch geschützten Leistung eingeräumt oder übertragen worden, so erstreckt sich die Einräumung oder Übertragung im Zweifel auch auf den Zeitraum, um den die Schutzdauer verlängert worden ist. [2] Im Fall des Satzes 1 ist eine angemessene Vergütung zu zahlen.

§ 137g Übergangsregelung bei Umsetzung der Richtlinie 96/9/EG.

(1) § 23 Absatz 2, § 53 Abs. 5, die §§ 55a und 63 Abs. 1 Satz 2, sind auch auf Datenbankwerke anzuwenden, die vor dem 1. Januar 1998 geschaffen wurden.

(2) [1] Die Vorschriften des Abschnitts 6 des Teils 2 sind auch auf Datenbanken anzuwenden, die zwischen dem 1. Januar 1983 und dem 31. Dezember 1997 hergestellt worden sind. [2] Die Schutzfrist beginnt in diesen Fällen am 1. Januar 1998.

(3) Die §§ 55a und 87e sind nicht auf Verträge anzuwenden, die vor dem 1. Januar 1998 abgeschlossen worden sind.

§ 137h Übergangsregelung bei Umsetzung der Richtlinie 93/83/ EWG[1]. (1) Die Vorschrift des § 20a ist auf Verträge, die vor dem 1. Juni 1998

[1] Nr. **42**.

geschlossen worden sind, erst ab dem 1. Januar 2000 anzuwenden, sofern diese nach diesem Zeitpunkt ablaufen.

(2) Sieht ein Vertrag über die gemeinsame Herstellung eines Bild- oder Tonträgers, der vor dem 1. Juni 1998 zwischen mehreren Herstellern, von denen mindestens einer einem Mitgliedstaat der Europäischen Union oder Vertragsstaat des Europäischen Wirtschaftsraumes angehört, geschlossen worden ist, eine räumliche Aufteilung des Rechts der Sendung unter den Herstellern vor, ohne nach der Satellitensendung und anderen Arten der Sendung zu unterscheiden, und würde die Satellitensendung der gemeinsam hergestellten Produktion durch einen Hersteller die Auswertung der räumlich oder sprachlich beschränkten ausschließlichen Rechte eines anderen Herstellers beeinträchtigen, so ist die Satellitensendung nur zulässig, wenn ihr der Inhaber dieser ausschließlichen Rechte zugestimmt hat.

(3) Die Vorschrift des § 20b Abs. 2 ist nur anzuwenden, sofern der Vertrag über die Einräumung des Kabelweitersenderechts nach dem 1. Juni 1998 geschlossen wurde.

§ 137i Übergangsregelung zum Gesetz zur Modernisierung des Schuldrechts. Artikel 229 § 6 des Einführungsgesetzes zum Bürgerlichen Gesetzbuche findet mit der Maßgabe entsprechende Anwendung, dass § 26 Abs. 7, § 36 Abs. 2 und § 102 in der bis zum 1. Januar 2002 geltenden Fassung den Vorschriften des Bürgerlichen Gesetzbuchs[1)] über die Verjährung in der bis zum 1. Januar 2002 geltenden Fassung gleichgestellt sind.

§ 137j Übergangsregelung aus Anlass der Umsetzung der Richtlinie 2001/29/EG[2)]. (1) § 95d Abs. 1 ist auf alle ab dem 1. Dezember 2003 neu in den Verkehr gebrachten Werke und anderen Schutzgegenstände anzuwenden.

(2) Die Vorschrift dieses Gesetzes über die Schutzdauer für Hersteller von Tonträgern in der ab dem 13. September 2003 geltenden Fassung ist auch auf verwandte Schutzrechte anzuwenden, deren Schutz am 22. Dezember 2002 noch nicht erloschen ist.

(3) Lebt nach Absatz 2 der Schutz eines Tonträgers wieder auf, so stehen die wiederauflebenden Rechte dem Hersteller des Tonträgers zu.

(4) [1] Ist vor dem 13. September 2003 einem anderen ein Nutzungsrecht an einem nach diesem Gesetz noch geschützten Tonträger eingeräumt oder übertragen worden, so erstreckt sich, im Fall einer Verlängerung der Schutzdauer nach § 85 Abs. 3, die Einräumung oder Übertragung im Zweifel auch auf diesen Zeitraum. [2] Im Fall des Satzes 1 ist eine angemessene Vergütung zu zahlen.

§ 137k *(aufgehoben)*

§ 137l Übergangsregelung für neue Nutzungsarten. (1) [1] Hat der Urheber zwischen dem 1. Januar 1966 und dem 1. Januar 2008 einem anderen alle wesentlichen Nutzungsrechte ausschließlich sowie räumlich und zeitlich unbegrenzt eingeräumt, gelten die zum Zeitpunkt des Vertragsschlusses unbekannten Nutzungsrechte als dem anderen ebenfalls eingeräumt, sofern der Urheber nicht dem anderen gegenüber der Nutzung widerspricht. [2] Der Widerspruch

---

1) Nr. **12**.
2) Nr. **45**.

kann für Nutzungsarten, die am 1. Januar 2008 bereits bekannt sind, nur innerhalb eines Jahres erfolgen. [3] Im Übrigen erlischt das Widerspruchsrecht nach Ablauf von drei Monaten, nachdem der andere die Mitteilung über die beabsichtigte Aufnahme der neuen Art der Werknutzung an den Urheber unter der ihm zuletzt bekannten Anschrift abgesendet hat. [4] Die Sätze 1 bis 3 gelten nicht für zwischenzeitlich bekannt gewordene Nutzungsrechte, die der Urheber bereits einem Dritten eingeräumt hat.

(2) [1] Hat der andere sämtliche ihm ursprünglich eingeräumten Nutzungsrechte einem Dritten übertragen, so gilt Absatz 1 für den Dritten entsprechend. [2] Erklärt der Urheber den Widerspruch gegenüber seinem ursprünglichen Vertragspartner, hat ihm dieser unverzüglich alle erforderlichen Auskünfte über den Dritten zu erteilen.

(3) Das Widerspruchsrecht nach den Absätzen 1 und 2 entfällt, wenn die Parteien über eine zwischenzeitlich bekannt gewordene Nutzungsart eine ausdrückliche Vereinbarung geschlossen haben.

(4) Sind mehrere Werke oder Werkbeiträge zu einer Gesamtheit zusammengefasst, die sich in der neuen Nutzungsart in angemessener Weise nur unter Verwendung sämtlicher Werke oder Werkbeiträge verwerten lässt, so kann der Urheber das Widerspruchsrecht nicht wider Treu und Glauben ausüben.

(5) [1] Der Urheber hat Anspruch auf eine gesonderte angemessene Vergütung, wenn der andere eine neue Art der Werknutzung nach Absatz 1 aufnimmt, die im Zeitpunkt des Vertragsschlusses noch unbekannt war. [2] § 32 Abs. 2 und 4 gilt entsprechend. [3] Der Anspruch kann nur durch eine Verwertungsgesellschaft geltend gemacht werden. [4] Hat der Vertragspartner das Nutzungsrecht einem Dritten übertragen, haftet der Dritte mit der Aufnahme der neuen Art der Werknutzung für die Vergütung. [5] Die Haftung des anderen entfällt.

§ 137m Übergangsregelung aus Anlass der Umsetzung der Richtlinie 2011/77/EU[1)]. (1) Die Vorschriften über die Schutzdauer nach den §§ 82 und 85 Absatz 3 sowie über die Rechte und Ansprüche des ausübenden Künstlers nach § 79 Absatz 3 sowie § 79a gelten für Aufzeichnungen von Darbietungen und für Tonträger, deren Schutzdauer für den ausübenden Künstler und den Tonträgerhersteller am 1. November 2013 nach den Vorschriften dieses Gesetzes in der bis 6. Juli 2013 geltenden Fassung noch nicht erloschen war, und für Aufzeichnungen von Darbietungen und für Tonträger, die nach dem 1. November 2013 entstehen.

(2) [1] § 65 Absatz 3 gilt für Musikkompositionen mit Text, von denen die Musikkomposition oder der Text in mindestens einem Mitgliedstaat der Europäischen Union am 1. November 2013 geschützt sind, und für Musikkompositionen mit Text, die nach diesem Datum entstehen. [2] Lebt nach Satz 1 der Schutz der Musikkomposition oder des Textes wieder auf, so stehen die wiederauflebenden Rechte dem Urheber zu. [3] Eine vor dem 1. November 2013 begonnene Nutzungshandlung darf jedoch in dem vorgesehenen Rahmen fortgesetzt werden. [4] Für die Nutzung ab dem 1. November 2013 ist eine angemessene Vergütung zu zahlen.

(3) Ist vor dem 1. November 2013 ein Übertragungsvertrag zwischen einem ausübenden Künstler und einem Tonträgerhersteller abgeschlossen worden, so

---

[1)] Nr. **43a**.

erstreckt sich im Fall der Verlängerung der Schutzdauer die Übertragung auch auf diesen Zeitraum, wenn keine eindeutigen vertraglichen Hinweise auf das Gegenteil vorliegen.

§ 137n Übergangsregelung aus Anlass der Umsetzung der Richtlinie 2012/28/EU[1]. § 61 Absatz 4 ist nur anzuwenden auf Bestandsinhalte, die der nutzenden Institution vor dem 29. Oktober 2014 überlassen wurden.

§ 137o Übergangsregelung zum Urheberrechts-Wissensgesellschafts-Gesetz. § 60g gilt nicht für Verträge, die vor dem 1. März 2018 geschlossen wurden.

§ 137p Übergangsregelung aus Anlass der Umsetzung der Richtlinie (EU) 2019/789. (1) § 20b ist auf Verträge über Weitersendungen, die nicht durch Kabelsysteme oder Mikrowellensysteme erfolgen, nur anzuwenden, sofern der Vertrag ab dem 7. Juni 2021 geschlossen wurde.

(2) § 20c ist auf Verträge über ergänzende Online-Dienste, die vor dem 7. Juni 2021 geschlossen wurden, ab dem 7. Juni 2023 anzuwenden.

(3) § 20d ist auf Verträge über die Direkteinspeisung, die vor dem 7. Juni 2021 geschlossen wurden, ab dem 7. Juni 2025 anzuwenden.

§ 137q Übergangsregelung zur Verlegerbeteiligung. § 63a Absatz 2 und 3 gilt für Einnahmen, die Verwertungsgesellschaften ab dem 7. Juni 2021 erhalten.

§ 137r Übergangsregelung zum Schutz des Presseverlegers. Die Vorschriften dieses Gesetzes über den Schutz des Presseverlegers (§§ 87f bis 87k und § 127b) finden keine Anwendung auf Presseveröffentlichungen, deren erstmalige Veröffentlichung vor dem 6. Juni 2019 erfolgte.

Abschnitt 3. Schlussbestimmungen

§ 138 Register anonymer und pseudonymer Werke. (1) [1]Das Register anonymer und pseudonymer Werke für die in § 66 Abs. 2 Satz 2 vorgesehenen Eintragungen wird beim Patentamt geführt. [2]Das Patentamt bewirkt die Eintragungen, ohne die Berechtigung des Antragstellers oder die Richtigkeit der zur Eintragung angemeldeten Tatsachen zu prüfen.

(2) [1]Wird die Eintragung abgelehnt, so kann der Antragsteller gerichtliche Entscheidung beantragen. [2]Über den Antrag entscheidet das für den Sitz des Patentamts zuständige Oberlandesgericht durch einen mit Gründen versehenen Beschluß. [3]Der Antrag ist schriftlich bei dem Oberlandesgericht einzureichen. [4]Die Entscheidung des Oberlandesgerichts ist endgültig. [5]Im übrigen gelten für das gerichtliche Verfahren die Vorschriften des Gesetzes über das Verfahren in Familiensachen und in den Angelegenheiten der freiwilligen Gerichtsbarkeit entsprechend.

(3) [1]Die Eintragungen werden im Bundesanzeiger öffentlich bekanntgemacht. [2]Die Kosten für die Bekanntmachung hat der Antragsteller im voraus zu entrichten.

---

[1] Nr. **47**.

(4) [1]Die Einsicht in das Register ist jedem gestattet. [2]Auf Antrag werden Auszüge aus dem Register erteilt.

(5) Der Bundesminister der Justiz und für Verbraucherschutz wird ermächtigt, durch Rechtsverordnung[1)]

1. Bestimmungen über die Form des Antrags und die Führung des Registers zu erlassen,
2. zur Deckung der Verwaltungskosten die Erhebung von Kosten (Gebühren und Auslagen) für die Eintragung, für die Ausfertigung eines Eintragungsscheins und für die Erteilung sonstiger Auszüge und deren Beglaubigung anzuordnen sowie Bestimmungen über den Kostenschuldner, die Fälligkeit von Kosten, die Kostenvorschußpflicht, Kostenbefreiungen, die Verjährung, das Kostenfestsetzungsverfahren und die Rechtsbehelfe gegen die Kostenfestsetzung zu treffen.

(6) Eintragungen, die nach § 56 des Gesetzes betreffend das Urheberrecht an Werken der Literatur und der Tonkunst vom 19. Juni 1901 beim Stadtrat in Leipzig vorgenommen worden sind, bleiben wirksam.

§ 138a Datenschutz. [1]Soweit personenbezogene Daten im Register anonymer und pseudonymer Werke enthalten sind, bestehen nicht

1. das Recht auf Auskunft gemäß Artikel 15 Absatz 1 Buchstabe c der Verordnung (EU) 2016/679 des Europäischen Parlaments und des Rates vom 27. April 2016 zum Schutz natürlicher Personen bei der Verarbeitung personenbezogener Daten, zum freien Datenverkehr und zur Aufhebung der Richtlinie 95/46/EG (Datenschutz-Grundverordnung) (ABl. L 119 vom 4.5.2016, S. 1; L 314 vom 22.11.2016, S. 72),
2. die Mitteilungspflicht gemäß Artikel 19 Satz 2 der Verordnung (EU) 2016/679 und
3. das Recht auf Widerspruch gemäß Artikel 21 Absatz 1 der Verordnung (EU) 2016/679.

[2]Das Recht auf Erhalt einer Kopie nach Artikel 15 Absatz 3 der Verordnung (EU) 2016/679 wird dadurch erfüllt, dass die betroffene Person Einsicht in das Register anonymer und pseudonymer Werke des Deutschen Patent- und Markenamtes nehmen kann.

§§ 139, 140 *(nicht wiedergegebene Änderungsvorschriften)*

§ 141 Aufgehobene Vorschriften. Mit dem Inkrafttreten dieses Gesetzes werden aufgehoben:

1. die §§ 57 bis 60 des Gesetzes betreffend das Urheberrecht an Schriftwerken, Abbildungen, musikalischen Kompositionen und dramatischen Werken vom 11. Juni 1870 (Bundesgesetzblatt des Norddeutschen Bundes S. 339);
2. die §§ 17 bis 19 des Gesetzes betreffend das Urheberrecht an Werken der bildenden Künste vom 9. Januar 1876 (Reichsgesetzbl. S. 4);
3. das Gesetz betreffend das Urheberrecht an Werken der Literatur und der Tonkunst vom 19. Juni 1901 in der Fassung des Gesetzes zur Ausführung der revidierten Berner Übereinkunft zum Schutze von Werken der Literatur und

[1)] Siehe VO über das Register anonymer und pseudonymer Werke (WerkeRegV) (Nr. **3**).

Kunst vom 22. Mai 1910 und des Gesetzes zur Verlängerung der Schutzfristen im Urheberrecht vom 13. Dezember 1934 (Reichsgesetzbl. II S. 1395);

4. die §§ 3, 13 und 42 des Gesetzes über das Verlagsrecht vom 19. Juni 1901 (Reichsgesetzbl. S. 217) in der Fassung des Gesetzes zur Ausführung der revidierten Berner Übereinkunft zum Schutze von Werken der Literatur und Kunst vom 22. Mai 1910;
5. das Gesetz betreffend das Urheberrecht an Werken der bildenden Künste und der Photographie vom 9. Januar 1907 (Reichsgesetzbl. S. 7) in der Fassung des Gesetzes zur Ausführung der revidierten Berner Übereinkunft zum Schutze von Werken der Literatur und Kunst vom 22. Mai 1910, des Gesetzes zur Verlängerung der Schutzfristen im Urheberrecht vom 13. Dezember 1934 und des Gesetzes zur Verlängerung der Schutzfristen für das Urheberrecht an Lichtbildern vom 12. Mai 1940 (Reichsgesetzbl. I S. 758), soweit es nicht den Schutz von Bildnissen betrifft;
6. die Artikel I, III und IV des Gesetzes zur Ausführung der revidierten Berner Übereinkunft zum Schutze von Werken der Literatur und Kunst vom 22. Mai 1910;
7. das Gesetz zur Erleichterung der Filmberichterstattung vom 30. April 1936 (Reichsgesetzbl. I S. 404);
8. § 10 des Gesetzes über die Rechtsstellung heimatloser Ausländer im Bundesgebiet vom 25. April 1951 (Bundesgesetzbl. I S. 269).

§ 142 Evaluierung. Die Bundesregierung erstattet vier Jahre nach Inkrafttreten des Urheberrechts-Wissensgesellschafts-Gesetzes dem Deutschen Bundestag Bericht über die Auswirkungen des Teils 1 Abschnitt 6 Unterabschnitt 4.

§ 143 Inkrafttreten. (1) Die §§ 64 bis 67, 69, 105 Abs. 1 bis 3 und § 138 Abs. 5 treten am Tage nach der Verkündung[1] dieses Gesetzes in Kraft.

(2) Im übrigen tritt dieses Gesetz am 1. Januar 1966 in Kraft.

Anlage
(zu § 61a)

Quellen einer sorgfältigen Suche

1. Für veröffentlichte Bücher:
   a) der Katalog der Deutschen Nationalbibliothek sowie die von Bibliotheken und anderen Institutionen geführten Bibliothekskataloge und Schlagwortlisten;
   b) Informationen der Verleger- und Autorenverbände, insbesondere das Verzeichnis lieferbarer Bücher (VLB);
   c) bestehende Datenbanken und Verzeichnisse, WATCH (Writers, Artists and their Copyright Holders) und die ISBN (International Standard Book Number);
   d) die Datenbanken der entsprechenden Verwertungsgesellschaften, insbesondere der mit der Wahrnehmung von Vervielfältigungsrechten betrauten Verwertungsgesellschaften wie die Datenbank der VG Wort;

---

[1] Verkündet am 16.9.1965.

e) Quellen, die mehrere Datenbanken und Verzeichnisse zusammenfassen, einschließlich der Gemeinsamen Normdatei (GND), VIAF (Virtual International Authority Files) und ARROW (Accessible Registries of Rights Information and Orphan Works);

2. für Zeitungen, Zeitschriften, Fachzeitschriften und Periodika:
   a) das deutsche ISSN (International Standard Serial Number) – Zentrum für regelmäßige Veröffentlichungen;
   b) Indexe und Kataloge von Bibliotheksbeständen und -sammlungen, insbesondere der Katalog der Deutschen Nationalbibliothek sowie die Zeitschriftendatenbank (ZDB);
   c) Depots amtlich hinterlegter Pflichtexemplare;
   d) Verlegerverbände und Autoren- und Journalistenverbände, insbesondere das Verzeichnis lieferbarer Zeitschriften (VLZ), das Verzeichnis lieferbarer Bücher (VLB), Banger Online, STAMM und pressekatalog.de;
   e) die Datenbanken der entsprechenden Verwertungsgesellschaften, einschließlich der mit der Wahrnehmung von Vervielfältigungsrechten betrauten Verwertungsgesellschaften, insbesondere die Datenbank der VG Wort;

3. für visuelle Werke, einschließlich Werken der bildenden Künste, Fotografien, Illustrationen, Design- und Architekturwerken, sowie für deren Entwürfe und für sonstige derartige Werke, die in Büchern, Zeitschriften, Zeitungen und Magazinen oder anderen Werken enthalten sind:
   a) die in den Ziffern 1 und 2 genannten Quellen;
   b) die Datenbanken der entsprechenden Verwertungsgesellschaften, insbesondere der Verwertungsgesellschaften für bildende Künste, einschließlich der mit der Wahrnehmung von Vervielfältigungsrechten betrauten Verwertungsgesellschaften wie die Datenbank der VG BildKunst;
   c) die Datenbanken von Bildagenturen;

4. für Filmwerke sowie für Bildträger und Bild- und Tonträger, auf denen Filmwerke aufgenommen sind, und für Tonträger:
   a) die Depots amtlich hinterlegter Pflichtexemplare, insbesondere der Katalog der Deutschen Nationalbibliothek;
   b) Informationen der Produzentenverbände;
   c) die Informationen der Filmförderungseinrichtungen des Bundes und der Länder;
   d) die Datenbanken von im Bereich des Film- oder Tonerbes tätigen Einrichtungen und nationalen Bibliotheken, insbesondere des Kinematheksverbunds, des Bundesarchivs, der Stiftung Deutsche Kinemathek, des Deutschen Filminstituts (Datenbank und Katalog www.filmportal.de), der DEFA- und Friedrich-Wilhelm-Murnau-Stiftung, sowie die Kataloge der Staatsbibliotheken zu Berlin und München;
   e) Datenbanken mit einschlägigen Standards und Kennungen wie ISAN (International Standard Audiovisual Number) für audiovisuelles Material, ISWC (International Standard Music Work Code) für Musikwerke und ISRC (International Standard Recording Code) für Tonträger;
   f) die Datenbanken der entsprechenden Verwertungsgesellschaften, insbesondere für Autoren, ausübende Künstler sowie Hersteller von Tonträgern und Filmwerken;

g) die Aufführung der Mitwirkenden und andere Informationen auf der Verpackung des Werks oder in seinem Vor- oder Abspann;

h) die Datenbanken anderer maßgeblicher Verbände, die eine bestimmte Kategorie von Rechtsinhabern vertreten, wie die Verbände der Regisseure, Drehbuchautoren, Filmkomponisten, Komponisten, Theaterverlage, Theater- und Opernvereinigungen;

5. für Bestandsinhalte, die nicht erschienen sind oder nicht gesendet wurden:

a) aktuelle und ursprüngliche Eigentümer des Werkstücks;

b) nationale Nachlassverzeichnisse (Zentrale Datenbank Nachlässe und Kalliope);

c) Findbücher der nationalen Archive;

d) Bestandsverzeichnisse von Museen;

e) Auskunftsdateien und Telefonbücher.

2a. Gesetz über die urheberrechtliche Verantwortlichkeit von Diensteanbietern für das Teilen von Online-Inhalten (Urheberrechts-Diensteanbieter-Gesetz – UrhDaG)[1) 2)]

Vom 31. Mai 2021

(BGBl. I S. 1204, 1215)

FNA 440-19

Nichtamtliche Inhaltsübersicht

Teil 1. Allgemeine Vorschriften

§ 1 Öffentliche Wiedergabe; Verantwortlichkeit des Diensteanbieters.

(1) Ein Diensteanbieter (§ 2) gibt Werke öffentlich wieder, wenn er der Öffentlichkeit Zugang zu urheberrechtlich geschützten Werken verschafft, die von Nutzern des Dienstes hochgeladen worden sind.

[1)] **Amtl. Anm.:** § 19 Absatz 3 notifiziert gemäß der Richtlinie (EU) 2015/1535 des Europäischen Parlaments und des Rates vom 9. September 2015 über ein Informationsverfahren auf dem Gebiet der technischen Vorschriften und der Vorschriften für die Dienste der Informationsgesellschaft (ABl. L 241 vom 17.9.2015, S. 1).

[2)] Verkündet als Art. 3 G v. 31.5.2021 (BGBl. I S. 1204); Inkrafttreten gem. Art. 5 Satz 2 dieses G am 1.8.2021.

(2) [1] Erfüllt der Diensteanbieter seine Pflichten nach § 4 und den §§ 7 bis 11 nach Maßgabe hoher branchenüblicher Standards unter Beachtung des Grundsatzes der Verhältnismäßigkeit, so ist er für die öffentliche Wiedergabe urheberrechtlich nicht verantwortlich. [2] Hierbei sind insbesondere zu berücksichtigen

1. die Art, das Publikum und der Umfang des Dienstes,
2. die Art der von den Nutzern des Dienstes hochgeladenen Werke,
3. die Verfügbarkeit geeigneter Mittel zur Erfüllung der Pflichten sowie
4. die Kosten, die dem Diensteanbieter für Mittel nach Nummer 3 entstehen.

(3) Auf § 10 Satz 1 des Telemediengesetzes kann sich der Diensteanbieter nicht berufen.

(4) Ein Diensteanbieter, dessen Hauptzweck es ist, sich an Urheberrechtsverletzungen zu beteiligen oder sie zu erleichtern, kann sich auf Absatz 2 nicht berufen.

§ 2 Diensteanbieter. (1) Diensteanbieter im Sinne dieses Gesetzes sind Anbieter von Diensten im Sinne des Artikels 1 Absatz 1 Buchstabe b der Richtlinie (EU) 2015/1535 des Europäischen Parlaments und des Rates vom 9. September 2015 über ein Informationsverfahren auf dem Gebiet der technischen Vorschriften und der Vorschriften für die Dienste der Informationsgesellschaft (ABl. L 241 vom 17.9.2015, S. 1), die

1. es als Hauptzweck ausschließlich oder zumindest auch verfolgen, eine große Menge an von Dritten hochgeladenen urheberrechtlich geschützten Inhalten zu speichern und öffentlich zugänglich zu machen,
2. die Inhalte im Sinne der Nummer 1 organisieren,
3. die Inhalte im Sinne der Nummer 1 zum Zweck der Gewinnerzielung bewerben und
4. mit Online-Inhaltediensten um dieselben Zielgruppen konkurrieren.

(2) Startup-Diensteanbieter sind Diensteanbieter mit einem jährlichen Umsatz innerhalb der Europäischen Union von bis zu 10 Millionen Euro, deren Dienste der Öffentlichkeit in der Europäischen Union seit weniger als drei Jahren zur Verfügung stehen.

(3) Kleine Diensteanbieter sind Diensteanbieter mit einem jährlichen Umsatz innerhalb der Europäischen Union von bis zu 1 Million Euro.

(4) [1] Für die Berechnung des Umsatzes von Startup-Diensteanbietern und kleinen Diensteanbietern ist die Empfehlung der Kommission vom 6. Mai 2003 betreffend die Definition der Kleinstunternehmen sowie der kleinen und mittleren Unternehmen anzuwenden (ABl. L 124 vom 20.5.2003, S. 36). [2] Maßgeblich ist jeweils der Umsatz des vorangegangenen Kalenderjahres.

§ 3 Nicht erfasste Dienste. Dieses Gesetz gilt insbesondere nicht für

1. nicht gewinnorientierte Online-Enzyklopädien,
2. nicht gewinnorientierte bildungsbezogene oder wissenschaftliche Repositorien,
3. Entwicklungs- und Weitergabe-Plattformen für quelloffene Software,
4. Anbieter elektronischer Kommunikationsdienste im Sinne des Artikels 2 Nummer 4 der Richtlinie (EU) 2018/1972 des Europäischen Parlaments und des Rates vom 11. Dezember 2018 über den europäischen Kodex für

die elektronische Kommunikation (ABl. L 321 vom 17.12.2018, S. 36; L 334 vom 27.12.2019, S. 164),
5. Online-Marktplätze,
6. Cloud-Dienste, die zwischen Unternehmen erbracht werden, und
7. Cloud-Dienste, die ihren Nutzern das Hochladen von Inhalten für den Eigengebrauch ermöglichen.

Teil 2. Erlaubte Nutzungen

§ 4 Pflicht zum Erwerb vertraglicher Nutzungsrechte; Direktvergütungsanspruch des Urhebers. (1) [1] Ein Diensteanbieter ist verpflichtet, bestmögliche Anstrengungen zu unternehmen, um die vertraglichen Nutzungsrechte für die öffentliche Wiedergabe urheberrechtlich geschützter Werke zu erwerben. [2] Der Diensteanbieter erfüllt diese Pflicht, sofern er Nutzungsrechte erwirbt, die
1. ihm angeboten werden,
2. über repräsentative Rechtsinhaber verfügbar sind, die der Diensteanbieter kennt, oder
3. über im Inland ansässige Verwertungsgesellschaften oder abhängige Verwertungseinrichtungen erworben werden können.

(2) Nutzungsrechte nach Absatz 1 Satz 2 müssen
1. für Inhalte gelten, die der Diensteanbieter ihrer Art nach offensichtlich in mehr als geringfügigen Mengen öffentlich wiedergibt,
2. in Bezug auf Werke und Rechtsinhaber ein erhebliches Repertoire umfassen,
3. den räumlichen Geltungsbereich dieses Gesetzes abdecken und
4. die Nutzung zu angemessenen Bedingungen ermöglichen.

(3) [1] Hat der Urheber das Recht der öffentlichen Wiedergabe eines Werkes einem Dritten eingeräumt, so hat der Diensteanbieter für vertragliche Nutzungen gleichwohl dem Urheber eine angemessene Vergütung für die öffentliche Wiedergabe des Werkes zu zahlen. [2] Satz 1 ist nicht anzuwenden, wenn der Dritte eine Verwertungsgesellschaft ist oder der Urheber den Dritten als Digitalvertrieb einschaltet.

(4) [1] Der Urheber kann auf den Direktvergütungsanspruch nach Absatz 3 nicht verzichten und diesen im Voraus nur an eine Verwertungsgesellschaft abtreten. [2] Er kann nur durch eine Verwertungsgesellschaft geltend gemacht werden.

§ 5 Gesetzlich erlaubte Nutzungen; Vergütung des Urhebers. (1) Zulässig ist die öffentliche Wiedergabe von urheberrechtlich geschützten Werken und Teilen von Werken durch den Nutzer eines Diensteanbieters zu folgenden Zwecken:
1. für Zitate nach § 51 des Urheberrechtsgesetzes[1)],
2. für Karikaturen, Parodien und Pastiches nach § 51a des Urheberrechtsgesetzes und

---

[1)] Nr. **2**.

3. für von den Nummern 1 und 2 nicht erfasste gesetzlich erlaubte Fälle der öffentlichen Wiedergabe nach Teil 1 Abschnitt 6 des Urheberrechtsgesetzes.

(2) [1] Für die öffentliche Wiedergabe nach Absatz 1 Nummer 2 hat der Diensteanbieter dem Urheber eine angemessene Vergütung zu zahlen. [2] Der Vergütungsanspruch ist nicht verzichtbar und im Voraus nur an eine Verwertungsgesellschaft abtretbar. [3] Er kann nur durch eine Verwertungsgesellschaft geltend gemacht werden. [4] § 63a Absatz 2 des Urheberrechtsgesetzes und § 27a des Verwertungsgesellschaftengesetzes[1)] sind anzuwenden.

(3) Der Diensteanbieter hat den Nutzer auf die gesetzlichen Erlaubnisse nach Absatz 1 in seinen Allgemeinen Geschäftsbedingungen hinzuweisen.

§ 6 Erstreckung von Erlaubnissen. (1) Ist dem Diensteanbieter die öffentliche Wiedergabe eines Werkes erlaubt, so wirkt diese Erlaubnis auch zugunsten des Nutzers, sofern dieser nicht kommerziell handelt oder keine erheblichen Einnahmen erzielt.

(2) Verfügt der Nutzer über eine Erlaubnis, ein Werk über einen Diensteanbieter öffentlich wiederzugeben, so wirkt diese Erlaubnis auch zugunsten des Diensteanbieters.

Teil 3. Unerlaubte Nutzungen

§ 7 Qualifizierte Blockierung. (1) Der Diensteanbieter ist nach Maßgabe von § 1 Absatz 2 verpflichtet, durch Sperrung oder Entfernung (Blockierung) bestmöglich sicherzustellen, dass ein Werk nicht öffentlich wiedergegeben wird und hierfür auch künftig nicht verfügbar ist, sobald der Rechtsinhaber dies verlangt und die hierfür erforderlichen Informationen zur Verfügung stellt.

(2) [1] Maßnahmen nach Absatz 1 dürfen nicht dazu führen, dass von Nutzern hochgeladene Inhalte, deren Nutzung gesetzlich erlaubt ist oder bei denen kein Verstoß gegen das Urheberrecht vorliegt, nicht verfügbar sind. [2] Beim Einsatz automatisierter Verfahren sind die §§ 9 bis 11 anzuwenden. [3] Satz 2 ist nicht anzuwenden auf Nutzungen von Filmwerken oder Laufbildern bis zum Abschluss ihrer erstmaligen öffentlichen Wiedergabe, insbesondere während der zeitgleichen Übertragung von Sportveranstaltungen, soweit der Rechtsinhaber dies vom Diensteanbieter verlangt und die hierfür erforderlichen Angaben macht.

(3) Der Diensteanbieter informiert den Nutzer sofort über die Blockierung des von ihm hochgeladenen Inhalts und weist ihn auf das Recht hin, nach § 14 Beschwerde einzulegen.

(4) Startup-Diensteanbieter (§ 2 Absatz 2) sind nicht nach Absatz 1 verpflichtet, solange die durchschnittliche monatliche Anzahl unterschiedlicher Besucher der Internetseiten des Dienstes 5 Millionen nicht übersteigt.

(5) Es wird widerleglich vermutet, dass kleine Diensteanbieter (§ 2 Absatz 3) im Hinblick auf den Grundsatz der Verhältnismäßigkeit nicht nach Absatz 1 verpflichtet sind.

§ 8 Einfache Blockierung. (1) Der Diensteanbieter ist nach Maßgabe von § 1 Absatz 2 verpflichtet, die öffentliche Wiedergabe eines Werkes durch

---

[1)] Nr. **13**.

Blockierung zu beenden, sobald der Rechtsinhaber dies verlangt und einen hinreichend begründeten Hinweis auf die unerlaubte öffentliche Wiedergabe des Werkes gibt.

(2) § 7 Absatz 2 Satz 1 und Absatz 3 ist entsprechend anzuwenden.

(3) Zur Blockierung künftiger unerlaubter Nutzungen des Werkes ist der Diensteanbieter nach Maßgabe von § 7 erst verpflichtet, nachdem der Rechtsinhaber die hierfür erforderlichen Informationen zur Verfügung stellt.

Teil 4. Mutmaßlich erlaubte Nutzungen

§ 9 Öffentliche Wiedergabe mutmaßlich erlaubter Nutzungen.

(1) Um unverhältnismäßige Blockierungen beim Einsatz automatisierter Verfahren zu vermeiden, sind mutmaßlich erlaubte Nutzungen bis zum Abschluss eines Beschwerdeverfahrens (§ 14) öffentlich wiederzugeben.

(2) [1] Für nutzergenerierte Inhalte, die

1. weniger als die Hälfte eines Werkes eines Dritten oder mehrerer Werke Dritter enthalten,
2. die Werkteile nach Nummer 1 mit anderem Inhalt kombinieren und
3. Werke Dritter nur geringfügig nutzen (§ 10) oder als gesetzlich erlaubt gekennzeichnet sind (§ 11),

wird widerleglich vermutet, dass ihre Nutzung nach § 5 gesetzlich erlaubt ist (mutmaßlich erlaubte Nutzungen). [2] Abbildungen dürfen nach Maßgabe von §§ 10 und 11 vollständig verwendet werden.

(3) Der Diensteanbieter informiert den Rechtsinhaber sofort über die öffentliche Wiedergabe und weist ihn auf das Recht hin, nach § 14 Beschwerde einzulegen, um die Vermutung nach Absatz 2 überprüfen zu lassen.

§ 10 Geringfügige Nutzungen. Die folgenden Nutzungen von Werken Dritter gelten als geringfügig im Sinne des § 9 Absatz 2 Satz 1 Nummer 3, sofern sie nicht zu kommerziellen Zwecken oder nur zur Erzielung unerheblicher Einnahmen dienen:

1. Nutzungen bis zu 15 Sekunden je eines Filmwerkes oder Laufbildes,
2. Nutzungen bis zu 15 Sekunden je einer Tonspur,
3. Nutzungen bis zu 160 Zeichen je eines Textes und
4. Nutzungen bis zu 125 Kilobyte je eines Lichtbildwerkes, Lichtbildes oder einer Grafik.

§ 11 Kennzeichnung als erlaubte Nutzung. (1) Soll ein nutzergenerierter Inhalt beim Hochladen automatisiert blockiert werden und handelt es sich nicht um eine geringfügige Nutzung nach § 10, so ist der Diensteanbieter verpflichtet,

1. den Nutzer über das Blockierverlangen des Rechtsinhabers zu informieren,
2. den Nutzer zugleich mit der Information nach Nummer 1 auf die Erforderlichkeit einer gesetzlichen Erlaubnis nach § 5 für eine öffentliche Wiedergabe hinzuweisen und
3. es dem Nutzer zu ermöglichen, die Nutzung als nach § 5 gesetzlich erlaubt zu kennzeichnen.

(2) Soll ein nutzergenerierter Inhalt erst nach dem Hochladen automatisiert blockiert werden, so findet Absatz 1 mit der Maßgabe Anwendung, dass der Inhalt auch ohne Vorliegen einer Kennzeichnung nach Absatz 1 Nummer 3 für 48 Stunden als mutmaßlich erlaubt gilt.

§ 12 Vergütung durch Diensteanbieter; Verantwortlichkeit. (1) [1] Für die öffentliche Wiedergabe mutmaßlich erlaubter Nutzungen nach den §§ 9 bis 11 hat der Diensteanbieter dem Urheber eine angemessene Vergütung zu zahlen. [2] § 5 Absatz 2 Satz 2 bis 4 ist entsprechend anzuwenden.

(2) [1] Für die öffentliche Wiedergabe mutmaßlich erlaubter Nutzungen nach den §§ 9 bis 11 ist der Diensteanbieter bis zum Abschluss eines Beschwerdeverfahrens, längstens aber bis zum Ablauf der Frist zur Entscheidung über die Beschwerde (§ 14 Absatz 3 Nummer 3) urheberrechtlich nicht verantwortlich. [2] Nach der Entscheidung über die Beschwerde haftet der Diensteanbieter nur dann urheberrechtlich auf Schadensersatz, wenn er bei der Durchführung des Beschwerdeverfahrens schuldhaft gegen die Pflichten nach § 14 verstoßen hat; Ansprüche auf Unterlassung und Beseitigung bleiben unberührt.

(3) Im Falle einer geringfügigen Nutzung (§ 10) ist der Nutzer für die öffentliche Wiedergabe mutmaßlich erlaubter Nutzungen bis zum Abschluss eines Beschwerdeverfahrens nach § 14 urheberrechtlich nicht verantwortlich.

Teil 5. Rechtsbehelfe

§ 13 Rechtsbehelfe; Schutz vor Entstellung; Zugang zu den Gerichten. (1) Für Nutzer und Rechtsinhaber ist die Teilnahme an Beschwerdeverfahren nach den §§ 14 und 15 freiwillig.

(2) Für Nutzer, Rechtsinhaber und Diensteanbieter ist die Teilnahme an außergerichtlichen Streitbeilegungen nach den §§ 16 und 17 freiwillig.

(3) [1] Der Schutz des Urhebers vor Entstellung seines Werkes nach§ 14 des Urheberrechtsgesetzes[1)] bleibt unberührt. [2] Der Urheber kann hierzu auch im Anwendungsbereich der §§ 9 bis 11 die einfache Blockierung nach § 8 verlangen.

(4) Das Recht, die Gerichte anzurufen, bleibt unberührt.

§ 14 Internes Beschwerdeverfahren. (1) Der Diensteanbieter muss den Nutzern und den Rechtsinhabern ein wirksames, kostenfreies und zügiges Beschwerdeverfahren über die Blockierung und über die öffentliche Wiedergabe von geschützten Werken zur Verfügung stellen.

(2) Beschwerden sind zu begründen.

(3) Der Diensteanbieter ist verpflichtet, unverzüglich

1. die Beschwerde allen Beteiligten mitzuteilen,
2. allen Beteiligten Gelegenheit zur Stellungnahme zu geben und
3. über die Beschwerde zu entscheiden; spätestens innerhalb einer Woche nach deren Einlegung.

(4) Erklärt ein vertrauenswürdiger Rechtsinhaber nach Prüfung durch eine natürliche Person, dass die Vermutung nach § 9 Absatz 2 zu widerlegen ist und

---

[1)] Nr. **2**.

die fortdauernde öffentliche Wiedergabe die wirtschaftliche Verwertung des Werkes erheblich beeinträchtigt, so ist der Diensteanbieter in Abweichung von § 9 Absatz 1 zur sofortigen Blockierung bis zum Abschluss des Beschwerdeverfahrens verpflichtet.

(5) Entscheidungen über Beschwerden müssen von natürlichen Personen getroffen werden, die unparteiisch sind.

§ 15 Externe Beschwerdestelle. (1) Der Diensteanbieter kann sich zur Erfüllung seiner Pflichten nach § 14 einer anerkannten externen Beschwerdestelle bedienen.

(2) [1] Die Entscheidung über die Anerkennung einer externen Beschwerdestelle trifft das Bundesamt für Justiz im Einvernehmen mit dem Deutschen Patent- und Markenamt. [2] Für die Voraussetzungen sowie für das Verfahren der Anerkennung gelten im Übrigen die Vorschriften des Netzwerkdurchsetzungsgesetzes über die Anerkennung einer Einrichtung der Regulierten Selbstregulierung entsprechend.

§ 16 Außergerichtliche Streitbeilegung durch private Schlichtungsstellen. (1) Zur außergerichtlichen Beilegung von Streitigkeiten über die Blockierung und öffentliche Wiedergabe eines geschützten Werkes durch einen Diensteanbieter sowie über Auskunftsrechte (§ 19) können Rechtsinhaber und Nutzer eine privatrechtlich organisierte Schlichtungsstelle anrufen.

(2) Die Vorschriften des Netzwerkdurchsetzungsgesetzes über privatrechtlich organisierte Schlichtungsstellen sind mit der Maßgabe anzuwenden, dass das Bundesamt für Justiz als zuständige Behörde die Entscheidung über die Anerkennung einer privatrechtlich organisierten Schlichtungsstelle im Einvernehmen mit dem Deutschen Patent- und Markenamt trifft.

§ 17 Außergerichtliche Streitbeilegung durch die behördliche Schlichtungsstelle. (1) Das Bundesamt für Justiz richtet im Einvernehmen mit dem Deutschen Patent- und Markenamt eine behördliche Schlichtungsstelle ein.

(2) [1] Die behördliche Schlichtungsstelle ist nur zuständig, wenn eine privatrechtlich organisierte Schlichtungsstelle nach § 16 nicht zur Verfügung steht. [2] § 16 Absatz 1 ist entsprechend anzuwenden.

(3) Die Vorschriften des Netzwerkdurchsetzungsgesetzes über die behördliche Schlichtungsstelle sind entsprechend anzuwenden.

Teil 6. Schlussbestimmungen

§ 18 Maßnahmen gegen Missbrauch. (1) Verlangt ein vermeintlicher Rechtsinhaber von dem Diensteanbieter wiederholt die Blockierung eines fremden Werkes als eigenes Werk oder eines gemeinfreien Werkes, so hat der Diensteanbieter den vermeintlichen Rechtsinhaber für einen angemessenen Zeitraum von den Verfahren nach den §§ 7 und 8 auszuschließen.

(2) Verlangt ein vermeintlicher Rechtsinhaber vorsätzlich oder fahrlässig von dem Diensteanbieter die Blockierung eines fremden Werkes als eigenes Werk oder eines gemeinfreien Werkes, so ist er dem Diensteanbieter und dem betroffenen Nutzer zum Ersatz des daraus entstehenden Schadens verpflichtet.

(3) Verlangt ein Rechtsinhaber wiederholt fälschlicherweise

1. die sofortige Blockierung mutmaßlich erlaubter Nutzungen während des Beschwerdeverfahrens nach § 14 Absatz 4 oder
2. die einfache Blockierung nach § 8 wegen einer Entstellung seines Werkes (§ 14 des Urheberrechtsgesetzes[1)]),

so ist er für einen angemessenen Zeitraum von dem jeweiligen Verfahren auszuschließen.

(4) Der Diensteanbieter hat nach einem missbräuchlichen Blockierverlangen im Hinblick auf gemeinfreie Werke oder solche, deren unentgeltliche Nutzung durch jedermann erlaubt ist, nach Maßgabe von § 1 Absatz 2 bestmöglich sicherzustellen, dass diese Werke nicht erneut blockiert werden.

(5) Kennzeichnet ein Nutzer eine Nutzung wiederholt fälschlicherweise als erlaubt, so hat der Diensteanbieter den Nutzer für einen angemessenen Zeitraum von der Möglichkeit zur Kennzeichnung erlaubter Nutzungen auszuschließen.

(6) Blockiert der Diensteanbieter wiederholt fälschlicherweise erlaubte Nutzungen, so kann er von einem eingetragenen Verein, dessen Zweck auf die nicht gewerbsmäßige und nicht nur vorübergehende Förderung der Interessen von Nutzern gerichtet ist, auf Unterlassung in Anspruch genommen werden.

§ 19 Auskunftsrechte. (1) Der Rechtsinhaber kann von dem Diensteanbieter Auskunft über die nach § 4 vertraglich erlaubte Nutzung seines Repertoires verlangen.

(2) Der Rechtsinhaber kann von dem Diensteanbieter angemessene Auskunft über die Funktionsweise der Verfahren zur Blockierung unerlaubter Nutzungen seines Repertoires nach den §§ 7 und 8 verlangen.

(3) [1] Der Diensteanbieter gewährt Berechtigten nach § 60d Absatz 2 des Urheberrechtsgesetzes[1)] zum Zweck der wissenschaftlichen Forschung Zugang zu Daten über den Einsatz von Verfahren zur automatisierten und nicht automatisierten Erkennung und Blockierung von Inhalten, soweit überwiegende schutzwürdige Interessen des Diensteanbieters nicht entgegenstehen. [2] Der Diensteanbieter hat Anspruch auf Erstattung der hierdurch entstehenden Kosten in angemessener Höhe.

§ 20 Inländischer Zustellungsbevollmächtigter. Für die Verpflichtung des Diensteanbieters zur Bestellung eines inländischen Zustellungsbevollmächtigten für das gerichtliche Verfahren gilt § 5 Absatz 1 des Netzwerkdurchsetzungsgesetzes entsprechend.

§ 21 Anwendung auf verwandte Schutzrechte. (1) Dieses Gesetz ist auf verwandte Schutzrechte im Sinne des Urheberrechtsgesetzes[1)] und ihre Inhaber entsprechend anzuwenden.

(2) Der Direktvergütungsanspruch nach § 4 steht nur dem Lichtbildner und dem ausübenden Künstler zu.

§ 22 Zwingendes Recht. Von den Vorschriften dieses Gesetzes kann durch Vertrag nicht abgewichen werden.

[1)] Nr. 2.

3. Verordnung über das Register anonymer und pseudonymer Werke (WerkeRegV)

Vom 18. Dezember 1965

(BGBl. I S. 2105)

Zuletzt geändert durch Gesetz v. 13.12.2001 (BGBl. I S. 3656)

Auf Grund des § 138 Abs. 5 des Urheberrechtsgesetzes[1] vom 9. September 1965 (Bundesgesetzbl. I S. 1273) wird verordnet:

§ 1 Form des Antrags. (1) Der Antrag auf Eintragung in das Register anonymer und pseudonymer Werke nach § 66 Abs. 2 Nr. 2 des Urheberrechtsgesetzes ist schriftlich beim Patentamt einzureichen.

(2) In dem Antrag sind anzugeben

1. der Name des Urhebers, der Tag und der Ort seiner Geburt und, wenn der Urheber verstorben ist, das Sterbejahr; ist das Werk unter einem Decknamen veröffentlicht, so ist auch der Deckname anzugeben;
2. der Titel, unter dem das Werk veröffentlicht ist, oder, wenn das Werk ohne Titel veröffentlicht ist, eine sonstige Bezeichnung des Werkes; ist das Werk erschienen, so ist auch der Verlag anzugeben;
3. der Zeitpunkt und die Form der ersten Veröffentlichung des Werkes.

§ 2 Inhalt der Eintragung. In das Register anonymer und pseudonymer Werke sind die laufende Nummer der Eintragung, der Tag, an dem der Antrag beim Patentamt eingegangen ist, sowie die in § 1 Abs. 2 bezeichneten Angaben einzutragen.

§ 3 Alphabetisches Register. Zum Register anonymer und pseudonymer Werke wird je ein alphabetisches Register der eingetragenen Urhebernamen einschließlich der Decknamen sowie der eingetragenen Titel oder sonstigen Bezeichnungen der Werke geführt.

§ 4 Eintragungsschein. Dem Antragsteller ist auf Verlangen eine Bescheinigung über die Eintragung auszustellen.

§ 5 Kosten. (1) Für das Verfahren zur Eintragung eines anonym oder unter Pseudonym veröffentlichen Werkes in das Register werden folgende Gebühren erhoben:

1. bei einem Werk	12 Euro;
2. bei mehreren Werken, deren Eintragung gleichzeitig beantragt wird,	
a) für das erste Werk	12 Euro;
b) für das zweite bis zehnte Werk je	5 Euro;
c) ab dem elften Werk je	2 Euro.

---

[1] Abgedruckt unter Nr. 2.

(2) Für das Verfahren bei der Erhebung der Gebühren nach Absatz 1 ist die Verordnung über die Verwaltungskosten beim Deutschen Patent- und Markenamt entsprechend anzuwenden.

§ 6. In Angelegenheiten, die bei Inkrafttreten von Änderungen dieser Verordnung anhängig sind, bestimmen sich die Kosten weiterhin nach den bisherigen Vorschriften.

§ 7 Inkrafttreten. Diese Verordnung tritt am 1. Januar 1966 in Kraft.

4. Gesetz betreffend das Urheberrecht an Werken der bildenden Künste und der Photographie

Vom 9. Januar 1907

(RGBl. S. 7)

Zuletzt geändert durch Gesetz v. 16.2.2001 (BGBl. I S. 266)

(Auszug)

Das Gesetz wurde nach § 141 Nr. 5 Urheberrechtsgesetz vom 9.9.1965 (BGBl. I S. 1273) – abgedruckt unter Nr. **2** – mit Wirkung vom 1.1.1966 aufgehoben, soweit es nicht den Schutz von Bildnissen betrifft. Nachstehend werden deshalb nur noch die Vorschriften zum Schutz von Bildnissen wiedergegeben, die durch Art. 145 Einführungsgesetz zum Strafgesetzbuch vom 2.3.1974 (BGBl. I S. 469) geändert worden sind.

§ 22 [Recht am eigenen Bilde] [1]Bildnisse dürfen nur mit Einwilligung des Abgebildeten verbreitet oder öffentlich zur Schau gestellt werden. [2]Die Einwilligung gilt im Zweifel als erteilt, wenn der Abgebildete dafür, daß er sich abbilden ließ, eine Entlohnung erhielt. [3]Nach dem Tode des Abgebildeten bedarf es bis zum Ablaufe von 10 Jahren der Einwilligung der Angehörigen des Abgebildeten. [4]Angehörige im Sinne dieses Gesetzes sind der überlebende Ehegatte oder Lebenspartner und die Kinder des Abgebildeten, und wenn weder ein Ehegatte oder Lebenspartner noch Kinder vorhanden sind, die Eltern des Abgebildeten.

§ 23 [Ausnahmen zu § 22] (1) Ohne die nach § 22 erforderliche Einwilligung dürfen verbreitet und zur Schau gestellt werden:

1. Bildnisse aus dem Bereiche der Zeitgeschichte;
2. Bilder, auf denen die Personen nur als Beiwerk neben einer Landschaft oder sonstigen Örtlichkeit erscheinen;
3. Bilder von Versammlungen, Aufzügen und ähnlichen Vorgängen, an denen die dargestellten Personen teilgenommen haben;
4. Bildnisse, die nicht auf Bestellung angefertigt sind, sofern die Verbreitung oder Schaustellung einem höheren Interesse der Kunst dient.

(2) Die Befugnis erstreckt sich jedoch nicht auf eine Verbreitung und Schaustellung, durch die ein berechtigtes Interesse des Abgebildeten oder, falls dieser verstorben ist, seiner Angehörigen verletzt wird.

§ 24 [Ausnahmen im öffentlichen Interesse] Für Zwecke der Rechtspflege und der öffentlichen Sicherheit dürfen von den Behörden Bildnisse ohne Einwilligung des Berechtigten sowie des Abgebildeten oder seiner Angehörigen vervielfältigt, verbreitet und öffentlich zur Schau gestellt werden.

§ 33 [Strafvorschrift] (1) Mit Freiheitsstrafe bis zu einem Jahr oder mit Geldstrafe wird bestraft, wer entgegen den §§ 22, 23 ein Bildnis verbreitet oder öffentlich zur Schau stellt.

(2) Die Tat wird nur auf Antrag verfolgt.

§ 37 [Vernichtung] (1) [1]Die widerrechtlich hergestellten, verbreiteten oder vorgeführten Exemplare und die zur widerrechtlichen Vervielfältigung oder Vorführung ausschließlich bestimmten Vorrichtungen, wie Formen, Platten, Steine, unterliegen der Vernichtung. [2]Das gleiche gilt von den widerrechtlich verbreiteten oder öffentlich zur Schau gestellten Bildnissen und den zu deren Vervielfältigung ausschließlich bestimmten Vorrichtungen. [3]Ist nur ein Teil des Werkes widerrechtlich hergestellt, verbreitet oder vorgeführt, so ist auf Vernichtung dieses Teiles und der entsprechenden Vorrichtungen zu erkennen.

(2) Gegenstand der Vernichtung sind alle Exemplare und Vorrichtungen, welche sich im Eigentume der an der Herstellung, der Verbreitung, der Vorführung oder der Schaustellung Beteiligten sowie der Erben dieser Personen befinden.

(3) [1]Auf die Vernichtung ist auch dann zu erkennen, wenn die Herstellung, die Verbreitung, die Vorführung oder die Schaustellung weder vorsätzlich noch fahrlässig erfolgt. [2]Das gleiche gilt, wenn die Herstellung noch nicht vollendet ist.

(4) [1]Die Vernichtung hat zu erfolgen, nachdem dem Eigentümer gegenüber rechtskräftig darauf erkannt ist. [2]Soweit die Exemplare oder die Vorrichtungen in anderer Weise als durch Vernichtung unschädlich gemacht werden können, hat dies zu geschehen, falls der Eigentümer die Kosten übernimmt.

§ 38 [Recht der Übernahme] Der Verletzte kann statt der Vernichtung verlangen, daß ihm das Recht zuerkannt wird, die Exemplare und Vorrichtungen ganz oder teilweise gegen eine angemessene, höchstens dem Betrage der Herstellungskosten gleichkommende Vergütung zu übernehmen.

§ 42 [Zivil- oder Strafverfahren] Die Vernichtung der Exemplare und der Vorrichtungen kann im Wege des bürgerlichen Rechtsstreits oder im Strafverfahren verfolgt werden.

§ 43 [Vernichtung nur auf Antrag] (1) [1]Auf die Vernichtung von Exemplaren oder Vorrichtungen kann auch im Strafverfahren nur auf besonderen Antrag des Verletzten erkannt werden. [2]Die Zurücknahme des Antrags ist bis zur erfolgten Vernichtung zulässig.

(2) [1]Der Verletzte kann die Vernichtung von Exemplaren oder Vorrichtungen selbständig verfolgen. [2]In diesem Falle finden die §§ 477 bis 479[1)] der Strafprozeßordnung mit der Maßgabe Anwendung, daß der Verletzte als Privatkläger auftreten kann.

§ 44 [Recht auf Übernahme] Die §§ 42, 43 finden auf die Verfolgung des im § 38 bezeichneten Rechtes entsprechende Anwendung.

§ 48 [Verjährung] (1) Der Anspruch auf Schadensersatz und die Strafverfolgung wegen widerrechtlicher Verbreitung oder Vorführung eines Werkes sowie die Strafverfolgung wegen widerrechtlicher Verbreitung oder Schaustellung eines Bildnisses verjähren in drei Jahren.

(2) Die Verjährung beginnt mit dem Tage, an welchem die widerrechtliche Handlung zuletzt stattgefunden hat.

---

1) Jetzt „§§ 430 bis 432".

§ 50 [Antrag auf Vernichtung] Der Antrag auf Vernichtung der Exemplare und der Vorrichtungen ist so lange zulässig, als solche Exemplare oder Vorrichtungen vorhanden sind.

5. Gesetz über den Schutz von Marken und sonstigen Kennzeichen (Markengesetz – MarkenG)

Vom 25. Oktober 1994

(BGBl. I S. 3082)

Zuletzt geändert durch Art. 24 Telekommunikationsmodernisierungsgesetz v. 23.6.2021
(BGBl. I S. 1868)

(Auszug)

...

§ 5 Geschäftliche Bezeichnungen. (1) Als geschäftliche Bezeichnungen werden Unternehmenskennzeichen und Werktitel geschützt.

...

(3) Werktitel sind die Namen oder besonderen Bezeichnungen von Druckschriften, Filmwerken, Tonwerken, Bühnenwerken oder sonstigen vergleichbaren Werken.

...

§ 15 Ausschließliches Recht des Inhabers einer geschäftlichen Bezeichnung: Unterlassungsanspruch; Schadensersatzanspruch. (1) Der Erwerb des Schutzes einer geschäftlichen Bezeichnung gewährt ihrem Inhaber ein ausschließliches Recht.

(2) Dritten ist es untersagt, die geschäftliche Bezeichnung oder ein ähnliches Zeichen im geschäftlichen Verkehr unbefugt in einer Weise zu benutzen, die geeignet ist, Verwechslungen mit der geschützten Bezeichnung hervorzurufen.

(3) Handelt es sich bei der geschäftlichen Bezeichnung um eine im Inland bekannte geschäftliche Bezeichnung, so ist es Dritten ferner untersagt, die geschäftliche Bezeichnung oder ein ähnliches Zeichen im geschäftlichen Verkehr zu benutzen, wenn keine Gefahr von Verwechslungen im Sinne des Absatzes 2 besteht, soweit die Benutzung des Zeichens die Unterscheidungskraft oder die Wertschätzung der geschäftlichen Bezeichnung ohne rechtfertigenden Grund in unlauterer Weise ausnutzt oder beeinträchtigt.

(4) [1] Wer eine geschäftliche Bezeichnung oder ein ähnliches Zeichen entgegen Absatz 2 oder Absatz 3 benutzt, kann von dem Inhaber der geschäftlichen Bezeichnung bei Wiederholungsgefahr auf Unterlassung in Anspruch genommen werden. [2] Der Anspruch besteht auch dann, wenn eine Zuwiderhandlung droht.

(5) [1] Wer die Verletzungshandlung vorsätzlich oder fahrlässig begeht, ist dem Inhaber der geschäftlichen Bezeichnung zum Ersatz des daraus entstandenen Schadens verpflichtet. [2] § 14 Abs. 6 Satz 2 und 3 gilt entsprechend.

(6) § 14 Abs. 7 ist entsprechend anzuwenden.

6. Gesetz über das Verlagsrecht

Vom 19. Juni 1901

(RGBl S. 217)

Zuletzt geändert durch Gesetz v. 22.3.2002 (BGBl. I S. 1155)

§ 1 [Inhalt des Verlagsvertrags] [1] Durch den Verlagsvertrag über ein Werk der Literatur oder der Tonkunst wird der Verfasser verpflichtet, dem Verleger das Werk zur Vervielfältigung und Verbreitung für eigene Rechnung zu überlassen. [2] Der Verleger ist verpflichtet, das Werk zu vervielfältigen und zu verbreiten.

§ 2 [Enthaltungspflicht und vorbehaltene Befugnisse des Verfassers]

(1) Der Verfasser hat sich während der Dauer des Vertragsverhältnisses jeder Vervielfältigung und Verbreitung des Werkes zu enthalten, die einem Dritten während der Dauer des Urheberrechts untersagt ist.

(2) Dem Verfasser verbleibt jedoch die Befugnis zur Vervielfältigung und Verbreitung:

1. für die Übersetzung in eine andere Sprache oder in eine andere Mundart;
2. für die Wiedergabe einer Erzählung in dramatischer Form oder eines Bühnenwerkes in der Form einer Erzählung;
3. für die Bearbeitung eines Werkes der Tonkunst, soweit sie nicht bloß ein Auszug oder eine Übertragung in eine andere Tonart oder Stimmlage ist;
4. für die Benutzung des Werkes zum Zwecke der mechanischen Wiedergabe für das Gehör;
5. für die Benutzung eines Schriftwerkes oder einer Abbildung zu einer bildlichen Darstellung, welche das Originalwerk seinem Inhalt nach im Wege der Kinematographie oder eines ihr ähnlichen Verfahrens wiedergibt.

(3) Auch ist der Verfasser zur Vervielfältigung und Verbreitung in einer Gesamtausgabe befugt, wenn seit dem Ablaufe des Kalenderjahrs, in welchem das Werk erschienen ist, zwanzig Jahre verstrichen sind.

§ 3.[1] *(aufgehoben)*

§ 4 [Begrenzung des Verlagsrechts] [1] Der Verleger ist nicht berechtigt, ein Einzelwerk für eine Gesamtausgabe oder ein Sammelwerk sowie Teile einer Gesamtausgabe oder eines Sammelwerkes für eine Sonderausgabe zu verwerten. [2] Soweit jedoch eine solche Verwertung auch während der Dauer des Urheberrechts einem jeden freisteht, bleibt sie dem Verleger gleichfalls gestattet.

§ 5 [Auflage] (1) [1] Der Verleger ist nur zu einer Auflage berechtigt. [2] Ist ihm das Recht zur Veranstaltung mehrerer Auflagen eingeräumt, so gelten im

---

[1] Vgl. § 38 UrhG (abgedruckt unter Nr. **2**).

Zweifel für jede neue Auflage die gleichen Abreden wie für die vorhergehende.

(2) [1] Ist die Zahl der Abzüge nicht bestimmt, so ist der Verleger berechtigt, tausend Abzüge herzustellen. [2] Hat der Verleger durch eine vor dem Beginne die Vervielfältigung dem Verfasser gegenüber abgegebene Erklärung die Zahl der Abzüge niedriger bestimmt, so ist er nur berechtigt, die Auflage in der angegebenen Höhe herzustellen.

§ 6 [Zuschuß- und Freiexemplare] (1) [1] Die üblichen Zuschußexemplare werden in die Zahl der zulässigen Abzüge nicht eingerechnet. [2] Das gleiche gilt von Freiexemplaren, soweit ihre Zahl den zwanzigsten Teil der zulässigen Abzüge nicht übersteigt.

(2) Zuschußexemplare, die nicht zum Ersatz oder zur Ergänzung beschädigter Abzüge verwendet worden sind, dürfen von dem Verleger nicht verbreitet werden.

§ 7 [Untergang von Abzügen] Gehen Abzüge unter, die der Verleger auf Lager hat, so darf er sie durch andere ersetzen; er hat vorher dem Verfasser Anzeige zu machen.

§ 8 [Verschaffung des Verlagsrechts] In dem Umfang, in welchem der Verfasser nach den §§ 2 bis 7 verpflichtet ist, sich der Vervielfältigung und Verbreitung zu enthalten und sie dem Verleger zu gestatten, hat er, soweit nicht aus dem Vertrage sich ein anderes ergibt, dem Verleger das ausschließliche Recht zur Vervielfältigung und Verbreitung (Verlagsrecht) zu verschaffen.

§ 9 [Entstehen, Erlöschen und Schutz des Verlagsrechts] (1) Das Verlagsrecht entsteht mit der Ablieferung des Werkes an den Verleger und erlischt mit der Beendigung des Vertragsverhältnisses.

(2) Soweit der Schutz des Verlagsrechts es erfordert, kann der Verleger gegen den Verfasser sowie gegen Dritte die Befugnisse ausüben, die zum Schutze des Urheberrechts durch das Gesetz vorgesehen sind.

§ 10 [Beschaffenheit des Werkes bei der Ablieferung] Der Verfasser ist verpflichtet, dem Verleger das Werk in einem für die Vervielfältigung geeigneten Zustand abzuliefern.

§ 11 [Zeitpunkt der Ablieferung] (1) Ist der Verlagsvertrag über ein bereits vollendetes Werk geschlossen, so ist das Werk sofort abzuliefern.

(2) [1] Soll das Werk erst nach dem Abschlusse des Verlagsvertrags hergestellt werden, so richtet sich die Frist der Ablieferung nach dem Zwecke, welchem das Werk dienen soll. [2] Soweit sich hieraus nichts ergibt, richtet sich die Frist nach dem Zeitraum, innerhalb dessen der Verfasser das Werk bei einer seinen Verhältnissen entsprechenden Arbeitsleistung herstellen kann; eine anderweitige Tätigkeit des Verfassers bleibt bei der Bemessung der Frist nur dann außer Betracht, wenn der Verleger die Tätigkeit bei dem Abschlusse des Vertrags weder kannte noch kennen mußte.

§ 12 [Änderungsrecht des Verfassers] (1) [1] Bis zur Beendigung der Vervielfältigung darf der Verfasser Änderungen an dem Werke vornehmen. [2] Vor der Veranstaltung einer neuen Auflage hat der Verleger dem Verfasser zur Vornahme von Änderungen Gelegenheit zu geben. [3]Änderungen sind nur insoweit zulässig, als nicht durch sie ein berechtigtes Interesse des Verlegers verletzt wird.

(2) Der Verfasser darf die Änderungen durch einen Dritten vornehmen lassen.

(3) Nimmt der Verfasser nach dem Beginne der Vervielfältigung Änderungen vor, welche das übliche Maß übersteigen, so ist er verpflichtet, die hieraus entstehenden Kosten zu ersetzen; die Ersatzpflicht liegt ihm nicht ob, wenn Umstände, die inzwischen eingetreten sind, die Änderung rechtfertigen.

§ 13.[1)] *(aufgehoben)*

§ 14 [Art und Weise der Vervielfältigung und Verbreitung] [1]Der Verleger ist verpflichtet, das Werk in der zweckentsprechenden und üblichen Weise zu vervielfältigen und zu verbreiten. [2]Die Form und Ausstattung der Abzüge wird unter Beobachtung der im Verlagshandel herrschenden Übung sowie mit Rücksicht auf Zweck und Inhalt des Werkes von dem Verleger bestimmt.

§ 15 [Beginn der Vervielfältigung] [1]Der Verleger hat mit der Vervielfältigung zu beginnen, sobald ihm das vollständige Werk zugegangen ist. [2]Erscheint das Werk in Abteilungen, so ist mit der Vervielfältigung zu beginnen, sobald der Verfasser eine Abteilung abgeliefert hat, die nach ordnungsmäßiger Folge zur Herausgabe bestimmt ist.

§ 16 [Umfang der Vervielfältigungspflicht] [1]Der Verleger ist verpflichtet, diejenige Zahl von Abzügen herzustellen, welche er nach dem Vertrag oder gemäß dem § 5 herzustellen berechtigt ist. [2]Er hat rechtzeitig dafür zu sorgen, daß der Bestand nicht vergriffen wird.

§ 17 [Veranstaltung neuer Auflagen] [1]Ein Verleger, der das Recht hat, eine neue Auflage zu veranstalten, ist nicht verpflichtet, von diesem Rechte Gebrauch zu machen. [2]Zur Ausübung des Rechtes kann ihm der Verfasser eine angemessene Frist bestimmen. [3]Nach dem Ablaufe der Frist ist der Verfasser berechtigt, von dem Vertrage zurückzutreten, wenn nicht die Veranstaltung rechtzeitig erfolgt ist. [4]Der Bestimmung einer Frist bedarf es nicht, wenn die Veranstaltung von dem Verleger verweigert wird.

§ 18 [Kündigungsrecht des Verlegers] (1) Fällt der Zweck, welchem das Werk dienen sollte, nach dem Abschlusse des Vertrags weg, so kann der Verleger das Vertragsverhältnis kündigen; der Anspruch des Verfassers auf die Vergütung bleibt unberührt.

(2) Das gleiche gilt, wenn Gegenstand des Verlagsvertrags ein Beitrag zu einem Sammelwerk ist und die Vervielfältigung des Sammelwerkes unterbleibt.

§ 19 [Weglassen von Beiträgen zu Sammelwerken] Werden von einem Sammelwerke neue Abzüge hergestellt, so ist der Verleger im Einverständnisse mit dem Herausgeber berechtigt, einzelne Beiträge wegzulassen.

[1)] Vgl. § 39 UrhG (abgedruckt unter Nr. **2**).

§ 20 [Korrektur] (1) [1]Der Verleger hat für die Korrektur zu sorgen. [2]Einen Abzug hat er rechtzeitig dem Verfasser zur Durchsicht vorzulegen.

(2) Der Abzug gilt als genehmigt, wenn der Verfasser ihn nicht binnen einer angemessenen Frist dem Verleger gegenüber beanstandet.

§ 21 [Ladenpreis] [1]Die Bestimmung des Ladenpreises, zu welchem das Werk verbreitet wird, steht für jede Auflage dem Verleger zu. [2]Er darf den Ladenpreis ermäßigen, soweit nicht berechtigte Interessen des Verfassers verletzt werden. [3]Zur Erhöhung dieses Preises bedarf es stets der Zustimmung des Verfassers.

§ 22 [Honorar] (1) [1]Der Verleger ist verpflichtet, dem Verfasser die vereinbarte Vergütung zu zahlen. [2]Eine Vergütung gilt als stillschweigend vereinbart, wenn die Überlassung des Werkes den Umständen nach nur gegen eine Vergütung zu erwarten ist.

(2) Ist die Höhe der Vergütung nicht bestimmt, so ist eine angemessene Vergütung in Geld als vereinbart anzusehen.

§ 23 [Fälligkeit des Honorars] [1]Die Vergütung ist bei der Ablieferung des Werkes zu entrichten. [2]Ist die Höhe der Vergütung unbestimmt oder hängt sie von dem Umfange der Vervielfältigung, insbesondere von der Zahl der Druckbogen, ab, so wird die Vergütung fällig, sobald das Werk vervielfältigt ist.

§ 24 [Absatzhonorar] Bestimmt sich die Vergütung nach dem Absatze, so hat der Verleger jährlich dem Verfasser für das vorangegangene Geschäftsjahr Rechnung zu legen und ihm, soweit es für die Prüfung erforderlich ist, die Einsicht seiner Geschäftsbücher zu gestatten.

§ 25[1)] [Freiexemplare] (1) [1]Der Verleger eines Werkes der Literatur ist verpflichtet, dem Verfasser auf je hundert Abzüge ein Freiexemplar, jedoch im ganzen nicht weniger als fünf und nicht mehr als fünfzehn zu liefern. [2]Auch hat er dem Verfasser auf dessen Verlangen ein Exemplar in Aushängebogen zu überlassen.

(2) Der Verleger eines Werkes der Tonkunst ist verpflichtet, dem Verfasser die übliche Zahl von Freiexemplaren zu liefern.

(3) Von Beiträgen, die in Sammelwerken erscheinen, dürfen Sonderabzüge als Freiexemplare geliefert werden.

§ 26 [Überlassung von Abzügen zum Vorzugspreis] Der Verleger hat die zu seiner Verfügung stehenden Abzüge des Werkes zu dem niedrigsten Preise, für welchen er das Werk im Betriebe seines Verlagsgeschäfts abgibt, dem Verfasser, soweit dieser es verlangt, zu überlassen.

---

1) Die Ablieferung je eines Pflichtstücks an die Deutsche Nationalbibliothek (Frankfurt/M.) ist geregelt in §§ 14 ff. Gesetz über die Deutsche Nationalibliothek vom 22.6.2006 (BGBl. I S. 1338). Vgl. auch VO über die Pflichtablieferung von Medienwerken an die Deutsche Nationalbibliothek (Pflichtablieferungsverordnung) vom 17.10.2008 (BGBl. I S. 2013).

§ 27 [Rückgabe des Manuskripts] Der Verleger ist verpflichtet, das Werk, nachdem es vervielfältigt worden ist, zurückzugeben, sofern der Verfasser sich vor dem Beginne der Vervielfältigung die Rückgabe vorbehalten hat.

§ 28.[1] *(aufgehoben)*

§ 29 [Beendigung des Vertragsverhältnisses] (1) Ist der Verlagsvertrag auf eine bestimmte Zahl von Auflagen oder von Abzügen beschränkt, so endigt das Vertragsverhältnis, wenn die Auflagen oder Abzüge vergriffen sind.

(2) Der Verleger ist verpflichtet, dem Verfasser auf Verlangen Auskunft darüber zu erteilen, ob die einzelne Auflage oder die bestimmte Zahl von Abzügen vergriffen ist.

(3) Wird der Verlagsvertrag für eine bestimmte Zeit geschlossen, so ist nach dem Ablaufe der Zeit der Verleger nicht mehr zur Verbreitung der noch vorhandenen Abzüge berechtigt.

§ 30 [Rücktrittsrecht des Verlegers wegen nicht rechtzeitiger Ablieferung des Werkes] (1) [1] Wird das Werk ganz oder zum Teil nicht rechtzeitig abgeliefert, so kann der Verleger, statt den Anspruch auf Erfüllung geltend zu machen, dem Verfasser eine angemessene Frist zur Ablieferung mit der Erklärung bestimmen, daß er die Annahme der Leistung nach dem Ablaufe der Frist ablehne. [2] Zeigt sich schon vor dem Zeitpunkt, in welchem das Werk nach dem Vertrag abzuliefern ist, daß das Werk nicht rechtzeitig abgeliefert werden wird, so kann der Verleger die Frist sofort bestimmen; die Frist muß so bemessen werden, daß sie nicht vor dem bezeichneten Zeitpunkt abläuft. [3] Nach dem Ablaufe der Frist ist der Verleger berechtigt, von dem Vertrage zurückzutreten, wenn nicht das Werk rechtzeitig abgeliefert worden ist; der Anspruch auf Ablieferung des Werkes ist ausgeschlossen.

(2) Der Bestimmung einer Frist bedarf es nicht, wenn die rechtzeitige Herstellung des Werkes unmöglich ist oder von dem Verfasser verweigert wird oder wenn der sofortige Rücktritt von dem Vertrage durch ein besonderes Interesse des Verlegers gerechtfertigt wird.

(3) Der Rücktritt ist ausgeschlossen, wenn die nicht rechtzeitige Ablieferung des Werkes für den Verleger nur einen unerheblichen Nachteil mit sich bringt.

(4) Durch diese Vorschriften werden die im Falle des Verzugs des Verfassers dem Verleger zustehenden Rechte nicht berührt.

§ 31 [Rücktrittsrecht des Verlegers wegen nicht vertragsmäßiger Beschaffenheit des Werkes] (1) Die Vorschriften des § 30 finden entsprechende Anwendung, wenn das Werk nicht von vertragsmäßiger Beschaffenheit ist.

(2) Beruht der Mangel auf einem Umstande, den der Verfasser zu vertreten hat, so kann der Verleger statt des in § 30 vorgesehenen Rücktrittsrechts den Anspruch auf Schadensersatz wegen Nichterfüllung geltend machen.

---

[1] Vgl. § 34 UrhG (abgedruckt unter Nr. **2**).

§ 32 [Rücktrittsrecht des Verfassers wegen nicht vertragsmäßiger Vervielfältigung oder Verbreitung] Wird das Werk nicht vertragsmäßig vervielfältigt oder verbreitet, so finden zugunsten des Verfassers die Vorschriften des § 30 entsprechende Anwendung.

§ 33 [Zufälliger Untergang des Werkes] (1) [1]Geht das Werk nach der Ablieferung an den Verleger durch Zufall unter, so behält der Verfasser den Anspruch auf die Vergütung. [2]Im übrigen werden beide Teile von der Verpflichtung zur Leistung frei.

(2) [1]Auf Verlangen des Verlegers hat jedoch der Verfasser gegen eine angemessene Vergütung ein anderes im wesentlichen übereinstimmendes Werk zu liefern, sofern dies auf Grund vorhandener Vorarbeiten oder sonstiger Unterlagen mit geringer Mühe geschehen kann; erbietet sich der Verfasser, ein solches Werk innerhalb einer angemessenen Frist kostenfrei zu liefern, so ist der Verleger verpflichtet, das Werk an Stelle des untergegangenen zu vervielfältigen und zu verbreiten. [2]Jeder Teil kann diese Rechte auch geltend machen, wenn das Werk nach der Ablieferung infolge eines Umstandes untergegangen ist, den der andere Teil zu vertreten hat.

(3) Der Ablieferung steht es gleich, wenn der Verleger in Verzug der Annahme kommt.

§ 34 [Vorzeitiger Tod des Verfassers] (1) Stirbt der Verfasser vor der Vollendung des Werkes, so ist, wenn ein Teil des Werkes dem Verleger bereits abgeliefert worden war, der Verleger berechtigt, in Ansehung des gelieferten Teiles den Vertrag durch eine dem Erben des Verfassers gegenüber abzugebende Erklärung aufrechtzuerhalten.

(2) [1]Der Erbe kann dem Verleger zur Ausübung des in Absatz 1 bezeichneten Rechtes eine angemessene Frist bestimmen. [2]Das Recht erlischt, wenn sich der Verleger nicht vor dem Ablaufe der Frist für die Aufrechterhaltung des Vertrags erklärt.

(3) Diese Vorschriften finden entsprechende Anwendung, wenn die Vollendung des Werkes infolge eines sonstigen nicht von dem Verfasser zu vertretenden Umstandes unmöglich wird.

§ 35 [Rücktrittsrecht des Verfassers wegen veränderter Umstände]
(1) [1]Bis zum Beginne der Vervielfältigung ist der Verfasser berechtigt, von dem Verlagsvertrage zurückzutreten, wenn sich Umstände ergeben, die bei dem Abschlusse des Vertrags nicht vorauszusehen waren und den Verfasser bei Kenntnis der Sachlage und verständiger Würdigung des Falles von der Herausgabe des Werkes zurückgehalten haben würden. [2]Ist der Verleger befugt, eine neue Auflage zu veranstalten, so findet für die Auflage diese Vorschrift entsprechende Anwendung.

(2) [1]Erklärt der Verfasser auf Grund der Vorschrift des Absatzes 1 den Rücktritt, so ist er dem Verleger zum Ersatze der von diesem gemachten Aufwendungen verpflichtet. [2]Gibt er innerhalb eines Jahres seit dem Rücktritte das Werk anderweit heraus, so ist er zum Schadensersatze wegen Nichterfüllung verpflichtet; diese Ersatzpflicht tritt nicht ein, wenn der Verfasser dem Verleger den Antrag, den Vertrag nachträglich zur Ausführung zu bringen, gemacht und der Verleger den Antrag nicht angenommen hat.

§ 36 [Insolvenzverfahren des Verlegers][1] (1) Wird über das Vermögen des Verlegers das Insolvenzverfahren eröffnet, so finden die Vorschriften des § 103 der Insolvenzordnung[2] auch dann Anwendung, wenn das Werk bereits vor Eröffnung des Verfahrens abgeliefert war.

(2) [1] Besteht der Insolvenzverwalter auf der Erfüllung des Vertrages, so tritt, wenn er die Rechte des Verlegers auf einen anderen überträgt, dieser an Stelle der Insolvenzmasse in die sich aus dem Vertragsverhältnis ergebenden Verpflichtungen ein. [2] Die Insolvenzmasse haftet jedoch, wenn der Erwerber die Verpflichtungen nicht erfüllt, für den vom Erwerber zu ersetzenden Schaden wie ein Bürge, der auf die Einrede der Vorausklage verzichtet hat. [3] Wird das Insolvenzverfahren aufgehoben, so sind die aus dieser Haftung sich ergebenden Ansprüche des Verfassers gegen die Masse sicherzustellen.

(3) War zur Zeit der Eröffnung des Verfahrens mit der Vervielfältigung noch nicht begonnen, so kann der Verfasser von dem Vertrage zurücktreten.

§ 37 [Erklärung und Rechtsfolgen des Rücktritts vom Verlagsvertrag] Auf das in den §§ 17, 30, 35, 36 bestimmte Rücktrittsrecht finden die für das Rücktrittsrecht geltenden Vorschriften der §§ 346 bis 351 des Bürgerlichen Gesetzbuchs entsprechende Anwendung.

§ 38 [Teilweise Aufrechterhaltung des Vertrages] (1) [1] Wird der Rücktritt von dem Verlagsvertrag erklärt, nachdem das Werk ganz oder zum Teil abgeliefert worden ist, so hängt es von den Umständen ab, ob der Vertrag teilweise aufrechterhalten bleibt. [2] Es begründet keinen Unterschied, ob der Rücktritt auf Grund des Gesetzes oder eines Vorbehalts im Vertrag erfolgt.

(2) Im Zweifel bleibt der Vertrag insoweit aufrechterhalten, als er sich auf die nicht mehr zur Verfügung des Verlegers stehenden Abzüge, auf frühere Abteilungen des Werkes oder auf ältere Auflagen erstreckt.

(3) Soweit der Vertrag aufrechterhalten bleibt, kann der Verfasser einen entsprechenden Teil der Vergütung verlangen.

(4) Diese Vorschriften finden auch Anwendung, wenn der Vertrag in anderer Weise rückgängig wird.

§ 39 [Verlagsvertrag über ungeschützte Werke] (1) Soll Gegenstand des Vertrags ein Werk sein, an dem ein Urheberrecht nicht besteht, so ist der Verfasser zur Verschaffung des Verlagsrechts nicht verpflichtet.

---

[1] Die Änderung des § 36 VerlG durch Art. 59 EinfG zur Insolvenzordnung vom 5.10.1994 (BGBl. I S. 2911) ist am 1.1.1999 in Kraft getreten.

[2] Diese Vorschrift lautet:

§ 103. Wahlrecht des Insolvenzverwalters. (1) Ist ein gegenseitiger Vertrag zur Zeit der Eröffnung des Insolvenzverfahrens vom Schuldner und vom anderen Teil nicht oder nicht vollständig erfüllt, so kann der Insolvenzverwalter anstelle des Schuldners den Vertrag erfüllen und die Erfüllung vom anderen Teil verlangen.

(2) Lehnt der Verwalter die Erfüllung ab, so kann der andere Teil eine Forderung wegen der Nichterfüllung nur als Insolvenzgläubiger geltend machen. Fordert der andere Teil den Verwalter zur Ausübung seines Wahlrechts auf, so hat der Verwalter unverzüglich zu erklären, ob er die Erfüllung verlangen will. Unterläßt er dies, so kann er auf der Erfüllung nicht bestehen.

(2) Verschweigt der Verfasser arglistig, daß das Werk bereits anderweit in Verlag gegeben oder veröffentlicht worden ist, so finden die Vorschriften des bürgerlichen Rechtes, welche für die dem Verkäufer wegen eines Mangels im Rechte obliegende Gewährleistungspflicht gelten, entsprechende Anwendung.

(3) 1 Der Verfasser hat sich der Vervielfältigung und Verbreitung des Werkes gemäß den Vorschriften des § 2 in gleicher Weise zu enthalten, wie wenn an dem Werke ein Urheberrecht bestände. 2 Diese Beschränkung fällt weg, wenn seit der Veröffentlichung des Werkes durch den Verleger sechs Monate abgelaufen sind.

§ 40 [Befugnisse des Verlegers beim Verlagsvertrag über ungeschützte Werke] 1 Im Falle des § 39 verbleibt dem Verleger die Befugnis, das von ihm veröffentlichte Werk gleich jedem Dritten von neuem unverändert oder mit Änderungen zu vervielfältigen. 2 Diese Vorschrift findet keine Anwendung, wenn nach dem Vertrage die Herstellung neuer Auflagen oder weiterer Abzüge von der Zahlung einer besonderen Vergütung abhängig ist.

§ 41 [Beiträge zu periodischen Sammelwerken] Werden für eine Zeitung, eine Zeitschrift oder ein sonstiges periodisches Sammelwerk Beiträge zur Veröffentlichung angenommen, so finden die Vorschriften dieses Gesetzes Anwendung, soweit sich nicht aus den §§ *42* bis 46 ein anderes ergibt.

§ 42.[1] *(aufgehoben)*

§ 43 [Zahl der Abzüge und Korrektur bei periodischen Sammelwerken] 1 Der Verleger ist in der Zahl der vom dem Sammelwerke herzustellenden Abzüge, die den Beitrag enthalten, nicht beschränkt. 2 Die Vorschrift des § 20 Abs. 1 Satz 2 findet keine Anwendung.

§ 44 [Zulässigkeit von Änderungen bei periodischen Sammelwerken] Soll der Beitrag ohne den Namen des Verfassers erscheinen, so ist der Verleger befugt, an der Fassung solche Änderungen vorzunehmen, welche bei Sammelwerken derselben Art üblich sind.

§ 45 [Kündigungsrecht des Verfassers bei periodischen Sammelwerken] (1) 1 Wird der Beitrag nicht innerhalb eines Jahres nach der Ablieferung an den Verleger veröffentlicht, so kann der Verfasser das Vertragsverhältnis kündigen. 2 Der Anspruch auf die Vergütung bleibt unberührt.

(2) Ein Anspruch auf Vervielfältigung und Verbreitung des Beitrags oder auf Schadensersatz wegen Nichterfüllung steht dem Verfasser nur zu, wenn ihm der Zeitpunkt, in welchem der Beitrag erscheinen soll, von dem Verleger bezeichnet worden ist.

§ 46 [Freiexemplare und Ankaufsrecht des Verfassers bei periodischen Sammelwerken] (1) Erscheint der Beitrag in einer Zeitung, so kann der Verfasser Freiexemplare nicht verlangen.

---

[1] Vgl. § 38 UrhG (abgedruckt unter Nr. **2**).

(2) Der Verleger ist nicht verpflichtet, dem Verfasser Abzüge zum Buchhändlerpreise zu überlassen.

§ 47 [Bestellvertrag] (1) Übernimmt jemand die Herstellung eines Werkes nach einem Plane, in welchem ihm der Besteller den Inhalt des Werkes sowie die Art und Weise der Behandlung genau vorschreibt, so ist der Besteller im Zweifel zur Vervielfältigung und Verbreitung nicht verpflichtet.

(2) Das gleiche gilt, wenn sich die Tätigkeit auf die Mitarbeit an enzyklopädischen Unternehmungen oder auf Hilfs- oder Nebenarbeiten für das Werk eines anderen oder für ein Sammelwerk beschränkt.

§ 48 [Verlaggeber] Die Vorschriften dieses Gesetzes finden auch dann Anwendung, wenn derjenige, welcher mit dem Verleger den Vertrag abschließt, nicht der Verfasser ist.

§ 49. *(gegenstandslos)*

§ 50 [Inkrafttreten] Dieses Gesetz tritt am 1. Januar 1902 in Kraft.

7. Normvertrag für den Abschluß von Verlagsverträgen

Rahmenvertrag

(vom 19. Oktober 1978 in der ab 6.2.2014 gültigen Fassung)

Zwischen dem Verband deutscher Schriftsteller (VS) in ver.di und dem Börsenverein des Deutschen Buchhandels e. V. – Verleger-Ausschuss – ist folgendes vereinbart:

1. Die Vertragschließenden haben den diesem Rahmenvertrag beiliegenden **Normvertrag für den Abschluss von Verlagsverträgen** vereinbart. Die Vertragschließenden verpflichten sich, darauf hinzuwirken, dass ihre Mitglieder nicht ohne sachlich gerechtfertigten Grund zu Lasten des Autors von diesem Normvertrag abweichen.

2. Die Vertragschließenden sind sich darüber einig, dass einige Probleme sich einer generellen Regelung im Sinne eines Normvertrages entziehen. Dies gilt insbesondere für Options- und Konkurrenzausschlussklauseln einschließlich etwaiger Vergütungsregelungen, bei deren individueller Vereinbarung die schwierigen rechtlichen Zulässigkeitsvoraussetzungen besonders sorgfältig zu prüfen sind.

3. Dieser Vertrag wird in der Regel für folgende Werke und Bücher nicht gelten:
   a) Fach- und wissenschaftliche Werke im engeren Sinn einschließlich Schulbücher, wohl aber für Sachbücher;
   b) Werke, deren Charakter wesentlich durch Illustrationen bestimmt wird; Briefausgaben und Buchausgaben nicht original für das Buch geschriebener Werke;
   c) Werke mit mehreren Rechtsinhabern wie z. B. Anthologien, Bearbeitungen;
   d) Werke, bei denen der Autor nur Herausgeber ist;
   e) Werke im Sinne des § 47 Verlagsgesetz, für welche eine Publikationspflicht des Verlages nicht besteht.

4. Soweit es sich um Werke nach Ziffer 3b) bis e) handelt, sollen die Verträge unter Berücksichtigung der besonderen Gegebenheiten des Einzelfalles so gestaltet werden, dass sie den Intentionen des Normvertrages entsprechen.

5. Die Vertragschließenden haben eine „Schlichtungs- und Schiedsstelle Buch“ eingerichtet, die im Rahmen der vereinbarten Statuten über die vertragsschließenden Verbände von jedem ihrer Mitglieder angerufen werden kann.

6. Dieser Vertrag tritt am 6.2.2014 in Kraft. Er ist auf unbestimmte Zeit geschlossen und kann – mit einer Frist von sechs Monaten zum Jahresende – erstmals zum 31.12.2015 gekündigt werden. Die Vertragschließenden erklären sich bereit, auch ohne Kündigung auf Verlangen einer Seite in Verhandlungen über Änderungen des Vertrages einzutreten.

Berlin, den 6.2.2014

ver.di
– Verband deutscher Schriftsteller –

Börsenverein des
Deutschen Buchhandels e. V.
– Verleger-Ausschuss –

Verlagsvertrag

zwischen

....

(nachstehend: Autor)

und

....

(nachstehend: Verlag)

§ 1 Vertragsgegenstand. (1) Gegenstand dieses Vertrages ist das vorliegende/noch zu verfassende Werk des Autors unter dem Titel/Arbeitstitel:

....

....

....

....

....

(gegebenenfalls einsetzen: vereinbarter Umfang des Werks, Spezifikation des Themas usw.)

(2) Der endgültige Titel wird in Abstimmung zwischen Autor und Verlag festgelegt, wobei der Autor dem Stichentscheid des Verlages zu widersprechen berechtigt ist, soweit sein Persönlichkeitsrecht verletzt würde.

(3) Der Autor versichert, dass er allein berechtigt ist, über die urheberrechtlichen Nutzungsrechte an seinem Werk zu verfügen, und dass er bisher keine den Rechtseinräumungen dieses Vertrages entgegenstehende Verfügung getroffen hat. Das gilt auch für die vom Autor gelieferten Text- oder Bildvorlagen, deren Nutzungsrechte bei ihm liegen. Bietet er dem Verlag Text- oder Bildvorlagen an, für die dies nicht zutrifft oder nicht sicher ist, so hat er den Verlag darüber und über alle ihm bekannten oder erkennbaren rechtlich relevanten Fakten zu informieren. Soweit der Verlag den Autor mit der Beschaffung fremder Text- oder Bildvorlagen beauftragt, bedarf es einer besonderen Vereinbarung.

(4) Der Autor ist verpflichtet, den Verlag schriftlich auf im Werk enthaltene Darstellungen von Personen oder Ereignissen hinzuweisen, mit denen das Risiko einer Persönlichkeitsrechtsverletzung verbunden ist. Nur wenn der

Autor dieser Vertragspflicht in vollem Umfang nach bestem Wissen und Gewissen genügt hat, trägt der Verlag alle Kosten einer eventuell erforderlichen Rechtsverteidigung. Wird der Autor wegen solcher Verletzungen in Anspruch genommen, sichert ihm der Verlag seine Unterstützung zu, wie auch der Autor bei der Abwehr solcher Ansprüche gegen den Verlag mitwirkt.

§ 2 Rechtseinräumungen. (1) Der Autor räumt dem Verlag an dem Werk räumlich unbeschränkt für die Dauer des gesetzlichen Urheberrechts die nachfolgenden ausschließlichen inhaltlich unbeschränkten Nutzungsrechte in allen bekannten und unbekannten Nutzungsarten für alle Ausgaben und Auflagen ohne Stückzahlbegrenzung – insgesamt oder einzeln – in allen Sprachen ein:

a) Das Recht zur Vervielfältigung und Verbreitung in allen Druckausgaben sowie körperlichen elektronischen Ausgaben. Unter Druckausgaben sind z. B. Hardcover-, Taschenbuch-, Paperback-, Sonder-, Reprint-, Buchgemeinschafts-, Schul-, Großdruckausgaben und Gesamtausgaben zu verstehen. Unter körperlichen elektronischen Ausgaben ist die digitale Vervielfältigung und Verbreitung des Werkes auf Datenträgern (z. B. CD, CD-ROM, DVD) zu verstehen.

b) Das Recht, das Werk in unkörperlichen elektronischen Ausgaben (z. B. E-Book, App) digital zu vervielfältigen und in Datenbanken und Datennetzen zu speichern und einer beliebigen Zahl von Nutzern ganz oder teilweise derart zugänglich zu machen, dass diese das Werk oder Werkteile auf individuellen Abruf (z. B. Download, Streaming) empfangen können, unabhängig vom Übertragungssystem (z. B. Internet, Mobilfunk) und der Art des Empfangsgeräts (z. B. Computer, Handy, E-Reader). Dies schließt auch das Recht ein, das Werk Nutzern ganz oder teilweise zeitlich beschränkt zugänglich zu machen.

c) Das Recht des ganzen oder teilweisen Vorabdrucks und Nachdrucks, beispielsweise in Kalendern, Anthologien, Zeitungen und Zeitschriften.

d) Das Recht der Übersetzung in andere Sprachen oder Mundarten und die Auswertung dieser Fassungen nach allen vertragsgegenständlichen Nutzungsarten.

e) Das Recht zu sonstiger Vervielfältigung und Verbreitung des Werkes, ganz oder in Teilen, insbesondere durch digitale, fotomechanische oder ähnliche Verfahren (z. B. (Digital-)Fotokopie).

f) Das Recht zum Vortrag des Werkes durch Dritte, insbesondere Lesung und Rezitation.

g) Das Recht zur Aufnahme des Werkes (z. B. als Hörbuch) auf Datenträger aller Art sowie das Recht zu deren Vervielfältigung, Verbreitung, öffentlichen Wiedergabe einschließlich Sendung sowie öffentlicher Zugänglichmachung.
sowie

h) Das Recht, das Werk oder seine Teile mit anderen Werken, Werkteilen oder sonstigem Material zu (auch) interaktiv nutzbaren elektronischen Werken zu vereinen und diese dann als körperliche oder unkörperliche Ausgaben zu vervielfältigen, verbreiten und öffentlich zugänglich zu machen. Änderungen des Charakters des Werkes bedürfen der Zustimmung des Autors.

i) Das Recht zur Bearbeitung als Bühnenstück sowie das Recht der Aufführung des so bearbeiteten Werkes.

j) Das Recht zur Verfilmung einschließlich der Rechte zur Bearbeitung als Drehbuch und zur Vorführung des so hergestellten Films. Eingeschlossen ist ferner das Recht zur Bearbeitung und Verwertung des verfilmten Werkes im Fernsehen (Free- oder Pay-TV) oder auf ähnliche Weise (Abruffernsehen, Video-on-Demand, WebTV etc.).

k) Das Recht zur Bearbeitung und Verwertung des Werkes als Hörspiel.

l) Das Recht zur Vertonung des Werkes einschließlich des Rechts zur Aufführung des vertonten Werkes.

m) Das Merchandisingrecht, d. h. das Recht, das Werk, insbesondere die in dem Werk enthaltenen Figuren, Namen, Textteile, Titel, Schriften, Geschehnisse, Erscheinungen und die durch das Werk begründeten Ausstattungen einschließlich ihrer bildlichen, fotografischen, zeichnerischen und sonstigen Umsetzungen im Zusammenhang mit anderen Produkten und Dienstleistungen jeder Art und jeder Branche zum Zwecke der Verkaufsförderung zu nutzen, und so gestaltete oder versehene Produkte kommerziell auszuwerten und nach eigenem Ermessen Markenanmeldungen durchzuführen sowie gewerbliche Schutzrechte zu erwerben. Die Verwertung hat im Einvernehmen mit dem Autor zu erfolgen.
sowie

n) Das Recht, das Werk bzw. die hergestellten Werkfassungen nach Absatz 1h bis m in allen vertragsgegenständlichen Nutzungsarten auf Datenträgern aller Art aufzunehmen, zu vervielfältigen und zu verbreiten sowie durch Hör- und Fernsehfunk zu senden und/oder öffentlich zugänglich zu machen.

o) Die am Werk oder seiner Datenträger oder durch Lautsprecherübertragung oder Sendung entstehenden Wiedergabe- und Überspielungsrechte.

p) Das Recht, das Werk in allen vertragsgegenständlichen körperlichen Nutzungsarten zu veröffentlichen, gewerblich oder nichtgewerblich auszuleihen und/oder zu vermieten.

q) Das Recht, das Werk im Umfang der eingeräumten Rechte in allen vertragsgegenständlichen Nutzungsarten auszugsweise zum Zwecke der Werbung für das Werk öffentlich zugänglich zu machen.

r) Das Recht, das Werk in zum Zeitpunkt des Vertragsschlusses unbekannten Nutzungsarten zu nutzen. Beabsichtigt der Verlag die Aufnahme einer neuen Art der Werknutzung, wird er den Autor entsprechend informieren. Dem Autor stehen die gesetzlichen Rechte gemäß § 31a UrhG (Widerruf) und § 32c UrhG (Vergütung) zu.

(2) Der Autor räumt dem Verlag schließlich für die Dauer des Vertrages alle durch die Verwertungsgesellschaft Wort wahrgenommenen Rechte nach deren Satzung, Wahrnehmungsvertrag und Verteilungsplan zur gemeinsamen Einbringung ein. Der Autor ist damit einverstanden, dass der Verlag den ihm nach den jeweils geltenden Verteilungsplänen der Verwertungsgesellschaft Wort zustehenden Verlagsanteil direkt ausgezahlt erhält. Der Autorenanteil bleibt davon unberührt[1].

(3) Der Verlag kann die ihm nach diesem Vertrag eingeräumten Nutzungsrechte ganz oder teilweise Dritten einräumen. Dabei steht die Entscheidung

---

[1] Unmittelbar nach einer Entscheidung des BGH über die Revision des Urteils des OLG München vom 17.3.2013 (Az.: 6 U 2492/12) oder bei einer Änderung der Gesetzeslage werden die Parteien über eine neue Fassung der Klausel verhandeln.

über Art, Umfang und Konditionen im freien Ermessen des Verlages, wobei § 3 Absatz 6 dieses Vertrages zu berücksichtigen ist. Die Lizenzverträge sollen befristet werden. Das Recht des Verlages zur Vergabe von Nutzungsrechten an Dritte endet mit Beendigung dieses Vertrages. Der Bestand bereits bestehender Lizenzverträge bleibt hiervon unberührt; die Verteilung der nachvertraglichen Lizenzeinnahmen richtet sich nach § 4 Absatz 5, sofern der Autor diesen Vertrag nicht berechtigt außerordentlich gekündigt hat. In diesem Fall erhält der Verlag keinen Anteil.

(4) Ist der Verlag berechtigt, das Werk zu bearbeiten oder bearbeiten zu lassen, so hat er Beeinträchtigungen des Werkes zu unterlassen, die geistige und persönliche Rechte des Autors am Werk zu gefährden geeignet sind. Im Falle einer Vergabe von Lizenzen wird der Verlag darauf hinwirken, dass der Autor vor Beginn einer entsprechenden Bearbeitung des Werkes vom Lizenznehmer gehört wird. Möchte der Verlag einzelne Rechte selbst ausüben, so hat er den Autor anzuhören und ihm bei persönlicher und fachlicher Eignung die entsprechende Bearbeitung des Werkes anzubieten, bevor damit Dritte beauftragt werden.

(5) Die in Absatz 4 genannten Anhörungsrechte und Anbietungspflichten erlöschen mit dem Tod des Autors.

§ 3 Verlagspflichten. (1) Das Werk wird zunächst als ....-Ausgabe (z. B. Hardcover, Paperback, Taschenbuch, CD-ROM, E-Book) erscheinen; nachträgliche Änderungen der Form der Erstausgabe bedürfen des Einvernehmens mit dem Autor.

(2) Der Verlag ist verpflichtet, das Werk in der in Absatz 1 genannten Form zu vervielfältigen, zu verbreiten und dafür angemessen zu werben.

(3) Ausstattung, Buchumschlag, Auflagenhöhe, Auslieferungstermin, Ladenpreis und Werbemaßnahmen werden vom Verlag nach pflichtgemäßem Ermessen unter Berücksichtigung des Vertragszwecks sowie der im Verlagsbuchhandel für Ausgaben dieser Art herrschenden Übung bestimmt.

(4) Das Recht des Verlags zur Bestimmung des Ladenpreises nach pflichtgemäßem Ermessen schließt auch dessen spätere Herauf- oder Herabsetzung ein. Vor Herabsetzung des Ladenpreises wird der Autor benachrichtigt.

(5) Als Erscheinungstermin ist vorgesehen: ...... Eine Änderung des Erscheinungstermins erfolgt in Absprache mit dem Autor.

(6) Der Verlag ist verpflichtet, sich intensiv um die Verwertung der sonstigen ihm gemäß § 2 Absatz 1 c bis n eingeräumten Rechte zu bemühen und den Autor auf Verlangen zu informieren. Bei mehreren sich untereinander ausschließenden Verwertungsmöglichkeiten wird er die für den Autor materiell und ideell möglichst günstige wählen, auch wenn er selbst bei dieser Rechtsverwertung konkurriert. Der Verlag unterrichtet den Autor unaufgefordert über erfolgte Verwertungen bezüglich des ganzen Werkes und deren Bedingungen und übersendet auf Anforderung die Lizenzverträge.

(7) Verletzt der Verlag seine Verpflichtungen gemäß Absatz 6, so kann der Autor die hiervon betroffenen Rechte nach den Regeln des § 41 UrhG zurückrufen. Der Bestand des Vertrages im Übrigen wird hiervon nicht berührt.

§ 4 Honorar. Als Vergütung für alle nach diesem Vertrag von dem Autor zu erbringenden Leistungen sowie zur Abgeltung aller gemäß § 2 dieses Vertrages eingeräumten Rechte erhält der Autor folgende Vergütung:

(1) Der Verlag zahlt dem Autor einen nicht rückzahlbaren, mit allen Ansprüchen des Autors aus diesem Vertrag verrechenbaren Vorschuss in Höhe von EURO …… Dieser Vorschuss ist fällig
zu …… % bei Abschluss des Vertrages,
zu …… % bei Ablieferung des Manuskripts gemäß § 1 Absatz 1 und § 5 Absatz 1,
zu …… % bei Erscheinen des Werkes, spätestens am ……

(2) Der Autor erhält als Honorar für die verlagseigene Verwertung der eingeräumten Rechte für jedes verkaufte, bezahlte und nicht remittierte Exemplar der

a) ……-Ausgabe
……%
……% von …… bis ……. Exemplaren
……% ab …… Exemplaren.

b) ……-Ausgabe
……%
……% von …… bis …… Exemplaren
……% ab …… Exemplaren

des Nettoladenpreises (gebundener Ladenverkaufspreis abzüglich Umsatzsteuer).
oder *(auch z. B. bei nicht preisgebundenen Produkten wie Hörbüchern)*
des Nettoverlagsabgabepreises (gebundener bzw. unverbindlich empfohlener Ladenverkaufspreis abzüglich Umsatzsteuer und gewährter Rabatte/eines Durchschnittsrabattes von derzeit …%).

(3a) Der Autor erhält als Honorar im Falle der verlagseigenen Verwertung von unkörperlichen elektronischen Ausgaben ein Honorar in Höhe von …% vom Nettoverlagserlös (= der unmittelbaren Verwertung des Werkes zuzuordnende Verlagseinnahmen abzüglich Mehrwertsteuer) unabhängig davon, ob die öffentliche Zugänglichmachung über eigene oder fremde Plattformen stattfindet.

(b) Wird das Werk als Teil eines Angebots mit mehreren Werken verwertet, erhalten sämtliche Autoren, deren Werke beteiligt sind, insgesamt den oben genannten Honorarsatz. Der Anteil des Autors bestimmt sich unter Zugrundelegung des Umfangs (z. B. Seitenanzahl, genutzte Speicherkapazität etc.) oder des regulären Einzelpreises seines Werkes im Verhältnis zu den anderen beteiligten Werken oder – im Falle der gemeinsamen Verwertung durch Dritte – durch den von diesem Dritten einheitlich gegenüber allen seinen Vertragspartnern angewendeten Verteilungsschlüssel, sofern dieser nicht offensichtlich unbillig ist.

(4) Der Autor erhält für alle sonstigen Verwertungsformen und Ausgaben des Werkes eine angemessene Vergütung, über die sich die Parteien bei beabsichtigter Nutzungsaufnahme durch den Verlag verständigen werden.

(5) Der aus der nicht verlagseigenen Verwertung (Lizenzvergabe) erzielte Erlös wird zwischen Autor und Verlag geteilt, und zwar erhält der Autor
[…] % bei der Verwertung der Rechte aus § 2 Absatz 1a bis g.
[…] %bei der Verwertung der Rechte aus § 2 Absatz 1h bis n.
(Bei der Berechnung des Erlöses wird davon ausgegangen, dass in der Regel etwaige aus der Inlandsverwertung anfallende Agenturprovisionen und ähnliche Nebenkosten allein auf den Verlagsanteil zu verrechnen, für Auslandsverwertung anfallende Nebenkosten vom Gesamterlös vor Aufteilung abzuziehen sind.)

(6) Für die durch Verwertungsgesellschaften wahrgenommenen Rechte gelten deren Verteilungsschlüssel.

(7) Pflicht-, Prüf-, Werbe- und Besprechungsexemplare sind honorarfrei; darunter fallen nicht Partie- und Portoersatzstücke sowie solche Exemplare, die für Werbezwecke des Verlages, nicht aber des Buches abgegeben werden.

(8) Ist der Autor mehrwertsteuerpflichtig, zahlt der Verlag die auf die Honorarbeträge anfallende gesetzliche Mehrwertsteuer zusätzlich.

(9) Honorarabrechnung und Zahlung erfolgen halbjährlich zum 30. Juni und zum 31. Dezember innerhalb der auf den Stichtag folgenden 3 Monate.
oder:
Honorarabrechnung und Zahlung erfolgen zum 31. Dezember jedes Jahres innerhalb der auf den Stichtag folgenden drei Monate.

Eine Zahlung erfolgt jedoch nur, wenn der Abrechnungsbetrag mehr als EURO (....) beträgt. Niedrigere Beträge werden auf die nächste Abrechnung vorgetragen.

Der Verlag leistet dem Autor entsprechende Abschlagszahlungen, sobald er Guthaben aus Lizenzeinnahmen von mehr als EURO ...... feststellt.

Der Verlag ist berechtigt, das Honorar für Exemplare, die gegenüber dem Autor als verkauft abgerechnet, danach jedoch remittiert werden, bei späteren Abrechnungen abzuziehen oder für solche Remissionen 10% des Abrechnungsbetrages einzubehalten und mit der darauffolgenden Abrechnung zu verrechnen.

(10) Falls der Verlag wegen Verletzung der ihm durch diesen Vertrag eingeräumten Rechte Schadensersatzansprüche gegen Dritte realisiert, ist der Autor hieran, nach Vorabzug der Kosten der Rechtsverfolgung, nach Maßgabe von § 4 Absatz 2 bzw. 3 zu beteiligen. Sollte der Verlag für mehrere bzw. alle seine Autoren gemeinschaftlich Urheberrechtsverletzungen verfolgen lassen und sollten sich nur in Einzelfällen Schadensersatzansprüche realisieren, so ist der Autor nach Vorabzug der Kosten der gemeinschaftlichen Rechtsverfolgung gemäß Satz 1 zu beteiligen.

(11) Der Verlag ist verpflichtet, einem vom Autor beauftragten Wirtschaftsprüfer, Steuerberater oder vereidigten Buchsachverständigen zur Überprüfung der Honorarabrechnungen Einsicht in die Bücher und Unterlagen zu gewähren. Die hierdurch anfallenden Kosten trägt der Verlag, wenn die Abrechnungen den Autor zu 3%, mindestens aber zu € 100 gegenüber der vertraglichen Regelung benachteiligen.

(12) Nach dem Tode des Autors bestehen die Verpflichtungen des Verlages nach Absatz 1 bis 11 gegenüber den Erben, die bei einer Mehrzahl von Erben einen gemeinsamen Bevollmächtigten zu benennen haben. Bis zur Vorlage des Erbscheins oder vergleichbarer rechtskräftiger Dokumente und ggf. bis zur Benennung des gemeinsamen Bevollmächtigten ist der Verlag nicht verpflichtet, Honorare auszuzahlen.

§ 5 Manuskriptablieferung. (1) Der Autor verpflichtet sich, dem Verlag bis spätestens ....../binnen ...... das vollständige und vervielfältigungsfähige Manuskript gemäß § 1 Absatz 1 (einschließlich etwa vorgesehener und vom Autor zu beschaffender Bildvorlagen) in folgender Form zu übergeben: ...... Wird diese(r) Termin/Frist nicht eingehalten, gilt als angemessene Nachfrist im Sinne des § 30 Verlagsgesetz ein Zeitraum von ...... Monaten.

(2) Der Autor behält eine Kopie des Manuskripts bei sich.

(3) Autographen und Typoskripte bleiben Eigentum des Autors und sind ihm vom Verlag nach Erscheinen des Werkes auf Verlangen zurückzugeben.

§ 6 Freiexemplare. (1) Der Autor erhält für seinen eigenen Bedarf ...... Freiexemplare, im Falle einer E-Book-Ausgabe ...... kostenlose Downloads. Von jeder folgenden Auflage des Werkes erhält der Autor ...... Freiexemplare.

(2) Darüber hinaus kann der Autor Exemplare seines Werkes zu einem Höchstrabatt von ......% vom (gebundenen bzw. empfohlenen) Ladenpreis vom Verlag beziehen.

(3) Sämtliche gemäß Absatz 1 oder 2 übernommenen Exemplare dürfen nicht weiterverkauft werden. Dies gilt auch für die unkörperlichen Ausgaben.

§ 7 Satz, Korrektur. (1) Die erste Korrektur des Satzes wird vom Verlag oder von der Druckerei vorgenommen. Der Verlag ist sodann verpflichtet, dem Autor in allen Teilen gut lesbare Abzüge zu übersenden, die der Autor unverzüglich honorarfrei korrigiert und mit dem Vermerk „druckfertig" versieht; durch diesen Vermerk werden auch etwaige Abweichungen vom Manuskript genehmigt. Abzüge gelten auch dann als „druckfertig", wenn sich der Autor nicht innerhalb angemessener Frist nach Erhalt zu ihnen erklärt hat.

(2) Nimmt der Autor Änderungen im fertigen Satz vor, so hat er die dadurch entstehenden Mehrkosten – berechnet nach dem Selbstkostenpreis des Verlages – insoweit zu tragen, als sie 10% der Satzkosten übersteigen. Dies gilt nicht für Änderungen bei Sachbüchern, die durch Entwicklungen der Fakten nach Ablieferung des Manuskripts erforderlich geworden sind.

§ 8 Lieferbarkeit, veränderte Neuauflagen. (1) Der Autor ist zu benachrichtigen, wenn das Werk in keiner Ausgabe mehr lieferbar ist.

a) Der Autor ist in diesem Fall berechtigt, den Verlag schriftlich aufzufordern, sich spätestens innerhalb von 3 Monaten nach Eingang der Aufforderung zu verpflichten, die Verwertung des Werkes in einer Verlagsausgabe spätestens nach ... Monat(en)/Jahr(en) nach Ablauf der Dreimonatsfrist wieder aufzunehmen. Wenn der Verlag eine solche Verpflichtung nicht fristgerecht eingeht oder die Neuherstellungsfrist nicht wahrt, ist der Autor berechtigt, durch schriftliche Erklärung den Verlagsvertrag zu kündigen.

b) Nimmt der Verlag die Verwertung des Werkes in einer Verlagsausgabe aufgrund der Aufforderung wieder auf, ist eine Kündigung des Autors unter den Voraussetzungen von Absatz 2 erst nach Ablauf von zwei Jahren nach Wiederaufnahme der Verwertung möglich.

(2) Wenn das Werk nur in einer elektronischen Ausgabe und/oder nur in einer Druckausgabe lieferbar ist, die nach Bestelleingang in der Regel nicht binnen 10 Werktagen an den Kunden geliefert werden kann, ist der Autor berechtigt, den Verlagsvertrag durch schriftliche Erklärung zum 30. 6. eines Jahres zu kündigen, wenn der Verkauf der körperlichen elektronischen Ausgabe und der Abruf der unkörperlichen elektronischen Ausgabe in zwei aufeinanderfolgenden Kalenderjahren unter ... x Exemplaren gelegen hat.

(3) Der Verlag bleibt im Falle der Kündigung zum Verkauf der ihm danach (z. B. aus Remissionen) noch zufließenden Restexemplare innerhalb einer Frist von ...... berechtigt; er ist verpflichtet, dem Autor die Anzahl dieser Exempla-

re anzugeben und ihm die Übernahme anzubieten. Im Falle von unkörperlichen Ausgaben wird der Verlag diese aus den entsprechenden Vertriebsplattformen in angemessener Frist entfernen bzw. entfernen lassen, die zu diesem Zeitpunkt von Endkunden erworbenen Ausgaben können von diesen jedoch ggf. erneut heruntergeladen werden.

(4) Der Autor ist berechtigt und, wenn es der Charakter des Werkes (z. B. eines Sachbuchs) erfordert, auch verpflichtet, das Werk für weitere Auflagen zu überarbeiten. Sollte der Verlag den Autor verpflichten, so erhält der Autor ein angemessenes Werkhonorar. Wesentliche Veränderungen von Art und Umfang des Werkes bedürfen der Zustimmung des Verlages. Ist der Autor zu der Bearbeitung nicht bereit oder nicht in der Lage oder liefert er die Überarbeitung nicht innerhalb einer angemessenen Frist nach Aufforderung durch den Verlag ab, so ist der Verlag zur Bestellung eines anderen Bearbeiters berechtigt. Wesentliche Änderungen des Charakters des Werkes bedürfen dann der Zustimmung des Autors.

§ 9 Verramschung, Makulierung. (1) Der Verlag kann die gedruckten Ausgaben des Werkes verramschen, wenn der Verkauf in zwei aufeinanderfolgenden Kalenderjahren unter …… Exemplaren pro Jahr gelegen hat. Am Erlös ist der Autor in Höhe seines sich aus § 4 Absatz 2 ergebenden Grundhonorarprozentsatzes beteiligt.

(2) Erweist sich auch ein Absatz zum Ramschpreis als nicht durchführbar, kann der Verlag die Restauflage makulieren.

(3) Der Verlag ist verpflichtet, den Autor vor einer beabsichtigten Verramschung bzw. Makulierung zu informieren. Der Autor hat das Recht, durch einseitige Erklärung die noch vorhandene Restauflage bei beabsichtigter Verramschung zum Ramschpreis abzüglich des Prozentsatzes seiner Beteiligung und bei beabsichtigter Makulierung unentgeltlich – ganz oder teilweise – ab Lager zu übernehmen. Bei beabsichtigter Verramschung kann das Übernahmerecht nur bezüglich der gesamten noch vorhandenen Restauflage ausgeübt werden.

(4) Das Recht des Autors, im Falle der Verramschung oder Makulierung vom Vertrag zurückzutreten, richtet sich nach § 8 Absatz 1.

§ 10 Rezensionen. Der Verlag wird auf Wunsch des Autors bei ihm eingehende Rezensionen des Werkes innerhalb des ersten Jahres nach Erscheinen umgehend, danach in angemessenen Zeitabständen dem Autor zur Kenntnis bringen.

§ 11 Urheberbenennung, Copyright-Vermerk. (1) Der Verlag ist verpflichtet, den Autor in angemessener Weise als Urheber des Werkes auszuweisen.

(2) Der Verlag ist verpflichtet, bei der Veröffentlichung des Werkes den Copyright-Vermerk im Sinne des Welturheberrechtsabkommens anzubringen.

§ 12 Änderungen der Eigentums- und Programmstrukturen des Verlags. (1) Der Verlag ist verpflichtet, dem Autor anzuzeigen, wenn sich in seinen Eigentums- oder Beteiligungsverhältnissen eine wesentliche Änderung ergibt.

(2) Der Autor ist berechtigt, durch schriftliche Erklärung gegenüber dem Verlag von etwa bestehenden Optionen oder von Verlagsverträgen über Werke, deren Herstellung der Verlag noch nicht begonnen hat, zurückzutreten, wenn sich durch eine wesentliche Änderung der Eigentumsverhältnisse oder durch Änderung der über das Verlagsprogramm entscheidenden Verlagsleitung eine so grundsätzliche Veränderung des Verlagsprogramms in seiner Struktur und Tendenz ergibt, dass dem Autor nach der Art seines Werkes und unter Berücksichtigung des bei Abschluss dieses Vertrages bestehenden Verlagsprogramms ein Festhalten am Vertrag nicht zugemutet werden kann.

(3) Das Rücktrittsrecht kann nur innerhalb eines Jahres nach Zugang der Anzeige des Verlages über die Änderung der Eigentumsverhältnisse ausgeübt werden.

§ 13 Schlussbestimmungen. (1) Soweit dieser Vertrag keine Regelungen enthält, gelten die allgemeinen gesetzlichen Bestimmungen des Rechts der Bundesrepublik Deutschland und der Europäischen Union. Die Nichtigkeit oder Unwirksamkeit einzelner Bestimmungen dieses Vertrages berührt die Gültigkeit der übrigen Bestimmungen nicht. Die Parteien sind alsdann verpflichtet, die mangelhafte Bestimmung durch eine solche zu ersetzen, deren wirtschaftlicher und juristischer Sinn dem der mangelhaften Bestimmung möglichst nahekommt.

(2) Die Parteien erklären, Mitglieder bzw. Wahrnehmungsberechtigte folgender Verwertungsgesellschaften zu sein:

Der Autor: ....

Der Verlag: ....

(3) Im Rahmen von Mandatsverträgen hat der Autor bereits folgende Rechte an Verwertungsgesellschaften übertragen:

.... an die VG: ....

...., den ....

(Autor)

...., den ....

(Verlag)

7a. Normvertrag für den Abschluß von Übersetzungsverträgen

In der Fassung vom 10. Mai 2019

Rahmenvertrag

Zwischen dem Verband deutscher Schriftsteller (VS) in der IG Druck und Papier und dem Börsenverein des Deutschen Buchhandels e.V./Verleger-Ausschuß ist folgendes vereinbart:

1. Die Vertragschließenden haben den diesem Rahmenvertrag beiliegenden Normvertrag für den Abschluß von Übersetzungsverträgen vereinbart. Die Vertragschließenden verpflichten sich, darauf hinzuwirken, daß ihre Mitglieder nicht ohne triftigen Grund zu Lasten des Übersetzers von diesem Normvertrag abweichen.

2. a) Der Vertrag gilt in der Regel nicht für folgende Werke:
- Werke, deren Charakter wesentlich durch Illustrationen bestimmt wird,
- Sammelwerke, an denen mehrere Autoren und mehrere Übersetzer beteiligt sind,
- Fach- und wissenschaftliche Werke im engeren Sinn, wohl aber für Sachbücher.

b) Er gilt ferner in der Regel nicht bei Übersetzungen, für die ihrem Charakter nach ein Autorenvertrag angemessener ist.

3. Die Vertragschließenden haben eine „Schlichtungs- und Schiedsstelle Buch" eingerichtet, die im Rahmen der vereinbarten Statuten über die vertragschließenden Verbände von jedem ihrer Mitglieder angerufen werden kann.

4. Die Vertragschließenden sind sich darüber einig, daß des weiteren eine Vereinbarung über Regelhonorare geschlossen werden soll.

5. Dieser Vertrag tritt am 1. Juli 1982 in Kraft. Er ist auf unbestimmte Zeit geschlossen und kann – mit einer Frist von 6 Monaten zum Jahresende – erstmals zum 31. Dezember 1983 gekündigt werden.

Stuttgart, den 13. Mai 1982	Frankfurt/M, den 4. Mai 1982
Industriegewerkschaft	Börsenverein des
Druck und Papier	Deutschen Buchhandels e.V.
– Verband deutscher Schriftsteller –	– Verleger-Ausschuß –

Ergänzung zum Rahmenvertrag

Zwischen dem Verband deutscher Schriftstellerinnen und Schriftsteller (VS) in ver.di – Vereinte Dienstleistungsgewerkschaft und dem Verband deutschsprachiger Übersetzer/innen literarischer und wissenschaftlicher Werke (VdÜ e.V.) einerseits und dem Verleger-Ausschuss des Börsenvereins des Deutschen Buchhandels e.V. andererseits wird vereinbart:

1. Der Normvertrag für den Abschluss von Übersetzungsverträgen (Übersetzungsvertrag) vom 1. Juli 1982 in der ab 1. Juli 1992 gültigen Fassung wird durch die hier beiliegende Fassung ersetzt.

2. Unter Aufrechterhaltung ihrer wechselseitigen Positionen haben die vertragsschließenden Parteien sich dagegen entschieden, den Rahmenvertrag aus 1982 zu ändern. Der Börsenverein des deutschen Buchhandels e.V. / Verleger-Ausschuss erklärt zu Ziffer 4, zur Aufstellung gemeinsamer Vergütungsregeln zum Zeitpunkt des Vertragsschlusses nicht ermächtigt zu sein.

3. Dieser Vertrag tritt am 1.6.2019 in Kraft. Er ist auf unbestimmte Zeit geschlossen und kann mit einer Frist von sechs Monaten zum Jahresende – erstmals zum 31. Dezember 2020 – gekündigt werden.

Berlin und Frankfurt am Main, den 10.5.2019

VS in ver.di/VdÜ e.V. Börsenverein des deutschen Buchhandels e.V./ Verleger-Ausschuss

Übersetzervertrag

zwischen

....

(nachstehend: Übersetzer[1])

und

....

(nachstehend: Verlag)

§ 1 Vertragsgegenstand. (1) Gegenstand dieses Vertrages ist die deutsche Übersetzung des Werkes mit dem Originaltitel .... von .... – im Folgenden „Originalautor" genannt –.

(2) Der Verlag ist Inhaber des deutschsprachigen Verlagsrechts.

(3) Zeitliche, räumliche oder sachliche Beschränkungen des Verlagsrechts, die dem Verlag von seinem Lizenzgeber auferlegt wurden oder werden, gelten dem Übersetzer gegenüber nur, soweit der Verlag sie dem Übersetzer schriftlich bekanntgibt, es sei denn, sie seien Inhalt dieses Vertrags.

(4) Es ist Sache des Verlags, auf die Wahrung der Rechte Dritter zu achten. Der Verlag ist gehalten, auf etwa bestehende Rechte und/oder Verpflichtungen, die einer Verwertung der Übersetzung entgegenstehen könnten, wie eine dem Originalautor vorbehaltene Genehmigung, hinzuweisen. Der Übersetzer weist den Verlag auf alle ihm bekannten Rechte hin, die mit dem übersetzten Werk verletzt werden könnten (z. B. Urheber-, Persönlichkeits-, Zitat-, Bild- und Abbildungsrechte), insbesondere ist die Übernahme von Texten und Textausschnitten Dritter unter Angabe der Quelle kenntlich zu machen.

---

[1] Die Vertragsparteien verpflichten sich, je eine Fassung des Vertrages mit der weiblichen und der männlichen Benennung zur Verfügung zu stellen.

§ 2 Rechte und Pflichten des Übersetzers. (1) Der Übersetzer verpflichtet sich, das Werk persönlich zu übersetzen und dabei die Urheberpersönlichkeitsrechte des Originalautors zu wahren. Die Anfertigung der Übersetzung durch Dritte bedarf der Zustimmung des Verlags.

(2) Der Übersetzer verpflichtet sich, das Werk ohne Kürzungen, Zusätze und sonstige Veränderungen gegenüber dem Original in angemessener Weise zu übertragen.

(3)

a) Abweichend von und/oder ergänzend zu Abs. 2 werden folgende Eigenschaften und Besonderheiten der Übersetzung vereinbart:

....

b) Außerdem werden folgende zusätzliche Leistungen des Übersetzers vereinbart:

....

(4) Spätere Ergänzungen zu Abs. 3 bedürfen – unbeschadet der Bestimmung des Abs. 5 – der schriftlichen Vereinbarung.

(5) Beanstandet der Verlag die Übersetzung als nicht den Absätzen 1 bis 4 entsprechend, teilt er dies dem Übersetzer innerhalb von drei Monaten nach Manuskriptablieferung mit. Wird das Manuskript vor dem vertraglich vereinbarten Abgabetermin abgeliefert, beginnt die Frist erst mit dem vereinbarten Abgabetermin. Behebt der Übersetzer beanstandete Mängel nicht innerhalb einer Frist von … Wochen, ist der Verlag berechtigt, unter Wahrung des Urheberpersönlichkeitsrechts des Übersetzers die Übersetzung durch Dritte ändern und, falls erforderlich, bearbeiten zu lassen. Im Falle dieser Bearbeitung durch einen Dritten ist der Verlag berechtigt, die Vergütung des Übersetzers in angemessenem Umfang zu mindern. Zu solchen Änderungen oder Bearbeitungen ist der Übersetzer, nicht jedoch sein Rechtsnachfolger zu hören.

(6) Wird durch solche Änderungen und Bearbeitungen der Stil der Übersetzung derart beeinträchtigt, dass das Urheberpersönlichkeitsrecht des Übersetzers verletzt sein könnte, ist der Übersetzer berechtigt, dem Verlag die Erwähnung seines Namens als Übersetzer zu untersagen. Untersagt der Übersetzer dies nicht, ist der Verlag berechtigt, den Bearbeiter als Mitübersetzer zu erwähnen.

(7) Ergibt eine Überprüfung des Manuskripts, dass die Übersetzung auch nach Anwendung der Abs. 5 und 6 den Anforderungen der Abs. 1 bis 4 nicht entspricht, oder verweigert der Originalautor eine von ihm vorbehaltene Genehmigung der Übersetzung, ist der Verlag nicht zur Verwertung der Übersetzung verpflichtet.

§ 3 Rechte und Pflichten des Verlags. (1) Der Verlag ist, soweit dieser Vertrag nicht Abweichendes bestimmt, verpflichtet, das übersetzte Werk zu vervielfältigen, zu verbreiten, und dafür angemessen zu werben. Übt er sein Vervielfältigungs- und Verbreitungsrecht nicht aus, so hat er dies unter Angabe der Gründe dem Übersetzer unverzüglich mitzuteilen. Ist der Verlag zur Verwertung in deutscher Übersetzung von der Autorisation des Inhabers der Rechte am Originalwerk abhängig, richtet sich seine Publikationspflicht nach den mit diesem abgeschlossenen Vereinbarungen.

(2) Der Verlag übereignet dem Übersetzer kostenlos ein Exemplar des für die Übersetzung verbindlichen Originaltextes bis spätestens __.__.20__.

(3) Titel, Ausstattung, Buchumschlag, Auflagenhöhe, Auslieferungstermin, Ladenpreis und Werbemaßnahmen werden vom Verlag nach pflichtgemäßem Ermessen unter Berücksichtigung des Verlagszwecks sowie der im Verlagsbuchhandel für Ausgaben dieser Art herrschenden Übung bestimmt. Das Recht des Verlags zur Bestimmung des Ladenpreises nach pflichtgemäßem Ermessen schließt auch dessen spätere Herauf- oder Herabsetzung ein.

§ 4 Rechtseinräumungen. (1) Der Übersetzer räumt dem Verlag an der Übersetzung räumlich unbeschränkt für die Dauer des gesetzlichen Urheberrechts die nachfolgenden ausschließlichen inhaltlich unbeschränkten Nutzungsrechte in allen bekannten und unbekannten Nutzungsarten für alle Ausgaben und Auflagen ohne Stückzahlbegrenzung ein:

a) Das Recht zur Vervielfältigung und Verbreitung in allen Druckausgaben sowie körperlichen elektronischen Ausgaben. Unter Druckausgaben sind z. B. Hardcover-, Taschenbuch-, Paperback-, Sonder-, Reprint-, Buchgemeinschafts-, Schul-, Großdruckausgaben und Gesamtausgaben zu verstehen. Unter körperlichen elektronischen Ausgaben ist die digitale Vervielfältigung und Verbreitung der Übersetzung auf Datenträgern (z. B. CD, CD-ROM, DVD) zu verstehen.

b) Das Recht, die Übersetzung in unkörperlichen elektronischen Ausgaben (z. B. E-Book, App) digital zu vervielfältigen und in Datenbanken und Datennetzen zu speichern und einer beliebigen Zahl von Nutzern ganz oder teilweise derart zugänglich zu machen, dass diese die Übersetzung oder Teile daraus auf individuellen Abruf (z. B. Download, Streaming) empfangen können, unabhängig vom Übertragungssystem (z. B. Internet, Mobilfunk) und der Art des Empfangsgeräts (z. B. Computer, Handy, E-Reader). Dies schließt auch das Recht ein, die Übersetzung Nutzern ganz oder teilweise zeitlich beschränkt zugänglich zu machen.

c) Das Recht des ganzen oder teilweisen Vorabdrucks und Nachdrucks, beispielsweise in Kalendern, Anthologien, Zeitungen und Zeitschriften.

d) Das Recht der Übersetzung in Mundarten und die Auswertung dieser Fassungen nach allen vertragsgegenständlichen Nutzungsarten.

e) Das Recht zu sonstiger Vervielfältigung und Verbreitung der Übersetzung, ganz oder in Teilen, insbesondere durch digitale, fotomechanische oder ähnliche Verfahren (z. B. (Digital-)Fotokopie).

f) Das Recht zum Vortrag der Übersetzung durch Dritte, insbesondere Lesung und Rezitation.

g) Das Recht zur Aufnahme der Übersetzung (z. B. als Hörbuch) auf Datenträger aller Art sowie das Recht zu deren Vervielfältigung, Verbreitung, öffentlichen Wiedergabe einschließlich Sendung sowie öffentlicher Zugänglichmachung.

sowie

h) Das Recht, die Übersetzung oder ihre Teile mit anderen Werken, Werkteilen oder sonstigem Material zu (auch) interaktiv nutzbaren elektronischen Werken zu vereinen und diese dann als körperliche oder unkörperliche Ausgaben zu vervielfältigen, verbreiten und öffentlich zugänglich zu machen.

i) Das Recht zur Bearbeitung als Bühnenstück sowie das Recht der Aufführung der so bearbeiteten Übersetzung.

j) Das Recht zur Verfilmung einschließlich der Rechte zur Bearbeitung als Drehbuch und zur Vorführung des so hergestellten Films. Eingeschlossen ist ferner das Recht zur Bearbeitung und Verwertung des verfilmten Werkes im Fernsehen (Free- oder Pay-TV) oder auf ähnliche Weise (Abruffernsehen, Video-on-Demand, WebTV etc.).

k) Das Recht zur Bearbeitung und Verwertung der Übersetzung als Hörspiel.

l) Das Recht zur Vertonung der Übersetzung einschließlich des Rechts zur Aufführung des vertonten Werkes.

m) Das Merchandisingrecht, soweit es dem Übersetzer als eigenes Recht zugeordnet werden kann, d. h. das Recht, die Übersetzung, insbesondere die in der Übersetzung enthaltenen Figuren, Namen, Textteile, Titel, Schriften, Geschehnisse, Erscheinungen und die durch die Übersetzung begründeten Ausstattungen einschließlich ihrer bildlichen, fotografischen, zeichnerischen und sonstigen Umsetzungen im Zusammenhang mit anderen Produkten und Dienstleistungen jeder Art und jeder Branche zum Zwecke der Verkaufsförderung zu nutzen, und so gestaltete oder versehene Produkte kommerziell auszuwerten und nach eigenem Ermessen Markenanmeldungen durchzuführen sowie gewerbliche Schutzrechte zu erwerben.

sowie

n) Das Recht, die Übersetzung bzw. die hergestellten Werkfassungen nach Absatz 1h bis m in allen vertragsgegenständlichen Nutzungsarten auf Datenträgern aller Art aufzunehmen, zu vervielfältigen und zu verbreiten sowie durch Hör- und Fernsehfunk zu senden und/oder öffentlich zugänglich zu machen.

o) Die an der Übersetzung oder ihrer Datenträger oder durch Lautsprecherübertragung oder Sendung entstehenden Wiedergabe- und Überspielungsrechte.

p) Das Recht, die Übersetzung in allen vertragsgegenständlichen körperlichen Nutzungsarten zu veröffentlichen, gewerblich oder nichtgewerblich auszuleihen und/oder zu vermieten.

q) Das Recht, die Übersetzung im Umfang der eingeräumten Rechte in allen vertragsgegenständlichen Nutzungsarten auszugsweise zum Zwecke der Werbung für das Werk öffentlich zugänglich zu machen.

r) Das Recht, die Übersetzung in zum Zeitpunkt des Vertragsschlusses unbekannten Nutzungsarten zu nutzen. Beabsichtigt der Verlag die Aufnahme einer neuen Art der Werknutzung, wird er den Übersetzer entsprechend informieren. Dem Übersetzer stehen die gesetzlichen Rechte gemäß § 31a UrhG (Widerruf) und § 32c UrhG (Vergütung) zu.

s) alle sonstigen durch die Verwertungsgesellschaft Wort wahrgenommenen Rechte nach deren Satzung, Wahrnehmungsvertrag und Verteilungsplan.

(2) Der Verlag ist berechtigt, alle ihm hiernach zustehenden Rechte auf Dritte zu übertragen oder Dritten Nutzungsrechte an diesen Rechten einzuräumen.

(3) Der Verlag verpflichtet sich, den Übersetzer über wesentliche Lizenzabschlüsse und Übertragungen von Rechten zu unterrichten. Der Verlag stellt dem Übersetzer in diesem Fall ein Belegexemplar der Lizenzausgabe des Werks zur Verfügung, sofern ihm selbst ein solches vom Lizenznehmer zur Verfügung gestellt wird. Der Verlag wird dem Lizenznehmer eine entsprechende Verpflichtung aufgeben. Der Verlag haftet jedoch nicht gegenüber dem Übersetzer für deren Erfüllung.

(4) Der Verlag gibt dem Übersetzer alle Informationen, derer dieser zur Wahrnehmung seiner Rechte bei der VG Wort bedarf.

§ 5 Rückrufsrecht des Übersetzers. Verwertet der Verlag die Übersetzung nicht (§ 2 Abs. 7, § 3 Abs. 1 S. 2 und 3) oder verwertet er sie nicht weiter, so hat er dies dem Übersetzer unverzüglich mitzuteilen. Im Übrigen steht dem Übersetzer dann ein Rückrufsrecht für seine Übersetzung gemäß § 41 UrhG zu.

§ 6 Vergütung. (1) Der Übersetzer erhält für seine Tätigkeit und für die Einräumung sämtlicher Rechte gemäß § 4 als Gegenleistung ein Honorar von
€ ___
pro Normseite (30 Zeilen zu 60 Anschlägen) des übersetzten Textes:
€ ___ bei Abschluss des Vertrags
den Restbetrag bei Ablieferung des vollständigen Manuskripts, zahlbar binnen 14 Tagen nach Rechnungsstellung.
oder
Der Übersetzer erhält für seine Tätigkeit und für die Einräumung sämtlicher Rechte gemäß § 4 als Gegenleistung ein Honorar von € ...:
€ ___ bei Abschluss des Vertrags
€ ___ bei Ablieferung des vollständigen Manuskripts.

(2) Für die nach § 2 Abs. 3. vereinbarten Besonderheiten und Leistungen erhält der Übersetzer ein in der Rechnung auszuweisendes weiteres Honorar von € ___, zahlbar binnen 14 Tagen nach Rechnungstellung.

(3) Ferner erhält der Übersetzer eine nicht verrechenbare Beteiligung an den vom Verlag durch die verlagseigene Verwertung des Werkes erzielten Erlösen, und zwar auf der Basis des um die darin enthaltene Mehrwertsteuer verminderten gebundenen oder empfohlenen Ladenpreises (im Folgenden: „Nettoladenpreis“) für jedes verkaufte, bezahlte und nicht remittierte Exemplar der

- ...-Ausgabe
  [...] % vom Nettoladenpreis
  ab dem [...] Exemplar.
- ...-Ausgabe
  [...] % vom Nettoladenpreis
  ab dem [...] Exemplar.

(4) Für verlagseigene Produkte, die nicht der Preisbindung unterliegen, erhält der Übersetzer für jedes verkaufte, bezahlte und nicht remittierte Exemplar [...] % vom Nettoverlagsabgabepreis (gebundener bzw. unverbindlich empfohlener Ladenverkaufspreis abzüglich Umsatzsteuer und gewährter Rabatte/eines Durchschnittsrabattes von derzeit ...%).

(5)
a) Der Übersetzer erhält im Falle der verlagseigenen Verwertung von unkörperlichen elektronischen Ausgaben eine nicht verrechenbare Beteiligung in Höhe von [...] % vom Nettoverlagserlös (= der unmittelbaren Verwertung des Werkes zuzuordnende Verlagseinnahmen abzüglich Mehrwertsteuer) ab dem ... Einzel-Download unabhängig davon, ob die öffentliche Zugänglichmachung über eigene oder fremde Plattformen stattfindet.
b) Wird das Werk als Teil eines Angebots mit mehreren Werken verwertet, erhalten sämtliche Übersetzer, deren Werke beteiligt sind, insgesamt den unter § 6 Abs. 5 lit a genannten Honorarsatz. Der Anteil des Übersetzers bestimmt sich unter Zugrundelegung des Umfangs (z. B. Seitenanzahl, genutzte Speicherkapazität etc.) oder des regulären Einzelpreises seines Werkes im Verhältnis zu den anderen beteiligten Werken oder – im Falle der ge-

meinsamen Verwertung durch Dritte – durch den von diesem Dritten einheitlich gegenüber allen seinen Vertragspartnern angewendeten Verteilungsschlüssel, sofern dieser nicht offensichtlich unbillig ist.

(6) Sofern der Verlag Erlöse aus der Lizenzvergabe der eingeräumten Rechte erzielt, bei denen die Übersetzung mit lizensiert wird, erhält der Übersetzer einen Anteil von [...] % vom Nettolizenzerlös (= beim Verlag eingehender Erlös abzüglich darin enthaltener Umsatzsteuer). Wenn ausschließlich die Übersetzung Gegenstand eines Lizenzvertrages ist, erhält der Übersetzer [...] % des Nettolizenzerlöses.

(7) Der Übersetzer erhält für alle sonstigen Verwertungsformen und Ausgaben des Werkes eine angemessene Vergütung, über die sich die Parteien bei beabsichtigter Nutzungsaufnahme durch den Verlag verständigen werden.

(8) Soweit Nutzungsrechte durch Verwertungsgesellschaften wahrgenommen werden, gelten die Bestimmungen des jeweils aktuellen Verteilungsplans.

(9) Pflicht-, Prüf-, Werbe- und Besprechungsexemplare sämtlicher Ausgabenarten sind vergütungsfrei.

§ 7 Abrechnung. (1) Ist der Übersetzer umsatzsteuerpflichtig, zahlt der Verlag die auf die Vergütungsbeträge jeweils anfallende Umsatzsteuer zusätzlich.

(2) Nach dem Tode des Übersetzers bestehen die Honorarverpflichtungen gegenüber den Erben, die bei einer Mehrzahl von Erben einen gemeinsamen Bevollmächtigten zu benennen haben. Bis zur Vorlage des Erbscheins und bis zur etwaigen Benennung des gemeinsamen Bevollmächtigten ist der Verlag nicht verpflichtet, Beteiligungen abzurechnen oder Vergütungen auszuzahlen.

(3) Soweit in diesem Vertrag nicht anderweitig bestimmt, erfolgen Abrechnung und Zahlung jährlich zum ___ innerhalb der auf den Stichtag folgenden drei Monate. Der Verlag ist berechtigt, Abrechnungsbeträge, die die Überweisungskosten nicht wesentlich übersteigen, nicht auszuzahlen und auf die nächste Abrechnungsperiode vorzutragen.

Der Verlag leistet dem Übersetzer entsprechende Abschlagszahlungen, sobald er Guthaben aus Lizenzeinnahmen von mehr als € ___ feststellt.

(4) Der Verlag ist verpflichtet, einem vom Übersetzer beauftragten Wirtschaftsprüfer, Steuerberater oder vereidigten Buchsachverständigen zur Überprüfung der Honorarabrechnungen Einsicht in die Bücher und Unterlagen zu gewähren. Die hierdurch anfallenden Kosten trägt der Verlag, es sei denn, der Fehler in der Abrechnung zu Lasten des Übersetzers liegt unter 3 % gegenüber der vertraglichen Regelung.

§ 8 Vergütung bei Nichtverwertung der Übersetzung. (1) Unterbleibt die Verwertung aus Gründen, die nicht beim Übersetzer liegen, erhält der Übersetzer die nach § 6 Abs. 1 und 2 vereinbarte Vergütung; liegt zum Zeitpunkt der Erklärung der Nichtverwertung erst ein Teil der Übersetzung oder ein Teil der zusätzlichen Leistungen vor, können Verlag und Übersetzer Abweichendes vereinbaren.

(2) Unterbleibt die Verwertung aus Gründen, die beim Übersetzer liegen, richtet sich die Vergütungspflicht nach den gesetzlichen Bestimmungen (Rücktritt, Schadensersatz).

(3) Hat der Verlag gegenüber dem Übersetzer eine Publikationspflicht, bleiben weitergehende Ansprüche des Übersetzers auf Schadensersatz unberührt.

§ 9 Manuskriptablieferung. (1) Der Übersetzer verpflichtet sich, das gesamte satzfähige Manuskript bis spätestens ______
oder
das satzfähige Manuskript in einem Umfang von ___ Seiten bis spätestens __.__.____, die restlichen Seiten bis spätestens __.__.____ abzuliefern.

(2) Sollte sich die Bearbeitungszeit für den Übersetzer durch nach Vertragsabschluss eintretende Umstände, die im Verantwortungsbereich des Verlages liegen (z.B. verspätete Übergabe des Originalmanuskripts), erheblich reduzieren, so ist der Übersetzer berechtigt, eine Anpassung der Abgabefrist zu verlangen oder vom Vertrag zurückzutreten.

(3) Falls der Übersetzer das vollständige satzfähige Manuskript nicht rechtzeitig beim Verlag abliefert, so kann der Verlag, wenn er dem Übersetzer erfolglos eine angemessene Frist zur Ablieferung bestimmt hat, vom Vertrag ganz oder teilweise zurücktreten. Als angemessene Nachfrist gilt ein Zeitraum von [...] Wochen.

(4) Der Übersetzer behält bis zur Erstveröffentlichung eine Kopie des Manuskriptes bei sich.

§ 10 Satz und Korrektur. (1) Die erste Korrektur des Satzes wird vom Verlag oder von der Druckerei vorgenommen. Der Verlag ist sodann verpflichtet, dem Übersetzer in allen Teilen gut lesbare Abzüge zu übersenden, die der Übersetzer unverzüglich honorarfrei korrigiert und mit dem Vermerk „druckfertig“ versieht; durch diesen Vermerk werden auch etwaige Abweichungen vom Manuskript genehmigt. Abzüge gelten auch dann als „druckfertig“, wenn sich der Übersetzer nicht innerhalb angemessener Frist nach Erhalt zu ihnen erklärt hat.

(2) Nimmt der Übersetzer, abweichend von seinem Originalmanuskript, Änderungen im fertigen Satz vor, hat er die dadurch entstehenden Mehrkosten – berechnet nach dem Selbstkostenpreis des Verlags – insoweit zu tragen, als sie 10 % der Satzkosten übersteigen.

§ 11 Urheberbenennung. Der Verlag ist verpflichtet, den Übersetzer auf der Haupttitelseite (Seite 3) zu nennen. Bei Werbemaßnahmen für das Werk allein und in den Metadaten ist der Übersetzer ebenfalls zu nennen. Bei Lizenzausgaben hat der Verlag den Lizenznehmer zur Benennung des Übersetzers zu verpflichten. Der Verlag haftet jedoch nicht gegenüber dem Übersetzer für deren Erfüllung.

§ 12 Rezensionen. Der Verlag wird auf Wunsch des Übersetzers bei ihm eingehende Rezensionen des Werks innerhalb des ersten Jahres nach Erscheinen umgehend, danach in angemessenen Zeitabständen dem Übersetzer zur Kenntnis bringen.

§ 13 Freiexemplare. (1) Der Übersetzer erhält für seinen eigenen Bedarf ___ Freiexemplare, im Falle von unkörperlichen elektronischen Ausgaben ___ kostenlose Downloads. Bei der Herstellung von mehr als ___ Exemplaren erhält der Übersetzer ___ weitere Freiexemplare und bei der Herstellung von mehr als ___ Exemplaren ___ weitere Freiexemplare.

(2) Darüber hinaus kann der Übersetzer Exemplare seines Werks mit einem Rabatt von ___ % vom Ladenpreis vom Verlag beziehen.

(3) Sämtliche gemäß Abs. 1 oder Abs. 2 übernommenen Exemplare dürfen nicht weiterverkauft werden.

§ 14 Verramschung, Makulierung. (1) Der Verlag kann das Werk verramschen, wenn der Verkauf in zwei aufeinanderfolgenden Kalenderjahren unter ___ Exemplaren pro Jahr gelegen hat. Am Erlös ist der Übersetzer mit ___ % beteiligt, sofern bei regulärem Verkauf eine zusätzliche Beteiligung gemäß § 6 Abs. 3 zu zahlen gewesen wäre. Sofern der Erlös der zu verramschenden Exemplare unter deren Herstellkosten liegt, ist der Übersetzer nicht beteiligt.

(2) Erweist sich auch ein Absatz zum Ramschpreis als nicht durchführbar, kann der Verlag die Restauflage makulieren.

(3) Der Verlag ist verpflichtet, den Übersetzer vor einer beabsichtigten Verramschung bzw. Makulierung zu informieren. Der Übersetzer hat das Recht, durch einseitige Erklärung die noch vorhandene Restauflage bei beabsichtigter Verramschung zum Ramschpreis abzüglich des Prozentsatzes seiner Beteiligung und bei beabsichtigter Makulierung unentgeltlich ab Lager zu übernehmen. Bei beabsichtigter Verramschung kann das Übernahmerecht nur bezüglich der gesamten noch vorhandenen Restauflage ausgeübt werden.

(4) Das Recht des Übersetzers, im Falle der Verramschung oder Makulierung vom Vertrag zurückzutreten, richtet sich nach §§ 32 und 30 Verlagsgesetz.

(5) Den Bestimmungen der Abs. 1 bis 4 entgegenstehende Verpflichtungen des Verlags gegenüber anderen Berechtigten, z. B. dem Inhaber der Originalrechte, weiteren Übersetzern oder Illustratoren schränken diese Rechte und Pflichte ein, soweit der Verlag sie dem Übersetzer im Kollisionsfalle bekanntgibt.

§ 15 Schlussbestimmungen. (1) Soweit dieser Vertrag keine Regelungen enthält, gelten die allgemeinen gesetzlichen Bestimmungen des Rechts der Bundesrepublik Deutschland. Die Nichtigkeit oder Unwirksamkeit einzelner Bestimmungen dieses Vertrags berührt die Gültigkeit der übrigen Bestimmungen nicht. Die Parteien sind alsdann verpflichtet, die mangelhafte Bestimmung durch eine solche zu ersetzen, deren wirtschaftlicher und juristischer Sinn dem der mangelhaften Bestimmung möglichst nahekommt.

(2) Die Parteien erklären, Mitglieder/Wahrnehmungsberechtigte folgender Verwertungsgesellschaften zu sein:
Der Verlag ______________________________
Der Übersetzer ___________________________

______________________________, den ________________20___

______________________ ______________________
(Übersetzer) (Verlag)

7b. Gemeinsame Vergütungsregeln für Autoren belletristischer Werke in deutscher Sprache*)

Vom 9. Juni 2005

Der Verband deutscher Schriftsteller in der Vereinigten Dienstleistungsgewerkschaft (ver.di)
und
die unterzeichnenden Verlage
stellen gemäß § 36 des Urheberrechtsgesetzes (UrhG) folgende gemeinsame Vergütungsregeln für Autoren belletristischer Werke in deutscher Sprache auf:

Vorbemerkung

Der Urheber hat nach § 32 UrhG Anspruch auf eine angemessene Vergütung für die Einräumung von Nutzungsrechten und die Erlaubnis zur Werknutzung. Zur Bestimmung der Angemessenheit von Vergütungen stellen nach § 36 UrhG Vereinigungen von Urhebern mit Vereinigungen von Werknutzern oder einzelnen Werknutzern gemeinsame Vergütungsregeln auf. Die gemeinsamen Vergütungsregeln sollen die Umstände des jeweiligen Regelungsbereichs berücksichtigen, insbesondere die Struktur und die Größe der Verwerter.

Die folgenden Regeln wurden im Rahmen einer Mediation der Bundesministerin der Justiz aufgestellt und folgen in wesentlichen Punkten Kompromissvorschlägen der Moderatorin. Vergütungen, die unterhalb der nachfolgenden Vergütungsregeln liegen, sind keine angemessenen Vergütungen nach § 32 UrhG.

§ 1 Anwendungsbereich. Die nachfolgenden Vergütungsregeln gelten für Verlagsverträge und andere urheberrechtliche Nutzungsverträge über selbständig zu veröffentlichende belletristische Werke. Sie finden keine Anwendung auf Verlagsverträge aus anderen Bereichen, insbesondere nicht aus den Bereichen Sachbuch, Ratgeber, Lexika, Fachbuch, Kinder- und Jugendbuch, Schul- und Lehrbuch sowie Hörbuch, weil in diesen Bereichen andere Bedingungen gelten.

Diese Regeln gelten auch nicht für Fälle, in denen der Wunsch des Urhebers, einen Text gedruckt zu sehen, und nicht ein verlegerisches Interesse im Vordergrund stehen und der Urheber deshalb kein Honorar erwartet und billigerweise auch nicht erwarten kann (Memoiren, private Familiengeschichten, Manuskripte unbekannter Autoren, an denen kaum Interesse der literarischen Öffentlichkeit zu erwarten ist und für die sich zu den allgemein üblichen Konditionen kein Verleger finden lässt).

§ 2 Angemessene Vergütung. Die Vergütung nach den nachfolgenden Regelungen ist angemessen, wenn der jeweilige Verlagsvertrag den Konditionen

*) In die deutsche Sprache übersetzte fremdsprachige Werke werden von den nachfolgenden Vergütungsregeln nicht erfasst.

des Normvertrags für den Abschluss von Verlagsverträgen in der jeweils gültigen Fassung entspricht, soweit nicht zulässigerweise Abweichungen vereinbart sind. Alle Varianten der Honorarermittlung, die der Normvertrag zulässt und die den hier vereinbarten Regeln wirtschaftlich gleichwertig sind, gelten als angemessene Vergütungen.

§ 3 Honorar für Verlagsausgaben. (1) Der Verlag setzt die Vergütung für Hardcover-Ausgaben im Regelfall als laufende Beteiligung des Autors an den Verwertungseinnahmen fest. Richtwert für den Normalfall ist ein Honorar von 10 Prozent für jedes verkaufte, bezahlte und nicht remittierte Exemplar bezogen auf den um die darin enthaltene Mehrwertsteuer verminderten Ladenverkaufspreis (Nettoladenverkaufspreis). Bei mehr als einem Autor und Mitwirkung anderer Urheber (z.B. Bebilderung) gilt der Richtwert für die Summe der angemessenen Vergütungen.

(2) Der Verlag kann eine Beteiligung von 8 bis 10 Prozent vereinbaren, wenn und soweit im Einzelfall beachtliche Gründe die Abweichung vom Richtwert gerechtfertigt erscheinen lassen. Solche Gründe können insbesondere sein:

1. die in § 36 Abs. 1 UrhG genannte Rücksicht auf Struktur und Größe des Verwerters,
2. die mutmaßlich geringe Verkaufserwartung,
3. das Vorliegen eines Erstlingswerkes,
4. die beschränkte Möglichkeit der Rechteverwertung,
5. der außergewöhnliche Lektoratsaufwand,
6. die Notwendigkeit umfangreicher Lizenzeinholung,
7. der niedrige Endverkaufspreis,
8. genrespezifische Entstehungs- und Marktbedingungen.

(3) Eine Beteiligung unter 8 Prozent kann nur in außergewöhnlichen Ausnahmefällen vereinbart werden, in denen besondere Umstände dies angemessen erscheinen lassen, z.B. bei besonders hohem Aufwand bei der Herstellung oder bei Werbung oder Marketing oder Vertrieb oder bei wissenschaftlichen Gesamtausgaben.

(4) Für Buchverlagsreihen können einheitliche Vergütungen vereinbart werden, soweit für die Buchverlagsreihen die Anforderungen der Absätze 1 bis 3 erfüllt sind.

(5) Für Fälle großen Verkaufserfolgs wird der Vertrag die Ausgangsvergütung mit einer ansteigenden Vergütungsstaffel verknüpfen. Das gilt nicht für Sonderausgaben.

§ 4 Verwertung als Taschenbuch oder Sonderausgabe. (1) Bei vom Verlag selbst veranstalteten Taschenbuchausgaben sind in der Regel folgende Beteiligungen am Nettoladenverkaufspreis angemessen:

1. bis 20000 Exemplare 5%,
2. ab 20000 Exemplaren 6%,
3. ab 40000 Exemplaren 7%,
4. ab 100000 Exemplaren 8%.

(2) Bei verlagseigenen Sonderausgaben, deren Verkaufspreis mindestens ein Drittel unter dem Verkaufspreis der Normalausgabe liegt, gilt ein Honorar von 5% vom Nettoladenpreis als angemessen. Ab einer Auflage von 40 000 Exemplaren gilt ein Honorar von 6% als angemessen.

§ 5 Verwertung von Nebenrechten. (1) Der aus der Verwertung der Nebenrechte durch Dritte beim Verlag erzielte Erlös wird nach Eingang zwischen Autor und Verlag geteilt, und zwar erhält der Autor, sofern nicht noch weitere Rechtsinhaber zu berücksichtigen sind, einen Anteil von
60 Prozent des Erlöses bei buchfernen Nebenrechten (insbesondere Medien- und Bühnenrechten) und
50 Prozent des Erlöses bei buchnahen Nebenrechten (z. B. Recht der Übersetzung in eine andere Sprache, Hörbuch).

(2) Die Vergütung der Nutzung von Nebenrechten durch den Verlag selbst bleibt einer gesonderten Vergütungsregel vorbehalten.

§ 6 Vorschüsse. (1) Der Autor erhält auf seine Honoraransprüche im Regelfall einen Vorschuss.

(2) Von der Zahlung eines Vorschusses kann abgesehen werden, soweit die Umstände es rechtfertigen; das gilt insbesondere für kleine und mittlere Verlage. Im Übrigen kann § 3 Abs. 2 entsprechend angewendet werden.

§ 7 Abrechnungen. (1) Honorarabrechnung und Zahlung erfolgen jährlich per 31. Dezember innerhalb der auf den Stichtag folgenden drei Monate.

(2) Sofern im jährlichen Turnus abgerechnet wird, ein beachtliches Guthaben aufläuft (2000 Euro und mehr) und es dem Verlag organisatorisch möglich und zumutbar ist, kann der Autor eine Abschlagzahlung per 30. Juni verlangen.

§ 8 Neue Nutzungsarten. Hat ein Verlag mit dem Autor eine nach diesen gemeinsamen Vergütungsregeln ermittelte Vergütung vereinbart, so ist der Autor verpflichtet, dem Verlag auf dessen Verlangen die Rechte an sämtlichen zukünftig entstehenden neuen Nutzungsarten (§ 31 Abs. 4 UrhG) schriftlich einzuräumen. Der Verlag verpflichtet sich in diesem Fall im Gegenzug, den Autor an den Erlösen aus derartigen Nutzungen angemessen zu beteiligen. Die Beteiligung wird gegebenenfalls der wirtschaftlichen Entwicklung der neuen Nutzung angepasst.

§ 9 Inkrafttreten und Kündigung. Diese Vereinbarung tritt am 1. Juli 2005 in Kraft. Sie ist auf unbestimmte Zeit geschlossen und kann mit einer Frist von sechs Monaten zum Jahresende, erstmals zum 31. Dezember 2006, gekündigt werden.

7c. Gemeinsame Vergütungsregeln für freie hauptberufliche Journalistinnen und Journalisten an Tageszeitungen

vom 29. Januar 2010

Aufgestellt durch
den Bundesverband Deutscher Zeitungsverleger e. V. als Vertreter der nachfolgend genannten Mitgliedsverbände[1])
Verband Südwestdeutscher Zeitungsverleger e. V.,
Verband Bayerischer Zeitungsverleger e. V.,
Zeitungsverlegerverband Bremen e. V.,
Zeitungsverlegerverband Hamburg e. V.,
Verband Nordwestdeutscher Zeitungsverlage e. V.,
Zeitungsverlegerverband Nordrhein-Westfalen e. V.,
Verband der Zeitungsverleger in Rheinland-Pfalz und Saarland e. V.,
Verband der Zeitungsverlage Norddeutschland e. V.
und
den Deutschen Journalisten-Verband e. V. – Gewerkschaft der Journalistinnen und Journalisten,
die Vereinte Dienstleistungsgewerkschaft ver.di, Bundesvorstand, Deutsche Journalistinnen- und Journalisten-Union (dju) in ver.di.

Präambel

Nach § 32 UrhG hat der Urheber für die Einräumung von Nutzungsrechten und Erlaubnis zur Werknutzung Anspruch auf eine angemessene Vergütung, wobei eine nach einer gemeinsamen Vergütungsregel ermittelte Vergütung unwiderlegbar angemessen ist. In § 36 UrhG werden die Verbände aufgefordert, derartige gemeinsame Vergütungsregeln zu verabschieden. Mit nachstehenden Regelungen stellen die im Rubrum genannten Parteien Maßstäbe für die Angemessenheit der Honorare im Tageszeitungsbereich auf, um so auf die Transparenz und Rechtssicherheit der Verträge zwischen hauptberuflich freien Journalistinnen und Journalisten und Verlagen hinzuwirken. Dabei gehen sie davon aus, dass bisher von Tageszeitungsverlagen gezahlte Honorare, die über den hier gefundenen Maßstäben liegen, für diese Verlage der Maßstab der Angemessenheit sind.

§ 1 Nachweis der Hauptberuflichkeit. (1) Diese Vergütungsregeln sind aufgestellt für freie hauptberufliche Journalistinnen und Journalisten an Tageszeitungen. Die Hauptberuflichkeit ist auf Verlangen des Verlages darzulegen und ggf. nachzuweisen. Als Indizien für die Hauptberuflichkeit gelten z. B. ein von BDZV, VDZ, DJV, dju, Freelens oder VDS ausgestellter Presseausweis, der Nachweis einer Versicherung nach dem KSVG und vergleichbare Bescheinigungen.

---

[1]) Die Vollmacht des BDZV erstreckt sich nicht auf das Bundesland Mecklenburg-Vorpommern.

(2) Der Tarifvertrag für die arbeitnehmerähnlichen freien Journalistinnen und Journalisten an Tageszeitungen bleibt von diesen gemeinsamen Vergütungsregeln unberührt.

§ 2 Grundlage der Honorarabrechnung. (1) Maßstab für die Berechnung des Honorars ist der gedruckte Umfang des Beitrags und die Höhe der Auflage.

(2) Bei der Berechnung des Honorars ist die verkaufte Auflage nach IVW der Ausgabe(n) zu Grunde zu legen, in der/denen der Beitrag veröffentlicht worden ist[1]. Bei einer Lieferung von Beiträgen an Dritte außerhalb der in § 9 Nr. 2 genannten Nutzungen ist ein zusätzliches Honorar in Höhe von 40 Prozent gemäß der Auflagenkategorie des Dritten zu zahlen, soweit die addierte Auflage 300 000 Exemplare überschreitet.

§ 3 Honorare für Textbeiträge. Die Berechnung der Honorare erfolgt nach Anzahl der Druckzeilen der einzelnen Beiträge. Dabei gilt als Normalzeile die Druckzeile mit 34 bis 40 Buchstaben. Umfasst die Druckzeile weniger als 34 oder mehr als 40 Buchstaben, so sind die Honorarsätze nach folgender Formel zu errechnen:
Buchstaben der Druckzeile × Honorarsatz für Normalzeile : 37
Als Mindesthonorar für einen Beitrag ist das Honorar für 20 Zeilen des jeweiligen Erstdruckrechts zu zahlen.
Die nachfolgenden Beträge sind Cent-Beträge.

a) Nachrichten, Berichte

Auflage	bis 10 000	bis 25 000	bis 50 000	bis 100 000	bis 200 000	über 200 000
Erstdruckrecht	47–51	52–56	62–68	73–79	84–91	93–103
Zweitdruckrecht	38–42	41–45	46–50	56–60	63–69	71–75

b) Reportagen, Gerichtsberichte, Spitzen, Glossen, unterhaltende Aufsätze, Kurzgeschichten

Auflage	bis 10 000	bis 25 000	bis 50 000	bis 100 000	bis 200 000	über 200 000
Erstdruckrecht	59–64	62–68	78–84	94–102	116–126	121–132
Zweitdruckrecht	44–48	46–50	61–66	71–77	88–95	91–100

[1] **Protokollnotiz Nr. 1 zu § 2 Abs. 2: „verkaufte Auflage“**
In den Fällen des § 9 Nr. 2 werden die der Redaktionsgemeinschaft bzw. der redaktionellen Zusammenarbeit und der Mantellieferung zuzuordnenden verkauften Auflagen nach IVW hinzugerechnet, für die der Beitrag auf der Basis des § 9 Nr. 2 geliefert wurde.

c) Kommentare, Leitartikel, Interviews, fachliche und wissenschaftliche Aufsätze, Kunstkritiken, Essays, Alleinveröffentlichungsrechte

Auflage	bis 10 000	bis 25 000	bis 50 000	bis 100 000	bis 200 000	über 200 000
Erstdruckrecht	74–80	78–85	98–105	119–128	145–158	151–165
Zweitdruckrecht	55–60	58–63	76–83	89–96	110–119	114–125

§ 4 Honorare für Bildbeiträge. Die Honorare für Bildbeiträge sind derzeit noch nicht festgelegt. Hierzu haben BDZV, DJV und dju in ver.di das weitere Verfahren in einem Briefwechsel (Anlage) vereinbart.

§ 5 Auslagenersatz. Die Honorare nach §§ 3 und 4 enthalten keinen Auslagenersatz. Der Verlag ersetzt dem freien Journalisten/der freien Journalistin unter Beachtung der steuerlichen Vorschriften die notwendigen Auslagen, die er/sie ausschließlich im Interesse und für Zwecke des Verlags gemacht hat (Auslagenersatz), sowie die Beträge, die der freie Journalist/die freie Journalistin für den Verlag auf dessen Veranlassung hin ausgegeben hat (durchlaufende Posten), soweit der freie Journalist/die freie Journalistin dem Verlag die steuerlich erforderlichen Nachweise liefert. Der Ersatz der Kosten für Unterkunft, Verpflegung, Bewirtung und Benutzung des eigenen Pkw zur Erledigung des Auftrags bestimmt sich nach den jeweiligen Verlagsrichtlinien. Die Absprache über die Höhe des Auslagenersatzes soll bei Auftragserteilung erfolgen.

§ 6 Angebot/Annahme/Haftung. (1) Bei Vertragsabschluss ist das Medium festzulegen, in dem der Beitrag erscheinen soll. Vertragspartner ist der Verlag des bezeichneten Mediums. Gegenüber diesem sind Rechte und Ansprüche geltend zu machen, soweit sie aus den hier vereinbarten gemeinsamen Vergütungsregeln abzuleiten sind oder auf ihnen beruhen.

(2) Mit der Ablieferung versichert die freie Journalistin/der freie Journalist, dass er/sie über die eingeräumten Rechte frei verfügen kann und Rechte Dritter nicht verletzt werden. Kann er/sie dies nicht versichern, hat er/sie dies gleichzeitig mit der Ablieferung ausdrücklich mitzuteilen.

Sobald eine Rechtsverletzung von einem Dritten geltend gemacht wird, informieren sich die Vertragspartner einander unverzüglich und umfassend.

Im Streitfall liefert die freie Journalistin/der freie Journalist dem Verlag die erforderlichen Belege. Beide Seiten unterstützen sich gegenseitig bei der Abwehr etwaiger Ansprüche Dritter.

(3) Bei Einsendung oder Vorlage des Beitrags ist anzugeben, ob das Angebot befristet ist. Im Falle eines befristeten Angebots ist eine Fristbestimmung vorzunehmen. Des Weiteren ist anzugeben, ob auch weiteren Verlagen ein entsprechendes befristetes oder unbefristetes Angebot gemacht wurde oder während des Fristlaufs gemacht werden soll. In diesem Fall kann nur das einfache Nutzungsrecht angeboten werden. Enthält das Angebot diese Angaben nicht, dann gilt der Beitrag zur Erstveröffentlichung (ausschließliches Nutzungs-

recht gemäß § 38 Abs. 3 Satz 2 UrhG) angeboten. Beiträge, deren Veröffentlichung wegen ihres Inhalts zeitgebunden ist, sollen besonders gekennzeichnet sein.

(4) Bei befristetem Angebot ist der freie Journalist/die freie Journalistin nach Ablauf der Frist berechtigt, über den Beitrag anderweitig zu verfügen, falls nicht vor Ablauf der Frist die Annahme erfolgt.

(5) Bei freibleibendem Angebot ist der freie Journalist/die freie Journalistin berechtigt, über den Beitrag auch anderweitig zu verfügen. In diesem Fall hat er/sie die anderen Verlage unverzüglich zu unterrichten, wenn das Angebot von einem Verlag angenommen wurde, dessen Verbreitungsgebiet mit dem der anderen Verlage konkurriert.

§ 7 Fälligkeit. (1) Das Honorar muss spätestens bis zum Ende des auf die Veröffentlichung folgenden Monats abgerechnet und bezahlt werden.

(2) Für einen Auftrag, der dem freien Journalisten/der freien Journalistin von der Redaktion/dem Verlag des Vertragspartners erteilt wurde, ist das Honorar auch dann zu zahlen, wenn der Beitrag termin- und auftragsgemäß abgeliefert, aber nicht veröffentlicht worden ist. Ist der Beitrag zur Veröffentlichung angenommen worden, ist das Honorar auch im Falle der Nichtveröffentlichung zu zahlen. In beiden Fällen ist das Honorar in der Höhe zu zahlen, die sich bei Veröffentlichung des Beitrags ergeben hätte.

Für einen bestellten oder angenommenen Beitrag ist das Honorar ohne Rücksicht auf eine verzögerte Veröffentlichung innerhalb von drei Monaten nach Ablieferung des Beitrags fällig.

§ 8 Umsatzsteuer. Sämtliche Honorare sind Nettohonorare. Neben diesen schuldet der Verlag die gesetzliche Umsatzsteuer, wenn der freie Journalist/die freie Journalistin umsatzsteuerpflichtig ist.

§ 9 Umfang der Rechteübertragung. Die Sätze in §§ 3 und 4 sind angemessen i. S. d. § 32 UrhG, soweit damit die Einräumung und Nutzung folgender Rechte abgegolten werden soll:

1. Zur Erstveröffentlichung das Vervielfältigungs- und Verbreitungsrecht für das Medium, für das der Beitrag eingekauft wurde, in dessen Verbreitungsgebiet als ausschließliches Recht nach § 38 Abs. 3 S. 2 UrhG.
2. Die Übertragung der in Nr. 1 genannten Rechte an Dritte zum Zwecke der Nutzung
   a) durch eine mit den Medien verbundene Redaktionsgemeinschaft[1]),

---

[1]) **Protokollnotiz Nr. 1 zu § 9 Nr. 2 lit. a): „Redaktionsgemeinschaft"**
Unter einer Redaktionsgemeinschaft verstehen die Parteien eine redaktionelle Zusammenarbeit, die durch die folgenden drei kumulativen Kriterien gekennzeichnet ist:
a) Das Vorhandensein einer gemeinsamen Redaktion, die nicht in jedem Fall von einem Ort aus agieren muss. Entscheidend ist die gemeinschaftliche Arbeit an einem redaktionellem Objekt oder mehreren redaktionellen Objekten.
b) Die gemeinschaftliche redaktionelle Arbeit muss auf Dauer angelegt sein und
c) es muss ein regelmäßiger Austausch von redaktionellen Beiträgen innerhalb der Redaktionszusammenarbeit stattfinden.

Im Unterschied zur Mantellieferung wird die Zusammenarbeit innerhalb einer Redaktionsgemeinschaft nicht dadurch gekennzeichnet, dass die eine Redaktion zuliefert, während die andere lediglich empfängt.

b) im Rahmen einer Mantellieferung oder einer sonstigen vergleichbaren redaktionellen Zusammenarbeit (z. B. regelmäßige Lieferung von Teilen von Tageszeitungen wie Wirtschaftsteil, Wochenendbeilage), soweit der Beitrag für die jeweils bezeichnete Nutzung bestellt oder erworben wurde[1)].

3. Das einfache, zeitlich und räumlich unbegrenzte, übertragbare Recht zur erstmaligen öffentlichen Zugänglichmachung für die aktuelle elektronische Ausgabe[2)] (identischer oder abgeleiteter Titel oder vergleichbares redaktionell zuzuordnendes Angebot[3)]) dieses Mediums.

4. Das einfache, zeitlich und räumlich unbegrenzte Nutzungsrecht zur Nutzung des Beitrags im Archiv oder in der Datenbank dieses Mediums oder nach Nr. 2 publizistisch kooperierender Verlage zum Gebrauch für interne Zwecke des jeweiligen Verlags oder zum persönlichen Gebrauch Dritter (§ 53 UrhG).

5. Mit den Vergütungssätzen ist die einmalige Nutzung des Beitrags im jeweiligen Medium abgegolten. Soweit ein ausschließliches Nutzungsrecht eingeräumt ist, erlischt die Ausschließlichkeit mit dem Ablauf des Tages der Erstveröffentlichung.

6. Der Verlag, für dessen Medium der Beitrag angekauft wurde, hat den freien Journalisten/die freie Journalistin unverzüglich[4)] über die Übertragung von Rechten nach Nr. 2 lit. a) oder b) zu unterrichten und ihm/ihr die Berechnung des Honorars nach § 2 Abs. 2 darzulegen (Dokumentation).

7. Der Erwerb weiterer Nutzungsrechte ist vertraglich zu vereinbaren. Die Höhe der zu vereinbarenden zusätzlichen Vergütung unterliegt der Vereinba-

---

[1)] **Protokollnotiz Nr. 1 zu § 9 Nr. 2 lit. b): „Mantellieferung“**
Als Mantellieferung wird die Lieferung und Übernahme von mindestens einer vollständigen Zeitungsseite bezeichnet, wobei der Austausch einzelner Beiträge aus zwingenden publizistischen Gründen (z. B. der Lokalberichterstattung) nicht ausgeschlossen ist.

[2)] **Protokollnotiz Nr. 1 zu § 9 Nr. 3: „Aktuelle elektronische Ausgabe“**
Der Begriff des Aktuellen wird übereinstimmend so verstanden, dass hiermit wörtlich nicht nur die Tagesaktualität gemeint ist. Aktuell i. S. d. der Regelung ist vielmehr eine elektronische Ausgabe soweit und solange, wie ein Thema eines Beitrags auf Grund einer Veranstaltung, eines Ereignisses oder aus sonstigen Gründen im jeweils aktuellen Bereich des elektronischen Angebots verbleibt. Das erneute Einstellen eines Beitrags nach seinem Entfernen aus dem aktuellen Angebot wird als erneute Nutzung mit der Folge einer erneuten Vergütung angesehen.

[3)] **Protokollnotiz Nr. 2 zu § 9 Nr. 3: „vergleichbares redaktionell zuzuordnendes Angebot“**
Der Terminus „vergleichbares redaktionell zuzuordnendes Angebot“ meint das Angebot in der elektronischen Ausgabe dieses Mediums. Dieses Angebot muss der Redaktion dieses Mediums i. S. d. journalistisch-redaktionellen Verantwortlichkeit nach den Landespressegesetzen oder dem Rundfunkstaatsvertrag zuzuordnen sein.

[4)] **Protokollnotiz Nr. 1 zu § 9 Nr. 6: „unverzügliche Unterrichtung“**
Der Begriff „unverzüglich“ ist i. S. des § 121 BGB zu verstehen. Die Parteien sind sich einig, dass der Begriff jeweils nach den Tatbeständen der Übertragung der Rechte bzw. der Berechnung/Abrechnung des Honorars unterschiedlich zu verwenden ist. Hinsichtlich des ersten Tatbestandes ist die Rechteverteilung so schnell wie möglich zu klären, damit freie Journalisten/Journalistinnen wissen, bei welchen Medien sie den Beitrag zusätzlich anbieten können. Hinsichtlich des zweiten Tatbestandes wird von den regelmäßigen Zyklen der Berechnung/Abrechnung ausgegangen. Im Regelfall ist eine Monatsfrist zu Grunde zu legen. Längere Fristen können nur in Ausnahmefällen oder dann akzeptiert werden, wenn sie bereits zum Zeitpunkt des Vertragsschlusses regelmäßig angewandt wurden.

rung zwischen Verlag und dem freien Journalisten/der freien Journalistin, soweit nicht nachfolgend anderes bestimmt ist:

a) Für den Erwerb der Rechte zur Nutzung in Archiven und Datenbanken außerhalb der in Nr. 4 genannten Archive, Datenbanken oder Zwecke ist eine Erlösbeteiligung[1] in Höhe von 55 Prozent zu zahlen,

b) für den Erwerb der Rechtenutzung im Wege der öffentlichen Zugänglichmachung außerhalb der in Nr. 3 genannten öffentlichen Zugänglichmachung ist eine Erlösbeteiligung[1] in Höhe von 55 Prozent zu zahlen.

8. Nicht von den vorstehenden Regelungen erfasst werden von urheberrechtlichen Verwertungsgesellschaften wahrgenommene Zweitverwertungsrechte und Vergütungsansprüche. Diese stehen den freien Journalisten/freien Journalistinnen nach Maßgabe der Verteilungspläne der Verwertungsgesellschaften alleine zu. Vereinbarungen zwischen Verlagen, Verlagszusammenschlüssen und Verwertungsgesellschaften werden hierdurch nicht berührt. Satz 2 gilt nicht für Vergütungsansprüche aus einem gesetzlichen Leistungsschutzrecht der Verlage.

9. Die Urheberpersönlichkeitsrechte des freien Journalisten/der freien Journalistin bleiben unberührt. Eine Urheberbezeichnung (Name oder vereinbartes Kürzel) ist in unmittelbarem Zusammenhang mit dem Beitrag stets zu verwenden, soweit nicht Abweichendes vereinbart ist.

§ 10 Schlussbestimmung. (1) Die gemeinsamen Vergütungsregeln gelten ab dem 1. Februar 2010.

(2) Der Inhalt der gemeinsamen Vergütungsregeln einschließlich der Honorarsätze kann auf Verlangen eines diese Regeln aufstellenden Verbandes im Rhythmus von 2 Jahren überprüft werden, erstmals jedoch ab dem 1. Januar 2012.

Anlage
Briefwechsel

1. Die Parteien können sich derzeit nicht über die Höhe der Angemessenheit der Fotohonorare einigen. Deswegen erklärt der BDZV, dass er seinen Mitgliedsverlagen mitteilen wird, dass folgende Honorarstaffel in Euro nicht unterschritten werden sollte:

Auflage	bis 10 000	bis 25 000	bis 50 000	bis 100 000	bis 200 000	über 200 000
Erstdruckrecht	12–22	14–25	17–29	22–35	30–45	39–56
Zweitdruckrecht	10–16	11,50–19	14–22	18–26	25–32	31–40

[1] **Protokollnotiz Nr. 1 zu § 9 Nr. 7: „Erlösbeteiligung"**
Die Erlösbeteiligung wird auf der Basis des aus der Verwertung erzielten, hilfsweise des üblicherweise erzielbaren, um Aufwand und Mehrwertsteuer verminderten Nettoerlöses berechnet. Zum Aufwand rechnen die direkten Herstellungs-, Marketing- und Vertriebskosten.

DJV und dju in ver.di sind der Auffassung, dass nur die im Tarifvertrag für arbeitnehmerähnliche freie Journalistinnen und Journalisten an Tageszeitungen derzeit die angemessenen Honorare wie folgt abbilden:

Auflage	bis 10 000	bis 25 000	bis 50 000	bis 100 000	bis 200 000	über 200 000
Erst-druck-recht	38,40	44,20	50,20	65,00	78,70	*
Zweit-druck-recht	30,60	35,30	37,50	50,20	59,20	*

Honorare für Alleinrechtbilder, Titelfotos, Fotomontagen und Zeichnungen müssen angemessen über den Honorarsätzen der jeweiligen Tabelle liegen.

* In dem Tarifvertrag gibt es derzeit noch keine weiteren Staffelgrößen für Auflagen von mehr als 100 000 Exemplaren.

2. Die Parteien vereinbaren, ihre Verhandlungen über die Höhe angemessener Fotohonorare ab dem 1. Januar 2011 fortzusetzen. Diese Verhandlungen sollen zügig unter Beachtung der Interessen der Fotojournalisten und der Verlage mit dem Ziel einer Einigung zu Ende geführt werden.
3. Der BDZV erklärt, dass er derzeit nicht legitimiert ist, Schlichtungsverhandlungen nach § 36 Abs. 3 UrhG zu führen. Er nimmt zur Kenntnis, dass DJV und dju in ver.di beabsichtigen, die Schlichtungsstelle nach § 36 Abs. 3 UrhG anzurufen, wenn die dort genannten Voraussetzungen vorliegen und die wieder aufgenommenen Verhandlungen nicht innerhalb einer Frist von neun Monaten zum Erfolg führen. Die Fristen nach § 36 Abs. 3 UrhG werden lediglich unterbrochen.

7d. Gemeinsame Vergütungsregeln für Bildbeiträge

vom 1. Februar 2013

Aufgestellt im Schlichtungsverfahren zwischen
dem Deutschen Journalistenverband – Gewerkschaft der Journalistinnen und Journalisten
und
der Vereinten Dienstleistungsgewerkschaft ver.di, Bundesvorstand, Deutsche Journalistinnen- und Journalisten-Union (djv) in ver.di
und
dem Bundesverband Deutscher Zeitungsverleger e.V., hier handelnd ausschließlich als Vertreter nur der 89 vollmachtgebenden Zeitungsverleger nach mündlicher Beratung mit einstimmigem Beschluss

§ 1 Honorare für Bildbeiträge. (1) Für Bildbeiträge gelten folgende Honorare:

a) Erstdruckrecht

Auflage	bis 10000	bis 25000	bis 50000	bis 100000	bis 200000	über 200000
4-spaltig und größer	27,50 €	33,50 €	40,00 €	55,00 €	69,50 €	75,50 €
kleiner als 4-spaltig	26,00 €	32,00 €	38,00 €	52,00 €	66,00 €	71,50 €
kleiner als 2-spaltig	22,00 €	27,00 €	32,00 €	44,00 €	55,50 €	60,50 €
kleiner als 1-spaltig	19,50 €	23,50 €	28,00 €	38,50 €	48,50 €	52,50 €

b) Zweitdruckrecht

Auflage	bis 10000	bis 25000	bis 50000	bis 100000	bis 200000	über 200000
4-spaltig und größer	20,50 €	25,00 €	30,00 €	41,00 €	51,50 €	56,00 €
kleiner als 4-spaltig	19,50 €	24,00 €	28,50 €	38,50 €	49,00 €	53,00 €
kleiner als 2-spaltig	16,50 €	20,00 €	24,00 €	33,00 €	41,50 €	45,00 €
kleiner als 1-spaltig	14,50 €	17,50 €	21,00 €	28,50 €	36,00 €	39,00 €

(2) Diese in der Tabelle aufgeführten Honorare sind als Mindesthonorare für Fotografien angemessen.

(3) Honorare für Alleinrechtbilder, Aufmacherfotos auf der ersten Zeitungsseite, Fotomontagen und Zeichnungen werden von Fall zu Fall frei vereinbart. Sie müssen angemessen über den Sätzen der Tabelle liegen.

(4) Honorare für Fotos, die zum Zweck der mehrfachen Nutzung erworben werden, unterliegen freier Vereinbarung; diese Vereinbarung ist beim Erwerb zu treffen.[1]

§ 2 Geltung der gemeinsamen Vergütungsregeln. Die in den, von den Parteien aufgestellten gemeinsamen Vergütungsregeln für freie hauptberufliche Journalistinnen und Journalisten vom 29. Januar 2010 enthaltenen Bestimmungen (einschließlich der Präambel, jedoch mit Ausnahme der §§ 3, 4 und 10) sind Inhalt auch dieser gemeinsamen Vergütungsregeln. Dies gilt insbes. für den Umfang der Rechteübertragung gem. § 9, der mit den hier unter § 1 aufgestellten Vergütungssätzen abgegolten werden soll.

§ 3 Schlussbestimmung. (1) Die gemeinsamen Vergütungsregeln gelten ab dem 1. Mai 2013.

(2) Der Inhalt der gemeinsamen Vergütungsregeln einschließlich der Honorarsätze kann auf Verlangen eines diese Regeln aufstellenden Verbandes im Rhythmus von 2 Jahren überprüft werden, erstmals jedoch ab dem 1. Mai 2015.

---

[1] Protokollnotiz zu § 1 (4): Unter Mehrfachnutzung können z.B. Fotos für Kolumnen, Serien, Rubriken u.ä. fallen.

7e. Gemeinsame Vergütungsregeln für Übersetzungen

vom 1. April 2014

Aufgestellt von den unterzeichnenden Verlagen und dem Verband deutschsprachiger Übersetzer literarischer und wissenschaftlicher Werke e. V. sowie dem Verband deutscher Schriftsteller/Bundessparte Übersetzer in der Vereinten Dienstleistungsgewerkschaft

Vorbemerkung

Der Urheber[1)] hat nach § 32 UrhG Anspruch auf eine angemessene Vergütung für die Einräumung von Nutzungsrechten und die Erlaubnis zur Werknutzung. Zur Bestimmung der Angemessenheit von Vergütungen stellen nach § 36 UrhG Vereinigungen von Urhebern mit Vereinigungen von Werknutzern oder einzelnen Werknutzern gemeinsame Vergütungsregeln auf.

Die Verlage sowie VdÜ und ver.di sind sich einig, dass die Anwendung der nachstehenden Regelung den Status Quo der Vergütung beim Verlag nicht negativ beeinflussen wird.

Abweichende Formen der Vergütung sind dann angemessen im Sinne von § 32 UrhG, wenn die Übersetzer unter Berücksichtigung der Werknutzung Zahlungen in der Gesamthöhe, wie in dieser Vergütungsregel festgelegt, erhalten.

I. Anwendungsbereich

1. Verträge

Die nachfolgenden Vergütungsregeln gelten für Verlagsverträge und andere urheberrechtliche Nutzungsverträge über Übersetzungen, die vom Verlag oder im Auftrag des Verlags mit Übersetzern derartiger Werke geschlossen werden.

2. Ausnahmen

Sie finden keine Anwendung auf Verträge zu Übersetzungen von Werken aus den Bereichen Fachbuch im engeren Sinn, Lexika sowie Schul- und Lehrbuch.

3. Autorenverträge

Sie finden ferner keine Anwendung auf Verträge zu Übersetzungen von Werken, für die ihrem Charakter nach ein Autorenvertrag angemessener ist.

4. Beteiligung mehrerer Urheber

Bei Werken und Sammelwerken, an denen neben Autor und Übersetzer weitere Urheber beteiligt sind (z. B. Fotobände, Bilderbücher, Anthologien), werden die Beteiligungen an Absatz- und Lizenzerlösen gemäß diesen Vergütungsre-

---

1) Die Bezeichnungen Urheber, Übersetzer etc. stehen auch für die jeweiligen weiblichen Geschlechtsformen.

geln anteilig nach dem Umfang des übersetzten Texts in der jeweiligen Ausgabe ermittelt.

II. Vergütung

1. Angemessenheit der Vergütung

Die Vergütung nach den nachfolgenden Regelungen ist angemessen, wenn der jeweilige Vertrag den Konditionen des Normvertrags für den Abschluss von Übersetzungsverträgen in der jeweils gültigen Fassung entspricht. Dabei können – abweichend vom gegenwärtig gültigen Normvertrag – auch weitere Rechte eingeräumt sein, sofern dafür nach diesen Regeln eine Vergütung vorgesehen ist. Änderungen des Normvertrages lassen die Angemessenheit bereits zuvor abgeschlossener Verträge unberührt.

2. Grundvergütung

Der Verlag zahlt an die Übersetzer eine Grundvergütung, die sich nach der Anzahl der übersetzten Normseiten (30 Zeilen à 60 Anschläge) bemisst.

Die Grundvergütung beträgt in der Regel 18,50 Euro pro Normseite. Sie kann entsprechend bisheriger Verlagspraxis niedriger sein, beträgt aber mindestens 15 Euro pro Normseite. Für besonders anspruchsvolle Übersetzungen liegt sie nicht unter 22 Euro pro Normseite.

Zum 1.1.2015 wird die Grundvergütung auf in der Regel 19,00 Euro pro Normseite und 23 Euro pro Normseite bei besonders anspruchsvollen Übersetzungen angehoben. Diese Anhebung der Normseitenhonorare stellt kein Präjudiz für weitere Anhebungen dar.

Bei atypisch aufgebauten Texten (z. B. Lyrik, Comics, Legenden zu illustrierten Büchern) ist die Grundvergütung unter Berücksichtigung des Textumfangs und des Aufwands entsprechend den vorstehenden Grundsätzen zu vereinbaren.

Die Grundvergütung ist mit den nachfolgenden Beteiligungen nicht verrechenbar.

3. Laufende Beteiligung an gedruckten Verlagsausgaben

Die Übersetzer erhalten zusätzlich zur Grundvergütung eine laufende Beteiligung am Absatz wie folgt:

a) an gedruckten Verlagsausgaben[1)] des übersetzten Werks für jedes verkaufte, bezahlte und nicht remittierte Exemplar
   - 1,0% vom 1. bis 5000. Exemplar
   - 0,8 % vom 5001. bis 10 000. Exemplar
   - 0,6 % ab dem 10 001. Exemplar

   vom Nettoladenpreis[2)], wobei jede gedruckte Verlagsausgabe neu gezählt wird;

[1)] **Gedruckte Verlagsausgaben** im Sinne dieser Vergütungsregeln sind alle gedruckten eigenen Ausgaben oder Ausgaben eines verbundenen Konzernverlags einschließlich Original-Taschenbuch, broschierte Ausgaben, broschierte und/oder Hardcover-Sonderausgaben mit Ausnahme von nachgelagerten Taschenbuchausgaben gem. Anm. 1 S. 131 sowie aller digitalen Ausgaben.

[2)] **Nettoladenpreis** ist der um die darin enthaltene Mehrwertsteuer verminderte Ladenverkaufspreis.

b) an Taschenbuchausgaben[1] des übersetzten Werks, die nach einer gedruckten Verlagsausgabe erscheinen, abweichend von Buchstabe a) für jedes verkaufte, bezahlte und nicht remittierte Exemplar
   - 0,5% vom 1. bis 5000. Exemplar
   - 0,4% vom 5001. bis 10 000. Exemplar
   - 0,3% ab dem 10 001. Exemplar

   vom Nettoladenpreis, wobei jede gedruckte Taschenbuchausgabe neu gezählt wird;

c) an verlagseigenen Hörbuchausgaben für jedes verkaufte und bezahlte Exemplar
   - 1,6% vom Nettoverlagsabgabepreis[2] ab dem 1. Exemplar;

d) an digitalen Verwertungen durch den Verlag
   - 2,5% beim E-Book und anderen digitalen Ausgaben des übersetzten Werks,
   - 2,5% beim Hörbuch Download

   vom Nettoverlagsabgabepreis ab dem 1. Exemplar.

4. Beteiligung an Lizenzerlösen

An Erlösen, die der Verlag aus der Vergabe von Lizenzen zur Nutzung des Originalwerks in der vertragsgegenständlichen Übersetzung erzielt, erhalten die Übersetzer
- 5% bei der Vergabe von Taschenbuchrechten
- 10% bei der Vergabe aller anderen Nebenrechte vom Nettolizenzerlös[3].

Sofern der Verlag die Nutzungsrechte an der Übersetzung allein lizenziert, z. B. weil er über deutschsprachige Rechte am Werk des Originalautors nicht verfügt, erhalten die Übersetzer
- 50% des Nettolizenzerlöses.

Die Beteiligung bei Übersetzungen gemeinfreier Werke richtet sich nach II.5., vorbehaltlich von Absatz 2 der Vorbemerkung.

5. Gemeinfreie Werke

Für die Übersetzung von gemeinfreien Werken verdoppeln sich die Beteiligungssätze gemäß II.3. und II.4 Absatz 1.

6. Sondergeschäfte

Bei Sondergeschäften, bei denen der Verlag die Herstellung übernimmt (z. B. bei konfektionierten Ausgaben für Großabnehmer oder bestimmten Buchgemeinschaftsausgaben), erfolgt die Beteiligung abzüglich der direkt zurechenbaren Produktionskosten nach vorstehenden Grundsätzen.

---

[1] **Taschenbuchausgaben** im Sinne dieser Vergütungsregeln sind bestimmt durch die Merkmale, die im Beschluss des Bundeskartellamts vom 24. November 2003 (B6 – 7/3), Verfügung gemäß § 40 Abs. 2 GWB, aufgeführt sind.

[2] **Nettoverlagsabgabepreis** ist der um die darin enthaltene Mehrwertsteuer verminderte Preis, zu dem der Verlag Exemplare verkauft oder digitale Ausgaben zur Verfügung stellt.

[3] **Nettolizenzerlös** ist der gesamte beim Verlag eingehende Erlös aus dem Lizenzgeschäft (vor etwaigen Abzügen von Autoren- oder Agenturanteilen) abzüglich der darin enthaltenen Mehrwertsteuer.

7. Zusammenhangstätigkeiten und Zusatzleistungen

Mit der Grundvergütung nach diesen Vergütungsregeln sind sämtliche typischen Zusammenhangstätigkeiten der Übersetzer wie Rechercheleistungen etc. abgegolten.

Sofern diese Zusammenhangstätigkeiten im Einzelfall ein ungewöhnliches Ausmaß erreichen oder eine außergewöhnlich kurzfristige Terminsetzung erfolgt, wird dies durch eine angemessene Erhöhung der Grundvergütung berücksichtigt.

Gesondert zu vergüten sind immer Bearbeitungen (z. B. Kürzungen) und redaktionelle Arbeiten (z. B. Registererstellung, Einpassung in vorgegebenes Layout).

III. Abrechnungen

Abrechnung und Zahlung von Vergütungen bestimmen sich nach dem Normvertrag für den Abschluss von Übersetzungsverträgen in der jeweils gültigen Fassung.

Lizenzerlösanteile mit einem im Einzelfall höheren Wert als 1000 € werden den Übersetzern nach Geldeingang vergütet.

Pflicht-, Prüf-, Werbe- und Besprechungsexemplare sind honorarfrei; darunter fallen nicht Partie- und Portoersatzstücke sowie solche Exemplare, die für Werbezwecke des Verlages, nicht aber des Buches abgegeben werden. Eine pauschale Honorarfreistellung von Teilen einer Auflage ist nicht statthaft.

Der Verlag ist im Falle einer parallelen Regelung im Autorenlizenzvertrag berechtigt, bei der ersten Abrechnung eine Retourenpauschale von maximal 10 % in Abzug zu bringen, die spätestens bei der dritten Abrechnung aufzulösen und gutzuschreiben ist.

IV. Fortschreibung

Die Verlage und VdÜ und ver.di werden sich regelmäßig alle zwei Jahre – erstmalig nach dem 1. Januar 2016 – darüber austauschen, ob die Höhe der Grundvergütung und der laufenden Beteiligungen, insbesondere bei den elektronischen Verlagsausgaben, noch angemessen ist.

V. Sonstiges, Inkrafttreten und Kündigung

Erfolgt zulässigerweise eine entgeltliche Nutzung, die unter keinen der vorstehenden Beteiligungssätze fällt, verpflichtet sich der Verlag, eine angemessene Vergütung zu zahlen, und wird sich mit dem Übersetzer hierüber verständigen.

Eine nach vorgenannten Vergütungsregeln festgesetzte und gezahlte Vergütung trägt hinsichtlich der erfassten Nutzungen aus Sicht der Verlage und VdÜ und ver.di auch der Vorschrift des § 32a Abs. 4 UrhG Rechnung.

Diese Vergütungsregeln treten am 1.4.2014 in Kraft. Sie sind auf unbestimmte Zeit geschlossen und können mit einer Frist von 6 Monaten zum Jahresende, erstmals zum 31.12.2016, gekündigt werden.

8. Statut der Schlichtungs- und Schiedsstelle Buch

Der Verband deutscher Schriftsteller
in der Industriegewerkschaft Druck und Papier

und

der Börsenverein des Deutschen Buchhandels e. V.
– Verleger-Ausschuß –

errichten hiermit die

Schlichtungs- und Schiedsstelle Buch

Für sie gilt folgendes Statut:

I. Aufgabe

Die Schlichtungs- und Schiedsstelle Buch wird auf Antrag einer der vertragschließenden Organisationen tätig in Streitigkeiten zwischen deren Mitgliedern (im folgenden: Parteien) über urheber- und verlagsrechtliche Fragen sowie Fragen angrenzender Rechtsgebiete, und zwar entweder als

1. Schlichtungsstelle zur Vermeidung prozessualer Auseinandersetzungen, oder als
2. Schiedsgericht im Sinne der §§ 1025 ff. ZPO.

II. Schlichtungsstelle

§ 1. (1) Die Schlichtungsstelle soll versuchen, eine Einigung zwischen den Parteien herbeizuführen; sie kann dazu einen von Rechts- und Billigkeitserwägungen getragenen Vergleichsvorschlag machen.

(2) Die Schlichtungsstelle besteht aus zwei ständigen Schlichtern, von denen jede der vertragschließenden Organisationen einen benennt. Die Benennung hat durch schriftliche Erklärung gegenüber der anderen Organisation zu erfolgen und gilt jeweils für die Dauer von zwei Jahren. Die Schlichter müssen die Befähigung zum Richteramt haben.

(3) Kann oder will ein Schlichter sein Amt nicht ausüben oder fällt er aus einem sonstigen Grund weg, so ist unter entsprechender Anwendung der für die Erstbestellung geltenden Vorschriften ein neuer Schlichter zu bestellen.

§ 2. (1) Die Schlichtungsstelle wird durch einen Schriftsatz einer der vertragschließenden Organisationen angerufen, der dreifach bei einem der Schlichter einzureichen und gleichzeitig in einem weiteren Exemplar der anderen Organisation zu übermitteln ist. Der Schriftsatz hat eine Darstellung des Sachverhalts zu enthalten und die beanspruchten Rechtspositionen anzugeben; Beweismittel sind aufzuführen und Unterlagen beizufügen.

(2) Der angegangene Schlichter leitet die Zweitausfertigung des Schriftsatzes unverzüglich dem anderen Schlichter zu und bestimmt mit diesem ge-

meinsam eine angemessene Frist, innerhalb derer sich die andere Organisation über Annahme oder Ablehnung des Schlichtungsverfahrens zu erklären hat. Erklärt sich die Gegenseite nicht fristgemäß oder lehnt sie das Schlichtungsverfahren ab, so stellen die Schlichter dessen Beendigung fest.

(3) Wird das Schlichtungsverfahren von beiden vertragschließenden Organisationen angenommen, so beraten die Schlichter den Sachverhalt vor und fordern die Parteien zu etwa erforderlichen Ergänzungen ihres Vortrags, ihrer Beweisangebote sowie zur Nachreichung fehlender Unterlagen auf. Danach beschließen die Schlichter, ob eine mündliche Verhandlung durchgeführt oder ohne eine solche ein schriftlich begründeter Vergleichsvorschlag unterbreitet wird.

§ 3. (1) Die Schlichter sind verpflichtet, einen Obmann zu bestellen, wenn
a) beide vertragschließenden Organisationen dies beantragen
oder
b) die Schlichter sich nicht auf einen gemeinsamen Vergleichsvorschlag einigen können.

Der Obmann braucht nicht die Befähigung zum Richteramt zu haben.

(2) Darüber hinaus steht die Bestellung eines Obmanns im freien Ermessen der Schlichter; sie ist bis zum Abschluß des Schlichtungsverfahrens möglich.

§ 4. (1) Für die Kosten des Schlichtungsverfahrens sowie für die Verpflichtung zur Zahlung von Vorschüssen und deren Fälligkeit sind die gesetzlichen Bestimmungen für das gerichtliche Verfahren entsprechend anzuwenden; Parteikosten werden nicht erstattet. Die Vergütung der Schlichter und des Obmanns richtet sich nach der BRAGO (§§ 11, 23 und 31), wobei für die Schlichter jeweils $^{10}/_{10}$ und für den Obmann $^{13}/_{10}$ Gebühren angesetzt werden. Insgesamt stehen den Schlichtern und dem Obmann jedoch nicht mehr als jeweils zwei Gebühren zu.

(2) Jeder Vergleichsvorschlag der Schlichter hat eine Kostenregelung zu enthalten.

(3) Kommt es infolge Ablehnung des Schlichtungsverfahrens durch die andere Partei nicht zu dessen Durchführung, werden keine Kosten erhoben. Scheitert das Schlichtungsverfahren nach Unterbreitung eines Vergleichsvorschlags, trägt im Verhältnis zur Schlichtungsstelle jede Partei die Hälfte der Kosten; im Verhältnis der Parteien untereinander richtet sich die Kostenlast nach der Kostenregelung in einer späteren rechtskräftigen Entscheidung oder vergleichsweisen Erledigung des Streitfalls.

III. Schiedsgericht

§ 1. Wird die Schlichtungs- und Schiedsstelle Buch als Schiedsgericht angerufen, entscheidet sie zwischen den Parteien abschließend unter Ausschluß des ordentlichen Rechtsweges.

§ 2. Als Schiedsgericht besteht die Schlichtungs- und Schiedsstelle Buch aus drei Schiedsrichtern, und zwar den beiden von den vertragschließenden Organisationen benannten ständigen Schlichtern als Beisitzern und einem von diesen zu benennenden Obmann, der die Befähigung zum Richteramt haben muß.

§ 3. (1) Das Schiedsgericht wird durch einen Schriftsatz einer der vertragschließenden Organisationen mit kurzer Angabe des streitigen Rechtsverhältnisses angerufen; dieser Schriftsatz ist dreifach bei einem der Beisitzer (ständigen Schlichter) einzureichen und gleichzeitig der anderen vertragschließenden Organisation zu übermitteln. Stimmen beide vertragschließenden Organisationen dem Schiedsverfahren zu, so übersenden die Beisitzer beiden Parteien einen Schiedsvertrag gemäß dem diesem Statut als Anlage beigefügten und seinen Bestandteil bildenden Muster und bestimmen eine angemessene Frist, innerhalb derer sich beide Parteien zu erklären haben, ob sie das Schiedsverfahren annehmen und sich somit der Entscheidung des Schiedsgerichts unterwerfen. Erklärt sich eine der beiden Parteien nicht fristgemäß oder lehnt sie das Schiedsverfahren ab, stellen die Beisitzer dessen Scheitern fest.

(2) Wird das Schiedsverfahren angenommen, fordern die Beisitzer die klagende Partei auf, ihre Klageschrift innerhalb einer zu bestimmenden angemessenen Frist in fünffacher Ausfertigung beim Schiedsgericht einzureichen. Die Beisitzer sind alsdann verpflichtet, sich auf einen Obmann zu einigen; kommt eine solche Einigung nicht innerhalb eines Monats nach Eingang der Klageschrift zustande, wird der Obmann auf Antrag mindestens eines der Beisitzer durch den Präsidenten des Oberlandesgerichts Stuttgart bestimmt. Soweit ein zum Obmann berufener im Dienst stehender Richter aufgrund richterrechtlicher oder innerdienstlicher Vorschriften das Schiedsrichteramt nur mit Zustimmung einer oder beider Parteien annehmen darf, so kann diese Zustimmung von den Parteien nicht verweigert werden.

(3) Kann oder will ein Obmann sein Amt nicht ausüben oder fällt er aus einem sonstigen Grund weg, so ist unter entsprechender Anwendung der für die Erstbestellung geltenden Vorschriften ein neuer Obmann zu bestellen. Das gleiche gilt, wenn ein von den vertragschließenden Organisationen ernannter Beisitzer (ständiger Schlichter) im Einzelfall gehindert ist oder sein Amt insgesamt endet.

§ 4. (1) Das Schiedsgericht entscheidet auf der Grundlage des geltenden Rechts nach billigem Ermessen. Es soll dabei die geschäftliche Übung und die Grundsätze eines redlichen Rechtsverkehrs innerhalb des Verlagsgewerbes beachten, darunter die Gebote der Fairneß im Verhältnis zwischen Autor und Verlag sowie die Regeln der zwischen den vertragschließenden Organisationen getroffenen Vereinbarungen.

(2) Das Schiedsgericht entscheidet auch über die Rechtswirksamkeit des Schiedsvertrages und den Umfang der von ihm erfaßten Streitigkeiten.

§ 5. (1) Sofern eine Partei dies beantragt, hat das Schiedsgericht eine mündliche Verhandlung durchzuführen. Vor Eintritt in die streitige Verhandlung hat das Schiedsgericht eine Einigung zwischen den Parteien zu versuchen. Im übrigen bestimmt das Schiedsgericht sein Verfahren nach freiem Ermessen.

(2) Der Schiedsspruch ist schriftlich zu begründen. Für seine Hinterlegung oder eine etwaige sonstige erforderliche Mitwirkung der ordentlichen Gerichtsbarkeit ist das Landgericht Stuttgart zuständig.

(3) Über die Kosten des Verfahrens, die Verpflichtung zur Zahlung von Vorschüssen und deren Fälligkeit entscheidet das Schiedsgericht nach billigem Ermessen unter Anlehnung an die gesetzlichen Bestimmungen. Von den Parteikosten sind nur die gesetzlichen Gebühren eines Anwalts und die Reisekos-

ten der Partei im Falle der Anordnung ihres persönlichen Erscheinens erstattungsfähig. Die Vergütung der Schiedsrichter richtet sich nach der BRAGO (§§ 11, 23 und 31), wobei für die Beisitzer jeweils $^{10}/_{10}$ und für den Obmann $^{13}/_{10}$ Gebühren angesetzt werden. Insgesamt stehen den Schiedsrichtern jedoch nicht mehr als drei Gebühren zu. Hat die Streitigkeit bereits der Schlichtungsstelle vorgelegen, so wird jeweils eine der dort erhobenen Gebühren mit den Gebühren für das Schiedsverfahren verrechnet; für den Obmann gilt diese Regelung nur dann, wenn er bereits im Schlichtungsverfahren tätig geworden ist.

Diese Vereinbarung über die Errichtung einer Schlichtungs- und Schiedsstelle Buch und das Statut treten am 1. Januar 1980 in Kraft. Sie sind auf unbestimmte Zeit geschlossen und können – mit einer Frist von sechs Monaten zum Jahresende – erstmals zum 31. Dezember 1981 gekündigt werden.

Frankfurt am Main, den 27. Dezember 1979
Stuttgart, den 20. Dezember 1979

Für die Industriegewerkschaft Druck und Papier – Verband deutscher Schriftsteller –	Für den Börsenverein des Deutschen Buchhandels e. V. – Verleger-Ausschuß –

Anlage zum Statut der Schlichtungs- und Schiedsstelle Buch

Schiedsrichtervertrag

zwischen

den Schiedsrichtern

1. …
2. …
3. Dem von diesen noch zu benennenden Obmann

– einerseits –

und

1. … – Schiedskläger –
2. … – Schiedsbeklagter –

– andererseits –

1. Das Schiedsgericht besteht aus
   ……………………………………………………………………………
   ……………………………………………………………………………
   als Beisitzern und einem von diesen zu benennenden Obmann. Es entscheidet zwischen den Parteien abschließend unter Ausschluß des ordentlichen Rechtsweges.
2. Das Schiedsgericht wird aufgrund des zwischen dem Verband deutscher Schriftsteller in der Industriegewerkschaft Druck und Papier und dem Börsenverein des Deutschen Buchhandels e. V. – Verleger-Ausschuß – vereinbarten Statuts der

   Schlichtungs- und Schiedsstelle Buch

tätig. Die Parteien erkennen an, daß dieses Statut auch im Verhältnis zwischen ihnen Wirksamkeit hat.

3. Das Schiedsgericht bestimmt sein Verfahren nach freiem Ermessen; die Parteien sind damit einverstanden, daß die Vorschriften der Zivilprozeßordnung über das Verfahren vor dem Landgericht im ersten Rechtszug – die Bestimmungen über das Vorverfahren und den Einzelrichter ausgenommen – entsprechend angewandt werden und daß der Obmann die Befugnisse des Vorsitzenden einer Zivilkammer ausübt. Das Schiedsgericht bestimmt auch seinen Tagungsort.
4. Sollte der Schiedsspruch aufgehoben oder der Antrag auf Vollstreckbarerklärung wegen eines Verfahrensverstoßes abgelehnt werden, so ist dieser Schiedsrichtervertrag verbraucht. Eine erneute Anrufung des Schiedsgerichts in derselben Sache ist jedoch möglich. In diesem Fall ist ein neuer Obmann zu bestellen.
5. Zuständiges Gericht im Sinne der §§ 1039, 1041, 1045 und 1046 ZPO ist das Landgericht Stuttgart.
6. Hinsichtlich der Vergütung des Schiedsgerichts wird vereinbart:
   a) Die Vergütung der Schiedsrichter richtet sich nach den Bestimmungen der Bundesrechtsanwaltsgebührenordnung, wobei für den Obmann jeweils $^{13}/_{10}$ Gebühren, für die Beisitzer jeweils $^{10}/_{10}$ Gebühren in Ansatz kommen; insgesamt stehen den Schiedsrichtern jedoch nicht mehr als jeweils drei Gebühren zu. Hinzu kommen die üblichen Auslagen, Nebenkosten und die gesetzliche Mehrwertsteuer sowie die vom Schiedsgericht nach freiem Ermessen festzusetzende Entlohnung einer Schreibkraft. Im übrigen richten sich Art und Anfall der Gebühren nach den Bestimmungen der §§ 11, 23 und 31 der Bundesrechtsanwaltsgebührenordnung. Lag die Streitigkeit bereits der Schlichtungsstelle Buch vor, so wird jeweils eine Gebühr aus dem Schlichtungsverfahren mit den Gebühren des Schiedsverfahrens verrechnet; für den Obmann gilt dies jedoch nur dann, wenn er bereits im Schlichtungsverfahren tätig geworden ist.
   b) Der Gegenstandswert wird vom Schiedsgericht nach den gesetzlichen Bestimmungen von ZPO, GKG und KostO festgesetzt.
   c) Die Parteien haften für die Vergütung des Schiedsgerichts als Gesamtschuldner. Sie leisten an das Schiedsgericht zu Händen des Obmanns einen Vorschuß, der die voraussichtlichen Kosten deckt. Die Kostenerstattungspflicht der Parteien untereinander bleibt von ihrer Vorschußpflicht unberührt.
7. Der Obmann ist berechtigt, zwei Jahre nach Abschluß des Verfahrens die angefallenen Akten zu vernichten.

......................, den .... 19...	................, den .... 19 ....
....	....
(Schiedsrichter)	(Schiedskläger)
......................, den .... 19...	................, den .... 19 ....
....	....
(Schiedsrichter)	(Schiedsbeklagter)
......................, den .... 19...	....
(Obmann)	

9. Vertragsnormen für wissenschaftliche Verlagswerke (Fassung 2000)

(Auszug)

Vereinbarung zwischen dem Börsenverein des Deutschen Buchhandels und dem Deutschen Hochschulverband

Die beteiligten Verbände bzw. deren Rechtsvorgänger haben erstmals 1929, sodann 1951 und 1980 Vereinbarungen über „Vertragsnormen bei wissenschaftlichen Verlagswerken" getroffen.

Seit der letzten Vereinbarung haben sich zum einen die wirtschaftlichen Verhältnisse geändert, die der Veröffentlichung wissenschaftlicher Verlagswerke zugrunde liegen. Zum anderen wird die Herstellung solcher Werke in zunehmendem Maße durch den umfassenden Einsatz neuer Techniken bei der Informationsvermittlung und durch den damit verbundenen Strukturwandel im wissenschaftlichen Verlagswesen geprägt. Dies kann für die inhaltliche Ausgestaltung insbesondere von Verlagsverträgen, namentlich für die Einräumung und Verwertung von Rechten an elektronischen Nutzungen, nicht unberücksichtigt bleiben.

Die vertragschließenden Verbände sind daher übereingekommen, die Vertragsnormen für wissenschaftliche Verlagswerke fortzubilden. Nach langen intensiven Vorarbeiten haben sie sich auf die dieser Vereinbarung beigefügten Grundsätze und Musterverträge geeinigt. Sinn dieser „Normen" war und ist es im Besonderen, die Verkehrssitte auf dem Gebiet der Verträge über wissenschaftliche Verlagswerke festzustellen und weiter zu entwickeln. Oberstes Ziel ist dabei, die Interessen von Verfasser und Herausgeber einerseits sowie Verleger andererseits zu einem angemessenen Ausgleich zu bringen.

In Abweichung von den früheren Vereinbarungen über „Vertragsnormen bei wissenschaftlichen Verlagswerken" haben sich die vertragschließenden Verbände nunmehr entschlossen, die aktuelle Regelung durch Musterverträge für den Abschluss von Verlags- und anderen Verträgen im Zusammenhang mit wissenschaftlichen Publikationen zu konkretisieren. Wenn im Folgenden von Vertragsnormen die Rede ist, sind diese Musterverträge (siehe Teil II) eingeschlossen. Ausschlaggebend für deren Erstellung ist das unübersehbare Bedürfnis wissenschaftlicher Autoren und Herausgeber, angesichts des notwendigerweise zunehmend umfassenderen Regelungsgehaltes von derartigen Verträgen auf Muster zurückgreifen zu können, die Anwenderfreundlichkeit und weitestgehende Rechtssicherheit in sich vereinigen. Die vertragschließenden Verbände verkennen dabei nicht, dass sich einige Probleme einer verallgemeinernden Regelung im Sinne von Musterverträgen entziehen. Sie bekennen sich zu dem das Verlagsrecht beherrschenden Grundsatz der Vertragsfreiheit. Sie vertreten jedoch die Auffassung, dass die Verträge auch in solchen Fällen, in denen einzelne Vertragsbestandteile einer individuellen Vereinbarung zwischen dem Urheber und dem Verleger bedürfen, unter Berücksichtigung dieser Umstände so gestaltet werden sollen, dass sie den Intentionen der Vertragsnormen entsprechen.

Dies vorausgeschickt, wird Folgendes vereinbart:

§ 1. Die vertragschließenden Verbände werden ihren Mitgliedern empfehlen, sich an die Vertragsnormen und damit an die Musterverträge beim Abschluss von Verträgen über wissenschaftliche Verlagswerke zu halten. Bei Streitigkeiten über die Auslegung von Verträgen ist zunächst auf die Vertragsnormen zurückzugreifen.

§ 2. Die vertragschließenden Verbände gehen davon aus, dass die Vertragsnormen der guten Verkehrssitte zwischen wissenschaftlichen Autoren und Herausgebern sowie ihren Verlegern entsprechen.

§ 3. Ergeben sich Unsicherheiten über den Inhalt und die Reichweite der Vertragsnormen sowie der Musterverträge, so werden die vertragschließenden Verbände zu einer Klärung beitragen. Das gilt insbesondere, wenn ein Mitglied eines dieser Verbände um eine solche Klärung bittet.

§ 4. Eine Anpassung dieser Vertragsnormen und der Musterverträge an geänderte Verhältnisse wird in Aussicht genommen. Die Ergebnisse derartiger Verhandlungen werden auf gemeinsamen Beschluss der vertragschließenden Verbände in geeigneter Weise veröffentlicht.

§ 5. Diese Vereinbarung tritt mit ihrer Unterzeichnung in Kraft. Sie ist auf unbestimmte Zeit getroffen und kann – mit einer Frist von sechs Monaten zum Jahresende – erstmals zum 31. Dezember 2005 gekündigt werden. Die vertragschließenden Verbände erklären sich bereit, auch ohne Kündigung auf Verlangen einer Seite in Verhandlungen über Änderungen dieser Vereinbarung einzutreten.

Der Börsenverein des Deutschen Buchhandels und der Deutsche Hochschulverband empfehlen ihren jeweiligen Mitgliedern die in den „Vertragsnormen für wissenschaftliche Verlagswerke (Fassung 2000)" enthaltenen Musterverträge *unverbindlich* zur Verwendung im gegenseitigen Rechtsverkehr. Den Mitgliedern steht es frei, von den Vertragsempfehlungen abzuweichen und andere Regelungen miteinander zu vereinbaren.

Leipzig, den 24. März 2000

I. Was Verfasser und Verleger regeln sollten

1. Grundsätzliches

Der Deutsche Hochschulverband und die im Börsenverein des Deutschen Buchhandels vertretenen Verleger stimmen darin überein, dass Autoren, Herausgeber und Verleger eine konstruktive und kooperative Beziehung zur Grundlage ihrer Arbeit machen sollen – dies ist eine entscheidende Voraussetzung für erfolgreiche Publikationen.

Dieses gegenseitige Vertrauen ist besonders wichtig, weil es trotz der weitgehenden Übereinstimmung in der generellen Zielsetzung Interessengegensätze gibt, die es einvernehmlich zu lösen gilt. Richtschnur aller Vereinbarungen soll deshalb eine sachgerechte Zuordnung der Rechte und Pflichten sowie Verteilung von Kosten sein, ebenso eine angemessene erfolgsorientierte Beteiligung des Autors. Beide Partner sollen ihr bestes Können einbringen und dabei die Interessenlage der anderen Seite mitbedenken. Dabei gilt es, Kompromisse zu schließen zwischen erwünschten Optimallösungen und Kostengesichtspunkten, zwischen wissenschaftlichen Zielsetzungen und den Erfordernissen des Marktes. Je genauer und offener diese oft im Widerstreit liegenden Aspekte und die daraus folgenden möglichen Konflikte beim Vertragsabschluss durchdacht werden, desto effizienter und potentiell erfolgreicher wird die Publikationsarbeit werden.

Dadurch können auch bei den häufig auftretenden, nicht vorhergesehenen nachträglichen Veränderungen im Projektcharakter oder Projektablauf weitgehend Konflikte vermieden werden. Eine klare und frühzeitige Festlegung von Verantwortlichkeiten ist besonders wichtig im elektronischen Bereich mit seiner viel engeren Verzahnung von Anforderungen der technischen Produktion mit den Grundkonzepten der Manuskripterstellung: Autoren, Herausgeber und Verleger müssen in einer früher so nicht bekannten Weise schon in der Planungsphase eng zusammenarbeiten.

Angesichts der unterschiedlichen Erfordernisse bei den unterschiedlichen Publikationsformen vom Taschenbuch bis zum Loseblattwerk und zu hochspezialisierten Monographien ist bei jedem Vertragsabschluss sorgfältig zu prüfen, ob die in den Musterverträgen niedergelegten Regelungen für die spezifischen Fälle angemessen sind oder inwieweit es spezieller ergänzender Vereinbarungen bedarf. Eine schematische Anwendung der Musterverträge wird nicht empfohlen; andererseits sollte man von den Musterverträgen nur in den Fällen abweichen, in denen es gewichtige sachliche Gründe gibt.

2. Typische Verträge zwischen Verfasser und Verleger

Das Verlagsrecht geht davon aus, dass ein einzelner Verfasser ein Werk geschrieben hat und dieses dem Verleger zur Vervielfältigung und Verbreitung im Druck überlässt. Die Verlagspraxis muss aber auch mit anderen Situationen und Veröffentlichungsformen rechnen und hat entsprechend angepasste Vertragstypen für die dafür üblichen und notwendigen Rechtseinräumungen herausgebildet. In Teil II finden sich **Vertragsmuster** für diejenigen Vertragstypen, die im Bereich der Wissenschaft besonders häufig vorkommen. Die Vertragsmuster bemühen sich, der Gestaltung des Einzelfalles durch Formulierung von zahlreichen Alternativen Rechnung zu tragen. Um die Muster nicht allzu kompliziert zu gestalten, wird darauf verzichtet, die Vertragsschließenden in beiden Geschlechtsformen zu benennen. Es versteht sich von selbst, dass gegebenenfalls eine entsprechende Anpassung vorzunehmen ist.

Folgende Konstellationen sind in Betracht zu ziehen:

a) Werk eines einzelnen Verfassers. Das ist, wie geschildert, der Ausgangsfall. Das entsprechende Muster **1. Verlagsvertrag über ein wissenschaftliches Werk** wird daher in der Regel angewendet werden. Es ist auch Grundlage der folgenden Muster.

b) Werk mit mehreren Verfassern. Die Ausdifferenzierung der Wissenschaften hat zur Folge, dass immer mehr Werke nur noch von einer Mehrzahl von Verfassern geschrieben werden können. In solchen Fällen kann es angezeigt sein, dass Herausgeber oder zentrale Redaktion Vorgaben über Darstellungsstil und dergleichen machen können und das Recht haben, nachträgliche Änderungen vorzunehmen. Solche Vorgaben und das bei ihrer Verwirklichung einzuhaltende Verfahren müssen vertraglich geregelt werden.

Außerdem empfehlen sich Regeln für das Verhältnis der Verfasser untereinander, insbesondere über die Pflicht zur gegenseitigen Rücksichtnahme. Derartige Regeln sind auch dann am Platze, wenn es keinen Herausgeber und keine zentrale Redaktion gibt.

Das Muster **2. Verlagsvertrag über ein wissenschaftliches Werk mit mehreren Verfassern** trägt diesem zusätzlichen Regelungsbedarf Rechnung.

c) Beitrag zu einer Zeitschrift oder Sammlung. Das Urheberrecht geht von einer Veröffentlichung im Druck aus. Für eine solche wird durch Angebot des Beitrages seitens des Verfassers und seiner Annahme durch den Verleger oder den Herausgeber (oder die in ihrem Namen handelnde Redaktion) das Verlagsrecht exklusiv übertragen für die Dauer eines Jahres nach der Veröffentlichung. Danach kann der Verfasser seinen Beitrag anderweitig publizieren. (Dabei ist es üblich, auf die Erstveröffentlichung hinzuweisen, und es ist sinnvoll, bei deren Verleger anzufragen.) Dem Verleger verbleibt ein nichtexklusives Veröffentlichungsrecht im übertragenen Umfang.

Darüber hinausgehende Rechte, etwa eine Verlängerung der Regelfrist oder eine Erweiterung auf das Recht zur elektronischen Vervielfältigung und Verbreitung, muss der Verleger durch besondere Vereinbarung erwerben.

Das Muster **3. Verlagsvertrag über einen wissenschaftlichen Beitrag zu einer Sammlung**[1)] sieht solche Erweiterungen vor. Da es hier oft um kleinere Texte geht und diese Transaktionen im Interesse aller Beteiligten möglichst unkompliziert erfolgen sollen, wird hier noch ein entsprechendes, stark abgekürztes Muster **4. Revers für die Einräumung von Nutzungsrechten an Zeitschriftenbeiträgen**[1)] vorgeschlagen, das sich auf die üblichen und notwendigen Rechtseinräumungen für Zeitschriftenbeiträge beschränkt.

Die Abgrenzung zwischen Werken, für die das Muster *2. Verlagsvertrag über ein wissenschaftliches Werk mit mehreren Verfassern* passt, und Werken, für die eher das Muster *3. Verlagsvertrag über einen wissenschaftlichen Beitrag zu einer Sammlung* geeignet ist, ist fließend. Im ersten Fall steht die Einheitlichkeit des Werkes im Vordergrund, im zweiten Fall die Vielfalt der Beiträge. Je nach Bedarf sollte das besser passende Vertragsmuster gewählt werden.

d) Beitrag zu einem Lexikon oder ähnlichen Sammelwerken. Für bestimmte Reihenwerke, Lexika, sonstige Sammelwerke und populärwissenschaftliche Werke, bei denen Anlage und Gesamtplan vom Verleger bestimmt sind, kann es sinnvoll sein, einen **Werkvertrag** (auch: **Bestellvertrag**) abzuschließen. Dadurch erhält der Verleger das Recht zur Vervielfältigung und Verbreitung, ohne dazu verpflichtet zu sein. Er sichert dem Verfasser aber ein von der Veröffentlichung des Werkes unabhängiges Honorar zu. Die dabei üblichen und notwendigen Regelungen sind im Muster **5. Werkvertrag über einen wissenschaftlichen Beitrag zu einer Sammlung**[1)] zusammengestellt.

3. Typische Verträge zwischen Herausgeber und Verleger

Bei Zeitschriften und anderen Sammlungen bedarf die Anregung, Auswahl und Anordnung der Beiträge in der Regel eines Herausgebers, der eine Zwischenstellung zwischen Verfassern und Verleger einnimmt. Über die Rechte und Pflichten eines Verfassers hinaus (der er meist auch ist) muss seine Rechtsstellung gegenüber den Verfassern und dem Verleger geregelt werden. Die Pra-

---

[1)] Hier nicht abgedruckt.

xis hat gezeigt, dass gerade hier vielfach Unklarheiten und Konflikte entstehen. Deshalb wird für Herausgeber der Abschluss expliziter Verträge dringend empfohlen.

Wenn der Herausgeber sich auch als Beitragsverfasser betätigt, wird üblicherweise mit ihm zusätzlich zum Herausgebervertrag ein Verlagsvertrag wie mit den beitragenden Verfassern (vgl. Musterverträge Nrn. 2, 3 oder 4) abgeschlossen.

Die Aufgabenschwerpunkte eines Herausgebers sind anders gelagert je nachdem, ob er ein Werk oder eine Zeitschrift herausgibt. Dem trägt das Muster **6. Herausgebervertrag über ein wissenschaftliches Werk mit mehreren Verfassern/eine wissenschaftliche Zeitschrift**[1] durch alternative Formulierungsvorschläge Rechnung.

a) Herausgabe einer Sammlung. Der Herausgeber überlässt nicht ein eigenes Werk dem Verleger, sondern er sorgt dafür, dass Werke anderer angeregt, zur Veröffentlichung ausgewählt und vorbereitet werden und sich die einzelnen Beiträge zu dem geplanten Werk zusammenfügen. Vereinbarungen über solche Leistungen haben in der Regel werk- oder dienstvertraglichen Charakter.

Durch seine Leistung bei Auswahl, Anordnung und Bearbeitung der Beiträge kann der Herausgeber ein eigenes Urheberrecht am Sammelwerk (§ 4 UrhG) oder ein Bearbeiterurheberrecht (§ 3 UrhG) erwerben. Wo derartige Herausgeberurheberrechte in Betracht kommen, müssen dem Verleger Nutzungsrechte eingeräumt werden; insoweit hat ein Herausgebervertrag verlagsvertraglichen Charakter.

b) Herausgabe einer Zeitschrift. Bei periodischen Veröffentlichungen, insbesondere Zeitschriften, findet ein neuer Herausgeber häufig eine bereits bestehende Konzeption und eingespielte Abläufe vor; entsprechend geringer sind in solchen Fällen die konzeptionellen Möglichkeiten. Gegenüber einem einzelnen Werk haben dafür hier organisatorische Aspekte, wie etwa das Verfahren zur Aufnahme von Beiträgen, Zeit- und Umfangsplanung, ein viel größeres Gewicht. Darüber sollten die Beteiligten an den offen gelassenen Stellen des Vertragsmusters Vereinbarungen treffen.

Periodische Veröffentlichungen sind meist auf unbegrenzte Dauer angelegt. Deshalb sind Vereinbarungen über Beginn und Ende der Herausgeberschaft üblich und sinnvoll. Im Hinblick auf die Fortsetzung nach Beendigung der Herausgeberschaft ist eine Klarstellung wichtig, wer „Herr des Unternehmens“ ist.

4. Welche Rechte werden übertragen?

Es ist heute üblich und notwendig, dem Verleger außer den Rechten zu der in erster Linie ins Auge gefassten Verwertungsform weitere Nutzungen einzuräumen, vielfach als **„Nebenrechte“** bezeichnet. Angesichts der zahlreichen verschiedenen Nutzungsformen sollten sich die Parteien schlüssig werden, wem die entsprechenden Rechte zustehen. In der Regel werden sie dem Verleger eingeräumt, weil er entweder selbst oder durch den Abschluss von Lizenzverträgen zu ihrer Verwertung besser in der Lage ist als der Verfasser. Bei den dem Verleger eingeräumten Rechten müssen die jeweiligen Nutzungsarten einzeln bezeichnet werden; Rechte an noch nicht bekannten Nutzungsarten können nach dem Urheberrechtsgesetz nicht eingeräumt werden. Wurden

---

[1] Hier nicht abgedruckt.

dem Verleger Nutzungsrechte eingeräumt, so ist der Verfasser an deren Erlös angemessen zu beteiligen. Im Bereich der Wissenschaft kommen insbesondere die folgenden Nutzungen in Betracht:

- Das **Übersetzungsrecht.** Hat der Verleger dieses Recht erworben, so hat er den Verfasser über Lizenzverträge zu unterrichten und ihm Übersetzungen zur Kenntnis zu bringen. Er sollte dem Verfasser die Möglichkeit einräumen, an der Übersetzung mitzuwirken, soweit das gegenüber dem Lizenznehmer durchsetzbar ist.
- Das Recht zum **Vorabdruck** oder **Nachdruck,** insbesondere in Zeitungen und Zeitschriften.
- Das Recht zur Veranstaltung anderer Ausgaben und zur Vergabe von Lizenzen dafür, z. B. **Taschenbuch, Schulbuch, Reprint, Sonderausgabe.**
- Das Recht zu sonstiger Vervielfältigung und Verbreitung durch fotomechanische und ähnliche Verfahren, z. B. **Mikrokopie** und **Fotokopie.**
- Das Recht zur Einspeicherung, Verbreitung oder Wiedergabe in **elektronischer Form** (offline und online).

Bei der **Beendigung des Verlagsvertrages** fallen die „Nebenrechte" an den Verfasser zurück. Meist ist es aber auch im Interesse des Verfassers, dass die vom Verleger abgeschlossenen Lizenzverträge fortgesetzt werden. Spätestens bei Vertragsauflösung sollte deshalb darüber eine Vereinbarung getroffen werden.

5. Honorar/Druckkostenzuschuss

Der Verfasser soll am wirtschaftlichen Erfolg seines Werkes angemessen beteiligt werden. Dazu haben sich verschiedene Honorarmodelle herausgebildet, die auch in kombinierter Form vorkommen können.

- Beim **Absatzhonorar** erhält der Verfasser vom Verleger, je nach Verkauf des Werkes, ein prozentuales Beteiligungshonorar, das sich bemisst am Ladenverkaufspreis oder am um die Handelsspanne niedrigeren Verlagsabgabepreis (jeweils ohne Mehrwertsteuer). Das Absatzhonorar ist bei Büchern die übliche Honorarform. Es bietet sich insbesondere an für Werke, die voraussichtlich einen nachhaltigen, aber der Höhe nach wenig einschätzbaren Erfolg haben werden.
- Beim **Pauschalhonorar** bezahlt der Verleger eine bestimmte Summe für das ganze Werk oder für eine bestimmte Umfangseinheit davon. Hier sollte die Höchstzahl der Exemplare, die damit honoriert sind, vereinbart werden. Das Pauschalhonorar bietet sich vor allem an für Werke mit vielen Verfassern oder für Herausgabe-, Übersetzungs- und Redaktionsleistungen.
- Wissenschaftliche Werke mit geringen Absatzerwartungen sind für den Verleger nur unter **Honorarverzicht** des Verfassers kalkulierbar. In solchen Fällen sollte die Auflage vereinbart werden, für die das gilt. Auch sollte vertraglich festgelegt werden, ab welchem Absatz ein Honorar gezahlt wird.
- Manche Werke mit geringer Erlöserwartung machen einen **Druckkostenzuschuss** erforderlich. Hierzu sollten Gesamtsumme, Zahlungs- und eventuelle Rückzahlungsmodalitäten vereinbart werden.

6. Auflage

Ist die Anzahl der herzustellenden Exemplare des Werkes nicht vertraglich festgelegt und auch nicht in das Ermessen des Verlegers gestellt, so ist er berechtigt und verpflichtet, 1000 Exemplare herzustellen.

Durch neue Drucktechniken, die die Fertigung von Teilmengen erlauben, hat die Festlegung der Auflage aber an Bedeutung verloren. Wichtiger ist es für den Verleger (zur Kalkulation) und für den Verfasser (zur Planung von Aktualisierungen), die voraussichtliche Verkaufszeit zu bedenken. In vielen Fällen ist es sinnvoll, die Höhe der Auflage in das Ermessen des Verlegers zu stellen; dann hat er aber dem Verfasser über die Anzahl der tatsächlich hergestellten Exemplare Auskunft zu erteilen. Die Herstellung kleinster Auflagen („Print on Demand") – häufig sinnvoll, um ein Werk lieferbar zu halten – sollte bei Bedarf gesondert vereinbart werden.

7. Zweck und Adressaten des Werkes

Der Zweck des Werkes und insbesondere sein Adressatenkreis sollten einvernehmlich im Vertrag bestimmt werden, denn Inhalt, Darstellungsform, Umfang und Ausstattung des Werkes sollten sich daran orientieren.

Die **Ausstattung** des Werkes bestimmt in der Regel der Verleger; er hat die bessere Kenntnis von Möglichkeiten sowie Marktbedürfnissen, und er muss auch für die damit verbundenen Kosten aufkommen. Legt der Verfasser aus seiner Kenntnis der Sache Wert auf bestimmte Ausstattungsmerkmale, so sollten diese vereinbart werden. Dabei sollte er beachten, dass besonderer Aufwand zu nicht mehr marktgerechten Verkaufspreisen führen kann.

8. Beschaffenheit des Manuskripts

Ein in maschinenlesbarer Form, z. B. auf Diskette, vorliegendes Manuskript kann den Herstellungsgang vereinfachen. Wenn dadurch der Aufwand an Zeit und Kosten verringert werden soll, müssen jedoch über Schreibkonventionen und technische Beschaffenheit auf den Einzelfall bezogene Absprachen getroffen werden.

9. Ausscheiden und Nachfolge

Lehrwerke und Werke mit mehreren Verfassern sollten auch dann fortgeführt werden können, wenn ein Verfasser eine erforderliche Bearbeitung nicht vornehmen kann oder sich seine Voraussetzungen dafür erheblich geändert haben. Es sollte deshalb klargestellt sein, wer unter welchen Bedingungen aus dem Vertrag ausscheidet, welche Ansprüche noch wie lange existieren und wer an der Bestimmung des Nachfolgers mitwirkt.

Bei Zeitschriften und Loseblattwerken empfiehlt es sich, den Zeitraum zu vereinbaren, für den die Bestellung als Herausgeber gilt. Im Fall mehrerer Herausgeber kann es sinnvoll sein, deren Ausscheiden zeitlich zu staffeln, um eine Kontinuität der Veröffentlichung zu sichern. Über Neu- und Nachberufungen bestimmt der „Herr des Unternehmens".

Die Rechtsnachfolge auf Verlegerseite ist gesetzlich geregelt im Urheberrechtsgesetz (§ 28) und im Verlagsgesetz (§ 34). Danach ist zur Übertragung des Verlagsrechts grundsätzlich die Zustimmung des Urhebers erforderlich, die jedoch nicht wider Treu und Glauben verweigert werden darf; eine Gesamt- oder Teilveräußerung des Verlages ist hingegen nicht zustimmungsbedürftig. Davon abweichende Regelungen müssen besonders vereinbart werden.

II. Musterverträge

1. Verlagsvertrag über ein wissenschaftliches Werk[1)]

§ 1 Vertragsgegenstand. (1) Der Verfasser verpflichtet sich, ein ...[2)] dem Verlag zur Veröffentlichung zu überlassen. Zielgruppe sind ...

(2) Der Arbeitstitel des Werkes lautet ... Der endgültige Titel wird in Abstimmung zwischen Verfasser und Verlag festgelegt, wobei der Verfasser dem Vorschlag des Verlages widersprechen kann, wenn der Vorschlag für ihn nach Treu und Glauben unzumutbar ist.

§ 2 Einräumung von Nutzungsrechten. (1) Der Verfasser räumt dem Verlag hiermit die folgenden Nutzungsrechte ein[3)]:

a) Zur Vervielfältigung und Verbreitung in gedruckter Form[4)], und zwar als
Buchausgabe,
Taschenbuchausgabe,
Studienausgabe,
Sonderausgabe,
Buchgemeinschaftsausgabe,
Beitrag in Zeitschriften, Zeitungen und anderen Sammelwerken, auch als Vorabdruck oder Teilabdruck;

b) zur Vervielfältigung und Verbreitung durch fotomechanische Verfahren einschließlich Fernkopie;

c) zur Vervielfältigung und Verbreitung in einer Mikrokopie-, Mikrofiche- und Mikroformausgabe;

d) zur Vervielfältigung und Verbreitung auf Bild- und Tonträgern einschließlich Hörkassetten und Audio-CDs;

e) zur Vervielfältigung und Verbreitung in Form von Druck- und Tonträgerausgaben für Blinde und Sehbehinderte;

f) zur Vervielfältigung und Verbreitung auf maschinenlesbaren Datenträgern, insbesondere Disketten und CD-ROM (Datenträgerausgabe), auch vorab und auszugsweise[5)];

g) zur elektronischen Speicherung, insbesondere in Datenbanken, und zum Verfügbarmachen für die Öffentlichkeit zum individuellen Abruf, zur Wiedergabe auf dem Bildschirm und zum Ausdruck beim Nutzer (Online-Nutzung), auch vorab und auszugsweise[6)].

[1)] Der Verlagsvertrag regelt die Werknutzung in gedruckter Form, in der Form maschinenlesbarer Datenträger (offline) und im Wege elektronischer Datenübermittlung (online). Sofern nicht alle drei Nutzungsformen Vertragsgegenstand sein sollen, ist das Nichtgewünschte zu streichen.

[2)] Werkkategorie.

[3)] Nichtgewünschtes streichen.

[4)] Die Vertragsparteien können durch besondere Vereinbarung die Möglichkeit eines *Print on Demand* (POD), d. h. die Herstellung von Einzelexemplaren im Druck auf individuelle Anforderungen durch Besteller, vorsehen, ggf. erst ab Herstellung eines bestimmten Teils der Auflage. Dabei wäre auch vertraglich zu regeln, ob der Verlag zu dieser Publikationsform nur berechtigt oder auch verpflichtet ist. § 2 Nr. 3 würde hierfür ebenfalls gelten. Ergänzend sollte vereinbart werden, dass eine *Überschreitung* der in dieser Bestimmung festgelegten Höhe der Erstauflage durch im Wege des POD hergestellte Exemplare der *Zustimmung* des Verfassers bedarf, die nicht wider Treu und Glauben versagt werden kann.

[5)] Multimedia-Nutzungen bedürfen einer besonderen Vereinbarung.

[6)] Multimedia-Nutzungen bedürfen einer besonderen Vereinbarung.

(2) Die Rechte gemäß Nr. 1 Buchst. ... werden als ausschließliche/nicht-ausschließliche Rechte[1)], räumlich unbeschränkt/für das Gebiet von ...[2)] für die Dauer des Urheberrechts/für die Dauer von ... Jahren[3)] und unbeschränkt für alle Ausgaben und Auflagen/mengenmäßig beschränkt auf ...[4)] eingeräumt[5)].

(3) Für die erste Auflage sind ... Exemplare vorgesehen. Der Verlag ist berechtigt, die Auflage im Ganzen oder in Teilmengen herzustellen.

(4) Die Nutzungsrechte gemäß Nr. 1 Buchst. ... gelten für das unveränderte Werk. Änderungen darf der Verlag im gesetzlichen Rahmen vornehmen[6)]. Darüber hinaus erhält er das Recht, das Werk übersetzen zu lassen und in Übersetzung gemäß Nr. 1 Buchst. ... zu nutzen, und zwar für alle Sprachen/mit Ausnahme der folgenden Sprachen[7)]: ...

(5) Der Verlag kann an den Nutzungsrechten gemäß Nr. 1 Buchst. ... Lizenzen an Dritte vergeben[8)]. Erlischt ein Lizenzrecht wegen Erlöschens des zugrundeliegenden Nutzungsrechts des Verlages, so ist der Verfasser verpflichtet, dem Lizenznehmer die Nutzung zu den bisherigen Bedingungen für die mit dem Lizenznehmer vereinbarte Laufzeit zu gestatten; die Lizenzvergütung abzüglich einer Vermittlungsprovision von ...% zugunsten des Verlages steht dem Verfasser zu.

(6) Übt der Verlag ein Nutzungsrecht aus, so gibt er dem Verfasser vor Veröffentlichung Kenntnis, insbesondere von einer Übersetzung. Äußert der Verfasser innerhalb angemessener Frist Änderungswünsche, so wird sich der Verlag diesen nicht wider Treu und Glauben verschließen. Vergibt der Verlag Lizenzen an Dritte, so wird er gegenüber den Lizenznehmern darauf hinwirken, dass dem Verfasser Gelegenheit zur Kenntnisnahme von der Lizenzausgabe vor deren Veröffentlichung gegeben wird und dass Änderungswünsche des Verfassers möglichst berücksichtigt werden. Das Recht des Verfassers, gegen Entstellungen oder Beeinträchtigungen seines Werkes vorzugehen, die geeignet sind,

---

1) Nichtgewünschtes streichen. Verlagsrechte werden i. d. R. als ausschließliche Rechte eingeräumt

2) Angabe des Gebiets, für das die Rechtseinräumung jeweils gelten soll. In der Regel werden Verlagsrechte räumlich unbeschränkt, d. h. weltweit, eingeräumt. Es können aber auch Länder ausgenommen oder die Rechtseinräumungen auf Deutschland beschränkt werden.

3) Angabe der Laufzeit des Vertrages, die bis zum Ablauf der Urheberrechtsschutzfrist (70 Jahre nach dem Tod des Verfassers) erstreckt werden kann. Kürzere Befristungen sind möglich.

4) Angabe der Auflagen- und Stückzahl bei Druckexemplaren und sonstigen Vervielfältigungsstücken, der Zahl der Abrufe bei Online-Übermittlung etc. Falls bei der Vervielfältigung im Druck keine Angabe gemacht wird, gilt der Vertrag für eine Auflage zu 1000 Stück; s. § 5 Abs. 1 Satz 1, Abs. 2 Satz 1 des Verlagsgesetzes (VerlG). In der Praxis verbreitet ist die auflagen- und stückzahlmäßig nicht begrenzte Rechtseinräumung.

5) Hinsichtlich der Ausschließlichkeit oder Nicht-Ausschließlichkeit der Nutzungsrechte und ihrer möglichen Begrenzung nach Gebiet, Dauer und Stückzahl können alle Nutzungsrechte gleich behandelt oder es kann zwischen ihnen differenziert werden. Im letzteren Fall muss der Umfang der Rechtseinräumung für jedes Recht angegeben werden.

6) Gemäß § 39 Abs. 2 des Urheberrechtsgesetzes (UrhG) sind Änderungen des Werkes zulässig, zu denen der Urheber seine Einwilligung nach Treu und Glauben nicht versagen kann.

7) Nichtgewünschtes streichen.

8) Eine Lizenz, d. h. eine ausschließliche oder nicht-ausschließliche Gestattung zur Nutzung des Werkes, kommt aus Rechtsgründen nur in Bezug auf ausschließliche Nutzungsrechte des Verlages in Betracht.

seine berechtigten geistigen oder persönlichen Interessen am Werk zu gefährden, bleibt unberührt[1].

§ 3 Pflicht zur Rechtsausübung. (1) Der Verlag ist verpflichtet, von den ihm gemäß § 2 Nr. 1 eingeräumten Nutzungsrechten die folgenden selbst auszuüben[2]: ...

(2) Soweit der Verlag nicht verpflichtet ist, bestimmte Nutzungsrechte auszuüben, wird er das Interesse des Verfassers an einer bestmöglichen Nutzung des Werkes angemessen berücksichtigen und sich insbesondere um eine ihm zumutbare Lizenzvergabe bemühen. Dabei ist der Tatsache Rechnung zu tragen, dass einzelne Nutzungsarten in unerwünschter Konkurrenz zueinander stehen können. Auf Verlangen des Verfassers wird ihn der Verlag über diesbezügliche Schritte unterrichten.

§ 4 Beschaffenheit und Umfang des Werkes. (1) Das Werk muss nach Art und Zweck dem Vereinbarten und dem anerkannten fachlichen Standard des behandelten Gebiets oder Themas Rechnung tragen. Zur Beurteilung darf der Verlag Fachberater hinzuziehen, die er zur Verschwiegenheit verpflichtet.

(2) Der Verfasser/der Verlag[3] wird zur Vervollständigung oder Illustration benötigte fremde Text- und/oder Bildvorlagen beschaffen und die erforderlichen Nutzungsrechte oder Zustimmungen Dritter auf ... Kosten ... einholen.

(3) Für die Erstellung von Registern und die benötigte Software wird Folgendes vereinbart: ...

(4) Der Umfang des Werkes wird auf ca. ... Druckseiten, das sind ca. ... Manuskriptseiten (à ... Zeilen zu je ... Anschlägen), oder ca. ... Wörter und/oder ca. ... Zeichen (ohne Steuerzeichen und dgl.) zuzüglich ... Abbildungen (davon ... in Farbe) festgelegt.

(5) Im Fall einer wesentlichen Überschreitung des vereinbarten Werkumfangs ist der Verlag berechtigt, vom Verfasser ohne zusätzliche Vergütung eine angemessene Kürzung des Manuskripts zu verlangen, wobei insbesondere unvorhergesehene Umstände zu berücksichtigen sind.

(6) Der Verfasser verpflichtet sich, dem Verlag ein vollständiges und satzfertiges Manuskript des Werkes einschließlich der durch ihn zu beschaffenden fremden Text- und/oder Bildvorlagen wie folgt zu überlassen[4]:

a) Einseitig und gut lesbar mit Schreibmaschine oder Computer geschrieben. Geringfügige handschriftliche Änderungen im maschinengeschriebenen Manuskript oder einer anderen Satzvorlage sind zulässig. Für Schreibkonventionen sowie Nummerierung von Fußnoten und Abbildungen gilt die diesbezügliche Anlage zum Vertrag.
b) Auf maschinenlesbarem Datenträger als elektronisch gespeichertes Manuskript; dabei ist ein zusätzlicher Papierausdruck zu überlassen. Für Schreib-

---

[1] S. § 14 UrhG.

[2] Das Verlagsgesetz kommt nur zur Anwendung, wenn der Verlag zur Vervielfältigung und Verbreitung einer Druckausgabe verpflichtet ist.

[3] Nichtgewünschtes streichen. Eine nähere Regelung im Vertrag empfiehlt sich; insbesondere ist über die Kostentragung zu befinden.

[4] Nichtgewünschtes streichen.

konventionen, Nummerierung von Fußnoten und Abbildungen, Datenträgerspezifikation, Textverarbeitungsprogramm, Textauszeichnungen und sonstige Erfordernisse, insbesondere auch hinsichtlich der Abbildungen, gilt die diesbezügliche Anlage.

(7) Das Originalmanuskript des Werkes sowie die durch den Verfasser beschafften Text- und/oder Bildvorlagen gehen nicht in das Eigentum des Verlages über.

(8) Zur Sicherheit verwahrt der Verfasser eine Kopie des Manuskripts bzw. des Datenträgers bei sich.

§ 5 Ablieferungs- und Veröffentlichungstermin. (1) Der Verfasser ist verpflichtet, das Manuskript dem Verlag bis spätestens ... zu überlassen. Überschreitet er diesen Termin, so gilt als angemessene Nachfrist ein Zeitraum von ...

(2) Der Verlag ist verpflichtet, das Werk, soweit er gemäß § 3 Nr. 1 zur Ausübung von Nutzungsrechten verpflichtet ist, bis ... zu veröffentlichen. Überschreitet er diesen Termin, so gilt als angemessene Nachfrist ein Zeitraum von ...

(3) Wird eine Nachfrist nach Nrn. 1 oder 2 überschritten, ohne dass dafür sachlich gerechtfertigte Gründe vorliegen, so ist die andere Vertragspartei befugt, vom Vertrag zurückzutreten. Die Befugnis kann nur ausgeübt werden, nachdem die Vertragspartei den Rücktritt angekündigt hat und eine weitere Frist von ... seit der Ankündigung verstrichen ist, ohne dass die andere Vertragspartei ihrer Pflicht gemäß Nrn. 1 bzw. 2 nachgekommen ist.

§ 6 Rechtliche Unbedenklichkeit/Haftung. (1) Der Verfasser versichert, dass das Werk sowie die durch ihn beschafften fremden Text- und/oder Bildvorlagen keine Rechte Dritter verletzen, dass er befugt ist, über die zur Durchführung dieses Vertrages erforderlichen urheberrechtlichen Nutzungsrechte zu verfügen, und dass er bisher weder ganz noch teilweise eine der Einräumung von Rechten gemäß § 2 widersprechende Verfügung getroffen hat. Davon unberührt bleiben Verfügungen an Verwertungsgesellschaften – insbesondere an die VG Wort – nach deren zum Zeitpunkt des Vertragsabschlusses gültigen Wahrnehmungsverträgen.

(2) Ist der Verfasser aus rechtlichen Gründen gehindert, eine der vorgenannten Versicherungen abzugeben, oder kommen ihm Zweifel an seiner Befugnis, so wird er den Verlag unverzüglich darüber unterrichten, sobald ihm das tatsächliche oder vermeintliche Rechtshindernis bekannt geworden ist. Gelingt es dem Verlag mit ihm zumutbarem Aufwand nicht, das Rechtshindernis oder die Unklarheit innerhalb angemessener Frist zu beseitigen, so darf er vom Vertrag zurücktreten, wenn das Hindernis einer Veröffentlichung des Werkes entgegensteht und die mit dem Hindernis behafteten Text- oder Bildteile für das Werk unverzichtbar sind.

(3) Werden die Vertragsparteien einzeln oder gemeinsam durch Dritte wegen des Inhalts des Werkes auf Schadensersatz und/oder Kosten einer Rechtsverfolgung in Anspruch genommen, so haftet jede Vertragspartei im Innenverhältnis entsprechend dem Anteil ihres eigenen Verschuldens[1)].

---

1) Abweichende Vereinbarungen, z. B. über eine Haftungsfreistellung, können getroffen werden.

§ 7 Enthaltungspflicht und Konkurrenzverbot. (1) Der Verfasser wird sich während der Laufzeit des Vertrages (soweit nicht nach dem Urheberrechtsgesetz zulässig) jeder anderweitigen Vervielfältigung und Verbreitung und/oder unkörperlichen Übermittlung und Wiedergabe des Werkes enthalten. Er verpflichtet sich für denselben Zeitraum, zum gleichen Thema ein anderes Werk, das geeignet erscheint, dem vertragsgegenständlichen Werk ernsthaft Konkurrenz zu machen, nur nach schriftlicher Zustimmung des Verlages zu veröffentlichen oder veröffentlichen zu lassen. Die Zustimmung darf nicht wider Treu und Glauben verweigert werden.

(2) Will der Verlag während der Laufzeit des Vertrages ein anderes Werk zum gleichen Thema veröffentlichen, so wird er den Verfasser darüber unterrichten. Die Pflicht des Verlages, sich gemäß § 8 Nr. 1 für die Verbreitung des vertragsgegenständlichen Werkes einzusetzen, besteht fort.

§ 8 Werbung/Ausstattung/Preis. (1) Der Verlag wird sich in angemessener und branchenüblicher Weise für die Verbreitung des Werkes einsetzen, insbesondere in einer der Art und dem Charakter desselben entsprechenden Weise werben.

(2) Der Verlag bestimmt formale Gestaltung und Ausstattung, Ladenpreis und Nutzervergütung bei Online-Nutzungen[1]. Es sind ein Preis von ... DM/Euro und eine Nutzervergütung von ... DM/Euro vorgesehen. Der Verlag kann Preis und Nutzervergütung erhöhen oder ermäßigen. Der Verfasser ist berechtigt zu widersprechen, wenn die Festsetzung für ihn unzumutbar ist.

§ 9 Korrektur. (1) Die Vorkorrektur des Satzes oder des maschinenlesbar erfassten und auf Diskette, in einer Online-Datenbank oder anderweitig elektronisch gespeicherten Manuskripts des Werkes erfolgt durch den Verlag, eine Satz- oder Reproanstalt oder die Druckerei[1].

(2) Der Verfasser ist verpflichtet, die Endkorrektur ohne zusätzliche Vergütung innerhalb einer Frist von ... nach Überlassung des vorkorrigierten Manuskripts bzw. nach erstmaliger Ermöglichung des Online-Zugriffs auf das in einem Speichermedium, insbesondere einer Datenbank, gespeicherte vorkorrigierte Manuskript auszuführen und sodann unverzüglich die Freigabe zur Veröffentlichung zu erklären. Fahnenabzüge oder Papierausdrucke des endkorrigierten Manuskripts wird er mit einem entsprechenden Freigabevermerk versehen und namentlich abzeichnen. Durch die Freigabe zur Veröffentlichung des endkorrigierten Manuskripts werden auch eventuelle Abweichungen vom ursprünglichen Manuskript genehmigt.

(3) Überschreitet der Verfasser die Frist gemäß Nr. 2, so wird ihn der Verlag auffordern, die Endkorrektur des Manuskripts innerhalb einer Nachfrist von ... auszuführen und sodann unverzüglich die Freigabe zur Veröffentlichung zu erklären; Nr. 2 Sätze 2 und 3 gilt entsprechend. Wird auch die Nachfrist überschritten, ohne dass dafür sachlich gerechtfertigte Gründe vorliegen, so ist der Verlag befugt, die Endkorrektur auf Kosten des Verfassers selbst auszuführen oder ausführen zu lassen. Wird die Nachfrist aus sachlich gerechtfertigten Gründen überschritten, so werden sich die Vertragsparteien über eine Lö-

---

[1] Nichteinschlägiges streichen.

sung verständigen, die eine schnellstmögliche Durchführung des Vertrages sicherstellt.

(4) Nimmt der Verfasser sachlich nicht gebotene Änderungen im fertigen Satz oder nach Abschluss der Formatierung und/oder Gestaltung des maschinenlesbar erfassten und elektronisch gespeicherten, von ihm endkorrigierten Manuskripts vor, so hat er die dadurch entstehenden Mehrkosten – berechnet nach dem Selbstkostenpreis des Verlages – insoweit zu tragen, als diese Kosten 10% der Satzkosten bzw. Kosten der Formatierung und/oder Gestaltung übersteigen.

§ 10 Neubearbeitung des Werkes. (1) Die Vertragsparteien werden einander auf alle ihnen bekannten Umstände hinweisen, die eine Neubearbeitung des Werkes wünschenswert machen oder geboten erscheinen lassen.

(2) Halten beide Vertragsparteien eine Neubearbeitung des Werkes für geboten, so treffen sie über den Ablieferungstermin eines neubearbeiteten Manuskripts eine besondere schriftliche Vereinbarung.

(3) Lehnt der Verfasser eine Neubearbeitung des Werkes ab oder ist er nicht in der Lage, diese selbst vorzunehmen, so ist er berechtigt, dafür einen Dritten als Bearbeiter vorzuschlagen. Der Verlag darf sich dem Vorschlag nicht wider Treu und Glauben verschließen. Macht der Verfasser von seinem Vorschlagsrecht innerhalb einer Frist von ... ab Aufforderung durch den Verlag keinen Gebrauch, so kann ihm der Verlag einen Bearbeiter eigener Wahl vorschlagen. Satz 2 gilt für den Verfasser entsprechend. Äußert er sich zum Vorschlag nicht innerhalb einer Frist von ..., so gilt sein Einverständnis als erteilt.

(4) Ist der Verfasser infolge von Krankheit, Tod oder aus sonstigen Gründen außerstande, sein Vorschlagsrecht gemäß Nr. 3 auszuüben, so benennt der Verlag einen Bearbeiter eigener Wahl. Der Verfasser bzw. sein Rechtsnachfolger kann der Benennung widersprechen, wenn diese für ihn nach Treu und Glauben unzumutbar ist.

(5) Hält der Verlag eine Neubearbeitung des Werkes nicht für geboten, so darf er deren Veröffentlichung ablehnen, wenn dem nicht berechtigte Interessen des Verfassers entgegenstehen. Nach Aufforderung durch den Verfasser hat sich der Verlag innerhalb einer Frist von ... zu erklären. Nach fruchtlosem Fristablauf oder Ablehnung ist der Verfasser befugt, vom Vertrag zurückzutreten. Der Rücktritt wird erst wirksam, wenn die laufende Auflage der Druckausgabe und/oder der Datenträgerausgabe beim Verlag vergriffen ist. Wird das Werk zur Online-Nutzung bereitgehalten, so wird der Rücktritt diesbezüglich ... nach Zugang der Erklärung des Verfassers wirksam.

§ 11 Nennung des Verfassers. (1) Der Verlag ist verpflichtet, den Verfasser auf der Titelseite der Druckausgabe und/oder der Datenträgerausgabe sowie auf deren Einband bzw. Umhüllung und/oder zu Beginn jedes Zugriffs bei der Online-Nutzung sowie bei Werbemaßnahmen für das Werk wie folgt namentlich zu nennen: ...

(2) Nimmt anstelle des Verfassers ein Dritter eine Neubearbeitung des Werkes vor und ist das durch den Dritten bearbeitete Werk vom Verfasser noch maßgeblich mitgeprägt, so wird der Verlag die namentliche Nennung des Verfassers in geeigneter Form beibehalten. Der Verfasser oder sein Rechtsnachfol-

ger kann dieser Beibehaltung widersprechen, wenn sie für ihn nach Treu und Glauben unzumutbar ist.

(3) Veröffentlicht der Verlag Neubearbeitungen des Werkes, die anstelle des Verfassers durch einen Dritten vorgenommen wurden (vgl. § 10 Nrn. 3 und 4), so darf er ab der ... bearbeiteten Auflage oder nach Ablauf von ... Jahren ab Erscheinen der ersten bearbeiteten Auflage und/oder nach Ablauf von ... Jahren ab dem Beginn der Online-Nutzung allein den Bearbeiter namentlich nennen, es sei denn, das bearbeitete Werk ist immer noch vom ursprünglichen Verfasser nicht unwesentlich mitgeprägt.

§ 12 Honorar. (1) Der Verfasser erhält für die vom Verlag selbst ausgeübten, ihm gemäß § 2 Nrn. 1 und 4 eingeräumten Nutzungsrechte je verkauftes und bezahltes, nicht remittiertes Exemplar und/oder je vergütungspflichtigen und bezahlten Online-Abruf ein Honorar, und zwar für die
Buchausgabe in Höhe von ...%,
Taschenbuchausgabe in Höhe von ...%,
Übersetzungsausgabe in Höhe von ...%,
Mikroformausgabe in Höhe von ...%,
Bild- oder Tonträgerausgabe in Höhe von ...%,
Datenträgerausgabe in Höhe von ...%,
Online-Nutzung in Höhe von ...%,
...-Ausgabe[1] in Höhe von ...%
des Ladenverkaufspreises/des Verlagsabgabepreises/des Jahresumsatzes des Verlages[2] mit dem Werk bzw. der Nutzervergütung für Online-Nutzungen abzüglich der darin enthaltenen gesetzlichen Mehrwertsteuer[3]. Weist der Verfasser nach, dass er nach deutschem Recht mehrwertsteuerpflichtig ist oder geworden ist, so zahlt der Verlag die auf das Honorar anfallende Mehrwertsteuer zusätzlich.

(2) Beleg-, Frei-, Pflicht-, Prüf-, Werbe- und Besprechungsexemplare sowie für das Archiv des Verlages bestimmte Exemplare des Werkes sind honorarfrei. Sie unterliegen keinem Verwendungsnachweis durch den Verlag. Darunter fallen nicht Partie- und Portoersatzstücke sowie solche Exemplare, die für allgemeine Werbezwecke des Verlages abgegeben werden.

(3) Nimmt anstelle des Verfassers ein Dritter eine Neubearbeitung des Werkes vor, so bleibt ein Honoraranspruch des Verfassers erhalten, wenn das bearbeitete Werk von ihm noch maßgeblich mitgeprägt ist; jedoch ermäßigt sich sein Honorar gemäß Nr. 1 für die erste Bearbeitung um ..., für die zweite Bearbeitung um ... Ab der ... Bearbeitung entfällt der Honoraranspruch des Verfassers ganz[4].

(4) Verwertet der Verlag ihm eingeräumte Nutzungsrechte durch Lizenzvergabe, so erhält der Verfasser zuzüglich zum Honorar gemäß Nr. 1 eine Beteiligung an den Nettoerlösen des Verlages (abzüglich insbesondere von Vermittlungsprovisionen für Dritte, Bearbeiterhonoraren etc.), und zwar

---

[1] Einzelne Ausgabe- und Nutzungsformen können bei Bedarf gestrichen oder ergänzt werden.
[2] Nichtgewünschtes streichen.
[3] Nichtzutreffendes bzw. Nichtgewünschtes streichen.
[4] Weitere Differenzierungen können vereinbart werden.

für Nutzungen gemäß § 2 Nr. 1 Buchst. ...: ...%,
für Nutzungen gemäß § 2 Nr. 1 Buchst. ...: ...%[1],
usw.

(5) Abrechnungen und Zahlungen des Honorars gemäß Nr. 1 sowie von Erlösanteilen nach Nr. 4 erfolgen halbjährlich/jährlich[2] zum 30. Juni und/oder 31. Dezember eines Jahres, und zwar innerhalb des auf den Stichtag folgenden Quartals.

§ 13 Druckkostenzuschuss. (1) Für die Veröffentlichung des Werkes bringt der Verfasser einen Druckkostenzuschuss in Höhe von ... DM/Euro einschließlich/zuzüglich[3] Mehrwertsteuer bei. Die Zahlung an den Verlag wird fällig zum ... Der Zuschuss ist nicht rückzahlbar/wird ab dem ... verkauften und bezahlten, nicht remittierten Exemplar der Druckausgabe und/oder der Datenträgerausgabe in Höhe von ... DM/Euro bzw. ... DM/Euro je zusätzliches verkauftes und bezahltes, nicht remittiertes Exemplar vom Verlag zurückgezahlt[4].

(2) Wird der Druckkostenzuschuss aus Fördermitteln Dritter (z. B. Deutsche Forschungsgemeinschaft, VG WORT) geleistet, so gelten dafür die jeweiligen Vergaberichtlinien.

§ 14 Freiexemplare/Zugriffsrecht. (1) Der Verfasser erhält ... Freiexemplare pro Auflage der Druckausgabe und/oder ... Freiexemplare pro Auflage der Datenträgerausgabe. Weitere Werkexemplare kann er vom Verlag mit einem Rabatt in Höhe von ...% des Ladenverkaufspreises erwerben.

(2) Wird das in einem Speichermedium, insbesondere einer Online-Datenbank, elektronisch gespeicherte Werk zum Abruf bereitgehalten, so ist der Verfasser berechtigt, es unentgeltlich auf einem maschinenlesbaren Datenträger und in einem eigenen Rechner zu speichern bzw. im Rahmen der üblichen Betriebszeiten des betreffenden Speichermediums ... Mal oder ... Minuten je Abruf auf dem eigenen Bildschirm wiederzugeben. Hat der Verlag das Werk in einem fremden Speichermedium gespeichert oder speichern lassen, so stellt er das unentgeltliche Zugriffsrecht des Verfassers auf das Speichermedium bzw. das Zugriffsrecht für weitere vergütungspflichtige Online-Übermittlungen des Werkes durch eine Vereinbarung mit dem Betreiber des Speichermediums vertraglich sicher.

(3) Weder die Freiexemplare noch die vom Verlag mit Rabatt erworbenen Exemplare dürfen vom Verfasser gegen Entgelt veräußert werden. Die Online-Zugänglichmachung des kostenlos auf einem maschinenlesbaren Datenträger oder in einem eigenen Rechner gespeicherten oder unentgeltlich auf dem eigenen Bildschirm wiedergegebenen Werkes ist in jedem Fall unzulässig.

§ 15 Verramschung/Herabsetzung der Nutzervergütung/Makulierung/Löschung des Werkes. (1) Der Verlag darf die Restauflage der Druckausgabe und/oder der Datenträgerausgabe verramschen und/oder die Nutzer-

---

[1] Die zu beziffernden Prozentanteile beziehen sich auf die Lizenzerlöse, nicht auf das Honorar gemäß § 12 Nr. 1.
[2] Nichtgewünschtes streichen.
[3] Nichtgewünschtes streichen.
[4] Nichtgewünschte Alternative streichen.

vergütung im Fall der Online-Nutzung des Werkes beliebig herabsetzen, wenn der Verkauf bzw. die Online-Nutzung in zwei aufeinanderfolgenden Kalenderjahren unter ... Exemplaren bzw. ... Online-Abrufen pro Jahr gelegen hat. Zur Verramschung einer Restauflage der Druckausgabe ist der Verlag frühestens nach ... Jahren ab Erscheinen des Werkes berechtigt[1]. Der Verfasser ist am Ramscherlös des Verlages aus dem Verkauf der Restauflage und/oder an der herabgesetzten Nutzervergütung je Abruf in prozentualer Höhe gemäß § 12 Nr. 1 beteiligt.

(2) Erweist sich nach Ablauf der in Nr. 1 Satz 1 genannten Frist ein Verramschen und/oder eine Herabsetzung der Nutzervergütung als undurchführbar oder wirtschaftlich nicht sinnvoll, so darf der Verlag die jeweilige Restauflage ganz oder teilweise makulieren bzw. das zur Online-Nutzung bereitgehaltene Werk aus dem eigenen oder fremden Speichermedium, insbesondere einer Datenbank, löschen bzw. löschen lassen. Zu einer Teilmakulierung in einem der Absatzentwicklung der jeweiligen Restauflage angemessenen Umfang ist der Verlag jederzeit berechtigt.

(3) Der Verlag ist verpflichtet, den Verfasser rechtzeitig vor einer Verramschung oder Makulierung der jeweiligen Restauflage und/oder vor einer Herabsetzung der Nutzervergütung oder vor der Löschung von seiner diesbezüglichen Absicht zu unterrichten und ggf. dem Verfasser die zur Verramschung oder vollständigen Makulierung vorgesehenen Werkexemplare zum Ramschpreis bzw. bei Makulierung zum unentgeltlichen Erwerb ab Lager anzubieten. Wird das Werk makuliert oder aus dem Speichermedium gelöscht, so fallen die dem Verlag gemäß § 2 eingeräumten Nutzungsrechte insoweit an den Verfasser zurück. Der Vertrag endet jedoch nicht, falls der Verlag das Recht zu einer Neuauflage hat.

§ 16 Außerordentliche Vertragsbeendigung. Beendet der Verfasser das Vertragsverhältnis vorzeitig durch außerordentliche Kündigung aus wichtigem Grund, so ist der Verlag befugt, bei Wirksamwerden der Vertragsbeendigung bereits vervielfältigte, aber nicht ausgelieferte Exemplare der Druckausgabe und/oder der Datenträgerausgabe noch bis zum Ablauf von ... nach diesem Zeitpunkt zu verbreiten, bzw. verpflichtet, das in einem Speichermedium, insbesondere einer Online-Datenbank, gespeicherte Werk spätestens mit Ablauf von ... nach Eintritt der Vertragsbeendigung aus dem eigenen oder fremden Speichermedium zu löschen bzw. löschen zu lassen. Bis zur fristgerechten Löschung aus dem Speichermedium darf das Werk weiterhin Nutzungsbefugten im Wege der Online-Übermittlung und durch Bildschirmwiedergabe zugänglich gemacht werden. § 12 gilt entsprechend.

§ 17 Besondere Vereinbarungen. ...

[1] Üblich ist eine Frist von 5 Jahren.

2. Verlagsvertrag über ein wissenschaftliches Werk mit mehreren Verfassern

§ 1 Vertragsgegenstand. (1) Der Verfasser verpflichtet sich, einen Beitrag über …[1] für ein von … herausgegebenes Werk[2]/für …[3] dem Verlag zur Veröffentlichung zu überlassen. Zielgruppe sind …

(2) Der Arbeitstitel des Beitrages lautet: …

Der Arbeitstitel des den Beitrag enthaltenen Werkes (im Folgenden: Werk) lautet: …

Die endgültigen Titel werden jeweils in Abstimmung zwischen Herausgeber[4]/allen Verfassern des Werkes/einem aus dem Kreis der Verfasser durch diese zu benennenden Sprecher[5] einerseits und Verlag andererseits festgelegt. Soweit darüber keine Einigung erzielt wird, bestimmen der Verlag/der Herausgeber/die Mitverfasser gemeinsam/der Sprecher[6] den jeweiligen Titel[7]. Die jeweils andere Seite kann der Titelbestimmung widersprechen, soweit diese nach Treu und Glauben unter angemessener Berücksichtigung der berechtigten Interessen der Beteiligten unzumutbar ist.[8]

§ 2 Einräumung von Nutzungsrechten. (1) Der Verfasser räumt dem Verlag hiermit die folgenden Nutzungsrechte am Beitrag ein[9]:

a) Zur Vervielfältigung und Verbreitung in gedruckter Form[10], und zwar als
Buchausgabe,
Taschenbuchausgabe,
Studienausgabe,
Sonderausgabe,
Buchgemeinschaftsausgabe,

b) zur Vervielfältigung und Verbreitung durch fotomechanische Verfahren einschließlich Fernkopie;

---

[1] Gebiet oder Thema.

[2] Streichen, falls kein Herausgeber bestellt wurde.

[3] Werkkategorie.

[4] Das vorliegende Vertragsmuster geht davon aus, dass lediglich *ein* Herausgeber bestellt wurde. Sind *mehrere* Herausgeber vorhanden, so ist zu entscheiden, ob die jeweiligen Aufgaben von allen gemeinsam oder nur von einem *Haupt*herausgeber oder Sprecher der Hauptherausgeber oder aber von mehreren Hauptherausgebern oder deren Sprechern zu erfüllen sind. Wurden daneben für bestimmte Teile des Werkes *Bereichs*herausgeber bestellt, so ist auch deren Zuständigkeit vertraglich zu regeln.

[5] Nichtzutreffendes streichen. Bei einer Mehrzahl von Verfassern empfiehlt es sich, einen gemeinsamen Sprecher zu benennen, der rechtsverbindliche Erklärungen für alle Verfasser abgeben und entgegennehmen darf.

[6] Nichteinschlägiges streichen.

[7] Nichtzutreffendes streichen.

[8] Um Konflikte über die Titelformulierung zu einem späteren Zeitpunkt möglichst auszuschließen, sollte diese frühzeitig festgelegt werden.

[9] Nichtgewünschtes streichen.

[10] Die Vertragsparteien können durch besondere Vereinbarung die Möglichkeit eines *Print on Demand* (POD), d. h. die Herstellung von Einzelexemplaren im Druck auf individuelle Anforderung durch Besteller, vorsehen, ggf. erst ab Herstellung eines bestimmten Teils der Auflage. Dabei wäre auch vertraglich zu regeln, ob der Verlag zu dieser Publikationsform nur berechtigt oder auch verpflichtet ist. § 2 Nr. 3 würde hierfür ebenfalls gelten. Ergänzend sollte vereinbart werden, dass eine *Überschreitung* der in dieser Bestimmung festgelegten Höhe der Erstauflage durch im Wege des POD hergestellte Exemplare der *Zustimmung* des Verfassers bedarf, die nicht wider Treu und Glauben versagt werden kann.

c) zur Vervielfältigung und Verbreitung in einer Mikrokopie-, Mikrofiche- und Mikroformausgabe;
d) zur Vervielfältigung und Verbreitung auf Bild- und Tonträgern einschließlich Hörkassetten und Audio-CDs;
e) zur Vervielfältigung und Verbreitung in Form von Druck- und Tonträgerausgaben für Blinde und Sehbehinderte;
f) zur Vervielfältigung und Verbreitung auf maschinenlesbaren Datenträgern, insbesondere Disketten und CD-ROM (Datenträgerausgabe)[1];
g) zur elektronischen Speicherung, insbesondere in Datenbanken, und zum Verfügbarmachen für die Öffentlichkeit zum individuellen Abruf, zur Wiedergabe auf dem Bildschirm und zum Ausdruck beim Nutzer (Online-Nutzung), auch vorab und auszugsweise[2].

Eine separate Nutzung des Beitrages gemäß Buchst. a) bis f) außerhalb des Werkes, z. B. in Zeitschriften, Zeitungen und anderen Sammelwerken (auch als Vorabdruck oder Teilabdruck), bedarf besonderer Vereinbarung, wobei die berechtigten Interessen des Herausgebers/der anderen Verfasser[3] des Werkes dadurch nicht unzumutbar beeinträchtigt werden dürfen.

(2) Die Rechte gemäß Nr. 1 Buchst. … werden als ausschließliche/nichtausschließliche Rechte[4], räumlich unbeschränkt/für das Gebiet von …[5] für die Dauer des Urheberrechts/für die Dauer von … Jahren[6] und unbeschränkt für alle Ausgaben und Auflagen/mengenmäßig beschränkt auf …[7] eingeräumt[8].

(3) Für die erste Auflage sind … Exemplare vorgesehen. Der Verlag ist berechtigt, die Auflage im Ganzen oder in Teilmengen herzustellen.

(4) Die Nutzungsrechte gemäß Nr. 1 Buchst. … gelten für den unveränderten Beitrag. Änderungen darf der Verlag im gesetzlichen Rahmen vornehmen[9]. Darüber hinaus erhält er das Recht, den Beitrag übersetzen zu lassen und in Übersetzung gemäß Nr. 1 Buchst. … zu nutzen, und zwar für alle Sprachen/mit Ausnahme der folgenden Sprachen[10]: …

---

[1] Multimedia-Nutzungen bedürfen einer besonderen Vereinbarung.
[2] Multimedia-Nutzungen bedürfen einer besonderen Vereinbarung.
[3] Nichtzutreffendes bzw. Nichtgewünschtes streichen.
[4] Nichtgewünschtes streichen. Verlagsrechte werden i. d. R. als ausschließliche Rechte eingeräumt.
[5] Angabe des Gebiets, für das die Rechtseinräumung jeweils gelten soll. In der Regel werden Verlagsrechte räumlich unbeschränkt, d. h. weltweit, eingeräumt. Es können aber auch Länder ausgenommen oder die Rechtseinräumungen auf Deutschland beschränkt werden.
[6] Angabe der Laufzeit des Vertrages, die bis zum Ablauf der Urheberrechtsschutzfrist (70 Jahre nach dem Tod des Verfassers) erstreckt werden kann. Kürzere Befristungen sind möglich.
[7] Angabe der Auflagen- und Stückzahl bei Druckexemplaren und sonstigen Vervielfältigungsstücken, der Zahl der Abrufe bei Online-Übermittlung etc. Falls bei der Vervielfältigung im Druck keine Angabe gemacht wird, gilt der Vertrag für eine Auflage zu 1000 Stück; s. § 5 Abs. 1 Satz 2, Abs. 2 Satz 1 des Verlagsgesetzes (VerlG). In der Praxis verbreitet ist die auflagen- und stückzahlmäßig nicht begrenzte Rechtseinräumung. Bei durch Herausgeber betreuten Mehrautorenwerken kann es sich aber empfehlen, nur eine einzige Auflage zu vereinbaren.
[8] Hinsichtlich der Ausschließlichkeit oder Nicht-Ausschließlichkeit der Nutzungsrechte und ihrer möglichen Begrenzung nach Gebiet, Dauer und Stückzahl können alle Nutzungsrechte gleich behandelt oder es kann zwischen ihnen differenziert werden. Im letzteren Fall muss der Umfang der Rechtseinräumung für *jedes* Recht angegeben werden.
[9] Gemäß § 39 Abs. 2 des Urheberrechtsgesetzes (UrhG) sind Änderungen des Werkes zulässig, zu denen der Urheber seine Einwilligung nach Treu und Glauben nicht versagen kann.
[10] Nichtgewünschtes streichen.

(5) Der Verlag kann an den Nutzungsrechten gemäß Nr. 1 Buchst. ... Lizenzen an Dritte vergeben[1]. Erlischt ein Lizenzrecht wegen Erlöschens des zugrundeliegenden Nutzungsrechts des Verlages, so ist der Verfasser verpflichtet, dem Lizenznehmer die Nutzung zu den bisherigen Bedingungen für die mit dem Lizenznehmer vereinbarte Laufzeit zu gestatten; die Lizenzvergütung abzüglich einer Vermittlungsprovision von ...% zugunsten des Verlages steht allen Verfassern anteilig entsprechend dem Umfang ihrer jeweiligen Beiträge zu.

(6) Übt der Verlag ein Nutzungsrecht aus, so gibt er dem Herausgeber/den Verfassern/dem durch die Verfasser benannten Sprecher[2] vor Veröffentlichung Kenntnis. Über eine Übersetzung des Werkes unterrichtet der Verlag den Herausgeber[3] und alle Verfasser. Äußert der Verfasser innerhalb angemessener Frist Änderungswünsche zur Übersetzung des Beitrages, so wird sich der Verlag diesen nicht wider Treu und Glauben verschließen. Vergibt der Verlag Übersetzungslizenzen an Dritte, so wird er gegenüber den Lizenznehmern darauf hinwirken, dass dem Verfasser Gelegenheit zur Kenntnisnahme von der Lizenzausgabe vor deren Veröffentlichung gegeben wird und dass Änderungswünsche des Verfassers möglichst berücksichtigt werden. Das Recht des Verfassers, gegen Entstellung oder Beeinträchtigungen des Beitrages vorzugehen, die geeignet sind, seine berechtigten geistigen oder persönlichen Interessen am Beitrag zu gefährden, bleibt unberührt[4].

§ 3 Pflicht zur Rechtsausübung. (1) Der Verlag ist verpflichtet, von den ihm gemäß § 2 Nr. 1 eingeräumten Nutzungsrechten die folgenden selbst auszuüben[5]: ...

(2) Soweit der Verlag nicht verpflichtet ist, bestimmte Nutzungsrechte auszuüben, wird er das Interesse des Verfassers und des Herausgebers[6] an einer bestmöglichen Nutzung des Beitrages angemessen berücksichtigen und sich insbesondere um eine ihm zumutbare Lizenzvergabe bemühen. Dabei ist der Tatsache Rechnung zu tragen, dass einzelne Nutzungsarten in unerwünschter Konkurrenz zueinander stehen können. Auf Verlangen des Verfassers wird ihn der Verlag über diesbezügliche Schritte unterrichten.

§ 4 Zusammenarbeit mit dem Herausgeber[7], Mitverfasser und Verlag. (1) Der Verfasser verpflichtet sich, sachlich begründete und ihm nach Treu und Glauben zumutbare Anregungen des Herausgebers zu berücksichtigen. Kommt er dieser Pflicht nicht innerhalb angemessener Frist nach, so kann der Verlag das Vertragsverhältnis kündigen. Das Recht kann nur ausgeübt werden, nachdem der Verlag die Kündigung in Aussicht gestellt hat und eine weitere Frist von ... seit der Inaussichtstellung verstrichen ist, ohne dass der Verfasser

---

[1] Eine Lizenz, d. h. eine ausschließliche oder nicht-ausschließliche Gestattung zur Nutzung des Werkes, kommt aus Rechtsgründen nur in Bezug auf ausschließliche Nutzungsrechte des Verlages in Betracht.

[2] Nichtzutreffendes streichen; s. auch Fußn. 5.

[3] Streichen, falls kein Herausgeber bestellt wurde.

[4] S. § 14 UrhG.

[5] Das Verlagsgesetz kommt nur zur Anwendung, wenn der Verlag zur Vervielfältigung und Verbreitung einer Druckausgabe verpflichtet ist.

[6] Streichen, falls kein Herausgeber bestellt wurde.

[7] Streichen, falls kein Herausgeber bestellt wurde. Für den Fall der Bestellung *mehrerer* Herausgeber s. Fußn. 4.

seiner Pflicht gemäß Satz 1 genügt hat. Macht der Verlag von seinem Kündigungsrecht keinen Gebrauch, so kann der Herausgeber die betreffenden Handlungen selbst vornehmen oder durch einen Dritten vornehmen lassen, soweit es sich dabei um Maßnahmen handelt, die das Persönlichkeitsrecht des Verfassers nicht berühren[1]. Auch wird der Verfasser dem Herausgeber/dem Verlag[2] auf Verlangen Auskunft über den Stand der Arbeiten am Beitrag erteilen.

(2) Der Verfasser ist zur kollegialen Zusammenarbeit mit den anderen Verfassern des Werkes sowie zur Rücksichtnahme auf deren berechtigte Interessen verpflichtet.

(3) Im übrigen richtet sich die Zusammenarbeit des Verfassers mit dem Herausgeber[3], Mitverfasser und dem Verlag nach den anliegenden Richtlinien für die Erstellung des Werkes, die Bestandteil dieses Vertrages sind.

§ 5 Beschaffenheit und Umfang des Werkes bzw. Beitrages. (1) Der Beitrag muss nach Art und Zweck dem Vereinbarten und dem anerkannten fachlichen Standard des behandelten Gebiets oder Themas Rechnung tragen. Zur Beurteilung darf der Herausgeber/der Verlag[4] Fachleute zu Rate ziehen, die er zur Verschwiegenheit verpflichtet.

(2) Der Verfasser/der Verlag[5] wird zur Vervollständigung oder Illustration benötigte fremde Text- und/oder Bildvorlagen beschaffen und die erforderlichen Nutzungsrechte oder Zustimmungen Dritter auf … Kosten … einholen.

(3) Für die Erstellung von Registern und die benötigte Software wird Folgendes vereinbart: …

(4) Der Umfang des Werkes wird auf ca. … Druckseiten, das sind ca. … Manuskriptseiten (à … Zeilen zu je … Anschlägen), oder ca. … Wörter und/oder ca. … Zeichen (ohne Steuerzeichen und dgl.) zuzüglich … Abbildungen (davon … in Farbe) festgelegt, derjenige des/eines einzelnen[6] Beitrages auf ca. …

(5) Im Fall einer wesentlichen Überschreitung des vereinbarten Beitragsumfangs ist der Herausgeber/der Verlag[7] berechtigt, vom Verfasser ohne zusätzliche Vergütung eine angemessene Kürzung des Manuskripts zu verlangen, wobei insbesondere unvorhergesehene Umstände zu berücksichtigen sind. Kommt der Verfasser dieser Pflicht nicht innerhalb angemessener Frist ab Aufforderung nach und überschreitet er auch eine ihm gesetzte angemessene Nachfrist, so ist der Herausgeber/der Verlag[8] befugt, die Kürzung auf Kosten des Verfassers selbst vorzunehmen oder durch einen Dritten vornehmen zu lassen; anstelle der Kürzung ist der Verlag berechtigt, vom Vertrag zurückzutreten. Das Rücktrittsrecht kann nur ausgeübt werden, nachdem der Verlag den Rücktritt ange-

---

[1] Sätze 1 bis 3 streichen, falls kein Herausgeber bestellt wurde.
[2] Nichtzutreffendes bzw. Nichtgewünschtes streichen.
[3] Streichen, falls kein Herausgeber bestellt wurde.
[4] Nichtzutreffendes bzw. Nichtgewünschtes streichen.
[5] Nichtgewünschtes streichen. Eine nähere Regelung im Vertrag empfiehlt sich; insbesondere ist über die Kostentragung zu befinden.
[6] Nichtgewünschtes streichen.
[7] Nichtzutreffendes bzw. Nichtgewünschtes streichen.
[8] Nichtzutreffendes bzw. Nichtgewünschtes streichen.

kündigt hat und eine weitere Frist von ... seit der Ankündigung verstrichen ist, ohne dass der Verfasser seiner Pflicht gemäß Satz 1 nachgekommen ist.

(6) Der Verfasser verpflichtet sich, dem Verlag ein vollständiges und satzfertiges Manuskript des Beitrages einschließlich der durch ihn zu beschaffenden fremden Text- und/oder Bildvorlagen wie folgt zu überlassen[1]:

a) Einseitig und gut lesbar mit Schreibmaschine oder Computer geschrieben. Geringfügige handschriftliche Änderungen im maschinengeschriebenen Manuskript oder einer anderen Satzvorlage sind zulässig. Für Schreibkonventionen sowie Nummerierung von Fußnoten und Abbildungen gilt die diesbezügliche Anlage zum Vertrag.

b) Auf maschinenlesbarem Datenträger als elektronisch gespeichertes Manuskript; dabei ist ein zusätzlicher Papierausdruck zu überlassen. Für Schreibkonventionen, Nummerierung von Fußnoten und Abbildungen, Datenträgerspezifikation, Textverarbeitungsprogramm, Textauszeichnungen und sonstige Erfordernisse, insbesondere auch hinsichtlich der Abbildungen, gilt die diesbezügliche Anlage.

(7) Das Originalmanuskript des Beitrages sowie die durch den Verfasser beschafften Text- und/oder Bildvorlagen gehen nicht in das Eigentum des Verlages über.

(8) Zur Sicherheit verwahrt der Verfasser eine Kopie des Manuskripts bzw. des Datenträgers bei sich.

§ 6 Ablieferungs- und Veröffentlichungstermin. (1) Der Verfasser ist verpflichtet, das Manuskript dem Herausgeber/dem Verlag[2] bis spätestens ... zu überlassen. Überschreitet er diesen Termin, so gilt als angemessene Nachfrist ein Zeitraum von ...

(2) Soweit der Verlag gemäß § 3 Nr. 1 zur Ausübung von Nutzungsrechten verpflichtet ist, wird er den Beitrag bis ... veröffentlichen. Überschreitet er diesen Termin, so gilt als angemessene Nachfrist ein Zeitraum von ...

(3) Wird eine Nachfrist nach Nrn. 1 oder 2 überschritten, ohne dass dafür sachlich gerechtfertigte Gründe vorliegen, so ist die andere Vertragspartei befugt, vom Vertrag zurückzutreten. Im Fall von Nr. 2 können jedoch nur alle von der Verzögerung betroffenen Verfasser gemeinsam mit dem Herausgeber[3] den Rücktritt erklären.

(4) Das Rücktrittsrecht nach Nr. 3 kann nur ausgeübt werden, nachdem die Vertragspartei den Rücktritt angekündigt hat und eine weitere Frist von ... seit der Ankündigung verstrichen ist, ohne dass die andere Vertragspartei ihrer Pflicht gemäß Nrn. 1 bzw. 2 nachgekommen ist.

§ 7 Rechtliche Unbedenklichkeit/Haftung. (1) Der Verfasser versichert, dass der Beitrag sowie die durch ihn beschafften fremden Text- und/oder Bildvorlagen keine Rechte Dritter verletzen, dass er befugt ist, über die zur Durchführung dieses Vertrages erforderlichen urheberrechtlichen Nutzungsrechte zu verfügen, und dass er bisher weder ganz noch teilweise eine der Ein-

---

[1] Nichtgewünschtes streichen.
[2] Nichtzutreffendes bzw. Nichtgewünschtes streichen.
[3] Streichen, falls kein Herausgeber bestellt wurde.

räumung von Rechten gemäß § 2 widersprechende Verfügung getroffen hat. Davon unberührt bleiben Verfügungen an Verwertungsgesellschaften – insbesondere an die VG WORT – nach deren zum Zeitpunkt des Vertragsabschlusses gültigen Wahrnehmungsverträgen.

(2) Ist der Verfasser aus rechtlichen Gründen gehindert, eine der vorgenannten Versicherungen abzugeben, oder kommen ihm Zweifel an seiner Befugnis, so wird er den Verlag unverzüglich darüber unterrichten, sobald ihm das tatsächliche oder vermeintliche Rechtshindernis bekannt geworden ist. Gelingt es dem Verlag mit ihm zumutbarem Aufwand nicht, das Rechtshindernis oder die Unklarheit innerhalb angemessener Frist zu beseitigen, so darf er vom Vertrag zurücktreten, wenn das Hindernis einer Veröffentlichung des Beitrages entgegensteht und die mit dem Hindernis behafteten Text- oder Bildteile für den Beitrag unverzichtbar sind.

(3) Werden die Vertragsparteien einzeln oder gemeinsam durch Dritte wegen des Inhalts des Beitrages auf Schadensersatz und/oder Kosten einer Rechtsverfolgung in Anspruch genommen, so haftet jede Vertragspartei im Innenverhältnis entsprechend dem Anteil ihres eigenen Verschuldens[1].

§ 8 Enthaltungspflicht und Konkurrenzverbot. (1) Der Verfasser wird sich während der Laufzeit des Vertrages (soweit nicht nach dem Urheberrechtsgesetz zulässig) jeder anderweitigen Vervielfältigung und Verbreitung und/oder unkörperlichen Übermittlung und Wiedergabe des Beitrages enthalten. Er verpflichtet sich für denselben Zeitraum, sich weder mit einem anderen Beitrag zum gleichen Gebiet oder Thema an einem inhaltlich ähnlichen Werk zu beteiligen noch zum gleichen Thema ein anderes Werk zu veröffentlichen oder veröffentlichen zu lassen, das geeignet erscheint, dem den vertragsgegenständlichen Beitrag enthaltenen Werk ernsthaft Konkurrenz zu machen, ohne eine schriftliche Zustimmung des Verlages eingeholt zu haben. Die Zustimmung darf nicht wider Treu und Glauben verweigert werden.

(2) Will der Verlag während der Laufzeit des Vertrages ein anderes Werk zum gleichen Thema veröffentlichen, so wird er den Verfasser darüber unterrichten. Die Pflicht des Verlages, sich gemäß § 9 Nr. 1 für die Verbreitung des den vertragsgegenständlichen Beitrag enthaltenden Werkes einzusetzen, besteht fort.

§ 9 Werbung/Ausstattung/Preis. (1) Der Verlag wird sich in angemessener und branchenüblicher Weise für die Verbreitung des Werkes einsetzen, insbesondere in einer der Art und dem Charakter desselben entsprechenden Weise werben.

(2) Der Verlag bestimmt formale Gestaltung und Ausstattung, Ladenpreis und Nutzervergütung bei Online-Nutzungen[2]. Es sind ein Preis von ... DM/Euro und eine Nutzervergütung von ... DM/Euro vorgesehen. Der Verlag kann Preis und Nutzervergütung erhöhen oder ermäßigen. Der Herausgeber/alle Verfasser gemeinsam/der Sprecher[3] kann bzw. können widersprechen, wenn die Festsetzung für ihn bzw. sie unzumutbar ist.

---

[1] Abweichende Vereinbarungen, z. B. über eine Haftungsfreistellung, können getroffen werden.

[2] Nichteinschlägiges streichen.

[3] Nichtzutreffendes bzw. Nichtgewünschtes streichen; s. auch S. 137 Fußn. 5.

§ 10 Korrektur. (1) Die Vorkorrektur des Satzes oder des maschinenlesbar erfassten und auf Diskette, in einer Online-Datenbank oder anderweitig elektronisch gespeicherten Manuskripts des Beitrages erfolgt durch den Verlag, eine Satz- oder Reproanstalt oder die Druckerei[1].

(2) Der Verfasser ist verpflichtet, die Endkorrektur ohne zusätzliche Vergütung innerhalb einer Frist von ... nach Überlassung des vorkorrigierten Manuskripts bzw. nach erstmaliger Ermöglichung des Online-Zugriffs auf das in einem Speichermedium, insbesondere einer Datenbank, gespeicherte vorkorrigierte Manuskript auszuführen und sodann unverzüglich die Freigabe zur Veröffentlichung zu erklären. Fahnenabzüge oder Papierausdrucke des endkorrigierten Manuskripts wird er mit einem entsprechenden Freigabevermerk versehen und namentlich abzeichnen. Durch die Freigabe zur Veröffentlichung des endkorrigierten Manuskripts werden auch eventuelle Abweichungen vom ursprünglichen Manuskript genehmigt.

(3) Überschreitet der Verfasser die Frist gemäß Nr. 2, so wird ihn der Verlag auffordern, die Endkorrektur des Manuskripts innerhalb einer Nachfrist von ... auszuführen und sodann unverzüglich die Freigabe zur Veröffentlichung zu erklären; Nr. 2 Sätze 2 und 3 gilt entsprechend. Wird auch die Nachfrist überschritten, ohne dass dafür sachlich gerechtfertigte Gründe vorliegen, so ist der Verlag befugt, die Endkorrektur auf Kosten des Verfassers selbst auszuführen oder ausführen zu lassen. Wird die Nachfrist aus sachlich gerechtfertigten Gründen überschritten, so werden sich die Vertragsparteien über eine Lösung verständigen, die eine schnellstmögliche Durchführung des Vertrages sicherstellt.

(4) Nimmt der Verfasser sachlich nicht gebotene Änderungen im fertigen Satz oder nach Abschluss der Formatierung und/oder Gestaltung des maschinenlesbar erfassten und elektronisch gespeicherten, von ihm endkorrigierten Manuskripts vor, so hat er die dadurch entstehenden Mehrkosten – berechnet nach dem Selbstkostenpreis des Verlages – insoweit zu tragen, als diese Kosten 10% der Satzkosten bzw. Kosten der Formatierung und/oder Gestaltung übersteigen.

§ 11 Neubearbeitung des Werkes bzw. Beitrages. (1) Im Fall einer Neubearbeitung des Werkes ist der Verlag berechtigt, einzelne Beiträge wegzulassen. Ist ein Herausgeber bestellt, so bedarf es dazu dessen Zustimmung[2].

(2) Verfasser, Herausgeber[3] und Verlag werden einander auf alle ihnen bekannten Umstände hinweisen, die eine Neubearbeitung des Werkes bzw. Beitrages wünschenswert machen oder geboten erscheinen lassen.

(3) Halten Verfasser, Herausgeber[4] und Verlag eine Neubearbeitung des Beitrages für geboten, so treffen die Vertragsparteien über den Ablieferungstermin eines neubearbeiteten Manuskripts eine besondere schriftliche Vereinbarung.

(4) Lehnt der Verfasser eine Neubearbeitung des Beitrages ab oder ist er nicht in der Lage, diese selbst vorzunehmen, so ist er berechtigt, dafür einen Dritten

---

[1] Nichteinschlägiges streichen.
[2] Vgl. § 19 VerlG.
[3] Streichen, falls kein Herausgeber bestellt wurde.
[4] Streichen, falls kein Herausgeber bestellt wurde.

als Bearbeiter vorzuschlagen. Herausgeber[1] und Verlag dürfen sich dem Vorschlag nicht wider Treu und Glauben verschließen. Macht der Verfasser von seinem Vorschlagsrecht innerhalb einer Frist von … ab Aufforderung durch den Herausgeber/den Verlag[2] keinen Gebrauch, so können ihm Herausgeber[3] und Verlag einvernehmlich einen Bearbeiter eigener Wahl vorschlagen. Satz 2 gilt für den Verfasser entsprechend. Äußert er sich zum Vorschlag nicht innerhalb einer Frist von …, so gilt sein Einverständnis als erteilt.

(5) Ist der Verfasser infolge von Krankheit, Tod oder aus sonstigen Gründen außerstande, sein Vorschlagsrecht gemäß Nr. 4 auszuüben, so benennen Herausgeber[4] und Verlag einvernehmlich einen Bearbeiter eigener Wahl. Der Verfasser bzw. sein Rechtsnachfolger sowie die anderen Verfasser des Werkes können der Benennung widersprechen, wenn diese für sie nach Treu und Glauben unzumutbar ist.

§ 12 Nennung des Verfassers. (1) Der Verlag ist verpflichtet, den Verfasser des Beitrages anzugeben und ihn auf der Titelseite der Druckausgabe und/oder der Datenträgerausgabe des Werkes sowie, falls nicht mehr als … Mitverfasser vorhanden sind, auf dem Einband bzw. der Umhüllung dieser Ausgabe und/oder zu Beginn jedes Zugriffs bei der Online-Nutzung sowie bei Werbemaßnahmen für das Werk wie folgt namentlich zu nennen: … Die Nennung erfolgt in alphabetischer Reihenfolge der Nachnamen aller Verfasser/in folgender Reihenfolge[5]: …

(2) Nimmt anstelle des Verfassers ein Dritter eine Neubearbeitung des Beitrages vor und ist der durch den Dritten bearbeitete Beitrag vom Verfasser noch maßgeblich mitgeprägt, so wird der Verlag die namentliche Nennung des Verfassers in geeigneter Form beibehalten. Der Verfasser oder sein Rechtsnachfolger kann dieser Beibehaltung widersprechen, wenn sie für ihn nach Treu und Glauben unzumutbar ist.

(3) Veröffentlicht der Verlag im neubearbeiteten Werk Neubearbeitungen des Beitrages, die anstelle des Verfassers durch einen Dritten vorgenommen wurden (vgl. § 11 Nrn. 4 und 5), so darf er ab der … bearbeiteten Auflage oder nach Ablauf von … Jahren ab Erscheinen der ersten bearbeiteten Auflage und/oder nach Ablauf von … Jahren ab dem Beginn der Online-Nutzung im Verhältnis zum Verfasser allein den Bearbeiter namentlich nennen, es sei denn, der bearbeitete Beitrag ist immer noch vom ursprünglichen Verfasser nicht unwesentlich mitgeprägt.

§ 13 Honorar. (1) Der Verfasser erhält für die vom Verlag selbst ausgeübten, ihm gemäß § 2 Nrn. 1 und 4 eingeräumten Nutzungsrechte je verkauftes und bezahltes, nicht remittiertes Exemplar des Werkes und/oder je vergütungspflichtigen und bezahlten Online-Abruf ein dem Umfang des Beitrages entsprechendes, anteiliges Honorar, mindestens aber für die
Buchausgabe in Höhe von …%,
Taschenbuchausgabe in Höhe von …%,

---

[1] Streichen, falls kein Herausgeber bestellt wurde.
[2] Nichtzutreffendes bzw. Nichtgewünschtes streichen.
[3] Streichen, falls kein Herausgeber bestellt wurde.
[4] Streichen, falls kein Herausgeber bestellt wurde.
[5] Nichtgewünschtes streichen.

Übersetzungsausgabe in Höhe von ...%,
Mikroformausgabe in Höhe von ...%,
Bild- oder Tonträgerausgabe in Höhe von ...%,
Datenträgerausgabe in Höhe von ...%,
Online-Nutzung in Höhe von ...%,
...-Ausgabe[1] in Höhe von ...%
des Ladenverkaufspreises/des Verlagsabgabepreises/des Jahresumsatzes des Verlages[2] mit dem Werk[3] bzw. der Nutzervergütung für Online-Nutzungen abzüglich der darin enthaltenen gesetzlichen Mehrwertsteuer[4]. Weist der Verfasser nach, dass er nach deutschem Recht mehrwertsteuerpflichtig ist oder geworden ist, so zahlt der Verlag die auf das Honorar anfallende Mehrwertsteuer zusätzlich.

(2) Beleg-, Frei-, Pflicht-, Prüf-, Werbe- und Besprechungsexemplare sowie für das Archiv des Verlages bestimmte Exemplare des Werkes sind honorarfrei. Sie unterliegen keinem Verwendungsnachweis durch den Verlag. Darunter fallen nicht Partie- und Portoersatzstücke sowie solche Exemplare, die für allgemeine Werbezwecke des Verlages abgegeben werden.

(3) Nimmt anstelle des Verfasser ein Dritter eine Neubearbeitung des Beitrages vor, so bleibt ein Honoraranspruch des Verfassers erhalten, wenn der bearbeitete Beitrag von ihm noch maßgeblich mitgeprägt ist; jedoch ermäßigt sich sein anteiliges Honorar gemäß Nr. 1 für die erste Bearbeitung um ..., für die zweite Bearbeitung um ... Ab der ... Bearbeitung entfällt der Honoraranspruch des Verfassers ganz[5].

(4) Verwertet der Verlag ihm eingeräumte Nutzungsrechte durch Lizenzvergabe, so erhält der Verfasser zuzüglich zum anteiligen Honorar gemäß Nr. 1 eine dem Umfang des Beitrages entsprechende Beteiligung an den Nettoerlösen des Verlages (abzüglich insbesondere von Vermittlungsprovisionen für Dritte, Bearbeiterhonoraren etc.), und zwar
für Nutzungen gemäß § 2 Nr. 1 Buchst. ...: mindestens ...%,
für Nutzungen gemäß § 2 Nr. 1 Buchst. ...: mindestens ...%[6],
usw.

(5) Abrechnungen und Zahlungen des anteiligen Honorars nach Nr. 1 sowie von Erlösanteilen nach Nr. 4 erfolgen halbjährlich/jährlich[7] zum 30. Juni und/oder 31. Dezember eines Jahres, und zwar innerhalb des auf den Stichtag folgenden Quartals.

§ 14 Freiexemplare/Zugriffsrecht. (1) Der Verfasser erhält ... Freiexemplare pro Auflage der Druckausgabe und/oder ... Freiexemplare pro Auflage der Datenträgerausgabe des Werkes. Weitere Exemplare kann er vom Verlag mit

---

[1] Einzelne Ausgabe- und Nutzungsformen können bei Bedarf gestrichen oder ergänzt werden.
[2] Nichtgewünschtes streichen.
[3] Bei einer Vielzahl von Verfassern wird häufig auch die Vergütung mit einem Bogenhonorar für eine bestimmte Anzahl von Druckexemplaren eines Beitrages vereinbart.
[4] Nichtzutreffendes bzw. Nichtgewünschtes streichen.
[5] Weitere Differenzierungen können vereinbart werden.
[6] Die zu beziffernden Prozentanteile beziehen sich auf die Lizenzerlöse, nicht auf das Honorar gemäß § 13 Nr. 1.
[7] Nichtgewünschtes streichen.

einem Rabatt in Höhe von ...% des Ladenverkaufspreises erwerben. Ferner erhält er ... Freiexemplare eines Sonderdruckes des Beitrages[1].

(2) Wird der in einem Speichermedium, insbesondere einer Online-Datenbank, elektronisch gespeicherte Beitrag zum Abruf bereitgehalten, so ist der Verfasser berechtigt, ihn unentgeltlich auf einem maschinenlesbaren Datenträger und in einem eigenen Rechner zu speichern bzw. im Rahmen der üblichen Betriebszeiten des betreffenden Speichermediums ... E-Mails oder ... Minuten je Abruf auf dem eigenen Bildschirm wiederzugeben. Hat der Verlag den Beitrag in einem fremden Speichermedium gespeichert oder speichern lassen, so stellt er das unentgeltliche Zugriffsrecht des Verfassers auf das Speichermedium bzw. das Zugriffsrecht für weitere vergütungspflichtige Online-Übermittlungen des Beitrages durch eine Vereinbarung mit dem Betreiber des Speichermediums vertraglich sicher.

(3) Weder die Freiexemplare noch die vom Verlag mit Rabatt erworbenen Exemplare des Werkes dürfen vom Verfasser gegen Entgelt veräußert werden. Die Online-Zugänglichmachung des kostenlos auf einem maschinenlesbaren Datenträger oder in einem eigenen Rechner gespeicherten oder unentgeltlich auf dem eigenen Bildschirm wiedergegebenen Beitrages ist in jedem Fall unzulässig.

§ 15 Verramschung/Herabsetzung der Nutzervergütung/Makulierung/Löschung des Werkes bzw. Beitrages. (1) Der Verlag darf die Restauflage der Druckausgabe und/oder der Datenträgerausgabe des Werkes verramschen und/oder die Nutzervergütung im Fall der Online-Nutzung des Beitrages beliebig herabsetzen, wenn der Verkauf bzw. die Online-Nutzung in zwei aufeinander folgenden Kalenderjahren unter ... Exemplaren bzw. ... Online-Abrufen pro Jahr gelegen hat. Zur Verramschung einer Restauflage der Druckausgabe ist der Verlag frühestens nach ... Jahren ab Erscheinen des Werkes berechtigt[2]. Der Verfasser ist am Ramscherlös des Verlages aus dem Verkauf der Restauflage und/oder an der herabgesetzten Nutzervergütung je Abruf in einer dem Umfang des Beitrages entsprechenden prozentualen Höhe gemäß § 13 Nr. 1 beteiligt.

(2) Erweist sich nach Ablauf der in Nr. 1 Satz 1 genannten Frist ein Verramschen und/oder eine Herabsetzung der Nutzervergütung als undurchführbar oder wirtschaftlich nicht sinnvoll, so darf der Verlag die jeweilige Restauflage des Werkes ganz oder teilweise makulieren bzw. den zur Online-Nutzung bereitgehaltenen Beitrag aus dem eigenen oder fremden Speichermedium, insbesondere einer Datenbank, löschen bzw. löschen lassen. Zu einer Teilmakulierung in einem der Absatzentwicklung der jeweiligen Restauflage des Werkes angemessenen Umfang ist der Verlag jederzeit berechtigt.

(3) Der Verlag ist verpflichtet, den Verfasser rechtzeitig vor einer Verramschung oder Makulierung der jeweiligen Restauflage und/oder vor einer Herabsetzung der Nutzervergütung oder vor der Löschung von seiner diesbezüglichen Absicht zu unterrichten und ggf. allen Verfassern gemeinsam sowie dem

---

[1] Falls der Verlag in größerer Stückzahl Sonderdrucke des Beitrages herstellt, kann über das Recht des Verfassers zum Erwerb weiterer Sonderdrucke gegen Kostenerstattung eine besondere Vereinbarung getroffen werden.

[2] Üblich ist eine Frist von 5 Jahren.

Herausgeber[1)] unter Berücksichtigung von deren jeweiligen Wünschen die zur Verramschung oder vollständigen Makulierung zum unentgeltlichen Erwerb ab Lager anzubieten. Wird das Werk makuliert oder aus dem Speichermedium gelöscht, so fallen die dem Verlag gemäß § 2 am Beitrag eingeräumten Nutzungsrechte insoweit an den Verfasser zurück.

§ 16 Außerordentliche Vertragsbeendigung. Beendet der Verfasser das Vertragsverhältnis vorzeitig durch außerordentliche Kündigung aus wichtigem Grund, so ist der Verlag befugt, bei Wirksamwerden der Vertragsbeendigung bereits vervielfältigte, aber nicht ausgelieferte Exemplare der Druckausgabe und/oder der Datenträgerausgabe des Werkes noch bis zum Ablauf von … nach diesem Zeitpunkt zu verbreiten, bzw. verpflichtet, den in einem Speichermedium, insbesondere einer Online-Datenbank, gespeicherten Beitrag spätestens mit Ablauf von … nach Eintritt der Vertragsbeendigung aus dem eigenen oder fremden Speichermedium zu löschen bzw. löschen zu lassen. Bis zur fristgerechten Löschung aus dem Speichermedium darf der Beitrag weiterhin Nutzungsbefugten im Wege der Online-Übermittlung und durch Bildschirmwiedergabe zugänglich gemacht werden. § 13 gilt entsprechend.

§ 17 Besondere Vereinbarungen. …

---

1) Streichen, falls kein Herausgeber bestellt wurde.

10. Tarifvertrag für arbeitnehmerähnliche freie Journalistinnen und Journalisten an Tageszeitungen[1)]

Gültig ab 1. Januar 2018

Zwischen

dem **Bundesverband Deutscher Zeitungsverleger e.V.**

als Vertreter der ihm angeschlossenen Landesverbände

Verband Südwestdeutscher Zeitungsverleger e.V., Verband Bayerischer Zeitungsverleger e.V., Zeitungsverlegerverband Bremen e.V., Zeitungsverlegerverband Hamburg e.V.,
Verband Nordwestdeutscher Zeitungsverlage e.V., Zeitungsverlegerverband Nordrhein-Westfalen e.V., Verband der Zeitungsverlage Norddeutschland e.V.

– andererseits –

und

dem **Deutschen Journalisten-Verband e.V.,**
– Gewerkschaft der Journalistinnen und Journalisten –

– andererseits –

wird der folgende Tarifvertrag geschlossen:

§ 1 Geltungsbereich. Der Tarifvertrag gilt

räumlich: für die Bundesrepublik Deutschland;
fachlich: für alle Verlage, die Tageszeitungen herausgeben;
persönlich: für alle hauptberuflichen freien Journalistinnen und Journalisten, die als arbeitnehmerähnlich im Sinne des § 3 gelten, soweit sie für Tageszeitungen aufgrund von Dienst- oder Werkverträgen tätig sind.

§ 2 Hauptberuflich freie Journalistinnen/Journalisten. Hauptberuflich freie Journalistinnen/Journalisten sind nur solche freien Journalistinnen/Journalisten, die ihre Einkünfte aus Erwerbs- und Berufstätigkeit überwiegend aus journalistischer Tätigkeit beziehen. Als hauptberuflich freie Journalistin/freier Journalist im Sinne dieses Tarifvertrages gilt nicht, wer aus seiner freiberuflichen journalistischen Tätigkeit regelmäßig weniger als 750 DM im Monat bezieht.

---

1) Deutscher Journalisten-Verband e.V. –
Gewerkschaft der Journalistinnen und Journalisten – Bennauerstraße 60
53115 Bonn
Telefon 0228/2 01 72 18
Telefax 0228/2 01 72 33
E-Mail: Hir@djv.de
Homepage: www.djv.de

Protokollnotiz zu § 2:

Der Betrag von 750 DM in § 2 Satz 2 entspricht etwa 40 Prozent der monatlichen Bezugsgröße (§ 18 des IV. Buches des Sozialgesetzbuches) nach dem Stand bei Abschluss des Tarifvertrages. Die Tarifvertragsparteien haben die Aufnahme von Gesprächen über eine Neudefinition des Begriffs der hauptberuflichen Tätigkeit vereinbart.

§ 3 Arbeitnehmerähnliche freie Journalistinnen und Journalisten.

1. Als arbeitnehmerähnliche/r freie Journalistin/freier Journalist im Sinne dieses Tarifvertrages gilt nur, wer:
   a) wirtschaftlich abhängig (Abs. 2) und vergleichbar einer Arbeitnehmerin/einem Arbeitnehmer sozial schutzbedürftig (Abs. 3) ist und
   b) die dem Verlag geschuldeten Leistungen persönlich und im Wesentlichen ohne Mitarbeit von Dritten erbringt.
2. Wirtschaftlich abhängig ist nur, wer für Text- und Bildbeiträge für einen Verlag oder Konzern nach Art des § 18 des Aktiengesetzes im Durchschnitt der letzten sechs Monate mindestens ein Drittel des Entgeltes erzielt, das ihm für seine Erwerbstätigkeit insgesamt zusteht.
3. Sozial schutzbedürftig ist nur, wer auf die Einkünfte aus journalistischer Tätigkeit zur Sicherung seiner wirtschaftlichen Existenz angewiesen ist.
4. Die Journalistin/der Journalist kann tarifliche Rechte erstmals für den Monat geltend machen, in welchem sie/er dem verpflichteten Verlag (§ 4) angezeigt hat, dass sie/er als arbeitnehmerähnliche/r freie Journalistin/freier Journalist im Sinne dieses Tarifvertrages gilt. Das Vorliegen der Voraussetzungen nach Abs. 1 ist auf Verlangen des Verlages von ihr/ihm schriftlich zu versichern. Darüber hinaus ist sie/er auf Verlangen verpflichtet, die Voraussetzungen des § 2 und/oder des vorstehenden Abs. 2 und/oder des Abs. 5 mit einer von einem Wirtschaftsprüfer bestätigten Berechnung nachzuweisen. Erweisen sich die An- gaben der freien Journalistin/des freien Journalisten als richtig, so trägt der Verlag die Mindestkosten.
5. Ein Sinken der Bezüge unter die Mindestgrenze des § 2 Satz 2 ist für die Dauer von sechs Monaten unschädlich.

Protokollnotiz zu § 3:

Dritte im Sinne des § 3 Abs. 1 Buchstabe b sind nicht Partner und Bürogemeinschaften, ferner nicht Sekretärinnen oder Ehepartner, die Hilfsdienste, also keine journalistische Arbeit, leisten.

§ 4 Verpflichteter Verlag. Rechte nach diesem Tarifvertrag können jeweils nur gegenüber dem einzelnen Verlag geltend gemacht werden, dem gegenüber die freie Journalistin/der freie Journalist die Voraussetzungen des § 3 erfüllt (verpflichteter Verlag).

§ 5 Grundlagen der Honorarberechnung.

1. Maßstab für die Berechnung des Honorars ist der gedruckte Umfang des Beitrages und die Höhe der Auflage.
2. Bei der Berechnung des Honorars ist die verkaufte Auflage der Ausgaben zugrunde zu legen, in denen der Beitrag veröffentlicht worden ist. Die Be-

rechnung des Honorars nach der verkauften Auflage gilt, falls nichts anderes vereinbart ist, auch für Beiträge, die von Zentralredaktionen mit ständiger Satzherstellung zur Veröffentlichung in den angeschlossenen Zeitungen verwertet werden; den freien Journalistinnen/Journalisten sind in solchen Fällen auf Verlangen die angeschlossenen Zeitungen und die verkaufte Auflage anzugeben.

§ 6 Honorare für Textbeiträge. Die Berechnung der Honorare erfolgt nach der Anzahl der Druckzeilen der einzelnen Beiträge. Dabei gilt als Normalzeile die Druckzeile mit 34 bis 40 Buchstaben.
Die Honorare betragen:
Die Honorare betragen:

Bei einer Auflage bis	10 000	25 000	50 000	100 000	über 100 000
			Cent bis 1. Mai 2018		
a) für Nachrichten und Berichte:					
Erstdruckrecht	62	67	81	98	112
Zweitdruckrecht	52	55	61	73	83
b) für Reportagen, Gerichtsberichte, Spitzen, Glossen, unterhaltende Aufsätze, Kurzgeschichten:					
Erstdruckrecht	76	81	104	124	155
Zweitdruckrecht	59	61	78	95	117
			Cent ab 1. Mai 2019		
a) für Nachrichten und Berichte:					
Erstdruckrecht	63	69	83	100	115
Zweitdruckrecht	53	56	62	75	85
b) für Reportagen, Gerichtsberichte, Spitzen, Glossen, unterhaltende Aufsätze, Kurzgeschichten:					
Erstdruckrecht	78	83	106	127	159
Zweitdruckrecht	60	62	80	97	120

c) Die Honorare für Kommentare, Leitartikel, Interviews, fachliche und wissenschaftliche Aufsätze, Kunstkritiken, Essays und Alleinveröffentlichungsrechte unterliegen freier Vereinbarung. Sie müssen angemessen über den Sätzen der Tabelle liegen.
d) Als Mindesthonorar für einen Beitrag ist das Honorar für 20 Zeilen des jeweiligen Erstdruckrechts zu zahlen.

Protokollnotiz zu § 6:

Umfasst die Druckzeile weniger als 34 oder mehr als 40 Buchstaben, so sind die Honorarsätze nach folgender Formel zu errechnen:

$$\frac{\text{Buchstaben der Druckzeile} \times \text{Honorarsatz für Normalzeile}}{37}$$

§ 7 Honorare für Bildbeiträge. Für Bildbeiträge (schwarz-weiß) gelten folgende Honorare:

Bei einer Auflage bis	10 000	25 000	50 000	100 000	über 100 000
		Euro bis 1. Mai 2018			
a) Erstdruckrecht	43,50	50,00	56,90	73,60	89,30
b) Zweitdruckrecht	34,70	40,00	42,60	56,90	67,80
		Euro ab 1. Mai 2019			
a) Erstdruckrecht	44,50	51,20	58,30	75,40	91,40
b) Zweitdruckrecht	35,50	41,00	43,60	58,30	69,40

c) Das Bildhonorar schließt die Kosten der technischen Herstellung des angenommenen Bildes ein. Soweit das nicht der Fall ist, können angemessene Abschläge vorgenommen werden.

d) Honorare für Alleinrechtbilder, Titelfotos, Fotomontagen, Farbaufnahmen und Zeichnungen werden von Fall zu Fall frei vereinbart. Sie müssen angemessen über den Sätzen der Tabelle liegen.

e) Honorare für Archivbilder unterliegen freier Vereinbarung und richten sich nach dem Umfang der übertragenen Rechte, der beim Ankauf festzulegen ist.

§ 8 Pauschalisten.

1. Anstelle der in §§ 6 und 7 aufgeführten Honorare kann auch die Zahlung einer monatlichen Pauschale vereinbart werden.
2. Bei Bemessung der Pauschale ist nicht die Summe der veröffentlichten Zeilen oder Bilder ausschlaggebend, vielmehr sind die Besonderheiten des Einzelfalls, ggf. auch zusätzliche Leistungen eines Vertragspartners zu berücksichtigen.
3. Werden die Honorarsätze (§§ 6, 7) geändert, ist die Höhe der Pauschale zu überprüfen.*

§ 9 Ersatz von Auslagen. Bei bestellten Beiträgen sind nach vorheriger Vereinbarung der freien Journalistin/dem freien Journalisten die notwendigen Auslagen gegen Nachweis zu erstatten.

§ 10 Angebot.

1. Bei Einsendung oder bei Vorlage ist anzugeben, ob der Beitrag in der vorliegenden Fassung zur Alleinveröffentlichung, zum Erstdruck oder zum Zweitdruck angeboten wird. Enthält das Angebot diese Angabe nicht, dann gilt der Beitrag als zum Zweitdruck angeboten. Beiträge, deren Veröffentlichung wegen ihres Inhalts zeitgebunden ist, sollen be- sonders gekennzeichnet sein.

*** Protokollnotiz zu § 8 Abs. 3**

Die Pauschale ist zu denselben Prozentsätzen und zu denselben Zeitpunkten anzuheben wie die Honorare in

§§ 6 und 7 des Tarifvertrages. Sofern Monatspauschalen gezahlt werden, wird des Weiteren im August 2018 1/4 Monatspauschale fällig.

Die übrigen arbeitnehmerähnlichen Journalistinnen und Journalisten erhalten im August 2018 1/4 des durchschnittlichen Monatshonorars der ersten sechs Monate 2018.

2. Eingesandte Bilder müssen den Urhebervermerk tragen. Mit ihrem/seinem Angebot steht die freie Journalistin/der freie Journalist dafür ein, dass sie/er das alleinige Verfügungsrecht besitzt. Entsteht durch die Bildveröffentlichung dem Verlag aus anderen Gründen als dem mangelnden Verfügungsrecht ein Schaden, so haftet die freie Journalistin/der freie Journalist bei Verschulden.
3. Bei befristetem Angebot ist die freie Journalistin/der freie Journalist nach Ablauf der Frist berechtigt, über den Beitrag anderweitig zu verfügen, falls nicht vor Ablauf der Frist die Annahme erfolgt.

§ 11 Annahme.

1. Unverlangt eingesandte Beiträge werden nur zurückgesandt, wenn Rückporto beigelegt ist. Die Entscheidung über Annahme oder Ablehnung unverlangt eingereichter und mit Rückporto versehener Beiträge muss spätestens innerhalb von vier Wochen nach Eingang der Beiträge erfolgen, andernfalls sind auch für diese Beiträge die entsprechenden Honorare zu zahlen.
2. Die Entscheidung über den Ankauf aktueller Bilder muss bei persönlicher Vorlage unverzüglich getroffen werden.
3. Für einen Auftrag, der der freien Journalistin/dem freien Journalisten von der Redaktion erteilt wurde, ist das Honorar auch dann zu zahlen, wenn der Beitrag termin- und auftragsgemäß abgeliefert, aber nicht veröffentlicht worden ist. Ist ein Beitrag zur Veröffentlichung angenommen worden, so ist das Honorar auch im Falle der Nichtveröffentlichung zu zahlen. In beiden Fällen ist das Honorar in der Höhe zu zahlen, die sich bei Veröffentlichung des Beitrages ergeben hätte.
4. Wird ein bestellter oder angenommener Beitrag (Wort oder Bild) nicht innerhalb von zwei Monaten nach Ablieferung veröffentlicht, so kann die freie Journalistin/der freie Journalist schriftlich eine Nachfrist von einem Monat für die Veröffentlichung setzen und zugleich für den Fall der nicht fristgerechten Veröffentlichung zum Ablauf der Nachfrist kündigen. Die Nachfrist beginnt mit dem Zugang der Ankündigung. Nach Ablauf der Nachfrist kann die freie Journalistin/der freie Journalist über den Beitrag anderweitig verfügen. Der Anspruch auf das Honorar (Abs. 3) bleibt in diesem Fall bestehen. Mit dem Ablauf der Nachfrist erlischt das Nutzungsrecht des Verlages. Die Rückrufrechte gemäß §§ 41, 42 UrhG bleiben unberührt.
5. Nicht als bestellt gelten solche Bilder, die der Verlag nur zur Sichtung ihrer Verwendbarkeit angefordert hat. In diesen Fällen ist der Verlag verpflichtet, der Journalistin/dem Journalisten innerhalb von zwei Wochen nach Zugang der Bilder mitzuteilen, welche der eingegangenen Bilder er verwenden will. Soll keine Verwendung erfolgen, ist der Verlag verpflichtet, die Bilder innerhalb von zwei Wochen nach Zugang an die Journalistin/den Journalisten zurückzusenden.

§ 12 Fälligkeit.

1. Das Honorar muss spätestens bis zum Ende des auf die Veröffentlichung folgenden Monats abgerechnet und gezahlt sein.

2. Für einen bestellten oder angenommenen Beitrag ist das Honorar ohne Rücksicht auf die verzögerte Veröffentlichung fällig, wenn seit dem Ablauf des Monats, in dem der Beitrag eingegangen ist, ein weiterer Monat verstrichen ist. Ist eine feste Vergütung vereinbart, so ist bis zu diesem Zeitpunkt der volle Betrag zu zahlen. Bei einem nach Zeilen zu berechnenden Honorar ist eine Abschlagszahlung von mindestens 80 v. H. des voraussichtlichen Honorars zu leisten. Die Schlusszahlung ist nach erfolgter Veröffentlichung vorzunehmen.

§ 13 Urheberrechtliche Bestimmungen.

1. Beim **Erstdruckrecht** (modifiziertes ausschließliches Nutzungsrecht gem. § 38 Abs. 3 Satz 2 UrhG) hat der Verlag Anspruch auf die Priorität der Veröffentlichung des Beitrags im Verbreitungsgebiet der Ausgaben, für welche der Beitrag angenommen wird (vgl. § 5 Abs. 2); die freie Journalistin/der freie Journalist darf also den gleichen Beitrag nicht zum vorherigen oder gleichzeitigen Abdruck in diesem Verbreitungsgebiet anderweitig anbieten.
2. Beim **Zweitdruckrecht** (einfaches Nutzungsrecht gem. § 36 Abs. 3 Satz 1 UrhG) muss der Verlag mit der vorherigen oder gleichzeitigen Veröffentlichung des Beitrags im Verbreitungsgebiet im Sinne des Abs. 1 rechnen; die freie Journalistin/der freie Journalist kann also den gleichen Beitrag auch vor der Veröffentlichung in diesem Verbreitungsgebiet anderweitig anbieten.
3. Das **Alleinveröffentlichungsrecht** (Exklusivrecht/ausschließliches Nutzungsrecht gem. § 38 Abs. 3 Satz 2 UrhG) schließt eine anderweitige Verfügung der Journalistin/des Journalisten über den Beitrag im Bundesgebiet einschließlich des Landes Berlin aus. Will der Verlag verhindern, dass der von ihm erworbene Beitrag nach der Veröffentlichung anderweitig erscheinen kann, so muss das besonders vereinbart werden.
4. Im Zweifel erhält der Verlag nur das Recht zur **einmaligen Veröffentlichung** des Beitrags in den Ausgaben, für die er angenommen ist (vgl. § 5 Abs. 2).
5. Wird ein **Bild für das Archiv** angekauft, so erwirbt der Verlag das Eigentum an dem Abzug und gleichzeitig das unbefristete Recht zur Veröffentlichung dieses Bildes ohne vorherige Rückfrage beim Urheber.
   Für jede Veröffentlichung des Bildes steht dem Urheber das Abdruckhonorar zu, falls dieses nicht bereits beim Ankauf durch ein Pauschal-Abdruckhonorar abgegolten worden ist. Eine weitergehende Einräumung urheberrechtlicher Befugnisse bedarf besonderer Vereinbarung.
6. Bei Bildbeiträgen ist die Urheberin/der Urheber anzugeben, wenn nichts anderes vereinbart ist. Ein Sammelvermerk für eine Seite oder für Bilderserien ist lediglich unter Hinzufügung der Bildzahl zulässig.

§ 14 Umsatzsteuer. Sämtliche Honorare nach diesem Vertrag sind Nettohonorare. Neben diesen schuldet der verpflichtete Verlag (§ 4) die gesetzliche Mehrwertsteuer, wenn die Journalistin/der Journalist der Regelbesteuerung unterliegt.

§ 15 Beendigung der Zusammenarbeit.

1. Wer nach einer mindestens sechsmonatigen ständigen Zusammenarbeit keine Beiträge mehr liefern bzw. annehmen will, hat dies der anderen Seite

mit einer Frist von einem Monat schriftlich anzukündigen. Bei mehr als zehnjähriger ununterbrochener ständiger
Zusammenarbeit verlängert sich die Ankündigungsfrist auf drei, bei mehr als zwanzigjähriger ununterbrochener ständiger Zusammenarbeit auf sechs Monate.

2. Das Vertragsverhältnis einer Pauschalistin/eines Pauschalisten kann beiderseits mit einer Frist von sechs Wochen zum Ende eines Kalendervierteljahres gekündigt werden. Die Kündigung bedarf der Schriftform. Während der ersten sechs Monate der Zusammenarbeit im Pauschalverhältnis kann bis zum 15. eines Monats zu dessen Ende gekündigt werden.
   Absatz 1 Satz 2 gilt entsprechend.

§ 16 Ausschlussfrist.

1. Ansprüche aus diesem Tarifvertrag müssen – vorbehaltlich Abs. 2 – bis zum Ablauf des dritten Monats nach dem Monat schriftlich geltend gemacht werden, in dem die freie Journalistin/der freie Journalist eine Abrechnung erhalten hat.
2. Ansprüche für die ersten sechs Monate der Zusammenarbeit bzw. seit Inkrafttreten dieses Tarifvertrages können bis zum Ablauf des neunten Monats der Zusammenarbeit bzw. der Geltung dieses Tarifvertrags geltend gemacht werden.
3. Eine spätere Geltendmachung als nach den Absätzen 1 und 2 ist ausgeschlossen.

§ 17 Schlussbestimmungen.

1. Dieser Tarifvertrag tritt rückwirkend am 1. Januar 2018 in Kraft.
2. Er kann mit einer Frist von einem Monat, erstmals zum 31.7.2020, ansonsten jeweils mit dreimonatiger Frist zum Ende eines Kalendervierteljahres gekündigt werden.
3. Bereits bestehende günstigere Einzelvereinbarungen dürfen aus Anlass dieses Tarifvertrages nicht verschlechtert werden. Sie können jedoch soweit angerechnet werden, als sich die Gesamtbedingungen für die freie Journalistin/den freien Journalisten nicht verschlechtern.

10a. Tarifvertrag für auf Produktionsdauer beschäftigte Film- und Fernsehschaffende – TV FFS

Vom 28. Mai 2018 (Redaktionelle Fassung vom 27. Juni 2020)

(Auszug)

Präambel:

Die vertragsschließenden Parteien erkennen die Wichtigkeit der unabhängigen Produktion in Film und Fernsehen an und tragen deren Bedeutung durch den Abschluss dieses Tarifvertrages Rechnung, der den wesentlichen, außerhalb der öffentlich-rechtlichen Strukturen liegenden Bereich der Filmherstellung erfasst.

Die Tarifparteien stellen mit diesem Tarifvertrag, auch für Dritte die sich darauf beziehen, die materiellen Mindestbedingungen und in diesem Tarifvertrag geregelten sozialen Standards auf, die Besonderheiten der Beschäftigung von Filmschaffenden und die speziellen Produktionsbedingungen in der Filmwirtschaft berücksichtigen.

I. Manteltarifvertrag

1. Geltungsbereich

1.1. Räumlich: für das Gebiet der Bundesrepublik Deutschland.

1.2. Sachlich: Für die nicht öffentlich-rechtlich organisierten Betriebe zur Herstellung von Filmen unabhängig von ihrem Verbreitungsweg.

1.3. Persönlich: Für alle Film- und Fernsehschaffenden, die mit der Herstellung von Filmen unmittelbar im Zusammenhang stehend abhängig beschäftigt werden. Das sind insbesondere Tätigkeiten in den Gewerken: Regie, Produktion, Ausstattung/Szenenbild, Kamera, Darstellende Künstler/-innen (Schauspiel, Gesang, Tanz), Bildmontage/Filmeditoring, Ton, Bildnachbearbeitung/VFX, Beleuchtung/Kamerabühne, Maskenbild, Kostümbild, Spezialeffekte, Stunt sowie Assistentinnen und Assistenten vorgenannter Sparten und Filmschaffende in ähnlichen oder weiteren mit der Herstellung von Filmen unmittelbar im Zusammenhang stehenden Tätigkeiten.

1.4. Kleindarsteller/-innen gelten als Filmschaffende im Sinne dieses Tarifvertrages. Kleindarsteller/-innen sind Filmschaffende, deren darstellerische Mitwirkung die filmische Handlung nicht wesentlich trägt und die ihr kein eigenpersönliches Gepräge gibt. Die besonderen Arbeitsbedingungen der Kleindarsteller/-innen sind im Tarifvertrag für Kleindarsteller (Abschnitt III) geregelt.

1.5. Für die ständig beschäftigten Filmschaffenden sind abweichende Vereinbarungen im Rahmen der gesetzlichen Bestimmungen zulässig. Unter ständig Beschäftigten im Sinne dieses Vertrages sind solche Filmschaffenden zu verstehen, die von dem Filmhersteller durch einen Vertrag in einem zusammenhängenden Zeitraum für Tätigkeiten in mindestens drei Filmen (nicht Folgen einer Serie) oder während der Dauer eines Jahres über sechs Monate durchgehend beschäftigt sind.

1.6. Praktikant/-in, Trainee ist, wer zum Zwecke der Ausbildung oder im Rahmen einer Aus- und Weiterbildung zeitweilig oder für die Dauer einer Produktion die Filmherstellung begleitet, ohne durch seine Tätigkeit die Tätigkeit eines Filmschaffenden zu ersetzen.

2. Vertragsabschluss

2.1. Verträge zwischen Filmherstellern und Filmschaffenden sollen vor Beschäftigungsbeginn schriftlich (auch Email) abgeschlossen werden. Hat der Filmschaffende die vereinbarte Tätigkeit ohne schriftlichen Vertrag und ohne die schriftliche Bestätigung eines mündlich geschlossenen Vertrages bereits aufgenommen, so gilt im Zweifelsfalle ein Arbeitsverhältnis zu angemessenen Bedingungen nach Maßgabe dieses Vertrages als vereinbart. Abänderungen, Ergänzungen und eine Aufhebung des Vertrages bedürfen zu ihrer Wirksamkeit einer schriftlichen Vereinbarung, wobei Schriftwechsel genügt.

2.2. Im Falle des Abschlusses durch einen Vertreter der/des Filmschaffenden ist der Filmhersteller unbeschadet der Gültigkeit des Vertrages berechtigt zu verlangen, dass der Vertrag auch von dem Filmschaffenden selbst gezeichnet oder eine Vollmacht nachgereicht wird.

3. Rechte an Film, Foto und Namen

Die nachstehenden Regelungen dieser Ziff. 3 gelten für Film- und Fernsehschaffende, an deren Leistungen oder Beiträgen Schutzrechte (z.B. urheberrechtlicher Schutz, Leistungs- oder Bildnisschutz) bestehen:

3.1.

a) Der/die Film- und Fernsehschaffende, die/der ein Urheberrecht am Filmwerk erwirbt, räumt dem Filmhersteller das ausschließliche Recht ein, das Filmwerk sowie Übersetzungen und andere filmische Bearbeitungen oder Umgestaltungen des Filmwerks auf alle Nutzungsarten zu nutzen.

b) Ist die/der Film- und Fernsehschaffende Urheber eines vorbestehenden Werks, so räumt er dem Filmhersteller das ausschließliche Recht ein, das Werk unverändert oder unter Bearbeitung oder Umgestaltung zur Herstellung eines Filmwerks zu benutzen und das Filmwerk sowie Übersetzungen und andere filmische Bearbeitungen auf alle Nutzungsarten zu nutzen.

c) Ist die/der Film- und Fernsehschaffende ausübende Künstlerin/ausübender Künstler, so räumt sie/er dem Filmhersteller das Recht ein, das Filmwerk unter Verwendung der Darbietung auf eine den dem ausübenden Künstler/der ausübenden Künstlerin nach § 77 Abs. 1 und 2 Satz 1 und § 78 Abs. 1 Nr. 1 und 2 UrhG vorbehaltenen Nutzungsarten zu nutzen.

d) Ist der/die Film- und Fernsehschaffende Filmurheber/-in oder Urheber/-in eines vorbestehenden Werks, so bedarf die Einräumung von Rechten für unbekannte Nutzungsarten sowie die Verpflichtung hierzu einer schriftlichen Vereinbarung.

e) §§ 43, 90 und 93 UrhG bleiben unberührt.

3.2. Der/die Film- oder Fernsehschaffende räumt dem Filmhersteller darüber hinaus das Recht ein, an der Herstellung des Filmwerks beteiligten Filmschaffenden Ausschnitte zu deren Eigenwerbung zur Verfügung zu stellen und diesen die entsprechende nicht-kommerzielle Nutzung zu gestatten. Der/die Film- oder Fernsehschaffende hat das Recht, dieser Nutzung zu widersprechen.

3.3. Über Ziff. 3.1 und 3.2 hinausgehende Rechteeinräumungen sind durch individuelle Vereinbarungen zwischen Film- und Fernsehschaffenden und dem Filmhersteller nach Maßgabe der Ziffern 3.3.1 und 3.3.2 zulässig.

3.3.1. Die Einräumung des Rechts, Bildnisse und/oder Film- und/oder Tonaufzeichnungen eines/einer Film- oder Fernsehschaffenden über die Bewerbung des Filmwerks hinaus für die Bewerbung und/oder Verwertung von sonstigen Waren oder Dienstleistungen mit oder ohne Bezug zum Filmwerk zu verwenden (inklusive z. B. Merchandising, Werbung), setzt eine entsprechende ausdrückliche schriftliche Vereinbarung mit der/dem Film- oder Fernsehschaffenden voraus. Durch eine solche Verwertung darf das persönliche und künstlerische Ansehen der/des Film- oder Fernsehschaffenden nicht verletzt werden.

3.3.2. Für die Beurteilung der Angemessenheit der Vergütung wird für Filmschaffende, die dem Filmhersteller im Zusammenhang mit der Herstellung eines Kinofilms Rechte an ihren urheberrechtlich oder leistungsschutzrechtlich geschützten Leistungen/Werkbeiträgen einräumen, auf Ziff. 4.2 des Ergänzungstarifvertrages Erlösbeteiligung Kinofilm verwiesen. Im Übrigen gelten (auch im Hinblick auf eine Rechtseinräumung gem. Ziff. 3.3.1) die §§ 32, 32a und 79 Abs. 2 UrhG. Das gilt solange, wie es noch keinen Ergänzungstarifvertrag auch für TV-Produktionen gibt, auch für die Beurteilung der Angemessenheit der Vergütung von Fernsehschaffenden, die bei TV Produktionen mitwirken.

3.4. Recht auf Nennung
Einen Anspruch auf Nennung des Namens im Vor- oder Nachspann des Kinofilms, soweit ein Vor- oder Nachspann hergestellt wird, haben Regisseure/-innen, Schauspieler/-innen, Produktionsleiter/-innen, Kameramänner/-frauen, Szenenbildner/-innen, Tonmeister/-innen, Sounddesigner/-innen, Filmeditoren/-innen, 1. Aufnahmeleiter/-innen, Masken- und Kostümbildner/-innen, andere Filmschaffende jedoch nur dann, wenn die Verpflichtung zu ihrer Nennung im Einzelvertrag vereinbart worden ist. Ist bei einer Verwertung im Fernsehen eine entsprechende Nennung nicht rundfunküblich, kann hiervon abgewichen werden. Bei Fernsehproduktionen wird sich der Filmhersteller um eine Nennung der vorgenannten Fernsehschaffenden bemühen. Der Filmhersteller haftet jedoch nicht für Unterlassungen Dritter.

4. Tätigkeit des Filmschaffenden

4.1. Umfang und Tätigkeit des Filmschaffenden werden durch den Arbeitsvertrag bestimmt.

4.2. Synchronisation
Der Filmhersteller kann von den unter Mitwirkung von Film- und Fernsehschaffenden zustande gekommenen Aufnahmen durch Synchronisation fremdsprachige Fassungen herstellen oder durch Dritte herstellen lassen. Er kann hierbei den Film- oder Fernsehschaffenden durch eine andere Kraft ersetzen. Der Filmhersteller kann Aufnahmen derselben Fassung nachsynchronisieren sowie Stummaufnahmen sprachlich synchronisieren und die Berechtigung hierzu Dritten einräumen. In solchen Fällen darf der Filmschaffende nur dann durch eine andere Kraft ersetzt werden, wenn dies aus künstlerischen oder wirtschaftlichen Gründen notwendig ist, insbesondere dann, wenn die durch

eine Verwendung des ursprünglich tätig gewordenen Film- oder Fernsehschaffenden anfallenden Kosten für den Filmhersteller unzumutbar sind oder die/der Film- oder Fernsehschaffende trotz dreier Terminvorschläge nicht verfügbar ist.

4.3. Der Filmhersteller kann auf die Dienste der/des Filmschaffenden verzichten, soweit im Einzelvertrag nichts Anderes vereinbart ist. Der/die Filmschaffende hat in diesem Fall Anspruch auf die vereinbarten Vergütungen.

4.4. Der/die Filmschaffende ist verpflichtet
a) ab Vertragsabschluss dafür Sorge zu tragen, dass der Filmhersteller ihn kurzfristig erreichen kann;
b) bei und nach Vertragsabschluss den Filmhersteller auf Verlangen über abgeschlossene Verträge, die innerhalb eines Zeitraums von vier Wochen nach vereinbartem Vertragsende beginnen, schriftlich in Kenntnis zu setzen;
c) vom Vertragsbeginn an dem Filmhersteller an jedem von ihm gewünschten Arbeitsort zur Verfügung zu stehen, sofern nicht Dispositionen erfolgen, die dies für der/den Filmschaffenden aus schwerwiegenden Gründen unzumutbar machen;
d) im Falle einer entsprechenden Vereinbarung im Einzelvertrag an der Uraufführung einer weiteren Aufführung des Films im Inland, an offiziellen Filmfestspielen sowie an den im Rahmen der Spio-Gemeinschaftswerbung stattfindenden Veranstaltungen teilzunehmen. Die Anwesenheit kann nicht verlangt werden, wenn die/der Filmschaffende wegen anderweitiger vertraglicher Verpflichtungen an der Teilnahme verhindert ist.

4.5. Der/die Filmschaffende hat innerhalb der Vertragsdauer auch bei der Herstellung eines Reklamevorspanns und der evtl. Kurzfassung zur Werbung für den Film auch im Fernsehen mitzuwirken.

4.6. – gestrichen –

4.7. Die/der Filmschaffende hat außer in den im Einzelvertrag vorgesehenen Fällen das Recht, die Arbeit einzustellen, wenn und solange der Filmhersteller mit der Erfüllung seiner Zahlungsverpflichtungen im Verzug ist oder wenn bei festgestellten, ihn gefährdenden Verstößen gegen Arbeitsschutzbestimmungen keine Abhilfe geschaffen wird. Im Falle des Zahlungsverzuges oder des Streites hierüber ist die/der Filmschaffende auf Verlangen des Filmherstellers gegen eine von diesem innerhalb einer Woche nachzuweisende Sicherheitsleistung zur Fortsetzung seiner Dienste verpflichtet.

5. Arbeitszeit

5.1. Präambel
Die besonderen Bedingungen der Film- und Fernsehproduktion haben zur Folge, dass die Arbeitszeiten sich grundsätzlich an den künstlerischen und technischen Erfordernissen des jeweiligen Herstellungsprozesses orientieren. Für die jeweils auf Produktionsdauer befristeten Arbeitsverhältnisse kann daher bei den folgenden Bestimmungen dem Umstand Rechnung getragen werden, dass die Filmschaffenden während eines Kalenderjahres nicht durchgehend 52 Wochen beschäftigt sind. Die Bestimmungen unter diesem Tarifvertragsabschnitt 5 stellen nur im Zusammenhang (TZ 5.1. bis 5.9) und in Verbindung mit dem Gagentarifvertrag bzw. mit den Regelungen zur Einstiegsgage des Schauspieltarifvertrages eine zulässige Regelung für die Arbeitszeiten von Film- und

Fernsehproduktionen dar.[1] Einzelabreden zum Ausschluss einzelner oder mehrerer der TZ 5.1. bis 5.9. sowie des Gagentarifvertrages sind unzulässig, dies trifft insbesondere auf Vereinbarungen zwischen Arbeitgebern und Arbeitnehmern gem. § 7 Abs. 3 ArbZG (einzelvertragliche Inbezugnahme) zu; es gilt § 4 Abs. 3 TVG. TZ 1.5 bleibt unberührt.

5.2. Arbeitszeit

5.2.1. Die wöchentliche regelmäßige Arbeitszeit beträgt 40 Stunden, die gleichmäßig auf die Wochentage Montag bis Freitag zu verteilen sind.

5.2.2. Die Arbeitszeit rechnet sich von dem Zeitpunkt an, zu dem der Produzent oder dessen Beauftragter den/die Filmschaffende/n bestellt haben, ohne Rücksicht auf den Zeitpunkt des Einsatzes. Angeordnete oder disponierte Dienstfahrten gelten als Arbeitszeit.

5.2.3. Als Arbeitszeit gelten außer der Proben- und Drehzeit am Set auch die Zeit für die Vorbereitungs-, Bearbeitungs- und Abwicklungstätigkeiten der/des Filmschaffenden, die er/sie auf Veranlassung des Produzenten oder deren/dessen Beauftragten in Erfüllung seiner vereinbarten Tätigkeit zu leisten hat.

5.2.4. Jeder angefangene Arbeitstag, auch wenn er sich über zwei Kalendertage erstreckt, wird mit mindestens 8 Stunden berechnet.

5.2.5. Tageshöchstarbeitszeit

5.2.5.1. Die Planung und tägliche Dauer der Drehzeit ist so einzurichten, dass für alle Filmschaffenden am Drehtag und Drehort, eine tägliche Höchstarbeitszeit von 12 Stunden gemäß den folgenden Bestimmungen eingehalten werden kann.

5.2.5.2. Die maximale Tageshöchstarbeitszeit darf nur in hochfrequenten Fernseh-Serien-Produktionen und nur an einem Tag jeder Kalenderwoche im gesamten Produktionszeitraums von 12 auf 13 Stunden verlängert werden.

5.2.5.3. Die maximale Tageshöchstarbeitszeit von 12 Stunden bzw. 13 Stunden im Falle von TZ 5.2.5.2. darf nur in den folgenden Ausnahmesituationen an einzelnen Tagen und mit Zustimmung der/des Filmschaffenden überschritten werden, diese Ausnahmesituationen sind:

a) zeitlich aufgrund Drittentscheidung eingeschränkte Motivverfügbarkeit,
b) erheblich erhöhter organisatorischer Aufwand bei Massenszenen, zum Beispiel in historischen Kostümfilmen, oder in vergleichbaren außergewöhnlichen Fällen,
c) höhere Gewalt oder
d) nicht planbare Ereignisse, die außerhalb des Verantwortungsbereichs des Produzenten verursacht wurden.

---

[1] Ein Rosinenpicken für nicht tarifgebundene Filmfirmen wird damit ausgeschlossen. Gem. Bundesarbeitsgericht AZR 587/13 hat ein Vergleich der in einem inneren sachlichen Zusammenhang stehenden Teilkomplexe der unterschiedlichen Regelungen zu erfolgen (sog. Sachgruppenvergleich). Die Dauer der vom Arbeitnehmer zu erbringenden Arbeitsleistung und das ihm dafür zustehende Arbeitsentgelt bilden bei der Durchführung des Günstigkeitsvergleichs grundsätzlich eine einheitliche Sachgruppe, da beide Hauptleistungspflichten in einem engen, inneren sachlichen Zusammenhang stehen. Ist nicht zweifelsfrei feststellbar, dass die einzelvertragliche Regelung für den Arbeitnehmer günstiger ist, bleibt es bei der zwingenden, normativen Geltung des Tarifvertrags.

5.2.5.4. Bei Überschreitung von 13 Stunden täglicher Arbeitszeit verlängert sich die direkt anschließende gesetzliche Mindest-Ruhezeit von 11 Stunden (gem. TZ 5.9.1 und 5.9.2.) auf tarifvertraglich 12 Stunden.

5.2.5.5. Hinsichtlich der Pausen gilt TZ. 5.8.2.

5.3. Wochengage

5.3.1. Die Wochengage vergütet eine 5-Tage-Woche innerhalb einer Kalenderwoche, in der jeder angefangene Arbeitstag mit mindestens 8 Stunden berechnet wird. Sie beinhaltet die Verpflichtung, an einzelnen Tagen bis zu 4 weitere Stunden zu arbeiten, wobei insgesamt 50 Wochenstunden nicht überschritten werden dürfen.

5.3.2. Die Wochengagen, die der gesondert kündbare Gagentarifvertrag ausweist, vergüten den Regelfall der Film- und Fernsehproduktion; sie sind als Mindestgagen verbindlich, soweit nicht ein Vertrag nach Ziff. 5.3.3 abgeschlossen wird.

5.3.3. Ausnahmsweise kann – unter Berücksichtigung der Produktionsformen, insbesondere bei non-fiktionalen Produktionen – ein Vertrag mit verminderter Wochengage abgeschlossen werden; die Gage beträgt in diesem Fall 80% der Wochengage gemäß TZ 5.3.2. Bei Verträgen mit verminderter Wochengage bestehen Verpflichtun- gen gem. TZ 5.3.1 nicht. Die Arbeitszeit richtet sich ausschließlich nach TZ 5.2.1.

5.3.4. Die Verrechnung von Mehrarbeitszuschlägen ist mit individualvertraglich höheren als in der Gagentabelle ausgewiesenen Mindestgagen nur zulässig, wenn die tarifvertraglichen Mindestbedingungen (Zuschläge, bezahlte Ruhetage, Zeitkonto etc.) nicht unterschritten werden (Günstigkeitsprinzip) und eine solche Verrechnung ausdrücklich vereinbart ist. Sonntags-, Nacht- und Feiertagszuschläge sind nicht verrechenbar.

5.4. Mehrarbeit

5.4.1. Die Tarifvertragsparteien gehen davon aus, dass in die werktägliche Arbeitszeit des an einer Film- oder Fernsehproduktion mitwirkenden Film- oder Fernsehschaffenden regelmäßig und in erheblichen Umfang bezahlte Arbeitsbereitschaft im Sinne von § 7 Abs. 1 Nr. 1a Arbeitszeitgesetz fällt. Dabei ist weiterhin davon auszugehen, dass bei einer Tageshöchstarbeitszeit im Sinne der TZ 5.2.5. mindestens 3 Stunden Arbeitsbereitschaft anfallen. Bei kürzeren Arbeitszeiten kann ggf. weniger Arbeitsbereitschaft anfallen. Mit der Zeitkontenregelung für die genannten Film- und Fernsehschaffenden ist davon auszugehen, dass deren Arbeitszeit 48 Stunden wöchentlich im Beschäftigungszeitraum beziehungsweise im Durchschnitt von 12 Kalendermonaten nicht überschreitet.

5.4.2. Mehrarbeit ist im Rahmen der gesetzlichen Bestimmungen zulässig. Sie muss vom Produzenten oder dessen Beauftragten angeordnet sein. Überschreitet sie an einem Arbeitstag die 12. Arbeitsstunde, bedarf sie der Zustimmung des/der Filmschaffenden. Mehrarbeit ist bei Verträgen mit verminderter Wochengage nach TZ 5.3.3 die Überschreitung der täglichen Arbeitszeit von 8 Stunden gemäß TZ 5.2.1.

5.4.3. Der Produzent oder dessen Beauftragter sind für die Anordnung und schriftliche Fixierung der Mehrarbeitsstunden bzw. -tage sowie der -vergütungen verantwortlich.

5.4.3.1. Für die Erfassung und Abgeltung von Mehrarbeit und darauf fällige Zuschläge wird ein Zeitkonto geführt und ist nach dem in der **Anlage Zeitkonto**[1] erläuterten Modell geregelt.

5.4.3.2. Mehrarbeit über 10 Stunden pro Tag ist vom Arbeitgeber fortlaufend gesondert unter Ausweis der geleisteten Tagesarbeitszeit zu erfassen. Die entsprechende Aufzeichnung wird dem/der Arbeitnehmer/in mit der monatlichen Abrechnung auf Verlangen ausgehändigt. Weitergehende arbeitsrechtliche Auskunftsansprüche bleiben unberührt.

5.4.4. Mehrarbeit bei Wochengagenverträgen gemäß TZ 5.3.1

5.4.4.1. Angeordnete Arbeit, die im Rahmen der gesetzlichen Bestimmungen über die 12. Stunde pro Tag (tägliche Mehrarbeit) oder über die 50. Stunde bzw. den 5. Tag pro Woche (wöchentliche Mehrarbeit) hinausgeht ist ebenso wie die Arbeit am 6. und 7. Tag der Kalenderwoche Mehrarbeit. Sie ist zusätzlich zur zeitanteiligen Gage mit Zuschlägen gemäß TZ 5.4.3.2 oder 5.4.3.3 abzugelten.

5.4.4.2. Wöchentliche Mehrarbeit: Für jede angefangene, über die 50. Wochenarbeitsstunde hinausgehende Stunde betragen die Mehrarbeitszuschläge für die 51. bis zur 60. Stunde 25 %, für jede weitere, darüber hinausgehende Stunde 50 %.

5.4.4.3. Tägliche Mehrarbeit: Fallen unabhängig von der vorstehenden Regelung an einem Tag – sofern gesetzlich zulässig – mehr als 12 Stunden Arbeitszeit an, so beträgt der Mehrarbeitszuschlag für die 13. Stunde 60 %, für jede weitere 100 %. Diese Mehrarbeitsstunden werden bei der Berechnung der wöchentlichen Mehrarbeit nach Textziffer 5.4.3.2 nicht mehr berücksichtigt.

5.4.4.4. Arbeit am 6. und 7. Tag der Kalenderwoche wird wie wöchentliche Mehr- arbeit nach TZ 5.4.3.2 berechnet und abgegolten.

5.4.5. Mehrarbeit bei Verträgen mit verminderter Wochengage gemäß TZ 5.3.3

5.4.5.1. Im Fall eines Vertrages mit verminderter Wochengage gem. TZ 5.3.3 ist jede auf Anordnung geleistete Arbeit über die 8. Stunde pro Tag hinaus Mehrarbeit. Gleiches gilt für die Arbeit am 6. und 7. Tag.

5.4.5.2. Die Abgeltung für Mehrarbeit für die 41. bis 50. Wochenstunde an den Tagen von Montag bis Freitag beträgt zusätzlich zur zeitanteiligen Gage 25%; für darüberhinausgehende Mehrarbeit gilt TZ 5.4.3.2 entsprechend.

5.5. Nachtarbeit

5.5.1. Nachtarbeit ist die Arbeit, die in der Zeit zwischen 22.00 und 6.00 Uhr geleistet wird.

---

[1] Ein Rosinenpicken für nicht tarifgebundene Filmfirmen wird damit ausgeschlossen. Gem. Bundesarbeitsgericht AZR 587/13 hat ein Vergleich der in einem inneren sachlichen Zusammenhang stehenden Teilkomplexe der unterschiedlichen Regelungen zu erfolgen (sog. Sachgruppenvergleich). Die Dauer der vom Arbeitnehmer zu erbringenden Arbeitsleistung und das ihm dafür zustehende Arbeitsentgelt bilden bei der Durchführung des Günstigkeitsvergleichs grundsätzlich eine einheitliche Sachgruppe, da beide Hauptleistungspflichten in einem engen, inneren sachlichen Zusammenhang stehen. Ist nicht zweifelsfrei feststellbar, dass die einzelvertragliche Regelung für den Arbeitnehmer günstiger ist, bleibt es bei der zwingenden, normativen Geltung des Tarifvertrags.

5.5.2. Pro Nachtarbeitszeitstunde wird zusätzlich zur Gage ein Zuschlag von 25% gezahlt. Soweit es sich um Mehrarbeit handelt, wird zusätzlich der Mehrarbeitszuschlag gezahlt.

5.5.3. Ist die Benutzung von öffentlichen Verkehrsmitteln aufgrund der Lage des Arbeitsortes oder der Arbeitszeit nicht möglich, so hat der Filmhersteller für den Transport zum und vom Arbeitsort zu sorgen.

5.6. Arbeit an Sonn- und Feiertagen

5.6.1. Sonn- und Feiertagsarbeit im Sinne der TZ 5.6.3. ist die Arbeit, die an diesen Tagen zwischen 0.00 Uhr und 24.00 Uhr geleistet wird, auch dann wenn der Arbeitstag an einem vorhergehenden Kalendertag begonnen hat. Feiertage sind die gesetzlichen Feiertage am Arbeitsort, zusätzlich Ostersonntag, Pfingstsonntag sowie Hl. Abend und Silvester; die beiden letzteren jeweils ab 12.00 Uhr mittags.

5.6.2. Für jeden Sonntag, an dem gearbeitet wurde, ist als Ausgleich an einem Werktag ein bezahlter Ruhetag zu gewähren, dies gilt ebenso für die Feiertage Weihnachten, Ostern, Pfingsten, 3. Oktober und 1. Mai, wenn an diesen gearbeitet wurde. Kann dieser Ruhetag nicht gewährt werden, so ist ein zusätzlicher bezahlter Urlaubstag zu gewähren. Sofern sich der Arbeitstag über zwei Kalendertage erstreckt, ist ein bezahlter Ruhetag nur dann zu gewähren, wenn mehr als vier Stunden auf den Sonn oder Feiertag entfallen.

5.6.3. Für die Arbeit an Sonntagen wird zusätzlich zur zeitanteiligen Gage ein Zuschlag von 50 %, an gesetzlichen Feiertagen von 100 % gezahlt. Sofern es sich um einen Sonntag oder die Feiertage Heilige Drei Könige, Fronleichnam, Mariä Himmelfahrt oder Allerheiligen innerhalb der Phase des 1. bis 5. Produktionstages einer Kalenderwoche handelt (versetzter Dreh), wird kein Zuschlag gezahlt, unbeschadet bleibt der Anspruch auf einen bezahlten Ruhetag gem. 5.6.2. Sofern sich ein Arbeitstag über zwei Kalendertage erstreckt werden die Zuschläge für den ganzen Tag nur dann gewährt, wenn mehr als vier Stunden auf den Sonn- oder Feiertag entfallen, ansonsten werden sie zeitanteilig vergütet.

5.7. Berechnung der Zuschläge

5.7.1. Die zeitanteiligen Gagen pro Stunde und die Zuschläge für Mehr- und Nachtarbeit sind nach der umgerechneten Stundengage zu berechnen. Eine Stundengage entspricht $^1/_{50}$ der Wochengage bzw. $^1/_{10}$ der Tagesgage oder bei Verträgen mit einer verminderten Wochengage nach TZ 5.3.3 $^1/_{40}$ der Wochengage bzw. $^1/_8$ der Tagesgage.

5.7.2. Die Umrechnung der Wochengagen erfolgt:

a) bei Filmschaffenden, mit denen die Zahl der Drehtage fest vereinbart ist, nach der Zahl der vereinbarten Drehtage;
b) bei Filmschaffenden, bei denen die Zahl der Drehtage nicht fest vereinbart ist, nach der für den Fall einer Vertragsverlängerung vereinbarten Tagesgage;
c) bei allen übrigen Filmschaffenden nach der Zahl der Werktage (außer Sonnabend), die in die Vertragszeit fallen.

5.7.3. Die Zuschläge für Sonn- und Feiertagsarbeit sind nach der unmittelbaren oder um- gerechneten Tagesgage zu berechnen. Eine Tagesgage entspricht $^1/_5$ der Wochengage oder $^1/_{22}$ der Monatsgage.

5.8. Pausen

5.8.1. Dem/der Filmschaffenden steht bei einer Arbeitszeit bis zu 8 Stunden eine Pause zu, die in der Regel zwischen der 4. und 5. Arbeitsstunde liegen soll, jedenfalls darf länger als sechs Stunden nicht ohne Pause gearbeitet werden. Die Pausenlänge ist so zu bemessen, dass die/der Filmschaffende ausreichend Gelegenheit hat, eine warme Mahlzeit einzunehmen, sie muss mindestens 45 Minuten betragen. Aus zwingenden produktionstechnischen Gründen kann im Rahmen der Bestimmungen des Arbeitszeitgesetzes die Pause verlegt werden.

5.8.2. Bei verlängerten Arbeitszeiten ist bei Überschreitung von 12 Stunden Arbeitszeit eine weitere Pause von 30 Minuten zu gewähren.

5.8.3. Die Pausen rechnen bis zur Dauer von 1 Stunde und 15 Minuten nicht zur Arbeitszeit.

5.9. Arbeitsfreie Zeit

5.9.1. Zwischen dem Ende und dem Beginn der Arbeitszeit muss eine arbeitsfreie Zeit von mindestens 11 Stunden liegen.

5.9.2. Ein Ruhetag (gem. TZ 5.6) oder Urlaubstag (gem. TZ 14.1) im Sinne dieses Tarifvertrages zählt nur dann als arbeitsfreier Tag, wenn er neben den arbeitsfreien 24 Stunden auch die gesetzliche Ruhezeit von 11 Stunden umfasst.

5.9.3. Ist die/der Filmschaffende länger als 21 Tage beschäftigt, müssen pro vier Wochen Beschäftigungszeitraum mindestens zwei zusammenhängende Ruhetage gewährt werden wenn er nicht mehr beschäftigt wird.

10. Vertragsdauer

10.1. Der Beginn der Vertragszeit ist kalendermäßig festzulegen.

10.2. In Ausnahmefällen bei nicht terminierten Verträgen hat der Filmhersteller der/dem Filmschaffenden den datierten Vertragsbeginn mindestens 6 Wochen vorher schriftlich mitzuteilen. Erfolgt diese Mitteilung nicht, so ist der Filmschaffende berechtigt, von dem Vertrag zurückzutreten. Bei Filmschaffenden, die gegen Tages-, Wochen- oder Monatsgage verpflichtet sind, muss der früheste Zeitpunkt der Beendigung der Tätigkeit nach dem Datum festgelegt werden.

10.3. Der Filmhersteller kann den Beginn der Vertragszeit durch schriftliche Mitteilung bis zu 7 Tage aufschieben. In einem solchen Falle verschiebt sich das Ende der Vertragszeit um die entsprechende Zeit. Eine Verschiebung um mehr als 7 Tage bedarf der Zustimmung der/des Filmschaffenden.

10.4. Der Filmhersteller ist berechtigt, die Vertragsdauer aus produktionsbetrieblichen Gründen zu verlängern, sofern dadurch nicht anderweitige ihm schriftlich bekanntgegebene Verpflichtungen der/des Filmschaffenden beeinträchtigt werden. Zur Behebung von Ausfall- und Negativschäden ist der/die Filmschaffende verpflichtet, über den Ablauf der Vertragszeit hinaus mindestens noch drei Tage dem Filmhersteller zur Verfügung zu stehen und diese Priorität des Filmherstellers bei neuen Verpflichtungen zu berücksichtigen. Die Gage für die Zeit der Vertragsverlängerung ist nach der für die Vertragszeit vereinbarten Gage zeitanteilig zu berechnen (Ziff. 13.2 bleibt unberührt).

10.5. Der Filmschaffende hat auch nach Vertragsende unter Berücksichtigung seiner anderweitigen Verpflichtungen für Neu-, Nachaufnahmen oder Synchronisationsarbeiten zur Verfügung zu stehen. Da Filmschaffende erhält für Neu- und Nachaufnahmen eine Vergütung, die aus der für die Vertragszeit vereinbarten Gage zeitanteilig zu berechnen ist.

10.6. Der Filmhersteller ist berechtigt, den Vertrag auch ohne Einhaltung einer Kündigungsfrist zu lösen, wenn der/die Filmschaffende bei Abschluss des Anstellungsvertrages wesentliche Umstände auf ausdrückliches Befragen verschwiegen bzw. nicht angegeben hat, die er/sie kannte oder kennen musste, und welche die Erfüllung der von ihm übernommenen vertraglichen Verpflichtungen gefährden oder unmöglich machen.

10.7. Erfolgt aufgrund der Bestimmungen dieses Vertrages eine Auflösung des Vertragsverhältnisses ohne Einhaltung einer Kündigungsfrist, so hat die/der Filmschaffende nur insoweit Anspruch auf die Gage, als sie der bisherigen Dienstleistung und dem Zeitanteil an der gesamten Vertragszeit entspricht. Die dem Filmhersteller neben dem Anspruch auf Dienstleistung zustehenden sonstigen Ansprüche aus dem Vertragsverhältnis bleiben un- berührt.

10.8. Die/r Filmschaffende ist berechtigt, unter Verrechnung der zusätzlich fällig werdenden Arbeitgeberanteile bei disponierten Arbeitstagen von weniger als einer Woche unter Anrechnung der nachgewiesenen Vorbereitungszeit bei bis zu 2 Drehtagen 3 Tage, bei bis zu 4 Drehtagen 5 Tage (volle Kalenderwoche) als abrechnungsmäßige Vertragszeit zu vereinbaren. Dies gilt nicht, wenn die/der Filmschaffende anderweitig für diesen Zeitraum beschäftigt ist.

11. Gagen und Gagenzahlung

11.1. Die Gagen werden in einem gesondert kündbaren Gagen-Tarifvertrag zum Manteltarifvertrag für Film- und Fernsehschaffende festgelegt und sind als Mindestgagen verbindlich.

11.2. Die Zahlung erfolgt bei Tagesgagen nach Drehschluss, spätestens am darauffolgenden Werktag (ausgenommen Sonnabend, Sonn- und Feiertag). Bei Wochen- und Monatsgagen erfolgt die Abrechnung monatlich sowie die Zahlung spätestens am letzten Tag des Abrechnungszeitraums (Kalendermonat). Im Abrechnungszeitraum angefallene Zuschläge sind mit der nächstfolgenden Gagenzahlung abzurechnen.

11.3. Die Beendigung von auf Produktionsdauer befristeten Verträgen muss mindestens sieben Kalendertage vorher bekanntgegeben werden. Erfolgt dies nicht, so ist von Bekanntgabe der Beendigung des Vertrages an die Gage zeitanteilig noch 7 Kalendertage zu bezahlen.

11.4. Der/die Filmschaffende soll mit Arbeitsaufnahme seine/ihre Steuer-ID und Sozialversicherungsnummer dem Filmhersteller zur Verfügung stellen.

19. Vertragsrecht und Gerichtsstand

Für die Anwendung und Auslegung des Beschäftigungsvertrages gilt deutsches Recht. Gerichtsstand für Streitigkeiten aus dem Arbeitsverhältnis ist Berlin, Hamburg, Köln, Leipzig oder München nach Maßgabe des Sitzes oder Wohnsitzes des Beklagten inner- halb des örtlich zuständigen oder des ihm örtlich nächstliegenden dieser Gerichte. Differenzen über die Auslegung des Tarifvertrages, die die Filmschaffenden mit den Filmherstellern haben, dürfen nicht zu ihren beruflichen oder persönlichen Nachteilen führen.

20. Beginn und Beendigung des Tarifvertrages

20.1. Der Tarifvertrag tritt am 1. Januar 2018 in Kraft. Er ist frühestens zum 31. Dezember 2020 mit einer Frist von vier Monaten kündbar.

20.2. Im Falle der Beendigung des Tarifvertrages durch Kündigung bleiben seine Bestimmungen unabdingbar solange in Kraft, bis ein Tarifpartner dem anderen schriftlich mit- teilt, dass er die Verhandlungen über einen Tarifvertrag nicht aufnehmen oder fortsetzen wird.

20.3. Die Vertragsschließenden werden innerhalb von vier Wochen nach Kündigung über den Abschluss eines neuen Tarifvertrages in Verhandlungen eintreten.

20.4. Die Vertragsschließenden streben die Allgemeinverbindlichkeitserklärung dieses Tarifvertrages durch den Bundesminister für Arbeit und Sozialordnung an.

10b. Manteltarifvertrag für Redakteure und Redakteurinnen an Zeitschriften

Vom 4. November 2011

(Auszug)

Zwischen

dem Verband Deutscher Zeitschriftenverleger e. V.,
als Vertreter der ihm angeschlossenen Landesverbände

Verband der Zeitschriftenverlage in Bayern e. V.
Verband der Zeitschriftenverleger Berlin-Brandenburg e. V.
VDZ Landesverband Mitteldeutschland e. V.
Verband der Zeitschriftenverlage Niedersachsen-Bremen e. V.
Verein der Zeitschriftenverlage Nord, Sitz Hamburg
Verein der Zeitschriftenverlage in Nordrhein-Westfalen e. V.
Südwestdeutscher Zeitschriftenverleger-Verband e. V.
einerseits

und

dem Deutschen Journalisten-Verband e. V.
– Gewerkschaft der Journalistinnen und Journalisten –
sowie
ver.di-Bundesvorstand (dju in ver.di)
andererseits
wird der folgende Tarifvertrag geschlossen:

§ 1 Geltungsbereich. (1) Der Tarifvertrag gilt

räumlich: für das Gebiet der Bundesrepublik Deutschland,

fachlich: für alle Verlage, die Zeitschriften allgemeiner, fachlicher oder konfessioneller Art herausgeben,

persönlich: für alle hauptberuflich festangestellten Redakteurinnen/Redakteure (Wort und Bild).

Redakteurin/Redakteur ist, wer – nicht nur zum Zweck der Vorbereitung auf diesen Beruf (gleichgültig in welchem Rechtsverhältnis) – überwiegend an der Erstellung des redaktionellen Teils regelmäßig in der Weise mitwirkt, daß sie/er

1. Wort- und Bildmaterial sammelt, sichtet, ordnet, dieses auswählt und veröffentlichungsreif bearbeitet und/oder
2. mit eigenen Wort- und/oder Bildbeiträgen zum redaktionellen Inhalt der Zeitschrift beiträgt und/oder
3. die Gestaltung des redaktionellen Teils der Zeitschrift (insbesondere die Anordnung des Textes und der Bilder) journalistisch plant und bestimmt und/oder
4. diese Tätigkeiten in der Funktion einer Chefin/eines Chefs vom Dienst, einer/eines geschäftsführenden Redakteurin/Redakteurs oder einer/eines Schlußredakteurin/Schlußredakteurs koordiniert.

Protokollnotiz zu Ziffer 1 und 2:

1. Archivarinnen/Archivare und Dokumentarinnen/Dokumentare sind Redakteurinnen/Redakteure, sofern sie die Voraussetzungen des § 1, insbesondere auch der Ziffer 1 und/oder Ziffer 2, erfüllen.
2. Fachberaterinnen/Fachberater und vergleichbare Funktionen (zum Beispiel Testerinnen/Tester), die die Ziffer 1 und 2 nicht erfüllen, sind keine Redakteurinnen/Redakteure.

Eingeschlossen sind die im Ausland für inländische Verlage tätigen Redakteure.

Die Bestimmungen dieses Tarifvertrages gelten mit Ausnahme von § 2 auch für Redaktionsvolontärinnen/Redaktionsvolontäre. Mit ihnen ist ein schriftlicher Ausbildungsvertrag abzuschließen, § 3 gilt entsprechend.

...

§ 12 Urheberrecht. (1) Umfang der Urheberrechtsübertragung

Die/der Redakteurin/Redakteur räumt dem Verlag das ausschließliche, zeitlich, räumlich und inhaltlich unbeschränkte Recht ein, Urheberrechte und verwandte Schutzrechte im Sinne des Urheberrechtsgesetzes, die sie/er in der Erfüllung ihrer/seiner vertraglichen Pflichten aus dem Arbeitsverhältnis erworben hat, vom Zeitpunkt der Rechtsentstehung an zu nutzen. Die Einräumung umfaßt die Befugnis des Verlags, die Rechte im In- und Ausland in körperlicher Form zu nutzen und in unkörperlicher Form öffentlich wiederzugeben. Dies gilt insbesondere für Printmedien, Rundfunk, Film und/oder digitale Medien, Telekommunikations- und Datendienste, z. B. Online-Dienste sowie Datenbanken und elektronische Trägermedien [z. B. magnetische, optische, magneto-optische und elektronische Trägermedien wie CD-ROM und Disketten]), ungeachtet der Übertragungs- und Trägertechniken.

Die Einräumung erstreckt sich auf:

a) das Vervielfältigungsrecht gem. § 16 UrhG,
das Verbreitungsrecht gem. § 17 UrhG,
das Vorführungsrecht gem. § 19 Abs. 4 UrhG,
das Senderecht gem. § 20 UrhG,
das Recht der Wiedergabe von Funksendungen gem. § 22 UrhG,
b) das Recht zur Bearbeitung und Umgestaltung gem. § 23 UrhG,
das Recht zur Verfilmung und Wiederverfilmung gem. §§ 88, 94, 95 UrhG,
c) diese Rechte an Lichtbildern gem. § 72 UrhG.

Der/dem Redakteurin/Redakteur bleiben ihre/seine von urheberrechtlichen Verwertungsgesellschaften wahrgenommenen Zweitverwertungsrechte und Vergütungsansprüche nach §§ 21, 22, 26, 27, 49, 53, 54 und 54a UrhG vorbehalten. Vereinbarungen zwischen Verlagen, Verlagszusammenschlüssen und Verwertungsgesellschaften werden hierdurch nicht berührt.

(2) Urheberpersönlichkeitsrechte

Die Urheberpersönlichkeitsrechte der/des Redakteurin/Redakteurs an ihren/seinen Beiträgen bleiben unberührt, insbesondere das Recht, Entstellungen, andere Beeinträchtigungen oder Nutzungen zu verbieten, die geeignet sind, ihre/seine berechtigten geistigen und persönlichen Interessen am Beitrag zu gefährden.

(3) Übertragung der Nutzungsrechte durch den Verlag auf Dritte

Die/der Redakteurin/Redakteur räumt dem Verlag das Recht ein, die in Ziffer 1 genannten Rechte auch durch Dritte unter Übertragung der entsprechenden Nutzungsrechte im In- und Ausland nutzen zu lassen.

(4) Nutzung des Urheberrechts durch die/den Redakteurin/Redakteur
Nach Beendigung des Arbeitsverhältnisses darf die/der Redakteurin/Redakteur über ihre/seine Beiträge ohne Einwilligung des Verlags weiterverfügen, wenn seit dem Erscheinen mindestens zwei Jahre vergangen sind.

(5) Rückrufsrecht
Übt der Verlag das Recht gem. Ziff. 1, 3 nicht oder nur unzureichend aus, so kann die/der Redakteurin/Redakteur das Nutzungsrecht frühestens zwölf Monate nach Ablieferung des Beitrags zurückrufen. Dies gilt nicht, wenn die Nichtausübung oder die unzureichende Ausübung überwiegend auf Umständen beruht, deren Behebung der/dem Redakteurin/Redakteur zuzumuten ist. Der Rückruf kann erst erklärt werden, nachdem die/der Redakteurin/Redakteur dem Verlag unter Ankündigung des Rückrufs eine angemessene Frist, die nicht mehr als drei Monate zu betragen braucht, zur Ausübung der Rechte gem. Ziff. 1, 3 bestimmt hat. Der Bestimmung der Frist bedarf es nicht, wenn die Ausübung der Rechte gem. Ziff. 1, 3 dem Verlag unmöglich ist oder von ihm verweigert wird, oder wenn durch die Gewährung einer Frist überwiegende Interessen der/des Redakteurin/Redakteurs gefährdet werden.

Die/der Redakteurin/Redakteur darf nach erfolgtem Rückruf ihrer/seiner Rechte nur verwerten, wenn dies den berechtigten Interessen des Verlags nicht abträglich ist.

(6) Einfaches Nutzungsrecht des Verlags
Dem Verlag verbleibt in den Fällen der Ziffern 4 und 5 stets ein einfaches Nutzungsrecht.

(7) Vergütungsregelung
Die Nutzung der nach Ziffer 1 eingeräumten Rechte in Objekten (einschließlich ihrer digitalen Ausgaben), für die die/der Redakteurin/Redakteur nach Maßgabe ihres/seines Arbeitsvertrags[1)] tätig ist, erfolgt vergütungsfrei, ebenso die Nutzung des Archivs/der Datenbanken für interne Zwecke des Verlags, verbundener Unternehmen und kooperierender Verlage oder zum persönlichen Gebrauch Dritter.

Bei weitergehender Nutzung hat die/der Redakteurin/Redakteur – auch nach Beendigung des Arbeitsverhältnisses – Anspruch auf eine zusätzliche angemessene Vergütung in den nachfolgend aufgeführten Fällen:

a) für die öffentliche Wiedergabe der Beiträge in unkörperlicher Form mit Ausnahme der Werbung für den Verlag,
b) für die Übertragung von Nutzungsrechten an Dritte gem. Ziff. 3 mit Ausnahme
   – von Nutzungen innerhalb einer Redaktionsgemeinschaft,
   – bei Mantellieferung und sonstiger vergleichbarer Zusammenarbeit,
c) für die Nutzung der Beiträge der/des Redakteurin/Redakteurs in anderen Objekten desselben Verlags, auf die sich der Anstellungsvertrag nicht erstreckt, einschließlich der Nutzung in Buchform.

Als angemessen gilt eine Vergütung von mindestens 40% des aus der Verwertung erzielten, hilfsweise des üblicherweise erzielbaren, um Aufwand und Mehrwertsteuer verminderten Nettoerlöses. Zum Aufwand rechnen die direkten Herstellungs-, Marketing- und Vertriebskosten.

---

1) **Protokollnotiz:** Voraussetzung ist, daß sich die vertragliche Arbeitspflicht auf das Objekt und/oder die digitale Ausgabe bezieht; nur die Rechteübertragung weiterer Nutzungsarten genügt dem nicht.

Die Vergütung für die Nutzung der Rechte der/des Redakteurin/Redakteurs ist durch Einzelabrechnung oder durch eine Monatspauschale möglich.

Für die Pauschalierung bestehen folgende Voraussetzungen:

a) die Pauschale ist jeweils gesondert im Anstellungsvertrag auszuweisen (§ 2 Ziff. 2b),
b) ihre Höhe muß mindestens der durchschnittlichen jährlichen Vergütung im Wege der Einzelabrechnung entsprechen,
c) auf Verlangen der/des Redakteurin/Redakteurs oder des Verlags ist die Angemessenheit der Pauschale nach Ablauf des Bemessungszeitraums zu überprüfen und ggf. neu festzusetzen.

§ 17 Übergangs- und Schlußbestimmungen. (1) Der Vertrag in der Fassung vom 22. Dezember 2004 wird mit Wirkung vom 1. Januar 2010 durch die Fassung vom 4. November 2011 abgelöst.

Er kann mit einer Frist von sechs Monaten zum Jahresende, erstmals zum 31. Dezember 2013 gekündigt werden.

(2) ...

(3) Auf Grund betrieblicher oder einzelvertraglicher Bestimmungen gegebene günstigere Bedingungen für Arbeitnehmer dürfen aus Anlaß des Inkrafttretens dieses Manteltarifvertrages nicht zu deren Ungunsten verändert werden.

10c. Manteltarifvertrag für Redakteure und Redakteurinnen an Tageszeitungen

Vom 24. April 2014

(Auszug)

Zwischen

dem **Bundesverband Deutscher Zeitungsverleger e. V.** als Vertreter der ihm angeschlossenen Landesverbände:
Verband Südwestdeutscher Zeitungsverleger e. V.,
Verband Bayerischer Zeitungsverleger e. V.,
Zeitungsverlegerverband Bremen e. V.,
Zeitungsverlegerverband Hamburg e. V.,
Verband Hessischer Zeitungsverleger e. V.,
Verband Nordwestdeutscher Zeitungsverleger e. V.,
Zeitungsverlegerverband Nordrhein-Westfalen e. V.,
einerseits

und

dem **Deutschen Journalisten-Verband e. V.**
– Gewerkschaft der Journalistinnen und Journalisten –
der **ver.di – Vereinte Dienstleistungsgewerkschaft, Bundesvorstand – Deutsche Journalistinnen- und Journalisten-Union (dju) in ver.di –**
andererseits
wird der folgende Manteltarifvertrag vereinbart:
ab 1. Juli 2016

§ 1 Geltungsbereich, Begriffsbestimmung

I. Geltungsbereich

Der Tarifvertrag gilt:
räumlich: für die Bundesrepublik Deutschland;
fachlich: für alle Verlage, die eine oder mehrere Tageszeitungen herausgeben;
persönlich: für alle hauptberuflich an Tageszeitungen angestellten Redakteurinnen und Redakteure (Wort, Bild, Online oder audiovisuell) sowie entsprechend für Volontärinnen und Volontäre, sofern für diese nichts anderes bestimmt ist. Eingeschlossen sind die im Ausland für inländische Verlage tätigen Redakteurinnen/Redakteure.

II. Begriffsbestimmung

Als Redakteurin/Redakteur gilt, wer – außer sie/er ist nur zum Zweck der Vorbereitung auf diesen Beruf tätig (gleichgültig in welchem Rechtsverhältnis) – kreativ an der Erstellung des redaktionellen Teiles von Tageszeitungen regelmäßig in der Weise mitwirkt, daß sie/er

1. Wort-, Bildmaterial oder Audio/Audio-Video-Material sammelt, sichtet, ordnet, dieses auswählt und veröffentlichungsreif bearbeitet und/oder

2. mit eigenen Wort-, Bildbeiträgen und/oder Audio/Audio-Video-Material zur Berichterstattung und Kommentierung in der Zeitung beiträgt und/oder
3. die redaktionell-technische Ausgestaltung (insbesondere Anordnung und Umbruch) des Textteils in gedruckter oder in elektronischer Form besorgt und/oder
4. diese Tätigkeit koordiniert.

§ 17 Urheberrecht. (1) Umfang der Urheberrechtsübertragung

Die Redakteurin/der Redakteur räumt dem Verlag das ausschließliche, zeitlich, räumlich und inhaltlich unbeschränkte Recht ein, Urheberrechte und verwandte Schutzrechte i. S. des Urheberrechtsgesetzes, die sie/er in Erfüllung ihrer/seiner vertraglichen Pflichten aus dem Arbeitsverhältnis erworben hat, vom Zeitpunkt der Rechtsentstehung an zu nutzen. Die Einräumung umfasst die Befugnis des Verlages, die Rechte im In- und Ausland in körperlicher Form zu nutzen und in unkörperlicher Form öffentlich wiederzugeben. Das gilt insbesondere für Printmedien, Film, Rundfunk und/oder digitalen Medien [Telekommunikations- und Datendienste, z.B. Online-Dienste sowie Datenbanken und elektronische Trägermedien (z.B. magnetische, optische, magneto-optische und elektronische Trägermedien wie CD-ROM und Disketten)] ungeachtet der Übertragungs- und Trägertechniken.

Die Einräumung erstreckt sich auf:

a) – das Vervielfältigungsrecht gem. § 16 UrhG,
– das Verbreitungsrecht gem. § 17 UrhG,
– das Vorführungsrecht gem. § 19 Abs. 4 UrhG,
– das Recht der öffentlichen Zugänglichmachung gem. § 19a UrhG,
– das Senderecht gem. § 20 UrhG,
– das Recht der Wiedergabe von Funksendungen gem. § 22 UrhG,

b) – das Recht zur Bearbeitung und Umgestaltung gem. § 23 UrhG,
– das Recht zur Verfilmung und Wiederverfilmung gem. §§ 88, 94, 95 UrhG,

c) – diese Rechte an Lichtbildern gem. § 72 UrhG.

Der Redakteurin/dem Redakteur verbleiben ihre/seine von urheberrechtlichen Verwertungsgesellschaften wahrgenommenen Zweitverwertungsrechte und Vergütungsansprüche nach §§ 21, 22, 26, 27, 45a, 49, 52a, 53, 54, 54a UrhG vorbehalten. Vereinbarungen zwischen Verlagen, Verlagszusammenschlüssen und Verwertungsgesellschaften werden hierdurch nicht berührt.

(2) Urheberpersönlichkeitsrechte.

Die Urheberpersönlichkeitsrechte der Redakteurin/des Redakteurs an ihren/seinen Beiträgen bleiben unberührt, insbesondere das Recht, Entstellungen, andere Beeinträchtigungen oder Nutzungen zu verbieten, die geeignet sind, ihre/seine berechtigten geistigen oder persönlichen Interessen am Beitrag zu gefährden.

(3) Übertragung der Nutzungsrechte durch den Verlag auf Dritte.

Die Redakteurin/der Redakteur räumt dem Verlag das Recht ein, die in Abs. 1 genannten Rechte auch durch Dritte unter Übertragung der entsprechenden Nutzungsrechte im In- und Ausland nutzen zu lassen.

(4) Nutzung des Urheberrechts durch die Redakteurin/den Redakteur.

Nach Beendigung des Arbeitsverhältnisses darf die Redakteurin/der Redakteur über ihre/seine Beiträge ohne Einwilligung des Verlags weiterverfügen, wenn seit dem Erscheinen mindestens 1 Jahr vergangen ist. Die Nutzungsrechte an Bildbeiträgen bleiben unbeschadet der persönlichkeitsrechtlichen Befugnisse der Redakteurin/des Redakteurs unbefristet und ausschließlich beim Verlag, sofern im Einzelfall nichts anderes vereinbart ist.

(5) Rückrufsrecht.

Übt der Verlag das Recht gem. Abs. 1, 3 nicht oder nur unzureichend aus und werden dadurch berechtigte Interessen der Redakteurin/des Redakteurs erheblich verletzt, so kann diese/dieser das Nutzungsrecht frühestens 6 Monate nach Ablieferung des Textbeitrags zurückrufen. Dies gilt nicht, wenn die Nichtausübung oder die unzureichende Ausübung überwiegend auf Umständen beruht, deren Behebung der Redakteurin/dem Redakteur zuzumuten ist.

Der Rückruf kann erst erklärt werden, nachdem die Redakteurin/der Redakteur dem Verlag unter Ankündigung des Rückrufs eine angemessene Frist, die nicht mehr als 3 Monate zu betragen braucht, zur Ausübung der Rechte gem. Abs. 1, 3 bestimmt hat.

Der Bestimmung der Frist bedarf es nicht, wenn die Ausübung der Rechte gem. Abs. 1, 3 dem Verlag unmöglich ist oder von ihm verweigert wird, oder wenn durch die Gewährung einer Frist überwiegende Interessen der Redakteurin/des Redakteurs gefährdet werden.

Dem Verlag verbleibt stets ein einfaches Nutzungsrecht.

Die Redakteurin/der Redakteur darf nach erfolgtem Rückruf ihre/seine Rechte nur verwerten, wenn dies den berechtigten Interessen des Verlages nicht abträglich ist.

(6) Vergütungsregelung

Die Nutzung der nach Abs. 1 eingeräumten Rechte in Objekten (einschließlich ihrer digitalen Ausgaben)[1], für die die Redakteurin/der Redakteur nach Maßgabe ihres/seines Arbeitsvertrages tätig ist, erfolgt vergütungsfrei, ebenso die Nutzung des Archivs/der Datenbanken für interne Zwecke des Verlages, verbundener Unternehmen und kooperierender Verlage oder zum persönlichen Gebrauch Dritter.

Bei weitergehender Nutzung hat die Redakteurin/der Redakteur auch nach Beendigung des Arbeitsverhältnisses Anspruch auf eine zusätzliche angemessene Vergütung in den nachfolgend aufgeführten Fällen:

a) für die öffentliche Wiedergabe der Beiträge in unkörperlicher Form mit Ausnahme der Werbung für den Verlag,
b) für die Übertragung von Nutzungsrechten an Dritte gem. Abs. 3 mit Ausnahme
   – von Nutzungen innerhalb einer Redaktionsgemeinschaft,
   – bei Mantellieferung und sonstiger vergleichbarer redaktioneller Zusammenarbeit (z. B. regelmäßige Lieferung von Teilen von Tageszeitungen wie Wirtschaftsteil, Wochenendbeilage),
c) für die Nutzung der Textbeiträge der Redakteurin/des Redakteurs in andern Objekten desselben Verlages, auf die sich der Anstellungsvertrag nicht erstreckt, einschließlich der Nutzung in Buchform,
d) für die Nutzung von Bildbeiträgen in Buchform zu Verkaufszwecken.

---

[1] **Protokollnotiz zum Begriff „digitale Ausgabe“:** „Digitale Ausgabe ist jeder Dienst oder Teil eines Dienstes, dessen Inhalt in der ursprünglichen oder elektronisch aufbereiteten Fassung für titelidentische oder der Tageszeitung redaktionell zuzuordnende Angebote bestimmt ist.“

Als angemessen gilt die Vergütung von mindestens 40% des aus der Verwertung erzielten, hilfsweise des üblicherweise erzielbaren, um Aufwand und Mehrwertsteuer verminderten Nettoerlöses. Zum Aufwand rechnen die direkten Herstellungs-, Marketing- und Vertriebskosten. Die Vergütung für die Nutzung der Rechte der Redakteurin/des Redakteurs ist durch Einzelabrechnung oder durch eine Monatspauschale möglich.

Für die Pauschalierung bestehen folgende Voraussetzungen:

aa) Die Pauschale ist jeweils gesondert im Anstellungsvertrag auszuweisen (§ 2 Abs. 2b).

bb) Ihre Höhe muss mindestens der durchschnittlichen jährlichen Vergütung im Wege der Einzelabrechnung entsprechen.

Auf Verlangen der Redakteurin/des Redakteurs oder des Verlags ist die Angemessenheit der Pauschale nach Ablauf des Bemessungszeitraums zu überprüfen und ggf. neu festzusetzen.

§ 19 Schluss- und Übergangsbestimmungen. (1) Dieser Tarifvertrag tritt rückwirkend zum 1. Januar 2014 in Kraft.

(2) Der Tarifvertrag kann mit einer Frist von sechs Monaten, erstmals zum 31.12.2018, danach jeweils zum Jahresende gekündigt werden.

10d. Tarifvertrag für auf Produktionsdauer Beschäftigte des WDR

(Fassung vom 1. April 2001)

(Auszug)

Zwischen

der Industriegewerkschaft Medien, Druck und Papier, Publizistik und Kunst, dem Deutschen Journalisten-Verband, Landesverband Nordrhein-Westfalen, der Deutschen Angestellten-Gewerkschaft, Landesverband Nordrhein-Westfalen

und dem

Westdeutschen Rundfunk Köln – Anstalt des öffentlichen Rechts –, nachstehend WDR genannt,

wird folgender Tarifvertrag geschlossen:

Präambel

Der nachfolgende Tarifvertrag ist das Ergebnis gleichberechtigter und in Wahrnehmung der Tarifautonomie geführter Verhandlungen der Tarifvertragsparteien. Vor dem Hintergrund des Gesamtgefüges tarifvertraglicher Regelungen für freie Mitarbeiter des WDR sind seine Regelungen ausgewogen und tragen den berechtigten Interessen des WDR und der von den Gewerkschaften vertretenen Mitglieder angemessen Rechnung.

Abschnitt I: Geltungsbereich, allgemeine Rechte und Pflichten

1. Geltungsbereich

1.1 Dieser Tarifvertrag gilt für alle beim WDR Beschäftigten, die bei der Herstellung von Produktionen des Hörfunks oder des Fernsehens unmittelbar und persönlich mitwirken und für datumsmäßig bestimmte oder durch die Dauer einer Produktion begrenzte Zeit zu diesen Tätigkeiten verpflichtet werden. Er enthält tarifvertragliche Mindestbedingungen.

1.2 Dieser Tarifvertrag gilt nicht

a) für Personen, die unter eigener Firma oder mit eigenem Personal für den WDR tätig werden,
b) für gelegentlich, nicht berufsmäßig Mitwirkende,
c) für Diskussionsleiter, Fachberater, Gesprächsteilnehmer und Interviewpartner,
d) für Leistungen als Architekt, Arrangeur, Autor, Bildhauer, Szenenbildner, Choreograph, Dolmetscher, Fotograf, Grafiker, Kommen-

tator, Komponist, Kostümbildner, Kunstmaler, Lektor und Übersetzer; sollen hierzu außerdem Tätigkeiten im Sinne von Ziffer 1.1 erbracht werden, so ist der Tarifvertrag insoweit anzuwenden,

e) für Journalisten, Korrespondenten und Berichterstatter, wenn sie ohne vorherige vertragliche Verpflichtung dem WDR Beiträge liefern,

f) für Dirigenten und Solisten (Musik), deren Vergütung im Vergütungstarifvertrag (vergl. 7.1) über die Mindestvergütungen der arbeitnehmerähnlichen Personen und der auf Produktionsdauer Beschäftigten des WDR vom 14.9.1981 und dem dazu gehörenden Honorarrahmen in der jeweils geltenden Fassung nicht beziffert ist, sondern nach individueller Vereinbarung festgelegt wird sowie für Zubestellungen und Aushilfen, soweit diese bei Darbietungen von Klangkörpern des WDR mitwirken,

g) für Auszubildende, Volontäre und Praktikanten,

h) für Arbeitnehmer, die unter den Geltungsbereich des jeweils geltenden Manteltarifvertrages des WDR fallen sowie für Arbeitnehmer in Teilzeit- und Aushilfsarbeitsverhältnissen beim WDR, soweit nicht im Einzelvertrag für die Tätigkeit außerhalb dieses Arbeitsverhältnisses die Anwendung von Bestimmungen dieses Tarifvertrages vereinbart worden ist.

…

7. Vergütung

7.1 Die Mindestvergütungen werden in einem Vergütungstarifvertrag geregelt, der auch Bestimmungen über Folgevergütungen (Wiederholungsvergütungen, Übernahmevergütungen) enthält.

…

7.3 Die vereinbarte Vergütung ist nach Beendigung der Beschäftigung fällig; mehrere Vergütungen können 14-tägig zusammengefasst werden. Die Auszahlungen erfolgen spätestens 3 Wochen nach Fälligkeit.

…

Abschnitt II: Urheber- und Leistungsschutzrechte

Die Vorschriften dieses Abschnittes gelten für Beschäftigte, die in Erfüllung ihrer Beschäftigungsverträge entstehende Urheberrechte und verwandte Schutzrechte (insbesondere Leistungsschutzrechte) im Sinne des Urheberrechtsgesetzes erwerben.

Der WDR verpflichtet sich, mit diesen Beschäftigten keine von den Vorschriften dieses Abschnitts abweichenden allgemeinen Regelungen zu verwenden. Vorherige Einzelvereinbarungen sind möglich und gelten bei individueller Vereinbarung nicht als Allgemeine Geschäftsbedingungen.

Für arbeitnehmerähnliche Personen im Sinne der Ziffer 1.1 des Tarifvertrages über die Urheberrechte arbeitnehmerähnlicher Personen des WDR gilt dieser Abschnitt nur, wenn und soweit dies im Vertrag ausdrücklich vereinbart ist.

13. Rechteeinräumung zu Rundfunkzwecken

13.1 Mit dem Abschluss des Vertrags räumt der Beschäftigte dem WDR die ausschließlichen, räumlich, zeitlich und inhaltlich unbeschränkten Rechte ein, seine Rechte am Werk bzw. die erworbenen verwandten Schutzrechte für alle Zwecke des Rundfunks ganz oder teilweise im In- und Ausland beliebig oft zu nutzen und die unter Benutzung des Werkes erfolgte Sendung oder hergestellte Produktion ganz oder teilweise im In- und Ausland beliebig oft zu verwerten.

13.2 Zu Rundfunkzwecken räumt der Beschäftigte dem WDR insbesondere folgende Nutzungsrechte ein:

13.2.1 das Senderecht (Sendung und Weitersendung durch Ton- und Fernsehrundfunk, Satellitenrundfunk, Kabelfunk oder ähnliche technische Mittel)[1];

13.2.2 das Vervielfältigungsrecht einschließlich des Rechts der Übertragung auf Bild- und/oder Ton- bzw. Datenträger und der Einspeicherung in Datenbanken des WDR;

13.2.3 das Recht zur Nutzung der Produktion in Abruf- und Online-Diensten;

13.2.4 das Verbreitungsrecht einschl. des Rechts zum Verkauf, zur Vermietung, zum Verleih oder zur sonstigen Abgabe von Vervielfältigungsstücken der Produktion;

13.2.5 das Vortrags-, Aufführungs- und Vorführungsrecht, insbesondere zum Zweck der Aufzeichnung oder Live-Sendung sowie das Recht zur öffentlichen Wiedergabe von Bild- und/oder Tonträgern oder Funksendungen, insbesondere im Zusammenhang mit Messen, Ausstellungen, Festivals, Wettbewerben und zu sonstigen Werbemaßnahmen für das Rundfunkwesen. Dem Beschäftigten verbleibt das in Ziffer 17.2 aufgeführte Recht;

13.2.6 das Ausstellungsrecht;

13.2.7 das Recht zur einmaligen Verfilmung, unbeschadet der zulässigen wiederholten Verwendung von Ausschnitten aus der Produktion in anderen Produktionen;

13.2.8 das Recht zu Änderungen, Bearbeitungen, Umgestaltungen, Übersetzungen und Untertitelungen durch u. a. Videotext, jeweils nach Maßgabe der Ziffer 16.;

13.2.9 das Recht zur Herstellung, Vervielfältigung, Verbreitung und öffentlichen Wiedergabe von schriftlichem Begleitmaterial, soweit zeitlich vorrangige Rechte nicht bestehen. Auf das Bestehen solcher Rechte ist vom Beschäftigten nach Ziffer 18.1 hinzuweisen;

13.2.10 das Recht zur Herstellung, Vervielfältigung, Verbreitung und öffentlichen Wiedergabe von Werbe- und Informationsmaterial zu Sendun-

---

[1] Protokollnotiz: Hierzu gehören beispielsweise auch Fernsehtext, near-audio- und near-video-on-demand, telefonnetzgestützte Programmübertragung sowie das Recht zur Übertragung in Pay-Diensten wie z. B. Pay-Radio, Pay-TV, Pay per Channel, Pay per View in analoger oder digitaler Übertragungstechnik.

gen (z. B. Inhaltsangaben, Programmvorschauen) einschließlich der bildlichen Darstellung des Beschäftigten, sofern er einer solchen Wiedergabe nicht widerspricht;

13.2.11 das Recht, nach Ausstrahlung des Werkes einzelne Abdrucke des Sendemanuskriptes an Interessenten zum persönlichen Gebrauch unentgeltlich abzugeben, sofern der Beschäftigte nicht spätestens innerhalb einer Woche nach der Ausstrahlung schriftlich widerspricht;

13.2.12 das Recht, die Produktion zu Prüf-, Lehr- und Forschungszwecken (auch im Rahmen von Modellversuchen) des Rundfunks zu verwenden.

14. Rechteeinräumung zu anderen Zwecken

14.1 Mit dem Abschluss des Vertrags räumt der Beschäftigte dem WDR nach Maßgabe der nachfolgenden Bestimmungen das Recht ein, die Produktion ganz oder teilweise zu anderen als Rundfunkzwecken zu nutzen.

14.2 Der Beschäftigte räumt dem WDR das ausschließliche, räumlich, zeitlich sowie inhaltlich unbeschränkte Recht ein, die Produktion zu Zwecken der Bildungs- und Kulturarbeit in nicht gewerblichen Einrichtungen zu nutzen. Dazu gehören auch solche Einrichtungen, die regelmäßig Bildungs- und Kulturarbeit betreiben, ohne dass dies ihr Hauptzweck ist.

14.3 Zu Zwecken der Kino- und Schmalfilmauswertung räumt der Beschäftigte dem WDR das ausschließliche, zeitlich und räumlich sowie inhaltlich unbeschränkte Recht ein, die Produktion ganz oder teilweise als Bild- und/oder Tonträger in allen analogen und/oder digitalen Formaten zu gewerblichen oder nicht gewerblichen sowie öffentlichen und nicht öffentlichen Wiedergaben zu nutzen, insbesondere zu verkaufen, zu vermieten oder zu verleihen.

14.4 Die unter Ziffern 14.2 bis 14.3 genannte Nutzung umfasst auch die Aufnahme von Funksendungen auf Bild-, Ton- oder Datenträger sowie deren Vervielfältigung und Verbreitung zur gewerblichen und nicht gewerblichen öffentlichen sowie nicht öffentlichen Wiedergabe (Mitschnitt).

14.5 Zu Zwecken der audiovisuellen Verwertung und der Verwertung mittels Tonträger räumt der Beschäftigte dem WDR das ausschließliche, räumlich, zeitlich sowie inhaltlich unbeschränkte Recht ein, die Produktion ganz oder teilweise als Bild- und/oder Tonträger in allen analogen und/oder digitalen Formaten zu gewerblichen oder nicht gewerblichen sowie öffentlichen und nicht öffentlichen Wiedergaben zu nutzen, insbesondere zu verkaufen, zu vermieten oder zu verleihen.

14.6 Zu Zwecken der Verwertung in Datenbanken, in Abruf- und Online-Diensten sowie der Verbindung mit anderen Werken oder Produktionen (multimediale Nutzung) räumt der Beschäftigte dem WDR das ausschließliche, räumlich, zeitlich sowie inhaltlich unbeschränkte Recht ein, die Produktion zu gewerblichen oder nicht gewerblichen sowie öffentlichen und nicht öffentlichen Wiedergaben zu nutzen, insbesondere zu verkaufen, zu vermieten oder zu verleihen.

14.7 Der Beschäftigte räumt dem WDR zu den in den Ziffern 14.2, 14.3, 14.5 und 14.6 genannten Zwecken das Recht zu Änderungen, Bearbeitungen, Umgestaltungen, Übersetzungen und Untertitelungen nach Maßgabe der Ziffer 16. ein.

14.8 Der WDR wird die ihm nach Ziffern 14.2, 14.3, 14.5 und 14.6 eingeräumten ausschließlichen Rechte nach Maßgabe seiner betrieblichen und sonstigen Möglichkeiten nutzen. Er wird die ihm vom Hauptregisseur[1)] nachgewiesenen Nutzungsmöglichkeiten prüfen und bei Bedarf mit ihm gemeinsam erörtern.

14.9 Mit dem Hauptregisseur muss die Rechteeinräumung nach den Ziffern 14.2, 14.3, 14.5 und 14.6 im Vertrag als gesonderte Vereinbarung hervorgehoben und gesondert unterschrieben werden.

14.10 Die Nutzung nach Ziffern 14.2, 14.3, 14.5 und 14.6 erfolgt grundsätzlich gegen Entgelt; eine unentgeltliche Nutzung, bei der der WDR auf die Erstattung von Kosten verzichtet, ist auf seltene, begründete Ausnahmefälle zu beschränken[2)].

14.11 Die mögliche Rechteeinräumung zur Verwertung von in der Produktion verwendeten Elementen und Figuren zu anderweitigen kommerziellen Zwecken (Merchandising) richtet sich nach Ziffer 17.5.

15. Weiterübertragung von Rechten

15.1 Der WDR ist berechtigt, die ihm von dem Beschäftigten eingeräumten Rechte zur Auswertung der Produktion gemäß Ziffer 13. und 14. ganz oder teilweise auf Dritte zu übertragen oder diesen Nutzungsrechte einzuräumen, sofern nicht im Vertrag etwas anderes vereinbart ist.

15.2 Der WDR ist auch berechtigt, die ihm von dem Beschäftigten eingeräumten Rechte in Auftrags- oder Gemeinschaftsproduktionen einzubringen und die Rechte zur Auswertung auch dieser Produktionen auf Dritte zu übertragen. Auftrags- und Gemeinschaftsproduktionen sind bei der Wiedergabe als solche kenntlich zu machen. Die Rechte des Beschäftigten sind hierbei – unbeschadet etwaiger Einzelvereinbarungen für den außerrundfunkmäßigen Bereich – wie bei einer Eigenproduktion sicherzustellen.

16. Änderungen, Bearbeitungen (auch Untertitelungen, z. B. durch Fernsehtext), Umgestaltungen und Übersetzungen

16.1 Bei Änderungen, Bearbeitungen, Umgestaltungen, Übersetzungen, Synchronisationen der Produktion ist in allen Fällen das Urheberpersönlichkeitsrecht des Beschäftigten zu wahren. Eine Veränderung der Wesenszüge der Produktion ist zu vermeiden. Mit zulässigen Ände-

---

[1)] Protokollnotiz: Hauptregisseur ist der Regisseur eines Fernsehspiels oder eines anderen, nach Umfang und eigenpersönlicher Gestaltung vergleichbaren anderen Fernsehfilmwerks.

[2)] Protokollnotiz: Tausch- und Kompensationsgeschäfte sind keine Ausnahmefälle.

rungen dürfen keine Entstellungen oder andere Beeinträchtigungen verbunden sein (§§ 14, 23 und 83 UrhG). Im Übrigen bleiben die §§ 93 und 95 UrhG unberührt.

16.2 Der Beschäftigte darf seine Einwilligung in den folgenden Fällen nicht wider Treu und Glauben versagen (§ 39 UrhG):

16.2.1 Nur mit ausdrücklicher Einwilligung des Hauptregisseurs sind zulässig:

a) die Bearbeitung oder Umgestaltung eines nur für das Fernsehen bestimmten Werkes für den Hörfunk;

b) die Bearbeitung oder Umgestaltung eines für das Fernsehen bestimmten Werkes für eine andere Nutzungsart;

16.2.2 Neben der Zustimmung des Hauptregisseurs bedarf es auch der Zustimmung des ausübenden Künstlers zur deutschsprachigen Synchronisation seiner darstellerischen Leistung.

16.3 Ohne Einwilligung des Beschäftigten sind Änderungen des Werkes, seines Titels oder der Produktion durch den WDR zulässig, wenn

a) sie aus Gründen der in Ziffer 2.5 genannten Art zwingend erforderlich sind;

b) sie aufgrund produktions- oder sendetechnischer Erfordernisse geboten sind;

c) der Beschäftigte seine Einwilligung nach Treu und Glauben nicht versagen kann (§ 39 UrhG).

16.4 Ist der Beschäftigte Hauptregisseur, so soll er vorher gehört werden, wenn die Änderungen gemäß Ziffer 16.3 wesentlich sind.

16.5 Für Bearbeitungen oder Umgestaltungen eines im Auftrag des WDR für das Fernsehen geschaffenen Werkes zur Veröffentlichung und Verwertung in einer anderen, nicht von Ziffer 14.2, 14.3, 14.5 oder 14.6 erfassten Nutzungsart gelten die Ziffern 16.1 bis 16.4 entsprechend.

16.6 Dem Hauptregisseur ist Gelegenheit zu geben, an der Abnahme teilzunehmen.

17. Eigene Nutzungsrechte des Beschäftigten

17.1 Dem Beschäftigten bleiben seine von urheber- bzw. leistungsschutzrechtlichen Verwertungsgesellschaften wahrgenommenen Zweitwiedergaberechte und Vergütungsansprüche nach §§ 20 b[1], 21, 22, 27, 49, 54, 54a, 76 Abs. 3 UrhG (unter Ausnahme der dem WDR eingeräumten Rechte zum Mitschnitt von Funksendungen) vorbehalten.

17.2 Dem Hauptregisseur verbleibt das Recht, sein Werk bei Wettbewerben und im Rahmen eigener Vortrags- und Lehrtätigkeit zu nutzen.

17.3 Soweit dem Beschäftigten sonstige eigene Nutzungsrechte an seiner erbrachten Vertragsleistung verbleiben, darf er nach der Erstsendung frei über diese – auch in bearbeiteter oder umgestalteter Form – verfügen. Beabsichtigt er, diese Rechte selbst zu nutzen oder an Dritte

---

[1] Hinsichtlich § 20b UrhG wird auf den eigenständigen Tarifvertrag (Kabelweitersendung) verwiesen.

zu vergeben, so hat er dies dem WDR rechtzeitig vorher schriftlich mitzuteilen. Er hat dem WDR diese Rechte zur vorgesehenen Nutzung anzubieten. Kommt Innerhalb eines Monats nach der Information durch den Beschäftigten eine Vereinbarung zwischen ihm und dem WDR nicht zustande, kann er über diese Rechte frei verfügen.

17.4 Der WDR kann eine solche Nutzung nach Ziffer 17.3 untersagen, soweit und solange dadurch seine überwiegenden und berechtigten Interessen verletzt würden; dies ist vom WDR zu begründen. Bei Werken mit Kennzeichnungsfunktion ist eine solche Nutzung stets nur mit schriftlicher Zustimmung des WDR zulässig.

17.5 Sofern der Beschäftigte die in der Produktion verwendeten Elemente und Figuren zu anderweitiger kommerzieller Verwertung (Merchandising) zu verwenden beabsichtigt, ist er verpflichtet, zuerst dem WDR das Recht zur Nutzung anzubieten. Nimmt der WDR das Angebot an, kann er mit der Nutzung erst nach Abschluss einer gesonderten Vereinbarung über eine angemessene Vergütung beginnen.

18. Besondere Pflichten des Beschäftigten

18.1 Mit Abschluss des Beschäftigungsvertrages versichert der Beschäftigte, dass die dem WDR eingeräumten Rechte weder ganz noch teilweise einem Dritten übertragen, eingeräumt oder mit den Rechten eines Dritten belastet sind und kein Dritter mit ihrer Wahrnehmung beauftragt ist. Der Beschäftigte hat den WDR von allen Ansprüchen freizustellen, die von Dritten aufgrund einer Verletzung von Pflichten nach Satz 1 geltend gemacht werden.

18.2 Der Beschäftigte ist verpflichtet, auf im Werk bzw. seiner Leistung enthaltene Darstellungen hinzuweisen, aus denen sich nach seiner Kenntnis das Risiko einer Verletzung in Bezug auf die Programmgrundsätze sowie auf die Richtlinien betreffend Trennung von Werbung und Programm sowie Jugendschutz ergeben könnte.

18.3 Der Beschäftigte ist verpflichtet, dem WDR spätestens bei Erbringung seiner Leistung bzw. Abschluss der Produktion schriftlich auf in dieser enthaltene – nicht offenkundige – Darstellungen von Personen oder Ereignissen hinzuweisen, mit denen nach seiner Kenntnis das Risiko einer Persönlichkeitsrechtsverletzung verbunden ist.

18.4 Ist der WDR der begründeten Meinung, dass ein Risiko nach Ziffern 18.2 und 18.3 im Einzelfall gegeben sei, so ist der Beschäftigte verpflichtet, eine entsprechende Änderung des Werkes bzw. seiner Leistung vorzunehmen. Kommt er dieser Verpflichtung nicht nach, so ist der WDR berechtigt, eine Änderung durch Dritte vornehmen zu lassen oder vom Vertrag zurückzutreten. Ist die Änderung für den Beschäftigten unzumutbar, so ist auch er berechtigt, vom Vertrag zurückzutreten.

18.5 Der Beschäftigte ermächtigt den WDR, bei Rechtsverletzungen durch Dritte im Zusammenhang mit der Produktion oder Sendung, bei deren Herstellung er mitgewirkt hat, gegen die Dritten auch etwaige von ihm nicht gemäß Ziffern 13. und 14. dem WDR mit eingeräumten Rechte an seinem Werk im In- und Ausland geltend zu machen. Beide Seiten sind zu gegenseitiger Unterstützung und Information verpflichtet.

19. Weitere Pflichten des Beschäftigten

19.1 Der Beschäftigte stellt sich im Zusammenhang mit produktionsbedingter Anwesenheit am Sitz des WDR oder an einem sonstigen Produktionsort ohne besonderes Entgelt der Öffentlichkeitsarbeit des WDR für Interviews, Pressekonferenzen und Fotoaufnahmen zur Verfügung.

19.2 Ankündigungen und bildliche Darstellungen, die auf die im Einzelfall vereinbarte Tätigkeit des Beschäftigten beim WDR Bezug nehmen, darf nur der WDR verbreiten oder verbreiten lassen.
Der Beschäftigte informiert hierüber auch die von ihm beauftragten Agenturen.

19.3 Informationen der in Ziffer 19.2 genannten Art darf der Beschäftigte selbst nur mit einer im Voraus eingeholten Zustimmung des WDR verbreiten.

19.4 Bei Meinungsverschiedenheiten über die inhaltliche, künstlerische und technische Gestaltung der Mitwirkung entscheidet der WDR. Wegen der Wahrung von Persönlichkeitsrechten des Beschäftigten gilt Ziffer 16.1.

20. Verwendung von Beiträgen Dritter

Will der Beschäftigte urheberrechtlich geschützte Beiträge benutzen, die der WDR nicht zur Verfügung stellt, so kann er das nur mit Zustimmung des WDR tun. Der Beschäftigte hat die für die Abrechnung, z. B. mit Autoren, Komponisten und Verlagen notwendigen Angaben dem WDR spätestens bei Abschluss des Beschäftigungsvertrages einzureichen[1]. Nur bei rechtzeitiger Erfüllung dieser Verpflichtung übernimmt der WDR die Befriedigung der durch die Verwendung der Beiträge entstehenden Ansprüche. Unterbleibt die rechtzeitige Mitteilung, so ist der Beschäftigte verpflichtet, diese Ansprüche selbst zu befriedigen und den WDR von etwaigen nachträglich erhobenen Forderungen freizustellen.

21. Eigentumsübertragung/Belegstücke

21.1 Das Eigentum an vom Beschäftigten hergestellten Werkexemplaren geht mit der Herstellung auf den WDR über. Für den Zugang zu den Werkexemplaren gilt § 25 UrhG.

21.2 Das Eigentum an Originalen und Entwürfen grafischer Werke und anderer Werke der bildenden Kunst und an Lichtbildern ist der Rund-

[1] Zu den notwendigen Angaben gehören: a) Vor- und Zuname des betreffenden Urhebers (z. B. Übersetzer, Komponist, Bearbeiter); b) Titel der verwendeten Beiträge bzw. der Arbeit oder des Buches, dem sie entnommen sind: c) Bezeichnung der Werke der bildenden Kunst und Fotos, sowie ihre Herkunft/Quelle; d) genaue Vers- oder Prosazeilenzahl sowie gegebenenfalls Umfang der entlehnten Musik; e) bei gedruckten Werken Verlag und genaue Fundstelle; f) bei Ausschnitten aus anderen Filmwerken Angaben zu den Rechteinhabern.

funkanstalt nur nach vorheriger einzelvertraglicher Vereinbarung zu übertragen.

21.3 Beschäftigte, die der Produktion allein oder gemeinsam nach Umfang und eigenpersönlicher Gestaltung das entscheidende Gesamtgepräge gegeben haben, können mit ausdrücklicher Zustimmung des WDR und der anderen Berechtigten im Einzelfall innerhalb einer Frist von 6 Wochen nach der Erstsendung der Produktion Ton- und/oder Bildträgerkopien auf eigene Kosten zum eigenen Gebrauch und unter Ausschluss jeglicher anderweitiger Verwertung herstellen oder herstellen lassen, und zwar auf Wunsch des WDR durch diesen selbst. Die Kopien sind auf den Anteil des Beschäftigten an der Produktion zu beschränken. Der WDR kann seine Zustimmung aus wichtigem Grund, insbesondere bei unzumutbarem Aufwand des WDR, versagen.

22. Namensnennung

22.1 Beschäftigte sind, soweit die Nennung rundfunküblich ist, im Zusammenhang mit der Sendung zu nennen, sofern sie nicht widersprochen haben.

22.2 Bei der Weitergabe von Produktionen des WDR an Dritte ist eine entsprechende Urheberbenennung sicherzustellen.

23. Vergütungsregeln

23.1 Allgemeine Vergütungsbestimmungen

23.1.1 Der Beschäftigte erhält eine im Vertrag zu vereinbarende Vergütung als Entgelt für seine Leistungen und Rechteeinräumungen. Die Vergütungshöhe und mögliche Ansprüche auf Folgevergütungen richten sich nach dem Vergütungstarifvertrag über die Mindestvergütungen der arbeitnehmerähnlichen Personen und der auf Produktionsdauer Beschäftigten des WDR vom 14.9.1981 und dem dazu gehörenden Honorarrahmen in der jeweils geltenden Fassung.

23.1.2 Eine einmalige Vergütung sämtlicher Leistungen und Rechtsübertragungen für Sendezwecke von öffentlich-rechtlichen Rundfunkanstalten in der Bundesrepublik Deutschland erfolgt nur in den im Vergütungstarifvertrag dafür vorgesehenen Fällen.

23.1.3 Für die Nutzung in Abruf- und Online-Diensten wird eine Vergütung in Höhe von 4,5% der Erstvergütung gezahlt[1)].

23.2 Fernsehen

23.2.1 Ist die Vertragsleistung für das Fernsehen bestimmt und der Beschäftigungsvertrag als Mitwirkenden-Vertrag „W“ gekennzeichnet, so ist mit der vereinbarten Vergütung eine Sendung im Fernseh-Gemeinschaftsprogramm (1. Programm) oder allen Anstalts-/Landesprogram-

---

[1)] Protokollnotiz: Der angegebene Prozentsatz gilt bis 31. Dezember 2003. Die zeitgleiche digitale Ausstrahlung über das Internet in Form des „Streaming“ ist wie eine Sendung zu behandeln und unterfällt dem Senderecht nach Ziffer 13.2.1.

men oder allen Dritten Fernsehprogrammen[1] der ARD-Anstalten (Erstsendung) abgegolten.
Zusätzlich erhält der Beschäftigte folgende Vergütungen:

23.2.2 Bei Wiederholungen im Fernseh-Gemeinschaftsprogramm der ARD-Rundfunkanstalten zahlt der WDR eine Wiederholungsvergütung in Höhe von 20% der Erstvergütung.

23.2.3 Bei Wiederholungen im Fernsehvormittags- und Frühinformationsprogramm der ARD wird eine Wiederholungsvergütung in Höhe von 10% der Erstvergütung gezahlt.

23.2.4 Bei Wiederholungen im Fernseh-Gemeinschaftsprogramm zwischen 0.00–6.00 Uhr (Nachtprogramm) wird eine Wiederholungsvergütung in Höhe von 5% der Erstvergütung gezahlt.

23.2.5 Bei Wiederholungen im gesamten Sendebereich des WDR oder einer anderen ARD-Anstalt oder in einem III. Fernsehprogramm (vgl. Ziffer 23.2.1) erhält der Beschäftigte von der sendenden Anstalt eine Wiederholungsvergütung in Höhe von 4% der Erstvergütung, bei Wiederholungen im Sendegebiet des SFB, SR und von Radio Bremen wird eine Wiederholungsvergütung von 2% der Erstvergütung gezahlt.
Wird die Sendung in mehreren Programmen der ARD-Anstalten wiederholt, so sind insgesamt höchstens 20% der Erstvergütung zu zahlen.

23.2.6 Bis zu zwei Wiederholungen im selben Programm innerhalb von 48 Stunden nach der Erstausstrahlung oder Wiederholung lösen keinen Anspruch auf Wiederholungsvergütung aus[2]. Dies gilt nicht für Wiederholungen, die tatsächlich in der Prime Time (18.00 bis 23.00 Uhr) beginnen. Bei der Berechnung der Fristen werden Sonn- und Feiertage nicht mitgezählt.

23.2.7 Gleichzeitige Anschluss-Sendungen in Form von Zusammenschaltungen mit anderen Sendeunternehmen sind nicht vergütungspflichtig im Rahmen der Ziffern 23.2.2, 23.2.3, 23.2.4 und 23.2.5.

23.2.8 Bei Wiederholungen im Satellitenprogramm 3SAT wird eine Wiederholungsvergütung von 34% bezogen auf die Wiederholungsvergütung nach Ziffer 23.2.2 bzw. 23.2.13 gezahlt.

23.2.9 Bei Wiederholungen in den Programmen Kinderkanal oder Ereigniskanal (Phoenix) wird eine Wiederholungsvergütung von 20% bezogen auf die Wiederholungsvergütung nach Ziffer 23.2.2 für bis zu fünf Ausstrahlungen innerhalb von einem Monat gezahlt; die Regel 23.2.6 findet keine Anwendung.

23.2.10 Bei Wiederholungen in Angeboten von ARD-Digital, die ausschließlich digital ausgestrahlt und empfangen werden, wird eine Wiederholungsvergütung von 7% bezogen auf die Wiederholungsvergütung

---

[1] Die durch Mehrländer-Rundfunkanstalten verbreiteten III. Fernsehprogramme gelten als ein Fernsehprogramm nach diesem Tarifvertrag.

[2] Die Tarifvertragsparteien sind sich darüber einig, dass die Anwendung der Ziffer 23.2.6 Satz 1 nicht dazu führen darf, ausschließlich die Wiederholungsvergütung nach Ziffern 23.2.3 und 23.2.4 zu zahlen.

nach Ziffer 23.2.2 für beliebig häufige Wiederholungen innerhalb von sechs Monaten ab Erstausstrahlung in einem digitalen Angebot gezahlt[1)].

23.2.11 Vorabausstrahlungen von Fernsehproduktionen in Angeboten, die ausschließlich digital ausgestrahlt und empfangen werden, sowie in Satellitenprogrammen oder III. Fernsehprogrammen werden als Wiederholungen im Sinne von Ziffer 23.2.5, 23.2.8, 23.2.9 und 23.2.10 behandelt.

23.2.12 Für ARTE-Ausstrahlungen gelten die Erlösbeteiligungen nach Ziffer 23.5.[2)]

23.2.13 Ist der Beschäftigte als Hauptregisseur für ein Fernsehfilmwerk verpflichtet worden, so beträgt seine Wiederholungsvergütung in den Fällen nach
Ziffer 23.2.2 = 50%
Ziffer 23.2.3 = 20%
Ziffer 23.2.5 = 10% bzw. 5%, höchstens 50%.

23.3 Hörfunk

23.3.1 Werden Beiträge nach Ziffer 23.1.2 in ein ARD-Sammelangebot – für die übernehmende Anstalt vergütungsfrei – eingestellt, so wird dies durch einen Zuschlag auf die Vergütung angemessen berücksichtigt[3)].

23.3.2 Ist die Vertragsleistung für den Hörfunk bestimmt und der Beschäftigungsvertrag als Mitwirkendenvertrag „W" gekennzeichnet, ist eine Sendung im gesamten Sendebereich abgegolten. Zusätzlich erhält der Beschäftigte folgende Vergütungen:

23.3.3 Bei Wiederholungen in einem seiner Hörfunkprogramme im gesamten Sendebereich des WDR zahlt der WDR eine Wiederholungsvergütung in Höhe von 20% der Erstvergütung.

23.3.4 Die einmalige unveränderte, erneute Ausstrahlung in einem der Hörfunkprogramme des WDR bis zum Ablauf des auf die Ausstrahlung folgenden Tages begründet keinen Anspruch auf Wiederholungsvergütung.

23.3.5 Übernimmt ein anderes öffentlich-rechtliches Sendeunternehmen der ARD, die Deutsche Welle oder DeutschlandRadio eine Sendung des WDR oder verwendet es einen Tonträger desselben für Hörfunkzwecke, so wird der WDR das Sendeunternehmen verpflichten, für jede Sendung des Werkes mindestens 30% – im Falle von Radio Bremen, Saarländischem Rundfunk und Sender Freies Berlin 15% – der mit dem WDR vereinbarten Erstvergütung an den Mitarbeiter zu zahlen,

---

1) Protokollnotiz: Dieser Prozentsatz gilt bis 31.12.2003.

2) Protokollnotiz: Bei unentgeltlicher Abgabe an ARTE gehen die Tarifvertragsparteien einvernehmlich davon aus, dass ein solcher Fall unter Ziffer 23.4.6 zu subsumieren ist.

3) Protokollnotiz: Die Tarifvertragsparteien halten eine Vergütung in Form eines Zuschlags für angemessen, der einem Betrag in der Größenordnung der Erstvergütung entspricht. Vergütungen oberhalb der Mindesthonorare können dabei angerechnet werden, soweit sie nicht aus anderen Gründen gezahlt werden. Das Nähere ist im Rahmen der Honorartarifverhandlungen zu regeln.

es sei denn, das andere Sendeunternehmen trifft mit dem Mitarbeiter eine abweichende Vereinbarung. Eine Übernahme durch die Deutsche Welle umfasst das Recht der einmaligen Ausstrahlung in jeder Sendesprache.

Gleichzeitige Anschluss-Sendungen in Form von Zusammenschaltungen mit anderen Sendeunternehmen sind nicht vergütungspflichtig nach Ziffern 23.3.3 und 23.3.5 Absatz 1.

23.3.6 Die gleichzeitige Ausstrahlung von Sendungen des WDR im Rahmen einer ständigen Kooperation oder eines Gemeinschaftsprogramms mit einer anderen Rundfunkanstalt stellt keine Übernahme im Sinne von Ziffer 23.3.5 Absatz 1 dar[1].

23.4 Gemeinsame Vergütungsregelungen

23.4.1 Bei Verwendung von Teilen der Produktion ermäßigt sich die Wiederholungs-/Übernahmevergütung entsprechend; eine ausschnittweise Verwendung bis zu fünf Minuten Sendedauer ist durch die im Vertrag vereinbarte Vergütung abgegolten, wenn dabei nicht mehr als 25% des gesamten Werkes verwendet werden. Ziffer 16. ist dabei zu beachten.

23.4.2 Durch die im Vertrag vereinbarte Erstvergütung sind auch Sendungen oder sonstige öffentliche Wiedergaben auf oder anlässlich von Messen, Ausstellungen, Festivals und Wettbewerben, Verwendungen zu Prüf-, Lehr- und Forschungszwecken des Rundfunks und in Programmvorschauen und Inhaltsangaben für Presse und Rundfunk und für sonstige Werbeträger einschließlich der entsprechenden Online-Nutzung abgegolten.

23.4.3 Bei Gemeinschaftsproduktionen unter Federführung des WDR sind Art und Umfang der Nutzung durch die Koproduzenten bei der Vergütungsregelung angemessen zu berücksichtigen, es sei denn, der Beschäftigte trifft mit den Koproduzenten eine besondere Vereinbarung.

23.4.4 Wiederholungsvergütungen für Produktionen, deren Erstsendung länger als zehn Jahre zurückliegt, werden um 40% angehoben. Nach Ablauf jeweils weiterer fünf Jahre erhöht sich der Anhebungsprozentsatz um je 5%. Eine Kappung erfolgt bei 100% Steigerung.

23.4.5 Bei spezifischen Sendungen zu Ausbildungszwecken (wie u. a. Schulfernseh- und Schulhörfunkprogramme) gilt die Erstvergütung oder die Wiederholungsvergütung als Entgelt für eine beliebige Anzahl von Ausstrahlungen innerhalb von einem Monat.

23.4.6 Bei unentgeltlicher Abgabe der Produktion für Rundfunkzwecke an ein nicht der ARD angehörendes Sendeunternehmen verpflichtet der WDR das übernehmende Sendeunternehmen, dem Beschäftigten eine nach Art und Umfang der Nutzung angemessene Vergütung zu zahlen. In gleicher Weise wird verfahren, wenn der WDR im unmittelbaren Zusammenhang mit einem Tausch gegen eine Produktion des übernehmenden Sendeunternehmens eine eigene Produktion abgibt.

---

[1] Protokollnotiz: Die anliegende Liste vom 31.3.2001 bildet den zu berücksichtigenden Bestand bei Inkrafttreten des Tarifvertrages. Sie kann einvernehmlich geändert werden.

23.5 Entgeltliche Verwertung[1)]

23.5.1 Bei entgeltlicher Verwertung der Nutzungsrechte erhalten die Beschäftigten, deren Rechte am Werk und deren Leistungen für die Produktion genutzt worden sind, insgesamt 35% vom Nettoerlös. Dieser Anteil wird – sofern sowohl Werkschöpfer als auch Leistungsschutzberechtigte an der Produktion beteiligt sind – hälftig zwischen diesen aufgeteilt.
Hauptregisseure werden an dem Anteil der Urheber beteiligt.
Zu den Inhabern verwandter Schutzrechte zählen nicht diejenigen gemäß §§ 81, 85, 87a–c und 94 UrhG in der Fassung vom 8.5.1998.
Die 35 bzw. 17,5% des Netto-Erlöses werden im Verhältnis der Erstvergütung der Berechtigten zueinander aufgeteilt.

23.5.2 Als Nettoerlös gelten die Bruttoeinnahmen der Rundfunkanstalt abzüglich der durch Produktionsverwertungen ausgelösten Steuern und der direkt zurechenbaren Einzelkosten der Verwertung (Vorkosten).
Direkt zurechenbare Einzelkosten der Verwertung (Vorkosten) sind folgende Aufwendungen:
a) Kopien-, Bearbeitungs-, Synchronisationskosten einschließlich der Kosten für technische Umformung;
b) Fracht-, Zoll-, Versicherungs-, Transport- und Lagerkosten;
c) Kosten für den zusätzlichen Rechteerwerb, Materialentschädigungen sowie durch die Verwertung bedingte Zusatzhonorare und -vergütungen;
d) Kosten für Informations- und Pressematerial;
e) Exportabgaben;
f) Vertriebskosten für Dritte bis maximal 27%.

23.5.3 Die Abrechnung und Zahlung der Anteile an den Verwertungserlösen erfolgt für sämtliche abgewickelte Verwertungsfälle des abgelaufenen Kalenderjahres jeweils zum 30. Juni des folgenden Jahres. Individuelle Erlösbeteiligungsansprüche entstehen nur dann, wenn im Einzelfall die Bruttoeinnahme der Anstalt aus der Werk- oder Produktionsverwertung Euro 1500,–[2)] überschreitet. Eine individuelle Ausschüttung erfolgt nur dann, wenn eine Bagatellgrenze von Euro 15,–[2)] im Jahr überschritten wird.
Alle nicht individuell zur Auszahlung gelangenden Erlöse werden gemeinnützigen Einrichtungen, die sozialen Zwecken und Belangen der Urheber oder der Leistungsschutzberechtigten dienen, zur Verfügung gestellt.

23.5.4 Je ein Vertreter der an diesem Tarifvertrag beteiligten Gewerkschaften ist berechtigt, die jährlichen Ergebnisberichte über die entgeltliche Verwertung einzusehen. Der WDR erteilt auf Wunsch ergänzende Auskünfte. Die beteiligten Gewerkschaften und die von ihnen be-

---

[1)] Dies sind u. a. auch entgeltliche Abgaben der Produktion an nicht der ARD angehörende Sendeunternehmen für Rundfunkzwecke (Programmverwertung), wie u. a. auch an ARTE oder auch Veranstalter von Pay-Diensten (wie z. B. Pay-Radio, Pay-TV, Pay per Channel, Pay per View). Für den Fall, dass der WDR Pay-Dienste veranstaltet, wird er Verhandlungen mit den Gewerkschaften führen.
[2)] Geändert mit Wirkung vom 1.1.2002.

nannten Vertreter sind zur Verschwiegenheit gegenüber Dritten verpflichtet. Sie können auf ihre Kosten zur Verschwiegenheit verpflichtete Sachverständige hinzuziehen, wenn der WDR mit diesen Personen einverstanden ist.

23.5.5 Bei Verwendung einer Hörfunkproduktion in einem Transkriptionsdienst erhält der Beschäftigte anstelle einer Erlösbeteiligung vom Träger des Transkriptionsdienstes eine einmalige angemessene Vergütung, zu deren Zahlung der WDR den Träger des Transkriptionsdienstes verpflichtet.

24. Fälligkeit

Wiederholungs-/Übernahmevergütungen werden jeweils nach der Wiederholungs-/Übernahmesendung fällig. Für die sonstigen vergütungspflichtigen Verwertungen ist der Fälligkeitszeitpunkt der Termin der Abrechnung.

25. Ablauf der gesetzlichen Schutzfrist

Nach Ablauf der gesetzlichen Schutzfrist ist das Entstehen neuer Zahlungsansprüche aus dem Beschäftigungsvertrag ausgeschlossen.

26. Keine Nutzungsverpflichtung

Durch den Abschluss des Vertrages wird eine Verpflichtung, das Werk oder die Leistung im Rahmen dieses Vertrages zu nutzen, für den WDR nicht begründet.

27. Rückrufrecht

Für die Ausübung eines dem Beschäftigten zustehenden Rückrufsrechtes gilt § 41 UrhG mit der Maßgabe, dass die Frist nach § 41 Abs. 2 Satz 1 UrhG fünf Jahre beträgt; Fristbeginn ist das Ende der Beschäftigung.
Der WDR ist bereit, mit dem Beschäftigten über eine vorzeitige Freigabe nicht genutzter Rechte zu verhandeln.

...

Abschnitt III: Soziale Leistungen, abschließende Bestimmungen

...

35. Inkrafttreten und Kündigung

35.1 Dieser Tarifvertrag tritt am 1.4.2001 in Kraft.
Die Ziffern 13., 14., 15.1 und 23. des Tarifvertrages finden nach Inkrafttreten auch Anwendung auf Verträge, die vor dem Inkrafttreten des Tarifvertrages, aber nach dem 31. Dezember 1994 abgeschlossen worden sind. Alle entgeltlichen Verwertungen, die vor dem Inkrafttre-

ten des neuen Tarifvertrages vertraglich vereinbart wurden, werden nach dem bisher gültigen Tarifvertrag abgewickelt.

35.2 Der Tarifvertrag kann unter Einhaltung einer Kündigungsfrist von 6 Monaten zum Ende eines Kalenderjahres gekündigt werden. Die Ziffern 13. bis 27. können mit einer Frist von 3 Monaten zum Ende eines Kalenderjahres, erstmals zum 31.12.2004, gekündigt werden. Die Kündigung bedarf der Schriftform.

35.3 Die Kündigung kann auf einzelne Unterziffern der Ziffer 23. beschränkt werden.

35.4 Im Falle der Kündigung und Befristung gelten die Bestimmungen des Tarifvertrags bis zu einer neuen Abmachung zwischen den Tarifvertragsparteien zunächst unabdingbar weiter, bis eine Partei erklärt, Verhandlungen über eine Änderung des Tarifvertrags nicht einleiten oder nicht mehr fortsetzen zu wollen. Alsdann gilt § 4 Abs. 5 TVG.

10e. Tarifvertrag über die Urheberrechte arbeitnehmerähnlicher Personen des WDR

(Fassung vom 1. April 2001)

Zwischen

der Industriegewerkschaft Medien, Druck und Papier, Publizistik und Kunst, dem Deutschen Journalisten-Verband, Landesverband Nordrhein-Westfalen, der Deutschen Angestellten-Gewerkschaft, Landesverband Nordrhein-Westfalen

und dem

Westdeutschen Rundfunk Köln – Anstalt des öffentlichen Rechts –, nachstehend WDR genannt,

wird folgender Tarifvertrag geschlossen:

Präambel

Der nachfolgende Tarifvertrag ist das Ergebnis gleichberechtigter und in Wahrnehmung der Tarifautonomie geführter Verhandlungen der Tarifvertragsparteien. Vor dem Hintergrund des Gesamtgefüges tarifvertraglicher Regelungen für freie Mitarbeiter des WDR sind seine Regelungen ausgewogen und tragen den berechtigten Interessen des WDR und der von den Gewerkschaften vertretenen Mitglieder angemessen Rechnung.

1. Geltungsbereich

1.1 Dieser Tarifvertrag gilt für Verträge, die zwischen dem WDR und arbeitnehmerähnlichen Personen im Sinne des Tarifvertrages für arbeitnehmerähnliche Personen des WDR vom 1.12.1976 über von ihnen geschaffene urheberrechtlich geschützte Werke abgeschlossen werden, ungeachtet in welcher Form diese abgeliefert werden (z. B. Manuskript, sendefertiger Beitrag). Er enthält tarifvertragliche Mindestbedingungen.

1.2 Der Tarifvertrag gilt nicht für Verträge, die zwischen dem WDR und Arbeitnehmern im Sinne des § 2 des Manteltarifvertrages des WDR abgeschlossen werden. (Für Beschäftigte im Sinne der Ziffer 1 des Tarifvertrages für auf Produktionsdauer Beschäftigte des WDR gilt dieser Tarifvertrag über die Urheberrechte arbeitnehmerähnlicher Personen nur, wenn und soweit dies im Beschäftigtenvertrag ausdrücklich vereinbart ist.)

1.3 Der Tarifvertrag findet keine Anwendung, wenn der Mitarbeiter die Senderechte an seinem Werk einer Verwertungsgesellschaft übertragen hat und der WDR die Rechte von dieser Verwertungsgesellschaft erwirbt.

1.4 Der WDR verpflichtet sich, mit Urhebern, die ihre Leistungen im Wesentlichen ohne Beschäftigung von künstlerisch oder publizistisch tätigen Personen erbringen, keine von diesem Tarifvertrag abweichenden allgemeinen Regelungen zu verwenden[1)].

2. Abschluss und Inhalt des Vertrages

2.1 Verträge bedürfen der Schriftform. Mündliche Absprachen sind vom WDR unverzüglich schriftlich zu bestätigen[2)]. Als schriftliche Bestätigung des WDR gilt die Übersendung des Vertrages durch den WDR. Eine widerspruchslose Annahme der Vergütung gilt, soweit nicht das Unterschriftserfordernis der Ziffer 4.11 besteht, als Einverständnis des Mitarbeiters mit dem Vertrag.

2.2 Im Vertrag sind mindestens zu vereinbaren:
a) welches Werk Vertragsgegenstand ist;
b) wann das Werk abgeliefert werden soll;
c) welche Vergütung der Mitarbeiter dafür erhalten soll;
d) ob das Werk für den Hörfunk oder für das Fernsehen oder für beide Medien bestimmt ist.

Bei Auftragswerken sind auf Anforderung des Mitarbeiters oder des WDR Vereinbarungen über die inhaltlichen Grundzüge und Merkmale des Werkes zu treffen.

2.3 Vereinbarungen über die Änderung, Ergänzung oder Aufhebung eines schriftlich geschlossenen oder bestätigten Vertrages bedürfen zur Gültigkeit der Schriftform. Ein entsprechender Schriftwechsel genügt.

2.4 Das abzuliefernde Werk muss den für den WDR geltenden Gesetzen, Satzungen und allgemeinen Grundsätzen für die Programminhalte entsprechen. Insbesondere sind die Programmgrundsätze der ARD und des WDR sowie die Richtlinien zur Trennung von Werbung und Programm sowie zum Jugendschutz einzuhalten. Diese Bestimmungen sind dem Mitarbeiter auf Anforderung zur Verfügung zu stellen.

3. Rechteeinräumung zu Rundfunkzwecken

3.1 Mit dem Abschluss des Vertrages räumt der Mitarbeiter dem WDR die ausschließlichen, räumlich und inhaltlich unbeschränkten Rechte ein, sein Werk für alle Zwecke des Rundfunks ganz oder teilweise im In- und Ausland beliebig oft zu nutzen und die unter Benutzung des Werkes erfolgte Sendung oder hergestellte Produktion ganz oder teilweise im In- und Ausland beliebig oft zu verwerten.

3.2

3.2.1 Zur ausschließlichen Nutzung werden die Rechte am Werk zeitlich begrenzt eingeräumt:
– bei Hörfunkproduktionen auf drei Jahre

---

1) Protokollnotiz: Vorherige Einzelvereinbarungen sind möglich und gelten bei individueller Vereinbarung nicht als Allgemeine Geschäftsbedingungen.

2) Protokollnotiz: Der WDR ist verpflichtet sicherzustellen, dass mündliche Absprachen dem für den Abschluss von Verträgen zuständigen Bereich binnen einer Woche schriftlich vorgelegt werden. Dem freien Mitarbeiter bleibt es unbenommen, mündliche Absprachen dem für den Abschluss von Verträgen zuständigen Bereich schriftlich anzuzeigen.

– bei Fernsehproduktionen auf fünf Jahre
– bei Fernsehspielen und -serien auf sieben Jahre

jeweils vom Zeitpunkt des Vertragsschlusses an, bei Auftragswerken jeweils vom Zeitpunkt der Abnahme an.

3.2.2 Ist Gegenstand des Vertrages ein Exposé oder ein sonstiges zur weiteren Bearbeitung bestimmtes Werk des Mitarbeiters, so erlischt das ausschließliche Nutzungsrecht nach Ablauf von zwei Jahren nach Abnahme, falls nicht innerhalb dieser Frist der Manuskript- bzw. Drehbuchauftrag erteilt ist. Wird ein solcher Auftrag erteilt, so gelten die Fristen nach Ziffer 3.2.1 von der Abnahme des Manuskriptes/Drehbuches an.

3.2.3 Abweichend von den Ziffern 3.2.1 und 3.2.2 können aus sachlich zwingenden Gründen (zum Beispiel: Programmänderungen aus aktuellem Anlass oder produktionstechnisch bedingten Verzögerungen, durch die eine termingerechte Herstellung der Produktion nicht mehr gewährleistet werden kann) auch längere Fristen vereinbart werden; der WDR kann aus solchen Gründen auch nachträglich eine angemessene Verlängerung der Fristen verlangen.

3.2.4 Die einfachen Nutzungsrechte am Werk zur Verwertung der unter Nutzung des Werkes hergestellten Produktion zu Rundfunkzwecken werden dem WDR für die Dauer der gesetzlichen Schutzfrist eingeräumt.

3.3 Zu Rundfunkzwecken räumt der Mitarbeiter dem WDR insbesondere folgende Nutzungsrechte ein:

3.3.1 das Senderecht (Sendung und Weitersendung durch Ton- und Fernsehrundfunk, Satellitenrundfunk, Kabelfunk oder ähnliche technische Mittel)[1],

3.3.2 das Vervielfältigungsrecht einschließlich des Rechts der Übertragung auf Bild- und/oder Ton- bzw. Datenträger und der Einspeicherung in Datenbanken des WDR,

3.3.3 das Recht zur Nutzung der Werke in Abruf- und Online-Diensten, es sei denn, der Mitarbeiter widerspricht bei Auftragserteilung[2],

3.3.4 das Verbreitungsrecht einschließlich des Rechts zum Verkauf, zur Vermietung, zum Verleih oder zur sonstigen Abgabe von Vervielfältigungsstücken des produzierten Werkes,

3.3.5 das Vortrags-, Aufführungs- und Vorführungsrecht, insbesondere zum Zweck der Aufzeichnung oder Live-Sendung, sowie das Recht zur öffentlichen Wiedergabe von Bild- und/oder Tonträgern oder Funksendungen, insbesondere im Zusammenhang mit Messen, Ausstellungen, Festivals, Wettbewerben und zu sonstigen Werbemaßnahmen für das Rundfunkwesen
(Dem Mitarbeiter verbleibt das in Ziffer 7.2 aufgeführte Recht.),

---

[1] Protokollnotiz: Hierzu gehören beispielsweise auch Fernsehtext, near-audio- und near-video-on-demand, telefonnetzgestützte Programmübertragung sowie das Recht zur Übertragung in Pay-Diensten wie z. B. Pay-Radio, Pay-TV, Pay per Channel, Pay per View in analoger oder digitaler Übertragungstechnik.

[2] Manuskripte werden mit € 10,– pro Seite vergütet, sofern der Mitarbeiter sie für die Online-Nutzung erstellen muss.
Geändert mit Wirkung vom 1.1.2002.

3.3.6 das Ausstellungsrecht,

3.3.7 das Recht zur einmaligen Verfilmung, unbeschadet der zulässigen wiederholten Verwendung von Ausschnitten aus der Produktion in anderen Produktionen,

3.3.8 das Recht zu Änderungen, Bearbeitungen, Umgestaltungen, Übersetzungen und Untertitelungen, z. B. durch Videotext, jeweils nach Maßgabe der Ziffer 6,

3.3.9 das Recht zur Herstellung, Vervielfältigung, Verbreitung und öffentlichen Wiedergabe von schriftlichem Begleitmaterial, soweit zeitlich vorrangige Rechte nicht bestehen,
(Auf das Bestehen solcher Rechte ist vom Mitarbeiter nach Ziffer 9.1 hinzuweisen.)

3.3.10 das Recht zur Herstellung, Vervielfältigung, Verbreitung und öffentlichen Wiedergabe von Werbe- und Informationsmaterial zu Sendungen (z. B. Inhaltsangaben, Programmvorschauen), einschließlich der bildlichen Darstellung des Mitarbeiters, sofern er einer solchen Wiedergabe nicht widerspricht,

3.3.11 das Recht, nach der Ausstrahlung des Werkes einzelne Abdrucke des Sendemanuskriptes an Interessenten zum persönlichen Gebrauch unentgeltlich abzugeben, sofern der Mitarbeiter bei Ablieferung nicht schriftlich widerspricht,

3.3.12 das Recht, die unter Benutzung des Werkes hergestellte Produktion zu Prüf-, Lehr- und Forschungszwecken (auch im Rahmen von Modellversuchen) des Rundfunks zu verwenden.

4. Rechteeinräumung zu anderen Zwecken

4.1 Mit dem Abschluss des Vertrages räumt der Mitarbeiter dem WDR nach Maßgabe der folgenden Bestimmungen das Recht ein, die unter Benutzung des Werkes hergestellte Produktion zu anderen als Rundfunkzwecken zu nutzen.

4.2 Der Mitarbeiter räumt dem WDR das einfache, räumlich, zeitlich sowie inhaltlich unbeschränkte Recht ein, die unter Benutzung des Werkes hergestellte Produktion zu Zwecken der Bildungs- und Kulturarbeit in nicht gewerblichen Einrichtungen zu nutzen. Dazu gehören auch solche Einrichtungen, die regelmäßig Bildungs- oder Kulturarbeit betreiben, ohne dass dies ihr Hauptzweck ist. Im Bedarfsfalle wird der Mitarbeiter dem WDR für Zwecke nach Satz 1 und Satz 2 die ausschließlichen Nutzungsrechte nach den Grundsätzen von Treu und Glauben einräumen.

4.3 Zu Zwecken der Kino- und Schmalfilmauswertung räumt der Mitarbeiter dem WDR das ausschließliche, zeitlich und räumlich sowie inhaltlich unbeschränkte Recht ein, die Produktion ganz oder teilweise als Bild- und/oder Tonträger in allen analogen und/oder digitalen Formaten zu gewerblichen oder nicht gewerblichen sowie öffentlichen und nicht öffentlichen Wiedergaben zu nutzen, insbesondere zu verkaufen, zu vermieten oder zu verleihen.

4.4 Zu Zwecken der audiovisuellen Verwertung und der Verwertung mittels Tonträger räumt der Mitarbeiter dem WDR das ausschließliche, zeitlich und räumlich sowie inhaltlich unbeschränkte Recht ein, die Produktion ganz oder teilweise als Bild- und/oder Tonträger in allen analogen und/oder digitalen Formaten zu gewerblichen oder nicht gewerblichen sowie öffentlichen und nicht öffentlichen Wiedergaben zu nutzen, insbesondere zu verkaufen, zu vermieten oder zu verleihen.

4.5 Die unter Ziffern 4.2 bis 4.4 genannten Nutzungen umfassen auch die Befugnis zur Aufnahme von Funksendungen auf Bild-, Ton- oder Datenträger sowie deren Vervielfältigung und Verbreitung zur gewerblichen und nicht gewerblichen öffentlichen sowie nicht öffentlichen Wiedergabe (Mitschnitt).

4.6 Zu Zwecken der Verwertung in Datenbanken, in Abruf- und in Online-Diensten sowie der Verbindung mit anderen Werken oder Produktionen (multimediale Nutzung) räumt der Mitarbeiter dem WDR das ausschließliche, räumlich, zeitlich sowie inhaltlich unbeschränkte Recht ein, die unter Verwendung des Werkes hergestellte Produktion zu gewerblichen oder nicht gewerblichen sowie öffentlichen und nicht öffentlichen Wiedergaben zu nutzen, insbesondere zu verkaufen, zu vermieten oder zu verleihen.

4.7 Der Mitarbeiter räumt dem WDR zu den in den Ziffern 4.2, 4.3, 4.4 und 4.6 genannten Zwecken das Recht zu Änderungen, Bearbeitungen, Umgestaltungen, Übersetzungen und Untertitelungen nach Maßgabe der Ziffer 6. ein.

4.8 Der WDR wird die ihm nach den Ziffern 4.2 Satz 3, 4.3, 4.4 und 4.6 eingeräumten ausschließlichen Rechte nach Maßgabe seiner betrieblichen und sonstigen Möglichkeiten nutzen. Er wird ihm vom Mitarbeiter nachgewiesene Nutzungsmöglichkeiten prüfen und bei Bedarf mit ihm gemeinsam erörtern. Hat die Prüfung nicht die Planung einer Nutzung zum Ergebnis, gibt der WDR die Rechte an der Produktion für die vom Mitarbeiter nachgewiesene konkrete Nutzungsmöglichkeit frei.

4.9 Das nach Ziffern 4.3, 4.4 und 4.6 eingeräumte ausschließliche Recht erlischt, wenn nicht innerhalb von fünf Jahren nach der Erstsendung durch den WDR selbst oder durch Weiterübertragung nach Ziffer 5. mit der Nutzung begonnen wurde; es sei denn, dass die Frist gesondert einzelvertraglich geändert wird.

Dem WDR verbleibt jedoch in jedem Fall ein einfaches, räumlich und inhaltlich unbeschränktes Nutzungsrecht für die Dauer der gesetzlichen Schutzfrist.

4.10 Die Nutzung nach Ziffern 4.2, 4.3, 4.4 und 4.6 erfolgt grundsätzlich gegen Entgelt; eine unentgeltliche Nutzung, bei der der WDR auf die Erstattung von Kosten verzichtet, ist auf seltene, begründete Ausnahmefälle[1] zu beschränken.

4.11 Mit Urhebern, die der Produktion allein oder gemeinsam das entscheidende Gesamtgepräge gegeben haben (Haupturheber)[2], muss

---

[1] Protokollnotiz: Tausch- oder Kompensationsgeschäfte sind keine Ausnahmefälle.

[2] Protokollnotiz: Die Tarifvertragsparteien sehen für den Regelfall gegenwärtig als Haupturheber folgende Mitarbeiter an: Autoren von Hörspielen und Fernsehspielen; Autoren von Features; Kabarettisten; Komponisten; Pantomimen; Choreographen.

die Rechteeinräumung nach Ziffern 4.2, 4.3, 4.4 und 4.6 im Vertrag als gesonderte Vereinbarung hervorgehoben und vom Mitarbeiter gesondert unterschrieben werden.

4.12 Die mögliche Rechteeinräumung zur Verwertung von in der Produktion verwendeten Elementen und Figuren zu anderweitigen kommerziellen Zwecken (Merchandising) richtet sich nach Ziffer 7.5.

5. Weiterübertragung von Rechten

5.1 Der WDR ist berechtigt, die ihm von dem Mitarbeiter an seinem Werk und/oder der unter Nutzung des Werkes hergestellten Produktion eingeräumten Rechte zur Auswertung gemäß Ziffer 3 und 4 ganz oder teilweise auf Dritte zu übertragen oder diesen Nutzungsrechte einzuräumen, sofern nicht im Vertrag etwas anderes vereinbart ist.

5.2 Der WDR ist auch berechtigt, die ihm von dem Mitarbeiter an seinem Werk für die Produktion des WDR eingeräumten Rechte in Auftrags- oder Gemeinschaftsproduktionen einzubringen und die Rechte zur Auswertung auch dieser Produktionen auf Dritte zu übertragen. Auftrags- oder Gemeinschaftsproduktionen sind bei der Wiedergabe als solche kenntlich zu machen. Die Rechte des Mitarbeiters sind hierbei – unbeschadet etwaiger Einzelvereinbarungen für den außerrundfunkmäßigen Bereich – wie bei einer Eigenproduktion sicherzustellen.

6. Änderungen, Bearbeitungen, Umgestaltungen und Übersetzungen

6.1 Bei Änderungen, Bearbeitungen (auch Untertitelungen z. B. durch Fernsehtext), Umgestaltungen, Übersetzungen, Synchronisationen des Werkes bzw. der Produktion ist in allen Fällen das Urheberpersönlichkeitsrecht des Mitarbeiters zu wahren. Eine Veränderung der Wesenszüge des Werkes ist zu vermeiden. Mit zulässigen Änderungen dürfen keine Entstellungen oder andere Beeinträchtigungen verbunden sein (§§ 14, 23 und 83 UrhG). Im Übrigen bleiben die §§ 93 und 95 UrhG unberührt.

6.2 Nur mit ausdrücklicher Einwilligung des Mitarbeiters sind zulässig:

a) Übersetzungen des Werkes, es sei denn, das Werk ist im Vertrag für fremdsprachige Sendungen oder für die Herstellung fremdsprachiger Versionen der Produktion bestimmt;
b) die Bearbeitung oder Umgestaltung eines nur für das Fernsehen bestimmten Werkes für den Hörfunk oder eines für den Hörfunk bestimmten Werkes für das Fernsehen;
c) die Bearbeitung oder Umgestaltung eines für das Fernsehen oder den Hörfunk bestimmten Werkes für eine andere Nutzungsart;
d) die deutschsprachige Synchronisation seiner darstellerischen Leistung;
e) die Fortsetzung von Produktionen, insbesondere Serien, unter Benutzung der vom Mitarbeit entwickelten Ideen, Konzeptionen oder Figuren.

Der Mitarbeiter darf seine Einwilligung in den vorgenannten Fällen nicht wider Treu und Glauben versagen (§ 39 UrhG).

6.3 Ohne Einwilligung des Mitarbeiters sind Änderungen des Werkes, seines Titels oder der Produktion durch den WDR zulässig, wenn

a) sie aus Gründen der in Ziffer 2.4 genannten Art zwingend erforderlich sind;

b) im Vertrag vereinbart ist, dass ein vom Mitarbeiter geliefertes Exposé oder eine sonstige zur Bearbeitung bestimmte Vorlage ganz oder teilweise nach Wahl des WDR auch durch Dritte ausgearbeitet oder fertiggestellt werden kann;

c) sie aufgrund produktions- oder sendetechnischer Erfordernisse geboten sind;

d) der Mitarbeiter seine Einwilligung nach Treu und Glauben nicht versagen kann (§ 39 UrhG).

6.4 Der Mitarbeiter ist von Änderungen, die gemäß Ziffer 6.3 vorgenommen werden, unverzüglich zu unterrichten. Ist der Mitarbeiter Haupturheber des Werkes, so soll er vorher gehört werden, wenn die Änderungen wesentlich sind.

6.5 Für Bearbeitungen oder Umgestaltungen eines im Auftrag des WDR für Fernsehen oder Hörfunk geschaffenen Werkes zur Veröffentlichung und Verwertung in einer anderen, nicht von Ziffer 4.2, 4.3, 4.4 oder 4.6 erfassten Nutzungsart gelten die Ziffern 6.1 bis 6.4 entsprechend.

7. Eigene Nutzungsrechte des Mitarbeiters

7.1 Dem Mitarbeiter bleiben seine von urheberrechtlichen Verwertungsgesellschaften wahrgenommenen Zweitwiedergaberechte und Vergütungsansprüche nach §§ 20b[1], 21, 22, 27, 49, 54, 54a UrhG (unter Ausnahme der dem WDR eingeräumten Rechte zum Mitschnitt von Funksendungen) vorbehalten.

7.2 Dem Mitarbeiter verbleibt das Recht, sein Werk bei Ausstellungen, Festivals, Wettbewerben und ähnlichen Veranstaltungen vorzustellen und im Rahmen eigener Vortrags- und Lehrtätigkeit zu nutzen.

7.3 Der Mitarbeiter darf nach der Erstsendung frei über eigene Nutzungsrechte am Werk – auch in bearbeiteter oder umgestalteter Form – verfügen. Beabsichtigt er, diese Rechte selbst zu nutzen oder an Dritte zu vergeben, so hat er dies dem WDR rechtzeitig vorher schriftlich mitzuteilen. Er hat dem WDR diese Rechte zur vorgesehenen Nutzung anzubieten. Kommt innerhalb eines Monats nach der Information durch den Mitarbeiter eine Vereinbarung zwischen ihm und dem WDR nicht zustande, kann er über diese Rechte frei verfügen. Die Sätze 2 und 3 gelten nicht für das Recht zur Verwertung des Werkes in periodischen Druckwerken.

---

[1] Hinsichtlich § 20b UrhG wird auf den Tarifvertrag über die Beteiligung von Arbeitnehmern sowie arbeitnehmerähnlicher und auf Produktionsdauer beschäftigter Personen des WDR an den Einnahmen aus der Kabelweitersendung der Programme verwiesen.

7.4 Der WDR kann eine Nutzung nach Ziffer 7.3 untersagen, soweit und solange dadurch seine überwiegenden und berechtigten Interessen verletzt würden; dies ist vom WDR zu begründen. Bei Werken mit Kennzeichnungsfunktion ist eine solche Nutzung stets nur mit schriftlicher Zustimmung des WDR zulässig.

7.5 Sofern der Mitarbeiter beabsichtigt, in der Produktion verwendete Elemente und Figuren zu anderweitiger kommerzieller Verwertung (Merchandising) zu nutzen, ist er verpflichtet, zuerst dem WDR das Recht zur Nutzung anzubieten. Nimmt der WDR das Angebot an, kann er mit der Nutzung erst nach Abschluss einer gesonderten Vereinbarung über eine angemessene Vergütung beginnen.

7.6 Der Mitarbeiter ermächtigt den WDR, bei Rechtsverletzungen durch Dritte im Zusammenhang mit der Produktion oder Sendung, für die sein Werk genutzt worden ist, gegen die Dritten auch etwaige von ihm nicht gemäß Ziffer 3. und 4. dem WDR eingeräumten Rechte an seinem Werk im In- und Ausland geltend zu machen. Beide Seiten sind zu gegenseitiger Unterstützung und Information verpflichtet.

8. Ablieferung des Werkes

8.1 Der Mitarbeiter hat dem WDR das Werk oder ein sonstiges Werkstück (z.B. Manuskript, sendefertigen Beitrag, vollständiges Aufführungsmaterial) in einem für den Vertragszweck geeigneten Zustand abzuliefern.

8.2 Nach Ablieferung seines Werkes kann der Mitarbeiter verlangen, innerhalb einer angemessenen Frist eine Eingangsbestätigung zu erhalten.

8.3 Ist der Vertrag über ein bereits vollendetes Werk geschlossen, so hat der Mitarbeiter das Werk sofort abzuliefern. Soll das Werk erst nach Abschluss des Vertrages ausgearbeitet oder fertiggestellt werden, so hat der Mitarbeiter das Werk innerhalb der vereinbarten oder – mangels ausdrücklicher Vereinbarung – einer den Umständen nach angemessenen Frist abzuliefern. Erfolgt die Ablieferung nicht rechtzeitig, so kann der WDR eine angemessene Nachfrist zur Ablieferung mit der Erklärung bestimmen, dass er die Abnahme nach Ablauf dieser Frist ablehnt. Nach dem Ablauf der Frist ist der WDR berechtigt, von dem Vertrag zurückzutreten.

8.4 Der Bestimmung einer Nachfrist bedarf es nicht, wenn die rechtzeitige Herstellung des Werkes unmöglich geworden ist, vom Mitarbeiter abgelehnt wird oder wenn der Rücktritt vom Vertrag durch ein besonderes Interesse des WDR gerechtfertigt wird. Hat der Mitarbeiter die Unmöglichkeit oder den Rücktrittsgrund nicht zu vertreten, so erhält er eine Entschädigung gemäß Ziffer 16.4.3.

8.5 Der Rücktritt ist ausgeschlossen, wenn die nicht rechtzeitige Ablieferung des Werkes für den WDR nur einen unerheblichen Nachteil mit sich bringt.

8.6 Die im Fall des Verzugs des Mitarbeiters dem WDR zustehenden Rechte werden hierdurch nicht berührt.

9. Besondere Pflichten des Mitarbeiters

9.1 Der Mitarbeiter versichert, dass er allein berechtigt ist, über das Urheberrecht an seinem Werk zu verfügen, dass er bisher keine den Rechteeinräumungen des Vertrages entgegenstehende Verfügung getroffen hat und dass der Inhalt oder Teile des Werkes nicht widerrechtlich urheberrechtlich geschützten Werken anderer Urheber entnommen sind.

9.2 Der Mitarbeiter ist verpflichtet, auf im Werk enthaltene Darstellungen hinzuweisen, aus denen sich nach seiner Kenntnis das Risiko einer Verletzung der Programmgrundsätze, der Richtlinien zur Trennung von Werbung und Programm und/oder zum Jugendschutz ergeben könnte.

9.3 Der Mitarbeiter ist verpflichtet, den WDR spätestens bei Ablieferung des Werkes schriftlich auf im Werk enthaltene – nicht offenkundige – Darstellungen von Personen oder Ereignissen hinzuweisen, mit denen nach seiner Kenntnis das Risiko einer Persönlichkeitsrechtsverletzung verbunden ist.

9.4 Ist der WDR der begründeten Meinung, dass ein Risiko nach Ziffern 9.2 und 9.3 im Einzelfall gegeben sei, so ist der Mitarbeiter verpflichtet, eine entsprechende Änderung des Werkes vorzunehmen. Kommt er dieser Verpflichtung nicht nach, so ist der WDR berechtigt, eine Änderung durch Dritte vornehmen zu lassen oder vom Vertrag zurückzutreten. Ist die Änderung für den Mitarbeiter unzumutbar, so ist auch er berechtigt, vom Vertrag zurückzutreten.

10. Abnahme

10.1 Die Abnahme des Werkes erfolgt durch den WDR. Ein Auftragswerk gilt als abgenommen, wenn der WDR nicht binnen einer Frist von zwei Monaten nach Ablieferung Beanstandungen geltend macht. Diese sind auf Wunsch des Mitarbeiters schriftlich zu begründen. Im Einzelfall kann mit dem Mitarbeiter eine Verlängerung der Abnahmefrist vereinbart werden.
Nimmt der WDR ein Werk nicht ab, so ist der Mitarbeiter berechtigt, das Werk innerhalb einer vom WDR festzusetzenden angemessenen Frist zu ändern. Lehnt der Mitarbeiter eine Änderung ab, ist er zu einer Änderung nicht imstande oder nimmt der WDR auch die geänderte Fassung deshalb nicht ab, weil das Werk den Anforderungen nicht genügt, die der WDR berechtigterweise stellen kann, so kann der WDR ein Werk unter Verwendung der bisher vorliegenden Fassungen und Materialien herstellen oder herstellen lassen. Der Mitarbeiter ist verpflichtet, diese dem WDR zu übereignen. Die Vergütung des Mitarbeiters richtet sich in diesem Fall nach Ziffer 16.4.3.

10.2 Ist Gegenstand des Vertrages über das Werk ein Exposé oder eine sonstige zur Bearbeitung bestimmte Vorlage des Mitarbeiters, so kann der WDR das Exposé oder die Vorlage ganz oder teilweise nach seiner Wahl durch den Mitarbeiter oder durch Dritte für die Sendung bearbeiten oder fertigstellen lassen. Wird ein Dritter beauftragt, ist der Mitarbeiter davon umgehend zu verständigen.

11. Eigentumsübertragung/Belegstücke

11.1 Das Eigentum an dem Werkexemplar geht mit der Ablieferung gemäß Ziffer 8. auf den WDR über. Für den Zugang zu den Werkexemplaren gilt § 25 UrhG.

11.2 Das Eigentum an Originalen und Entwürfen grafischer Werke und anderer Werke der bildenden Kunst und an Lichtbildern ist dem WDR nur nach vorheriger einzelvertraglicher Vereinbarung zu übertragen.

11.3 Bei Werken, die der Mitarbeiter nicht selbstständig aufgezeichnet hat (z. B. manuskriptloser oder geänderter Vortrag auf Bild- und/oder Tonträger des WDR, Szenenbildwerk), kann er mit ausdrücklicher Zustimmung des WDR und der anderen Berechtigten im Einzelfall eine auf seinen Beitrag beschränkte Ton- oder Bildträgerkopie der Aufzeichnung des WDR auf eigene Kosten zum eigenen Gebrauch unter Ausschluss jeglicher anderweitiger Verwertung herstellen oder herstellen lassen, und zwar auf Wunsch des WDR durch diesen selbst. Ein entsprechender Antrag ist in der Regel vor der Sendung zu stellen. Der WDR kann aus wichtigem Grund, insbesondere bei unzumutbarem Aufwand, seine Zustimmung versagen. Das Recht aus Ziffer 7.2 bleibt unberührt.

12. Verwendung von Beiträgen Dritter

12.1 Urheberrechtlich geschützte Beiträge anderer Urheber können nur mit Zustimmung des WDR in dem Werk verwendet werden. Der Mitarbeiter ist verpflichtet, diese Beiträge dem WDR in einer genauen Aufstellung mitzuteilen, die folgende Angaben enthalten muss:

a) Vor- und Zuname des betreffenden Urhebers (z. B. Miturheber, Übersetzer, Komponist, Bearbeiter),
b) Titel der verwendeten Beiträge bzw. der Arbeit oder des Buches, dem sie entnommen sind,
c) Bezeichnung der Werke der bildenden Kunst und Fotos, sowie ihre Herkunft/Quelle,
d) genaue Vers- oder Prosazeilenzahl sowie gegebenenfalls Umfang der entlehnten Musik,
e) bei gedruckten Werken Verlag und genaue Fundstelle.

12.2 Auf Anforderung hat der Mitarbeiter die schriftliche Zustimmung der Urheber, deren Werke benutzt wurden, und sonstiger Berechtigter beizubringen. Bei Bearbeitungen ist es Sache des Mitarbeiters, die Zustimmung des Urhebers des bearbeiteten Werkes und evtl. sonstiger Berechtigter einzuholen und dem WDR nachzuweisen.

12.3 Die Ziffern 12.1 und 12.2 gelten nicht für die vom WDR erteilten Bearbeitungsaufträge.

13. Pflicht zur Verschwiegenheit

13.1 Der Mitarbeiter ist verpflichtet, Stillschweigen über den Inhalt seines Werkes und der daraus entstandenen Produktion oder Sendung zu wahren. Diese Verpflichtung gilt gegenüber allen, welchen der Inhalt nicht ohnehin bekannt ist, wenn auf schriftlichen Hinweis des WDR der Inhalt der Öffentlichkeit vor der Sendung nicht bekannt werden soll oder wenn sich dies aus den Umständen zwingend ergibt.

Verletzt der Mitarbeiter diese Pflicht, so verliert er seine Vergütungsansprüche aus dem Vertrag.

13.2 Im Übrigen ist der Mitarbeiter zur Verschwiegenheit über alle ihm bekannt gewordenen betrieblichen Angelegenheiten und Vorgänge des WDR verpflichtet, die ihrer Natur nach oder aufgrund besonderer Anordnung vertraulich zu behandeln sind.

14. Freistellung

14.1 Hat der Mitarbeiter bei Ablieferung des Werkes seine Informationspflicht aus Ziffern 9.2 und 9.3 erfüllt, stellt der WDR ihn von allen Ansprüchen frei, die im Zusammenhang mit diesen Darstellungen von Dritten gegen den Mitarbeiter erhoben werden. Insoweit sind Schadensersatzansprüche des WDR gegen den Mitarbeiter ausgeschlossen. Das Gleiche gilt für urheberrechtliche Ansprüche, wenn der Mitarbeiter seiner Verpflichtung nach Ziffern 9.1 und 12. nachgekommen ist.

Bei schuldhafter Verletzung dieser Vertragspflichten stellt der Mitarbeiter den WDR von allen Ansprüchen frei, die von Dritten im Zusammenhang mit dem durch den Vertrag überlassenen Werk geltend gemacht werden.

14.2 Die Haftung des Mitarbeiters bei sonstigen Vertragsverletzungen ist auf Vorsatz und grobe Fahrlässigkeit beschränkt.

14.3 Der Mitarbeiter ist unabhängig von einem etwaigen Verschulden verpflichtet, den WDR bei der Abwehr von Ansprüchen Dritter zu unterstützen, insbesondere auch durch die Erteilung von Auskünften und die Beibringung von Unterlagen.

15. Namensnennung

15.1 Der WDR nennt den Mitarbeiter in angemessener Weise im Zusammenhang mit der Sendung seines Werkes, es sei denn, dass die Urheberbenennung nicht rundfunküblich ist oder der Mitarbeiter widerspricht[1].

15.2 Bei der Weitergabe von Produktionen des WDR an Dritte ist eine entsprechende Urheberbenennung sicherzustellen.

---

[1] Wird der Regisseur im Vor- und Nachspann eines Fernsehspiels genannt, so soll der Autor jedenfalls in gleicher Weise genannt werden.

16. Vergütungen

16.1 Allgemeine Vergütungsbestimmungen

16.1.1 Der Mitarbeiter erhält eine im Vertrag zu vereinbarende Vergütung als Entgelt für seine Leistungen und Rechteeinräumungen. Die Vergütungshöhe und mögliche Ansprüche auf Folgevergütungen richten sich nach dem Tarifvertrag über die Mindestvergütungen der arbeitnehmerähnlichen Personen und der auf Produktionsdauer Beschäftigten des WDR.

16.1.2 Eine einmalige Vergütung sämtlicher Leistungen und Rechtsübertragungen für Sendezwecke von öffentlich-rechtlichen Rundfunkanstalten in Deutschland erfolgt nur in den im Honorarrahmen dafür vorgesehenen Fällen.

16.1.3 Für die Nutzung in Abruf- und Online-Diensten wird eine Vergütung in Höhe von 4,5% der Erstvergütung bezahlt[1)].

16.2 Fernsehen

16.2.1 Ist das Werk für das Fernsehen bestimmt und der Vertrag als Vertragstyp W gekennzeichnet, so ist mit der vereinbarten Vergütung eine Sendung im Fernsehgemeinschaftsprogramm (I. Programm) oder allen Anstalts-/Landesprogrammen oder allen III. Fernsehprogrammen[2)] der ARD-Anstalten (Erstsendung) abgegolten.

Zusätzlich erhält der Mitarbeiter folgende Vergütungen:

16.2.2 Bei Wiederholungen im Fernsehgemeinschaftsprogramm der ARD-Rundfunkanstalten zahlt der WDR eine Wiederholungsvergütung in Höhe von 75% der Erstvergütung.

16.2.3 Bei Wiederholungen im Fernsehvormittags- und Frühinformationsprogramm der ARD wird eine Wiederholungsvergütung in Höhe von 30% der Erstvergütung gezahlt.

16.2.4 Bei Wiederholungen im Fernsehgemeinschaftsprogramm zwischen 0.00–6.00 Uhr (Nachtprogramm) wird eine Wiederholungsvergütung in Höhe von 15% der Erstvergütung gezahlt.

16.2.5 Bei Wiederholungen im gesamten Sendebereich
– des WDR;
– oder einer anderen ARD-Anstalt;
– oder in einem III. Fernsehprogramm;

erhält der Mitarbeiter von der sendenden Anstalt eine Wiederholungsvergütung in Höhe von 15% der Erstvergütung; bei Wiederholungen im Sendegebiet des SFB, SR und von Radio Bremen wird eine Wiederholungsvergütung von 7,5% der Erstvergütung gezahlt. Wird die Sendung in mehreren Programmen der ARD-Anstalten wiederholt, so sind insgesamt höchstens 75% der Erstvergütung zu zahlen.

[1)] Protokollnotiz: Der angegebene Prozentsatz gilt bis 31.12.2003. Die zeitgleiche digitale Ausstrahlung über das Internet in Form des „Streaming" ist wie eine Sendung zu behandeln und unterfällt dem Senderecht nach Ziffer 3.3.1.

[2)] Die durch Mehrländer-Rundfunkanstalten verbreiteten III. Fernsehprogramme gelten als ein Fernsehprogramm nach diesem Tarifvertrag.

16.2.6 Bis zu zwei Wiederholungen im selben Programm innerhalb von 48 Stunden nach der Erstausstrahlung oder Wiederholung lösen keinen Anspruch auf Wiederholungsvergütung aus[1]. Dies gilt nicht für Wiederholungen, die in der Prime Time (18.00 Uhr bis 23.00 Uhr) beginnen.
Bei der Berechnung der Fristen werden Sonn- und Feiertage nicht mitgezählt.

16.2.7 Bei Wiederholungen im Satellitenprogramm 3SAT wird eine Wiederholungsvergütung von 34% bezogen auf die Wiederholungsvergütung nach Ziffer 16.2.2 gezahlt.

16.2.8 Bei Wiederholungen in den Programmen Kinderkanal oder Ereigniskanal (Phoenix) wird eine Wiederholungsvergütung von 20% bezogen auf die Wiederholungsvergütung nach Ziffer 16.2.2 für bis zu 5 Ausstrahlungen innerhalb von einem Monat gezahlt; die Regel 16.2.6 findet keine Anwendung.

16.2.9 Bei Wiederholungen in Angeboten von ARD-Digital, die ausschließlich digital ausgestrahlt und empfangen werden, wird eine Wiederholungsvergütung von 7% bezogen auf die Wiederholungsvergütung nach Ziffer 16.2.2 für beliebig häufige Wiederholungen innerhalb von 6 Monaten ab Erstausstrahlung in einem digitalen Angebot gezahlt[2].

16.2.10 Vorabausstrahlungen von Fernsehproduktionen in Angeboten, die ausschließlich digital ausgestrahlt und empfangen werden, sowie in Satellitenprogrammen oder III. Fernsehprogrammen werden als Wiederholungen im Sinne von Ziffer 16.2.5, 16.2.7, 16.2.8 oder 16.2.9 behandelt.

16.2.11 Für ARTE-Ausstrahlungen gelten die Erlösbeteiligungen nach Ziffer 16.5[3].

16.3 Hörfunk

16.3.1 Werden Beiträge nach Ziffer 16.1.2 in ein ARD-Sammelangebot – für die übernehmende Anstalt vergütungsfrei – eingestellt, so wird dies durch einen Zuschlag auf die Vergütung angemessen berücksichtigt[4].

16.3.2 Ist das Werk für den Hörfunk bestimmt und der Vertrag als Vertragstyp W gekennzeichnet, so ist mit der Vergütung eine Sendung im gesamten Sendegebiet der Anstalt abgegolten. Zusätzlich erhält der Mitarbeiter folgende Vergütungen:

---

[1] Die Tarifvertrags-Parteien sind sich darüber einig, dass die Anwendung der Ziffer 16.2.6 Satz 1 nicht dazu führen darf, ausschließlich die Wiederholungsvergütung nach Ziffer 16.2.3 und 16.2.4 zu zahlen.

[2] Protokollnotiz: Der angegebene Prozentsatz gilt bis 31.12.2003.

[3] Protokollnotiz: Bei unentgeltlicher Abgabe an ARTE gehen die Tarifvertragsparteien einvernehmlich davon aus, dass ein solcher Fall unter Ziffer 16.4.8 zu subsumieren ist.

[4] Protokollnotiz: Die Tarifvertragsparteien halten eine Vergütung in Form eines Zuschlags für angemessen, der einem Betrag in der Größenordnung der Erstvergüturig entspricht. Vergütungen oberhalb der Mindesthonorare können dabei angerechnet werden, soweit sie nicht aus anderen Gründen gezahlt werden. Das Nähere ist im Rahmen der Honorartarifverhandlungen zu regeln.

16.3.3 Bei Wiederholungen im gesamten Sendegebiet des WDR zahlt dieser eine Wiederholungsvergütung in Höhe von 75% der Erstvergütung.

16.3.4 Die einmalige unveränderte, erneute Ausstrahlung in einem der Hörfunkprogramme des WDR bis zum Ablauf des auf die Ausstrahlung folgenden Tages begründet keinen Anspruch auf Wiederholungsvergütung.

16.3.5 Übernimmt ein anderes öffentlich-rechtliches Sendeunternehmen der ARD, die Deutsche Welle oder DeutschlandRadio eine Sendung des WDR oder verwendet es einen Tonträger desselben für Hörfunkzwecke, so wird der WDR das Sendeunternehmen verpflichten, für jede Sendung des Werkes mindestens 50% – im Falle von RB, SR und SFB 25% – der mit dem WDR vereinbarten Erstvergütung an den Mitarbeiter zu zahlen, es sei denn, das andere Sendeunternehmen trifft mit dem Mitarbeiter eine abweichende Vereinbarung. Eine Übernahme durch die Deutsche Welle umfasst das Recht der einmaligen Ausstrahlung in jeder Sendesprache.

16.3.6 Die gleichzeitige Ausstrahlung von Sendungen des WDR im Rahmen einer ständigen Kooperation oder eines Gemeinschaftsprogramms mit einer anderen Rundfunkanstalt stellt keine Übernahme im Sinne von Ziffer 16.3.5 dar[1].

16.4 Gemeinsame Vergütungsregelungen für Fernsehen und Hörfunk

16.4.1 **Verwendung von Teilen der Produktion**
Bei Verwendung eines Teiles der Produktion ermäßigt sich die Wiederholungs-/Übernahmevergütung entsprechend; eine ausschnittweise Verwendung bis zu fünf Minuten Sendedauer ist durch die im Vertrag vereinbarte Vergütung abgegolten, wenn dabei nicht mehr als 25% des gesamten Werkes verwendet werden. Ziffer 6.1 ist dabei zu beachten.

16.4.2 **Festivals und Wettbewerbe; Prüf-, Lehr- und Forschungszwecke**
Durch die im Vertrag vereinbarte Erstvergütung sind auch
– Sendungen oder sonstige öffentliche Wiedergaben auf oder anlässlich von Messen, Ausstellungen, Festivals und Wettbewerben
– Verwendungen zu Prüf-, Lehr- und Forschungszwecken des Rundfunks
– und in Programmvorschauen und Inhaltsangaben für Presse und Rundfunk und für sonstige Werbeträger

einschließlich der entsprechenden Online-Nutzung abgegolten.

16.4.3 **Angemessene sonstige Vergütung**
In den Fällen der Ziffern 8.4 letzter Satz und 10.1 Abs. 2, Satz 2 bis 4 zahlt der WDR anstelle der vereinbarten Erstvergütung eine angemessene Vergütung. Diese hat insbesondere den Umfang der aufgrund des Vertrages geleisteten Arbeiten, die notwendigen Aufwendungen des Mitarbeiters und die Verwendbarkeit der bisher vor-

---

[1] Protokollnotiz: Die anliegende Liste vom 31.3.2001 bildet den zu berücksichtigenden Bestand bei Inkrafttreten des Tarifvertrages. Sie kann einvernehmlich geändert werden.

liegenden Fassungen und Materialien für den vertraglichen Zweck zu berücksichtigen.

16.4.4 **Fortsetzungen**
Erteilt der freie Mitarbeiter im Falle der Ziffer 6.2. e) seine Einwilligung oder kann er seine Einwilligung nach Treu und Glauben nicht versagen, so ist mit ihm eine Vereinbarung über eine angemessene Vergütung zu treffen, sofern diese üblicherweise erwartet werden darf.

16.4.5 **Koproduktionen**
Bei Gemeinschaftsproduktionen unter Federführung des WDR sind Art und Umfang der Nutzung durch die Koproduzenten bei der Vergütungsregelung angemessen zu berücksichtigen, es sei denn, der Mitarbeiter trifft mit den Koproduzenten eine besondere Vereinbarung.

16.4.6 **Anpassung von Wiederholungsvergütungen**
Wiederholungsvergütungen für Produktionen, deren Erstsendung länger als zehn Jahre zurückliegt, werden um 40% angehoben. Nach Ablauf jeweils weiterer fünf Jahre erhöht sich der Anhebungsprozentsatz um je 5%. Eine Kappung erfolgt bei 100% Steigerung.

16.4.7 **Ausbildungsprogramme**
Bei spezifischen Sendungen zu Ausbildungszwecken (wie u. a. Schulfernseh- und Schulhörfunkprogramme) gilt die Erstvergütung oder die Wiederholungsvergütung als Entgelt für eine beliebige Anzahl von Ausstrahlungen innerhalb von einem Monat.

16.4.8 **Unentgeltliche Abgabe**
Bei unentgeltlicher Abgabe der Produktion an ein nicht der ARD angehörendes Sendeunternehmen für Rundfunkzwecke verpflichtet der WDR das übernehmende Sendeunternehmen, dem Mitarbeiter eine nach Art und Umfang der Nutzung angemessene Vergütung zu zahlen. In gleicher Weise wird verfahren, wenn der WDR im unmittelbaren Zusammenhang mit einem Tausch gegen eine Produktion des übernehmenden Sendeunternehmens eine eigene Produktion abgibt.

16.5 Entgeltliche Verwertung[1)]

16.5.1 Bei entgeltlicher Verwertung der Nutzungsrechte erhalten die Mitarbeiter, deren Werke oder Werkstücke, und die Beschäftigten, deren Rechte und Leistungen für die Produktion genutzt worden sind, unabhängig vom jeweiligen Vertragstyp insgesamt 35% vom Netto-Erlös. Dieser Anteil wird – sofern sowohl Werkschöpfer als auch Leistungsschutzberechtigte an der Produktion beteiligt sind – hälftig zwischen diesen aufgeteilt.
Hauptregisseure werden an dem Anteil der Urheber beteiligt.

[1)] Dies sind u. a. auch entgeltliche Abgaben der Produktion an nicht der ARD angehörende Sendeunternehmen für Rundfunkzwecke (Programmverwertung), wie unter anderem an ARTE oder auch Veranstalter von Pay-Diensten (wie z. B. Pay-Radio, Pay-TV, Pay per Channel, Pay per View). Für den Fall, dass der WDR Pay-Dienste veranstaltet, wird er Verhandlungen mit den Gewerkschaften führen.

Zu den Inhabern verwandter Schutzrechte zählen nicht diejenigen gemäß §§ 81, 85, 87a–c und 94 Urheberrechtsgesetz in der Fassung vom 8.5.1998.

Die 35 bzw. 17,5% des Netto-Erlöses werden im Verhältnis der Erstvergütung der Berechtigten zueinander aufgeteilt.

16.5.2 Als Nettoerlös gelten die Bruttoeinnahmen des WDR abzüglich der durch Produktionsverwertungen ausgelösten Steuern und der direkt zurechenbaren Einzelkosten der Verwertung (Vorkosten).

Direkt zurechenbare Einzelkosten der Verwertung (Vorkosten) sind folgende Aufwendungen:

a) Kopien-, Bearbeitungs-, Synchronisationskosten einschließlich der Kosten für technische Umformung;
b) Fracht-, Zoll-, Versicherungs-, Transport- und Lagerkosten;
c) Kosten für den zusätzlichen Rechteerwerb, Materialentschädigungen sowie durch die Verwertung bedingte Zusatzhonorare und -vergütungen;
d) Kosten für Informations- und Pressematerial;
e) Exportabgaben;
f) Vertriebskosten für Dritte bis maximal 27%.

16.5.3 Die Abrechnung und Zahlung der Anteile an den Verwertungserlösen erfolgt für sämtliche abgewickelte Verwertungsfälle des abgelaufenen Kalenderjahres jeweils zum 30. Juni des folgenden Jahres. Individuelle Erlösbeteiligungsansprüche entstehen nur dann, wenn im Einzelfall die Bruttoeinnahme der Anstalt aus der Werk- oder Produktionsverwertung Euro 1500,–[1] überschreitet. Eine individuelle Ausschüttung erfolgt nur dann, wenn eine Bagatellgrenze von Euro 15,–[1] im Jahr überschritten wird.

Alle nicht individuell zur Auszahlung gelangenden Erlöse werden gemeinnützigen Einrichtungen, die sozialen Zwecken und Belangen der Urheber dienen, zur Verfügung gestellt.

16.5.4 Je ein Vertreter der an diesem Tarifvertrag beteiligten Gewerkschaften ist berechtigt, die jährlichen Ergebnisberichte über die entgeltliche Verwertung einzusehen. Der WDR erteilt auf Wunsch ergänzende Auskünfte. Die beteiligten Gewerkschaften und die von ihnen benannten Vertreter sind zur Verschwiegenheit gegenüber Dritten verpflichtet. Sie können auf ihre Kosten zur Verschwiegenheit verpflichtete Sachverständige hinzuziehen, wenn der WDR mit diesen Personen einverstanden ist.

16.5.5 Bei Verwendung einer Hörfunkproduktion in einem Transkriptionsdienst erhält der Mitarbeiter anstelle einer Erlösbeteiligung vom Träger des Transkriptionsdienstes eine einmalige angemessene Vergütung, zu deren Zahlung der WDR den Träger des Transkriptionsdienstes verpflichtet.

17. Fälligkeit

17.1 Die im Vertrag vereinbarte Vergütung ist nach Abnahme des Werkes und gegebenenfalls Übereignung des vom Mitarbeiter abzuliefernden

[1] Geändert mit Wirkung vom 1.1.2002.

Werkexemplars und Beibringung der nach Ziffern 9. und 12. erforderlichen Angaben und Zustimmungserklärungen fällig. Anteilige Zahlungen im Voraus können einzelvertraglich vereinbart werden.

17.2 Wiederholungs-/Übernahmevergütungen werden jeweils nach der Wiederholungs-/Übernahmesendung fällig. Für die sonstigen vergütungspflichtigen Verwertungen ist der Fälligkeitszeitpunkt der Termin der Abrechnung.

17.3 Der WDR ist nicht zur Zahlung verpflichtet, bevor der Mitarbeiter seinen Verpflichtungen aus Ziffern 19.1 und 19.2 nachgekommen ist.

17.4 Nach Ablauf der gesetzlichen Schutzfrist ist das Entstehen neuer Zahlungsansprüche aus dem Vertrag ausgeschlossen.

18. Bruttovergütung/bargeldlose Zahlung

18.1 Die im Vertrag vereinbarten Vergütungen alter Art, einschließlich zu erstattender Aufwendungen, sind Bruttovergütungen und schließen die jeweilige gesetzliche Umsatzsteuer sowie sonstige Steuern ein.

18.2 Zahlungen erfolgen grundsätzlich bargeldlos auf das vom Mitarbeiter anzugebende Konto.

19. Steuern und Sozialversicherung

19.1 Ist der Mitarbeiter in Deutschland nicht einkommensteuerpflichtig, so hat er dies dem WDR anzuzeigen. Von den an den Mitarbeiter zu leistenden Vergütungen hat der WDR die gesetzlichen Abzüge vorzunehmen.
Der Mitarbeiter stellt dem WDR auf dessen Anforderung hin die erforderlichen Nachweise und Unterlagen zur Erfüllung der entsprechenden Prüfungspflichten des WDR in steuerlicher und sozialversicherungsrechtlicher Hinsicht in der jeweils gültigen Fassung zur Verfügung.

19.2 Ist der Mitarbeiter umsatzsteuerpflichtig, so hat er dies dem WDR unverzüglich mitzuteilen. In der Abrechnung wird dann die in der Vergütung enthaltene Umsatzsteuer gesondert ausgewiesen.

19.3 Die Sozialversicherungspflicht richtet sich nach den gesetzlichen Bestimmungen.

20. Abtretung und Verpfändung

Ansprüche des Mitarbeiters aus dem Vertrag können unbeschadet § 354a HGB[1] nur mit schriftlicher Zustimmung des WDR abgetreten oder verpfändet werden.

---

[1] § 354a HGB [Wirksamkeit der Abtretung einer Geldforderung]:
1. Ist die Abtretung einer Geldforderung durch Vereinbarung mit dem Schuldner gemäß § 399 des Bürgerlichen Gesetzbuchs ausgeschlossen und ist das Rechtsgeschäft, das diese

(Fortsetzung der Anm. auf Seite 241)

21. Verjährung

Ansprüche des Mitarbeiters verjähren mit dem Ablauf des zweiten auf die Fälligkeit folgenden Kalenderjahres, wenn der Mitarbeiter von den Umständen, aus denen sich der Anspruch ergibt, Kenntnis erlangt, ohne Rücksicht auf diese in 10 Jahren.

22. Keine Nutzungsverpflichtung

Durch den Abschluss des Vertrages wird eine Verpflichtung, das Werk im Rahmen dieses Vertrages zu nutzen, für den WDR nicht begründet.

23. Werke mit Kennzeichnungsfunktion

In Verträgen über Werke mit Kennzeichnungsfunktion (z. B. musikalische Signale, Bilder oder Zeichnungen, die auf bestimmte Sendeunternehmen oder bestimmte Sendeprogramme hinweisen) können im Einzelfall auch von den tarifvertraglichen Bedingungen – mit Ausnahme der Bestimmungen der Ziffern 2.4 und 6. – abweichende Regelungen vereinbart werden. Diese Regelabweichung ist bei der Vergütung zu berücksichtigen.

24. Terminänderungen

Der WDR ist berechtigt, anstelle des von ihm im Vertrag vorgesehenen Zeitpunkts einen anderen Termin für die Produktion, Sendung oder eine sonstige Wiedergabe des Werkes zu bestimmen. Der Mitarbeiter wird hiervon verständigt. Entstehen für den Mitarbeiter durch die Terminänderung zusätzliche Aufwendungen oder ergeben sich sonstige finanzielle Nachteile, so sind diese im Rahmen einer gesonderten Vereinbarung auszugleichen. Im Übrigen ändert sich an den Rechten und Pflichten des Mitarbeiters hierdurch nichts.

25. Rückrufrecht

25.1 Für die Ausübung des Rückrufrechts gilt § 41 UrhG mit der Maßgabe, dass die Frist (beginnend jeweils mit dem Tag der Abnahme) nach § 41 Abs. 2 Satz 1 UrhG
- bei tagesaktuellen Beiträgen einen Monat,
- bei Fernsehspielen fünf Jahre und
- bei Beiträgen für sonstige Produktionen zwei Jahre beträgt

und dass die vom Mitarbeiter zu leistende Entschädigung nach § 41 Abs. 6 UrhG 50% der vereinbarten Vergütung nicht übersteigt.

(Fortsetzung der Anm.)

Forderung begründet hat, für beide Teile ein Handelsgeschäft, oder ist der Schuldner eine juristische Person des öffentlichen Rechts oder ein öffentlich-rechtliches Sondervermögen, so ist die Abtretung gleichwohl wirksam.

2. Der Schuldner kann jedoch mit befreiender Wirkung an den bisherigen Gläubiger leisten.
3. Abweichende Vereinbarungen sind unwirksam.

25.2 Der WDR ist bereit, mit dem Mitarbeiter über eine vorzeitige Freigabe der nicht genutzten Rechte eine Vereinbarung zu treffen.

26. Erfüllungsort

Erfüllungsort ist – soweit nicht anderes vereinbart wird – Köln.

27. Anzuwendendes Recht

Für die Auslegung des Vertrages gilt das Recht der Bundesrepublik Deutschland.

28. Gerichtsstand

Als Gerichtsstand wird Köln vereinbart für die Fälle, in denen

a) der Mitarbeiter Kaufmann ist und nicht zu den in § 4 HGB bezeichneten Gewerbetreibenden gehört oder keinen allgemeinen Gerichtsstand im Inland hat;
b) der Mitarbeiter nach Vertragsschluss seinen Wohnsitz oder gewöhnlichen Aufenthaltsort aus dem Gebiet der Bundesrepublik Deutschland verlegt oder sein Wohnsitz oder gewöhnlicher Aufenthalt zum Zeitpunkt der Klageerhebung nicht bekannt ist;
c) Ansprüche im Wege des Mahnverfahrens (§§ 688 ff. ZPO) geltend gemacht werden.

29. Inkrafttreten und Kündigung

29.1 Dieser Tarifvertrag tritt am 1. April 2001 in Kraft.
Die Ziffern 3., 4., 5.1 und 16. des Tarifvertrages finden nach Inkrafttreten auch Anwendung auf Verträge, die vor dem Inkrafttreten des Tarifvertrages, aber nach dem 31. Dezember 1994 abgeschlossen worden sind. Alle entgeltlichen Verwertungen, die vor dem Inkrafttreten des neuen Tarifvertrages vertraglich vereinbart wurden, werden nach dem bisher gültigen Tarifvertrag abgewickelt.

29.2 Der Tarifvertrag kann mit einer Frist von drei Monaten zum Ende eines Kalenderjahres, erstmals zum 31. Dezember 2004 gekündigt werden. Die Kündigung bedarf der Schriftform.

29.3 Die Kündigung kann auf einzelne Unterpunkte von Ziffer 16. beschränkt werden.

29.4 Im Falle der Kündigung und Befristung gelten die Bestimmungen des Tarifvertrages bis zu einer neuen Abmachung zwischen den Tarifvertragsparteien zunächst unabdingbar weiter, bis eine Partei erklärt, Verhandlungen über eine Änderung des Tarifvertrages nicht einleiten oder nicht mehr fortsetzen zu wollen. Alsdann gilt § 4 Abs. 5 TVG.

10f. AGD Vergütungstarifvertrag Design (AGD/SDSt)

Vom 1. Oktober 2015

Zwischen der
Allianz deutscher Designer AGD
einerseits und dem
Selbständige Design-Studios SDSt
andererseits wird folgender Vergütungstarifvertrag geschlossen:

§ 1 Geltungsbereich

1.1. Der Tarifvertrag gilt für den Bereich Deutschland.

1.2. Der Tarifvertrag verpflichtet einerseits

1.2.1. Unternehmen, bei denen Aufgaben aus dem Bereich der visuellen und verbalen Kommunikation (Digital Media Design, Fotodesign, Grafikdesign (Druck), Illustration, Text, Textildesign) sowie der Formgebung (Messe- und Ausstellungsdesign, Modedesign, Produktdesign und Textildesign) zu erfüllen sind (Ziffer 2), und andererseits

1.2.2. die für diese Unternehmen als selbstständige freie Mitarbeiter tätigen Designer, die durch Art und Umfang ihrer Tätigkeit zu den arbeitnehmerähnlichen Personen gehören (Ziffer 3).

§ 2 Verpflichtete Unternehmen (Auftraggeber)

2.1. Als Unternehmen im Sinne dieses Tarifvertrages gilt jede natürliche oder juristische Person, die in Deutschland ein Designunternehmen betreibt und mindestens einen Designer, der durch Art und Umfang seiner Tätigkeit zu den arbeitnehmerähnlichen Personen gehört, vorübergehend oder auf Dauer beschäftigt.

2.2. Mehrere juristische Personen gelten als ein Unternehmen, wenn sie nach der Art des Konzerns (§ 18 Aktiengesetz) zusammengefasst sind oder, wenn sie zu einer zwischen ihnen bestehenden Organisationsgemeinschaft oder nicht nur vorübergehenden Arbeitsgemeinschaft gehören.

2.3. Tarifgebunden sind auch solche Unternehmen, bei denen Aufgaben aus dem Bereich der visuellen und verbalen Kommunikation im Rahmen des Unternehmenszwecks nur von untergeordneter Bedeutung sind.

§ 3 Arbeitnehmerähnliche Designer

3.1. Als Designer im Sinne dieses Tarifvertrages gilt, wer seine Einkünfte aus Erwerbs- und Berufstätigkeit überwiegend aus einer gestaltenden Tätigkeit der Bereiche Digitale Medien, Fotodesign, Grafikdesign, Illustration, Messe- und Ausstellungsdesign, Modedesign, Produktdesign, Text oder Textildesign bezieht.

3.2. Ein Designer gehört zu den arbeitnehmerähnlichen Personen, wenn er

3.2.1. aufgrund eines Dienst- oder Werkvertrages oder mehrerer solcher Verträge für ein Unternehmen tätig ist,

3.2.2. wirtschaftlich abhängig (Ziffer 3.3.) und vergleichbar einem Arbeitnehmer sozial schutzbedürftig ist (Ziffer 3.4.) und

3.2.3. die geschuldete Leistung persönlich und im wesentlichen ohne Mitarbeit von Arbeitnehmern erbringt.

3.3. Wirtschaftlich abhängig ist ein Designer, der

3.3.1. überwiegend für ein Unternehmen tätig ist oder

3.3.2. für seine Leistung von einem Unternehmen im Durchschnitt der letzten zwölf Monate mindestens ein Drittel des Entgelts erhält, das ihm für seine Erwerbstätigkeit insgesamt zusteht.

3.4. Ein Designer ist sozial schutzbedürftig, wenn er ausschließlich auf die Einkünfte aus oben beschriebener Tätigkeit als selbstständiger Designer zur Sicherung seiner wirtschaftlichen Existenz angewiesen ist.

3.5. Der Designer kann tarifliche Rechte erstmals für den Monat geltend machen, in welchem er dem verpflichteten Unternehmen angezeigt hat, dass er als arbeitnehmerähnlicher Designer im Sinne dieses Tarifvertrages gilt. Das Vorliegen der Voraussetzungen nach Ziffer 3.2. ist auf Verlangen des Unternehmens von ihm schriftlich zu versichern.

3.6. Darüber hinaus ist der Designer auf Verlangen verpflichtet, die Voraussetzungen nach Ziffer 3.1. und Ziffer 3.3. mit einer von einem Wirtschaftsprüfer oder Steuerberater bestätigten Berechnung nachzuweisen. Erweisen sich die Angaben des Designers als richtig, so trägt das Unternehmen, welches den Nachweis verlangt hat, die hierdurch entstandenen Kosten.

§ 4 Vertragsgestaltung

4.1. Für das Vertragsverhältnis mit dem Designer gelten

4.1.1. die einzelvertraglichen Absprachen,

4.1.2. die in Ziffer 5 dieses Tarifvertrages aufgeführten urheberrechtlichen Sonderbestimmungen,

4.1.3. die besonderen Grundsätze der Vertragsabwicklung nach Ziffer 6 des Tarifvertrages,

4.1.4. die Allgemeinen Vertragsgrundlagen des Designers oder des Unternehmens, sowie die formularmäßig verwendeten Vertragsgrundlagen unter den in Ziffer 4.3. genannten Voraussetzungen.

4.2. Soweit die vorstehenden Vertragsgrundlagen einander widersprechen, gelten unter Berücksichtigung von § 4 TVG die Bestimmungen in der angegebenen Reihenfolge. Ergänzend gelten je nach Art der vereinbarten Tätigkeit die Dienst- oder Werkvertragsbestimmungen des BGB.

4.3. Allgemeine Vertragsgrundlagen und einzelne Vertragsbestimmungen, die formularmäßig auf Angebots- und Bestätigungsschreiben oder auf Rechnungen abgedruckt sind, werden Vertragsbestandteil, sofern sie vorher von der Tarifvertragspartei, deren Mitglieder diese Vertragsgrundlagen und Vertragsbestimmungen verwenden, der anderen Tarifvertragspartei schriftlich bekannt gegeben worden sind.

4.4. Jede Tarifvertragspartei behält das Recht, die von ihr bekanntgegebenen Vertragsgrundlagen (einschließlich der formularmäßig verwendeten Vertragsbestimmungen) zu ändern oder zurückzunehmen. Über die Vertragsgrundlagen, die eine Tarifvertragspartei bekannt gibt oder die ihr von der Gegenseite bekannt gegeben werden, sind die Mitglieder zu unterrichten.

4.5. Änderungen eines schriftlichen Vertrages bedürfen der Schriftform.

§ 5 Urheberrechtliche Sonderbestimmungen

5.1. Werke im Sinne von § 2 Abs. 1 UrhG genießen Urheberschutz, wenn sie individuelle Werke in dem Sinne darstellen, dass sie das Ergebnis der eigenen geistigen Schöpfung sind. Zur Bestimmung dieser Schutzfähigkeit sind keine anderen Kriterien anzuwenden, insbesondere nicht qualitative oder ästhetische. Dies gilt unabhängig davon, ob die Voraussetzungen des § 2 Abs. 2 UrhG erfüllt werden, für alle Werkkategorien gleichermaßen.

5.2 Vorschläge des Auftraggebers oder sonstige fördernde Maßnahmen begründen kein Miturheberrecht. Schöpferische Beiträge des Auftraggebers führen zu keiner Beeinträchtigung der vertraglichen Rechte und Ansprüche des Designers, soweit nicht ausdrücklich etwas anderes vereinbart wird.

5.3. Der Designer hat das Recht, seine Arbeiten mit einer Urheberbezeichnung zu versehen, soweit der Vertrag mit dem Auftraggeber keine abweichende Vereinbarung enthält.

5.4. Der Auftraggeber erwirbt die Nutzungsrechte (§ 31 UrhG) im vereinbarten Rahmen, nachdem der Auftraggeber die Dienstleistung abgenommen und die Vergütung entrichtet hat, je nachdem, welches Ereignis später stattfindet.

5.5. Dem Designer verbleiben in jedem Falle die Zustimmungsrechte nach dem Urheberrechtsgesetz. Insbesondere kann die über den vereinbarten Rahmen hinausgehende Weiterübertragung ausschließlicher oder einfacher Nutzungsrechte an Dritte nur mit seiner Einwilligung und gegen gesonderte Vergütung erfolgen. Eine nach dem Urheberrechtsgesetz erforderliche Zustimmung darf nicht ohne wichtigen Grund verweigert werden.

5.6. Ohne Einwilligung des Designers dürfen die von ihm abgelieferten Arbeiten weder im Original noch bei der Vervielfältigung verändert oder entstellt werden.

§ 6 Designschutz nach dem Designgesetz

Es bleibt den Vertragspartnern vorbehalten, den durch das Designgesetz gewährten Designschutz in Anspruch zu nehmen. Wer dabei Vorrang bei der Anmeldung des geschaffenen Designs hat, wird individualvertraglich geregelt.

§ 7 Grundsätze der Vertragsabwicklung

7.1. Vor Ausführung der Vervielfältigung sind dem Designer Korrekturmuster vorzulegen. Der Designer ist zu einer sorgfältigen Überprüfung dieser Muster verpflichtet.

7.2. Der Designer erhält von allen ausgeführten Arbeiten unentgeltlich fünf bis zehn Belege. Bei wertvollen Stücken ist ihm eine angemessene Anzahl zu überlassen.

7.3. An Entwürfen, Fotografien, Illustrationen, Handmustern und Modellen, Reinzeichnungen und Dateien werden nur Nutzungsrechte, nicht jedoch Eigentumsrechte übertragen. Die Vorlagen und/oder Originale sind nach angemessener Frist unbeschädigt an den Designer zurückzugeben, falls nicht ausdrücklich eine andere Vereinbarung getroffen wird. Bei Verlust oder Beschädigungen der Vorlagen und/oder Originale ist Schadenersatz zu leisten.

7.4. Die Gestaltungsfreiheit des Designers darf durch das Vertragsverhältnis nicht eingeschränkt werden. Der Auftraggeber kann die Abnahme der bestellten Arbeiten nur unter den in den Werkvertragsbestimmungen des Bürgerlichen Gesetzbuches (§§ 631 ff. BGB) genannten Voraussetzungen ablehnen.

7.5. Der Auftraggeber darf dem Designer nur solche Vorlagen (Fotos, Modelle, Muster etc.) überlassen, zu deren Vervielfältigung er berechtigt ist. Auf Verlangen des Designers hat der Auftraggeber seine Berechtigung nachzuweisen. Der Auftraggeber stellt den Designer von allen Forderungen, die auf einer Verletzung dieser Verpflichtung beruhen, frei.

7.6. Der Designer haftet außer bei Vorsatz und grober Fahrlässigkeit nicht für die wettbewerbs- und markenrechtliche Zulässigkeit sowie die Eintragungsfähigkeit seiner Entwürfe und sonstigen Arbeiten. Er wird den Auftraggeber auf wettbewerbs- und markenrechtliche Bedenken hinweisen, soweit sie ihm bekannt sind. Der Auftraggeber ist verpflichtet, die wettbewerbs- und markenrechtliche Zulässigkeit der Entwürfe und sonstigen Arbeiten selbstständig und gewissenhaft prüfen zu lassen, bevor er die Entwürfe und sonstigen Arbeiten im geschäftlichen Verkehr verwendet. Für die vom Auftraggeber zur Vervielfältigung freigegebenen Arbeiten entfällt jede weitergehende Haftung.

§ 8 Vergütung

8.1. Die Gesamtleistung des Designers (planen und entwerfen) besteht in der Schaffung eines Werkes gemäß § 631 BGB. Dieses Werk wird urheberrechtlich genutzt. Das Recht zur Nutzung wird als einfaches oder ausschließliches Recht (§ 31 UrhG) sowie räumlich, zeitlich und inhaltlich beschränkt (§ 32 UrhG) eingeräumt.

8.2. Die Gesamtvergütung für eine Designleistung errechnet sich durch Addition aus:

8.2.1. der Vergütung von Entwürfen aus dem Bereich der visuellen Kommunikation; von Mustern und Modellen (plastischen und computergenerierten Darstellungen); von Darstellungen wissenschaftlicher oder technischer Art wie Zeichnungen, Pläne, Karten, Skizzen und Tabellen; von Illustrationen und Cartoons; von Sprach-, Film- und Lichtbildwerken;

8.2.2. der Vergütung (Lizenz) für die Einräumung des einfachen oder ausschließlichen Nutzungsrechts (Nutzungsart) unter Berücksichtigung von räumlicher Beschränkung (Nutzungsgebiet), zeitlicher Beschränkung (Nutzungsdauer) und inhaltlicher Beschränkung und quantitativer Beschränkung (Nutzungsumfang). Dabei ist jede denkbare Kombination möglich;

8.2.3. der Vergütung für Dienstleistungen, die neben dem Entwurfsaufwand entstehen und mit der Vergütung für die Entwurfsarbeiten nicht abgegolten sind.

8.2.4. Die Vergütung für die Einräumung eines Nutzungsrechts wird vom Auftraggeber auch dann geschuldet, wenn die Leistung des Designers nicht gemäß § 2 UrhG geschützt ist.

8.3. Die Vergütung für Entwurfsarbeiten (Ziffer 7.2.1.) errechnet sich durch Multiplikation von Mindeststundensatz mal Zeitaufwand. Der Mindeststundensatz eines fachlich qualifizierten Designers (bestimmt durch Ausbildung, Rang und Ruf sowie Berufserfahrung) wird auf 90 Euro festgesetzt. Lediglich in folgenden spezifizierten Fällen kann der Mindeststundensatz rechtssicher unterschritten werden:

- Bei dem beauftragten Designer handelt es sich um einen in der Ausbildung befindlichen Designer. Üblicherweise sind dies Studenten.
- Bei dem beauftragten Designer handelt es sich um einen Berufsanfänger. Dies ist der Fall, wenn der Auftragnehmer nicht länger als drei Jahre als Designer arbeitet.
- Der Auftraggeber erbringt einen Teil der Vergütung in geldwerten Vorteilen wie technische Ausrüstung oder Arbeitsmaterialien.

Der Zeitaufwand ergibt sich aus den Vergütungstabellen (Anhang).

8.4. Die Vergütung (Lizenz) für die Einräumung der Nutzungsrechte (Ziffer 7.2.2.) bestimmt sich durch Vereinbarung der Faktoren Nutzungsart (einfach oder ausschließlich) sowie durch Addition der Faktoren Nutzungsgebiet (räumlich), Nutzungsdauer (zeitlich) und Nutzungsumfang (inhaltlich). Die Nutzungsrechteinräumung dokumentiert somit die unterschiedliche Wertschöpfung durch den Auftraggeber.

8.4.1. Die einzelnen Faktoren für die Nutzungsrechteinräumung werden wie folgt festgesetzt:

8.4.2. Nutzungsart einfach = 0,2 ausschließlich = 1,0

8.4.3. Nutzungsgebiet regional = 0,1 national = 0,3 europaweit = 1,0 weltweit = 2,5

8.4.4. Nutzungsdauer ein Jahr = 0,1 fünf Jahre = 0,3 zehn Jahre = 0,5 unbegrenzt = 1,5

8.4.5. Nutzungsumfang gering = 0,1 mittel = 0,3 hoch = 0,7 umfangreich = 1,2

8.5. Die Vergütung für Dienstleistungen(Ziffer 7.2.3.) errechnet sich durch Multiplikation von Mindeststundensatz mal Zeitaufwand. Diese Leistungen sind vertraglich zu fixieren und anhand des nachgewiesenen Aufwandes zum Mindeststundensatz von 90 Euro oder gemäß gesonderter Vereinbarung zu vergüten. Dienstleistungen(sofern nicht schriftlich innerhalb von Entwicklungsarbeit und Entwurfsleistung vereinbart) sind beispielsweise:

Analyse

Anfertigung von Gesprächsprotokollen

Anpassung an weitere Geräte- oder Browserreihen
Anbindung Social Networks
Änderungen
Anmietung von Studios und Equipment
Aufgabenanalyse
Auswahl von Fotomodellen
Beratung und Konzeption
Datenbanken und Sonderfunktionen
Datenhandling, Archivierung
Datenstrukturierung
Designmanagement
Drucküberwachung
Einpflegen von Inhalten
Einholung von Genehmigungen
Erstellung eines Pflichtenheftes
Erstellung von Produktionsunterlagen
Erstellung von Simulationen
Erstellung von Vertreterunterlagen
Expertenbasierte Tests
Fahrt-, Kurier-, Versand- und Materialkosten
Fahrt- und Besprechungszeiten
Farbreduktion von Druckdaten-Schablonen
Herstellung von hochwertigen Originalabzügen
Hosting
Installation und Einrichten eines Redaktionssystems
Kollektionskonzept
Kontextanalyse
Konzeptarbeiten (u. a. Inhalt, Farbe, Material, Kollektion, Produktlinie)
Kundenworkshops zur Zielbestimmung und Aufgabenstellung
Labortests
Lektorat, Korrektorat
Marktanalyse
Musterungsbetreuung
Nebenkosten für Models, Requisiten, Styling, Assistent
Nutzerbefragungen
Präsentation
Produktionsüberwachung
Programmierung und Testing
Projekt- und Designmanagement
Provider-Auswahl und Domainregistrierung
Prüfung, Abnahme und Prozessbetreuung
Qualitätssicherung bei der Datenweitergabe
Recherche
Recherche von geeigneten Locations
Reinzeichnung, Erstellung von Reproduktionsvorlagen
Reise- und Übernachtungskosten
Retusche und mediengerechte Aufbereitung von Bilddaten
Serverkonfiguration
Strategieentwicklung und -begleitung
Storyboards
Suchmaschinen

SWOT-Analyse
Technische Bearbeitung der vom Auftraggeber gelieferten Vorlagen
Trendanalyse
Trendübersicht pro Saison
Übergabe, Schulung, Support, Pflege
Übersetzungen
Vertreterbesprechung
Wettbewerbsanalyse

8.6. Jede andere oder über den ursprünglich vereinbarten Umfang hinausgehende Nutzung ist nur aufgrund einer besonderen schriftlichen Nutzungsrechtseinräumung des Urhebers sowie gegen Zahlung einer dem Umfang der Mehrnutzung entsprechenden Vergütung (siehe Tabellen in den Umschlagklappen) zulässig.

8.7. Werden nur Entwürfe aus dem Bereich der visuellen Kommunikation ohne Einräumung von Nutzungsrechten bestellt (dazu gehören auch Reinzeichnungen, Muster, Modelle, Darstellungen wissenschaftlicher oder technischer Art, Illustrationen und Cartoons, Sprach-, Film- und Lichtbildwerke), so entfällt das Entgelt für die Nutzungsrechtseinräumung, nicht jedoch die Vergütung für die bis dahin geleisteten Entwurfsarbeiten. Wird jedoch nachträglich ein Nutzungsrecht eingeräumt, so ist die Vergütung für den vereinbarten Nutzungsumfang (siehe Tabellen in den Umschlagklappen) auch nachträglich zu zahlen.

8.8. Die unentgeltliche Tätigkeit oder die kostenfreie Vorlage von Entwürfen ist unzulässig.

8.9. Umfangreiche Gestaltungen bei denen der Designer als Autor oder Co-Autor tätig wird, lassen eine zusätzliche Teilvergütung auf Tantiemebasis zu. Die Höhe der Tantieme bemisst sich anteilig am Gesamtumfang des Werkes.

8.10. Lizenzverträge am Verkaufserlös sind alternativ zu vereinbaren. Je nach Produkt und Stückzahlerwartung ist eine Umsatzbeteiligung zwischen 1,5 Prozent und 10 Prozent vom Verkaufspreis üblich. Bei ausgesprochen wertvollen Produkten mit geringen Stückzahlen werden deutlich darüberliegende Prozentsätze vereinbart. Bei Produkten mit ausgesprochen hohen Auflagen können fallweise niedrigere Prozentsätze vereinbart werden. Die Einzelheiten der Berechnung sind im Lizenzvertrag zwischen Designer und Auftraggeber zu regeln:

a) sofern der Designer dem Produzenten ein weitgehend vorentwickeltes Produkt vorstellt, wird eine Vereinbarung über die Höhe der Umsatzbeteiligung in Form einer Stücklizenz getroffen,
b) stellt der Designer dem Produzenten eine Produktidee vor und wünscht der Auftraggeber eine Weiterentwicklung der Produktidee durch den Designer, so ist auf jeden Fall die Vergütung für den Entwicklungsaufwand zu zahlen. Bei höherem wirtschaftlichen Risiko des Designers ist die prozentuale Beteiligung angemessen höher, bei geringerem Risiko angemessen geringer zu vereinbaren.

8.11. Die Vergütung des Designers ist zuzüglich der gesetzlichen Mehrwertsteuer zahlbar. Nach § 12 Absatz 2 Nr. 7c UStG sind Umsätze aus der Einräumung von Rechten, die sich aus dem Urheberrechtsgesetz ergeben, mit dem ermäßigten Steuersatz zu versteuern.

§ 9 Beraterverträge. Alternativ zu projektbezogener Arbeit kann der Designer über einen längeren Zeitraum innerhalb eines Dienstvertrages (gemäß § 612 BGB) als Berater für einen Auftraggeber tätig sein. Dabei sind Art und Umfang der Beratungsleistung, prozentuale Beteiligungen am Verkaufserlös und gesonderte Vergütungen für Erfindungen und urheberrechtlich relevante Schöpfungen zu vereinbaren.

§ 10 Fälligkeit der Vergütung

10.1. Die Vergütung des Designers ist bei Ablieferung der Arbeiten und ohne weitere Abzüge fällig.

10.2. Werden die bestellten Arbeiten in Teilen abgenommen, so ist eine entsprechende Teilvergütung jeweils bei Abnahme des Teiles fällig.

10.3. Bei umfangreichen und in der Abwicklung langfristigen Arbeiten sind angemessene Vorauszahlungen zu leisten.

§ 11 Gerichtsstand. Gerichtsstand für sämtliche Klagen, die sich aus dem Vertragsverhältnis zwischen Auftraggeber und Designer ergeben, ist der Wohnsitz des Designers.

§ 12 Inkrafttreten und Kündigung. Der AGD Vergütungstarifvertrag Design AGD/SDSt tritt am 1. Oktober 2015 in Kraft. Er kann unter Einhaltung einer Frist von drei Monaten zum Ende eines Kalendervierteljahres gekündigt werden.

11. Tarifvertragsgesetz (TVG)

In der Fassung der Bekanntmachung vom 25. August 1969[1)]

(BGBl. I S. 1323)

zuletzt geändert durch Art. 8 G v. 20.5.2020 (BGBl. I S. 1055)

(Auszug)

§ 1 Inhalt und Form des Tarifvertrages. (1) Der Tarifvertrag regelt die Rechte und Pflichten der Tarifvertragsparteien und enthält Rechtsnormen, die den Inhalt, den Abschluß und die Beendigung von Arbeitsverhältnissen sowie betriebliche und betriebsverfassungsrechtliche Fragen ordnen können.

(2) Tarifverträge bedürfen der Schriftform.

§ 12a Arbeitnehmerähnliche Personen. (1) Die Vorschriften dieses Gesetzes gelten entsprechend

1. für Personen, die wirtschaftlich abhängig und vergleichbar einem Arbeitnehmer sozial schutzbedürftig sind (arbeitnehmerähnliche Personen), wenn sie auf Grund von Dienst- oder Werkverträgen für andere Personen tätig sind, die geschuldeten Leistungen persönlich und im wesentlichen ohne Mitarbeit von Arbeitnehmern erbringen und
   a) überwiegend für eine Person tätig sind oder
   b) ihnen von einer Person im Durchschnitt mehr als die Hälfte des Entgelts zusteht, das ihnen für ihre Erwerbstätigkeit insgesamt zusteht; ist dies nicht voraussehbar, so sind für die Berechnung, soweit im Tarifvertrag nichts anderes vereinbart ist, jeweils die letzten sechs Monate, bei kürzerer Dauer der Tätigkeit dieser Zeitraum, maßgebend,
2. für die in Nummer 1 genannten Personen, für die die arbeitnehmerähnlichen Personen tätig sind, sowie für die zwischen ihnen und den arbeitnehmerähnlichen Personen durch Dienst- oder Werkverträge begründeten Rechtsverhältnisse.

(2) Mehrere Personen, für die arbeitnehmerähnliche Personen tätig sind, gelten als eine Person, wenn diese mehreren Personen nach der Art eines Konzerns (§ 18 des Aktiengesetzes) zusammengefaßt sind oder zu einer zwischen ihnen bestehenden Organisationsgemeinschaft oder nicht nur vorübergehenden Arbeitsgemeinschaft gehören.

(3) Die Absätze 1 und 2 finden auf Personen, die künstlerische, schriftstellerische oder journalistische Leistungen erbringen, sowie auf Personen, die an der Erbringung, insbesondere der technischen Gestaltung solcher Leistungen unmittelbar mitwirken, auch dann Anwendung, wenn ihnen abweichend von Absatz 1 Nr. 1 Buchstabe b erster Halbsatz von einer Person im Durchschnitt mindestens ein Drittel des Entgelts zusteht, das ihnen für ihre Erwerbstätigkeit insgesamt zusteht.

(4) Die Vorschrift findet keine Anwendung auf Handelsvertreter im Sinne des § 84 des Handelsgesetzbuchs.

[1)] Neubekanntmachung des TVG idF v. 9.4.1949 (WiGBl. S. 55) in der ab 1.9.1969 geltenden Fassung.

12. Bürgerliches Gesetzbuch (BGB)

In der Fassung der Bekanntmachung vom 2. Januar 2002

(BGBl. I S. 42, ber. S. 2909 u. 2003 S. 738)

zuletzt geändert durch Art. 29 G v. 3.6.2021 (BGBl. I S. 1568)

(Auszug)

§ 305 Einbeziehung Allgemeiner Geschäftsbedingungen in den Vertrag. (1) [1] Allgemeine Geschäftsbedingungen sind alle für eine Vielzahl von Verträgen vorformulierten Vertragsbedingungen, die eine Vertragspartei (Verwender) der anderen Vertragspartei bei Abschluss eines Vertrags stellt. [2] Gleichgültig ist, ob die Bestimmungen einen äußerlich gesonderten Bestandteil des Vertrags bilden oder in die Vertragsurkunde selbst aufgenommen werden, welchen Umfang sie haben, in welcher Schriftart sie verfasst sind und welche Form der Vertrag hat. [3] Allgemeine Geschäftsbedingungen liegen nicht vor, soweit die Vertragsbedingungen zwischen den Vertragsparteien im Einzelnen ausgehandelt sind.

(2) Allgemeine Geschäftsbedingungen werden nur dann Bestandteil eines Vertrags, wenn der Verwender bei Vertragsschluss

1. die andere Vertragspartei ausdrücklich oder, wenn ein ausdrücklicher Hinweis wegen der Art des Vertragsschlusses nur unter unverhältnismäßigen Schwierigkeiten möglich ist, durch deutlich sichtbaren Aushang am Orte des Vertragsschlusses auf sie hinweist und
2. der anderen Vertragspartei die Möglichkeit verschafft, in zumutbarer Weise, die auch eine für den Verwender erkennbare körperliche Behinderung der anderen Vertragspartei angemessen berücksichtigt, von ihrem Inhalt Kenntnis zu nehmen,

und wenn die andere Vertragspartei mit ihrer Geltung einverstanden ist.

(3) Die Vertragsparteien können für eine bestimmte Art von Rechtsgeschäften die Geltung bestimmter Allgemeiner Geschäftsbedingungen unter Beachtung der in Absatz 2 bezeichneten Erfordernisse im Voraus vereinbaren.

§ 305b Vorrang der Individualabrede. Individuelle Vertragsabreden haben Vorrang vor Allgemeinen Geschäftsbedingungen.

13. Gesetz über die Wahrnehmung von Urheberrechten und verwandten Schutzrechten durch Verwertungsgesellschaften (Verwertungsgesellschaftengesetz – VGG)[1) 2) 3)]

Vom 24. Mai 2016
(BGBl. I S. 1190)

FNA 440-18

zuletzt geänd. durch Art. 2 G zur Anpassung des Urheberrechts an die Erfordernisse des digitalen Binnenmarktes v. 31.5.2021 (BGBl. I S. 1204)

Nichtamtliche Inhaltsübersicht

[1)] **Amtl. Anm.:** Dieses Gesetz dient der Umsetzung der Richtlinie 2014/26/EU des Europäischen Parlaments und des Rates vom 26. Februar 2014 über die kollektive Wahrnehmung von Urheber- und verwandten Schutzrechten und die Vergabe von Mehrgebietslizenzen für Rechte an Musikwerken für die Online-Nutzung im Binnenmarkt (ABl. L 84 vom 20.3.2014, S. 72).

[2)] Verkündet als Art. 1 G v. 24.5.2016 (BGBl. I S. 1190); Inkrafttreten gem. Art. 7 dieses G am 1.6. 2016.

[3)] Die Änderungen durch G v. 4.5.2021 (BGBl. I S. 882) treten erst **mWv 1.1.2023** in Kraft und sind im Text noch nicht berücksichtigt.

Teil 1. Gegenstand des Gesetzes; Begriffsbestimmungen

§ 1 Anwendungsbereich. Dieses Gesetz regelt die Wahrnehmung von Urheberrechten und verwandten Schutzrechten durch Verwertungsgesellschaften, abhängige und unabhängige Verwertungseinrichtungen.

§ 2 Verwertungsgesellschaft. (1) Eine Verwertungsgesellschaft ist eine Organisation, die gesetzlich oder auf Grundlage einer vertraglichen Vereinbarung berechtigt ist und deren ausschließlicher oder hauptsächlicher Zweck es ist, für Rechnung mehrerer Rechtsinhaber Urheberrechte oder verwandte Schutzrechte zu deren kollektiven Nutzen wahrzunehmen, gleichviel, ob in eigenem oder in fremdem Namen.

(2) Um eine Verwertungsgesellschaft zu sein, muss die Organisation darüber hinaus mindestens eine der folgenden Bedingungen erfüllen:

1. ihre Anteile werden von ihren Mitgliedern (§ 7) gehalten oder sie wird von ihren Mitgliedern beherrscht;
2. sie ist nicht auf Gewinnerzielung ausgerichtet.

§ 3 Abhängige Verwertungseinrichtung. (1) Eine abhängige Verwertungseinrichtung ist eine Organisation, deren Anteile zumindest indirekt oder teilweise von mindestens einer Verwertungsgesellschaft gehalten werden oder die zumindest indirekt oder teilweise von mindestens einer Verwertungsgesellschaft beherrscht wird.

(2) [1] Soweit die abhängige Verwertungseinrichtung Tätigkeiten einer Verwertungsgesellschaft ausübt, sind die für diese Tätigkeiten geltenden Bestimmungen dieses Gesetzes entsprechend anzuwenden. [2] Die Vorschriften über die Geschäftsführung in § 21 Absatz 1 und 2 gelten entsprechend, und zwar unabhängig davon, welche Tätigkeiten einer Verwertungsgesellschaft die abhängige Verwertungseinrichtung ausübt. [3] Für die Aufsicht ist § 90 maßgeblich.

§ 4 Unabhängige Verwertungseinrichtung. (1) Eine unabhängige Verwertungseinrichtung ist eine Organisation, die über die Voraussetzungen einer Verwertungsgesellschaft gemäß § 2 Absatz 1 hinaus auch noch die folgenden Merkmale aufweist:

1. ihre Anteile werden weder direkt noch indirekt, weder vollständig noch teilweise von ihren Berechtigten (§ 6) gehalten oder die Verwertungseinrichtung wird weder direkt noch indirekt, weder vollständig noch teilweise von ihren Berechtigten beherrscht und
2. die Verwertungseinrichtung ist auf Gewinnerzielung ausgerichtet.

(2) [1] Für die unabhängige Verwertungseinrichtung gelten die §§ 36, 54, 55 und 56 Absatz 1 Nummer 1 bis 4 und 7 bis 9 entsprechend. [2] Für die Aufsicht ist § 91 maßgeblich.

§ 5 Rechtsinhaber. (1) Rechtsinhaber im Sinne dieses Gesetzes ist jede natürliche oder juristische Person, die Inhaber eines Urheberrechts oder verwandten Schutzrechts ist oder die gesetzlich oder aufgrund eines Rechteverwertungsvertrags Anspruch auf einen Anteil an den Einnahmen aus diesen Rechten hat.

(2) Verwertungsgesellschaften sind keine Rechtsinhaber im Sinne dieses Gesetzes.

§ 6 Berechtigter. Berechtigter im Sinne dieses Gesetzes ist jeder Rechtsinhaber, der auf gesetzlicher oder vertraglicher Grundlage in einem unmittelbaren Wahrnehmungsverhältnis zu einer der in § 1 genannten Organisationen steht.

§ 7 Mitglieder. Mitglieder im Sinne dieses Gesetzes sind von der Verwertungsgesellschaft als Mitglied aufgenommene

1. Berechtigte und
2. Einrichtungen, die Rechtsinhaber vertreten.

§ 7a Außenstehender. Außenstehender im Sinne dieses Gesetzes ist ein Rechtsinhaber, der im Hinblick auf die betreffende Nutzung nicht in einem vertraglichen Wahrnehmungsverhältnis zu einer Verwertungsgesellschaft steht.

§ 8 Nutzer. Nutzer im Sinne dieses Gesetzes ist jede natürliche oder juristische Person, die eine Handlung vornimmt, die der Erlaubnis des Rechtsinhabers bedarf, oder die zur Zahlung einer Vergütung an den Rechtsinhaber verpflichtet ist.

Teil 2. Rechte und Pflichten der Verwertungsgesellschaft

Abschnitt 1. Innenverhältnis

Unterabschnitt 1. Rechtsinhaber, Berechtigte und Mitglieder

§ 9 Wahrnehmungszwang. [1]Die Verwertungsgesellschaft ist verpflichtet, auf Verlangen des Rechtsinhabers Rechte seiner Wahl an Arten von Werken und sonstigen Schutzgegenständen seiner Wahl in Gebieten seiner Wahl wahrzunehmen, wenn

1. die Rechte, die Werke und sonstigen Schutzgegenstände sowie die Gebiete zum Tätigkeitsbereich der Verwertungsgesellschaft gehören und
2. der Wahrnehmung keine objektiven Gründe entgegenstehen.

[2]Die Bedingungen, zu denen die Verwertungsgesellschaft die Rechte des Berechtigten wahrnimmt (Wahrnehmungsbedingungen), müssen angemessen sein.

§ 10 Zustimmung zur Rechtswahrnehmung. [1]Nimmt eine Verwertungsgesellschaft auf Grundlage einer vertraglichen Vereinbarung mit dem Rechtsinhaber Urheberrechte oder verwandte Schutzrechte wahr, holt sie dessen Zustimmung zur Wahrnehmung für jedes einzelne Recht ein und dokumentiert diese. [2]Die Vereinbarung bedarf, auch soweit Rechte an künftigen Werken eingeräumt werden, der Textform.

§ 11 Nutzungen für nicht kommerzielle Zwecke. Die Verwertungsgesellschaft legt Bedingungen fest, zu denen der Berechtigte jedermann das Recht einräumen kann, seine Werke oder sonstigen Schutzgegenstände für nicht kommerzielle Zwecke zu nutzen, auch wenn er die entsprechenden Rechte daran der Verwertungsgesellschaft zur Wahrnehmung eingeräumt oder übertragen hat.

§ 12 Beendigung der Rechtswahrnehmung; Entzug von Rechten.

(1) Die Verwertungsgesellschaft regelt in den Wahrnehmungsbedingungen, dass der Berechtigte unter Einhaltung einer angemessenen Frist von höchstens sechs Monaten das Wahrnehmungsverhältnis insgesamt beenden oder der Verwertungsgesellschaft Rechte seiner Wahl an Arten von Werken und sonstigen Schutzgegenständen seiner Wahl entziehen kann, und zwar jeweils für Gebiete seiner Wahl.

(2) Die Wahrnehmungsbedingungen können bestimmen, dass die Beendigung des Wahrnehmungsverhältnisses oder der Rechteentzug erst zum Ende des Geschäftsjahres wirksam werden.

(3) Die Verwertungsgesellschaft hat die Einnahmen aus den Rechten auch dann weiterhin nach den allgemeinen Vorschriften einzuziehen, zu verwalten und zu verteilen, wenn dem Berechtigten Einnahmen aus den Rechten zustehen

1. für Nutzungen aus einem Zeitraum, bevor das Wahrnehmungsverhältnis wirksam beendet oder der Rechteentzug wirksam war, oder

2. aus einem Nutzungsrecht, das die Verwertungsgesellschaft vergeben hat, bevor das Wahrnehmungsverhältnis wirksam beendet oder der Rechteentzug wirksam war.

§ 13 Bedingungen für die Mitgliedschaft. (1) [1]Die Verwertungsgesellschaft regelt in der Satzung, im Gesellschaftsvertrag oder in sonstigen Gründungsbestimmungen (Statut), dass Berechtigte und Einrichtungen, die Rechtsinhaber vertreten, als Mitglieder aufzunehmen sind, wenn sie die Bedingungen für die Mitgliedschaft erfüllen. [2]Die Bedingungen müssen objektiv, transparent und nichtdiskriminierend sein und sind im Statut zu regeln.

(2) Lehnt eine Verwertungsgesellschaft einen Antrag auf Aufnahme als Mitglied ab, so sind dem Antragsteller die Gründe verständlich zu erläutern.

§ 14 Elektronische Kommunikation. Die Verwertungsgesellschaft eröffnet allen Mitgliedern und Berechtigten einen Zugang für die elektronische Kommunikation.

§ 15 Mitglieder- und Berechtigtenverzeichnis. Die Verwertungsgesellschaft führt ein aktuelles Mitglieder- und Berechtigtenverzeichnis.

§ 16 Grundsatz der Mitwirkung. [1]Die Verwertungsgesellschaft sieht in dem Statut angemessene und wirksame Verfahren der Mitwirkung von Mitgliedern und von Berechtigten an den Entscheidungen der Verwertungsgesellschaft vor. [2]Die verschiedenen Kategorien von Mitgliedern und Berechtigten, wie beispielsweise Urheber von Werken der Musik, Tonträgerhersteller oder ausübende Künstler, müssen dabei fair und ausgewogen vertreten sein.

§ 17 Allgemeine Befugnisse der Mitgliederhauptversammlung.

(1) [1]Die Mitgliederhauptversammlung ist das Organ, in dem die Mitglieder mitwirken und ihr Stimmrecht ausüben. [2]Die Verwertungsgesellschaft regelt in dem Statut, dass die Mitgliederhauptversammlung mindestens beschließt über:

1. das Statut der Verwertungsgesellschaft (§ 13);
2. den jährlichen Transparenzbericht (§ 58);
3. die Bestellung und Abberufung des Abschlussprüfers oder die Mitgliedschaft in einem genossenschaftlichen Prüfungsverband;
4. Zusammenschlüsse und Bündnisse unter Beteiligung der Verwertungsgesellschaft, die Gründung von Tochtergesellschaften, die Übernahme anderer Organisationen und den Erwerb von Anteilen oder Rechten an anderen Organisationen durch die Verwertungsgesellschaft;
5. die Grundsätze des Risikomanagements;
6. den Verteilungsplan (§ 27);
7. die Verwendung der nicht verteilbaren Einnahmen aus den Rechten (§ 30);
8. die allgemeine Anlagepolitik in Bezug auf die Einnahmen aus den Rechten (§ 25);
9. die allgemeinen Grundsätze für die Abzüge von den Einnahmen aus den Rechten (§ 31 Absatz 1), einschließlich der allgemeinen Grundsätze für Abzüge zur Deckung der Verwaltungskosten (§ 31 Absatz 2) und gegebenenfalls der Abzüge für die Förderung kulturell bedeutender Werke und Leistungen und für die Einrichtung und den Betrieb von Vorsorge- und Unterstützungseinrichtungen (§ 32);

10. den Erwerb, den Verkauf und die Beleihung unbeweglicher Sachen;
11. die Aufnahme und die Vergabe von Darlehen sowie die Stellung von Darlehenssicherheiten;
12. den Abschluss, den Inhalt und die Beendigung von Repräsentationsvereinbarungen (§ 44);
13. die Wahrnehmungsbedingungen (§ 9 Satz 2);
14. die Tarife (§§ 38 bis 40);
15. die zum Tätigkeitsbereich gehörenden Rechte;
16. die Bedingungen, zu denen der Berechtigte jedermann das Recht einräumen kann, seine Werke oder sonstige Schutzgegenstände für nicht kommerzielle Zwecke zu nutzen (§ 11).

(2) Die Mitgliederhauptversammlung kann beschließen, dass die Befugnisse nach Absatz 1 Satz 2 Nummer 3 bis 5 und 10 bis 14 dem Aufsichtsgremium nach § 22 übertragen werden.

§ 18 Befugnisse der Mitgliederhauptversammlung in Bezug auf die Organe. (1) Die Verwertungsgesellschaft regelt in dem Statut, dass die Mitgliederhauptversammlung beschließt über die Ernennung und Entlassung sowie über die Vergütung und sonstigen Leistungen

1. der Personen, die kraft Gesetzes oder nach dem Statut zur Vertretung der Verwertungsgesellschaft berechtigt sind,
2. der Mitglieder des Aufsichtsrats,
3. der Mitglieder des Verwaltungsrats,
4. der Mitglieder des Aufsichtsgremiums (§ 22), sofern dessen Befugnisse nicht von dem Aufsichts- oder Verwaltungsrat wahrgenommen werden.

(2) Die Mitgliederhauptversammlung kann beschließen, dass die Befugnisse nach Absatz 1 hinsichtlich der Personen, die kraft Gesetzes oder nach dem Statut zur Vertretung berechtigt sind, dem Aufsichtsrat oder dem Aufsichtsgremium nach § 22 übertragen werden.

§ 19 Durchführung der Mitgliederhauptversammlung; Vertretung.
(1) Die Mitgliederhauptversammlung ist mindestens einmal jährlich einzuberufen.

(2) Alle Mitglieder der Verwertungsgesellschaft sind sowohl zur Teilnahme an der Mitgliederhauptversammlung als auch zur Abstimmung berechtigt.

(3) [1] Die Verwertungsgesellschaft regelt in dem Statut die Voraussetzungen, unter denen die Mitglieder an der Mitgliederhauptversammlung auch ohne Anwesenheit vor Ort und ohne einen Vertreter teilnehmen können und ihr Stimmrecht im Wege elektronischer Kommunikation ausüben können. [2] Die Verwertungsgesellschaft kann die elektronische Ausübung weiterer Mitgliedschaftsrechte zulassen.

(4) [1] Jedes Mitglied muss nach Gesetz oder nach dem Statut berechtigt sein, seine Rechte in der Mitgliederhauptversammlung auch durch einen Vertreter ausüben zu lassen, sofern die Vertretung nicht zu einem Interessenkonflikt führt. [2] Ein Interessenkonflikt liegt insbesondere darin, dass derselbe Vertreter Mitglieder verschiedener im Statut festgelegter Kategorien vertritt. [3] Die Verwertungsgesellschaft kann in dem Statut die Anzahl der durch denselben Vertreter vertretenen Mitglieder beschränken, wobei diese Anzahl zehn nicht

unterschreiten darf. [4]Eine Vollmacht zur Vertretung eines Mitglieds in einer Mitgliederhauptversammlung ist nur wirksam, wenn sie auf die Vertretung des Mitglieds in dieser Mitgliederhauptversammlung beschränkt ist. [5]Der Vertreter ist verpflichtet, entsprechend den Anweisungen des Mitglieds abzustimmen, das ihn bestellt hat.

§ 20 Mitwirkung der Berechtigten, die nicht Mitglied sind. (1) Die Berechtigten, die nicht Mitglied sind, wählen mindestens alle vier Jahre aus ihrer Mitte Delegierte.

(2) In dem Statut der Verwertungsgesellschaft ist mindestens zu regeln:
1. die Anzahl und Zusammensetzung der Delegierten;
2. das Verfahren zur Wahl der Delegierten;
3. dass die Delegierten zur Teilnahme an der Mitgliederhauptversammlung berechtigt sind;
4. dass die Delegierten stimmberechtigt mindestens an Entscheidungen über die in § 17 Absatz 1 Satz 2 Nummer 6 bis 9 und 12 bis 16, Absatz 2 sowie die in § 18 genannten Angelegenheiten, mit Ausnahme der Entscheidungen über die Ernennung und Entlassung der in § 18 Absatz 1 genannten Personen, mitwirken können und
5. dass die Delegierten an Entscheidungen der Mitgliederhauptversammlung, an denen sie nicht stimmberechtigt mitwirken, jedenfalls beratend mitwirken können.

(3) Für die Mitwirkung der Delegierten an der Mitgliederhauptversammlung gilt § 19 Absatz 3 entsprechend.

Unterabschnitt 2. Geschäftsführung und Aufsicht

§ 21 Geschäftsführung. (1) Die Verwertungsgesellschaft trifft Vorkehrungen dafür, dass die Personen, die kraft Gesetzes oder nach dem Statut zur Vertretung der Verwertungsgesellschaft berechtigt sind, ihre Aufgaben solide, umsichtig und angemessen erfüllen.

(2) [1]Damit Interessenkonflikte von Personen, die kraft Gesetzes oder nach dem Statut zur Vertretung der Verwertungsgesellschaft berechtigt sind, erkannt und vermieden werden, legt die Verwertungsgesellschaft Verfahren fest und wendet diese an, um Nachteile für Mitglieder und Berechtigte zu verhindern. [2]Dabei legt die Verwertungsgesellschaft auch fest, dass unvermeidbare Interessenkonflikte offenzulegen, zu überwachen und baldmöglichst zu beenden sind.

(3) Die Personen, die kraft Gesetzes oder nach dem Statut zur Vertretung der Verwertungsgesellschaft berechtigt sind, geben gegenüber der Mitgliederhauptversammlung mindestens einmal jährlich eine persönliche Erklärung mit folgendem Inhalt ab:
1. ihre Beteiligungen an der Verwertungsgesellschaft,
2. die Höhe ihrer Vergütung und sonstigen Leistungen, die von der Verwertungsgesellschaft im abgelaufenen Geschäftsjahr bezogen wurden,
3. die Höhe der Beträge, die sie in der Eigenschaft als Berechtigter (§ 6) von der Verwertungsgesellschaft im abgelaufenen Geschäftsjahr erhalten haben, und
4. Art und Umfang eines tatsächlichen oder möglichen Konflikts zwischen ihren persönlichen Interessen und den Interessen der Verwertungsgesellschaft

oder zwischen ihren Pflichten gegenüber der Verwertungsgesellschaft und ihren Pflichten gegenüber einer anderen natürlichen oder juristischen Person.

(4) Für die Zwecke der persönlichen Erklärung über die Höhe der in Absatz 3 Nummer 3 genannten Beträge kann die Verwertungsgesellschaft angemessene Stufen festlegen.

§ 22 Aufsichtsgremium. (1) Die Verwertungsgesellschaft verfügt über ein Gremium, das mit der kontinuierlichen Überwachung derjenigen Personen betraut ist, die kraft Gesetzes oder nach dem Statut zur Vertretung der Verwertungsgesellschaft berechtigt sind (Aufsichtsgremium).

(2) In dem Aufsichtsgremium müssen die verschiedenen Kategorien von Mitgliedern fair und ausgewogen vertreten sein.

(3) Das Aufsichtsgremium hat mindestens folgende Befugnisse und Aufgaben:

1. die Befugnisse, die ihm von der Mitgliederhauptversammlung übertragen werden;
2. die Tätigkeit und die Aufgabenerfüllung derjenigen Personen zu überwachen, die kraft Gesetzes oder nach dem Statut zur Vertretung der Verwertungsgesellschaft berechtigt sind;
3. die Tätigkeit und die Aufgabenerfüllung derjenigen Personen zu überwachen, die kraft Gesetzes oder nach dem Statut zur Vertretung einer von der Verwertungsgesellschaft abhängigen Verwertungseinrichtung berechtigt sind, soweit die abhängige Verwertungseinrichtung Tätigkeiten einer Verwertungsgesellschaft ausübt.

(4) Das Aufsichtsgremium tritt regelmäßig zusammen und berichtet der Mitgliederhauptversammlung mindestens einmal im Jahr über seine Tätigkeit.

(5) [1] Die Mitglieder des Aufsichtsgremiums geben mindestens einmal jährlich gegenüber der Mitgliederhauptversammlung eine Erklärung nach § 21 Absatz 3 ab. [2] § 21 Absatz 4 gilt entsprechend.

Unterabschnitt 3. Einnahmen aus den Rechten

§ 23 Einziehung, Verwaltung und Verteilung der Einnahmen aus den Rechten. [1] Die Verwertungsgesellschaft hat die Einnahmen aus den Rechten, einschließlich der Einnahmen aus den Rechten, die sie auf Grundlage einer Repräsentationsvereinbarung (§ 44) wahrnimmt, nach Maßgabe dieses Unterabschnitts mit der gebotenen Sorgfalt einzuziehen, zu verwalten und zu verteilen, soweit dieses Gesetz nichts anderes bestimmt. [2] Zu den Einnahmen aus den Rechten im Sinne dieses Gesetzes zählen auch die Erträge aus der Anlage dieser Einnahmen.

§ 24 Getrennte Konten. Die Verwertungsgesellschaft weist in der Buchführung getrennt aus:

1. die Einnahmen aus den Rechten,
2. ihr eigenes Vermögen, die Erträge aus dem eigenen Vermögen sowie die Einnahmen zur Deckung der Verwaltungskosten und aus sonstiger Tätigkeit.

§ 25 Anlage der Einnahmen aus den Rechten. (1) [1]Legt die Verwertungsgesellschaft Einnahmen aus den Rechten an, so erfolgt dies im ausschließlichen und besten Interesse der Berechtigten. [2]Die Verwertungsgesellschaft stellt für die Zwecke der Anlage der Einnahmen aus den Rechten eine Richtlinie auf (Anlagerichtlinie) und beachtet diese bei der Anlage.

(2) Die Anlagerichtlinie muss

1. der allgemeinen Anlagepolitik (§ 17 Absatz 1 Satz 2 Nummer 8) und den Grundsätzen des Risikomanagements (§ 17 Absatz 1 Satz 2 Nummer 5) entsprechen;
2. gewährleisten, dass die Anlage in den in § 1807 Absatz 1 des Bürgerlichen Gesetzbuchs[1)] genannten Anlageformen oder in anderen Anlageformen unter Beachtung der Grundsätze einer wirtschaftlichen Vermögensverwaltung gemäß § 1811 Satz 2 des Bürgerlichen Gesetzbuchs erfolgt;
3. gewährleisten, dass die Anlagen in angemessener Weise so gestreut werden, dass eine zu große Abhängigkeit von einem bestimmten Vermögenswert und eine Risikokonzentration im Portfolio insgesamt vermieden werden.

(3) Die Verwertungsgesellschaft lässt die Vereinbarkeit der Anlagerichtlinie und jeder Änderung der Anlagerichtlinie mit den Vorgaben nach Absatz 2 durch einen Wirtschaftsprüfer oder eine Wirtschaftsprüfungsgesellschaft unverzüglich prüfen und bestätigen.

§ 26 Verwendung der Einnahmen aus den Rechten. Die Verwertungsgesellschaft darf die Einnahmen aus den Rechten nur zu folgenden Zwecken verwenden:

1. zur Verteilung an die Berechtigten (§ 27) und an andere Verwertungsgesellschaften im Rahmen von Repräsentationsvereinbarungen (§ 46);
2. gemäß einem nach § 17 Absatz 1 Satz 2 Nummer 7 gefassten Beschluss, soweit die Einnahmen aus den Rechten nicht verteilbar sind;
3. gemäß einem nach § 17 Absatz 1 Satz 2 Nummer 9 gefassten Beschluss über Abzüge zur Deckung der Verwaltungskosten;
4. gemäß einem nach § 17 Absatz 1 Satz 2 Nummer 9 gefassten Beschluss über Abzüge zur Förderung kulturell bedeutender Werke und Leistungen und für die Einrichtung und den Betrieb von Vorsorge- und Unterstützungseinrichtungen (§ 32).

§ 27 Verteilungsplan. (1) Die Verwertungsgesellschaft stellt feste Regeln auf, die ein willkürliches Vorgehen bei der Verteilung der Einnahmen aus den Rechten ausschließen (Verteilungsplan).

(2) Nimmt die Verwertungsgesellschaft Rechte für mehrere Gruppen von Rechtsinhabern gemeinsam wahr, kann sie im Verteilungsplan regeln, dass die Einnahmen aus der Wahrnehmung dieser Rechte unabhängig davon, wer die Rechte eingebracht hat, nach festen Anteilen verteilt werden.

§ 27a Einnahmen aus gesetzlichen Vergütungsansprüchen des Urhebers. (1) Nach der Veröffentlichung eines verlegten Werks oder mit der Anmeldung des Werks bei der Verwertungsgesellschaft kann der Urheber gegenüber der Verwertungsgesellschaft zustimmen, dass der Verleger an den Ein-

---

1) Nr. **12**.

nahmen aus den in § 63a Absatz 1 des Urheberrechtsgesetzes[1] genannten gesetzlichen Vergütungsansprüchen beteiligt wird.

(2) Die Verwertungsgesellschaft legt die Höhe des Verlegeranteils nach Absatz 1 fest.

(3) Die Absätze 1 und 2 sind auf Einnahmen aus dem Vergütungsanspruch nach § 27 Absatz 2 des Urheberrechtsgesetzes entsprechend anzuwenden.

§ 27b Mindestbeteiligung des Urhebers. Ist der Verleger nach § 63a Absatz 2 und 3 des Urheberrechtsgesetzes[1] oder nach § 27a an der angemessenen Vergütung zu beteiligen, so stehen dem Urheber mindestens zwei Drittel der Einnahmen zu, sofern die Verwertungsgesellschaft keine andere Verteilung festlegt.

§ 28 Verteilungsfrist. (1) Die Verwertungsgesellschaft bestimmt im Verteilungsplan oder in den Wahrnehmungsbedingungen Fristen, binnen derer die Einnahmen aus den Rechten verteilt werden.

(2) Die Verwertungsgesellschaft bestimmt die Fristen so, dass die Einnahmen aus den Rechten spätestens neun Monate nach Ablauf des Geschäftsjahres, in dem sie eingezogen wurden, verteilt werden.

(3) Die Verwertungsgesellschaft kann vorsehen, dass eine Frist nicht abläuft, solange die Verwertungsgesellschaft aus sachlichen Gründen an der Durchführung der Verteilung gehindert ist.

(4) Einnahmen aus den Rechten, die nicht innerhalb der Fristen ausgeschüttet werden, weil der Berechtigte nicht festgestellt oder ausfindig gemacht werden kann, weist die Verwertungsgesellschaft in der Buchführung getrennt aus.

§ 29 Feststellung der Berechtigten. (1) Können Einnahmen aus den Rechten nicht innerhalb der Verteilungsfrist (§ 28) verteilt werden, weil ein Berechtigter nicht festgestellt oder ausfindig gemacht werden kann, trifft die Verwertungsgesellschaft angemessene Maßnahmen, um den Berechtigten festzustellen oder ausfindig zu machen.

(2) Insbesondere stellt die Verwertungsgesellschaft ihren Mitgliedern, ihren Berechtigten und allen Verwertungsgesellschaften, für die sie im Rahmen einer Repräsentationsvereinbarung Rechte wahrnimmt, spätestens drei Monate nach Ablauf der Verteilungsfrist (§ 28), soweit verfügbar, folgende Angaben über die Werke und sonstigen Schutzgegenstände, deren Berechtigte nicht festgestellt oder ausfindig gemacht werden konnten, zur Verfügung:

1. den Titel des Werks oder sonstigen Schutzgegenstands,
2. den Namen des Berechtigten, der nicht festgestellt oder ausfindig gemacht werden kann,
3. den Namen des betreffenden Verlegers oder Herstellers und
4. alle sonstigen erforderlichen Informationen, die zur Feststellung des Berechtigten beitragen könnten.

(3) Die Verwertungsgesellschaft veröffentlicht die Angaben nach Absatz 2 spätestens ein Jahr nach Ablauf der Dreimonatsfrist, wenn der Berechtigte nicht inzwischen festgestellt oder ausfindig gemacht werden konnte.

---

[1] Nr. 2.

§ 30 Nicht verteilbare Einnahmen aus den Rechten. (1) Einnahmen aus den Rechten gelten als nicht verteilbar, wenn der Berechtigte nicht innerhalb von drei Jahren nach Ablauf des Geschäftsjahres, in dem die Einnahmen aus den Rechten eingezogen wurden, festgestellt oder ausfindig gemacht werden konnte und die Verwertungsgesellschaft die erforderlichen Maßnahmen nach § 29 ergriffen hat.

(2) Die Verwertungsgesellschaft stellt allgemeine Regeln über die Verwendung der nicht verteilbaren Einnahmen aus den Rechten auf.

(3) Die Ansprüche des Berechtigten aus dem Wahrnehmungsverhältnis bleiben unberührt.

§ 31 Abzüge von den Einnahmen aus den Rechten. (1) Abzüge von den Einnahmen aus den Rechten müssen im Verhältnis zu den Leistungen der Verwertungsgesellschaft an die Berechtigten angemessen sein und anhand von objektiven Kriterien festgelegt werden.

(2) Soweit die Verwertungsgesellschaft zur Deckung der Kosten, die ihr für die Wahrnehmung von Urheberrechten und verwandten Schutzrechten entstehen (Verwaltungskosten), Abzüge von den Einnahmen aus den Rechten vornimmt, dürfen die Abzüge die gerechtfertigten und belegten Verwaltungskosten nicht übersteigen.

§ 32 Kulturelle Förderung; Vorsorge- und Unterstützungseinrichtungen. (1) Die Verwertungsgesellschaft soll kulturell bedeutende Werke und Leistungen fördern.

(2) Die Verwertungsgesellschaft soll Vorsorge- und Unterstützungseinrichtungen für ihre Berechtigten einrichten.

(3) Werden kulturelle Förderungen und Vorsorge- und Unterstützungseinrichtungen durch Abzüge von den Einnahmen aus den Rechten finanziert, so hat die Verwertungsgesellschaft die kulturellen Förderungen und die Leistungen der Vorsorge- und Unterstützungseinrichtungen nach festen Regeln, die auf fairen Kriterien beruhen, zu erbringen.

Unterabschnitt 4. Beschwerdeverfahren

§ 33 Beschwerdeverfahren. (1) Die Verwertungsgesellschaft regelt wirksame und zügige Beschwerdeverfahren.

(2) Als Gegenstand einer Beschwerde sind dabei insbesondere zu benennen:

1. die Aufnahme und die Beendigung der Rechtewahrnehmung oder der Entzug von Rechten,
2. die Bedingungen für die Mitgliedschaft und die Wahrnehmungsbedingungen,
3. die Einziehung, Verwaltung und Verteilung der Einnahmen aus den Rechten,
4. die Abzüge von den Einnahmen aus den Rechten.

(3) [1] Die Verwertungsgesellschaft entscheidet über Beschwerden in Textform. [2] Soweit die Verwertungsgesellschaft der Beschwerde nicht abhilft, hat sie dies zu begründen.

Abschnitt 2. Außenverhältnis

Unterabschnitt 1. Verträge und Tarife

§ 34 Abschlusszwang. (1) [1]Die Verwertungsgesellschaft ist verpflichtet, aufgrund der von ihr wahrgenommenen Rechte jedermann auf Verlangen zu angemessenen Bedingungen Nutzungsrechte einzuräumen. [2]Die Bedingungen müssen insbesondere objektiv und nichtdiskriminierend sein und eine angemessene Vergütung vorsehen.

(2) [1]Die Verwertungsgesellschaft verstößt nicht bereits deshalb gegen ihre Verpflichtung zur Nichtdiskriminierung, weil sie die zwischen ihr und dem Anbieter eines neuartigen Online-Dienstes vereinbarten Bedingungen nicht auch einem anderen Anbieter eines gleichartigen neuartigen Online-Dienstes gewährt. [2]Neuartig ist ein Online-Dienst, der seit weniger als drei Jahren der Öffentlichkeit in der Europäischen Union oder einem anderen Vertragsstaat des Abkommens über den Europäischen Wirtschaftsraum zur Verfügung steht.

§ 35 Gesamtverträge. Die Verwertungsgesellschaft ist verpflichtet, über die von ihr wahrgenommenen Rechte mit Nutzervereinigungen einen Gesamtvertrag zu angemessenen Bedingungen abzuschließen, es sei denn, der Verwertungsgesellschaft ist der Abschluss des Gesamtvertrags nicht zuzumuten, insbesondere weil die Nutzervereinigung eine zu geringe Mitgliederzahl hat.

§ 36 Verhandlungen. (1) [1]Verwertungsgesellschaft und Nutzer oder Nutzervereinigung verhandeln nach Treu und Glauben über die von der Verwertungsgesellschaft wahrgenommenen Rechte. [2]Die Beteiligten stellen sich gegenseitig alle für die Verhandlungen notwendigen Informationen zur Verfügung.

(2) [1]Die Verwertungsgesellschaft antwortet unverzüglich auf Anfragen des Nutzers oder der Nutzervereinigung und teilt mit, welche Angaben sie für ein Vertragsangebot benötigt. [2]Sie unterbreitet dem Nutzer unverzüglich nach Eingang aller erforderlichen Informationen ein Angebot über die Einräumung der von ihr wahrgenommenen Rechte oder gibt eine begründete Erklärung ab, warum sie kein solches Angebot unterbreitet.

§ 37 Hinterlegung; Zahlung unter Vorbehalt. Kommt eine Einigung über die Höhe der Vergütung für die Einräumung von Nutzungsrechten nicht zustande, so gelten die Nutzungsrechte als eingeräumt, wenn die Vergütung

1. in Höhe des vom Nutzer anerkannten Betrages an die Verwertungsgesellschaft gezahlt worden ist und
2. in Höhe der darüber hinausgehenden Forderung der Verwertungsgesellschaft unter Vorbehalt an die Verwertungsgesellschaft gezahlt oder zu ihren Gunsten hinterlegt worden ist.

§ 38 Tarifaufstellung. [1]Die Verwertungsgesellschaft stellt Tarife auf über die Vergütung, die sie aufgrund der von ihr wahrgenommenen Rechte fordert. [2]Soweit Gesamtverträge abgeschlossen sind, gelten die dort vereinbarten Vergütungssätze als Tarife.

§ 39 Tarifgestaltung. (1) [1]Berechnungsgrundlage für die Tarife sollen in der Regel die geldwerten Vorteile sein, die durch die Verwertung erzielt werden. [2]Die Tarife können sich auch auf andere Berechnungsgrundlagen stützen, wenn diese ausreichende, mit einem wirtschaftlich vertretbaren Aufwand zu erfassende Anhaltspunkte für die durch die Verwertung erzielten Vorteile ergeben.

(2) Bei der Tarifgestaltung ist auf den Anteil der Werknutzung am Gesamtumfang des Verwertungsvorgangs und auf den wirtschaftlichen Wert der von der Verwertungsgesellschaft erbrachten Leistungen angemessen Rücksicht zu nehmen.

(3) Die Verwertungsgesellschaft soll bei der Tarifgestaltung und bei der Einziehung der tariflichen Vergütung auf religiöse, kulturelle und soziale Belange der Nutzer, einschließlich der Belange der Jugendhilfe, angemessen Rücksicht nehmen.

(4) Die Verwertungsgesellschaft informiert die betroffenen Nutzer über die Kriterien, die der Tarifaufstellung zugrunde liegen.

§ 40 Gestaltung der Tarife für Geräte und Speichermedien. (1) [1] Die Höhe der Vergütung für Geräte und Speichermedien bestimmt sich nach § 54a des Urheberrechtsgesetzes[1)]. [2] Die Verwertungsgesellschaften stellen hierfür Tarife auf Grundlage einer empirischen Untersuchung aus einem Verfahren gemäß § 93 auf. [3] § 38 Satz 2 bleibt unberührt.

(2) Die Pflicht zur Tarifaufstellung entfällt, wenn zu erwarten ist, dass der dafür erforderliche wirtschaftliche Aufwand außer Verhältnis zu den zu erwartenden Einnahmen stehen würde.

Unterabschnitt 2. Mitteilungspflichten

§ 41 Auskunftspflicht der Nutzer. (1) [1] Die Verwertungsgesellschaft kann von dem Nutzer Auskunft über die Nutzung derjenigen Werke und sonstiger Schutzgegenstände verlangen, an denen sie dem Nutzer die Nutzungsrechte eingeräumt hat oder für deren Nutzung sie nach dem Urheberrechts-Diensteanbieter-Gesetz[2)] Vergütungsansprüche geltend macht, soweit die Auskunft für die Einziehung der Einnahmen aus den Rechten oder für deren Verteilung erforderlich ist. [2] Dies gilt nicht, soweit dem Nutzer die Erteilung der Auskunft nur mit unangemessen hohem Aufwand möglich ist.

(2) Die Verwertungsgesellschaft vereinbart mit dem Nutzer in den Nutzungsverträgen angemessene Regelungen über die Erteilung der Auskunft.

(3) Hinsichtlich des Formats von Meldungen sollen die Verwertungsgesellschaft und der Nutzer branchenübliche Standards berücksichtigen.

§ 42 Meldepflicht der Nutzer. (1) Veranstalter von öffentlichen Wiedergaben urheberrechtlich geschützter Werke haben vor der Veranstaltung die Einwilligung der Verwertungsgesellschaft einzuholen, welche die Nutzungsrechte an diesen Werken wahrnimmt.

(2) [1] Nach der Veranstaltung hat der Veranstalter der Verwertungsgesellschaft eine Aufstellung über die bei der Veranstaltung genutzten Werke zu übersenden. [2] Dies gilt nicht für

1. die Wiedergabe eines Werkes mittels Tonträger,
2. die Wiedergabe von Funksendungen eines Werkes sowie

---

1) Nr. 2.
2) Nr. 2a.

3. Veranstaltungen, auf denen in der Regel nicht geschützte oder nur unwesentlich bearbeitete nicht geschützte Werke der Musik aufgeführt werden.

(3) Soweit für die Verteilung von Einnahmen aus der Wahrnehmung von Rechten zur Wiedergabe von Funksendungen Auskünfte der Sendeunternehmen erforderlich sind, die die Funksendungen veranstaltet haben, erteilen diese Sendeunternehmen der Verwertungsgesellschaft die Auskünfte gegen Erstattung der Unkosten.

§ 43 Elektronische Kommunikation. Die Verwertungsgesellschaft eröffnet allen Nutzern einen Zugang für die elektronische Kommunikation, einschließlich zur Meldung über die Nutzung der Rechte.

Abschnitt 3. Besondere Vorschriften für die Wahrnehmung von Rechten auf Grundlage von Repräsentationsvereinbarungen

§ 44 Repräsentationsvereinbarung; Diskriminierungsverbot. Beauftragt eine Verwertungsgesellschaft eine andere Verwertungsgesellschaft, die von ihr wahrgenommenen Rechte wahrzunehmen (Repräsentationsvereinbarung), so darf die beauftragte Verwertungsgesellschaft die Rechtsinhaber, deren Rechte sie auf Grundlage der Repräsentationsvereinbarung wahrnimmt, nicht diskriminieren.

§ 45 Abzüge. Die beauftragte Verwertungsgesellschaft darf von den Einnahmen aus den Rechten, die sie auf Grundlage einer Repräsentationsvereinbarung wahrnimmt, andere Abzüge als zur Deckung der Verwaltungskosten nur vornehmen, soweit die beauftragende Verwertungsgesellschaft ausdrücklich zugestimmt hat.

§ 46 Verteilung. (1) [1] Für die Verteilung der Einnahmen aus den Rechten, die die beauftragte Verwertungsgesellschaft auf Grundlage einer Repräsentationsvereinbarung wahrnimmt, ist der Verteilungsplan der beauftragten Verwertungsgesellschaft maßgeblich, soweit die Verwertungsgesellschaften in der Repräsentationsvereinbarung keine abweichenden Vereinbarungen treffen. [2] Abweichende Vereinbarungen in der Repräsentationsvereinbarung müssen ein willkürliches Vorgehen bei der Verteilung ausschließen.

(2) Von den Vorschriften über die Verteilungsfrist (§ 28) kann in der Repräsentationsvereinbarung nicht zum Nachteil der beauftragenden Verwertungsgesellschaft abgewichen werden.

(3) Bezieht sich die Repräsentationsvereinbarung auf Rechte und Werke oder sonstige Schutzgegenstände, die zum Tätigkeitsbereich beider Verwertungsgesellschaften zählen, so hat die beauftragende Verwertungsgesellschaft die Verteilungsfrist (§ 28) so zu bestimmen, dass die Einnahmen aus den Rechten spätestens sechs Monate nach Erhalt an die von ihr vertretenen Berechtigten verteilt werden.

§ 47 Informationspflichten. Die beauftragte Verwertungsgesellschaft informiert spätestens zwölf Monate nach Ablauf eines jeden Geschäftsjahres die Verwertungsgesellschaften, für die sie in diesem Geschäftsjahr auf Grundlage einer Repräsentationsvereinbarung Rechte wahrgenommen hat, elektronisch mindestens über:

1. die in diesem Geschäftsjahr der beauftragenden Verwertungsgesellschaft zugewiesenen Einnahmen aus denjenigen Rechten, die von der Repräsentationsvereinbarung umfasst sind, aufgeschlüsselt nach Kategorie der Rechte und Art der Nutzung;
2. die in diesem Geschäftsjahr an die beauftragende Verwertungsgesellschaft ausgeschütteten Einnahmen aus denjenigen Rechten, die von der Repräsentationsvereinbarung umfasst sind, aufgeschlüsselt nach Kategorie der Rechte und Art der Nutzung;
3. sämtliche der beauftragenden Verwertungsgesellschaft zugewiesenen, aber noch nicht ausgeschütteten Einnahmen aus den Rechten;
4. die in diesem Geschäftsjahr zur Deckung der Verwaltungskosten vorgenommenen Abzüge von den Einnahmen aus den Rechten;
5. die in diesem Geschäftsjahr für andere Zwecke als zur Deckung der Verwaltungskosten vorgenommenen Abzüge aus den Einnahmen von den Rechten;
6. Informationen zu den mit Nutzern abgeschlossenen Verträgen sowie zu Vertragsanfragen von Nutzern, die abgelehnt wurden, soweit sich die Verträge und Vertragsanfragen auf Werke und andere Schutzgegenstände beziehen, die von der Repräsentationsvereinbarung umfasst sind, und
7. die Beschlüsse der Mitgliederhauptversammlung, sofern die Beschlüsse für die Wahrnehmung der unter die Repräsentationsvereinbarung fallenden Rechte maßgeblich sind.

Abschnitt 4. Vermutungen; Außenstehende bei Weitersendung und Direkteinspeisung

§ 48 Vermutung bei Auskunftsansprüchen. Macht die Verwertungsgesellschaft einen Auskunftsanspruch geltend, der nur durch eine Verwertungsgesellschaft geltend gemacht werden kann, so wird vermutet, dass sie die Rechte aller Rechtsinhaber wahrnimmt.

§ 49 Vermutung bei gesetzlichen Vergütungsansprüchen. (1) Macht die Verwertungsgesellschaft einen Vergütungsanspruch nach § 27, § 54 Absatz 1, § 54c Absatz 1, § 77 Absatz 2, § 85 Absatz 4, § 94 Absatz 4 oder § 137l Absatz 5 des Urheberrechtsgesetzes[1] geltend, so wird vermutet, dass sie die Rechte aller Rechtsinhaber wahrnimmt.

(2) Ist mehr als eine Verwertungsgesellschaft zur Geltendmachung des Anspruchs berechtigt, so gilt die Vermutung nur, wenn der Anspruch von allen berechtigten Verwertungsgesellschaften gemeinsam geltend gemacht wird.

(3) Soweit die Verwertungsgesellschaft Zahlungen auch für die Rechtsinhaber erhält, deren Rechte sie nicht wahrnimmt, hat sie den Nutzer von den Vergütungsansprüchen dieser Rechtsinhaber freizustellen.

§ 50 Außenstehende bei Weitersendung und Direkteinspeisung.

(1) [1] Hat ein Rechtsinhaber die Wahrnehmung seines Rechts der Weitersendung im Sinne des § 20b Absatz 1 Satz 1 des Urheberrechtsgesetzes[1] oder der Direkteinspeisung im Sinne des § 20d Absatz 1 des Urheberrechtsgesetzes keiner Verwertungsgesellschaft übertragen, so gilt die Verwertungsgesellschaft,

---

[1] Nr. 2.

die Rechte dieser Art wahrnimmt und der eine Erlaubnis (§ 77) erteilt wurde, als berechtigt, seine Rechte wahrzunehmen. [2]Kommen dafür mehrere Verwertungsgesellschaften in Betracht, so gelten sie gemeinsam als berechtigt; wählt der Rechtsinhaber eine von ihnen aus, so gilt nur diese als berechtigt. [3]Die Sätze 1 und 2 gelten nicht für Rechte, die das Sendeunternehmen innehat, dessen Sendung weitergesendet wird.

(2) [1]Hat die Verwertungsgesellschaft, die nach Absatz 1 als berechtigt gilt, eine Vereinbarung über die Weitersendung oder Direkteinspeisung getroffen, so hat der Rechtsinhaber im Verhältnis zu dieser Verwertungsgesellschaft die gleichen Rechte und Pflichten, wie wenn er ihr seine Rechte zur Wahrnehmung übertragen hätte. [2]Seine Ansprüche verjähren in drei Jahren von dem Zeitpunkt an, in dem die Verwertungsgesellschaft nach dem Verteilungsplan oder den Wahrnehmungsbedingungen die Abrechnung der Weitersendung oder Direkteinspeisung vorzunehmen hat; die Verwertungsgesellschaft kann ihm eine Verkürzung durch Meldefristen oder auf ähnliche Weise nicht entgegenhalten.

Abschnitt 5. Kollektive Lizenzen mit erweiterter Wirkung

§ 51 Kollektive Lizenzen mit erweiterter Wirkung. (1) Schließt eine Verwertungsgesellschaft einen Vertrag über die Nutzung ihres Repertoires, so kann sie nach Maßgabe dieses Abschnitts entsprechende Nutzungsrechte auch am Werk eines Außenstehenden (§ 7a) einräumen.

(2) Der Außenstehende kann der Rechtseinräumung nach Absatz 1 jederzeit gegenüber der Verwertungsgesellschaft widersprechen.

(3) In Bezug auf die Rechtseinräumung hat der Außenstehende im Verhältnis zur Verwertungsgesellschaft die gleichen Rechte und Pflichten wie bei einer Wahrnehmung auf vertraglicher Grundlage.

§ 51a Wirksamkeit der Rechtseinräumung und dauerhafte Information. (1) Die Einräumung von Rechten am Werk eines Außenstehenden ist unter folgenden Voraussetzungen wirksam:

1. die Verwertungsgesellschaft ist repräsentativ (§ 51b),
2. die Einholung der Nutzungserlaubnis von allen betroffenen Außenstehenden durch den Nutzer oder die Verwertungsgesellschaft ist unzumutbar,
3. die Rechtseinräumung beschränkt sich auf Nutzungen im Inland,
4. die Verwertungsgesellschaft informiert während einer angemessen Frist von mindestens drei Monaten vor der Rechtseinräumung auf ihrer Internetseite
   a) darüber, dass sie in der Lage ist, kollektive Lizenzen mit erweiterter Wirkung zu erteilen,
   b) über die Wirkungen kollektiver Lizenzen mit erweiterter Wirkung für Außenstehende,
   c) über die Nutzungsarten, Werkarten und Gruppen von Rechtsinhabern, die in die kollektiven Lizenzen mit erweiterter Wirkung einbezogen werden sollen,
   d) über das Recht der Außenstehenden zum Widerspruch,
5. der Außenstehende hat innerhalb der in Nummer 4 bestimmten Frist der Rechtseinräumung nicht widersprochen.

(2) Die Verwertungsgesellschaft stellt die Informationen gemäß Absatz 1 Nummer 4 dauerhaft auf ihrer Internetseite zur Verfügung.

§ 51b Repräsentativität der Verwertungsgesellschaft. (1) Eine Verwertungsgesellschaft ist repräsentativ, wenn sie für eine ausreichend große Zahl von Rechtsinhabern Rechte, die Gegenstand der kollektiven Lizenz sein sollen, auf vertraglicher Grundlage wahrnimmt.

(2) Nimmt nur eine Verwertungsgesellschaft, der eine Erlaubnis (§ 77) erteilt wurde, Rechte nach Absatz 1 wahr, so wird widerleglich vermutet, dass sie repräsentativ ist.

§ 52 Kollektive Lizenzen mit erweiterter Wirkung für nicht verfügbare Werke. (1) Schließt eine Verwertungsgesellschaft einen Vertrag über Nutzungen von Werken ihres Repertoires, die nicht verfügbar sind (§ 52b), mit einer inländischen Kulturerbe-Einrichtung (§ 60d des Urheberrechtsgesetzes[1]), so hat sie entsprechende Nutzungsrechte nach Maßgabe der nachfolgenden Bestimmungen auch am Werk eines Außenstehenden (§ 7a) einzuräumen.

(2) Der Außenstehende kann der Rechtseinräumung jederzeit gegenüber dem Amt der Europäischen Union für geistiges Eigentum widersprechen.

(3) In Bezug auf die Rechtseinräumung hat der Außenstehende im Verhältnis zur Verwertungsgesellschaft die gleichen Rechte und Pflichten wie bei einer Wahrnehmung auf vertraglicher Grundlage.

§ 52a Wirksamkeit der Rechtseinräumung und dauerhafte Information bei nicht verfügbaren Werken. (1) [1]Die Einräumung von Rechten am Werk eines Außenstehenden nach § 52 ist unter folgenden Voraussetzungen wirksam:

1. die Verwertungsgesellschaft ist repräsentativ (§ 51b),
2. die Rechtseinräumung beschränkt sich auf die Vervielfältigung, Verbreitung, öffentliche Zugänglichmachung und sonstige öffentliche Wiedergabe zu nicht kommerziellen Zwecken,
3. das betreffende Werk befindet sich im Bestand der Kulturerbe-Einrichtung,
4. die Verwertungsgesellschaft informiert sechs Monate vor Beginn der Rechtseinräumung im Online-Portal des Amtes der Europäischen Union für geistiges Eigentum über
   a) das betreffende Werk,
   b) die Vertragsparteien, die betroffenen Nutzungsrechte, deren Geltungsbereich,
   c) das Recht des Außenstehenden zum Widerspruch,
5. der Außenstehende hat innerhalb der in Nummer 4 bestimmten Frist der Rechtseinräumung nicht widersprochen.

[2]Die Einräumung des Rechts der Vervielfältigung ist abweichend von Satz 1 Nummer 5 bereits mit Beginn der Bekanntgabe der Informationen im Online-Portal des Amtes der Europäischen Union für geistiges Eigentum zulässig.

(2) Die Verwertungsgesellschaft belässt die Informationen gemäß Absatz 1 Satz 1 Nummer 4 dauerhaft im Online-Portal des Amtes der Europäischen Union für geistiges Eigentum.

---

[1] Nr. 2.

§ 52b Nicht verfügbare Werke. (1) Nicht verfügbar ist ein Werk, das der Allgemeinheit auf keinem üblichen Vertriebsweg in einer vollständigen Fassung angeboten wird.

(2) Es wird unwiderleglich vermutet, dass ein Werk nicht verfügbar ist, wenn die Kulturerbe-Einrichtung zeitnah vor der Information gemäß § 52a Absatz 1 Satz 1 Nummer 4 mit einem vertretbaren Aufwand, aber ohne Erfolg versucht hat, Angebote nach Maßgabe des Absatzes 1 zu ermitteln.

(3) Werke, die in Büchern, Fachzeitschriften, Zeitungen, Zeitschriften oder in anderen verlegten Schriften veröffentlicht wurden, sind über die Anforderungen von Absatz 1 hinaus nur dann nicht verfügbar, wenn sie außerdem mindestens 30 Jahre vor Beginn der Bekanntgabe der Informationen gemäß § 52a Absatz 1 Satz 1 Nummer 4 letztmalig veröffentlicht wurden.

§ 52c Repräsentativität der Verwertungsgesellschaft bei Werkreihen aus Drittstaaten. Soll die beabsichtigte Nutzung Werkreihen umfassen, die überwiegend Werke aus Staaten enthalten, die weder Mitgliedstaaten der Europäischen Union noch Vertragsstaaten des Abkommens über den Europäischen Wirtschaftsraum sind (Drittstaaten), so ist die Rechtseinräumung nach § 52 nur wirksam, wenn die Verwertungsgesellschaft repräsentativ auch für Rechtsinhaber des jeweiligen Drittstaates ist.

§ 52d Verordnungsermächtigung. Das Bundesministerium der Justiz und für Verbraucherschutz wird ermächtigt, durch Rechtsverordnung ohne Zustimmung des Bundesrates Folgendes näher zu regeln:

1. Ausübung und Rechtsfolgen des Widerspruchs des Außenstehenden (§ 51 Absatz 2 und § 52 Absatz 2),
2. Unzumutbarkeit des Rechteerwerbs (§ 51a Absatz 1 Nummer 2),
3. Informationspflichten (§ 51a Absatz 1 Nummer 4 und § 52a Absatz 1 Satz 1 Nummer 4),
4. Angemessenheit der Frist (§ 51a Absatz 1 Nummer 4),
5. Repräsentativität von Verwertungsgesellschaften, einschließlich Vermutungswirkung und gemeinsamem Handeln mehrerer Verwertungsgesellschaften (§ 51b),
6. weitere Anforderungen zur Verfügbarkeit von Werken, einschließlich des zur Ermittlung der Verfügbarkeit erforderlichen vertretbaren Aufwands und der Wahrung der Urheberpersönlichkeitsrechte insbesondere bei nicht veröffentlichten Werken (§ 52b),
7. Nutzung von Werkreihen aus Drittstaaten (§ 52c).

§ 52e Anwendung auf verwandte Schutzrechte. Die Bestimmungen dieses Abschnitts sind auch auf verwandte Schutzrechte im Sinne des Urheberrechtsgesetzes[1] und ihre Inhaber anzuwenden.

---

[1] Nr. 2.

Abschnitt 6. Informationspflichten; Rechnungslegung und Transparenzbericht

Unterabschnitt 1. Informationspflichten

§ 53 Information der Rechtsinhaber vor Zustimmung zur Wahrnehmung. (1) Bevor die Verwertungsgesellschaft die Zustimmung des Rechtsinhabers zur Wahrnehmung seiner Rechte einholt, informiert sie den Rechtsinhaber über:

1. die ihm nach den §§ 9 bis 12 zustehenden Rechte einschließlich der in § 11 genannten Bedingungen sowie
2. die Abzüge von den Einnahmen aus den Rechten, einschließlich der Abzüge zur Deckung der Verwaltungskosten.

(2) Die Verwertungsgesellschaft führt die Rechte nach den §§ 9 bis 12 in dem Statut oder in den Wahrnehmungsbedingungen auf.

§ 54 Informationen für Berechtigte. Die Verwertungsgesellschaft informiert spätestens zwölf Monate nach Ablauf eines jeden Geschäftsjahres alle Berechtigten, an die sie in diesem Geschäftsjahr Einnahmen aus den Rechten verteilt hat, mindestens über:

1. alle Kontaktdaten, die von der Verwertungsgesellschaft mit Zustimmung des Berechtigten dazu verwendet werden können, den Berechtigten festzustellen und ausfindig zu machen,
2. die in diesem Geschäftsjahr dem Berechtigten zugewiesenen Einnahmen aus den Rechten,
3. die in diesem Geschäftsjahr an den Berechtigten ausgeschütteten Einnahmen aus den Rechten nach Kategorien der wahrgenommenen Rechte und Art der Nutzungen,
4. den Zeitraum, in dem die Nutzungen, für die Einnahmen aus den Rechten an den Berechtigten verteilt wurden, stattgefunden haben, sofern nicht sachliche Gründe im Zusammenhang mit Meldungen von Nutzern die Verwertungsgesellschaft daran hindern, diese Angaben zur Verfügung zu stellen,
5. die in diesem Geschäftsjahr zur Deckung der Verwaltungskosten vorgenommenen Abzüge von den Einnahmen aus den Rechten,
6. die in diesem Geschäftsjahr für andere Zwecke als zur Deckung der Verwaltungskosten vorgenommenen Abzüge von den Einnahmen aus den Rechten, einschließlich gegebenenfalls vorgenommener Abzüge zur Förderung kulturell bedeutender Werke und Leistungen, und für die Einrichtung und den Betrieb von Vorsorge- und Unterstützungseinrichtungen und
7. sämtliche dem Berechtigten zugewiesenen, aber noch nicht ausgeschütteten Einnahmen aus den Rechten.

§ 55 Informationen zu Werken und sonstigen Schutzgegenständen.

(1) Die Verwertungsgesellschaft informiert die Rechtsinhaber, die Verwertungsgesellschaften, für die sie auf der Grundlage einer Repräsentationsvereinbarung Rechte wahrnimmt, und die Nutzer jeweils auf hinreichend begründete Anfrage unverzüglich und elektronisch mindestens über:

1. die Werke oder sonstigen Schutzgegenstände sowie die Rechte, die sie unmittelbar oder auf Grundlage von Repräsentationsvereinbarungen wahrnimmt, und die jeweils umfassten Gebiete oder

2. die Arten von Werken oder sonstigen Schutzgegenständen sowie die Rechte, die sie unmittelbar oder auf Grundlage einer Repräsentationsvereinbarung wahrnimmt, und die jeweils umfassten Gebiete, wenn aufgrund des Tätigkeitsbereichs der Verwertungsgesellschaft Werke und sonstige Schutzgegenstände nicht bestimmt werden können.

(2) Die Verwertungsgesellschaft darf, soweit dies erforderlich ist, angemessene Maßnahmen ergreifen, um die Richtigkeit und Integrität der Informationen zu schützen, um ihre Weiterverwendung zu kontrollieren und um wirtschaftlich sensible Informationen zu schützen.

(3) Die Verwertungsgesellschaft kann die Erteilung der Informationen von der Erstattung der damit verbundenen Kosten abhängig machen, soweit dies angemessen ist.

§ 56 Informationen für die Allgemeinheit. (1) Die Verwertungsgesellschaft veröffentlicht mindestens die folgenden Informationen auf ihrer Internetseite:

1. das Statut,
2. die Wahrnehmungsbedingungen, einschließlich der Bedingungen für die Beendigung des Wahrnehmungsverhältnisses und den Entzug von Rechten,
3. die Standardnutzungsverträge,
4. die Tarife und die Standardvergütungssätze, jeweils einschließlich Ermäßigungen,
5. die von ihr geschlossenen Gesamtverträge,
6. eine Liste der Personen, die kraft Gesetzes oder nach dem Statut zur Vertretung der Verwertungsgesellschaft berechtigt sind,
7. den Verteilungsplan,
8. die allgemeinen Grundsätze für die zur Deckung der Verwaltungskosten vorgenommenen Abzüge von den Einnahmen aus den Rechten,
9. die allgemeinen Grundsätze für die für andere Zwecke als zur Deckung der Verwaltungskosten vorgenommenen Abzüge von den Einnahmen aus den Rechten, einschließlich gegebenenfalls vorgenommener Abzüge zur Förderung kulturell bedeutender Werke und Leistungen, und für die Einrichtung und den Betrieb von Vorsorge- und Unterstützungseinrichtungen,
10. die allgemeinen Grundsätze für die Verwendung der nicht verteilbaren Einnahmen aus den Rechten,
11. eine Aufstellung der von ihr geschlossenen Repräsentationsvereinbarungen und die Namen der Verwertungsgesellschaften, mit denen die Verträge geschlossen wurden,
12. die Regelungen zum Beschwerdeverfahren nach § 33 sowie die Angabe, in welchen Streitfällen die Schiedsstelle nach den §§ 92 bis 94 angerufen werden kann,
13. die Regelungen gemäß § 63 zur Berichtigung der Daten, auf die in § 61 Absatz 2 Bezug genommen wird, und zur Berichtigung der Informationen nach § 62 Absatz 1.

(2) Die Verwertungsgesellschaft hält die Informationen auf dem aktuellen Stand.

Unterabschnitt 2. Rechnungslegung und Transparenzbericht

§ 57 Jahresabschluss und Lagebericht. (1) [1] Die Verwertungsgesellschaft hat, auch wenn sie nicht in der Rechtsform einer Kapitalgesellschaft betrieben wird, einen aus Bilanz, Gewinn- und Verlustrechnung, Kapitalflussrechnung und Anhang bestehenden Jahresabschluss und einen Lagebericht nach den für große Kapitalgesellschaften geltenden Bestimmungen des Handelsgesetzbuchs aufzustellen, prüfen zu lassen und offenzulegen. [2] Die Offenlegung ist spätestens zum Ablauf von acht Monaten nach dem Schluss des Geschäftsjahres zu bewirken. [3] Der Bestätigungsvermerk ist mit seinem vollen Wortlaut wiederzugeben.

(2) [1] Die Prüfung des Jahresabschlusses umfasst auch die Prüfung, ob die Pflichten nach den §§ 24 und 28 Absatz 4 erfüllt und die Wertansätze und die Zuordnung der Konten unter Beachtung des Grundsatzes der Stetigkeit sachgerecht und nachvollziehbar erfolgt sind, sowie die Prüfung, ob bei der Anlage der Einnahmen aus den Rechten die Anlagerichtlinie beachtet worden ist (§ 25 Absatz 1 Satz 2). [2] Das Ergebnis ist in den Prüfungsbericht aufzunehmen.

(3) Weiter gehende gesetzliche Vorschriften über die Rechnungslegung und Prüfung bleiben unberührt.

§ 58 Jährlicher Transparenzbericht. (1) Die Verwertungsgesellschaft erstellt spätestens acht Monate nach dem Schluss des Geschäftsjahres einen Transparenzbericht (jährlicher Transparenzbericht) für dieses Geschäftsjahr.

(2) Der jährliche Transparenzbericht muss mindestens die in der Anlage aufgeführten Angaben enthalten.

(3) [1] Die Finanzinformationen nach Nummer 1 Buchstabe g der Anlage sowie der Inhalt des gesonderten Berichts nach Nummer 1 Buchstabe h der Anlage sind einer prüferischen Durchsicht durch einen Abschlussprüfer zu unterziehen. [2] Die Vorschriften über die Bestellung des Abschlussprüfers sind auf die prüferische Durchsicht entsprechend anzuwenden. [3] Der Abschlussprüfer fasst das Ergebnis der prüferischen Durchsicht in einer Bescheinigung zum jährlichen Transparenzbericht zusammen.

(4) [1] Die Verwertungsgesellschaft veröffentlicht innerhalb der Frist nach Absatz 1 den jährlichen Transparenzbericht einschließlich des Bestätigungsvermerks über den Jahresabschluss und der Bescheinigung zum jährlichen Transparenzbericht nach Absatz 3 oder etwaiger Beanstandungen, jeweils im vollen Wortlaut, auf ihrer Internetseite. [2] Der jährliche Transparenzbericht muss dort mindestens fünf Jahre lang öffentlich zugänglich bleiben.

Teil 3. Besondere Vorschriften für die gebietsübergreifende Vergabe von Online-Rechten an Musikwerken

§ 59 Anwendungsbereich. (1) Die besonderen Vorschriften dieses Teils gelten für die gebietsübergreifende Vergabe von Online-Rechten an Musikwerken durch Verwertungsgesellschaften.

(2) Online-Rechte im Sinne dieses Gesetzes sind die Rechte, die für die Bereitstellung eines Online-Dienstes erforderlich sind und die dem Urheber nach den Artikeln 2 und 3 der Richtlinie 2001/29/EG[1)] des Europäischen

---

[1)] Nr. **45**.

Parlaments und des Rates vom 22. Mai 2001 zur Harmonisierung bestimmter Aspekte des Urheberrechts und der verwandten Schutzrechte in der Informationsgesellschaft (ABl. L 167 vom 22.6.2001, S. 10) zustehen.

(3) Gebietsübergreifend im Sinne dieses Gesetzes ist eine Vergabe, wenn sie das Gebiet von mehr als einem Mitgliedstaat der Europäischen Union oder anderen Vertragsstaat des Abkommens über den Europäischen Wirtschaftsraum umfasst.

§ 60 Nicht anwendbare Vorschriften. (1) Im Verhältnis zum Rechtsinhaber ist § 9 Satz 2 nicht anzuwenden.

(2) [1] Im Verhältnis zum Nutzer sind § 34 Absatz 1 Satz 1 sowie die §§ 35, 37 und 38 nicht anzuwenden. [2] Für die Vergütung, die die Verwertungsgesellschaft aufgrund der von ihr wahrgenommenen Rechte fordert, gilt § 39 entsprechend.

§ 61 Besondere Anforderungen an Verwertungsgesellschaften.

(1) Die Verwertungsgesellschaft muss über ausreichende Kapazitäten verfügen, um die Daten, die für die Verwaltung von gebietsübergreifend vergebenen Online-Rechten an Musikwerken erforderlich sind, effizient und transparent elektronisch verarbeiten zu können.

(2) Die Verwertungsgesellschaft muss insbesondere

1. jedes Musikwerk, an dem sie Online-Rechte wahrnimmt, korrekt bestimmen können;
2. für jedes Musikwerk und jeden Teil eines Musikwerks, an dem sie Online-Rechte wahrnimmt, die Online-Rechte, und zwar vollständig oder teilweise und in Bezug auf jedes umfasste Gebiet, sowie den zugehörigen Rechtsinhaber bestimmen können;
3. eindeutige Kennungen verwenden, um Rechtsinhaber und Musikwerke zu bestimmen, unter möglichst weitgehender Berücksichtigung der freiwilligen branchenüblichen Standards und Praktiken, die auf internationaler Ebene entwickelt wurden;
4. geeignete Mittel verwenden, um Unstimmigkeiten in den Daten anderer Verwertungsgesellschaften, die gebietsübergreifend Online-Rechte an Musikwerken vergeben, unverzüglich und wirksam erkennen und klären zu können.

§ 62 Informationen zu Musikwerken und Online-Rechten. (1) Die Verwertungsgesellschaft informiert auf hinreichend begründete Anfrage Anbieter von Online-Diensten, Berechtigte, Rechtsinhaber, deren Rechte sie auf Grundlage einer Repräsentationsvereinbarung wahrnimmt, und andere Verwertungsgesellschaften elektronisch über:

1. die Musikwerke, an denen sie aktuell Online-Rechte wahrnimmt,
2. die aktuell vollständig oder teilweise von ihr wahrgenommenen Online-Rechte und
3. die aktuell von der Wahrnehmung umfassten Gebiete.

(2) Die Verwertungsgesellschaft darf, soweit dies erforderlich ist, angemessene Maßnahmen ergreifen, um die Richtigkeit und Integrität der Daten zu schützen, um ihre Weiterverwendung zu kontrollieren und um wirtschaftlich sensible Informationen zu schützen.

§ 63 Berichtigung der Informationen. (1) Die Verwertungsgesellschaft verfügt über Regelungen, wonach Anbieter von Online-Diensten, Rechtsinhaber und andere Verwertungsgesellschaften die Berichtigung der Daten, auf die in § 61 Absatz 2 Bezug genommen wird, und die Berichtigung der Informationen nach § 62 Absatz 1 beantragen können.

(2) Ist ein Antrag begründet, berichtigt die Verwertungsgesellschaft die Daten oder die Informationen unverzüglich.

§ 64 Elektronische Übermittlung von Informationen. (1) [1]Die Verwertungsgesellschaft ermöglicht jedem Berechtigten, elektronisch Informationen zu seinen Musikwerken und zu Online-Rechten an diesen Werken sowie zu den Gebieten zu übermitteln, für die er die Verwertungsgesellschaft mit der Wahrnehmung beauftragt hat. [2]Dabei berücksichtigen die Verwertungsgesellschaft und die Berechtigten so weit wie möglich die freiwilligen branchenüblichen Standards und Praktiken für den Datenaustausch, die auf internationaler Ebene entwickelt wurden.

(2) Im Rahmen von Repräsentationsvereinbarungen gilt Absatz 1 auch für die Berechtigten der beauftragenden Verwertungsgesellschaft, soweit die Verwertungsgesellschaften keine abweichende Vereinbarung treffen.

§ 65 Überwachung von Nutzungen. Die Verwertungsgesellschaft überwacht die Nutzung von Musikwerken durch den Anbieter eines Online-Dienstes, soweit sie an diesen Online-Rechte für die Musikwerke gebietsübergreifend vergeben hat.

§ 66 Elektronische Nutzungsmeldung. (1) [1]Die Verwertungsgesellschaft ermöglicht dem Anbieter eines Online-Dienstes, elektronisch die Nutzung von Musikwerken zu melden. [2]Sie bietet dabei mindestens eine Meldemethode an, die freiwilligen branchenüblichen und auf internationaler Ebene entwickelten Standards und Praktiken für den elektronischen Datenaustausch entspricht.

(2) Die Verwertungsgesellschaft kann eine Meldung ablehnen, wenn sie nicht einer nach Absatz 1 Satz 2 angebotenen Meldemethode entspricht.

§ 67 Abrechnung gegenüber Anbietern von Online-Diensten.

(1) Die Verwertungsgesellschaft rechnet gegenüber dem Anbieter eines Online-Dienstes nach dessen Meldung der tatsächlichen Nutzung der Musikwerke unverzüglich ab, es sei denn, dies ist aus Gründen, die dem Anbieter des Online-Dienstes zuzurechnen sind, nicht möglich.

(2) [1]Die Verwertungsgesellschaft rechnet elektronisch ab. [2]Sie bietet dabei mindestens ein Abrechnungsformat an, das freiwilligen branchenüblichen und auf internationaler Ebene entwickelten Standards und Praktiken entspricht.

(3) Der Anbieter eines Online-Dienstes kann die Annahme einer Abrechnung aufgrund ihres Formats nicht ablehnen, wenn die Abrechnung einem nach Absatz 2 Satz 2 angebotenen Abrechnungsformat entspricht.

(4) Bei der Abrechnung sind auf Grundlage der Daten nach § 61 Absatz 2 die Werke und Online-Rechte sowie deren tatsächliche Nutzung anzugeben, soweit dies auf der Grundlage der Meldung möglich ist.

(5) Die Verwertungsgesellschaft sieht geeignete Regelungen vor, nach denen der Anbieter eines Online-Dienstes die Abrechnung beanstanden kann.

§ 68 Verteilung der Einnahmen aus den Rechten; Informationen.

(1) Die Verwertungsgesellschaft verteilt die Einnahmen aus der gebietsübergreifenden Vergabe von Online-Rechten an Musikwerken nach deren Einziehung unverzüglich nach Maßgabe des Verteilungsplans an die Berechtigten, es sei denn, dies ist aus Gründen, die dem Anbieter eines Online-Dienstes zuzurechnen sind, nicht möglich.

(2) Bei jeder Ausschüttung informiert die Verwertungsgesellschaft den Berechtigten mindestens über:

1. den Zeitraum der Nutzungen, für die dem Berechtigten eine Vergütung zusteht, sowie die Gebiete, in denen seine Musikwerke genutzt wurden;
2. die eingezogenen Beträge, die Abzüge sowie die von der Verwertungsgesellschaft verteilten Beträge für jedes Online-Recht an einem Musikwerk, mit dessen Wahrnehmung der Berechtigte die Verwertungsgesellschaft beauftragt hat;
3. die für den Berechtigten eingezogenen Beträge, die Abzüge sowie die von der Verwertungsgesellschaft verteilten Beträge, aufgeschlüsselt nach den einzelnen Anbietern eines Online-Dienstes.

(3) [1] Im Rahmen von Repräsentationsvereinbarungen gelten die Absätze 1 und 2 für die Verteilung an die beauftragende Verwertungsgesellschaft entsprechend. [2] Die beauftragende Verwertungsgesellschaft ist für die Verteilung der Beträge und die Weiterleitung der Informationen an ihre Berechtigten verantwortlich, soweit die Verwertungsgesellschaften keine abweichende Vereinbarung treffen.

§ 69 Repräsentationszwang. (1) [1] Eine Verwertungsgesellschaft, die bereits gebietsübergreifend Online-Rechte an Musikwerken für mindestens eine andere Verwertungsgesellschaft vergibt oder anbietet, ist verpflichtet, auf Verlangen einer Verwertungsgesellschaft, die selbst keine gebietsübergreifenden Online-Rechte an ihren Musikwerken vergibt oder anbietet, eine Repräsentationsvereinbarung abzuschließen. [2] Die Verpflichtung besteht nur hinsichtlich der Kategorie von Online-Rechten an Musikwerken, die die Verwertungsgesellschaft bereits gebietsübergreifend vergibt.

(2) Die Verwertungsgesellschaft antwortet auf ein Verlangen nach Absatz 1 schriftlich und unverzüglich und teilt dabei die zentralen Bedingungen mit, zu denen sie gebietsübergreifend Online-Rechte an Musikwerken vergibt oder anbietet.

(3) Repräsentationsvereinbarungen, in denen eine Verwertungsgesellschaft mit der exklusiven gebietsübergreifenden Vergabe von Online-Rechten an Musikwerken beauftragt wird, sind unzulässig.

§ 70 Informationen der beauftragenden Verwertungsgesellschaft.

(1) Die beauftragende Verwertungsgesellschaft stellt der beauftragten Verwertungsgesellschaft diejenigen Informationen über ihre Musikwerke zur Verfügung, die für die gebietsübergreifende Vergabe von Online-Rechten erforderlich sind.

(2) Sind die Informationen nach Absatz 1 unzureichend oder stellt die beauftragende Verwertungsgesellschaft die Informationen in einer Weise zur Verfügung, dass die beauftragte Verwertungsgesellschaft die Anforderungen

dieses Teils nicht erfüllen kann, so ist die beauftragte Verwertungsgesellschaft berechtigt,

1. der beauftragenden Verwertungsgesellschaft die Kosten in Rechnung zu stellen, die für die Erfüllung der Anforderungen vernünftigerweise entstanden sind, oder
2. diejenigen Werke von der Wahrnehmung auszuschließen, zu denen nur unzureichende oder nicht verwendbare Informationen vorliegen.

§ 71 Informationen der Mitglieder und Berechtigten bei Repräsentation. Die beauftragende Verwertungsgesellschaft informiert ihre Mitglieder und ihre Berechtigten über die zentralen Bedingungen der von ihr abgeschlossenen Repräsentationsvereinbarungen.

§ 72 Zugang zur gebietsübergreifenden Vergabe von Online-Rechten an Musikwerken. [1] Eine Verwertungsgesellschaft, die bis zum 10. April 2017 Online-Rechte an Musikwerken gebietsübergreifend weder vergibt noch anbietet und auch keine Repräsentationsvereinbarung nach § 69 abgeschlossen hat, ermöglicht es dem Berechtigten, seine Online-Rechte gebietsübergreifend anderweitig zu vergeben. [2] Die Verwertungsgesellschaft ist dabei verpflichtet, auf Verlangen des Berechtigten Online-Rechte an Musikwerken weiterhin zur Vergabe in einzelnen Gebieten wahrzunehmen.

§ 73 Wahrnehmung bei Repräsentation. (1) Die beauftragte Verwertungsgesellschaft nimmt die Online-Rechte an den Musikwerken der beauftragenden Verwertungsgesellschaft zu denselben Bedingungen wahr, wie die Online-Rechte ihrer Berechtigten.

(2) Die beauftragte Verwertungsgesellschaft nimmt die Musikwerke der beauftragenden Verwertungsgesellschaft in alle Angebote auf, die sie an den Anbieter eines Online-Dienstes richtet.

(3) Verwaltungskosten dürfen die Kosten nicht übersteigen, die der beauftragten Verwertungsgesellschaft vernünftigerweise entstanden sind.

§ 74 Ausnahme für Hörfunk- und Fernsehprogramme. Dieser Teil findet keine Anwendung, soweit die Verwertungsgesellschaft auf der Grundlage einer freiwilligen Bündelung der notwendigen Online-Rechte und unter Beachtung der Wettbewerbsregeln gemäß den Artikeln 101 und 102 des Vertrages über die Arbeitsweise der Europäischen Union gebietsübergreifend Online-Rechte an Musikwerken an Sendeunternehmen vergibt, die diese benötigen, um ihre Hörfunk- oder Fernsehprogramme zeitgleich mit der Sendung oder danach sowie sonstige Online-Inhalte, einschließlich Vorschauen, die ergänzend zur ersten Sendung von dem oder für das Sendeunternehmen produziert wurden, öffentlich wiederzugeben oder zugänglich zu machen.

Teil 4. Aufsicht

§ 75 Aufsichtsbehörde. (1) Aufsichtsbehörde ist das Deutsche Patent- und Markenamt.

(2) Die Aufsichtsbehörde nimmt ihre Aufgaben und Befugnisse nur im öffentlichen Interesse wahr.

§ 76 Inhalt der Aufsicht. (1) Die Aufsichtsbehörde achtet darauf, dass die Verwertungsgesellschaft den ihr nach diesem Gesetz obliegenden Verpflichtungen ordnungsgemäß nachkommt.

(2) Hat die Verwertungsgesellschaft ihren Sitz in einem anderen Mitgliedstaat der Europäischen Union oder anderen Vertragsstaat des Abkommens über den Europäischen Wirtschaftsraum und ist sie im Inland tätig, so achtet die Aufsichtsbehörde darauf, dass die Verwertungsgesellschaft die Vorschriften dieses anderen Mitgliedstaates oder Vertragsstaates zur Umsetzung der Richtlinie 2014/26/EU des Europäischen Parlaments und des Rates vom 26. Februar 2014 über die kollektive Wahrnehmung von Urheber- und verwandten Schutzrechten und die Vergabe von Mehrgebietslizenzen für Rechte an Musikwerken für die Online-Nutzung im Binnenmarkt (ABl. L 84 vom 20.3.2014, S. 72) ordnungsgemäß einhält.

(3) [1] Soweit eine Aufsicht über die Verwertungsgesellschaft aufgrund anderer gesetzlicher Vorschriften ausgeübt wird, ist sie im Benehmen mit der Aufsichtsbehörde nach § 75 Absatz 1 auszuüben. [2] Die Unabhängigkeit der für den Datenschutz zuständigen Aufsichtsbehörden bleibt unberührt.

§ 77 Erlaubnis. (1) Eine Verwertungsgesellschaft bedarf der Erlaubnis, wenn sie Urheberrechte oder verwandte Schutzrechte wahrnimmt, die sich aus dem Urheberrechtsgesetz ergeben.

(2) Eine Verwertungsgesellschaft mit Sitz in einem anderen Mitgliedstaat der Europäischen Union oder anderen Vertragsstaat des Abkommens über den Europäischen Wirtschaftsraum bedarf abweichend von Absatz 1 einer Erlaubnis nur für die Wahrnehmung

1. der in § 49 Absatz 1 genannten Vergütungsansprüche,
2. des in § 50 genannten Rechts oder
3. der in den §§ 51 und 52 genannten Rechte von Außenstehenden.

§ 78 Antrag auf Erlaubnis. [1] Die Erlaubnis wird auf schriftlichen Antrag der Verwertungsgesellschaft von der Aufsichtsbehörde erteilt. [2] Dem Antrag sind beizufügen:

1. das Statut der Verwertungsgesellschaft,
2. Namen und Anschrift der nach Gesetz oder Statut zur Vertretung der Verwertungsgesellschaft berechtigten Personen,
3. eine Erklärung über die Zahl der Berechtigten sowie über Zahl und wirtschaftliche Bedeutung der der Verwertungsgesellschaft zur Wahrnehmung anvertrauten Rechte und
4. ein tragfähiger Geschäftsplan für die ersten drei vollen Geschäftsjahre nach Aufnahme des Geschäftsbetriebs, aus dem insbesondere die erwarteten Einnahmen und Ausgaben sowie der organisatorische Aufbau der Verwertungsgesellschaft hervorgehen.

§ 79 Versagung der Erlaubnis. (1) Die Erlaubnis nach § 77 Absatz 1 darf nur versagt werden, wenn

1. das Statut der Verwertungsgesellschaft nicht den Vorschriften dieses Gesetzes entspricht,

2. Tatsachen die Annahme rechtfertigen, dass eine nach Gesetz oder Statut zur Vertretung der Verwertungsgesellschaft berechtigte Person die für die Ausübung ihrer Tätigkeit erforderliche Zuverlässigkeit nicht besitzt, oder
3. die wirtschaftliche Grundlage der Verwertungsgesellschaft eine wirksame Wahrnehmung der Rechte nicht erwarten lässt.

(2) Für die Erlaubnis nach § 77 Absatz 2 gilt Absatz 1 entsprechend; die Versagungsgründe nach Absatz 1 Nummer 1 und 2 sind nicht anzuwenden.

§ 80 Widerruf der Erlaubnis. (1) Die Aufsichtsbehörde kann die Erlaubnis nach § 77 Absatz 1 widerrufen, wenn

1. einer der Versagungsgründe des § 79 Absatz 1 bei Erteilung der Erlaubnis der Aufsichtsbehörde nicht bekannt war oder nachträglich eingetreten ist und dem Mangel nicht innerhalb einer von der Aufsichtsbehörde zu setzenden Frist abgeholfen wird oder
2. die Verwertungsgesellschaft einer der ihr nach diesem Gesetz obliegenden Verpflichtungen trotz Abmahnung durch die Aufsichtsbehörde wiederholt zuwiderhandelt.

(2) Die Erlaubnis nach § 77 Absatz 2 kann die Aufsichtsbehörde nicht nach Absatz 1 Nummer 2 widerrufen.

§ 81 Zusammenarbeit bei Erlaubnis und Widerruf der Erlaubnis.

[1] Über Anträge auf Erteilung der Erlaubnis und über den Widerruf der Erlaubnis entscheidet die Aufsichtsbehörde im Einvernehmen mit dem Bundeskartellamt. [2] Gelingt es nicht, Einvernehmen herzustellen, so legt die Aufsichtsbehörde die Sache dem Bundesministerium der Justiz und für Verbraucherschutz vor; dessen Weisungen, die im Benehmen mit dem Bundesministerium für Wirtschaft und Energie erteilt werden, ersetzen das Einvernehmen.

§ 82 Anzeige. Bedarf die Verwertungsgesellschaft keiner Erlaubnis nach § 77, so zeigt sie der Aufsichtsbehörde die Aufnahme einer Wahrnehmungstätigkeit unverzüglich schriftlich an, wenn sie

1. ihren Sitz in einem anderen Mitgliedstaat der Europäischen Union oder anderen Vertragsstaat des Abkommens über den Europäischen Wirtschaftsraum hat und Urheberrechte oder verwandte Schutzrechte wahrnimmt, die sich aus dem Urheberrechtsgesetz ergeben, oder
2. ihren Sitz im Inland hat und in einem anderen Mitgliedstaat der Europäischen Union oder anderen Vertragsstaat des Abkommens über den Europäischen Wirtschaftsraum tätig ist.

§ 83 Bekanntmachung. Die Erteilung der Erlaubnis und ein unanfechtbar gewordener Widerruf der Erlaubnis sowie Anzeigen nach § 82 sind im Bundesanzeiger bekanntzumachen.

§ 84 Wahrnehmungstätigkeit ohne Erlaubnis oder Anzeige. [1] Wird eine Verwertungsgesellschaft ohne die erforderliche Erlaubnis oder Anzeige tätig, so kann sie die von ihr wahrgenommenen Urheberrechte und verwandten Schutzrechte, die sich aus dem Urheberrechtsgesetz ergeben, nicht geltend machen. [2]Das Strafantragsrecht (§ 109 des Urheberrechtsgesetzes[1)]) steht ihr nicht zu.

§ 85 Befugnisse der Aufsichtsbehörde. (1) Die Aufsichtsbehörde kann alle erforderlichen Maßnahmen ergreifen, um sicherzustellen, dass die Verwertungsgesellschaft die ihr nach diesem Gesetz obliegenden Verpflichtungen ordnungsgemäß erfüllt.

(2) Die Aufsichtsbehörde kann einer Verwertungsgesellschaft die Fortsetzung des Geschäftsbetriebs untersagen, wenn die Verwertungsgesellschaft

1. ohne Erlaubnis tätig wird oder
2. einer der ihr nach diesem Gesetz obliegenden Verpflichtungen trotz Abmahnung durch die Aufsichtsbehörde wiederholt zuwiderhandelt.

(3) Die Aufsichtsbehörde kann von der Verwertungsgesellschaft jederzeit Auskunft über alle die Geschäftsführung betreffenden Angelegenheiten sowie die Vorlage der Geschäftsbücher und anderer geschäftlicher Unterlagen verlangen.

(4) [1]Die Aufsichtsbehörde ist berechtigt, durch Beauftragte an der Mitgliederhauptversammlung sowie den Sitzungen des Aufsichtsrats, des Verwaltungsrats, des Aufsichtsgremiums, der Vertretung der Delegierten (§ 20) sowie aller Ausschüsse dieser Gremien teilzunehmen. [2]Die Verwertungsgesellschaft hat die Aufsichtsbehörde rechtzeitig über Termine nach Satz 1 zu informieren.

(5) [1]Rechtfertigen Tatsachen die Annahme, dass ein nach Gesetz oder Statut zur Vertretung der Verwertungsgesellschaft Berechtigter die für die Ausübung seiner Tätigkeit erforderliche Zuverlässigkeit nicht besitzt, so setzt die Aufsichtsbehörde der Verwertungsgesellschaft eine Frist zu seiner Abberufung. [2]Die Aufsichtsbehörde kann ihm bis zum Ablauf dieser Frist die weitere Ausübung seiner Tätigkeit untersagen, wenn dies zur Abwendung schwerer Nachteile erforderlich ist.

(6) Liegen Anhaltspunkte dafür vor, dass eine Organisation einer Erlaubnis nach § 77 bedarf, so kann die Aufsichtsbehörde von ihr die zur Prüfung der Erlaubnispflichtigkeit erforderlichen Auskünfte und Unterlagen verlangen.

§ 86 Befugnisse der Aufsichtsbehörde bei Verwertungsgesellschaften mit Sitz in einem anderen Mitgliedstaat der Europäischen Union oder anderen Vertragsstaat des Abkommens über den Europäischen Wirtschaftsraum. (1) [1]Verstößt eine Verwertungsgesellschaft, die ihren Sitz in einem anderen Mitgliedstaat der Europäischen Union oder anderen Vertragsstaat des Abkommens über den Europäischen Wirtschaftsraum hat, bei ihrer Tätigkeit im Inland gegen eine in Umsetzung der Richtlinie 2014/26/EU erlassene Vorschrift dieses anderen Mitgliedstaates oder anderen Vertragsstaates, kann die Aufsichtsbehörde alle einschlägigen Informationen an die Aufsichtsbehörde dieses Mitgliedstaates oder Vertragsstaates übermitteln. [2]Sie kann die Aufsichtsbehörde dieses Mitgliedstaates oder Vertragsstaates ersuchen, im Rahmen ihrer Befugnisse Maßnahmen zu ergreifen.

(2) Die Aufsichtsbehörde kann sich in den Fällen des Absatzes 1 auch an die gemäß Artikel 41 der Richtlinie 2014/26/EU eingerichtete Sachverständigengruppe wenden.

[1)] Nr. **2**.

§ 87 Informationsaustausch mit Aufsichtsbehörden anderer Mitgliedstaaten der Europäischen Union oder anderer Vertragsstaaten des Abkommens über den Europäischen Wirtschaftsraum. (1) Die Aufsichtsbehörde beantwortet ein begründetes Auskunftsersuchen der Aufsichtsbehörde eines anderen Mitgliedstaates der Europäischen Union oder anderen Vertragsstaates des Abkommens über den Europäischen Wirtschaftsraum, das im Zusammenhang mit einer in Umsetzung der Richtlinie 2014/26/EU erlassenen Vorschrift dieses Gesetzes steht, unverzüglich.

(2) Die Aufsichtsbehörde reagiert auf ein Ersuchen der Aufsichtsbehörde eines anderen Mitgliedstaates der Europäischen Union oder anderen Vertragsstaates des Abkommens über den Europäischen Wirtschaftsraum, Maßnahmen gegen eine im Inland ansässige Verwertungsgesellschaft wegen ihrer Tätigkeit in diesem Mitgliedstaat oder Vertragsstaat zu ergreifen, binnen drei Monaten mit einer begründeten Antwort.

§ 88 Unterrichtungspflicht der Verwertungsgesellschaft. (1) Die Verwertungsgesellschaft, die Urheberrechte oder verwandte Schutzrechte wahrnimmt, die sich aus dem Urheberrechtsgesetz ergeben, zeigt der Aufsichtsbehörde unverzüglich jeden Wechsel der nach Gesetz oder Statut zu ihrer Vertretung berechtigten Personen an.

(2) Die Verwertungsgesellschaft, die Urheberrechte oder verwandte Schutzrechte wahrnimmt, die sich aus dem Urheberrechtsgesetz ergeben, übermittelt der Aufsichtsbehörde unverzüglich abschriftlich

1. das Statut und dessen Änderung,
2. die Tarife, die Standardvergütungssätze und die Standardnutzungsverträge sowie deren Änderung,
3. die Gesamtverträge und deren Änderung,
4. die Repräsentationsvereinbarungen und deren Änderung,
5. die Beschlüsse der Mitgliederhauptversammlung, des Aufsichtsrats, des Verwaltungsrats, des Aufsichtsgremiums sowie des Gremiums, in dem die Berechtigten, die nicht Mitglied sind, gemäß § 20 Absatz 2 Nummer 4 stimmberechtigt mitwirken, und aller Ausschüsse dieser Gremien,
6. die Anlagerichtlinie und deren Änderung sowie die Bestätigung des Wirtschaftsprüfers oder der Wirtschaftsprüfervereinigung gemäß § 25 Absatz 3,
7. den Jahresabschluss, den Lagebericht, den Prüfungsbericht und den jährlichen Transparenzbericht sowie
8. die Entscheidungen in gerichtlichen oder behördlichen Verfahren, in denen die Verwertungsgesellschaft Partei ist, soweit die Aufsichtsbehörde dies verlangt.

(3) Die Absätze 1 und 2 gelten nicht für eine Verwertungsgesellschaft mit Sitz in einem anderen Mitgliedstaat der Europäischen Union oder anderen Vertragsstaat des Abkommens über den Europäischen Wirtschaftsraum.

§ 89 Anzuwendendes Verfahrensrecht. (1) Für die Verwaltungstätigkeit der Aufsichtsbehörde gilt, soweit in diesem Gesetz nichts anderes bestimmt ist, das Verwaltungsverfahrensgesetz.

(2) Jedermann kann die Aufsichtsbehörde darüber informieren, dass die Verwertungsgesellschaft seiner Ansicht nach gegen eine ihr nach diesem Gesetz obliegende Verpflichtung verstößt.

(3) Auf die Vollstreckung von Verwaltungsakten, die aufgrund dieses Gesetzes erlassen werden, findet das Verwaltungs-Vollstreckungsgesetz mit der Maßgabe Anwendung, dass die Höhe des Zwangsgeldes bis zu einhunderttausend Euro betragen kann.

(4) Soweit ein berechtigtes Interesse besteht, kann die Aufsichtsbehörde einen Verstoß gegen dieses Gesetz auch feststellen, nachdem dieser beendet ist.

(5) [1] Die Aufsichtsbehörde kann Entscheidungen über Maßnahmen nach diesem Gesetz einschließlich Entscheidungen, denen gemäß im Einzelfall kein Anlass für Maßnahmen besteht, auf ihrer Internetseite veröffentlichen. [2] Dies gilt auch für die Begründung dieser Maßnahmen und Entscheidungen.

§ 90 Aufsicht über abhängige Verwertungseinrichtungen. (1) [1] Eine abhängige Verwertungseinrichtung (§ 3) bedarf der Erlaubnis nur, wenn sie die in § 77 Absatz 2 genannten Rechte wahrnimmt. [2] Das gilt nicht, wenn alle Verwertungsgesellschaften, die Anteile an dieser Einrichtung halten oder sie beherrschen, über eine Erlaubnis verfügen.

(2) Die abhängige Verwertungseinrichtung hat der Aufsichtsbehörde die Aufnahme einer Wahrnehmungstätigkeit unverzüglich schriftlich anzuzeigen, wenn sie keiner Erlaubnis bedarf und

1. Urheberrechte oder verwandte Schutzrechte wahrnimmt, die sich aus dem Urheberrechtsgesetz ergeben, oder
2. ihren Sitz im Inland hat und in einem anderen Mitgliedstaat der Europäischen Union oder anderen Vertragsstaat des Abkommens über den Europäischen Wirtschaftsraum tätig ist.

(3) Im Übrigen gelten für die abhängige Verwertungseinrichtung die Vorschriften dieses Teils entsprechend.

§ 91 Aufsicht über unabhängige Verwertungseinrichtungen. (1) Für unabhängige Verwertungseinrichtungen (§ 4) gelten die §§ 75, 76, 85 Absatz 1 bis 3 sowie die §§ 86 und 87 entsprechend.

(2) [1] Die unabhängige Verwertungseinrichtung, die ihren Sitz im Inland hat oder die solche Urheberrechte oder verwandten Schutzrechte wahrnimmt, die sich aus dem Urheberrechtsgesetz ergeben, zeigt der Aufsichtsbehörde die Aufnahme der Wahrnehmungstätigkeit unverzüglich schriftlich an. [2] § 84 gilt entsprechend.

Teil 5. Schiedsstelle und gerichtliche Geltendmachung

Abschnitt 1. Schiedsstelle

Unterabschnitt 1. Allgemeine Verfahrensvorschriften

§ 92 Zuständigkeit für Streitfälle nach dem Urheberrechtsgesetz und für Gesamtverträge. (1) Die Schiedsstelle (§ 124) kann von jedem Beteiligten bei einem Streitfall angerufen werden, an dem eine Verwertungsgesellschaft beteiligt ist und der eine der folgenden Angelegenheiten betrifft:

1. die Nutzung von Werken oder Leistungen, die nach dem Urheberrechtsgesetz geschützt sind,

2. die Vergütungspflicht für Geräte und Speichermedien nach § 54 des Urheberrechtsgesetzes[1)] oder die Betreibervergütung nach § 54c des Urheberrechtsgesetzes,
3. den Abschluss oder die Änderung eines Gesamtvertrags.

(2) Die Schiedsstelle kann von jedem Beteiligten auch bei einem Streitfall angerufen werden, an dem ein Sendeunternehmen und ein Weitersendedienst beteiligt sind, wenn der Streit die Verpflichtung zum Abschluss eines Vertrages über die Weitersendung betrifft (§ 87 Absatz 5 des Urheberrechtsgesetzes).

§ 93 Zuständigkeit für empirische Untersuchungen. Verwertungsgesellschaften können die Schiedsstelle anrufen, um eine selbständige empirische Untersuchung zur Ermittlung der nach § 54a Absatz 1 des Urheberrechtsgesetzes[1)] maßgeblichen Nutzung durchführen zu lassen.

§ 94 Zuständigkeit für Streitfälle über die gebietsübergreifende Vergabe von Online-Rechten an Musikwerken. Die Schiedsstelle kann von jedem Beteiligten angerufen werden in Streitfällen zwischen einer im Inland ansässigen Verwertungsgesellschaft, die gebietsübergreifend Online-Rechte an Musikwerken vergibt, und Anbietern von Online-Diensten, Rechtsinhabern oder anderen Verwertungsgesellschaften, soweit Rechte und Pflichten der Beteiligten nach Teil 3 oder nach § 34 Absatz 1 Satz 2, Absatz 2, § 36, § 39 oder § 43 betroffen sind.

§ 95 Allgemeine Verfahrensregeln. (1) [1] Soweit dieses Gesetz keine abweichenden Regelungen enthält, bestimmt die Schiedsstelle das Verfahren nach billigem Ermessen. [2] Sie wirkt jederzeit auf eine sachgerechte Beschleunigung des Verfahrens hin.

(2) [1] Die Beteiligten sind gleichzubehandeln. [2] Jedem Beteiligten ist rechtliches Gehör zu gewähren.

§ 96 Berechnung von Fristen. Auf die Berechnung der Fristen dieses Abschnitts ist § 222 Absatz 1 und 2 der Zivilprozessordnung entsprechend anzuwenden.

§ 97 Verfahrenseinleitender Antrag. (1) [1] Die Schiedsstelle wird durch schriftlichen Antrag angerufen. [2] Er muss zumindest den Namen und die Anschrift des Antragsgegners sowie eine Darstellung des Sachverhalts enthalten. [3] Er soll in zwei Exemplaren eingereicht werden.

(2) Die Schiedsstelle stellt dem Antragsgegner den Antrag mit der Aufforderung zu, sich innerhalb eines Monats schriftlich zu äußern.

§ 98 Zurücknahme des Antrags. (1) Der Antragsteller kann den Antrag zurücknehmen, ohne Einwilligung des Antragsgegners in Verfahren mit mündlicher Verhandlung jedoch nur bis zu deren Beginn.

(2) Wird der Antrag zurückgenommen, so trägt der Antragsteller die Kosten des Verfahrens und die notwendigen Auslagen des Antragsgegners.

§ 99 Schriftliches Verfahren und mündliche Verhandlung. (1) Das Verfahren wird vorbehaltlich des Absatzes 2 schriftlich durchgeführt.

[1)] Nr. 2.

(2) Die Schiedsstelle beraumt eine mündliche Verhandlung an, wenn einer der Beteiligten dies beantragt und die anderen Beteiligten zustimmen, oder wenn sie dies zur Aufklärung des Sachverhalts oder zur gütlichen Beilegung des Streitfalls für zweckmäßig hält.

§ 100 Verfahren bei mündlicher Verhandlung. (1) [1] Zu der mündlichen Verhandlung sind die Beteiligten zu laden. [2] Die Ladungsfrist beträgt mindestens zwei Wochen.

(2) [1] Die mündliche Verhandlung vor der Schiedsstelle ist nicht öffentlich. [2] Beauftragte des Bundesministeriums der Justiz und für Verbraucherschutz, der Aufsichtsbehörde und des Bundeskartellamts sind zur Teilnahme befugt.

(3) Die Schiedsstelle kann Bevollmächtigten oder Beiständen, die nicht Rechtsanwälte sind, den weiteren Vortrag untersagen, wenn sie nicht in der Lage sind, das Sach- und Streitverhältnis sachgerecht darzustellen.

(4) Über die Verhandlung ist eine Niederschrift zu fertigen, die vom Vorsitzenden und vom Schriftführer zu unterzeichnen ist.

§ 101 Nichterscheinen in der mündlichen Verhandlung. (1) [1] Erscheint der Antragsteller nicht zur mündlichen Verhandlung, so gilt der Antrag als zurückgenommen. [2] War der Antragsteller ohne sein Verschulden verhindert, zur mündlichen Verhandlung zu erscheinen, so ist ihm auf Antrag Wiedereinsetzung in den vorigen Stand zu gewähren. [3] Über den Antrag entscheidet die Schiedsstelle, ihre Entscheidung ist unanfechtbar. [4] Im Übrigen sind die Vorschriften der Zivilprozessordnung über die Wiedereinsetzung in den vorigen Stand entsprechend anzuwenden.

(2) Erscheint der Antragsgegner nicht zur mündlichen Verhandlung, so kann die Schiedsstelle einen Einigungsvorschlag nach Lage der Akten unterbreiten.

(3) Unentschuldigt nicht erschienene Beteiligte tragen die durch ihr Nichterscheinen verursachten Kosten.

(4) Die Beteiligten sind in der Ladung zur mündlichen Verhandlung auf die Folgen ihres Nichterscheinens hinzuweisen.

§ 102 Gütliche Streitbeilegung; Vergleich. (1) Die Schiedsstelle wirkt auf eine gütliche Beilegung des Streitfalls hin.

(2) [1] Kommt ein Vergleich zustande, so muss er in einem besonderen Schriftstück niedergelegt und unter Angabe des Tages seines Zustandekommens von dem Vorsitzenden und den Beteiligten unterschrieben werden. [2] Aus einem vor der Schiedsstelle geschlossenen Vergleich findet die Zwangsvollstreckung statt; § 797a der Zivilprozessordnung gilt entsprechend.

(3) [1] Der Vorsitzende kann die Beteiligten mit ihrem Einverständnis zu einem Vergleichsversuch ohne Zuziehung der Beisitzer laden. [2] Er ist dazu verpflichtet, wenn beide Beteiligte dies beantragen.

§ 103 Aussetzung des Verfahrens. (1) Die Schiedsstelle kann ein Verfahren aussetzen, wenn zu erwarten ist, dass ein anderes bei ihr anhängiges Verfahren von Bedeutung für den Ausgang des Verfahrens sein wird.

(2) Während der Aussetzung ist die Frist zur Unterbreitung eines Einigungsvorschlags nach § 105 Absatz 1 gehemmt.

§ 104 Aufklärung des Sachverhalts. (1) [1] Die Schiedsstelle kann erforderliche Beweise in geeigneter Form erheben. [2] Sie ist an Beweisanträge nicht gebunden.

(2) Sie kann die Ladung von Zeugen und den Beweis durch Sachverständige von der Zahlung eines hinreichenden Vorschusses zur Deckung der Auslagen abhängig machen.

(3) Den Beteiligten ist Gelegenheit zu geben, sich zu den Ermittlungs- und Beweisergebnissen zu äußern.

(4) Die §§ 1050 und 1062 Absatz 4 der Zivilprozessordnung sind entsprechend anzuwenden.

§ 105 Einigungsvorschlag der Schiedsstelle; Widerspruch. (1) [1] Die Schiedsstelle unterbreitet den Beteiligten innerhalb eines Jahres nach Zustellung des Antrags einen Einigungsvorschlag. [2] Die Frist kann mit Zustimmung aller Beteiligten um jeweils ein halbes Jahr verlängert werden.

(2) [1] Der Einigungsvorschlag ist zu begründen und von sämtlichen für den Streitfall zuständigen Mitgliedern der Schiedsstelle zu unterschreiben. [2] In dem Einigungsvorschlag ist auf die Möglichkeit des Widerspruchs und auf die Folgen bei Versäumung der Widerspruchsfrist hinzuweisen. [3] Der Einigungsvorschlag ist den Beteiligten zuzustellen. [4] Zugleich ist der Aufsichtsbehörde eine Abschrift des Einigungsvorschlags zu übermitteln.

(3) [1] Der Einigungsvorschlag gilt als angenommen und eine dem Inhalt des Vorschlags entsprechende Vereinbarung als zustande gekommen, wenn nicht innerhalb eines Monats nach Zustellung des Vorschlags ein schriftlicher Widerspruch bei der Schiedsstelle eingeht. [2] Betrifft der Streitfall die Einräumung oder Übertragung von Nutzungsrechten der Weitersendung, so beträgt die Frist drei Monate.

(4) [1] War einer der Beteiligten ohne sein Verschulden gehindert, den Widerspruch rechtzeitig einzulegen, so ist ihm auf Antrag Wiedereinsetzung in den vorigen Stand zu gewähren. [2] Über den Wiedereinsetzungsantrag entscheidet die Schiedsstelle. [3] Gegen die ablehnende Entscheidung der Schiedsstelle ist die sofortige Beschwerde an das für den Sitz des Antragstellers zuständige Landgericht möglich. [4] Die Vorschriften der Zivilprozessordnung über die Wiedereinsetzung in den vorigen Stand und die sofortige Beschwerde sind entsprechend anzuwenden.

(5) [1] Aus dem angenommenen Einigungsvorschlag findet die Zwangsvollstreckung statt. [2] § 797a der Zivilprozessordnung gilt entsprechend.

Unterabschnitt 2. Besondere Verfahrensvorschriften

§ 106 Einstweilige Regelungen. [1] Auf Antrag eines Beteiligten kann die Schiedsstelle eine einstweilige Regelung vorschlagen. [2] § 105 Absatz 2 und 3 Satz 1 ist anzuwenden. [3] Die einstweilige Regelung gilt, wenn nichts anderes vereinbart wird, bis zum Abschluss des Verfahrens vor der Schiedsstelle.

§ 107 Sicherheitsleistung. (1) [1] In Verfahren nach § 92 Absatz 1 Nummer 2 über die Vergütungspflicht für Geräte und Speichermedien kann die Schiedsstelle auf Antrag der Verwertungsgesellschaft anordnen, dass der beteiligte Hersteller, Importeur oder Händler für die Erfüllung des Anspruchs aus § 54

Absatz 1 des Urheberrechtsgesetzes[1] Sicherheit zu leisten hat. [2]Von der Anordnung nach Satz 1 hat sie abzusehen, wenn angemessene Teilleistungen erbracht sind.

(2) Der Antrag muss die Höhe der begehrten Sicherheit enthalten.

(3) [1]Über Art und Höhe der Sicherheitsleistung entscheidet die Schiedsstelle nach billigem Ermessen. [2]Bei der Höhe der Sicherheit kann sie nicht über den Antrag hinausgehen.

(4) [1]Das zuständige Oberlandesgericht (§ 129 Absatz 1) kann auf Antrag der Verwertungsgesellschaft durch Beschluss die Vollziehung einer Anordnung nach Absatz 1 zulassen, sofern nicht schon eine entsprechende Maßnahme des einstweiligen Rechtsschutzes bei einem Gericht beantragt worden ist. [2]Das zuständige Oberlandesgericht kann die Anordnung abweichend fassen, wenn dies zur Vollziehung notwendig ist.

(5) Auf Antrag kann das zuständige Oberlandesgericht den Beschluss nach Absatz 4 aufheben oder ändern.

§ 108 Schadensersatz. Erweist sich die Anordnung einer Sicherheitsleistung nach § 107 Absatz 1 als von Anfang an ungerechtfertigt, so ist die Verwertungsgesellschaft, welche die Vollziehung der Anordnung erwirkt hat, verpflichtet, dem Antragsgegner den Schaden zu ersetzen, der ihm aus der Vollziehung entsteht.

§ 109 Beschränkung des Einigungsvorschlags; Absehen vom Einigungsvorschlag. (1) Sind bei Streitfällen nach § 92 Absatz 1 Nummer 1 und 2 die Anwendbarkeit oder die Angemessenheit eines Tarifs bestritten und ist der Sachverhalt auch im Übrigen streitig, so kann sich die Schiedsstelle in ihrem Einigungsvorschlag auf eine Stellungnahme zur Anwendbarkeit oder Angemessenheit des Tarifs beschränken.

(2) Sind bei Streitfällen nach § 92 Absatz 1 Nummer 1 und 2 die Anwendbarkeit und die Angemessenheit eines Tarifs nicht bestritten, so kann die Schiedsstelle von einem Einigungsvorschlag absehen.

§ 110 Streitfälle über Gesamtverträge. (1) [1]Bei Streitfällen nach § 92 Absatz 1 Nummer 3 enthält der Einigungsvorschlag den Inhalt des Gesamtvertrags. [2]Die Schiedsstelle kann einen Gesamtvertrag nur mit Wirkung vom 1. Januar des Jahres vorschlagen, in dem der Antrag bei der Schiedsstelle gestellt wird.

(2) [1]Die Schiedsstelle unterrichtet das Bundeskartellamt über das Verfahren. [2]§ 90 Absatz 1 Satz 4 und Absatz 2 des Gesetzes gegen Wettbewerbsbeschränkungen[2] ist entsprechend anzuwenden.

§ 111 Streitfälle über Rechte der Kabelweitersendung. Bei Streitfällen nach § 92 Absatz 2 gilt § 110 entsprechend.

---

[1] Nr. **2**.
[2] Nr. **15**.

§ 112 Empirische Untersuchung zu Geräten und Speichermedien. (1) In Verfahren nach § 93 muss der Antrag, mit dem die Schiedsstelle angerufen wird, eine Auflistung der Verbände der betroffenen Hersteller, Importeure und Händler enthalten, soweit diese dem Antragsteller bekannt sind.

(2) [1] Die Schiedsstelle stellt den Antrag den darin benannten Verbänden mit der Aufforderung zu, binnen eines Monats schriftlich zu erklären, ob sie sich an dem Verfahren beteiligen wollen. [2] Gleichzeitig veröffentlicht die Schiedsstelle den Antrag in geeigneter Form, verbunden mit dem Hinweis, dass sich betroffene Verbände von Herstellern, Importeuren und Händlern, denen der Antrag nicht zugestellt worden ist, binnen eines Monats ab Veröffentlichung des Antrags durch schriftliche Erklärung gegenüber der Schiedsstelle an dem Verfahren beteiligen können.

§ 113 Durchführung der empirischen Untersuchung. [1] Für die Durchführung der empirischen Untersuchung gemäß § 93 gilt § 104 mit der Maßgabe, dass die Schiedsstelle die Durchführung der empirischen Untersuchung nicht ablehnen kann. [2] Die Schiedsstelle soll den Auftrag zur Durchführung dieser Untersuchung erst erteilen, wenn die Verwertungsgesellschaft einen Vorschuss gezahlt hat. [3] Sie soll darauf hinwirken, dass das Ergebnis der empirischen Untersuchung spätestens ein Jahr nach Eingang des Antrags nach § 112 Absatz 1 vorliegt.

§ 114 Ergebnis der empirischen Untersuchung. (1) [1] Die Schiedsstelle stellt fest, dass das Ergebnis der empirischen Untersuchung den Anforderungen entspricht, die im Hinblick auf die Aufstellung eines Tarifes gemäß § 40 zu stellen sind. [2] Andernfalls veranlasst sie seine Ergänzung oder Änderung.

(2) [1] Sie stellt das den Anforderungen entsprechende Ergebnis den Beteiligten zu und veröffentlicht es in geeigneter Form. [2] § 105 ist nicht anzuwenden.

§ 115 Verwertung von Untersuchungsergebnissen. In Verfahren nach § 92 Absatz 1 Nummer 2 und 3 kann zur Sachverhaltsaufklärung (§ 104) das Ergebnis einer empirischen Untersuchung herangezogen werden, das aus einem Verfahren nach § 93 stammt.

§ 116 Beteiligung von Verbraucherverbänden. [1] In Verfahren nach § 92 Absatz 1 Nummer 2 und 3 und § 93 gibt die Schiedsstelle den bundesweiten Dachorganisationen der mit öffentlichen Mitteln geförderten Verbraucherverbände Gelegenheit zur schriftlichen Stellungnahme. [2] Im Fall einer Stellungnahme ist § 114 Absatz 2 Satz 1 entsprechend anwendbar.

Unterabschnitt 3. Kosten sowie Entschädigung und Vergütung Dritter

§ 117 Kosten des Verfahrens. (1) Für das Verfahren vor der Schiedsstelle erhebt die Aufsichtsbehörde Gebühren und Auslagen (Kosten).

(2) [1] Die Gebühren richten sich nach dem Streitwert. [2] Ihre Höhe bestimmt sich nach § 34 des Gerichtskostengesetzes. [3] Der Streitwert wird von der Schiedsstelle festgesetzt. [4] Er bemisst sich nach den Vorschriften, die für das Verfahren nach der Zivilprozessordnung vor den ordentlichen Gerichten gelten.

(3) [1] Für Verfahren nach § 92 Absatz 1 Nummer 2, 3 und Absatz 2 sowie nach § 94 wird eine Gebühr mit einem Gebührensatz von 3,0 erhoben. [2] Wird

das Verfahren anders als durch einen Einigungsvorschlag der Schiedsstelle beendet, ermäßigt sich die Gebühr auf einen Gebührensatz von 1,0. [3]Dasselbe gilt, wenn die Beteiligten den Einigungsvorschlag der Schiedsstelle annehmen.

(4) Für Verfahren nach § 92 Absatz 1 Nummer 1 und § 93 wird eine Gebühr mit einem Gebührensatz von 1,0 erhoben.

(5) Auslagen werden in entsprechender Anwendung der Nummern 9000 bis 9009 und 9013 des Kostenverzeichnisses zum Gerichtskostengesetz erhoben.

§ 118 Fälligkeit und Vorschuss. (1) Die Gebühr wird mit der Beendigung des Verfahrens, Auslagen werden sofort nach ihrer Entstehung fällig.

(2) Die Zustellung des verfahrenseinleitenden Antrags soll von der Zahlung eines Vorschusses durch den Antragsteller in Höhe eines Drittels der Gebühr abhängig gemacht werden.

§ 119 Entsprechende Anwendung des Gerichtskostengesetzes. § 2 Absatz 1, 3 und 5 des Gerichtskostengesetzes, soweit diese Vorschriften für Verfahren vor den ordentlichen Gerichten anzuwenden sind, die §§ 5, 17 Absatz 1 bis 3, die §§ 20, 21, 22 Absatz 1, § 28 Absatz 1 und 2, die §§ 29, 31 Absatz 1 und 2 und § 32 des Gerichtskostengesetzes über die Kostenfreiheit, die Verjährung und die Verzinsung der Kosten, die Abhängigmachung der Tätigkeit der Schiedsstelle von der Zahlung eines Auslagenvorschusses, die Nachforderung und die Nichterhebung der Kosten sowie den Kostenschuldner sind entsprechend anzuwenden.

§ 120 Entscheidung über Einwendungen. [1]Über Einwendungen gegen Verwaltungsakte beim Vollzug der Kostenvorschriften entscheidet das Amtsgericht, in dessen Bezirk die Aufsichtsbehörde ihren Sitz hat. [2]Die Einwendungen sind bei der Schiedsstelle oder der Aufsichtsbehörde zu erheben. [3]§ 19 Absatz 5 und § 66 Absatz 5 Satz 1, 5 und Absatz 8 des Gerichtskostengesetzes sind entsprechend anzuwenden; über die Beschwerde entscheidet das im Rechtszug nächsthöhere Gericht. [4]Die Erhebung von Einwendungen und die Beschwerde haben keine aufschiebende Wirkung.

§ 121 Entscheidung über die Kostenpflicht. (1) [1]Die Schiedsstelle entscheidet über die Verteilung der Kosten des Verfahrens nach billigem Ermessen, soweit nichts anderes bestimmt ist. [2]Die Schiedsstelle kann anordnen, dass die einem Beteiligten erwachsenen notwendigen Auslagen ganz oder teilweise von einem gegnerischen Beteiligten zu erstatten sind, wenn dies der Billigkeit entspricht.

(2) [1]Die Entscheidung über die Kosten kann durch Antrag auf gerichtliche Entscheidung angefochten werden, auch wenn der Einigungsvorschlag der Schiedsstelle angenommen wird. [2]Über den Antrag entscheidet das Amtsgericht, in dessen Bezirk die Schiedsstelle ihren Sitz hat.

§ 122 Festsetzung der Kosten. (1) [1]Die Kosten des Verfahrens (§ 117) und die einem Beteiligten zu erstattenden notwendigen Auslagen (§ 121 Absatz 1 Satz 2) werden von der Aufsichtsbehörde festgesetzt. [2]Die Festsetzung ist dem Kostenschuldner und, wenn nach § 121 Absatz 1 Satz 2 zu erstattende notwendige Auslagen festgesetzt worden sind, auch dem Erstattungsberechtigten zuzustellen.

(2) [1]Jeder Beteiligte kann innerhalb einer Frist von zwei Wochen nach der Zustellung die gerichtliche Festsetzung der Kosten und der zu erstattenden notwendigen Auslagen beantragen. [2]Zuständig ist das Amtsgericht, in dessen Bezirk die Aufsichtsbehörde ihren Sitz hat. [3]Der Antrag ist bei der Aufsichtsbehörde einzureichen. [4]Die Aufsichtsbehörde kann dem Antrag abhelfen.

(3) Aus dem Kostenfestsetzungsbeschluss findet die Zwangsvollstreckung in entsprechender Anwendung der Zivilprozessordnung statt.

§ 123 Entschädigung von Zeugen und Vergütung der Sachverständigen. (1) Zeugen erhalten eine Entschädigung und Sachverständige eine Vergütung nach Maßgabe der §§ 3, 5 bis 10, 12 und 19 bis 22 des Justizvergütungs- und -entschädigungsgesetzes; die §§ 2 und 13 Absatz 1 und 2 Satz 1 bis 3 des Justizvergütungs- und -entschädigungsgesetzes sind entsprechend anzuwenden.

(2) Die Aufsichtsbehörde setzt die Entschädigung fest.

(3) [1]Zeugen und Sachverständige können die gerichtliche Festsetzung beantragen. [2]Über den Antrag entscheidet das Amtsgericht, in dessen Bezirk die Schiedsstelle ihren Sitz hat. [3]Der Antrag ist bei der Aufsichtsbehörde einzureichen oder zu Protokoll der Geschäftsstelle des Amtsgerichts zu erklären. [4]Die Aufsichtsbehörde kann dem Antrag abhelfen. [5]Kosten werden nicht erstattet.

Unterabschnitt 4. Organisation und Beschlussfassung der Schiedsstelle

§ 124 Aufbau und Besetzung der Schiedsstelle. (1) [1]Die Schiedsstelle wird bei der Aufsichtsbehörde (§ 75) gebildet. [2]Sie besteht aus dem Vorsitzenden oder seinem Vertreter und zwei Beisitzern.

(2) [1]Die Mitglieder der Schiedsstelle müssen die Befähigung zum Richteramt nach dem Deutschen Richtergesetz besitzen. [2]Sie werden vom Bundesministerium der Justiz und für Verbraucherschutz für einen bestimmten Zeitraum, der mindestens ein Jahr beträgt, berufen; Wiederberufung ist zulässig.

(3) [1]Bei der Schiedsstelle können mehrere Kammern gebildet werden. [2]Die Besetzung der Kammern bestimmt sich nach Absatz 1 Satz 2 und Absatz 2.

(4) Die Geschäftsverteilung zwischen den Kammern wird durch den Präsidenten oder die Präsidentin des Deutschen Patent- und Markenamtes geregelt.

§ 125 Aufsicht. (1) Die Mitglieder der Schiedsstelle sind nicht an Weisungen gebunden.

(2) Die Dienstaufsicht über die Schiedsstelle führt der Präsident oder die Präsidentin des Deutschen Patent- und Markenamtes.

§ 126 Beschlussfassung der Schiedsstelle. [1]Die Schiedsstelle fasst ihre Beschlüsse mit Stimmenmehrheit. [2]§ 196 Absatz 2 des Gerichtsverfassungsgesetzes ist anzuwenden.

§ 127 Ausschließung und Ablehnung von Mitgliedern der Schiedsstelle. [1]Über die Ausschließung und Ablehnung von Mitgliedern der Schiedsstelle entscheidet das Amtsgericht, in dessen Bezirk die Schiedsstelle ihren Sitz hat. [2]Das Ablehnungsgesuch ist bei der Schiedsstelle anzubringen. [3]Im Übrigen gelten die §§ 41 bis 48 der Zivilprozessordnung entsprechend.

Abschnitt 2. Gerichtliche Geltendmachung

§ 128 Gerichtliche Geltendmachung. (1) [1] Bei Streitfällen nach § 92 Absatz 1 und 2 ist die Erhebung der Klage erst zulässig, wenn ein Verfahren vor der Schiedsstelle vorausgegangen ist oder nicht innerhalb der Frist gemäß § 105 Absatz 1 abgeschlossen wurde. [2] Auf die Frist ist § 103 Absatz 2 anzuwenden.

(2) [1] Bei Streitfällen nach § 92 Absatz 1 Nummer 1 und 2 ist Absatz 1 nur anzuwenden, wenn die Anwendbarkeit oder die Angemessenheit des Tarifs bestritten ist. [2] Stellt sich erst nach Eintritt der Rechtshängigkeit heraus, dass die Anwendbarkeit oder die Angemessenheit des Tarifs bestritten ist, setzt das Gericht den Rechtsstreit durch Beschluss aus, um den Parteien die Anrufung der Schiedsstelle zu ermöglichen. [3] Weist die Partei, die die Anwendbarkeit oder die Angemessenheit des Tarifs bestreitet, nicht innerhalb von zwei Monaten ab Verkündung oder Zustellung des Beschlusses über die Aussetzung nach, dass ein Antrag bei der Schiedsstelle gestellt ist, so wird der Rechtsstreit fortgesetzt; in diesem Fall gelten die Anwendbarkeit und die Angemessenheit des streitigen Tarifs als zugestanden.

(3) [1] Absatz 1 ist nicht anzuwenden auf Anträge auf Anordnung eines Arrests oder einer einstweiligen Verfügung. [2] Nach Erlass eines Arrests oder einer einstweiligen Verfügung ist die Klage ohne die Beschränkung des Absatzes 1 zulässig, wenn der Partei nach den §§ 926 und 936 der Zivilprozessordnung eine Frist zur Erhebung der Klage bestimmt worden ist.

§ 129 Zuständigkeit des Oberlandesgerichts. (1) In Streitfällen nach § 92 Absatz 1 Nummer 2 und 3 sowie Absatz 2, nach § 94 sowie über Ansprüche nach § 108 entscheidet ausschließlich das für den Sitz der Schiedsstelle zuständige Oberlandesgericht im ersten Rechtszug.

(2) [1] Für das Verfahren gilt der Erste Abschnitt des Zweiten Buchs der Zivilprozessordnung entsprechend. [2] § 411a der Zivilprozessordnung ist mit der Maßgabe anwendbar, dass die schriftliche Begutachtung auch durch das Ergebnis einer empirischen Untersuchung aus einem Verfahren nach § 93 ersetzt werden kann.

(3) Gegen die von dem Oberlandesgericht erlassenen Endurteile findet die Revision nach Maßgabe der Zivilprozessordnung statt.

(4) [1] In den Fällen des § 107 Absatz 4 und 5 entscheidet das für den Sitz der Schiedsstelle zuständige Oberlandesgericht durch unanfechtbaren Beschluss. [2] Vor der Entscheidung ist der Gegner zu hören.

§ 130 Entscheidung über Gesamtverträge. [1] Das Oberlandesgericht setzt den Inhalt der Gesamtverträge, insbesondere Art und Höhe der Vergütung, nach billigem Ermessen fest. [2] Die Festsetzung ersetzt die entsprechende Vereinbarung der Beteiligten. [3] Die Festsetzung eines Vertrags ist nur mit Wirkung vom 1. Januar des Jahres an möglich, in dem der Antrag bei der Schiedsstelle gestellt wird.

§ 131 Ausschließlicher Gerichtsstand. (1) [1] Für Rechtsstreitigkeiten über Ansprüche einer Verwertungsgesellschaft wegen Verletzung eines von ihr wahrgenommenen Nutzungsrechts oder Einwilligungsrechts ist das Gericht ausschließlich zuständig, in dessen Bezirk die Verletzungshandlung begangen worden ist oder der Verletzer seinen allgemeinen Gerichtsstand hat. ^{2} § 105 des Urheberrechtsgesetzes[1)] bleibt unberührt.

(2) Sind nach Absatz 1 Satz 1 für mehrere Rechtsstreitigkeiten gegen denselben Verletzer verschiedene Gerichte zuständig, so kann die Verwertungsgesellschaft alle Ansprüche bei einem dieser Gerichte geltend machen.

Teil 6. Übergangs- und Schlussvorschriften

§ 132 Übergangsvorschrift für Erlaubnisse. (1) Verwertungsgesellschaften, denen bei Inkrafttreten dieses Gesetzes bereits eine Erlaubnis nach dem ersten Abschnitt des Urheberrechtswahrnehmungsgesetzes in der bis zum 31. Mai 2016 geltenden Fassung erteilt ist, gilt die Erlaubnis nach § 77 als erteilt.

(2) Organisationen, die bei Inkrafttreten dieses Gesetzes bereits Urheberrechte und verwandte Schutzrechte wahrnehmen und die nach § 77 erstmalig einer Erlaubnis bedürfen, sind berechtigt, ihre Wahrnehmungstätigkeit ohne die erforderliche Erlaubnis bis zur Rechtskraft der Entscheidung über den Antrag auf Erteilung der Erlaubnis fortzusetzen, wenn sie

1. der Aufsichtsbehörde die Wahrnehmungstätigkeit unverzüglich schriftlich anzeigen und
2. bis spätestens 31. Dezember 2016 einen Antrag auf Erteilung der Erlaubnis (§ 78) stellen.

§ 133 Anzeigefrist. Ist eine Organisation gemäß den §§ 82, 90 oder 91 verpflichtet, die Aufnahme einer Wahrnehmungstätigkeit anzuzeigen, so zeigt sie dies der Aufsichtsbehörde spätestens am 1. Dezember 2016 an.

§ 134 Übergangsvorschrift zur Anpassung des Statuts an die Vorgaben dieses Gesetzes. Die Verwertungsgesellschaft passt das Statut, die Wahrnehmungsbedingungen und den Verteilungsplan unverzüglich, spätestens am 31. Dezember 2016, an die Vorgaben dieses Gesetzes an.

§ 135 Informationspflichten der Verwertungsgesellschaft bei Inkrafttreten dieses Gesetzes. (1) Die Verwertungsgesellschaft informiert ihre Berechtigten spätestens am 1. Dezember 2016 über die Rechte, die ihnen nach den §§ 9 bis 12 zustehen, einschließlich der in § 11 genannten Bedingungen.

(2) Die §§ 47 und 54 sind erstmals auf Geschäftsjahre anzuwenden, die nach dem 31. Dezember 2015 beginnen.

§ 136 Übergangsvorschrift für Erklärungen der Geschäftsführung und des Aufsichtsgremiums. Erklärungen nach den §§ 21 und 22 sind erstmals für Geschäftsjahre abzugeben, die nach dem 31. Dezember 2015 beginnen.

§ 137 Übergangsvorschrift für Rechnungslegung und Transparenzbericht. (1) Die §§ 57 und 58 über die Rechnungslegung und den jährlichen Transparenzbericht sind erstmals auf Geschäftsjahre anzuwenden, die nach dem 31. Dezember 2015 beginnen.

[1)] Nr. 2.

(2) Für die Rechnungslegung und Prüfung für Geschäftsjahre, die vor dem 1. Januar 2016 enden, ist § 9 des Urheberrechtswahrnehmungsgesetzes in der bis zum 31. Mai 2016 geltenden Fassung weiterhin anzuwenden.

§ 138 Übergangsvorschrift für Verfahren der Aufsichtsbehörde. Verfahren der Aufsichtsbehörde, die bei Inkrafttreten dieses Gesetzes nicht abgeschlossen sind, sind nach den Bestimmungen dieses Gesetzes weiterzuführen.

§ 139 Übergangsvorschrift für Verfahren vor der Schiedsstelle und für die gerichtliche Geltendmachung. (1) Die §§ 92 bis 127 sind auf Verfahren, die am 1. Juni 2016 bei der Schiedsstelle anhängig sind, nicht anzuwenden; für diese Verfahren sind die §§ 14 bis 15 des Urheberrechtswahrnehmungsgesetzes und die Urheberrechtsschiedsstellenverordnung, jeweils in der bis zum 31. Mai 2016 geltenden Fassung, weiter anzuwenden.

(2) [1] Abweichend von § 40 Absatz 1 Satz 2 können die Verwertungsgesellschaften Tarife auch auf Grundlage einer empirischen Untersuchung aufstellen, die bereits vor dem 1. Juni 2016 in einem Verfahren vor der Schiedsstelle durchgeführt worden ist, sofern das Untersuchungsergebnis den Anforderungen des § 114 Absatz 1 Satz 1 entspricht. [2] Gleiches gilt für empirische Untersuchungen, die in einem Verfahren durchgeführt werden, das gemäß Absatz 1 noch auf Grundlage des bisherigen Rechts durchgeführt wird.

(3) Die §§ 128 bis 131 sind auf Verfahren, die am 1. Juni 2016 bei einem Gericht anhängig sind, nicht anzuwenden; für diese Verfahren sind die §§ 16, 17 und 27 Absatz 3 des Urheberrechtswahrnehmungsgesetzes in der bis zum 31. Mai 2016 geltenden Fassung weiter anzuwenden.

§ 140 Übergangsvorschrift zur Regelung der Verlegerbeteiligung ab dem 7. Juni 2021. § 27b gilt nur für Einnahmen, die Verwertungsgesellschaften ab dem 7. Juni 2021 erhalten.

§ 141 Übergangsvorschrift für vergriffene Werke; Verordnungsermächtigung. (1) Die §§ 51 bis 52a in der bis einschließlich 6. Juni 2021 geltenden Fassung sind nach Maßgabe der Absätze 2 bis 4 bis einschließlich 31. Dezember 2025 weiter anzuwenden.

(2) Ab dem 7. Juni 2021 sind Anträge auf Eintragung von Werken in das Register vergriffener Werke beim Deutschen Patent- und Markenamt unzulässig.

(3) Nutzungsrechte, die nach den §§ 51 bis 52a in der bis einschließlich 6. Juni 2021 geltenden Fassung eingeräumt worden sind, enden spätestens mit Ablauf des 31. Dezember 2025.

(4) [1] Sind Nutzungen, die nach den §§ 51 bis 52a in der bis einschließlich 6. Juni 2021 geltenden Fassung erlaubt worden sind, auch nach Maßgabe der §§ 52 bis 52e erlaubt worden oder nach den §§ 61d und 61e des Urheberrechtsgesetzes[1)] gesetzlich erlaubt, so ist dies dem Deutschen Patent- und Markenamt mitzuteilen und im Register zu vermerken. [2] Zuständig für die Mitteilung ist die Verwertungsgesellschaft (§ 52a Absatz 1 Satz 1 Nummer 4) oder die Kulturerbe-Einrichtung (§ 61d Absatz 3 des Urheberrechtsgesetzes).

[1)] Nr. 2.

(5) Das Bundesministerium der Justiz und für Verbraucherschutz wird ermächtigt, durch Rechtsverordnung ohne Zustimmung des Bundesrates die Übermittlung von Einträgen aus dem Register vergriffener Werke beim Deutschen Patent- und Markenamt an das Online-Portal des Amtes der Europäischen Union für geistiges Eigentum näher zu regeln.

(6) Das Register ist mit Ablauf des 31. Dezember 2025 zu schließen und die Bekanntmachung auf der Internetseite zu beenden.

Anlage
(zu § 58 Absatz 2)

Inhalt des jährlichen Transparenzberichts

1. Der jährliche Transparenzbericht gemäß § 58 Absatz 1 muss enthalten:
   a) den Jahresabschluss einschließlich der Kapitalflussrechnung;
   b) einen Bericht über die Tätigkeiten im abgelaufenen Geschäftsjahr;
   c) Angaben zu abgelehnten Anfragen von Nutzern betreffend die Einräumung von Nutzungsrechten;
   d) eine Beschreibung von Rechtsform und Organisationsstruktur;
   e) Angaben zu den von der Verwertungsgesellschaft abhängigen Verwertungseinrichtungen, einschließlich der diese Einrichtungen betreffenden Informationen nach Nummer 1 Buchstabe b bis d;
   f) Angaben zum Gesamtbetrag der im Vorjahr an die in § 18 Absatz 1 genannten Personen gezahlten Vergütungen und sonstigen Leistungen;
   g) die Finanzinformationen nach Nummer 2, jeweils aufgeschlüsselt nach Verwertungsgesellschaft und von der Verwertungsgesellschaft abhängigen Verwertungseinrichtungen (§ 3);
   h) einen gesonderten Bericht nach Nummer 3, jeweils aufgeschlüsselt nach Verwertungsgesellschaft und von der Verwertungsgesellschaft abhängige Verwertungseinrichtungen (§ 3).
2. Finanzinformationen im Sinne der Nummer 1 Buchstabe g sind:
   a) Informationen über die Einnahmen aus den Rechten nach Kategorien der wahrgenommenen Rechte und Art der Nutzung (beispielsweise Hörfunk und Fernsehen, Online-Nutzung, Aufführung) und die Verwendung dieser Einnahmen, d.h. ob diese an die Berechtigten oder andere Verwertungsgesellschaften verteilt oder anderweitig verwendet wurden;
   b) umfassende Informationen zu den Kosten der Rechtewahrnehmung und zu den Kosten für sonstige Leistungen, die die Verwertungsgesellschaft für die Berechtigten und Mitglieder erbringt, insbesondere:
      aa) sämtliche Betriebs- und Finanzkosten, aufgeschlüsselt nach Kategorien der wahrgenommenen Rechte und, wenn sich die Kosten nicht direkt einer oder mehreren Kategorien von Rechten zuordnen lassen, eine Erläuterung, wie diese Kosten auf die Rechtekategorien umgelegt wurden;
      bb) Betriebs- und Finanzkosten im Zusammenhang mit der Rechtewahrnehmung, einschließlich der von den Einnahmen aus den Rechten abgezogenen Verwaltungskosten, aufgeschlüsselt nach Kategorien der wahrgenommenen Rechte und, wenn sich die Kosten nicht direkt einer oder mehreren Kategorien von Rechten zuordnen lassen, eine

Erläuterung, wie diese Kosten auf die Rechtekategorien umgelegt wurden;

cc) Betriebs- und Finanzkosten, die nicht im Zusammenhang mit der Rechtewahrnehmung stehen, einschließlich solcher für soziale und kulturelle Leistungen;

dd) Mittel zur Deckung der Kosten, insbesondere Angaben dazu, inwieweit Kosten aus den Einnahmen aus den Rechten, aus dem eigenen Vermögen oder aus sonstigen Mitteln gedeckt wurden;

ee) Abzüge von den Einnahmen aus den Rechten, aufgeschlüsselt nach Kategorien der wahrgenommenen Rechte und Art der Nutzung, sowie den Zweck der Abzüge, beispielsweise Kosten für die Rechtewahrnehmung oder für soziale und kulturelle Leistungen;

ff) prozentualer Anteil sämtlicher Kosten für die Rechtewahrnehmung und für sonstige an Berechtigte und Mitglieder erbrachte Leistungen im Verhältnis zu den Einnahmen aus den Rechten im jeweiligen Geschäftsjahr, aufgeschlüsselt nach Kategorien der wahrgenommenen Rechte und, wenn sich die Kosten nicht direkt einer oder mehreren Kategorien von Rechten zuordnen lassen, eine Erläuterung, wie diese Kosten auf die Rechtekategorien umgelegt wurden;

c) umfassende Informationen zu den Beträgen, die den Berechtigten zustehen, insbesondere:

aa) Gesamtsumme der den Berechtigten zugewiesenen Beträge, aufgeschlüsselt nach Kategorien der wahrgenommenen Rechte und Art der Nutzung;

bb) Gesamtsumme der an die Berechtigten ausgeschütteten Beträge, aufgeschlüsselt nach Kategorien der wahrgenommenen Rechte und Art der Nutzung;

cc) Ausschüttungstermine, aufgeschlüsselt nach Kategorien der wahrgenommenen Rechte und Art der Nutzung;

dd) Gesamtsumme der Beträge, die noch nicht den Berechtigten zugewiesen wurden, aufgeschlüsselt nach Kategorien der wahrgenommenen Rechte und Art der Nutzung, unter Angabe des Geschäftsjahres, in dem die Beträge eingenommen wurden;

ee) Gesamtsumme der den Berechtigten zugewiesenen, aber noch nicht an sie ausgeschütteten Beträge, aufgeschlüsselt nach Kategorien der wahrgenommenen Rechte und Art der Nutzung, unter Angabe des Geschäftsjahres, in dem die Beträge eingenommen wurden;

ff) Gründe für Zahlungsverzögerungen, wenn die Verwertungsgesellschaft die Verteilung nicht innerhalb der Verteilungsfrist (§ 28) durchgeführt hat;

gg) Gesamtsumme der nicht verteilbaren Beträge mit einer Erläuterung zu ihrer Verwendung;

d) Informationen zu Beziehungen zu anderen Verwertungsgesellschaften, insbesondere:

aa) jeweils von anderen Verwertungsgesellschaften erhaltene oder an diese gezahlte Beträge, aufgeschlüsselt nach Kategorien der wahrgenommenen Rechte und Art der Nutzung;

bb) Verwaltungskosten und sonstige Abzüge von den jeweils anderen Verwertungsgesellschaften zustehenden Einnahmen aus den Rechten, aufgeschlüsselt nach Kategorien der wahrgenommenen Rechte und Art der Nutzung;

cc) Verwaltungskosten und sonstige Abzüge von den jeweils von anderen Verwertungsgesellschaften empfangenen Beträgen, aufgeschlüsselt nach Kategorien der wahrgenommenen Rechte;

dd) Beträge, die die Verwertungsgesellschaft unmittelbar an die von der jeweils anderen Verwertungsgesellschaft vertretenen Rechtsinhaber verteilt hat, aufgeschlüsselt nach Kategorien der wahrgenommenen Rechte.

3. Der gesonderte Bericht gemäß Nummer 1 Buchstabe h muss folgende Informationen enthalten:

a) die im Geschäftsjahr von den Einnahmen aus den Rechten für soziale und kulturelle Leistungen abgezogenen Beträge, aufgeschlüsselt nach Verwendungszweck, und für jeden einzelnen Verwendungszweck aufgeschlüsselt nach Kategorien der wahrgenommenen Rechte und Art der Nutzung;

b) eine Erläuterung, wie diese Beträge verwendet wurden, aufgeschlüsselt nach dem Verwendungszweck, einschließlich

aa) der Beträge, die zur Deckung der Kosten verwendet werden, die im Zusammenhang mit der Verwaltung sozialer und kultureller Leistungen entstehen, und

bb) der tatsächlich für soziale oder kulturelle Leistungen verwendeten Beträge.

14. Verordnung über das Register vergriffener Werke (VergWerkeRegV)

Vom 10. April 2014

(BGBl. I S. 346)

Geändert durch Art. 2 G v. 24.5.2016 (BGBl. I S. 1190)

Auf Grund des § 13e Absatz 5 des Urheberrechtswahrnehmungsgesetzes, der durch Artikel 2 des Gesetzes vom 1. Oktober 2013 (BGBl. I S. 3728) eingefügt worden ist, in Verbindung mit § 1 Absatz 2 des Zuständigkeitsanpassungsgesetzes vom 16. August 2002 (BGBl. I S. 3165) und mit dem Organisationserlass vom 17. Dezember 2013 (BGBl. I S. 4310) verordnet das Bundesministerium der Justiz und für Verbraucherschutz:

§ 1 Antragstellung. (1) Der Antrag auf Eintragung von Werken in das Register vergriffener Werke nach § 51 Absatz 1 Nummer 4 des Verwertungsgesellschaftengesetzes muss die Angaben nach § 52 Absatz 1 Satz 2 Nummer 1 bis 5 des Verwertungsgesellschaftengesetzes enthalten.

(2) Die Verwertungsgesellschaft reicht den Antrag elektronisch über die vom Deutschen Patent- und Markenamt zur Verfügung gestellte Schnittstelle ein.

§ 2 Kosten. (1) Für jede Eintragung in das Register wird eine Gebühr in Höhe von 1 Euro erhoben.

(2) Zur Zahlung der Eintragungsgebühren ist ein gültiges SEPA-Basislastschriftmandat zu Gunsten der zuständigen Bundeskasse für das Deutsche Patent- und Markenamt zu erteilen. Mit dem SEPA-Basislastschriftmandat sind Angaben zum Verwendungszweck einzureichen. Das SEPA-Basislastschriftmandat soll für eine Vielzahl von Einzügen verwendet werden.

(3) Als Zahlungstag gilt der Tag des Eingangs des SEPA-Basislastschriftmandats samt Angaben zum Verwendungszweck beim Deutschen Patent- und Markenamt. Wird das SEPA-Basislastschriftmandat durch Telefax übermittelt, ist das Original innerhalb einer Frist von einem Monat nach Eingang des Telefax nachzureichen. Andernfalls gilt als Zahlungstag der Tag des Eingangs des Originals.

(4) Das Deutsche Patent- und Markenamt teilt den Verwertungsgesellschaften den Gesamtbetrag der auf sie entfallenden Eintragungsgebühren für jeden Kalendermonat mit und zieht diesen Betrag aufgrund des SEPA-Basislastschriftmandats ein.

(5) Die §§ 5, 6 Absatz 1, § 8 Absatz 2, § 10 Absatz 1, § 12 Absatz 1 und 4 sowie § 13 der DPMA-Verwaltungskostenverordnung sind entsprechend anzuwenden.

§ 3 Inkrafttreten. Diese Verordnung tritt am Tag nach der Verkündung in Kraft.*)

---

*) Am 24.4.2014 in Kraft getreten.

15. Gesetz gegen Wettbewerbsbeschränkungen (GWB)

In der Fassung der Bekanntmachung vom 26. Juni 2013

(BGBl. I S. 1750)

Zuletzt geändert durch Art. 30 G v. 23.6.2021 (BGBl. I S. 1858)

(Auszug)

Erster Teil. Wettbewerbsbeschränkungen

Erster Abschnitt. Wettbewerbsbeschränkende Vereinbarungen, Beschlüsse und abgestimmte Verhaltensweisen

§ 1 Verbot wettbewerbsbeschränkender Vereinbarungen. Vereinbarungen zwischen Unternehmen, Beschlüsse von Unternehmensvereinigungen und aufeinander abgestimmte Verhaltensweisen, die eine Verhinderung, Einschränkung oder Verfälschung des Wettbewerbs bezwecken oder bewirken, sind verboten.

...

Zweiter Abschnitt. Marktbeherrschung, wettbewerbsbeschränkendes Verhalten

...

§ 19 Verbotenes Verhalten von marktbeherrschenden Unternehmen. (1) Der Missbrauch einer marktbeherrschenden Stellung durch ein oder mehrere Unternehmen ist verboten.

(2) Ein Missbrauch liegt insbesondere vor, wenn ein marktbeherrschendes Unternehmen als Anbieter oder Nachfrager einer bestimmten Art von Waren oder gewerblichen Leistungen

1. ein anderes Unternehmen unmittelbar oder mittelbar unbillig behindert oder ohne sachlich gerechtfertigten Grund unmittelbar oder mittelbar anders behandelt als gleichartige Unternehmen;
2. Entgelte oder sonstige Geschäftsbedingungen fordert, die von denjenigen abweichen, die sich bei wirksamem Wettbewerb mit hoher Wahrscheinlichkeit ergeben würden; hierbei sind insbesondere die Verhaltensweisen von Unternehmen auf vergleichbaren Märkten mit wirksamem Wettbewerb zu berücksichtigen;
3. ungünstigere Entgelte oder sonstige Geschäftsbedingungen fordert, als sie das marktbeherrschende Unternehmen selbst auf vergleichbaren Märkten von gleichartigen Abnehmern fordert, es sei denn, dass der Unterschied sachlich gerechtfertigt ist;

...

§ 20 Verbotenes Verhalten von Unternehmen mit relativer oder überlegener Marktmacht. (1) [1] § 19 Absatz 1 in Verbindung mit Absatz 2 Nummer 1 gilt auch für Unternehmen und Vereinigungen von Unternehmen, soweit von ihnen andere Unternehmen als Anbieter oder Nachfrager einer bestimmten Art von Waren oder gewerblichen Leistungen in der Weise abhängig sind, dass ausreichende und zumutbare Möglichkeiten, auf andere Unternehmen auszuweichen, nicht bestehen und ein deutliches Ungleichgewicht zur Gegenmacht der anderen Unternehmen besteht (relative Marktmacht). [2] § 19 Absatz 1 in Verbindung mit Absatz 2 Nummer 1 gilt ferner auch für Unternehmen, die als Vermittler auf mehrseitigen Märkten tätig sind, soweit andere Unternehmen mit Blick auf den Zugang zur Beschaffungs- und Absatzmärkten von ihrer Vermittlungsleistung in der Weise abhängig sind, dass ausreichende und zumutbare Ausweichmöglichkeiten nicht bestehen. [3] Es wird vermutet, dass ein Anbieter einer bestimmten Art von Waren oder gewerblichen Leistungen von einem Nachfrager abhängig im Sinne des Satzes 1 ist, wenn dieser Nachfrager bei ihm zusätzlich zu den verkehrsüblichen Preisnachlässen oder sonstigen Leistungsentgelten regelmäßig besondere Vergünstigungen erlangt, die gleichartigen Nachfragern nicht gewährt werden.

(1a) Eine Abhängigkeit nach Absatz 1 kann sich auch daraus ergeben, dass ein Unternehmen für die eigene Tätigkeit auf den Zugang zu Daten angewiesen ist, die von einem anderen Unternehmen kontrolliert werden. [2] Die Verweigerung des Zugangs zu solchen Daten gegen angemessenes Entgelt kann eine unbillige Behinderung nach Absatz 1 in Verbindung mit § 19 Absatz 2 Nummer 1 darstellen. [3] Dies gilt auch dann, wenn ein Geschäftsverkehr für diese Daten bislang nicht eröffnet ist.

(2) § 19 Absatz 1 in Verbindung mit Absatz 2 Nummer 5 gilt auch für Unternehmen und Vereinigungen von Unternehmen im Verhältnis zu den von ihnen abhängigen Unternehmen.

(3) [1] Unternehmen mit gegenüber kleinen und mittleren Wettbewerbern überlegener Marktmacht dürfen ihre Marktmacht nicht dazu ausnutzen, solche Wettbewerber unmittelbar oder mittelbar unbillig zu behindern. [2] Eine unbillige Behinderung im Sinne des Satzes 1 liegt insbesondere vor, wenn ein Unternehmen

1. Lebensmittel im Sinne des § 2 Absatz 2 des Lebensmittel- und Futtermittelgesetzbuches unter Einstandspreis oder
2. andere Waren oder gewerbliche Leistungen nicht nur gelegentlich unter Einstandspreis oder
3. von kleinen oder mittleren Unternehmen, mit denen es auf dem nachgelagerten Markt beim Vertrieb von Waren oder gewerblichen Leistungen im Wettbewerb steht, für deren Lieferung einen höheren Preis fordert, als es selbst auf diesem Markt

anbietet, es sei denn, dies ist jeweils sachlich gerechtfertigt. [3] Einstandspreis im Sinne des Satzes 2 ist der zwischen dem Unternehmen mit überlegener Marktmacht und seinem Lieferanten vereinbarte Preis für die Beschaffung der Ware oder Leistung, auf den allgemein gewährte und im Zeitpunkt des Angebots bereits mit hinreichender Sicherheit feststehende Bezugsvergünstigungen anteilig angerechnet werden, soweit nicht für bestimmte Waren oder Leistungen ausdrücklich etwas anderes vereinbart ist. [4] Das Anbieten von Lebensmitteln unter Einstandspreis ist sachlich gerechtfertigt, wenn es geeignet ist, den Verderb oder die drohende Unverkäuflichkeit der Waren beim Händler durch rechtzeitigen Verkauf zu verhindern sowie in vergleichbar schwerwiegenden Fällen. [5] Werden Lebensmittel an gemeinnützige Einrichtung zur Verwendung im Rahmen ihrer Aufgaben abgegeben, liegt keine unbillige Behinderung vor.

(3a) Eine unbillige Behinderung im Sinne des Absatzes 3 Satz 1 liegt auch vor, wenn ein Unternehmen mit überlegener Marktmacht auf einem Markt im Sinne des § 18 Absatz 3a die eigenständige Erzielung von Netzwerkeffekten durch Wettbewerber behindert und hierdurch die ernstliche Gefahr begründet, dass der Leistungswettbewerb in nicht unerheblichem Maße eingeschränkt wird.

(4) Ergibt sich auf Grund bestimmter Tatsachen nach allgemeiner Erfahrung der Anschein, dass ein Unternehmen seine Marktmacht im Sinne des Absatzes 3 ausgenutzt hat, so obliegt es diesem Unternehmen, den Anschein zu widerlegen und solche anspruchsbegründenden Umstände aus seinem Geschäftsbereich aufzuklären, deren Aufklärung dem betroffenen Wettbewerber oder einem Verband nach § 33 Absatz 2 nicht möglich, dem in Anspruch genommenen Unternehmen aber leicht möglich und zumutbar ist.

(5) Wirtschafts- und Berufsvereinigungen sowie Gütezeichngemeinschaften dürfen die Aufnahme eines Unternehmens nicht ablehnen, wenn die Ablehnung eine sachlich nicht gerechtfertigte ungleiche Behandlung darstellen und zu einer unbilligen Benachteiligung des Unternehmens im Wettbewerb führen würde.

16. Satzung der GEMA

in der Fassung vom 30. September/1. Oktober 2020

– Auszug –

§ 1 Name und Sitz. Der wirtschaftliche Verein

GEMA

Gesellschaft für musikalische Aufführungs- und mechanische Vervielfältigungsrechte

hat seinen Sitz in Berlin.

Seine Rechtsfähigkeit beruht gemäß § 22 BGB auf staatlicher Verleihung[1].

§ 2 Zweck. 1. Zweck des Vereins sind der Schutz und die Förderung des Urhebers und seiner Belange sowie die Wahrnehmung seiner Rechte im Rahmen dieser Satzung. Seine Einrichtung ist uneigennützig und nicht auf die Erzielung von Gewinn gerichtet.

2. Dem Verein obliegt die treuhänderische Wahrnehmung der ihm von seinen Mitgliedern und Dritten durch uni- oder bilaterale Verträge zur Verwertung übertragenen Rechte[2]. Er kann alles tun, was für die Wahrung und Wahrnehmung der ihm übertragenen Rechte erforderlich oder förderlich ist. Hierzu zählt zum Beispiel auch die Beteiligung der GEMA an Unternehmen, die urheberrechtliche Nutzungsrechte für mehrere Länder zentral wahrnehmen. Sofern dies einer effektiveren Wahrnehmung der übertragenen Rechte dient, kann sich die GEMA auch an sonstigen Unternehmen beteiligen.

Der Verein ist berechtigt, denjenigen, die die ihm übertragenen Rechte nutzen wollen, die hierzu notwendige Genehmigung zu erteilen.

3. Der Verein ist auch berechtigt, Mandate von Verwertungsgesellschaften sowie von sonstigen Rechteinhabern zu übernehmen, wenn dies für die Mitglieder vorteilhaft ist. Der Verein kann ferner mit anderen zusammenwirken, auch soweit Gegenstand von deren Tätigkeit nicht nur Urheberrechte, sondern auch verwandte Schutzrechte im Sinne des UrhG sind.

4. Bei der Vergabe der Rechte werden die Bedürfnisse der kulturellen Musikpflege berücksichtigt.

§ 3 Wahrnehmung. Die von dem Verein wahrzunehmenden Rechte werden ihm durch Abschluss eines besonderen Vertrages (Berechtigungsvertrag) übertragen, in dem auch der Umfang der wahrzunehmenden Rechte festgelegt wird[3]. Im Falle des § 2 Ziffer 3 Satz 1 erfolgt die Rechteeinräumung durch Mandatsvertrag.

---

[1] Verleihung der Rechtsfähigkeit durch das Preußische Staatsministerium am 28. September 1933 an die STAGMA, deren Name durch Kontrollratsbeschluss Nr. 55 (c) vom 24. August 1947 in GEMA geändert worden ist (Anlage 1 zu den GEMA-Nachrichten Nr. 2/1949 S. 35).
Anschriften: Bayreuther Str. 3, 10787 Berlin, und Rosenheimer Str. 11, 81667 München.
Internet: www.gema.de

[2] Uni- und bilaterale Verträge, abgedruckt auf Seite 222 ff.

[3] Berechtigungsvertrag, abgedruckt auf Seite 208 ff.

Der Berechtigungsvertrag muss enthalten:

a) dass sämtliche dem Berechtigten gegenwärtig zustehenden und alle zukünftig entstehenden Rechte mit der Maßgabe übertragen werden, dass der Berechtigungsvertrag unter Einhaltung einer Frist von sechs Monaten zum Ende eines jeden Kalenderjahres schriftlich gekündigt werden kann; der Berechtigungsvertrag kann für Onlinenutzungen kürzere Kündigungsfristen vorsehen.
b) dass die Satzung und der Verteilungsplan anerkannt werden,
c) dass die vom Aufsichtsrat zu bestimmenden Gebühren gezahlt werden,
d) dass im Falle des Todes des Berechtigten die Rechtsnachfolger in den Urheberrechten einen Bevollmächtigten zu ernennen haben, der für sie die Rechte aus dem Berechtigungsvertrag wahrzunehmen hat,
e) dass der Berechtigte Nutzer nicht direkt oder indirekt an seinem Aufkommen beteiligen darf, damit diese seine Werke bei der Nutzung bevorzugen. (Ein Verstoß gegen dieses Verbot liegt beispielsweise vor, wenn ein Urheber oder Verleger ein Sendeunternehmen direkt oder indirekt an seinem Aufkommen beteiligt, um zu erreichen, dass dieses seine Werke bei der Gestaltung des Sendeprogramms bevorzugt).

Im Falle der Zuwiderhandlung ist der Berechtigte verpflichtet, einen Betrag in der Höhe an die Sozialkasse der GEMA abzuführen, in der er den Nutzer an seinem Aufkommen beteiligt hat. Übersteigt der an den Nutzer abgeführte Betrag die auf den Berechtigten entfallende Vergütung für das betroffene Werk, so ist nur diese Vergütung an die Sozialkasse der GEMA abzuführen.

Die anderen Vorschriften der Satzung über satzungswidriges Verhalten bleiben unberührt.

Abschluss und Kündigung des Berechtigungsvertrags können auf die Rechtsübertragung für bestimmte Nutzungsarten und / oder für bestimmte Länder beschränkt werden. Solche Beschränkungen können sich jedoch nur auf die Übertragung der Rechte an allen Werken des Berechtigten, nicht auf die Rechte an einzelnen seiner Werke beziehen.

Von solchen Beschränkungen der Rechtsübertragung bleiben die Mitgliedschaftsrechte des Berechtigten unberührt. Für den Erwerb der ordentlichen Mitgliedschaft oder deren Erhaltung bleiben jedoch die Vorschriften der §§ 7 und 9 Abschnitt A der Satzung über das Erfordernis eines Mindestaufkommens maßgebend.

§ 4 Geschäftsjahr. Das Geschäftsjahr ist das Kalenderjahr.

§ 5 Organe des Vereins. Die Organe des Vereins sind:

a) die Versammlung der ordentlichen Mitglieder,
b) der Aufsichtsrat,
c) der Vorstand im Sinne des BGB.

§ 5a. Die Tätigkeit der Mitglieder des Aufsichtsrats, der Ausschüsse und Kommissionen ist ehrenamtlich. Soweit nicht in dieser Satzung etwas anderes bestimmt ist, erhalten sie lediglich Ersatz ihrer Reisekosten und Barauslagen sowie pauschale Sitzungsgelder in angemessener Höhe.

Bei der Festlegung der Höhe der Sitzungsgelder ist der Natur der Tätigkeit, der Verantwortung und dem mit dem Amt typischerweise verbundenen Tätigkeitsumfang sowie der wirtschaftlichen Lage der GEMA Rechnung zu tragen.

Dabei sollen der Vorsitz und der stellvertretende Vorsitz in Aufsichtsrat, Ausschüssen und Kommissionen berücksichtigt werden.
Die Mitglieder des Vorstands erhalten für ihre Tätigkeit eine Vergütung, die vom Aufsichtsrat festgelegt wird.

§ 6 Mitgliedschaft.[1)] 1. Der Verein unterscheidet zwischen ordentlichen Mitgliedern und außerordentlichen Mitgliedern. Nur die ordentlichen Mitglieder sind Mitglieder im Sinne des Vereinsrechts und des Verwertungsgesellschaftengesetzes.

Die ordentliche Mitgliedschaft kann nur in einer Berufsgruppe erworben werden.

2. Die Bezeichnung „außerordentliches Mitglied" führt der Berechtigte, der die Bedingungen der ordentlichen Mitgliedschaft nicht erfüllt, mit der Unterzeichnung des Berechtigungsvertrages (§ 3). Die Aufnahme als außerordentliches Mitglied ist abhängig von der Zahlung der vom Aufsichtsrat festgesetzten Aufnahmegebühr.

Weitere Bedingung für die Aufnahme eines Musikverlags als außerordentliches Mitglied ist die Vorlage eines wirksamen Verlagsvertrages, in dem die Beteiligung des Verlags an den Ausschüttungen der GEMA nach Maßgabe des GEMA-Verteilungsplans vereinbart ist, sowie die Vorlage einer Gewerbeanmeldung, eines Handelsregisterauszuges oder eines vergleichbaren ausländischen Verzeichnisses.

Wird die Aufnahme als außerordentliches Mitglied von der GEMA abgelehnt oder zurückgestellt, ist dies dem Antragsteller schriftlich unter Angabe der Gründe mitzuteilen. Der Antragsteller kann gegen die Ablehnung innerhalb von sechs Wochen nach Zugang Beschwerde beim Beschwerdeausschuss der GEMA einlegen. Der Beschwerdeausschuss entscheidet endgültig über den Antrag.

3. Ordentliches Mitglied der GEMA in den Berufsgruppen Komponisten oder Textdichter kann nur werden, wer selbst Urheber im Sinne des Urheberrechtsgesetzes ist. Für den Nachweis der Urheberschaft gelten folgende Anforderungen[2)]:

a) Komponisten müssen 5 selbst geschaffene Werke der Musik vorlegen.
b) Textdichter müssen 5 selbst geschaffene, vertonte Texte vorlegen.

4. Ordentliches Mitglied der GEMA in der Berufsgruppe Verleger kann nur werden, wer selbst einen Musikverlag betreibt und im Handelsregister oder in einem vergleichbaren ausländischen Verzeichnis eingetragen ist. Zudem müssen Musikverlage verlegerische Leistungen im Sinne des Regelwerks der GEMA erbringen. Als verlegerische Leistung gilt die Vervielfältigung und Verbreitung von Werken der Musik (mit oder ohne Text) im Sinne des Verlagsgesetzes. Unabhängig hiervon kann die verlegerische Leistung auch durch Leistungen in den Bereichen Promotion und Vermarktung des Werkes, Finanzierung und Produktion oder Service und Administration erbracht werden. Zum Bereich Service und Administration gehört insbesondere die erfor-

---

[1)] Die von der ordentlichen Mitgliederversammlung 2020 unter Tagesordnungspunkt 16 beschlossenen Änderungen gelten bei Genehmigung der zuständigen Senatsverwaltung mit Wirkung zum 1.1.2021.

[2)] Für Mitglieder, die die außerordentliche Mitgliedschaft gemäß der bis zum 31.12.2020 geltenden Fassung der Satzung erworben haben, entfällt das Nachweiserfordernis.

derliche Kommunikation gegenüber der GEMA hinsichtlich des Werkes und seiner Nutzungen auch im Interesse des Urhebers (z. B. durch die Anmeldung des Werkes, die Prüfung von Abrechnungsunterlagen und die Reklamationsbearbeitung). Musikverlage wenden der GEMA mit den genannten Leistungen einen wirtschaftlichen Vorteil zu, indem sie für die verlegten Werke zum Vergütungsaufkommen der GEMA beitragen und damit indirekt auch das Ausschüttungsvolumen gegenüber den Komponisten und Textdichtern steigern. § 16 E. dieser Satzung sowie § 7 Abs. 1 bis 3 i. V. m. § 10 des Verteilungsplans bleiben unberührt.

Für die Aufnahme als ordentliches Mitglied müssen Musikverlage die Erbringung verlegerischer Leistungen in Bezug auf 5 von ihnen verlegte Werke nachweisen.[1)]

5. Die besonderen zusätzlichen Voraussetzungen zum Erwerb der ordentlichen Mitgliedschaft sind in den §§ 7 und 8 geregelt.

§ 7.[2)] 1. Die ordentliche Mitgliedschaft kann nur nach fünfjähriger außerordentlicher Mitgliedschaft erworben werden von:

a) Komponisten, die in fünf aufeinander folgenden Jahren ein Mindestaufkommen von EUR 30 000,00, jedoch in vier aufeinander folgenden Jahren mindestens EUR 1800,00 jährlich von der GEMA bezogen haben.
b) Textdichtern, die in fünf aufeinander folgenden Jahren ein Mindestaufkommen von EUR 30 000,00, jedoch in vier aufeinander folgenden Jahren mindestens EUR 1800,00 jährlich von der GEMA bezogen haben.
c) Musikverlegern, die in fünf aufeinander folgenden Jahren ein Mindestaufkommen von EUR 75 000,00, jedoch in vier aufeinander folgenden Jahren mindestens EUR 4500,00 jährlich von der GEMA bezogen haben.

Die in a) bis c) genannten Voraussetzungen müssen jeweils innerhalb von 10 Jahren vor dem Jahr der Antragstellung auf Erwerb der ordentlichen Mitgliedschaft vorgelegen haben.

Für Urheber und Musikverleger der Sparte E verringern sich die unter a) bis c) genannten Mindestbeträge um $^1/_3$.

Ist ein Mitglied bereits einmal ordentliches Mitglied gewesen, so betragen die Fristen in a) bis c) je drei Jahre und das Mindestaufkommen in a) und b) EUR 12 000,00 und in c) EUR 30 000,00. Frühere Mitgliedschaftsjahre werden dann voll angerechnet.

Die frühere Mitgliedschaft zu einer anderen Verwertungsgesellschaft in der Europäischen Union und das Aufkommen dort werden auf das jeweilige Mindestaufkommen und auf die Mindestfrist von fünf Jahren angerechnet. Die frühere Mitgliedschaft zu einer anderen Verwertungsgesellschaft und das Aufkommen dort können in Ausnahmefällen mit Zustimmung des Aufsichtsrats auf das jeweilige Mindestaufkommen und auf die Mindestfrist von fünf Jahren angerechnet werden.

2. Der Aufsichtsrat kann ferner solche Komponisten, Textdichter und Musikverleger als ordentliches Mitglied kooptieren, die ihre Rechte dem Verein

---

[1)] Für Mitglieder, die die außerordentliche Mitgliedschaft gemäß der bis zum 31.12.2020 geltenden Fassung der Satzung erworben haben, entfällt das Nachweiserfordernis.

[2)] Die von der ordentlichen Mitgliederversammlung 2020 unter Tagesordnungspunkt 16 beschlossenen Änderungen gelten bei Genehmigung der zuständigen Senatsverwaltung mit Wirkung zum 1.1.2021.

übertragen haben und bei denen kulturelle Erwägungen die ordentliche Mitgliedschaft wünschenswert erscheinen lassen.
Die Feststellung, ob diese Voraussetzungen vorliegen, trifft der Aufsichtsrat für jede der drei Berufsgruppen Komponisten, Textdichter und Musikverleger getrennt.

Der Aufsichtsrat darf höchstens die gleiche Zahl von ordentlichen Mitgliedern kooptieren, die die ordentliche Mitgliedschaft gemäß Absatz 1 dieser Satzungsbestimmung erworben haben.

§ 8[1]. 1. Die Aufnahme als ordentliches Mitglied setzt voraus, dass der Berechtigte den hierfür vorgesehenen Aufnahmeantrag und die gemäß § 6 Ziff. 3 beziehungsweise Ziff. 4 erforderlichen Nachweise vollständig bei der GEMA einreicht.

Im Aufnahmeantrag hat der Berechtigte ausdrücklich zu erklären,
a) dass er die Satzung und den Verteilungsplan anerkennt,
b) dass er alles tun werde, um die Erreichung des satzungsgemäßen Zwecks des Vereins herbeizuführen und alles unterlassen werde, was der Erreichung dieses Zwecks abträglich sein könnte und
c) in welcher Berufsgruppe die Mitgliedschaft erworben und die Mitgliedschaftsrechte ausgeübt werden sollen, falls mehrere Berufsgruppen in Frage kommen.

2. Der Aufnahmeantrag und die gemäß § 6 Ziff. 3 beziehungsweise Ziff. 4 zu erbringenden Nachweise werden zunächst einem Aufnahmeausschuss vorgelegt, der hierzu eine Empfehlung gegenüber Vorstand und Aufsichtsrat abgibt.

Näheres zur Besetzung und zum Verfahren des Aufnahmeausschusses wird in einer Geschäftsordnung geregelt, die der Aufsichtsrat beschließt.

3. Über den Aufnahmeantrag entscheidet der Vorstand im Einvernehmen mit dem Aufsichtsrat.

Wird der Aufnahmeantrag positiv beschieden, so beginnt die ordentliche Mitgliedschaft mit dem 1. Januar des Jahres, das auf den vollständigen Eingang der vom Berechtigten vorzulegenden Aufnahmeunterlagen folgt.

4. Auch wenn die Voraussetzungen von § 6 Ziff. 3 beziehungsweise Ziff. 4, § 7 Ziff. 1 und § 8 Ziff. 1 vorliegen, kann die Aufnahme als ordentliches Mitglied versagt werden, wenn sachlich gerechtfertigte Gründe in der Person des Mitglieds der Aufnahme entgegenstehen. Dies ist insbesondere der Fall, wenn das Mitglied
a) wiederholt oder schwerwiegend gegen den Berechtigungsvertrag, den Verteilungsplan, die Satzung oder das Vereinsinteresse verstoßen hat,
b) durch falsche Angaben sich oder einem anderen Mitglied einen rechtswidrigen Vermögensvorteil zu Lasten der GEMA verschafft bzw. sich verschaffen lassen hat oder dies versucht hat.

Das gilt nicht, wenn das Mitglied die Pflichtverletzung nicht zu vertreten hat. § 9 Ziff. 4 Abs. 3 der Satzung gilt sinngemäß.

5. Die Ablehnung des Aufnahmeantrags wird durch eingeschriebenen Brief unter Angabe der Gründe mitgeteilt. Gegen die Ablehnung kann der An-

[1] Die von der ordentlichen Mitgliederversammlung 2020 unter Tagesordnungspunkt 16 beschlossenen Änderungen gelten bei Genehmigung der zuständigen Senatsverwaltung mit Wirkung zum 1.1.2021.

tragsteller alsdann innerhalb eines Monats ab Zugang durch eingeschriebenen Brief beantragen, dass die ordentliche Mitgliederversammlung endgültig über den Aufnahmeantrag entscheiden soll. Die Entscheidung trifft die nächste ordentliche Mitgliederversammlung, sofern der Antrag acht Wochen vor dem Tage der Mitgliederversammlung eingegangen ist. Ist er später eingegangen, entscheidet die darauf folgende Mitgliederversammlung. Die Mitgliederversammlung entscheidet durch einfache Mehrheit der Anwesenden ohne vorherige Beschlussfassung der Kurien.

6. Ist der Antrag auf ordentliche Mitgliedschaft gemäß § 8 Ziff. 4 der Satzung abgelehnt worden, ist ein erneuter Antrag auf ordentliche Mitgliedschaft frühestens 5 Jahre nach Ablauf des Jahres der letzten Antragstellung möglich. Für die erneute Antragstellung gelten § 7 Ziff. 1 und § 8 der Satzung entsprechend. Aufkommen aus Jahren vor dem Jahr der letzten Antragstellung auf ordentliche Mitgliedschaft findet bei der erneuten Antragstellung keine Berücksichtigung.

§ 9 Beendigung der ordentlichen Mitgliedschaft.[1] Die ordentliche Mitgliedschaft endet:

1. durch schriftliche dem Vorstand gegenüber abzugebende Austrittserklärung des Mitgliedes.

Die Austrittserklärung muss beim Vorstand mindestens sechs Monate vor Ablauf des Geschäftsjahres eingegangen sein. Sie wird wirksam zum Ende des jeweiligen Geschäftsjahres. Die Beendigung der ordentlichen Mitgliedschaft hat keinen Einfluss auf die im Berechtigungsvertrag vereinbarte Dauer der Rechtsübertragung. Nach Beendigung der ordentlichen Mitgliedschaft wird der Berechtigte für die Dauer des Berechtigungsvertrages als außerordentliches Mitglied geführt.

2. (1) Bei Mitgliedern, die die ordentliche Mitgliedschaft nach § 7 Ziff. 1 erworben haben, kann vom Vorstand mit Zustimmung des Aufsichtsrates die ordentliche Mitgliedschaft mit dem Ende des Geschäftsjahres für beendet erklärt werden, in dem festgestellt wird, dass

a) ein Komponist in drei aufeinander folgenden Jahren ein Durchschnittsaufkommen von weniger als EUR 1200,00 jährlich oder in sechs aufeinander folgenden Jahren ein Durchschnittsaufkommen von weniger als EUR 1000,00 jährlich von der GEMA bezogen hat;
b) ein Textdichter in drei aufeinander folgenden Jahren ein Durchschnittsaufkommen von weniger als EUR 1200,00 jährlich oder in sechs aufeinander folgenden Jahren ein Durchschnittsaufkommen von weniger als EUR 1000,00 jährlich von der GEMA bezogen hat;
c) ein Musikverleger in drei aufeinander folgenden Jahren ein Durchschnittsaufkommen von weniger als EUR 3000,00 jährlich oder in sechs aufeinander folgenden Jahren ein Durchschnittsaufkommen von weniger als EUR 2000,00 jährlich von der GEMA bezogen hat.

(2) Nach einer zehnjährigen ordentlichen Mitgliedschaft gemäß § 7 Ziff. 1 der Satzung entfällt jedoch die Bestimmung von § 9 Ziff. 2 Abs. (1).

---

[1] Die von der ordentlichen Mitgliederversammlung 2020 unter Tagesordnungspunkt 16 beschlossenen Änderungen gelten bei Genehmigung der zuständigen Senatsverwaltung mit Wirkung zum 1.1.2021.

(3) Bei Mitgliedern, die die ordentliche Mitgliedschaft gemäß § 7 Ziff. 2 erworben haben, kann vom Vorstand mit Zustimmung des Aufsichtsrates mit Ablauf eines Geschäftsjahres die ordentliche Mitgliedschaft für beendet erklärt werden.

3. Durch Tod, bei Firmen im Falle der Eröffnung des Insolvenzverfahrens oder Ablehnung des Eröffnungsantrages mangels Masse oder nach Beendigung der Liquidation.

4. Durch Ausschluss, der erfolgen kann, wenn ein wichtiger Grund vorliegt. Ein wichtiger Grund liegt insbesondere vor, wenn das Mitglied

a) wiederholt oder schwerwiegend gegen den Berechtigungsvertrag, den Verteilungsplan, die Satzung oder das Vereinsinteresse verstoßen hat,
b) durch falsche Angaben sich oder einem anderen Mitglied einen rechtswidrigen Vermögensvorteil zu Lasten der GEMA verschafft bzw. sich verschaffen lassen hat oder dies versucht hat.

Das gilt nicht, wenn das Mitglied die Pflichtverletzung nicht zu vertreten hat.

Bei einer juristischen Person oder einer Handelsgesellschaft kann der Ausschluss auch dann erfolgen, wenn ein Organ oder ein Mitglied eines Organs oder ein persönlich haftender Gesellschafter oder ein anderer Gesellschafter oder Aktionär, der einen maßgeblichen Einfluss auf die Gesellschaft ausüben kann, gegen die Satzung, das Vereinsinteresse oder das Urheberrecht gröblich verstößt.

Nutzt ein Mitglied im Rahmen der Verwertung der Urheberrechte seine Rechtsstellung gegenüber anderen Mitgliedern missbräuchlich aus, so ist dies ein Grund zum Ausschluss des Mitglieds, soweit nicht die Verhängung einer Konventionalstrafe als ausreichend angesehen werden kann.

Der Ausschluss erfolgt durch Beschluss des Aufsichtsrates, nachdem dem Mitglied Gelegenheit gegeben worden ist, seine Einwendungen gegen den beantragten Ausschluss mündlich oder schriftlich dem Aufsichtsrat vorzutragen.

Gegen den Beschluss des Aufsichtsrates kann binnen drei Wochen nach Zugang des Beschlusses die Entscheidung der Mitgliederversammlung verlangt werden.

Endet die Mitgliedschaft infolge Ausschlusses, so wird der Berechtigungsvertrag durch den Ausschluss nicht berührt. Dem Ausgeschlossenen bleiben für die Dauer des Berechtigungsvertrages die Rechte eines außerordentlichen Mitglieds erhalten. Ein erneuter Antrag auf ordentliche Mitgliedschaft ist frühestens 10 Jahre nach dem Ausschluss möglich. § 7 Ziff. 2 der Satzung bleibt davon unberührt.

§ 10 Mitgliederversammlung.[1] 1. Die ordentliche Mitgliederversammlung soll jeweils innerhalb von acht Monaten nach Ablauf des Geschäftsjahres stattfinden.

Der Versammlungstermin und die in der Mitgliederversammlung stattfindenden Wahlen sollen den Mitgliedern spätestens vier Monate vorher be-

[1] Die von der ordentlichen Mitgliederversammlung 2020 unter Tagesordnungspunkt 16 beschlossenen Änderungen gelten bei Genehmigung der zuständigen Senatsverwaltung mit Wirkung zum 1.1.2021.

kanntgegeben werden. Die Nichteinhaltung dieser Bekanntgabefrist hat nicht die Unwirksamkeit der durch die Mitgliederversammlung gefassten Beschlüsse zur Folge.

2. In der Mitgliederversammlung haben die ordentlichen Mitglieder das aktive und passive Wahlrecht.

3. Eine außerordentliche Mitgliederversammlung ist außer den im Gesetz vorgesehenen Fällen einzuberufen, wenn der Aufsichtsrat es für nötig erachtet oder mindestens 10 % der ordentlichen Mitglieder einschließlich der Delegierten es verlangen.

4. Die Einladung zur Mitgliederversammlung ergeht im Einvernehmen mit dem Aufsichtsrat durch den Vorstand. Die Versammlung wird von dem Vorsitzenden des Aufsichtsrates oder einem seiner Stellvertreter geleitet.

5. Die Einladung erfolgt schriftlich fünf Wochen vor dem Termin der Mitgliederversammlung. Die Frist wird durch Aufgabe der Einladung zur Post gewahrt.

Die Tagesordnung wird mit einem Auszug aus dem Geschäftsbericht fünf Wochen vor dem Termin der Mitgliederversammlung auf der Internetseite der GEMA bekannt gegeben. Das Mitglied kann schriftlich beantragen, dass ihm die Tagesordnung mit dem Auszug aus dem Geschäftsbericht bis auf Widerruf zusätzlich per Post zugeschickt wird. Der Versand per Post erfolgt drei Wochen vor dem Termin der jeweiligen Mitgliederversammlung, erstmals jedoch zur ordentlichen Mitgliederversammlung des Jahres, das auf das Jahr folgt, in dem der Antrag bei der GEMA eingegangen ist. Die Dreiwochenfrist wird durch Aufgabe zur Post gewahrt.

Über Gegenstände, die nicht in der Tagesordnung aufgeführt sind, können Beschlüsse nicht gefasst werden.

Anträge an die Mitgliederversammlung müssen von mindestens zehn ordentlichen Mitgliedern und/oder Delegierten (§ 12 Ziff. 4) unterschrieben sein und spätestens acht Wochen vor dem Termin der Mitgliederversammlung bei der GEMA eingehen. Dies gilt nicht für Anträge von Aufsichtsrat oder Vorstand. Anträge des Vorstands müssen dem Aufsichtsrat jedoch zur Kenntnis gebracht werden.

Es besteht die Möglichkeit, der GEMA Entwürfe zu Anträgen für die ordentliche Mitgliederversammlung zur Prüfung vorzulegen. Voraussetzung ist, dass mindestens 20 antragsberechtigte Mitglieder und/oder Delegierte die Prüfung ihres mit einer Begründung versehenen Antragsentwurfs spätestens 16 Wochen vor Beginn der ordentlichen Mitgliederversammlung unter Benennung eines Ansprechpartners schriftlich verlangen.

Die GEMA teilt den betreffenden Mitgliedern und/oder Delegierten das Ergebnis ihrer Prüfung innerhalb von sechs Wochen mit. Die Frist beginnt zu laufen, sobald eine ausreichende Zahl von Mitgliedern und/oder Delegierten gemeinsam eine Stellungnahme zu einem Entwurf verlangt.

Die GEMA hat in ihrer Stellungnahme auf folgende Fragen einzugehen:

1. Ob und inwieweit formale oder sprachliche Einwände gegen den Wortlaut des Antragsentwurfes bestehen;
2. ob und inwieweit der anzunehmende Regelungsgehalt des Antragsentwurfes im Widerspruch zu anderen Bestimmungen des Regelwerks der GEMA steht;

3. ob und inwieweit Bedenken gegen die Vereinbarkeit des anzunehmenden Regelungsgehalts des Antragsentwurfes mit der geltenden Rechtslage bestehen.

Die GEMA ist nicht dazu verpflichtet, den Antragstellern ausformulierte Änderungsvorschläge zur Verfügung zu stellen.

6. Der Mitgliederversammlung obliegt insbesondere:

a) die Entgegennahme des Geschäftsberichtes und des Jahresabschlusses sowie die Verabschiedung des Transparenzberichts,
b) die Entlastung des Vorstands, die Entlastung des Aufsichtsrats,
c) die Wahl und die Abberufung der Mitglieder des Aufsichtsrates sowie die Wahl und Abberufung der in die Zuständigkeit der Mitgliederversammlung fallenden Ausschüsse und Kommissionen. Die GEMA setzt sich zum Ziel, den Anteil von Frauen in allen Gremien zu stärken. Die Mitgliederversammlung beschließt auf Vorschlag der Sitzungsgeldkommission über die Sitzungsgelder für die Mitglieder des Aufsichtsrats, der Ausschüsse und Kommissionen.
d) die Ernennung von Ehrenpräsidenten und die Verleihung von Ehrenmitgliedschaften auf Vorschlag des Aufsichtsrates,
e) die Beschlussfassung über Satzungsänderungen,
f) die Beschlussfassung über Änderungen des Berechtigungsvertrages,
g) die Beschlussfassung über Änderungen des Verteilungsplanes einschließlich der allgemeinen Grundsätze für die Abzüge von den Einnahmen und die Verwendung nicht verteilbarer Einnahmen,
h) die Beschlussfassung über die allgemeine Anlagepolitik in Bezug auf die Einnahmen aus den Rechten,
i) die Beschlussfassung über die Bedingungen, zu denen der Berechtigte jedermann das Recht einräumen kann, seine Werke für nicht-kommerzielle Zwecke vergütungsfrei zu nutzen,
j) die Beschlussfassung über die Auflösung des Vereins.

§ 20 bleibt unberührt.

7. In der Mitgliederversammlung hat jedes ordentliche Mitglied eine Stimme. Ist ein Verleger Inhaber mehrerer Einzelfirmen, so steht ihm nur ein Stimmrecht zu. Die zu einem Konzern im Sinne von § 18 AktG gehörenden Verlage haben insgesamt nicht mehr als zwanzig Stimmen.

Für die Vertretung der ordentlichen Mitglieder durch bevollmächtigte oder gesetzliche Vertreter in der Mitgliederversammlung gilt:

a) Die Vertretung darf keinen Interessenkonflikt befürchten lassen. Ein Interessenkonflikt ist in der Regel zu befürchten bei der Bevollmächtigung von
   - Mitgliedern anderer Berufsgruppen,
   - außerordentlichen Mitgliedern,
   - Nutzern oder mit Nutzern wirtschaftlich verflochtenen Personen,
   - Personen, die Interessen von Nutzern oder Mitgliedern anderer Berufsgruppen vertreten.

   Ein Interessenkonflikt ist in der Regel nicht zu befürchten, wenn ein anderes ordentliches Mitglied derselben Berufsgruppe oder ein naher Angehöriger des Mitglieds bevollmächtigt wird.
b) Die Anzahl der Mitglieder, die sich nach dieser Vorschrift durch denselben Vertreter vertreten lassen können, wird auf zehn beschränkt.
c) Der Vertreter ist weisungsgebunden.

d) Die Vertretung gilt jeweils für eine Mitgliederversammlung und ist unwiderruflich.
e) Die Vertretung ist der GEMA spätestens zwei Wochen vor Beginn der Mitgliederversammlung schriftlich unter Verwendung des hierzu vorgesehenen Formulars anzuzeigen. Ist ein Mitglied wegen Krankheit an der Teilnahme gehindert, ist die Anzeige der Vertretung unter Vorlage eines ärztlichen Attests bis spätestens drei Werktage vor Beginn der Mitgliederversammlung möglich. Dies gilt auch für Verlagsfirmen, die ihr Stimmrecht durch den Inhaber ausüben.
f) Ist ein Mitglied, das zur Berufsgruppe der Komponisten oder der Textdichter gehört, gleichzeitig verfassungsmäßig oder gesellschaftsvertraglich berufener Vertreter eines Musikverlages, so steht auch diesem Mitglied die Ausübung der Mitgliedschaftsrechte nur in einer Berufsgruppe zu.
g) Ist bei einer als Gesellschaft organisierten Verlagsfirma nur Gesamtvertretung zulässig, so wird das Stimmrecht von einem der Gesamtvertreter ausgeübt; für den bzw. die weiteren Vertreter besteht lediglich das Teilnahmerecht.

8. Anstelle der Stimmrechtsausübung in der Mitgliederversammlung können die ordentlichen Mitglieder ihr Stimmrecht im Vorfeld der Mitgliederversammlung im Wege elektronischer Kommunikation ausüben (E-Voting). Darüber hinaus haben die ordentlichen Mitglieder die Möglichkeit, die Versammlung ihrer Berufsgruppe und die Hauptversammlung per Live-Stream zu verfolgen.

Die Stimmrechtsausübung per E-Voting ist nur hinsichtlich der in der Tagesordnung veröffentlichten Wahlvorschläge und Beschlussanträge möglich. Sie ist nicht übertragbar und unwiderruflich.

Mitglieder, die sich in der Mitgliederversammlung vertreten lassen oder als Stellvertreter für ein anderes Mitglied an der Mitgliederversammlung teilnehmen, können ihr Stimmrecht nicht per E-Voting ausüben.

Voraussetzung für die Stimmrechtsausübung per E-Voting und die Teilnahme per Live-Stream ist, dass das Mitglied die hierfür geltenden Fristen und Authentifizierungsanforderungen einhält. Diese werden vom Aufsichtsrat in einer Geschäftsordnung festgelegt, die zu veröffentlichen ist.[1]

Mitglieder, die gegen die in § 10 Ziffer 8 Abs. 2 Satz 2 und in der Geschäftsordnung für E-Voting und Live-Stream enthaltenen Regelungen zur Nichtübertragbarkeit der Stimmrechtsausübung, zur Vertraulichkeit der Authentifizierungsdaten und zur Nichtöffentlichkeit des Live-Streams verstoßen, können durch Beschluss des Aufsichtsrats für fünf Jahre von der Stimmrechtsausübung per E-Voting und der Teilnahme am Live-Stream ausgeschlossen werden.

9. Die Mitgliederversammlung wird nach einer von der Mitgliederversammlung beschlossenen Versammlungs- und Wahlordnung abgehalten, welche Bestandteil dieser Satzung ist.[2]

10. Die Unwirksamkeit von Beschlüssen der Mitgliederversammlung kann nur im Wege der Klage geltend gemacht werden. Sie kann nicht gestützt werden

---

[1] Geschäftsordnung für E-Voting und Live-Stream, abgedruckt auf Seite 310 f.
[2] Versammlungs- und Wahlordnung, abgedruckt auf Seite 305 ff.

a) auf eine durch technische Störungen hervorgerufene Verletzung von Rechten, die auf elektronischem Wege wahrgenommen wurden, es sei denn, der GEMA ist grobe Fahrlässigkeit oder Vorsatz vorzuwerfen,
b) auf eine Verletzung von Verfahrensvorschriften, soweit sich die Verletzung nicht auf die Beschlussfassung ausgewirkt hat.

Zur Geltendmachung von Verfahrensverstößen befugt ist jedes in der Mitgliederversammlung erschienene Mitglied, sofern es gegen den Beschluss Widerspruch zum Protokoll erklärt hat, und jedes nicht erschienene Mitglied, sofern es sich darauf beruft, dass es zur Mitgliederversammlung zu Unrecht nicht zugelassen worden sei oder dass die Versammlung nicht ordnungsgemäß einberufen oder der Gegenstand der Beschlussfassung nicht ordnungsgemäß bekanntgemacht worden sei.

Die Klage muss innerhalb von sechs Wochen nach der Beschlussfassung erhoben werden.

Zwingende Vorgaben des Gesetzes bleiben unberührt.

§ 11.

a) Jede der drei Berufsgruppen (Komponisten, Textdichter, Verleger) wählt die für sie im Aufsichtsrat vorgesehenen Mitglieder getrennt. Innerhalb der einzelnen Berufsgruppen erfolgt die Wahl mit relativer Mehrheit. Die Abberufung erfolgt stets mit Zweidrittelmehrheit. Falls dreiviertel der in jeder der beiden anderen Berufsgruppen anwesenden Stimmen mit der Wahl eines in einer anderen Berufsgruppe gewählten Mitglieds nicht einverstanden sind, muss die Berufsgruppe eine Neuwahl vornehmen, es sei denn, dass sie den zuerst Gewählten mit dreiviertel ihrer Stimmen wiederwählt.
b) Satzungsänderungen, Änderungen des Berechtigungsvertrages, Änderungen des Verteilungsplanes und Beschlüsse über die Auflösung des Vereins werden getrennt nach Berufsgruppen beschlossen, wobei jede Berufsgruppe eine Stimme hat und Satzungsänderungen, Änderungen des Berechtigungsvertrages, Änderungen des Verteilungsplanes und Beschlüsse über Auflösung des Vereins nur wirksam sind, wenn Einstimmigkeit der drei Berufsgruppen vorliegt. § 20 bleibt unberührt.

Innerhalb der Berufsgruppen erfolgt die Abstimmung in der Weise, dass zu jedem Beschluss Zweidrittelmehrheit erforderlich ist, und zwar im Falle der Auflösung des Vereins mit der Maßgabe, dass die Zweidrittelmehrheit mindestens die Hälfte der insgesamt vorhandenen Zahl der zu der jeweiligen Berufsgruppe gehörenden Mitglieder ausmachen muss.

§ 12 Versammlung der ausserordentlichen Mitglieder.[1] 1. In Verbindung mit jeder ordentlichen und außerordentlichen Mitgliederversammlung der ordentlichen Mitglieder findet eine Versammlung aller außerordentlichen Mitglieder statt. Einladung ergeht im Einvernehmen mit dem Aufsichtsrat durch den Vorstand.

In dieser Versammlung, die unter Vorsitz des Aufsichtsratsvorsitzenden oder eines seiner Stellvertreter abgehalten wird, erstattet der Vorstand den Ge-

[1] Die von der ordentlichen Mitgliederversammlung 2020 unter Tagesordnungspunkt 16 beschlossenen Änderungen gelten bei Genehmigung der zuständigen Senatsverwaltung mit Wirkung zum 1.1.2021.

schäftsbericht und steht der Versammlung zur Auskunftserteilung zur Verfügung. Die Erstattung des Geschäftsberichts erfolgt jedoch nicht, wenn die Versammlung in Verbindung mit einer außerordentlichen Mitgliederversammlung der ordentlichen Mitglieder stattfindet.

Schwerbehinderte Mitglieder mit einem behördlich rechtskräftig festgestellten Grad der Behinderung von 50 und mehr, die aufgrund von damit verbundenen Mobilitätsbeeinträchtigungen an der persönlichen Teilnahme an der Versammlung der außerordentlichen Mitglieder gehindert sind, können sich von einem anderen Mitglied ihrer Berufsgruppe vertreten lassen. Es gilt § 10 Ziff. 7 Abs. 2 sinngemäß. Ein Mitglied kann jeweils nur ein schwerbehindertes Mitglied vertreten.

2. Die Versammlung wählt alle drei Jahre aus ihrer Mitte in getrennten Berufsgruppenversammlungen bis zu 64 Mitglieder als Delegierte für die Mitgliederversammlung der ordentlichen Mitglieder, und zwar:

bis zu zweiunddreißig aus der Berufsgruppe Komponisten, von denen mindestens zwölf Rechtsnachfolger sein sollen;
bis zu zwölf aus der Berufsgruppe Textdichter, von denen mindestens vier Rechtsnachfolger sein sollen;
bis zu zwanzig aus der Berufsgruppe Verleger.

Für jede Berufsgruppe werden bis zu fünf Stellvertreter gewählt. Als Delegierter oder Stellvertreter kann nur gewählt werden, wer der GEMA mindestens zwei Jahre angehört. Zudem kann als Delegierter oder Stellvertreter nur gewählt werden, wer in den beiden Kalenderjahren, die dem Jahr der Wahl vorausgegangen sind, Aufkommen in Höhe von insgesamt mindestens EUR 50,00 erzielt hat. Wer für ein ordentliches Verlegermitglied vertretungsberechtigt ist, kann nicht gleichzeitig als Delegierter oder Stellvertreter gewählt werden. Außerordentliche Mitglieder, deren Antrag auf ordentliche Mitgliedschaft gemäß § 8 Ziff. 4 der Satzung abgelehnt wurde, und Mitglieder, die gemäß § 9 Ziff. 4 der Satzung ausgeschlossen wurden, sind für einen Zeitraum von 5 Jahren nach dem Datum der Ablehnungs- oder Ausschlussentscheidung nicht wählbar.

Bei der Wahl der Delegierten und der Wahl der Stellvertreter hat jedes Mitglied eine Stimme. Verlagsfirmen, die Einzelfirmen sind, üben ihr Stimmrecht durch den Inhaber aus. Verlagsfirmen, die Gesellschaften sind, üben ihr Stimmrecht durch einen verfassungsmäßig oder gesellschaftsvertraglich berufenen Vertreter aus. Ein Vertreter kann das Stimmrecht nicht für mehr als fünf Verlage ausüben. Falls eine Verlagsfirma rechtlich oder tatsächlich an der Ausübung des Stimmrechts gehindert ist, kann das Stimmrecht durch einen im Handelsregister eingetragenen Vertreter oder durch einen Handlungsbevollmächtigten im Sinne von § 54 HGB ausgeübt werden. Diese Vertreter müssen ständig in dem Verlagsunternehmen verlegerisch oder kaufmännisch tätig sein. § 10 Ziff. 7 Abs. 1 Sätze 2 und 3 und Abs. 2 d) bis h) gelten entsprechend.

Die jeweilige Berufsgruppenversammlung wird geleitet von dem Aufsichtsratsvorsitzenden, wenn er der betreffenden Berufsgruppe angehört, oder von demjenigen seiner Stellvertreter, der dieser Berufsgruppe angehört. Für den Fall, dass der Aufsichtsratsvorsitzende oder einer seiner Stellvertreter verhindert ist, erfolgt die Leitung durch das älteste anwesende Aufsichtsratsmitglied der jeweiligen Berufsgruppe.

Innerhalb jeder Berufsgruppe wird die Wahl der einzelnen Delegierten beziehungsweise der einzelnen Stellvertreter zu einer Gesamtwahl zusammengefasst. Dazu werden alle Kandidaten auf einer Liste aufgeführt und zur Abstimmung gestellt. Jeder Wähler hat höchstens so viele Stimmen, wie in seiner Berufsgruppe Delegierte beziehungsweise Stellvertreter gewählt werden können. Für jeden Kandidaten kann jeder Wähler höchstens eine Stimme abgeben. Gewählt sind die Kandidaten, die die meisten Stimmen (relative Mehrheit) erhalten haben. Bei unklarem Wahlergebnis wegen Stimmengleichheit ist eine Stichwahl durchzuführen. Bei Stimmengleichheit in der Stichwahl entscheidet das vom Versammlungsleiter gezogene Los. Sofern sich bei der Delegiertenwahl nicht mehr Mitglieder zur Wahl stellen, als Delegierte gewählt werden können, kann die jeweilige Berufsgruppenversammlung mit einfacher Mehrheit entscheiden, dass die Wahl en-bloc stattfindet.

In den Berufsgruppen Komponisten und Textdichter erfolgt zunächst die Wahl der Rechtsnachfolger und anschließend die Wahl der übrigen Delegierten. Wird die vorgesehene Anzahl von Rechtsnachfolgern nicht erreicht, erhöht sich die Anzahl der noch wählbaren übrigen Delegierten entsprechend.

Die Amtsdauer der Delegierten und ihrer Stellvertreter läuft von der Beendigung der auf ihre Wahl folgenden Mitgliederversammlung bis zum Ablauf der vierten auf ihre Wahl folgenden ordentlichen Mitgliederversammlung. Wiederwahl ist zulässig. Erwirbt ein Delegierter oder ein Stellvertreter die ordentliche Mitgliedschaft, endet sein Amt mit dem Tag, an dem der Vorstand im Einvernehmen mit dem Aufsichtsrat über seine Aufnahme als ordentliches Mitglied entscheidet. Scheidet ein Delegierter aus diesem oder einem anderen Grund während seiner Amtsdauer aus seinem Amt aus, rückt der für die jeweilige Berufsgruppe mit den meisten Stimmen gewählte Stellvertreter für die verbleibende Amtsdauer an seine Stelle. Kann ein ausgeschiedener Delegierter nicht durch einen gewählten Stellvertreter ersetzt werden, hat die jeweilige Berufsgruppe in der darauffolgenden Versammlung der außerordentlichen Mitglieder einen neuen Delegierten zu wählen, der für die verbleibende Amtsdauer an die Stelle des ausgeschiedenen Delegierten tritt. Im Übrigen finden Nachwahlen nicht statt.

Für den Fall, dass in einer Versammlung die Delegierten nicht vollständig anwesend sind, werden diese durch die für die jeweilige Berufsgruppe gewählten Stellvertreter ersetzt. Die Reihenfolge richtet sich dabei ebenfalls nach der Anzahl der Stimmen, die die Stellvertreter bei ihrer Wahl erhalten haben.

3. Den Delegierten stehen alle Rechte der ordentlichen Mitglieder zu mit Ausnahme des passiven Wahlrechts und des Rechts, sich vertreten zu lassen. Die gewählten Stellvertreter der Delegierten können das Stimmrecht nicht per E-Voting ausüben.

4. Die Delegierten sind berechtigt, unter den gleichen Voraussetzungen wie die ordentlichen Mitglieder Anträge für die ordentliche Mitgliederversammlung zu stellen.

§ 13 Aufsichtsrat. 1. Der Aufsichtsrat besteht aus 15 Mitgliedern, von denen sechs Komponisten, fünf Verleger und vier Textdichter sein müssen. Für jede Berufsgruppe können zwei Stellvertreter gewählt werden, die zur Teilnahme an den Sitzungen des Aufsichtsrates mit vollem Stimmrecht berechtigt sind, wenn und soweit ordentliche Mitglieder ihrer Berufsgruppe an der Teilnahme zur Aufsichtsratssitzung verhindert sind; für die Wahl der Stellvertreter gilt das Wahlverfahren wie für die Mitglieder des Aufsichtsrates.

Komponisten und Textdichter sind wählbar, sofern sie die deutsche Staatsangehörigkeit oder die Staatsangehörigkeit eines anderen Mitgliedstaates der Europäischen Union oder des Europäischen Wirtschaftsraumes besitzen oder ihren steuerlichen Wohnsitz in einem dieser Länder haben und dem Verein mindestens fünf Jahre lang als ordentliches Mitglied angehören.

Verleger sind wählbar, sofern sie mindestens fünf Jahre als Inhaber einer Einzelfirma, persönlich haftender Gesellschafter einer Offenen Handelsgesellschaft oder Kommanditgesellschaft, Geschäftsführer einer GmbH, Vorstandsmitglied einer Aktiengesellschaft oder in leitender Funktion in einem Musikverlag tätig waren. Zudem muss der Verlag seinen Sitz in Deutschland oder einem anderen Mitgliedstaat der Europäischen Union oder des Europäischen Wirtschaftsraumes haben und dem Verein mindestens fünf Jahre lang als ordentliches Mitglied angehören.

Aus einem Verlag oder einer Verlagsgruppe kann nur eine Person dem Aufsichtsrat angehören.

Die Wahl in den Aufsichtsrat ist grundsätzlich nicht möglich, wenn ein struktureller Interessenkonflikt zu befürchten ist. Ein solcher Interessenkonflikt liegt in der Regel vor, wenn das Urheber- oder Verlagsmitglied

a) mit der GEMA, einem Unternehmen, an dem die GEMA beteiligt ist, oder einer anderen Verwertungsgesellschaft in den letzten drei Jahren vor der Wahl regelmäßig oder in größerem Umfang Lizenzverträge abgeschlossen hat oder
b) in wirtschaftlichem oder personellem Zusammenhang mit solchen Lizenznehmern steht oder
c) in wirtschaftlichem oder personellem Zusammenhang mit einer mit der GEMA konkurrierenden Organisation steht.

Aus dem Kreis der Verlagsmitglieder, die die in Absatz 5 genannten Voraussetzungen erfüllen, können jedoch ein Kandidat zum Aufsichtsratsmitglied und ein Kandidat zum Stellvertreter für dieses Aufsichtsratsmitglied gewählt werden. Deren Stimmrecht ruht bei Beschlussfassungen über die Aufstellung und Änderung von Tarifen und den Abschluss von Gesamtverträgen sowie bei allen sonstigen Beschlusspunkten, bei denen der Interessenkonflikt zum Tragen kommen kann.

2. Die Amtsdauer der Aufsichtsratsmitglieder läuft von der Beendigung der Mitgliederversammlung, in der ihre Wahl erfolgt ist, bis zum Ablauf der dritten auf die Wahl folgenden ordentlichen Mitgliederversammlung.

Wiederwahl ist zulässig. Solange eine Neuwahl nicht stattfindet, bleibt der Aufsichtsrat im Amt. Sofern ein Vertreter der Berufsgruppe Verleger während seiner Amtszeit zu einem anderen Verlag wechselt, bleibt er im Amt, wenn der neue Verlag die für die Wahl in den Aufsichtsrat geltenden Voraussetzungen erfüllt. Anderenfalls scheidet er aus seinem Amt aus.

Scheidet während der Amtsdauer ein Aufsichtsratsmitglied aus diesem oder einem anderen Grund aus, so haben die Aufsichtsratsmitglieder seiner Berufsgruppe ein Ersatzmitglied zu wählen, das an dessen Stelle tritt.
Dieses bedarf der Bestätigung durch die nächste Mitgliederversammlung, soweit die Amtsdauer über diese Mitgliederversammlung hinausgeht.

3. Der Aufsichtsrat hat die nach dem Verwertungsgesellschaftengesetz dem Aufsichtsgremium zugewiesenen Pflichten und Befugnisse.

Er beschließt über

a) die Ernennung, Anstellung und Entlassung der Mitglieder des Vorstandes sowie über die Höhe ihrer Vergütung und sonstige Leistungen,

b) die Bestellung und Abberufung des Abschlussprüfers,
c) den Beitritt zu oder Austritt aus anderen Gesellschaften, Vereinen oder sonstigen Organisationen, die Gründung von Tochtergesellschaften und den Erwerb von Anteilen an anderen Organisationen,
d) die Grundsätze des Risikomanagements,
e) den Erwerb, Verkauf und die Beleihung unbeweglicher Sachen,
f) die Aufnahme und Vergabe von Darlehen sowie die Stellung von Darlehenssicherheiten,
g) den Abschluss und die Beendigung von Repräsentationsvereinbarungen mit anderen Verwertungsgesellschaften,
h) die Wahrnehmungsbedingungen, soweit nicht in dieser Satzung eine andere Zuständigkeit vorgesehen ist,
i) die Aufstellung und Änderung von Tarifen und den Abschluss von Gesamtverträgen.

Der Aufsichtsrat hat gegenüber dem Vorstand ein Weisungsrecht.

Näheres zur Behandlung einzelner Geschäftsvorfälle durch Aufsichtsrat und Vorstand regelt der Aufsichtsrat in einer Geschäftsordnung.[1)]

4. Der Aufsichtsrat ist berechtigt, zu den Sitzungen der Ausschüsse und Kommissionen Aufsichtsratsmitglieder zu entsenden.

Der Aufsichtsrat kann Beschlüsse der Ausschüsse und Kommissionen aufheben. Er entscheidet in letzter Instanz. Dies gilt nicht für Beschlüsse der Sitzungsgeldkommission und des Beschwerdeausschusses.

5. Der Aufsichtsrat wählt aus seiner Mitte einen Vorsitzenden und zwei Stellvertreter.

6. Die Abstimmung im Aufsichtsrat erfolgt mit einfacher Stimmenmehrheit der anwesenden Mitglieder. Wenn die in einer Aufsichtsratssitzung anwesenden Komponisten einstimmig eine Meinung vertreten, so können sie von den übrigen anwesenden Aufsichtsratsmitgliedern nicht überstimmt werden. Stimmvertretung ist unzulässig.

Der Aufsichtsrat ist beschlussfähig, wenn mindestens die Hälfte seiner Mitglieder, davon mindestens je zwei Mitglieder jeder Berufsgruppe, anwesend sind.

7. Der Aufsichtsrat gibt sich eine Geschäftsordnung.[2)]

§ 14 Vorstand. Der Vorstand vertritt den Verein gerichtlich und außergerichtlich.

Besteht der Vorstand aus mehreren Personen, so sind je zwei gemeinschaftlich zur Vertretung des Vereins berechtigt.

Der Vorstand wird vom Aufsichtsrat bestellt und abberufen.

Die Vertretungsbefugnis des Vorstandes wird durch ein von der für die Vereinsaufsicht zuständigen Senatsverwaltung auszustellendes Zeugnis nachgewiesen. Zu dem Zweck werden der zuständigen Senatsverwaltung die jeweiligen Berufungsniederschriften vorgelegt.

Der Vorstand hat der zuständigen Senatsverwaltung im Monat Januar eine Liste der Vorstandsmitglieder sowie der Mitglieder des Aufsichtsrates, aus welcher Name, Vorname, Stand und Wohnort zu entnehmen sind, einzureichen.

---

1) Geschäftsordnung für die Behandlung von Geschäftsvorfällen durch Aufsichtsrat und Vorstand, nicht abgedruckt.

2) Geschäftsordnung für den Aufsichtsrat, nicht abgedruckt.

Sind seit Einreichung der letzten Liste Änderungen hinsichtlich der Personen der Vorstandsmitglieder bzw. Aufsichtsratsmitglieder nicht eingetreten, so genügt die Einreichung einer entsprechenden Erklärung.

§ 15. Der Vorstand hat dem Aufsichtsrat vierteljährlich einen Geschäftsbericht und außerdem spätestens einen Monat vor der ordentlichen Mitgliederversammlung einen Geschäftsbericht über das abgelaufene Geschäftsjahr sowie einen Voranschlag für das folgende Jahr vorzulegen.

§ 16. A. Entfällt

B. Schiedsgericht

1.

a) Über Streitigkeiten zwischen GEMA-Mitgliedern entscheidet – soweit sich aus den folgenden Bestimmungen nichts anderes ergibt – unter Ausschluss des Rechtsweges ein Schiedsgericht.
Das Schiedsgericht entscheidet insbesondere im Streitfalle über die Auslegung der Satzung, des Verteilungsplanes, des Berechtigungsvertrages, der Geschäftsordnungen, der Versammlungsordnung und über die Rechtswirksamkeit von Beschlüssen und sonstigen Maßnahmen der GEMA.

b) Die Geschäftsordnung des Schiedsgerichts wird vom Aufsichtsrat beschlossen.[1)]

c) Das Schiedsgericht besteht aus einem Obmann und vier Beisitzern, von denen jede Partei zwei Beisitzer zu benennen hat. Vorstands- und Aufsichtsratsmitglieder der GEMA sowie Personen, die zur GEMA in einem Anstellungsvertrag oder in einem ständigen sonstigen Auftragsverhältnis stehen, können nicht als Obmann oder Beisitzer benannt werden. Für Aufsichtsratsmitglieder aus der Berufsgruppe Verleger gilt dies in Bezug auf sämtliche Vertreter und sonstige Mitarbeiter des Verlags. Der Obmann muss zum Richteramt befugt sein. Er wird von den Beisitzern aus einer vom Aufsichtsrat aufzustellenden Vorschlagsliste gewählt, es sei denn, dass sich die streitenden Parteien vorher bereits über einen Obmann geeinigt haben. Für die Ablehnung eines Beisitzers oder des Obmanns gelten §§ 1036, 1037 ZPO. Einigt sich die Mehrheit der Beisitzer nicht auf einen Obmann, so wird der Obmann auf Antrag einer der Parteien vom Senatspräsidenten des Urheberrechts-Spezialsenats beim Bundesgerichtshof aus der Vorschlagsliste ernannt.

2. Die Kosten des Schiedsgerichtsverfahrens werden unter entsprechender Anwendung der Kostenvorschriften der ZPO von den jeweiligen Prozessparteien nach Maßgabe der Entscheidung des Schiedsgerichts getragen.

3. Der Kläger kann, anstatt das Schiedsgericht anzurufen, auch die Klage vor dem zuständigen ordentlichen Gericht erheben. Das Wahlrecht erlischt mit der Einreichung der Klage. Vor Erhebung der Klage beim Schiedsgericht hat der Kläger das Einverständnis des Beklagten zur Entscheidung der Streitigkeiten durch das Schiedsgericht einzuholen. Verweigert der Beklagte seine Zustimmung, oder erfolgt die Zustimmungserklärung nicht innerhalb von 14 Tagen nach Erhalt der Anfrage, so kann nur das ordentliche Gericht angerufen werden.

[1)] Geschäftsordnung des Schiedsgerichts, nicht abgedruckt.

C. Beschwerdeausschuss

1. Der Beschwerdeausschuss ist zuständig für Streitigkeiten zwischen der GEMA und ihren Mitgliedern, soweit sie sich aus dem Mitgliedschaftsverhältnis ergeben.

Jedes Mitglied kann bei Verletzung seiner berechtigten Interessen als Vereinsmitglied den Beschwerdeausschuss anrufen.
Die Zuständigkeit des Beschwerdeausschusses ist ausgeschlossen, soweit in der Satzung oder weiteren Bestimmungen ein anderes vereinsinternes Verfahren vorgesehen ist.

2. Der Ausschuss erlässt auf Antrag des Mitglieds eine Entscheidung, die innerhalb von sechs Monaten erfolgen soll. Solange der Beschwerdeausschuss nicht entschieden hat, ist der Rechtsweg zu den ordentlichen Gerichten ausgeschlossen.

3. Der Ausschuss besteht aus je einem Vertreter der drei Berufsgruppen und einem Vorsitzenden sowie je einem Stellvertreter. Die Berufsgruppenvertreter bzw. die Verlage, für die sie tätig sind, müssen der GEMA mindestens fünf Jahre als ordentliches Mitglied angehören. Die Stellvertreter bzw. die Verlage, für die sie tätig sind, müssen der GEMA mindestens drei Jahre als ordentliches Mitglied angehören. Aufsichtsratsmitglieder können nicht gewählt werden. Für Aufsichtsratsmitglieder aus der Berufsgruppe Verleger gilt dies in Bezug auf sämtliche Vertreter und sonstige Mitarbeiter des Verlags.

Die Berufsgruppenvertreter wählen aus vom Aufsichtsrat aufzustellenden Vorschlagslisten den Vorsitzenden sowie dessen Stellvertreter. Diese müssen die Befähigung zum Richteramt haben.
Darüber hinaus kann der Ausschuss mit Zustimmung von Aufsichtsrat und Vorstand externe Sachverständige punktuell zur Beratung hinzuziehen oder als ständige Mitglieder mit beratender Funktion kooptieren. Die Amtsdauer der als ständige Mitglieder kooptierten Sachverständigen endet mit der Amtsperiode der stimmberechtigten Ausschussmitglieder oder durch Abberufung durch die stimmberechtigten Ausschussmitglieder.

4. Die Berufsgruppenvertreter werden auf die Dauer von 3 Jahren auf Grundlage der Wahlvorschläge des Aufsichtsrats durch die Mitgliederversammlung gewählt. Bei der Auswahl der Wahlvorschläge berücksichtigt der Aufsichtsrat das Ziel, den Anteil von Frauen in allen Gremien zu stärken. Andere Wahlvorschläge können von den ordentlichen Mitgliedern und Delegierten im Vorfeld der Mitgliederversammlung, in der die Wahl stattfindet, beim Wahlausschuss eingereicht werden. Für die Einreichung der Wahlvorschläge und die Wahl gelten § 11 a) der Satzung und B. I. der Versammlungsund Wahlordnung entsprechend.

Die Berufsgruppenvertreter bleiben bis zum Ablauf der dritten auf die Wahl folgenden ordentlichen Mitgliederversammlung im Amt. Wiederwahl ist zulässig. Sofern der Berufsgruppenvertreter der Verleger oder dessen Stellvertreter während seiner Amtszeit zu einem anderen Verlag wechselt, bleibt er im Amt, wenn der neue Verlag die für die Wahl in den Beschwerdeausschuss geltenden Voraussetzungen erfüllt. Anderenfalls scheidet er aus seinem Amt aus.

Scheidet ein Berufsgruppenvertreter oder ein Stellvertreter während seiner Amtszeit aus diesem oder einem anderen Grund aus, so haben die Aufsichtsratsmitglieder seiner Berufsgruppe ein Ersatzmitglied zu wählen, das an dessen Stelle tritt. Die Ersatzwahl bedarf der Bestätigung durch die nächste Mitgliederversammlung, soweit die Amtsdauer über diese Mitgliederversammlung hinausgeht.

5. Die Beschwerde ist an den Vorstand zu richten. Der Vorstand oder – falls der Aufsichtsrat zuständig ist – der Aufsichtsrat können der Beschwerde abhelfen. Falls Vorstand oder Aufsichtsrat nicht abhelfen, entscheidet der Beschwerdeausschuss unverzüglich.

6. Die Kosten des Beschwerdeverfahrens mit Ausnahme der eigenen Kosten des Beschwerdeführers werden von der GEMA getragen. Die Mitglieder des Beschwerdeausschusses erhalten für ihre Tätigkeit lediglich Ersatz ihrer Reisekosten und Barauslagen. Darüber hinaus wird für jedes Beschwerdeverfahren eine Fallpauschale in Höhe von EUR 2400,00 gezahlt. Hiervon erhält der Vorsitzende bzw. der stellvertretende Vorsitzende EUR 1200,00, die Berufsgruppenvertreter erhalten jeweils EUR 400,00.

7. Der Beschwerdeausschuss gibt sich eine Geschäftsordnung[1)], die der Mitgliederversammlung vorgelegt werden muss.

D. Sitzungsgeldkommission

1. Unter Berücksichtigung der Vorgaben des § 5a unterbreitet die Sitzungsgeldkommission der Mitgliederversammlung Vorschläge über die Höhe der Sitzungsgelder, über die die Mitgliederversammlung beschließt.

2. Die Sitzungsgeldkommission besteht aus je einem Vertreter der drei Berufsgruppen und dem Vorsitzenden des Beschwerdeausschusses als Vorsitzenden. Die Mitgliederversammlung wählt die Berufsgruppenvertreter auf die Dauer von jeweils drei Jahren. Für jeden Berufsgruppenvertreter wird ein Stellvertreter gewählt. Wiederwahl ist zulässig. Wahlvorschläge können von den ordentlichen Mitgliedern und Delegierten im Vorfeld der Mitgliederversammlung, in der die Wahl stattfindet, beim Wahlausschuss eingereicht werden. Für die Einreichung der Wahlvorschläge und die Wahl gelten § 11 a) der Satzung und B. I. der Versammlungs- und Wahlordnung entsprechend. Der Vorsitzende der Kommission wird durch den stellvertretenden Vorsitzenden des Beschwerdeausschusses vertreten. Die Berufsgruppenvertreter bzw. die Verlage, für die sie tätig sind, müssen der GEMA mindestens fünf Jahre als ordentliches Mitglied angehören. Die Stellvertreter bzw. die Verlage, für die sie tätig sind, müssen der GEMA mindestens drei Jahre als ordentliches Mitglied angehören. Aufsichtsratsmitglieder und Mitglieder sonstiger Ausschüsse oder Kommissionen können nicht zu Berufsgruppenvertretern oder Stellvertretern gewählt werden. Für Aufsichtsratsmitglieder aus der Berufsgruppe Verleger gilt dies in Bezug auf sämtliche Vertreter und sonstige Mitarbeiter des Verlags. Sofern der Berufsgruppenvertreter der Verleger oder dessen Stellvertreter während seiner Amtszeit zu einem anderen Verlag wechselt, bleibt er im Amt, wenn der neue Verlag die für die Wahl in die Sitzungsgeldkommission geltenden Voraussetzungen erfüllt. Anderenfalls scheidet er aus seinem Amt aus. Scheidet ein Berufsgruppenvertreter oder ein Stellvertreter während seiner Amtszeit aus diesem oder einem anderen Grund aus, so hat die betreffende Berufsgruppe in der darauffolgenden Mitgliederversammlung ein Ersatzmitglied zu wählen, das an dessen Stelle tritt, soweit die Amtsdauer über diese Mitgliederversammlung hinausgeht.

3. Die Kommission wird durch den Aufsichtsrat oder die Mitgliederversammlung einberufen. Sie berät nichtöffentlich. Der Vorsitzende des Aufsichtsrats und seine Stellvertreter sowie der Vorstand erhalten Gelegenheit zur Stel-

[1)] Geschäftsordnung für den Beschwerdeausschuss, nicht abgedruckt.

lungnahme. Soweit über Sitzungsgelder für Ausschüsse oder Kommissionen beraten wird, die nicht aus Mitgliedern des Aufsichtsrats bestehen, steht dieses Recht auch dem Vorsitzenden des jeweils betroffenen Gremiums bzw. einem von diesem Gremium bestimmten Vertreter zu. Der Vorsitzende der Sitzungsgeldkommission entscheidet über die Hinzuziehung von Sachverständigen.

4. Die Kommission entscheidet mit einfacher Mehrheit, bei Stimmengleichheit entscheidet die Stimme des Vorsitzenden.

5. Die Mitglieder der Sitzungsgeldkommission erhalten für ihre Tätigkeit lediglich Ersatz ihrer Reisekosten und Barauslagen.

6. Die Mitglieder der GEMA werden im Rahmen des Geschäftsberichts über die Höhe der von der Sitzungsgeldkommission festgelegten jeweiligen pauschalen Sitzungsgelder sowie die Gesamtsumme der in einem Geschäftsjahr an die Mitglieder des Aufsichtsrats, der Kommissionen und Ausschüsse geleisteten Zahlungen informiert.

7. Bis zur erstmaligen Beschlussfassung durch die Mitgliederversammlung werden Sitzungsgelder in zuletzt geltender Höhe gezahlt.

E. Urheber-Verleger-Schlichtungsstelle

1. Die Urheber-Verleger-Schlichtungsstelle ist zuständig für Streitigkeiten zwischen Urhebern und Verlegern über die Erbringung der verlegerischen Leistung gemäß § 7 Abs. 2 und 3 des Verteilungsplans.

2. Die Urheber-Verleger-Schlichtungsstelle kann von jedem Urheber eines verlegten Werkes angerufen werden, der geltend macht, dass der Verleger wegen Nichterbringung verlegerischer Leistungen i. S. d. § 7 Abs. 2 des Verteilungsplans ihm gegenüber nicht länger an der Verteilung der Einnahmen für das Werk zu beteiligen ist. Die Urheber-Verleger-Schlichtungsstelle kann bei Streitigkeiten über die Erbringung verlegerischer Leistungen auch von einem Verleger angerufen werden.

Rügen mehrere Urheber die Nichterbringung einer verlegerischen Leistung in Bezug auf einen Verlagsvertrag, ist über jede Urheber-Verleger-Rechtsbeziehung separat zu verhandeln und zu entscheiden.

3. Die Urheber-Verleger-Schlichtungsstelle hat einen schriftlichen Schlichtungsspruch zu erlassen, der innerhalb von 6 Monaten erfolgen soll. Der Schlichtungsspruch ist zu begründen. In dem Schlichtungsspruch befindet die Urheber-Verleger- Schlichtungsstelle darüber, ob der Verleger eine verlegerische Leistung i. S. d. § 7 Abs. 2 des Verteilungsplans erbracht hat und aus diesem Grund weiter an der Verteilung der Einnahmen für das Werk zu beteiligen ist. Hierbei hat die Urheber- Verleger-Schlichtungsstelle das Vorliegen einer verlegerischen Leistung im Rahmen einer umfassenden Abwägung unter Berücksichtigung der wirtschaftlichen Bedingungen der Werkentstehung und Werkverwertung, der Festlegungen des Verlagsvertrages und des Zeitablaufs seit der Werkschöpfung zu beurteilen. Vertragliche und gesetzliche Ansprüche im Innenverhältnis zwischen Urheber und Verleger wie z. B. Kündigungs-, Rücktritts- oder Rückrufsrechte bleiben von dem Schlichtungsspruch unberührt.

4. Bis zum Erlass des Schlichtungsspruchs ist der Rechtsweg zu den ordentlichen Gerichten ausgeschlossen. Nach Erlass des Schlichtungsspruchs kann die unterlegene Partei ihre Ansprüche binnen weiteren 6 Monaten im ordentlichen Rechtsweg geltend machen. Wird innerhalb dieser Frist kein Nachweis der gerichtlichen Geltendmachung erbracht oder wird der Schlichtungsspruch

durch gemeinsame Erklärung, die der GEMA vorzulegen ist, von beiden Parteien akzeptiert, verteilt die GEMA entsprechend dem Schlichtungsspruch.

5. Die Urheber-Verleger-Schlichtungsstelle besteht aus je einem Vertreter der drei Berufsgruppen und einem Vorsitzenden sowie je einem Stellvertreter. Die Berufsgruppenvertreter werden von den Aufsichtsräten der jeweiligen Berufsgruppe jeweils für die Dauer von drei Jahren bestellt. Sie dürfen als natürliche Personen nicht Mitglied des Aufsichtsrats oder eines anderen von der Mitgliederversammlung zu wählenden Gremiums sein. Die Berufsgruppenvertreter wählen aus vom Aufsichtsrat aufzustellenden Vorschlagslisten einstimmig den Vorsitzenden sowie dessen Stellvertreter. Diese müssen die Befähigung zum Richteramt haben.

Die Urheber-Verleger-Schlichtungsstelle trifft ihre Entscheidungen mit einfacher Mehrheit. Bei Stimmengleichheit entscheidet die Stimme des Vorsitzenden. Die Berufsgruppenvertreter der Komponisten und Textdichter nehmen nur an Entscheidungen über solche Streitigkeiten teil, an denen Mitglieder ihrer jeweiligen Berufsgruppe beteiligt sind.

6. Die Mitglieder der Urheber-Verleger-Schlichtungsstelle erhalten für ihre Tätigkeit Ersatz ihrer Reisekosten und Barauslagen. Darüber hinaus wird für jedes Verfahren vor der Schlichtungsstelle eine Fallpauschale in Höhe von EUR 600 fällig, von der der Vorsitzende bzw. der stellvertretende Vorsitzende die Hälfte und die an der Entscheidung beteiligten Berufsgruppenvertreter zu gleichen Teilen die andere Hälfte als Aufwandsentschädigung erhalten. Über die Tragung dieser Kosten sowie der eigenen Kosten der Parteien entscheidet die Schlichtungsstelle nach Maßgabe der im Schlichtungsspruch getroffenen Entscheidung.

7. Näheres regelt eine Geschäftsordnung[1], die vom Aufsichtsrat beschlossen wird.

8. Aufsichtsrat und Vorstand werden das Funktionieren und den Arbeitsanfall der Urheber-Verleger-Schlichtungsstelle gründlich beobachten. Soweit dies entweder von der Mehrheit des Aufsichtsrats oder einstimmig von den Vertretern einer Berufsgruppe im Aufsichtsrat befürwortet wird, werden Aufsichtsrat und Vorstand einen Vorschlag für die Überarbeitung der Regelungen zur Funktionsweise der Urheber-Verleger-Schlichtungsstelle erarbeiten und in der ordentlichen Mitgliederversammlung 2020 zur Abstimmung stellen.

§ 17. Die Verteilung des Aufkommens einschließlich der für soziale und kulturelle Zwecke bereitgestellten Mittel erfolgt nach einem Verteilungsplan, dessen Änderung nur nach Maßgabe von § 11b) der Satzung zulässig ist. Der Verteilungsplan kann vorsehen, dass Aufsichtsrat und Vorstand einvernehmlich über den Ausgleich solcher Ansprüche entscheiden, die sich aus einer nachträglich festgestellten systematischen Fehlerhaftigkeit der Verteilung, insbesondere wegen Nichtigkeit einer Regelung des Verteilungsplans, ergeben.

§ 18. Entfällt

§ 19. Für Satzungsänderungen sind die gesetzlich vorgesehenen Vorschriften zu beachten.

---

[1] Geschäftsordnung für die Urheber-Verleger-Schlichtungsstelle, nicht abgedruckt.

Im Falle der Auflösung des Vereins muss etwa verbleibendes Vermögen Vereinigungen zugeführt werden, deren gemeinnütziger und kultureller Zweck anerkannt ist.

Satzungsänderungen bedürfen gemäß § 33 Abs. 2 BGB zu ihrer Wirksamkeit der Genehmigung der zuständigen Senatsverwaltung; das gleiche gilt für die Auflösung des Vereins.

§ 20 Redaktionelle Änderungen. Der Aufsichtsrat ist im Einvernehmen mit dem Vorstand befugt, redaktionelle Änderungen von Satzung, Verteilungsplan und den von der Mitgliederversammlung beschlossenen Geschäftsordnungen vorzunehmen, solange sie nur die sprachliche Form, jedoch nicht den Regelungsgehalt betreffen. Dies umfasst ausschließlich die Korrektur von Fehlern der Orthographie, Grammatik oder Interpunktion, die Anpassung von Verweisen und Nummerierungen innerhalb des GEMA-Regelwerks, die Anpassung von Verweisen auf Gesetzesbestimmungen und Namen von Organisationen sowie die Vereinheitlichung von Abkürzungen.

Die vorgenommenen redaktionellen Änderungen werden veröffentlicht. Die Mitglieder werden hierüber in der auf die Beschlussfassung des Aufsichtsrats folgenden Ausgabe der an alle Mitglieder versandten Publikation „virtuos“ informiert, wobei auf dem Titelblatt in hervorgehobener Weise auf diese Information hingewiesen wird.

17. VG Wort/Verwertungsgesellschaft Wort

Satzung

(letzte Änderung beschlossen am 9. Juni 2018, genehmigt am 7. November 2018)

Präambel

Die Entwicklung des Urheberrechts erfordert den Zusammenschluss der Wortautoren und ihrer Verleger[1] zu einer Gesellschaft, die die Verwertungsmöglichkeiten wahrnimmt. Der Einzelne kann insbesondere nicht mehr alle Nutzungen seiner Rechte überwachen und die ihm zustehenden Erträgnisse einziehen. Die dieser Gesellschaft zu übertragenden Rechte werden als gemeinsame Rechte der Berechtigten verwaltet und die Einnahmen nach einem festzulegenden Verfahren verteilt (Verteilungsplan).

§ 1 Name und Sitz. (1) Der Verein führt den Namen Verwertungsgesellschaft WORT (VG WORT), Rechtsfähiger Verein kraft Verleihung.

(2) Er hat seinen Sitz in München.

§ 2 Zweck. (1) Zweck des Vereins ist es, die ihm vertraglich anvertrauten urheberrechtlichen Nutzungsrechte, Ansprüche und sonstigen Befugnisse seiner Mitglieder und Wahrnehmungsberechtigten treuhänderisch wahrzunehmen.

(2) Zu den Aufgaben des Vereins gehört auch die Förderung des Urheberrechts, die Stärkung der Rechte der von ihm vertretenen Berechtigten, die Errichtung und der Betrieb von Vorsorge- und Unterstützungseinrichtungen für diese Berechtigten sowie die Förderung kulturell bedeutender Werke.

(3) Die Tätigkeit des Vereins ist nicht auf Erzielung von Gewinn gerichtet.

§ 3 Wahrnehmungsberechtigte, Berufsgruppen und Mitglieder. (1) Wer nachweislich Inhaber von Urheberrechten und Nutzungsrechten an Sprachwerken (§ 2 Abs. 1 Nr. 1 UrhG) und Sammelwerken von Sprachwerken (§ 4 Abs. 1 UrhG) ist, kann der VG WORT die Wahrnehmung von Rechten seiner Wahl in Gebieten seiner Wahl anvertrauen, wenn die Rechte sowie die Gebiete zum Tätigkeitsbereich der VG WORT gehören. Das Gleiche gilt für Darstellungen wissenschaftlicher und technischer Art einschließlich entsprechender Lichtbildwerke (§ 2 Abs. 1 Nr. 5 UrhG) und Lichtbilder (§ 72 UrhG), die vom Verfasser des Sprachwerkes für dieses geschaffen sind. Hierüber wird ein Wahrnehmungsvertrag nach den Bestimmungen dieser Satzung abgeschlossen, der den Antragsteller zum Wahrnehmungsberechtigten macht. Im Hinblick auf eine Verwaltung von Rechten im Rahmen von Gegenseitigkeits-

[1] Aus Gründen der besseren Lesbarkeit der Satzung wird auf die gleichzeitige Verwendung männlicher und weiblicher Sprachformen verzichtet. Sämtliche Personenbezeichnungen beziehen sich auf beide Geschlechter.

Anschrift: Untere Weidenstr. 5, 81543 München. Büro Berlin: Köthener Str. 44, 10963 Berlin. Internet: www.vgwort.de.

verträgen mit ausländischen Verwertungsgesellschaften kann zusätzlich ein Inkassoauftrag für das Ausland abgeschlossen werden. Der Vorstand kann den Abschluss eines Wahrnehmungsvertrags oder eines Inkassoauftrags für das Ausland ablehnen, wenn der Wahrnehmung objektive Gründe entgegenstehen.

(2) Es bestehen 6 Berufsgruppen:

Berufsgruppe 1:	Autoren und Übersetzer belletristischer und dramatischer Werke;
Berufsgruppe 2:	Journalisten, Autoren und Übersetzer von Sachliteratur;
Berufsgruppe 3:	Autoren und Übersetzer von wissenschaftlicher und Fachliteratur;
Berufsgruppe 4:	Verleger belletristischer Werke und von Sachliteratur;
Berufsgruppe 5:	Bühnenverleger;
Berufsgruppe 6:	Verleger von wissenschaftlichen Werken und von Fachliteratur.

(3) Der Wahrnehmungsberechtigte muss bei Abschluss des Wahrnehmungsvertrags seine Berufsgruppe angeben. Er kann mehreren Berufsgruppen angehören, wenn er die Voraussetzungen hierfür erfüllt. Aktives und passives Wahlrecht kann er in nur einer Berufsgruppe ausüben. Für diese muss er sich bei Abschluss des Wahrnehmungsvertrags entscheiden. Durch schriftliche Erklärung kann der Wahrnehmungsberechtigte seine Berufsgruppenzugehörigkeit oder die Festlegung derjenigen Berufsgruppe, in der er sein Wahlrecht ausübt, ändern; die Änderung wird mit Beginn des Geschäftsjahres wirksam, das auf die Erklärung folgt.

(4) Jede Berufsgruppe wählt einen Sprecher und seinen Stellvertreter aus dem Kreis der Verwaltungsratsmitglieder der jeweiligen Berufsgruppe.

(5) Jede Berufsgruppe kann zu den Sitzungen des Verwaltungsrats und zur Mitgliederversammlung einen juristischen Berater hinzuziehen. Dieser erhält die für den Verwaltungsrat und die Mitgliederversammlung bestimmten Mitteilungen und Einladungen, hat jedoch kein Stimmrecht.

(6) Der Wahrnehmungsberechtigte kann sich um die Aufnahme als Mitglied bewerben, wenn er mindestens 3 Jahre Wahrnehmungsberechtigter ist und in den letzten 3 Kalenderjahren im Durchschnitt

1. in den Berufsgruppen 1, 2 oder 3 insgesamt mindestens € 400,– pro Jahr erhalten hat,
2. in den Berufsgruppen 4, 5 oder 6 insgesamt mindestens € 2.000,– pro Jahr erhalten hat.

(7) Das Mitglied kann mehreren Berufsgruppen angehören, wenn es die Voraussetzungen hierfür erfüllt. Sein Stimmrecht, aktives und passives Wahlrecht, kann es in nur einer Berufsgruppe ausüben. Diese Entscheidung muss erneut getroffen werden, wenn die Mitgliedschaft beantragt wird. Für einen Wechsel derjenigen Berufsgruppe, in der Stimm- und Wahlrecht ausgeübt werden, gelten Abs. 3 Satz 5 und Abs. 8 entsprechend.

(8) Der Vorstand entscheidet nach Maßgabe von § 13 VGG über ein Aufnahmegesuch, nachdem er die Verwaltungsratsmitglieder der zuständigen Berufsgruppe angehört hat. Wird eine Aufnahme als Mitglied abgelehnt, so sind dem Antragsteller die Gründe in Textform verständlich zu erläutern. Gegen die Ablehnung ist eine Beschwerde an den Verwaltungsrat zulässig, die in Textform

binnen 4 Wochen nach Zugang der Ablehnung einzulegen ist. Gegen die Entscheidung des Verwaltungsrats ist eine Anrufung der Mitgliederversammlung nicht zulässig.

(9) Der Verwaltungsrat kann außerdem Wahrnehmungsberechtigte als Mitglieder aufnehmen, die in besonderer Weise die Interessen, Aufgaben und Ziele der VG WORT fördern oder deren kulturelle, künstlerische oder wissenschaftliche Bedeutung die Aufnahme als wünschenswert erscheinen lässt.

(10) Die Aufnahmegebühr für die Mitglieder beträgt für einen Autor € 5,–, für einen Verleger oder ein Verlagsunternehmen mindestens € 50,– (€ 5,– pro im Jahresmittel dauernd Beschäftigten, Höchstbeitrag € 250,–). Auf Beschluss der Mitgliederversammlung kann ein Mitgliedsbeitrag erhoben werden. Für die Beschlussfassung gelten § 7 Abs. 9 und 10.

(11) Die VG WORT führt Verzeichnisse ihrer Mitglieder und Wahrnehmungsberechtigten, die regelmäßig aktualisiert werden.

§ 4 Beendigung der Mitgliedschaft. Die Mitgliedschaft endet, unbeschadet einer Fortdauer der Rechte und Pflichten aus dem Wahrnehmungsvertrag und dem Inkassoauftrag für das Ausland, gegebenenfalls unter deren Übergang auf die Erben:

1. durch Austritt, der schriftlich dem Vorstand gegenüber zu erklären ist,
2. durch den Tod, bei Firmen nach Beendigung der Liquidation,
3. durch Eröffnung eines Insolvenzverfahrens über das Vermögen eines Mitglieds,
4. durch Ausschluss aus wichtigem Grunde, der nur vom Verwaltungsrat nach Anhörung des Betroffenen mit Dreiviertel-Mehrheit beschlossen werden kann.

§ 5 Organe. Die Organe des Vereins sind
die Mitgliederversammlung der Verwaltungsrat
der Vorstand

§ 6 Mitgliederversammlung. (1) Die ordentliche Mitgliederversammlung findet spätestens 6 Monate nach Ablauf eines Geschäftsjahres statt.

(2) Die Einladungen ergehen in Textform unter Angabe der Tagesordnung und Beifügung eines Auszugs aus dem Geschäftsbericht. Die Einladungsfrist beträgt 3 Wochen.

(3) Die Einladungen erfolgen durch den Vorstand.

(4) Auf Antrag des Verwaltungsrats oder von 30 Mitgliedern hat der Vorstand eine außerordentliche Mitgliederversammlung einzuberufen. Er kann diese auch aus eigenem Ermessen einberufen, wenn ihm ein ausreichender Grund gegeben erscheint. Die Einladungen ergehen in Textform unter Angabe der Tagesordnung. Die Einladungsfrist beträgt 3 Wochen.

(5) Anträge an die Mitgliederversammlung haben nur Anspruch auf Behandlung, wenn sie

1. 6 Unterschriften von Mitgliedern tragen und
2. mindestens 6 Wochen vor der Versammlung schriftlich dem Vorstand zugehen.

(6) Verfahrensanträge und Anträge zu Punkten, die auf der Tagesordnung stehen, können in der Mitgliederversammlung von jedem Mitglied gestellt werden.

(7) Dringlichkeitsanträge, die Entscheidungen zum Gegenstand haben, bei denen eine Abstimmung nach Berufsgruppen vorgesehen ist (vgl. § 7 Abs. 7), sind unzulässig. Im Übrigen können Dringlichkeitsanträge nur dann behandelt werden, wenn dies von der Mitgliederversammlung mit Zweidrittel-Mehrheit beschlossen wird.

(8) Das Recht jedes Mitglieds, sich jederzeit mit Anliegen und Anträgen an die gemäß § 12 Abs. 3 einzurichtenden Kommissionen zu wenden, bleibt unberührt.

§ 7 Abstimmung in der Mitgliederversammlung. (1) Die Mitgliederversammlung wird von dem Vorsitzenden des Verwaltungsrats oder, wenn dieser verhindert ist, seinem Stellvertreter geleitet. Sind beide verhindert, den Vorsitz zu führen, so wird aus dem Kreis der anwesenden Verwaltungsratsmitglieder ein Versammlungsleiter gewählt. Über die Versammlung ist ein Protokoll zu fertigen, das vom Versammlungsleiter zu unterzeichnen ist. Die Mitgliederversammlung kann sich eine Geschäftsordnung geben.

(2) Der Mitgliederversammlung obliegt insbesondere:

a) die Wahl und die Abberufung der Mitglieder des Verwaltungsrats nach Maßgabe der Abs. 7 und 8,
b) die Ernennung von Ehrenpräsidenten und die Verleihung von Ehrenmitgliedschaften auf Vorschlag des Verwaltungsrats,
c) die Bestimmung der Rechte und Wahrnehmungsbedingungen, die den Gegenstand des Wahrnehmungsvertrags und des Inkassoauftrags für das Ausland bilden nach Maßgabe der Abs. 9 und 10,
d) die Festlegung der Bedingungen, zu denen ein Wahrnehmungsberechtigter jedermann das Recht einräumen kann, seine Werke oder sonstige Schutzgegenstände für nicht kommerzielle Zwecke zu nutzen,
e) die Aufstellung und Änderung des Verteilungsplans einschließlich der Entscheidung über die allgemeinen Regeln über die Verwendung der nicht verteilbaren Einnahmen aus den Rechten nach Maßgabe der Abs. 9 und 10,
f) die Beschlussfassung über die allgemeinen Grundsätze für die Abzüge von den Einnahmen aus den Rechten, einschließlich der allgemeinen Grundsätze für Abzüge zur Deckung der Verwaltungskosten und der Abzüge für die Förderung kulturell bedeutender Werke und Leistungen sowie für die Einrichtung und den Betrieb von Vorsorge- und Unterstützungseinrichtungen nach Maßgabe der Abs. 9 und 10,
g) die Entgegennahme und Erörterung des Geschäftsberichts und die Genehmigung des Jahresabschlusses,
h) die Entgegennahme der persönlichen Erklärungen der Mitglieder des Vorstandes und des Verwaltungsrates gemäß § 14,
i) die Entgegennahme des Tätigkeitsberichts des Verwaltungsrats gemäß § 11 Abs. 6m),
j) die Entlastung des Verwaltungsrats und des Vorstands,
k) die Beschlussfassung über die Satzung und Satzungsänderungen nach Maßgabe der Abs. 9 und 10,
l) die Neufestsetzung eines Mitgliedsbeitrags,

m) die Genehmigung der Vergütung und sonstigen Leistungen an die Mitglieder des Verwaltungsrats und deren Stellvertreter gemäß § 11 Abs. 9,
n) die Beschlussfassung über den jährlichen Transparenzbericht,
o) die Beschlussfassung über die allgemeine Anlagepolitik in Bezug auf die Einnahmen aus den Rechten,
p) Erlass und Änderung ihrer Geschäftsordnung.

(3) Die folgenden Befugnisse werden von der Mitgliederversammlung auf den Verwaltungsrat übertragen:
a) die Bestellung und Abberufung des Abschlussprüfers oder die Mitgliedschaft in einem genossenschaftlichen Prüfungsverband,
b) Zusammenschlüsse und Bündnisse unter Beteiligung der VG WORT, die Gründung von Tochtergesellschaften, die Übernahme anderer Organisationen und den Erwerb von Anteilen oder Rechten an anderen Organisationen durch die VG WORT,
c) die Beschlussfassung über die Grundsätze des Risikomanagements,
d) der Erwerb, der Verkauf und die Beleihung unbeweglicher Sachen,
e) die Aufnahme und die Vergabe von Darlehen sowie die Stellung von Darlehenssicherheiten,
f) der Abschluss, der Inhalt und die Beendigung von Repräsentationsvereinbarungen und Gegenseitigkeitsverträgen mit inländischen und ausländischen Verwertungsgesellschaften,
g) die Aufstellung und Gestaltung von Tarifen und Gesamtverträgen,
h) die Ernennung und Abberufung der Mitglieder des Vorstandes sowie die Genehmigung von deren Vergütung und sonstigen Leistungen.

(4) In der Mitgliederversammlung hat jedes Mitglied eine Stimme. Beschlüsse werden mit einfacher Mehrheit der abgegebenen Stimmen gefasst, soweit nicht eine Abstimmung nach Berufsgruppen zu erfolgen hat. Enthaltungen und ungültige Stimmen gelten als nicht abgegebene Stimmen und bleiben bei der Ermittlung der Mehrheit unberücksichtigt. Verlage üben ihr Stimmrecht durch ihre gesetzlich berufenen oder bevollmächtigten Vertreter aus.

(5) Jedes Mitglied ist berechtigt, seine Rechte in der Mitgliederversammlung auch durch einen Vertreter ausüben zu lassen. Eine Vertretung durch ein anderes Mitglied ist nur möglich, wenn dieses in der gleichen Berufsgruppe stimmberechtigt ist. Die Anzahl der durch denselben Vertreter vertretenen Mitglieder ist auf maximal zehn beschränkt, wobei sämtliche vertretenen Mitglieder in der gleichen Berufsgruppe stimmberechtigt sein müssen. Eine Vollmacht zur Vertretung eines Mitglieds in der Mitgliederversammlung ist nur wirksam, wenn sie auf die Vertretung des Mitglieds in dieser Mitgliederversammlung beschränkt ist. Der Vertreter ist verpflichtet, entsprechend den Anweisungen des Mitglieds abzustimmen, das ihn bestellt hat. Eine Überwachung dieser Verpflichtung durch die VG WORT erfolgt nicht; Verstöße führen nicht zur Unwirksamkeit der Stimmabgabe.

(6) Delegierte der Wahrnehmungsberechtigten (§ 9 Abs. 2) können sich nur durch einen gewählten Stellvertreter in der Mitgliederversammlung vertreten lassen.

(7) Eine Abstimmung nach Berufsgruppen findet in folgenden Fällen statt:
a) bei Satzungsänderung,
b) bei Aufstellung und Änderung des Verteilungsplans, einschließlich der Entscheidung über die allgemeinen Regeln über die Verwendung der nicht verteilbaren Einnahmen aus den Rechten und der Beschlussfassung über

die allgemeinen Grundsätze für die Abzüge von den Einnahmen aus den Rechten,

c) bei Änderungen oder Ergänzungen der Rechte und Wahrnehmungsbedingungen, die den Gegenstand des Wahrnehmungsvertrags und des Inkassoauftrags für das Ausland bilden, einschließlich der Bedingungen, zu denen ein Wahrnehmungsberechtigter jedermann das Recht einräumen kann, seine Werke oder sonstige Schutzgegenstände für nicht kommerzielle Zwecke zu nutzen,
d) bei Beschlussfassung über Aufnahmegebühr und Mitgliedsbeiträge,
e) bei Wahl der Mitglieder des Verwaltungsrats,
f) bei Auflösung des Vereins.

(8) Jede der 6 Berufsgruppen wählt aus ihrer Mitte die für sie im Verwaltungsrat vorgesehenen Mitglieder und deren Vertreter (vgl. § 11 Abs. 1 und 2) getrennt. Das Nähere regelt eine Wahlordnung. Innerhalb der einzelnen Berufsgruppen erfolgt die Wahl mit einfacher, die Abberufung mit Zweidrittel-Mehrheit. Falls drei Viertel der in jeder der 5 anderen Berufsgruppen vertretenen Stimmen sich der Wahl eines in einer Berufsgruppe gewählten Mitglieds widersetzen, wird die Wahl ungültig und muss wiederholt werden, wobei der Gewählte wiedergewählt werden kann; diese Wahl ist endgültig.

(9) Abstimmungsgegenstände nach Abs. 7 mit Ausnahme der Wahl der Mitglieder des Verwaltungsrats werden in der Mitgliederversammlung allgemein beraten. Sie können nur mit Zustimmung aller Berufsgruppen angenommen werden.

(10) Bei der Abstimmung gemäß Abs. 9 wird das Stimmrecht der Mitglieder durch die Sprecher der Berufsgruppen ausgeübt. Diese haben vor Abgabe der Stimme ihrer Berufsgruppe in dieser eine Vorabstimmung vorzunehmen und dürfen einem Antrag nur zustimmen, wenn innerhalb der Berufsgruppe zwei Drittel der abgegebenen Stimmen dem Antrag zugestimmt haben. Im Falle der Auflösung des Vereins gilt dies mit der Maßgabe, dass diese Zweidrittelmehrheit die Mehrheit der insgesamt zu der jeweiligen Berufsgruppe gehörenden Mitglieder ausmachen muss. Enthaltungen und ungültige Stimmen gelten als nicht abgegebene Stimmen und bleiben bei der Ermittlung der Mehrheit unberücksichtigt. Solche Beschlüsse bedürfen alsdann der Zustimmung aller 6 Berufsgruppen in der ordentlichen oder außerordentlichen Mitgliederversammlung. Die Sprecher der Berufsgruppen haben in diesem Fall bei Abgabe ihrer Stimmen das Stimmverhältnis der in ihrer Berufsgruppe durchgeführten Abstimmung zu Protokoll zu geben.

§ 8 Ausübung von Mitgliedschaftsrechten in elektronischer Form.

(1) Anstelle der Stimmrechtsausübung unmittelbar in der Mitgliederversammlung gem. § 7 können die Mitglieder ihr Stimmrecht im Vorfeld der Mitgliederversammlung im Wege elektronischer Kommunikation ausüben (elektronische Stimmabgabe). Eine solche elektronische Stimmabgabe ist nur hinsichtlich der mit der Einladung übermittelten Beschlussanträge möglich.

(2) Die Ausübung des Stimmrechts per elektronischer Stimmabgabe ist nicht übertragbar und unwiderruflich. Mitglieder, die ihre Stimme in elektronischer Form abgegeben haben, können sich nicht durch ein anderes Mitglied in der Mitgliederversammlung vertreten lassen oder als Vertreter für ein anderes Mitglied an der Mitgliederversammlung teilnehmen.

(3) Mitglieder haben ferner die Möglichkeit, die Mitgliederversammlung per Live-Stream zu verfolgen.

(4) Voraussetzung für die Stimmrechtsausübung per elektronischer Stimmabgabe und die Verfolgung der Mitgliederversammlung per Live-Stream ist eine vorherige Registrierung und die Einhaltung der hierfür geltenden Fristen und Authentifizierungsanforderungen.

(5) Technische Störungen im Zusammenhang mit der elektronischen Stimmabgabe oder des Live-Streams führen nicht zur Unwirksamkeit von Beschlüssen der Mitgliederversammlung, sofern seitens der VG WORT keine vorsätzliche oder grob fahrlässige Pflichtverletzung vorliegt.

(6) Das Nähere regelt eine vom Verwaltungsrat (vgl. § 11 Abs. 6k)) beschlossene Geschäftsordnung.

§ 9 Versammlung der Wahrnehmungsberechtigten und Delegierte. (1) Am Vortag jeder ordentlichen Mitgliederversammlung findet eine Versammlung der Wahrnehmungsberechtigten statt. Einladungen ergehen im Einvernehmen mit dem Verwaltungsrat durch den Vorstand. In dieser Versammlung, die von dem Vorsitzenden des Verwaltungsrats oder seinem Stellvertreter geleitet wird, erstattet der Vorstand den Geschäftsbericht und gibt den Wahrnehmungsberechtigten Auskünfte.

(2) Die Versammlung wählt alle 4 Jahre aus ihrer Mitte Delegierte der Wahrnehmungsberechtigten. Die Wahrnehmungsberechtigten der Berufsgruppen 1 bis 3 können je 5 Delegierte, die Wahrnehmungsberechtigten der Berufsgruppen 4 bis 6 je 3 Delegierte wählen, sowie in allen Berufsgruppen ebenso viele Stellvertreter. Jeder anwesende Wahrnehmungsberechtigte kann unter Vorlage einer schriftlichen Vollmacht auch das Stimmrecht für bis zu zwei weitere abwesende Wahrnehmungsberechtigte ausüben. Mitglieder sind weder aktiv noch passiv wahlberechtigt. Das Nähere regelt eine vom Verwaltungsrat (vgl. § 11 Abs. 6k)) beschlossene Wahlordnung.

(3) Die Amtsdauer der Delegierten beginnt mit dem Schluss der auf die Neuwahl folgenden ordentlichen Mitgliederversammlung; sie endet mit Beginn der folgenden Amtszeit sowie im Fall der Aufnahme als Mitglied. Die Wiederwahl ist zulässig.

(4) Den Delegierten der Wahrnehmungsberechtigten stehen in ihrer Amtszeit alle Rechte der Mitglieder zu, mit Ausnahme des passiven Wahlrechts. Stellvertreter der Delegierten können das Stimmrecht nicht per elektronischer Stimmabgabe gem. § 8 ausüben.

§ 10 Grundsätze des Verteilungsplans und der Verteilung. (1) Der Verteilungsplan hat folgende Grundsätze zu beachten:

1. Soweit mit angemessenen Mitteln feststellbar, hat jeder Berechtigte den auf die Nutzung seines Werkes entfallenen Anteil am Ertrag zu erhalten.
2. Soweit in diesem Sinn der individuelle Anteil der Nutzung am Ertrag nicht feststellbar ist, sind allgemeine Bewertungs- und Verteilungsregeln zur pauschalen Annäherung an diese Anteilsbemessung aufzustellen, indem
   a) das Ausmaß der Nutzung und
   b) die kulturelle oder künstlerische Bedeutung
   des Werks jedes Berechtigten in angemessenem Umfang zu berücksichtigen sind.
3. Verleger werden im Rahmen der gesetzlichen Regelungen beteiligt.

(2) Es werden ein Autorenversorgungswerk, ein Sozialfonds und ein Förderungsfonds gebildet:

1. Vom Gesamtaufkommen der VG WORT werden dem Autorenversorgungswerk jährlich wiederkehrende Geldleistungen zugewendet. Die Höhe dieser Leistungen beträgt bis zu 50%, mindestens jedoch 35% des Aufkommens (abzüglich eines allgemeinen Kostenanteils der VG WORT in Höhe von 10% vorab) aus der Bibliothekstantieme gem. § 27 Abs. 2 UrhG. Über die Höhe der Zuwendung entscheidet der Verwaltungsrat.
2. Der Sozialfonds soll die finanzielle Unterstützung und Förderung von in Not geratenen Wortautoren und Verlegern sowie deren Hinterbliebenen übernehmen; er ist selbstlos tätig und verfolgt ausschließlich und unmittelbar mildtätige Zwecke im Sinne des Steuerrechts. Die jährlichen Zuwendungen an den Sozialfonds werden vom Verwaltungsrat beschlossen und dürfen 10% der Jahreseinnahmen nicht überschreiten. Über die Verwaltung und Verwendung dieses Fonds beschließt der Verwaltungsrat, der dieses Recht delegieren kann.
3. Der Förderungsfonds soll Wissenschaft und Forschung fördern, insbesondere durch Druckkostenzuschüsse für wissenschaftliche Werke und Fachwerke. Die jährlichen Zuwendungen stammen aus den Einnahmen für wissenschaftliche Bücher sowie Fachund Sachbücher aus der Bibliothekstantieme (§ 27 Abs. 2 UrhG) und der Geräteund Speichermedienvergütung (§ 54 UrhG) und dürfen 10% dieser Einnahmen – nach Abzug des allgemeinen Kostenanteils und der Zuweisungen zum Autorenversorgungswerk und zum Sozialfonds sowie etwaiger Rückstellungen und der Ausschüttungen für Zeitschriftenaufsätze – nicht überschreiten. Über die Höhe der Zuwendung entscheidet der Verwaltungsrat.

(3) Im Übrigen wird das Aufkommen der VG WORT nach Abzug der Kosten nach den von der Mitgliederversammlung beschlossenen Verteilungsplänen an die Wahrnehmungsberechtigten jährlich verteilt.

§ 11 Verwaltungsrat. (1) Der Verwaltungsrat besteht aus 21 Mitgliedern. Die Berufsgruppe 1 wählt 5, die Berufsgruppe 2 wählt 5, die Berufsgruppe 3 wählt 4, die Berufsgruppe 4 wählt 3, die Berufsgruppe 5 wählt 2 und die Berufsgruppe 6 wählt 2 Mitglieder in den Verwaltungsrat.

(2) Jede Berufsgruppe wählt ferner bis zu 2 Stellvertreter. Sie erhalten die für den Verwaltungsrat bestimmten Mitteilungen und die Einladung zu den Verwaltungsratssitzungen. Sie haben nur Stimmrecht nach Maßgabe der Geschäftsordnung, wenn ein Verwaltungsratsmitglied ihrer Berufsgruppe verhindert ist.

(3) Der Verwaltungsrat wählt aus seiner Mitte den Vorsitzenden und seinen Stellvertreter, wobei einer Autor, der andere Verleger sein muss.

(4) Die Amtsdauer der Verwaltungsratsmitglieder beträgt 4 Jahre. Eine Wiederwahl ist zulässig. Solange eine Neuwahl nicht stattfindet, bleibt der Verwaltungsrat im Amt. Scheidet während der Amtsdauer ein Verwaltungsratsmitglied aus, so haben die Verwaltungsratsmitglieder seiner Berufsgruppe ein Ersatzmitglied zu wählen, das an die Stelle des Ausscheidenden tritt.

(5) Dem Verwaltungsrat obliegt:

a) Bestellung und Abberufung des Vorstands,
b) Abschluss von Verträgen mit dem Vorstand,

c) Genehmigung der Vergütungen und sonstigen Leistungen für die geschäftsführend hauptamtlich tätigen und die ehrenamtlichen Vorstandsmitglieder.

(6) Zu den Aufgaben und Befugnissen des Verwaltungsrats gehören insbesondere:
a) Überwachung der Tätigkeit und Aufgabenerfüllung des Vorstands,
b) Weisungen an den Vorstand,
c) Bestimmung der Geschäfte, die dem Vorstand neben den Geschäften der laufenden Verwaltung zur alleinigen Erledigung übertragen werden,
d) Vorschlag über die Abfassung des Wahrnehmungsvertrags und des Inkassoauftrags für das Ausland, unbeschadet des § 7 Abs. 2c),
e) Errichtung, Überwachung und Auflösung von Kommissionen nach Maßgabe von § 12,
f) Ausschluss von Mitgliedern aus wichtigem Grund,
g) Vorschlag über die Aufstellung und Änderung des Verteilungsplans,
h) Erlass und Änderung seiner Geschäftsordnung,
i) Feststellung des vom Vorstand vorgelegten Haushaltsplans (Etatvoranschlag) und des Jahresabschlusses,
j) Änderungen und Ergänzungen der Satzungen der „Sozialfonds der VG WORT GmbH" und der „Förderungsfonds Wissenschaft der VG WORT GmbH",
k) Aufstellung, Änderung und Ergänzung von Wahlordnungen für die Wahlen nach § 7 Abs. 2a), § 9 Abs. 2 sowie der Geschäftsordnung für die Ausübung von Mitgliedschaftsrechten in elektronischer Form nach § 8 Abs. 6,
l) nach dem Verteilungsplan erforderliche Beschlüsse des Verwaltungsrats,
m) Abfassung des Tätigkeitsberichts an die Mitgliederversammlung nach § 7 Abs. 2i),
n) Überwachung der Tätigkeit und Aufgabenerfüllung derjenigen Personen, die kraft Gesetzes oder nach der Satzung zur Vertretung einer von der VG WORT abhängigen Verwertungseinrichtung berechtigt sind, soweit die abhängige Verwertungseinrichtung Tätigkeiten einer Verwertungsgesellschaft ausübt,
o) Wahrnehmung der von der Mitgliederversammlung gemäß § 7 Abs. 3 auf den Verwaltungsrat übertragenen Befugnisse,
p) Ausübung der sonstigen, in dieser Satzung vorgesehenen Befugnisse.

(7) Die Abstimmung im Verwaltungsrat erfolgt mit einfacher Stimmenmehrheit der anwesenden Mitglieder. Für die Beschlüsse nach §§ 11 Abs. 5, Abs. 6b)–k), Abs. 6o) i. V. m. § 7 Abs. 3b) sowie §§ 9 und 10 des Verteilungsplans ist Dreiviertelmehrheit erforderlich; unter den Stimmen, die diese Mehrheit ausmachen, muss die Stimme mindestens eines Verwaltungsratsmitglieds jeder Berufsgruppe sein.

(8) Der Verwaltungsrat ist beschlussfähig, wenn mindestens 14 Mitglieder anwesend sind. Über die Sitzung ist ein Protokoll zu fertigen, das vom Vorsitzenden oder dessen Vertreter zu unterzeichnen ist.

(9) Die Tätigkeit des Verwaltungsrats ist grundsätzlich ehrenamtlich. Die Mitglieder des Verwaltungsrats und deren Stellvertreter erhalten Ersatz ihrer Reisekosten und Barauslagen sowie pauschale Sitzungsgelder in angemessener Höhe. Der Vorsitzende erhält zusätzlich eine Tätigkeitsvergütung.

§ 12 Kommissionen. (1) Der Verwaltungsrat kann zur Vorbereitung seiner Beschlüsse nach seinem Ermessen Kommissionen einsetzen. Er entscheidet über

Zusammensetzung und Zahl der Mitglieder der einzelnen Kommissionen nach freiem Ermessen und benennt deren Mitglieder. Die Mitglieder der Kommissionen sollen, aber müssen nicht Mitglieder des Verwaltungsrats sein; grundsätzlich soll dabei das Prinzip der Mitwirkung aller Berufsgruppen gewahrt werden.

(2) Die Kommissionen bleiben so lange tätig, bis der Verwaltungsrat gem. § 11 Abs. 7 S. 2 Änderungen beschließt.

(3) Folgende Kommissionen sind dauerhaft einzurichten:

a) Die Satzungskommission bereitet Änderungen und Ergänzungen von Satzung, Wahrnehmungsvertrag und Inkassoauftrag für das Ausland vor und unterbreitet dem Verwaltungsrat entsprechende Vorschläge;

b) die Bewertungskommission bereitet Änderungen und Ergänzungen des Verteilungsplans der VG WORT vor und unterbreitet dem Verwaltungsrat entsprechende Vorschläge;

c) die Kommission Wissenschaft berät den Verwaltungsrat in allen den Bereich Wissenschaft betreffenden Fragen und unterbreitet dem Verwaltungsrat entsprechende Vorschläge.

Diese Kommissionen können sich eine Geschäftsordnung geben. Sie wählen aus ihrer Mitte einen Vorsitzenden und dessen Stellvertreter, wobei einer Autor, der andere Verleger sein muss. Mitglieder und Wahrnehmungsberechtigte der VG WORT können sich jederzeit schriftlich an die Kommissionen mit Anliegen wenden, die deren Zuständigkeitsbereich betreffen.

(4) Die Kommissionen befassen sich neben den Grundsatzfragen nach Abs. 3 auch mit Einzelfällen, insbesondere Beschwerden über Entscheidungen der Verwaltung und der Geschäftsführung; der Verwaltungsrat kann Entscheidungen über solche Einzelfälle an die nach Abs. 3 zuständigen Kommissionen zur Beschlussfassung delegieren.

(5) § 11 Abs. 9 S. 1 und 2 gelten entsprechend.

§ 13 Vorstand. (1) Der Vorstand besteht aus vier oder fünf Mitgliedern. Ein oder zwei Mitglieder sind geschäftsführend hauptamtlich tätig und erhalten ein Gehalt. Mit ihm oder ihnen schließt der Verwaltungsrat einen Anstellungsvertrag. Sind zwei Mitglieder hauptamtlich tätig, regelt eine vom Verwaltungsrat zu genehmigende Geschäftsordnung ihren Aufgaben- und Verantwortungsbereich. Drei Mitglieder sind ehrenamtlich tätig; eines soll Autor, eines Verleger sein. Die drei ehrenamtlichen Mitglieder sind vom Verwaltungsrat alle 5 Jahre neu zu bestellen; Wiederwahl ist zulässig. Solange eine Neuwahl nicht stattfindet, bleiben die ehrenamtlichen Mitglieder im Amt. Scheidet ein ehrenamtliches Mitglied des Vorstands während der Wahlperiode aus, so wird dafür vom Verwaltungsrat ein Mitglied für den Rest der Wahlperiode bestellt. Die ehrenamtlichen Mitglieder erhalten eine Tätigkeitsvergütung.

(2) Der Vorstand vertritt den Verein gerichtlich und außergerichtlich. Zur Vertretung des Vereins ist ein geschäftsführendes Vorstandsmitglied gemeinsam mit einem weiteren geschäftsführenden Vorstandsmitglied oder einem ehrenamtlichen Vorstandsmitglied berechtigt. Falls nur ein geschäftsführendes Vorstandsmitglied bestellt ist, wird der Verein im Falle von dessen lang anhaltender Verhinderung durch zwei ehrenamtliche Mitglieder vertreten.

(3) Der Vorstand bereitet die Beschlüsse des Verwaltungsrats vor und führt sie aus. Er nimmt die Geschäfte der laufenden Verwaltung und die ihm gem. § 11 Abs. 6c) durch den Verwaltungsrat übertragenen Geschäfte wahr.

(4) Der Vorstand hat den Verwaltungsratsmitgliedern halbjährlich einen Geschäftsbericht und außerdem spätestens mit der Ladung zu der ordentlichen Mitgliederversammlung einen Geschäftsbericht über das abgelaufene Geschäftsjahr sowie einen Voranschlag für das folgende Jahr vorzulegen.

(5) Der Vorstand hat der zuständigen Verwaltungsbehörde eine Liste der Mitglieder des Verwaltungsrats und des Vorstands einzureichen, aus welcher Name, Vorname, Stand und Wohnort zu entnehmen sind. Er hat diese Liste durch Vorlage der Versammlungs- bzw. Sitzungsprotokolle nachzuweisen. Er hat ferner jede Veränderung dieser Organe unverzüglich nach Eintritt der Änderung mitzuteilen.

(6) Der Vorstand hat die ihm nach dieser Satzung übertragenen Geschäfte und Aufgaben solide, umsichtig und angemessen zu erfüllen. Die Mitglieder des Vorstandes haben Interessenkonflikte zu vermeiden. Unvermeidbare Interessenkonflikte sind gegenüber dem Verwaltungsrat offenzulegen und baldmöglichst zu beenden. Die Einhaltung dieser Verpflichtungen ist durch den Verwaltungsrat zu überwachen.

§ 14 Persönliche Erklärungen von Vorstand und Verwaltungsrat. (1) Die Mitglieder des Vorstandes und des Verwaltungsrats und deren Stellvertreter haben jährlich gegenüber der ordentlichen Mitgliederversammlung (§ 6 Abs. 1) eine persönliche Erklärung mit folgendem Inhalt abzugeben:

a) ihren Beteiligungen an der VG WORT,
b) die Höhe ihrer Vergütung und sonstigen Leistungen, die von der VG WORT im abgelaufenen Geschäftsjahr bezogen wurden,
c) die Höhe der Beträge, die sie in der Eigenschaft als Wahrnehmungsberechtigter von der VG WORT im abgelaufenen Geschäftsjahr erhalten haben und
d) Art und Umfang eines tatsächlichen oder möglichen Konflikts zwischen ihren persönlichen Interessen und den Interessen der VG WORT oder zwischen ihren Pflichten gegenüber der VG WORT und ihren Pflichten gegenüber einer anderen natürlichen oder juristischen Person.

(2) Im Rahmen der persönlichen Erklärung erfolgt bei der Angabe der Beträge gemäß Abs. 1c) eine Einordnung nach folgenden Stufenwerten:

– Stufe 1	bis	3500 Euro
– Stufe 2	bis	7000 Euro
– Stufe 3	bis	15 000 Euro
– Stufe 4	bis	30 000 Euro
– Stufe 5	bis	50 000 Euro
– Stufe 6	bis	75 000 Euro
– Stufe 7	bis	100 000 Euro
– Stufe 8	bis	150 000 Euro
– Stufe 9	bis	250 000 Euro
– Stufe 10	über	250 000 Euro

(3) Die Abgabe der persönlichen Erklärungen erfolgt jeweils in schriftlicher Form durch Ausfüllen eines entsprechenden Formulars. Die Erklärungen können im Rahmen der ordentlichen Mitgliederversammlung eingesehen werden.

§ 15 Beschwerdeverfahren. (1) Wahrnehmungsberechtigten, Mitgliedern sowie anderen Verwertungsgesellschaften, für die Rechte im Rahmen einer

Repräsentationsvereinbarung oder eines Gegenseitigkeitsvertrages wahrgenommen werden, steht gegenüber Entscheidungen der VG WORT oder bei Verletzung ihrer berechtigten Interessen die Möglichkeit der Beschwerde offen. Das Gleiche gilt für Inhaber von Rechten, die zum Tätigkeitsbereich der VG WORT gehören, soweit Beschwerdegegenstand die Aufnahme der Rechtewahrnehmung ist.

(2) Gegenstand einer Beschwerde kann insbesondere sein:

a) die Aufnahme und die Beendigung der Rechtewahrnehmung oder der Entzug von Rechten,
b) die Bedingungen für die Mitgliedschaft und die Wahrnehmungsbedingungen,
c) die Einziehung, Verwaltung und Verteilung der Einnahmen aus den Rechten,
d) die Abzüge von den Einnahmen aus den Rechten.

(3) Die Beschwerde soll in Textform eingelegt werden und ist an den Vorstand zu richten. Der Vorstand kann der Beschwerde abhelfen. Falls der Vorstand nicht abhilft, ist eine weitere Beschwerde an die in § 12 Abs. 3 genannten Kommissionen möglich (vgl. § 12 Abs. 4).

(4) Die VG WORT entscheidet über Beschwerden in Textform. Soweit der Beschwerde nicht abgeholfen wird, ist dies zu begründen.

§ 16 Geschäftsjahr. Das Geschäftsjahr ist das Kalenderjahr.

§ 17 Satzungsänderungen. Satzungsänderungen bedürfen gemäß § 33 Abs. 2 BGB zu ihrer Wirksamkeit der Genehmigung der Verleihungsbehörde. Sie sind der Aufsichtsbehörde mitzuteilen.

§ 18 Auflösung des Vereins. Im Falle der Auflösung des Vereins muss etwa verbleibendes Vermögen Vereinigungen zugeführt werden, deren gemeinnütziger und kultureller Zweck anerkannt ist.

Die jeweils geltenden Tarife der VG Wort sind im Bundesanzeiger und im Internet unter „www.vgwort.de" veröffentlicht.

17a. Gesamtvertrag über die Abgeltung der Ansprüche nach § 27 Abs. 2 UrhG (Bibliothekstantieme)

zwischen

der Bundesrepublik Deutschland, vertreten durch Herrn Direktor beim BVA, Christoph Hübenthal

– im Folgenden: der Bund –

und

dem Land Baden-Württemberg,	dem Land Niedersachsen,
dem Freistaat Bayern,	dem Land Nordrhein-Westfalen,
dem Land Berlin,	dem Land Rheinland-Pfalz,
dem Land Brandenburg,	dem Saarland,
der Freien Hansestadt Bremen,	dem Freistaat Sachsen,
der Freien Hansestadt Hamburg,	dem Land Sachsen-Anhalt,
dem Land Hessen,	dem Land Schleswig-Holstein,
dem Land Mecklenburg-Vorpommern,	dem Freistaat Thüringen,

vertreten durch den Vorsitzenden der Kommission Bibliothekstantieme der Kultusministerkonferenz, Herrn Staatsrat Gerd-Rüdiger Kück, Sekretariat der Ständigen Konferenz der Kultusminister der Länder in der Bundesrepublik Deutschland, Graurheindorfer Straße 157, 53117 Bonn

– im Folgenden: die Länder –

und der

VG WORT (Verwertungsgesellschaft WORT)
GEMA (Gesellschaft für musikalische Aufführungs- und mechanische Vervielfältigungsrechte),
GVL (Gesellschaft zur Verwertung von Leistungsschutzrechten mbH),
GWFF (Gesellschaft zur Wahrnehmung von Film- und Fernsehrechten mbH),
VFF (Verwertungsgesellschaft der Film- und Fernsehproduzenten mbH),
VG Bild-Kunst (Verwertungsgesellschaft Bild-Kunst),
VG Musikedition (Verwertungsgesellschaft Musikedition),
VGF (Verwertungsgesellschaft für Nutzungsrechte an Filmwerken mbH)

vertreten durch die Zentralstelle Bibliothekstantieme, diese vertreten durch die geschäftsführenden Vorstandsmitglieder der VG WORT, Herrn Dr. Robert Staats und Herrn Rainer Just, Untere Weidenstraße 5, 81543 München

– im Folgenden ZBT –

§ 1. (1) Die Parteien sind sich darüber einig, dass alle auf § 27 UrhG beruhenden Rechtsbeziehungen zwischen dem Bund, den Ländern, den Gemeinden und anderen Gebietskörperschaften, soweit sie als Träger von der Öffentlichkeit zugänglichen Einrichtungen (Büchereien, Schallplattensammlungen oder Sammlungen anderer Vervielfältigungsstücke) Vervielfältigungsstücke oder Originale auf physischen Trägern vermieten oder verleihen, einerseits und den Verwertungsgesellschaften andererseits sowohl hinsichtlich der Urheber- als auch der Leistungsschutzrechte mit diesem Vertrag abschließend geregelt werden.

(2) Dies gilt auch für Einrichtungen, die vom Bund, von den Ländern, Gemeinden oder anderen Gebietskörperschaften mittelbar getragen oder überwiegend finanziert werden.

(3) Dies gilt darüber hinaus für sämtliche der Öffentlichkeit zugänglichen Einrichtungen, soweit sie Vervielfältigungsstücke oder Originale auf physischen Trägern vermieten oder verleihen (insbes. kirchliche Bibliotheken und Werkbüchereien).

(4) Nicht erfasst von dieser Vereinbarung sind Bibliotheken und andere Einrichtungen, die Vervielfältigungsstücke oder Originale gewerbsmäßig zum Zwecke der direkten Gewinnerzielung vermieten (z. B. sog. „Leihbüchereien" oder sog. „Videotheken").

§ 2. (1) Bund und Länder erfüllen im Rahmen des § 1 die den Verwertungsgesellschaften zustehenden oder von ihnen wahrgenommenen Ansprüche gegen die Träger der genannten Einrichtungen in dem zwischen Bund und Ländern vereinbarten Verhältnis.

(2) Der auf die Länder entfallende Anteil wird auf sie nach dem jeweils geltenden „Königsteiner Schlüssel" umgelegt.

(3) Die Verwertungsgesellschaften stellen die Träger der in § 1 genannten Einrichtungen von sämtlichen urheber- und leistungsschutzrechtlichen Ansprüchen Dritter aus § 27 UrhG frei. Dies gilt auch für Ansprüche etwa noch entstehender Verwertungsgesellschaften.

§ 3. (1) Zur Abgeltung der in § 2 genannten Ansprüche aus § 27 UrhG werden folgende jährliche pauschale Vergütungssummen bezahlt:

a) für 2017	16 650 000 Euro
b) für 2018	16 650 000 Euro
c) für 2019	16 650 000 Euro

jeweils einschließlich Umsatzsteuer.

(2) Die Zahlungen erfolgen mit befreiender Wirkung in gleichen Teilen jeweils zum Ende eines Quartals auf ein von der ZBT zu benennendes Konto.

(3) Soweit die Länder und der Bund für das Jahr 2017 Zahlungen auf Grundlage der zuletzt vereinbarten Pauschale (17 222 261 €) geleistet haben, werden diese mit den Zahlungen für 2018 verrechnet.

§ 4. (1) Die Vertragsschließenden sind sich einig, dass die in § 3 genannten Summen pauschaliert wurden, um zeitraubende und kostenintensive Erhebungen zu vermeiden.

(2) Die Vertragsschließenden sind sich einig, dass im Rahmen dieser Pauschal- summen das Verleihen von Vervielfältigungsstücken, die nicht Bücher sind (sog. „Nonbooks", insbes. Tonträger und Bild-/Tonträger), wegen der an diesen Vervielfältigungsstücken neben den Urheberrechten zusätzlich bestehenden Leistungsschutz- rechten (§§ 75 Abs. 3, 85 Abs. 3, 94 Abs. 4 und 95 UrhG) doppelt so hoch bewertet wird wie das Verleihen von Büchern.

§ 5. (1) Die Vertragsparteien sind sich darüber einig, dass die Träger von Einrichtungen im Sinne von § 1 im Rahmen des § 242 BGB verpflichtet sind, Auskünfte über die Ausleihvorgänge zu erteilen.

(2) Das Nähere über die Auskunftserteilung wird in einer Zusatzvereinbarung gesondert geregelt, die Teil dieses Vertrages ist.

§ 6. (1) Der Vertrag umfasst nach Maßgabe von § 1 alle seit dem 1. Januar 2017 aus § 27 UrhG für Urheber und Leistungsschutzberechtigte entstandenen Ansprüche. Er läuft bis zum 31. Dezember 2019.

(2) Der Vertrag verlängert sich um jeweils ein weiteres Jahr, falls er nicht spätestens ein Jahr vor seiner Beendigung schriftlich gekündigt wird. Im Falle einer solchen Verlängerung wird auch für die Folgezeit die zuletzt vereinbarte Pauschalsumme bezahlt.

(3) Daneben kann jede Vertragsseite mit einer Frist von 6 Monaten zum Jahresende 2019 Verhandlungen über eine Änderung der Pauschalsumme schriftlich verlangen.

(4) Im Falle von wesentlichen Änderungen der rechtlichen Ausgangslage, insbesondere durch den deutschen Gesetzgeber oder Urteile höchster Gerichte, die die Auslegung von § 27 UrhG betreffen, kann jede Seite Verhandlungen über eine Änderung dieses Vertrages schriftlich verlangen.

(5) Die Kündigung nach Abs. 2 und das Änderungsverlangen nach Abs. 3 oder 4 kann von Bund und Ländern einerseits und den Verwertungsgesellschaften andererseits jeweils nur gemeinsam ausgesprochen werden.

§ 7. Dieser Gesamtvertrag tritt an die Stelle des Gesamtvertrages über die Abgeltung der Ansprüche nach § 27 Abs. 2 UrhG (Bibliothekstantieme) vom 29.6./14.8.2011.

Zusatzvereinbarung

zum Vertrag über die Abgeltung
urheberrechtlicher Ansprüche nach § 27 des Urhebergesetzes
für die Jahre 2017 bis 2019

Im Rahmen der Auskunftspflicht nach § 5 des Vertrages wird folgendes vereinbart:

1. Die **Benennung von auskunftspflichtigen Bibliotheken** umfasst jeweils einen Zeitraum von drei Jahren.
2. Im Bereich der **allgemeinen öffentlichen Bibliotheken** werden vom DBV im Einvernehmen mit der KMK für diesen Zeitraum insgesamt 18 Bibliotheken (Bibliothekssysteme) benannt mit folgender Maßgabe:
   - Die Auswahl der Bibliotheken erfolgt nach regionaler Ausgewogenheit. Innerhalb von zwei Erhebungsperioden (= sechs Jahre) ist jedes Bundesland mit mindestens einer Bibliothek vertreten.
   - Ausgewählt werden jeweils sechs Einrichtungen aus Städten mit
     – über 450 000 Einwohner
     – 200 000 bis 450 000 Einwohner
     – unter 200 000 Einwohner
   - Benannt werden ausschließlich Bibliotheken, die über eine elektronische Ausleihverbuchung verfügen. Diese stellen unter Beachtung des Datenschutzes die relevanten Ausleihdaten zur Verfügung.
   - Umfang, Dauer und genaue Terminierung innerhalb der Dreijahresfrist werden einvernehmlich zwischen der Bibliothek und der ZBT festgelegt. Dabei beträgt der Erhebungszeitraum längstens ein Jahr.
   - Durch die Erhebungen dürfen den Trägern der Bibliotheken (Bibliothekssysteme) keine zusätzlichen Kosten entstehen.
3. Im Bereich der **kirchlichen öffentlichen Bibliotheken und der Werkbibliotheken** werden vom DBV im Einvernehmen mit den Verbandsvertretern und der KMK für die Erhebungsperiode drei bzw. eine Bibliothek benannt.
   Umfang, Dauer und genaue Terminierung innerhalb der Dreijahresfrist werden ein- vernehmlich zwischen der Bibliothek und der ZBT festgelegt. Dabei beträgt der Erhebungszeitraum längstens sechs Wochen bzw. bei elektronischer Ausleihverbuchung höchstens ein Jahr.
   Durch die Erhebungen dürfen den Trägern der Bibliotheken (Bibliothekssysteme) keine zusätzlichen Kosten entstehen.
4. Im Bereich der **wissenschaftlichen Bibliotheken** gehen die Beteiligten derzeit da- von aus, dass die individuelle Erfassung der Ausleihen nicht zweckdienlich ist. Die ZBT behält sich aber grundsätzlich vor, zu einem späteren Zeitpunkt von ihrem Recht auf Auskunft Gebrauch zu machen.
5. Unbeschadet der streitigen Frage, ob und inwieweit die Benutzung von Präsenzbeständen vergütungspflichtig im Sinne des § 27 UrhG ist gehen die Beteiligten derzeit davon aus, dass eine individuelle Erhebung der Nutzungsfälle nicht zweckdienlich ist. Die ZBT behält sich aber grundsätzlich vor, zu einem späteren Zeitpunkt von ihrem Recht auf Auskunft Gebrauch zu machen.

Protokollnotizen zum Gesamtvertrag „Bibliothekstantieme“

1. Die Länder und der Bund gehen bei der Ermittlung der Zahlungen gern. § 3 Abs. 1 des Vertrages mit Bezug auf die zu erwartende Entwicklung der Ausleihzahlen von folgender Degression aus:
   2017: 16 700 000 €
   2018: 16 650 000 €
   2019: 16 600 000 €.

   Daraus wurde der einheitliche Festbetrag in Höhe von 16 650 000 € gebildet.
2. Die Verwertungsgesellschaften verstehen die in § 3 Abs. 1 des Vertrages genannten pauschalen Vergütungssummen als die im Wege der Verhandlungen ermittelte und auf das jeweilige Jahr bezogene Vergütung; hierin liegt kein Präjudiz für zukünftige Verhandlungen über die Herleitung der Höhe der Bibliothekstantieme ab dem Jahr 2020.

17b. Gesamtvertrag Vervielfältigung an Schulen

Vom 20. Dezmber 2018

das Land Baden-Württemberg,
der Freistaat Bayern,
das Land Berlin,
das Land Brandenburg,
die Freie Hansestadt Bremen,
die Freie und Hansestadt Hamburg,
das Land Hessen,
das Land Mecklenburg-Vorpommern,
das Land Niedersachsen,
das Land Nordrhein-Westfalen,
das Land Rheinland-Pfalz,
das Saarland,
der Freistaat Sachsen,
das Land Sachsen-Anhalt,
das Land Schleswig-Holstein,
der Freistaat Thüringen,

vertreten durch Herrn Ministerialdirektor Herbert Püls, Bayerisches Staatsministerium für Unterricht und Kultus sowie Frau Staatssekretärin Christine Streichert-Clivot, Ministerium für Bildung und Kultur des Saarlandes

– im Folgenden: **die Länder** –

einerseits und

1. die Verwertungsgesellschaft WORT (VG WORT), rechtsfähiger Verein kraft Verleihung, München, gleichzeitig handelnd für die Verwertungsgesellschaft Bild-Kunst (VG Bild- Kunst), vertr. d. d. geschäftsführenden Vorstandsmitglieder Herrn Dr. Robert Staats und Herrn Rainer Just,

   – im Folgenden: **VG WORT** –

2. die Verwertungsgesellschaft Musikedition (VG Musikedition), rechtfähiger Verein kraft Verleihung, Kassel, vertreten durch den Präsidenten Herrn Sebastian Mohr und den Geschäftsführer Herrn Christian Krauß,

   – im Folgenden: **VG Musikedition** –

die Verwertungsgesellschaften zusammengefasst in der Gesellschaft bürgerlichen Rechts „Zentralstelle Fotokopieren an Schulen – ZFS"

– im Folgenden: **ZFS** –

3. die in der **Anlage 1** aufgeführten Verlage,
   diese vertreten durch den Verband Bildungsmedien e. V.,
   vertr. d. d. Vorstand,
   dieser vertr. d. d. Vorsitzenden Herrn Dr. Ilas Körner-Wellershaus,
   Kurfürstenstraße 49, 60486 Frankfurt am Main

   – im Folgenden: **die Bildungsmedienverlage** –,

4. die PMG Presse-Monitor GmbH
   vertr. d. d. Geschäftsführer Herrn Dr. Oliver Graßy
   Markgrafenstraße 62, 10969 Berlin

   – im Folgenden: **PMG** –

die ZFS, die Bildungsmedienverlage und die PMG gemeinsam auch bezeichnet als

– die Rechteinhaber –,

andererseits

schließen folgenden Gesamtvertrag:

Präambel

Ziel der Vereinbarung ist es, analoge und digitale Vervielfältigungen und einzelne weitere Nutzungen von urheberrechtlich geschützten Schriftwerken, Abbildungen sowie grafischen Aufzeichnungen von Werken der Musik an Schulen auf gesetzlicher oder vertraglicher Grundlage zu ermöglichen sowie hierfür eine angemessene Vergütung festzulegen. Gleichzeitig ist beabsichtigt, Rechtseinräumungen und Vergütungszahlungen für die Schulen möglichst effektiv auszugestalten. Zu diesem Zweck haben sich die Rechteinhaber auf der einen Seite und die Länder auf der anderen Seite auf die nachfolgenden Regelungen verständigt. Die ZFS nimmt dabei für Urheber und Verlage von Schriftwerken, Abbildungen und Noten die gesetzlichen Vergütungsansprüche nach §§ 60h Abs. 1, 54c UrhG wahr oder vergibt auf vertraglicher Grundlage Nutzungsrechte. Die Bildungsmedienverlage räumen auf vertraglicher Grundlage Nutzungsrechte ein. Gleiches gilt für die PMG, soweit sie Inhaberin von Rechten an Tageszeitungen und Publikumszeitungen ist (vgl. unter www.presse-monitor.de). Die Länder erfüllen aufgrund dieses Vertrages die gesetzlich oder vertraglich geschuldete Vergütung zu Gunsten der Schulen. Die Parteien stimmen darin überein, dass in zukünftigen Vereinbarungen angestrebt werden sollte, die Vergütung weiter an den Wert der gesetzlich und vertraglich erlaubten Nutzungen anzupassen.

§ 1 Vertragsgegenstand, Begriff der Schule. (1) Dieser Vertrag regelt in Bezug auf Nutzungen an Schulen gemäß §§ 2, 3, 4 dieses Vertrages
- die Einräumung von Nutzungsrechten für vollständige einzelne Beiträge aus Tageszeitungen und Publikumszeitschriften (vgl. § 60a Abs. 2 UrhG); im Folgenden: **„Pressebeiträge“**,
- die Einräumung von Nutzungsrechten für Werke, die ausschließlich für den Unterricht an Schulen geeignet, bestimmt und entsprechend gekennzeichnet sind (vgl. § 60a Abs. 3 Nr. 2 UrhG); im Folgenden: **„Unterrichtswerke“**,
- die Einräumung von Nutzungsrechten für grafische Aufzeichnungen von Werken der Musik (vgl. § 60a Abs. 3 Nr. 3 UrhG); im Folgenden: **„Noten“**,
- die Abgeltung des Vergütungsanspruchs nach §§ 60a Abs. 1 und Abs. 2, 60h Abs. 1, 54c UrhG für Schriftwerke und Abbildungen,
- die Vergütung der vorgenannten vertraglichen Rechtseinräumungen.

(2) Es besteht Einvernehmen, dass die vertraglich oder gesetzlich erlaubten Nutzungen die Unterrichtswerke nicht ersetzen dürfen.

(3) Schulen i. S. v. Absatz 1 sind alle öffentlichen (staatlichen oder kommunalen) und privaten Schulen i. S. d. Schulgesetze der Länder sowie die Schulen des Gesundheitswesens.

§ 2 Vervielfältigung und Verbreitung von Pressebeiträgen, Noten und Unterrichtswerken. (1) Die Rechteinhaber gewähren den Ländern das Recht, einzelne Pressebeiträge sowie Noten nach Maßgabe des § 4 dieses Gesamtvertrages im gleichen Umfang analog und digital zu vervielfältigen und zu verbreiten, wie es nach § 60a Abs. 1 Nr. 1 bis 3 UrhG gesetzlich erlaubt ist.

(2) Die Rechteinhaber gewähren den Ländern das Recht, analoge Unterrichtswerke nach Maßgabe des § 4 dieses Gesamtvertrages im gleichen Umfang analog zu vervielfältigen, wie es nach § 60a Abs. 1 Nr. 1 bis 3 UrhG gesetzlich erlaubt ist. Das Recht zur Herstellung von digitalen Vervielfältigungen von analogen Unterrichtswerken wird im selben Umfang gewährt, soweit es sich um Unterrichtswerke handelt, die ab dem Jahr 2005 erschienen sind. Die Vervielfältigungen dürfen nur von den Lehrkräften für ihren eigenen Unterrichtsgebrauch hergestellt und an ihre eigenen Schüler verteilt werden.

(3) Die vertraglich erlaubten Vervielfältigungen dürfen nur durch die Schulen, nicht aber durch externe Dienstleister vorgenommen werden.

§ 3 Weitere Nutzungen. (1) Die Rechteinhaber gewähren für Lehrkräfte an Schulen, soweit nicht bereits nach § 60a Abs. 1 UrhG gesetzlich erlaubt, das Recht, nach § 2 hergestellte digitale Vervielfältigungen für ihren eigenen Unterrichtsgebrauch zu nutzen, indem sie diese Vervielfältigungen
- digital per E-Mail an ihre Schüler für den Unterrichtsgebrauch (einschließlich der Unterrichtsvor- und -nachbereitung) weitergeben,
- ausdrucken und die Ausdrucke ggf. an die Schüler verteilen,
- für ihre Schüler über PCs, Whiteboards und/oder Beamer wiedergeben und
- im jeweils erforderlichen Umfang abspeichern, wobei auch ein Abspeichern auf mehreren Speichermedien der Lehrkraft gestattet wird (PC, Whiteboard, iPad, Laptop, etc.), jedoch Zugriffe Dritter durch effektive Schutzmaßnahmen verhindert werden müssen (Passwort etc.).

(2) Diese Rechtseinräumung umfasst keine Änderungen und Bearbeitungen der Werke oder Werkteile und erfasst – soweit nicht nach Abs. 1 erlaubt – nicht die öffentliche Zugänglichmachung oder die öffentliche Wiedergabe von Werken.

§ 4 Umfang der Werknutzungen. (1) Die vertragsgegenständlichen Werke dürfen im Umfang von höchstens 15 Prozent genutzt werden, jedoch nicht mehr als 20 Seiten.

(2) Folgende Werke dürfen vollständig genutzt werden:
- Noten im Umfang von maximal 6 Seiten;
- Schriftwerke, mit Ausnahme von Unterrichtswerken, im Umfang von maximal 20 Seiten;
- Pressebeiträge;
- Bilder, Fotos und sonstige Abbildungen;
- vergriffene Werke.

Unterrichtswerke dürfen niemals vollständig genutzt werden. Für diese Werke gilt ausschließlich Absatz 1.

(3) Pro Schuljahr und Schulklasse darf ein Werk maximal in dem in Absatz 1 oder Absatz 2 festgelegten Umfang vervielfältigt werden.

(4) Bei einer Nutzung von Werken ist stets die Quelle anzugeben.

§ 5 Zurechnung der Leistungen, Freistellung. (1) Die Länder erfüllen im Rahmen des § 1 Abs. 1 die den Rechteinhabern zustehenden oder von ihnen wahrgenommenen Ansprüche gegen die Träger der Schulen gemäß § 1 Abs. 3. Soweit die Länder nicht Träger des Schulaufwands sind, zahlen sie anstelle der Träger mit befreiender Wirkung für diese.

(2) Die Rechteinhaber stellen die Länder und die Träger der Schulen im Umfang der von ihnen wahrgenommenen Rechte von allen Ansprüchen Dritter gemäß § 1 Abs. 1 frei.

§ 6 Vergütung. (1) Die Länder zahlen als Vergütung für die Nutzungen nach den §§ 1 bis 3 an die Rechteinhaber
– für die Zeit vom 1. März 2018 bis zum 31. Dezember 2018 (in Ergänzung zu den sich bereits aus dem Gesamtvertrag vom 19. Dezember 2014 ergebenden Beträgen) – EUR
– für die Zeit vom 1. Januar 2019 bis zum 31. Dezember 2019 – EUR,
– für die Zeit vom 1. Januar 2020 bis zum 31. Dezember 2020 – EUR,
– für die Zeit vom 1. Januar 2021 bis zum 31. Dezember 2021 – EUR,
– für die Zeit vom 1. Januar 2022 bis zum 31. Dezember 2022 – EUR.
zzgl. der jeweils geltenden Umsatzsteuer. Umsatzsteuerliche Fragen, die sich aus der Entscheidung des EuGH in der Rechtssache C-37/16 – „Minister Finansów/SAWP" und Entscheidungen der nationalen Finanzbehörden ergeben, werden derzeit noch geprüft. Die Parteien werden sich hierzu noch gesondert verständigen.

Die Zahlung erfolgt mit befreiender Wirkung gegenüber allen Rechteinhabern auf folgendes Konto:
Kontoinhaber: XXX
XXX

(2) Die Länder zahlen die Vergütung entsprechend dem jeweils aktuellen Königsteiner Schlüssel. Jedes Land leistet seinen Anteil gesondert an die Rechteinhaber.

(3) Auf die Vergütung für das Jahr 2019 zahlen die Länder Abschlagszahlungen entsprechend der sich aus dem Gesamtvertrag vom 19. Dezember 2014 für das Jahr 2018 ergebenden Verpflichtungen. Der sich für das Jahr 2019 über diese Abschlagszahlungen hinaus ergebende Vergütungsanspruch sowie der für das Jahr 2018 ergänzend vereinbarte Vergütungsanspruch werden zum 31. Dezember 2019 fällig. Diesen Restbetrag stunden die Rechteinhaber den Ländern bis längstens zum 30. Juni 2020.

Für die folgenden Jahre gilt: Die Vergütung für das jeweils laufende Jahr ist in vier gleichen Vierteljahresraten jeweils zum Ende des Quartals fällig.

(4) Eine Nachforderung oder Rückforderung – gleich aus welchem Grund – wird ausdrücklich ausgeschlossen. Die Länder behalten sich das Recht des Rückgriffs gegenüber Dritten vor.

§ 7 Auskunftsanspruch, Informationsangebote. (1) Die Vertragsparteien werden sich zeitnah über die Durchführung von Repräsentativerhebungen zur Feststellung der Entwicklung des Kopierverhaltens verständigen. Soweit möglich, sollen die Länder staatliche, kommunale und private Schulen entsprechend ihrem Anteil an allen Schulen eines Landes in die Erhebungen einbeziehen. Soweit sich kommunale oder private Schulträger weigern, an den Erhebungen teilzunehmen, steht es den Rechteinhabern frei, diesen Trägern gegenüber ihren Auskunftsanspruch auf anderem Wege geltend zu machen.

(2) Die Rechteinhaber werden zusammen mit den Ländern das Informationsangebot für Lehrkräfte und Schüler weiterentwickeln, um das Bewusstsein für den Zweck und die Bedeutung urheberrechtlicher Schutzrechte weiter zu schärfen und zu vertiefen.

(3) Die Länder werden die Lehrkräfte über den Inhalt dieses Gesamtvertrags in angemessener Form unterrichten und entsprechende Vollzugshinweise geben. Sie werden die Bedeutung des Schutzes des geistigen Eigentums und der urheberrechtlichen Schutzrechte weiterhin zu Inhalten in der Aus- und Weiterbildung der Lehrkräfte machen. Sie benennen oder bestätigen zentrale Ansprechpartner für die Rechteinhaber.

§ 8 Salvatorische Klausel. Sollte eine Bestimmung dieser Vereinbarung ganz oder teilweise unwirksam oder undurchführbar sein oder werden, so wird dadurch die Gültigkeit der übrigen Bestimmungen dieser Vereinbarung nicht berührt. Anstelle der unwirksamen oder undurchführbaren Bestimmung soll eine angemessene Regelung gelten, die, soweit rechtlich möglich, dem am nächsten kommt, was die Parteien wirtschaftlich gewollt haben oder nach dem Sinn und Zweck dieser Vereinbarung gewollt hätten, sofern sie den Punkt bei Abschluss dieser Vereinbarung bedacht hätten. Das gleiche gilt im Falle einer Lücke.

§ 9 Inkrafttreten, Laufzeit. (1) Der Gesamtvertrag wird für die Zeit vom 1. Januar 2019 bis zum 31. Dezember 2022 geschlossen.

(2) Jedem Rechteinhaber steht – einzeln – zum 31. Dezember 2020 ein Sonderkündigungsrecht für den Fall zu, dass er die in § 6 vereinbarte Vergütung als nicht mehr angemessen ansieht. Die Kündigungsfrist beträgt mindestens 3 Monate. Die Kündigung durch einen Rechteinhaber führt zu einer Beendigung des Gesamtvertrags mit Wirkung für sämtliche Vertragsparteien.

(3) Für den Fall der Ausübung des Sonderkündigungsrechts verpflichten sich die Vertragsparteien zur umgehenden Aufnahme von Verhandlungen über einen Anschlussvertrag. Bis zum Abschluss eines Anschlussvertrages oder der Erklärung des endgültigen Scheiterns der Verhandlungen durch eine Vertragspartei gelten die Bestimmungen der §§ 2 bis 5 fort. Die hiermit verbundenen Rechtseinräumungen sind nachträglich angemessen zu vergüten, wobei die in diesem Vertrag vereinbarte Vergütung – als Abschlagszahlung – weiterhin zu zahlen ist.

17c. Zentralstelle Bibliothekstanieme (ZBT) Gesellschaft Bürgerlichen Rechts München Gesellschaftsvertrag

in der Fassung der Beschlüsse der Gesellschafter vom 4. Dezember 2019

Die Verwertungsgesellschaften VG WORT, VG Bild-Kunst, VG Musikedition, GEMA, GVL, GWFF, VFF und VGF führen die Gesellschaft bürgerlichen Rechts unter dem Namen „Zentralstelle Bibliothekstantieme, abgekürzt „ZBT“, ab dem 23.10.2017 nach Maßgabe des folgenden Gesellschaftsvertrages fort:

§ 1 Name, Sitz, Geschäftsjahr. 1. Die Gesellschaft bürgerlichen Rechts führt den Namen **„Zentralstelle Bibliothekstantieme“,** abgekürzt: „ZBT“.

2. Der Sitz der Gesellschaft ist München.

3. Das Geschäftsjahr der Gesellschaft ist das Kalenderjahr.

§ 2 Unternehmensgegenstand. 1. Unternehmensgegenstand der Gesellschaft ist die Administration der gesetzlichen Vergütungsansprüche nach § 27 Abs. 2 UrhG für das Verleihen von Originalen oder Vervielfältigungsstücken eines Werkes, nach §§ 60a, 60h Abs. 1 Satz 1 UrhG für die öffentliche Zugänglichmachung und die sonstige öffentliche Wiedergabe von Werken zur Veranschaulichung im Unterricht an Schulen und nach §§ 60d, 60h Abs. 1 Satz 1 UrhG für Text und Data Mining. Zur Administration gehört die Geltendmachung und Durchsetzung aller Ansprüche gegenüber den Vergütungsschuldnern, die Einziehung und Verwaltung der Einnahmen aus den Ansprüchen, die Verteilung dieser Einnahmen an die Gesellschafter sowie Betätigungen, welche diese Aufgaben fördern. Zur Förderung gehört auch die Information und Unterstützung vergleichbarer in- und ausländischer Institutionen und Dachorganisationen.

2. Die Gesellschafter können beschließen, dass in die Gesellschaft weitere Vergütungsansprüche oder Rechte nach dem Urheberrechtsgesetz gemäß § 4.1. zur Administration eingebracht werden können.

3. Die Gesellschaft ist berechtigt, den Einzug von Vergütungsforderungen von Verwertungsgesellschaften zu übernehmen, denen nach §§ 77 ff. VGG eine Erlaubnis erteilt worden ist.

4. Die Gesellschaft ist berechtigt, alle Geschäfte zu tätigen, die für die Erreichung des Unternehmensgegenstands notwendig oder sachdienlich sind. Die Gesellschafter werden sich im Rahmen der ihnen obliegenden Treuepflicht nach besten Kräften dafür einsetzen, insbesondere ihre Stimm- und sonstigen Rechte in der Gesellschaft so ausüben, dass die Gesellschaft den Unternehmensgegenstand möglichst umfassend verwirklicht. Sie werden alle Handlungen und Schritte unterlassen, die den Interessen der Gesellschaft widersprechen.

5. Die Gesellschaft ist nicht auf Gewinnerzielung ausgerichtet.

§ 3 Gesellschafter, Verfügungen. 1. Gesellschafter der ZBT sind die Verwertungsgesellschaften VG WORT, VG Bild-Kunst, VG Musikedition, GEMA, GVL, GWFF, VFF und VGF.

2. Weitere Verwertungsgesellschaften, denen nach §§ 77 ff. VGG eine Erlaubnis erteilt worden ist, können auf schriftlichen Antrag als Gesellschafter in die Gesellschaft aufgenommen werden, wenn sie eine repräsentative Stellung für bestimmte Berufsgruppen oder Kategorien von Rechtsinhabern inne haben. Diese Bedingung gilt als erfüllt, wenn eine neu aufzunehmende Verwertungsgesellschaft mindestens die nachfolgenden Anforderungen erfüllt:
a) die Verwertungsgesellschaft vertritt mindestens 1000 Rechtsinhaber, die natürliche Personen sind, oder 500 Unternehmen; und
b) die Verwertungsgesellschaft ist in der Lage, die Art und den Umfang der von ihr einzubringenden Ansprüche zweifelsfrei nachzuweisen; und
c) es bestehen keine objektiven Umstände, die einer effektiven Verwertung der einzubringenden Ansprüche entgegenstehen.

Hiervon unberührt bleibt das Recht der Gesellschaft, für Verwertungsgesellschaften auch ohne Aufnahme als Gesellschafter den Einzug von Vergütungsforderungen zu übernehmen.

3. Sofern die Gesellschafter nichts Abweichendes beschließen, ist die Aufnahme weiterer Gesellschafter nur möglich mit Wirkung zu Beginn eines Geschäftsjahres und nur bei Vorliegen eines Verteilungsplans, der für dieses Geschäftsjahr die Verteilung sämtlicher auf die Gesellschafter entfallenden Einnahmen unter angemessener Berücksichtigung des neu aufzunehmenden Gesellschafters regelt. Wenn ein solcher Verteilungsplan vorliegt und der neu aufzunehmende Gesellschafter die in Absatz 2 genannten Anforderungen erfüllt, sind die Gesellschafter verpflichtet, der Aufnahme des neu aufzunehmenden Gesellschafters zuzustimmen.

4. Ein Gesellschafter kann seine Beteiligung an der Gesellschaft nur abtreten, sie belasten oder sonst über sie verfügen, wenn alle übrigen Gesellschafter dem vorher zugestimmt haben und der geschäftsführende Gesellschafter schriftlich die Zustimmung der Gesellschaft gegenüber dem Gesellschafter erteilt hat.

§ 4 Einbringung von Ansprüchen. 1. Jeder Gesellschafter bringt die ihm zur Wahrnehmung übertragenen Vergütungsansprüche nach § 27 Abs. 2 UrhG für das Verleihen von Originalen oder Vervielfältigungsstücken eines Werkes, nach §§ 60a, 60h Abs. 1 Satz 1 UrhG für die öffentliche Zugänglichmachung und die sonstige öffentliche Wiedergabe von Werken zur Veranschaulichung im Unterricht an Schulen und nach §§ 60d, 60h Abs. 1 Satz 1 UrhG für Text und Data Mining und die damit in Zusammenhang stehenden Auskunftsansprüche in die Gesellschaft ein und tritt diese an die Gesellschaft ab. Sofern in Zukunft Vergütungsansprüche oder Rechte bestehen oder geschaffen werden, welche die genannten gesetzlichen Bestimmungen ergänzen oder erweitern, bedarf es zur Einbringung und Abtretung dieser Ansprüche an die Gesellschaft jeweils eines erneuten Beschlusses der Gesellschafter.

2. Die nach § 4.1 eingebrachten Ansprüche werden nur zur treuhänderischen Wahrnehmung übertragen und gehen nicht in das gesamthänderisch gebundene Gesellschaftsvermögen über. Ansprüche der Gesellschafter gegen die Gesellschaft auf Auszahlung von anteiligen Einnahmen aus den nach § 4 eingebrachten Ansprüchen bestehen nur unter den in § 5 geregelten Voraussetzungen.

3. Die Gesellschaft nimmt die übertragenen Ansprüche im eigenen Namen und auf eigene Rechnung wahr. Die Gesellschaft ist insbesondere weiterhin berechtigt, für einzelne oder alle eingebrachten Ansprüche Tarife aufzustellen und zu veröffentlichen, mit den Vergütungsschuldnern darüber Gesamtverträge abzuschließen und die eingebrachten Ansprüche gerichtlich im eigenen Namen und auf eigene Rechnung geltend zu machen.

4. Im Fall der Auflösung der Gesellschaft, sowie der Kündigung oder des Ausschlusses eines Gesellschafters werden die nach § 4.1 eingebrachten Ansprüche nach Maßgabe der folgenden Regelungen und im Übrigen entsprechend § 732 BGB an den oder die betroffenen Gesellschafter zurückübertragen.

a) Bei Ausscheiden eines Gesellschafters sind von der Rückübertragung lediglich die nach § 4.1 eingebrachten Ansprüche erfasst, die sich auf die Nutzung von Werken nach Ende des Geschäftsjahres, in dem der Gesellschafter ausscheidet, beziehen, soweit im Folgenden nichts Abweichendes bestimmt ist. Ansprüche, die sich auf die Nutzung von Werken vor Ende des Geschäftsjahres, in dem der Gesellschafter ausscheidet, beziehen, verbleiben in der Gesellschaft. Der ausscheidende Gesellschafter wird die Gesellschaft bei der Durchsetzung in der Gesellschaft verbliebener Ansprüche unterstützen und die dafür notwendigen oder zweckmäßigen Erklärungen abgeben. Einnahmen aus in der Gesellschaft verbliebenen Ansprüchen werden nach Maßgabe des jeweils anwendbaren Verteilungsplans verteilt.

b) Hat die Gesellschaft vor dem Zeitpunkt ihrer Auflösung oder vor dem Zeitpunkt des Ausscheidens eines Gesellschafters bereits Verträge über die nach § 4.1 eingebrachten Ansprüche des oder der betroffenen Gesellschafter(s) abgeschlossen, so erfolgt die Rückübertragung der nach § 4.1 eingebrachten Ansprüche an den oder die betroffenen Gesellschafter erst mit Wirkung ab dem Tag nach dem Ende der Laufzeit desjenigen von der Gesellschaft abgeschlossenen Vertrages, der ab dem Zeitpunkt der Auflösung oder des Ausscheidens die längste reguläre Laufzeit hat. Bei Verträgen mit unbeschränkter Laufzeit ist für die Bestimmung des Laufzeitendes im Sinne dieses lit. b) Satz 1 der Zeitpunkt maßgeblich, zu dem die Gesellschaft einen solchen Vertrag nach dem Zeitpunkt der Auflösung oder des Ausscheidens erstmals ordentlich kündigen kann (Wirksamkeit der ordentlichen Kündigung). Die Gesellschaft ist insofern verpflichtet, auf Aufforderung des ausscheidenden Gesellschafters Verträge mit unbeschränkter Laufzeit zum nächstmöglichen Zeitpunkt nach Auflösung oder Ausscheiden eines Gesellschafters ordentlich zu kündigen, wenn ihr die entsprechende Aufforderung des Gesellschafters bis spätestens einen Monat vor Beginn der ordentlichen Kündigungsfrist des betroffenen Vertrages zugegangen ist. Die Gesellschaft bleibt bis zum Ende der Laufzeit des in lit. b) Satz 1 genannten Vertrages berechtigt, die vertragsgegenständlichen Ansprüche geltend zu machen und die vertraglich vereinbarten Vergütungen einzuziehen. Einnahmen sind nach Maßgabe des jeweils anwendbaren Verteilungsplans zu verteilen.

Darüber hinaus nimmt ein ausscheidender Gesellschafter ab dem Zeitpunkt des Ausscheidens nicht an schwebenden Geschäften der Gesellschaft teil.

5. Im Falle der Kündigung oder des Ausschlusses hat der ausscheidende Gesellschafter nach dem Ende seiner Zugehörigkeit zur Gesellschaft das Recht, an Gesellschafterversammlungen teilzunehmen, soweit dort Beschlüsse über die Verteilung von Einnahmen gefasst werden, die durch die Geltendmachung

der von ihm nach § 4.1 in die Gesellschaft eingebrachten Ansprüche bis zum Zeitpunkt ihrer Rückübertragung noch erzielt wurden. Dem ausgeschiedenen Gesellschafter steht bei der betreffenden Beschlussfassung kein Stimmrecht zu, jedoch muss ein solcher Beschluss über die Verteilung von Einnahmen den ausgeschiedenen Gesellschafter angemessen berücksichtigen.

§ 5 Verteilung, Jahresabschluss. 1. Einnahmen der Gesellschaft aus den nach § 4 eingebrachten Ansprüchen sind nach Abzug der Vergütung des geschäftsführenden Gesellschafters nach § 6.6 gemäß den Verteilungsplänen an die Gesellschafter zu verteilen. Über außerordentliche Verwaltungskosten ist gesondert zu entscheiden. Ansprüche eines Gesellschafters gegen die Gesellschaft auf Auszahlung verteilungsfähiger Einnahmen entstehen nach Maßgabe der jeweiligen Verteilungspläne. Sofern und soweit die Verteilungspläne die Fälligkeit von Auszahlungsansprüchen regeln, werden die Auszahlungsansprüche nach den Regelungen der Verteilungspläne zur Zahlung fällig; in allen anderen Fällen werden die Auszahlungsansprüche fällig nach Maßgabe der Verteilungsbeschlüsse der Gesellschafterversammlung.

2. Der geschäftsführende Gesellschafter stellt die Verteilungspläne nach den gesetzlichen Vorgaben auf, die ein willkürliches Vorgehen bei der Verteilung ausschließen, und legt sie der Gesellschafterversammlung zur Beschlussfassung vor. Wird ein Verteilungsplan nicht beschlossen und zur Überarbeitung an den geschäftsführenden Gesellschafter zurückverwiesen, so berücksichtigt dieser dabei die Vorgaben der Gesellschafterversammlung.

3. Die verteilungsfähigen Einnahmen aus den nach § 4 eingebrachten Ansprüchen werden spätestens neun Monate nach Ablauf des Geschäftsjahrs, in dem sie eingezogen wurden, gemäß den Regelungen des jeweils maßgeblichen Verteilungsplans oder aufgrund eines Verteilungsbeschlusses an die Gesellschafter ausgezahlt, soweit die Gesellschaft nicht aus sachlichen Gründen an der Durchführung der Verteilung gehindert ist.

4. Der geschäftsführende Gesellschafter stellt den Jahresabschluss des abgeschlossenen Geschäftsjahres auf, lässt den Jahresabschluss prüfen und leitet den geprüften Abschluss innerhalb der ersten sechs Monate des Folgejahres den Gesellschaftern zu. Die Gesellschafterversammlung beschließt über die Feststellung des Jahresabschlusses und die Entlastung des geschäftsführenden Gesellschafters.

5. Der geschäftsführende Gesellschafter erstellt einen Transparenzbericht des abgeschlossenen Geschäftsjahrs, lässt ihn prüfen und leitet ihn nebst Bescheinigung des Abschlussprüfers spätestens sechs Monate nach Schluss des Geschäftsjahrs den Gesellschaftern zu. Die Gesellschafterversammlung beschließt den Transparenzbericht.

§ 6 Geschäftsführung, Vertretung. 1. Zur Geschäftsführung und Vertretung ist die VG WORT ausschließlich berechtigt; die VG WORT stellt der Gesellschaft für die Geschäftsführung ihre Einrichtungen zur Verfügung. Die VG WORT verwendet hierbei nach außen den Namen der Gesellschaft. Die VG WORT kann sich bei der Geschäftsführung der Unterstützung durch mit ihr verbundene Unternehmen und Hilfspersonen bedienen.

2. Die Führung der Geschäfte richtet sich nach zwingenden gesetzlichen Vorgaben, dem Gesellschaftsvertrag und den Beschlüssen der Gesellschafter.

3. Der geschäftsführende Gesellschafter verhandelt für die ZBT Gesamtverträge mit Vergütungsschuldnern unter Gremienvorbehalt und erarbeitet Tarifentwürfe. Die Gesellschafterversammlung beschließt den Abschluss von Gesamtverträgen und die Veröffentlichung von Tarifen. Die Gesellschafter sind verpflichtet, den geschäftsführenden Gesellschafter bei Abschluss und Durchführung von Gesamtverträgen und damit in Zusammenhang stehenden Verträgen zu unterstützen.

4. Die VG WORT ist von den Beschränkungen des § 181 BGB befreit.

5. Die Haftung des geschäftsführenden Gesellschafters gegenüber der Gesellschaft und den Gesellschaftern kommt nur bei Verletzung einer Bestimmung des Gesellschaftsvertrages in Betracht und ist, soweit gesetzlich zulässig, auf grobe Fahrlässigkeit oder Vorsatz des geschäftsführenden Gesellschafters beschränkt.

6. Von den eingegangenen Vergütungsbeträgen erhält der geschäftsführende Gesellschafter vorweg zur Erstattung aller mit der Geschäftsführung und Vertretung verbundenen Kosten eine angemessene Vergütung. Über die Höhe der Vergütung beschließt die Gesellschafterversammlung.

§ 7 Beschlussfassung durch die Gesellschafter. 1. Beschlüsse der Gesellschaft werden in Gesellschafterversammlungen gefasst, sofern dieser Vertrag nichts anderes bestimmt.

2. Der geschäftsführende Gesellschafter beruft die Gesellschafterversammlung in Textform unter Mitteilung des Versammlungsortes sowie der Tagesordnung mit einer Frist von zwei Wochen ein. Beschlussgegenstände nach § 7 Abs. 9 sind zu benennen. Darüber hinaus sind diejenigen Unterlagen beizufügen, die zur ordnungsgemäßen Vorbereitung der Gesellschafterversammlung notwendig sind (z. B. der betreffende Verteilungsplan oder Jahresabschluss gemäß § 5). Gibt es keinen geschäftsführenden Gesellschafter (mehr), ist jeder Gesellschafter allein zur Einberufung berechtigt.

3. Die ordentliche Gesellschafterversammlung findet jährlich binnen zwei Monaten nach Versand des Jahresabschlusses gemäß § 5 statt.

4. Eine außerordentliche Gesellschafterversammlung ist einzuberufen, wenn dies im Interesse der Gesellschaft erforderlich erscheint oder von mindestens drei Gesellschaftern in Textform gegenüber dem geschäftsführenden Gesellschafter unter Angabe der Tagesordnung verlangt wird.

5. Eine Gesellschafterversammlung ist beschlussfähig, wenn sämtliche Gesellschafter ordnungsgemäß geladen sind oder jeder von einer mangelhaften Ladung betroffene Gesellschafter in der Versamml ung anwesend ist und den Mangel der Ladung nicht rügt, und wenn darüber hinaus mindestens drei Viertel der Gesellschafter anwesend oder vertreten sind. Ist die Versammlung beschlussunfähig, so ist danach eine neue Versammlung mit gleicher Tagesordnung mit einer Frist von zwei Wochen einzuberufen. Diese neue Versammlung ist ungeachtet der anwesenden oder vertretenen Stimmen beschlussfähig, wenn auf diese Bestimmung in der Ladung hingewiesen wurde. Abweichend von Satz 1 und Satz 3 ist die Versammlung bei Beschlüssen, die eine Zustimmung aller Gesellschafter erfordern, nur beschlussfähig, wenn sämtliche Gesellschafter anwesend oder vertreten sind.

6. Außerhalb von Gesellschafterversammlungen können Beschlüsse in jeder Form (einschließlich Telefax oder E-Mail) gefasst werden, wenn alle Gesell-

schafter in die Beschlussfassung eingebunden sind und keiner der Art der Beschlussfassung widerspricht. Die so gefassten Beschlüsse sind zu protokollieren. Das Protokoll ist den Gesellschaftern unverzüglich zuzuleiten.

7. Jeder Gesellschafter kann sich in der Gesellschafterversammlung durch einen Vertreter seiner Wahl mit schriftlicher Vollmacht vertreten lassen. Ein Gesellschafter kann nicht von mehreren anderen Gesellschaftern gleichzeitig bevollmächtigt werden. Der geschäftsführende Gesellschafter kann andere Personen zur Teilnahme an einer Gesellschafterversammlung zulassen und ihnen Rederecht gewähren.

8. Der geschäftsführende Gesellschafter leitet die Gesellschafterversammlung. Über die Beschlüsse der Gesellschafterversammlung ist eine Niederschrift anzufertigen. Die Niederschrift ist den Gesellschaftern nach der Versammlung zu übersenden. Einsprüche gegen die Niederschrift sowie etwaige Rügen hinsichtlich der Form und fristgerechten Einberufung der Gesellschafterversammlung sind innerhalb von drei Wochen nach Zugang der Niederschrift in Textform gegenüber dem geschäftsführenden Gesellschafter geltend zu machen. Über Einsprüche entscheidet die nächste Gesellschafterversammlung.

9. Die Gesellschafter beschließen insbesondere über

a) Änderungen des Gesellschaftsvertrages;
b) Aufnahme neuer Gesellschafter nach § 3.2 bis 4;
c) Administration von Vergütungsansprüchen oder Rechten, welche die bereits übertragenen Vergütungsansprüche ergänzen oder erweitern, nach § 4.1 Satz 2;
d) Administration sonstiger weiterer Vergütungsansprüche oder Rechte;
e) Verteilungspläne nach § 5.1 und Verteilung von Einnahmen;
f) Bestimmung der Vergütung des geschäftsführenden Gesellschafters nach § 6.6;
g) Feststellung des Jahresabschlusses;
h) Bestellung und Abberufung des Abschlussprüfers;
i) Entlastung des geschäftsführenden Gesellschafters;
j) Ausschluss eines Gesellschafters aus wichtigem Grund;
k) Auflösung/Liquidation der Gesellschaft;
l) allgemeine Anlagepolitik in Bezug auf die Einnahmen aus den Ansprüchen;
m) Transparenzbericht;
n) andere Angelegenheiten, soweit dies nach zwingenden gesetzlichen Vorgaben oder diesem Gesellschaftsvertrag vorgesehen ist.

10. Jeder Gesellschafter hat eine Stimme. Gesellschafterbeschlüsse bedürfen der Einstimmigkeit. Stimmenenthaltungen gelten als Nichtabgabe der Stimme und stehen einer Beschlussfassung nicht im Wege. Beschlüsse nach § 7.9 lit. a)–d) bedürfen der Zustimmung aller Gesellschafter.

11. Die Unwirksamkeit von Gesellschafterbeschlüssen kann nur binnen einer Ausschlussfrist von sechs Wochen nach Kenntniserlangung durch Klageerhebung geltend gemacht werden.

§ 8 Dauer, Kündigung, Ausschluss. 1. Die Gesellschaft wird auf unbestimmte Dauer errichtet.

2. Jeder Gesellschafter kann die Gesellschaft unter Einhaltung einer Frist von 12 Monaten zum Ende eines Geschäftsjahres ordentlich kündigen. Das

Recht zur außerordentlichen Kündigung aus wichtigem Grund bleibt unberührt.

3. Jede Kündigung hat mittels eingeschriebenem Brief zu erfolgen. Die Kündigung ist an den geschäftsführenden Gesellschafter zu richten; der geschäftsführende Gesellschafter hat seine Kündigung an sämtliche Mitgesellschafter zu richten.

4. Tritt in der Person eines Gesellschafters ein wichtiger Grund ein, der die anderen Gesellschafter zu einer außerordentlichen Kündigung berechtigt, können diese Gesellschafter den betreffenden Gesellschafter aus der Gesellschaft ausschließen. Der betreffende Gesellschafter ist bei der Beschlussfassung, mit der über seine Ausschließung abgestimmt wird, selbst nicht stimmberechtigt.

5. Kündigt ein Gesellschafter oder wird er ausgeschlossen, so scheidet er aus der Gesellschaft aus, die von den übrigen Gesellschaftern fortgesetzt wird. Jedoch können die übrigen Gesellschafter innerhalb von 6 Monaten ab dem Tag des Zugangs der Kündigungserklärung zeitgleich mit der Ausschließung beschließen, dass die Gesellschaft auf den Zeitpunkt des Ausscheidens des Gesellschafters aufgelöst wird. In diesem Fall ist die Gesellschaft unter Beteiligung des Ausscheidenden abzuwickeln.

6. Scheidet ein Gesellschafter in Folge seiner Kündigung oder seines Ausschlusses aus der Gesellschaft aus, findet § 4.4 und § 4.5 hinsichtlich der von ihm nach § 4.1 eingebrachten Ansprüche Anwendung. Daneben erhält der ausscheidende Gesellschafter zur Abgeltung seiner Beteiligung am Anlagevermögen eine Abfindung, die dem anteiligen Buchwert des Anlagevermögens nach Maßgabe des Anteils des ausscheidenden Gesellschafters an den Eimmhmen in den Verteilungsplänen für das Jahr des Ausscheidens entspricht. Der Abfindungsanspruch ist unverzinslich und wird fällig einen Monat nach Feststellung des Jahresabschlusses für das Geschäftsjahr des Ausscheidens. Andere oder weitergehende Ansprüche stehen dem ausscheidenden Gesellschafter nicht zu; insbesondere kann er Freistellung von Verbindlichkeiten der Gesellschaft nicht verlangen.

7. Ausscheidende Gesellschafter sind nicht berechtigt, Sicherheitsleistung für ihre Ansprüche nach §§ 4.4, § 4.5 und § 8.6 zu verlangen.

§ 9 Rechtswahl, Gerichtsstand, Prozessführung. 1. Auf diesen Vertrag findet allein deutsches Recht Anwendung unter Ausschluss derjenigen Bestimmungen des internationalen Privatrechts, die zur Anwendung einer anderen Rechtsordnung führen würden.

2. Gerichtsstand für alle Streitigkeiten aus diesem Vertrag und über seine Wirksamkeit ist der Sitz der Gesellschaft.

3. Soweit gesetzlich zulässig wird die Gesellschaft in Rechtsstreitigkeiten durch den geschäftsführenden Gesellschafter vertreten. Dies gilt auch für Leistungsklagen einzelner Gesellschafter gegen die Gesellschaft.

4. Klagen von Gesellschaftern zur Feststellung der Wirksamkeit oder Unwirksamkeit eines Gesellschafterbeschlusses sind gegen die Gesellschaft zu erheben.

§ 10 Schlussbestimmungen. 1. Sollte eine Regel ung dieses Vertrages unwirksam sein oder werden, so wird die Wirksamkeit des Vertrages im Übrigen davon nicht berührt. Die Gesellschafter verpflichten sich bereits heute, an der Schaffung einer wirksamen Regelung mitzuwirken, die der unwirksamen Regelung möglichst nahe kommt.

2. Änderungen und/oder Ergänzungen dieses Vertrags bedürfen einer von allen Gesellschaftern unterzeichneten Beschlussausfertigung. Dies gilt auch für einen Verzicht auf dieses Schriftformerfordernis selbst.

3. Soweit dieser Gesellschaftsvertrag keine besondere Regelung enthält, gelten die Vorschriften des Bürgerlichen Gesetzbuches über die Gesellschaft des bürgerlichen Rechts.

18. VG Bild-Kunst/Verwertungsgesellschaft Bild-Kunst

Satzung

Fassung laut Beschlüssen der Mitgliederversammlung vom 27. Juli 2019

Präambel

Der Verein ist tätig für Rechtsinhaber und Rechtsinhaberinnen sowie Verwertungsgesellschaften aus den Werkkategorien der bildenden Kunst und der Lichtbild- und Filmwerke einschließlich ähnlicher Werke (Berechtigte) und bekennt sich zu dem Erfordernis, in allen Gremien eine möglichst ausgewogene Repräsentation der Berufssparten und Geschlechter zu gewährleisten.

§ 1 Name und Sitz. Die Verwertungsgesellschaft Bild-Kunst (VG Bild-Kunst) ist ein durch staatliche Verleihung rechtsfähiger Verein i. S. des § 22 BGB und hat ihren Sitz in Frankfurt am Main.

§ 2 Zweck der VG Bild-Kunst. Zweck der VG Bild-Kunst ist die treuhänderische Wahrnehmung und Abrechnung von Rechten und Vergütungsansprüchen an Werken, die nach § 2 Absatz 1 Ziff. 3–7, § 4 sowie § 72 UrhG geschützt werden. Zu den Aufgaben der VG Bild-Kunst gehört auch die Förderung des Urheberrechts, die Stärkung der Rechte ihrer Mitglieder sowie die Förderung kultureller Leistungen und sozialer Belange in ihrem Tätigkeitsbereich.

Die Tätigkeit der VG Bild-Kunst ist nicht auf die Erzielung von Gewinn gerichtet.

§ 3 Wahrnehmungsvertrag. 1. Der Umfang der Rechte und Ansprüche, die der VG Bild-Kunst übertragen werden, ergibt sich aus dem Wahrnehmungsvertrag.

2. Änderungen oder Ergänzungen des Wahrnehmungsvertrags, insbesondere soweit sie den Umfang der von der VG Bild-Kunst wahrgenommenen Rechte oder Vergütungsansprüche betreffen, bedürfen der Zustimmung der oder des Berechtigten. Diese gilt als erteilt, soweit einer Mitteilung der Änderungen oder Ergänzungen in Textform nicht binnen zwei Monaten nach Absendung der Mitteilung ausdrücklich widersprochen wird; auf diese Rechtsfolge ist in der Mitteilung hinzuweisen. Für Mitteilung und Widerspruch genügt die Textform.

3. Der Wahrnehmungsvertrag endet

a) durch eine der VG Bild-Kunst gegenüber abzugebende schriftliche Kündigungserklärung unter Einhaltung einer Frist von 6 Monaten zum Jahresende,

b) mit Ablauf der Schutzfrist für alle Werke, deren Urheberrechte bzw. Vergütungsansprüche der VG Bild-Kunst übertragen sind,

c) soweit und in dem Umfang, in welchem die VG Bild-Kunst ihre Tätigkeit in einem bestimmten Bereich einstellt. Das Mitglied ist hierüber in Textform in Kenntnis zu setzen.

Anschrift: Weberstr. 61, 53113 Bonn. Büro Berlin: Köthener Str. 44, 10963 Berlin. Internet: www.bildkunst.de.

§ 4 Geschäftsjahr. Das Geschäftsjahr ist das Kalenderjahr.

§ 5 Organe der VG Bild-Kunst. 1. Die Organe der VG Bild-Kunst sind
a) die Mitgliederversammlung,
b) die Berufsgruppenversammlung,
c) der Verwaltungsrat,
d) der Vorstand.

2. Die Mitglieder des Verwaltungsrats, des Vorstandes mit Ausnahme des geschäftsführenden Vorstands sowie der Ausschüsse und Kommissionen erhalten, soweit nicht in dieser Satzung etwas anderes bestimmt ist, lediglich Ersatz ihrer Reisekosten und Barauslagen sowie jeweils eine – gegebenenfalls pauschale – Entschädigung für den Zeitaufwand in angemessener Höhe.

§ 6 Mitglieder und Ehrenmitglieder. 1. Die Mitgliedschaft wird durch den Abschluss des Wahrnehmungsvertrages erworben.

2. Mitglieder können werden die Urheberinnen und Urheber (einschließlich deren Gesamtrechtsnachfolger und -nachfolgerinnen)
a) von Werken der bildenden Künste einschl. der Werke der Baukunst und der angewandten Kunst und Entwürfe solcher Werke (Berufsgruppe I),
b) von Lichtbildwerken einschl. der Werke, die ähnlich wie Lichtbildwerke geschaffen werden, und von Darstellungen wissenschaftlicher und technischer Art, wie Zeichnungen, Pläne, Karten, Skizzen, Tabellen und plastische Darstellungen (Berufsgruppe II),
c) von Film- und Fernsehwerken einschließlich der Werke, die ähnlich wie Film- und Fernsehwerke geschaffen werden, sowie von vorbestehenden, für den Film bestimmten schutzfähigen Werken insbesondere der Bildenden Kunst und Architektur und Choreographie (Berufsgruppe III),
d) von Datenbankwerken gemäß § 4 UrhG.

3. Mitglieder können auch die Inhaberinnen und Inhaber von übertragenen Rechten an Werken nach Nr. 2 Buchst. a–d, § 89 und § 94 UrhG sowie deren Gesamtrechtsnachfolgerinnen oder Gesamtrechtsnachfolger werden. Voraussetzung ist, dass die Gewähr gegeben ist, dass die ihnen zufließenden Erträge aus Urheberrechten nach Maßgabe des Verteilungsplanes auch an die Urheberinnen und Urheber oder deren Gesamtrechtsnachfolge weitergeleitet werden. Das Nähere regelt der Verwaltungsrat.

4. Besteht die Gesamtrechtsnachfolge eines Urhebers oder einer Urheberin aus mehreren Personen, so übt eine von diesen die Rechte als Bevollmächtigter oder Bevollmächtigte aus. Nur der oder die Bevollmächtigte wird Mitglied.

5. Bei Abschluss des Wahrnehmungsvertrages soll das Mitglied erklären, welcher Berufsgruppe gemäß Nr. 2 es sich zuordnet. Wird die Erklärung nicht abgegeben, nimmt der Vorstand die Zuweisung vor. Durch schriftliche Erklärung kann das Mitglied seine Berufsgruppenzugehörigkeit ändern; die Änderung wird mit Beginn des Geschäftsjahres wirksam, das auf die Erklärung folgt. Die Mitgliedschaft in den Berufsgruppen kann mit der Mitgliedschaft in den beiden anderen Berufsgruppen kombiniert werden. Das Mitglied ist nur in einer Berufsgruppe mit seiner Stimme stimmberechtigt.

6. Auf Vorschlag des Verwaltungsrats kann die Mitgliederversammlung die Ehrenmitgliedschaft der VG Bild-Kunst verleihen. Ehrenmitglied der VG Bild-

Kunst können Urheberinnen und Urheber, aber auch Persönlichkeiten mit herausragendem Engagement im Bereich des Urheberrechts werden.

§ 7 Beendigung der Mitgliedschaft. Die Mitgliedschaft endet

a) bei einer Kündigung oder anderweitigen Beendigung des Wahrnehmungsvertrages mit dem Zeitpunkt der Vertragsbeendigung;
b) durch Ausschluss, wenn das Mitglied gröblich gegen die Satzung oder das Vereinsinteresse verstoßen hat. Der Ausschluss erfolgt nach Anhörung durch Beschluss des Vorstandes. Ist eine gegen den Vorstand gerichtete Handlung Anlass für den Ausschluss, so beschließen an dessen Stelle der oder die Vorsitzende des Verwaltungsrates sowie seine oder ihre Stellvertretung. Das ausgeschlossene Mitglied kann binnen eines Monats nach Zugang des Beschlusses Einspruch erheben und Entscheidung des Verwaltungsrates beantragen. Der Ausschluss beendet nicht den Wahrnehmungsvertrag;
c) mit dem Ende der Bevollmächtigung (§ 6 Nr. 4).

§ 8 Mitgliederversammlung. 1. Die ordentliche Mitgliederversammlung wird spätestens acht Monate nach Ablauf des Geschäftsjahres einberufen. Eine außerordentliche Mitgliederversammlung findet statt, wenn es der Vorstand oder der Verwaltungsrat mit einfacher Mehrheit bestimmt oder wenn es 5% der Mitglieder beantragen. Die Einberufung erfolgt durch den Vorstand im Einvernehmen mit dem Verwaltungsrat. Mündliche und schriftliche Kommunikation im Zusammenhang mit der Mitgliederversammlung findet in deutscher Sprache statt.

2. Die Einladung zur Mitgliederversammlung hat mit einer Frist von mindestens drei Wochen vorher in Textform unter Bekanntgabe der Tagesordnung zu erfolgen. Die Frist beginnt mit dem Tag der Absendung der Einladung. Der Tag des Fristbeginns sowie der Versammlungstag sind bei der Fristberechnung nicht mitzuzählen. Für die Wirksamkeit der Einladung genügt ihr ordnungsgemäßer Versand an die der VG Bild-Kunst zuletzt mitgeteilten Adresse. Der Termin der ordentlichen Mitgliederversammlung wird spätestens vier Monate vorher auf der Website der VG Bild-Kunst angekündigt.

3. Die Mitgliederversammlung beschließt über

a) die Satzung einschließlich der allgemeinen Grundsätze der Verteilung als deren Bestandteil,
b) den Inhalt der Wahrnehmungsverträge einschließlich der Bedingungen, zu denen ein Mitglied jedermann das Recht einräumen kann, seine Werke für nicht-kommerzielle Zwecke zu nutzen,
c) die Verwendung der nicht verteilbaren Erträge,
d) die Errichtung und Finanzierung von Vorsorge- und Unterstützungseinrichtungen sowie Einrichtungen zur kulturellen Förderung, wobei die Einrichtungen Förderrichtlinien zu erlassen haben, die eine diskriminierungsfreie und transparente Förderung gewährleisten,
e) eine Richtlinie „Vergütung Ehrenamt“, welche die in § 5 Nr. 2 der Satzung vorgesehenen Leistungen konkretisiert,
f) alle Regelungsbereiche, für die eine gesetzliche Zuständigkeit gegeben ist,
g) alle für den Verein wesentlichen Regelungsbereiche, für die keine andere Zuständigkeit gegeben ist,
h) ihre Geschäftsordnung.

4. Die Mitgliederversammlung beschließt auf Vorschlag des Verwaltungsrates über
a) die allgemeine Anlagepolitik für eingenommene Gelder,
b) die Grundzüge des Risikomanagements,
c) die Feststellung und Genehmigung des Jahresabschlusses sowie die Entlastung des Vorstandes,
d) die Zuwendung an Vorsorge- und Unterstützungseinrichtungen der Gesellschaft sowie an die Einrichtungen zur kulturellen Förderung der VG Bild-Kunst,
e) über die Verteilung solcher Einnahmen, deren Zuordnung zweifelhaft ist,
f) den jährlichen Transparenzbericht gemäß § 58 VGG,
g) die Verleihung der Ehrenmitgliedschaft der VG Bild-Kunst.

5. Die Mitgliederversammlung beschließt auf Vorschlag der jeweiligen Berufsgruppenversammlungen über
a) die Verteilungspläne inklusive der allgemeinen Grundsätze für die Abzüge von den Einnahmen,
b) die Wahl der Mitglieder des Verwaltungsrates und deren Stellvertreterinnen und Stellvertreter,
c) die Wahl der ehrenamtlichen Vorstandsmitglieder,
d) die Empfehlung der Vergabebeiräte von Kultur- und Sozialwerk an die jeweiligen Stiftungsvorstände,
e) die Mitglieder der im Verteilungsplan vorgesehenen Kommissionen.

6. a) Die Mitgliederversammlung findet als Präsenzveranstaltung statt. An Abstimmungen und Wahlen der Mitgliederversammlung kann innerhalb und außerhalb der Präsenzversammlung teilgenommen werden. Die Teilnahme außerhalb der Präsenzversammlung vollzieht sich dabei mittels elektronischer Stimmabgabe unter Ausschluss des Einstimmigkeitserfordernisses des § 32 Abs. 2 BGB.
b) Jedes Mitglied ist zur persönlichen Teilnahme an der Präsenzversammlung berechtigt. Das Recht zur persönlichen Teilnahme umfasst das Rederecht, das Auskunftsrecht und das Stimmrecht. Für das Antragsrecht gilt Absatz 9. Das Recht zur persönlichen Teilnahme kann nach Maßgabe des Absatzes 7 auf eine Vertreterin oder einen Vertreter übertragen werden.
c) Jedes Mitglied ist berechtigt, zeitgleich zur Präsenzversammlung persönlich einer audiovisuellen elektronischen Direktübertragung der Präsenzversammlung zu folgen (elektronisches Zugangsrecht). Das elektronische Zugangsrecht umfasst weder ein Rederecht, noch ein Auskunftsrecht, noch ein Antragsrecht. Es ist nicht übertragbar. Das Nähere regelt die „Richtlinie elektronische Abstimmung und Live-Übertragung".
d) Jedes Mitglied ist berechtigt, in einem mindestens einwöchigen Zeitraum vor der Präsenzversammlung, auf den in der Ladung hingewiesen wird, persönlich elektronisch über die Beschlussvorlagen der Mitgliederversammlung abzustimmen (elektronisches Stimmrecht). Der in Satz 1 genannte Zeitraum beginnt frühestens drei Tage nach Versand der Einladungen und endet spätestens mit Ablauf des dritten Tages vor der Präsenzversammlung. Übt ein Mitglied das elektronische Stimmrecht aus, kommt ihr oder ihm kein Stimmrecht auf der späteren Präsenzversammlung mehr zu. Das elektronische Stimmrecht ist nicht übertragbar. Das Nähere regeln die Geschäftsordnung zur Mitgliederversammlung und die „Richtlinie elektronische Abstimmung und Live-Übertragung".

e) Eine Anfechtung von Beschlüssen der Mitgliederversammlung kann nicht gestützt werden auf eine durch eine technische oder organisatorische Störung verursachteVerletzung des elektronischen Zugangsrechts oder des elektronischen Stimmrechts, es sei denn, der VG Bild-Kunst ist grobe Fahrlässigkeit oder Vorsatz nachzuweisen. Das Mitglied ist in der Einladung darauf hinzuweisen, dass ihm bei nicht behebbaren Problemen im Zusammenhang mit dem elektronischen Stimmrecht die Möglichkeit der Teilnahme an der Präsenzversammlung verbleibt. Eine Anfechtung von Beschlüssen der Mitgliederversammlung ist ebenfalls ausgeschlossen, wenn es bei der Ausübung des elektronischen Zugangs- und Stimmrechts zu einer Verletzung des Erfordernisses der Personenidentität kommt, welche die VG Bild-Kunst nicht zu vertreten hat.

7. a) Das Recht zur Teilnahme an der Präsenzversammlung (Absatz 6 Ziffer b) kann nach Maßgabe der Richtlinie „Stimmrechtsübertragung" für eine bestimmte Mitgliederversammlung auf eine andere natürliche oder juristische Person übertragen werden. Untervertretungen sind nicht statthaft.

b) Das Mitglied stellt sicher, dass eine Vertretung nicht zu einem Interessenkonflikt führt (§ 19Absatz 4 Satz 1 VGG) und entsprechend eventuellen Weisungen erfolgt (§ 19 Absatz 4 Satz 4). Mit der Einladung wird auf diese Pflicht des Mitglieds hingewiesen.

8. a) Beschlüsse der Mitgliederversammlung werden im Regelfall mit einfacher Mehrheit gefasst. Beschlüsse der Mitgliederversammlung auf Änderung der Satzung oder der Verteilungspläne müssen eine $^2/_3$-Mehrheit, Beschlüsse auf Änderung des Vereinszwecks oder auf Auflösung des Vereins eine $^3/_4$-Mehrheit erreichen. Bei Beschlüssen über die Änderung der Verteilungspläne muss eine $^2/_3$-Mehrheit ebenfalls innerhalb der betroffenen Berufsgruppe/n erreicht werden.

b) Bei Abstimmungen hat jedes Mitglied eine Stimme, gleichgültig, ob es in der Versammlung anwesend ist, abwesend ist und elektronisch abstimmt oder vertreten wird. Bei Abstimmungen werden ungültige Stimmen und Stimmenthaltungen nicht mitgezählt. Die Mehrheit ist erreicht, wenn mehr Stimmen für einen Antrag als gegen ihn abgegeben werden. Eine $^2/_3$-Mehrheit ist erreicht, wenn doppelt so viele Stimmen einen Antrag befürworten als ablehnen. Eine $^3/_4$-Mehrheit ist erreicht, wenn dreimal so viele Stimmen einen Antrag befürworten als ablehnen.

c) Wählbar für ein Ehrenamt sind Mitglieder der VG Bild-Kunst, es sei denn, die Satzung bestimmt etwas anderes. Juristische Personen, die Mitglied der VG Bild-Kunst sind, können eine natürliche Person als Kandidaten oder Kandidatin benennen. Das Ehrenamt wird von der natürlichen Person ausgeübt.

d) Kandidatinnen und Kandidaten müssen bei der Wahl anwesend sein oder es muss eine schriftliche Erklärung vorliegen, dass sie im Falle der Wahl diese annehmen. Bei Wahlen ist eine Kandidatin oder ein Kandidat im ersten Wahlgang gewählt, wenn auf sie oder ihn die absolute Mehrheit der Stimmen entfällt. Für den zweiten Wahlgang können neue Kandidatinnen und Kandidaten vorgeschlagen werden. Ungültige Stimmen und Stimmenthaltungen werden nicht mitgezählt. Die Mitgliederversammlung kann beschließen, eine Blockwahl zuzulassen.

9. a) Anträge an die Mitgliederversammlung können nur schriftlich unter Wahrung einer Frist von mindestens zwölf Wochen vor der Versammlung gestellt werden von

- jedem Mitglied, das von sechs weiteren Mitgliedern unterstützt wird,
- den Berufsgruppenversammlungen,
- dem Verwaltungsrat sowie
- dem Vorstand.

Anträge sind an die Geschäftsstelle der VG Bild-Kunst zu richten. Für die Fristberechnung gilt Absatz 2 entsprechend. Diese Nummer gilt nicht für Wahlvorschläge. Das Nähere regelt die Geschäftsordnung.

b) In der Präsenzveranstaltung werden die Anträge im gleichen Wortlaut zur Abstimmung gestellt wie in der vorgelagerten elektronischenAbstimmung. Die Veränderung von Anträgen (Änderungsanträge) und das Stellen neuer Anträge (Dringlichkeitsanträge) sind deshalb in der Präsenzversammlung ausgeschlossen, es sei denn sie haben nur die Diskussion eines Themas ohne Beschlussfassung zum Inhalt. Verfahrensanträge in der Präsenzveranstaltung sind ebenfalls statthaft, soweit sie keinen Einfluss nehmen auf die Beschlussfassungen.

10. Die Mitgliederversammlung wird von dem oder der Vorsitzenden des Verwaltungsrates geleitet. Sind sowohl der Vorsitz, als auch seine Stellvertretung verhindert, so wird eine Versammlungsleitung gewählt.

11. Nach Abstimmungen stellt die Versammlungsleitung zunächst das Teilergebnis der elektronischen Abstimmung und das Teilergebnis der Präsenzabstimmung fest, danach das Gesamtergebnis. Mit dieser Verkündung gilt der Beschluss als wirksam gefasst. Der Verlauf der Mitgliederversammlung wird in Ergebnisprotokollen festgehalten, die von der Versammlungsleitung und von der Protokollführung zu unterzeichnen sind.

§ 9 Berufsgruppenversammlungen. 1. Die Mitglieder der Berufsgruppen I bis III (§ 6 Nr. 2) treten jeweils in Berufsgruppenversammlungen zusammen.

2. Die Berufsgruppenversammlungen tagen mindestens zwölf Wochen vor der ordentlichen jährlichen Mitgliederversammlung. Im Bedarfsfall und auf Verlangen von mindestens 5 % ihrer Mitglieder sind sie auch außerordentlich einzuberufen. Als Bedarfsfall gilt insbesondere die Vorbereitung einer außerordentlichen Mitgliederversammlung.

3. Die Einladung zu den Berufsgruppenversammlungen haben mit einer Frist vom mindestens drei Wochen vorher in Textform unter Bekanntgabe der Tagesordnung zu erfolgen. § 8 Absatz 2 Sätze 2 und 3 gelten entsprechend. Der Termin für die Berufsgruppenversammlungen, welche die ordentliche Mitgliederversammlung vorbereiten, wird spätestens vier Monate vorher auf der Website der VG Bild-Kunst angekündigt.

4. Die Sitzungen der Berufsgruppenversammlungen werden von ihren Vorsitzenden einberufen und geleitet. Im Falle der Verhinderung wird eine Versammlungsleitung gewählt.

5. Die Berufsgruppen beraten die ihren Bereich betreffenden Fragen. Sie geben Empfehlungen an den Verwaltungsrat und die Mitgliederversammlung. Sie erarbeiten Vorschläge für Beschlüsse der Mitgliederversammlung, insbesondere hinsichtlich der in § 8 Absatz 5 genannten Regelungsbereiche.

6. In den Berufsgruppenversammlungen finden Wahlen zu den in Nr. 5 genannten Vorschlägen statt. Jede Berufsgruppe wählt darüber hinaus aus dem Kreis vorgeschlagener Verwaltungsräte ihre Vorsitzende oder ihren Vorsitzenden.

7. a) Die Berufsgruppenversammlungen werden als Präsenzversammlung durchgeführt. Jedes Mitglied ist zur persönlichen Teilnahme berechtigt. Das Teilnahmerecht umfasst das Rederecht, das Auskunftsrecht, das Stimmrecht und das Antragsrecht, letzteres nach Maßgabe von Ziffer d). Es findet weder eine vorgelagerte elektronische Abstimmung statt, noch wird ein elektronisches Zugangsrecht gewährt.
b) Das Recht zur Teilnahme an einer Berufsgruppenversammlung kann nach Maßgabe der Richtlinie „Stimmrechtsübertragung" für eine bestimmte Versammlung auf ein anderes Mitglied der gleichen Berufsgruppe oder auf eine Berufsorganisation/Gewerkschaft übertragen werden, die in einer von der zuständigen Berufsgruppe im Kalenderjahr vor der Mitgliederversammlung aufzustellenden Liste benannt wurde.
c) Bei Abstimmungen hat jedes Mitglied eine Stimme, gleichgültig, ob es in der Versammlung anwesend ist oder vertreten wird. Bei Abstimmungen werden ungültige Stimmen und Stimmenthaltungen nicht mitgezählt. Beschlüsse einer Berufsgruppenversammlung werden im Regelfall mit einfacher Mehrheit gefasst, jedoch ist für die Empfehlung der Änderung des Verteilungsplans eine $^2/_3$-Mehrheit erforderlich. Eine Mehrheit ist erreicht, wenn mehr Stimmen für einen Antrag als gegen ihn abgegeben werden. Eine $^2/_3$-Mehrheit ist erreicht, wenn doppelt so viele Stimmen einen Antrag befürworten als ablehnen.
d) Anträge an eine Berufsgruppenversammlung mit Ausnahme von Wahlvorschlägen können nur schriftlich unter Wahrung einer Frist von zehn Wochen vor der Versammlung gestellt werden von
- jedem Mitglied der gleichen Berufsgruppe, das von sechs weiteren Mitgliedern der Berufsgruppe unterstützt wird,
- dem Verwaltungsrat sowie
- dem Vorstand.

Anträge sind an die Geschäftsstelle der VG Bild-Kunst zu richten. Für die Fristberechnung gilt § 8 Absatz 2 entsprechend. Das Nähere regelt die Geschäftsordnung.
e) In einer Berufsgruppenversammlung können Verfahrensanträge und Anträge zu Punkten, die auf der Tagesordnung stehen, gestellt werden. Dringlichkeitsanträge werden behandelt, soweit sie von der Berufsgruppenversammlung als dringlich anerkannt werden.

8. a) Die Vorschläge für den Verwaltungsrat und die Vergabebeiräte sollen in ihrer Zusammensetzung die repräsentative Vertretung der verschiedenen urheberrechtlichen Tätigkeiten der Mitglieder der Berufsgruppe gewährleisten.
b) In den Vorschlägen für den Verwaltungsrat der Berufsgruppen I und II sollten stets je eine Verlegerin oder ein Verleger genannt sein.
c) In den Vorschlägen für den Verwaltungsrat der Berufsgruppe III sollten genannt sein
- zwei Regisseurinnen oder Regisseure,
- ein Kameramann oder eine Kamerafrau,
- ein Editor oder eine Editorin,

- eine Vertreterin oder ein Vertreter des Szenen- und/oder Kostümbilds sowie
- ein Produzent oder eine Produzentin, der oder die auch Regisseur oder Regisseurin ist.

d) Grundsätzlich finden Wahlen für den Vorschlag eines einzelnen Gremienamtes an die Mitgliederversammlung statt. Im ersten Wahlgang ist die Kandidatin oder der Kandidat gewählt, auf die oder den die absolute Mehrheit der Stimmen entfällt. Führt der erste Wahlgang zu keinem Ergebnis, genügt im zweiten Wahlgang die relative Mehrheit der Stimmen. Für den zweiten Wahlgang können neue Kandidatinnen und Kandidaten vorgeschlagen werden. Die Berufsgruppenversammlung kann beschließen, die Wahl für mehrere gleichrangige Positionen in einer unechten Blockwahl zusammen zu fassen. In diesem Fall hat jede und jeder Stimmberechtigte jeweils für die eigene und die übertragenen Stimmen so viele Stimmen, wie Positionen zu vergeben sind. Eine Stimmenkumulation ist nicht statthaft. Gewählt sind die Kandidatinnen und Kandidaten, die relativ zu den anderen die meisten Stimmen auf sich vereinigen. Stehen für den Vorschlag der Besetzung eines Gremiums genau so viele oder weniger Kandidatinnen oder Kandidaten zur Verfügung, wie es Gremienämter gibt, kann die Berufsgruppenversammlung eine Abstimmung per echter Blockwahl beschließen. In diesem Fall kann die Liste nur insgesamt angenommen oder abgelehnt werden. Entscheidet sich die Mehrheit für die Liste, sind die Kandidatinnen und Kandidaten aufgestellt. Entscheidet sich die Mehrheit gegen die Liste, finden anschließend Einzelwahlen statt.

9. Nach Abstimmungen stellt die Versammlungsleitung das Ergebnis fest. Mit dieser Feststellung gilt der Beschluss als wirksam gefasst. Der Verlauf der Berufsgruppenversammlungen wird in Ergebnisprotokollen festgehalten, die von derVersammlungsleitung und von der Protokollführung zu unterzeichnen sind.

§ 10 Verwaltungsrat. 1. Der Verwaltungsrat besteht aus je 6 Mitgliedern der Berufsgruppen I, II und III, für die Stellvertreterinnen oder Stellvertreter gewählt werden. Stellvertretende Verwaltungsräte und Mitglieder der Vergabebeiräte und Kommissionen können auch Personen sein, die nicht Mitglieder sind, aber Berufsorganisationen oder Gewerkschaften der in der Berufsgruppenversammlung vertretenen Berufssparten repräsentieren. Darüber hinaus können als stellvertretende Verwaltungsratsmitglieder auch Personen vorgeschlagen werden, die nicht Mitglied sind, aber über eine urheberrechtliche Qualifikation verfügen.

2. Die Amtszeit von Verwaltungsräten und Stellvertretern beträgt drei Jahre. Bei vorzeitigem Ausscheiden eines Mitglieds kann der Verwaltungsrat für die restliche Wahlperiode bis zur Neuwahl durch die Mitgliederversammlung ein Mitglied aus der entsprechenden Berufsgruppe hinzu wählen. Das Gleiche gilt für das vorzeitige Ausscheiden eines stellvertretenden Verwaltungsratsmitglieds, eines Mitglieds eines Vergabebeirats von Kultur- und Sozialwerk sowie einer vomVerteilungsplan vorgesehenen Kommission.

3. Zu den Sitzungen des Verwaltungsrates lädt die oder der Vorsitzende unter Bekanntgabe der Tagesordnung in Textform ein. Zwischen der Absendung und dem Sitzungstermin muss ein Zeitraum von 14 Tagen liegen.

4. a) Stimmberechtigt im Verwaltungsrat sind nur die Mitglieder, bei deren Verhinderung ihre Stellvertreterinnen oder Stellvertreter.
b) Der Verwaltungsrat ist beschlussfähig, wenn mindestens 9 Stimmberechtigte anwesend sind. Ist er nicht beschlussfähig, so vertagt er sich auf einen neuen Termin, der nicht früher als 3 und nicht später als 4 Wochen nach dem ursprünglichen Termin liegen soll. Zu der neuen Sitzung sind alle Mitglieder mit eingeschriebenen Briefen unter Angabe der Tagesordnung zu laden; in dieser ist der Verwaltungsrat ohne Rücksicht auf die Zahl der Erschienenen beschlussfähig.

5. Der Verwaltungsrat tagt mindestens zweimal im Jahr, im Übrigen dann, wenn mindestens zwei seiner Mitglieder es verlangen.

6. In dringenden Fällen kann eine Abstimmung auch im Umlaufverfahren erfolgen. Die Frist zur Abgabe der Stimme muss mindestens zwei Wochen betragen. Zur Wirksamkeit des Beschlusses im Umlaufverfahren ist eine Mehrheit von 2/3 der stimmberechtigten Verwaltungsratsmitglieder erforderlich, wobei aus jeder Berufsgruppe nicht mehr als eine Gegenstimme erfolgen darf. Fehlt es an einer solchen Mehrheit, kann der Beschluss in der nächsten Verwaltungsratssitzung mit einfacher Mehrheit getroffen werden. Näheres bestimmt die Geschäftsordnung des Verwaltungsrats.

§ 11 Rechte und Pflichten des Verwaltungsrates. 1. Der Verwaltungsrat überwacht die Geschäftsführung des Vorstands. Auf der ordentlichen Mitgliederversammlung erstattet er hierüber sowie über die Ausübung seiner Befugnisse nach Nr. 2 Bericht.

2. Der Verwaltungsrat beschließt ferner
a) die Wahl seiner Vorsitzenden oder seines Vorsitzenden und deren oder dessen zwei Stellvertreterinnen oder Stellvertreter, wobei sich die Berufsgruppen im Vorsitz des Verwaltungsrates jährlich abwechseln sollen,
b) die Auswahl, die Anstellung und die Kündigung des geschäftsführenden Vorstandsmitglieds auf Empfehlung der ehrenamtlichen Vorstandsmitglieder,
c) die Vergütungen und die sonstigen Leistungen (zum Beispiel Versorgungsansprüche, Ansprüche auf sonstige Zuwendungen, Abfindungen) für das geschäftsführende Vorstandsmitglied,
d) den Abschluss von Gegenseitigkeitsverträgen mit anderen Verwertungsgesellschaften,
e) die Aufstellung von Tarifen, den Abschluss von Gesamtverträgen und die Genehmigung von Inkassoverträgen,
f) Vorschläge an die Mitgliederversammlung zur Beschlussfassung der in § 8 Nr. 4 genannten Themen,
g) die Errichtung und Aufhebung von Ausschüssen und Kommissionen,
h) die Errichtung von Geschäftsstellen sowie die Bestellung und Abberufung von Geschäftsstellenleiterinnen oder -leitern,
i) die Genehmigung von Inkassomandaten,
j) Vorschläge an die Mitgliederversammlung zu Zusammenschlüssen, zur Gründung von Tochtergesellschaften sowie zur Beteiligung an anderen Organisationen,
k) die Genehmigung der Aufnahme und der Vergabe von Darlehen sowie der Gewährung von Bürgschaften und sonstigen Sicherheiten,
l) die Genehmigung von Immobiliengeschäften,
m) die Übernahme von Dienstleistungen gegenüber Dritten,

n) dieAufstellung einer „Richtlinie Elektronische Abstimmung und Live-Übertragung“ gemäß § 8 Nr. 6 Buchstaben c) und d),
o) dieAufstellung einer „Richtlinie Stimmrechtsübertragung“ gemäß § 8 Nr. 7 Buchstabe a) sowie gemäß § 9 Nr. 7 Buchstabe b),
p) die Aufstellung einer „Richtlinie Finanzierung politischer Arbeit“ zur Umsetzung von § 2 Satz 2 der Satzung,
q) die Aufstellung einer „Richtlinie Miturheber Film“ gemäß § 49 Abs. 2 des Verteilungsplans,
r) die Aufstellung einer „Richtlinie Beschwerdeverfahren“ gemäß § 14 der Satzung,
s) die Aufstellung einer „Richtlinie Geldanlage“ auf der Grundlage der allgemeinen Anlagepolitik nach § 8 Nr. 4 Buchstabe a),
t) die Festlegung der Wirtschaftsprüfung,
u) im Falle von Zweifeln an der Rechtmäßigkeit einer Bestimmung des Verteilungsplans in dringenden Fällen die Aussetzung der Verteilung sowie Maßnahmen zur Sicherung der Rückabwicklung von bereits durchgeführten Ausschüttungen; die Mitgliederversammlung bestätigt diese Beschlüsse oder ändert sie mit Wirkung für die Zukunft ab,
v) die ihm sonst durch diese Satzung, den Verteilungsplan, die Satzung von Vorsorge- und Unterstützungseinrichtungen oder von Einrichtungen zur kulturellen Förderung und durch die Mitgliederversammlung zugewiesenen Angelegenheiten,
w) seine Geschäftsordnung sowie die Geschäftsordnung des Vorstandes.

3. Beschlüsse des Verwaltungsrates zu den Ziffern b), f) bis l), n) bis p) und s) der Nr. 2 sind nur wirksam, wenn bei der Mehrheit jeweils mindestens eine Stimme aus jeder Berufsgruppe ist.

4. Beim Abschluss und bei der Kündigung des Anstellungsvertrages mit dem geschäftsführenden Vorstandsmitglied sowie bei sonstigen Verträgen mit den Vorstandsmitgliedern wird die VG Bild-Kunst von der oder dem Vorsitzenden des Verwaltungsrats und bei dessen Verhinderung von einer Stellvertreterin oder einem Stellvertreter vertreten.

§ 12 Der Vorstand. 1. Der Vorstand besteht aus je einem ehrenamtlich tätigen Mitglied der Berufsgruppen I, II und III sowie einem geschäftsführend hauptamtlichen Mitglied. Das geschäftsführende Vorstandsmitglied erhält für seine Tätigkeit ein Gehalt. Die ehrenamtlichen Vorstände werden für die Dauer von drei Jahren gewählt. Sie bleiben im Amt, bis neue Vorstandsmitglieder gewählt sind und ihre Wahl angenommen haben. Bei vorzeitigem Ausscheiden eines ehrenamtlichen Vorstandsmitglieds wählt der Vorstand gemeinsam mit den Berufsgruppenvorsitzenden für die restliche Wahlperiode bis zur Neuwahl durch die Mitgliederversammlung ein Mitglied oder stellvertretendes Mitglied des Verwaltungsrates aus der entsprechenden Berufsgruppe hinzu.

2. Gehört das geschäftsführende Vorstandsmitglied der Gesellschaft als Mitglied an, so ruhen ihre oder seine Rechte für die Dauer seines Vorstandsamts; die ihr oder ihm aus der Wahrnehmung übertragener Rechte entstehenden Ansprüche bleiben davon unberührt.

3. Die Gesellschaft wird jeweils vom geschäftsführenden Vorstandsmitglied und einem weiteren Vorstandsmitglied vertreten. In Angelegenheiten der laufenden Geschäfte ist das geschäftsführende Vorstandsmitglied bevollmächtigt,

den Verein alleine zu vertreten. Das Nähere regelt die Geschäftsordnung für den Vorstand.

§ 13 Pflichten des Vorstands. 1. Der Vorstand führt die Geschäfte der Gesellschaft. Er hat den Verwaltungsrat regelmäßig über die Entwicklung der Gesellschaft zu informieren und jährlich einen Geschäftsbericht mit einer finanziellen Übersicht zu erstatten. Den Mitgliedern und Wahrnehmungsberechtigten hat er zusammen mit der Einladung zu ihren Versammlungen einen Geschäftsbericht vorzulegen.

2. Der Vorstand hat die Aufsichtsbehörde gem. § 88 des Verwertungsgesellschaftengesetzes zu unterrichten.

§ 14 Beschwerdeverfahren. 1. Gegen konkret-individuelle Entscheidungen der VG Bild-Kunst oder ihr Untätigbleiben auf einen Antrag, der in Textform gestellt wurde, steht Rechtsinhabern und Verwertungsgesellschaften die Möglichkeit der Beschwerde offen, soweit sie persönlich beschwert sind. Das Nähere regelt eine Richtlinie „Beschwerdeverfahren".

2. Als Gegenstand einer Beschwerde kommen insbesondere in Frage

a) die Aufnahme oder die Beendigung der Rechtewahrnehmung oder der Entzug von Rechten,
b) die Bedingungen für die Mitgliedschaft und die Wahrnehmungsbedingungen,
c) die Einziehung, Verwaltung und Verteilung der Einnahmen aus den Rechten,
d) die Abzüge von den Einnahmen aus den Rechten.

§ 15 Bekanntmachung. Soweit gesetzlich die Veröffentlichung im Bundesanzeiger vorgeschrieben ist, erfolgen die Bekanntmachungen der VG Bild-Kunst im elektronischen Bundesanzeiger.

Die jeweils geltenden Tarife der VG Bild-Kunst sind im Internet unter „www.bildkunst.de" veröffentlicht.

19. Gesellschaftsvertrag der Gesellschaft zur Verwertung von Leistungsschutzrechten mbH (GVL)

Gesellschaftsvertrag

In der Fassung vom 19. Dezember 2016

§ 1 Firma, Gründungsgesellschafter, Sitz

1.1 Die Gesellschaft führt die Firma

Gesellschaft zur Verwertung von Leistungsschutzrechten mit beschränkter Haftung (GVL).

1.2 Gründungsgesellschafter sind der Deutsche Orchestervereinigung e. V., Berlin, und der Bundesverband Musikindustrie e.V., Berlin (zusammen **„Gründungsgesellschafter“**). Soweit Interessen von Berechtigten nicht durch beitretende Gesellschafter vertreten werden, hat jeder Gründungsgesellschafter bei der Ausübung der Gesellschafterrechte die Interessen sämtlicher Berechtigten der Kategorie im Sinne von Abs. 2.1 zu beachten, der seine Mitglieder zuzuordnen sind.

1.3 Die Gesellschaft hat ihren Sitz in Berlin.

§ 2 Gegenstand der Gesellschaft

2.1 Gegenstand des Unternehmens ist die treuhänderische Wahrnehmung von Rechten und Ansprüchen, die sich aus dem Urheberrechtsgesetz für ausübende Künstler und Urheber von Videoclips (zusammen **„Kategorie Künstler“**) sowie für Tonträgerhersteller, Hersteller von Videoclips und Veranstalter (zusammen **„Kategorie Hersteller“**) ergeben oder die auf Hersteller oder Veranstalter übertragen sind, sowie die Verteilung der erzielten Einnahmen an Rechtsinhaber der Kategorien Künstler und Hersteller, die einen Wahrnehmungsvertrag mit der Gesellschaft abgeschlossen haben **(„Berechtigte“).**

2.2 Rechte und Ansprüche von Veranstaltern werden nur insoweit wahrgenommen, als sie sich aus § 83 UrhG ergeben.

2.3 Die Gesellschaft ist verpflichtet, auf Verlangen eines Berechtigten Rechte seiner Wahl an Arten von Werken und sonstigen Schutzgegenständen seiner Wahl in Gebieten seiner Wahl wahrzunehmen, wenn

2.3.1 die Rechte, die Werke und sonstigen Schutzgegenstände sowie die Gebiete zum Tätigkeitsbereich der Gesellschaft gehören und

2.3.2 der Wahrnehmung keine objektiven Gründe entgegenstehen.

2.4 Die Bedingungen, zu denen die Gesellschaft die Rechte des Berechtigten wahrnimmt, müssen angemessen sein.

2.5 Die Gesellschaft ist nicht auf Gewinnerzielung ausgerichtet.

Anschrift: Podbielskiallee 64, 14195 Berlin.
Internet: www.gvl.de.

§ 3 Geschäftsjahr

3.1 Geschäftsjahr ist das Kalenderjahr.

3.2 Die Bilanz für das abgelaufene Geschäftsjahr ist jeweils bis zum 1. Juli des nachfolgenden Jahres aufzustellen, sofern nicht gesetzlich eine kürzere Frist bestimmt ist.

§ 4 Stammkapital, Aufnahme von Gesellschaftern

4.1 Das Stammkapital der Gesellschaft beträgt EUR 26 000,00 (in Worten: Euro sechsundzwanzigtausend) und ist in voller Höhe eingezahlt. Es ist eingeteilt in 26 000 Geschäftsanteile mit den laufenden Nummern der Gesellschafterliste 1 bis 26 000.

4.2 Geschäftsanteile können nur mit Genehmigung der Gesellschaft abgetreten werden. Dies gilt auch für Teile von Geschäftsanteilen. In den Fällen des Abs. 4.5 ist die Genehmigung zu erteilen.

4.3 Gesellschafter kann werden, wer

4.3.1 zumindest auch zur umfassenden Wahrnehmung der Interessen einer Vielzahl von Berechtigten der Kategorien Künstler oder Hersteller in Verwertungsgesellschaften verpflichtet ist,

4.3.2 die Interessen von mindestens 200 oder mehr als der Hälfte der Berechtigten einer Gruppe vertritt,

4.3.3 die Interessen von Berechtigten vertritt, auf die in den drei dem Aufnahmeantrag vorangehenden Schlussverteilungen nach den jeweils geltenden Verteilungsplänen mindestens 5% des auf die Berechtigten einer Kategorie entfallenden Gesamtausschüttungsvolumens für (i) Tonträger, (ii) audiovisuelle Darbietungen oder (iii) im Radio gesendete Produktionen mit Ausnahme von Tonträgern und zugleich mindestens 10% des auf die Berechtigten einer Gruppe entfallenden Gesamtausschüttungsvolumens entfielen, und

4.3.4 die Vertretung der Interessen von Berechtigten diskriminierungsfrei übernimmt.

4.4 Wer Interessen von Vergütungsschuldnern der Gesellschaft wahrnimmt, kann nur Gesellschafter werden, wenn es bei dieser Interessenwahrnehmung ausschließlich um Ansprüche von Berechtigten einer Kategorie im Sinne von § 2.1 gegen Berechtigte der anderen Kategorie im Sinne von § 2.1 geht.

4.5 Wer die Voraussetzungen gem. Abs. 4.3 bis Abs. 4.4 hinsichtlich mindestens einer Gruppe von Berechtigten erfüllt, kann von dem Gründungsgesellschafter, der gem. § 1.2 zur Beachtung der Interessen dieser Berechtigten verpflichtet ist, die Abtretung von Geschäftsanteilen im Nennbetrag von insgesamt EUR 1000 gegen Zahlung des Nennbetrags verlangen. Soweit auf die Berechtigten, die durch einen Beitrittswilligen vertreten werden, in den drei dem Aufnahmeantrag vorangehenden Schlussverteilungen nach den jeweils geltenden Verteilungsplänen mehr als $^1/_{13}$ des Ausschüttungsvolumens innerhalb einer Kategorie entfiel, kann der Beitrittswillige jeweils gegen Zahlung des Nennbetrags die Abtretung von weiteren Geschäftsanteilen beanspruchen und zwar für jedes zusätzliche volle $^1/_{130}$ des maßgeblichen Ausschüttungsvolumens jeweils weitere Geschäftsanteile im Nennbetrag von insgesamt EUR 100.

4.6 Verbleiben dem nach Satz 1 verpflichteten Gründungsgesellschafter nur noch Geschäftsanteile im Nennbetrag von insgesamt EUR 1000, tritt an die Stelle der Abtretungspflicht die Verpflichtung sämtlicher Gesellschafter, eine Kapitalerhöhung zur Schaffung so vieler weiterer Geschäftsanteile zu beschließen, wie erforderlich sind, um die nach Abs. 4.5 zustehenden Geschäftsanteile zu gewähren, auf ihr Bezugsrecht zu verzichten und die Übernahme der neuen Geschäftsanteile durch den Beitrittswilligen, der die Voraussetzungen nach Abs. 4.3 bis Abs. 4.4 erfüllt, zuzulassen.

4.7 Kündigt ein Gesellschafter das Gesellschaftsverhältnis oder entfällt bei einem Gesellschafter eine der Voraussetzungen gern. Abs. 4.3 bis Abs. 4.4 in einem Zeitraum von drei aufeinanderfolgenden Jahren kann der Gründungsgesellschafter der entsprechenden Kategorie gern. § 2.1 die Rückabtretung der Geschäftsanteile gegen Zahlung des Nennbetrags verlangen.

§ 5 Organe der Gesellschaft

Organe der Gesellschaft sind:

5.1 Die Gesellschafter- und Delegiertenversammlung als Mitgliederhauptversammlung im Sinne des VGG, an der die Delegierten teilnehmen,

5.2 die Delegierten,

5.3 die Gruppenversammlungen der Gruppen der nachstehend genannten Berechtigten **(„Gruppen"):**
- 5.3.1 Dirigenten,
- 5.3.2 Musikregisseure und künstlerische Produzenten,
- 5.3.3 Instrumentalsolisten und featured Perfomer (Klassik),
- 5.3.4 Instrumentalsolisten und featured Perfomer (Pop),
- 5.3.5 Gesangsolisten,
- 5.3.6 Rundfunk-Klangkörper,
- 5.3.7 sonstige Orchester,
- 5.3.8 Chorsänger und Tänzer,
- 5.3.9 Studiomusiker,
- 5.3.10 Schauspieler,
- 5.3.11 Synchronschauspieler und künstlerisch Vertragenden ,
- 5.3.12 Regisseure (außer Musikregisseure) und Urheber von Videoclips,
- 5.3.13 Hersteller von Videoclips,
- 5.3.14 Veranstalter und
- 5.3.15 Tonträgerhersteller

5.4 die Geschäftsführung und

5.5 das Aufsichtsgremium.

§ 6 Gesellschafter- und Delegiertenversammlung

6.1 Die Gesellschafter- und Delegiertenversammlung findet gemeinsam statt und wird von den Geschäftsführern mindestens einmal jährlich einberufen. Eine Einberufung muss erfolgen, wenn Gesellschafter, deren Geschäftsanteile zusammen mindestens dem zehnten Teil des Stammkapitals entsprechen, oder mindestens vier Delegierte gemeinsam dies schriftlich unter Angabe einer Tagesordnung für die Versammlung beantragen.

6.2 Zur Gesellschafter- und Delegiertenversammlung sind die Gesellschafter und Delegierten in Textform (§ 126b BGB) mit einer Frist von mindestens zwei Wochen unter Angabe der Tagesordnung sowie Ort und Zeit der Sitzung zu laden. Soweit die Einladungen per E-Mail versandt werden, genügt die Versendung an die der Gesellschaft zuletzt mitgeteilte E-Mail-Adresse des Gesellschafters oder Delegierten.

6.3 Der Ort der Gesellschafter- und Delegiertenversammlungen ist der Sitz der Gesellschaft oder ein in einer vorangegangenen Versammlung durch Beschluss festgelegter Ort.

6.4 Die Gesellschafter- und Delegiertenversammlung wählt einen Vorsitzenden aus dem Kreis der in der Kategorie Künstler gewählten Delegierten für die Zeit bis zum Ende der nächsten Gruppenversammlung und zwei Stellvertreter aus dem Kreis der in der Kategorie Hersteller gewählten Delegierten, nämlich einen ersten Stellvertreter für die Zeit bis zum Ablauf von 18 Monaten nach den Gruppenversammlungen, in der die Delegierten gewählt wurden, und einen zweiten Stellvertreter für die danach verbleibende Zeit bis zum Ende der nächsten Gruppenversammlungen. Der Vorsitzende leitet die Gesellschafter- und Delegiertenversammlung, im Verhinderungsfall der amtierende Stellvertreter.

6.5 Die Gesellschafterversammlung beschließt insbesondere über
a) den Gesellschaftsvertrag einschließlich dessen Änderung;
b) den jährlichen Transparenzbericht;
c) die Bestellung und Abberufung der Mitglieder des Aufsichtsgremiums;
d) die Vergütung und sonstige Leistungen an Mitglieder des Aufsichtsgremiums;
e) die Aufstellung, Ergänzung und Änderung von Verteilungsplänen für die von der Gesellschaft wahrgenommenen Rechte;
f) die Verwendung der nicht verteilbaren Einnahmen aus den Rechten;
g) die allgemeine Anlagepolitik in Bezug auf die Einnahmen aus den Rechten;
h) die allgemeinen Grundsätze für die Abzüge von den Einnahmen aus den Rechten, einschließlich der allgemeinen Grundsätze für Abzüge zur Deckung der Verwaltungskosten;
i) die Wahrnehmungsbedingungen;
j) die Tarife;
k) die Festlegung der von der Gesellschaft wahrzunehmenden Rechte;
l) die Bedingungen, zu denen ein Berechtigter jedermann das Recht einräumen kann, seine Werke oder sonstige Schutzgegenstände für nicht kommerzielle Zwecke zu nutzen;
m) Übertragungen der in § 17 Abs. 2 und/oder § 18 Abs. 2 VGG genannten Befugnisse auf das Aufsichtsgremium;
n) den Erlass von Anmelde- und Wahlordnungen für die Gesellschafter-, Delegierten- und Gruppenversammlungen;
o) den Erlass von Geschäftsordnungen für die Teilnahme am Live-Stream und E-Voting in Gesellschafter-, Delegierten- und Gruppenversammlungen;
p) die Mitglieder des Beschwerdeausschusses und dessen Geschäftsordnung,

und

q) den Versammlungsort für zukünftige Gesellschafter- und Delegiertenversammlungen.

6.6 Die Delegierten wirken bei Wahlen gern. Abs. 6.4 und Beschlüssen gern. Abs. 6.5 Buchstabe d) bis q) jeweils nach Maßgabe des § 7 stimmberechtigt, im Übrigen nur beratend mit.

6.7 Die den Gesellschaftern und Delegierten bei einer Wahl oder Beschlussfassung der Gesellschafter- und Delegiertenversammlung zustehenden Stimmen werden ausgehend von 4800 Stimmen wie folgt berechnet:

6.7.1 Den stimmberechtigten Gesellschaftern werden zunächst 2400 Stimmen zugewiesen. Je eine Hälfte dieser Stimmen entfällt auf stimmberechtigte Gesellschafter der Kategorie Künstler, die andere Hälfte entfällt auf stimmberechtigte Gesellschafter der Kategorie Hersteller. Innerhalb einer Kategorie ist für die Anzahl der Stimmen eines Gesellschafters das Verhältnis der von den stimmberechtigten Gesellschaftern gehaltenen Geschäftsanteile zu sämtlichen den stimmberechtigten Gesellschaftern dieser Kategorie zustehenden Geschäftsanteilen maßgeblich.

6.7.2 Den stimmberechtigten Delegierten werden zunächst 2400 Stimmen zugewiesen. Je eine Hälfte dieser Stimmen entfällt auf stimmberechtigte Delegierte der Kategorie Künstler, die andere Hälfte auf stimmberechtigte Delegierte der Kategorie Hersteller. Innerhalb der Kategorie Künstler stehen die Stimmen den stimmberechtigten Delegierten zu gleichen Teilen zu. Innerhalb der Kategorie Hersteller stehen den stimmberechtigten Delegierten aus der Gruppe der Tonträgerhersteller $^{10}/_{12}$, aus der Gruppe der Musikvideohersteller und der Veranstalter jeweils $^{1}/_{12}$ der Stimmen dieser Kategorie zu. Innerhalb der Gruppe der Tonträgerhersteller hat jeder Delegierte den gleichen Stimmanteil. Soweit einzelne Delegierte dieser Kategorie einem Stimmverbot unterliegen, wachsen die auf sie entfallenden Stimmen den stimmberechtigten Delegierten der Kategorie im gleichen Verhältnis zu.

6.7.3 Die Anzahl der Stimmen nach den vorstehenden Berechnungen sind gegebenenfalls auf volle Stimmen auf- oder abzurunden auch wenn es dadurch zu einer Überschreitung oder Unterschreitung der den Gesellschaftern oder Delegierten zustehenden Stimmenzahlen kommt.

6.8 Gesellschafter können ihre Rechte in der Gesellschafterversammlung durch einen Vertreter ausüben lassen, sofern die Vertretung nicht zu einem Interessenkonflikt führt. Ein Interessenkonflikt liegt insbesondere vor, wenn der Vertreter zugleich Gesellschafter vertritt, die die Interessen von Berechtigten verschiedener Gruppen wahrnehmen. Eine Vollmacht zur Vertretung eines Gesellschafters in den Gesellschafter- und Delegiertenversammlungen ist nur wirksam, wenn sie auf die Vertretung des Gesellschafters in einer Gesellschafter- und Delegiertenversammlung beschränkt ist.

6.9 Gesellschafter und Delegierte können die Gesellschafter- und Delegiertenversammlungen per Live-Stream verfolgen, wenn sie die hierfür geltenden Anmelde- und Authentifizierungsanforderungen einhalten.

6.10 Die Rechte der Delegierten werden übergangsweise bis zur ersten Wahl der Delegierten von den durch die Gruppenversammlungen gewählten

Mitgliedern des nach der bislang geltenden Fassung des Gesellschaftsvertrags existierenden Beirats wahrgenommen.

§ 7 Beschlüsse der Gesellschafter und Delegierten

7.1 Soweit Beschlüsse und Wahlen der Gesellschafter- und Delegiertenversammlung nicht nach dem Gesetz einer qualifizierten Mehrheit bedürfen, können sie nur mit einer Mehrheit von 60% der abgegebenen Stimmen in jeder der Kategorien gem. § 2.1 gefasst werden.

7.2 Beschlüsse der Gesellschafter und Delegierten können außerhalb von Versammlungen oder im Wege der kombinierten Beschlussfassung durch mündliche Stimmabgabe, Stimmabgabe in Textform (§ 126b BGB), per Telefon und/oder unter Nutzung sonstiger Mittel der Telekommunikation oder elektronischer Medien gefasst werden, wenn kein Gesellschafter und kein bei der jeweiligen Beschlussfassung stimmberechtigter Delegierter dieser Art der Beschlussfassung widerspricht.

7.3 Anstelle der Stimmrechtsausübung in der Gesellschafter- und Delegiertenversammlung können Gesellschafter und Delegierte ihr Stimmrecht hinsichtlich der in der Tagesordnung angekündigten Wahlvorschläge und Beschlussanträge im Wege elektronischer Kommunikation ausüben („E-Voting"), wenn sie hierfür gegebenenfalls geltende Anmelde- und Authentifizierungsanforderungen einhalten. Gesellschafter, die sich in der Gesellschafterversammlung vertreten lassen oder als Stellvertreter für ein anderes Mitglied teilnehmen, können ihr Stimmrecht nicht per E-Voting ausüben. Die Stimmrechtsausübung per E-Voting ist nicht übertragbar und unwiderruflich.

7.4 Bei Beschlüssen gem. § 6.5 Buchst. e) und Buchst. i) bis Buchst. k), sind nur die Gesellschafter stimmberechtigt, solange sie nach ihren Satzungen oder gem. § 1.2 die Interessen von Berechtigten zu vertreten oder zu beachten haben, die von der Beschlussfassung unmittelbar betroffen sind, und nur solche Delegierte, denen Rechte und Ansprüche zustehen oder die Berechtigte vertreten, denen Rechte und Ansprüche zustehen, die von der Beschlussfassung unmittelbar betroffen sind.

7.5 Die Unwirksamkeit von Wahlen und Beschlüssen der Gesellschafter- und Delegiertenversammlung kann nur im Wege der Klage gegen die Gesellschaft geltend gemacht werden, die innerhalb von sechs Wochen nach der Beschlussfassung erhoben werden muss. Sie kann nicht gestützt werden

7.5.1 auf eine durch technische Störungen hervorgerufene Verletzung von Rechten, die auf elektronischem Wege wahrgenommen wurden, es sei denn, der Gesellschaft ist grobe Fahrlässigkeit oder Vorsatz vorzuwerfen;

7.5.2 auf eine Verletzung von Verfahrensvorschriften, soweit sich die Verletzung nicht auf die Beschlussfassung ausgewirkt hat.

§ 8 Gruppenversammlungen

8.1 Berechtigte können, soweit sie die Zugehörigkeit zu einer Gruppe nachgewiesen haben, an den entsprechenden Gruppenversammlungen teilnehmen. Ist ein Berechtigter mehreren Gruppen zuzuordnen, gehört er der Gruppenversammlung an, der er nach seinem Tätigkeitsschwerpunkt zuzuordnen ist, wenn er diesen auf Verlangen der Gesellschaft nachgewiesen hat. Hat ein Berechtigter mehrere Tätigkeitsschwerpunkte, kann er bis zu zwei Gruppenversammlungen angehören. In diesem Fall hat er bei der Registrierung verbindlich zu erklären, dass und an welchen Gruppenversammlungen er teilnehmen will.

8.2 Die Gruppenversammlungen sind mindestens alle vier Jahre durch die Geschäftsführung mit einer Frist von mindestens fünf Wochen in Textform (§ 126b BGB) unter Angabe der Tagesordnung sowie Ort und Zeit der Versammlung einzuberufen. Die Frist beginnt mit dem Tag der Aufgabe der Einladung zur Post. Der Tag des Fristbeginns und der Tag der Versammlung sind bei der Fristberechnung nicht mitzurechnen. Für die Wirksamkeit der Einberufung genügt die Aufgabe zur Post unter der zuletzt vom jeweiligen Berechtigten mitgeteilten Adresse. Soweit die Einladungen per E-Mail versandt werden, genügt der Versand an die der Gesellschaft zuletzt mitgeteilte E-Mail-Adresse des Berechtigten.

8.3 Zeit und Ort der Gruppenversammlungen sollen von der Geschäftsführung zwei Monate vor der Versammlung unter Angabe der Tagesordnung auf der Website der Gesellschaft angekündigt werden. Die Einhaltung dieser Frist ist keine Wirksamkeitsvoraussetzung für die Beschlüsse der Berechtigten. Die Gruppenversammlungen können gemeinsam durchgeführt werden.

8.4 Ein Berechtigter kann sich in einer Gruppenversammlung nur durch einen anderen Berechtigten auf Grund schriftlicher Vollmacht bei der Stimmabgabe vertreten lassen. Ein Berechtigter kann höchstens fünf andere Berechtigte vertreten. Der Gesellschaft ist die Vertretung eines Berechtigten spätestens vor Beginn der Gruppenversammlung anzuzeigen.

8.5 Die Unwirksamkeit von Wahlen und Beschlüssen der Gruppenversammlungen kann nur im Wege der Klage gegen die Gesellschaft geltend gemacht werden, die innerhalb von sechs Wochen nach der Beschlussfassung erhoben werden muss. Sie kann nicht auf eine Verletzung von Verfahrensvorschriften gestützt werden, soweit sich die Verletzung nicht auf die Beschlussfassung ausgewirkt hat.

§ 9 Wahl der Delegierten und Ersatzdelegierten

9.1 Die Berechtigten wählen in den Gruppenversammlungen, denen sie angehören, jeweils einen Delegierten und einen Ersatzdelegierten; die Berechtigten der Gruppe der Tonträgerhersteller wählen acht Delegierte und acht Ersatzdelegierte. Wiederwahl der Delegierten und Ersatzdelegierten ist zulässig. Die Delegierten und Ersatzdelegierten amtieren bis zur Wahl ihrer Nachfolger in der nachfolgenden Gruppenversammlung.

9.2 Die Geschäftsführung bestimmt einen oder mehrere Wahlleiter für die Wahl der Delegierten und Ersatzdelegierten.

9.3 In den Gruppenversammlungen der Kategorie Künstler wird nach Köpfen abgestimmt; in den Gruppenversammlungen der Kategorie Hersteller steht jedem Berechtigten eine Stimme pro angefangene EUR 100 der in den vier Kalenderjahren vor der Gruppenversammlung im Durchschnitt insgesamt erhaltenen Ausschüttungen der Gesellschaft zu.

9.4 Die Delegierten und Ersatzdelegierten werden in den jeweiligen Gruppenversammlungen nach Aufruf durch den Wahlleiter und Nennung der

Kandidaten in geheimer und gleicher Wahl gewählt. Gewählt ist, wer die meisten Stimmen erhält (relative Mehrheit). Bei Stimmengleichheit findet eine Stichwahl statt, bei erneuter Stimmengleichheit entscheidet das vom Wahlleiter gezogene Los. Gewählt sind die beiden Kandidaten mit den meisten und (bei der Wahl von zwei Delegierten in einem Wahlgang) zweitmeisten Stimmen. Ersatzdelegierte sind diejenigen mit der nächsthöheren Zahl der Stimmen, sofern sie nicht in einer anderen Gruppenversammlung als Delegierte gewählt wurden.

9.5 Passiv wahlberechtigt sind vorbehaltlich der Einschränkungen nach Absätzen 9.6 bis 9.8

9.5.1 in den Gruppenversammlungen der Kategorie Künstler: Berechtigte, die der jeweiligen Gruppenversammlung angehören,

9.5.2 in den Gruppenversammlungen der Kategorie Hersteller: Inhaber, Gesellschafter, Vorstandsmitglieder, Geschäftsführer, Prokuristen oder Angestellte mit Handlungsvollmacht von Berechtigten **(„Vertreter von Berechtigten“)**, die der jeweiligen Gruppenversammlung angehören.

9.6 In der Gruppe der Tonträgerhersteller werden acht Delegierte und Ersatzdelegierte in mindestens drei getrennten Wahlgängen für die Wahl von je zwei Delegierten und Ersatzdelegierten und zwei weiteren Wahlgängen für die Wahl von jeweils einem Delegierten und einem Ersatzdelegierten gewählt. Sobald zwei Delegierte gewählt wurden, die Vertreter desselben Berechtigten oder Vertreter von Berechtigten sind, die untereinander verbundene Unternehmen im Sinne der §§ 15 ff. AktG sind, können weitere Vertreter dieser Berechtigten oder Vertreter von Berechtigten, die mit diesen Berechtigten verbundene Unternehmen sind, nicht mehr gewählt werden. Dasselbe gilt für die Wahl von Ersatzdelegierten. Im letzten Wahlgang können nur Vertreter von Berechtigten gewählt werden, denen gem. Abs. 9.3 nicht mehr als 500 Stimmen zustehen.

9.7 Vertreter von Berechtigten, mit denen die Gesellschaft Nutzungsverträge für die Sendung erschienener Tonträger geschlossen hat, oder die von solchen Berechtigten rechtlich oder wirtschaftlich abhängig sind, können nicht als Delegierte oder Ersatzdelegierte gewählt werden.

9.8 Als Delegierter oder Ersatzdelegierter kann nur gewählt werden, wer seine Kandidatur spätestens zwei Wochen vor der Gruppenversammlung gegenüber der Geschäftsführung der Gesellschaft erklärt hat; die Erklärung soll von einer schriftlichen Vorstellung zur Veröffentlichung der Kandidatur durch die Gesellschaft begleitet werden.

9.9 Das Wahlergebnis wird durch den Wahlleiter bekannt gegeben. Nimmt ein Gewählter die Wahl nicht an, wird eine erneute Wahl in der Gruppenversammlung durchgeführt.

9.10 Mit der Amtsniederlegung oder dem Wegfall der Voraussetzungen gern. Abs. 9.4 oder dem Eintritt der Bedingungen gern. Abs. 9.7 endet das Amt eines Delegierten. In diesen Fällen sind die jeweiligen Ersatzdelegierten für den Rest der Amtszeit des Delegierten zur Ausübung des Delegiertenamtes berufen. Kommen mehrere Ersatzdelegierte in Betracht, sind sie in der Reihenfolge der von ihnen erreichten Wahlergebnisse zur Übernahme des Delegiertenamtes berufen. Ersatzdelegierte sind nicht zur Vertretung der amtierenden Delegierten berechtigt.

9.11 Die Delegierten sind ehrenamtlich tätig. Sie erhalten für die Teilnahme an der Gesellschafter- und Delegiertenversammlung Ersatz der Reisekosten, Tagesspesen nach den steuerrechtlich zulässigen Höchstsätzen und eine pauschale Aufwandsentschädigung.

§ 10 Geschäftsführung

10.1 Die Geschäftsführung ist entsprechend dem satzungsmäßigen Zwecke der Gesellschaft so einzurichten, dass für die Gesellschaft keine Gewinne erzielt werden.

10.2 Die Gesellschaft wird durch zwei Geschäftsführer gemeinschaftlich vertreten oder durch einen Geschäftsführer mit einem Prokuristen.

10.3 Geschäftsführern kann durch Beschluss des Aufsichtsgremiums Einzelvertretungsbefugnis und/oder Befreiung von den Beschränkungen des § 181 BGB erteilt werden.

10.4 Die Geschäftsführer geben gegenüber der Gesellschafter- und Delegiertenversammlung einmaljährlich eine persönliche Erklärung mit folgendem Inhalt ab:

10.4.1 ihre Beteiligungen an der Verwertungsgesellschaft,

10.4.2 die Höhe ihrer Vergütung und sonstigen Leistungen, die von der Verwertungsgesellschaft im abgelaufenen Geschäftsjahr bezogen wurden,

10.4.3 die Höhe der Beträge, die sie in der Eigenschaft als Berechtigter von der Verwertungsgesellschaft im abgelaufenen Geschäftsjahr erhalten haben, und

10.4.4 Art und Umfang eines tatsächlichen oder möglichen Konflikts zwischen ihren persönlichen Interessen und den Interessen der Verwertungsgesellschaft oder zwischen ihren Pflichten gegenüber der Verwertungsgesellschaft und ihren Pflichten gegenüber einer anderen natürlichen oder juristischen Person.

10.5 Für die Geschäftsführung gilt eine vom Aufsichtsgremium zu erlassende Geschäftsordnung.

§ 11 Aufsichtsgremium

11.1 Die Gesellschaft hat ein Aufsichtsgremium, das aus zwei Mitgliedern besteht. Jeweils ein Mitglied des Aufsichtsgremiums ist von den Gesellschaftern einer Kategorie gem. § 2.1 frei zu wählen. Die Mitglieder des Aufsichtsgremiums bleiben bis zur Wahl ihrer Nachfolger im Amt. Der Vorsitzende der Gesellschafter- und Delegiertenversammlung und dessen amtierender Stellvertreter sollen durch Beschluss zur Teilnahme an den Sitzungen des Aufsichtsgremiums als Gäste (ohne Stimmrecht) zugelassen werden.

11.2 Die Mitglieder des Aufsichtsgremiums sind ehrenamtlich tätig. Sie erhalten für die Teilnahme an den Sitzungen Ersatz der Reisekosten, Tagesspesen nach den steuerrechtlich zulässigen Höchstsätzen und eine pauschale Aufwandsentschädigung.

11.3 Das Aufsichtsgremium hat die Tätigkeit und die Geschäftsführung zu überwachen. Es ist zuständig für:

11.3.1 die Bestellung und Abberufung der Geschäftsführer, Bestimmung von deren Vertretungsbefugnis, Abschluss von deren Anstellungsverträgen, sowie den Erlass einer Geschäftsordnung für die Geschäftsführung;
11.3.2 die Bestellung und Abberufung des Abschlussprüfers;
11.3.3 die Entscheidung über Zusammenschlüsse und Bündnisse unter Beteiligung der Verwertungsgesellschaft, die Gründung von Tochtergesellschaften, die Übernahme anderer Organisationen und den Erwerb von Anteilen oder Rechten an anderen Organisationen durch die Verwertungsgesellschaft;
11.3.4 die Verabschiedung von Grundsätzen des Risikomanagements;
11.3.5 den Erwerb, den Verkauf und die Beleihung unbeweglicher Sachen;
11.3.6 die Aufnahme und die Vergabe von Darlehen sowie die Stellung von Darlehenssicherheiten und
11.3.7 den Abschluss, den Inhalt und die Beendigung von Repräsentationsvereinbarungen (§ 44 VGG).

11.4 Das Aufsichtsgremium tritt regelmäßig zusammen und berichtet der Gesellschafter- und Delegiertenversammlungen mindestens einmal im Jahr über seine Tätigkeit. Für die Mitglieder des Aufsichtsgremiums gilt § 10.4 entsprechend.

11.5 § 52 GmbHG und die dort genannten aktienrechtlichen Bestimmungen finden auf das Aufsichtsgremium keine Anwendung.

11.6 Die Haftung der Mitglieder des Aufsichtsgremiums ist auf Vorsatz und grobe Fahrlässigkeit beschränkt.

11.7 Die Gesellschafter können durch Gesellschafterbeschluss eine Geschäftsordnung des Aufsichtsgremiums erlassen.

§ 12 Ausschüsse

12.1 Die Gesellschafter- und Delegiertenversammlungen können zur Vorbereitung ihrer Beschlüsse Ausschüsse aus Berechtigten, Vertretern von Berechtigten und Delegierten einsetzen.

12.2 Die Gesellschafter- und Delegiertenversammlungen bestellen fünf Berechtigte, Vertreter von Berechtigten oder Delegierte zu Mitgliedern eines Beschwerdeausschusses, der über Beschwerden entscheidet
a) hinsichtlich der Voraussetzungen der Aufnahme und der Rechte von Gesellschaftern;
b) bei der Aufnahme und Beendigung der Rechtewahrnehmung oder dem Entzug von Rechten;
c) hinsichtlich der Wahrnehmungsbedingungen;
d) hinsichtlich der Einziehung, Verwaltung und Verteilung der Einnahmen aus den Rechten;
e) hinsichtlich der Abzüge von den Einnahmen aus den Rechten, wenn die Geschäftsführung diesen nicht abgeholfen hat.

12.3 Der Beschwerdeausschuss kann nur innerhalb von vier Wochen seit Zugang der angegriffenen Entscheidung angerufen werden. Hat ein Beschwerdeberechtigter die Frist ohne Verschulden versäumt, ist ihm auf Antrag Wiedereinsetzung in den vorigen Stand zu gewähren. Der Antrag muss innerhalb einer Frist von zwei Wochen nachdem das Hindernis behoben ist, gestellt werden. Nach Ablauf eines Jahres, von dem Ende der versäumten Frist an gerechnet, kann die Wiedereinsetzung nicht mehr beantragt werden.

12.4 Der Beschwerdeausschuss soll innerhalb von sechs Monaten eine Entscheidung erlassen. Der Rechtsweg ist erst eröffnet, wenn der Beschwerdeausschuss entschieden hat oder sechs Monate seit der Anrufung vergangen sind. Näheres kann in einer Geschäftsordnung des Beschwerdeausschusses bestimmt werden.

§ 13 Grundsätze der Verteilung

13.1 Eingezogene Vergütungen, die für die angelegten Gelder bis zur Verteilung aufgelaufenen Zinserträge und alle sonstigen Erträge einschließlich der außerordentlichen Erträge werden nach Abzug der notwendigen Verwaltungskosten nach Maßgabe von Verteilungsplänen an die Berechtigten ausgezahlt.

13.2 Zwischen Berechtigten der Kategorie Künstler und Berechtigten der Gruppe Tonträgerhersteller werden die Vergütungen für die Sendung, öffentliche Wiedergabe, Vermietung, den Verleih, die Vervielfältigung und die Zugänglichmachung von Tonträgern im Verhältnis 50 v. H. zu 50 v. H. aufgeteilt.

13.3 Die Vergütungsanteile gern. Abs. 13.2 sind im Übrigen nach folgenden Kriterien zu verteilen:

13.3.1 Unter den Berechtigten der Kategorie Künstler im Verhältnis der in dem betreffenden Geschäftsjahr in Bezug auf das Inland erfolgten Verwendung ihrer Darbietungen in Funksendungen (neu erschienene Tonträger mit künstlerischen Darbietungen, die in den ersten beiden Jahren nach Erscheinen nicht in von der Gesellschaft ausgewerteten Sendern gesendet wurden, anteilig),

13.3.2 unter Tonträgerherstellern im Verhältnis der in dem betreffenden Geschäftsjahr in Bezug auf das Inland erfolgten Verwendung ihrer Tonträger in Funksendungen,

13.3.3 unter Herstellern von Videoclips im Verhältnis der in dem betreffenden Geschäftsjahr in Bezug auf das Inland erfolgten Verwendung ihrer Videoclips in Fernsehsendungen,

13.3.4 unter Veranstaltern im Verhältnis der von diesen in dem betreffenden Geschäftsjahr in Bezug auf das Inland erfolgten Sendung ihrer Veranstaltungen.

13.4 Bis zu 5 % der für die Verteilung zur Verfügung stehenden Erlöse können für kulturelle, kulturpolitische und soziale Zwecke verwendet werden.

§ 14 Bekanntmachungen

Die Bekanntmachungen der Gesellschaft erfolgen im Bundesanzeiger.

Die jeweils geltenden Tarife der GVL sind im Internet unter „www.gvl.de" veröffentlicht.

20. VG Musikedition Verwertungsgesellschaft – Rechtsfähiger Verein kraft Verleihung

Satzung

(Neufassung vom 18.6.2019)

§ 1 Name, Sitz, Rechtsfähigkeit, Geschäftsbetrieb, Geschäftsjahr.
(1) Der wirtschaftliche Verein
VG Musikedition – Verwertungsgesellschaft –
Rechtsfähiger Verein kraft Verleihung hat seinen Sitz in Kassel.

(2) Die Rechtsfähigkeit als wirtschaftlicher Verein beruht gemäß § 22 BGB auf staatlicher Verleihung durch das Land Hessen.

(3) Der Geschäftsbetrieb beruht auf der von der Aufsichtsbehörde, dem Deutschen Patent- und Markenamt, erteilten Erlaubnis (§ 77 VGG).

(4) Geschäftsjahr ist das Kalenderjahr.

§ 2 Vereinszweck. (1) Zweck des Vereins ist es, die Rechte und Ansprüche seiner Mitglieder treuhänderisch wahrzunehmen, die ihm vertraglich durch Berechtigungsvertrag anvertraut wurden. Der Verein ist nicht auf Erzielung von Gewinn gerichtet. Die VG Musikedition kann auch sonstige Inkasso-, Verwaltungs- und Wahrnehmungsmandate übernehmen.

(2) Bei der Vergabe von Nutzungsrechten, der Wahrnehmung von Vergütungsansprüchen und der Tarifgestaltung sollen religiöse, kulturelle und soziale Belange einschließlich der Belange der Jugendhilfe angemessen berücksichtigt werden (§ 39 Abs. 3 VGG).

§ 3 Kammern. Die VG Musikedition besteht aus drei Kammern:
Kammer I: Verfasser/Herausgeber im Sinne der §§ 70/71 UrhG
Kammer II: Verleger
Kammer III: Komponisten/Textdichter

§ 4 Mitgliedschaft. (1)
a) Der Verein unterscheidet zwischen angeschlossenen, ordentlichen und Ehrenmitgliedern. Nur die ordentlichen Mitglieder und Ehrenmitglieder sind Mitglieder im Sinne des Vereinsrechts.
b) Als angeschlossene Rechteinhaber gelten Rechtsinhaber, die auf gesetzlicher oder vertraglicher Grundlage in einem unmittelbaren Wahrnehmungsverhältnis zur VG Musikedition stehen, jedoch (noch) nicht die Voraussetzungen für eine ordentliche Mitgliedschaft gem. § 4 Abs. 4 der Satzung erfüllen. Die Aufnahme als angeschlossenes Mitglied ist in Textform (posta-

---

Friedrich-Ebert-Straße 104 · 34119 Kassel
Telefon: 0561 109656-0 · Fax: 0561 109656-20
E-Mail: info@vg-musikedition.de
Internet: www.vg-musikedition.de

lisch oder elektronisch) zu beantragen. Der Antrag muss Angaben darüber enthalten, dass der Antragsteller Inhaber von Rechten oder Ansprüchen ist, die von der VG Musikedition wahrgenommen werden. Über den Antrag entscheidet die Geschäftsführung. Gegen eine Ablehnung die zu begründen ist, kann innerhalb von vier Wochen nach deren Zugang Beschwerde eingelegt werden; diese ist an den Verwaltungsrat zu richten, dessen Entscheidung bindend ist.

(2)

a) Die Zugehörigkeit als angeschlossenes Mitglied beginnt mit Abschluss des Berechtigungsvertrages.

b) Bei Abschluss des Berechtigungsvertrages muss der Berechtigte entscheiden, zu welcher Kammer er gehört. In dieser Kammer übt er im Fall der Aufnahme als ordentliches Mitglied gem. § 4 Abs. 4 der Satzung sein aktives und passives Wahlrecht aus. Die Entscheidung über die Zugehörigkeit zur betreffenden Kammer kann auf Antrag geändert werden.

(3) Hat ein Urheber oder Verfasser/Herausgeber mehrere Rechtsnachfolger, so üben diese ihre Rechte durch einen Bevollmächtigten aus. Dieser führt den Berechtigungsvertrag im Namen der Rechtsnachfolger weiter.

(4)

a) 1. Der Berechtigte ist auf Antrag als ordentliches Mitglied in die Kammer I aufzunehmen, wenn er mindestens drei Jahre angeschlossenes Mitglied ist und in den letzten drei Geschäftsjahren im Durchschnitt mindestens jeweils € 50,– als Ausschüttung von der VG Musikedition erhalten hat.
2. Der Berechtigte ist auf Antrag als ordentliches Mitglied in die Kammer II aufzunehmen, wenn er mindestens drei Jahre angeschlossenes Mitglied ist und in den letzten drei Geschäftsjahren im Durchschnitt mindestens jeweils € 500,– als Ausschüttung von der VG Musikedition erhalten hat.
3. Der Berechtigte ist auf Antrag als ordentliches Mitglied in die Kammer III aufzunehmen, wenn er mindestens drei Jahre angeschlossenes Mitglied ist und in den letzten drei Geschäftsjahren im Durchschnitt mindestens jeweils € 100,– als Ausschüttung von der VG Musikedition erhalten hat.

b) Über den Antrag entscheidet die Geschäftsführung. Gegen eine Ablehnung, die zu begründen ist, kann Beschwerde eingelegt werden; diese ist binnen vier Wochen nach Zugang in Textform an den Verwaltungsrat zu richten. Dessen Entscheidung ist bindend.

c) Der Verwaltungsrat kann außerdem angeschlossene Mitglieder, Persönlichkeiten des Musiklebens oder juristische Personen als ordentliche Mitglieder aufnehmen, die in besonderer Weise die Interessen, Aufgaben und Ziele der VG Musikedition fördern oder deren kulturelle, künstlerische oder wissenschaftliche Bedeutung die Aufnahme als wünschenswert erscheinen lässt.

§ 5 Beendigung der Mitgliedschaft. (1) Die Mitgliedschaft endet

a) bei einer Kündigung des Berechtigungsvertrages oder einer anderweitigen Beendigung des Berechtigungsvertrages mit dem Zeitpunkt der Vertragsbeendigung. Eine Kündigung ist jährlich mit einer Frist von sechs Monaten zum 31.12. möglich. Sie hat entweder schriftlich per Einschreiben oder elektronisch zu erfolgen. Letzteren Falls ist das elektronische Dokument mit einer qualifizierten elektronischen Signatur nach dem Signaturgesetz zu versehen;

b) bei Firmen nach Beendigung der Liquidation oder durch Eröffnung eines Insolvenzverfahrens über das Vermögen eines Mitglieds;
c) durch Ausschluss aus wichtigem Grunde, der nur vom Verwaltungsrat nach Anhörung des Betroffenen beschlossen werden kann. Ein solcher Grund liegt vor, wenn ein Mitglied vorsätzlich oder grob fahrlässig gegen die Satzung, den Verteilungsplan, den Berechtigungsvertrag, das Vereinsinteresse oder das Urheberrecht verstößt.
d) mit dem Ende der Vollmacht gem. § 4 Abs. 3.

(2) Die VG Musikedition ist verpflichtet, die Einnahmen aus den Rechten auch dann weiterhin nach den allgemeinen Vorschriften einzuziehen, zu verwalten und zu verteilen, wenn dem Berechtigten Einnahmen aus den Rechten zustehen
a) für Nutzungen aus einem Zeitraum, bevor das Wahrnehmungsverhältnis wirksam beendet oder der Rechteentzug wirksam war, oder
b) aus einem Nutzungsrecht, das die Verwertungsgesellschaft vergeben hat, bevor das Wahrnehmungsverhältnis wirksam beendet oder der Rechteentzug wirksam war.

§ 6 Organe. Die Organe des Vereins sind
– die Mitgliederversammlung im Sinne des BGB und VGG,
– der Verwaltungsrat als Aufsichtsgremium im Sinne des VGG,
– der Vorstand im Sinne des BGB.

Der Vorstand besteht aus einer oder zwei Personen (Geschäftsführern), die die hauptamtliche Geschäftsführung bilden.

§ 7 Versammlung der angeschlossenen Mitglieder. (1)
a) Der Präsident lädt die angeschlossenen Mitglieder mit einer dreiwöchigen Ladungsfrist ein. Die Einladung erfolgt in Textform. Die Frist beginnt mit dem Tag der Absendung der Einladung. Für die Wirksamkeit der Einladung genügt der ordnungsgemäße Versand an die der VG Musikedition zuletzt mitgeteilte Adresse (E-Mail-Adresse). In dieser Versammlung, die vom Präsidenten oder seinem Stellvertreter geleitet wird, erstattet der Verwaltungsrat den Geschäftsbericht und erteilt den angeschlossenen Mitgliedern Auskünfte.
b) Der Verwaltungsrat kann beschließen, die Versammlung der angeschlossenen Mitglieder gemeinsam mit der Mitgliederversammlung durchzuführen.

(2) Die Versammlung wählt alle drei Jahre aus ihrer Mitte bis zu zwei Delegierte aus jeder Kammer für die Versammlung der ordentlichen Mitglieder (Mitgliederversammlung). Die Delegierten bleiben bis zum Ende derjenigen Versammlung im Amt, in der die Neuwahl erfolgt. Wiederwahl ist möglich.

(3) Den Delegierten der angeschlossenen Mitglieder stehen in ihrer Amtszeit alle Rechte der ordentlichen Mitglieder zu, mit Ausnahme
– des passiven Wahlrechts,
– der Ernennung, Entlassung und Entlastung der Geschäftsführung sowie des Verwaltungsrats,
– des Rechts, sich vertreten zu lassen.

An Entscheidungen der Mitgliederversammlung, an denen die Delegierten nicht stimmberechtigt mitwirken, können Sie jedenfalls beratend mitwirken.

§ 8 Mitgliederversammlung. (1) Der Präsident lädt die ordentlichen Mitglieder innerhalb von acht Monaten nach Ablauf des Geschäftsjahres zur jährlichen Mitgliederversammlung mit einer dreiwöchigen Ladungsfrist ein. Die Einladung erfolgt in Textform unter Angabe der Tagesordnung und eines Auszugs aus dem Geschäftsbericht. Die Frist beginnt mit dem Tag der Absendung der Einladung. Für die Wirksamkeit der Einladung genügt der ordnungsgemäße Versand an die der VG Musikedition zuletzt mitgeteilte Adresse (E-Mail-Adresse). Der Termin zur Mitgliederversammlung wird in der Regel vier Monate vor der Versammlung auf der Internetseite der VG Musikedition bekannt gegeben. Eine spätere Bekanntgabe ist, soweit sie unverzüglich erfolgt, ohne Einfluss auf die Wirksamkeit der Beschlüsse der Mitgliederversammlung.

(2) Auf Antrag des Verwaltungsrats oder auf Antrag eines Drittels der ordentlichen Mitglieder hat eine außerordentliche Mitgliederversammlung stattzufinden.

(3)

a) Anträge an die Mitgliederversammlung können ausschließlich in Textform unter Wahrung einer Frist von mindestens 10 Wochen vor der Versammlung gestellt werden von
   - jedem Mitglied, sofern der Antrag nachweisbar von mindestens 7 weiteren Mitgliedern getragen wird;
   - dem Verwaltungsrat;
   - der Geschäftsführung.
b) Anträge sind bei der Geschäftsführung einzureichen.
c) Anträge zu Punkten, die auf der Tagesordnung stehen, können in der Mitgliederversammlung von jedem stimmberechtigten Mitglied gestellt werden. Dies gilt auch für satzungsändernde Anträge, die auf Satzungsbestimmungen Bezug nehmen, zu denen fristgerecht Anträge gestellt wurden. Im Übrigen sind Dringlichkeitsanträge zu Satzungsänderungen unzulässig.

Wahlvorschläge für den Verwaltungsrat, die Ausschüsse und das Kuratorium sowie für die Rechnungsprüfer des Kuratoriums können bis spätestens 10 Wochen vor der Mitgliederversammlung von ordentlichen Mitgliedern bei der Geschäftsführung eingebracht werden; mit Ausnahme der Wahlvorschläge für den Verwaltungsrat steht dieses Recht auch den Delegierten aus den Reihen der angeschlossenen Mitglieder zu. Außer im Fall einer erforderlichen Nachnominierung sind zusätzliche Wahlvorschläge in der Mitgliederversammlung nicht möglich. Die Geschäftsführung prüft die Wahlvorschläge hinsichtlich der passiven Wählbarkeit und veröffentlicht eine Wahlliste in der Tagesordnung zur Mitgliederversammlung.

(4)

a) In der Versammlung hat jedes ordentliche Mitglied eine Stimme.
b) Juristische Personen üben ihr Stimmrecht durch ihre gesetzlichen oder organschaftlichen Vertreter aus. Falls diese an der Ausübung ihres Stimmrechts verhindert sind, kann das Stimmrecht durch einen im Handelsregister eingetragenen Vertreter oder durch einen Handlungsbevollmächtigten im Sinne von § 54 HGB ausgeübt werden. Diese Vertreter müssen ständig im Unternehmen tätig sein. Eine schriftliche Vollmacht ist der Geschäftsstelle grundsätzlich bis zwei Wochen vor der Mitgliederversammlung unter Verwendung des hierzu vorgesehenen Formulars zu übersenden; in Fällen des nachweisbar unverschuldeten Versäumnisses ist eine Nachholung unverzüglich, spätestens jedoch bis drei Werktage vor Beginn der Mitgliederver-

sammlung unter Vorlage eines ärztlichen Attests möglich. Ein Vertreter kann das Stimmrecht nicht für mehr als fünf Verlage ausüben.

c) Jedes Mitglied kann sich in der Mitgliederversammlung vertreten lassen, sofern die Vertretung keinen Interessenkonflikt befürchten lässt. Ein Interessenkonflikt ist in der Regel zu befürchten bei der Bevollmächtigung von
– Mitgliedern anderer Kammern,
– angeschlossenen Mitgliedern,
– Nutzern oder mit Nutzern wirtschaftlich verflochtenen Personen,
– Personen, die Interessen von Nutzern oder Mitgliedern anderer Kammern vertreten.

Ein Interessenkonflikt ist in der Regel nicht zu befürchten, wenn ein anderes ordentliches Mitglied derselben Kammer oder ein naher Angehöriger des Mitglieds bevollmächtigt wird.

Die Anzahl der Mitglieder, die sich nach dieser Vorschrift durch dieselbe Person vertreten lassen können, wird auf die gesetzlich vorgeschriebene Mindestanzahl beschränkt. Der Vertreter ist weisungsgebunden. Die Vertretung muss der VG Musikedition mindestens zwei Wochen vor der Mitgliederversammlung unter Verwendung des hierzu vorgesehenen Formulars angezeigt werden. Ist ein Mitglied wegen Krankheit an der Teilnahme gehindert, ist die Anzeige der Vertretung unter Vorlage eines ärztlichen Attests bis spätestens drei Werktage vor Beginn der Mitgliederversammlung möglich.

d) Handlungsvollmachten und Vollmachten zur Vertretung eines Mitglieds sind beschränkt auf die jeweils bevorstehende Mitgliederversammlung.

(5)

a) Auf Beschluss der Geschäftsführung oder des Verwaltungsrats können Mitarbeiter der Geschäftsstelle, Experten (zum Beispiel aus dem Bereich des Urheberrechts) oder Spezialisten hinsichtlich der technischen Durchführung an der Mitgliederversammlung teilnehmen.

b) Die Entscheidung über die Teilnahme von weiteren Gästen an der Mitgliederversammlung obliegt dem Verwaltungsrat, der diese Entscheidung zur Beschlussfassung an die Mitgliederversammlung abtreten kann.

(6) Über die Mitgliederversammlung ist ein Ergebnisprotokoll anzufertigen, das vom Versammlungsleiter unterzeichnet wird.

§ 9 Abstimmung in der Mitgliederversammlung. (1) Die Versammlung der ordentlichen Mitglieder wird vom Präsidenten oder von seinem Stellvertreter geleitet.

(2) Der Versammlung obliegt insbesondere:

a) die Entgegennahme des Geschäftsberichtes und des Jahresabschlusses;
b) die Entgegennahme und Verabschiedung des Transparenzberichts;
c) die Entlastung des Verwaltungsrats und der Geschäftsführung als Vorstand im Sinne des BGB;
d) die Wahl und die Abberufung der Mitglieder des Verwaltungsrats und der Ausschüsse, soweit es sich um die in die Zuständigkeit der Mitgliederversammlung fallenden ständigen Ausschüsse handelt;
e) die Ernennung von Ehrenmitgliedern und Ehrenpräsidenten auf Vorschlag des Verwaltungsrats;
f) die Beschlussfassung über die Wahlordnung, die Bestandteil dieser Satzung ist;

g) die Beschlussfassung über Satzung, Berechtigungsvertrag und Verteilungsplan sowie deren Änderungen;
h) die Beschlussfassung über die Verwendung nicht verteilbarer Einnahmen aus Rechten;
i) die Beschlussfassung über die allgemeine Anlagepolitik in Bezug auf die Einnahmen aus Rechten;
j) die Beschlussfassung über die allgemeinen Grundsätze für die Abzüge von den Einnahmen aus den Rechten, einschließlich der allgemeinen Grundsätze für Abzüge zur Deckung der Verwaltungskosten;
k) die Festlegung der Bedingungen, zu denen der Berechtigte jedermann das Recht einräumen kann, Werke oder sonstige Schutzgegenstände für nicht kommerzielle Zwecke zu nutzen;
l) die Beschlussfassung über Errichtung und Finanzierung von Vorsorge- und Unterstützungseinrichtungen sowie Einrichtungen zur kulturellen Förderung einschließlich der dafür notwendigen Abzügen von den Einnahmen aus Rechten;
m) die Beschlussfassung über die Auflösung des Vereins.

(3) Abstimmungen und Wahlen in der Mitgliederversammlung erfolgen mittels eines elektronischen Abstimmungssystems, per Stimmzettel oder per Handzeichen. Der Versammlungsleiter bestimmt das Abstimmungsverfahren.

(4) Die Mitgliederversammlung ist über die Aufzählung in Abs. 2 hinaus für alle Vereinsangelegenheiten zuständig, soweit die Satzung nichts anderes bestimmt.

(5)

a) Beschlüsse gelten, sofern die Satzung nichts anderes vorsieht, als gefasst, wenn die absolute Mehrheit der abgegebenen Stimmen erreicht wird. Enthaltungen und ungültige Stimmen gelten als nicht abgegeben, soweit die Satzung nicht Einstimmigkeit der Beschlussfassung vorsieht.
b) aa) Satzungsänderungen, Änderungen des Berechtigungsvertrages, Änderungen der Allgemeinen Grundsätze des Verteilungsplans, seiner Ausführungsbestimmungen und Beschlüsse über die Auflösung des Vereins werden getrennt nach Kammern beschlossen, wobei jede Kammer eine Stimme hat.
   bb) Satzungsänderungen, Änderungen des Berechtigungsvertrages und Beschlüsse über die Auflösung des Vereins gelten als gefasst, wenn Einstimmigkeit der drei Kammern vorliegt. Änderungen des Verteilungsplans A gelten als gefasst, wenn die Kammern I und II zustimmen. Änderungen des Verteilungsplans B gelten als gefasst, wenn die Kammern II und III zustimmen. Änderungen des Verteilungsplans C gelten als gefasst, wenn die Kammer II zustimmt.
   cc) Innerhalb der Kammern erfolgt die Abstimmung in der Weise, dass für Satzungsänderungen (einschließlich der Allgemeinen Grundsätze des Verteilungsplans) und Beschlüsse zur Auflösung des Vereins Zwei-Drittel-Mehrheit der abgegebenen gültigen Stimmen erforderlich ist, und zwar im Falle der Auflösung des Vereins mit der Maßgabe, dass die Zwei-Drittel-Mehrheit mindestens die Hälfte der insgesamt vorhandenen Zahl der zu der jeweiligen Kammer gehörenden Mitglieder ausmachen muss. Für Änderungen des Berechtigungsvertrages sowie der Ausführungsbestimmungen des Verteilungsplans ist die absolute Mehrheit der abgegebenen gültigen Stimmen erforderlich.

(6) Bei Abstimmungen, die ausschließlich eine Kammer betreffen, sind nur die Mitglieder dieser Kammer stimmberechtigt. Beschlüsse werden analog zu Abs. 5. a) dieses Paragrafen gefasst.

(7)

a) Anstelle der Ausübung des Stimmrechts in der Mitgliederversammlung können die stimmberechtigten Mitglieder und Delegierten ihr Stimmrecht im Vorfeld der Mitgliederversammlung auf elektronischem Weg ausüben (E-Voting). Darüber hinaus besteht für die Mitglieder die Möglichkeit, die Mitgliederversammlung nach vorheriger Registrierung per Live-Stream zu verfolgen.
b) Die Stimmrechtsausübung per E-Voting ist nur hinsichtlich der in der Tagesordnung veröffentlichten Wahlvorschläge und Anträge (Abstimmungen) möglich. Die Stimmrechtsausübung per E-Voting ist nicht übertragbar und unwiderruflich.
c) Mitglieder, die sich in der Mitgliederversammlung vertreten lassen oder als Stellvertreter (Bevollmächtigter) für ein anderes Mitglied an der Mitgliederversammlung teilnehmen, können ihr Stimmrecht nicht per E-Voting ausüben.
d) Voraussetzung für die Teilnahme am E-Voting und am Live-Stream ist die Einhaltung der dafür geltenden Fristen und Authentifizierungsanforderungen, die von der Geschäftsführung festgelegt und auf der Internetseite der VG Musikedition veröffentlicht werden.

(8) Die Unwirksamkeit von Beschlüssen der Mitgliederversammlung kann nur im Wege der Klage geltend gemacht werden. Sie kann nicht gestützt werden

a) auf eine durch technische Störungen hervorgerufene Verletzung von Rechten, die auf elektronischem Wege wahrgenommen wurden, soweit die Störung weder grob fahrlässig noch vorsätzlich von der VG Musikedition verursacht worden ist,

auf eine Verletzung von Verfahrensvorschriften, soweit sich die Verletzung nicht auf die Beschlussfassung ausgewirkt hat. Zur Geltendmachung von Verfahrensverstößen sind nur in der Mitgliederversammlung anwesende Mitglieder berechtigt, sofern sie gegen den Beschluss Widerspruch erklären, und jedes nicht erschienene Mitglied, sofern es sich darauf beruft, zur Mitgliederversammlung zu Unrecht nicht zugelassen worden zu sein oder dass die Mitgliederversammlung nicht ordnungsgemäß einberufen oder der Gegenstand des Antrags nicht ordnungsgemäß bekanntgemacht worden sei. Die Klage muss innerhalb von sechs Wochen nach der Mitgliederversammlung erhoben werden.

§ 10 Verwaltungsrat. (1) Der Verwaltungsrat besteht aus mindestens vier, höchstens fünf Personen, die von den Mitgliedern der drei Kammern gemeinsam gewählt werden.

(2) Der Verwaltungsrat setzt sich wie folgt zusammen:
– 1 Verfasser oder Herausgeber im Sinne der §§ 70/71 UrhG (Kammer I),
– 3 Verleger (Kammer II), wovon ein Verleger Inhaber von Rechten an Ausgaben oder Werken gemäß §§ 70/71 UrhG sein soll,
– 1 Komponist oder Textdichter (Kammer III).

Sofern die Wahl eines Verwaltungsratsmitgliedes aus einer Kammer nicht möglich ist, kann ein weiteres Verwaltungsratsmitglied einer anderen Kammer gewählt werden.

Als Verleger wählbar sind Personen, die seit mindestens fünf Jahren Inhaber einer Einzelfirma, persönlich haftender Gesellschafter einer Offenen Handelsgesellschaft oder Kommanditgesellschaft, Geschäftsführer einer GmbH, Vorstandsmitglied einer Aktiengesellschaft oder in leitender Funktion in einem Musikverlag tätig sind. Aus einem Verlag oder einer Verlagsgruppe kann nur eine Person dem Verwaltungsrat angehören.

(3) Die Verwaltungsratsmitglieder wählen aus ihrer Mitte den Präsidenten und den Vizepräsidenten. Diese sollen nicht derselben Kammer angehören.

(4) Der Verwaltungsrat wird für drei Jahre gewählt; er bleibt bis zum Ende derjenigen Mitgliederversammlung im Amt, in der die Neuwahl erfolgt. Wiederwahl ist zulässig.

(5) Scheidet ein Verwaltungsratsmitglied aus, so kooptiert der Restverwaltungsrat ein Vereinsmitglied. Dieses bedarf der Bestätigung durch die nächste Mitgliederversammlung.

(6) Der Verwaltungsrat entscheidet mit einfacher Stimmenmehrheit der anwesenden Mitglieder; bei Stimmengleichheit gibt die Stimme des amtierenden Präsidenten den Ausschlag.

Der Verwaltungsrat ist beschlussfähig, wenn mindestens 3 Mitglieder anwesend sind.

(7)

a) Die Geschäfte werden von einer hauptamtlichen Geschäftsführung (Vorstand im Sinne des BGB) geführt, die vom Verwaltungsrat bestellt und abberufen wird. Die Geschäftsführung ist an die Weisungen des Verwaltungsrats gebunden. Der Verwaltungsrat erlässt eine Geschäftsordnung für die Geschäftsführung, die bestimmt, welche Geschäftsvorfälle der Zustimmung des Verwaltungsrats bedürfen.
b) Der Verwaltungsrat legt die Vergütungen und sonstigen Leistungen für die Geschäftsführung fest.

(8) Zu den weiteren Befugnissen des Verwaltungsrats gehören insbesondere:

a) Überwachung und Kontrolle der Geschäftsführung,
b) Festsetzung der Aufnahmegebühr und des Mitgliedsbeitrages,
c) Bestellung und Abberufung des Wirtschaftsprüfers,
d) Zusammenschlüsse und Bündnisse unter Beteiligung der Verwertungsgesellschaft, die Gründung von Tochtergesellschaften, die Übernahme anderer Organisationen und der Erwerb von Anteilen oder Rechten an anderen Organisationen,
e) Beschlüsse über die Grundsätze des Risikomanagements,
f) Erwerb, Verkauf und Beleihung von unbeweglichen Sachen,
g) Aufnahme und Vergabe von Darlehen sowie die Stellung von Darlehenssicherheiten,
h) Festsetzung der Kostenpauschalen und Provisionen auf der Grundlage von § 9 Abs. 2 lit. j),
i) Aufstellung und Änderung der Tarife sowie der Abschluss von Gesamtverträgen,
j) Festsetzung der Ausschüttungstermine,
k) Aufstellung der Satzung des Kulturfonds,
l) Errichtung von Sonderausschüssen,
m) Ausschluss von Mitgliedern aus wichtigem Grund,

n) Abschluss, Inhalt und Beendigung von Repräsentationsvereinbarungen und Inkassomandaten mit anderen Verwertungsgesellschaften,
o) Beschlussfassung über die Verteilung und Zuführung der Erträge aus den Gegenseitigkeitsverträgen mit ausländischen Verwertungsgesellschaften zu einzelnen Sparten, sofern keine Netto-Einzelverrechnung möglich ist,
p) Beschlüsse über die Wahrnehmungsbedingungen, sofern diese Satzung keine anderen Zuständigkeiten vorsieht,
q) Beschlussfassung über alle Fragen, für die eine gesetzliche oder satzungsgemäße Zuständigkeit besteht.

(9) Dem Verwaltungsrat obliegen die Pflichten, die sich aus § 21 Abs. 2 VGG ergeben.

(10) Der Verwaltungsrat gibt sich eine Geschäftsordnung. Über die Sitzungen des Verwaltungsrats ist ein Protokoll anzufertigen.

(11) Der Verwaltungsrat ist ehrenamtlich tätig. Die Mitglieder des Verwaltungsrats erhalten Ersatz ihrer Reisekosten und Barauslagen sowie ein Tagegeld (Sitzungsgeld) in angemessener Höhe, das vom Rechts- und Wirtschaftsausschuss festgelegt wird.

§ 11 Vorstand (Geschäftsführung). (1) Die Geschäftsführung ist Vorstand im Sinne des BGB und wird vom Verwaltungsrat bestellt und abberufen.

(2) Mitglieder der Geschäftsführung sind hauptamtlich tätig und erhalten für ihre Tätigkeit eine Vergütung und sonstige Leistungen, die vom Verwaltungsrat festgelegt werden.

(3) Die Geschäftsführung vertritt den Verein gerichtlich und außergerichtlich. Besteht die Geschäftsführung aus zwei Personen, so sind diese jeweils alleine zur Vertretung des Vereins berechtigt.

(4) Falls nur eine Person durch den Verwaltungsrat als Geschäftsführung bestellt ist, wird der Verein im Falle von dessen lang anhaltender Verhinderung durch zwei ehrenamtliche Mitglieder vertreten, die vom Verwaltungsrat berufen werden.

(5) Die Geschäftsführung hat der zuständigen Aufsichtsbehörde eine Liste der Mitglieder des Verwaltungsrats und der Geschäftsführung einzureichen, aus welcher Name, Vorname, Stand und Wohnort zu entnehmen sind. Sie hat diese Liste durch Vorlage der Versammlungs- bzw. Sitzungsprotokolle nachzuweisen. Sie hat ferner jede Veränderung dieser Organe unverzüglich nach Eintritt der Änderung mitzuteilen.

§ 12 Ausschüsse. (1) Die VG Musikedition soll die folgenden ständigen Ausschüsse haben, die sich im Besonderen mit folgenden Aufgaben befassen sollen:
a) Werkausschuss, mit der Schutzfähigkeit der angemeldeten Ausgaben und Werke (§§ 70/71 UrhG) und deren Bewertung,
b) Rechts- und Wirtschaftsausschuss, mit sämtlichen rechtlichen und wirtschaftlichen Belangen, einschließlich der Gestaltung von Tarifen und Verteilungsplänen,
c) Kirchenmusikausschuss, mit allen Belangen im Bereich der Kirchen und Freikirchen,

(2) Die Ausschüsse dienen der Beratung des Verwaltungsrats und zur Vorbereitung seiner Beschlüsse.

(3) Über Zusammensetzung der Mitglieder der ständigen Ausschüsse entscheidet die Mitgliederversammlung. Werkausschuss und Kirchenmusikausschuss bestehen aus maximal 5, aber mindestens 3 Personen. Der Rechts- und Wirtschaftsausschuss besteht aus maximal 8, aber mindestens 5 Personen. Die Mitglieder der ständigen Ausschüsse werden von den Mitgliedern der drei Kammern gemeinsam gewählt.

(4) Die Mitglieder der ständigen Ausschüsse werden für 3 Jahre gewählt. Wiederwahl ist zulässig. Scheidet ein Mitglied vorzeitig aus, kann der Verwaltungsrat ein neues Mitglied berufen, das der Bestätigung durch die nächste Mitgliederversammlung bedarf.

(5) Die Sitzungen der Ausschüsse werden von der Geschäftsführung einberufen und geleitet.

(6) Neben den ständigen Ausschüssen kann der Verwaltungsrat Sonderausschüsse für einzelne oder mehrere in den Zuständigkeitsbereich der VG Musikedition fallende Angelegenheiten bestellen.

(7) Die Verwaltungsratsmitglieder können an allen Sitzungen der Ausschüsse teilnehmen.

(8) Die Tätigkeit der Ausschussmitglieder ist ehrenamtlich. Die Mitglieder der Ausschüsse erhalten Ersatz ihrer Reisekosten und Barauslagen sowie ein Tagegeld (Sitzungsgeld) in angemessener Höhe, das vom Verwaltungsrat festgelegt wird. Einzelheiten sollen in einer Reise- und Tagegeldordnung geregelt werden.

§ 13 Kulturfonds. Die VG Musikedition richtet einen Kulturfonds ein, der ausschließlich und unmittelbar gemeinnützige Zwecke im Sinne der steuerlichen Vorschriften verfolgt. Einzelheiten regelt die Satzung des Kulturfonds.

§ 14 Verteilungsplan. (1) Die Verteilung des Aufkommens einschließlich der für soziale und kulturelle Zwecke bereitgestellten Mittel erfolgt nach einem Verteilungsplan, dessen Allgemeine Grundsätze und Ausführungsbestimmungen nur nach Maßgabe von § 9 Abs. 5. b) der Satzung geändert werden können. Die Allgemeinen Grundsätze des Verteilungsplans sind Bestandteil der Satzung.

(2) Durch die Regelung der Verteilung ist sicher zu stellen, dass die VG Musikedition keine Gewinne erzielt und alle Einnahmen nach Abzug der Kosten und der Zuwendungen für soziale und kulturelle Zwecke an die Berechtigten verteilt werden.

(3) Die Abrechnungstermine werden vom Verwaltungsrat festgelegt.

§ 15 Beschwerdeverfahren. (1) Beschwerden sind in Textform an die Geschäftsführung zu richten. Als Gegenstand einer Beschwerde kommen insbesondere die Aufnahme und Beendigung der Rechtewahrnehmung, der Entzug von Rechten, die Bedingungen der Mitgliedschaft, die Wahrnehmungsbedingungen, die Einziehung, Verwaltung und Verteilung der Einnahmen aus den Rechten sowie die Abzüge von den Einnahmen aus den Rechten in Betracht.

(2) Berechtigt zu einer Beschwerde ist, wer als angeschlossenes oder ordentliches Mitglied persönlich von der Entscheidung betroffen ist; Nutzer sind hingegen nicht beschwerdeberechtigt.

(3) Die Geschäftsführung entscheidet über die Beschwerde in Textform. Soweit sie der Beschwerde nicht abhilft, hat sie dies zu begründen.

(4) Gegen die Entscheidung der Geschäftsführung kann beim Verwaltungsrat Einspruch erhoben werden. Der Einspruch muss spätestens vier Wochen nach Zugang der ablehnenden Entscheidung beim Verwaltungsrat eingegangen sein.

§ 16 Satzungsänderungen. Von der Mitgliederversammlung beschlossene Satzungsänderungen bedürfen gemäß § 33 Abs. 2 BGB vor ihrer Wirksamkeit der Genehmigung der Verleihungsbehörde. Sie sind der zuständigen Aufsichtsbehörde mitzuteilen.

§ 17 Redaktionelle Änderungen. Der Verwaltungsrat ist berechtigt, redaktionelle Änderungen von Satzung, Verteilungsplan, Berechtigungsvertrag und Wahlordnung vorzunehmen, solange sie nur die Korrektur von Fehlern der Orthografie, Grammatik oder Interpunktion, die Anpassung von Verweisen auf Gesetzesbestimmungen und Namen von Organisationen sowie die Vereinheitlichung und Ergänzung von Abkürzungen oder Überschriften betreffen. Die vorgenommen Änderungen werden den Mitgliedern im Rahmen des Protokolls der jährlichen Mitgliederversammlung mitgeteilt.

§ 18 Auflösung und Vermögenszuführung. (1) Die Auflösung des Vereins kann nur gemäß § 9 Abs. 5. b) in einer eigens zu diesem Zweck einberufenen Mitgliederversammlung erfolgen.

(2) Im Falle der Auflösung muss das etwa vorhandene Vereinsvermögen Institutionen oder Vereinigungen zugeführt werden, deren gemeinnütziger und kultureller Zweck anerkannt ist und deren Aufgaben und Ziele denen der VG Musikedition möglichst nahe kommen.

Die jeweils geltenden Tarife der VG Musikedition sind im Internet unter „www.vg-musikedition.de" veröffentlicht.

21. GÜFA/Gesellschaft zur Übernahme und Wahrnehmung von Filmaufführungsrechten mit beschränkter Haftung

Gesellschaftsvertrag

(Gesellschaftsvertrag vom 13.11.1976 mit Änderungen bis 7.2.2019)

§ 1 Firma und Sitz. (1) Die Firma lautet:
GÜFA Gesellschaft zur Übernahme und Wahrnehmung von Filmaufführungsrechten mit beschränkter Haftung.

(2) Die Gesellschaft hat ihren Sitz in Düsseldorf.

§ 2 Gegenstand des Unternehmens. (1) Gegenstand des Unternehmens ist die Übernahme und treuhänderische Wahrnehmung von Rechten und Ansprüchen, die sich für Hersteller, Urheber und sonstige Rechteinhaber von Filmen, Laufbildern, Standbildern und Fotografien – insbesondere mit erotischem und pornografischem Sujet – aus dem Urheberrechtsgesetz ergeben.

(2) Die Gesellschaft kann sich zur Erreichung dieses Zwecks an den Zusammenschlüssen anderer Verwertungsgesellschaften oder ähnlichen Unternehmen beteiligen. Sie ist auch berechtigt, Inkassomandate von anderen Verwertungsgesellschaften zu übernehmen, sofern diesen die erforderliche Erlaubnis der zuständigen Aufsichtsbehörde erteilt worden ist.

(3) Die Gesellschaft ist eine Verwertungsgesellschaft gemäß § 2 VGG. Sie ist nicht auf Gewinnerzielung ausgerichtet.

§ 3 Wahrnehmung der übernommenen Rechte. (1) Die Bedingungen, zu denen die GÜFA die Rechte der Berechtigten wahrnimmt, ergeben sich aus den Wahrnehmungsbedingungen der GÜFA. Diese müssen angemessen sein.

(2) Die Berechtigten gliedern sich in zwei Bereiche:

a) Urheber
b) Leistungsschutzberechtigte (Filmhersteller, Rechteinhaber von Filmherstellerrechten, ausübende Künstler).

(3) Die von der Gesellschaft auf Grundlage einer vertraglichen Vereinbarung wahrzunehmenden Rechte werden ihr durch Abschluss eines Wahrnehmungsvertrages (Berechtigungsvertrag) mit den jeweiligen Berechtigten eingeräumt oder übertragen. Der Berechtigte kann Art und Umfang der wahrzunehmenden Rechte und Ansprüche inhaltlich und räumlich einschränken. Im Berechtigungsvertrag können auch Bedingungen für die Nutzung für nicht kommerzielle Zwecke geregelt werden.

(4) Der Wahrnehmungsvertrag muss enthalten:

a) die Regelung, dass der Berechtigte unter Einhaltung einer angemessenen Frist von höchstens 6 Monaten zum Ende des Geschäftsjahres das Wahrnehmungsverhältnis insgesamt beenden oder der Gesellschaft Rechte seiner

---

Anschrift: Vautierstr. 72, 40235 Düsseldorf.
Internet: www.guefa.de.

Wahl an Arten von Werken und sonstigen Schutzgegenständen seiner Wahl entziehen kann, und zwar jeweils für Gebiete seiner Wahl;
b) die Erklärung, dass der von der Gesellschaft zu errichtende Verteilungsplan anerkannt wird;
c) die Erklärung, dass die der Gesellschaft entstehenden Verwaltungskosten von den aus der Rechtewahrnehmung erzielten Vergütungen vorab in Abzug gebracht werden;
d) die Zustimmung zur Wahrnehmung für jedes einzelne Recht.

§ 4 Verteilung der Einnahmen. (1) Die aus den Vergütungsansprüchen erzielten Erträge sowie die sonstigen Erträge werden nach Abzug der Verwaltungskosten vollständig an die Berechtigten verteilt. Die Abzüge von den Einnahmen aus den Rechten können aus dem aktuellen jährlichen Transparenzbericht ersehen werden.

(2) Die Abzüge von den Einnahmen aus den Rechten sind so zu bemessen, dass die Gesellschaft stets über genügend liquide Mittel verfügt, um im Falle von Rechtsstreitigkeiten über die Einnahmen aus gesetzlichen Vergütungsansprüchen die Geschäfte der Gesellschaft nach den Grundsätzen ordnungsgemäßer Wirtschaftsführung weiterführen zu können.

(3) Die Gesellschaft bestimmt die Fristen für die Verteilung im Verteilungsplan so, dass die Einnahmen aus den Rechten spätestens neun Monate nach Ablauf des Geschäftsjahrs, in dem sie eingezogen wurden, verteilt werden. Eine Frist läuft nicht ab, solange die Gesellschaft aus sachlichen Gründen an der Durchführung der Verteilung gehindert ist.

(4) Die Verteilung der Einnahmen erfolgt aufgrund eines von der Gesellschaft durch die Mitgliederhauptversammlung unter stimmberechtigter Mitwirkung der Delegierten zu errichtenden Verteilungsplans, der von den Berechtigten mit Abschluss des Wahrnehmungsvertrages anzuerkennen ist.

(5) Hinsichtlich der Verwendung nicht verteilbarer Einnahmen stellt die Gesellschaft im Verteilungsplan allgemeine Regeln auf.

(6) Die Mitgliederhauptversammlung der Gesellschaft ist unter stimmberechtigter Mitwirkung der Delegierten berechtigt, Bestimmungen darüber zu treffen, dass ein festzulegender Anteil an den Einnahmen der Gesellschaft für die Förderung kulturell bedeutender Werke und Leistungen verwendet wird. Die Mitgliederhauptversammlung der Gesellschaft ist unter stimmberechtigter Mitwirkung der Delegierten weiter berechtigt, Leistungen für die Einrichtung und den Betrieb von Vorsorge- und Unterstützungseinrichtungen für die Berechtigten zu beschließen. Der für die Förderung kulturell bedeutender Werke und Leistungen sowie Vorsorge- und Unterstützungseinrichtungen festzulegende Anteil soll jedoch $^{1}/_{10}$ des Gesamtaufkommens nicht übersteigen. Kulturelle Förderungen und Leistungen der Vorsorge- und Unterstützungseinrichtungen hat die Gesellschaft nach festen Regeln, die auf fairen Kriterien beruhen, zu erbringen.

§ 5 Geschäftsjahr. Das Geschäftsjahr ist das Kalenderjahr.

§ 6 Stammkapital. (1) Das Stammkapital der Gesellschaft beträgt EURO 30 000,00 (in Worten: EURO dreißigtausend).

(2) Die Geschäftsführung ist ermächtigt, das Stammkapital der Gesellschaft durch Ausgabe neuer Geschäftsanteile gegen Bareinlagen einmalig oder mehrmals zu erhöhen.

(3) Voll eingezahlte Geschäftsanteile eines Gesellschafters können durch Gesellschafterbeschluss zu einem einheitlichen Geschäftsanteil zusammengefasst werden.

§ 7 Veräußerung und Erwerb von Geschäftsanteilen. (1) Geschäftsanteile können grundsätzlich nur an Gesellschafter oder Berechtigte der GÜFA veräußert werden. Die Veräußerung und Belastung von Geschäftsanteilen oder das Teilen von Geschäftsanteilen ist von der Zustimmung der Gesellschafter abhängig, die einer ¾ Mehrheit aller Gesellschafter bedarf. Die Abstimmung erfolgt nach Köpfen, und zwar unabhängig davon, wie viele Geschäftsanteile jeder Gesellschafter hält.

(2) Die Zustimmung zu einer Veräußerung eines Geschäftsanteiles gilt bereits jetzt als verweigert, wenn durch die Übertragung und Abtretung ein Gesellschafter dann insgesamt Geschäftsanteile innehaben würde, deren Nominalbetrag mehr als 46,1 % des Stammkapitals ausmacht.

(3) Der zu der Veräußerung erforderlichen Zustimmung bedarf es dann nicht, wenn nach Maßgabe der folgenden Vorschriften verfahren wird:

a) Der Gesellschafter, der einen Geschäftsanteil oder Teile eines Geschäftsanteils veräußern will, hat sie zunächst den übrigen Gesellschaftern zum Nominalwert durch eingeschriebenen Brief unter schriftlicher Benachrichtigung der Gesellschaft zum Erwerb anzubieten. Dabei sind die Bedingungen für die Veräußerungen anzugeben. Die Erwerbsbereitschaft ist innerhalb von zwei Monaten seit Zugang des Angebotsschreibens durch eingeschriebenen Brief unter schriftlicher Benachrichtigung der Gesellschaft zu erklären.

b) Die Gesellschafter können das Erwerbsrecht nur im Verhältnis ihrer bisherigen Geschäftsanteile ausüben.
Macht ein Gesellschafter von seinem Erwerbsrecht keinen Gebrauch, steht den übrigen Gesellschaftern ein Erwerbsrecht hieran im Verhältnis ihrer Beteiligung zu. Diese Erwerbsbereitschaft ist innerhalb einer weiteren Frist von vier Wochen nach Mitteilung durch die Gesellschaft zu erklären. Ein unteilbarer Spitzenbetrag fällt dem erwerbsbereiten Gesellschafter mit der geringsten prozentualen Beteiligung zu. Die Abtretung/Übertragung der Beteiligung hat in notarieller Form binnen vier Wochen nach Ausübung des Erwerbsrechts zu erfolgen. Falls keiner der Mitgesellschafter sein Erwerbsrecht ausübt oder der Erwerbsberechtigte nicht fristgerecht an der Abtretung/Übertragung mitwirkt, kann der Gesellschafter die angebotene Beteiligung innerhalb einer Frist von sechs Monaten ohne Zustimmung der übrigen Gesellschafter frei veräußern. Eine etwa nach § 17 Abs. 1 GmbHG erforderliche Zustimmung der Gesellschaft ist von dem/den Geschäftsführer/n zu erteilen.

c) § 7 Abs. 2 bleibt unberührt.

(4) Berechtigte, die keine Mitglieder sind, sind auf Antrag abweichend von Absatz 1 auch ohne Zustimmung von ¾ der Gesellschafter als Gesellschafter aufzunehmen und können neue Geschäftsanteile in Höhe von maximal € 1000,00 erwerben, wenn Sie folgende Voraussetzungen erfüllen:

– Die Berechtigten bzw. Ihre Geschäftsführer legen ein erweitertes polizeiliches Führungszeugnis vor.

– Die Berechtigten bzw. Ihre Geschäftsführer sind nicht vorbestraft.
– Es können nur Berechtigte Mitglied werden, die ein maßgebliches Repertoire an Rechten in die Gesellschaft einbringen und dadurch maßgeblich zum Aufkommen der GÜFA beitragen und so einen wesentlichen Beitrag zum wirtschaftlichen Fundament der Gesellschaft leisten.
  • Für Berechtigte aus dem Bereich Leistungsschutzberechtigte gilt diese Voraussetzung als erfüllt, wenn der Berechtigte oder das berechtigte Unternehmen in den letzten 5 Jahren vor seinem Antrag auf Erwerb von Geschäftsanteilen jeweils mehr als 7,5 % der jährlichen Verteilsumme der Gesellschaft erhalten hat.
  • Für Berechtigte aus dem Bereich Urheber gilt diese Voraussetzung als erfüllt, wenn der Berechtigte in den letzten 5 Jahren vor seinem Antrag auf Erwerb von Geschäftsanteilen jeweils mehr als 5 % der jährlichen Verteilsumme der Gesellschaft erhalten hat.

Die Gesellschaft wird dazu entsprechende neue Geschäftsanteile gegen Bareinlage ausgeben.

§ 8 Dauer der Gesellschaft, Tod eines Gesellschafters. (1) Die Gesellschaft wird auf unbestimmte Dauer eingegangen.

(2) Durch den Tod eines Gesellschafters wird die Gesellschaft nicht aufgelöst. In diesem Falle gehen der oder die Geschäftsanteile des verstorbenen Gesellschafters auf seine Erben über. Mehrere Erben bzw. die Erbengemeinschaft haben der Gesellschaft auf Anforderung binnen einer angemessenen Frist einen gemeinsamen Bevollmächtigten zu benennen, der ihre Rechte nur einheitlich wahrnehmen kann. Solange die Benennung des Bevollmächtigten nicht erfolgt ist, ruhen die Gesellschafterrechte des verstorbenen Gesellschafters.

§ 9 Organe der Gesellschaft. Organe der Gesellschaft sind:
a) die Gesellschafterversammlung
b) die Mitgliederhauptversammlung
c) die Geschäftsführung
d) das Aufsichtsgremium
e) der Beirat
f) die Delegierten.

§ 10 Geschäftsführung. (1) Die Geschäftsführung ist entsprechend dem satzungsgemäßen Zweck der Gesellschaft so einzurichten, dass für die Gesellschaft keine Gewinne erzielt werden.

(2) Die Gesellschaft hat einen oder mehrere Geschäftsführer. Ist nur ein Geschäftsführer bestellt, so vertritt dieser die Gesellschaft allein. Sind mehrere Geschäftsführer bestellt, so wird die Gesellschaft durch zwei Geschäftsführer oder durch einen Geschäftsführer in Gemeinschaft mit einem Prokuristen vertreten.

(3) Einzelne Geschäftsführer können durch Gesellschafterbeschluss von den Beschränkungen des § 181 BGB befreit werden. Für Geschäfte mit Unternehmen oder Vereinigungen, an denen die Gesellschaft geschäftsführend beteiligt ist, sind die Geschäftsführer von den Beschränkungen des § 181 BGB befreit.

(4) Die Geschäftsführung ist verpflichtet, alljährlich die Bilanz der Gesellschaft nebst Gewinn- und Verlustrechnung innerhalb von 5 Monaten nach Schluss des Geschäftsjahres aufzustellen und eine Abschrift der Bilanz nebst Gewinn- und Verlustrechnung zusammen mit der Einladung zur ordentlichen Gesellschafterversammlung den Gesellschaftern zuzuleiten.

(5) Die GÜFA stellt durch solide Verwaltungs- und Rechnungslegungsverfahren sowie interne Kontrollsysteme eine solide, umsichtige und angemessene Geschäftsführung sicher, § 21 VGG. Sofern ein Geschäftsführer gleichzeitig auch Berechtigter ist, sind Interessenkonflikte zu vermeiden, indem dieser an keinen Beschlussfassungen mitwirken darf, die seine Interessen als Berechtigter tangieren. Unvermeidbare Interessenkonflikte sind offenzulegen, Die Mitgliederhauptversammlung kann hierzu nähere Bestimmungen treffen

(6) Die Geschäftsführung bedarf außer in den Fällen des § 46 GmbH-Gesetzes eines zustimmenden Gesellschafterbeschlusses für

a) den Erwerb von aktivierungspflichtigen Gegenständen des Anlagevermögens, wenn die Anschaffungs- oder Herstellungskosten im Einzelfall Euro 30 000,00 übersteigen,
b) die Einstellung oder Entlassung von Personen, deren Jahresvergütung insgesamt den Betrag von Euro 50 000,00 übersteigt oder für deren Anstellungsverträge eine Kündigungsfrist von mehr als 6 Monaten vorzusehen ist,
c) die Bestellung und Abberufung von Prokuristen.

Die Gesellschafterversammlung kann die Zustimmung allgemein oder im Einzelfall erteilen.

(7) Die Berufung und Abberufung der Geschäftsführer erfolgt durch die Gesellschafterversammlung.

(8) Geschäftsführer der Gesellschaft geben mindestens einmal jährlich gegenüber der Mitgliederhauptversammlung eine persönliche Erklärung mit folgendem Inhalt ab:

1. ihre Beteiligungen an der Verwertungsgesellschaft,
2. die Höhe ihrer Vergütung und sonstigen Leistungen, die von der Gesellschaft im abgelaufenen Geschäftsjahr bezogen wurden,
3. die Höhe der Beträge, die sie in der Eigenschaft als Berechtigter (§ 3) von der Gesellschaft im abgelaufenen Geschäftsjahr erhalten haben, und
4. Art und Umfang eines tatsächlichen oder möglichen Konflikts zwischen ihren persönlichen Interessen und den Interessen der Gesellschaft oder zwischen ihren Pflichten gegenüber der Gesellschaft und ihren Pflichten gegenüber einer anderen natürlichen oder juristischen Person.

(9) Für die persönliche Erklärung gem. Ziffer (7) Nr. 3 ist die Angabe der Beträge nach Maßgabe folgender Stufen ausreichend:

- Stufe 1 erfasst einmalige oder regelmäßige monatliche Einkünfte von 1000 bis 3500 Euro,
- Stufe 2 Einkünfte bis 7000 Euro,
- Stufe 3 Einkünfte bis 15 000 Euro,
- Stufe 4 Einkünfte bis 30 000 Euro,
- Stufe 5 Einkünfte bis 50 000 Euro,
- Stufe 6 Einkünfte bis 75 000 Euro,
- Stufe 7 Einkünfte bis 100 000 Euro,
- Stufe 8 Einkünfte bis 150 000 Euro,
- Stufe 9 Einkünfte bis 250 000 Euro und

• Stufe 10 Einkünfte über 250 000 Euro.

Regelmäßige Einkünfte werden als solche gekennzeichnet. Mehrere unregelmäßige Zuflüsse eines Kalenderjahres werden fortlaufend addiert und mit der Stufe veröffentlicht, die der jeweiligen Summe entspricht.

§ 11 Mitgliederhauptversammlung. (1) Die Mitgliederhauptversammlung ist mindestens einmal jährlich einzuberufen.

(2) Eine außerordentliche Mitgliederhauptversammlung ist anzuberaumen, wenn die Geschäftsführung oder Gesellschafter, die zusammen mindestens 10% des Stammkapitals vertreten, eine solche Versammlung aus besonderem Grunde verlangen.

(2) Alle Mitglieder (Gesellschafter der Gesellschaft) sind zur Teilnahme und Abstimmung berechtigt.

(3) Zur Teilnahme an der Mitgliederhauptversammlung sind auch die Delegierten gem. § 13 des Gesellschaftsvertrages berechtigt. Die Delegierten sind nur an den in § 13 Abs. 4 genannten Beschlüssen stimmberechtigt.

(4) Die Geschäftsführung hat alljährlich innerhalb von 5 Monaten nach Ablauf des Kalenderjahres zur Feststellung der Jahresbilanz und der Gewinn- und Verlustrechnung des vorausgegangenen Kalenderjahres eine ordentliche Mitgliederhauptversammlung einzuberufen.

(5) Die Einladungen zu den Mitgliederhauptversammlungen erfolgen in Textform – also z. B. schriftlich oder mit elektronischer Post – durch die Geschäftsführung mit einer Frist von mindestens zwei Wochen unter Angabe der Tagesordnung.

(6) Die Mitgliederhauptversammlung beschließt über:

1. die Satzung der Verwertungsgesellschaft (Statut);
2. den jährlichen Transparenzbericht;
3. die Bestellung und Abberufung des Abschlussprüfers oder die Mitgliedschaft in einem genossenschaftlichen Prüfungsverband;
4. Zusammenschlüsse und Bündnisse unter Beteiligung der Verwertungsgesellschaft, die Gründung von Tochtergesellschaften, die Übernahme anderer Organisationen und den Erwerb von Anteilen oder Rechten an anderen Organisationen durch die Verwertungsgesellschaft;
5. die Grundsätze des Risikomanagements;
6. den Verteilungsplan ;
7. die Verwendung der nicht verteilbaren Einnahmen aus den Rechten;
8. die allgemeine Anlagepolitik in Bezug auf die Einnahmen aus den Rechten;
9. die allgemeinen Grundsätze für die Abzüge von den Einnahmen aus den Rechten, einschließlich der allgemeinen Grundsätze für Abzüge zur Deckung der Verwaltungskosten und gegebenenfalls der Abzüge für die Förderung kulturell bedeutender Werke und Leistungen und für die Einrichtung und den Betrieb von Vorsorge- und Unterstützungseinrichtungen;
10. den Erwerb, den Verkauf und die Beleihung unbeweglicher Sachen;
11. die Aufnahme und die Vergabe von Darlehen sowie die Stellung von Darlehenssicherheiten;
12. den Abschluss, den Inhalt und die Beendigung von Repräsentationsvereinbarungen;
13. die Wahrnehmungsbedingungen;

14. die Tarife;
15. die zum Tätigkeitsbereich gehörenden Rechte;
16. die Bedingungen, zu denen der Berechtigte jedermann das Recht einräumen kann, seine Werke oder sonstige Schutzgegenstände für nicht kommerzielle Zwecke zu nutzen.
17. die Ernennung und Entlastung sowie über die Vergütung und sonstigen Leistungen für die Mitglieder des Aufsichtsgremiums.

Die Delegierten können gem. § 13 des Gesellschaftsvertrages an den in § 13 Abs. 4 genannten Beschlüssen stimmberechtigt mitwirken.

(7) Die Mitgliederhauptversammlung beschließt weiter über die Ernennung und Entlassung sowie über die Vergütung und sonstigen Leistungen der Geschäftsführung.

(8) Die Mitgliederhauptversammlung ist beschlussfähig, wenn mindestens 75% des Stammkapitals vertreten sind. Die Abstimmung erfolgt nach Köpfen der stimmberechtigten Erschienen.

(9) Beschlüsse der Mitgliederhauptversammlung bedürfen einer Mehrheit von ¾ der abgegebenen Stimmen; bei Beschlussfassungen in Mitgliederhauptversammlungen genügt die Zustimmung der Erschienenen. Stimmenthaltungen oder Gesellschaftern, die gesetzlich vom Stimmrecht ausgeschlossen sind (§ 47 Abs.4 GmbHG), werden einem nicht erschienenen Stimmberechtigten gleichgestellt.

(10) Für die Beschlussfassung in der Mitgliederhauptversammlung kann sich ein Mitglied durch einen mit schriftlicher Vollmacht versehenen Bevollmächtigten vertreten lassen, sofern die Vertretung nicht zu einem Interessenkonflikt führt. Eine Vollmacht zur Vertretung eines Mitglieds in einer Mitgliederhauptversammlung ist nur wirksam, wenn sie auf die Vertretung des Mitglieds in dieser Mitgliederhauptversammlung beschränkt ist. Der Vertreter ist verpflichtet, entsprechend den Anweisungen des Mitglieds abzustimmen, das ihn bestellt hat.

(11) Mitglieder können zusätzlich an der Mitgliederhauptversammlung auch ohne Anwesenheit vor Ort und ohne einen Vertreter teilnehmen und ihr Stimmrecht im Wege elektronischer Kommunikation ausüben, sofern Sie dies mindestens 14 Tage vor der Mitgliederhauptversammlung schriftlich angemeldet haben.

(12) Beschlüsse der Mitgliederhauptversammlung können auf schriftlichem oder fernschriftlichem Wege herbeigeführt werden, sofern das Gesetz nicht notarielle Beurkundung vorschreibt. Schriftlich oder fernschriftlich gefasste Beschlüsse der Mitgliederhauptversammlung sind nur wirksam, wenn alle Mitglieder und, sofern diese für den entsprechenden Beschluss stimmberechtigt sind, auch alle Delegierten ihre Stimme abgegeben oder sich ausdrücklich der Ausübung des Stimmrechts enthalten haben.

§ 12 Beirat. (1) Die Gesellschaft hat einen Beirat, der die Mitwirkung von Mitgliedern und Berechtigten gem. § 16 VGG sicherstellt. Er besteht aus 10 Mitgliedern.

(2) Beiratsmitglieder können nur Personen werden oder sein, die entweder persönlich mit der Gesellschaft einen Berechtigungsvertrag abgeschlossen haben oder die ein vertraglich wahrnehmungsberechtigtes Unternehmen vertreten.

(3) Der Beirat setzt sich wie folgt zusammen:

a) Fünf Mitglieder des Beirats werden von den Gesellschaftern durch Gesellschafterbeschluss bestimmt. Mindestens zwei Mitglieder müssen Urheber, mindestens zwei Mitglieder Leistungsschutzberechtigte, also Filmhersteller oder gesetzlicher Vertreter eines Filmherstellerunternehmens oder ausübender Künstler sein.

b) Fünf weitere Mitglieder des Beirats werden von den Wahrnehmungsberechtigten, die nicht zugleich Mitglied (Gesellschafter) sind oder ein Mitglied vertreten, aus Ihrer Mitte durch Wahl bestimmt. Mindestens zwei Mitglieder müssen Urheber, mindestens zwei Mitglieder Leistungsschutzberechtigte, also Filmhersteller oder gesetzlicher Vertreter eines Filmherstellerunternehmens, Rechteinhaber von Filmherstellerrechten oder ausübender Künstler sein.

(4) Die von den jeweiligen Wahlgruppen vorzunehmende Wahl erfolgt jeweils für die Dauer von vier Jahren. Die von den Berechtigten durch Wahl zu bestimmenden fünf Mitglieder werden auf einer hierfür von der Geschäftsführung einzuberufenden Versammlung der Wahrnehmungsberechtigten (Berechtigtenversammlung) mit einfacher Mehrheit der erschienenen Wahrnehmungsberechtigten bestimmt. Die Abstimmung erfolgt nach Köpfen.

(5) Der Beirat wählt aus seiner Mitte mit einfacher Mehrheit den Vorsitzenden. Zum Vorsitzenden kann nicht gewählt werden, wer nicht auch Gesellschafter oder gesetzlicher Vertreter eines Gesellschafters ist.

(6) Die fünf gem. Abs.3 lit. b durch die Wahrnehmungsberechtigten gewählten Mitglieder des Beirats wählen aus Ihrer Mitte drei Delegierte im Sinne von § 13 des Gesellschaftsvertrages aus.

(7) Der Beirat berät die Geschäftsführung beim Abschluss von Gesamtverträgen und bei der Aufstellung von Tarifen. Er berät weiter betreffend

a) den Verteilungsplan;

b) die Ausschüttung eines Anteils bis zu 1/10 des Gesamtaufkommens der Gesellschaft für die Förderung kulturell bedeutender Werke und Leistungen, deren Auswahl im Einzelnen und über die Höhe der Einzelzuwendungen zu Gunsten solcher Werke und Leistungen und/oder für die Errichtung und den Betrieb der Vorsorge- und Unterstützungseinrichtungen.

(8) Die Einberufung des Beirats hat durch die Geschäftsführung der Gesellschaft wenigstens einmal jährlich zu erfolgen. Die Einberufung erfolgt mittels eingeschriebenen Briefes mit einer Frist von zwei Wochen, die mit der Absendung der Einladung beginnt. Die Tagesordnung der Beiratssitzung ist in der Einladung mitzuteilen.

§ 13 Delegierte. (1) In der Gesellschaft gibt es drei Delegierte, die die Mitwirkung der Berechtigten, die nicht zugleich Mitglieder (Gesellschafter) sind, gem. § 16 VGG sicherstellen.

(2) Die Delegierten werden alle 4 Jahre aus den Beiratsmitgliedern, die nicht zugleich Mitglied (Gesellschafter) sind, in einer von der Geschäftsführung hierfür einzuberufenden Beiratsversammlung, die im Anschluss an die Berechtigtenversammlung stattfinden soll, durch Wahl mit einfacher Mehrheit der Beiratsmitglieder gewählt. Mindestens ein Delegierter muss Urheber, mindestens ein Delegierter Leistungsschutzberechtigter, also Filmhersteller oder gesetzlicher Vertreter eines Filmherstellerunternehmens oder ausübender

Künstler sein. Die Amtszeit der gewählten Delegierten endet nicht vor der wirksamen Wahl neuer Delegierter. Wiederwahl ist unbegrenzt zulässig.

(3) Die Delegierten sind zur Teilnahme der Mitgliederhauptversammlung berechtigt.

(4) Die Delegierten wirken stimmberechtigt mit an den Entscheidungen der Mitgliederhauptversammlung über:

1. den Verteilungsplan;
2. die Verwendung der nicht verteilbaren Einnahmen aus den Rechten;
3. die allgemeine Anlagepolitik in Bezug auf die Einnahmen aus den Rechten;
4. die allgemeinen Grundsätze für die Abzüge von den Einnahmen aus den Rechten, einschließlich der allgemeinen Grundsätze für Abzüge zur Deckung der Verwaltungskosten und gegebenenfalls der Abzüge für die Förderung kulturell bedeutender Werke und Leistungen und für die Einrichtung und den Betrieb der Vorsorge- und Unterstützungseinrichtungen;
5. den Abschluss, den Inhalt und die Beendigung von Repräsentationsvereinbarungen;
6. die Wahrnehmungsbedingungen;
7. die Tarife;
8. die zum Tätigkeitsbereich gehörenden Rechte;
9. die Bedingungen, zu denen der Berechtigte jedermann das Recht einräumen kann, seine Werke oder sonstigen Schutzgegenstände für nichtkommerzielle Zwecke zu nutzen;
10. über die Übertragung der Befugnisse nach § 17 Absatz 1 Satz 2 Nummer 3 bis 5 und 10 bis 14 VGG auf das Aufsichtsgremium;
11. über die Ernennung und Entlassung sowie über die Vergütung und sonstigen Leistungen der Mitglieder des Aufsichtsgremiums,
12. die Vergütung und sonstige Leistungen des Geschäftsführers der Gesellschaft.

(5) Die Delegierten wirken beratend an allen Entscheidungen mit, an denen sie nicht stimmberechtigt mitwirken können, z. B. Entscheidungen über die Ernennung und Entlassung der Geschäftsführung.

(6) Für die Beschlussfassung in der Mitgliederhauptversammlung kann sich ein Delegierter durch einen mit schriftlicher Vollmacht versehenen Bevollmächtigten vertreten lassen, sofern die Vertretung nicht zu einem Interessenkonflikt führt, jedoch nur durch einen anderes Mitglied des Beirats. Eine Vollmacht zur Vertretung eines Delegierten in einer Mitgliederhauptversammlung ist nur wirksam, wenn sie auf die Vertretung des Delegierten in dieser Mitgliederhauptversammlung beschränkt ist. Der Vertreter ist verpflichtet, entsprechend den Anweisungen des Delegierten abzustimmen, das ihn bestellt hat.

(7) Die Delegierten können an der Mitgliederhauptversammlung elektronisch teilnehmen und ihr Stimmrecht im Wege elektronischer Kommunikation ausüben. Delegierte, die an der Mitgliederhauptversammlung im Wege der elektromischen Kommunikation teilnehmen und ihr Stimmrecht im Wege elektronischer Kommunikation ausüben wollen, haben dies mindestens 14 Tage vor der Mitgliederhauptversammlung schriftlich anzumelden.

§ 14 Gesellschafterversammlung, Jahresabschluss. (1) Der Gesellschafterversammlung obliegt die Feststellung des Jahresabschlusses.

Der Jahresabschluss ist von einem Abschlussprüfer zu prüfen. Über die Prüfung wird schriftlich Bericht erstattet, der den Voraussetzungen des § 57 VGG entspricht. Der Bestätigungsvermerk ist im Rahmen der Veröffentlichung des Jahresabschlusses mit seinem vollen Wortlaut zu veröffentlichen.

(2) Die Veröffentlichung des Jahresabschlusses erfolgt im elektronischen Bundesanzeiger.

(3) Die Gesellschaft erstellt einen Transparenzbericht nach Maßgabe des § 58 VGG und veröffentlicht diesen einschließlich Bescheinigung des Wirtschaftsprüfers im vollen Wortlaut ausschließlich auf ihrer Internetseite.

(6) Einmal im Jahr findet eine ordentliche Gesellschafterversammlung statt, darüber hinaus dann, wenn Gesellschafter, die mindestens 10 % des Stammkapitals vertreten oder die Geschäftsführung eine Einberufung für erforderlich halten.

(7) Die Einladungen zu den Gesellschafterversammlungen erfolgen in Textform – also z. B. schriftlich oder mit elektronischer Post – durch die Geschäftsführung mit einer Frist von mindestens zwei Wochen unter Angabe der Tagesordnung.

(8) Beschlüsse der Gesellschafterversammlung werden mit einfacher Stimmenmehrheit gefasst, sofern nicht das Gesetz oder dieser Gesellschaftsvertrag etwas anderes vorschreiben:

Je Euro 10,00 eines Geschäftsanteils gewährt eine Stimme.

(9) Für die Beschlussfassung in der Gesellschafterversammlung kann sich ein Gesellschafter durch einen mit schriftlicher Vollmacht versehenen Bevollmächtigten vertreten lassen, jedoch nur durch einen Mitgesellschafter, den Ehepartner, einen Elternteil oder Abkömmlinge des Gesellschafters oder eine zur Berufsverschwiegenheit verpflichtete Person.

(10) Gesellschafterbeschlüsse können auf schriftlichem oder fernschriftlichem Wege herbeigeführt werden, sofern das Gesetz nicht notarielle Beurkundung vorschreibt. Schriftlich oder fernschriftlich gefasste Beschlüsse der Gesellschafterversammlung sind nur wirksam, wenn alle Gesellschafter ihre Stimme abgegeben oder sich ausdrücklich der Ausübung des Stimmrechts enthalten haben.

§ 15 Aufsichtsgremium. (1) Die Mitgliederhauptversammlung wählt alle vier Jahre ein Aufsichtsgremium gemäß § 22 VGG, das mit der kontinuierlichen Überwachung der Geschäftsführung, insbesondere mit der Überwachung der Umsetzung von Beschlüssen der Mitgliederhauptversammlung, betraut ist.

(2) Das Aufsichtsgremium besteht aus 4 Mitgliedern. Mitglieder des Aufsichtsgremiums können Berechtigte oder Vertretungsberechtigte eines Unternehmens sein, das mit der GÜFA einen Wahrnehmungsvertrag abgeschlossen hat. Zwei Mitglieder des Aufsichtsgremiums müssen Urheber, zwei Mitglieder Leistungsschutzberechtigte bzw. Inhaber von Leistungsschutzrechten, also Filmhersteller oder gesetzlicher Vertreter eines Filmherstellerunternehmens oder ausübender Künstler sein.

(3) Das Aufsichtsgremium tritt regelmäßig zusammen und berichtet der Mitgliederhauptversammlung mindestens einmal im Jahr über seine Tätigkeit.

(4) Die Mitglieder des Aufsichtsgremiums geben mindestens einmal jährlich eine persönliche Erklärung gem. § 10 (7) ab. § 10 (8) gilt entsprechend.

§ 16 Beschwerdeverfahren. (1) Für Berechtigte und Rechteinhaber und Verwertungsgesellschaften, für die die Gesellschaft im Rahmen einer Repräsentationsvereinbarung Rechte wahrnimmt, besteht ein Beschwerderecht gegenüber der Geschäftsführung.

(2) Für Mitglieder (Gesellschafter) besteht ein Beschwerderecht gegenüber der Mitgliederhauptversammlung.

(3) Gegenstand einer Beschwerde kann sein:
(a) die Aufnahme und die Beendigung der Rechtewahrnehmung oder der Entzug von Rechten;
(b) die Bedingungen für die Mitgliedschaft und die Wahrnehmungsbedingungen, insbesondere die Bedingungen des Berechtigungsvertrages zum Abschluss eines Berechtigungsvertrages;
(c) die Einziehung, Verwaltung und Verteilung der Einnahmen aus den Rechten;
(d) die Abzüge von den Einnahmen aus den Rechten.

(4) Die Behandlung einer Beschwerde setzt voraus, dass die Eingabe den Beschwerdegegenstand erkennen lässt.

(5) Entscheidungen über eine Beschwerde erfolgen durch die Geschäftsführung. Über Beschwerden der Mitglieder entscheidet anstelle der Geschäftsführung die Mitgliederhauptversammlung.

(6) Die Entscheidungen werden dem Beschwerdeführer in Textform mitgeteilt. Für den Fall, dass der Beschwerde nicht abgeholfen wird, wird die Ablehnung begründet.

(7) Gegen die Entscheidung einer abgelehnten Beschwerde steht den Betroffenen eine weitere Beschwerde zu, die schriftlich und mit Begründung an das Aufsichtsgremium zu richten ist. Das Aufsichtsgremium entscheidet über die Beschwerde abschließend.

(8) Einzelheiten des Beschwerdeverfahrens können in einer Verfahrensordnung geregelt werden.

§ 17 Abänderung des Gesellschaftsvertrages. Die Abänderung des Gesellschaftsvertrages bedarf der Zustimmung aller stimmberechtigten Gesellschafter.

§ 18 Bekanntmachung der Gesellschaft. Die Bekanntmachungen der Gesellschaft werden nur im Bundesanzeiger und auf der Internetseite der GÜFA veröffentlicht.

Die jeweils geltenden GÜFA-Tarife sind im Internet unter „www.guefa.de" veröffentlicht.

22. VFF/Verwertungsgesellschaft der Film- und Fensehproduzenten m. b. H.

Gesellschaftsvertrag

Fassung vom 17. August 2017

§ 1 Firma, Sitz, Geschäftsjahr. (1) Die Firma der Gesellschaft lautet „VFF Verwertungsgesellschaft der Film- und Fernsehproduzenten mit beschränkter Haftung".

(2) Sie hat ihren Sitz in München.

(3) Das Geschäftsjahr ist das Kalenderjahr.

§ 2 Zweck der Gesellschaft. (1) Gegenstand des Unternehmens ist die treuhänderische Wahrnehmung von Rechten und Ansprüchen, die sich für Hersteller von Filmen und Laufbildern (z. B. für Kino-, Fernseh- und AV-Zwecke), von Synchronisationen sowie für Sendeunternehmen und deren Werberundfunkgesellschaften aus dem Urheberrechtsgesetz ergeben sowie die Verteilung der erzielten Einnahmen an die Berechtigten.

(2) Die Gesellschaft ist eine Verwertungsgesellschaft gemäß § 2 VGG. Sie ist nicht auf Gewinnerzielung ausgerichtet.

§ 3 Berechtigungsvertrag. (1) Mit den einzelnen Berechtigten wird über die wahrzunehmenden Rechte und Ansprüche ein Berechtigungsvertrag abgeschlossen. Der Berechtigte kann Art und Umfang der wahrzunehmenden Rechte und Ansprüche nach seiner Wahl einschränken. Im Berechtigungsvertrag können auch Bedingungen für die Nutzung für nicht kommerzielle Zwecke geregelt werden. Die Regelungen zur Beendigung der Rechtewahrnehmung erfolgt unter Beachtung von § 12 VGG.

(2) Die Berechtigten gliedern sich in zwei Bereiche von Berechtigten:

a) selbständige Filmhersteller

b) Sendeunternehmen und deren Werberundfunkgesellschaften (auch soweit sie Hersteller von Filmen und Laufbildern sowie Inhaber der Synchronisationsrechte sind).

(3) Die Gesellschafterversammlung beschließt mit Zustimmung des Beirats, welche Rechte im Einzelnen im Rahmen von § 2 in den Berechtigungsvertrag aufgenommen werden.

§ 4 Verteilungspläne. (1) Die Gesellschafterversammlung beschließt nach vorheriger Zustimmung des Beirats die Verteilungspläne für die einzelnen von der Gesellschaft wahrgenommenen Rechte.

(2) Bei der Verteilung des Aufkommens an den von der Gesellschaft wahrgenommenen Rechten ist § 32 VGG, der die Einrichtung von Vorsorge- und Unterstützungseinrichtungen sowie die Förderung kultureller Leistungen

---

Anschrift: Brienner Str. 26, 80333 München
Internet: www.vff.org.

Rechnung zu tragen. Die Mittel für diese Zwecke dürfen 10 % des Aufkommens nicht übersteigen.

(3) Der Verteilungsplan hat die Berechtigung vorzusehen, dass die zur Deckung der Verwaltungskosten notwendigen Aufwendungen von den Einnahmen abgezogen werden und die Gesellschaft stets über genügend liquide Mittel verfügt, um auch im Falle von Rechtsstreitigkeiten über die Einnahmen aus gesetzlichen Vergütungsansprüchen mit zahlungspflichtigen Dritten die Geschäfte der Gesellschaft nach den Grundsätzen ordnungsgemäßer Wirtschaftsführung zu führen.

§ 5 Stammkapital, Abtretung von Geschäftsanteilen. (1) Das Stammkapital der Gesellschaft beträgt DM 50 000,00 (in Worten: fünfzigtausend Deutsche Mark).

(2) Vom Stammkapital halten

a) der Gesellschafter Bundesverband Deutscher Fernsehproduzenten e. V. mit Sitz in München einen Geschäftsanteil von DM 12 500,00;
b) der Gesellschafter Allianz Deutscher Produzenten Film und Fernsehen e. V. mit Sitz in Berlin einen Geschäftsanteil von DM 12 500,00
c) der Gesellschafter Zweites Deutsches Fernsehen (ZDF) mit Sitz in Mainz einen Geschäftsanteil von DM 12 500,00;
d) der Gesellschafter Südwestrundfunk (SWR) mit Sitz in Stuttgart einen Geschäftsanteil von DM 12 500,00.
e) Die Gesellschafter nach a) und b) bilden den Bereich selbständige Filmhersteller, die Gesellschafter nach Ziffer c) und d) den Bereich Sendeunternehmen und deren Werberundfunkgesellschaften.

(3) Voll einbezahlte Geschäftsanteile eines Gesellschafters können durch Gesellschafterbeschluss zu einem einheitlichen Geschäftsanteil vereinigt werden.

(4) Die Abtretung von Geschäftsanteilen kann nur mit Zustimmung aller Gesellschafter und der Gesellschaft erfolgen. Dies gilt auch für Teile von Geschäftsanteilen. § 17 GmbH-Gesetz bleibt unberührt.

(5) Sollte der SWR aus der Gesellschaft ausscheiden, so ist er verpflichtet, seine Geschäftsanteile zunächst den anderen ARD-Landesrundfunkanstalten auf deren Verlangen oder aber dem ZDF auf sein Verlangen abzutreten. Eine entsprechende Verpflichtung besteht für das ZDF gegenüber dem SWR und den anderen ARD-Landesrundfunkanstalten, wenn das ZDF aus der Gesellschaft ausscheiden sollte. Sollte der Bundesverband Deutscher Fernsehproduzenten aus der Gesellschaft ausscheiden, ist er verpflichtet, seine Geschäftsanteile zunächst der Allianz Deutscher Produzenten Film und Fernsehen e. V. anzubieten und auf deren Verlangen an diesen abzutreten. Sollte die Allianz Deutscher Produzenten Film und Fernsehen e. V. aus der Gesellschaft ausscheiden, ist sie verpflichtet, ihre Geschäftsanteile zunächst dem Bundesverband Deutscher Fernsehproduzenten e. V. anzubieten und auf dessen Verlangen an diesen abzutreten.

(6) Die Aufnahme neuer Gesellschafter erfolgt im Wege der Abtretung von Gesellschaftsanteilen. Der Anspruch auf Aufnahme in den Bereich selbständige Filmhersteller kann nur von Einrichtungen geltend gemacht werden, die Rechteinhaber vertreten, sofern diese eine umfassende Anzahl von Filmherstellern vertreten, deren Rechte maßgeblich zum Aufkommen der VFF beitragen. Im Bereich Sendeunternehmen und deren Werberundfunkgesellschaften

kann der Anspruch nur von Sendeunternehmen geltend gemacht werden, die aufgrund der von ihnen gehaltenen Rechte maßgeblich zum Aufkommen der VFF beitragen. Maßgeblichkeit liegt vor, sofern der Aufnahmewillige im Durchschnitt der letzten 3 Geschäftsjahre mindestens 10 % zum Aufkommen der VFF beiträgt. Der Erwerb von Gesellschaftsanteilen durch Abtretung erfolgt nur aus den Anteilen, die dem jeweiligen Bereich zugeordnet sind. Die Abtretung ist in der Höhe auf jeweils 5 % des jeweiligen Bereichs begrenzt und erfolgt zum Nennwert.

§ 5a Organe der Gesellschaft. Organe der Gesellschaft sind:
a) Die Gesellschafterversammlung (§ 17 Abs. 1 Satz 1 VGG)
b) der Aufsichtsrat (§ 22 VGG)
c) die Geschäftsführung
d) der Beirat.

§ 6 Geschäftsführung. (1) Die Gesellschaft hat einen oder mehrere Geschäftsführer. Sind mehrere Geschäftsführer vorhanden, so wird die Gesellschaft durch jeden Geschäftsführer einzeln vertreten.

(2) Die Geschäftsführung ist entsprechend dem satzungsmäßigen Zweck der Gesellschaft so einzurichten, dass für die Gesellschaft keine Gewinne erzielt werden.

(3) Die Geschäftsführer haben die allgemeinen und besonderen Weisungen des Aufsichtsrates zu befolgen.

(4) Die Geschäftsführer sind verpflichtet, ihre Tätigkeit solide, umsichtig und angemessen zu erfüllen (§ 21 Abs. 1 VGG). Sofern ein Geschäftsführer gleichzeitig auch Berechtigter ist, sind Interessenskonflikte zu vermeiden, indem dieser an keinen Beschlussfassungen mitwirken darf, die seine Interessen als Berechtigter tangieren. Unvermeidbare Interessenskonflikte sind offenzulegen. Die Gesellschafterversammlung kann hierzu nähere Bestimmungen treffen.

§ 7 Gesellschafterversammlung. (1) Die Gesellschafterversammlung ist die Mitgliederhauptversammlung im Sinne des § 17 Abs. 1 Satz 1 VGG. Sie tritt mindestens einmal jährlich zusammen, darüber hinaus dann, wenn ein Gesellschafter oder die Geschäftsführung eine Einberufung für erforderlich hält oder der Aufsichtsrat sie beschließt.

(2) Die Einladungen zu den Gesellschafterversammlungen erfolgen schriftlich durch die Geschäftsführung mit einer Frist von mindestens zwei Wochen unter Angabe der Tagesordnung.

(3) Beschlüsse der Gesellschafterversammlung werden in den Gesellschafterversammlungen oder schriftlich gefasst.

(4) Die Gesellschafterversammlung ist beschlussfähig, wenn mindesten 75 % des Stammkapitals vertreten sind. Alle Beschlüsse der Gesellschafterversammlung bedürfen einer Mehrheit von dreiviertel der abgegebenen Stimmen, bei Beschlussfassungen in Gesellschafterversammlungen genügt die Zustimmung der Erschienenen.

(5) Gesellschafter, die sich der Stimme enthalten oder gesetzlich vom Stimmrecht ausgeschlossen sind (§ 47 Abs. 4 GmbHG), werden nicht erschienenen Gesellschaftern gleichgestellt.

(6) Gesellschafter können sich gegenseitig oder einen Dritten schriftlich zur Vertretung in der Gesellschafterversammlung bevollmächtigen. Sofern ein Gesellschaftervertreter von der Bevollmächtigung absehen will, selbst aber an der Teilnahme verhindert ist, ist er berechtigt, auf elektronischem Wege z. B. per Videokonferenz an der Gesellschafterversammlung teilzunehmen und abzustimmen, sofern er dies mindestens 14 Tage vor der Gesellschafterversammlung schriftlich verlangt.

(7) Der Vorsitzende des Aufsichtsrats und sein Stellvertreter sowie die Mitglieder des Beirats sind berechtigt, an den Sitzungen der Gesellschafterversammlung teilzunehmen. Sie erhalten in jedem Fall Abschriften der Sitzungsprotokolle und Gesellschafterbeschlüsse.

(8) Sofern ein Beirat an der Gesellschafterversammlung im Wege der elektronischen Kommunikation teilnehmen will, hat er dies mindestens 14 Tage vor der Gesellschafterversammlung schriftlich zu verlangen.

§ 8 Aufgaben der Gesellschafterversammlung. (1) Die Gesellschafterversammlung hat die in § 46 GmbHG sowie § 17 VGG vorgesehenen Aufgaben, soweit sie nicht nach § 8b) der Satzung auf den Aufsichtsrat übertragen sind. Insbesondere beschließt sie über:

a) den Gesellschaftsvertrag (Statut);
b) die Festlegung der von der Gesellschaft wahrzunehmenden Rechte gem. § 3 Abs. 3 einschließlich der Bedingungen ihrer Wahrnehmung;
c) die Aufstellung, Ergänzung und Änderung von Verteilungsplänen für die von der Gesellschaft wahrgenommenen Rechte gem. § 4;
d) die Verwendung der nicht verteilbaren Einnahmen aus Rechten;
e) die allgemeine Anlagepolitik bezüglich der Einnahmen aus Rechten;
f) die Aufstellung, Ergänzung und Änderung von Richtlinien für den Sozialfonds und den Förderfonds;
g) die Aufstellung von Tarifen gem. §§ 38 und 39 VGG;
h) den Abschluss, Inhalt und Beendigung von Repräsentationsvereinbarungen mit anderen Verwertungsgesellschaften;
i) die Führung von Prozessen in Grundsatzfragen und die Anrufung der Schiedsstelle nach § 92 VGG;
j) die Feststellung des Jahresabschlusses, den Haushaltsplan und die Entlastung der Geschäftsführung sowie die Bestellung und Entlassung des Abschlussprüfers oder die Mitgliedschaft in einem genossenschaftlichen Prüfverband;
k) die Zustimmung zur Abtretung von Geschäftsanteilen nach § 5;
l) die Bestellung und Abberufung von Geschäftsführern, Prokuristen und Handlungsbevollmächtigten
m) die Bestellung sowie Abberufung der Mitglieder des Aufsichtsrats sowie über die Höhe deren Vergütung sowie sonstigen Leistungen
n) den jährlichen Transparenzbericht
o) die allgemeinen Grundsätze für Abzüge der Verwaltungskosten
p) die Übertragung von Aufgaben an den Aufsichtsrat
q) die Bedingungen, zu denen der Berechtigte jedermann das Recht einräumen kann, seine Werke oder Schutzgegenstände für nicht kommerzielle Zwecke zu nutzen (§ 11 VGG)
r) die Aufnahme und Vergabe von Darlehen sowie die Stellung von Darlehenssicherheiten.

(2) Beschlüsse nach Abs. 1b) bis h), n) und o) sowie q) bedürfen zu ihrer Wirksamkeit eines vorherigen Beschlusses des Beirats.

§ 8a Aufsichtsrat. (1) Die Gesellschaft hat einen Aufsichtsrat. Er besteht aus sechs Mitgliedern, von denen zwei Mitglieder vom Bundesverband Deutscher Fernsehproduzenten e. V., ein Mitglied von der Allianz Deutscher Produzenten Film und Fernsehen e. V., zwei Mitglieder vom Südwestrundfunk für die ARD-Landesrundfunkanstalten und ein Mitglied vom Zweiten Deutschen Fernsehen jeweils für die Dauer von vier Geschäftsjahren entsandt werden.

(2) Der Aufsichtsrat wird durch die Geschäftsführung mit einer Frist von mindestens zwei Wochen unter Angabe der Tagesordnung einberufen. Jedes einzelne Aufsichtsratsmitglied kann die Einberufung verlangen.

(3) Der ordnungsgemäß einberufene Aufsichtsrat ist beschlussfähig, wenn zwei Mitglieder an der Beschlussfassung teilnehmen, wobei aus jeder der beiden Gesellschaftergruppen ein Mitglied teilnehmen muss. Er wählt aus seiner Mitte einen Vorsitzenden und einen Stellvertreter.

(4) Abgestimmt wird mit einfacher Mehrheit. Bei Stimmengleichheit gilt ein Antrag als abgelehnt. Wenn kein Mitglied widerspricht, kann schriftlich abgestimmt werden.

(5) Aufsichtsratsmitglieder können sich gegenseitig oder einen Dritten schriftlich zur Vertretung in Aufsichtsratssitzungen bevollmächtigen.

(6) Der Aufsichtsrat kann sich eine Geschäftsordnung geben.

§ 8b Aufgaben des Aufsichtsrats. (1) Der Aufsichtsrat überwacht die Geschäftsführung und erteilt ihr Weisungen allgemeiner und besonderer Art. Er hat ein unbeschränktes Recht auf Auskunft und Prüfung aller Geschäftsvorgänge.

(2) Der Aufsichtsrat schließt die Dienstverträge mit den Geschäftsführern und beschließt über die Vergütung sowie sonstige Leistungen.

(3) Die Geschäftsführung bedarf der Zustimmung des Aufsichtsrats zu folgenden Rechtshandlungen:
a) Erwerb, Veräußerung und Belastung von unbeweglichen Sachen;
b) Erwerb und Veräußerung von Unternehmen, Organisationen und Beteiligungen, sowie die Gründung von Tochtergesellschaften;
c) Beschaffung von Anlagen jeder Art und Abschluss von Verträgen, soweit die in einem Geschäftsjahr entstehende Zahlungsverpflichtung der Gesellschaft EUR 50 000,00 überschreitet;
d) die Grundsätze des Risikomanagement.

§ 9 Beirat. (1) Die Gesellschaft hat einen Beirat. Er besteht aus zwölf Mitgliedern.

(2) Der Beirat setzt sich wie folgt zusammen:
a) sechs Mitglieder werden von den Gesellschaftern jeweils für die Dauer von vier Geschäftsjahren berufen und zwar zwei Mitglieder auf Vorschlag des Bundesverbandes Deutscher Fernsehproduzenten e. V. sowie ein Mitglied auf Vorschlag der Allianz Deutscher Produzenten Film und Fernsehen e. V., zwei Mitglieder auf Vorschlag des SWR und ein Mitglied auf Vorschlag des ZDF;

b) sechs Mitglieder werden von den Berechtigten i. S. v. § 20 VGG durch Wahl bestimmt (Delegierte), und zwar vier Delegierte für die Gruppe der selbständigen Filmhersteller und zwei Delegierte für die Gruppe der Sendeunternehmen; die Wahl erfolgt jeweils für die Dauer von vier Geschäftsjahren auf einer dafür von der Geschäftsführung einzuberufenden Versammlung der Berechtigten (Berechtigtenversammlung). Die Mitglieder der Gruppe der selbständigen Filmhersteller sollen die unterschiedlichen Produktionsgenres repräsentieren.

(3) Der Beirat gliedert sich somit wie folgt:

a) Gesellschafter „Bundesverband Deutscher Fernsehproduzenten e. V." und Allianz Deutscher Produzenten Film und Fernsehen e. V.: drei Mitglieder
b) Gesellschafter „SWR" und „ZDF": drei Mitglieder
c) „Berechtigte die nicht Mitglieder sind (Delegierte): sechs Mitglieder

Die von den Gesellschaftern „Bundesverband Deutscher Fernsehproduzenten e. V." und Allianz Deutscher Produzenten Film und Fernsehen e. V. berufenen drei Beiratsmitglieder bilden die Gruppe „Fernsehproduzenten", die von den Gesellschaftern „SWR" und „ZDF" berufenen drei Beiratsmitglieder bilden die Gruppe „Rundfunkanstalten" und die von den Berechtigten gewählten sechs Beiratsmitglieder bilden die Gruppe „Berechtigte".

(4) Beiratsmitglieder der Gruppe der selbständigen Filmhersteller können nur natürliche Personen sein, die Hersteller von Filmen oder Laufbildern oder Vertreter solcher Gesellschaften sind, die mit der VFF einen Berechtigungsvertrag abgeschlossen haben und die innerhalb der letzten drei Jahre vor der Delegiertenwahl jeweils eine Ausschüttung erhalten haben.

(5) Beiratsmitglieder der Gruppe der Sendeunternehmen können nur natürliche Personen sein, die von einem Sender, der Berechtigter ist, benannt werden.

§ 9a Wahl von Beiratsmitgliedern. (1) Die Mitglieder des Beirats gem. § 9 Abs. 2b) werden auf einer Versammlung der Berechtigten, die nicht Mitglied sind (Delegierte) gewählt. Die Berechtigtenversammlung ist alle vier Jahre durch die Geschäftsführung mit einer Frist von mindestens drei Wochen unter Angabe der Tagesordnung einzuberufen.

(2) Die Wahl der Mitglieder des Beirats der Gruppe der Berechtigten gem. § 9 Abs. 2b erfolgt getrennt nach den Gruppen der selbständigen Filmhersteller (vier Mitglieder) und der Gruppe der Sendeunternehmen (zwei Mitglieder). Dabei können Wahlvorschläge und Abstimmungen je nach Produktionsgenres getrennt oder im Block erfolgen.

(3) Unter Berücksichtigung der amtlichen Begründung zu § 16 VGG, wonach mitgliedschaftliche Rechte im Verhältnis zur Bedeutung der eingebrachten Rechte stehen müssen, erfolgt die Wahl der Delegierten in den Beirat durch die Berechtigten mittels gestaffeltem Wahlrecht.

Dabei werden die Stimmen in der Gruppe der selbständigen Filmhersteller wie folgt gestaffelt:

- Berechtigte mit einem Ausschüttungsvolumen von bis unter 10,00 Euro 1 Stimme.
- Berechtigte mit einem Ausschüttungsvolumen von 10,00 Euro bis unter 500,00 Euro 5 Stimmen.

- Berechtigte mit einem Ausschüttungsvolumen von 500,00 Euro bis unter 1000,00 Euro 10 Stimmen.
- Berechtigte mit einem Ausschüttungsvolumen ab 1000,00 Euro 25 Stimmen.

In der Gruppe der Sendeunternehmen werden die Stimmen wie folgt gestaffelt:

- Berechtigte mit einem Ausschüttungsvolumen von unter 1000,00 Euro 1 Stimme
- Berechtigte mit einem Ausschüttungsvolumen von 1000,00 Euro bis unter 100 000,00 Euro 5 Stimmen
- Berechtigte mit einem Ausschüttungsvolumen von 100 000,00 Euro bis unter 500 000,00 Euro 10 Stimmen
- Berechtigte mit einem Ausschüttungsvolumen von über 500 000,00 Euro 25 Stimmen.

Für die Berechnung der Stimmen sind die Ausschüttungsbeträge der VFF an ihre Berechtigten in den letzten zwei Kalenderjahren vor der Wahl des Beirats maßgebend. Die Ausschüttungen dieser beiden Jahre werden nicht addiert, sondern getrennt berücksichtigt. Erhält ein Berechtigter in diesen beiden Jahren Ausschüttungen, die nach der o. g. Staffelung zu unterschiedlicher Stimmenzahl führen würden, gilt für die Berechnung der Stimmen das niedrigere Aufkommen.

Das Wahlrecht kann selbst, durch einen gesetzlichen Vertreter oder durch einen gewillkürten Vertreter mit schriftlicher Vollmacht ausgeübt werden.

(4) Die Amtsdauer der Delegierten beläuft sich auf vier Jahre. Sie beginnt für alle Delegierten mit dem Beschluss der Berechtigtenversammlung, in der die Wahl erfolgt und endet mit der ordentlichen Berechtigtenversammlung vier Jahre später. Ist zu diesem Zeitpunkt anstelle eines oder mehrerer Mitglieder ein neues Mitglied noch nicht bestellt, so verlängert sich die Amtsdauer bis zur Neubestellung.

Scheidet ein Mitglied, gleich aus welchem Grund, vorzeitig aus dem Beirat aus, so ist auf der nächsten Berechtigtenversammlung ein neues Mitglied zu wählen. Für die Einberufung der Versammlung sowie für die Wahl gilt dasselbe wie für die ordentliche Wahl. Die Amtszeit des neugewählten Mitglieds endet mit dem Zeitpunkt, in dem die Amtszeit des Mitglieds endet, an dessen Stelle es tritt.

(5) Solange ein neuer Beirat nicht oder nicht wirksam gewählt ist, verlängert sich die Amtsperiode des bisherigen Beirats über den vier Jahreszeitraum hinaus.

(6) Zur Durchführung der Wahl kann der Beirat ergänzende, insbesondere organisatorische Regelungen in einer Wahlordnung beschließen.

§ 10 Aufgaben des Beirats. Unbeschadet der Zuständigkeit der Gesellschafterversammlung beschließt der Beirat über die folgenden Gegenstände:

a) die Festlegung der von der Gesellschaft wahrzunehmenden Rechte gem. § 3 Abs. 1 einschließlich der Bedingungen ihrer Wahrnehmung;
b) die Aufstellung, Ergänzung und Änderung von Verteilungsplänen für die von der Gesellschaft wahrgenommenen Rechte gem. § 4;
c) die Aufstellung, Ergänzung und Änderung von Richtlinien für den Sozialfonds und den Förderfonds;

d) die Aufstellung von Tarifen gem. §§ 38, 39 VGG sowie den Abschluss von Verträgen mit Verwertern und Gesamtverträgen gem. § 35 VGG;
e) den Abschluss, Inhalt und Beendigung von Repräsentationsvereinbarungen mit anderen Verwertungsgesellschaften;
f) über die Höhe der Vergütung und sonstigen Leistungen der Mitglieder des Aufsichtsrates;
g) die allgemeinen Grundsätze für die Deckung der Verwaltungskosten;
h) die allgemeine Anlagepolitik;
i) die Führung von Prozessen in Grundsatzfragen und die Anrufung der Schiedsstelle nach § 92 VGG;
j) die Bedingungen, zu denen der Berechtigte jedermann das Recht einräumen kann, seine Werke oder sonstigen Schutzgegenstände für nicht kommerzielle Zwecke zu nutzen (§ 11 VGG).

§ 11 Verfahren des Beirats. (1) Der Beirat tritt mindestens jährlich einmal zu einer Sitzung zusammen; darüber hinaus, wenn die Mehrheit der Beiratsmitglieder oder sein Vorsitzender oder sein Stellvertreter oder die Gesellschafterversammlung dies beantragen.

(2) Der Beirat ist beschlussfähig, wenn mindestens die Hälfte seiner Mitglieder anwesend ist.

(3) Beschlüsse des Beirats werden mit einfacher Stimmenmehrheit gefasst. Beschlüsse nach § 10a) bis i) müssen nach Gruppen abgestimmt werden. Für solche Beschlüsse bedarf es einer Dreiviertelmehrheit in den drei Gruppen sowie des Beirats insgesamt.

(4) Beschlüsse können auch schriftlich gefasst werden, wenn sämtliche Beiratsmitglieder mit der schriftlichen Beschlussfassung einverstanden sind.

(5) Der Beirat wählt für die Dauer seiner Amtszeit aus seiner Mitte einen Vorsitzenden und einen Stellvertreter. Wiederwahl ist unbegrenzt zulässig.

(6) Beiratsmitglieder können sich gegenseitig oder einen Dritten schriftlich zur Vertretung in Beiratssitzungen bevollmächtigen, sofern ein Beiratsmitglied von einer Bevollmächtigung absehen will, selbst aber an der Teilnahme verhindert ist, ist er berechtigt, auf elektronischen Wege, z. B. der Videokonferenz, an der Beiratssitzung teilzunehmen, sofern er dies mindestens 14 Tage vor der Beiratssitzung schriftlich verlangt.

(7) Die Beiratsmitglieder sind ehrenamtlich tätig. Sie erhalten für die Teilnahme an den Sitzungen Ersatz der Reisekosten und Tagesspesen nach den steuerrechtlich zulässigen Höchstsätzen.

(8) Über die Sitzungen des Beirats ist ein Protokoll anzufertigen, das vom Sitzungsleiter und Protokollführer unterschrieben wird. Das Protokoll gilt als genehmigt, wenn ihm nicht innerhalb von 14 Tagen nach Absendung von einem Beiratsmitglied widersprochen wird.

§ 12 Jahresabschluss. (1) Der Jahresabschluss ist von einem Abschlussprüfer zu prüfen. Über die Prüfung wird schriftlich Bericht erstattet, der den Voraussetzungen des § 57 VGG entspricht. Der Bestätigungsvermerk ist im Rahmen der Veröffentlichung des Jahresabschlusses mit seinem vollen Wortlaut zu veröffentlichen.

(2) Die Gesellschaft erstellt einen Transparenzbericht nach Maßgabe des § 58 VGG und veröffentlicht diesen einschließlich der Bescheinigung des Wirtschaftsprüfers im vollen Wortlaut ausschließlich auf ihrer Internetseite.

(3) Die Veröffentlichung des Jahresabschlusses erfolgt im elektronischen Bundesanzeiger.

§ 13 Beschwerdeverfahren. (1) Für Berechtigte und Rechteinhaber und Verwertungsgesellschaften, für die die Gesellschaft im Rahmen einer Repräsentationsvereinbarung Rechte wahrnimmt, besteht ein Beschwerderecht gegenüber der Geschäftsführung, für Gesellschafter ein Beschwerderecht gegenüber der Gesellschafterversammlung, vertreten durch den Vorsitzenden der Gesellschafterversammlung.

(2) Gegenstand einer Beschwerde können sein:
a) Aufnahme oder Beendigung der Rechtewahrnehmung
b) Entzug einzelner Rechte
c) Bedingungen für die Mitgliedschaft
d) Bedingungen des Berechtigungsvertrages zum Abschluss eines Berechtigungsvertrages
e) Einziehung, Verwaltung und Verteilung der Einnahmen aus den Rechten
f) Abzüge von den Einnahmen aus den Rechten.

(3) Die Behandlung einer Beschwerde setzt voraus, dass die Eingabe den Beschwerdegegenstand erkennen lässt.

(4) Entscheidungen über eine Beschwerde erfolgen durch die Geschäftsführung. Sie werden dem Beschwerdeführer in Textform mitgeteilt, wobei im Fall, dass der Beschwerde nicht abgeholfen wird, die Ablehnung zu begründen ist. Gegen die Entscheidungen einer abgelehnten Beschwerde steht den Betroffenen eine weitere Beschwerde zu, die schriftlich und mit Begründung an den Aufsichtsrat zu richten ist. Dieser entscheidet über die Beschwerde abschließend. Für Entscheidungen von Beschwerden der Gesellschafter gilt dies entsprechend mit der Maßgabe, dass die Entscheidung durch den Vorsitzenden der Gesellschafterversammlung getroffen wird.

§ 14 Gewinnverwendung. Für die Beschlussfassung über die Gewinnverwendung gilt § 29 GmbHG unter Berücksichtigung des Verwertungsgesellschaftsgesetzes.

Die jeweils geltenden Tarife der VFF sind im Internet unter „www.vff.org“ veröffentlicht.

23. VGF Verwertungsgesellschaft für Nutzungsrechte an Filmwerken mit beschränkter Haftung

Satzung

vom 16. Januar 2020

§ 1 Firma, Sitz, Geschäftsjahr. (1) Die Firma der Gesellschaft lautet: VGF Verwertungsgesellschaft für Nutzungsrechte an Filmwerken mit beschränkter Haftung.

(2) Die Gesellschaft hat ihren Sitz in München.

(3) Das Geschäftsjahr ist das Kalenderjahr.

§ 2 Gegenstand des Unternehmens. (1) Gegenstand des Unternehmens ist die treuhänderische Wahrnehmung von Urheberrechten und verwandten Schutzrechten für Rechnung der von der Gesellschaft vertretenen Berechtigten i. S. d. § 6 VGG sowie die Verteilung der für diese vereinnahmten Beträge an die Berechtigten.

(2) Der Geschäftsbetrieb der Gesellschaft ist nicht auf Gewinn ausgerichtet.

§ 3 Stammkapital. (1) Das Stammkapital der Gesellschaft beträgt

EURO 27 150,–

– in Worten: EURO siebenundzwanzigtausendeinhundertfünfzig –.

(2) Davon haben bei der Gründung der Gesellschaft übernommen:

Der Verband der Filmverleiher e. V., Berlin	EUR 13 000,00
Der Verband Deutscher Filmproduzenten e. V., München	EUR 13 000,00

Der Verband der Filmverleiher e. V. und der Verband Deutscher Filmproduzenten e. V. werden nachstehend „Gründungsgesellschafter" genannt.

(3) Die Geschäftsführung ist ermächtigt, mit jeweiliger Zustimmung der Gesellschafter das Stammkapital der Gesellschaft bis zum 31. Dezember 2023 um insgesamt bis zu EUR 12 500,00 durch ein- oder mehrmalige Ausgabe von bis zu 12 500 neuen Geschäftsanteilen im Nennbetrag von jeweils EUR 1,00 gegen Bareinlagen zu erhöhen („Genehmigtes Kapital"), um Berechtigte i. S. d. nachstehenden Abs. 7 lit. a) und/oder Einrichtungen i. S. d. Abs. 7 lit. b) die Rechtsinhaber vertreten, auf deren schriftlichen Antrag hin als weitere Gesellschafter („Neugesellschafter") aufzunehmen.

(4) An Berechtigte i. S. d. Abs. 7 lit. a) können nach Maßgabe nachstehender Absätze 5 und 7 aus dem Genehmigten Kapital jeweils 50 neue Geschäftsanteile im Nennbetrag von je EUR 1,00 ausgegeben werden. Haben die Berechtigten in dem vorausgehenden Dreijahreszeitraum von der Gesellschaft Ausschüttungen in Höhe mindestens des Doppelten des in Abs. 7 lit. a) genannten Betrages erhalten, so können an sie 100 Geschäftsanteile im Nennbetrag von je

---

Anschrift: Beichstr. 8, 80802 München.
Geschäftsstelle Berlin: Neue Schönhauser Str. 10, 10178 Berlin
Internet: www.vg-film.de

EUR 1,00 ausgegeben werden. Haben die Berechtigten in dem Dreijahreszeitraum das Dreifache oder mehr des in Abs. 7 lit. a) genannten Betrages erhalten, so können an sie jeweils 150 Geschäftsanteile im Nennbetrag von je EUR 1,00 ausgegeben werden. An Einrichtungen, die Rechtsinhaber vertreten, können nach Maßgabe nachstehender Absätze. 6 und 7 aus dem Genehmigten Kapital jeweils 500 Geschäftsanteile im Nennbetrag von je EUR 1,00 ausgegeben werden.

(5) Übersteigt die Zahl der an Berechtigte im Sinne des Abs. 7 lit. a) im Rahmen des Genehmigten Kapitals auszugebenden Geschäftsanteile das noch verfügbare Genehmigte Kapital, so sind vorrangig diejenigen Berechtigten bei der Ausgabe von Geschäftsanteilen zu berücksichtigen, die die größte Zahl von Filmen zur Wahrnehmung durch die VGF angemeldet haben. Liegen weitere Anträge von Berechtigten in Sinne des Abs. 7 lit. a) zur Aufnahme als Neugesellschafter vor, so entscheiden die Gesellschafter über die Bildung eines weiteren Genehmigten Kapitals und die Höhe der von weiteren Berechtigten zu zeichnenden Geschäftsanteile unter Berücksichtigung von § 13 Abs. 1 VGG.

(6) Liegen Anträge von Einrichtungen, die im Sinne von Abs. 7 lit. b) Rechtsinhaber vertreten, auf Ausgabe von Geschäftsanteilen aus dem Genehmigten Kapital vor, die dazu führen würden, dass (ohne die Gründungsgesellschafter) mehr als insgesamt sechs entsprechende Einrichtungen Neugesellschafter würden, so ist/sind bis zum Erreichen von insgesamt sechs Neugesellschaftern im Sinne von Abs. 7 lit. b) diejenigen Einrichtungen als Neugesellschafter aufzunehmen, die Berechtigte vertreten, die insgesamt die größte Zahl von Filmen zur Wahrnehmung durch die VGF angemeldet haben. Sind bereits sechs Einrichtungen, die Rechtsinhaber vertreten, Neugesellschafter geworden, so können weitere Anträge von solchen Einrichtungen auf Ausgabe von Geschäftsanteilen aus weiterem Genehmigtem Kapital abgelehnt werden.

(7) Voraussetzung für die Aufnahme als Neugesellschafter ist, dass

a) der Berechtigte über einen Zeitraum von drei vollen Kalenderjahren durchgehend einen Wahrnehmungsvertrag mit der Gesellschaft abgeschlossen hatte und in diesem Dreijahreszeitraum von der Gesellschaft Ausschüttungen in Höhe von mindestens EUR 25 000,00 erhalten hat, bzw.
b) die Einrichtung mindestens zehn Rechtsinhaber i. S. d. § 5 VGG vertritt, die über einen Zeitraum von drei Jahren ununterbrochen einen Wahrnehmungsvertrag mit der Gesellschaft abgeschlossen hatten, und die von der Einrichtung vertretenen Rechtsinhaber in diesem Dreijahreszeitraum von der Gesellschaft Ausschüttungen in Höhe von mindestens EUR 150 000,00 erhalten haben. Ein Rechtsinhaber kann i. S. dieser Vorschrift auch dann von einer Einrichtung vertreten werden, wenn er selbst mit der Gesellschaft einen Berechtigungsvertrag abgeschlossen hat.

(8) Der Beitritt der Neugesellschafter erfolgt mit Erteilung der Zustimmung durch die Gesellschafter. Das Aufgeld beträgt das Zehnfache des Nominalbetrags der übernommenen Anteile. Das für den gezeichneten Anteil bezahlte Entgelt ist in Höhe des Nominalbetrags als gezeichnetes Kapital zu buchen. Geleistete Aufgelder sind den zur Ausschüttung an die Berechtigten dienenden Mitteln zuzuführen. Die Kosten des notariellen Vollzugs und der Handelsregisteranmeldung tragen die jeweiligen Neugesellschafter anteilig in der Höhe der jeweils von ihnen gezeichneten Anteile.

(9) In jedem Falle der Ausnutzung des Genehmigten Kapitals hat die Geschäftsführung auf der einer solchen Ausnutzung nachfolgenden, ordentlichen Mitgliederhauptversammlung Bericht über die Ausnutzung zu erstatten.

(10) Die Geschäftsführung wird ermächtigt, die weiteren Einzelheiten der Ausnutzung des Genehmigten Kapitals festzulegen. Die Geschäftsführung wird ferner ausdrücklich ermächtigt, diese Satzung entsprechend dem Umfang der jeweiligen Ausnutzung des Genehmigten Kapitals zu ändern.

(11) Kündigt ein Neugesellschafter gem. Abs. 7 lit. a) seinen Berechtigungsvertrag, so hat er der Gesellschaft oder einem von der Gesellschaft benannten Dritten seinen Geschäftsanteil zum Erwerb zum Nominalwert des entsprechenden Geschäftsanteils anzubieten. Die Gesellschaft bzw. der von ihr benannte Dritte kann dieses Angebot bis zum Ablauf von einem Jahr nach Wirksamwerden der Kündigung des Berechtigungsvertrags annehmen. Wird dieses Angebot angenommen, so hat der Neugesellschafter den Verkauf und die Übertragung des Gesellschaftsanteils notariell zu beurkunden. Das gilt entsprechend für Neugesellschafter gem. Abs. 7 lit. b), sobald die von ihnen vertretenen Rechtsinhaber in dem vorausgehenden Dreijahreszeitraum weniger als EUR 30 000,00 als Ausschüttungen von der Gesellschaft erhalten haben.

(12) Die Abtretung von Geschäftsanteilen oder Teilen von Geschäftsanteilen bedarf der Zustimmung der Mitgliederhauptversammlung. Die Genehmigung kann nur erteilt werden, wenn der vorgeschlagene Erwerber des Anteils die Voraussetzungen des vorstehenden Abs. 7 erfüllt. Bei der entsprechenden Beschlussfassung ist auch der Gesellschafter stimmberechtigt, dessen Geschäftsanteile betroffen sind. Eine Verpfändung oder sonstige Belastung von Geschäftsanteilen ist unzulässig.

§ 4 Berechtigte. (1) Berechtigter im Sinne dieser Satzung ist jeder Rechtsinhaber i. S. d. § 5 VGG, der auf gesetzlicher oder vertraglicher Grundlage (durch Abschluss eines Wahrnehmungsvertrages gem. § 7) in einem unmittelbaren Wahrnehmungsverhältnis zu der Gesellschaft steht.

(2) Die Gesellschaft erteilt allen Berechtigten, an die sie in einem Geschäftsjahr Einnahmen aus den von ihr wahrgenommenen Rechten verteilt hat, spätestens zwölf Monate nach Ablauf des jeweiligen Geschäftsjahrs die in § 54 VGG vorgesehenen Informationen.

§ 5 Mitglieder. (1) Die Gründungsgesellschafter sind als Einrichtungen i. S. d. § 3 Abs. 7 lit. b) geborene Mitglieder der Gesellschaft.

(2) Neugesellschafter werden mit Zeichnung der von ihnen übernommenen Anteile und Eintragung der entsprechenden Kapitalerhöhung Mitglieder der Gesellschaft.

(3) Berechtigte die keine Mitglieder sind, haben die Befugnisse gemäß § 12 dieser Satzung.

§ 6 Organe der Gesellschaft. Die Gesellschaft hat folgende Organe:
a) die Mitgliederhauptversammlung, § 10
b) den Aufsichtsrat, § 14
c) die Geschäftsführung, § 9

§ 7 Wahrnehmungsvertrag. (1) Die Gesellschaft schließt mit allen Inhabern von Urheberrechten und verwandten Schutzrechten (i. S. d. § 94 UrhG) einen Wahrnehmungsvertrag. Dies gilt insbesondere für Filmhersteller, Fernsehproduzenten, Videoprogrammhersteller, sonstige Hersteller audio-visueller Produktionen und Inhaber von Leistungsschutzrechten an Synchron- und sonstigen Bearbeitungsfassungen sowie alle Inhaber von Urheberrechten an Filmwerken.

(2) Die von der Gesellschaft für die von ihr vertretenen Berechtigten wahrzunehmenden Rechte und Ansprüche ergeben sich aus dem von der Gesellschaft aufgestellten Wahrnehmungsvertrag, der die Wahrnehmungsbedingungen beinhaltet. Er wird von der Mitgliederhauptversammlung auf Vorschlag der Geschäftsführung beschlossen.

(3) Der Berechtigte kann Art und Umfang der von der Gesellschaft nach dem Wahrnehmungsvertrag wahrzunehmenden Rechte und Ansprüche nach seiner Wahl einschränken. Die Zustimmung der Berechtigten zur Wahrnehmung der einzelnen Rechte durch die Gesellschaft wird von der Gesellschaft dokumentiert.

(4) Der Wahrnehmungsvertrag kann die Bedingungen festlegen, zu denen der Berechtigte jedermann das Recht einräumen kann, seine Werke oder sonstigen Schutzgegenstände für nicht kommerzielle Zwecke zu nutzen, auch wenn er die entsprechenden Rechte daran ansonsten der Gesellschaft zur Wahrnehmung eingeräumt oder übertragen hat.

(5) Für die Beendigung des Wahrnehmungsvertrages und den Entzug von Rechten gilt § 12 VGG.

§ 8 Verteilungspläne, Verwendung der Einnahmen. (1) Die Mitgliederhauptversammlung beschließt die Verteilungspläne für die von der Gesellschaft für die einzelnen von ihr wahrgenommenen Rechte vereinnahmten Erlöse.

(2) Im Verteilungsplan sind die Fristen vorzusehen, binnen derer die Einnahmen aus den Rechten verteilt werden.

(3) Die Verteilungspläne haben folgende Grundsätze zu beachten:

a) Soweit mit angemessenem Aufwand feststellbar, hat jeder Berechtigte den auf die die Benutzung seines Werkes entfallenden Anteil an den zu verteilenden Beträgen zu erhalten;
b) Soweit der individuelle Anteil der Nutzung nicht mit angemessenen Mitteln feststellbar ist, sind allgemeine Bewertungs- und Verteilungsregeln zur pauschalen Annäherung an diese Anteilsbemessung aufzustellen;
c) Die Mitgliederhauptversammlung kann im Verteilungsplan bestimmen, dass eine unterschiedliche Bewertung verschiedener Kategorien der von der Gesellschaft vertretenen audio-visuellen Werke erfolgt. Dabei sollen u. a. folgenden Kriterien Herkunftsland, Genre, Produktionsjahr Berücksichtigung finden.

(4) Die Verwendung der nicht verteilbaren Einnahmen aus den Rechten ist von der Mitgliederhauptversammlung unter Berücksichtigung von §§ 29, 30 VGG zu beschließen.

(5) Bei der Verwendung der Einnahmen aus den von der Gesellschaft wahrgenommenen Rechten sind die §§ 26, 31 und 32 VGG zu beachten. Die Abzüge für Verwaltungskosten der Gesellschaft dürfen die gerechtfertigten und

belegten Verwaltungskosten nicht übersteigen. Die Abzüge für die Förderung von kulturell bedeutenden Werken und Leistungen sowie für von der Gesellschaft einzurichtende Vorsorge- und Unterstützungseinrichtungen dürfen insgesamt 10 % des jährlichen Aufkommens der Gesellschaft nicht übersteigen.

§ 9 Geschäftsführung. (1) Die Gesellschaft hat einen oder mehrere Geschäftsführer. Sind mehrere Geschäftsführer bestellt, so wird die Gesellschaft durch zwei Geschäftsführer gemeinsam oder durch einen Geschäftsführer in Gemeinschaft mit einem Prokuristen vertreten. Den Geschäftsführern kann Alleinvertretungsbefugnis eingeräumt werden.

(2) Die Berufung und Abberufung der Geschäftsführer sowie die Einräumung einer Alleinvertretungsbefugnis erfolgt durch den Aufsichtsrat.

(3) Interessenkonflikte der Geschäftsführer mit der Gesellschaft, deren Mitglieder und den Berechtigten sind zu vermeiden. Unvermeidbare Interessenkonflikte sind offenzulegen, zu überwachen und baldmöglichst zu beenden.

(4) Die Geschäftsführer geben gegenüber der Mitgliederhauptversammlung mindestens einmal jährlich eine persönliche Erklärung zu den in § 21 Abs. 3 VGG aufgeführten Punkten ab. Zur Höhe der Beträge, die sie oder von ihnen beherrschte Gesellschaften in ihrer Eigenschaft als Berechtigte(r) von der Gesellschaft im abgelaufenen Geschäftsjahr erhalten haben, ist anzugeben, ob sich diese Beträge sich auf bis zu EUR 20 000,00, auf 20 001,00 bis zu EUR 50 000,00, auf 50 001,00 bis zu EUR 100 000,00 oder auf einen höheren Betrag beliefen.

(5) Der oder die Geschäftsführer haben die allgemeinen und besonderen Weisungen des Aufsichtsrats und/oder der Mitgliederhauptversammlung zu befolgen.

§ 10 Mitgliederhauptversammlung. (1) Die Mitglieder der Gesellschaft (§ 5) wirken in der Mitgliederhauptversammlung mit und üben in ihr Stimmrecht aus. Die Mitgliederhauptversammlung ist gleichzeitig Gesellschafterversammlung i. S. d. GmbHG.

(2) Die Mitgliederhauptversammlung beschließt über:

a) die Satzung der Gesellschaft;
b) den Jahresabschluss der Gesellschaft.
c) die Entlastung der Geschäftsführung
d) Bestellung und Abberufung des Wirtschaftsprüfers
e) den jährlichen Transparenzbericht;
f) die Aufstellung, Änderung und Ergänzung der Verteilungspläne;
g) die Verwendung der nicht verteilbaren Einnahmen aus den Rechten gem. § 8 Abs. 4;
h) die allgemeine Anlagepolitik im Bezug auf die Einnahmen aus den Rechten gem. § 25 VGG;
i) die allgemeinen Grundsätze für die Abzüge von den Einnahmen aus den Rechten, einschließlich der allgemeinen Grundsätze zur Deckung der Verwaltungskosten gem. § 8 Abs. 5 (§ 31 Abs. 2 VGG) und ggf. der Abzüge für die Förderung kulturell bedeutender Werke und Leistungen und für die Einrichtung und den Betrieb von Vorsorge- und Unterstützungseinrichtungen (§ 32 VGG);
j) die Aufstellung, Änderung und Ergänzung von Tarifen (§§ 38 bis 40 VGG);

k) die zum Tätigkeitsbereich der Gesellschaft gehörenden Rechte;
l) die Bedingungen, zu denen ein Berechtigter, der einen Wahrnehmungsvertrag mit der Gesellschaft abgeschlossen hat, jedermann das Recht einräumen kann, seine Werke oder sonstige Schutzgegenstände für nicht kommerzielle Zwecke zu nutzen (§ 11).

(3) Die Mitgliederhauptversammlung beschließt weiter über die Ernennung und Entlassung, die Entlastung sowie über die Vergütung und sonstigen Leistungen der Mitglieder des Aufsichtsrates.

(4) Für einen Beschluss der Mitgliederhauptversammlung, durch den die Satzung der Gesellschaft geändert werden soll, bedarf es einer Mehrheit von Zwei/Drittel der abgegebenen Stimmen. Stimmenthaltungen werden hierbei nicht gezählt.

§ 11 Durchführung der Mitgliederhauptversammlung; Vertretung. (1) Die Mitgliederhauptversammlung ist mindestens einmal jährlich einzuberufen. Die Einberufung erfolgt durch die Geschäftsführer an die jeweils der Gesellschaft zuletzt mitgeteilte Adresse der Mitglieder und der Delegierten gem. § 12 Abs. 1 dieser Satzung in Schriftform oder auf elektronischem Wege (E-Mail) unter Bekanntgabe der Tagesordnung und der Beschlussanträge. Die Ladungsfrist beträgt zwei Wochen. In dringenden Fällen kann die Ladungsfrist auf fünf Werktage verkürzt werden. Der Tag der Absendung der Einladung und der Tag, an dem die Mitgliederhauptversammlung stattfindet, zählen bei der Berechnung dieser Fristen nicht mit.

(2) Änderungsanträge zu den von der Geschäftsführung vorgeschlagenen Beschlussanträgen sind bis eine Woche vor dem Tag der Mitgliederhauptversammlung schriftlich oder auf elektronischem Wege (maßgeblich für die Einhaltung der Frist ist der Zugang bei der Geschäftsführung) einzureichen und von der Geschäftsführung unverzüglich den Mitgliedern und den Delegierten gem. § 12 Abs. 1 dieser Satzung schriftlich oder auf elektronischem Weg zu übermitteln oder auf den Internetseiten der Gesellschaft zu veröffentlichen. Wird die Ladungsfrist nach Abs. 1 S. 2 auf fünf Tage verkürzt, so kann für die Einreichung von Änderungsanträgen eine Frist von drei Werktagen vor dem Tag der Mitgliederhauptversammlung gesetzt werden.

(3) Eine außerordentliche Mitgliederhauptversammlung ist zeitnah einzuberufen, wenn dies von Mitgliedern, die mehr als 5% des Gesellschaftskapitals vertreten oder von mehr als der Hälfte der Delegierten schriftlich verlangt wird.

(4) Alle Mitglieder der Gesellschaft sind sowohl zur Teilnahme an der Mitgliederhauptversammlung als auch zur Abstimmung berechtigt, soweit sich aus Gesetz oder dieser Satzung nichts anderes ergibt. Weitere Stimmrechte in der Mitgliederhauptversammlung ergeben sich entsprechend § 12 für die Delegierten der Berechtigten, die keine Mitglieder der Gesellschaft sind.

(5) Mitgliedern, die an der Mitgliederhauptversammlung nicht teilnehmen können und die auch keinen Vertreter mit der Stimmausübung beauftragen, ist Gelegenheit zu geben, an der Mitgliederhauptversammlung auf elektronischem Wege teilzunehmen und ihr Stimmrecht im Wege elektronischer Kommunikation auszuüben. Eine beabsichtigte Teilnahme an der Mitgliederhauptversammlung auf elektronischem Wege muss der Gesellschaft mit einer Frist von zwei Wochen angekündigt werden, um der Gesellschaft die Möglichkeit

zu geben, eine entsprechende Teilnahme technisch zu ermöglichen. Die Gesellschaft kann die Teilnahme an der Mitgliederhauptversammlung auf elektronischem Wege von der Erfüllung angemessener technischer Bedingungen abhängig machen. Die Ausübung des Stimmrechts im Wege elektronischer Kommunikation kann zeitgleich mit einer Abstimmung in der Mitgliederhauptversammlung stattfinden oder alternativ auch vor der Mitgliederhauptversammlung zu erfolgen haben. In letzterem Fall ist Sorge dafür zu tragen, dass das Ergebnis der im Wege elektronischer Kommunikation abgegebenen Stimmen den anderen Gesellschaftern vor Abgabe ihrer Stimmen in der Mitgliederhauptversammlung nicht bekannt wird.

(6) Jedes Mitglied kann sich aufgrund einer schriftlichen oder in Textform vorliegenden Vollmacht in der Mitgliederhauptversammlung auch durch einen Vertreter vertreten lassen, sofern die Vertretung nicht zu einem Interessenkonflikt führt. Die Vollmacht muss auf die Vertretung des Mitglieds in der jeweiligen Mitgliederhauptversammlung beschränkt sein. Der Vertreter kann höchstens zehn nicht anwesende Mitglieder vertreten. Das Mitglied kann seinen Vertreter verpflichten, entsprechend den Anweisungen des Mitglieds abzustimmen. Der Vertreter ist verpflichtet, diesen Anweisungen Folge zu leisten.

(7) Die Mitgliederhauptversammlung ist beschlussfähig, wenn mindestens 50 % aller vorhandenen Stimmen anwesend oder vertreten sein. Die im Wege elektronischer Kommunikation abgegebenen Stimmen zählen hierbei nicht mit. Für den Fall, dass dieses Quorum nicht erreicht wird, kann gleichzeitig mit der Einladung zu der Mitgliederversammlung eine außerordentliche Mitgliederversammlung einberufen werden, die auch unmittelbar im Anschluss an die beschlussunfähige Mitgliederversammlung stattfinden kann. Diese außerordentliche Mitgliederhauptversammlung ist dann auch dann beschlussfähig, wenn das Quorum von 50 % der vorhandenen Stimmen nicht erreicht wird, wenn in der Einladung hierauf ausdrücklich hingewiesen wurde.

(8) Mitglieder, die sich der Stimme enthalten oder gesetzlich vom Stimmrecht ausgeschlossen sind, zählen bei der Auszählung von Stimmen nicht mit, werden aber bei der Berechnung des Quorums nach Abs. 7 mitgezählt.

(9) Die Leitung der Mitgliederhauptversammlung übernimmt der nach Lebensjahren älteste gesetzliche Vertreter eines der Gründungsgesellschafter, im Falle seiner Verhinderung der nächstältere Vertreter eines der Gesellschafter. Die Mitgliederhauptversammlung kann aus ihrer Mitte einen anderen Versammlungsleiter wählen.

§ 12 Mitwirkung von Berechtigten, die keine Mitglieder sind; Delegierte. (1) Die Berechtigten, die keine Mitglieder sind, wählen mindestens alle vier Jahre auf einer Versammlung der Berechtigten aus ihrer Mitte Delegierte.

(2) Je 100 Berechtigten, die keine Mitglieder der Gesellschaft sind, kann jeweils ein Delegierter gewählt werden. Mindestens werden jedoch drei Delegierte gewählt.

(3) Jeder Berechtigte, der kein Mitglied der Gesellschaft ist, hat bei der Wahl der Delegierten eine Stimme. Als gewählt gelten die Delegierten, die die relativ meisten Stimmen auf sich vereinen.

(4) Die Delegierten sind zur Teilnahme an der Mitgliederhauptversammlung berechtigt.

(5) Die Delegierten sind in der Mitgliederhauptversammlung stimmberechtigt bei den Entscheidungen gem. § 10 Abs. 2 lit. e) bis l) sowie bei der Entscheidung über die Ernennung und Entlassung, die Entlastung sowie über die Vergütung und sonstigen Leistungen der Mitglieder des Aufsichtsrates. Sie sind zudem stimmberechtigt bei allen Beschlussfassungen gem. § 14 Abs. 5. An Entscheidungen der Mitgliederhauptversammlung, bei denen die Delegierten nicht stimmberechtigt sind, können sie jedenfalls beratend mitwirken.

(6) § 11 Abs. 5 und 6 gelten für die Mitwirkung der Delegierten an der Mitgliederhauptversammlung entsprechend.

§ 13 Stimmengewichtung bei den Entscheidungen der Mitgliederhauptversammlung. In der Mitgliederhauptversammlung haben

a) die Gründungsgesellschafter je EUR 1,00 Geschäftsanteil jeweils eine Stimme,
b) die Neugesellschafter je EUR 1,00 der von ihnen übernommenen Gesellschaftsanteile eine Stimme,
c) Delegierte i. S. d. § 12 bei den Beschlussfassungen gem. § 12 Abs. 5 jeweils 200 Stimmen.

§ 14 Aufsichtsrat. (1) Die Gesellschaft hat einen Aufsichtsrat, der aus sechs Personen besteht. Der Aufsichtsrat wählt aus seiner Mitte eine(n) Vorsitzende(n).

(2) Vier Mitglieder des Aufsichtsrats werden von den Berechtigten zur Wahl durch die Mitgliederhauptversammlung vorgeschlagen. Drei von ihnen müssen Berechtigte der Gesellschaft i. S. v. § 4 der Satzung sein oder diese Berechtigten als Vorstand oder Geschäftsführer, als vertretungsberechtigte Gesellschafter oder aufgrund schriftlich erteilter Vollmacht zu vertreten befugt sein. Ein Mitglied des Aufsichtsrats soll ein Filmurheber sein. Findet sich kein Filmurheber, der für den Aufsichtsrat kandidieren möchte, so kann auch ein sonstiges Mitglied der Gesellschaft in den Aufsichtsrat gewählt werden. Zwei weitere Mitglieder des Aufsichtsrats werden von den Gründungsgesellschaftern zur Wahl durch die Mitgliederhauptversammlung vorgeschlagen.

(3) Die Mitglieder des Aufsichtsrats werden von der Mitgliederhauptversammlung für die Dauer von jeweils vier Jahren gewählt. Erreichen die von den Gründungsgesellschaftern vorgeschlagenen Mitglieder des Aufsichtsrats keine Mehrheit, so können die Gründungsgesellschafter weitere Personen für die Wahl in den Aufsichtsrat vorschlagen. Hat vor Ablauf der Amtszeit noch keine Neuwahl stattgefunden, so endet die Amtszeit der Mitglieder des Aufsichtsrats erst mit der entsprechenden Neuwahl. Eine Wiederwahl ist zulässig. Scheidet ein von den Mitgliedern oder von den Gründungsgesellschaftern zur Wahl in den Aufsichtsrat vorgeschlagenes Aufsichtsratsmitglied vor dem Ende seiner Amtszeit aus, so erfolgt die Nachwahl entsprechend der Regelungen in Abs. 2 für die restliche Laufzeit der Amtsdauer.

(4) Der Aufsichtsrat hat folgende Befugnisse und Aufgaben:

a) Zusammenschlüsse und Bündnisse unter Beteiligung der Gesellschaft, die Gründung von Tochtergesellschaften, die Übernahme anderer Organisationen und den Erwerb von Anteilen oder Rechten an anderen Organisationen durch die Gesellschaft;
b) die Festlegung der Grundsätze des Risikomanagements;
c) den Erwerb, den Verkauf und die Beleihung unbeweglicher Sachen;

d) die Aufnahme und die Vergabe von Darlehen sowie die Stellung von Darlehenssicherheiten;
e) den Abschluss, den Inhalt und die Beendigung von Repräsentationsvereinbarungen (§ 44 VGG);
f) die im Wahrnehmungsvertrag gem. § 9 Satz 2 VGG festzulegenden Wahrnehmungsbedingungen;
g) den Abschluss von Verträgen mit Verwertern und von Gesamtverträgen;
h) die Führungen von Prozessen in Grundsatzfragen;
i) die Anrufung der Schiedsstelle und die Anfechtung ihrer Entscheidungen;
j) die Zustimmung zum Abschluss von Verträgen aller Art, die die Gesellschaft mit mehr als EUR 25 000,00 im Einzelfall verpflichten; bei der Eingehung von Dauerschuldverhältnissen ist der innerhalb eines Geschäftsjahres anfallende Betrag maßgeblich;
k) die Ernennung und Entlassung, die Beschlussfassung über die Vergütung und die sonstigen Leistungen der Geschäftsführer, Prokuristen und Handlungsbevollmächtigten der Gesellschaft, die Erteilung von Einzelvertretungsbefugnissen und Einzelprokura sowie der Abschluss von Vereinbarungen mit den Geschäftsführern im Namen der Gesellschaft;
l) Die Überwachung der Tätigkeit der Aufgabenerfüllung der Geschäftsführer;
m) Die Entscheidungen über die Verwendung von Einnahmen zur Förderung kulturell bedeutender Werke und Leistungen und für die Einrichtung und den Betrieb von Vorsorge- und Unterstützungseinrichtungen."

(5) Die erste Mitgliederhauptversammlung, die nach den Regelungen dieser Satzung abgehalten wird, hat darüber zu beschließen, ob die Befugnisse nach Abs. 4 lit. a) bis g) sowie die Ernennung und Entlassung, die Entlastung sowie die Beschlussfassung über die Vergütung und sonstigen Leistungen der Geschäftsführer gem. lit. l) ganz oder teilweise auf die Mitgliederhauptversammlung zurückübertragen werden sollen. Entsprechende Beschlussfassungen können auch in allen weiteren Mitgliederhauptversammlungen getroffen werden.

(6) Der Aufsichtsrat tritt regelmäßig zusammen und berichtet der Mitgliederhauptversammlung mindestens einmal im Jahr über seine Tätigkeit.

(7) Der Aufsichtsrat gibt sich eine Geschäftsordnung. Besteht bei einer Beschlussfassung im Aufsichtsrat andernfalls Stimmengleichheit, so kommt dem Vorsitzenden des Aufsichtsrats eine zweite Stimme zu, die dann den Ausschlag gibt.

(8) Der/die Vorsitzende des Aufsichtsrats ist zur Teilnahme an jeder Mitgliederhauptversammlung berechtigt.

(9) Die Mitglieder des Aufsichtsrates geben mindestens einmal jährlich eine Erklärung nach § 21 Abs. 3 VGG gegenüber der Mitgliederhauptversammlung ab. § 9 Abs. 4 S. 2 gilt entsprechend.

§ 15 Jahresabschluss. (1) Die Gesellschaft stellt jährlich einen aus Bilanz, Gewinn- und Verlustrechnung, Kapitalflussrechnung und Anhang bestehenden Jahresabschluss und einen Lagebericht nach den für große Kapitalgesellschaften geltenden Bestimmungen des Handelsgesetzbuches auf.

(2) Der Jahresabschluss ist von einem Abschlussprüfer zu prüfen und offenzulegen. Die Offenlegung hat spätestens zum Ablauf von acht Monaten nach

dem Schluss des Geschäftsjahres zu erfolgen. Der Bestätigungsvermerk ist mit seinem vollen Wortlaut wiederzugeben.

(3) Im Übrigen gilt § 57 VGG.

§ 16 Transparenzbericht. (1) Die Gesellschaft erstellt spätestens acht Monate nach dem Schluss des Geschäftsjahres einen Transparenzbericht für das abgelaufene Geschäftsjahr.

(2) Der jährliche Transparenzbericht muss mindestens die in der Anlage zum VGG aufgeführten Angaben enthalten.

(3) Die Gesellschaft veröffentlicht innerhalb der Frist nach Abs. 1 den jährlichen Transparenzbericht einschließlich des Bestätigungsvermerks über den Jahresabschluss und der Bescheinigung zum jährlichen Transparenzbericht nach § 58 Abs. 3 VGG oder etwaiger Beanstandungen durch den Abschlussprüfer, jeweils im vollen Wortlaut, auf ihrer Internetseite. Der jährliche Transparenzbericht ist dort mindestens fünf Jahre lang öffentlich zugänglich zu halten.

(4) Im Übrigen gilt § 58 VGG.

§ 17 Bekanntmachungen der Gesellschaft. (1) Die Bekanntmachungen der Gesellschaft erfolgen nur im Bundesanzeiger.

(2) Darüber hinaus veröffentlicht die Gesellschaft auf ihrer Internetseite die Informationen gem. § 56 VGG.

§ 18 Kosten, Steuern. Die Kosten und die Steuern der Gründung trägt die Gesellschaft.

Die jeweils geltenden Tarife der VGF sind im Bundesanzeiger veröffentlicht.

24. GWFF/Gesellschaft zur Wahrnehmung von Film- und Fensehrechten m. b. H.

Satzung

Stand 30. September 2016

§ 1 Firma, Sitz, Geschäftsjahr. (1) Die Firma der Gesellschaft lautet: GWFF Gesellschaft zur Wahrnehmung von Film- und Fernsehrechten mbH

(2) Sie hat ihren Sitz in München.

(3) Geschäftsjahr ist das Kalenderjahr.

§ 2 Unternehmenszweck. (1) Gegenstand des Unternehmens ist die treuhänderische Wahrnehmung von Rechten und Ansprüchen im In- und Ausland, die sich aus dem Urheberrechtsgesetz in Verbindung mit den internationalen und/oder zweiseitigen Abkommen für Filmproduzenten, Fernsehproduzenten, Videogrammhersteller, ausländische Schauspieler und Urheber ergeben oder auf diese übertragen sind, sowie die Verteilung der Einnahmen an die Berechtigten.

(2) Die Gesellschaft ist eine Verwertungsgesellschaft im Sinne des § 2 VGG. Sie ist nicht auf Gewinnerzielung ausgerichtet.

§ 3 Berechtigungsvertrag. (1) Mit den einzelnen Berechtigten wird über die wahrzunehmenden Rechte und Ansprüche ein Berechtigungsvertrag abgeschlossen, wobei die Zustimmung des Berechtigten zur Wahrnehmung für jedes einzelne Recht und jedes Gebiet eingeholt und dokumentiert wird. Vor Einholung der Zustimmung informiert die Gesellschaft den Berechtigten über die ihm nach §§ 9–12 VGG zustehenden Rechte, sowie über die Abzüge von den Einnahmen aus den Rechten inklusive der Abzüge für die Verwaltungskosten.

(2) Der Berechtigte kann Art und Umfang der wahrzunehmenden Rechte und Ansprüche nach seiner Wahl einschränken.

(3) Im Berechtigungsvertrag können auch Bedingungen für die Nutzung für nicht kommerzielle Zwecke geregelt werden.

(4) Die Wahrnehmungsbedingungen der Gesellschaft regeln insbesondere die Rechte der Berechtigten aus §§ 9–12 VGG sowie die Beendigung der Rechtewahrnehmung insgesamt und den Entzug von Rechten nach Art oder Gebiet. Die Wahrnehmungsbedingungen und der Berechtigungsvertrag sind auf der Internetseite der Gesellschaft zu veröffentlichen.

(5) Über die wahrzunehmenden Rechte und Ansprüche im Berechtigungsvertrag sowie über die Wahrnehmungsbedingungen beschließt die Gesellschafterversammlung mit Zustimmung des Beirats.

Anschrift: Marstallstr. 8, 80539 München.
Internet: www.gwff.de.

§ 4 Verteilungsgrundsätze. (1) Die Gesellschafterversammlung beschließt mit Zustimmung des Beirats die Verteilungspläne für die einzelnen von der Gesellschaft wahrgenommenen Rechte.

(2) Die Verteilung der Einnahmen erfolgt an Berechtigte und an andere Verwertungsgesellschaften im Rahmen von Repräsentationsvereinbarungen.

(3) Die Verteilungspläne haben die Bestimmungen des VGG und die folgenden Grundsätze zu beachten:

a) Die Verteilung erfolgt auf der Grundlage der von den Berechtigten eingereichten Meldungen.
b) Soweit mit angemessenen Mitteln feststellbar, hat jeder Berechtigte den auf die Nutzung seines Werkes entfallenden Anteil der zu verteilenden Beträge zu erhalten.
c) Soweit der individuelle Anteil der Nutzung nicht mit angemessenen Mitteln feststellbar ist, sind allgemeine Bewertungs- und Verteilungsregeln zur pauschalen Annäherung an diese Anteilsbemessung aufzustellen.
d) Der Verteilungsplan kann vorsehen, dass die wahrgenommenen Rechte differenziert bewertet werden. Dabei soll unter anderem nach der Art des Werkes, Produktionsjahr, Laufzeit sowie Fernseh- und AV-Nutzung differenziert werden.
e) Nicht verteilbare Einnahmen gem. § 30 VGG werden jeweils den Einnahmen derselben Rechtekategorie zugeordnet und im vierten Jahr nach Ablauf des Geschäftsjahrs, in dem die Einnahmen erzielt wurden, ausgeschüttet.

(4) Der Verteilungsplan hat die Berechtigung der Gesellschaft vorzusehen, dass die zur Deckung der Verwaltungskosten notwendigen Aufwendungen von den Einnahmen abgezogen werden und die Gesellschaft stets über genügend liquide Mittel verfügt, um auch im Falle von Rechtsstreitigkeiten über die Einnahmen aus gesetzlichen Vergütungsansprüchen mit zahlungspflichtigen Dritten die Geschäfte der Gesellschaft nach den Grundsätzen ordnungsgemäßer Wirtschaftsführung zu führen.

(5) Bei der Verteilung des Aufkommens für die von der Gesellschaft wahrgenommenen Rechte ist § 32 VGG, der die Einrichtung von Vorsorge- und Unterstützungseinrichtungen sowie die Förderung kultureller Leistungen vorsieht, zu beachten. Die Mittel für diese Zwecke dürfen 10% des Aufkommens nicht überschreiten.

(6) Die Verteilungsfristen ergeben sich aus §§ 28, 46 Nr. 3 VGG.

§ 5 Stammkapital und -einlagen. (1) Das Stammkapital der Gesellschaft beträgt EUR 103 000,00 (einhundertdreitausend).

(2) Jede Verfügung über Geschäftsanteile oder über Teile eines Geschäftsanteils kann nur mit Zustimmung der Gesellschaft erfolgen. Eine Teilung der Geschäftsanteile ist jedem Gesellschafter auch ohne Gesellschafterbeschluss gestattet, wenn dies in einer notariellen Urkunde erfolgt. Sie ist der Gesellschaft zu Beweiszwecken unverzüglich anzuzeigen. Die Geschäftsführer haben unverzüglich nach Wirksamwerden jeder Veränderung in der Gesellschafterstruktur eine von ihnen unterschriebene Gesellschafterliste zum Handelsregister einzureichen. Jeder Gesellschafter ist verpflichtet, solche Veränderungen unverzüglich schriftlich mitzuteilen und nachzuweisen.

(3) Zum Zwecke der Neuaufnahme von Gesellschaftern sind die Gesellschafter verpflichtet, künftigen Erhöhungen des Stammkapitals zuzustimmen. Die Verpflichtung besteht nur insoweit als das Volumen aller künftigen Kapitalerhöhungen kumulativ 10% des Stammkapitals nicht überschreitet. Jeder Gesellschafter ist verpflichtet, an der Kapitalerhöhung pro rata seiner Beteiligung am Stammkapital teilzunehmen.

(4) Als neue Gesellschafter sind Filmhersteller aufzunehmen

a) die ihre Rechte umfassend in die Gesellschaft eingebracht haben, und
b) deren Rechte maßgeblich zum Aufkommen der Gesellschaft beitragen. Von einem maßgeblichen Beitrag ist auszugehen, wenn die eingebrachten Rechte mindestens 5% des durchschnittlichen jährlichen Aufkommens der Gesellschaft in den vorangehenden 5 Jahren erreichen.
c) die nicht Mitglieder oder Berechtigte konkurrierender Verwertungsgesellschaften oder Einrichtungen sind und
d) gegen deren Aufnahme keine sonstigen Gründe wie z.B. drohende Insolvenz, unseriöse Geschäftspraktiken oder staatsanwaltliche Ermittlungen entgegenstehen.

(5) Jeder neue Gesellschafter im Sinne des Abs. 4 kann maximal einen Geschäftsanteil in Höhe von 1% des Stammkapitals erwerben. Der Kaufpreis ist der Nennwert des Anteils zuzüglich eines Agios von 10%. Die bisherigen Gesellschafter sind verpflichtet, in dem sich aus Ziff. 3 ergebendem Umfang entsprechenden Kapitalerhöhungen zuzustimmen und ihre aus der jeweiligen Kapitalerhöhung resultierenden Geschäftsanteile dem neuen Gesellschafter zu verkaufen und abzutreten.

(6) Die Kosten der jeweiligen Kapitalerhöhung und des Verkaufs und der Abtretung der Geschäftsanteile nach Maßgabe von Abs. 5 Satz 3 (Notar, Gericht) sind vom neuen Gesellschafter zu tragen.

§ 6 Organe der Gesellschaft. Organe der Gesellschaft sind:

a) Die Gesellschafterversammlung
b) Der Aufsichtsrat
c) Der Beirat
d) Die Geschäftsführung

§ 7 Gesellschafterversammlung. (1) Die Gesellschafterversammlungen werden durch die Geschäftsführer einberufen. Jeder Geschäftsführer ist alleine einberufungsbefugt.

(2) In jedem Geschäftsjahr findet innerhalb der gesetzlichen Fristen die ordentliche Gesellschafterversammlung statt, in der insbesondere der Jahresabschluss festzustellen ist.

(3) Außerordentliche Gesellschafterversammlungen sind einzuberufen, wenn dies im Interesse der Gesellschaft erforderlich erscheint oder die Mehrheit der Gesellschafter dies verlangt.

(4) Die Einberufung der Gesellschafterversammlung erfolgt schriftlich durch die Geschäftsführung mit einer Frist von mindestens zwei Wochen. Die Einberufung hat Ort, Zeit und Tagesordnung der Gesellschafterversammlung zu enthalten. Über Punkte, die nicht in der Tagesordnung enthalten sind, können Beschlüsse nur gefasst werden, wenn alle Gesellschafter anwesend oder vertreten sind und mit der Behandlung der entsprechenden Punkte einverstanden

sind. Soweit nicht zwingende Vorschriften entgegenstehen, ist ein Verzicht auf alle satzungsmäßigen oder gesetzlichen Vorschriften über Form und Frist der Ladung zulässig.

(5) Die Gesellschafterversammlung ist beschlussfähig, wenn mindestens 3/4 des Stammkapitals vertreten sind. Ist das nicht der Fall, so ist eine zweite Gesellschafterversammlung mit gleicher Ladungsfrist und Tagesordnung unverzüglich einzuberufen. Diese Gesellschafterversammlung ist dann ohne Rücksicht auf das vertretene Kapital beschlussfähig. Der an Lebensjahren älteste Geschäftsführer übernimmt den Vorsitz, soweit die Gesellschafterversammlung nicht eine andere Person bestimmt. Alle Beschlüsse der Gesellschafterversammlung werden mit 3/4 Mehrheit gefasst, soweit nicht durch Gesetz oder diese Satzung andere Mehrheitsverhältnisse vorgeschrieben sind.

(6) Soweit alle Gesellschafter mit der betreffenden Form der Beschlussfassung einverstanden sind und soweit nicht zwingende Formvorschriften bestehen, können Beschlüsse der Gesellschafterversammlung auch auf andere Art gefasst werden, insbesondere per Email. Über jede Gesellschafterversammlung und jeden Gesellschafterbeschluss ist ein Protokoll anzufertigen.

(7) Gesellschafter können sich gegenseitig oder können Dritte schriftlich zur Vertretung in einer bestimmten Gesellschafterversammlung bevollmächtigen, wobei ein Vertreter nicht mehr als 10 andere Gesellschafter vertreten kann. Die schriftliche Vollmacht ist der Geschäftsführung spätestens 10 Tage vor Sitzungsbeginn vorzulegen. Der Vertreter ist verpflichtet, entsprechend den Anweisungen des/der vertretenen Gesellschafter abzustimmen. Sofern ein Gesellschafter von der Bevollmächtigung absehen will, selbst aber an der Teilnahme verhindert ist, ist er berechtigt im Wege der Zuschaltung durch Telefon als auch im Wege einer Videokonferenz in der Gesellschafterversammlung teilzunehmen und sein Stimmrecht auszuüben, sofern er dies mindestens 14 Tage vor Beginn der Gesellschafterversammlung schriftlich verlangt.

(8) Die Mitglieder des Beirats sind zu den Gesellschafterversammlungen zu laden. Sie sind berechtigt, an Sitzungen der Gesellschafterversammlung in beratender Funktion teilzunehmen, sofern sie dies mindestens 10 Tage vor der Gesellschafterversammlung schriftlich angekündigt haben. Sie erhalten Abschriften der Sitzungsprotokolle. Sofern ein Beirat an der Gesellschafterversammlung im Wege der elektronischen Kommunikation teilnehmen will, hat er dies mindestens 14 Tage vor der Gesellschafterversammlung schriftlich zu verlangen.

(9) Gesellschafterbeschlüsse können nur binnen sechs Wochen ab der Aufgabe des Beschlussprotokolls zur Post durch Klage angefochten werden.

(10) Die Gesellschafterversammlung ist die Mitgliederhauptversammlung im Sinne des § 17 Abs.1 Satz 1 VGG.

§ 8 Befugnisse der Gesellschafterversammlung. (1) Die Gesellschafterversammlung hat die in § 46 GmbHG sowie §§ 17, 18 VGG vorgesehenen Befugnisse. Insbesondere beschließt sie über:

a) die Satzung und Satzungsänderungen
b) die Bestellung und Abberufung des Abschlussprüfers
c) Zusammenschlüsse und Bündnisse unter Beteiligungen der Gesellschaft, die Gründung von Tochtergesellschaften, die Übernahme anderer Organisationen und den Erwerb von Anteilen oder Rechten an anderen Organisationen

d) die Grundsätze des Risikomanagements
e) die Aufstellung, Ergänzung und Änderung von Verteilungsplänen
f) die Verwendung der nicht verteilbaren Einnahmen aus den Rechten
g) die allgemeine Anlagepolitik im Bezug auf die Einnahmen aus den Rechten
h) die allgemeinen Grundsätze für die Abzüge von den Einnahmen aus den Rechten einschließlich der allgemeinen Grundsätze zur Deckung der Verwaltungskosten und gegebenenfalls der Abzüge für die Förderung kulturell bedeutender Werke und Leistungen und für den Betrieb von Vorsorge- und Unterstützungseinrichtungen
i) den Erwerb, den Verkauf und die Beleihung unbeweglicher Sachen
j) die Aufnahme und die Vergabe von Darlehen sowie die Stellung von Darlehenssicherheiten
k) den Abschluss, den Inhalt und die Beendigungen von Repräsentationsvereinbarungen
l) die Wahrnehmungsbedingungen
m) die Tarife
n) die Festlegung der zum Tätigkeitsbereich der Gesellschaft gehörenden Rechte
o) die Bedingungen, zu denen der Berechtigte jedermann das Recht einräumen kann, seine Rechte oder sonstigen Schutzgegenstände für nicht kommerzielle Zwecke zu nutzen.
p) Übertragung von Befugnissen auf den Aufsichtsrat
q) Bestellung und Entlasung der Mitglieder des Aufsichtsrats und der Geschäftsführung sowie über deren Vergütung und sonstige Leistungen

(2) Weiterhin beschließt die Gesellschafterversammlung über
a) die Führung von Prozessen in Grundsatzfragen und die Anrufung der Schiedsstelle
b) die Feststellung des Jahresabschlusses und des Transparenzberichts, sowie die Entlastung der Geschäftsführung
c) die Zustimmung zur Abtretung von Geschäftsanteilen
d) die Bestellung und Abberufung von Prokuristen mit Gesamtprokura
e) Transaktionen außerhalb des gewöhnlichen Geschäftsbereichs der Gesellschaft

(3) Beschlüsse nach Absatz 1 lit. e)–h) und lit. k)–p) bedürfen zu ihrer Wirksamkeit der Zustimmung des Beirats. Beschlüsse nach Absatz 1 lit. q) bedürfen zu ihrer Wirksamkeit der Zustimmung des Beirats, soweit sie die Vergütung oder sonstigen Leistungen betreffen.

§ 9 Aufsichtsrat. (1) Die Gesellschaft hat einen Aufsichtsrat. Er besteht aus sechs Mitgliedern, die von der Gesellschafterversammlung gewählt werden. Mindestens zwei Mitglieder des Aufsichtsrats müssen Urheber oder ausländische Schauspieler repräsentieren.

(2) Die Amtszeit der Aufsichtsräte beträgt vier Jahre. Sie beginnt mit der Gesellschafterversammlung, in der die Aufsichtsräte gewählt worden sind und endet vier Jahre später.

(3) Die Aufsichtsräte wählen aus ihrer Mitte einen Vorsitzenden und seinen Stellvertreter. Wiederwahl ist unbegrenzt zulässig.

(4) Der Aufsichtsrat wird von der Geschäftsführung mit einer Frist von zwei Wochen unter Angabe des Sitzungsortes und der Tagesordnung einberufen. Jedes Aufsichtsratmitglied kann die Einberufung verlangen.

(5) Der Aufsichtstat ist beschlussfähig, wenn mindestens $^2/_3$ der Mitglieder an der Beschlussfassung teilnehmen. Stimmenthaltung gilt als Teilnahme.

(6) Abgestimmt wird mit $^2/_3$ Mehrheit. Bei Stimmengleichheit gilt der Antrag als abgelehnt. Wenn kein Mitglied widerspricht können Beschlüsse schriftlich oder per E-Mail im Umlaufverfahren gefasst werden.

(7) Aufsichtsratmitglieder können sich gegenseitig schriftlich zur Vertretung bevollmächtigen.

(8) Der Aufsichtsrat kann sich eine Geschäftsordnung geben.

§ 10 Befugnisse des Aufsichtsrates. (1) Der Aufsichtsrat überwacht die Geschäftsführung.

(2) Die Gesellschafterversammlung kann beschließen dem Aufsichtsrat die Befugnisse nach § 17 Abs. 1 Ziff. 3–5 und 10–14 VGG ganz oder teilweise zu übertragen.

(3) Die Tätigkeit der Aufsichtsräte ist ehrenamtlich. Sie erhalten Ersatz ihrer Reisekosten und Auslagen nach den steuerlich zulässigen Höchstsätzen.

§ 11 Beirat. (1) Die Gesellschaft hat einen Beirat. Der Beirat nimmt die Interessen derjenigen Berechtigten wahr, die nicht Gesellschafter sind, aber einen Berechtigungsvertrag mit der Gesellschaft abgeschlossen haben

(2) Der Beirat hat sechs Mitglieder. Er setzt sich zu $^1/_3$ aus von der Gesellschafterversammlung entsandten Vertretern und zu $^1/_3$ aus Produzenten oder Vertretern von Produzenten sowie zu $^1/_3$ aus Urhebern oder ausländischen Schauspielern oder deren Vertreter, die gem. § 12. Nr. 1 in den Beirat gewählt werden, zusammen.

(3) Mit Ausnahme der von den Gesellschaftern entsandten Vertreter können Beiratsmitglieder nur natürliche Personen werden, die nicht Gesellschafter sind, aber mit der Gesellschaft einen Berechtigungsvertrag abgeschlossen haben. Beiratsmitglied können ferner gesetzliche Vertreter oder Bevollmächtigte von Unternehmen/Einrichtungen werden, die nicht Gesellschafter sind, aber einen Berechtigungsvertrag mit der Gesellschaft abgeschlossen haben. Weitere Voraussetzung einer Beiratsmitgliedschaft ist, dass die natürliche Person oder das Unternehmen/die Einrichtung im Zeitraum von zwei Jahren vor der Berechtigtenversammlung Gesamtausschüttungen in der Mindesthöhe von EUR 5000,00 erhalten haben.

(4) Der Beirat tritt mindestens einmal im Jahr zu einer Sitzung zusammen, darüber hinaus, wenn es das Interesse der Gesellschaft erfordert oder die Mehrheit der Beiratsmitglieder dies beantragt. Die Beiratsversammlungen werden durch die Geschäftsführung unter Angabe des Tagungsortes und der Tagesordnung schriftlich oder per Email mit einer Frist von mindestens 14 Tagen einberufen.

(5) Die Beiratsmitglieder wählen aus ihrer Mitte einen Vorsitzenden und einen Stellvertreter. Wiederwahl ist unbegrenzt zulässig.

(6) Die Beiratsmitglieder können sich gegenseitig schriftlich zur Vertretung im Beirat bevollmächtigen. Sofern ein Mitglied von der Bevollmächtigung absehen will, selbst aber an einer Teilnahme verhindert ist, ist er berechtigt im Wege der Zuschaltung durch Telefon- oder Videokonferenz in der Beiratssit-

zung teilzunehmen und sein Stimmrecht auszuüben, sofern er dies der Gesellschaft 14 Tage vor der Beiratsversammlung angekündigt hat.

(7) Der Beirat ist beschlussfähig, wenn mindestens die Hälfte seiner Mitglieder anwesend oder vertreten ist. Jedes Beiratsmitglied hat eine Stimme. Beschlüsse werden mit $^{3}/_{4}$-Mehrheit der abgegebenen Stimmen gefasst. Beiratsmitgliedern, die zusammen mehr als 25% der Einnahmen repräsentieren, die die Gesellschaft in dem der Beschlussfassung vorangegangenen Geschäftsjahr erzielt hat, steht ein Vetorecht zu. Beschlüsse können auch auf andere Art gefasst werden, wenn alle Beiratsmitglieder mit der betreffenden Art der Beschlussfassung einverstanden sind. Über jede Beiratssitzung und jeden Beiratsbeschluss ist ein Protokoll zu erstellen. Eine Abschrift des Protokolls ist den Gesellschaftern zuzuleiten.

(8) Die Beiratsmitglieder sind ehrenamtlich tätig. Sie erhalten für ihre Teilnahme an den Sitzungen Ersatz der Reisekosten und Tagesspesen nach den steuerlich zulässigen Höchstsätzen.

§ 12 Wahl der Beiratsmitglieder. (1) Die Mitglieder des Beirats sowie zwei Ersatzmitglieder werden auf einer Versammlung der Berechtigten, die nicht Gesellschafter sind („Berechtigtenversammlung") gewählt. Die Berechtigtenversammlung ist alle vier Jahre durch die Geschäftsführung mit einer Frist von mindestens 14 Tagen unter Angabe des Tagungsortes und der Tagesordnung schriftlich oder per Email einzuberufen.

(2) Sofern die Berechtigtenversammlung nicht etwas anderes bestimmt, leitet der an Lebensjahren älteste Geschäftsführer die Berechtigtenversammlung.

(3) Die Wahl der Beiratsmitglieder und Ersatzmitglieder kann entweder einzeln oder als Blockwahl erfolgen. Der Versammlungsleiter legt die Einzelheiten des Wahlverfahrens fest. Wahlvorschläge müssen schriftlich bis spätestens sieben Tage vor dem Datum der Berechtigtenversammlung der Geschäftsführung der Gesellschaft vorliegen.

(4) In der Berechtigtenversammlung hat jeder Berechtigte eine Stimme. Beschlüsse und die Wahl der Beiratsmitglieder bedürfen einer Mehrheit von $^{3}/_{4}$ der abgegebenen Stimmen.

(5) Das Wahlrecht kann selbst, durch einen gesetzlichen Vertreter oder durch einen gewillkürten Vertreter mit schriftlicher Vollmacht ausgeübt werden.

(6) Die Amtsdauer der Beiratsmitglieder beläuft sich auf vier Jahre.

a) Sie beginnt für alle Mitglieder mit dem Beschluss der Berechtigtenversammlung, in der die Wahl erfolgt und endet mit der ordentlichen Berechtigtenversammlung vier Jahre später.
b) Scheidet ein Mitglied, gleich aus welchem Grund, vorzeitig aus dem Beirat aus, tritt ein Ersatzmitglied an seine Stelle. Repräsentiert das ausscheidende Mitglied Produzenten, so tritt der für Produzenten gewählte Ersatzbeirat an seine Stelle. Repräsentiert das ausscheidende Mitglied Urheber/ausländische Schauspieler so tritt das für diesen als Ersatz gewählte Mitglied an seine Stelle. Die Amtszeit des Ersatzmitglieds endet mit dem Zeitpunkt, in dem die Amtszeit des Mitglieds endet, an dessen Stelle es tritt.

(7) Werden neue Beiratsmitglieder nicht oder nicht wirksam gewählt, so verlängert sich die Amtsperiode der bisherigen Mitglieder über den Vierjahreszeitraum hinaus.

(8) Zur Durchführung der Wahl kann die Berechtigtenversammlung ergänzende, insbesondere organisatorische Regelungen beschließen.

§ 13 Befugnisse des Beirats. (1) Unbeschadet der Zuständigkeit der Gesellschafterversammlung beschließt der Beirat über die folgenden Gegenstände:

a) die Aufstellung, Ergänzung und Änderung von Verteilungsplänen
b) die Verwendung von nicht verteilbaren Einnahmen aus den Rechten
c) die allgemeine Anlagepolitik
d) die allgemeinen Grundsätze für die Abzüge von den Einnahmen aus den Rechten einschließlich der allgemeinen Grundsätze zur Deckung der Verwaltungskosten und gegebenenfalls der Abzüge für die Förderung kulturell bedeutender Werke und Leistungen und für den Betrieb von Vorsorge- und Unterstützungseinrichtungen
e) den Abschluss, Inhalt und Beendigung von Repräsentationsvereinbarungen
f) die Wahrnehmungsbedingungen
g) die Tarife
h) die Festlegung der zum Tätigkeitsbereich der Gesellschaft gehörenden Rechte
i) die Bedingungen zu denen der Berechtigte jedermann das Recht einräumen kann, seine Rechte oder sonstigen Schutzgegenstände zu nicht kommerziellen Zwecken zu nutzen
j) die Vergütung und sonstigen Leistungen der Geschäftsführung sowie des Aufsichtsrats
k) Übertragung von Befugnissen auf den Aufsichtsrat

(2) Soweit die Befugnisse des Beirats sich mit den Befugnissen der Gesellschafterversammlung überschneiden, bedürfen Beschlüsse des Beirats zu ihrer Wirksamkeit der Zustimmung der Gesellschafterversammlung und Beschlüsse der Gesellschafterversammlung der Zustimmung des Beirats.

§ 14 Geschäftsführung. (1) Die Gesellschaft hat einen oder mehrere Geschäftsführer. Sind mehrere Geschäftsführer vorhanden, so wird die Gesellschaft durch jeden Geschäftsführer einzeln vertreten. Ist nur ein Geschäftsführer bestellt, so vertritt er die Gesellschaft alleine. Befreiung von den Beschränkungen des § 181 BGB kann gewährt werden.

(2) Die Geschäftsführung ist entsprechend dem satzungsgemäßen Zweck der Gesellschaft so einzurichten, dass für die Gesellschaft keine Gewinne erzielt werden.

(3) Die Geschäftsführer haben die allgemeinen und besonderen Weisungen der Gesellschafterversammlung sowie Beschlüsse des Aufsichtsrats zu befolgen.

(4) Die Geschäftsführer sind verpflichtet, ihre Tätigkeit solide, umsichtig und angemessen zu erfüllen sowie einmal jährlich eine persönliche Erklärung gem. § 21 Abs. 3 VGG gegenüber der Gesellschafterversammlung abzugeben. Sofern ein Geschäftsführer gleichzeitig auch Berechtigter ist, sind Interessenkonflikte zu vermeiden, indem dieser an keiner Beschlussfassung mitwirken darf, die seine Interessen als Berechtigtem tangiert. Unvermeidbare Interessenkonflikte sind offen zu legen. Die Gesellschafterversammlung kann hierzu nähere Bestimmungen treffen.

§ 15 Jahresabschluss und Bekanntmachung. (1) Der Jahresabschluss ist von einem Abschlussprüfer zu prüfen. Über die Prüfung muss ein schriftlicher Bericht erstattet werden, der den Voraussetzungen des § 57 VGG entspricht. Der Bestätigungsvermerk ist im Rahmen der Veröffentlichung des Jahresabschlusses mit seinem vollen Wortlaut zu veröffentlichen.

(2) Die Gesellschaft erstellt einen Transparenzbericht nach Maßgabe des § 58 VGG und veröffentlicht diesen einschließlich der Bescheinigung des Abschlussprüfers zum jährlichen Transparenzbericht gem. § 58 Nr. 3 VGG oder etwaiger Beanstandungen zusammen mit dem Bestätigungsvermerk in vollem Wortlaut ausschließlich auf ihrer Internetseite.

(3) Die Veröffentlichung des Jahresabschlusses erfolgt im elektronischen Bundesanzeiger.

§ 16 Beschwerdeverfahren. (1) Für Berechtigte und Rechteinhaber sowie auch Verwertungsgesellschaften, für die die Gesellschaft im Rahmen einer Repräsentationsvereinbarung Rechte wahrnimmt, besteht ein Beschwerderecht gegenüber der Geschäftsführung, für Gesellschafter ein Beschwerderecht gegenüber der Gesellschafterversammlung, vertreten durch den Vorsitzenden der Gesellschafterversammlung.

(2) Gegenstand einer Beschwerde können sein:
a) Aufnahme oder Beendigung der Rechtewahrnehmung
b) Entzug einzelner Rechte
c) Wahrnehmungsbedingungen zum Abschluss eines Wahrnehmungsvertrages
d) Bedingungen für die Aufnahme als Gesellschafter
e) Einziehung, Verwaltung und Verteilung der Einnahmen aus den Rechten
f) Abzüge von den Einnahmen aus den Rechten

(3) Die Behandlung einer Beschwerde setzt voraus, dass die Eingabe den Beschwerdegegenstand erkennen lässt.

(4) Entscheidungen über eine Beschwerde erfolgen durch die Geschäftsführung. Sie werden dem Beschwerdeführer schriftlich mitgeteilt, wobei im Fall, dass der Beschwerde nicht abgeholfen wird, die Ablehnung zu begründen ist. Gegen die Entscheidungen einer abgelehnten Beschwerde steht den Betroffenen eine weitere Beschwerde zu, die schriftlich und mit Begründung an die Gesellschafterversammlung zu richten ist. Diese entscheidet über die Beschwerde abschließend. Für Entscheidungen von Beschwerden der Gesellschafter gilt dies entsprechend mit der Maßgabe, dass die Entscheidung durch den Vorsitzenden der Gesellschafterversammlung getroffen wird.

(5) Beschwerdeverfahren sind von der Gesellschaft wirksam und zügig durchzuführen.

§ 17 Zugang schriftlicher Erklärungen. Für alle insbesondere in dieser Satzung vorgesehenen Mitteilungen und Erklärungen
– der Gesellschaft an die Gesellschafter
– der Gesellschafter an die Gesellschaft
– der Gesellschafter untereinander
gilt jeweils:
a) Jeder Gesellschafter hat der Gesellschaft die Anschrift anzugeben, unter der ihm gegenüber schriftliche Erklärungen und Mitteilungen aller Art abzugeben sind

b) Erklärungen an die Gesellschafter sind an die zuletzt der Gesellschaft gemäß a) mitgeteilten Anschriften zu richten
c) Ist für eine Erklärung eine Frist bestimmt, so genügt zur Wahrung der Frist die rechtzeitige Aufgabe des Briefes zur Post
d) Die schriftlichen Mitteilungen und Erklärungen sind per Einschreiben zu übersenden.

§ 18 Bekanntmachungen der Gesellschaft. Die Bekanntmachungen der Gesellschaft werden nur im elektronischen Bundesanzeiger veröffentlicht. Die gesetzlichen Informationspflichten nach Teil 2, Abschnitt 6 VGG bleiben unberührt.

Die jeweils geltenden Tarife der GWFF sind im Bundesanzeiger veröffentlicht.

24a. AGICOA Urheberrechtsschutz GmbH

Satzung

Stand 30. September 2016

§ 1 Firma, Sitz, Geschäftsjahr. (1) Die Firma der Gesellschaft lautet: AGICOA Urheberechtsschutz GmbH

(2) Sie hat ihren Sitz in München.

(3) Geschäftsjahr ist das Kalenderjahr.

§ 2 Unternehmenszweck. (1) Gegenstand des Unternehmens ist die treuhänderische Wahrnehmung von Nutzungsrechten und Vergütungsansprüchen, die sich für in- und ausländische Filmhersteller, Urheber und sonstigen Berechtigten sowie für Filmverwerter und -vertreiber, die Rechte von diesen herleiten, aus der kabelgebundenen oder kabellosen Weitersendung von Filmwerken aus dem Urheberrechtsgesetz in Verbindung mit internationalen und/oder zweiseitigen Abkommen ergeben sowie die Verteilung der erzielten Einnahmen an die Berechtigten.

(2) Die Gesellschaft ist eine Verwertungsgesellschaft im Sinne des § 2 VGG. Sie ist nicht auf Gewinnerzielung ausgerichtet.

§ 3 Berechtigungsvertrag. (1) Mit den einzelnen Berechtigten wird über die wahrzunehmenden Rechte und Ansprüche ein Berechtigungsvertrag abgeschlossen, wobei die Zustimmung des Berechtigten zur Wahrnehmung für jedes einzelne Recht und jedes Gebiet eingeholt und dokumentiert wird. Vor Einholung der Zustimmung informiert die Gesellschaft den Berechtigten über die ihm nach §§ 9–12 VGG zustehenden Rechte, sowie über die Abzüge von den Einnahmen aus den Rechten inklusive der Abzüge für die Verwaltungskosten.

(2) Der Berechtigte kann Art und Umfang der wahrzunehmenden Rechte und Ansprüche nach seiner Wahl einschränken.

(3) Im Berechtigungsvertrag können auch Bedingungen für die Nutzung für nicht kommerzielle Zwecke geregelt werden.

(4) Die Wahrnehmungsbedingungen der Gesellschaft regeln insbesondere die Rechte der Berechtigten aus §§ 9–12 VGG sowie die Beendigung der Rechtewahrnehmung insgesamt und den Entzug von Rechten nach Art oder Gebiet. Die Wahrnehmungsbedingungen und der Berechtigungsvertrag sind auf der Internetseite der Gesellschaft zu veröffentlichen.

(5) Über die wahrzunehmenden Rechte und Ansprüche im Berechtigungsvertrag sowie über die Wahrnehmungsbedingungen beschließt die Gesellschafterversammlung mit Zustimmung des Beirats.

§ 4 Verteilungsgrundsätze. (1) Die Gesellschafterversammlung beschließt mit Zustimmung des Beirats die Verteilungspläne für die einzelnen von der Gesellschaft wahrgenommenen Rechte.

Anschrift: Marstallstr. 8, 80539 München. Internet: www.agicoa-gmbH.de.

(2) Die Verteilung der Einnahmen erfolgt an Berechtigte und an andere Verwertungsgesellschaften im Rahmen von Repräsentationsvereinbarungen.

(3) Die Verteilungspläne haben die Bestimmungen des VGG und die folgenden Grundsätze zu beachten:

a) Die Verteilung erfolgt auf der Grundlage der von den Berechtigten eingereichten Meldungen.
b) Soweit mit angemessenen Mitteln feststellbar, hat jeder Berechtigte den auf die Nutzung seines Werkes entfallenden Anteil der zu verteilenden Beträge zu erhalten.
c) Soweit der individuelle Anteil der Nutzung nicht mit angemessenen Mitteln feststellbar ist, sind allgemeine Bewertungs- und Verteilungsregeln zur pauschalen Annäherung an diese Anteilsbemessung aufzustellen.
d) Der Verteilungsplan kann vorsehen, dass die wahrgenommenen Rechte differenziert bewertet werden. Dabei soll unter anderem nach der Art des Werkes, Produktionsjahr, Laufzeit sowie Fernseh- und AV-Nutzung differenziert werden.
e) Nicht verteilbare Einnahmen gem. § 30 VGG werden jeweils den Einnahmen derselben Rechtekategorie zugeordnet und im vierten Jahr nach Ablauf des Geschäftsjahrs, in dem die Einnahmen erzielt wurden, ausgeschüttet.

(4) Der Verteilungsplan hat die Berechtigung der Gesellschaft vorzusehen, dass die zur Deckung der Verwaltungskosten notwendigen Aufwendungen von den Einnahmen abgezogen werden und die Gesellschaft stets über genügend liquide Mittel verfügt, um auch im Falle von Rechtsstreitigkeiten über die Einnahmen aus gesetzlichen Vergütungsansprüchen mit zahlungspflichtigen Dritten die Geschäfte der Gesellschaft nach den Grundsätzen ordnungsgemäßer Wirtschaftsführung zu führen.

(5) Bei der Verteilung des Aufkommens für die von der Gesellschaft wahrgenommenen Rechte ist § 32 VGG, der die Einrichtung von Vorsorge- und Unterstützungseinrichtungen sowie die Förderung kultureller Leistungen vorsieht, zu beachten. Die Mittel für diese Zwecke dürfen 10% des Aufkommens nicht überschreiten.

(6) Die Verteilungsfristen ergeben sich aus §§ 28, 46 Nr. 3 VGG.

§ 5 Stammkapital und -einlagen. (1) Das Stammkapital der Gesellschaft beträgt DM 50 000 (fünfzigtausend)

(2) Jede Verfügung über Geschäftsanteile oder über Teile eines Geschäftsanteils kann nur mit Zustimmung der Gesellschaft erfolgen. Eine Teilung der Geschäftsanteile ist jedem Gesellschafter auch ohne Gesellschafterbeschluss gestattet, wenn dies in einer notariellen Urkunde erfolgt. Sie ist der Gesellschaft zu Beweiszwecken unverzüglich anzuzeigen. Die Geschäftsführer haben unverzüglich nach Wirksamwerden jeder Veränderung in der Gesellschafterstruktur eine von ihnen unterschriebene Gesellschafterliste zum Handelsregister einzureichen. Jeder Gesellschafter ist verpflichtet, solche Veränderungen unverzüglich schriftlich mitzuteilen und nachzuweisen.

(3) Zum Zwecke der Neuaufnahme von Gesellschaftern sind die Gesellschafter verpflichtet, künftigen Erhöhungen des Stammkapitals zuzustimmen. Die Verpflichtung besteht nur insoweit als das Volumen aller künftigen Kapitalerhöhungen kumulativ 10% des Stammkapitals nicht überschreitet. Jeder Ge-

sellschafter ist verpflichtet an der Kapitalerhöhung pro rata seiner Beteiligung am Stammkapital teilzunehmen.

(4) Als neue Gesellschafter sind Filmhersteller aufzunehmen:
a) die ihre Rechte umfassend in die Gesellschaft eingebracht haben, und
b) deren Rechte maßgeblich zum Aufkommen der Gesellschaft beitragen. Von einem maßgeblichen Beitrag ist auszugehen, wenn die eingebrachten Rechte mindestens 5% des durchschnittlichen jährlichen Aufkommens der Gesellschaft in den vorangehenden 5 Jahren erreichen.
c) die nicht Mitglieder oder Berechtigte konkurrierender Verwertungsgesellschaften oder Einrichtungen sind und
d) gegen derer Aufnahme keine sonstigen Gründe wie z. B. drohende Insolvenz, unseriöse Geschäftspraktiken oder staatsanwaltliche Ermittlungen entgegenstehen.

(5) Jeder neue Gesellschafter im Sinne des Abs. 4 kann maximal einen Geschäftsanteil in Höhe von 1% des Stammkapitals erwerben. Der Kaufpreis ist der Nennwert des Anteils zuzüglich eines Agios von 10%. Die bisherigen Gesellschafter sind verpflichtet in dem sich aus Ziff. 3 ergebendem Umfang entsprechenden Kapitalerhöhungen zuzustimmen und ihre aus der jeweiligen Kapitalerhöhung resultierenden Geschäftsanteile dem neuen Gesellschafter zu verkaufen und abzutreten.

(6) Die Kosten der jeweiligen Kapitalerhöhung und des Verkaufs und der Abtretung der Geschäftsanteile nach Maßgabe von Abs. 5 Satz 3 (Notar, Gericht) sind vom neuen Gesellschafter zu tragen.

§ 6 Organe der Gesellschaft. Organe der Gesellschaft sind:
a) Die Gesellschafterversammlung
b) Der Aufsichtsrat
c) Der Beirat
d) Die Geschäftsführung

§ 7 Gesellschafterversammlung. (1) Die Gesellschafterversammlungen werden durch die Geschäftsführer einberufen. Jeder Geschäftsführer ist alleine einberufungsbefugt.

(2) In jedem Geschäftsjahr findet innerhalb der gesetzlichen Fristen die ordentliche Gesellschafterversammlung statt, in der insbesondere der Jahresabschluss festzustellen ist.

(3) Außerordentliche Gesellschafterversammlungen sind einzuberufen, wenn dies im Interesse der Gesellschaft erforderlich erscheint oder die Mehrheit der Gesellschafter dies verlangt.

(4) Die Einberufung der Gesellschafterversammlung erfolgt schriftlich durch die Geschäftsführung mit einer Frist von mindestens zwei Wochen. Die Einberufung hat Ort, Zeit und Tagesordnung der Gesellschafterversammlung zu enthalten. Über Punkte, die nicht in der Tagesordnung enthalten sind, können Beschlüsse nur gefasst werden, wenn alle Gesellschafter anwesend oder vertreten sind und mit der Behandlung der entsprechenden Punkte einverstanden sind. Soweit nicht zwingende Vorschriften entgegenstehen, ist ein Verzicht auf alle satzungsmäßigen oder gesetzlichen Vorschriften über Form und Frist der Ladung zulässig.

(5) Die Gesellschafterversammlung ist beschlussfähig, wenn mindestens $^3/_4$ des Stammkapitals vertreten sind. Ist das nicht der Fall, so ist eine zweite Gesellschafterversammlung mit gleicher Ladungsfrist und Tagesordnung unverzüglich einzuberufen. Diese Gesellschafterversammlung ist dann ohne Rücksicht auf das vertretene Kapital beschlussfähig. Der an Lebensjahren älteste Geschäftsführer übernimmt den Vorsitz, soweit die Gesellschafterversammlung nicht eine andere Person bestimmt. Alle Beschlüsse der Gesellschafterversammlung werden mit $^3/_4$ Mehrheit gefasst, soweit nicht durch Gesetz oder diese Satzung andere Mehrheitsverhältnisse vorgeschrieben sind.

(6) Soweit alle Gesellschafter mit der betreffenden Form der Beschlussfassung einverstanden sind und soweit nicht zwingende Formvorschriften bestehen, können Beschlüsse der Gesellschafterversammlung auch auf andere Art gefasst werden, insbesondere per Email. Über jede Gesellschafterversammlung und jeden Gesellschafterbeschluss ist ein Protokoll anzufertigen.

(7) Gesellschafter können sich gegenseitig oder können Dritte schriftlich zur Vertretung in einer bestimmten Gesellschafterversammlung bevollmächtigen, wobei ein Vertreter nicht mehr als 10 andere Gesellschafter vertreten kann. Die schriftliche Vollmacht ist der Geschäftsleitung spätestens 10 Tage vor Sitzungsbeginn vorzulegen. Der Vertreter ist verpflichtet, entsprechend den Anweisungen des/der vertretenen Gesellschafter abzustimmen. Sofern ein Gesellschafter von der Bevollmächtigung absehen will, selbst aber an der Teilnahme verhindert ist, ist er berechtigt im Wege der Zuschaltung durch Telefon als auch im Wege einer Videokonferenz in der Gesellschafterversammlung teilzunehmen und sein Stimmrecht auszuüben, sofern er dies mindestens 14 Tage vor Beginn der Gesellschafterversammlung schriftlich verlangt.

(8) Die Mitglieder des Beirats sind zu den Gesellschafterversammlungen zu laden. Sie sind berechtigt, an Sitzungen der Gesellschafterversammlung in beratender Funktion teilzunehmen, sofern sie dies mindestens 10 Tage vor der Gesellschafterversammlung schriftlich angekündigt haben. Sie erhalten Abschriften der Sitzungsprotokolle. Sofern ein Beirat an der Gesellschafterversammlung im Wege der elektronischen Kommunikation teilnehmen will, hat er dies mindestens 14 Tage vor der Gesellschafterversammlung schriftlich zu verlangen.

(9) Gesellschafterbeschlüsse können nur binnen sechs Wochen ab der Aufgabe des Beschlussprotokolls zur Post durch Klage angefochten werden.

(10) Die Gesellschafterversammlung ist die Mitgliederhauptversammlung im Sinne des § 17 Abs. 1 Satz 1 VGG.

§ 8 Befugnisse der Gesellschafterversammlung. (1) Die Gesellschafterversammlung hat die in § 46 GmbHG sowie §§ 17, 18 VGG vorgesehenen Befugnisse. Insbesondere beschließt sie über:

a) die Satzung und Satzungsänderungen
b) die Bestellung und Abberufung des Abschlussprüfers
c) Zusammenschlüsse und Bündnisse unter Beteiligungen der Gesellschaft, die Gründung von Tochtergesellschaften, die Übernahme anderer Organisationen und den Erwerb von Anteilen oder Rechten an anderen Organisationen
d) die Grundsätze des Risikomanagements
e) die Aufstellung, Ergänzung und Änderung von Verteilungsplänen

f) die Verwendung der nicht verteilbaren Einnahmen aus den Rechten
g) die allgemeine Anlagepolitik im Bezug auf die Einnahmen aus den Rechten
h) die allgemeinen Grundsätze für die Abzüge von den Einnahmen aus den Rechten einschließlich der allgemeinen Grundsätze zur Deckung der Verwaltungskosten und gegebenenfalls der Abzüge für die Förderung kulturell bedeutender Werke und Leistungen und für den Betrieb von Vorsorge- und Unterstützungseinrichtungen
i) den Erwerb, den Verkauf und die Beleihung unbeweglicher Sachen
j) die Aufnahme und die Vergabe von Darlehen sowie die Stellung von Darlehenssicherheiten
k) den Abschluss, den Inhalt und die Beendigungen von Repräsentationsvereinbarungen
l) die Wahrnehmungsbedingungen
m) die Tarife
n) die Festlegung der zum Tätigkeitsbereich der Gesellschaft gehörenden Rechte
o) die Bedingungen, zu denen der Berechtigte jedermann das Recht einräumen kann, seine Rechte oder sonstigen Schutzgegenstände für nicht kommerzielle Zwecke zu nutzen.
p) Übertragung von Befugnissen auf den Aufsichtsrat
q) Bestellung und Entlassung der Mitglieder des Aufsichtsrats und der Geschäftsführung sowie über deren Vergütung und sonstige Leistungen

(2) Weiterhin beschließt die Gesellschafterversammlung über
a) die Führung von Prozessen in Grundsatzfragen und die Anrufung der Schiedsstelle
b) die Feststellung des Jahresabschlusses und des Transparenzberichts, sowie die Entlastung der Geschäftsführung
c) die Zustimmung zur Abtretung von Geschäftsanteilen
d) die Bestellung und Abberufung von Prokuristen mit Gesamtprokura
e) Transaktionen außerhalb des gewöhnlichen Geschäftsbereichs der Gesellschaft

(3) Beschlüsse nach Absatz 1 lit. e)–h) und lit. k)–p) bedürfen zu ihrer Wirksamkeit der Zustimmung des Beirats. Beschlüsse nach Absatz 1 lit. q) bedürfen zu ihrer Wirksamkeit der Zustimmung des Beirats, soweit sie die Vergütung oder sonstigen Leistungen betreffen.

§ 9 Aufsichtsrat. (1) Die Gesellschaft hat einen Aufsichtsrat. Er besteht aus drei Mitgliedern, die von der Gesellschafterversammlung gewählt werden.

(2) Die Amtszeit der Aufsichtsräte beträgt vier Jahre. Sie beginnt mit der Gesellschafterversammlung, in der die Aufsichtsräte gewählt worden sind und endet vier Jahre später.

(3) Die Aufsichtsräte wählen aus ihrer Mitte einen Vorsitzenden und seinen Stellvertreter. Wiederwahl ist unbegrenzt zulässig.

(4) Der Aufsichtsrat wird von der Geschäftsführung mit einer Frist von zwei Wochen unter Angabe des Sitzungsortes und der Tagesordnung einberufen. Jedes Aufsichtsratsmitglied kann die Einberufung verlangen.

(5) Der Aufsichtsrat ist beschlussfähig, wenn alle Mitglieder an der Beschlussfassung teilnehmen. Stimmenthaltung gilt als Teilnahme.

(6) Wenn kein Mitglied widerspricht können Beschlüsse schriftlich oder per E-Mail im Umlaufverfahren gefasst werden.

(7) Der Aufsichtsrat kann sich eine Geschäftsordnung geben.

§ 10 Befugnisse des Aufsichtsrates. (1) Der Aufsichtsrat überwacht die Geschäftsführung.

(2) Die Gesellschafterversammlung kann beschließen dem Aufsichtsrat die Befugnisse nach § 17 Abs. 1 Ziff. 3–5 und 10–14 VGG ganz oder teilweise zu übertragen.

(3) Die Tätigkeit der Aufsichtsräte ist ehrenamtlich. Sie erhalten Ersatz ihrer Reisekosten und Auslagen nach den steuerlich zulässigen Höchstsätzen.

§ 11 Beirat. (1) Die Gesellschaft hat einen Beirat. Der Beirat nimmt die Interessen derjenigen Berechtigten wahr, die nicht Gesellschafter sind, aber einen Berechtigungsvertrag mit der Gesellschaft abgeschlossen haben

(2) Der Beirat hat sechs Mitglieder. Er setzt sich zu $^1/_3$ aus von der Gesellschafterversammlung entsandten Vertretern und zu $^2/_3$ aus Produzenten oder Vertretern von Produzenten, die gemäß § 12 Nr. 1 in den Beirat gewählt werden zusammen.

(3) Mit Ausnahme der von den Gesellschaftern entsandten Vertreter können Beiratsmitglieder nur natürliche Personen werden, die nicht Gesellschafter sind, aber mit der Gesellschaft einen Berechtigungsvertrag abgeschlossen haben. Beiratsmitglied können ferner gesetzliche Vertreter oder Bevollmächtigte von Unternehmen/Einrichtungen werden, die nicht Gesellschafter sind, aber einen Berechtigungsvertrag mit der Gesellschaft abgeschlossen haben.

Weitere Voraussetzung einer Beiratsmitgliedschaft ist, dass die natürliche Person oder das Unternehmen/die Einrichtung im Zeitraum von zwei Jahren vor der Berechtigtenversammlung Gesamtausschüttungen in der Mindesthöhe von EUR 5000,00 erhalten haben.

(4) Der Beirat tritt mindestens einmal im Jahr zu einer Sitzung zusammen, darüber hinaus, wenn es das Interesse der Gesellschaft erfordert oder die Mehrheit der Beiratsmitglieder dies beantragt. Die Beiratsversammlungen werden durch die Geschäftsführung unter Angabe des Tagungsortes und der Tagesordnung schriftlich oder per Email mit einer Frist von mindestens 14 Tagen einberufen.

(5) Die Beiratsmitglieder wählen aus ihrer Mitte einen Vorsitzenden und einen Stellvertreter. Wiederwahl ist unbegrenzt zulässig.

(6) Die Beiratsmitglieder können sich gegenseitig schriftlich zur Vertretung im Beiratbevollmächtigen. Sofern ein Mitglied von der Bevollmächtigung absehen will, selbst aber an einer Teilnahme verhindert ist, ist er berechtigt im Wege der Zuschaltung durch Telefon- oder Videokonferenz in der Beiratssitzung teilzunehmen und sein Stimmrecht auszuüben, sofern er dies der Gesellschaft 14 Tage vor der Beiratsversammlung angekündigt hat.

(7) Der Beirat ist beschlussfähig, wenn mindestens die Hälfte seiner Mitglieder anwesend oder vertreten ist. Jedes Beiratsmitglied hat eine Stimme. Beschlüsse werden mit $^3/_4$ Mehrheit der abgegebenen Stimmen gefasst. Beschlüsse können auch auf andere Art gefasst werden, wenn alle Beiratsmitglieder mit der betreffenden Art der Beschlussfassung einverstanden sind. Über jede Bei-

ratssitzung und jeden Beiratsbeschluss ist ein Protokoll zu erstellen. Eine Abschrift des Protokolls ist den Gesellschaftern zuzuleiten.

(8) Die Beiratsmitglieder sind ehrenamtlich tätig. Sie erhalten für ihre Teilnahme an den Sitzungen Ersatz der Reisekosten und Tagesspesen nach den steuerlich zulässigen Höchstsätzen.

§ 12 Wahl der Beiratsmitglieder. (1) Die Mitglieder des Beirats sowie zwei Ersatzmitglieder werden auf einer Versammlung der Berechtigten, die nicht Gesellschafter sind („Berechtigtenversammlung") gewählt. Die Berechtigtenversammlung ist alle vier Jahre durch die Geschäftsführung mit einer Frist von mindestens 14 Tagen unter Angabe des Tagungsortes und der Tagesordnung schriftlich oder per Email einzuberufen.

(2) Sofern die Berechtigtenversammlung nicht etwas anderes bestimmt, leitet der an Lebensjahren älteste Geschäftsführer die Berechtigtenversammlung.

(3) Die Wahl der Beiratsmitglieder und Ersatzmitglieder kann entweder einzeln oder als Blockwahl erfolgen. Der Versammlungsleiter legt die Einzelheiten des Wahlverfahrens fest. Wahlvorschläge müssen schriftlich bis spätestens sieben Tage vor dem Datum der Berechtigtenversammlung der Geschäftsführung der Gesellschaft vorliegen.

(4) In der Berechtigtenversammlung hat jeder Berechtigte eine Stimme. Beschlüsse und die Wahl der Beiratsmitglieder bedürfen einer Mehrheit von $^3/_4$ der abgegebenen Stimmen.

(5) Das Wahlrecht kann selbst, durch einen gesetzlichen Vertreter oder durch einen gewillkürten Vertreter mit schriftlicher Vollmacht ausgeübt werden.

(6) Die Amtsdauer der Beiratsmitglieder beläuft sich auf vier Jahre.

a) Sie beginnt für alle Mitglieder mit dem Beschluss der Berechtigtenversammlung, in der die Wahl erfolgt und endet mit der ordentlichen Berechtigtenversammlung vier Jahre später.
b) Scheidet ein Mitglied, gleich aus welchem Grund, vorzeitig aus dem Beirat aus, so tritt das mit den meisten Stimmen gewählte Ersatzmitglied an seine Stelle. Die Amtszeit des Ersatzmitglieds endet mit dem Zeitpunkt, in dem die Amtszeit des Mitglieds endet, an dessen Stelle es tritt.

(7) Werden neue Beiratsmitglieder nicht oder nicht wirksam gewählt, so verlängert sich die Amtsperiode der bisherigen Mitglieder über den Vierjahreszeitraum hinaus.

(8) Zur Durchführung der Wahl kann die Berechtigtenversammlung ergänzende, insbesondere organisatorische Regelungen beschließen.

§ 13 Befugnisse des Beirats. (1) Unbeschadet der Zuständigkeit der Gesellschafterversammlung beschließt der Beirat über die folgenden Gegenstände:

a) die Aufstellung, Ergänzung und Änderung von Verteilungsplänen
b) die Verwendung von nicht verteilbaren Einnahmen aus den Rechten
c) die allgemeine Anlagepolitik
d) die allgemeinen Grundsätze für die Abzüge von den Einnahmen aus den Rechten einschließlich der allgemeinen Grundsätze zur Deckung der Verwaltungskosten und gegebenenfalls der Abzüge für die Förderung kulturell

bedeutender Werke und Leistungen und für den Betrieb von Vorsorge- und Unterstützungseinrichtungen
e) den Abschluss, Inhalt und Beendigung von Repräsentationsvereinbarungen
f) die Wahrnehmungsbedingungen
g) die Tarife
h) die Festlegung der zum Tätigkeitsbereich der Gesellschaft gehörenden Rechte
i) die Bedingungen zu denen der Berechtigte jedermann das Recht einräumen kann, seine Rechte oder sonstigen Schutzgegenstände zu nicht kommerziellen Zwecken zu nutzen
j) die Vergütung und sonstigen Leistungen der Geschäftsführung sowie des Aufsichtsrats
k) Übertragung der Befugnisse auf den Aufsichtsrats

(2) Soweit die Befugnisse des Beirats sich mit den Befugnissen der Gesellschafterversammlung überschneiden, bedürfen Beschlüsse des Beirats zu ihrer Wirksamkeit der Zustimmung der Gesellschafterversammlung und Beschlüsse der Gesellschafterversammlung der Zustimmung des Beirats.

§ 14 Geschäftsführung. (1) Die Gesellschaft hat einen oder mehrere Geschäftsführer. Sind mehrere Geschäftsführer vorhanden, so wird die Gesellschaft durch jeden Geschäftsführer einzeln vertreten. Ist nur ein Geschäftsführer bestellt, so vertritt er die Gesellschaft alleine. Befreiung von den Beschränkungen des § 181 BGB kann gewährt werden.

(2) Die Geschäftsführung ist entsprechend dem satzungsgemäßen Zweck der Gesellschaft so einzurichten, dass für die Gesellschaft keine Gewinne erzielt werden.

(3) Die Geschäftsführer haben die allgemeinen und besonderen Weisungen der Gesellschafterversammlung sowie Beschlüsse des Aufsichtsrats zu befolgen.

(4) Die Geschäftsführer sind verpflichtet, ihre Tätigkeit solide, umsichtig und angemessen zu erfüllen sowie einmal jährlich eine persönliche Erklärung gem. § 21 Abs. 3 VGG gegenüber der Gesellschafterversammlung abzugeben. Sofern ein Geschäftsführer gleichzeitig auch Berechtigter ist, sind Interessenkonflikte zu vermeiden, indem dieser an keiner Beschlussfassung mitwirken darf, die seine Interessen als Berechtigtem tangiert. Unvermeidbare Interessenkonflikte sind offen zu legen. Die Gesellschafterversammlung kann hierzu nähere Bestimmungen treffen.

§ 15 Jahresabschluss und Bekanntmachung. (1) Der Jahresabschluss ist von einem Abschlussprüfer zu prüfen. Über die Prüfung muss ein schriftlicher Bericht erstattet werden, der den Voraussetzungen des § 57 VGG entspricht. Der Bestätigungsvermerk ist im Rahmen der Veröffentlichung des Jahresabschlusses mit seinem vollen Wortlaut zu veröffentlichen.

(2) Die Gesellschaft erstellt einen Transparenzbericht nach Maßgabe des § 58 VGG und veröffentlicht diesen einschließlich der Bescheinigung des Abschlussprüfers zum jährlichen Transparenzbericht gem. § 58 Nr. 3 VGG oder etwaiger Beanstandungen zusammen mit dem Bestätigungsvermerk in vollem Wortlaut ausschließlich auf ihrer Internetseite.

(3) Die Veröffentlichung des Jahresabschlusses erfolgt im elektronischen Bundesanzeiger.

§ 16 Beschwerdeverfahren. (1) Für Berechtigte und Rechteinhaber sowie auch Verwertungsgesellschaften, für die die Gesellschaft im Rahmen einer Repräsentationsvereinbarung Rechte wahrnimmt, besteht ein Beschwerderecht gegenüber der Geschäftsführung, für Gesellschafter ein Beschwerderecht gegenüber der Gesellschafterversammlung, vertreten durch den Vorsitzenden der Gesellschafterversammlung.

(2) Gegenstand einer Beschwerde können sein:
a) Aufnahme oder Beendigung der Rechtewahrnehmung
b) Entzug einzelner Rechte
c) Wahrnehmungsbedingungen zum Abschluss eines Wahrnehmungsvertrages
d) Bedingungen für die Aufnahme als Gesellschafter
e) Einziehung, Verwaltung und Verteilung der Einnahmen aus den Rechten
f) Abzüge von den Einnahmen aus den Rechten

(3) Die Behandlung einer Beschwerde setzt voraus, dass die Eingabe den Beschwerdegegenstand erkennen lässt.

(4) Entscheidungen über eine Beschwerde erfolgen durch die Geschäftsführung. Sie werden dem Beschwerdeführer schriftlich mitgeteilt, wobei im Fall, dass der Beschwerde nicht abgeholfen wird, die Ablehnung zu begründen ist. Gegen die Entscheidungen einer abgelehnten Beschwerde steht den Betroffenen eine weitere Beschwerde zu, die schriftlich und mit Begründung an die Gesellschafterversammlung zu richten ist. Diese entscheidet über die Beschwerde abschließend. Für Entscheidungen von Beschwerden der Gesellschafter gilt dies entsprechend mit der Maßgabe, dass die Entscheidung durch den Vorsitzenden der Gesellschafterversammlung getroffen wird.

(5) Beschwerdeverfahren sind von der Gesellschaft wirksam und zügig durchzuführen.

§ 17 Zugang schriftlicher Erklärungen. Für alle insbesondere in dieser Satzung vorgesehenen Mitteilungen und Erklärungen
– der Gesellschaft an die Gesellschafter
– der Gesellschafter an die Gesellschaft
– der Gesellschafter untereinander

gilt jeweils:
a) Jeder Gesellschafter hat der Gesellschaft die Anschrift anzugeben, unter der ihm gegenüber schriftliche Erklärungen und Mitteilungen aller Art abzugeben sind
b) Erklärungen an die Gesellschafter sind an die zuletzt der Gesellschaft gemäß a) mitgeteilten Anschriften zu richten
c) Ist für eine Erklärung eine Frist bestimmt, so genügt zur Wahrung der Frist die rechtzeitige Aufgabe des Briefes zur Post
d) Die schriftlichen Mitteilungen und Erklärungen sind per Einschreiben zu übersenden.

§ 18 Bekanntmachungen der Gesellschaft. Die Bekanntmachungen der Gesellschaft werden nur im elektronischen Bundesanzeiger veröffentlicht. Die gesetzlichen Informationspflichten nach Teil 2, Abschnitt 6 VGG bleiben unberührt.

24b. ZWF/Zentralstelle für die Wiedergabe von Fernsehsendungen

Gesellschaftsvertrag

Fassung vom 12. November 2020

Die Verwertungsgesellschaften AGICOA Urheberrechtsschutz-Gesellschaft mbH, GÜFA (Gesellschaft zur Übernahme und Wahrnehmung von Filmaufführungsrechten mbH), GWFF (Gesellschaft zur Wahrnehmung von Film- und Fernsehrechten mbH), VFF (Verwertungsgesellschaft der Film- und Fernsehproduzenten), Verwertungsgesellschaft Bild-Kunst und VGF (Verwertungsgesellschaft für Nutzungsrechte an Filmwerken mbH) führen die Gesellschaft bürgerlichen Rechts unter dem Namen „Zentralstelle für die Wiedergabe von Fernsehsendungen, abgekürzt „ZWF", ab dem 12. November 2020 nach Maßgabe des folgenden Gesellschaftsvertrages fort:

§ 1 Name, Sitz, Geschäftsjahr. (1) Die Gesellschaft bürgerlichen Rechts führt den Namen **„Zentralstelle für die Wiedergabe von Fernsehsendungen“**, abgekürzt: „ZWF“.

(2) Der Sitz der Gesellschaft ist der Sitz des geschäftsführenden Gesellschafters.

(3) Das Geschäftsjahr der Gesellschaft ist das Kalenderjahr.

§ 2 Unternehmensgegenstand. (1) Unternehmensgegenstand der Gesellschaft ist die Administration der Rechte der Kabelweitersendung von Fernsehprogrammen nach § 20b Abs. l UrhG, soweit diese gleichzeitig, vollständig und unverändert von einem Betreiber einer Verteileranlage in einer Einrichtung (z. B. in Hotels, Krankenhäusern, Rehabilitationseinrichtungen, Senioreneinrichtungen bzw. Einrichtungen der Altenpflege oder vergleichbaren Einrichtungen sowie in Justizvollzugsanstalten) über diese Verteileranlage weiterverbreitet werden, und der Wiedergabe von Fernsehsendungen nach § 22 UrhG im Umfang der Anlage. Dies umfasst für die Nutzungen nach Satz 1 auch die auf der Kabelweitersendung basierenden Vergütungsansprüche nach § 20b Abs. 2 UrhG. Zur Administration gehört die Geltendmachung und Durchsetzung aller Rechte gegenüber den Verpflichteten, die Einziehung und Verwaltung der Einnahmen aus den Rechten, die Verteilung dieser Einnahmen an die Gesellschafter sowie Betätigungen, welche diese Aufgaben fördern. Zur Förderung gehören auch die Information und Unterstützung vergleichbarer in- und ausländischer Institutionen und Dachorganisationen.

(2) Die Gesellschafter können beschließen, dass in die Gesellschaft weitere Rechte und Vergütungsansprüche nach dem Urheberrechtsgesetz gemäß § 4.1. zur Administration eingebracht werden können. Ein solcher Beschluss bedarf der Zustimmung aller Gesellschafter.

(3) Die Gesellschaft ist berechtigt, die ihr übertragenen Rechte und Ansprüche zum Zwecke des Inkassos auf eine Verwertungsgesellschaft zu übertragen, der nach §§ 77 ff.VGG eine Erlaubnis erteilt worden ist.

(4) Die Gesellschaft ist berechtigt, den Einzug von Vergütungsforderungen von Verwertungsgesellschaften zu übernehmen, denen nach §§ 77 ff. VGG eine Erlaubnis erteilt worden ist.

(5) Die Gesellschaft ist berechtigt, alle Geschäfte zu tätigen, die für die Erreichung des Unternehmensgegenstands notwendig oder sachdienlich sind. Die Gesellschafter werden sich im Rahmen der ihnen obliegenden Treuepflicht nach besten Kräften dafür einsetzen, insbesondere ihre Stimm- und sonstigen Rechte in der Gesellschaft so ausüben, dass die Gesellschaft den Unternehmensgegenstand möglichst umfassend verwirklicht. Sie werden alle Handlungen und Schritte unterlassen, die den Interessen der Gesellschaft widersprechen.

(6) Die Gesellschaft ist nicht auf Gewinnerzielung ausgerichtet.

§ 3 Gesellschafter, Verfügungen. (1) Gesellschafter der ZWF sind die Verwertungsgesellschaften AGICOA Urheberrechtsschutz-Gesellschaft mbH, GÜFA, GWFF, VFF, VG Bild-Kunst und VGF.

(2) Weitere Verwertungsgesellschaften, denen nach §§ 77 ff. VGG eine Erlaubnis erteilt worden ist, können auf schriftlichen Antrag als Gesellschafter in die Gesellschaft aufgenommen werden, wenn sie eine repräsentative Stellung für bestimmte Berufsgruppen oder Kategorien von Rechtsinhabern innehaben.

(3)Sofern die Gesellschafter nichts Abweichendes beschließen, ist die Aufnahme weiterer Gesellschafter nur möglich mit Wirkung zu Beginn eines Geschäftsjahres und nur bei Vorliegen eines Verteilungsplans, der für dieses Geschäftsjahr die Verteilung sämtlicher auf die Gesellschafter entfallenden Einnahmen unter angemessener Berücksichtigung des neu aufzunehmenden Gesellschafters regelt. Wenn ein solcher Verteilungsplan vorliegt und der neu aufzunehmende Gesellschafter die in Absatz 2 genannten Anforderungen erfüllt, sind die Gesellschafter verpflichtet, der Aufnahme des neu aufzunehmenden Gesellschafters zuzustimmen.

Ein Gesellschafter kann seine Beteiligung an der Gesellschaft nur abtreten, sie belasten oder sonst über sie verfügen, wenn alle übrigen Gesellschafter dem vorher zugestimmt haben und der geschäftsführende Gesellschafter schriftlich die Zustimmung der Gesellschaft gegenüber dem Gesellschafter erteilt hat.

§ 4 Einbringung von Rechten und Ansprüchen. (1) Jeder Gesellschafter bringt die ihm zur Wahrnehmung übertragenen Rechte der Kabelweitersendung von Fernsehprogrammen nach § 20b Abs. 1 UrhG, soweit diese gleichzeitig, vollständig und unverändert von einem Betreiber einer Verteileranlage in einer Einrichtung (z. B. in Hotels, Krankenhäusern, Rehabilitationseinrichtungen, Senioreneinrichtungen bzw. Einrichtungen der Altenpflege oder vergleichbaren Einrichtungen sowie in Justizvollzugsanstalten) über diese Verteileranlage weiterverbreitet werden, und der Wiedergabe von Fernsehsendungen nach § 22 UrhG im Umfang der Anlage in die Gesellschaft ein und räumt diese der Gesellschaft ein. Jeder Gesellschafter bringt hiermit hinsichtlich der Nutzungen nach Satz 1 die ihm zur Wahrnehmung übertragenen auf der Kabelweitersendung basierenden Vergütungsansprüche nach § 20b Abs. 2 UrhG mit Wirkung zum 1.1.2020 in die Gesellschaft ein und tritt diese an die Gesellschaft ab. Sofern in Zukunft Rechte und Vergütungsansprüche bestehen oder geschaffen werden, welche die genannten gesetzlichen Bestimmungen ergänzen oder erweitern, bedarf es zur Einbringung und Abtretung dieser Rechte und Ansprüche an die Gesellschaft jeweils einer erneuten Zustimmungjedes einzelnen Gesellschafters.

(2) Die nach § 4.1 eingebrachten Rechte und Ansprüche werden nur zur treuhänderischen Wahrnehmung übertragen und gehen nicht in das gesamthänderisch gebundene Gesellschaftsvermögen über. Ansprüche der Gesellschafter gegen die Gesellschaft auf Auszahlung von anteiligen Einnahmen aus den nach § 4 eingebrachten Rechten und Ansprüchen bestehen nur unter den in § 5 geregelten Voraussetzungen.

(3) Die Gesellschaft nimmt die übertragenen Rechte und Ansprüche im eigenen Namen und auf eigene Rechnung wahr. Die Gesellschaft ist insbesondere weiterhin berechtigt, für einzelne oder alle eingebrachten Rechte und Ansprüche Tarife aufzustellen und zu veröffentlichen, mit den Rechtenutzern darüber Gesamtverträge abzuschließen und die eingebrachten Rechte und Ansprüche gerichtlich im eigenen Namen und auf eigene Rechnung geltend zu machen.

(4) Jeder Gesellschafter stellt für die von ihm wahrgenommene Rechtekategorie (nach dem UrhG) für die Zeiträume, für die er die Rechte und Ansprüche in die Gesellschaft eingebracht hat, die Mitgesellschafter von allen an die Kabelweitersendung anknüpfenden Ansprüchen Dritter frei, die nicht durch ihn vertreten werden, deren Rechte jedoch in die Kategorie der Rechte des betreffenden Gesellschafters fallen, der diese innehat oder wahrnimmt. Für Ansprüche, die an die Wiedergabe von Funksendungen gern. § 22 UrhG anknüpfen, gilt Satz 1 entsprechend mit der Maßgabe, dass die Freistellung auf den jeweiligen Umfang der Rechtewahrnehmung des jeweiligen Gesellschafters nach Anlage 1 beschränkt ist.

(5) Im Fall der Auflösung der Gesellschaft sowie der Kündigung oder des Ausschlusses eines Gesellschafters werden die nach § 4.1 eingebrachten Rechte und Ansprüche nach Maßgabe der folgenden Regelungen und im Übrigen entsprechend § 732 BGB an den oder die betroffenen Gesellschafter zurückübertragen.

a) Bei Ausscheiden eines Gesellschafters sind von der Rückübertragung lediglich die nach § 4.1 eingebrachten Rechte und Ansprüche erfasst, die sich auf die Kabelweitersendung von Fernsehprogrammen und die Wiedergabe von Fernsehsendungen i. S. v. § 4.1 nach Ende des Geschäftsjahres, in dem der Gesellschafter ausscheidet, beziehen, soweit im Folgenden nichts Abweichendes bestimmt ist. Rechte und Ansprüche, die sich auf die Kabelweitersendung von Fernsehprogrammen und die Wiedergabe von Fernsehsendungen i. S. v. § 4.1 vor Ende des Geschäftsjahres, in dem der Gesellschafter ausscheidet, beziehen, verbleiben in der Gesellschaft. Der ausscheidende Gesellschafter wird die Gesellschaft bei der Durchsetzung in der Gesellschaft verbliebener Ansprüche unterstützen und die dafür notwendigen oder zweckmäßigen Erklärungen abgeben. Einnahmen aus in der Gesellschaft verbliebenen Ansprüchen werden nach Maßgabe des jeweils anwendbaren Verteilungsplans verteilt.
b) Hat die Gesellschaft vor dem Zeitpunkt ihrer Auflösung oder vor dem Zeitpunkt des Ausscheidens eines Gesellschafters bereits Verträge über die nach § 4.1 eingebrachten Rechte und Ansprüche des oder der betroffenen Gesellschafter(s) abgeschlossen, so erfolgt die Rückübertragung der nach

§ 4.1 eingebrachten Ansprüche an den oder die betroffenen Gesellschafter erst mit Wirkung ab dem Tag nach dem Ende der Laufzeit desjenigen von der Gesellschaft abgeschlossenen Vertrages, der ab dem Zeitpunkt der Auflösung oder des Ausscheidens die längste reguläre Laufzeit hat. Bei Verträgen mit unbeschränkter Laufzeit ist für die Bestimmung des Laufzeitendes im Sinne dieses lit. b) Satz 1 der Zeitpunkt maßgeblich, zu dem die Gesellschaft einen solchen Vertrag nach dem Zeitpunkt der Auflösung oder des Ausscheidens erstmals ordentlich kündigen kann (Wirksamkeit der ordentlichen Kündigung). Die Gesellschaft ist insofern verpflichtet, auf Aufforderung des ausscheidenden Gesellschafters Verträge mit unbeschränkter Laufzeit zum nächstmöglichen Zeitpunkt nach Auflösung oder Ausscheiden eines Gesellschafters ordentlich zu kündigen, wenn ihr die entsprechende Aufforderung des Gesellschafters bis spätestens einen Monat vor Beginn der ordentlichen Kündigungsfrist des betroffenen Vertrages zugegangen ist. Die Gesellschaft bleibt bis zum Ende der Laufzeit des in lit. b) Satz 1 genannten Vertrages berechtigt, die vertragsgegenständlichen Rechte und Ansprüche geltend zu machen und die vertraglich vereinbarten Vergütungen einzuziehen. Einnahmen sind nach Maßgabe des jeweils anwendbaren Verteilungsplans zu verteilen.

Darüber hinaus nimmt ein ausscheidender Gesellschafter ab dem Zeitpunkt des Ausscheidens nicht an schwebenden Geschäften der Gesellschaft teil.

(6) Im Falle der Kündigung oder des Ausschlusses hat der ausscheidende Gesellschafter nach dem Ende seiner Zugehörigkeit zur Gesellschaft das Recht, an Gesellschafterversammlungen teilzunehmen, soweit dort Beschlüsse über die Verteilung von Einnahmen gefasst werden, die durch die Geltendmachung der von ihm nach § 4.1 in die Gesellschaft eingebrachten Rechte und Ansprüche bis zum Zeitpunkt ihrer Rückübertragung noch erzielt wurden. Dem ausgeschiedenen Gesellschafter steht bei der betreffenden Beschlussfassung kein Stimmrecht zu, jedoch muss ein solcher Beschluss über die Verteilung von Einnahmen den ausgeschiedenen Gesellschafter angemessen berücksichtigen.

§ 5 Verteilung, Jahresabschluss. (1) Einnahmen der Gesellschaft aus den nach § 4 eingebrachten Rechten und Ansprüchen sind nach Abzug der Vergütung des geschäftsführenden Gesellschafters nach § 6.6 gemäß den Verteilungsplänen an die Gesellschafter zu verteilen. Über den Abzug von Kosten, die nicht unter § 6.6 fallen, ist gesondert zu beschließen. Ansprüche eines Gesellschafters gegen die Gesellschaft auf Auszahlung verteilungsfähiger Einnahmen entstehen nach Maßgabe derjeweiligen Verteilungspläne. Sofern und soweit die Verteilungspläne die Fälligkeit von Auszahlungsansprüchen regeln, werden die Auszahlungsansprüche nach den Regelungen der Verteilungspläne zur Zahlung fällig; in allen anderen Fällen werden die Auszahlungsansprüche fällig nach Maßgabe der Verteilungsbeschlüsse der Gesellschafterversammlung.

(2) Der geschäftsführende Gesellschafter stellt die Verteilungspläne nach den gesetzlichen Vorgaben auf, die ein willkürliches Vorgehen bei der Verteilung ausschließen, und legt sie der Gesellschafterversammlung zur Beschlussfassung vor. Wird ein Verteilungsplan nicht beschlossen und zur Überarbeitung an den geschäftsführenden Gesellschafter zurückverwiesen, so berücksichtigt dieser dabei die Vorgaben der Gesellschafterversammlung.

(3) Die verteilungsfiihigen Einnahmen aus den nach § 4 eingebrachten Rechten und Ansprüchen werden spätestens neun Monate nach Ablauf des Geschäftsjahrs, in dem sie eingezogen wurden, gemäß den Regelungen des jeweils maßgeblichen Verteilungsplans oder aufgrund eines Verteilungsbeschlusses an die Gesellschafter ausgezahlt, soweit die Gesellschaft nicht aus sachlichen Gründen an der Durchführung der Verteilung gehindert ist.

(4) Der geschäftsführende Gesellschafter stellt den Jahresabschluss des abgeschlossenen Geschäftsjahres auf, lässt den Jahresabschluss prüfen und leitet den geprüften Abschluss innerhalb der ersten sechs Monate des Folgejahres den Gesellschaftern zu. Die Gesellschafterversammlung beschließt über die Feststellung des Jahresabschlusses und die Entlastung des geschäftsführenden Gesellschafters.

(5)Der geschäftsführende Gesellschafter erstellt einen Transparenzbericht des abgeschlossenen Geschäftsjahrs, lässt ihn prüfen und leitet ihn nebst Bescheinigung des Abschlussprüfers spätestens acht Monate nach Schluss des Geschäftsjahrs den Gesellschaftern zu. Die Gesellschafterversammlung beschließt den Transparenzbericht.

§ 6 Geschäftsführung, Vertretung. (1) Die Gesellschaft wird, durch die alle vier Jahre von den Gesellschaftern mit einfacher Mehrheit durch Beschluss festzusetzende, geschäftsführende Gesellschaft vertreten. Die geschäftsführende Gesellschaft stellt der Gesellschaft für die Geschäftsführung ihre Einrichtungen zur Verfügung. Sie verwendet hierbei nach außen den Namen der Gesellschaft.

(2) Die Führung der Geschäfte richtet sich nach zwingenden gesetzlichen Vorgaben, dem Gesellschaftsvertrag und den Beschlüssen der Gesellschafter.

(3) Der geschäftsführende Gesellschafter verhandelt für die ZWF Gesamtverträge mit Nutzern unter Gremienvorbehalt und erarbeitet Tarifentwürfe. Die Gesellschafterversammlung beschließt den Abschluss von Gesamtverträgen und die Veröffentlichung von Tarifen. Die Gesellschafter sind verpflichtet, den geschäftsführenden Gesellschafter bei Abschluss und Durchführung von Gesamtverträgen und damit in Zusammenhang stehenden Verträgen zu unterstützen.

(4) Der geschäftsführende Gesellschafter ist von den Beschränkungen des § 181 BGB befreit.

(5) Die Haftung des geschäftsführenden Gesellschafters gegenüber der Gesellschaft und den Gesellschaftern kommt nur bei Verletzung einer Bestimmung des Gesellschaftsvertrages in Betracht und ist, soweit gesetzlich zulässig, auf grobe Fahrlässigkeit oder Vorsatz des geschäftsführenden Gesellschafters beschränkt.

(6) Von den eingegangenen Vergütungsbeträgen erhält der geschäftsführende Gesellschafter vorweg zur Erstattung aller mit der Geschäftsführung verbundenen Kosten eine angemessene Vergütung. Über die Höhe der Vergütung beschließt die Gesellschafterversammlung.

§ 7 Beschlussfassung durch die Gesellschafter. (1) Beschlüsse der Gesellschaft werden in Gesellschafterversammlungen gefasst, sofern dieser Vertrag nichts anderes bestimmt.

(2) Der geschäftsführende Gesellschafter beruft die Gesellschafterversammlung in Textform unter Mitteilung des Versammlungsortes sowie der Tagesordnung mit einer Frist von zwei Wochen ein. Beschlussfassungen nach § 7.9 sind in der Tagesordnung zu benennen. Darüber hinaus sind diejenigen Unterlagen beizufügen, die zur ordnungsgemäßen Vorbereitung der Gesellschafterversammlung notwendig sind (z. B. der betreffende Verteilungsplan oder Jahresabschluss gemäß § 5). Gibt es keinen geschäftsführenden Gesellschafter (mehr), ist jeder Gesellschafter allein zur Einberufung berechtigt.

(3) Die ordentliche Gesellschafterversammlung findet einmal jährlich statt. Sie kann als Videokonferenz durchgeführt werden.

(4) Eine außerordentliche Gesellschafterversammlung ist einzuberufen, wenn dies im Interesse der Gesellschaft erforderlich erscheint oder von mindestens drei Gesellschaftern in Textform gegenüber dem geschäftsführenden Gesellschafter unter Angabe der Tagesordnung verlangt wird.

(5) Eine Gesellschafterversammlung ist beschlussfähig, wenn sämtliche Gesellschafter ordnungsgemäß geladen sind oder jeder von einer mangelhaften Ladung betroffene Gesellschafter in der Versammlung anwesend ist und den Erhalt der Ladung nicht rügt, und wenn darüber hinaus mindestens drei Viertel der Gesellschafter vertreten sind. Ist die Versammlung beschlussunflihig, so ist danach eine neue Versammlung mit gleicher Tagesordnung mit einer Frist von zwei Wochen einzuberufen. Diese neue Versammlung ist ungeachtet der anwesenden oder vertretenen Stimmen beschlussfähig, wenn auf diese Bestimmung in der Ladung hingewiesen wurde. Abweichend von Satz 1 und Satz 3 ist die Versammlung bei Beschlüssen, die eine Zustimmung aller Gesellschafter erfordern, nur beschlussfähig, wenn sämtliche Gesellschafter anwesend oder vertreten sind.

(6) Außerhalb von Gesellschafterversammlungen können Beschlüsse in jeder Form (einschließlich Telefax oder E-Mail) gefasst werden, wenn alle Gesellschafter in die Beschlussfassung eingebunden sind und keiner der Art der Beschlussfassung widerspricht. Die so gefassten Beschlüsse sind zu protokollieren. Das Protokoll ist den Gesellschaftern unverzüglich zuzuleiten.

(7) Jeder Gesellschafter kann sich in der Gesellschafterversammlung durch einen Vertreter seiner Wahl mit schriftlicher Vollmacht vertreten lassen. Ein Gesellschafter kann nicht von mehreren anderen Gesellschaftern gleichzeitig bevollmächtigt werden. Der geschäftsführende Gesellschafter kann andere Personen zur Teilnahme an einer Gesellschafterversammlung zulassen und ihnen Rederecht gewähren.

(8) Der geschäftsführende Gesellschafter leitet die Gesellschafterversammlung. Über die Beschlüsse der Gesellschafterversammlung ist eine Niederschrift anzufertigen. Die Niederschrift ist den Gesellschaftern nach der Versammlung zu übersenden. Einsprüche gegen die Niederschrift sowie etwaige Rügen hinsichtlich der Form und fristgerechten Einberufung der Gesellschafterversammlung sind innerhalb von drei Wochen nach Zugang der Niederschrift schriftlich gegenüber dem geschäftsführenden Gesellschafter geltend zu machen. Über Einsprüche entscheidet die nächste Gesellschafterversammlung.

(9) Die Gesellschafter beschließen insbesondere über
a) Änderungen des Gesellschaftsvertrages;
b) Aufnahme neuer Gesellschafter nach § 3.2 bis 4;

c) Administration von Vergütungsansprüchen oder Rechten, welche die bereits übertragenen Vergütungsansprüche ergänzen oder erweitern, nach § 4.1 Satz 3;
d) Administration sonstiger weiterer Rechte oder Vergütungsansprüche;
e) Abschluss von Gesamtverträgen und Veröffentlichung von Tarifen
f) Verteilungspläne nach § 5.1 und Verteilung von Einnahmen;
g) Bestimmung der Vergütung des geschäftsführenden Gesellschafters nach § 6.6;
h) Feststellung des Jahresabschlusses;
i) Bestellung und Abberufung des Abschlussprüfers;
j) Entlastung des geschäftsführenden Gesellschafters;
k) Ausschluss eines Gesellschafters aus wichtigem Grund;
l) Auflösung/Liquidation der Gesellschaft;
m) allgemeine Anlagepolitik in Bezug auf die Einnahmen aus den Rechten;
n) Transparenzbericht;
o) andere Angelegenheiten, soweit dies nach zwingenden gesetzlichen Vorgaben oder diesem Gesellschaftsvertrag vorgesehen ist.

(10) Jeder Gesellschafter hat eine Stimme. Gesellschafterbeschlüsse bedürfen der Einstimmigkeit. Stimmenenthaltungen gelten als Nichtabgabe der Stimme und stehen einer Beschlussfassung nicht im Wege. Beschlüsse nach § 7.9 lit. a)–e) bedürfen der Zustimmung aller Gesellschafter.

(11) Die Unwirksamkeit von Gesellschafterbeschlüssen kann nur binnen einer Ausschlussfrist von sechs Wochen nach Kenntniserlangung durch Klageerhebung geltend gemacht werden.

§ 8 Dauer, Kündigung, Ausschluss. (1) Die Gesellschaft wird auf unbestimmte Dauer errichtet.

(2) Jeder Gesellschafter kann die Gesellschaft unter Einhaltung einer Frist von 12 Monaten zum Ende eines Geschäftsjahres ordentlich kündigen. Das Recht zur außerordentlichen Kündigung aus wichtigem Grund bleibt unberührt.

(3) Jede Kündigung hat mittels eingeschriebenem Brief zu erfolgen. Die Kündigung ist an den geschäftsführenden Gesellschafter zu richten; der geschäftsführende Gesellschafter hat seine Kündigung an sämtliche Mitgesellschafter zu richten.

(4) Tritt in der Person eines Gesellschafters ein wichtiger Grund ein, der die anderen Gesellschafter zu einer außerordentlichen Kündigung berechtigt, können diese Gesellschafter den betreffenden Gesellschafter aus der Gesellschaft ausschließen. Der betreffende Gesellschafter ist bei der Beschlussfassung, mit der über seine Ausschließung abgestimmt wird, selbst nicht stimmberechtigt.

(5) Kündigt ein Gesellschafter oder wird er ausgeschlossen, so scheidet er aus der Gesellschaft aus, die von den übrigen Gesellschaftern fortgesetzt wird. Jedoch können die übrigen Gesellschafter innerhalb von 6 Monaten ab dem Tag des Zugangs der Kündigungserklärung zeitgleich mit der Ausschließung beschließen, dass die Gesellschaft auf den Zeitpunkt des Ausscheidens des Gesellschafters aufgelöst wird. In diesem Fall ist die Gesellschaft unter Beteiligung des Ausscheidenden abzuwickeln.

(6) Scheidet ein Gesellschafter in Folge seiner Kündigung oder seines Ausschlusses aus der Gesellschaft aus, findet § 4.4 bis § 4.6 hinsichtlich der von

ihm nach § 4.1 eingebrachten Rechte und Ansprüche Anwendung. Daneben erhält der ausscheidende Gesellschafter zur Abgeltung seiner Beteiligung am Anlagevermögen eine Abfindung, die dem anteiligen Buchwert des Anlagevermögens nach Maßgabe des Anteils des ausscheidenden Gesellschafters an den Einnahmen in den Verteilungsplänen für das Jahr des Ausscheidens entspricht. Der Abfindungsanspruch ist unverzinslich und wird fällig einen Monat nach Feststellung des Jahresabschlusses für das Geschäftsjahr des Ausscheidens. Andere oder weitergehende Ansprüche stehen dem ausscheidenden Gesellschafter nicht zu; insbesondere kann er Freistellung von Verbindlichkeiten der Gesellschaft nicht verlangen.

(7) Ausscheidende Gesellschafter sind nicht berechtigt, Sicherheitsleistung für ihre Ansprüche nach §§ 4.5, § 4.6 und § 8.6 zu verlangen.

§ 9 Rechtswahl, Gerichtsstand, Prozessführung. (1) Auf diesen Vertrag findet allein deutsches Recht Anwendung unter Ausschluss derjenigen Bestimmungen des internationalen Privatrechts, die zur Anwendung einer anderen Rechtsordnung führen würden.

(2) Gerichtsstand für alle Streitigkeiten aus diesem Vertrag und über seine Wirksamkeit ist der Sitz der Gesellschaft.

(3) Soweit gesetzloch zulässig wid die Gesellschaft in Rechtsstreitigkeiten durch den geschäftsführenden Gesellschafter vertreten. Dies gilt auch für Leistungsklagen einzelner Gesellschafter gegen die Gesellschaft.

(4) Klagen von Gesellschaftern zur Feststellung der Wirksamkeit oder Unwirksamkeit eines Gesellschafterbeschlusses sind gegen die Gesellschaft zu richten.

§ 10 Schlussbestimmungen. (1) Sollte eine Regelung dieses Vertrages unwirksam sein oder werden, so wird die Wirksamkeit des Vertrages im übrigen davon nicht berührt. Die Gesellschafter verpflichten sich bereits heute, an der Schaffung einer wirksamen Regelung mitzuwirken, die der unwirksamen Regelung möglichst nahe kommt.

(2) Änderunge und/oder Ergänzungen dieses Vertrags bedürfen einer von allen Gesellschaftern unterzeichneten Beschlussausfertigung. Dies gilt auch für einen Verzicht auf dieses Schriftformerfordernis selbst.

(3) Soweit dieser Gesellschaftsvertrag keine besondere Regelung enthält, gelten die Vorschriften des Bürgerlichen Gesetzbuches über die Gesellschaft des bürgerlichen Rechts.

24c. Zentralstelle für private Überspielungsrechte (ZPÜ) Gesellschaft bürgerlichen Rechts München (die „Gesellschaft")

Gesellschaftsvertrag

in der Fassung der Beschlüsse der Gesellschafter vom 27. Juni 2019

Die Verwertungsgesellschaften GEMA, GVL, VG WORT, GÜFA, GWFF, VG Bild-Kunst, VFF, VGF und TWF führen die Gesellschaft bürgerlichen Rechts unter dem Namen „Zentralstelle für private Überspielungsrechte", abgekürzt „ZPÜ", ab dem 27. Juni 2019 nach Maßgabe des folgenden Gesellschaftsvertrages fort:

§ 1 Name, Sitz, Geschäftsjahr. (1) Die Gesellschaft bürgerlichen Rechts führt den Namen

„Zentralstelle für private Überspielungsrechte",

abgekürzt: „ZPÜ".

(2) Der Sitz der Gesellschaft ist München.

(3) Das Geschäftsjahr der Gesellschaft ist das Kalenderjahr.

§ 2 Unternehmensgegenstand. (1) Gegenstand der Gesellschaft ist die Administration der gesetzlichen Vergütungsansprüche für Vervielfältigungen von Audiowerken und von audiovisuellen Werken zum privaten und sonstigen eigenen Gebrauch gemäß §§ 53 Abs. 1–2 und 60a bis 60f UrhG für Verwertungsgesellschaften sowie die Administration von Vergütungsansprüchen und Rechten, welche die erstgenannten Ansprüche nach derzeitiger oder künftiger Gesetzeslage ergänzen, erweitern oder an deren Stelle treten. Zur Administration gehört die Geltendmachung und Durchsetzung aller Rechte gegenüber den Anspruchsverpflichteten, die Einziehung, Verwaltung und Verteilung der Einnahmen aus den Rechten sowie Betätigungen, welche diese Aufgaben fördern. Zur Förderung gehört auch die Information und Unterstützung vergleichbarer in- und ausländischer Institutionen und Dachorganisationen.

(2) Die Gesellschaft ist berechtigt, den Einzug von Vergütungsforderungen von Verwertungsgesellschaften zu übernehmen, denen nach §§ 77 ff. VGG eine Erlaubnis erteilt worden ist.

(3) Die Gesellschaft ist berechtigt, alle Geschäfte zu tätigen, die für die Erreichung des Unternehmensgegenstands notwendig oder sachdienlich sind. Die Gesellschafter werden sich im Rahmen der ihnen obliegenden Treuepflicht nach besten Kräften dafür einsetzen, insbesondere ihre Stimm- und sonstigen Rechte in der Gesellschaft so ausüben, dass die Gesellschaft den Unternehmensgegenstand möglichst umfassend verwirklicht. Sie werden alle

---

Anschrift: Rosenheimer Straße 11, 81677 München
Internet: www.zpue.de

Handlungen und Schritte unterlassen, die den Interessen der Gesellschaft widersprechen.

(4) Die Gesellschaft ist nicht auf Gewinnerzielung ausgerichtet.

§ 3 Gesellschafter, Verfügungen. (1) Gesellschafter der ZPÜ sind die Verwertungsgesellschaften GEMA, GVL, VG WORT, GÜFA, GWFF, VG Bild-Kunst, VFF, VGF und TWF.

(2) Weitere Verwertungsgesellschaften, denen nach §§ 77 ff. VGG eine Erlaubnis erteilt worden ist, können auf schriftlichen Antrag als Gesellschafter in die Gesellschaft aufgenommen werden, wenn sie eine repräsentative Stellung für bestimmte Berufsgruppen oder Kategorien von Rechtsinhabern innehaben. Diese Bedingung gilt als erfüllt, wenn eine neu aufzunehmende Verwertungsgesellschaft mindestens die nachfolgenden Anforderungen erfüllen:

a) die Verwertungsgesellschaft vertritt mindestens 1000 Rechtsinhaber, die natürliche Personen sind, oder 500 Unternehmen; und
b) die Verwertungsgesellschaft ist in der Lage, die Art und den Umfang der von ihr einzubringenden Ansprüche zweifelsfrei nachzuweisen; und
c) der Umfang der durch die Verwertungsgesellschaft gemäß § 4 einzubringenden Ansprüche lässt für die ersten zwei Jahre ab Aufnahme als Gesellschafter im Hinblick auf empirisch festgestellte Nutzungen und das daraus für diese Ansprüche folgende Vergütungsvolumen nachweislich mindestens 8 % des Vergütungsvolumens der gesamten bereits in die ZPÜ eingebrachten Vergütungsansprüche derselben Kategorie von Rechtsinhabern oder derselben Berufsgruppe erwarten; und
d) der Umfang der durch die Verwertungsgesellschaft gemäß § 4 einzubringenden Ansprüche lässt für die ersten zwei Jahre ab Aufnahme als Gesellschafter im Hinblick auf empirisch festgestellte Nutzungen und das daraus für diese Ansprüche folgende Vergütungsvolumen nachweislich mindestens 4 % des Vergütungsvolumens der gesamten bereits in die ZPÜ eingebrachten Vergütungsansprüche erwarten; und
e) es bestehen keine objektiven Umstände, die einer effektiven Verwertung der einzubringenden Ansprüche entgegenstehen.

Hiervon unberührt bleibt das Recht der Gesellschaft, für Verwertungsgesellschaften auch ohne Aufnahme als Gesellschafter den Einzug von Vergütungsforderungen zu übernehmen.

(3) Die Aufnahme weiterer Gesellschafter und die Ausgestaltung der Gesellschafterstellung bedürfen der Zustimmung aller Gesellschafter. Sofern die Gesellschafter nichts Abweichendes beschließen, ist die Aufnahme weiterer Gesellschafter nur möglich mit Wirkung zu Beginn eines Geschäftsjahres und nur bei Vorliegen eines Verteilungsplans für alle Produktgruppen, der für dieses Geschäftsjahr die Verteilung sämtlicher auf die Gesellschafter entfallenden Einnahmen unter angemessener Berücksichtigung des neu aufzunehmenden Gesellschafters regelt. Wenn ein solcher Verteilungsplan vorliegt und der neu aufzunehmende Gesellschafter die in Absatz 2 genannten Anforderungen erfüllt, sind die Gesellschafter verpflichtet, der Aufnahme des neu aufzunehmenden Gesellschafters zuzustimmen.

(4) Ein Gesellschafter kann seine Beteiligung an der Gesellschaft nur abtreten, sie belasten oder sonst über sie verfügen, wenn alle übrigen Gesellschafter dem vorher zugestimmt haben und der geschäftsführende Gesellschafter

schriftlich die Zustimmung der Gesellschaft gegenüber dem Gesellschafter erteilt hat.

§ 4 Einbringung von Ansprüchen. (1) Jeder Gesellschafter bringt die ihm zur Wahrnehmung übertragenen Vergütungsansprüche für Vervielfältigungen von Audiowerken und von audiovisuellen Werken („Ansprüche“), derzeit geregelt in den §§ 53 Abs. 1–2, 54, 54a, 54b, 54e, 54f, 60a bis 60f und 60h Abs. 1 S. 2 UrhG, in die Gesellschaft ein und tritt diese an die Gesellschaft ab. Dasselbe gilt für Vergütungsansprüche oder Rechte, die lediglich an die Stelle der in Satz 1 genannten Ansprüche treten. Sofern in Zukunft Vergütungsansprüche oder Rechte bestehen oder geschaffen werden, welche die genannten gesetzlichen Bestimmungen ergänzen oder erweitern, bedarf es zur Einbringung und Abtretung dieser Ansprüche an die Gesellschaft jeweils einer erneuten Zustimmung jedes einzelnen Gesellschafters.

(2) Die nach § 4.1 abgetretenen Ansprüche werden nur zur treuhänderischen Wahrnehmung übertragen und gehen nicht in das gesamthänderisch gebundene Gesellschaftsvermögen über. Ansprüche der Gesellschafter gegen die Gesellschaft auf Auszahlung von anteiligen Einnahmen aus den nach § 4 eingebrachten Ansprüchen bestehen nur unter den in § 5 geregelten Voraussetzungen.

(3) Die Gesellschaft nimmt die übertragenen Ansprüche im eigenen Namen und auf eigene Rechnung wahr. Die Gesellschaft ist insbesondere weiterhin berechtigt, für einzelne oder alle eingebrachten Ansprüche Tarife aufzustellen und zu veröffentlichen, mit den Rechtenutzern darüber Gesamtverträge abzuschließen und die eingebrachten Ansprüche gerichtlich im eigenen Namen und auf eigene Rechnung geltend zu machen.

(4) Im Fall der Auflösung der Gesellschaft, sowie der Kündigung oder des Ausschlusses eines Gesellschafters werden die nach § 4.1 eingebrachten Ansprüche nach Maßgabe der folgenden Regelungen und im Übrigen entsprechend § 732 BGB an den oder die betroffenen Gesellschafter zurückübertragen.

a) Bei Ausscheiden eines Gesellschafters sind von der Rückübertragung lediglich die nach § 4.1 eingebrachten Ansprüche erfasst, die sich auf das Inverkehrbringen von Geräten/Speichermedien nach Ende des Geschäftsjahres, in dem der Gesellschafter ausscheidet, beziehen, soweit im Folgenden nichts Abweichendes bestimmt ist. Ansprüche, die sich auf das Inverkehrbringen von Geräten/Speichermedien vor Ende des Geschäftsjahres, in dem der Gesellschafter ausscheidet, beziehen, verbleiben in der Gesellschaft. Der ausscheidende Gesellschafter wird die Gesellschaft bei der Durchsetzung in der Gesellschaft verbliebener Ansprüche unterstützen und die dafür notwendigen oder zweckmäßigen Erklärungen abgeben. Einnahmen aus in der Gesellschaft verbliebenen Ansprüche werden nach Maßgabe des jeweils anwendbaren Verteilungsplans verteilt.
b) Hat die Gesellschaft vor dem Zeitpunkt ihrer Auflösung bzw. vor dem Zeitpunkt des Ausscheidens eines Gesellschafters bereits Verträge über die nach § 4.1 eingebrachten Ansprüche des oder der betroffenen Gesellschafter(s) abgeschlossen, so erfolgt die Rückübertragung der nach § 4.1 eingebrachten Ansprüche an den oder die betroffenen Gesellschafter erst mit Wirkung ab dem Tag nach dem Ende der Laufzeit desjenigen von der Gesellschaft abgeschlossenen Vertrages, der ab dem Zeitpunkt der Auflösung

bzw. des Ausscheidens die längste reguläre Laufzeit hat. Bei Verträgen mit unbeschränkter Laufzeit ist für die Bestimmung des Laufzeitendes im Sinne dieses lit. b) Satz 1 der Zeitpunkt maßgeblich, zu dem die Gesellschaft einen solchen Vertrag nach dem Zeitpunkt der Auflösung bzw. des Ausscheidens erstmals ordentlich kündigen kann (Wirksamkeit der ordentlichen Kündigung). Die Gesellschaft ist insofern verpflichtet, auf Aufforderung des ausscheidenden Gesellschafters Verträge mit unbeschränkter Laufzeit zum nächstmöglichen Zeitpunkt nach Auflösung bzw. Ausscheiden eines Gesellschafters ordentlich zu kündigen, wenn ihr die entsprechende Aufforderung des Gesellschafters bis spätestens einen Monat vor Beginn der ordentlichen Kündigungsfrist des betroffenen Vertrages zugegangen ist. Die Gesellschaft bleibt bis zum Ende der Laufzeit des in lit. b) Satz 1 genannten Vertrages berechtigt, die vertragsgegenständlichen Ansprüche geltend zu machen und die vertraglich vereinbarte Vergütungen einzuziehen. Einnahmen sind nach Maßgabe des jeweils anwendbaren Verteilungsplans zu verteilen.

Darüber hinaus nimmt ein ausscheidender Gesellschafter ab dem Zeitpunkt des Ausscheidens nicht an schwebenden Geschäften der Gesellschaft teil.

(5) Im Falle der Kündigung oder des Ausschlusses hat der ausscheidende Gesellschafter nach dem Ende seiner Zugehörigkeit zur Gesellschaft das Recht, an Gesellschafterversammlungen teilzunehmen, soweit dort Beschlüsse über die Verteilung von Einnahmen gefasst werden, die durch die Geltendmachung der von ihm nach § 4.1 in die Gesellschaft eingebrachten Ansprüche bis zum Zeitpunkt ihrer Rückübertragung noch erzielt wurden. Dem ausgeschiedenen Gesellschafter steht bei der betreffenden Beschlussfassung kein Stimmrecht zu, jedoch muss ein solcher Beschluss über die Verteilung von Einnahmen den ausgeschiedenen Gesellschafter angemessen berücksichtigen.

§ 5 Verteilung, Jahresabschluss. (1) Einnahmen der Gesellschaft aus den nach § 4 eingebrachten Ansprüchen sind nach Abzug der zur Deckung der Verwaltungskosten erforderlichen Beträge gemäß den Verteilungsplänen an die Gesellschafter zu verteilen. Jeder Verteilungsplan bedarf eines einstimmigen Beschlusses der Gesellschafterversammlung. Ansprüche eines Gesellschafters gegen die Gesellschaft auf Auszahlung verteilungsfähiger Einnahmen entstehen nach Maßgabe der jeweiligen Verteilungspläne. Sofern und soweit die Verteilungspläne die Fälligkeit von Auszahlungsansprüchen regeln, werden die Auszahlungsansprüche nach den Regelungen der Verteilungspläne zu Zahlung fällig; in allen anderen Fällen werden die Auszahlungsansprüche fällig nach Maßgabe der Verteilungsbeschlüsse der Gesellschafterversammlung.

(2) Der geschäftsführende Gesellschafter stellt die Verteilungspläne nach den gesetzlichen Vorgaben auf, die ein willkürliches Vorgehen bei der Verteilung ausschließen, und legt sie der Gesellschafterversammlung zur Beschlussfassung vor. Wird ein Verteilungsplan nicht beschlossen und zur Überarbeitung an den geschäftsführenden Gesellschafter zurückverwiesen, so berücksichtigt dieser dabei die Vorgaben der Gesellschafterversammlung.

(3) Die verteilungsfähigen Einnahmen aus den nach § 4 eingebrachten Ansprüchen werden spätestens neun Monate nach Ablauf des Geschäftsjahrs, in dem sie eingezogen wurden, gemäß den Regelungen des jeweils maßgeblichen Verteilungsplans bzw. aufgrund eines Verteilungsbeschlusses an die Gesellschafter ausgezahlt, soweit die Gesellschaft nicht aus sachlichen Gründen an der Durchführung der Verteilung gehindert ist.

(4) Der geschäftsführende Gesellschafter stellt den Jahresabschluss des abgeschlossenen Geschäftsjahres auf, lässt den Jahresabschluss prüfen und leitet den geprüften Abschluss innerhalb der ersten sechs Monate des Folgejahres den Gesellschaftern zu. Die Gesellschafterversammlung beschließt über die Feststellung des Jahresabschlusses und die Entlastung des geschäftsführenden Gesellschafters.

§ 6 Geschäftsführung, Vertretung. (1) Zur Geschäftsführung und Vertretung ist die GEMA ausschließlich berechtigt. Die GEMA verwendet hierbei nach außen den Namen der Gesellschaft. Die GEMA kann sich bei der Geschäftsführung der Unterstützung durch mit ihr verbundene Unternehmen und Hilfspersonen bedienen.

(2) Die Führung der Geschäfte richtet sich nach zwingenden gesetzlichen Vorgaben, dem Gesellschaftsvertrag und den Beschlüssen der Gesellschafter. Die Gesellschafter können eine Geschäftsordnung beschließen, die insbesondere auch einen Katalog zustimmungspflichtiger Geschäfte enthalten kann.

(3) Der geschäftsführende Gesellschafter verhandelt für die ZPÜ Gesamtverträge mit gesamtvertragsfähigen Industrieverbänden und -organisationen unter Gremienvorbehalt und erarbeitet Tarifentwürfe. Die Gesellschafterversammlung beschließt den Abschluss von Gesamtverträgen und die Veröffentlichung von Tarifen. Die Gesellschafter sind verpflichtet, die Gesellschaft bei Abschluss und Durchführung von Gesamtverträgen und damit in Zusammenhang stehenden Verträgen zu unterstützen.

(4) Die GEMA ist von den Beschränkungen des § 181 BGB befreit.

(5) Für die Haftung des geschäftsführenden Gesellschafters, seiner gesetzlichen Vertreter, Mitarbeiter und Erfüllungsgehilfen, gegenüber der Gesellschaft und den Gesellschaftern gelten grundsätzlich die Regelungen des Dienstleistungsvertrags zwischen der Gesellschaft und dem geschäftsführenden Gesellschafter. Für Geschäftsführungsaufgaben des geschäftsführenden Gesellschafters, die nicht unter den Anwendungsbereich des Dienstleistungsvertrages fallen, beschränkt sich die Haftung gegenüber der Gesellschaft und den Gesellschaftern auf Fälle der Verletzung einer Bestimmung des Gesellschaftsvertrages und ist, soweit gesetzlich zulässig, auf grobe Fahrlässigkeit oder Vorsatz des geschäftsführenden Gesellschafters beschränkt; in Fällen grober Fahrlässigkeit gelten die Haftungsbeschränkungen nach § 9 Abs. 2 des Dienstleistungsvertrags entsprechend. Bei Geschäftsführungsaufgaben im Sinne des Satz 2 handelt es sich insbesondere um Aufgaben, die der geschäftsführende Gesellschafter im Rahmen der Vertretung der Gesellschaft nach außen wahrnimmt (wie insbesondere die Verhandlung von Gesamtverträgen und Erarbeitung von Tarifentwürfen) oder die die Vorbereitung von Gesellschafterbeschlüssen betreffen (wie insbesondere die Einberufung und Leitung von Gesellschafterversammlungen).

(6) Der geschäftsführende Gesellschafter hat Anspruch auf Erstattung der Verwaltungskosten (insbesondere Kosten, Aufwendungen und Auslagen), die ihm im Zusammenhang mit seiner Geschäftsführung der Gesellschaft entstehen, soweit diese angemessen sind. Die Einzelheiten regelt ein Dienstleistungsvertrag zwischen der Gesellschaft und dem geschäftsführenden Gesellschafter.

(7) Die Gesellschafterversammlung kann einen Gesellschaftervertreter zur Überwachung des geschäftsführenden Gesellschafters einsetzen.

§ 7 Beschlussfassung durch die Gesellschafter. (1) Beschlüsse der Gesellschaft werden in Gesellschafterversammlungen gefasst, sofern dieser Vertrag nichts anderes bestimmt.

(2) Der geschäftsführende Gesellschafter beruft die Gesellschafterversammlung in Textform unter Mitteilung des Versammlungsortes sowie der Tagesordnung mit einer Frist von zwei Wochen ein. Darüber hinaus sind diejenigen Unterlagen beizufügen, die zur ordnungsgemäßen Vorbereitung der Gesellschafterversammlung notwendig sind (z. B. der betreffende Verteilungsplan oder Jahresabschluss gemäß § 5). Gibt es keinen geschäftsführenden Gesellschafter (mehr), ist jeder Gesellschafter allein zur Einberufung berechtigt.

(3) Die ordentliche Gesellschafterversammlung findet jährlich binnen zwei Monaten nach Versand des Jahresabschlusses gemäß § 5 statt.

(4) Eine außerordentliche Gesellschafterversammlung ist einzuberufen, wenn dies im Interesse der Gesellschaft erforderlich erscheint oder von mindestens drei Gesellschaftern in Textform gegenüber dem geschäftsführenden Gesellschafter unter Angabe der Tagesordnung verlangt wird.

(5) Eine Gesellschafterversammlung ist beschlussfähig, wenn sämtliche Gesellschafter ordnungsgemäß geladen sind oder jeder von einer mangelhaften Ladung betroffene Gesellschafter in der Versammlung anwesend ist und den Erhalt der Ladung nicht rügt, und wenn darüber hinaus mindestens drei Viertel der Gesellschafter vertreten sind. Ist die Versammlung beschlussunfähig, so ist danach eine neue Versammlung mit gleicher Tagesordnung mit einer Frist von zwei Wochen einzuberufen. Diese neue Versammlung ist ungeachtet der anwesenden oder vertretenen Stimmen beschlussfähig, wenn auf diese Bestimmung in der Ladung hingewiesen wurde.

(6) Außerhalb von Gesellschafterversammlungen können Beschlüsse in jeder Form (einschließlich Telefax oder E-Mail) gefasst werden, wenn alle Gesellschafter in die Beschlussfassung eingebunden sind und keiner der Art der Beschlussfassung widerspricht. Die so gefassten Beschlüsse sind zu protokollieren. Das Protokoll ist den Gesellschaftern unverzüglich zuzuleiten.

(7) Jeder Gesellschafter kann sich in der Gesellschafterversammlung durch einen Vertreter seiner Wahl mit schriftlicher Vollmacht vertreten lassen. Ein Gesellschafter kann nicht von mehreren anderen Gesellschaftern gleichzeitig bevollmächtigt werden. Der geschäftsführende Gesellschafter kann andere Personen zur Teilnahme an einer Gesellschafterversammlung zulassen und ihnen Rederecht gewähren.

(8) Der geschäftsführende Gesellschafter leitet die Gesellschafterversammlung. Über die Beschlüsse der Gesellschafterversammlung ist eine Niederschrift anzufertigen. Die Niederschrift ist den Gesellschaftern nach der Versammlung zu übersenden. Einsprüche gegen die Niederschrift sowie etwaige Rügen hinsichtlich der Form und fristgerechten Einberufung der Gesellschafterversammlung sind innerhalb von drei Wochen nach Zugang der Niederschrift schriftlich gegenüber dem geschäftsführenden Gesellschafter geltend zu machen. Über Einsprüche entscheidet die nächste Gesellschafterversammlung.

(9) Die Gesellschafter beschließen insbesondere über

a) Änderungen des Gesellschaftsvertrages;
b) Aufnahme neuer Gesellschafter;
c) Geschäftsordnung für den geschäftsführenden Gesellschafter;

d) Zustimmung zu Geschäften, die nach der Geschäftsordnung zustimmungspflichtig sind;
e) Verteilungspläne nach § 5.1 und Verteilung von Einnahmen;
f) Feststellung des Jahresabschlusses;
g) Bestellung und Abberufung des Abschlussprüfers;
h) Entlastung des geschäftsführenden Gesellschafters;
i) Abschluss, Änderung und Kündigung des Dienstleistungsvertrags zwischen der Gesellschaft und dem geschäftsführenden Gesellschafter;
j) Bestellung und Abberufung eines Gesellschaftervertreters sowie Festlegung des Aufgabenbereichs des Gesellschaftervertreters;
k) Ausschluss eines Gesellschafters aus wichtigem Grund;
l) Auflösung/Liquidation der Gesellschaft;
m) allgemeine Anlagepolitik in Bezug auf die Einnahmen aus den Rechten;
n) Erwerb, Verkauf und Beleihung unbeweglicher Sachen;
o) Aufnahme und Vergabe von Darlehen sowie Stellung von Darlehenssicherheiten;
p) andere Angelegenheiten, soweit dies nach zwingenden gesetzlichen Vorgaben oder diesem Gesellschaftsvertrag vorgesehen ist.

(10) eder Gesellschafter hat eine Stimme. Gesellschafterbeschlüsse bedürfen der Einstimmigkeit. Stimmenenthaltungen gelten als Nichtabgabe der Stimme und stehen einer Beschlussfassung nicht im Wege.

(11) Die Unwirksamkeit von Gesellschafterbeschlüssen kann nur binnen einer Ausschlussfrist von sechs Wochen nach Kenntniserlangung durch Klageerhebung geltend gemacht werden.

§ 8 Dauer, Kündigung, Ausschluss. (1) Die Gesellschaft wird auf unbestimmte Dauer errichtet.

(2) Jeder Gesellschafter kann die Gesellschaft unter Einhaltung einer Frist von 12 Monaten zum Ende eines Geschäftsjahres ordentlich kündigen. Das Recht zur außerordentlichen Kündigung aus wichtigem Grund bleibt unberührt.

(3) Jede Kündigung hat mittels eingeschriebenem Brief zu erfolgen. Die Kündigung ist an den geschäftsführenden Gesellschafter zu richten; der geschäftsführende Gesellschafter hat seine Kündigung an sämtliche Mitgesellschafter zu richten.

(4) Tritt in der Person eines Gesellschafters ein wichtiger Grund ein, der die anderen Gesellschafter zu einer außerordentlichen Kündigung berechtigt, können diese Gesellschafter den betreffenden Gesellschafter aus der Gesellschaft ausschließen. Der betreffende Gesellschafter ist bei der Beschlussfassung, mit der über seine Ausschließung abgestimmt wird, selbst nicht stimmberechtigt.

(5) Kündigt ein Gesellschafter oder wird er ausgeschlossen, so scheidet er aus der Gesellschaft aus, die von den übrigen Gesellschaftern fortgesetzt wird. Jedoch können die übrigen Gesellschafter innerhalb von 6 Monaten ab dem Tag des Zugangs der Kündigungserklärung zeitgleich mit der Ausschließung beschließen, dass die Gesellschaft auf den Zeitpunkt des Ausscheidens des Gesellschafters aufgelöst wird. In diesem Fall ist die Gesellschaft unter Beteiligung des Ausscheidenden abzuwickeln.

(6) Scheidet ein Gesellschafter in Folge seiner Kündigung oder seines Ausschlusses aus der Gesellschaft aus, findet § 4.4 und § 4.5 hinsichtlich der von ihm nach § 4.1 eingebrachten Ansprüche Anwendung. Daneben erhält der ausscheidende Gesellschafter zur Abgeltung seiner Beteiligung am Anlagevermögen eine Abfindung, die dem anteiligen Buchwert des Anlagevermögens nach Maßgabe des Anteils des ausscheidenden Gesellschafters an den Einnahmen in den Verteilungsplänen für das Jahr des Ausscheidens entspricht. Der Abfindungsanspruch ist unverzinslich und wird fällig einen Monat nach Feststellung des Jahresabschlusses für das Geschäftsjahr des Ausscheidens. Andere oder weitergehende Ansprüche stehen dem ausscheidenden Gesellschafter nicht zu; insbesondere kann er Freistellung von Verbindlichkeiten der Gesellschaft nicht verlangen.

(7) Ausscheidende Gesellschafter sind nicht berechtigt, Sicherheitsleistung für ihre Ansprüche nach §§ 4.4, § 4.5 und 8.6 zu verlangen.

§ 9 Rechtswahl, Gerichtsstand, Prozessführung. (1) Auf diesen Vertrag findet allein deutsches Recht Anwendung unter Ausschluss derjenigen Bestimmungen des internationalen Privatrechts, die zur Anwendung einer anderen Rechtsordnung führen würden.

(2) Gerichtsstand für alle Streitigkeiten aus diesem Vertrag und über seine Wirksamkeit ist der Sitz der Gesellschaft.

(3) Soweit gesetzlich zulässig wird die Gesellschaft in Rechtsstreitigkeiten durch den geschäftsführenden Gesellschafter vertreten. Dies gilt auch für Leistungsklagen einzelner Gesellschafter gegen die Gesellschaft.

(4) Klagen von Gesellschaftern zur Feststellung der Wirksamkeit oder Unwirksamkeit eines Gesellschafterbeschlusses sind gegen die Gesellschaft zu erheben.

§ 10 Schlussbestimmungen. (1) Sollte eine Regelung dieses Vertrages unwirksam sein oder werden, so wird die Wirksamkeit des Vertrages im Übrigen davon nicht berührt. Die Gesellschafter verpflichten sich bereits heute, an der Schaffung einer wirksamen Regelung mitzuwirken, die der unwirksamen Regelung möglichst nahe kommt.

(2) Änderungen und/oder Ergänzungen dieses Vertrags bedürfen einer von allen Gesellschaftern unterzeichneten Beschlussausfertigung. Dies gilt auch für einen Verzicht auf dieses Schriftformerfordernis selbst.

(3) Soweit dieser Gesellschaftsvertrag keine besondere Regelung enthält, gelten die Vorschriften des Bürgerlichen Gesetzbuches über die Gesellschaft des bürgerlichen Rechts.

24d. ZVV/Zentralstelle für Videovermietung

Gesellschaftsvertrag

Fassung vom 15. Dezember 1998

§ 1 Name der Gesellschaft. GEMA, VG WORT, VG Bild-Kunst, GÜFA, GWFF, VGF und GVL errichten eine Gesellschaft des Bürgerlichen Rechts. Ihr Name lautet: Zentralstelle für Videovermietung (ZVV).

§ 2 Gesellschafter und Berechtigte. Es können ferner Gesellschafter werden Verwertungsgesellschaften, die Rechte nach § 27 UrhG wahrnehmen und denen nach §§ 1, 2, 18 UrhWG eine Erlaubnis des Deutschen Patentamtes erteilt worden ist.

§ 3 Zweck der Gesellschaft. Zweck der Gesellschaft ist, für ihre Gesellschafter die ihnen aus § 27 Abs. 1 UrhG bezüglich Bildtonträger zustehenden Vergütungsansprüche geltend zu machen.

§ 4 Vertragsgebiet. Vertragsgebiet ist die Bundesrepublik Deutschland.

§ 5 Geschäftsführung, Vertretung. (1) Die Gesellschaft wird nach außen durch die GEMA bzw. durch den Vorstand der GEMA vertreten. Die GEMA stellt der Gesellschaft für die Geschäftsführung ihre Einrichtungen zur Verfügung.

(2) Die GEMA übernimmt für die ZVV innerhalb der Bundesrepublik Deutschland im Namen der VG WORT, der VG Bild-Kunst, der GÜFA, der GWFF, der VGF und der GVL für deren Rechte das Inkasso der Vergütungen gemäß § 27 Abs. 1 UrhG; insoweit werden der GEMA die Rechte unmittelbar zur Wahrnehmung übertragen.

(3) Die von den Gesellschaftern 2. bis 7. dem Gesellschafter zu 1. erteilten Inkassovollmachten behalten ihre Gültigkeit. Die GEMA bleibt damit beauftragt und bevollmächtigt, bei notwendigen einzelnen Inkassorechtsstreitigkeiten Aufträge im Namen der einzelnen Gesellschafter zu erteilen. Diese Ermächtigung ist für die Dauer dieses Vertrages unwiderruflich. VG WORT, VG Bild-Kunst, GÜFA, GWFF, VGF und GVL verzichten ausdrücklich auf eigene unmittelbare Rechtausübung.

(4) Die Höhe der geltend zu machenden Vergütungen bestimmt sich nach Maßgabe der jeweils gültigen Vergütungssätze der GEMA. Die Gesellschafter vereinbaren hiermit, daß die Aufstellung von Tarifen dem Beschluß der Gesellschafter unterliegt.

(5) In begründeten Ausnahmefällen ist die GEMA zum Vergleichsabschluß mit Schuldnern berechtigt.

§ 6 Auszahlung, Anträge, Beschlüsse. (1) Von den eingegangenen Lizenzbeträgen erhält die GEMA vorweg zur Erstattung aller mit der Geschäftsführung verbundenen Kosten eine Kommission. Der hiernach verbleibende Betrag wird entsprechend dem Umfang der Rechteeinbringung durch die einzelnen Gesellschafter und gemäß den gefaßten Gesellschafterbeschlüssen ausgezahlt.

(2) Jeder Gesellschafter kann beantragen, daß die Feststellung des Umfangs der Rechteeinbringung auf die Tagesordnung der nächsten Gesellschafterversammlung gesetzt wird.

(3) Rechnungslegung und Zahlung der den Vertragspartnern geschuldeten Vergütungen erfolgen für das jeweils abgelaufene Kalenderjahr bis zum 15. März des darauffolgenden Kalenderjahres.

(4) Für die Ausschüttung an seine einzelnen Berechtigten ist jeder Gesellschafter selbst verantwortlich. Jeder Gesellschafter stellt für seinen jeweiligen Vertretungsbereich die Mitgesellschafter von Ansprüchen Dritter frei.

§ 7 Kündigung des Gesellschaftsverhältnisses. Die Gesellschaft wird auf unbestimmte Zeit errichtet. Das Gesellschaftsverhältnis kann von jedem Gesellschafter unter Einhaltung einer Frist von sechs Monaten zum Ende eines jeden Kalenderjahres gekündigt werden.

§ 8 Sitz und Gerichtsstand. Sitz der Gesellschaft ist München. Für alle Streitigkeiten zwischen den Gesellschaftern, die mit diesem Gesellschaftsvertrag mittelbar oder unmittelbar zusammenhängen, wird die Zuständigkeit der Münchener Gerichte vereinbart.

§ 9 Rechtsgeschäfte zwischen der Gesellschaft und der GEMA. Als geschäftsführender Gesellschafter wird die GEMA für die zwischen ihr und der Gesellschaft abzuschließenden Rechtsgeschäfte von den Beschränkungen des § 181 BGB befreit.

§ 10 Geltung des Bürgerlichen Gesetzbuches. Soweit dieser Gesellschaftsvertrag keine besondere Regelung enthält, gelten die Vorschriften des Bürgerlichen Gesetzbuches über die Gesellschaft des Bürgerlichen Rechts, ebenfalls für die Auseinandersetzung nach Kündigung.

§ 11 Schlußbestimmungen. Durch vorstehenden Gesellschaftsvertrag verlieren alle früher zwischen den Gesellschaftern 1., 2., 3., 4., 5. und 6. getroffenen Vereinbarungen ihre Wirksamkeit.

24e. Arbeitsgemeinschaft DRAMA

Gesellschaftsvertrag

Fassung vom 28. Mai 1986

§ 1 Name und Sitz. GEMA und VG WORT bilden eine Gesellschaft bürgerlichen Rechts mit dem Namen „Arbeitsgemeinschaft DRAMA". Sitz der Gesellschaft ist München.

§ 2 Zweck. Zweck der Gesellschaft ist die Wahrung der Rechte dramatischer Autoren und Verleger bei gleichzeitiger, vollständiger und unveränderter Übermittlung von Ton- und Fernsehrundfunkprogrammen durch in- und ausländische Kabelsysteme.

§ 3 Wahrnehmung. Die Verbände:
a) Dramatiker-Union e. V.
Babelsberger Str. 43, 10715 Berlin
b) Verband Deutscher Bühnenverleger e. V.
Babelsberger Str. 43, 10715 Berlin

empfehlen ihren Mitgliedern, mit beiden Verwertungsgesellschaften Mandatsverträge zu schließen.

Der Abschluß erfolgt an dramatisch-musikalischen Werken mit der GEMA, an dramatischen Werken mit der VG WORT.

§ 4 Beirat. (1) Es wird aus Delegierten der beiden in § 3 genannten Verbände ein Beirat aus acht Mitgliedern gebildet, und zwar:
a) zwei Musikautoren und zwei Wortautoren der Dramatiker-Union e. V.,
b) zwei Musikverlegern und zwei Wortverlegern des Verbandes Deutscher Bühnenverleger e. V.

Die Beiratsmitglieder werden ad personam von den beiden Verbänden benannt und nach Abstimmung mit den Betroffenen von den Vorständen der GEMA und der VG WORT berufen.

(2) Für die vorgenannten Bereiche Musikautoren, Wortautoren, Musikverleger und Wortverleger, für die je zwei Beiratsmitglieder gewählt werden, erfolgt die Wahl je eines Stellvertreters in gleicher Weise.

(3) Der Beirat hat die Aufgabe, die beiden Verwertungsgesellschaften bei der effizienten Wahrnehmung der in Betracht kommenden Rechte in dem durch den Zweck vorbehaltenen Rahmen zu beraten. Im besonderen fallen ihm folgende Aufgaben zu:
a) Formulierung der Mandatsverträge (§ 3);
b) Einwilligung zum Abschluß von Verträgen über dramatische Rechte mit ausländischen Verwertungsgesellschaften, Kabelunternehmen oder anderen Verwertern;
c) Aufstellung von Grundsätzen für einen Verteilungsplan, einschließlich der Kostenerstattung;
d) Aufgreifen weiterer Problemkreise hinsichtlich der Rechtekataloge u. ä.

§ 5 Geschäftsführung. Die Geschäftsführung liegt in der Hand von zwei Geschäftsführern; jede der beiden Verwertungsgesellschaften bestellt einen Geschäftsführer. Die beiden Geschäftsführer sind nur gemeinschaftlich vertretungsberechtigt.

Weitere Einzelheiten, zu denen im besonderen die Kostenerstattung für die Geschäftsführung gehört, werden in einer Geschäftsordnung geregelt, die zu ihrer Wirksamkeit der Zustimmung durch die beiden Verwertungsgesellschaften bedarf.

§ 6 Dauer der Gesellschaft. Die Gesellschaft wird auf unbestimmte Zeit errichtet. Das Gesellschaftsverhältnis kann von jedem der beiden Gesellschafter unter Einhaltung einer Frist von sechs Monaten auf das Ende eines Kalenderjahres gekündigt werden.

24f. Corint Media GmbH[1)]

Gesellschaftsvertrag

(in der Fassung vom 15. Dez. 2020)

§ 1 Firma, Sitz und Geschäftsjahr. (1) Die Gesellschaft führt die Firma „Corint Media GmbH“.

(2) Der Sitz der Gesellschaft ist Berlin.

(3) Das Geschäftsjahr ist das Kalenderjahr.

§ 2 Gegenstand und Zweck der Gesellschaft. (1) Gegenstand der Gesellschaft ist die treuhänderische Wahrnehmung der ihr von Sendeunternehmen und Presseverlegern übertragenen und/oder eingeräumten Rechte und Ansprüche, die sich aus dem Urheberrechtsgesetz für diese Unternehmen ergeben, sowie die Verteilung der erzielten Einnahmen an Sendeunternehmen und/oder Presseverleger, die mit der Gesellschaft einen Wahrnehmungsvertrag geschlossen haben **(„Berechtigte“).**

(2) Die Gesellschaft kann alle Geschäfte betreiben, die dem Gesellschaftszweck unmittelbar oder mittelbar dienen. Sie ist insbesondere befugt, sich zur Erreichung dieses Zweckes an Zusammenschlüssen anderer Verwertungsgesellschaften oder an gleichartigen Unternehmen zu beteiligen. Sie ist auch berechtigt, Inkassomandate von anderen Verwertungsgesellschaften zu übernehmen. Weiterhin kann die Gesellschaft neben den originären Leistungsschutzrechten von Unternehmen auch die den Unternehmen eingeräumten und/oder übertragenen urheberrechtlichen Nutzungsrechte, Leistungsschutzrechte und Vergütungsansprüche treuhänderisch wahrnehmen.

(3) Die Gesellschaft ist verpflichtet, bei der Wahrnehmung neuer Rechte und/oder Vergütungsansprüche zur Wahrung der Verteilungsgerechtigkeit die betroffenen Berechtigten im Verhältnis der zu erwarteten Einnahmen der jeweiligen Unternehmen vorab an den Kosten der Wahrnehmung und Durchsetzung der Rechte zu beteiligen.

(4) Die Gesellschaft kann Zweigniederlassungen errichten.

§ 3 Wahrnehmung der übertragenen Rechte. (1) Über Art und Umfang der wahrzunehmenden Rechte und Ansprüche wird mit den Berechtigten ein Wahrnehmungsvertrag abgeschlossen, mit dem die von der Gesellschaft wahrzunehmenden Rechte übertragen und/oder eingeräumt werden. Entstehen bei einem Unternehmen mehrere originäre Leistungsschutzrechte (z. B. für mehrere Funksendungen und/oder mehrere Presseerzeugnisse) schließt dieses für jede Funksendung und/oder jedes Presseerzeugnis einen eigenen Wahrnehmungsvertrag ab.

[1)] Lt. Pressemitteilung vom 18.1.2021 wird VG Media zu Corint Media GmbH.
Anschrift: Lennéstr. 5, 10785 Berlin
Internet: www.vgmedia.de

(2) Die Gesellschafter und die Berechtigten bilden jeweils zwei Kurien, die Kurie der Sendeunternehmen, die jeweils einen Wahrnehmungsvertrag über Senderechte mit der Gesellschaft abgeschlossen haben („Kurie Sendeunternehmen“) und die Kurie der Presseverleger, die jeweils einen Wahrnehmungsvertrag über Presseleistungsschutzrechte mit der Gesellschaft abgeschlossen haben („Kurie Verleger“). Ein Berechtigter kann sowohl der Kurie Sendeunternehmen als auch der Kurie Verleger angehören.

(3) Soweit ein neu beitretender Gesellschafter sowohl als Sendeunternehmen als auch als Verleger Rechte durch die Gesellschaft wahrnehmen lässt, ist er nach den der Gesellschaft eingeräumten und/oder übertragenen Rechten der Kurie zuzuordnen, auf die in Summe der prozentual höhere Anteil an den Ausschüttungen der Gesellschaft bezogen auf die jeweilige Gesamtausschüttung in der Kurie entfällt. Maßgeblich für die Zuordnung ist die Höhe der Ausschüttungen in dem Jahr, das dem Erwerb der Geschäftsanteile an der Gesellschaft vorangeht. Bei zeitgleicher Rechteeinbringung und Erwerb von Geschäftsanteilen ist die Höhe der durch die Geschäftsführung prognostizierten Ausschüttungen maßgeblich. Die Zuordnung der bisherigen Gesellschafter zu der Kurie Sendeunternehmen oder zu der Kurie Verleger bleibt unberührt.

(4) Die Zuordnung eines Gesellschafters zu einer Kurie wird von der Geschäftsführung jährlich am Ende eines Geschäftsjahres überprüft. Bei Veränderungen entscheidet die Geschäftsführung über eine Änderung der Zuordnung und unterrichtet den betroffenen Gesellschafter spätestens mit der Ladung zur ersten Gesellschafterversammlung im Folgejahr.

§ 4 Verteilung der Einnahmen. (1) Die aus den übertragenen und/oder eingeräumten urheberrechtlichen Nutzungsrechten, Leistungsschutzrechten und Vergütungsansprüchen erzielten Einnahmen sowie die sonstigen Einnahmen werden an die Berechtigten gemäß den §§ 27 ff. VGG nach Abzug der Verwaltungskosten verteilt.

(2) Die Verteilung der Einnahmen erfolgt aufgrund von Verteilungsplänen, die von den nach Maßgabe des VGG zuständigen Gremien beschlossen werden.

(3) Allgemeine Verwaltungskosten werden zwischen der Kurie Sendeunternehmen und der Kurie Verleger hälftig (d. h. zu je 50 %) geteilt. Zuordenbare Kosten (z. B. Rechtsberatungs- und Gerichtskosten für die Wahrnehmung und Durchsetzung von jeweils einer Kurie zuordenbaren Rechten und Ansprüchen) sind von der jeweils hiervon betroffenen Kurie allein zu tragen.

(4) Für die Verteilungspläne gelten im Übrigen folgende Grundsätze:

a) Soweit mit angemessenen Mitteln feststellbar, erhält jeder Berechtigte den auf die Nutzung seiner Rechte entfallenden Anteil an den zu verteilenden Einnahmen.
b) Soweit der individuelle Anteil der Nutzung nicht mit angemessenen Mitteln feststellbar ist, werden allgemeine Bewertungs- und Verteilungsregeln zur pauschalen Bemessung der Vergütung der Berechtigten aufgestellt.
c) Der den Berechtigten der Kurie Sendeunternehmen zustehende Anteil an den Einnahmen richtet sich zusätzlich nach dem Marktanteil und der technischen Reichweite sowie ggf. nach anderen geeigneten Kriterien, wobei für die Nutzung von analogen, digitalen, verschlüsselten, unverschlüsselten,

terrestrischen und satellitären Signalen getrennte Tarife und Verteilungspläne aufgestellt werden können.

(5) Die Abrechnung erfolgt für jeden Berechtigten auf der Grundlage der Verteilungspläne, die den Grundsätzen des § 4 Abs. 4 lit. a) bis d) entsprechen sowie unter Nennung des auf den Berechtigten entfallenden Anteils an den Verwaltungskosten.

§ 5 Stammkapital und Aufnahme neuer Gesellschafter. (1) Das Stammkapital der Gesellschaft beträgt € 83 000,– (in Worten: Euro dreiundachtzigtausend) und ist vollständig eingezahlt.

(2) Als Gesellschafter der Gesellschaft ist gem. den nachfolgenden Absätzen aufzunehmen, wer:

a) seit mindestens fünf Jahren Berechtigter ist und
b) mit einem Volumen von mindestens 2 % an den Ausschüttungen der Gesellschaft an die Berechtigten einer Kurie beteiligt ist,
c) oder wer Berechtigter ist und nach Art und Umfang seiner Leistungsschutzrechte erwarten lässt, dass er die Durchsetzung von Rechten, die die Gesellschaft wahrnimmt, in besonderem Maße unterstützen wird.

Die Voraussetzungen gemäß Satz 1 lit. a) gelten auch dann als erfüllt, wenn mindestens ein von dem Beitrittswilligen beherrschtes Unternehmen im Sinne der §§ 15 ff. AktG sie erfüllt; die Voraussetzungen gemäß Satz 1 lit. b) gelten auch dann als erfüllt, wenn sie – gegebenenfalls insgesamt – durch von dem Beitrittswilligen beherrschte Unternehmen im Sinne der §§ 15 ff. AktG. erfüllt werden.

(3) Der Beitrittswillige ist zur Übernahme eines Geschäftsanteils zuzulassen, dessen Nennbetrag sich zu der Summe der Nennbeträge der Gesellschafter der für den Beitrittswilligen maßgeblichen Kurie so verhält, wie die Summen der im letzten Jahr vor dem Aufnahmeverlangen an den Beitrittswilligen (oder an ein vom Beitrittswilligen beherrschtes Unternehmen) geleisteten Ausschüttungen im Verhältnis zur Summe sämtlicher Ausschüttungen an Gesellschafter der für den Beitrittswilligen maßgeblichen Kurie. Der sich so ergebende Betrag ist auf glatte Euro abzurunden.

(4) Begehrt ein Berechtigter die Aufnahme als Gesellschafter, entscheidet die Geschäftsführung über das Vorliegen der Voraussetzungen nach Abs. 2 und Abs. 3. Gegen eine ablehnende Entscheidung der Geschäftsführung ist die Beschwerde zum Aufsichtsrat gegeben. Der Aufsichtsrat ist verpflichtet, in der nächsten Aufsichtssitzung über die Aufnahme und die Voraussetzungen und Bedingungen der Aufnahme nach Abs. 2 und Abs. 3 zu entscheiden.

(5) Die Gesellschafter der Gesellschaft sind im Falle eines berechtigten Aufnahmebegehrens verpflichtet, eine Kapitalerhöhung zur Schaffung eines neuen Geschäftsanteils nach Maßgabe von Abs. 4 zu beschließen, auf ihr Bezugsrecht zu verzichten und die Übernahme der neuen Geschäftsanteile durch den Beitrittswilligen zuzulassen.

§ 6 Verfügung über und Belastung von Geschäftsanteilen. (1) Die Verfügung über und die Belastung von Geschäftsanteilen und von Teilen von Geschäftsanteilen bedürfen der Zustimmung der Gesellschafterversammlung. Das Gleiche gilt für die mittelbare Verfügung über Geschäftsanteile, wenn diese von einer reinen Beteiligungsgesellschaft gehalten werden.

(2) Geschäftsanteile können jederzeit durch Beschluss der Gesellschafterversammlung geteilt werden; der Nennbetrag der neu gebildeten Geschäftsanteile muss auf volle Euro lauten. Mehrere voll eingezahlte Geschäftsanteile eines Gesellschafters können durch Beschluss der Gesellschafterversammlung ohne Zustimmung des betroffenen Gesellschafters zu einem Geschäftsanteil zusammengelegt werden, soweit die auf sie entfallenden Einlagen in voller Höhe erbracht sind.

(3) Bei den Beschlüssen der Gesellschafterversammlung gemäß Abs. 1 und Abs. 2 ist auch der Gesellschafter stimmberechtigt, dessen Geschäftsanteile betroffen sind.

§ 7 Geschäftsführer und deren Vertretungsmacht. (1) Die Gesellschaft hat einen oder mehrere Geschäftsführer.

(2) Ist nur ein Geschäftsführer bestellt, so vertritt er die Gesellschaft allein. Sind mehrere Geschäftsführer bestellt, so wird die Gesellschaft durch zwei Geschäftsführer gemeinschaftlich oder einen Geschäftsführer in Gemeinschaft mit einem Prokuristen vertreten. Einzelnen oder allen Geschäftsführern kann, auch wenn mehrere Geschäftsführer bestellt sind, durch den Aufsichtsrat Einzelvertretungsbefugnis erteilt werden. Ferner kann einzelnen oder allen Geschäftsführern durch den Aufsichtsrat allgemein oder für den Einzelfall sowie ganz oder teilweise Befreiung von den Beschränkungen des § 181 BGB erteilt werden.

(3) Die Geschäftsführer werden durch den Aufsichtsrat bestellt und abberufen. Der Aufsichtsrat schließt mit den Geschäftsführern die Anstellungsverträge ab; der Aufsichtsrat ist auch für die Abänderung, Aufhebung und Kündigung der Anstellungsverträge zuständig.

§ 8 Geschäftsführungsbefugnisse der Geschäftsführung. (1) Die Rechte und Pflichten der Geschäftsführer ergeben sich aus dem Gesetz, aus diesem Gesellschaftsvertrag, aus den Anstellungsverträgen und den Beschlüssen des Aufsichtsrats. Die Geschäftsführer haben die Geschäfte mit der Sorgfalt eines ordentlichen Kaufmannes zu führen.

(2) Sind mehrere Geschäftsführer bestellt, so ist im Innenverhältnis jeder von ihnen einzeln zur Geschäftsführung berechtigt.

(3) Die Geschäftsführungsbefugnis erstreckt sich auf alle Handlungen, die der gewöhnliche Betrieb des Unternehmens der Gesellschaft mit sich bringt. Für die Geschäftsführungshandlungen, die darüber hinausgehen, bedarf es eines vorherigen zustimmenden Beschlusses des Aufsichtsrats. Solche zustimmungsbedürftigen Geschäftsführungshandlungen sind insbesondere:

a) die Bestellung und Abberufung des Abschlussprüfers;
b) Zusammenschlüsse und Bündnisse unter Beteiligung der Gesellschaft;
c) die Gründung von Tochtergesellschaften, die Übernahme anderer Organisationen oder der Erwerb und die Veräußerung von Anteilen oder Rechten an anderen Organisationen durch die Gesellschaft;
d) der Erwerb, der Verkauf und die Beleihung unbeweglicher Sachen;
e) die Aufnahme und die Vergabe von Darlehen sowie die Stellung von Darlehenssicherheiten;
f) der Abschluss, die Änderung und die Beendigung von Repräsentationsvereinbarungen im Sinne von § 44 VGG;

g) die Erhebung von Klagen und die Anrufung der Schiedsstelle nach §§ 92 ff. VGG sowie die Anfechtung ihrer Entscheidungen bei Angelegenheiten mit einem Streitwert von mehr als € 1 Mio., soweit vorstehende Angelegenheiten zugleich auch von grundsätzlicher Bedeutung für die Gesellschaft sind;
h) die Anschaffung von Wirtschaftsgütern des beweglichen Anlagevermögens, wenn der Einzelanschaffungswert € 15 000,– übersteigt;
i) die Errichtung von Neu- oder Umbauten, wenn die Baukosten mehr als € 15 000,– betragen;
j) die Errichtung und Auflösung von Zweigniederlassungen und Betriebsstätten;
k) die Übernahme der Stellung eines persönlich haftenden Gesellschafters;
l) Übernahme von Bürgschaften, Garantien oder gleichartigen Verpflichtungen;
m) die Erteilung von Prokuren sowie deren Widerruf und der Abschluss von Anstellungs- und Arbeitsverträgen aller Art, wenn die jährliche Belastung der Gesellschaft € 102 000,– jeweils übersteigt;
n) die Zusage von Pensions- oder sonstigen Versorgungsansprüchen;
o) der Abschluss von Rechtsgeschäften mit einem Gesellschafter, wenn die Verpflichtung der Gesellschaft innerhalb eines Geschäftsjahres € 15 000,– insgesamt übersteigt, oder – außerhalb eines Anstellungsverhältnisses – mit einem Prokuristen, Handlungsbevollmächtigten oder sonstigen leitenden Angestellten.

(4) Wird das Budget für ein Geschäftsjahr nicht rechtzeitig verabschiedet, gilt das Budget des vorangegangenen Geschäftsjahres vorläufig für das neue Geschäftsjahr weiter, soweit nicht einzelne Regelungen offensichtlich nicht übertragbar sind. Die Geschäftsführer sind berechtigt, bis zur Verabschiedung des aktuellen Budgets auf Grundlage dieses vorläufigen Budgets zu handeln.

§ 9 Gesellschafterversammlung. (1) Die Gesellschafterversammlung ist das im Sinne der §§ 17, 18 VGG zuständige Organ der Gesellschaft. Sie beschließt über die ihr kraft Gesetzes oder dieses Gesellschaftsvertrages zugewiesenen Gegenstände, insbesondere über:
a) den Gesellschaftsvertrag einschließlich dessen Änderung;
b) den jährlichen Transparenzbericht;
c) die Bestellung und Abberufung der Mitglieder des Aufsichtsrats gemäß § 10 Abs. 2;
d) die Vergütung und sonstige Leistungen an Mitglieder des Aufsichtsrats;
e) den Erlass einer Wahlordnung für die Wahl der Delegierten gem. § 12 Abs. 11;
f) die Aufstellung, Ergänzung und Änderung von Verteilungsplänen für die von der Gesellschaft wahrgenommenen Rechte gemäß § 4;
g) die Festlegung der von der Gesellschaft wahrzunehmenden Rechte;
h) die Verwendung der nicht verteilbaren Einnahmen aus den Rechten;
i) die allgemeine Anlagepolitik in Bezug auf die Einnahmen aus den Rechten sowie die Grundsätze des Risikomanagements;
j) die allgemeinen Grundsätze für die Abzüge von den Einnahmen aus den Rechten, einschließlich der allgemeinen Grundsätze für Abzüge zur Deckung der Verwaltungskosten;

k) die Bedingungen, zu denen ein Berechtigter jedermann das Recht einräumen kann, seine Werke oder sonstige Schutzgegenstände für nicht kommerzielle Zwecke zu nutzen;
l) eine Übertragung der in §§ 17 Abs. 2 und § 18 Abs. 2 VGG genannten Befugnisse auf den Aufsichtsrat.

(2) In der Gesellschafterversammlung stehen den Gesellschaftern insgesamt 1 000 000 Stimmen zu. Eine Hälfte dieser Stimmen entfällt auf Gesellschafter der Kurie Sendeunternehmen, die andere Hälfte entfällt auf die Kurie Verleger. Innerhalb einer Kurie ist für die Anzahl der den Gesellschaftern dieser Kurie zustehenden Stimmen das Verhältnis der von diesen Gesellschaftern gehaltenen Geschäftsanteile maßgeblich. Die Anzahl der danach einem Gesellschafter zustehenden Stimmen ist gegebenenfalls auf volle Stimmen abzurunden; in diesem Fall reduziert sich die Gesamtzahl der Stimmen gem. Satz 1.

(3) Bei Beschlüssen gem. Abs. 1 lit. f), die sich ausschließlich auf die Verteilung von Erlösen an Berechtigte einer Kurie beschränken, und bei der Wahl der Aufsichtsratsmitglieder, die gem. § 10 Abs. 2 und Abs. 4 jeweils einer Kurie zuzuordnen sind, sind die Gesellschafter der jeweils anderen Kurie nicht stimmberechtigt.

(4) An der Gesellschafterversammlung können die Delegierten neben den Gesellschaftern mit beratender Stimme teilnehmen. Bei Beschlüssen gem. Abs. 1 Buchstabe d) und f) bis l) wirken die Delegierten stimmberechtigt mit. Jedem Delegierten stehen dabei insgesamt 1,67 % der insgesamt nach Abs. 2 Satz 1 vorgesehenen Stimmen der Gesellschafter (ggf. ohne Reduzierungen nach Abs. 2 Satz 4) zu. Die Anzahl der Stimmen der Delegierten ist gegebenenfalls abzurunden.

(5) Die Gesellschafterversammlung tritt mindestens einmal pro Kalenderjahr zusammen. Eine Gesellschafterversammlung ist darüber hinaus einzuberufen, wenn

a) ein oder mehrere Gesellschafter, deren Geschäftsanteile zusammen mindestens einen Anteil von 10 % des Stammkapitals erreichen, die Einberufung einer Gesellschafterversammlung unter Angabe der Tagesordnung verlangen; dies gesetzlich vorgeschrieben ist oder die Geschäftsführung eine Einberufung sonst für erforderlich hält oder
b) der Aufsichtsrat die Einberufung beschließt.

Das Verlangen gemäß vorstehend lit. a) oder b) ist in Textform (§ 126b BGB) an die Geschäftsführung zu richten. Gesellschafterversammlungen finden am Sitz der Gesellschaft statt, sofern nicht alle Gesellschafter einem anderen Versammlungsort zustimmen.

(6) Die Einladungen zu den Gesellschafterversammlungen erfolgen durch die Geschäftsführung in Textform (§ 126b BGB) mit einer Frist von mindestens zwei Wochen unter Angabe der Tagesordnung sowie Ort und Zeit der Versammlung. Bei der Berechnung der Frist sind der Tag der Versendung und der Tag der Versammlung nicht mit einzurechnen. Maßgeblich für die Einhaltung der Frist ist die Versendung der Einladung, wenn die Einladung (zumindest auch) per Telefax oder E-Mail versandt wird. In dringenden Fällen kann die Frist von der Geschäftsführung angemessen verkürzt werden. Ergänzungen der Tagesordnung sind, soweit kein dringender Fall eine spätere Mitteilung rechtfertigt, spätestens am siebten Tag vor der Versammlung in Textform (§ 126b BGB) mitzuteilen; Satz 3 gilt hierfür entsprechend.

(7) Beschlüsse der Gesellschafterversammlung werden grundsätzlich in Gesellschafterversammlungen gefasst. Soweit eine andere Form der Beschlussfassung nicht gesetzlich zwingend vorgeschrieben ist, können Beschlüsse darüber hinaus auch außerhalb von Versammlungen oder im Wege der kombinierten Beschlussfassung durch mündliche Stimmabgabe, Stimmabgabe in Textform (§ 126b BGB), per Telefon und/oder unter Nutzung sonstiger Mittel der Telekommunikation oder elektronischer Medien gefasst werden, wenn

a) kein Gesellschafter oder Delegierter dieser Art der Beschlussfassung widerspricht oder
b) den Gesellschaftern und Delegierten in Textform (§ 126b BGB) ein bestimmter Beschlussvorschlag angekündigt wurde, die erforderliche Mehrheit bezogen auf die Gesamtheit der bei der Beschlussfassung Stimmberechtigten (in den Fällen des Abs. 4, Satz 2 einschließlich der Delegierten) dem Vorschlag innerhalb von zwei Wochen seit dem Zugang des Beschlussvorschlags zugestimmt und bei der Versendung des Beschlussvorschlags auf die vorstehenden besonderen Voraussetzungen der Beschlussfassung hingewiesen wurde.

Im Falle von vorstehend lit. a) gilt die Teilnahme an der Beschlussfassung als Zustimmung, soweit der Art der Beschlussfassung von dem betreffenden Gesellschafter oder Delegierten nicht zugleich ausdrücklich widersprochen wird; ein Gesellschafter oder Delegierter nimmt für Zwecke dieser Bestimmung auch dann an der Beschlussfassung teil, wenn er sich der Stimme enthält. Für die Erklärung des Widerspruchs ist den nicht an der Beschlussfassung teilnehmenden Gesellschaftern oder Delegierten von der Geschäftsführung eine angemessene Frist zu setzen; der Beschluss wird in diesem Fall erst wirksam, wenn alle nicht an der Beschlussfassung teilnehmenden Gesellschafter und Delegierte zugestimmt oder keiner dieser Gesellschafter oder Delegierten innerhalb der Frist gegenüber der Gesellschaft widersprochen hat.

(8) Beschlüsse der Gesellschafterversammlung bedürfen einer Mehrheit von mehr als 85 % der abgegebenen Stimmen, soweit nicht eine andere Mehrheit gesetzlich zwingend vorgeschrieben oder in diesem Gesellschaftsvertrag ausdrücklich angeordnet ist.

(9) Soweit eine Beschlussfassung gem. Abs. 1 lit. c) oder lit. f) nur Berechtigte einer Kurie betrifft, sind nur die Gesellschafter, die gem. § 3 Abs. 3 der betroffenen Kurie zuzuordnen sind, stimmberechtigt.

(10) Gesellschafter können sich gegenseitig oder die Mitarbeiter von Gesellschaftern zur Teilnahme an der Gesellschafterversammlung und zur Ausübung von Gesellschafterrechten bevollmächtigen, sofern die Vertretung nicht zu einem Interessenkonflikt führt. Ein Interessenkonflikt liegt insbesondere vor, wenn der Vertreter Gesellschafter verschiedener Kurien der Gesellschafterversammlung vertritt. Eine Vollmacht zur Vertretung eines Gesellschafters ist nur wirksam, wenn sie auf die Vertretung des Gesellschafters in einer bestimmten Mitgliederversammlung beschränkt ist. Der Vertreter ist verpflichtet, entsprechend den Anweisungen des Mitglieds abzustimmen, das ihn bestellt hat.

(11) Der Vorsitzende des Aufsichtsrats oder sein Stellvertreter sind berechtigt, an der Gesellschafterversammlung teilzunehmen.

(12) Über sämtliche Gesellschafterbeschlüsse ist – soweit nicht eine notarielle Beurkundung stattzufinden hat – ein schriftliches Protokoll unter Angabe der Beschlussgegenstände zu fertigen und von dem Gesellschafter zu unter-

zeichnen, der die Anfertigung übernommen hat. Den Gesellschaftern, der Geschäftsführung und dem Vorsitzenden des Aufsichtsrats oder seinem Stellvertreter sind unverzüglich Abschriften des Protokolls zu senden. Ein Protokoll gilt als genehmigt, wenn ihm nicht innerhalb von einem Monat nach Zugang schriftlich gegenüber der Gesellschaft widersprochen wird.

(13) Gesellschafter und Delegierte können die Gesellschafterversammlung per Live-Stream verfolgen. Anstelle der Stimmrechtsausübung in der Gesellschafterversammlung können sie ihr Stimmrecht hinsichtlich der in der Tagesordnung angekündigten Wahlvorschläge und Beschlussanträge im Vorfeld der Gesellschafterversammlung im Wege elektronischer Kommunikation ausüben **(„E-Voting").** Die Stimmrechtsausübung per E-Voting ist nicht übertragbar und unwiderruflich.

(14) Voraussetzung für die Stimmrechtsausübung per E-Voting und die Teilnahme per Live-Stream ist, dass der Gesellschafter oder Delegierte die hierfür geltenden Fristen und Authentifizierungsanforderungen einhält. Diese werden vom Aufsichtsrat in einer Geschäftsordnung festgelegt, die dem Gesellschafter mit Erwerb seines Geschäftsanteils und dem Delegierten nach Durchführung seiner Wahl gemäß § 12 zur Verfügung gestellt wird. Gesellschafter, die sich in der Gesellschafterversammlung vertreten lassen oder als Stellvertreter für ein anderes Mitglied an der Gesellschafterversammlung teilnehmen, können ihr Stimmrecht nicht per E-Voting ausüben.

(15) Die Unwirksamkeit von Beschlüssen der Gesellschafterversammlung kann nur im Wege der Klage geltend gemacht werden, die innerhalb von sechs Wochen nach der Beschlussfassung erhoben werden muss. Sie kann nicht gestützt werden

a) auf eine durch technische Störungen hervorgerufene Verletzung von Rechten, die auf elektronischem Wege wahrgenommen wurden, es sei denn, der Gesellschaft ist grobe Fahrlässigkeit oder Vorsatz vorzuwerfen;
b) auf eine Verletzung von Verfahrensvorschriften, soweit sich die Verletzung nicht auf die Beschlussfassung ausgewirkt hat.

§ 10 Aufsichtsrat. (1) Die Gesellschaft hat einen Aufsichtsrat. Er besteht aus insgesamt vierzehn Mitgliedern.

(2) Der Aufsichtsrat setzt sich aus sieben Vertretern der Kurie Sendeunternehmen und sieben Vertretern der Kurie Verleger zusammen.

(3) Die Mitglieder des Aufsichtsrats werden von der Gesellschafterversammlung für die Dauer von vier Jahren ernannt. Bei der Ernennung der Vertreter einer Kurie stimmen die Gesellschafter der anderen Kurie nicht mit.

(4) Von den Mitgliedern des Aufsichtsrats, müssen nach den Berechtigten gem. Abs. 6 Satz 1 sieben Mitglieder der Kurie Sendeunternehmen, hiervon vier Mitglieder dem Bereich des Fernsehens und drei Mitglieder dem Bereich des Hörfunks, und sieben Mitglieder der Kurie Verleger zuzuordnen sein.

(5) Die Gesellschafter wählen für die in Abs. 3 bezeichnete Amtsdauer bis zu vierzehn Ersatzmitglieder, die im Falle des Ausscheidens eines nach Abs. 3 gewählten Mitglieds an dessen Stelle für dessen verbleibende Amtsdauer nachrücken; Abs. 3 und Abs. 4 gelten für die Wahl der Ersatzmitglieder entsprechend.

(6) Mitglieder des Aufsichtsrats und Ersatzmitglieder können nur natürliche Personen werden, die Berechtigte sind oder die gesetzliche Vertreter oder be-

vollmächtigte Mitarbeiter in Festanstellung und mit Leitungsfunktion von Berechtigten oder mit Berechtigten verbundenen Unternehmen i. S. v. § 15 AktG sein. Personen, die in Aufsichts- oder anderen Gremien von Verwertungsgesellschaften oder vergleichbaren Einrichtungen (z. B. ZPÜ) Interessen der berechtigten Unternehmen vertreten, sind von einer Aufsichtsratstätigkeit ausgeschlossen.

(7) Mitglieder des Aufsichtsrats scheiden mit dem Wegfall der Voraussetzungen ihrer Bestellung nach Abs. 6 aus dem Aufsichtsrat aus. An die Stelle der ausgeschiedenen Mitglieder treten für die verbleibende Amtszeit der ausgeschiedenen Mitglieder die entsprechenden Ersatzmitglieder, mehrere Ersatzmitglieder einer Kategorie sind in der Reihenfolge nach den Abstimmungsergebnissen bei ihrer Wahl zur Ausübung des Amtes zu berufen.

(8) Der Aufsichtsrat beschließt über:

a) die Wahl und Abberufung der Geschäftsführer sowie über Abschluss, Änderung, Aufhebung und Kündigung der Anstellungsverträge mit den Geschäftsführern;
b) die Wahrnehmungsbedingungen im Sinne von § 9 Satz 2 VGG;
c) die Tarife im Sinne von §§ 38 bis 40 VGG;
d) Beschwerden nach § 5 Abs. 4;
e) zustimmungsbedürftige Geschäftsführungsmaßnahmen gemäß § 8 Abs. 3;
f) die jährliche Rahmenplanung der Gesellschaft **(„Budget“).**

§ 11 Sitzungen des Aufsichtsrats. (1) Der Aufsichtsrat tritt mindestens zweimal jährlich zu einer Sitzung zusammen; darüber hinaus tritt er dann zusammen, wenn die Mehrheit seiner Mitglieder oder sein Vorsitzender oder sein Stellvertreter oder die Gesellschafterversammlung dies beantragen. Aufsichtsratssitzungen finden am Sitz der Gesellschaft statt, sofern nicht alle Mitglieder des Aufsichtsrats einem anderen Sitzungsort zustimmen. Die Geschäftsführer sollen an den Sitzungen des Aufsichtsrats teilnehmen.

(2) Die Einladungen zu den Sitzungen des Aufsichtsrats erfolgen in Textform (§ 126b BGB) durch die Geschäftsführung mit einer Frist von mindestens zwei Wochen unter Angabe derTagesordnung sowie Ort und Zeit der Sitzung. Bei der Berechnung der Frist sind der Tag der Versendung und der Tag der Sitzung nicht mit einzurechnen. Maßgeblich für die Einhaltung der Frist ist die Versendung der Einladung, wenn sie (zumindest auch) per Telefax oder E-Mail versandt wird. In dringenden Fällen kann die Frist von der Geschäftsführung angemessen verkürzt werden. Ergänzungen der Tagesordnung sind, soweit kein dringender Fall eine spätere Mitteilung rechtfertigt, spätestens am fünften Tag vor der Sitzung in Textform (§ 126b BGB) mitzuteilen; Satz 3 gilt hierfür entsprechend.

(3) Soweit nachfolgend in Abs. 5 und Abs. 6 nicht abweichend geregelt, ist der Aufsichtsrat beschlussfähig, wenn mehr als die Hälfte seiner Mitglieder und mindestens vier Mitglieder aus beiden Kurien anwesend sind oder gemäß Abs. 7 sonst an der Beschlussfassung teilnehmen.

(4) Beschlüsse des Aufsichtsrats werden, soweit nicht ausdrücklich anders geregelt, mit einer Mehrheit von mindestens 75 % der abgegebenen Stimmen gefasst, soweit aus jeder Kurie des Aufsichtsrats mindestens drei Mitglieder dem Beschlussvorschlag zugestimmt haben. Jedes Mitglied des Aufsichtsrats hat eine Stimme.

(5) Beschlüsse des Aufsichtsrats, die nur die Kurie Verleger oder der Sendeunternehmen und innerhalb der Kurie Sendeunternehmen nur den Bereich des Hörfunks oder des Fernsehens betreffen (Verteilungspläne und Tarife), können nur unter Teilnahme aller Mitglieder des Aufsichtsrats der jeweiligen Kurie bzw. des jeweiligen Bereichs und allein mit der Mehrheit der abgegebenen Stimmen dieser Mitglieder gefasst werden. Für Zwecke der Präsenzfeststellung nehmen Mitglieder des Aufsichtsrats auch dann an der Beschlussfassung teil, wenn sie sich der Stimme enthalten.

(6) Ist der Aufsichtsrat für einen in der Tagesordnung vorgesehenen Beschluss gemäß vorstehendem Abs. 5 nicht beschlussfähig, weil trotz ordnungsgemäßer Ladung nicht alle für die Beschlussfassung nach Abs. 5 erforderlichen Mitglieder des Aufsichtsrats bzw. der Bereiche des Hörfunks und des Fernsehens teilnehmen, so kann abweichend von der Regelung des Abs. 5 ineiner erneut einberufenen Sitzung des Aufsichtsrats, mit denselben Tagesordnungspunkten Beschlüsse, zu solchen Tagesordnungspunkten unabhängig von der Anzahl der an der Beschlussfassung teilnehmenden Mitglieder des Aufsichtsrats gefasst werden, sofern hierauf in der Ladung hingewiesen wird. Die Mehrheitserfordernisse gemäß vorstehendem Abs. 5 gelten auch für die Beschlussfassung in dieser erneut einberufenen Sitzung.

(7) Beschlüsse des Aufsichtsrats können auch außerhalb von Sitzungen (oder im Wege der kombinierten Beschlussfassung) durch Stimmabgabe in Textform (§ 126 b BGB) gefasst werden, wenn

a) kein Mitglied des Aufsichtsrats dieser Art der Beschlussfassung widerspricht oder
b) den Mitgliedern des Aufsichtsrats in Textform (§ 126b BGB) ein bestimmter Beschlussvorschlag angekündigt wurde, mit dem Hinweis, dass der Beschluss zustande kommt, wenn die erforderliche Mehrheit bezogen auf die Gesamtheit der bei der Beschlussfassung stimmberechtigten Mitglieder

des Aufsichtsrats dem Vorschlag innerhalb von zwei Wochen seit dem Zugang des Beschlussvorschlags zustimmt.

Im Falle von vorstehend lit. a) gilt die Teilnahme an der Beschlussfassung als Zustimmung, soweit der Art der Beschlussfassung von dem betreffenden Mitglied des Aufsichtsrats nicht zugleich ausdrücklich widersprochen wird; ein Mitglied des Aufsichtsrats nimmt für Zwecke dieser Bestimmung auch dann an der Beschlussfassung teil, wenn es sich der Stimme enthält. Für die Erklärung des Widerspruchs ist den nicht an der Beschlussfassung teilnehmenden Mitgliedern des Aufsichtsrats vom Vorsitzenden des Aufsichtsrats eine angemessene Frist zu setzen; der Beschluss wird in diesem Fall erst wirksam, wenn alle nicht an der Beschlussfassung teilnehmenden Mitglieder des Aufsichtsrats zugestimmt oder keines dieser Mitglieder des Aufsichtsrats innerhalb dieser Frist gegenüber dem Vorsitzenden widersprochen hat.

(8) Der Aufsichtsrat wählt für die Dauer seiner Amtszeit aus seiner Mitte einen Vorsitzenden und drei Stellvertreter. Je ein Stellvertreter muss nach den gem. § 10 Abs. 4 maßgeblichen Wahrnehmungsverträgen den Verlegern, den Fernsehsendern und den Hörfunksendern zuzuordnen sein. Wiederwahl ist zulässig. Die Stellvertreter nehmen die Aufgaben des Vorsitzenden wahr, sofern dieser verhindert ist; ist eine Reihenfolge der Stellvertreter bei der Wahl nicht festgelegt, sind hierzu sämtliche Stellvertreter je einzeln berechtigt.

(9) Mitglieder des Aufsichtsrats könnensich gegenseitig schriftlichzur Vertretung in Sitzungen des Aufsichtsrats bevollmächtigen.

(10) Der Aufsichtsrat kann auf Wunschder Mehrheit seiner Mitglieder sachkundige Personen zu einzelnen Sitzungen beratend hinzuziehen.

(11) Über die Verhandlungen und Beschlüsse des Aufsichtsrats ist einschriftliches Protokoll anzufertigen, das von dem Vorsitzenden oder dem die Sitzung leitenden Stellvertreter zu unterzeichnen ist. Die Hinzuziehung eines nicht zum Aufsichtsrat gehörenden Protokollführers ist zulässig. Der Geschäftsführung ist eine unterzeichnete Abschrift des Protokolls unverzüglich zuzusenden. Ein Protokoll gilt als genehmigt, wenn ihm nicht innerhalb von einem Monat nach Absendung von einem Mitglied des Aufsichtsrats schriftlich widersprochen wird.

§ 12 Berechtigtenversammlung und Wahl der Delegierten. (1) Die Berechtigtenversammlung setzt sich aus sämtlichen Berechtigten zusammen. Sie ist alle zwei Jahre durch die Geschäftsführung mit einer Frist von mindestens fünf Wochen schriftlich unter Angabe der Tagesordnung einzuberufen. Die Frist beginnt mit dem Tag der Aufgabe der Einladung zur Post. Der Tag des Fristbeginns und der Tag der Versammlung sind bei der Fristberechnung nicht mitzurechnen. Für die Wirksamkeit der Einberufung genügt die Aufgabe zur Post unter der zuletzt vom jeweiligen Berechtigten mitgeteilten Adresse.

(2) Eine außerordentliche Versammlung der Berechtigten ist von der Geschäftsführung einzuberufen, wenn 25% der Berechtigten oder ein Aufsichtsratsmitglied dies schriftlich verlangt. Diese Versammlung muss spätestens am 90. Tage nach Zugang des Einberufungsverlangens stattfinden. Die Versammlung der Berechtigten kann mit qualifizierter Mehrheit von 75 % der abgegebenen Stimmen Anträge zu Beschlüssen des Aufsichtsrats gemäß § 10 Abs. 8 lit. c) und d) stellen, mit denen sich der Aufsichtsrat im Rahmen seiner nächsten Sitzung zu befassen hat. Die außerordentliche Versammlung der Berechtigten hat auch das Recht, Delegierte oder Ersatzdelegierte ab- und/oder neu zu wählen.

(3) Die Berechtigtenversammlung wählt jeweils getrennt in der Kurie Verleger und in der Kurie Sendeunternehmen alle vier Jahre jeweils drei Delegierte und ebenso viele Ersatzdelegierte für die Mitwirkung in der Gesellschafterversammlung. Von den von der Kurie Sendeunternehmen zu wählenden Delegierten und Ersatzdelegierte müssen jeweils zwei dem Bereich des Fernsehens und einer dem Bereich des Hörfunks zuzuordnen sein.

(4) ktiv wahlberechtigt sind alle Berechtigten. Ein Berechtigter kann das Wahlrecht in jeder Kurie ausüben, der er nach dem von ihm abgeschlossenen Wahrnehmungsverträgen mit der Gesellschaft zuzuordnen ist. Jeder Berechtigte hat so viele Stimmen in einer Kurie wie er Wahrnehmungsverträge mit der Gesellschaft geschlossen hat, die dieser Kurie zuzuordnen sind.

(5) Passiv wahlberechtigt sind Personen, die die Voraussetzungen nach § 10 Abs. 6 erfüllen, jeweils in den Kurien, in denen sie auch das aktive Wahlrecht ausüben können.

(6) Die Geschäftsführung bestimmt den Wahlleiter, der die Wahl der Delegierten und Ersatzdelegierten leitet.

(7) Berechtigte können sich in der Berechtigtenversammlung auf der Grundlage einer schriftlich erteilten Vollmacht vertretenlassen.

(8) Die Delegierten werden in den jeweiligen Kurien nach Aufruf durch den Wahlleiter und Nennung der Kandidaten gewählt. Gewählt ist, wer die meisten Stimmen erhält (relative Mehrheit). Bei Stimmengleichheit findet eine Stichwahl statt, bei erneuter Stimmengleichheit entscheidet das vom Wahlleiter gezogene Los. Die Wahl kann in einem Wahlgang zusammengefasst werden, wobei jeder Wahlberechtigte nur so viele Stimmen hat, wie insgesamt Delegierte zu wählen sind, pro Kandidat aber nur eine Stimme abgeben darf. Gewählt sind dann die Kandidaten mit den meisten Stimmen. Die Wahlen der Ersatzdelegierten folgen den Regeln für die Wahlen der Delegierten.

(9) Das Wahlergebnis wird durch den Wahlleiter bekannt gegeben. Die Wahl muss durch den Gewählten angenommen werden. Soweit Gewählte die Wahl nicht annehmen, werden im Verfahren gemäß Abs. 8 Nachwahlen in der Kurie durchgeführt.

(10) Das Amt eines Delegierten endet mit dem Ende der Wahlperiode, mit dem Wegfall der Voraussetzungen gemäß Abs. 5 oder der Niederlegung. Bei vorzeitiger Beendigung des Amts tritt an seine Stelle ein Ersatzdelegierter, der für diesen Delegierten gewählt wurde. Treten mehrere Ersatzdelegierte ein, sind sie in der Reihenfolge der von ihnen erzielten Wahlergebnisse zur Übernahme eines Delegiertenamtes berufen.

(11) Die Gesellschafterversammlung kann zur Durchführung der Wahl ergänzende, insbesondere organisatorische Regelungen in einer Wahlordnung treffen.

§ 13 Jahresabschluss. (1) Der Jahresabschluss – mit Anhang und Lagebericht – sowie die Gewinn- und Verlustrechnung sind von den Geschäftsführern innerhalb der gesetzlichen Fristen aufzustellen und von sämtlichen Geschäftsführern zu unterschreiben.

(2) Der Jahresabschluss ist von einem Abschlussprüfer zu prüfen. Über die Prüfung muss ein schriftlicher Bericht erstattet werden, der einen Bestätigungsvermerk enthält, der sich auch auf die Anforderungen nach § 57 Abs. 2 VGG bezieht. Der Jahresabschluss ist gemäß § 57 Abs. 1 VGG zu veröffentlichen.

(3) Wird der Jahresabschluss nachträglich geändert oder berichtigt, insbesondere aufgrund einer Betriebsprüfung durch das zuständige Finanzamt, so ist der geänderte oder berichtigte Jahresabschluss maßgebend.

(4) Sollte sich bei der Abwicklung mit dem zuständigen Finanzamt ergeben, dass Leistungen der Gesellschaft an die Gesellschafter als verdeckte Gewinnausschüttungen festgestellt werden, verpflichtet sich der jeweils betroffene Gesellschafter, die entsprechenden Beträge an die Gesellschaft unverzüglich zurückzuzahlen.

§ 14 Dauer der Gesellschaft. (1) Die Gesellschaft besteht auf unbestimmte Zeit. Sie kann unter Wahrungeiner Kündigungsfrist von sechs Monaten zum Ende eines jeden Geschäftsjahres mittels eingeschriebenen Briefes an die Gesellschaft gekündigt werden.

(2) Kündigt ein Gesellschafter die Gesellschaft, so haben die übrigen Gesellschafter das Recht, die Fortsetzung der Gesellschaft mit einfacher Mehrheit zu beschließen. In diesem Falle ist der kündigende Gesellschafter verpflichtet, seinen Geschäftsanteil auf die Gesellschaft oder einen von ihr bestimmten Gesellschafter oder eine von ihr bestimmte dritte Person zu übertragen; die Gegenleistung bestimmt sich nach § 16. Wird der Fortsetzungsbeschluss gemäß Satz 1 nicht gefasst, so sind die Gesellschafter verpflichtet, die Liquidation der Gesellschaft zu beschließen.

§ 15 Einziehung von Geschäftsanteilen. (1) Ein Geschäftsanteil kann, wenn die Stammeinlagen voll eingezahlt sind, mit Zustimmung des betroffenen Gesellschafters eingezogen werden. Die Einziehung wird mit Zugang des Einziehungsbeschlusses an den Gesellschafter wirksam.

(2) Die Einziehung von Geschäftsanteilen ist auch ohne Zustimmung des betroffenen Gesellschafters (Zwangsamortisation) statthaft,wenn

a) über das Vermögen eines Gesellschafters die Eröffnung des Insolvenzverfahrens durch den betreffenden Gesellschafter beantragt ist oder das Insolvenzverfahren eröffnet oder die Eröffnung des Insolvenzverfahrens mangels Masse abgelehnt wird;
b) der Geschäftsanteil eines Gesellschafters aufgrund eines nicht nur vorläufig vollstreckbaren Titels gepfändet und die Pfändung nicht binnen einer Frist von sechs Wochen aufgehoben wird;
c) der Gesellschafter der Gesellschaft nicht in wesentlichem Umfang Urheber- und Leistungsschutzrechte zur Wahrnehmung überträgt oder nicht Berechtigter der Gesellschaft ist (z. B. durch Kündigung);
d) ein Gesellschafter nicht mehr die Voraussetzungen für die Gesellschafterstellung gem. § 5 Abs. 2 erfüllt;
e) ein wichtiger Grund vorliegt, insbesondere ein Gesellschafter seine Gesellschafterpflichten nachhaltig und grob verletzt.

(3) Die Einziehung erfolgt gegen Entgelt. Die Höhe des Entgelts bestimmt sich nach § 17.

(4) Die Einziehung geschieht durch Beschluss der Gesellschafter; der betroffene Gesellschafter darf nicht mitstimmen. Besteht die Gesellschaft nur aus zwei Gesellschaftern, so erfolgt die Einziehung durch Erklärung gegenüber dem betroffenen Gesellschafter.

§ 16 Ausschließung eines Gesellschafters. (1) Unter den Voraussetzungen, unter denen nach § 15 Abs. 2 die Einziehung von Geschäftsanteilen zulässig ist, kann der betroffene Gesellschafter durch Gesellschafterbeschluss aus der Gesellschaft ausgeschlossen werden. Er ist dann verpflichtet, nach Wahl der Gesellschaft seinen Anteil ganz oder geteilt an die Gesellschaft selbst, an einen oder mehrere Gesellschafter oder an einen von der Gesellschaft zu benennenden Dritten abzutreten.

(2) Bei einer Abstimmung gemäß Abs. 1 darf der betroffene Gesellschafter nicht mitstimmen.

(3) Für die Höhe der Gegenleistung gilt § 17.

§ 17 Bewertung von Geschäftsanteilen. (1) In allen Fällen, in denen ein Gesellschafter durch Kündigung, Einziehung oder Ausschluss aus der Gesellschaft ausscheidet, erhält er für seinen Geschäftsanteil eine Abfindung. Die Höhe der Abfindung ist im Hinblick auf die treuhänderische Tätigkeit der Gesellschaft für die Berechtigten auf den Betrag des anteiligen Eigenkapitals des ausscheidenden Gesellschafters begrenzt.

(2) Soweit ein Gesellschafter (ausgeschiedener Gesellschafter) aufgrund der Bestimmungen dieses Vertrages eine Gegenleistung für die Übertragung seines Geschäftsanteiles verlangen kann, steht ihm diese Gegenleistung – wenn nichts Abweichendes vereinbart wird und soweit dem nicht zwingende gesetzliche Bestimmungen entgegenstehen – nur in drei gleichen Raten zu, wobei die erste Rate einen Monat nach Feststehen der Gegenleistung fällig wird, die zweite Rate ein Jahr später und die dritte Rate zwei Jahre später. Die Gegenleistung ist vom Zeitpunkt ihrer Fälligkeit mit 2% über 3-Monats-EURIBOR zu verzinsen. Der zur Erbringung der Gegenleistung Verpflichtete ist jederzeit berechtigt, die Gegenleistung ganz oder teilweise vorzeitig zu zahlen.

§ 18 Schlussbestimmungen. (1) Alle das Gesellschaftsverhältnis betreffenden Vereinbarungen der Gesellschafter untereinander und mit der Gesellschaft bedürfen der Schriftform, soweit nicht im Gesetz die notarielle Beurkundung vorgesehen ist.

(2) Sollten einzelne Bestimmungen dieses Vertrages ungültig sein, so bleibt der Vertrag im Übrigen gleichwohl gültig. In einem solchen Falle ist die ungültige Bestimmung durch Beschluss der Gesellschafterversammlung durch eine wirksame Bestimmung zu ersetzen, die dem mit der ungültigen Bestimmung beabsichtigten wirtschaftlichen Zweck möglichst nahekommt. Dasselbe soll dann gelten, wenn bei Durchführung des Vertrages eine ergänzungspflichtige Lücke offenbar wird.

§ 19 Bekanntmachungen. Vorbehaltlich anderer gesetzlicher Bestimmungen erfolgen Bekanntmachungen der Gesellschaft nur im Bundesanzeiger.

24g. TWF/Treuhandgesellschaft Werbefilm mbH

Satzung

vom Dezember 2016

§ 1 Firma, Sitz, Geschäftsjahr. (1) Die Firma der Gesellschaft lautet:

TWF Treuhandgesellschaft Werbefilm mbH

(2) Der Sitz der Gesellschaft ist München.

(3) Das Geschäftsjahr ist das Kalenderjahr.

§ 1a Stammkapital. Das Stammkapital der Gesellschaft beträgt 25 000,00 Euro.

§ 2 Gegenstand. (1) Der Gegenstand des Unternehmens ist die treuhänderische Wahrnehmung von Rechten und Ansprüchen, die sich für Filmhersteller (im Sinn der §§ 94, 95 UrhG), Urheber und sonstige Leistungsschutzberechtigte von Werbefilmen und anderen Werken der Werbung aus dem Urheberrecht ergeben, sowie die Verteilung der erzielten Einnahmen unter den Berechtigten. Die Gesellschafterversammlung entscheidet unter Beachtung des § 9 VGG gemäß § 10 Abs. 2m) dieses Gesellschaftsvertrages über den genauen Umfang der zum Tätigkeitsbereich der Gesellschaft gehörenden Rechte.

(2) Die Gesellschaft unterteilt ihre Berechtigten in die folgenden Kategorien von Rechten (nachfolgend „Rechtekategorie"):

A) Leistungsschutzrechte der Werbefilmproduzenten

B) Sonstige Urheber- und Leistungsschutzrechte für Werbefilme

(3) Die Gesellschaft ist eine Verwertungsgesellschaft nach § 2 VGG. Sie beabsichtigt nicht die Erzielung von Gewinnen.

(4) Die Gesellschaft ist berechtigt, Tochtergesellschaften zu gründen oder zu erwerben sowie Zweigniederlassungen zu gründen.

(5) Rechteinhaber, deren Rechte von der Gesellschaft wahrgenommen werden, können Rechte ihrer Wahl für Gebiete ihrer Wahl durch die Gesellschaft wahrnehmen lassen sofern keine objektiven Gründe entgegenstehen. Hierüber schließen Gesellschaft und Rechteinhaber einen Wahrnehmungsvertrag ab, welcher der Textform bedarf. Im Berechtigungsvertrag können auch Bedingungen für die Nutzung von nichtkommerziellen Zwecke geregelt werden.

§ 3 Organe. Organe der Gesellschaft sind

a) die Gesellschafterversammlung,

b) die Geschäftsführung,

c) die Delegierten,

d) der Aufsichtsrat

Anschrift: Thomas-Wimmer-Ring 9, 80539 München. – Internet: www.twf-gmbh.de.

§ 4 Geschäftsführung. (1) Die Gesellschaft hat einen oder mehrere Geschäftsführer. Ist nur ein Geschäftsführer vorhanden, vertritt er die Gesellschaft allein. Sind mehrere Geschäftsführer vorhanden, so wird die Gesellschaft durch zwei Geschäftsführer gemeinsam oder durch einen Geschäftsführer in Gemeinschaft mit einem Prokuristen vertreten.

(2) Die Gesellschafterversammlung kann jederzeit jedem Geschäftsführer Einzelvertretungsbefugnis erteilen. Sie kann weiter jedem Geschäftsführer Befreiung von den Beschränkungen des § 181 BGB erteilen. Diese Regelungen gelten auch für jeden Liquidator.

(3) Die Gesellschafterversammlung kann eine Geschäftsordnung beschließen, die die Vornahme bestimmter Rechtsgeschäfte im Innenverhältnis von der Zustimmung der Gesellschafterversammlung abhängig macht.

(4) Die Geschäftsführer sind verpflichtet, ihre Tätigkeit solide, umsichtig und angemessen zu erfüllen (§ 21 Abs. 1 VGG). Sofern ein Geschäftsführer gleichzeitig auch Berechtigter ist, sind Interessenskonflikte zu vermeiden, indem dieser an keinen Beschlussfassungen mitwirken darf, die seine Interessen als Berechtigter tangieren. Unvermeidbare Interessenskonflikte sind offenzulegen. Die Gesellschafterversammlung kann hierzu nähere Bestimmungen treffen.

§ 5 Neuaufnahme von Gesellschaftern, Belastung und Übertragung von Geschäftsanteilen. (1) Rechtsinhaber im Sinn des § 2 Abs. 1 des Gesellschaftsvertrages, die mit der Gesellschaft auf gesetzlicher oder vertraglicher Grundlage in einem unmittelbaren Wahrnehmungsverhältnis stehen, sowie Einrichtungen, die solche Rechtsinhaber vertreten, werden auf schriftlichen Antrag als Gesellschafter in die Gesellschaft aufgenommen, wenn sie die nachfolgenden Anforderungen erfüllt:

a) Der Umfang der Ansprüche der von dem Rechtsinhaber bzw. der Einrichtung vertretenen Rechtsinhaber an dem Aufkommen der Gesellschaft ist maßgeblich und beträgt mindestens 15 Prozent der im Geschäftsjahr vor der Antragstellung auf die Rechtekategorie des Rechtsinhabers bzw. der Einrichtung entfallenden Gesamteinnahmen der Gesellschaft; und

b) der Rechtsinhaber bzw. die Einrichtung ist in der Lage, die Art und den Umfang der Ansprüche gegen die Gesellschaft der von ihm bzw. ihr vertretenen Rechtsinhaber zweifelsfrei nachzuweisen

(2) Die Aufnahme weiterer Gesellschafter bedarf der Zustimmung aller Gesellschafter. Liegen die Voraussetzungen des Absatz 1 Satz 1 vor, dann sind die Gesellschafter verpflichtet, der Aufnahme des neu aufzunehmenden Gesellschafters zuzustimmen. Sofern die Gesellschafter nichts Abweichendes beschließen, ist die Aufnahme weiterer Gesellschafter nur möglich mit Wirkung zu Beginn eines Geschäftsjahres.

(3) Die Neuaufnahme eines Gesellschafters erfolgt im Wege der Kapitalerhöhung. Der durch die Kapitalerhöhung zu bildende Anteil ist im Verhältnis der bestehenden Gesellschaftern so zu bemessen, dass er nach der Kapitalerhöhung dem Anteil des Neugesellschafters am Gesamtaufkommen der Gesellschaft zum Zeitpunkt des Aufnahmeantrages entspricht. Fällt eine Voraussetzung des Abs. 1) a) bis b) weg, kann der Anteil eingezogen werden. Die Kosten der Kapitalerhöhung trägt der hinzutretende Gesellschafter.

(4) Ein Gesellschafter kann seine Beteiligung an der Gesellschaft nur abtreten, sie belasten oder sonst über sie verfügen, wenn alle übrigen Gesellschafter dem vorher zugestimmt haben.

§ 6 Erbfolge. Die Gesellschaft wird mit Erben oder Vermächtnisnehmern eines Gesellschafters nicht fortgesetzt. Stirbt ein Gesellschafter, beschließen die übrigen Gesellschafter mit 75% der abgegebenen Stimmen darüber, ob der Geschäftsanteil des verstorbenen Gesellschafters eingezogen wird oder an die Gesellschaft abzutreten ist. Bei dieser Beschlussfassung haben die Erben oder Vermächtnisnehmer des verstorbenen Gesellschafters kein Stimmrecht. § 7 letzter Satz gilt entsprechend.

§ 7 Einziehung. (1) Die Einziehung von Geschäftsanteilen ist zulässig. Soweit hierbei das Rückzahlungsverbot von Stammeinlagen betroffen wird, müssen die übrigen Gesellschafter die erforderlichen Mittel im Verhältnis ihrer Geschäftsanteile aufbringen.

(2) In folgenden Fällen können die übrigen Gesellschafter auch gegen den Willen des betroffenen Gesellschafters die Einziehung beschließen:

c) Wenn ein Gesellschafter in der Weise gegen diese Satzung oder seine Treuepflichten verstößt, dass bei einer Personengesellschaft sein Ausschluss nach § 140 HGB verlangt werden könnte.
d) Wenn über das Vermögen eines Gesellschafters das Insolvenzverfahren eröffnet wird oder der Gesellschafter die Richtigkeit seines Vermögensverzeichnisses an Eides statt zu versichern hat.
e) Wenn in den Geschäftsanteil irgendwelche Zwangsvollstreckungsmaßnahmen betrieben werden, es sei denn, es gelingt dem betroffenen Gesellschafter binnen einem Monat, diese Maßnahmen wieder aufzuheben.
f) Wenn ein Gesellschafter gemäß § 8 der Satzung kündigt.
g) Wenn ein Gesellschafter stirbt (vgl. § 6 der Satzung).

(3) In allen vorstehenden Fällen kann auch beschlossen werden, dass der betroffene Gesellschafter seinen Geschäftsanteil auf die Gesellschaft oder auf eine oder mehrere Personen zu übertragen hat. Der betroffene Gesellschafter hat in allen Fällen kein Stimmrecht. Die Einziehung wird mit Bekanntgabe des Einziehungsbeschlusses an den betroffenen Gesellschafter wirksam. Vom Zeitpunkt des Zugangs des Einziehungsverlangens bis zum Wirksamwerden des Einziehungsbeschlusses ruhen die Gesellschafterrechte, insbesondere das Stimmrecht des betroffenen Gesellschafters.

§ 8 Kündigung. Jeder Gesellschafter kann seine Beteiligung mit einer Frist von sechs Monaten zum Ende eines Geschäftsjahres kündigen. Die Kündigung muss schriftlich gegenüber allen übrigen Gesellschaftern erfolgen. Nach rechtswirksamer Kündigung können die Gesellschafter einen Beschluss gemäß § 7 der Satzung fassen. Wird bis zum Ablauf der Kündigungsfrist ein solcher Beschluss dem kündigenden Gesellschafter nicht mitgeteilt, so entfallen mit Beginn des neuen Geschäftsjahres für den kündigenden Gesellschafter alle in dieser Satzung festgelegten Verfügungsbeschränkungen.

§ 9 Abfindung. In allen Fällen, in denen ein Gesellschafter seinen Geschäftsanteil durch Beschluss der übrigen Gesellschafter verliert, hat er Anspruch auf eine Abfindung. Die Höhe der Abfindung entspricht der Höhe des bei Erwerb bezahlten Kaufpreises der übernommenen Einlage. Die sich so ergebende Abfindung ist in drei gleichen Jahresraten jeweils am 31. Dezember eines jeden Jahres auszuzahlen. Die erste Zahlung erfolgt am Ende des auf den Ausscheidungsstichtag folgenden Jahres. Vorzeitige Zahlungen können jederzeit erbracht, aber nicht verlangt werden. Nicht ausbezahlte Beträge sind mit 2% – zwei von Hundert – über dem jeweiligen Basiszinssatz jährlich zu verzinsen.

§ 10 Gesellschafterversammlung. (1) Oberstes Organ der Gesellschaft ist die Gesellschafterversammlung.

(2) Die Gesellschafterversammlung beschließt insbesondere über:
a) die Satzung der Verwertungsgesellschaft;
b) den jährlichen Transparenzbericht;
c) Zusammenschlüsse und Bündnisse unter Beteiligung der Gesellschaft, die Gründung von Tochtergesellschaften, die Übernahme anderer Organisationen und den Erwerb von Anteilen oder Rechten an anderen Organisationen durch die Gesellschaft;
d) die Verteilungspläne;
e) die Verwendung der nicht verteilbaren Einnahmen aus den Rechten;
f) die allgemeine Anlagepolitik in Bezug auf die Einnahmen aus den Rechten;
g) die allgemeinen Grundsätze für die Abzüge von den Einnahmen aus den Rechten, einschließlich der allgemeinen Grundsätze für Abzüge zur Deckung der Verwaltungskosten und gegebenenfalls der Abzüge für die Förderung kulturell bedeutender Werke und Leistungen und für die Einrichtung und den Betrieb von Vorsorge- und Unterstützungseinrichtungen;
h) den Erwerb, den Verkauf und die Beleihung unbeweglicher Sachen;
i) die Aufnahme und die Vergabe von Darlehen sowie die Stellung von Darlehenssicherheiten;
j) den Abschluss, den Inhalt und die Beendigung von Repräsentationsvereinbarungen;
k) die Wahrnehmungsbedingungen;
l) die Tarife;
m) die zum Tätigkeitsbereich gehörenden Rechte;
n) die Bedingungen, zu denen der Berechtigte jedermann das Recht einräumen kann, seine Werke oder sonstige Schutzgegenstände für nicht kommerzielle Zwecke zu nutzen;
o) die Ernennung und Entlassung sowie die Vergütung und sonstige Leistungen der Geschäftsführer;
p) die Ernennung und Entlassung sowie die Vergütung und sonstige Leistungen des Aufsichtsrats.

(3) Beschlüsse der Gesellschafterversammlung werden in den Gesellschafterversammlungen gefasst. Die Gesellschafterbeschlüsse können auch außerhalb von Gesellschafterversammlungen, insbesondere schriftlich, fernmündlich oder per E-Mail, gefasst werden, wenn alle Gesellschafter und, soweit sie gemäß § 11 Abs. 2 an den jeweiligen Beschlüssen stimmberechtigt sind, Delegierte an der Beschlussfassung teilnehmen, kein Gesellschafter oder stimmberechtigter Delegierter dem jeweiligen Verfahren widerspricht und nicht zwingendes Recht eine andere Form vorschreibt.

(4) Die Gesellschafterversammlung tritt mindestens einmal jährlich zusammen, darüber hinaus dann, wenn die Mehrheit der Gesellschafter, ein Delegierter oder die Geschäftsführung eine Einberufung für erforderlich hält.

(5) Gesellschafterversammlungen berufen die Geschäftsführer ein. Jeder Geschäftsführer ist allein einberufungsberechtigt. Die Einladungen zu den Gesell-

schafterversammlungen erfolgen schriftlich oder in Textform mit einer Frist von mindestens zwei Wochen unter Angabe der Tagesordnung. Die Frist beginnt mit der Absendung der Einladung.

(6) Jeder Gesellschafter ist zur Teilnahme an der Gesellschafterversammlung berechtigt. Die Gesellschafterversammlung ist beschlussfähig, wenn mindesten 50% des Stammkapitals vertreten ist oder in einer anderen unter Absatz 10 geregelten Art und Weise an der Abstimmung teilnimmt. Die Anwesenheit der Delegierten ist für die Beschlussfähigkeit unerheblich. Ist die Versammlung beschlussunfähig, so ist mit einer Frist von einer Woche eine neue Versammlung einzuberufen, die für die Gegenstände der Tagesordnung der beschlussunfähigen Versammlung in jedem Fall beschlussfähig ist. Darauf ist in der Ladung ausdrücklich hinzuweisen.

(7) Beschlüsse werden mit einfacher Mehrheit der abgegebenen Stimmen gefasst, soweit nichts anderes gesetzlich bestimmt ist. Beschlüsse über folgende Angelegenheiten bedürfen der $^{3}/_{4}$-Mehrheit, soweit nichts Anderes gesetzlich oder in dieser Satzung bestimmt ist:

a) Änderung der Satzung;
b) Auflösung der Gesellschaft;
c) Aufnahme weiterer Gesellschafter und Veräußerung von Geschäftsanteilen an andere als Mitgesellschafter;
d) Kapitalerhöhung und -herabsetzung.

Abgestimmt wird nach Geschäftsanteilen. Je 100 € eines Geschäftsanteiles gewähren eine Stimme.

(8) Jeder Gesellschafter kann sein Stimmrecht nur einheitlich ausüben. Gesellschafter, die sich der Stimme enthalten oder gesetzlich vom Stimmrecht ausgeschlossen sind (§ 47 Abs. 4 GmbHG), werden nicht erschienenen Gesellschaftern gleichgestellt.

(9) Eine Anfechtung von Beschlüssen der Gesellschafterversammlung kann nicht gestützt werden auf eine durch eine technische oder organisatorische Störung verursachte Verletzung von Rechten des elektronischen Zugangs oder der elektronischen Abstimmung, es sei denn, der Gesellschaft ist grobe Fahrlässigkeit oder Vorsatz nachzuweisen.

(10) Gesellschafter können sich gegenseitig oder einen Dritten schriftlich zur Vertretung in einer bestimmten Gesellschafterversammlung bevollmächtigen. Der Gesellschafter stellt sicher, dass seine Vertretung nicht zu einem Interessenkonflikt führt (§ 19 Absatz 4 Satz 1 VGG) und entsprechend eventuellen Weisungen erfolgt (§ 19 Absatz 4 Satz 4 VGG). Mit der Einladung wird auf diese Pflicht des Mitglieds hingewiesen.

(11) Sofern ein Gesellschafter von der Bevollmächtigung absehen will, selbst aber an der Teilnahme verhindert ist, ist er berechtigt, auf elektronischem Wege z. B. per Videokonferenz an der Gesellschafterversammlung teilzunehmen und abzustimmen, sofern er dies mindestens 14 Tage vor der Gesellschafterversammlung schriftlich verlangt.

(12) Die Geschäftsführer der Gesellschaft haben ein Recht an den Gesellschafterversammlungen teilzunehmen.

(13) Die Delegierten sind berechtigt, an den Sitzungen der Gesellschafterversammlung teilzunehmen; dies gilt auch für Sitzungen, bei denen keine Beschlüsse im Sinn des § 11 Abs. 2 gefasst werden. Sie erhalten in jedem Fall Abschriften der Sitzungsprotokolle und Gesellschafterbeschlüsse.

§ 11 Delegierte. (1) Die Berechtigten wählen für die Rechtekategorie A) zwei Delegierte und für die Rechtekategorie B) einen Delegierten, die die Vertretung der Wahrnehmungsberechtigten nach § 20 VGG bilden.

(2) Die Delegierten wirken im Rahmen der gesetzlichen Bestimmungen an den Entscheidungen der Mitgliederversammlung stimmberechtigt mit, soweit das Gesetz dies vorsieht. Ansonsten wirken sie beratend mit. Sie sind berechtigt, an der Gesellschafterversammlung teilzunehmen.

(3) Soweit das Gesetz bestimmt, dass die Delegierten stimmberechtigt sind, besitzt die Vertretung der Delegierten in der Gesellschafterversammlung 25 % der Stimmrechte. Die Stimmrechte der Gesellschafter verringern sich entsprechend pro rata ihrer Anteile auf insgesamt 75 % der Stimmrechte. Die Vertretung der Wahrnehmungsberechtigten entscheidet über die Ausübung ihres Stimmrechts mit der einfachen Mehrheit der anwesenden oder vertreten Delegierten.

(4) Für die Ausübung ihres Rechts auf Teilnahme an der Gesellschafterversammlung sowie ihres Stimmrechts gelten für die Delegierten § 10 Abs. 11 entsprechend.

(5) Die Delegierten sind ehrenamtlich tätig. Sie erhalten Aufwendungsersatz für die Teilnahme an Sitzungen.

§ 12 Wahl der Delegierten. (1) Für jede Rechtekategorie gemäß § 2 Abs. 2 der Satzung wird jeweils die in der Satzung definierte Anzahl der Delegierten und ein Vertreter gewählt. Nur die Berechtigten, die einer Rechtekategorie angehören, haben jeweils das aktive sowie das passive Wahlrecht für die entsprechende Rechtekategorie.

(2) Die Delegierten werden von den Wahrnehmungsberechtigten für die Dauer von vier Jahren mit einfacher Mehrheit der abgegebenen Stimmen gewählt. Die Amtszeit beginnt mit der Wahl und endet in der darauffolgenden Wahl mit Beginn der Neuwahl. Findet die Neuwahl nicht vier Jahre später statt, verlängert sich die Amtszeit bis zur Neuwahl. Scheidet ein Delegierter, egal aus welchem Grund, frühzeitig aus, übernimmt der Vertreter die Position als Delegierter.

(3) Die Wahl findet entweder auf einer Versammlung der Wahlberechtigten statt oder erfolgt durch schriftliche Wahl. Die Wahl wird alle vier Jahre rechtzeitig zum planmäßigen Ablauf der Amtszeit durch die Geschäftsführer durchgeführt. Die Einberufung einer Versammlung erfolgt unter Angabe der Tagesordnung mit einer Frist von drei Wochen. Findet die Wahl im schriftlichen Verfahren statt ist sicherzustellen, dass die Wahlberechtigten Wahlvorschläge machen können.

(4) Wahlberechtigt sind alle Wahrnehmungsberechtigten, die mit der Gesellschaft einen wirksamen Wahrnehmungsvertrag abgeschlossen haben und die in mindestens einem der beiden Ausschüttungsjahre vor der Wahl Ansprüche in ihrer Rechtekategorie erworben haben. Hierfür genügt die Meldung berechtigter Werke für das Ausschüttungsjahr, ohne dass es auf die Höhe der erworbenen Ansprüche ankommt. Wählbar sind natürliche Personen auf Vorschlag von mindestens einem Wahrnehmungsberechtigten, wenn sie auch das aktive Wahlrecht besitzen. Wählbar ist nur, wer entweder persönlich einen Wahrnehmungsvertrag mit der Gesellschaft abgeschlossen hat oder wer vertraglich ein wahrnehmungsberechtigtes Unternehmen, welches mit der Gesellschaft einen

Wahrnehmungsvertrag abgeschlossen hat, als gesetzlicher Vertreter vertritt. Mit Ablauf des Wahrnehmungsvertrages eines Delegierten oder eines Unternehmens, das von einem Delegierten vertreten wird, scheidet der Betroffene als Delegierter aus.

§ 13 Aufsichtsrat. (1) Die Gesellschaft hat einen Aufsichtsrat mit der Funktion eines Aufsichtsgremiums gemäß § 22 VGG. Der Aufsichtsrat ist kein Organ gemäß § 52 GmbHG. Der Aufsichtsrat besteht aus mindestens 2 Mitgliedern. Der Vorsitzende und sein Stellvertreter sind für die Rechtekategorie Leistungsschutzrechte Werbefilmproduzenten (A) zu bestellen. Ein weiteres Mitglied wird für die Rechtekategorie der Urheber- und Leistungsschutzrechte (B) bestellt.

(2) Der Aufsichtsrat wird durch Beschluss der Gesellschafterversammlung nach Maßgabe von Absatz 1 für auf unbestimmte Zeit bestellt und kann von der Gesellschafterversammlung jederzeit abberufen werden.

(3) Die Mitglieder des Aufsichtsrats erhalten Aufwendungsersatz für die Teilnahme an Sitzungen. Die Gesellschafterversammlung kann entscheiden, dass Mitglieder des Aufsichtsrats eine Vergütung erhalten.

(4) Jedes Mitglied des Aufsichtsrats ist bezüglich sämtlicher Angelegenheiten und Vorgänge der Gesellschaft – auch nach seinem Ausscheiden als Mitglied des Aufsichtsrats – zur Verschwiegenheit verpflichtet. Das Aufsichtsratsmitglied ist auch nicht berechtigt,. die der Verschwiegenheitspflicht unterliegenden Kenntnisse zu verwerten.

(5) Ständiger Vertreter des Aufsichtsrats gegenüber den Geschäftsführern oder gegenüber Dritten ist der Vorsitzende des Aufsichtsrats oder im Falle seiner Verhinderung dessen Stellvertreter.

§ 14 Aufgaben des Aufsichtsrats. (1) Der Aufsichtsrat hat alle Aufgaben und Rechte, die ihm durch den Gesellschaftsvertrag oder Beschlüsse der Gesellschafterversammlung zugewiesen werden. Der Aufsichtsrat hat insbesondere, aber nicht ausschließlich die folgenden Aufgaben:

a) Überwachung der Tätigkeit und der Aufgabenerfüllung der Geschäftsführung der Gesellschaft;
b) Überwachung der Tätigkeit und der Aufgabenerfüllung der Geschäftsführung möglicher von der Gesellschaft abhängigen Verwertungseinrichtungen;
c) Beschluss über die Grundsätze des Risikomanagements auf Vorschlag der Geschäftsführung;
d) Beschluss über die Bestellung und Abberufung des Abschlussprüfers auf Vorschlag der Geschäftsführung oder die Mitgliedschaft in einem genossenschaftlichen Prüfungsverband;

(2) Der Aufsichtsrat berichtet der Gesellschafterversammlung einmal im Jahr über seine Tätigkeit.

§ 15 Verfahren des Aufsichtsrats. (1) Der Aufsichtsrat tritt regelmäßig zu einer Sitzung zusammen oder, wenn die Mehrheit der Aufsichtsratsmitglieder oder sein Vorsitzender oder sein Stellvertreter oder die Gesellschafterversammlung dies beantragen.

(2) Die Beschlüsse des Aufsichtsrats werden in der Regel in Sitzungen gefasst. Außerhalb von Sitzungen kann der Vorsitzende des Aufsichtsrats oder sein

Stellvertreter eine Beschlussfassung des Aufsichtsrats in Schriftform, in Textform, im schriftlichen Umlaufverfahren sowie mündlich per Telefon oder per Videokonferenz anordnen, wenn sämtliche Mitglieder des Aufsichtsrats Stimmabgabe aufgefordert wurden und ihr kein Mitglied widerspricht.

(3) Eine Sitzung wird durch den Vorsitzenden des Aufsichtsrats in Textform unter gleichzeitiger Mitteilung der Tagesordnung und unter Wahrung einer Ladungsfrist von mindestens zwei Wochen einberufen. In dringenden Fällen kann der Vorsitzende des Aufsichtsrats die Einladungsfrist für die Sitzung oder die Frist zur Stimmabgabe abkürzen.

(4) Einzelne Mitglieder des Aufsichtsrats, die bei einer Sitzung des Aufsichtsrats oder Beschlussfassung nicht anwesend sind, können per Telefon oder Videokonferenz teilnehmen oder ihre Stimme schriftlich oder E-Mail abgeben. Jedes Aufsichtsratsmitglied kann sich in einer Sitzung des Aufsichtsrats aufgrund einer schriftlichen Vollmacht durch ein anderes Aufsichtsratsmitglied vertreten lassen.

(5) Der Aufsichtsrat ist beschlussfähig, wenn mindestens die Hälfte seiner Mitglieder anwesend ist oder in einer anderen unter Absatz 4 geregelten Art und Weise an der Abstimmung teilnimmt. Ist der Aufsichtsrat nicht beschlussfähig, ist unverzüglich eine weitere Aufsichtsratssitzung unter Beachtung sämtlicher Form- und Fristvorschriften einzuberufen. Diese zweite Aufsichtsratssitzung ist ohne Rücksicht auf die Anzahl der erschienenen oder teilnehmenden Aufsichtsratsmitglieder beschlussfähig, wenn die Aufsichtsratsmitglieder hierauf bei der Einberufung hingewiesen worden sind. Die Beschlussfassung über einen Gegenstand der Tagesordnung, der in der Einladung nicht enthalten war, ist nur zulässig, wenn kein anwesendes Mitglied des Aufsichtsrats der Beschlussfassung widerspricht und entweder alle Mitglieder anwesend sind oder abwesenden Mitgliedern Gelegenheit gegeben wird, binnen einer von dem Vorsitzenden festzulegenden angemessenen Frist von mindestens einer Woche zu widersprechen oder ihre Stimme nachträglich abzugeben.

(6) Beschlüsse des Aufsichtsrats werden mit einfacher Stimmenmehrheit gefasst. Bei Stimmengleichheit gibt die Stimme des Aufsichtsratsvorsitzenden den Ausschlag.

(7) Über die Beschlüsse und Sitzungen des Aufsichtsrats ist ein Ergebnisprotokoll zu fertigen, die vom Vorsitzenden des Aufsichtsrats oder dessen Stellvertreter zu unterzeichnen ist. Jedem Aufsichtsratsmitglied und jedem Geschäftsführer ist eine Abschrift des Ergebnisprotokolls zu Übersenden.

§ 16 Beschwerdeverfahren. (1) Rechteinhaber, deren Rechte von der Gesellschaft wahrgenommen werden, können bei der Gesellschaft schriftlich oder in Textform Beschwerde einlegen. Gegenstand einer Beschwerde können insbesondere sein:

a) Die Aufnahme und die Beendigung der Rechtewahrnehmung oder der Entzug von Rechten,
b) die Bedingungen für die Mitgliedschaft und die Wahrnehmungsbedingungen,
c) die Einziehung, Verwaltung und Verteilung der Einnahmen aus den Rechten,
d) die Abzüge von den Einnahmen aus den Rechten.

(2) Die Gesellschaft entscheidet über die Beschwerde in Textform. Soweit ihr nicht abgeholfen wird, wird die Ablehnung begründet.

§ 17 Bekanntmachungen. Die Bekanntmachungen der Gesellschaft erfolgen im Bundesanzeiger und auf der Internetseite der Gesellschaft.

§ 18 Sonstiges. (1) Soweit diese Satzung keine Bestimmung enthält, gilt das Gesetz.

(2) Sollten einzelne Bestimmungen dieser Urkunde unwirksam sein oder werden, so soll davon der übrige Inhalt unberührt bleiben. Die Gesellschafter sind gegenseitig verpflichtet, eine etwa unwirksame Bestimmung durch eine solche zu ersetzen, die dem wirtschaftlich angestrebten Zweck möglichst nahekommt.

§ 19 Gründungskosten. Die Gründungskosten bis zu 1500,00 Euro übernimmt die Gesellschaft.

24h. Gesellschaftsvertrag der Gesellschaft zur Wahrnehmung von Veranstalterrechten mbH

Präambel

Der
Bundesverband der Veranstaltungswirtschaft (BDV) e. V.,
Lenhartzstr. 15, 20249 Hamburg,

(nachfolgend „Gesellschafter“ genannt),

gründet hiermit eine Gesellschaft mit beschränkter Haftung

(nachfolgend „Gesellschaft“, „Verwertungsgesellschaft“ oder „GVNR“ genannt).

Die Gesellschaft dient dazu, als Verwertungsgesellschaft das Leistungsschutzrecht der Veranstalter (§ 81 UrhG) wahrzunehmen.

§ 1. (1) Der Name der Gesellschaft lautet „Gesellschaft zur Wahrnehmung von Veranstalterrechten mbH“.

(2) Sitz der Gesellschaft ist Hamburg.

(3) Gegenstand des Unternehmens ist die treuhänderische Wahrnehmung von Rechten und Ansprüchen, die sich aus dem Urheberrechtsgesetz für Veranstalter im Sinne von § 81 UrhG originär ergeben oder Rechte im Sinne von § 81 UrhG, die auf Berechtigte übertragen sind (nachfolgend „Veranstalterrechte“ genannt) sowie die rechtmäßige Verteilung der sich hieraus ergebenden Einnahmen an die Berechtigten. Das Unternehmen ist berechtigt und nach § 34 VGG verpflichtet, denjenigen, die die Veranstalterrechte nutzen wollen, die erforderliche Genehmigung zu erteilen oder in die Nutzung einzuwilligen.

(4) Über Art und Umfang der von der Gesellschaft wahrzunehmenden Rechte wird ein Wahrnehmungsvertrag geschlossen. Der Beirat beschließt unter Beachtung der von der Mitgliederhauptversammlung beschlossenen Wahrnehmungsbedingungen die Ausgestaltung des Wahrnehmungsvertrags. Die Berechtigten können durch schriftliche Erklärung Art und Umfang der wahrzunehmenden Rechte und Ansprüche nach ihrer Wahl einschränken und deren Wahrnehmung auf Deutschland beschränken.

(5) Die Gesellschaft trägt ihre eigenen Gründungskosten (Notarkosten, Registerkosten) selbst.

§ 2. (1) Die Gesellschaft ist nicht auf Gewinn gerichtet. Sämtliche von ihr eingezogenen Vergütungen werden nach Maßgabe des von der Mitgliederhauptversammlung beschlossenen Verteilungsplans (§ 27 VGG) nach Abdeckung der Verwaltungskosten an die jeweils Berechtigten ausgeschüttet.

(2) Der Verteilungsplan hat folgende Grundsätze zu beachten:

Anschrift: Lenhartzstr. 15, 20249 Hamburg
Internet: www.gwvr.de.

- Die Verteilung erfolgt auf der Grundlage der von den Berechtigten eingereichten Meldungen.
- Soweit mit angemessenen Mitteln feststellbar, hat jeder Berechtigte den auf die Nutzung seiner Rechte entfallenden Anteil der zu verteilenden Beträge zu erhalten.
- Soweit der individuelle Anteil der Nutzung nicht mit angemessenen Mitteln feststellbar ist, sind allgemeine Bewertungs- und Verteilungsregeln zur pauschalen Annäherung an diese Anteilsbemessung aufzustellen.

(3) Die Mitgliederhauptversammlung beschließt Art und Umfang, in dem kulturell bedeutende Werke und Leistungen zu fördern sind (§ 32 Abs. 1 VGG) und in dem Vorsorge- und Unterstützungseinrichtungen für die Rechteinhaber unterhalten werden (§ 32 Abs. 2 VGG). Die Mittel für diese kulturellen und sozialen Zwecke dürfen jedoch 5% des Aufkommens nicht übersteigen.

§ 3. (1) Das Stammkapital der Gesellschaft beträgt 25 000,– €.

(2) Vom Stammkapital übernimmt der Gesellschafter Bundesverband der Veranstaltungswirtschaft (BDV) e. V. eine Einlage i. H. v. 25 000,– €. Die anteiligen Beteiligungsverhältnisse der Gesellschafter an der Gesellschaft entsprechen dem Verhältnis der eingezahlten Stammeinlagen.

(3) Die Abtretung von Gesellschaftsanteilen sowie die Belastung mit einem Nießbrauch kann nur mit Genehmigung der Gesellschaft erfolgen.

§ 4. (1) Geschäftsjahr ist das Kalenderjahr.

(2) Der Jahresabschluss und der Lagebericht für das abgelaufene Geschäftsjahr sind jeweils bis zum 31. August des nachfolgenden Jahres im Bundesanzeiger zu veröffentlichen. Der Jahresabschluss ist von einem Abschlussprüfer zu prüfen. Über die Prüfung muss ein schriftlicher Bericht erstattet werden, der einen dem § 57 VGG entsprechenden Bestätigungsvermerk enthält.

- Das erste Geschäftsjahr beginnt mit der Eintragung der Gesellschaft in das Handelsregister und endet am 31.12. diesen Jahres.

§ 5. (1) Die Gesellschaft wird durch einen Geschäftsführer oder mehrere Geschäftsführer vertreten. Sind mehrere Geschäftsführer bestellt, so wird die Gesellschaft durch zwei Geschäftsführer gemeinschaftlich oder durch einen Geschäftsführer gemeinschaftlich mit einem Prokuristen vertreten.

(2) Im Innenverhältnis unterliegt die Geschäftsführung den Bestimmungen ihres Anstellungsvertrags.

(3) Die in § 7 Abs. 5 genannten Geschäfte bedürfen der vorherigen Zustimmung des Beirats. Die in § 8 Abs. 2 genannten Geschäfte bedürfen der vorherigen Zustimmung der Mitgliederhauptversammlung.

(4) Die Geschäftsführung kann durch Beschluss der Gesellschafterversammlung von den Beschränkungen des § 181 BGB befreit werden.

§ 6. (1) Die Gesellschafterversammlung kann einberufen werden, wenn eine Beschlussfassung der Gesellschaft erforderlich wird oder wenn die Einberufung aus einem sonstigen Grunde im Interesse der Gesellschaft liegt. In jedem Falle ist jährlich eine Gesellschafterversammlung innerhalb zwei Monaten nach Vorliegen des Jahresabschlusses abzuhalten.

(2) Die Versammlung wird durch die Geschäftsführung einberufen. Die Ladung erfolgt mittels einfachen Briefes mit einer Frist von mindestens zwei Wochen unter Mitteilung der Tagesordnung, bei der jährlichen Versammlung unter Beifügung des Jahresabschlusses.

(3) Die Gesellschafterversammlung findet am Sitz der Gesellschaft statt. Sie kann aus begründetem Anlass an einem anderen Ort abgehalten werden. Jeder Gesellschafter darf an der Gesellschafterversammlung teilnehmen. Er kann sich dabei durch einen zur Berufsverschwiegenheit verpflichteten Dritten vertreten lassen. Jeder andere Gesellschafter kann verlangen, dass sich der Bevollmächtigte durch schriftliche Vollmacht legitimiert.

(4) Die Versammlung wird von der Geschäftsführung geleitet.

(5) Die Gesellschafterversammlung ist beschlussfähig, wenn mindestens die Hälfte des Stammkapitals vertreten ist. Fehlt es daran, so ist innerhalb von vier Wochen eine neue Versammlung mit gleicher Tagesordnung einzuberufen, die immer beschlussfähig ist. Beschlüsse der Gesellschafter können nur in einer Gesellschafterversammlung oder gemäß § 48 Abs. 2 GmbHG schriftlich per Telefax oder per e-mail gefasst werden.

(6) Gesellschafterbeschlüsse werden mit einfacher Mehrheit der abgegebenen Stimmen gefasst, soweit nicht die Satzung oder das Gesetz zwingend eine andere Mehrheit vorschreiben. Abgestimmt wird nach Geschäftsanteilen. Je 100,– € Geschäftsanteil gewähren eine Stimme.

(7) Der Inhalt der gefassten Beschlüsse ist vom Vorsitzenden zu protokollieren. Das Protokoll ist vom Vorsitzenden zu unterschreiben und den Gesellschaftern per einfacher Postsendung zuzuleiten. Diese können innerhalb von vier Wochen nach Absendung des Protokolls schriftlich eine Ergänzung oder Berichtigung des Protokolls verlangen. Das unwidersprochene oder ergänzte Protokoll hat die Vermutung der Richtigkeit und Vollständigkeit. Gesellschafterbeschlüsse können nur innerhalb von sechs Wochen nach Absendung des Protokolls durch Klage angefochten werden.

(8) Der Vorsitzende des Beirats oder sein Stellvertreter ist berechtigt, an der Gesellschafterversammlung teilzunehmen. Der Beirat erhält in jedem Fall Abschriften der Sitzungsprotokolle und Gesellschafterbeschlüsse.

§ 7. (1) Die Gesellschaft hat einen Beirat, der aus mindestens sieben Personen besteht. Die Beiratsmitglieder werden durch Wahl berufen, und zwar jeweils für die Dauer von drei Geschäftsjahren.

(2) Zwei Beiratsmitglieder bilden die Vertretung der Berechtigten ohne Mitgliedschaft nach § 20 VGG. Sie werden durch Wahl bestimmt auf einer dafür von der Geschäftsführung einberufenen Versammlung der Berechtigten. Die Versammlung der Berechtigten kann bei der Mitgliederhauptversammlung stattfinden. Für die Versammlung der Berechtigten gilt § 8 Abs. 1 entsprechend mit der Maßgabe, dass nicht die Mitglieder sondern die Berechtigten an dieser Versammlung teilnehmen und mit der weiteren Maßgabe, dass diese nicht mindestens einmal jährlich sondern mindestens alle drei Jahre stattfindet.

(3) Fünf weitere Beiratsmitglieder werden durch Wahl auf der Mitgliederhauptversammlung für die Dauer von drei Geschäftsjahren berufen.

(4) Die durch die Mitgliederhauptversammlung berufenen Beiratsmitglieder (§ 7 Abs. 3) nach sind Aufsichtsgremium nach § 22 VGG. Diese Beiratsmitglie-

der sind zur beratenden Mitwirkung bei der Mitgliederhauptversammlung berechtigt. Beiratsmitglieder können nur natürliche Personen werden, die wahrnehmungsberechtigt sind oder vollzeitbeschäftigte Arbeitnehmer oder gesetzliche Vertreter von wahrnehmungsberechtigten juristischen Personen sind, die mit der Gesellschaft einen Wahrnehmungsvertrag abgeschlossen haben.

(5) Der Beirat beschließt:
- die Ausgestaltung des Wahrnehmungsvertrages;
- Prozesse mit einem Streitwert von 50 000,– € oder mehr
- die Einleitung von Schiedsstellenverfahren

(6) Der Beirat berät die Mitgliederhauptversammlung und Geschäftsführung in allen anderen grundsätzlichen Angelegenheiten.

(7) Der Beitrat tritt mindestens einmal jährlich zu einer Sitzung zusammen; darüber hinaus dann, wenn die Mehrheit der Beiratsmitglieder oder die Gesellschafterversammlung oder die Geschäftsführung dies beantragen. Beiratssitzungen finden am Sitz der Gesellschaft statt, sofern nicht die Mehrheit der Beiratsmitglieder einen anderen Sitzungsort beschließt. Die Einladungen zu den Beiratssitzungen erfolgen schriftlich (Fax oder Mail genügt) durch die Geschäftsführung mit einer Frist von mindestens vier Wochen unter Angabe der von der Geschäftsführung erstellten Tagesordnung sowie Ort und Zeit der Sitzung. In dringenden Fällen kann die Ladungsfrist von der Geschäftsführung angemessen verkürzt werden. Der Beirat ist beschlussfähig, wenn mindestens die Hälfte seiner Mitglieder anwesend oder vertreten ist oder schriftlich an der Abstimmung teilnimmt. Beschlüsse des Beirats können auch außerhalb von Sitzungen durch schriftliche Stimmabgabe (Fax oder Mail genügt) gefasst werden, wenn kein Beiratsmitglied dieser Art der Beschlussfassung vor der Abstimmung schriftlich widerspricht. Beschlüsse des Beirats werden – soweit nicht ausdrücklich anders geregelt – mit einfacher Mehrheit der abgegebenen Stimmen gefasst. Über die Verhandlungen und Beschlüsse des Beirats ist ein schriftliches Protokoll anzufertigen, das vom Protokollführer zu unterzeichnen ist. Der Geschäftsführung ist eine unterzeichnete Abschrift des Protokolls unverzüglich zu übersenden.

§ 8. (1) Die Mitgliederhauptversammlung (§ 17 VGG) findet mindestens einmal jährlich statt, darüber hinaus dann, wenn die Mehrheit der Beiratsmitglieder oder die Geschäftsführung dies beantragen. Alle Mitglieder der Gesellschaft und diejenigen Beiratsmitglieder, die Repräsentanten der Wahrnehmungsberechtigten ohne Mitgliedsstatus sind (§ 7 Abs 2), sind sowohl zur Teilnahme an der Mitgliederhauptversammlung als auch zur Abstimmung berechtigt. Sie können durch schriftliche Vollmacht einen Vertreter bestellen. Ein Vertreter darf nicht mehr als zehn Mitglieder vertreten. Die Mitgliederhauptversammlung findet am Sitz der Gesellschaft statt, sofern nicht die Mehrheit der Beiratsmitglieder einen anderen Sitzungsort beschließt. Die Einladungen zur Mitgliederhauptversammlung erfolgen schriftlich (Fax oder Mail genügt) durch die Geschäftsführung mit einer Frist von mindestens vier Wochen unter Angabe der von der Geschäftsführung erstellten Tagesordnung sowie Ort und Zeit der Versammlung. Die Einladungen enthalten zusätzlich diejenigen Punkte, die zur Abstimmung bei der Mitgliederversammlung gestellt werden sowie eine Erläuterung, wie die Mitglieder und Beiratsmitglieder ihr Stimmrecht bei der Abstimmung auf elektronischem Weg ausüben können. Nach Möglichkeit soll zudem ein Zugang zur Mitgliederversammlung per Videokonferenz-

Schaltung eingerichtet werden. Die Mitgliederhauptversammlung ist stets beschlussfähig, wenn mindestens die Hälfte der Mitglieder teilnimmt oder ihr Stimmrecht im Wege elektronischer Kommunikation ausüben. Die Mitgliederhauptversammlung ist, sofern weniger als die Hälfte der Mitglieder teilnehmen oder ihr Stimmrecht im Wege elektronischer Kommunikation ausüben, nur beschlussfähig, wenn der Beirat oder die Geschäftsführung die Beschlussfähigkeit beschließt. Beschlüsse der Mitgliederhauptversammlung werden – soweit nicht ausdrücklich anders geregelt – mit einfacher Mehrheit der abgegebenen Stimmen gefasst. Über die Verhandlungen und Beschlüsse der Mitgliederhauptversammlung ist ein schriftliches Protokoll anzufertigen, das vom Protokollführer zu unterzeichnen ist. Der Geschäftsführung ist eine unterzeichnete Abschrift des Protokolls unverzüglich zu übersenden.

(2) Die Mitgliederhauptversammlung beschließt über

1. Änderungen beim Statut der Gesellschaft (§ 13 VGG);
2. den jährlichen Transparenzbericht (§ 58 VGG);
3. die Bestellung und Abberufung des Abschlussprüfers oder die Mitgliedschaft in einem genossenschaftlichen Prüfungsverband;
4. Zusammenschlüsse und Bündnisse unter Beteiligung der Gesellschaft, die Gründung von Tochtergesellschaften, die Übernahme anderer Organisationen und den Erwerb von Anteilen oder Rechten an anderen Organisationen durch die Gesellschaft;
5. die Grundsätze des Risikomanagements;
6. den Verteilungsplan (§ 27 VGG);
7. die Verwendung der nicht verteilbaren Einnahmen aus den Rechten (§ 30 VGG);
8. die allgemeine Anlagepolitik in Bezug auf die Einnahmen aus den Rechten (§ 25 VGG);
9. die allgemeinen Grundsätze für die Abzüge von den Einnahmen aus den Rechten (§ 31 Absatz 1 VGG), einschließlich der allgemeinen Grundsätze für Abzüge zur Deckung der Verwaltungskosten (§ 31 Absatz 2 GG) und gegebenenfalls der Abzüge für die Förderung kulturell bedeutender Werke und Leistungen und für die Einrichtung und den Betrieb von Vorsorge- und Unterstützungseinrichtungen (§ 32 VGG);
10. den Erwerb, den Verkauf und die Beleihung unbeweglicher Sachen;
11. die Aufnahme und die Vergabe von Darlehen sowie die Stellung von Darlehenssicherheiten;
12. den Abschluss, den Inhalt und die Beendigung von Repräsentationsvereinbarungen (§ 44 VGG);
13. die Wahrnehmungsbedingungen (§ 9 Satz 2 VGG);
14. die Tarife (§§ 38 bis 40 VGG);
15. die zum Tätigkeitsbereich gehörenden Rechte;
16. die Bedingungen, zu denen der Berechtigte jedermann das Recht einräumen kann, seine Werke oder sonstige Schutzgegenstände für nicht kommerzielle Zwecke zu nutzen (§ 11 VGG).

(3) Die Mitgliederhauptversammlung kann beschließen, dass die Befugnisse nach Absatz 2 Nummer 3 bis 5 und 10 bis 14 den durch die Mitgliederhauptversammlung berufenen Beiratsmitgliedern nach § 7 Abs. 3 übertragen werden.

(4) Die Mitgliederhauptversammlung beschließt über die Ernennung und Entlassung sowie über die Vergütung und sonstigen Leistungen der Geschäftsführung und der durch die Mitgliederhauptversammlung berufenen Beiratsmitglieder (§ 7 Abs. 3).

§ 9. (1) Berechtigte und Einrichtungen, die Rechtsinhaber vertreten, sind auf schriftlichen Antrag als Mitglieder aufzunehmen, wenn sie a) ihren Sitz innerhalb eines Mitgliedsstaats der Europäischen Union haben b) durch ihr Verhalten nicht die GWVR oder die von der GWVR verfolgten Ziele nachweislich schädigen, c) sie im vorangegangenen Jahr mindestens 500,– € Einnahmen durch die Gesellschaft ausgeschüttet erhalten haben.

(2) Über Mitgliedsanträge entscheidet die Geschäftsführung.

(3) Die zum Stichtag 31.12.2016 Berechtigten erhalten auf Antrag, der auch formlos gestellt werden kann, den Status von Mitgliedern.

§ 10. Ist ein Gesellschafter liquidiert worden, kann der Geschäftsanteil des liquidierten Gesellschafters gegen Entgelt eingezogen werden. Statt der Einziehung kann die Gesellschaft verlangen, dass der Anteil an die Gesellschaft oder an einen oder mehrere Gesellschafter abgetreten wird.

§ 11. (1) Jeder Gesellschafter kann ohne besonderen Grund jederzeit unter Einhaltung einer Frist von vier Monaten zum Ende eines Geschäftsjahres durch eingeschriebenen Brief seinen Austritt aus der Gesellschaft erklären. Der Austritt erfolgt mit Wirkung zum Ende des Geschäftsjahres.

(2) Der ausscheidende Gesellschafter ist nach Wahl der Gesellschaft verpflichtet, seinen Geschäftsanteil jeweils ganz oder zum Teil an die Gesellschaft selbst oder an einen oder mehrere Gesellschafter abzutreten oder die Einziehung zu dulden. Bis zum Ausscheiden kann er seine Gesellschafterrechte ausüben. Die verbleibenden Gesellschafter sind verpflichtet, bis zum Wirksamwerden des Austritts über die Einziehung oder Abtretungsverpflichtung Beschluss zu fassen.

§ 12. (1) Die Einziehung von Geschäftsanteilen ist mit Zustimmung des betroffenen Gesellschafters jederzeit zulässig.

(2) Der Zustimmung des betroffenen Gesellschafters bedarf es nicht,
- wenn über sein Vermögen das Insolvenzverfahren oder ein gerichtliches Vergleichsverfahren eröffnet ist oder die Eröffnung eines solchen Verfahrens mangels Masse abgelehnt wird;
- wenn sein Geschäftsanteil gepfändet ist und die Pfändung nicht innerhalb von zwei Monaten aufgehoben wird;
- wenn in seiner Person ein anderer wichtiger Grund, der seine Ausschließung aus der Gesellschaft rechtfertigt, gegeben ist, z. B. gegen seine Gesellschafterpflichten verstößt.

(3) Steht ein Geschäftsanteil mehreren Gesellschaftern gemeinschaftlich zu, so genügt es, wenn ein Einziehungsgrund in der Person eines der Mitgesellschafter vorliegt. Die Gesellschaft oder die Gesellschafter können bei der Pfändung eines Geschäftsanteils den vollstreckenden Gläubiger befriedigen und alsdann den gepfändeten Anteil einziehen. Der betroffene Gesellschafter darf der Befriedigung nicht widersprechen. Er hat sich das zur Befriedigung des vollstreckenden Gläubigers Aufgewendete auf seinen Entgeltanspruch anrechnen zu lassen.

(4) Statt der Einziehung kann die Gesellschafterversammlung beschließen, dass der Geschäftsanteil auf einen oder mehrere von ihr bestimmte Gesellschafter oder Dritte zu übertragen ist. Die Einziehung und die Abtretung kann von der Gesellschafterversammlung nur mit Dreiviertelmehrheit beschlossen werden. Der betroffene Gesellschafter hat kein Stimmrecht. Seine Stimmen bleiben bei der Berechnung der erforderlichen Mehrheit außer Betracht.

(5) Soweit in den Fällen einer Pfändung des Geschäftsanteils oder der Insolvenz kraft zwingenden Rechts eine für den oder die Gläubiger günstigere Regelung bezüglich der Berechnung oder der Fälligkeit des für den eingezogenen Geschäftsanteil zu zahlenden Entgelts Platz greift, tritt diese an die Stelle der in diesem Gesellschaftsvertrag vereinbarten Regelungen. Die Einziehung und der Beschluss über die Abtretungsverpflichtung sind unabhängig von einem etwaigen Streit über die Höhe der Abfindung rechtswirksam.

§ 13. Gesellschaftsanteile sind lediglich zum Nominalwert veräußerlich.

§ 14. (1) Die Unwirksamkeit einzelner Bestimmungen des Vertrages lässt die Wirksamkeit des Gesellschaftsvertrages im übrigen unberührt, soweit Treu und Glauben dem nicht zwingend entgegenstehen. In einem solchen Falle ist die ungültige Bestimmung durch Beschluss der Gesellschafterversammlung so umzudeuten oder zu ergänzen, dass der mit der ungültigen Bestimmung beabsichtigte wirtschaftliche und rechtliche Zweck erreicht wird. Dasselbe gilt, wenn bei der Durchführung des Gesellschaftsvertrages eine ergänzungsbedürftige Lücke offenbar wird.

(2) Jeder Gesellschafter ist zu Vertragsänderungen verpflichtet, die der Gesellschaftszweck oder die Treuepflicht der Gesellschafter gegeneinander gebieten.

(3) Dieser Vertrag unterliegt ausschließlich deutschem Recht. Ausschließlicher Gerichtsstand für sämtliche Streitigkeiten im Zusammenhang mit diesem Vertrag ist Hamburg.

(4) Die Bekanntmachungen der Gesellschaft erfolgen im Bundesanzeiger sowie in der nach § 56 VGG vorgesehenen Form.

25. Übereinkommen zur Errichtung der Weltorganisation für geistiges Eigentum[1), 2)]

Vom 14. Juli 1967

(BGBl. 1970 II S. 295)

Zuletzt geändert durch Gesetz v. 7.3.2002 (BGBl. II S. 598)

– Amtlicher deutscher Text gemäß Artikel 20 Abs. 2 –

Art. 1 Errichtung der Organisation. Die Weltorganisation für geistiges Eigentum wird durch dieses Übereinkommen errichtet.

Art. 2 Begriffsbestimmungen. Im Sinn dieses Übereinkommens bedeutet:

i) „Organisation" die Weltorganisation für geistiges Eigentum (WIPO/OMPI);

ii) „Internationales Büro" das Internationale Büro für geistiges Eigentum;

iii) „Pariser Verbandsübereinkunft" die Verbandsübereinkunft zum Schutz des gewerblichen Eigentums vom 20. März 1883 einschließlich aller revidierten Fassungen;

iv) „Berner Übereinkunft"[3)] die Übereinkunft zum Schutz von Werken der Literatur und Kunst vom 9. September 1886 einschließlich aller revidierten Fassungen;

v) „Pariser Verband" der durch die Pariser Verbandsübereinkunft errichtete internationale Verband;

vi) „Berner Verband" der durch die Berner Übereinkunft errichtete internationale Verband;

vii) „Verbände" der Pariser Verband, die im Rahmen dieses Verbandes errichteten besonderen Verbände und Sonderabkommen, der Berner Verband sowie jede andere internationale Vereinbarung zur Förderung des Schutzes des geistigen Eigentums, deren Verwaltung durch die Organisation nach Artikel 4 Ziffer iii übernommen wird;

viii) „geistiges Eigentum" die Rechte betreffend
- die Werke der Literatur, Kunst und Wissenschaft,
- die Leistungen der ausübenden Künstler, die Tonträger und Funksendungen,
- die Erfindungen auf allen Gebieten der menschlichen Tätigkeit,
- die wissenschaftlichen Entdeckungen,

---

1) Siehe hierzu das Ges. über die am 14.7.1967 in Stockholm unterzeichneten Übereinkünfte auf dem Gebiet des geistigen Eigentums v. 5.6.1970 (BGBl. II S. 293) sowie die Bek. v. 12.10.1970 (BGBl. II S. 1070), wonach das Übereinkommen für die Bundesrepublik am 19.9.1970 in Kraft getreten ist. Siehe ferner die unter Nr. **25a** und **25b** abgedruckten Verträge nebst Erklärungen.

2) Stand der Vertragsparteien siehe BGBl. Fundstellennachweis B, abgeschlossen am 31.12. jedes Jahres, und www.wipo.int.

3) Abgedruckt unter Nr. **26**.

– die gewerblichen Muster und Modelle,
– die Fabrik-, Handels- und Dienstleistungsmarken sowie die Handelsnamen und Geschäftsbezeichnungen,
– den Schutz gegen unlauteren Wettbewerb

und alle anderen Rechte, die sich aus der geistigen Tätigkeit auf gewerblichem, wissenschaftlichem, literarischem oder künstlerischem Gebiet ergeben.

Art. 3 Zweck der Organisation. Zweck der Organisation ist es

i) den Schutz des geistigen Eigentums durch Zusammenarbeit der Staaten weltweit zu fördern, gegebenenfalls im Zusammenwirken mit jeder anderen internationalen Organisation,
ii) die verwaltungsmäßige Zusammenarbeit zwischen den Verbänden zu gewährleisten.

Art. 4 Aufgaben. Zur Erreichung des in Artikel 3 bezeichneten Zwecks nimmt die Organisation durch ihre zuständigen Organe und vorbehaltlich der Zuständigkeit der einzelnen Verbände folgende Aufgaben wahr:

i) Sie fördert Maßnahmen zur weltweiten Verbesserung des Schutzes des geistigen Eigentums und zur Angleichung der innerstaatlichen Rechtsvorschriften auf diesem Gebiet;
ii) sie erfüllt die Verwaltungsaufgaben des Pariser Verbandes, der im Rahmen dieses Verbandes errichteten besonderen Verbände und des Berner Verbandes;
iii) sie kann sich damit einverstanden erklären, die Verwaltung jeder anderen internationalen Vereinbarung zur Förderung des Schutzes des geistigen Eigentums zu übernehmen oder sich an einer solchen Verwaltung zu beteiligen;
iv) sie unterstützt das Zustandekommen internationaler Vereinbarungen zur Förderung des Schutzes des geistigen Eigentums;
v) sie bietet den Staaten, die sie um juristisch-technische Hilfe auf dem Gebiet des geistigen Eigentums ersuchen, ihre Mitarbeit an;
vi) sie sammelt und verbreitet alle Informationen über den Schutz des geistigen Eigentums, unternimmt und fördert Untersuchungen auf diesem Gebiet und veröffentlicht deren Ergebnisse;
vii) sie unterhält Einrichtungen zur Erleichterung des internationalen Schutzes des geistigen Eigentums, nimmt gegebenenfalls Registrierungen auf diesem Gebiet vor und veröffentlicht Angaben über diese Registrierungen;
viii) sie trifft alle anderen geeigneten Maßnahmen.

Art. 5 Mitgliedschaft. (1) Mitglied der Organisation kann jeder Staat werden, der Mitglied eines der in Artikel 2 Ziffer vii bezeichneten Verbände ist.

(2) Mitglied der Organisation kann ferner jeder Staat werden, der nicht Mitglied eines der Verbände ist, sofern er

i) Mitglied der Vereinten Nationen, einer der mit den Vereinten Nationen in Beziehung gebrachten Sonderorganisationen oder der Internationalen Atomenergie-Organisation oder Vertragspartei des Statuts des Internationalen Gerichtshofs ist oder
ii) von der Generalversammlung eingeladen wird, Vertragspartei dieses Übereinkommens zu werden.

Art. 6 Generalversammlung. (1) a) Es wird eine Generalversammlung gebildet, bestehend aus den Vertragsstaaten dieses Übereinkommens, die Mitglied mindestens eines der Verbände sind.

b) Die Regierung jedes Staates wird durch einen Delegierten vertreten, der von Stellvertretern, Beratern und Sachverständigen unterstützt werden kann.

c) Die Kosten jeder Delegation werden von der Regierung getragen, die sie entsandt hat.

(2) Die Generalversammlung

i) ernennt den Generaldirektor auf Vorschlag des Koordinierungsausschusses;

ii) prüft und billigt die Berichte des Generaldirektors betreffend die Organisation und erteilt ihm alle erforderlichen Weisungen;

iii) prüft und billigt die Berichte und die Tätigkeit des Koordinierungsausschusses und erteilt ihm Weisungen;

iv) beschließt den Zweijahres-Haushaltsplan für die gemeinsamen Ausgaben der Verbände;

v) billigt die vom Generaldirektor vorgeschlagenen Maßnahmen betreffend die Verwaltung der in Artikel 4 Ziffer iii vorgesehenen internationalen Vereinbarungen;

vi) beschließt die Finanzvorschriften der Organisation;

vii) bestimmt die Arbeitssprachen des Sekretariats unter Berücksichtigung der Praxis der Vereinten Nationen;

viii) lädt die in Artikel 5 Absatz 2 Ziffer ii bezeichneten Staaten ein, Vertragspartei dieses Übereinkommens zu werden;

ix) bestimmt, welche Nichtmitgliedstaaten der Organisation, welche zwischenstaatlichen und welche internationalen nichtstaatlichen Organisationen zu ihren Sitzungen als Beobachter zugelassen werden;

x) nimmt alle anderen im Rahmen dieses Übereinkommens zweckdienlichen Aufgaben wahr.

(3) a) Jeder Staat, gleichgültig ob er Mitglied eines oder mehrerer Verbände ist, verfügt in der Generalversammlung über eine Stimme.

b) Die Hälfte der Mitgliedstaaten der Generalversammlung bildet das Quorum (die für die Beschlußfähigkeit erforderliche Mindestzahl).

c) Ungeachtet des Buchstaben b kann die Generalversammlung Beschlüsse fassen, wenn während einer Tagung die Zahl der vertretenen Staaten zwar weniger als die Hälfte, aber mindestens ein Drittel der Mitgliedstaaten der Generalversammlung beträgt; jedoch werden diese Beschlüsse mit Ausnahme der Beschlüsse über das Verfahren der Generalversammlung nur dann wirksam, wenn die folgenden Bedingungen erfüllt sind: Das Internationale Büro teilt diese Beschlüsse den Mitgliedstaaten der Generalversammlung mit, die nicht vertreten waren, und lädt sie ein, innerhalb einer Frist von drei Monaten vom Zeitpunkt dieser Mitteilung an schriftlich ihre Stimme oder Stimmenthaltung bekanntzugeben. Entspricht nach Ablauf der Frist die Zahl der Staaten, die auf diese Weise ihre Stimme oder Stimmenthaltung bekanntgegeben haben, mindestens der Zahl der Staaten, die für die Erreichung des Quorums während der Tagung gefehlt hatte, so werden die Beschlüsse wirksam, sofern gleichzeitig die erforderliche Mehrheit noch vorhanden ist.

d) Vorbehaltlich der Buchstaben e und f faßt die Generalversammlung ihre Beschlüsse mit einer Mehrheit von zwei Dritteln der abgegebenen Stimmen.

e) Die Billigung von Maßnahmen betreffend die Verwaltung der in Artikel 4 Ziffer iii bezeichneten internationalen Vereinbarungen bedarf der Mehrheit von drei Vierteln der abgegebenen Stimmen.

f) Die Billigung eines Abkommens mit den Vereinten Nationen nach den Artikeln 57 und 63 der Charta der Vereinten Nationen bedarf einer Mehrheit von neun Zehnteln der abgegebenen Stimmen.

g) Für die Ernennung des Generaldirektors (Absatz 2 Ziffer i), die Billigung der vom Generaldirektor vorgeschlagenen Maßnahmen betreffend die Verwaltung der internationalen Vereinbarungen (Absatz 2 Ziffer v) und für die Verlegung des Sitzes (Artikel 10) ist die vorgesehene Mehrheit nicht nur in der Generalversammlung, sondern auch in der Versammlung des Pariser Verbandes und in der Versammlung des Berner Verbandes erforderlich.

h) Stimmenthaltung gilt nicht als Stimmabgabe.

i) Ein Delegierter kann nur einen Staat vertreten und nur in dessen Namen abstimmen.

(4) a) Die Generalversammlung tritt nach Einberufung durch den Generaldirektor alle zwei Jahre einmal zu einer ordentlichen Tagung zusammen.

b) Die Generalversammlung tritt nach Einberufung durch den Generaldirektor zu einer außerordentlichen Tagung zusammen, wenn der Koordinierungsausschuß oder ein Viertel der Mitgliedstaaten der Generalversammlung es verlangt.

c) Die Sitzungen finden am Sitz der Organisation statt.

(5) Die Mitgliedstaaten dieses Übereinkommens, die nicht Mitglied eines Verbandes sind, werden zu den Sitzungen der Generalversammlung als Beobachter zugelassen.

(6) Die Generalversammlung gibt sich eine Geschäftsordnung.

Art. 7 Konferenz. (1) a) Es wird eine Konferenz gebildet, bestehend aus den Vertragstaaten dieses Übereinkommens, gleichgültig ob sie Mitglied eines der Verbände sind oder nicht.

b) Die Regierung jedes Staates wird durch einen Delegierten vertreten, der von Stellvertretern, Beratern und Sachverständigen unterstützt werden kann.

c) Die Kosten jeder Delegation werden von der Regierung getragen, die sie entsandt hat.

(2) Die Konferenz

i) erörtert Fragen von allgemeinem Interesse auf dem Gebiet des geistigen Eigentums und kann Empfehlungen zu diesen Fragen beschließen, wobei die Zuständigkeit und die Unabhängigkeit der Verbände zu wahren sind;

ii) beschließt den Zweijahres-Haushaltsplan der Konferenz;

iii) stellt im Rahmen dieses Haushaltsplans das Zweijahres-Programm für die juristisch-technische Hilfe auf;

iv) beschließt Änderungen dieses Übereinkommens nach dem in Artikel 17 vorgesehenen Verfahren;

v) bestimmt, welche Nichtmitgliedstaaten der Organisation, welche zwischenstaatlichen und welche internationalen nichtstaatlichen Organisationen zu ihren Sitzungen als Beobachter zugelassen werden;
vi) nimmt alle anderen im Rahmen dieses Übereinkommens zweckdienlichen Aufgaben wahr.

(3) a) Jeder Mitgliedstaat verfügt in der Konferenz über eine Stimme.
b) Ein Drittel der Mitgliedstaaten bildet das Quorum.
c) Vorbehaltlich des Artikels 17 faßt die Konferenz ihre Beschlüsse mit einer Mehrheit von zwei Dritteln der abgegebenen Stimmen.
d) Die Höhe der Beiträge der Vertragsstaaten dieses Übereinkommens, die nicht Mitglied eines Verbandes sind, wird durch eine Abstimmung festgesetzt, an der teilzunehmen nur die Delegierten dieser Staaten berechtigt sind.
e) Stimmenthaltung gilt nicht als Stimmabgabe.
f) Ein Delegierter kann nur einen Staat vertreten und nur in dessen Namen abstimmen.

(4) a) Die Konferenz tritt nach Einberufung durch den Generaldirektor zu derselben Zeit und an demselben Ort wie die Generalversammlung zu einer ordentlichen Tagung zusammen.
b) Die Konferenz tritt nach Einberufung durch den Generaldirektor zu einer außerordentlichen Tagung zusammen, wenn die Mehrheit der Mitgliedstaaten es verlangt.

(5) Die Konferenz gibt sich eine Geschäftsordnung.

Art. 8 Koordinierungsausschuß. (1) a) Es wird ein Koordinierungsausschuß gebildet, bestehend aus den Vertragsstaaten dieses Übereinkommens, die Mitglied des Exekutivausschusses des Pariser Verbandes, des Exekutivausschusses des Berner Verbandes oder beider Ausschüsse sind. Besteht jedoch einer dieser Exekutivausschüsse aus mehr als einem Viertel der Mitgliedländer der Versammlung, die ihn gewählt hat, so bestimmt dieser Ausschuß aus dem Kreis seiner Mitglieder die Staaten, die Mitglied des Koordinierungsausschusses sein sollen, in der Weise, daß ihre Zahl dieses Viertel nicht übersteigt; das Land, in dessen Hoheitsgebiet die Organisation ihren Sitz hat, bleibt bei der Berechnung dieses Viertels außer Betracht.
b) Die Regierung jedes Mitgliedstaates des Koordinierungsausschusses wird durch einen Delegierten vertreten, der von Stellvertretern, Beratern und Sachverständigen unterstützt werden kann.
c) Behandelt der Koordinierungsausschuß Fragen, die unmittelbar das Programm oder den Haushaltsplan der Konferenz und ihre Tagesordnung betreffen, oder behandelt er Vorschläge zur Änderung dieses Übereinkommens, die die Rechte oder Verpflichtungen der Vertragsstaaten dieses Übereinkommens berühren, die nicht Mitglied eines der Verbände sind, so nimmt ein Viertel dieser Staaten an den Sitzungen des Koordinierungsausschusses mit den gleichen Rechten teil, wie sie den Mitgliedern dieses Ausschusses zustehen. Die Konferenz bestimmt bei jeder ordentlichen Tagung die Staaten, die zur Teilnahme an solchen Sitzungen einzuladen sind.
d) Die Kosten jeder Delegation werden von der Regierung getragen, die sie entsandt hat.

(2) Wünschen die anderen Verbände, die von der Organisation verwaltet werden, als solche im Koordinierungsausschuß vertreten zu sein, so sind ihre Vertreter aus dem Kreis der Mitgliedstaaten des Koordinierungsausschusses zu bestimmen.

(3) Der Koordinierungsausschuß

i) äußert sich den Organen der Verbände, der Generalversammlung, der Konferenz und dem Generaldirektor gegenüber zu allen Verwaltungs- und Finanzfragen und zu allen anderen Fragen, die entweder für zwei oder mehrere Verbände oder für einen oder mehrere Verbände und die Organisation von gemeinsamem Interesse sind, und insbesondere zu Fragen des Haushaltsplans für die gemeinsamen Ausgaben der Verbände;
ii) bereitet den Entwurf der Tagesordnung der Generalversammlung vor;
iii) bereitet die Entwürfe der Tagesordnung, des Programms und des Haushaltsplans der Konferenz vor;
iv) *(gestrichen)*
v) schlägt der Generalversammlung einen Kandidaten für das Amt des Generaldirektors vor, wenn die Amtszeit des Generaldirektors abläuft oder dessen Posten nicht besetzt ist; ernennt die Generalversammlung den vorgeschlagenen Kandidaten nicht, so schlägt der Koordinierungsausschuß einen anderen Kandidaten vor; dieses Verfahren wird wiederholt, bis der zuletzt vorgeschlagene Kandidat von der Generalversammlung ernannt ist;
vi) ernennt einen geschäftsführenden Generaldirektor für die Zeit bis zur Amtsübernahme durch den neuen Generaldirektor, wenn der Posten des Generaldirektors zwischen zwei Tagungen der Generalversammlung frei wird;
vii) nimmt alle anderen Aufgaben wahr, die ihm im Rahmen dieses Übereinkommens übertragen werden.

(4) a) Der Koordinierungsausschuß tritt nach Einberufung durch den Generaldirektor jedes Jahr einmal zu einer ordentlichen Tagung zusammen. Er tritt in der Regel am Sitz der Organisation zusammen.
b) Der Koordinierungsausschuß tritt nach Einberufung durch den Generaldirektor zu einer außerordentlichen Tagung zusammen, entweder auf Initiative des Generaldirektors oder wenn der Vorsitzende oder ein Viertel der Mitglieder des Koordinierungsausschusses es verlangt.

(5) a) Jeder Staat, gleichgültig ob er Mitglied eines oder beider in Absatz 1 Buchstabe a bezeichneten Exekutivausschüsse ist, verfügt im Koordinierungsausschuß über eine Stimme.
b) Die Hälfte der Mitglieder des Koordinierungsausschusses bildet das Quorum.
c) Ein Delegierter kann nur einen Staat vertreten und nur in dessen Namen abstimmen.

(6) a) Der Koordinierungsausschuß nimmt Stellung und faßt seine Beschlüsse mit einfacher Mehrheit der abgegebenen Stimmen. Stimmenthaltung gilt nicht als Stimmabgabe.
b) Selbst wenn eine einfache Mehrheit erreicht ist, kann jedes Mitglied des Koordinierungsausschusses unmittelbar nach der Abstimmung verlangen, daß eine besondere Stimmenzählung nach folgendem Verfahren stattfindet: Es werden zwei getrennte Listen angelegt, von denen eine die Namen der

Mitgliedstaaten des Exekutivausschusses des Pariser Verbandes und die andere die Namen der Mitgliedstaaten des Exekutivausschusses des Berner Verbandes enthält; die Stimmabgabe jedes Staates wird in jeder Liste, in der er aufgeführt ist, neben seinem Namen eingetragen. Ergibt diese besondere Zählung, daß eine einfache Mehrheit nicht auf jeder dieser Listen erreicht worden ist, so gilt der Vorschlag nicht als angenommen.

(7) Jeder Mitgliedstaat der Organisation, der nicht Mitglied des Koordinierungsausschusses ist, kann bei den Sitzungen dieses Ausschusses durch Beobachter vertreten sein; diese sind berechtigt, an den Beratungen teilzunehmen, haben jedoch kein Stimmrecht.

(8) Der Koordinierungsausschuß gibt sich eine Geschäftsordnung.

Art. 9 Internationales Büro. (1) Das Internationale Büro ist das Sekretariat der Organisation.

(2) Das Internationale Büro wird von dem Generaldirektor geleitet, der von zwei oder mehreren Stellvertretenden Generaldirektoren unterstützt wird.

(3) Der Generaldirektor wird für einen bestimmten Zeitabschnitt von sechs Jahren ernannt. Seine Ernennung kann lediglich für einen bestimmten Zeitabschnitt von sechs Jahren wiederholt werden. Alle anderen Bedingungen der Ernennung werden von der Generalversammlung festgesetzt.

(4) a) Der Generaldirektor ist der höchste Beamte der Organisation.

b) Er vertritt die Organisation.

c) Er legt der Generalversammlung Rechenschaft ab und befolgt ihre Weisungen in den inneren und äußeren Angelegenheiten der Organisation.

(5) Der Generaldirektor bereitet die Entwürfe der Haushaltspläne und der Programme sowie periodische Tätigkeitsberichte vor. Er übermittelt sie den Regierungen der beteiligten Staaten sowie den zuständigen Organen der Verbände und der Organisation.

(6) Der Generaldirektor und die von ihm bestimmten Mitglieder des Personals nehmen ohne Stimmrecht an allen Sitzungen der Generalversammlung, der Konferenz, des Koordinierungsausschusses sowie aller anderen Ausschüsse oder Arbeitsgruppen teil. Der Generaldirektor oder ein von ihm bestimmtes Mitglied des Personals ist von Amts wegen Sekretär dieser Organe.

(7) Der Generaldirektor ernennt das für die ordnungsgemäße Erfüllung der Aufgaben des Internationalen Büros erforderliche Personal. Er ernennt nach Billigung durch den Koordinierungsausschuß die Stellvertretenden Generaldirektoren. Die Anstellungsbedingungen werden durch das Personalstatut festgelegt, das vom Generaldirektor vorgeschlagen wird und der Billigung durch den Koordinierungsausschuß bedarf. Der entscheidende Gesichtspunkt bei der Auswahl des Personals und der Festlegung der Anstellungsbedingungen ist die Notwendigkeit, Personal zu gewinnen, das hinsichtlich seiner Leistungsfähigkeit, Fachkenntnis und persönlichen Integrität hervorragend qualifiziert ist. Die Bedeutung, die einer Auswahl des Personals auf möglichst breiter geographischer Grundlage zukommt, ist dabei gebührend zu berücksichtigen.

(8) Die Stellung des Generaldirektors und der Mitglieder des Personals hat ausschließlich internationalen Charakter. Sie dürfen bei der Ausübung ihrer Dienstobliegenheiten Weisungen von einer Regierung oder einer Behörde außerhalb der Organisation weder einholen noch annehmen. Sie haben sich

aller Handlungen zu enthalten, die ihre Stellung als internationale Beamte beeinträchtigen könnten. Jeder Mitgliedstaat verpflichtet sich, den ausschließlich internationalen Charakter der Stellung des Generaldirektors und der Mitglieder des Personals zu achten und von jedem Versuch abzusehen, sie bei der Ausübung ihrer Dienstobliegenheiten zu beeinflussen.

Art. 10 Sitz. (1) Die Organisation hat ihren Sitz in Genf.

(2) Die Verlegung des Sitzes kann nach den Bestimmungen des Artikels 6 Absatz 3 Buchstaben d und g beschlossen werden.

Art. 11 Finanzen. (1) Die Organisation hat zwei getrennte Haushaltspläne: den Haushaltsplan für die gemeinsamen Ausgaben der Verbände und den Haushaltsplan der Konferenz.

(2) a) Der Haushaltsplan für die gemeinsamen Ausgaben der Verbände enthält Voranschläge für die Ausgaben, die für mehrere Verbände von Interesse sind.

b) Dieser Haushaltsplan umfaßt folgende Einnahmen:

i) Beiträge der Verbände mit der Maßgabe, daß die Höhe des Beitrages jedes Verbandes von seiner Versammlung unter Berücksichtigung des Interesses festgesetzt wird, das der Verband an den gemeinsamen Ausgaben hat;

ii) Gebühren und Beträge für Dienstleistungen des Internationalen Büros, die weder in unmittelbarem Zusammenhang mit einem der Verbände stehen noch auf dem Gebiet der juristisch-technischen Hilfe liegen;

iii) Verkaufserlöse und andere Einkünfte aus Veröffentlichungen des Internationalen Büros, die nicht unmittelbar einen der Verbände betreffen;

iv) Schenkungen, Vermächtnisse und Zuwendungen an die Organisation, soweit sie nicht in Absatz 3 Buchstabe b Ziffer iv bezeichnet sind;

v) Mieten, Zinsen und andere verschiedene Einkünfte der Organisation.

(3) a) Der Haushaltsplan der Konferenz enthält Ausgabenvoranschläge für die Durchführung der Tagungen der Konferenz und für das Programm der juristisch-technischen Hilfe.

b) Dieser Haushaltsplan umfaßt folgende Einnahmen:

i) Beiträge der Vertragsstaaten dieses Übereinkommens, die nicht Mitglied eines der Verbände sind;

ii) Beträge, die von den Verbänden für diesen Haushaltsplan zur Verfügung gestellt werden, mit der Maßgabe, daß die Höhe des von jedem Verband zur Verfügung gestellten Betrages von der Versammlung dieses Verbandes festgesetzt wird und es jedem Verband freisteht, zu diesem Haushaltsplan keine solchen Beträge zu leisten;

iii) Beträge, die das Internationale Büro für Dienstleistungen auf dem Gebiet der juristisch-technischen Hilfe erhält;

iv) Schenkungen, Vermächtnisse und Zuwendungen, die der Organisation für die unter Buchstabe a bezeichneten Zwecke gewährt werden.

(4) a) Jeder Vertragsstaat dieses Übereinkommens, der nicht Mitglied eines der Verbände ist, wird zur Bestimmung seines Beitrags zum Haushaltsplan der Konferenz in eine Klasse eingestuft und zahlt seine Jahresbeiträge auf der Grundlage einer Zahl von Einheiten, die wie folgt festgesetzt wird:

Klasse A 10
Klasse B 3
Klasse C 1

b) Jeder dieser Staaten gibt, wenn er eine der in Artikel 14 Absatz 1 bezeichneten Handlungen vornimmt, gleichzeitig die Klasse an, in die er eingestuft zu werden wünscht. Er kann die Klasse wechseln. Wählt er eine niedrigere Klasse, so hat er dies der Konferenz auf einer ihrer ordentlichen Tagungen mitzuteilen. Ein solcher Wechsel wird zu Beginn des auf diese Tagung folgenden Kalenderjahres wirksam.
c) Der Jahresbeitrag jedes dieser Staaten besteht aus einem Betrag, der in demselben Verhältnis zu der Summe der Beiträge aller dieser Staaten zum Haushaltsplan der Konferenz steht wie die Zahl der Einheiten der Klasse, in die der Staat eingestuft ist, zur Summe der Einheiten aller dieser Staaten.
d) Die Beiträge werden am 1. Januar jedes Jahres fällig.
e) Wird der Haushaltsplan nicht vor Beginn eines neuen Rechnungsjahres beschlossen, so wird der Haushaltsplan des Vorjahres nach Maßgabe der Finanzvorschriften übernommen.

(5) Jeder Vertragsstaat dieses Übereinkommens, der nicht Mitglied eines der Verbände ist und der mit der Zahlung seiner nach diesem Artikel zu leistenden Beiträge im Rückstand ist, sowie jeder Vertragsstaat dieses Übereinkommens, der Mitglied eines der Verbände ist und mit der Zahlung seiner Beiträge an diesen Verband im Rückstand ist, kann sein Stimmrecht in keinem der Organe der Organisation, denen er als Mitglied angehört, ausüben, wenn der rückständige Betrag die Summe der von ihm für die zwei vorhergehenden vollen Jahre geschuldeten Beiträge erreicht oder übersteigt. Jedoch kann jedes dieser Organe einem solchen Staat gestatten, das Stimmrecht in diesem Organ weiter auszuüben, wenn und solange es überzeugt ist, daß der Zahlungsrückstand eine Folge außergewöhnlicher und unabwendbarer Umstände ist.

(6) Die Höhe der Gebühren und Beträge für Dienstleistungen des Internationalen Büros auf dem Gebiet der juristisch-technischen Hilfe wird vom Generaldirektor festgesetzt, der dem Koordinierungsausschuß darüber berichtet.

(7) Die Organisation kann mit Billigung des Koordinierungsausschusses alle Schenkungen, Vermächtnisse und Zuwendungen annehmen, die unmittelbar von Regierungen, öffentlichen oder privaten Einrichtungen, Vereinigungen oder Privatpersonen stammen.

(8) a) Die Organisation hat einen Betriebsmittelfonds, der durch eine einmalige Zahlung der Verbände und jedes Vertragsstaates dieses Übereinkommens, der nicht Mitglied eines der Verbände ist, gebildet wird. Reicht der Fonds nicht mehr aus, so wird er erhöht.
b) Die Höhe der einmaligen Zahlung jedes Verbandes und gegebenenfalls sein Anteil an jeder Erhöhung werden von der Versammlung dieses Verbandes beschlossen.
c) Die Höhe der einmaligen Zahlung jedes Vertragsstaates dieses Übereinkommens, der nicht Mitglied eines der Verbände ist, und sein Anteil an jeder Erhöhung sind proportional zu dem Beitrag dieses Staates für das Jahr, in dem der Fonds gebildet oder die Erhöhung beschlossen wird. Dieses Verhältnis und die Zahlungsbedingungen werden von der Konferenz auf Vorschlag des Generaldirektors und nach Äußerung des Koordinierungsausschusses festgesetzt.

(9) a) Das Abkommen über den Sitz der Organisation, das mit dem Staat geschlossen wird, in dessen Hoheitsgebiet die Organisation ihren Sitz hat, sieht vor, daß dieser Staat Vorschüsse gewährt, wenn der Betriebsmittelfonds nicht ausreicht. Die Höhe dieser Vorschüsse und die Bedingungen, unter denen sie gewährt werden, sind in jedem Fall Gegenstand besonderer Vereinbarungen zwischen diesem Staat und der Organisation. Solange dieser Staat verpflichtet ist, Vorschüsse zu gewähren, hat er ex officio einen Sitz im Koordinierungsausschuß.

b) Der unter Buchstabe a bezeichnete Staat und die Organisation sind berechtigt, die Verpflichtung zur Gewährung von Vorschüssen durch schriftliche Notifikation zu kündigen. Die Kündigung wird drei Jahre nach Ablauf des Jahres wirksam, in dem sie notifiziert worden ist.

(10) Die Rechnungsprüfung wird nach Maßgabe der Finanzvorschriften von einem oder mehreren Mitgliedstaaten oder von außenstehenden Rechnungsprüfern vorgenommen, die mit ihrer Zustimmung von der Generalversammlung bestimmt werden.

Art. 12 Rechtsfähigkeit, Vorrechte und Immunitäten. (1) Die Organisation genießt im Hoheitsgebiet jedes Mitgliedstaates gemäß den Gesetzen dieses Staates die zur Erreichung ihres Zwecks und zur Wahrnehmung ihrer Aufgaben erforderliche Rechtsfähigkeit.

(2) Die Organisation schließt mit der Schweizerischen Eidgenossenschaft und mit jedem anderen Staat, in den der Sitz gegebenenfalls verlegt wird, ein Abkommen über den Sitz.

(3) Die Organisation kann mit den anderen Mitgliedstaaten zwei- oder mehrseitige Übereinkünfte schließen, um sich sowie ihren Beamten und den Vertretern aller Mitgliedstaaten die zur Erreichung des Zwecks und zur Wahrnehmung der Aufgaben der Organisation erforderlichen Vorrechte und Immunitäten zu sichern.

(4) Der Generaldirektor kann Verhandlungen über die in den Absätzen 2 und 3 bezeichneten Übereinkünfte führen; nach Billigung durch den Koordinierungsausschuß schließt und unterzeichnet er sie im Namen der Organisation.

Art. 13 Beziehungen zu anderen Organisationen. (1) Die Organisation stellt, wenn sie es für zweckmäßig hält, Beziehungen zur Zusammenarbeit mit anderen zwischenstaatlichen Organisationen her und arbeitet mit ihnen zusammen. Jedes zu diesem Zweck mit diesen Organisationen vereinbarte allgemeine Abkommen wird vom Generaldirektor nach Billigung durch den Koordinierungsausschuß geschlossen.

(2) Die Organisation kann für die in ihrer Zuständigkeit fallenden Fragen alle geeigneten Maßnahmen für eine Konsultation und Zusammenarbeit mit internationalen nichtstaatlichen Organisationen und, sofern die beteiligten Regierungen zustimmen, mit nationalen staatlichen oder nichtstaatlichen Organisationen treffen. Solche Maßnahmen werden vom Generaldirektor nach Billigung durch den Koordinierungsausschuß getroffen.

Art. 14 Möglichkeiten, Vertragspartei zu werden. (1) Die in Artikel 5 bezeichneten Staaten können Vertragspartei dieses Übereinkommens und Mitglied der Organisation werden durch

i) Unterzeichnung ohne Vorbehalt der Ratifikation oder
ii) Unterzeichnung unter Vorbehalt der Ratifikation und nachfolgende Hinterlegung der Ratifikationsurkunde oder
iii) Hinterlegung einer Beitrittsurkunde.

(2) Ungeachtet aller anderen Bestimmungen dieses Übereinkommens kann ein Vertragsstaat der Pariser Verbandsübereinkunft, der Berner Übereinkunft oder beider Übereinkünfte nur dann Vertragspartei dieses Übereinkommens werden, wenn er durch Ratifikation oder Beitritt gleichzeitig oder vorher Vertragspartei

entweder der Stockholmer Fassung der Pariser Verbandsübereinkunft in ihrer Gesamtheit oder mit der in Artikel 20 Absatz 1 Buchstabe b Ziffer i dieser Fassung vorgesehenen Einschränkung

oder der Stockholmer Fassung der Berner Übereinkunft[1] in ihrer Gesamtheit oder mit der in Artikel 28 Absatz 1 Buchstabe b Ziffer i dieser Fassung vorgesehenen Einschränkung

wird oder geworden ist.

(3) Die Ratifikations- oder Beitrittsurkunden werden beim Generaldirektor hinterlegt.

Art. 15[2] Inkrafttreten des Übereinkommens. (1) Dieses Übereinkommen tritt drei Monate, nachdem zehn Mitgliedstaaten des Pariser Verbandes und sieben Mitgliedstaaten des Berner Verbandes eine der in Artikel 14 Absatz 1 vorgesehenen Handlungen vorgenommen haben, in Kraft, wobei ein Staat, der Mitglied beider Verbände ist, in beiden Gruppen gezählt wird. Zu diesem Zeitpunkt tritt dieses Übereinkommen auch für die Staaten in Kraft, die, ohne Mitglied eines der beiden Verbände zu sein, drei Monate vor diesem Zeitpunkt oder früher eine der in Artikel 14 Absatz 1 vorgesehenen Handlungen vorgenommen haben.

(2) Für jeden anderen Staat tritt dieses Übereinkommen drei Monate nach dem Zeitpunkt in Kraft, zu dem dieser Staat eine der in Artikel 14 Absatz 1 vorgesehenen Handlungen vorgenommen hat.

Art. 16 Vorbehalte. Vorbehalte zu diesem Übereinkommen sind nicht zulässig.

Art. 17 Änderungen. (1) Vorschläge zur Änderung dieses Übereinkommens können von jedem Mitgliedstaat, vom Koordinierungsausschuß oder vom Generaldirektor vorgelegt werden. Diese Vorschläge werden vom Generaldirektor mindestens sechs Monate, bevor sie in der Konferenz beraten werden, den Mitgliedstaaten mitgeteilt.

(2) Jede Änderung wird von der Konferenz beschlossen. Berühren die Änderungen die Rechte und Verpflichtungen der Vertragsstaaten dieses Übereinkommens, die nicht Mitglied eines der Verbände sind, so nehmen diese Staaten auch an der Abstimmung teil. Über alle anderen Änderungsvorschläge stimmen nur die Vertragsstaaten dieses Übereinkommens ab, die Mitglied mindestens eines der Verbände sind. Die Änderungen werden mit einfacher Mehr-

---

[1] Pariser Fassung abgedruckt unter Nr. **26**.

[2] Das Übereinkommen ist am 26.4.1970, jedoch für die Bundesrepublik am 19.9.1970 (BGBl. II S. 1070) in Kraft getreten.

heit der abgegebenen Stimmen beschlossen unter der Voraussetzung, daß die Konferenz nur über solche Änderungsvorschläge abstimmt, die vorher von der Versammlung des Pariser Verbandes und von der Versammlung des Berner Verbandes nach den Bestimmungen beschlossen worden sind, die diese Übereinkünfte für die Änderung ihrer Verwaltungsvorschriften vorsehen.

(3) Jede Änderung tritt einen Monat nach dem Zeitpunkt in Kraft, zu dem die schriftlichen Notifikationen der verfassungsmäßig zustande gekommenen Annahme des Änderungsvorschlags von drei Vierteln der Mitgliedstaaten der Organisation, die im Zeitpunkt der Beschlußfassung der Konferenz über die Änderung nach Absatz 2 stimmberechtigt waren, beim Generaldirektor eingegangen sind. Jede auf diese Weise angenommene Änderung bindet alle Staaten, die im Zeitpunkt des Inkrafttretens der Änderung Mitglied der Organisation sind oder später Mitglied werden; jedoch bindet eine Änderung, die die finanziellen Verpflichtungen der Mitgliedstaaten erweitert, nur die Staaten, die die Annahme dieser Änderung notifiziert haben.

Art. 18 Kündigung. (1) Jeder Mitgliedstaat kann dieses Übereinkommen durch eine an den Generaldirektor gerichtete Notifikation kündigen.

(2) Die Kündigung wird sechs Monate nach dem Zeitpunkt wirksam, zu dem die Notifikation beim Generaldirektor eingegangen ist.

Art. 19 Notifikationen. Der Generaldirektor notifiziert den Regierungen aller Mitgliedstaaten

i) den Zeitpunkt des Inkrafttretens des Übereinkommens,
ii) die Unterzeichnungen und die Hinterlegungen von Ratifikations- oder Beitrittsurkunden,
iii) die Annahmen von Änderungen dieses Übereinkommens und den Zeitpunkt, zu dem diese Änderungen in Kraft treten,
iv) die Kündigungen dieses Übereinkommens.

Art. 20 Schlußbestimmungen. (1) a) Dieses Übereinkommen wird in einer Urschrift in englischer, französischer, russischer und spanischer Sprache unterzeichnet, wobei jeder Wortlaut gleichermaßen verbindlich ist, und bei der schwedischen Regierung hinterlegt.

b) Dieses Übereinkommen liegt bis zum 13. Januar 1968 in Stockholm zur Unterzeichnung auf.

(2) Amtliche Texte werden vom Generaldirektor nach Konsultierung der beteiligten Regierungen in deutscher, italienischer und portugiesischer Sprache sowie in anderen Sprachen hergestellt, die die Konferenz bestimmen kann.

(3) Der Generaldirektor übermittelt zwei beglaubigte Abschriften dieses Übereinkommens und jeder von der Konferenz beschlossenen Änderung den Regierungen der Mitgliedstaaten des Pariser Verbandes und des Berner Verbandes sowie der Regierung jedes anderen Staates, wenn er diesem Übereinkommen beitritt, und der Regierung jedes anderen Staates, die es verlangt. Die Abschriften des unterzeichneten Textes des Übereinkommens, die den Regierungen übermittelt werden, werden von der schwedischen Regierung beglaubigt.

(4) Der Generaldirektor läßt dieses Übereinkommen beim Sekretariat der Vereinten Nationen registrieren.

Art. 21 Übergangsbestimmungen. (1) Bis zur Amtsübernahme durch den ersten Generaldirektor gelten Bezugnahmen in diesem Übereinkommen auf das Internationale Büro oder den Generaldirektor als Bezugnahmen auf die Vereinigten Internationalen Büros zum Schutz des gewerblichen, literarischen und künstlerischen Eigentums (auch Vereinigte Internationale Büros zum Schutz des geistigen Eigentums – BIRPI – genannt) oder ihren Direktor.

(2) a) Staaten, die Mitglied eines der Verbände sind, aber noch nicht Vertragspartei dieses Übereinkommens geworden sind, können, wenn sie dies wünschen, während eines Zeitraums von fünf Jahren, gerechnet vom Zeitpunkt des Inkrafttretens dieses Übereinkommens an, die gleichen Rechte ausüben, die sie als Vertragspartei dieses Übereinkommens hätten. Jeder Staat, der diese Rechte auszuüben wünscht, hinterlegt zu diesem Zweck beim Generaldirektor eine schriftliche Notifikation, die im Zeitpunkt ihres Eingangs wirksam wird. Solche Staaten gelten bis zum Ablauf der genannten Frist als Mitglied der Generalversammlung und der Konferenz.

b) Mit Ablauf der fünfjährigen Frist sind diese Staaten in der Generalversammlung, in der Konferenz und im Koordinierungsausschuß nicht mehr stimmberechtigt.

c) Werden diese Staaten Vertragspartei dieses Übereinkommens, so sind sie wieder stimmberechtigt.

(3) a) Solange nicht alle Mitgliedstaaten des Pariser und des Berner Verbandes Vertragspartei dieses Übereinkommens geworden sind, nehmen das Internationale Büro und der Generaldirektor auch die Aufgaben der Vereinigten Internationalen Büros zum Schutz des gewerblichen, literarischen und künstlerischen Eigentums und ihres Direktors wahr.

b) Das bei den genannten Büros im Zeitpunkt des Inkrafttretens dieses Übereinkommens beschäftigte Personal gilt während der unter Buchstabe a bezeichneten Übergangszeit auch als beim Internationalen Büro beschäftigt.

(4) a) Sobald alle Mitgliedstaaten des Pariser Verbandes Mitglied der Organisation geworden sind, gehen die Rechte und Verpflichtungen sowie das Vermögen des Büros dieses Verbandes auf das Internationale Büro der Organisation über.

b) Sobald alle Mitgliedstaaten des Berner Verbandes Mitglied der Organisation geworden sind, gehen die Rechte und Verpflichtungen sowie das Vermögen des Büros dieses Verbandes auf das Internationale Büro der Organisation über.

25a. WIPO-Urheberrechtsvertrag (WCT)

Vom 20. Dezember 1996[1)]

(BGBl. II 2003 S. 755)[2) · 3)]

Präambel

Die Vertragsparteien –

in dem Wunsch, den Schutz der Rechte der Urheber an ihren Werken der Literatur und Kunst in möglichst wirksamer und gleichmäßiger Weise fortzuentwickeln und aufrechtzuerhalten,

in Erkenntnis der Notwendigkeit, neue internationale Vorschriften einzuführen und die Auslegung bestehender Vorschriften zu präzisieren, damit für die durch wirtschaftliche, soziale, kulturelle und technische Entwicklungen entstehenden Fragen angemessene Lösungen gefunden werden können,

im Hinblick auf die tiefgreifenden Auswirkungen der Entwicklung und Annäherung der Informations- und Kommunikationstechnologien auf die Erschaffung und Nutzung von Werken der Literatur und Kunst,

unter Betonung der herausragenden Bedeutung des Urheberrechtsschutzes als Anreiz für das literarische und künstlerische Schaffen,

in Erkenntnis der Notwendigkeit, ein Gleichgewicht zwischen den Rechten der Urheber und dem umfassenderen öffentlichen Interesse, insbesondere Bildung, Forschung und Zugang zu Informationen, zu wahren, wie dies in der Berner Übereinkunft zum Ausdruck kommt –

sind wie folgt übereingekommen:

Art. 1 Verhältnis zur Berner Übereinkunft. (1) Dieser Vertrag ist ein Sonderabkommen im Sinne des Artikels 20 der Berner Übereinkunft zum Schutz von Werken der Literatur und Kunst in bezug auf Vertragsparteien, die Länder des durch diese Übereinkunft geschaffenen Verbands sind. Dieser Vertrag steht weder in Verbindung mit anderen Verträgen als der Berner Übereinkunft, noch berührt er Rechte oder Pflichten aus anderen Verträgen.

(2) Die zwischen den Vertragsparteien bestehenden Pflichten aus der Berner Übereinkunft zum Schutz von Werken der Literatur und Kunst werden durch diesen Vertrag nicht beeinträchtigt.

(3) Berner Übereinkunft bezeichnet im folgenden die Pariser Fassung der Berner Übereinkunft zum Schutz von Werken der Literatur und Kunst vom 24. Juli 1971.

(4) Die Vertragsparteien kommen den Artikeln 1 bis 21 und dem Anhang der Berner Übereinkunft nach.

---

1) Vgl. hierzu Beschluß des Rates vom 16.3.2000 über die Zustimmung im Namen der Europäischen Gemeinschaft zum WIPO-Urheberrechtsvertrag und zum WIPO-Vertrag über Darbietungen und Tonträger, ABl. Nr. 89, S. 6. Der hier abgedruckte Wortlaut folgt der Übersetzung im EG-Amtsblatt und im Bundesgesetzblatt Teil II.

2) Vgl. Zustimmungsgesetz unter Nr. **25c**.

3) Stand der Vertragsparteien siehe www.wipo.int.

Art. 2 Umfang des Urheberrechtsschutzes. Der Urheberrechtsschutz erstreckt sich auf Ausdrucksformen und nicht auf Gedanken, Verfahren, Methoden oder mathematische Konzepte als solche.

Art. 3 Anwendung der Artikel 2 bis 6 der Berner Übereinkunft. Die Vertragsparteien wenden die Bestimmungen der Artikel 2 bis 6 der Berner Übereinkunft in bezug auf den nach diesem Vertrag gewährten Schutz entsprechend an.

Art. 4 Computerprogramme. Computerprogramme sind als Werke der Literatur im Sinne von Artikel 2 der Berner Übereinkunft geschützt. Dieser Schutz gilt für Computerprogramme unabhängig von der Art und Form ihres Ausdrucks.

Art. 5 Datensammlungen (Datenbanken). Sammlungen von Daten oder anderem Material in jeder Form, die aufgrund der Auswahl oder Anordnung ihres Inhalts geistige Schöpfungen darstellen, sind als solche geschützt. Dieser Schutz erstreckt sich nicht auf die Daten oder das Material selbst und gilt unbeschadet eines an den Daten oder dem Material der Sammlung bestehenden Urheberrechts.

Art. 6 Verbreitungsrecht. (1) Die Urheber von Werken der Literatur und Kunst haben das ausschließliche Recht zu erlauben, daß das Original und Vervielfältigungsstücke ihrer Werke durch Verkauf oder sonstige Eigentumsübertragung der Öffentlichkeit zugänglich gemacht werden.

(2) Dieser Vertrag berührt nicht die Freiheit der Vertragsparteien, gegebenenfalls zu bestimmen, unter welchen Voraussetzungen sich das Recht nach Absatz 1 nach dem ersten mit Erlaubnis des Urhebers erfolgten Verkauf des Originals oder eines Vervielfältigungsstücks oder der ersten sonstigen Eigentumsübertragung erschöpft.

Art. 7 Vermietrecht. (1) Die Urheber von
i) Computerprogrammen,
ii) Filmwerken und
iii) auf Tonträgern aufgenommenen Werken, wie sie im Recht der Vertragsparteien definiert sind,

haben das ausschließliche Recht, die gewerbsmäßige Vermietung der Originale oder Vervielfältigungsstücke ihrer Werke an die Öffentlichkeit zu erlauben.

(2) Absatz 1 findet keine Anwendung
i) bei Computerprogrammen, wenn das Programm selbst nicht der wesentliche Gegenstand der Vermietung ist, und
ii) bei Filmwerken, sofern die gewerbsmäßige Vermietung nicht zu einer weitverbreiteten Vervielfältigung dieser Werke geführt hat, die das ausschließliche Vervielfältigungsrecht erheblich beeinträchtigt.

(3) Eine Vertragspartei, in deren Gebiet seit dem 15. April 1994 eine Regelung in Kraft ist, die für Urheber eine angemessene Vergütung für die Vermietung von Vervielfältigungsstücken ihrer auf Tonträgern aufgenommenen Werke vorsieht, kann diese Regelung unbeschadet der Bestimmungen von Absatz 1

beibehalten, sofern die gewerbsmäßige Vermietung der auf Tonträgern aufgenommenen Werke das ausschließliche Vervielfältigungsrecht der Urheber nicht erheblich beeinträchtigt.

Art. 8 Recht der öffentlichen Wiedergabe. Unbeschadet der Bestimmungen von Artikel 11 Absatz 1 Ziffer 2, Artikel 11bis Absatz 1 Ziffern 1 und 2, Artikel 11ter Absatz 1 Ziffer 2, Artikel 14 Absatz 1 Ziffer 2 und Artikel 14bis Absatz 1 der Berner Übereinkunft haben die Urheber von Werken der Literatur und Kunst das ausschließliche Recht, die öffentliche drahtlose oder drahtgebundene Wiedergabe ihrer Werke zu erlauben, einschließlich der Zugänglichmachung ihrer Werke in der Weise, daß sie Mitgliedern der Öffentlichkeit an Orten und zu Zeiten ihrer Wahl zugänglich sind.

Art. 9 Schutzdauer für Werke der Photographie. Die Vertragsparteien wenden die Bestimmungen von Artikel 7 Absatz 4 der Berner Übereinkunft nicht auf Werke der Photographie an.

Art. 10 Beschränkungen und Ausnahmen. (1) Die Vertragsparteien können in ihren Rechtsvorschriften in bezug auf die den Urhebern von Werken der Literatur und Kunst nach diesem Vertrag gewährten Rechte Beschränkungen oder Ausnahmen in bestimmten Sonderfällen vorsehen, die weder die normale Verwertung der Werke beeinträchtigen, noch die berechtigten Interessen der Urheber unzumutbar verletzen.

(2) Bei der Anwendung der Berner Übereinkunft begrenzen die Vertragsparteien in bezug auf die darin vorgesehenen Rechte Beschränkungen oder Ausnahmen auf bestimmte Sonderfälle, die weder die normale Verwertung der Werke beeinträchtigen, noch die berechtigten Interessen der Urheber unzumutbar verletzen.

Art. 11 Pflichten in bezug auf technische Vorkehrungen. Die Vertragsparteien sehen einen hinreichenden Rechtsschutz und wirksame Rechtsbehelfe gegen die Umgehung wirksamer technischer Vorkehrungen vor, von denen Urheber im Zusammenhang mit der Ausübung ihrer Rechte nach diesem Vertrag oder der Berner Übereinkunft Gebrauch machen und die Handlungen in bezug auf ihre Werke einschränken, die die betreffenden Urheber nicht erlaubt haben oder die gesetzlich nicht zulässig sind.

Art. 12 Pflichten in bezug auf Informationen für die Wahrnehmung der Rechte. (1) Die Vertragsparteien sehen hinreichende und wirksame Rechtsbehelfe gegen Personen vor, die wissentlich eine der nachstehenden Handlungen vornehmen, obwohl ihnen bekannt ist oder in bezug auf zivilrechtliche Rechtsbehelfe den Umständen nach bekannt sein muß, daß diese Handlung die Verletzung eines unter diesen Vertrag oder die Berner Übereinkunft fallenden Rechts herbeiführen, ermöglichen, erleichtern oder verbergen wird:

i) unbefugte Entfernung oder Änderung elektronischer Informationen für die Wahrnehmung der Rechte;
ii) unbefugte Verbreitung, Einfuhr zur Verbreitung, Sendung, öffentliche Wiedergabe von Werken oder Vervielfältigungsstücken von Werken in Kenntnis des Umstands, daß elektronische Informationen für die Wahrnehmung der Rechte unbefugt entfernt oder geändert wurden.

(2) Im Sinne dieses Artikels sind „Informationen für die Wahrnehmung der Rechte" Informationen, die das Werk, den Urheber des Werks, den Inhaber eines Rechts an diesem Werk identifizieren, oder Informationen über die Nutzungsbedingungen des Werks sowie Zahlen oder Codes, die derartige Informationen darstellen, wenn irgendeines dieser Informationselemente an einem Vervielfältigungsstück eines Werks angebracht ist oder im Zusammenhang mit der öffentlichen Wiedergabe eines Werks erscheint.

Art. 13 Anwendung in zeitlicher Hinsicht. Die Vertragsparteien wenden Artikel 18 der Berner Übereinkunft auf alle in diesem Vertrag vorgesehenen Schutzgüter an.

Art. 14 Rechtsdurchsetzung. (1) Die Vertragsparteien verpflichten sich, in Übereinstimmung mit ihren Rechtsordnungen die notwendigen Maßnahmen zu ergreifen, um die Anwendung dieses Vertrags sicherzustellen.

(2) Die Vertragsparteien stellen sicher, daß in ihren Rechtsordnungen Verfahren zur Rechtsdurchsetzung verfügbar sind, um ein wirksames Vorgehen gegen jede Verletzung von unter diesen Vertrag fallenden Rechten zu ermöglichen, einschließlich Eilverfahren zur Verhinderung von Verletzungshandlungen und Rechtsbehelfen zur Abschreckung von weiteren Verletzungshandlungen.

Art. 15 Die Versammlung. (1) a) Die Vertragsparteien haben eine Versammlung.

b) Jede Vertragspartei wird durch einen Delegierten vertreten, der von Stellvertretern, Beratern und Sachverständigen unterstützt werden kann.

c) Die Kosten jeder Delegation werden von der Vertragspartei getragen, die sie entsandt hat. Die Versammlung kann die Weltorganisation für geistiges Eigentum (im folgenden als „WIPO" bezeichnet) um finanzielle Unterstützung bitten, um die Teilnahme von Delegationen von Vertragsparteien zu erleichtern, die nach der bestehenden Übung der Generalversammlung der Vereinten Nationen als Entwicklungsländer angesehen werden oder die Länder im Übergang zur Marktwirtschaft sind.

(2) a) Die Versammlung behandelt Fragen, die die Erhaltung und Entwicklung sowie die Anwendung und Durchführung dieses Vertrags betreffen.

b) Die Versammlung nimmt in bezug auf die Zulassung bestimmter zwischenstaatlicher Organisationen als Vertragspartei die ihr nach Artikel 17 Absatz 2 übertragene Aufgabe wahr.

c) Die Versammlung beschließt die Einberufung einer diplomatischen Konferenz zur Revision dieses Vertrags und erteilt dem Generaldirektor der WIPO die notwendigen Weisungen für die Vorbereitung einer solchen Konferenz.

(3) a) Jede Vertragspartei, die ein Staat ist, verfügt über eine Stimme und stimmt nur in ihrem Namen ab.

b) Eine Vertragspartei, die eine zwischenstaatliche Organisation ist, kann anstelle ihrer Mitgliedstaaten an der Abstimmung teilnehmen und verfügt hierzu über eine Anzahl von Stimmen, die der Anzahl ihrer Mitgliedstaaten entspricht, die Vertragspartei dieses Vertrags sind. Eine zwischenstaatliche Organisation kann nicht an der Abstimmung teilnehmen, wenn einer ihrer Mitgliedstaaten sein Stimmrecht ausübt und umgekehrt.

(4) Die Versammlung tritt nach Einberufung durch den Generaldirektor der WIPO alle zwei Jahre einmal zu einer ordentlichen Tagung zusammen.

(5) Die Versammlung gibt sich eine Geschäftsordnung, in der unter anderem die Einberufung außerordentlicher Tagungen, die Voraussetzungen für die Beschlußfähigkeit und vorbehaltlich der Bestimmungen dieses Vertrags die Mehrheitserfordernisse für die verschiedenen Arten von Beschlüssen geregelt sind.

Art. 16 Das Internationale Büro. Das Internationale Büro der WIPO nimmt die Verwaltungsaufgaben im Rahmen dieses Vertrags wahr.

Art. 17 Qualifikation als Vertragspartei. (1) Jeder Mitgliedstaat der WIPO kann Vertragspartei dieses Vertrags werden.

(2) Die Versammlung kann beschließen, jede zwischenstaatliche Organisation als Vertragspartei zuzulassen, die erklärt, für die durch diesen Vertrag geregelten Bereiche zuständig zu sein, über diesbezügliche Vorschriften, die für alle ihre Mitgliedstaaten bindend sind, zu verfügen und in Übereinstimmung mit ihrer Geschäftsordnung ordnungsgemäß ermächtigt worden zu sein, Vertragspartei zu werden.

(3) Die Europäische Gemeinschaft, die auf der Diplomatischen Konferenz, auf der dieser Vertrag angenommen wurde, die in Absatz 2 bezeichnete Erklärung abgegeben hat, kann Vertragspartei dieses Vertrags werden.

Art. 18 Rechte und Pflichten nach dem Vertrag. Sofern dieser Vertrag nicht ausdrücklich etwas anderes bestimmt, gelten für jede Vertragspartei alle Rechte und Pflichten nach diesem Vertrag.

Art. 19 Unterzeichnung des Vertrags. Dieser Vertrag liegt bis zum 31. Dezember 1997 zur Unterzeichnung durch jeden Mitgliedstaat der WIPO und durch die Europäische Gemeinschaft auf.

Art. 20 Inkrafttreten des Vertrags. Dieser Vertrag tritt drei Monate nach Hinterlegung der dreißigsten Ratifikations- oder Beitrittsurkunde beim Generaldirektor der WIPO in Kraft.

Art. 21 Inkrafttreten des Vertrags für eine Vertragspartei. Dieser Vertrag bindet

i) die dreißig Staaten im Sinne von Artikel 20 ab dem Tag, an dem dieser Vertrag in Kraft getreten ist;
ii) jeden anderen Staat nach Ablauf von drei Monaten nach Hinterlegung seiner Urkunde beim Generaldirektor der WIPO;
iii) die Europäische Gemeinschaft nach Ablauf von drei Monaten nach Hinterlegung ihrer Ratifikations- oder Beitrittsurkunde, wenn diese Urkunde nach Inkrafttreten dieses Vertrags nach Artikel 20 hinterlegt worden ist, oder drei Monate nach Inkrafttreten dieses Vertrags, wenn die Urkunde vor Inkrafttreten des Vertrags hinterlegt worden ist;
iv) jede andere zwischenstaatliche Organisation, die als Vertragspartei dieses Vertrags zugelassen wird, nach Ablauf von drei Monaten nach Hinterlegung ihrer Beitrittsurkunde.

Art. 22 Vorbehalte. Vorbehalte zu diesem Vertrag sind nicht zulässig.

Art. 23 Kündigung des Vertrags. Dieser Vertrag kann von jeder Vertragspartei durch eine an den Generaldirektor der WIPO gerichtete Notifikation gekündigt werden. Die Kündigung wird ein Jahr nach dem Tag wirksam, an dem die Notifikation beim Generaldirektor der WIPO eingegangen ist.

Art. 24 Vertragssprachen. (1) Dieser Vertrag wird in einer Urschrift in englischer, arabischer, chinesischer, französischer, russischer und spanischer Sprache unterzeichnet, wobei jede Fassung gleichermaßen verbindlich ist.

(2) Ein amtlicher Wortlaut in einer anderen als der in Absatz 1 genannten Sprachen wird durch den Generaldirektor der WIPO auf Ersuchen einer interessierten Vertragspartei nach Konsultation mit allen interessierten Vertragsparteien erstellt. „Interessierte Vertragspartei" im Sinne dieses Absatzes bedeutet einen Mitgliedstaat der WIPO, dessen Amtssprache oder eine von dessen Amtssprachen betroffen ist, sowie die Europäische Gemeinschaft und jede andere zwischenstaatliche Organisation, die Vertragspartei dieses Vertrags werden kann, wenn eine ihrer Amtssprachen betroffen ist.

Art. 25 Verwahrer. Verwahrer dieses Vertrags ist der Generaldirektor der WIPO.

Vereinbarte Erklärungen

Zu Artikel 1 Absatz 4

Das Vervielfältigungsrecht nach Artikel 9 der Berner Übereinkunft und die darunter fallenden Ausnahmen finden in vollem Umfang im digitalen Bereich Anwendung, insbesondere auf die Verwendung von Werken in digitaler Form. Die elektronische Speicherung eines geschützten Werks in digitaler Form gilt als Vervielfältigung im Sinne von Artikel 9 der Berner Übereinkunft.

Zu Artikel 3

Zur Anwendung von Artikel 3 dieses Vertrags ist der Ausdruck „Verbandsland" in den Artikeln 2 bis 6 der Berner Übereinkunft so zu verstehen, als bezeichne er eine Vertragspartei dieses Vertrags, wenn diese Artikel der Berner Übereinkunft im Zusammenhang mit dem durch den vorliegenden Vertrag gewährten Schutz angewandt werden. In gleicher Weise ist der Ausdruck „verbandsfremdes Land" in den betreffenden Artikeln der Berner Übereinkunft so zu verstehen, als bezeichne er ein Land, das nicht Vertragspartei dieses Vertrags ist. Der Ausdruck „diese Übereinkunft" in Artikel 2 Absatz 8, Artikel 2bis Absatz 2, Artikel 3, 4 und 5 der Berner Übereinkunft ist sowohl als Verweis auf die Berner Übereinkunft als auch als Verweis auf diesen Vertrag zu verstehen. Der Verweis in den Artikel 3 bis 6 der Berner Übereinkunft auf die „einem Verbandsland angehörenden" Personen bezeichnet, wenn diese Artikel im Zusammenhang mit diesem Vertrag angewandt werden, in bezug auf eine zwischenstaatliche Organisation, die Vertragspartei dieses Vertrags ist, einen Angehörigen einer der Länder, die Mitglieder dieser Organisation sind.

Zu Artikel 4

Der Schutzumfang für Computerprogramme nach Artikel 4 im Artikel 2 dieses Vertrags steht im Einklang mit Artikel 2 der Berner Übereinkunft und entspricht den einschlägigen Bestimmungen des TRIPS-Übereinkommens.

Zu Artikel 5

Der Schutzumfang für Datensammlungen (Datenbanken) nach Artikel 5 im Artikel 2 dieses Vertrags steht im Einklang mit Artikel 2 der Berner Übereinkunft und entspricht den einschlägigen Bestimmungen des TRIPS-Übereinkommens.

Zu den Artikeln 6 und 7

Die in diesen Artikeln im Zusammenhang mit dem Verbreitungs- und Vermietrecht verwendeten Ausdrücke „Vervielfältigungsstücke" und „Original und Vervielfältigungsstücke" beziehen sich ausschließlich auf Vervielfältigungsstücke, die als körperliche Gegenstände in Verkehr gebracht werden können.

Zu Artikel 7

Artikel 7 Absatz 1 verpflichtet die Vertragsparteien nicht, Urhebern, denen nach dem Recht der Vertragsparteien keine Rechte in bezug auf Tonträger gewährt werden, ein ausschließliches Recht auf gewerbsmäßige Vermietung einzuräumen. Die Verpflichtung des Artikels 7 Absatz 1 steht im Einklang mit Artikel 14 Absatz 4 des TRIPS-Übereinkommens.

Zu Artikel 8

Die Bereitstellung der materiellen Voraussetzungen, die eine Wiedergabe ermöglichen oder bewirken, stellt für sich genommen keine Wiedergabe im Sinne dieses Vertrags oder der Berner Übereinkunft dar. Artikel 8 steht einer Anwendung von Artikel 11bis Absatz 2 der Berner Übereinkunft durch die Vertragsparteien nicht entgegen.

Zu Artikel 10

Die Bestimmungen des Artikels 10 erlauben den Vertragsparteien, die in ihren Rechtsvorschriften bestehenden Ausnahmen und Beschränkungen, die nach der Berner Übereinkunft als zulässig angesehen werden, auf digitale Technologien anzuwenden und in angemessener Form auszudehnen. Diese Bestimmungen sind gleichermaßen dahin auszulegen, daß sie den Vertragsparteien erlauben, neue Ausnahmen und Beschränkungen zu konzipieren, die für Digitalnetze angemessen sind.

Der Anwendungsbereich der nach der Berner Übereinkunft zulässigen Ausnahmen und Beschränkungen wird durch Artikel 10 Absatz 2 weder reduziert noch erweitert.

Zu Artikel 12

Der Verweis auf die „Verletzung eines durch diesen Vertrag oder die Berner Übereinkunft geschützten Rechts" schließt sowohl ausschließliche Rechte als auch Vergütungsrechte ein.

Die Vertragsparteien können sich nicht auf diesen Artikel berufen, um Verwertungssysteme zu entwerfen oder einzuführen, die Förmlichkeiten vorschreiben, die nach der Berner Übereinkunft oder diesem Vertrag nicht zulässig sind und den freien Warenverkehr unterbinden oder den Genuß von Rechten verhindern, die dieser Vertrag gewährleistet.

25b. WIPO-Vertrag über Darbietungen und Tonträger (WPPT)

Vom 20. Dezember 1996[1)]

(BGBl. II 2003 S. 770)[2)]·[3)]

Präambel

Die Vertragsparteien –

in dem Wunsch, den Rechtsschutz für ausübende Künstler und Hersteller von Tonträgern in möglichst wirksamer und gleichmäßiger Weise fortzuentwickeln und aufrechtzuerhalten,

in Erkenntnis der Notwendigkeit, neue internationale Vorschriften einzuführen, damit für die durch wirtschaftliche, soziale, kulturelle und technische Entwicklungen entstehenden Fragen angemessene Lösungen gefunden werden können,

im Hinblick auf die tiefgreifenden Auswirkungen der Entwicklung und Annäherung der Informations- und Kommunikationstechnologien auf die Produktion und Nutzung von Darbietungen und Tonträgern,

in Erkenntnis der Notwendigkeit, ein Gleichgewicht zwischen den Rechten der ausübenden Künstler und Tonträgerhersteller und dem umfassenderen öffentlichen Interesse, insbesondere Bildung, Forschung und Zugang zu Informationen, zu wahren –

sind wie folgt übereingekommen:

Kapitel I. Allgemeine Bestimmungen

Art. 1 Verhältnis zu anderen Übereinkünften. (1) Die zwischen den Vertragsparteien bestehenden Pflichten aus dem am 26. Oktober 1961 in Rom geschlossenen Internationalen Abkommen über den Schutz der ausübenden Künstler, der Hersteller von Tonträgern und der Sendeunternehmen (nachstehend „Rom-Abkommen") werden durch diesen Vertrag nicht beeinträchtigt.

(2) Der durch diesen Vertrag vorgesehene Schutz läßt den Schutz der Urheberrechte an Werken der Literatur und der Kunst unberührt und beeinträchtigt ihn in keiner Weise. Daher darf keine Bestimmung dieses Vertrags in einer Weise ausgelegt werden, die diesem Schutz Abbruch tut.

(3) Dieser Vertrag steht weder in Verbindung mit anderen Verträgen, noch berührt er Rechte oder Pflichten aus anderen Verträgen.

Art. 2 Begriffsbestimmungen. Im Sinne dieses Vertrags

a) sind „ausübende Künstler" Schauspieler, Sänger, Musiker, Tänzer und andere Personen, die Werke der Literatur und Kunst oder Ausdrucksformen der Volkskunst aufführen, singen, vortragen, vorlesen, spielen, interpretieren oder auf andere Weise darbieten;

---

1) Vgl. hierzu Beschluß des Rates vom 16.3.2000 über die Zustimmung im Namen der Europäischen Gemeinschaft zum WIPO-Urheberrechtsvertrag und zum WIPO-Vertrag über Darbietungen und Tonträger, ABl. Nr. 89, S. 6. Der hier abgedruckte Wortlaut folgt der Übersetzung im EG-Amtsblatt und im Bundesgesetzblatt II.

2) Vgl. Zustimmungsgesetz unter Nr. **25c**.

3) Stand der Vertragsparteien siehe www.wipo.int.

b) bedeutet „Tonträger" die Festlegung der Töne einer Darbietung oder anderer Töne oder einer Darstellung von Tönen außer in Form einer Festlegung, die Bestandteil eines Filmwerks oder eines anderen audiovisuellen Werks ist;
c) bedeutet „Festlegung" die Verkörperung von Tönen oder von Darstellungen von Tönen in einer Weise, daß sie mittels einer Vorrichtung wahrgenommen, vervielfältigt oder wiedergegeben werden können;
d) bedeutet „Hersteller von Tonträgern" die natürliche oder juristische Person, die die erste Festlegung der Töne einer Darbietung oder anderer Töne oder der Darstellung von Tönen eigenverantwortlich veranlaßt;
e) bedeutet „Veröffentlichung" einer festgelegten Darbietung oder eines Tonträgers das Angebot einer genügenden Anzahl von Vervielfältigungsstücken der festgelegten Darbietung oder des Tonträgers an die Öffentlichkeit mit Zustimmung des Rechtsinhabers;
f) bedeutet „Sendung" die drahtlose Übertragung von Tönen oder von Bildern und Tönen oder deren Darstellungen zum Zwecke des Empfangs durch die Öffentlichkeit; die Übertragung über Satellit ist ebenfalls „Sendung"; die Übertragung verschlüsselter Signale ist eine „Sendung", soweit die Mittel zur Entschlüsselung der Öffentlichkeit von dem Sendeunternehmen oder mit dessen Zustimmung zur Verfügung gestellt werden;
g) bedeutet „öffentliche Wiedergabe" einer Darbietung oder eines Tonträgers die öffentliche Übertragung der Töne einer Darbietung oder der auf einem Tonträger festgelegten Töne oder Darstellungen von Tönen auf einem anderen Wege als durch Sendung. Im Sinne von Artikel 15 umfaßt „öffentliche Wiedergabe" das öffentliche Hörbarmachen der auf einem Tonträger festgelegten Töne oder Darstellungen von Tönen.

Art. 3 Schutzberechtigte nach dem Vertrag. (1) Die Vertragsparteien gewähren den ausübenden Künstlern und Herstellern von Tonträgern, die Angehörige anderer Vertragsparteien sind, den in diesem Vertrag vorgesehenen Schutz.

(2) Als Angehörige anderer Vertragsparteien gelten die ausübenden Künstler und Hersteller von Tonträgern, die nach den Kriterien des Rom-Abkommens schutzberechtigt wären, wenn alle Parteien dieses Vertrags Vertragsstaaten des Rom-Abkommens wären. Die Vertragsparteien wenden hinsichtlich dieser Berechtigungskriterien die entsprechenden Begriffsbestimmungen in Artikel 2 dieses Vertrags an.

(3) Jede Vertragspartei, die von den Möglichkeiten des Artikels 5 Absatz 3 des Rom-Abkommens oder für die Zwecke des Artikels 5 des Rom-Abkommens von Artikel 17 des Abkommens Gebrauch macht, richtet nach Maßgabe dieser Bestimmungen eine Notifikation an den Generaldirektor der Weltorganisation für geistiges Eigentum (WIPO).

Art. 4 Inländerbehandlung. (1) Jede Vertragspartei gewährt den Angehörigen anderer Vertragsparteien im Sinne von Artikels 3 Absatz 2 die Behandlung, die sie ihren eigenen Angehörigen in bezug auf die nach diesem Vertrag ausdrücklich gewährten ausschließlichen Rechte und das Recht auf angemessene Vergütung gemäß Artikel 15 gewährt.

(2) Die Verpflichtung nach Absatz 1 gilt nicht, soweit eine andere Vertragspartei von den Vorbehalten nach Artikel 15 Absatz 3 Gebrauch macht.

Kapitel II. Rechte der ausübenden Künstler

Art. 5 Persönlichkeitsrechte. (1) Unabhängig von ihren wirtschaftlichen Rechten haben ausübende Künstler auch nach Abtretung dieser Rechte in bezug auf ihre hörbaren Live-Darbietungen oder auf Tonträgern festgelegten Darbietungen das Recht auf Namensnennung, sofern die Unterlassung der Namensnennung nicht durch die Art der Nutzung der Darbietung geboten ist, und können gegen jede Entstellung, Verstümmelung oder sonstige Änderung ihrer Darbietungen, die ihrem Ruf abträglich wäre, Einspruch erheben.

(2) Die Rechte der ausübenden Künstler nach Absatz 1 bestehen nach ihrem Tod mindestens bis zum Erlöschen der wirtschaftlichen Rechte fort und können von den Personen oder Institutionen wahrgenommen werden, die nach dem Recht der Vertragspartei, in deren Gebiet der Schutz beansprucht wird, hierzu befugt sind. Die Vertragsparteien, deren Recht zum Zeitpunkt der Ratifikation dieses Vertrags oder des Beitritts zu diesem Vertrag keinen Schutz für sämtliche in Absatz 1 genannten Rechte der ausübenden Künstler nach deren Ableben vorsieht, können bestimmen, daß einige dieser Rechte nach dem Tod nicht fortbestehen.

(3) Die Möglichkeit des Rechtsschutzes zur Wahrung der nach diesem Artikel gewährten Rechte bestimmen sich nach dem Recht der Vertragspartei, in deren Gebiet der Schutz beansprucht wird.

Art. 6 Wirtschaftliche Rechte der ausübenden Künstler an ihren nicht festgelegten Darbietungen. Ausübende Künstler haben in bezug auf ihre Darbietungen das ausschließliche Recht zu erlauben:

i) die Sendung und die öffentliche Wiedergabe ihrer nicht festgelegten Darbietungen, sofern es sich nicht bereits um eine gesendete Darbietung handelt, und

ii) die Festlegung ihrer nicht festgelegten Darbietungen.

Art. 7 Vervielfältigungsrecht. Ausübende Künstler haben das ausschließliche Recht, jede unmittelbare oder mittelbare Vervielfältigung ihrer auf Tonträger festgelegten Darbietungen zu erlauben.

Art. 8 Verbreitungsrecht. (1) Ausübende Künstler haben das ausschließliche Recht zu erlauben, daß das Original und Vervielfältigungsstücke ihrer auf Tonträgern festgelegten Darbietungen durch Verkauf oder sonstige Eigentumsübertragung der Öffentlichkeit zugänglich gemacht werden.

(2) Dieser Vertrag berührt nicht die Freiheit der Vertragsparteien, gegebenenfalls zu bestimmen, unter welchen Voraussetzungen sich das Recht nach Absatz 1 nach dem ersten mit Erlaubnis des ausübenden Künstlers erfolgten Verkauf[*)] des Originals oder eines Vervielfältigungsstücks oder der ersten sonstigen Eigentumsübertragung erschöpft.

Art. 9 Vermietrecht. (1) Ausübende Künstler haben das ausschließliche Recht, die gewerbsmäßige Vermietung des Originals und der Vervielfältigungsstücke ihrer auf Tonträgern festgelegten Darbietungen nach Maßgabe der

[*)] In der verkündeten Fassung: „Verkaufs" *(Anm. d. Red.)*.

Rechtsvorschriften der Vertragsparteien zu erlauben, auch wenn das Original und die Vervielfältigungsstücke bereits mit allgemeiner oder ausdrücklicher Erlaubnis des ausübenden Künstlers verbreitet worden sind.

(2) Eine Vertragspartei, in deren Gebiet seit dem 15. April 1994 eine Regelung in Kraft ist, die für ausübende Künstler eine angemessene Vergütung für die Vermietung von Vervielfältigungsstücken ihrer auf Tonträgern*) festgelegten Darbietungen vorsieht, kann diese Regelung unbeschadet der Bestimmungen von Absatz 1 beibehalten, sofern die gewerbsmäßige Vermietung von Tonträgern das ausschließliche Vervielfältigungsrecht der ausübenden Künstler nicht erheblich beeinträchtigt.

Art. 10 Recht auf Zugänglichmachung festgelegter Darbietungen. Ausübende Künstler haben das ausschließliche Recht zu erlauben, daß ihre auf Tonträgern festgelegten Darbietungen drahtgebunden oder drahtlos in einer Weise der Öffentlichkeit zugänglich gemacht werden, daß sie Mitgliedern der Öffentlichkeit an Orten und zu Zeiten ihrer Wahl zugänglich sind.

Kapitel III. Rechte der Tonträgerhersteller

Art. 11 Vervielfältigungsrecht. Die Hersteller von Tonträgern haben das ausschließliche Recht, jede unmittelbare oder mittelbare Vervielfältigung ihrer Tonträger zu erlauben.

Art. 12 Verbreitungsrecht. (1) Die Hersteller von Tonträgern haben das ausschließliche Recht zu erlauben, daß das Original und Vervielfältigungsstücke ihrer Tonträger durch Verkauf oder sonstige Eigentumsübertragung der Öffentlichkeit zugänglich gemacht werden.

(2) Dieser Vertrag berührt nicht die Freiheit der Vertragsparteien, gegebenenfalls zu bestimmen, unter welchen Voraussetzungen sich das Recht nach Absatz 1 nach dem ersten mit Erlaubnis des Tonträgerherstellers erfolgten Verkauf**) des Originals oder eines Vervielfältigungsstücks oder der ersten sonstigen Eigentumsübertragung erschöpft.

Art. 13 Vermietrecht. (1) Die Hersteller von Tonträgern haben das ausschließliche Recht, die gewerbsmäßige Vermietung des Originals und der Vervielfältigungsstücke ihrer Tonträger zu erlauben, auch wenn das Original und die Vervielfältigungsstücke bereits mit allgemeiner oder besonderer Erlaubnis des Herstellers verbreitet worden sind.

(2) Eine Vertragspartei, in deren Gebiet seit dem 15. April 1994 eine Regelung in Kraft ist, die für Tonträgerhersteller eine angemessene Vergütung für die Vermietung von Vervielfältigungsstücken ihrer Tonträger vorsieht, kann diese Regelung unbeschadet der Bestimmungen von Absatz 1 beibehalten, sofern die gewerbsmäßige Vermietung von Tonträgern das ausschließliche Vervielfältigungsrecht der Tonträgerhersteller nicht erheblich beeinträchtigt.

Art. 14 Recht auf Zugänglichmachung von Tonträgern. Die Hersteller von Tonträgern haben das ausschließliche Recht zu erlauben, daß ihre Tonträ-

---

*) In der verkündeten Fassung: „Tonträger“ *(Anm. d. Red.)*.

**) In der verkündeten Fassung: „Verkaufs“ *(Anm. d. Red.)*.

ger drahtgebunden oder drahtlos in einer Weise der Öffentlichkeit zugänglich gemacht werden, daß sie Mitgliedern der Öffentlichkeit an Orten und zu Zeiten ihrer Wahl zugänglich sind.

Kapitel IV. Gemeinsame Bestimmungen

Art. 15 Vergütungsrecht für Sendung und öffentliche Wiedergabe. (1) Werden zu gewerblichen Zwecken veröffentlichte Tonträger unmittelbar oder mittelbar für eine Sendung oder öffentliche Wiedergabe benutzt, so haben ausübende Künstler und Tonträgerhersteller Anspruch auf eine einzige angemessene Vergütung.

(2) Die Vertragsparteien können in ihren Rechtsvorschriften bestimmen, daß der ausübende Künstler oder der Tonträgerhersteller oder beide von dem Benutzer die Zahlung der einzigen angemessenen Vergütung verlangen. Die Vertragsparteien können Rechtsvorschriften erlassen, die in Ermangelung einer Vereinbarung zwischen dem ausübenden Künstler und dem Tonträgerhersteller die Bedingungen festlegen, nach denen die einzige angemessene Vergütung zwischen ausübenden Künstlern und Tonträgerherstellern aufzuteilen ist.

(3) Jede Vertragspartei kann in einer beim Generaldirektor der WIPO hinterlegten Notifikation erklären, daß sie die Bestimmungen in Absatz 1 nur in bezug auf bestimmte Nutzungsarten anwenden oder die Anwendung in einer anderen Weise einschränken wird oder daß sie diese Bestimmungen überhaupt nicht anwenden wird.

(4) Tonträger, die drahtgebunden oder drahtlos in einer Weise der Öffentlichkeit zugänglich gemacht wurden, daß sie Mitgliedern der Öffentlichkeit an Orten und zu Zeiten ihrer Wahl zugänglich sind, gelten im Sinne dieses Artikels als zu gewerblichen Zwecken veröffentlicht.

Art. 16 Beschränkungen und Ausnahmen. (1) Die Vertragsparteien können in ihren Rechtsvorschriften in bezug auf den Schutz der ausübenden Künstler und der Hersteller von Tonträgern Beschränkungen und Ausnahmen gleicher Art vorsehen, wie sie in ihren Rechtsvorschriften im Zusammenhang mit dem Schutz des Urheberrechts an Werken der Literatur und Kunst vorgesehen sind.

(2) Die Vertragsparteien begrenzen die Beschränkungen und Ausnahmen in bezug auf die in diesem Vertrag vorgesehenen Rechte auf bestimmte Sonderfälle, die weder die normale Verwertung der Darbietung oder des Tonträgers beeinträchtigen noch die berechtigten Interessen der ausübenden Künstler oder Tonträgerhersteller unzumutbar verletzen.

Art. 17 Schutzdauer. (1) Die Dauer des den ausübenden Künstlern nach diesem Vertrag zu gewährenden Schutzes beträgt mindestens 50 Jahre, gerechnet vom Ende des Jahres, in dem die Darbietung auf einem Tonträger festgelegt wurde.

(2) Die Dauer des den Tonträgerherstellern nach diesem Vertrag zu gewährenden Schutzes beträgt mindestens 50 Jahre, gerechnet vom Ende des Jahres, in dem der Tonträger veröffentlicht wurde, oder, falls er innerhalb von 50 Jahren nach seiner Festlegung nicht veröffentlicht wurde, 50 Jahre, gerechnet vom Ende des Jahres, in dem er festgelegt wurde.

Art. 18 Pflichten in bezug auf technische Vorkehrungen. Die Vertragsparteien sehen einen hinreichenden Rechtsschutz und wirksame Rechtsbehelfe gegen die Umgehung wirksamer technischer Vorkehrungen vor, von denen ausübende Künstler oder Tonträgerhersteller im Zusammenhang mit der Ausübung ihrer Rechte nach diesem Vertrag Gebrauch machen und die Handlungen in bezug auf ihre Darbietungen oder Tonträger einschränken, die der betreffende ausübende Künstler oder Tonträgerhersteller nicht erlaubt hat oder die gesetzlich nicht zulässig sind.

Art. 19 Pflichten in bezug auf Informationen für die Wahrnehmung der Rechte. (1) Die Vertragsparteien sehen hinreichende und wirksame Rechtsbehelfe gegen Personen vor, die wissentlich eine der nachstehenden Handlungen vornehmen, obwohl ihnen bekannt ist oder in bezug auf zivilrechtliche Rechtsbehelfe den Umständen nach bekannt sein muß, daß diese Handlung die Verletzung eines unter diesen Vertrag fallenden Rechts herbeiführen, ermöglichen, erleichtern oder verbergen wird:

i) unbefugte Entfernung oder Änderung elektronischer Informationen für die Wahrnehmung der Rechte;
ii) unbefugte Verbreitung, Einfuhr zur Verbreitung, Sendung, öffentliche Wiedergabe oder Zugänglichmachung von Darbietungen, Vervielfältigungsstücken festgelegter Darbietungen oder Tonträgern in Kenntnis des Umstands, daß elektronische Informationen für die Wahrnehmung der Rechte unbefugt entfernt oder geändert wurden.

(2) Im Sinne dieses Artikels sind „Informationen für die Wahrnehmung der Rechte" Informationen, die den ausübenden Künstler, seine Darbietung, den Hersteller des Tonträgers, den Tonträger, den Inhaber eines Rechts an der Darbietung oder an dem Tonträger identifizieren, oder Informationen über die Nutzungsbedingungen einer Darbietung oder eines Tonträgers oder Zahlen oder Codes, die derartige Informationen darstellen, wenn irgendeines dieser Informationselemente an einem Vervielfältigungsstück einer festgelegten Darbietung oder einem Tonträger angebracht ist oder im Zusammenhang mit der öffentlichen Wiedergabe oder Zugänglichmachung einer festgelegten Darbietung oder eines Tonträgers erscheint.

Art. 20 Formvorschriften. Der Genuß und die Ausübung der in diesem Vertrag vorgesehenen Rechte unterliegen keinerlei Formvorschriften.

Art. 21 Vorbehalte. Mit Ausnahme des Artikels 15 Absatz 3 sind Vorbehalte zu diesem Vertrag nicht zulässig.

Art. 22 Anwendung in zeitlicher Hinsicht. (1) Die Vertragsparteien wenden Artikel 18 der Berner Übereinkunft entsprechend auf die nach diesem Vertrag vorgesehenen Rechte der ausübenden Künstler und Tonträgerhersteller an.

(2) Unbeschadet des Absatzes 1 kann eine Vertragspartei die Anwendung des Artikels 5 dieses Vertrags auf Darbietungen beschränken, die nach Inkrafttreten dieses Vertrags für die betreffende Vertragspartei stattgefunden haben.

Art. 23 Rechtsdurchsetzung. (1) Die Vertragsparteien verpflichten sich, in Übereinstimmung mit ihren Rechtsordnungen die notwendigen Maßnahmen zu ergreifen, um die Anwendung dieses Vertrags sicherzustellen.

(2) Die Vertragsparteien stellen sicher, daß in ihren Rechtsordnungen Verfahren zur Rechtsdurchsetzung verfügbar sind, um ein wirksames Vorgehen gegen jede Verletzung von unter diesen Vertrag fallenden Rechten zu ermöglichen, einschließlich Eilverfahren zur Verhinderung von Verletzungshandlungen und Rechtsbehelfen zur Abschreckung von weiteren Verletzungshandlungen.

Kapitel V. Verwaltungs- und Schlußbestimmungen

Art. 24 Die Versammlung. (1) a) Die Vertragsparteien haben eine Versammlung.

b) Jede Vertragspartei wird durch einen Delegierten vertreten, der von Stellvertretern, Beratern und Sachverständigen unterstützt werden kann.

c) Die Kosten jeder Delegation werden von der Vertragspartei getragen, die sie entsandt hat. Die Versammlung kann die WIPO um finanzielle Unterstützung bitten, um die Teilnahme von Delegationen von Vertragsparteien zu erleichtern, die nach der bestehenden Übung der Generalversammlung der Vereinten Nationen als Entwicklungsländer angesehen werden oder die Länder im Übergang zur Marktwirtschaft sind.

(2) a) Die Versammlung behandelt Fragen, die die Erhaltung und Entwicklung sowie die Anwendung und Durchführung dieses Vertrags betreffen.

b) Die Versammlung nimmt in bezug auf die Zulassung bestimmter zwischenstaatlicher Organisationen als Vertragspartei die ihr nach Artikel 26 Absatz 2 übertragene Aufgabe wahr.

c) Die Versammlung beschließt die Einberufung einer diplomatischen Konferenz zur Revision dieses Vertrags und erteilt dem Generaldirektor der WIPO die notwendigen Weisungen für die Vorbereitung einer solchen Konferenz.

(3) a) Jede Vertragspartei, die ein Staat ist, verfügt über eine Stimme und stimmt nur in ihrem Namen ab.

b) Eine Vertragspartei, die eine zwischenstaatliche Organisation ist, kann anstelle ihrer Mitgliedstaaten an der Abstimmung teilnehmen und verfügt über eine Anzahl von Stimmen, die der Anzahl ihrer Mitgliedstaaten entspricht, die Vertragspartei dieses Vertrags sind. Eine zwischenstaatliche Organisation kann nicht an der Abstimmung teilnehmen, wenn einer ihrer Mitgliedstaaten sein Stimmrecht ausübt und umgekehrt.

(4) Die Versammlung tritt nach Einberufung durch den Generaldirektor der WIPO alle zwei Jahre einmal zu einer ordentlichen Tagung zusammen.

(5) Die Versammlung gibt sich eine Geschäftsordnung, in der unter anderem die Einberufung außerordentlicher Tagungen, die Voraussetzungen für die Beschlußfähigkeit und vorbehaltlich der Bestimmungen dieses Vertrags die Mehrheitserfordernisse für die verschiedenen Arten von Beschlüssen geregelt sind.

Art. 25 Das Internationale Büro. Das Internationale Büro der WIPO nimmt die Verwaltungsaufgaben im Rahmen dieses Vertrags wahr.

Art. 26 Qualifikation als Vertragspartei. (1) Jeder Mitgliedstaat der WIPO kann Vertragspartei dieses Vertrags werden.

(2) Die Versammlung kann beschließen, jede zwischenstaatliche Organisation als Vertragspartei zuzulassen, die erklärt, für die durch diesen Vertrag geregelten Bereiche zuständig zu sein, über diesbezügliche Vorschriften, die für alle ihre Mitgliedstaaten bindend sind, zu verfügen und in Übereinstimmung mit ihrer Geschäftsordnung ordnungsgemäß ermächtigt worden zu sein, Vertragspartei zu werden.

(3) Die Europäische Gemeinschaft, die auf der Diplomatischen Konferenz, auf der dieser Vertrag angenommen wurde, die in Absatz 2 bezeichnete Erklärung abgegeben hat, kann Vertragspartei dieses Vertrags werden.

Art. 27 Rechte und Pflichten nach dem Vertrag. Sofern dieser Vertrag nicht ausdrücklich etwas anderes bestimmt, gelten für jede Vertragspartei alle Rechte und Pflichten nach diesem Vertrag.

Art. 28 Unterzeichnung des Vertrags. Dieser Vertrag liegt bis zum 31. Dezember 1997 zur Unterzeichnung durch jeden Mitgliedstaat der WIPO und durch die Europäische Gemeinschaft auf.

Art. 29 Inkrafttreten des Vertrags. Dieser Vertrag tritt drei Monate nach Hinterlegung der dreißigsten Ratifikations- oder Beitrittsurkunde beim Generaldirektor der WIPO in Kraft.

Art. 30 Inkrafttreten des Vertrags für eine Vertragspartei. Dieser Vertrag bindet

i) die dreißig Staaten im Sinne von Artikel 29 ab dem Tag, an dem dieser Vertrag in Kraft getreten ist;

ii) jeden anderen Staat nach Ablauf von drei Monaten nach Hinterlegung seiner Urkunde beim Generaldirektor der WIPO;

iii) die Europäische Gemeinschaft nach Ablauf von drei Monaten nach Hinterlegung ihrer Ratifikations- oder Beitrittsurkunde, wenn diese Urkunde nach Inkrafttreten dieses Vertrags nach Artikel 29 hinterlegt worden ist, oder drei Monate nach Inkrafttreten dieses Vertrags, wenn die Urkunde vor Inkrafttreten des Vertrags hinterlegt worden ist;

iv) jede andere zwischenstaatliche Organisation, die als Vertragspartei dieses Vertrags zugelassen wird, nach Ablauf von drei Monaten nach Hinterlegung ihrer Beitrittsurkunde.

Art. 31 Kündigung des Vertrags. Dieser Vertrag kann von jeder Vertragspartei durch eine an den Generaldirektor der WIPO gerichtete Notifikation gekündigt werden. Die Kündigung wird ein Jahr nach dem Tag wirksam, an dem die Notifikation beim Generaldirektor der WIPO eingegangen ist.

Art. 32 Vertragssprachen. (1) Dieser Vertrag wird in einer Urschrift in englischer, arabischer, chinesischer, französischer, russischer und spanischer Sprache unterzeichnet, wobei jeder Wortlaut gleichermaßen verbindlich ist.

(2) Ein amtlicher Wortlaut in einer anderen als der in Absatz 1 genannten Sprachen wird durch den Generaldirektor der WIPO auf Ersuchen einer interessierten Vertragspartei nach Konsultation mit allen interessierten Vertragsparteien erstellt. „Interessierte Vertragspartei" im Sinne dieses Absatzes bezeichnet einen Mitgliedstaat der WIPO, dessen Amtssprache oder eine von dessen Amts-

sprachen betroffen ist, sowie die Europäische Gemeinschaft und jede andere zwischenstaatliche Organisation, die Vertragspartei dieses Vertrags werden kann, wenn eine ihrer Amtssprachen betroffen ist.

Art. 33 Verwahrer. Verwahrer dieses Vertrags ist der Generaldirektor der WIPO.

Vereinbarte Erklärungen

Zu Artikel 1

Artikel 1 Absatz 2 präzisiert das Verhältnis zwischen Rechten an Tonträgern im Sinne dieses Vertrags und dem Urheberrecht an in Tonträgern verkörperten Werken. In Fällen, in denen sowohl die Zustimmung des Urhebers eines in einen Tonträger eingefügten Werks als auch die Zustimmung des ausübenden Künstlers oder Herstellers, der Rechte an dem Tonträger besitzt, erforderlich ist, wird das Erfordernis der Zustimmung des Urhebers nicht deshalb hinfällig, weil auch die Zustimmung des ausübenden Künstlers oder Herstellers erforderlich ist und umgekehrt.

Artikel 1 Absatz 2 hindert einen Vertragsstaat nicht daran, einem ausübenden Künstler oder Tonträgerhersteller ausschließliche Rechte zu gewähren, die über die nach diesem Vertrag zu gewährenden Rechte hinausgehen.

Zu Artikel 2 Buchstabe b)

Die Tonträgerdefinition in Artikel 2 Buchstabe b) läßt nicht darauf schließen, daß Rechte an einem Tonträger durch ihre Einfügung in ein Filmwerk oder in ein anderes audiovisuelles Werk in irgendeiner Weise beeinträchtigt werden.

Zu Artikel 2 Buchstabe e) und die Artikel 8, 9, 12 und 13

Die in diesen Artikeln im Zusammenhang mit dem Verbreitungs- und Vermietrecht verwendeten Ausdrücke „Vervielfältigungsstücke" und „Original und Vervielfältigungsstücke" beziehen sich ausschließlich auf Vervielfältigungsstücke, die als körperliche Gegenstände in Verkehr gebracht werden können.

Zu Artikel 3

Der Verweis in den Artikeln 5 Buchstabe a) und 16 Buchstabe a) Ziffer iv) des Rom-Abkommens auf „Angehöriger eines anderen vertragschließenden Staates" bezeichnet, wenn er sich auf diesen Vertrag bezieht, im Hinblick auf eine zwischenstaatliche Organisation, die Partei dieses Vertrags ist, einen Angehörigen einer der Staaten, die Mitglieder dieser Organisation sind.

Zu Artikel 3 Absatz 2

Im Sinne von Artikel 3 Absatz 2 bedeutet Festlegung die Fertigstellung des Master-Bands.

Zu den Artikeln 7, 11 und 16

Das in den Artikeln 7 und 11 niedergelegte Vervielfältigungsrecht mit den in Artikel 16 aufgeführten zulässigen Ausnahmen findet in vollem Umfang im digitalen Bereich Anwendung, insbesondere auf die Verwendung von Darbietungen und Tonträgern in digitaler Form. Die elektronische Speicherung einer geschützten Darbietung oder eines geschützten Tonträgers in digitaler Form gilt als Vervielfältigung im Sinne dieser Artikel.

Zu Artikel 15

Der Umfang der Sende- und Wiedergaberechte, die ausübende Künstler und Tonträgerhersteller im Zeitalter der Digitaltechnik in Anspruch nehmen können, ist in Artikel 15 nicht vollständig geregelt. Die Delegationen waren nicht in der Lage, einen Konsens über die verschiedenen Vorschläge zu den unter bestimmten Voraussetzungen zu gewährenden Ausschließlichkeitsrechten oder zu Rechten, die ohne die Möglichkeit eines Vorbehalts gewährt werden, herbeizuführen und haben diese Frage daher einer künftigen Regelung vorbehalten.

Zu Artikel 15

Artikel 15 steht der Gewährung des Rechts nicht entgegen, das dieser Artikel den Interpreten der Volkskunst und den Tonträgerherstellern, die Volkskunst aufzeichnen, einräumt, wenn diese Tonträger nicht zu gewerblichen Zwecken veröffentlicht worden sind.

Zu Artikel 16

Die vereinbarte Erklärung zu Artikel 10 (Beschränkungen und Ausnahmen) des WIPO-Urheberrechtsvertrags gilt mutatis mutandis ebenfalls für Artikel 16 (Beschränkungen und Ausnahmen) des WIPO-Vertrags über Darbietungen und Tonträger.

Zu Artikel 19

Die vereinbarte Erklärung zu Artikel 12 (Pflicht in bezug auf Informationen für die Wahrnehmung der Rechte) des WIPO-Urheberrechtsvertrags gilt mutatis mutandis ebenfalls für Artikel 19 (Pflichten in bezug auf Informationen für die Wahrnehmung der Rechte) des WIPO-Vertrags über Darbietungen und Tonträger.

25c. Gesetz zu den WIPO-Verträgen vom 20. Dezember 1996 über Urheberrecht sowie über Darbietungen und Tonträger

Vom 10. August 2003
(BGBl. II S. 754)

Der Bundestag hat das folgende Gesetz beschlossen:

Art. 1. Den folgenden von der Bundesrepublik Deutschland in Genf am 21. Dezember 1996 unterzeichneten Verträgen wird zugestimmt:

1. WIPO-Urheberrechtsvertrag vom 20. Dezember 1996 einschließlich der Vereinbarten Erklärungen vom selben Tage;
2. WIPO-Vertrag vom 20. Dezember 1996 über Darbietungen und Tonträger einschließlich der Vereinbarten Erklärungen vom selben Tage.

Die Verträge und die Vereinbarten Erklärungen werden nachstehend mit einer amtlichen deutschen Übersetzung veröffentlicht.

Art. 2. (1) Dieses Gesetz tritt am Tage nach seiner Verkündung in Kraft.

(2) Die Tage, an denen

1. der WIPO-Urheberrechtsvertrag nach seinen Artikeln 20 und 21 und
2. der WIPO-Vertrag über Darbietungen und Tonträger nach seinen Artikeln 29 und 30

für die Bundesrepublik Deutschland in Kraft treten, sind im Bundesgesetzblatt bekannt zu geben.[1]

---

[1] In-Kraft-Treten für die Bundesrepublik Deutschland am 14. März 2010 (Bek. v. 9. August 2011 (BGBl. II S. 856 und 860)).

26. Berner Übereinkunft zum Schutz von Werken der Literatur und Kunst[1), 2)]

(Pariser Fassung)

Vom 9. September 1886

Vervollständigt in PARIS am 4. Mai 1896 (RGBl. 1897 S. 759), revidiert in BERLIN am 13. November 1908 (RGBl. 1910 S. 965, 987), vervollständigt in BERN am 20. März 1914 (RGBl. 1920 S. 31, 137), und revidiert in ROM am 2. Juni 1928 (RGBl. 1933 II S. 889), in BRÜSSEL am 26. Juni 1948 (BGBl. 1965 II 1213), in STOCKHOLM am 14. Juli 1967 (BGBl. 1970 II 293, 348) und in PARIS am 24. Juli 1971 (BGBl. 1973 II S. 1071; geändert durch Beschluß vom 2.10.1979, BGBl. 1985 II S. 81)

– Amtlicher deutscher Text gemäß Artikel 37 Absatz 1 Buchstabe b –

Die Verbandsländer

– gleichermaßen von dem Wunsch geleitet, die Rechte der Urheber an ihren Werken der Literatur und Kunst in möglichst wirksamer und gleichmäßiger Weise zu schützen,

in Anerkennung der Bedeutung der Arbeitsergebnisse der 1967 in Stockholm abgehaltenen Revisionskonferenz

– haben beschlossen, die von der Stockholmer Konferenz angenommene Fassung dieser Übereinkunft unter unveränderter Beibehaltung der Artikel 1 bis 20 und 22 bis 26 zu revidieren.

Die unterzeichneten Bevollmächtigten haben daher nach Vorlage ihrer in guter und gehöriger Form befundenen Vollmachten folgendes vereinbart:

Art. 1. Die Länder, auf die diese Übereinkunft Anwendung findet, bilden einen Verband zum Schutz der Rechte der Urheber an ihren Werken der Literatur und Kunst.

Art. 2. (1) Die Bezeichnung „Werke der Literatur und Kunst“ umfaßt alle Erzeugnisse auf dem Gebiet der Literatur, Wissenschaft und Kunst, ohne Rücksicht auf die Art und Form des Ausdrucks, wie: Bücher, Broschüren und andere Schriftwerke; Vorträge, Ansprachen, Predigten und andere Werke gleicher Art; dramatische oder dramatisch-musikalische Werke; choreographische Werke und Pantomimen; musikalische Kompositionen mit oder ohne Text; Filmwerke einschließlich der Werke, die durch ein ähnliches Verfahren wie Filmwerke hervorgebracht sind; Werke der zeichnenden Kunst, der Malerei, der Baukunst, der Bildhauerei, Stiche und Lithographien; photographische Werke, denen Werke gleichgestellt sind, die durch ein der Photographie ähnliches Verfahren hervorgebracht sind; Werke der angewandten Kunst; Illustrationen, geographische Karten; Pläne, Skizzen und Darstellungen plastischer

---

1) Siehe hierzu das Ges. v. 17.8.1973 (abgedruckt unter Nr. 28) sowie die Bek. v. 5.2.1974 und v. 15.7.1974 (BGBl. II S. 165 und S. 1079), wonach die Übereinkunft für die Bundesrepublik mit Ausnahme der Art. 1 bis 21 und des Anhangs am 22.1.1974 und für die Art. 1 bis 21 und den Anhang am 10.10.1974 in Kraft getreten ist.

2) Stand der Vertragsparteien siehe BGBl. Fundstellennachweis B, abgeschlossen am 31.12. jedes Jahres, und www.wipo.int.

Art auf den Gebieten der Geographie, Topographie, Architektur oder Wissenschaft.

(2) Der Gesetzgebung der Verbandsländer bleibt jedoch vorbehalten, die Werke der Literatur und Kunst oder eine oder mehrere Arten davon nur zu schützen, wenn sie auf einem materiellen Träger festgelegt sind.

(3) Den gleichen Schutz wie Originalwerke genießen, unbeschadet der Rechte des Urhebers des Originalwerks, die Übersetzungen, Bearbeitungen, musikalischen Arrangements und andere Umarbeitungen eines Werkes der Literatur oder Kunst.

(4) Der Gesetzgebung der Verbandsländer bleibt vorbehalten, den Schutz amtlicher Texte auf dem Gebiet der Gesetzgebung, Verwaltung und Rechtsprechung sowie der amtlichen Übersetzungen dieser Texte zu bestimmen.

(5) Sammlungen von Werken der Literatur oder Kunst, wie zum Beispiel Enzyklopädien und Anthologien, die wegen der Auswahl oder der Anordnung des Stoffes geistige Schöpfungen darstellen, sind als solche geschützt, unbeschadet der Rechte der Urheber an jedem einzelnen der Werke, die Bestandteile dieser Sammlungen sind.

(6) Die oben genannten Werke genießen Schutz in allen Verbandsländern. Dieser Schutz besteht zugunsten des Urhebers und seiner Rechtsnachfolger oder sonstiger Inhaber ausschließlicher Werknutzungsrechte.

(7) Unbeschadet des Artikels 7 Absatz 4 bleibt der Gesetzgebung der Verbandsländer vorbehalten, den Anwendungsbereich der Gesetze, die die Werke der angewandten Kunst und die gewerblichen Muster und Modelle betreffen, sowie die Voraussetzungen des Schutzes dieser Werke, Muster und Modelle festzulegen. Für Werke, die im Ursprungsland nur als Muster und Modelle geschützt werden, kann in einem anderen Verbandsland nur der besondere Schutz beansprucht werden, der in diesem Land den Mustern und Modellen gewährt wird; wird jedoch in diesem Land kein solcher besonderer Schutz gewährt, so sind diese Werke als Werke der Kunst zu schützen.

(8) Der Schutz dieser Übereinkunft besteht nicht für Tagesneuigkeiten oder vermischte Nachrichten, die einfache Zeitungsmitteilungen darstellen.

Art. 2bis. (1) Der Gesetzgebung der Verbandsländer bleibt vorbehalten, politische Reden und Reden in Gerichtsverhandlungen teilweise oder ganz von dem in Artikel 2 vorgesehenen Schutz auszuschließen.

(2) Ebenso bleibt der Gesetzgebung der Verbandsländer vorbehalten zu bestimmen, unter welchen Voraussetzungen Vorträge, Ansprachen und andere in der Öffentlichkeit dargebotene Werke gleicher Art durch die Presse vervielfältigt, durch Rundfunk gesendet, mittels Draht an die Öffentlichkeit übertragen werden und in den Fällen des Artikels 11bis Absatz 1 öffentlich wiedergegeben werden dürfen, wenn eine solche Benützung durch den Informationszweck gerechtfertigt ist.

(3) Der Urheber genießt jedoch das ausschließliche Recht, seine in den Absätzen 1 und 2 genannten Werke in Sammlungen zu vereinigen.

Art. 3. (1) Aufgrund dieser Übereinkunft sind geschützt:

a) die einem Verbandsland angehörenden Urheber für ihre veröffentlichten und unveröffentlichten Werke;

b) die keinem Verbandsland angehörenden Urheber für die Werke, die sie zum ersten Mal in einem Verbandsland oder gleichzeitig in einem verbandsfremden und in einem Verbandsland veröffentlichen.

(2) Die Urheber, die keinem Verbandsland angehören, jedoch ihren gewöhnlichen Aufenthalt in einem Verbandsland haben, sind für die Anwendung dieser Übereinkunft den Urhebern gleichgestellt, die diesem Land angehören.

(3) Unter „veröffentlichten Werken" sind die mit Zustimmung ihrer Urheber erschienenen Werke zu verstehen, ohne Rücksicht auf die Art der Herstellung der Werkstücke, die je nach der Natur des Werkes in einer Weise zur Verfügung der Öffentlichkeit gestellt sein müssen, die deren normalen Bedarf befriedigt. Eine Veröffentlichung stellen nicht dar: die Aufführung eines dramatischen, dramatisch-musikalischen oder musikalischen Werkes, die Vorführung eines Filmwerks, der öffentliche Vortrag eines literarischen Werkes, die Übertragung oder die Rundfunksendung von Werken der Literatur oder Kunst, die Ausstellung eines Werkes der bildenden Künste und die Errichtung eines Werkes der Baukunst.

(4) Als gleichzeitig in mehreren Ländern veröffentlicht gilt jedes Werk, das innerhalb von dreißig Tagen seit der ersten Veröffentlichung in zwei oder mehr Ländern erschienen ist.

Art. 4. Auch wenn die Voraussetzungen des Artikels 3 nicht vorliegen, sind durch diese Übereinkunft geschützt:

a) die Urheber von Filmwerken, deren Hersteller seinen Sitz oder seinen gewöhnlichen Aufenthalt in einem Verbandsland hat;
b) die Urheber von Werken der Baukunst, die in einem Verbandsland errichtet sind, oder von Werken der graphischen und plastischen Künste, die Bestandteile eines in einem Verbandsland gelegenen Grundstücks sind.

Art. 5. (1) Die Urheber genießen für die Werke, für die sie durch diese Übereinkunft geschützt sind, in allen Verbandsländern mit Ausnahme des Ursprungslandes des Werkes die Rechte, die die einschlägigen Gesetze den inländischen Urhebern gegenwärtig gewähren oder in Zukunft gewähren werden, sowie die in dieser Übereinkunft besonders gewährten Rechte.

(2) Der Genuß und die Ausübung dieser Rechte sind nicht an die Erfüllung irgendwelcher Förmlichkeiten gebunden; dieser Genuß und diese Ausübung sind unabhängig vom Bestehen des Schutzes im Ursprungsland des Werkes. Infolgedessen richten sich der Umfang des Schutzes sowie die dem Urheber zur Wahrung seiner Rechte zustehenden Rechtsbehelfe ausschließlich nach den Rechtsvorschriften des Landes, in dem der Schutz beansprucht wird, soweit diese Übereinkunft nichts anderes bestimmt.

(3) Der Schutz im Ursprungsland richtet sich nach den innerstaatlichen Rechtsvorschriften. Gehört der Urheber eines aufgrund dieser Übereinkunft geschützten Werkes nicht dem Ursprungsland des Werkes an, so hat er in diesem Land die gleichen Rechte wie die inländischen Urheber.

(4) Als Ursprungsland gilt:

a) für die zum ersten Mal in einem Verbandsland veröffentlichten Werke dieses Land; handelt es sich jedoch um Werke, die gleichzeitig in mehreren Verbandsländern mit verschiedener Schutzdauer veröffentlicht wurden, das

Land, dessen innerstaatliche Rechtsvorschriften die kürzeste Schutzdauer gewähren;

b) für die gleichzeitig in einem verbandsfremden Land und in einem Verbandsland veröffentlichten Werke dieses letzte Land;

c) für die nichtveröffentlichten oder die zum ersten Mal in einem verbandsfremden Land veröffentlichten Werke, die nicht gleichzeitig in einem Verbandsland veröffentlicht wurden, das Verbandsland, dem der Urheber angehört; jedoch ist Ursprungsland,

   i) wenn es sich um Filmwerke handelt, deren Hersteller seinen Sitz oder seinen gewöhnlichen Aufenthalt in einem Verbandsland hat, dieses Land und,

   ii) wenn es sich um Werke der Baukunst, die in einem Verbandsland errichtet sind, oder um Werke der graphischen und plastischen Künste handelt, die Bestandteile eines in einem Verbandsland gelegenen Grundstücks sind, dieses Land.

Art. 6. (1) Wenn ein verbandsfremdes Land die Werke der einem Verbandsland angehörenden Urheber nicht genügend schützt, kann dieses letzte Land den Schutz der Werke einschränken, deren Urheber im Zeitpunkt der ersten Veröffentlichung dieser Werke Angehörige des verbandsfremden Landes sind und ihren gewöhnlichen Aufenthalt nicht in einem Verbandsland haben. Wenn das Land der ersten Veröffentlichung von dieser Befugnis Gebrauch macht, sind die anderen Verbandsländer nicht gehalten, den Werken, die in dieser Weise einer besonderen Behandlung unterworfen sind, einen weitergehenden Schutz zu gewähren als das Land der ersten Veröffentlichung.

(2) Keine nach Absatz 1 festgesetzte Einschränkung darf die Rechte beeinträchtigen, die ein Urheber an einem Werk erworben hat, das in einem Verbandsland vor dem Inkrafttreten dieser Einschränkung veröffentlicht worden ist.

(3) Die Verbandsländer, die nach diesem Artikel den Schutz der Rechte der Urheber einschränken, notifizieren dies dem Generaldirektor der Weltorganisation für geistiges Eigentum (im folgenden als „der Generaldirektor" bezeichnet) durch eine schriftliche Erklärung; darin sind die Länder, denen gegenüber der Schutz eingeschränkt wird, und die Einschränkungen anzugeben, denen die Rechte der diesen Ländern angehörenden Urheber unterworfen werden. Der Generaldirektor teilt dies allen Verbandsländern unverzüglich mit.

Art. 6bis. (1) Unabhängig von seinen vermögensrechtlichen Befugnissen und selbst nach deren Abtretung behält der Urheber das Recht, die Urheberschaft am Werk für sich in Anspruch zu nehmen und sich jeder Entstellung, Verstümmelung, sonstigen Änderung oder Beeinträchtigung des Werkes zu widersetzen, die seiner Ehre oder seinem Ruf nachteilig sein könnten.

(2) Die dem Urheber nach Absatz 1 gewährten Rechte bleiben nach seinem Tod wenigstens bis zum Erlöschen der vermögensrechtlichen Befugnisse in Kraft und werden von den Personen oder Institutionen ausgeübt, die nach den Rechtsvorschriften des Landes, in dem der Schutz beansprucht wird, hierzu berufen sind. Die Länder, deren Rechtsvorschriften im Zeitpunkt der Ratifikation dieser Fassung der Übereinkunft oder des Beitritts zu ihr keine Be-

stimmungen zum Schutz aller nach Absatz 1 gewährten Rechte nach dem Tod des Urhebers enthalten, sind jedoch befugt vorzusehen, daß einzelne dieser Rechte nach dem Tod des Urhebers nicht aufrechterhalten bleiben.

(3) Die zur Wahrung der in diesem Artikel gewährten Rechte erforderlichen Rechtsbehelfe richten sich nach den Rechtsvorschriften des Landes, in dem der Schutz beansprucht wird.

Art. 7. (1) Die Dauer des durch diese Übereinkunft gewährten Schutzes umfaßt das Leben des Urhebers und fünfzig Jahre nach seinem Tod.

(2) Für Filmwerke sind die Verbandsländer jedoch befugt vorzusehen, daß die Schutzdauer fünfzig Jahre nach dem Zeitpunkt endet, in dem das Werk mit Zustimmung des Urhebers der Öffentlichkeit zugänglich gemacht worden ist, oder, wenn ein solches Ereignis nicht innerhalb von fünfzig Jahren nach der Herstellung eines solchen Werkes eintritt, fünfzig Jahre nach der Herstellung.

(3) Für anonyme und pseudonyme Werke endet die durch diese Übereinkunft gewährte Schutzdauer fünfzig Jahre, nachdem das Werk erlaubterweise der Öffentlichkeit zugänglich gemacht worden ist. Wenn jedoch das vom Urheber angenommene Pseudonym keinerlei Zweifel über die Identität des Urhebers zuläßt, richtet sich die Schutzdauer nach Absatz 1. Wenn der Urheber eines anonymen oder pseudonymen Werkes während der oben angegebenen Frist seine Identität offenbart, richtet sich die Schutzdauer gleichfalls nach Absatz 1. Die Verbandsländer sind nicht gehalten, anonyme oder pseudonyme Werke zu schützen, bei denen aller Grund zu der Annahme besteht, daß ihr Urheber seit fünfzig Jahren tot ist.

(4) Der Gesetzgebung der Verbandsländer bleibt vorbehalten, die Schutzdauer für Werke der Photographie und für als Kunstwerke geschützte Werke der angewandten Kunst festzusetzen; diese Dauer darf jedoch nicht weniger als fünfundzwanzig Jahre seit der Herstellung eines solchen Werkes betragen.

(5) Die sich an den Tod des Urhebers anschließende Schutzfrist und die in den Absätzen 2, 3 und 4 vorgesehenen Fristen beginnen mit dem Tod oder dem in diesen Absätzen angegebenen Ereignis zu laufen, doch wird die Dauer dieser Fristen erst vom 1. Januar des Jahres an gerechnet, das auf den Tod oder das genannte Ereignis folgt.

(6) Die Verbandsländer sind befugt, eine längere als die in den vorhergehenden Absätzen vorgesehene Schutzdauer zu gewähren.

(7) Die Verbandsländer, die durch die Fassung von Rom dieser Übereinkunft gebunden sind und die in ihren bei der Unterzeichnung der vorliegenden Fassung der Übereinkunft geltenden Rechtsvorschriften kürzere Schutzfristen gewähren, als in den vorhergehenden Absätzen vorgesehen sind, sind befugt, sie beim Beitritt zu dieser Fassung oder bei deren Ratifikation beizubehalten.

(8) In allen Fällen richtet sich die Dauer nach dem Gesetz des Landes, in dem der Schutz beansprucht wird; jedoch überschreitet sie, sofern die Rechtsvorschriften dieses Landes nichts anderes bestimmen, nicht die im Ursprungsland des Werkes festgesetzte Dauer.

Art. 7bis. Die Bestimmungen des Artikels 7 sind ebenfalls anwendbar, wenn das Urheberrecht den Miturhebern eines Werkes gemeinschaftlich zusteht, wobei die an den Tod des Urhebers anknüpfenden Fristen vom Zeitpunkt des Todes des letzten überlebenden Miturhebers an gerechnet werden.

Art. 8. Die Urheber von Werken der Literatur und Kunst, die durch diese Übereinkunft geschützt sind, genießen während der ganzen Dauer ihrer Rechte am Originalwerk das ausschließliche Recht, ihre Werke zu übersetzen oder deren Übersetzung zu erlauben.

Art. 9. (1) Die Urheber von Werken der Literatur und Kunst, die durch diese Übereinkunft geschützt sind, genießen das ausschließliche Recht, die Vervielfältigung dieser Werke zu erlauben, gleichviel, auf welche Art und in welcher Form sie vorgenommen wird.

(2) Der Gesetzgebung der Verbandsländer bleibt vorbehalten, die Vervielfältigung in gewissen Sonderfällen unter der Voraussetzung zu gestatten, daß eine solche Vervielfältigung weder die normale Auswertung des Werkes beeinträchtigt noch die berechtigten Interessen des Urhebers unzumutbar verletzt.

(3) Jede Aufnahme auf einen Bild- oder Tonträger gilt als Vervielfältigung im Sinne dieser Übereinkunft.

Art. 10. (1) Zitate aus einem der Öffentlichkeit bereits erlaubterweise zugänglich gemachten Werk sind zulässig, sofern sie anständigen Gepflogenheiten entsprechen und in ihrem Umfang durch den Zweck gerechtfertigt sind, einschließlich der Zitate aus Zeitungs- und Zeitschriftenartikeln in Form von Presseübersichten.

(2) Der Gesetzgebung der Verbandsländer und den zwischen ihnen bestehenden oder in Zukunft abzuschließenden Sonderabkommen bleibt vorbehalten, die Benützung von Werken der Literatur oder Kunst in dem durch den Zweck gerechtfertigten Umfang zur Veranschaulichung des Unterrichts durch Veröffentlichungen, Rundfunksendungen oder Aufnahmen auf Bild- oder Tonträger zu gestatten, sofern eine solche Benützung anständigen Gepflogenheiten entspricht.

(3) Werden Werke nach den Absätzen 1 und 2 benützt, so ist die Quelle zu erwähnen sowie der Name des Urhebers, wenn dieser Name in der Quelle angegeben ist.

Art. 10bis. (1) Der Gesetzgebung der Verbandsländer bleibt vorbehalten, die Vervielfältigung durch die Presse, die Rundfunksendung oder die Übertragung mittels Draht an die Öffentlichkeit von Artikeln über Tagesfragen wirtschaftlicher, politischer oder religiöser Natur, die in Zeitungen oder Zeitschriften veröffentlicht worden sind, oder von durch Rundfunk gesendeten Werken gleicher Art zu erlauben, falls die Vervielfältigung, die Rundfunksendung oder die genannte Übertragung nicht ausdrücklich vorbehalten ist. Jedoch muß die Quelle immer deutlich angegeben werden; die Rechtsfolgen der Unterlassung dieser Angabe werden durch die Rechtsvorschriften des Landes bestimmt, in dem der Schutz beansprucht wird.

(2) Ebenso bleibt der Gesetzgebung der Verbandsländer vorbehalten zu bestimmen, unter welchen Voraussetzungen anläßlich der Berichterstattung über Tagesereignisse durch Photographie oder Film oder im Weg der Rundfunksendung oder Übertragung mittels Draht an die Öffentlichkeit Werke der

Literatur oder Kunst, die im Verlauf des Ereignisses sichtbar oder hörbar werden, in dem durch den Informationszweck gerechtfertigten Umfang vervielfältigt und der Öffentlichkeit zugänglich gemacht werden dürfen.

Art. 11. (1) Die Urheber von dramatischen, dramatisch-musikalischen und musikalischen Werken genießen das ausschließliche Recht, zu erlauben:

1. die öffentliche Aufführung ihrer Werke einschließlich der öffentlichen Aufführung durch irgendein Mittel oder Verfahren,
2. die öffentliche Übertragung der Aufführung ihrer Werke durch irgendein Mittel.

(2) Die gleichen Rechte werden den Urhebern dramatischer oder dramatisch-musikalischer Werke während der ganzen Dauer ihrer Rechte am Originalwerk hinsichtlich der Übersetzung ihrer Werke gewährt.

Art. 11bis. (1) Die Urheber von Werken der Literatur und Kunst genießen das ausschließliche Recht, zu erlauben:

1. die Rundfunksendung ihrer Werke oder die öffentliche Wiedergabe der Werke durch irgendein anderes Mittel zur drahtlosen Verbreitung von Zeichen, Tönen oder Bildern,
2. jede öffentliche Wiedergabe des durch Rundfunk gesendeten Werkes mit oder ohne Draht, wenn diese Wiedergabe von einem anderen als dem ursprünglichen Sendeunternehmen vorgenommen wird,
3. die öffentliche Wiedergabe des durch Rundfunk gesendeten Werkes durch Lautsprecher oder irgendeine andere ähnliche Vorrichtung zur Übertragung von Zeichen, Tönen oder Bildern.

(2) Der Gesetzgebung der Verbandsländer bleibt vorbehalten, die Voraussetzungen für die Ausübung der in Absatz 1 erwähnten Rechte festzulegen; doch beschränkt sich die Wirkung dieser Voraussetzungen ausschließlich auf das Hoheitsgebiet des Landes, das sie festgelegt hat. Sie dürfen in keinem Fall das Urheberpersönlichkeitsrecht oder den Anspruch des Urhebers auf eine angemessene Vergütung beeinträchtigen, die mangels gütlicher Einigung durch die zuständige Behörde festgesetzt wird.

(3) Sofern keine gegenteilige Vereinbarung vorliegt, schließt eine nach Absatz 1 gewährte Erlaubnis nicht die Erlaubnis ein, das durch Rundfunk gesendete Werk auf Bild- oder Tonträger aufzunehmen. Der Gesetzgebung der Verbandsländer bleibt jedoch vorbehalten, Bestimmungen über die von einem Sendeunternehmen mit seinen eigenen Mitteln und für seine eigenen Sendungen vorgenommenen ephemeren Aufnahmen auf Bild- oder Tonträger zu erlassen. Diese Gesetzgebung kann erlauben, daß die Bild- oder Tonträger aufgrund ihres außergewöhnlichen Dokumentationscharakters in amtlichen Archiven aufbewahrt werden.

Art. 11ter. (1) Die Urheber von Werken der Literatur genießen das ausschließliche Recht, zu erlauben:

1. den öffentlichen Vortrag ihrer Werke einschließlich des öffentlichen Vortrags durch irgendein Mittel oder Verfahren,
2. die öffentliche Übertragung des Vortrags ihrer Werke durch irgendein Mittel.

(2) Die gleichen Rechte werden den Urhebern von Werken der Literatur während der ganzen Dauer ihrer Rechte am Originalwerk hinsichtlich der Übersetzung ihrer Werke gewährt.

Art. 12. Die Urheber von Werken der Literatur oder Kunst genießen das ausschließliche Recht, Bearbeitungen, Arrangements und andere Umarbeitungen ihrer Werke zu erlauben.

Art. 13. (1) Jedes Verbandsland kann für seinen Bereich Vorbehalte und Voraussetzungen festlegen für das ausschließliche Recht des Urhebers eines musikalischen Werkes und des Urhebers eines Textes, dessen Aufnahme auf einen Tonträger zusammen mit dem musikalischen Werk dieser Urheber bereits gestattet hat, die Aufnahme des musikalischen Werkes und gegebenenfalls des Textes auf Tonträger zu erlauben; doch beschränkt sich die Wirkung aller derartigen Vorbehalte und Voraussetzungen ausschließlich auf das Hoheitsgebiet des Landes, das sie festgelegt hat; sie dürfen in keinem Fall den Anspruch des Urhebers auf eine angemessene Vergütung beeinträchtigen, die mangels gütlicher Einigung durch die zuständige Behörde festgesetzt wird.

(2) Tonträger, auf die musikalische Werke in einem Verbandsland nach Artikel 13 Absatz 3 der am 2. Juni 1928 in Rom und am 26. Juni 1948 in Brüssel unterzeichneten Fassungen dieser Übereinkunft aufgenommen worden sind, können in diesem Land bis zum Ablauf einer Frist von zwei Jahren seit dem Zeitpunkt, in dem dieses Land durch die vorliegende Fassung gebunden wird, ohne Zustimmung des Urhebers des musikalischen Werkes vervielfältigt werden.

(3) Tonträger, die nach den Absätzen 1 und 2 hergestellt und ohne Erlaubnis der Beteiligten in ein Land eingeführt worden sind, in dem sie nicht erlaubt sind, können dort beschlagnahmt werden.

Art. 14. (1) Die Urheber von Werken der Literatur oder Kunst haben das ausschließliche Recht, zu erlauben:

1. die filmische Bearbeitung und Vervielfältigung dieser Werke und das Inverkehrbringen der auf diese Weise bearbeiteten oder vervielfältigten Werke,
2. die öffentliche Vorführung und die Übertragung mittels Draht an die Öffentlichkeit der auf diese Weise bearbeiteten oder vervielfältigten Werke.

(2) Die Bearbeitung von Filmwerken, die auf Werken der Literatur oder Kunst beruhen, in irgendeine andere künstlerische Form bedarf, unbeschadet der Erlaubnis ihrer Urheber, der Erlaubnis der Urheber der Originalwerke.

(3) Artikel 13 Absatz 1 ist nicht anwendbar.

Art. 14bis. (1) Unbeschadet der Rechte des Urhebers jedes etwa bearbeiteten oder vervielfältigten Werkes wird das Filmwerk wie ein Originalwerk geschützt. Der Inhaber des Urheberrechts am Filmwerk genießt die gleichen Rechte wie der Urheber eines Originalwerks einschließlich der in Artikel 14 genannten Rechte.

(2) a) Der Gesetzgebung des Landes, in dem der Schutz beansprucht wird, bleibt vorbehalten, die Inhaber des Urheberrechts am Filmwerk zu bestimmen.

b) In den Verbandsländern jedoch, deren innerstaatliche Rechtsvorschriften als solche Inhaber auch Urheber anerkennen, die Beiträge zur Herstellung des Filmwerks geleistet haben, können sich diese, wenn sie sich zur Leistung solcher Beiträge verpflichtet haben, mangels gegenteiliger oder besonderer Vereinbarung der Vervielfältigung, dem Inverkehrbringen, der öffentlichen Vorführung, der Übertragung mittels Draht an die Öffentlichkeit, der Rundfunksendung, der öffentlichen Wiedergabe, dem Versehen mit Untertiteln und der Textsynchronisation des Filmwerks nicht widersetzen.

c) Die Frage, ob für die Anwendung des Buchstaben b die Form der dort genannten Verpflichtung in einem schriftlichen Vertrag oder in einem gleichwertigen Schriftstück bestehen muß, wird durch die Rechtsvorschriften des Verbandslandes geregelt, in dem der Hersteller des Filmwerks seinen Sitz oder seinen gewöhnlichen Aufenthalt hat. Die Rechtsvorschriften des Verbandslandes, in dem der Schutz beansprucht wird, können jedoch vorsehen, daß diese Verpflichtung durch einen schriftlichen Vertrag oder durch ein gleichwertiges Schriftstück begründet sein muß. Die Länder, die von dieser Befugnis Gebrauch machen, müssen dies dem Generaldirektor durch eine schriftliche Erklärung notifizieren, der sie unverzüglich allen anderen Verbandsländern mitteilt.

d) Als „gegenteilige oder besondere Vereinbarung" gilt jede einschränkende Bestimmung, die in der vorgenannten Verpflichtung gegebenenfalls enthalten ist.

(3) Sofern die innerstaatlichen Rechtsvorschriften nichts anderes vorsehen, ist Absatz 2 Buchstabe b weder auf die Urheber der Drehbücher, der Dialoge und der musikalischen Werke anwendbar, die für die Herstellung des Filmwerks geschaffen worden sind, noch auf dessen Hauptregisseur. Die Verbandsländer jedoch, deren Rechtsvorschriften keine Bestimmungen über die Anwendung des Absatzes 2 Buchstabe b auf den Hauptregisseur vorsehen, müssen dies dem Generaldirektor durch eine schriftliche Erklärung notifizieren, der sie unverzüglich allen anderen Verbandsländern mitteilt.

Art. 14ter. (1) Hinsichtlich der Originale von Werken der bildenden Künste und der Originalhandschriften der Schriftsteller und Komponisten genießt der Urheber – oder nach seinem Tod die von den innerstaatlichen Rechtsvorschriften dazu berufenen Personen oder Institutionen – ein unveräußerliches Recht auf Beteiligung am Erlös aus Verkäufen eines solchen Werkstücks nach der ersten Veräußerung durch den Urheber.

(2) Der in Absatz 1 vorgesehene Schutz kann in jedem Verbandsland nur beansprucht werden, sofern die Heimatgesetzgebung des Urhebers diesen Schutz anerkennt und soweit es die Rechtsvorschriften des Landes zulassen, in dem dieser Schutz beansprucht wird.

(3) Das Verfahren und das Ausmaß der Beteiligung werden von den Rechtsvorschriften der einzelnen Länder bestimmt.

Art. 15. (1) Damit die Urheber der durch diese Übereinkunft geschützten Werke der Literatur und Kunst mangels Gegenbeweises als solche gelten und infolgedessen vor den Gerichten der Verbandsländer zur Verfolgung der unbefugten Vervielfältiger zugelassen werden, genügt es, daß der Name in der üblichen Weise auf dem Werkstück angegeben ist. Dieser Absatz ist anwendbar, selbst wenn dieser Name ein Pseudonym ist, sofern das vom Urheber angenommene Pseudonym keinen Zweifel über seine Identität aufkommen läßt.

(2) Als Hersteller des Filmwerks gilt mangels Gegenbeweises die natürliche oder juristische Person, deren Name in der üblichen Weise auf dem Werkstück angegeben ist.

(3) Bei den anonymen Werken und bei den nicht unter Absatz 1 fallenden pseudonymen Werken gilt der Verleger, dessen Name auf dem Werkstück angegeben ist, ohne weiteren Beweis als berechtigt, den Urheber zu vertreten; in dieser Eigenschaft ist er befugt, dessen Rechte wahrzunehmen und geltend zu machen. Die Bestimmung dieses Absatzes ist nicht mehr anwendbar, sobald der Urheber seine Identität offenbart und seine Berechtigung nachgewiesen hat.

(4) a) Für die nichtveröffentlichten Werke, deren Urheber unbekannt ist, bei denen jedoch aller Grund zu der Annahme besteht, daß ihr Urheber Angehöriger eines Verbandslandes ist, kann die Gesetzgebung dieses Landes die zuständige Behörde bezeichnen, die diesen Urheber vertritt und berechtigt ist, dessen Rechte in den Verbandsländern wahrzunehmen und geltend zu machen.

b) Die Verbandsländer, die nach dieser Bestimmung eine solche Bezeichnung vornehmen, notifizieren dies dem Generaldirektor durch eine schriftliche Erklärung, in der alle Angaben über die bezeichnete Behörde enthalten sein müssen. Der Generaldirektor teilt diese Erklärung allen anderen Verbandsländern unverzüglich mit.

Art. 16. (1) Jedes unbefugt hergestellte Werkstück kann in den Verbandsländern, in denen das Originalwerk Anspruch auf gesetzlichen Schutz hat, beschlagnahmt werden.

(2) Die Bestimmungen des Absatzes 1 sind auch auf Vervielfältigungsstücke anwendbar, die aus einem Land stammen, in dem das Werk nicht oder nicht mehr geschützt ist.

(3) Die Beschlagnahme findet nach den Rechtsvorschriften jedes Landes statt.

Art. 17. Die Bestimmungen dieser Übereinkunft können in keiner Beziehung das der Regierung jedes Verbandslandes zustehende Recht beeinträchtigen, durch Maßnahmen der Gesetzgebung oder inneren Verwaltung die Verbreitung, die Aufführung oder das Ausstellen von Werken oder Erzeugnissen jeder Art zu gestatten, zu überwachen oder zu untersagen, für die die zuständige Behörde dieses Recht auszuüben hat.

Art. 18. (1) Diese Übereinkunft gilt für alle Werke, die bei ihrem Inkrafttreten noch nicht infolge Ablaufs der Schutzdauer im Ursprungsland Gemeingut geworden sind.

(2) Ist jedoch ein Werk infolge Ablaufs der Schutzfrist, die ihm vorher zustand, in dem Land, in dem der Schutz beansprucht wird, Gemeingut geworden, so erlangt es dort nicht von neuem Schutz.

(3) Die Anwendung dieses Grundsatzes richtet sich nach den Bestimmungen der zwischen Verbandsländern zu diesem Zweck abgeschlossenen oder abzuschließenden besonderen Übereinkünfte. Mangels solcher Bestimmungen

legen die betreffenden Länder, jedes für sich, die Art und Weise dieser Anwendung fest.

(4) Die vorstehenden Bestimmungen gelten auch, wenn ein Land dem Verband neu beitritt, sowie für den Fall, daß der Schutz nach Artikel 7 oder durch Verzicht auf Vorbehalte ausgedehnt wird.

Art. 19. Die Bestimmungen dieser Übereinkunft hindern nicht daran, die Anwendung von weitergehenden Bestimmungen zu beanspruchen, die durch die Gesetzgebung eines Verbandslandes etwa erlassen werden.

Art. 20. Die Regierungen der Verbandsländer behalten sich das Recht vor, Sonderabkommen miteinander insoweit zu treffen, als diese den Urhebern Rechte verleihen, die über die ihnen durch diese Übereinkunft gewährten Rechte hinausgehen, oder andere Bestimmungen enthalten, die dieser Übereinkunft nicht zuwiderlaufen. Die Bestimmungen bestehender Abkommen, die den angegebenen Voraussetzungen entsprechen, bleiben anwendbar.

Art. 21. (1) Besondere Bestimmungen für Entwicklungsländer sind im Anhang enthalten.

(2) Vorbehaltlich des Artikels 28 Absatz 1 Buchstabe b ist der Anhang ein integrierender Bestandteil dieser Fassung der Übereinkunft.

Art. 22. (1) a) Der Verband hat eine Versammlung, die sich aus den durch die Artikel 22 bis 26 gebundenen Verbandsländern zusammensetzt.

b) Die Regierung jedes Landes wird durch einen Delegierten vertreten, der von Stellvertretern, Beratern und Sachverständigen unterstützt werden kann.

c) Die Kosten jeder Delegation werden von der Regierung getragen, die sie entsandt hat.

(2) a) Die Versammlung

i) behandelt alle Fragen betreffend die Erhaltung und die Entwicklung des Verbandes sowie die Anwendung dieser Übereinkunft;

ii) erteilt dem Internationalen Büro für geistiges Eigentum (im folgenden als „das Internationale Büro" bezeichnet), das in dem Übereinkommen zur Errichtung der Weltorganisation für geistiges Eigentum (im folgenden als „die Organisation" bezeichnet) vorgesehen ist, Weisungen für die Vorbereitung der Revisionskonferenzen unter gebührender Berücksichtigung der Stellungnahmen der Verbandsländer, die durch die Artikel 22 bis 26 nicht gebunden sind;

iii) prüft und billigt die Berichte und die Tätigkeit des Generaldirektors der Organisation betreffend den Verband und erteilt ihm alle zweckdienlichen Weisungen in Fragen, die in die Zuständigkeit des Verbandes fallen;

iv) wählt die Mitglieder des Exekutivausschusses der Versammlung;

v) prüft und billigt die Berichte und die Tätigkeit ihres Exekutivausschusses und erteilt ihm Weisungen;

vi) legt das Programm fest, beschließt den Zweijahres-Haushaltsplan des Verbandes und billigt seine Rechnungsabschlüsse;

vii) beschließt die Finanzvorschriften des Verbandes;

viii) bildet die Sachverständigenausschüsse und Arbeitsgruppen, die sie zur Verwirklichung der Ziele des Verbandes für zweckdienlich hält;

ix) bestimmt, welche Nichtmitgliedländer des Verbandes, welche zwischenstaatlichen und welche internationalen nichtstaatlichen Organisationen zu ihren Sitzungen als Beobachter zugelassen werden;
x) beschließt Änderungen der Artikel 22 bis 26;
xi) nimmt jede andere Handlung vor, die zur Erreichung der Ziele des Verbandes geeignet ist;
xii) nimmt alle anderen Aufgaben wahr, die sich aus dieser Übereinkunft ergeben;
xiii) übt vorbehaltlich ihres Einverständnisses die ihr durch das Übereinkommen zur Errichtung der Organisation übertragenen Rechte aus.

b) Über Fragen, die auch für andere von der Organisation verwaltete Verbände von Interesse sind, entscheidet die Versammlung nach Anhörung des Koordinierungsausschusses der Organisation.

(3) a) Jedes Mitgliedland der Versammlung verfügt über eine Stimme.

b) Die Hälfte der Mitgliedländer der Versammlung bildet das Quorum (die für die Beschlußfähigkeit erforderliche Mindestzahl).

c) Ungeachtet des Buchstaben b kann die Versammlung Beschlüsse fassen, wenn während einer Tagung die Zahl der vertretenen Länder zwar weniger als die Hälfte, aber mindestens ein Drittel der Mitgliedländer der Versammlung beträgt; jedoch werden diese Beschlüsse mit Ausnahme der Beschlüsse über das Verfahren der Versammlung nur dann wirksam, wenn die folgenden Bedingungen erfüllt sind: Das Internationale Büro teilt diese Beschlüsse den Mitgliedländern der Versammlung mit, die nicht vertreten waren, und lädt sie ein, innerhalb einer Frist von drei Monaten vom Zeitpunkt der Mitteilung an schriftlich ihre Stimme oder Stimmenthaltung bekanntzugeben. Entspricht nach Ablauf der Frist die Zahl der Länder, die auf diese Weise ihre Stimme oder Stimmenthaltung bekanntgegeben haben, mindestens der Zahl der Länder, die für die Erreichung des Quorums während der Tagung gefehlt hatte, so werden die Beschlüsse wirksam, sofern gleichzeitig die erforderliche Mehrheit noch vorhanden ist.

d) Vorbehaltlich des Artikels 26 Absatz 2 faßt die Versammlung ihre Beschlüsse mit einer Mehrheit von zwei Dritteln der abgegebenen Stimmen.

e) Stimmenthaltung gilt nicht als Stimmabgabe.

f) Ein Delegierter kann nur ein Land vertreten und nur in dessen Namen abstimmen.

g) Die Verbandsländer, die nicht Mitglied der Versammlung sind, werden zu den Sitzungen der Versammlung als Beobachter zugelassen.

(4) a) Die Versammlung tritt nach Einberufung durch den Generaldirektor alle zwei Jahre einmal zu einer ordentlichen Tagung zusammen, und zwar, abgesehen von außergewöhnlichen Fällen, zu derselben Zeit und an demselben Ort wie die Generalversammlung der Organisation.

b) Die Versammlung tritt nach Einberufung durch den Generaldirektor zu einer außerordentlichen Tagung zusammen, wenn der Exekutivausschuß oder ein Viertel der Mitgliedländer der Versammlung es verlangt.

(5) Die Versammlung gibt sich eine Geschäftsordnung.

Art. 23. (1) Die Versammlung hat einen Exekutivausschuß.

(2) a) Der Exekutivausschuß setzt sich aus den von der Versammlung aus dem Kreis ihrer Mitgliedländer gewählten Ländern zusammen. Außerdem hat

das Land, in dessen Hoheitsgebiet die Organisation ihren Sitz hat, vorbehaltlich des Artikels 25 Absatz 7 Buchstabe b ex officio einen Sitz im Ausschuß.

b) Die Regierung jedes Mitgliedlandes des Exekutivausschusses wird durch einen Delegierten vertreten, der von Stellvertretern, Beratern und Sachverständigen unterstützt werden kann.

c) Die Kosten jeder Delegation werden von der Regierung getragen, die sie entsandt hat.

(3) Die Zahl der Mitgliedländer des Exekutivausschusses entspricht einem Viertel der Zahl der Mitgliedländer der Versammlung. Bei der Berechnung der zu vergebenden Sitze wird der nach Teilung durch vier verbleibende Rest nicht berücksichtigt.

(4) Bei der Wahl der Mitglieder des Exekutivausschusses trägt die Versammlung einer angemessenen geographischen Verteilung und der Notwendigkeit Rechnung, daß unter den Ländern des Exekutivausschusses Vertragsländer der Sonderabkommen sind, die im Rahmen des Verbandes errichtet werden könnten.

(5) a) Die Mitglieder des Exekutivausschusses üben ihr Amt vom Schluß der Tagung der Versammlung, in deren Verlauf sie gewählt worden sind, bis zum Ende der darauffolgenden ordentlichen Tagung der Versammlung aus.

b) Höchstens zwei Drittel der Mitglieder des Exekutivausschusses können wiedergewählt werden.

c) Die Versammlung regelt die Einzelheiten der Wahl und der etwaigen Wiederwahl der Mitglieder des Exekutivausschusses.

(6) a) Der Exekutivausschuß

i) bereitet den Entwurf der Tagesordnung der Versammlung vor;
ii) unterbreitet der Versammlung Vorschläge zu den vom Generaldirektor vorbereiteten Entwürfen des Programms und des Zweijahres-Haushaltsplans des Verbandes;
iii) *(gestrichen)*
iv) unterbreitet der Versammlung mit entsprechenden Bemerkungen die periodischen Berichte des Generaldirektors und die jährlichen Berichte über die Rechnungsprüfung;
v) trifft alle zweckdienlichen Maßnahmen zur Durchführung des Programms des Verbandes durch den Generaldirektor in Übereinstimmung mit den Beschlüssen der Versammlung und unter Berücksichtigung der zwischen zwei ordentlichen Tagungen der Versammlung eintretenden Umstände;
vi) nimmt alle anderen Aufgaben wahr, die ihm im Rahmen dieser Übereinkunft übertragen werden.

b) Über Fragen, die auch für andere von der Organisation verwaltete Verbände von Interesse sind, entscheidet der Exekutivausschuß nach Anhörung des Koordinierungsausschusses der Organisation.

(7) a) Der Exekutivausschuß tritt nach Einberufung durch den Generaldirektor jedes Jahr einmal zu einer ordentlichen Tagung zusammen, und zwar möglichst zu derselben Zeit und an demselben Ort wie der Koordinierungsausschuß der Organisation.

b) Der Exekutivausschuß tritt nach Einberufung durch den Generaldirektor zu einer außerordentlichen Tagung zusammen, entweder auf Initiative des Generaldirektors oder wenn der Vorsitzende oder ein Viertel der Mitglieder des Exekutivausschusses es verlangt.

(8) a) Jedes Mitgliedland des Exekutivausschusses verfügt über eine Stimme.

b) Die Hälfte der Mitgliedländer des Exekutivausschusses bildet das Quorum.

c) Die Beschlüsse werden mit einfacher Mehrheit der abgegebenen Stimmen gefaßt.

d) Stimmenthaltung gilt nicht als Stimmabgabe.

e) Ein Delegierter kann nur ein Land vertreten und nur in dessen Namen abstimmen.

(9) Die Verbandsländer, die nicht Mitglied des Exekutivausschusses sind, werden zu dessen Sitzungen als Beobachter zugelassen.

(10) Der Exekutivausschuß gibt sich eine Geschäftsordnung.

Art. 24. (1) a) Die Verwaltungsaufgaben des Verbandes werden vom Internationalen Büro wahrgenommen, das an die Stelle des mit dem Verbandsbüro der internationalen Übereinkunft zum Schutz des gewerblichen Eigentums vereinigten Büros des Verbandes tritt.

b) Das Internationale Büro besorgt insbesondere das Sekretariat der verschiedenen Organe des Verbandes.

c) Der Generaldirektor der Organisation ist der höchste Beamte des Verbandes und vertritt den Verband.

(2) Das Internationale Büro sammelt und veröffentlicht Informationen über den Schutz des Urheberrechts. Jedes Verbandsland teilt so bald wie möglich dem Internationalen Büro alle neuen Gesetze und anderen amtlichen Texte mit, die den Schutz des Urheberrechts betreffen.

(3) Das Internationale Büro gibt eine monatlich erscheinende Zeitschrift heraus.

(4) Das Internationale Büro erteilt jedem Verbandsland auf Verlangen Auskünfte über Fragen betreffend den Schutz des Urheberrechts.

(5) Das Internationale Büro unternimmt Untersuchungen und leistet Dienste zur Erleichterung des Schutzes des Urheberrechts.

(6) Der Generaldirektor und die von ihm bestimmten Mitglieder des Personals nehmen ohne Stimmrecht an allen Sitzungen der Versammlung, des Exekutivausschusses und aller anderen Sachverständigenausschüsse oder Arbeitsgruppen teil. Der Generaldirektor oder ein von ihm bestimmtes Mitglied des Personals ist von Amts wegen Sekretär dieser Organe.

(7) a) Das Internationale Büro bereitet nach den Weisungen der Versammlung und in Zusammenarbeit mit dem Exekutivausschuß die Konferenzen zur Revision der Bestimmungen der Übereinkunft mit Ausnahme der Artikel 22 bis 26 vor.

b) Das Internationale Büro kann bei der Vorbereitung der Revisionskonferenzen zwischenstaatliche sowie internationale nichtstaatliche Organisationen konsultieren.

c) Der Generaldirektor und die von ihm bestimmten Personen nehmen ohne Stimmrecht an den Beratungen dieser Konferenzen teil.

(8) Das Internationale Büro nimmt alle anderen Aufgaben wahr, die ihm übertragen werden.

Art. 25. (1) a) Der Verband hat einen Haushaltsplan.

b) Der Haushaltsplan des Verbandes umfaßt die eigenen Einnahmen und Ausgaben des Verbandes, dessen Beitrag zum Haushaltsplan der gemeinsamen Ausgaben der Verbände sowie gegebenenfalls den dem Haushaltsplan der Konferenz der Organisation zur Verfügung gestellten Betrag.

c) Als gemeinsame Ausgaben der Verbände gelten die Ausgaben, die nicht ausschließlich dem Verband, sondern auch einem oder mehreren anderen von der Organisation verwalteten Verbänden zuzurechnen sind. Der Anteil des Verbandes an diesen gemeinsamen Ausgaben entspricht dem Interesse, das der Verband an ihnen hat.

(2) Der Haushaltsplan des Verbandes wird unter Berücksichtigung der Notwendigkeit seiner Abstimmung mit den Haushaltsplänen der anderen von der Organisation verwalteten Verbände aufgestellt.

(3) Der Haushaltsplan des Verbandes umfaßt folgende Einnahmen:

i) Beiträge der Verbandsländer;

ii) Gebühren und Beträge für Dienstleistungen des Internationalen Büros im Rahmen des Verbandes;

iii) Verkaufserlöse und andere Einkünfte aus Veröffentlichungen des Internationalen Büros, die den Verband betreffen;

iv) Schenkungen, Vermächtnisse und Zuwendungen;

v) Mieten, Zinsen und andere verschiedene Einkünfte.

(4) a) Jedes Verbandsland wird zur Bestimmung seines Beitrags zum Haushaltsplan in eine Klasse eingestuft und zahlt seine Jahresbeiträge auf der Grundlage einer Zahl von Einheiten, die wie folgt festgesetzt wird:

Klasse I	25
Klasse II	20
Klasse III	15
Klasse IV	10
Klasse V	5
Klasse VI	3
Klasse VII	1

b) Falls es dies nicht schon früher getan hat, gibt jedes Land gleichzeitig mit der Hinterlegung seiner Ratifikations- oder Beitrittsurkunde die Klasse an, in die es eingestuft zu werden wünscht. Es kann die Klasse wechseln. Wählt es eine niedrigere Klasse, so hat es dies der Versammlung auf einer ihrer ordentlichen Tagungen mitzuteilen. Ein solcher Wechsel wird zu Beginn des auf diese Tagung folgenden Kalenderjahres wirksam.

c) Der Jahresbeitrag jedes Landes besteht aus einem Betrag, der in demselben Verhältnis zu der Summe der Jahresbeiträge aller Länder zum Haushaltsplan des Verbandes steht wie die Zahl der Einheiten der Klasse, in die das Land eingestuft ist, zur Summe der Einheiten aller Länder.

d) Die Beiträge werden am 1. Januar jedes Jahres fällig.

e) Ein Land, das mit der Zahlung seiner Beiträge im Rückstand ist, kann sein Stimmrecht in keinem der Organe des Verbandes, denen es als Mitglied angehört, ausüben, wenn der rückständige Betrag die Summe der von ihm für die zwei vorhergehenden vollen Jahre geschuldeten Beiträge erreicht oder übersteigt. Jedoch kann jedes dieser Organe einem solchen Land gestatten, das Stimmrecht in diesem Organ weiter auszuüben, wenn und solange es überzeugt ist, daß der Zahlungsrückstand eine Folge außergewöhnlicher und unabwendbarer Umstände ist.

f) Wird der Haushaltsplan nicht vor Beginn eines neuen Rechnungsjahres beschlossen, so wird der Haushaltsplan des Vorjahres nach Maßgabe der Finanzvorschriften übernommen.

(5) Die Höhe der Gebühren und Beträge für Dienstleistungen des Internationalen Büros im Rahmen des Verbandes wird vom Generaldirektor festgesetzt, der der Versammlung und dem Exekutivausschuß darüber berichtet.

(6) a) Der Verband hat einen Betriebsmittelfonds, der durch eine einmalige Zahlung jedes Verbandslandes gebildet wird. Reicht der Fonds nicht mehr aus, so beschließt die Versammlung seine Erhöhung.

b) Die Höhe der erstmaligen Zahlung jedes Landes zu diesem Fonds oder sein Anteil an dessen Erhöhung ist proportional zu dem Beitrag dieses Landes für das Jahr, in dem der Fonds gebildet oder die Erhöhung beschlossen wird.

c) Dieses Verhältnis und die Zahlungsbedingungen werden von der Versammlung auf Vorschlag des Generaldirektors und nach Äußerung des Koordinierungsausschusses der Organisation festgesetzt.

(7) a) Das Abkommen über den Sitz, das mit dem Land geschlossen wird, in dessen Hoheitsgebiet die Organisation ihren Sitz hat, sieht vor, daß dieses Land Vorschüsse gewährt, wenn der Betriebsmittelfonds nicht ausreicht. Die Höhe dieser Vorschüsse und die Bedingungen, unter denen sie gewährt werden, sind in jedem Fall Gegenstand besonderer Vereinbarungen zwischen diesem Land und der Organisation. Solange dieses Land verpflichtet ist, Vorschüsse zu gewähren, hat es ex officio einen Sitz im Exekutivausschuß.

b) Das unter Buchstabe a bezeichnete Land und die Organisation sind berechtigt, die Verpflichtung zur Gewährung von Vorschüssen durch schriftliche Notifikation zu kündigen. Die Kündigung wird drei Jahre nach Ablauf des Jahres wirksam, in dem sie notifiziert worden ist.

(8) Die Rechnungsprüfung wird nach Maßgabe der Finanzvorschriften von einem oder mehreren Verbandsländern oder von außenstehenden Rechnungsprüfern vorgenommen, die mit ihrer Zustimmung von der Versammlung bestimmt werden.

Art. 26. (1) Vorschläge zur Änderung der Artikel 22, 23, 24, 25 und dieses Artikels können von jedem Mitgliedland der Versammlung, vom Exekutivausschuß oder vom Generaldirektor vorgelegt werden. Diese Vorschläge werden vom Generaldirektor mindestens sechs Monate, bevor sie in der Versammlung beraten werden, den Mitgliedländern der Versammlung mitgeteilt.

(2) Jede Änderung der in Absatz 1 bezeichneten Artikel wird von der Versammlung beschlossen. Der Beschluß erfordert drei Viertel der abgegebenen Stimmen; jede Änderung des Artikels 22 und dieses Absatzes erfordert jedoch vier Fünftel der abgegebenen Stimmen.

(3) Jede Änderung der in Absatz 1 bezeichneten Artikel tritt einen Monat nach dem Zeitpunkt in Kraft, zu dem die schriftlichen Notifikationen der verfassungsmäßig zustande gekommenen Annahme des Änderungsvorschlags von drei Vierteln der Länder, die im Zeitpunkt der Beschlußfassung über die Änderung Mitglied der Versammlung waren, beim Generaldirektor eingegangen sind. Jede auf diese Weise angenommene Änderung der genannten Artikel

bindet alle Länder, die im Zeitpunkt des Inkrafttretens der Änderung Mitglied der Versammlung sind oder später Mitglied werden; jedoch bindet eine Änderung, die die finanziellen Verpflichtungen der Verbandsländer erweitert, nur die Länder, die die Annahme dieser Änderung notifiziert haben.

Art. 27. (1) Diese Übereinkunft soll Revisionen unterzogen werden, um Verbesserungen herbeizuführen, die geeignet sind, das System des Verbandes zu vervollkommnen.

(2) Zu diesem Zweck werden der Reihe nach in einem der Verbandsländer Konferenzen zwischen den Delegierten dieser Länder stattfinden.

(3) Vorbehaltlich des für die Änderung der Artikel 22 bis 26 maßgebenden Artikels 26 bedarf jede Revision dieser Fassung der Übereinkunft einschließlich des Anhangs der Einstimmigkeit unter den abgegebenen Stimmen.

Art. 28.[1] (1) a) Jedes Verbandsland kann diese Fassung der Übereinkunft ratifizieren, wenn es sie unterzeichnet hat, oder ihr beitreten, wenn es sie nicht unterzeichnet hat. Die Ratifikations- oder Beitrittsurkunden werden beim Generaldirektor hinterlegt.

b) Jedes Verbandsland kann in seiner Ratifikations- oder Beitrittsurkunde erklären, daß sich seine Ratifikation oder sein Beitritt nicht auf die Artikel 1 bis 21 und den Anhang erstreckt; hat jedoch ein Verbandsland bereits eine Erklärung nach Artikel VI Absatz 1 des Anhangs abgegeben, so kann es in der Urkunde nur erklären, daß sich seine Ratifikation oder sein Beitritt nicht auf die Artikel 1 bis 20 erstreckt.

c) Jedes Verbandsland, das gemäß Buchstabe b die dort bezeichneten Bestimmungen von der Wirkung seiner Ratifikation oder seines Beitritts ausgenommen hat, kann zu jedem späteren Zeitpunkt erklären, daß es die Wirkung seiner Ratifikation oder seines Beitritts auf diese Bestimmungen erstreckt. Eine solche Erklärung wird beim Generaldirektor hinterlegt.

(2) a) Die Artikel 1 bis 21 und der Anhang treten drei Monate nach Erfüllung der beiden folgenden Voraussetzungen in Kraft:

i) mindestens fünf Verbandsländer haben diese Fassung der Übereinkunft ohne Erklärung nach Absatz 1 Buchstabe b ratifiziert oder sind ihr ohne eine solche Erklärung beigetreten;

ii) Frankreich, Spanien, das Vereinigte Königreich von Großbritannien und Nordirland und die Vereinigten Staaten von Amerika sind durch das in Paris am 24. Juli 1971 revidierte Welturheberrechtsabkommen gebunden.

b) Das Inkrafttreten nach Buchstabe a ist für diejenigen Verbandsländer wirksam, die ihre Ratifikations- oder Beitrittsurkunden ohne Erklärung nach Absatz 1 Buchstabe b und mindestens drei Monate vor dem Inkrafttreten hinterlegt haben.

c) Für jedes Verbandsland, auf das Buchstabe b nicht anwendbar ist und das ohne Abgabe einer Erklärung nach Absatz 1 Buchstabe b diese Fassung der Übereinkunft ratifiziert oder ihr beitritt, treten die Artikel 1 bis 21 und der Anhang drei Monate nach dem Zeitpunkt in Kraft, in dem der Generaldirektor die Hinterlegung der betreffenden Ratifikations- oder Beitrittsurkunde notifiziert, sofern nicht in der hinterlegten Urkunde ein späterer Zeitpunkt

[1] Vgl. Anm. 1 und 2 zum Titel dieser Übereinkunft.

angegeben ist. In diesem Fall treten die Artikel 1 bis 21 und der Anhang für dieses Land zu dem angegebenen Zeitpunkt in Kraft.

d) Die Buchstaben a bis c berühren die Anwendung des Artikels VI des Anhangs nicht.

(3) Für jedes Verbandsland, das mit oder ohne Erklärung nach Absatz 1 Buchstabe b diese Fassung der Übereinkunft ratifiziert oder ihr beitritt, treten die Artikel 22 bis 38 drei Monate nach dem Zeitpunkt in Kraft, in dem der Generaldirektor die Hinterlegung der betreffenden Ratifikations- oder Beitrittsurkunde notifiziert, sofern nicht in der hinterlegten Urkunde ein späterer Zeitpunkt angegeben ist. In diesem Fall treten die Artikel 22 bis 38 für dieses Land zu dem angegebenen Zeitpunkt in Kraft.

Art. 29. (1) Jedes verbandsfremde Land kann dieser Fassung der Übereinkunft beitreten und dadurch Vertragspartei dieser Übereinkunft und Mitglied des Verbandes werden. Die Beitrittsurkunden werden beim Generaldirektor hinterlegt.

(2) a) Vorbehaltlich des Buchstaben b tritt diese Übereinkunft für jedes verbandsfremde Land drei Monate nach dem Zeitpunkt in Kraft, in dem der Generaldirektor die Hinterlegung der betreffenden Beitrittsurkunde notifiziert, sofern nicht in der hinterlegten Urkunde ein späterer Zeitpunkt angegeben ist. In diesem Fall tritt die Übereinkunft für dieses Land zu dem angegebenen Zeitpunkt in Kraft.

b) Tritt diese Übereinkunft gemäß Buchstabe a für ein verbandsfremdes Land vor dem Zeitpunkt in Kraft, in dem die Artikel 1 bis 21 und der Anhang gemäß Artikel 28 Absatz 2 Buchstabe a in Kraft treten, so ist dieses Land in der Zwischenzeit statt durch die Artikel 1 bis 21 und den Anhang durch die Artikel 1 bis 20 der Brüsseler Fassung dieser Übereinkunft gebunden.

Art. 29bis. Die Ratifikation dieser Fassung der Übereinkunft oder der Beitritt zu ihr durch ein Land, das nicht durch die Artikel 22 bis 38 der Stockholmer Fassung dieser Übereinkunft gebunden ist, gilt, und zwar einzig und allein zum Zweck der Anwendung des Artikels 14 Absatz 2 des Übereinkommens zur Errichtung der Organisation, als Ratifikation der Stockholmer Fassung oder als Beitritt zu ihr mit der in ihrem Artikel 28 Absatz 1 Buchstabe b Ziffer i vorgesehenen Beschränkung.

Art. 30. (1) Vorbehaltlich der durch Absatz 2 dieses Artikels, durch Artikel 28 Absatz 1 Buchstabe b und Artikel 33 Absatz 2 sowie durch den Anhang zugelassenen Ausnahmen bewirkt die Ratifikation oder der Beitritt von Rechts wegen die Annahme aller Bestimmungen und die Zulassung zu allen Vorteilen dieser Übereinkunft.

(2) a) Jedes Verbandsland, das diese Fassung der Übereinkunft ratifiziert oder ihr beitritt, kann vorbehaltlich des Artikels V Absatz 2 des Anhangs die früher erklärten Vorbehalte aufrechterhalten, sofern es bei der Hinterlegung seiner Ratifikations- oder Beitrittsurkunde eine entsprechende Erklärung abgibt.

b) Jedes verbandsfremde Land kann vorbehaltlich des Artikels V Absatz 2 des Anhangs beim Beitritt zu dieser Übereinkunft erklären, daß es den das Übersetzungsrecht betreffenden Artikel 8 dieser Fassung wenigstens vorläufig durch die Bestimmungen des Artikels 5 der im Jahre 1896 in Paris vervollständigten Verbandsübereinkunft von 1886 ersetzen will, wobei Einverständnis darüber besteht, daß diese Bestimmungen nur auf Übersetzungen in eine in diesem Land allgemein gebräuchliche Sprache anwendbar sind. Vorbehaltlich des Artikels 1 Absatz 6 Buchstabe b des Anhangs ist jedes Verbandsland befugt, hinsichtlich des Übersetzungsrechts an Werken, deren Ursprungsland von einem solchen Vorbehalt Gebrauch macht, den Schutz anzuwenden, der dem vom Ursprungsland gewährten Schutz entspricht.

c) Jedes Land kann solche Vorbehalte jederzeit durch eine an den Generaldirektor gerichtete Notifikation zurückziehen.

Art. 31. (1) Jedes Land kann in seiner Ratifikations- oder Beitrittsurkunde erklären oder zu jedem späteren Zeitpunkt dem Generaldirektor schriftlich notifizieren, daß diese Übereinkunft auf alle oder einzelne in der Erklärung oder Notifikation bezeichnete Gebiete anwendbar ist, für deren auswärtige Beziehungen es verantwortlich ist.

(2) Jedes Land, das eine solche Erklärung oder eine solche Notifikation abgegeben hat, kann dem Generaldirektor jederzeit notifizieren, daß diese Übereinkunft auf alle oder einzelne dieser Gebiete nicht mehr anwendbar ist.

(3) a) Jede in der Ratifikations- oder Beitrittsurkunde abgegebene Erklärung gemäß Absatz 1 wird gleichzeitig mit der Ratifikation oder dem Beitritt und jede Notifikation gemäß Absatz 1 wird drei Monate nach ihrer Notifizierung durch den Generaldirektor wirksam.

b) Jede Notifikation gemäß Absatz 2 wird zwölf Monate nach ihrem Eingang beim Generaldirektor wirksam.

(4) Dieser Artikel darf nicht dahin ausgelegt werden, daß er für ein Verbandsland die Anerkennung oder stillschweigende Hinnahme der tatsächlichen Lage eines Gebiets in sich schließt, auf das diese Übereinkunft durch ein anderes Verbandsland aufgrund einer Erklärung nach Absatz 1 anwendbar gemacht wird.

Art. 32. (1) Diese Fassung der Übereinkunft ersetzt in den Beziehungen zwischen den Verbandsländern und in dem Umfang, in dem sie anwendbar ist, die Berner Übereinkunft vom 9. September 1886 und die folgenden revidierten Fassungen dieser Übereinkunft. Die früheren Fassungen bleiben in ihrer Gesamtheit oder in dem Umfang, in dem diese Fassung sie nicht gemäß Satz 1 ersetzt, in den Beziehungen zu den Verbandsländern anwendbar, die diese Fassung der Übereinkunft weder ratifizieren noch ihr beitreten.

(2) Die verbandsfremden Länder, die Vertragsparteien dieser Fassung der Übereinkunft werden, wenden sie vorbehaltlich des Absatzes 3 im Verhältnis zu jedem Verbandsland an, das nicht durch diese Fassung der Übereinkunft gebunden ist oder das zwar durch diese Fassung gebunden ist, aber die in Artikel 28 Absatz 1 Buchstabe b vorgesehene Erklärung abgegeben hat. Diese Länder lassen es zu, daß ein solches Verbandsland in seinen Beziehungen zu ihnen

i) die Bestimmungen der jüngsten Fassung der Übereinkunft, durch die es gebunden ist, anwendet und
ii) vorbehaltlich des Artikels 1 Absatz 6 des Anhangs befugt ist, den Schutz dem in dieser Fassung der Übereinkunft vorgesehenen Stand anzupassen.

(3) Jedes Land, das eine der im Anhang vorgesehenen Befugnisse in Anspruch genommen hat, kann die diese Befugnis betreffenden Bestimmungen

des Anhangs in seinen Beziehungen zu jedem anderen Verbandsland anwenden, das nicht durch diese Fassung der Übereinkunft gebunden ist, aber die Anwendung dieser Bestimmungen zugelassen hat.

Art. 33. (1) Jede Streitigkeit zwischen zwei oder mehr Verbandsländern über die Auslegung oder Anwendung dieser Übereinkunft, die nicht auf dem Verhandlungsweg beigelegt wird, kann von jedem beteiligten Land durch eine dem Statut des Internationalen Gerichtshofs entsprechende Klage diesem Gerichtshof zur Entscheidung vorgelegt werden, sofern die beteiligten Länder keine andere Regelung vereinbaren. Das Land, das die Streitigkeit vor diesen Gerichtshof bringt, hat dies dem Internationalen Büro mitzuteilen; das Büro setzt die anderen Verbandsländer davon in Kenntnis.

(2) Jedes Land kann bei der Unterzeichnung dieser Fassung der Übereinkunft oder bei der Hinterlegung seiner Ratifikations- oder Beitrittsurkunde erklären, daß es sich durch Absatz 1 nicht als gebunden betrachtet. Auf Streitigkeiten zwischen einem solchen Land und jedem anderen Verbandsland ist Absatz 1 nicht anwendbar.

(3) Jedes Land, das eine Erklärung gemäß Absatz 2 abgegeben hat, kann sie jederzeit durch eine an den Generaldirektor gerichtete Notifikation zurückziehen.

Art. 34. (1) Vorbehaltlich des Artikels 29bis kann kein Land nach Inkrafttreten der Artikel 1 bis 21 und des Anhangs frühere Fassungen dieser Übereinkunft ratifizieren noch ihnen beitreten.

(2) Nach Inkrafttreten der Artikel 1 bis 21 und des Anhangs kann kein Land eine Erklärung gemäß Artikel 5 des der Stockholmer Fassung dieser Übereinkunft beigefügten Protokolls betreffend die Entwicklungsländer abgeben.

Art. 35. (1) Diese Übereinkunft bleibt ohne zeitliche Begrenzung in Kraft.

(2) Jedes Land kann diese Fassung der Übereinkunft durch eine an den Generaldirektor gerichtete Notifikation kündigen. Diese Kündigung gilt auch als Kündigung aller früheren Fassungen und hat nur Wirkung für das Land, das sie erklärt hat; für die übrigen Verbandsländer bleibt die Übereinkunft in Kraft und wirksam.

(3) Die Kündigung wird ein Jahr nach dem Tag wirksam, an dem die Notifikation beim Generaldirektor eingegangen ist.

(4) Das in diesem Artikel vorgesehene Kündigungsrecht kann von einem Land nicht vor Ablauf von fünf Jahren nach dem Zeitpunkt ausgeübt werden, in dem es Mitglied des Verbandes geworden ist.

Art. 36. (1) Jedes Vertragsland dieser Übereinkunft verpflichtet sich, gemäß seiner Verfassung die notwendigen Maßnahmen zu ergreifen, um die Anwendung dieser Übereinkunft zu gewährleisten.

(2) Es besteht Einverständnis darüber, daß jedes Land in dem Zeitpunkt, in dem es durch diese Übereinkunft gebunden wird, nach seinen innerstaatlichen Rechtsvorschriften in der Lage sein muß, den Bestimmungen dieser Übereinkunft Wirkung zu verleihen.

Art. 37. (1) a) Diese Fassung der Übereinkunft wird in einer einzigen Ausfertigung in englischer und französischer Sprache unterzeichnet und vorbehaltlich des Absatzes 2 beim Generaldirektor hinterlegt.

b) Amtliche Texte werden vom Generaldirektor nach Konsultierung der beteiligten Regierungen in arabischer, deutscher, italienischer, portugiesischer und spanischer Sprache sowie in anderen Sprachen hergestellt, die die Versammlung bestimmen kann.

c) Bei Streitigkeiten über die Auslegung der verschiedenen Texte ist der französische Text maßgebend.

(2) Diese Fassung der Übereinkunft liegt bis 31. Januar 1972 zur Unterzeichnung auf. Bis zu diesem Datum bleibt die in Absatz 1 Buchstabe a bezeichnete Ausfertigung bei der Regierung der Französischen Republik hinterlegt.

(3) Der Generaldirektor übermittelt zwei beglaubigte Abschriften des unterzeichneten Textes dieser Fassung der Übereinkunft den Regierungen aller Verbandsländer und der Regierung jedes anderen Landes, die es verlangt.

(4) Der Generaldirektor läßt diese Fassung der Übereinkunft beim Sekretariat der Vereinten Nationen registrieren.

(5) Der Generaldirektor notifiziert den Regierungen aller Verbandsländer die Unterzeichnungen, die Hinterlegungen von Ratifikations- oder Beitrittsurkunden sowie die in diesen Urkunden enthaltenen oder gemäß Artikel 28 Absatz 1 Buchstabe c, Artikel 30 Absatz 2 Buchstaben a und b und Artikel 33 Absatz 2 abgegebenen Erklärungen, das Inkrafttreten aller Bestimmungen dieser Fassung der Übereinkunft, die Notifikationen von Kündigungen und die Notifikationen gemäß Artikel 30 Absatz 2 Buchstabe c, Artikel 31 Absätze 1 und 2, Artikel 33 Absatz 3 und Artikel 38 Absatz 1 sowie die im Anhang vorgesehenen Notifikationen.

Art. 38. (1) Verbandsländer, die diese Fassung der Übereinkunft weder ratifiziert haben noch ihr beigetreten sind und die nicht durch die Artikel 22 bis 26 der Stockholmer Fassung dieser Übereinkunft gebunden sind, können, wenn sie dies wünschen, bis zum 26. April 1975 die in diesen Artikeln vorgesehenen Rechte so ausüben, als wären sie durch diese Artikel gebunden. Jedes Land, das diese Rechte auszuüben wünscht, hinterlegt zu diesem Zweck beim Generaldirektor eine schriftliche Notifikation, die im Zeitpunkt ihres Eingangs wirksam wird. Solche Länder gelten bis zu dem genannten Tag als Mitglieder der Versammlung.

(2) Solange nicht alle Verbandsländer Mitglieder der Organisation geworden sind, handelt das Internationale Büro der Organisation zugleich als Büro des Verbandes und der Generaldirektor als Direktor dieses Büros.

(3) Sobald alle Verbandsländer Mitglieder der Organisation geworden sind, gehen die Rechte und Verpflichtungen sowie das Vermögen des Büros des Verbandes auf das Internationale Büro der Organisation über.

Anhang

Art. I. (1) Jedes Land, das nach der bestehenden Übung der Generalversammlung der Vereinten Nationen als Entwicklungsland angesehen wird und das diese Fassung der Übereinkunft, deren integrierender Bestandteil dieser Anhang ist, ratifiziert oder ihr beitritt und das sich auf Grund seiner wirtschaftlichen Lage und seiner sozialen oder kulturellen Bedürfnisse nicht sogleich imstande sieht, den Schutz aller in dieser Fassung der Übereinkunft vorgesehenen Rechte zu gewährleisten, kann durch eine bei Hinterlegung seiner Ratifikations- oder Beitrittsurkunde oder, vorbehaltlich des Artikels V Absatz 1 Buchstabe c, zu jedem späteren Zeitpunkt beim Generaldirektor hinterlegte Notifikation erklären, daß es die in Artikel II oder die in Artikel III vorgesehene Befugnis oder beide Befugnisse in Anspruch nimmt. Es kann, statt die in Artikel II vorgesehene Befugnis in Anspruch zu nehmen, eine Erklärung nach Artikel V Absatz 1 Buchstabe a abgeben.

(2) a) Jede Erklärung nach Absatz 1, die vor Ablauf einer mit Inkrafttreten der Artikel 1 bis 21 und dieses Anhangs gemäß Artikel 28 Absatz 2 beginnenden Frist von zehn Jahren notifiziert wird, ist bis zum Ablauf dieser Frist wirksam. Sie kann ganz oder teilweise für jeweils weitere zehn Jahre durch eine frühestens fünfzehn und spätestens drei Monate vor Ende der laufenden Zehnjahresfrist beim Generaldirektor zu hinterlegende Notifikation erneuert werden.

b) Jede Erklärung nach Absatz 1, die nach Ablauf einer mit Inkrafttreten der Artikel 1 bis 21 und dieses Anhangs gemäß Artikel 28 Absatz 2 beginnenden Frist von zehn Jahren notifiziert wird, ist bis zum Ablauf der dann laufenden Zehnjahresfrist wirksam. Sie kann gemäß Buchstabe a Satz 2 erneuert werden.

(3) Ein Verbandsland, das nicht länger als Entwicklungsland im Sinn von Absatz 1 angesehen wird, ist nicht mehr berechtigt, seine Erklärung gemäß Absatz 2 zu erneuern; gleichviel, ob dieses Land seine Erklärung förmlich zurückzieht oder nicht, verliert es die Möglichkeit, die in Absatz 1 genannten Befugnisse in Anspruch zu nehmen, entweder nach Ablauf der laufenden Zehnjahresfrist oder drei Jahre nach dem Zeitpunkt, in dem das Land nicht mehr als Entwicklungsland angesehen wird, wobei die später endende Frist maßgebend ist.

(4) Sind in dem Zeitpunkt, in dem eine gemäß den Absätzen 1 oder 2 abgegebene Erklärung ihre Wirkung verliert, noch Werkstücke vorrätig, die auf Grund einer nach diesem Anhang gewährten Lizenz hergestellt worden sind, so dürfen sie weiterhin in Verkehr gebracht werden, bis der Vorrat erschöpft ist.

(5) Jedes Land, das durch diese Fassung der Übereinkunft gebunden ist und nach Artikel 31 Absatz 1 eine Erklärung oder eine Notifikation über die Anwendung dieser Fassung der Übereinkunft auf ein bestimmtes Gebiet abgegeben hat, dessen Lage als der Lage der in Absatz 1 bezeichneten Länder analog erachtet werden kann, kann für dieses Gebiet die Erklärung gemäß Absatz 1 abgeben und die Notifikation der Erneuerung gemäß Absatz 2 hinterlegen. Solange eine solche Erklärung oder Notifikation wirksam ist, sind die Bestimmungen dieses Anhangs auf das Gebiet, für das die Erklärung abgegeben oder die Notifikation hinterlegt worden ist, anwendbar.

(6) a) Nimmt ein Verbandsland eine der in Absatz 1 vorgesehenen Befugnisse in Anspruch, so berechtigt dies die anderen Verbandsländer nicht, den Werken, deren Ursprungsland dieses Verbandsland ist, weniger Schutz zu gewähren, als sie nach den Artikeln 1 bis 20 zu gewähren haben.

b) Die in Artikel 30 Absatz 2 Buchstabe b Satz 2 vorgesehene Befugnis, Schutz nur nach Maßgabe der Gegenseitigkeit zu gewähren, darf bis zu dem

Zeitpunkt, in dem die nach Artikel 1 Absatz 3 maßgebende Frist abläuft, nicht in bezug auf Werke ausgeübt werden, deren Ursprungsland eine Erklärung gemäß Artikel V Absatz 1 Buchstabe a abgegeben hat.

Art. II. (1) Jedes Land, das erklärt hat, es werde die in diesem Artikel vorgesehene Befugnis in Anspruch nehmen, ist berechtigt, für Werke, die im Druck oder in einer entsprechenden Vervielfältigungsform veröffentlicht worden sind, das in Artikel 8 vorgesehene ausschließliche Übersetzungsrecht durch ein System nicht ausschließlicher und unübertragbarer Lizenzen zu ersetzen, die von der zuständigen Behörde unter den folgenden Voraussetzungen und gemäß Artikel IV erteilt werden.

(2) a) Ist vom Inhaber des Übersetzungsrechts oder mit seiner Erlaubnis innerhalb einer Frist von drei Jahren oder einer längeren, in den innerstaatlichen Rechtsvorschriften des Landes festgelegten Frist seit der ersten Veröffentlichung eines Werkes eine Übersetzung des Werkes in eine in diesem Land allgemein gebräuchliche Sprache nicht veröffentlicht worden, so kann jeder Angehörige des Landes eine Lizenz zur Übersetzung des Werkes in diese Sprache und zur Veröffentlichung der Übersetzung im Druck oder in einer entsprechenden Vervielfältigungsform erhalten; Absatz 3 bleibt vorbehalten.

b) Eine Lizenz kann aufgrund dieses Artikels auch erteilt werden, wenn alle Ausgaben der in der betreffenden Sprache veröffentlichten Übersetzung vergriffen sind.

(3) a) Für Übersetzungen in eine Sprache, die nicht in einem oder mehreren der entwickelten Länder, die Mitglieder des Verbandes sind, allgemein gebräuchlich ist, wird die in Absatz 2 Buchstabe a genannte Frist von drei Jahren durch eine Frist von einem Jahr ersetzt.

b) Jedes in Absatz 1 bezeichnete Land kann aufgrund einer einstimmigen Vereinbarung mit den entwickelten Ländern, die Mitglieder des Verbandes sind und in denen dieselbe Sprache allgemein gebräuchlich ist, für Übersetzungen in diese Sprache die in Absatz 2 Buchstabe a genannte Frist von drei Jahren durch eine kürzere, in der Vereinbarung festgelegte Frist ersetzen, die aber nicht weniger als ein Jahr betragen darf. Satz 1 ist jedoch auf Übersetzungen in die englische, französische oder spanische Sprache nicht anwendbar. Jede derartige Vereinbarung wird dem Generaldirektor von den Regierungen, die sie getroffen haben, notifiziert.

(4) a) Nach diesem Artikel darf eine nach drei Jahren erwirkbare Lizenz erst nach Ablauf einer weiteren Frist von sechs Monaten und eine nach einem Jahr erwirkbare Lizenz erst nach Ablauf einer weiteren Frist von neun Monaten erteilt werden, beginnend

i) in dem Zeitpunkt, in dem der Antragsteller die in Artikel IV Absatz 1 vorgesehenen Erfordernisse erfüllt, oder,

ii) sofern der Inhaber des Übersetzungsrechts oder seine Anschrift unbekannt ist, in dem Zeitpunkt, in dem der Antragsteller, wie in Artikel IV Absatz 2 vorgesehen, Abschriften seines bei der zuständigen Behörde gestellten Lizenzantrags absendet.

b) Wird vom Inhaber des Übersetzungsrechts oder mit seiner Erlaubnis innerhalb der genannten Frist von sechs oder neun Monaten eine Übersetzung in die Sprache veröffentlicht für die die Lizenz beantragt worden ist, so darf keine Lizenz nach diesem Artikel erteilt werden.

(5) Eine Lizenz nach diesem Artikel darf nur für Unterrichts-, Studien- oder Forschungszwecke erteilt werden.

(6) Wird eine Übersetzung des Werkes vom Inhaber des Übersetzungsrechts oder mit seiner Erlaubnis zu einem Preis veröffentlicht, der dem für vergleichbare Werke in dem Land üblichen Preis entspricht, so erlischt jede nach diesem Artikel erteilte Lizenz, sofern diese Übersetzung in derselben Sprache abgefaßt ist und im wesentlichen den gleichen Inhalt hat wie die auf Grund der Lizenz veröffentlichte Übersetzung. Werkstücke, die bereits vor Erlöschen der Lizenz hergestellt worden sind, dürfen weiterhin in Verkehr gebracht werden, bis der Vorrat erschöpft ist.

(7) Für Werke, die vorwiegend aus Abbildungen bestehen, darf eine Lizenz zur Herstellung und Veröffentlichung einer Übersetzung des Textes und zur Vervielfältigung und Veröffentlichung der Abbildungen nur erteilt werden, wenn auch die Voraussetzungen des Artikels III erfüllt sind.

(8) Aufgrund dieses Artikels darf keine Lizenz erteilt werden, wenn der Urheber alle Werkstücke aus dem Verkehr gezogen hat.

(9) a) Eine Lizenz zur Übersetzung eines Werkes, das im Druck oder in einer entsprechenden Vervielfältigungsform veröffentlicht worden ist, kann auch jedem Sendeunternehmen, das seinen Sitz in einem in Absatz 1 bezeichneten Land hat, auf seinen an die zuständige Behörde dieses Landes gerichteten Antrag erteilt werden, sofern alle folgenden Bedingungen erfüllt sind:

i) die Übersetzung wird an Hand eines Werkstücks angefertigt, das in Übereinstimmung mit den Rechtsvorschriften dieses Landes hergestellt und erworben wurde;

ii) die Übersetzung ist nur für den Gebrauch in Rundfunksendungen bestimmt, die ausschließlich dem Unterricht oder der Verbreitung wissenschaftlicher oder technischer Forschungsergebnisse an Sachverständige eines bestimmten Berufs dienen;

iii) die Übersetzung wird ausschließlich zu den unter Ziffer ii bezeichneten Zwecken in rechtmäßig ausgestrahlten Rundfunksendungen benutzt, die für Empfänger im Hoheitsgebiet dieses Landes bestimmt sind, einschließlich der Rundfunksendungen, die mit Hilfe von rechtmäßig und ausschließlich für diese Sendungen hergestellten Aufnahmen auf Bild- oder Tonträger ausgestrahlt werden;

iv) der Gebrauch der Übersetzung darf keinen Erwerbszwecken dienen.

b) Aufnahmen einer Übersetzung auf Bild- oder Tonträger, die von einem Sendeunternehmen aufgrund einer nach diesem Absatz erteilten Lizenz angefertigt worden ist, dürfen mit Zustimmung dieses Unternehmens zu den in Buchstabe a genannten Zwecken und Bedingungen auch von anderen Sendeunternehmen benutzt werden, die ihren Sitz in dem Land haben, dessen zuständige Behörde die Lizenz erteilt hat.

c) Sofern alle in Buchstabe a aufgeführten Merkmale und Bedingungen erfüllt sind, kann einem Sendeunternehmen auch eine Lizenz zur Übersetzung des Textes einer audiovisuellen Festlegung erteilt werden, die selbst ausschließlich für den Gebrauch im Zusammenhang mit systematischem Unterricht hergestellt und veröffentlicht worden ist.

d) Vorbehaltlich der Buchstaben a bis c sind die vorausgehenden Absätze auf die Erteilung und die Ausübung jeder Lizenz anzuwenden, die aufgrund dieses Absatzes erteilt wird.

Art. III. (1) Jedes Land, das erklärt hat, es werde die in diesem Artikel vorgesehene Befugnis in Anspruch nehmen, ist berechtigt, das in Artikel 9 vorgesehene ausschließliche Vervielfältigungsrecht durch ein System nicht ausschließlicher und unübertragbarer Lizenzen zu ersetzen, die von der zuständigen Behörde unter den folgenden Voraussetzungen und gemäß Artikel IV erteilt werden.

(2) a) Sind Werkstücke einer bestimmten Ausgabe eines Werkes, auf das dieser Artikel gemäß Absatz 7 anwendbar ist, innerhalb
i) der in Absatz 3 festgelegten und vom Zeitpunkt der ersten Veröffentlichung einer bestimmten Ausgabe an zu berechnenden Frist oder
ii) einer längeren, in den innerstaatlichen Rechtsvorschriften des in Absatz 1 bezeichneten Landes festgelegten und von demselben Zeitpunkt an zu berechnenden Frist

in diesem Land vom Inhaber des Vervielfältigungsrechts oder mit seiner Erlaubnis zu einem Preis, der dem dort für vergleichbare Werke üblichen Preis entspricht, der Allgemeinheit oder für den Gebrauch im Zusammenhang mit systematischem Unterricht nicht zum Kauf angeboten worden, so kann jeder Angehörige dieses Landes eine Lizenz erhalten, die Ausgabe zu diesem oder einem niedrigeren Preis für den Gebrauch im Zusammenhang mit systematischem Unterricht zu vervielfältigen und zu veröffentlichen.

b) Eine Lizenz zur Vervielfältigung und Veröffentlichung einer Ausgabe, die, wie in Buchstabe a beschrieben, in Verkehr gebracht worden ist, kann unter den in diesem Artikel vorgesehenen Voraussetzungen auch erteilt werden, wenn nach Ablauf der maßgebenden Frist in dem Land mit Erlaubnis des Rechtsinhabers hergestellte Werkstücke dieser Ausgabe zu einem Preis, der dem dort für vergleichbare Werke üblichen Preis entspricht, sechs Monate lang für die Allgemeinheit oder für den Gebrauch im Zusammenhang mit systematischem Unterricht nicht mehr zum Verkauf standen.

(3) Die in Absatz 2 Buchstabe a Ziffer i bezeichnete Frist beträgt fünf Jahre; dagegen beträgt sie
i) drei Jahre für Werke aus den Bereichen der Naturwissenschaften, Mathematik und Technik und
ii) sieben Jahre für Romane, Gedichte und Dramen sowie für musikalische Werke und Kunstbücher.

(4) a) Eine nach drei Jahren erwirkbare Lizenz darf nach diesem Artikel erst nach Ablauf einer Frist von sechs Monaten erteilt werden, beginnend
i) in dem Zeitpunkt, in dem der Antragsteller die in Artikel IV Absatz 1 vorgesehenen Erfordernisse erfüllt, oder,
ii) sofern der Inhaber des Vervielfältigungsrechts oder seine Anschrift unbekannt ist, in dem Zeitpunkt, in dem der Antragsteller, wie in Artikel IV Absatz 2 vorgesehen, Abschriften seines bei der zuständigen Behörde gestellten Lizenzantrags absendet.

b) Sind Lizenzen nach anderen Fristen erwirkbar und ist Artikel IV Absatz 2 anzuwenden, so darf eine Lizenz nicht vor Ablauf einer Frist von drei Monaten seit Absendung der Abschriften des Lizenzantrags erteilt werden.

c) Werden innerhalb der in den Buchstaben a und b genannten Fristen von sechs oder drei Monaten Werkstücke der Ausgabe, wie in Absatz 2 Buchstabe a beschrieben, zum Kauf angeboten, so darf keine Lizenz nach diesem Artikel erteilt werden.

d) Keine Lizenz wird erteilt, wenn der Urheber alle Werkstücke der Ausgabe, für die eine Lizenz zur Vervielfältigung und Veröffentlichung beantragt worden ist, aus dem Verkehr gezogen hat.

(5) Eine Lizenz zur Vervielfältigung und Veröffentlichung der Übersetzung eines Werkes wird nach diesem Artikel nicht erteilt,

i) wenn die Übersetzung nicht vom Inhaber des Übersetzungsrechts oder mit seiner Erlaubnis veröffentlicht worden ist oder

ii) wenn die Übersetzung nicht in einer Sprache abgefaßt ist, die in dem Land, in dem die Lizenz beantragt worden ist, allgemein gebräuchlich ist.

(6) Werden vom Inhaber des Vervielfältigungsrechts oder mit seiner Erlaubnis Werkstücke der Ausgabe eines Werkes in dem in Absatz 1 bezeichneten Land der Allgemeinheit oder für den Gebrauch im Zusammenhang mit systematischem Unterricht zu einem Preis, der dem für vergleichbare Werke dort üblichen Preis entspricht, zum Kauf angeboten, so erlischt jede nach diesem Artikel erteilte Lizenz, sofern diese Ausgabe in derselben Sprache abgefaßt ist und im wesentlichen den gleichen Inhalt hat wie die aufgrund der Lizenz veröffentlichte Ausgabe. Werkstücke, die bereits vor Erlöschen der Lizenz hergestellt worden sind, dürfen weiterhin in Verkehr gebracht werden, bis der Vorrat erschöpft ist.

(7) a) Vorbehaltlich des Buchstaben b ist dieser Artikel nur auf Werke anwendbar, die im Druck oder in einer entsprechenden Vervielfältigungsform veröffentlicht worden sind.

b) Dieser Artikel ist auch auf die audio-visuelle Vervielfältigung rechtmäßig hergestellter audio-visueller Festlegungen, soweit sie selbst geschützte Werke sind oder geschützte Werke enthalten, und auf die Übersetzung des in ihnen enthaltenen Textes in eine Sprache anwendbar, die in dem Land, in dem die Lizenz beantragt worden ist, allgemein gebräuchlich ist, immer vorausgesetzt, daß die betreffenden audio-visuellen Festlegungen ausschließlich für den Gebrauch im Zusammenhang mit systematischem Unterricht hergestellt und veröffentlicht worden sind.

Art. IV. (1) Eine Lizenz nach Artikel II oder III darf nur erteilt werden, wenn der Antragsteller gemäß den Rechtsvorschriften des betreffenden Landes nachweist, daß er um die Erlaubnis des Rechtsinhabers je nachdem zur Übersetzung des Werkes und zur Veröffentlichung der Übersetzung oder zur Vervielfältigung und Veröffentlichung der Ausgabe ersucht und diese nicht erhalten hat oder daß er den Rechtsinhaber trotz gehöriger Bemühungen nicht ausfindig machen konnte. Gleichzeitig mit dem Gesuch an den Rechtsinhaber hat der Antragsteller jedes in Absatz 2 bezeichnete nationale oder internationale Informationszentrum zu unterrichten.

(2) Vermag der Antragsteller den Rechtsinhaber nicht ausfindig zu machen, so hat er eine Abschrift seines an die zuständige Behörde gerichteten Lizenzantrags mit eingeschriebener Luftpost dem Verleger, dessen Name auf dem Werk angegeben ist, und jedem nationalen oder internationalen Informationszentrum zu senden, das gegebenenfalls von der Regierung des Landes, in dem der Verleger vermutlich den Mittelpunkt seiner Geschäftstätigkeit hat, in einer beim Generaldirektor hinterlegten Notifikation bezeichnet worden ist.

(3) Der Name des Urhebers ist auf allen Werkstücken einer Übersetzung oder einer Vervielfältigung, die aufgrund einer nach Artikel II oder III erteilten

Lizenz veröffentlicht wird, anzugeben. Der Titel des Werkes ist auf allen Werkstücken aufzuführen. Bei einer Übersetzung ist jedenfalls der Originaltitel auf allen Werkstücken anzugeben.

(4) a) Eine nach Artikel II oder III erteilte Lizenz erstreckt sich nicht auf die Ausfuhr von Werkstücken und berechtigt je nachdem nur zur Veröffentlichung der Übersetzung oder der Vervielfältigung im Hoheitsgebiet des Landes, in dem die Lizenz beantragt worden ist.

b) Für die Anwendung des Buchstaben a wird auch der Versand von Werkstücken von einem Gebiet nach dem Land, das für dieses Gebiet eine Erklärung nach Artikel 1 Absatz 5 abgegeben hat, als Ausfuhr angesehen.

c) Versendet eine staatliche oder andere öffentliche Stelle eines Landes, das nach Artikel II eine Lizenz zur Übersetzung in eine andere als die englische, französische oder spanische Sprache erteilt hat, Werkstücke der unter dieser Lizenz veröffentlichten Übersetzung in ein anderes Land, so wird dieser Versand nicht als Ausfuhr im Sinn von Buchstabe a angesehen, sofern alle folgenden Voraussetzungen erfüllt sind:

i) die Empfänger sind Einzelpersonen, die dem Land, dessen zuständige Behörde die Lizenz erteilt hat, angehören, oder Zusammenschlüsse solcher Einzelpersonen;

ii) die Werkstücke sind nur für Unterrichts-, Studien- oder Forschungszwecke bestimmt;

iii) der Versand der Werkstücke und ihre spätere Verteilung an die Empfänger dienen keinen Erwerbszwecken;

iv) das Land, in das die Werkstücke gesandt werden, hat mit dem Land, dessen zuständige Behörde die Lizenz erteilt hat, eine Vereinbarung getroffen, die den Empfang, die Verteilung oder beides gestattet, und die Regierung dieses Landes hat dem Generaldirektor die Vereinbarung notifiziert.

(5) Alle Werkstücke, die aufgrund einer nach Artikel II oder III erteilten Lizenz veröffentlicht werden, haben in der betreffenden Sprache einen Vermerk zu tragen, daß sie nur in dem Land oder Gebiet, auf das sich die Lizenz bezieht, in Verkehr gebracht werden dürfen.

(6) a) Auf nationaler Ebene ist dafür zu sorgen, daß

i) die Lizenz zugunsten des Inhabers des Übersetzungsrechts oder des Inhabers des Vervielfältigungsrechts eine angemessene Vergütung vorsieht, die der bei frei vereinbarten Lizenzen zwischen Personen in den beiden betreffenden Ländern üblichen Vergütung entspricht,

ii) Zahlung und Transfer der Vergütung sichergestellt werden; bestehen nationale Devisenbeschränkungen, so hat die zuständige Behörde unter Zuhilfenahme internationaler Einrichtungen alles ihr Mögliche zu tun, um den Transfer der Vergütung in international konvertierbarer Währung oder gleichgestellten Zahlungsmitteln sicherzustellen.

b) Die innerstaatliche Gesetzgebung hat eine getreue Übersetzung des Werkes oder eine genaue Wiedergabe der Ausgabe zu gewährleisten.

Art. V. (1) a) Jedes Land, das zu erklären berechtigt ist, es werde die in Artikel II vorgesehene Befugnis in Anspruch nehmen, kann stattdessen bei der Ratifikation oder beim Beitritt zu dieser Fassung,

i) sofern es ein Land ist, auf das Artikel 30 Absatz 2 Buchstabe a zutrifft, hinsichtlich des Übersetzungsrechts eine Erklärung nach dieser Bestimmung abgeben;

ii) sofern es ein Land ist, auf das Artikel 30 Absatz 2 Buchstabe a nicht zutrifft, und selbst wenn es sich nicht um ein verbandsfremdes Land handelt, die in Artikel 30 Absatz 2 Buchstabe b Satz 1 vorgesehene Erklärung abgeben.

b) Eine nach diesem Absatz abgegebene Erklärung bleibt für ein Land, das nicht länger als Entwicklungsland im Sinn von Artikel 1 Absatz 1 angesehen wird, bis zu dem Zeitpunkt wirksam, in dem die nach Artikel 1 Absatz 3 maßgebende Frist abläuft.

c) Ein Land, das eine Erklärung nach diesem Absatz abgegeben hat, kann die in Artikel II vorgesehene Befugnis nicht mehr in Anspruch nehmen, selbst wenn es die Erklärung zurückzieht.

(2) Vorbehaltlich des Absatzes 3 kann ein Land, das die in Artikel II vorgesehene Befugnis in Anspruch genommen hat, keine Erklärung nach Absatz 1 mehr abgeben.

(3) Ein Land, das nicht länger als Entwicklungsland im Sinn von Artikel 1 Absatz 1 angesehen wird, kann, obwohl es kein verbandsfremdes Land ist, bis zu zwei Jahren vor Ablauf der nach Artikel 1 Absatz 3 maßgebenden Frist die in Artikel 30 Absatz 2 Buchstabe b Satz 1 vorgesehene Erklärung abgeben. Diese Erklärung wird in dem Zeitpunkt wirksam, in dem die nach Artikel 1 Absatz 3 maßgebende Frist abläuft.

Art. VI.[1] (1) Ein Verbandsland kann vom Zeitpunkt der Unterzeichnung dieser Fassung der Übereinkunft an jederzeit, bevor es durch die Artikel 1 bis 21 und diesen Anhang gebunden ist,

i) erklären – sofern es berechtigt wäre, die in Artikel 1 Absatz 1 bezeichneten Befugnisse in Anspruch zu nehmen, wenn es durch die Artikel 1 bis 21 und diesen Anhang gebunden wäre –, daß es die Artikel II oder III oder beide Artikel auf Werke anwenden wird, deren Ursprungsland ein Land ist, das gemäß Ziffer ii die Anwendung dieser Artikel auf solche Werke zuläßt oder das durch die Artikel 1 bis 21 und diesen Anhang gebunden ist; die Erklärung kann sich statt auf Artikel II auf Artikel V beziehen;

ii) erklären, daß es die Anwendung dieses Anhangs auf Werke, deren Ursprungsland es ist, durch die Länder zuläßt, die eine Erklärung nach Ziffer i abgegeben oder eine Notifikation nach Artikel 1 hinterlegt haben.

(2) Jede Erklärung nach Absatz 1 muß schriftlich abgefaßt und beim Generaldirektor hinterlegt werden. Sie wird im Zeitpunkt ihrer Hinterlegung wirksam.

ZU URKUND DESSEN haben die hierzu gehörig bevollmächtigten Unterzeichneten diese Fassung der Übereinkunft unterschrieben.

GESCHEHEN zu Paris am 24. Juli 1971.

---

[1] Die Bundesrepublik hat eine Erklärung nach Art. VI Abs. 1 Ziffer ii mit Wirkung v. 18.10.1973 abgegeben (BGBl. 1974 II S. 165).

27. Welturheberrechtsabkommen[1], [2]

(Pariser Fassung)

Vom 6. September 1952 (BGBl. 1955 II S. 102)

Revidiert in Paris am 24. Juli 1971

(BGBl. 1973 II S. 1111)

– Amtlicher deutscher Text gemäß Artikel XVI Absatz 2 –

Die Vertragsstaaten

– von dem Wunsch geleitet, den Schutz des Urheberrechts an Werken der Literatur, Wissenschaft und Kunst in allen Ländern zu gewährleisten,

in der Überzeugung, daß eine allen Nationen angemessene, in einem Weltabkommen niedergelegte Regelung des Schutzes des Urheberrechts, die die bereits in Kraft befindlichen zwischenstaatlichen Ordnungen, ohne sie zu beeinträchtigen, ergänzt, die Achtung der Menschenrechte sichern und die Entwicklung der Literatur, Wissenschaft und Kunst fördern wird,

und in der Gewißheit, daß eine solche weltweite Regelung des Schutzes des Urheberrechts die Verbreitung der Geisteswerke erleichtern und zu einer besseren Verständigung unter den Nationen beitragen wird

– haben beschlossen, das am 6. September 1952 in Genf unterzeichnete Welturheberrechtsabkommen (im folgenden als „Abkommen von 1952" bezeichnet) zu revidieren, und

haben daher folgendes vereinbart:

Art. I. Jeder Vertragsstaat verpflichtet sich, alle notwendigen Bestimmungen zu treffen, um einen ausreichenden und wirksamen Schutz der Rechte der Urheber und anderer Inhaber von Urheberrechten an den Werken der Literatur, Wissenschaft und Kunst, wie Schriftwerken, musikalischen und dramatischen Werken, Filmwerken sowie Werken der Malerei, Stichen und Werken der Bildhauerei, zu gewähren.

Art. II. 1. Veröffentlichte Werke der Angehörigen eines Vertragsstaats und die zum ersten Mal im Hoheitsgebiet eines Vertragsstaats veröffentlichten Werke genießen in jedem anderen Vertragsstaat den gleichen Schutz, den dieser andere Staat den zum ersten Mal in seinem eigenen Hoheitsgebiet veröffentlichten Werken seiner Staatsangehörigen gewährt, sowie den durch dieses Abkommen besonders gewährten Schutz.

2. Unveröffentlichte Werke der Angehörigen eines Vertragsstaats genießen in jedem anderen Vertragsstaat den gleichen Schutz, den dieser andere Staat den unveröffentlichten Werken seiner Staatsangehörigen gewährt, sowie den durch dieses Abkommen besonders gewährten Schutz.

---

[1] Siehe hierzu das Ges. v. 17.8.1973 (abgedruckt unter Nr. **28**) sowie die Bek. v. 3.10.1974 (BGBl. II S. 1309), wonach das Abkommen sowie die Zusatzprotokolle 1 und 2 für die Bundesrepublik am 10.7.1974 in Kraft getreten sind.

[2] Stand der Vertragsparteien siehe BGBl. Fundstellennachweis B, abgeschlossen am 31.12. jedes Jahres, und www.unesco.org.

3. Für die Anwendung dieses Abkommens kann jeder Vertragsstaat durch seine innerstaatliche Gesetzgebung seinen Staatsangehörigen die Personen gleichstellen, die ihren Wohnsitz in seinem Hoheitsgebiet haben.

Art. III. 1. Ein Vertragsstaat, dessen innerstaatliche Rechtsvorschriften als Voraussetzung für den Urheberrechtsschutz die Erfüllung von Förmlichkeiten, wie Hinterlegung, Registrierung, Vermerk, notarielle Beglaubigungen, Gebührenzahlung, Herstellung oder Veröffentlichung in seinem eigenen Hoheitsgebiet, fordern, hat diese Erfordernisse für jedes durch dieses Abkommen geschützte und zum ersten Mal außerhalb seines Hoheitsgebiets veröffentlichte Werk, dessen Urheber nicht Angehöriger dieses Staates ist, als erfüllt anzusehen, wenn alle Werkstücke, die mit Erlaubnis des Urhebers oder eines anderen Inhabers des Urheberrechts veröffentlicht worden sind, von der ersten Veröffentlichung des Werkes an das Kennzeichen © in Verbindung mit dem Namen des Inhabers des Urheberrechts und der Jahreszahl der ersten Veröffentlichung tragen; Kennzeichen, Name und Jahreszahl sind in einer Weise und an einer Stelle anzubringen, daß sie den Vorbehalt des Urheberrechts genügend zum Ausdruck bringen.

2. Absatz 1 hindert keinen Vertragsstaat, die Erfüllung von Förmlichkeiten oder anderen Voraussetzungen für den Erwerb und die Ausübung des Urheberrechts bei Werken, die zum ersten Mal in seinem Hoheitsgebiet veröffentlicht worden sind, sowie, ohne Rücksicht auf den Ort der Veröffentlichung, bei Werken seiner Staatsangehörigen zu fordern.

3. Absatz 1 hindert keinen Vertragsstaat, von Personen, die ihre Rechte gerichtlich geltend machen, zu verlangen, daß sie in einem Rechtsstreit bestimmte Verfahrenserfordernisse, wie die Vertretung des Klägers durch einen inländischen Rechtsbeistand oder die Hinterlegung eines Werkstücks durch den Kläger bei dem Gericht oder einer Verwaltungsbehörde oder bei beiden, erfüllen. Jedoch wird der Bestand des Urheberrechts durch die Nichterfüllung dieser Erfordernisse nicht berührt. Die Erfüllung eines Erfordernisses, das der Staat, in dem der Schutz beansprucht wird, seinen Staatsangehörigen nicht auferlegt, darf von den Angehörigen eines anderen Vertragsstaats nicht verlangt werden.

4. Jeder Vertragsstaat ist verpflichtet, den unveröffentlichten Werken der Angehörigen anderer Vertragsstaaten Rechtsschutz zu gewähren, ohne die Erfüllung von Förmlichkeiten zu verlangen.

5. Sieht ein Vertragsstaat für die Schutzdauer mehr als eine Frist vor und überschreitet die erste Frist eine der in Artikel IV vorgeschriebenen Mindestzeiten, so ist dieser Staat nicht verpflichtet, Absatz 1 auf die zweite und jede weitere Frist anzuwenden.

Art. IV. 1. Die Schutzdauer des Werkes wird durch das Recht des Vertragsstaats, in dem der Schutz beansprucht wird, gemäß diesem Artikel und Artikel II geregelt.

2. a) Bei den durch dieses Abkommen geschützten Werken umfaßt die Schutzdauer mindestens die Lebenszeit des Urhebers und fünfundzwanzig Jahre nach seinem Tod. Jedoch kann ein Vertragsstaat, der in dem Zeitpunkt, in dem dieses Abkommen für ihn in Kraft tritt, für bestimmte Arten von Werken die Schutzdauer auf eine von der ersten Veröffentlichung an berechnete Frist beschränkt, diese Ausnahmen aufrechterhalten und sie auf andere Arten von

Werken erstrecken. Für alle diese Arten von Werken darf die Schutzdauer nicht weniger als fünfundzwanzig Jahre seit der ersten Veröffentlichung betragen.

b) Ein Vertragsstaat, der in dem Zeitpunkt, in dem dieses Abkommen für ihn in Kraft tritt, die Schutzdauer nicht auf der Grundlage der Lebenszeit des Urhebers berechnet, ist befugt, sie von der ersten Veröffentlichung des Werkes oder gegebenenfalls von der der Veröffentlichung vorausgegangenen Registrierung an zu berechnen; die Schutzdauer darf nicht weniger als fünfundzwanzig Jahre seit der ersten Veröffentlichung oder gegebenenfalls seit der ihr vorausgegangenen Registrierung betragen.

c) Sehen die innerstaatlichen Rechtsvorschriften eines Vertragsstaats zwei oder mehr aufeinanderfolgende Schutzfristen vor, so darf die Dauer der ersten Frist nicht weniger als eine der in Buchstaben a und b bezeichneten Mindestzeiten betragen.

3. Absatz 2 ist auf Werke der Fotografie und der angewandten Kunst nicht anzuwenden. Jedoch darf in den Vertragsstaaten, die Werke der Fotografie schützen oder Werken der angewandten Kunst als Kunstwerken Schutz gewähren, die Schutzdauer für diese Werke nicht weniger als zehn Jahre betragen.

4. a) Kein Vertragsstaat ist verpflichtet, einem Werk einen längeren Schutz als den zu gewähren, der für Werke dieser Art in dem Vertragsstaat, in dem das Werk zum ersten Mal veröffentlicht worden ist, oder, sofern es sich um ein unveröffentlichtes Werk handelt, in dem Vertragsstaat, dem der Urheber angehört, festgelegt ist.

b) Sehen die Rechtsvorschriften eines Vertragsstaats zwei oder mehr aufeinanderfolgende Schutzfristen vor, so wird für die Anwendung des Buchstaben a die Summe dieser Schutzfristen als die von diesem Staat gewährte Schutzdauer angesehen. Wird jedoch in diesem Staat ein bestimmtes Werk, gleichviel aus welchem Grund, während der zweiten oder einer der folgenden Fristen nicht geschützt, so sind die anderen Vertragsstaaten nicht verpflichtet, dieses Werk während der zweiten Frist oder der folgenden Fristen zu schützen.

5. Für die Anwendung des Absatzes 4 wird das Werk des Angehörigen eines Vertragsstaats, das zum ersten Mal in einem vertragsfremden Staat veröffentlicht worden ist, so angesehen, als sei es zum ersten Mal in dem Vertragsstaat veröffentlicht worden, dem der Urheber angehört.

6. Bei gleichzeitiger Veröffentlichung in zwei oder mehr Vertragsstaaten gilt das Werk für die Anwendung des Absatzes 4 als zum ersten Mal in dem Staat veröffentlicht, der die kürzeste Schutzdauer gewährt. Jedes Werk, das innerhalb von dreißig Tagen seit seiner ersten Veröffentlichung in zwei oder mehr Vertragsstaaten erschienen ist, gilt als in diesen Staaten gleichzeitig veröffentlicht.

Art. IVbis. 1. Die in Artikel 1 bezeichneten Rechte umfassen die grundlegenden Rechte, die die wirtschaftlichen Interessen des Urhebers schützen, insbesondere das ausschließliche Recht, die Vervielfältigung, gleichviel in welchem Verfahren, die öffentliche Aufführung und die Rundfunksendung zu erlauben. Dieser Artikel ist auf die durch dieses Abkommen geschützten Werke sowohl in ihrer ursprünglichen Form als auch in einer erkennbar von dem ursprünglichen Werk abgeleiteten Form anzuwenden.

2. Jeder Vertragsstaat kann in seiner innerstaatlichen Gesetzgebung für die in Absatz 1 bezeichneten Rechte Ausnahmen vorsehen, die dem Geist und den Bestimmungen dieses Abkommens nicht widersprechen. Jedoch muß ein Staat, der von dieser Befugnis Gebrauch macht, jedem der Rechte, für die er Ausnahmen vorsieht, ein angemessenes Maß an wirksamem Schutz gewähren.

Art. V. 1. Die in Artikel 1 bezeichneten Rechte umfassen das ausschließliche Recht, die durch dieses Abkommen geschützten Werke zu übersetzen und die Übersetzung zu veröffentlichen, sowie das Recht, anderen die Übersetzung und die Veröffentlichung der Übersetzung zu erlauben.

2. Den Vertragsstaaten bleibt es jedoch vorbehalten, durch ihre innerstaatliche Gesetzgebung das Übersetzungsrecht an Schriftwerken einzuschränken, aber nur nach Maßgabe der folgenden Bestimmungen:

a) Ist vom Inhaber des Übersetzungsrechts oder mit seiner Erlaubnis innerhalb von sieben Jahren seit der ersten Veröffentlichung eines Schriftwerks eine Übersetzung dieses Werkes in eine in einem Vertragsstaat allgemein gebräuchliche Sprache nicht veröffentlicht worden, so kann jeder Angehörige dieses Vertragsstaats von der zuständigen Behörde des Staates eine nicht ausschließliche Lizenz zur Übersetzung des Werkes in diese Sprache und zur Veröffentlichung der Übersetzung erhalten.

b) Die Lizenz darf nur erteilt werden, wenn der Antragsteller gemäß den Rechtsvorschriften des Staates, in dem die Lizenz beantragt worden ist, nachweist, daß er um die Erlaubnis des Inhabers des Übersetzungsrechts zur Übersetzung des Werkes und zur Veröffentlichung der Übersetzung ersucht und diese nicht erhalten hat oder daß er den Rechtsinhaber trotz gehöriger Bemühungen nicht ausfindig machen konnte. Eine Lizenz kann unter denselben Bedingungen auch erteilt werden, wenn alle bisherigen Ausgaben einer Übersetzung in eine in einem Vertragsstaat allgemein gebräuchliche Sprache vergriffen sind.

c) Vermag der Antragsteller den Inhaber des Übersetzungsrechts nicht ausfindig zu machen, so hat er eine Abschrift seines Antrags dem Verleger zu senden, dessen Name auf dem Werk angegeben ist; eine weitere Abschrift hat er dem diplomatischen oder konsularischen Vertreter des Staates, dessen Angehöriger der Inhaber des Übersetzungsrechts ist, oder einer gegebenenfalls von der Regierung dieses Staates bezeichneten Stelle zuzuleiten, sofern die Staatsangehörigkeit des Inhabers des Übersetzungsrechts bekannt ist. Die Lizenz darf nicht vor Ablauf von zwei Monaten nach Absendung der Abschriften des Antrags erteilt werden.

d) Durch die innerstaatliche Gesetzgebung sind geeignete Vorschriften zu erlassen, die für den Inhaber des Übersetzungsrechts eine angemessene, internationalen Maßstäben entsprechende Vergütung vorsehen und die Zahlung und den Transfer der Vergütung sowie eine getreue Übersetzung des Werkes gewährleisten.

e) Der Originaltitel des Werkes und der Name seines Urhebers sind auf allen Werkstücken der veröffentlichten Übersetzung im Druck anzugeben. Die Lizenz berechtigt nur zur Veröffentlichung der Übersetzung im Hoheitsgebiet des Vertragsstaats, in dem sie beantragt worden ist. Werkstücke der Übersetzung dürfen in einen anderen Vertragsstaat eingeführt und dort verkauft werden, wenn die Sprache, in die das Werk übersetzt wurde, in diesem Staat allgemein gebräuchlich ist und wenn dessen innerstaatliche

Rechtsvorschriften entsprechende Lizenzen zulassen und die Einfuhr und den Verkauf der Werkstücke nicht untersagen. In einem Vertragsstaat, für den diese Voraussetzungen nicht zutreffen, sind für die Einfuhr und den Verkauf der Werkstücke die innerstaatlichen Rechtsvorschriften dieses Staates und die von ihm geschlossenen Verträge maßgebend. Die Lizenz kann von dem Lizenznehmer nicht übertragen werden.

f) Eine Lizenz wird nicht erteilt, wenn der Urheber alle Werkstücke aus dem Verkehr gezogen hat.

Art. V^{bis}. 1. Jeder Vertragsstaat, der nach der bestehenden Übung der Generalversammlung der Vereinten Nationen als Entwicklungsland angesehen wird, kann durch eine bei der Ratifikation, der Annahme, dem Beitritt oder später beim Generaldirektor der Organisation der Vereinten Nationen für Erziehung, Wissenschaft und Kultur (im folgenden als „der Generaldirektor" bezeichnet) hinterlegte Notifikation einzelne oder alle der in den Artikeln V^{ter} und V^{quater} vorgesehenen Ausnahmen in Anspruch nehmen.

2. Jede Notifikation nach Absatz 1 ist während einer Frist von zehn Jahren seit Inkrafttreten dieses Abkommens oder während des nach der Hinterlegung der Notifikation noch verbleibenden Teiles dieser Zehnjahresfrist wirksam; sie kann ganz oder teilweise für jeweils weitere zehn Jahre erneuert werden, wenn der Vertragsstaat frühestens fünfzehn und spätestens drei Monate vor Ende der laufenden Zehnjahresfrist beim Generaldirektor eine neue Notifikation hinterlegt. Während der weiteren Zehnjahresfristen können auch erstmalige Notifikationen gemäß diesem Artikel hinterlegt werden.

3. Ungeachtet des Absatzes 2 ist ein Vertragsstaat, der nicht länger als Entwicklungsland im Sinn von Absatz 1 angesehen wird, nicht mehr berechtigt, seine nach Absatz 1 oder 2 hinterlegte Notifikation zu erneuern; gleichviel, ob dieser Staat seine Notifikation förmlich zurückzieht oder nicht, verliert er die Möglichkeit, die in den Artikeln V^{ter} und V^{quater} vorgesehenen Ausnahmen in Anspruch zu nehmen, entweder nach Ablauf der laufenden Zehnjahresfrist oder drei Jahre nach dem Zeitpunkt, in dem der Staat nicht mehr als Entwicklungsland angesehen wird, wobei die später endende Frist maßgebend ist.

4. Nach Ablauf der Frist, für die Notifikationen nach diesem Artikel wirksam waren, dürfen Werkstücke, die aufgrund der Ausnahmen in den Artikeln V^{ter} und V^{quater} bereits hergestellt worden sind, weiterhin in Verkehr gebracht werden, bis der Vorrat erschöpft ist.

5. Ein Vertragsstaat, der eine Notifikation gemäß Artikel XIII über die Anwendung dieses Abkommens auf ein bestimmtes Land oder Gebiet hinterlegt hat, dessen Lage als der Lage der in Absatz 1 bezeichneten Staaten analog erachtet werden kann, kann für dieses Land oder Gebiet auch Notifikationen gemäß diesem Artikel hinterlegen und erneuern. Solange eine solche Notifikation wirksam ist, dürfen die Artikel V^{ter} und V^{quater} auf dieses Land oder Gebiet angewandt werden. Der Versand von Werkstücken aus diesem Land oder Gebiet in den Vertragsstaat wird als Ausfuhr im Sinn der Artikel V^{ter} und V^{quater} angesehen.

Art. V^{ter}. 1. a) Ein Vertragsstaat, auf den Artikel V^{bis} Absatz 1 anwendbar ist, kann die in Artikel V Absatz 2 vorgesehene Frist von sieben Jahren durch eine Frist von drei Jahren oder durch eine längere, in seinen innerstaatlichen Rechtsvorschriften festgelegte Frist ersetzen. Für eine Übersetzung in eine Sprache, die nicht in einem oder mehreren der entwickelten Länder, die diesem Abkommen oder nur dem Abkommen von 1952 angehören, allgemein gebräuchlich ist, beträgt die Frist ein Jahr statt drei Jahre.

b) Ein Vertragsstaat, auf den Artikel V^{bis} Absatz 1 anwendbar ist, kann auf Grund einer einstimmigen Vereinbarung mit den entwickelten Ländern, die diesem Abkommen oder nur dem Abkommen von 1952 angehören und in denen dieselbe Sprache allgemein gebräuchlich ist, für Übersetzungen in diese Sprache die in Buchstabe a vorgesehene Frist von drei Jahren durch eine andere, in der Vereinbarung festgelegte Frist ersetzen, die aber nicht kürzer als ein Jahr sein darf. Satz 1 ist jedoch auf Übersetzungen in die englische, französische oder spanische Sprache nicht anwendbar. Jede derartige Vereinbarung wird dem Generaldirektor notifiziert.

c) Die Lizenz darf nur erteilt werden, wenn der Antragsteller gemäß den Rechtsvorschriften des Staates, in dem die Lizenz beantragt worden ist, nachweist, daß er um die Erlaubnis des Inhabers des Übersetzungsrechts ersucht und diese nicht erhalten hat oder daß er den Rechtsinhaber trotz gehöriger Bemühungen nicht ausfindig machen konnte. Gleichzeitig mit dem Gesuch an den Rechtsinhaber hat der Antragsteller entweder das von der Organisation der Vereinten Nationen für Erziehung, Wissenschaft und Kultur errichtete Internationale Informationszentrum für Urheberrecht oder jedes nationale oder regionale Informationszentrum zu unterrichten, das von der Regierung des Staates, in dem der Verleger vermutlich den Mittelpunkt seiner Geschäftstätigkeit hat, in einer beim Generaldirektor hinterlegten Notifikation bezeichnet worden ist.

d) Vermag der Antragsteller den Inhaber des Übersetzungsrechts nicht ausfindig zu machen, so hat er eine Abschrift seines Antrags mit eingeschriebener Luftpost dem Verleger, dessen Name auf dem Werk angegeben ist, und jedem in Buchstabe c bezeichneten nationalen oder regionalen Informationszentrum zu senden. Ist kein solches Zentrum notifiziert worden, so hat der Antragsteller auch dem von der Organisation der Vereinten Nationen für Erziehung, Wissenschaft und Kultur errichteten Internationalen Informationszentrum für Urheberrecht eine Abschrift zu senden.

2. a) Nach diesem Artikel darf eine nach drei Jahren erwirkbare Lizenz erst nach Ablauf einer weiteren Frist von sechs Monaten und eine nach einem Jahr erwirkbare Lizenz erst nach Ablauf einer weiteren Frist von neun Monaten erteilt werden. Die weitere Frist beginnt entweder in dem Zeitpunkt des in Absatz 1 Buchstabe c bezeichneten Gesuchs um Erlaubnis zur Übersetzung oder, sofern der Inhaber des Übersetzungsrechts oder seine Anschrift unbekannt ist, im Zeitpunkt der Absendung der in Absatz 1 Buchstabe d bezeichneten Abschriften des Lizenzantrags.

b) Eine Lizenz darf nicht erteilt werden, wenn eine Übersetzung innerhalb der genannten Frist von sechs oder neun Monaten vom Inhaber des Übersetzungsrechts oder mit seiner Erlaubnis veröffentlicht worden ist.

3. Eine Lizenz nach diesem Artikel darf nur für Unterrichts-, Studien- oder Forschungszwecke erteilt werden.

4. a) Eine nach diesem Artikel erteilte Lizenz erstreckt sich nicht auf die Ausfuhr von Werkstücken und berechtigt nur zur Veröffentlichung der Übersetzung im Hoheitsgebiet des Staates, in dem die Lizenz beantragt worden ist.

b) Alle Werkstücke, die gemäß einer nach diesem Artikel erteilten Lizenz veröffentlicht werden, haben in der betreffenden Sprache einen Vermerk zu tragen, daß sie nur in dem Vertragsstaat, der die Lizenz erteilt hat, in Verkehr gebracht werden dürfen. Trägt das Werk den in Artikel III Absatz 1 bezeichneten Vermerk, so haben die Werkstücke denselben Vermerk zu tragen.

c) Das in Buchstabe a vorgesehene Ausfuhrverbot gilt nicht, wenn eine staatliche oder andere öffentliche Stelle eines Staates, der nach diesem Artikel eine Lizenz zur Übersetzung eines Werkes in eine andere als die englische, französische oder spanische Sprache erteilt hat, Werkstücke der unter dieser Lizenz hergestellten Übersetzung in ein anderes Land versendet, sofern

i) die Empfänger entweder Einzelpersonen, die dem Vertragsstaat, der die Lizenz erteilt hat, angehören, oder Zusammenschlüsse solcher Einzelpersonen sind;
ii) die Werkstücke nur für Unterrichts-, Studien- oder Forschungszwecke bestimmt sind;
iii) der Versand der Werkstücke und ihre spätere Verteilung an die Empfänger keinen Erwerbszwecken dienen und
iv) das Land, in das die Werkstücke gesandt werden, mit dem Vertragsstaat eine Vereinbarung getroffen hat, die den Empfang, die Verteilung oder beides gestattet, und eine der beteiligten Regierungen die Vereinbarung dem Generaldirektor notifiziert hat.

5. Auf nationaler Ebene ist dafür zu sorgen, daß

a) die Lizenz eine angemessene Vergütung vorsieht, die der bei frei vereinbarten Lizenzen zwischen Personen in den beiden betreffenden Ländern üblichen Vergütung entspricht, und
b) Zahlung und Transfer der Vergütung bewirkt werden; bestehen nationale Devisenbeschränkungen, so hat die zuständige Behörde unter Zuhilfenahme internationaler Einrichtungen alles ihr Mögliche zu tun, um den Transfer der Vergütung in international konvertierbarer Währung oder gleichgestellten Zahlungsmitteln sicherzustellen.

6. Jede von einem Vertragsstaat nach diesem Artikel erteilte Lizenz erlischt, wenn vom Inhaber des Übersetzungsrechts oder mit seiner Erlaubnis eine Übersetzung des Werkes in dieselbe Sprache und mit im wesentlichen gleichem Inhalt wie die aufgrund der Lizenz herausgegebene Übersetzung in diesem Staat zu einem Preis veröffentlicht wird, der dem für vergleichbare Werke in dem Staat üblichen Preis entspricht. Werkstücke, die bereits vor Erlöschen der Lizenz hergestellt worden sind, dürfen weiterhin in Verkehr gebracht werden, bis der Vorrat erschöpft ist.

7. Für Werke, die vorwiegend aus Abbildungen bestehen, darf eine Lizenz zur Übersetzung des Textes und zur Vervielfältigung der Abbildungen nur erteilt werden, wenn auch die Voraussetzungen des Artikels V^quater erfüllt sind.

8. a) Eine Lizenz zur Übersetzung eines nach diesem Abkommen geschützten Werkes, das im Druck oder in einer entsprechenden Vervielfältigungsform veröffentlicht worden ist, kann auch einem Sendeunternehmen, das seinen Sitz in einem Vertragsstaat hat, auf den Artikel V^bis Absatz 1 zutrifft, auf seinen in diesem Staat gestellten Antrag unter folgenden Bedingungen gewährt werden:

i) die Übersetzung wird an Hand eines Werkstücks angefertigt, das in Übereinstimmung mit den Rechtsvorschriften des Vertragsstaats hergestellt und erworben wurde;

ii) die Übersetzung ist nur für den Gebrauch in Rundfunksendungen bestimmt, die ausschließlich dem Unterricht oder der Verbreitung wissenschaftlicher oder technischer Forschungsergebnisse an Sachverständige eines bestimmten Berufs dienen;

iii) die Übersetzung wird ausschließlich zu den unter Ziffer ii bezeichneten Zwecken in rechtmäßig ausgestrahlten Rundfunksendungen benutzt, die für Empfänger im Hoheitsgebiet des Vertragsstaats bestimmt sind, einschließlich der Rundfunksendungen, die mit Hilfe von rechtmäßig und ausschließlich für diese Sendungen hergestellten Aufnahmen auf Bild- oder Tonträger ausgestrahlt werden;

iv) Bild- oder Tonträger der Übersetzung dürfen nur zwischen Sendeunternehmen ausgetauscht werden, die ihren Sitz in dem Vertragsstaat haben, der die Lizenz erteilt hat, und

v) der Gebrauch der Übersetzung darf keinen Erwerbszwecken dienen.

b) Sofern alle in Buchstabe a aufgeführten Merkmale und Bedingungen erfüllt sind, kann einem Sendeunternehmen auch eine Lizenz zur Übersetzung des Textes einer audiovisuellen Festlegung erteilt werden, die selbst ausschließlich für den Gebrauch im Zusammenhang mit systematischem Unterricht hergestellt und veröffentlicht worden ist.

c) Vorbehaltlich der Buchstaben a und b sind die anderen Bestimmungen dieses Artikels auf die Erteilung und die Ausübung der Lizenz anzuwenden.

9. Vorbehaltlich der Bestimmungen dieses Artikels unterliegt jede nach diesem Artikel erteilte Lizenz dem Artikel V; sie bleibt dem Artikel V und diesem Artikel auch nach Ablauf der in Artikel V Absatz 2 vorgesehenen Frist von sieben Jahren unterworfen. Jedoch kann der Lizenznehmer nach Ablauf dieser Frist verlangen, daß diese Lizenz durch eine Lizenz ersetzt wird, die ausschließlich dem Artikel V unterliegt.

Art. V^{quater}. 1. Ein Vertragsstaat, auf den Artikel V^{bis} Absatz 1 zutrifft, kann folgende Bestimmungen annehmen:

a) Sind innerhalb

i) der in Buchstabe c festgelegten und vom Zeitpunkt der ersten Veröffentlichung einer bestimmten Ausgabe eines in Absatz 3 bezeichneten Werkes der Literatur, Wissenschaft oder Kunst an zu berechnenden Frist oder

ii) einer längeren, in seinen innerstaatlichen Rechtsvorschriften festgelegten Frist

in diesem Staat vom Inhaber des Vervielfältigungsrechts oder mit seiner Erlaubnis Werkstücke der Ausgabe zu einem Preis, der dem für vergleichbare Werke dort üblichen Preis entspricht, der Allgemeinheit oder für den Gebrauch im Zusammenhang mit systematischem Unterricht nicht zum Kauf angeboten worden, so kann jeder Angehörige dieses Staates von der zuständigen Behörde eine nicht ausschließliche Lizenz erhalten, die Ausgabe zu diesem oder einem niedrigeren Preis für den Gebrauch im Zusammenhang mit systematischem Unterricht zu veröffentlichen. Die Lizenz darf nur erteilt werden, wenn der Antragsteller gemäß den Rechtsvorschriften dieses Staates nachweist, daß er um die Erlaubnis des Rechtsinhabers zur Veröffentlichung des Werkes ersucht und diese nicht erhalten hat oder daß er den Rechtsinhaber trotz gehöriger Bemühungen nicht ausfindig machen konnte. Gleichzeitig mit dem Gesuch an den Rechtsinhaber hat der Antragsteller entweder das von der Organisation der Vereinten Nationen für Erziehung, Wissenschaft und Kultur errichtete Internationale Informationszentrum für Urheberrecht oder jedes in Buchstabe d bezeichnete nationale oder regionale Informationszentrum zu unterrichten.

b) Eine Lizenz kann unter denselben Bedingungen auch erteilt werden, wenn mit Erlaubnis des Rechtsinhabers hergestellte Werkstücke der Ausgabe zu einem Preis, der dem für vergleichbare Werke in dem Staat üblichen Preis entspricht, sechs Monate lang für die Allgemeinheit oder für den Gebrauch im Zusammenhang mit systematischem Unterricht nicht mehr zum Verkauf standen.

c) Die in Buchstabe a bezeichnete Frist beträgt fünf Jahre; dagegen beträgt sie
   i) drei Jahre für Werke aus den Bereichen der Naturwissenschaften, Mathematik und Technik und
   ii) sieben Jahre für Romane, Gedichte und Dramen sowie für musikalische Werke und Kunstbücher.

d) Vermag der Antragsteller den Inhaber des Vervielfältigungsrechts nicht ausfindig zu machen, so hat er eine Abschrift seines Lizenzantrags mit eingeschriebener Luftpost dem Verleger, dessen Name auf dem Werk angegeben ist, und jedem nationalen oder regionalen Informationszentrum zu senden, das von der Regierung des Staates, in dem der Verleger vermutlich den Mittelpunkt seiner Geschäftstätigkeit hat, in einer beim Generaldirektor hinterlegten Notifikation bezeichnet worden ist. Mangels einer solchen Notifikation hat er eine Abschrift auch dem von der Organisation der Vereinten Nationen für Erziehung, Wissenschaft und Kultur errichteten Internationalen Informationszentrum für Urheberrecht zu senden. Die Lizenz darf nicht vor Ablauf von drei Monaten seit Absendung der Abschriften des Antrags erteilt werden.

e) Eine nach drei Jahren erwirkbare Lizenz darf nach diesem Artikel erst erteilt werden,
   i) wenn eine Frist von sechs Monaten seit dem Zeitpunkt des in Buchstabe a bezeichneten Gesuchs um Erlaubnis oder, sofern der Inhaber des Vervielfältigungsrechts oder seine Anschrift unbekannt ist, seit dem Zeitpunkt der in Buchstabe d vorgesehenen Versendung von Abschriften des Lizenzantrags abgelaufen ist, und
   ii) wenn innerhalb dieser Frist Werkstücke der Ausgabe nicht, wie in Buchstabe a erwähnt, in Verkehr gebracht worden sind.

f) Der Name des Urhebers und der Titel der Ausgabe sind auf allen Werkstücken der veröffentlichten Vervielfältigung im Druck anzugeben. Die Lizenz erstreckt sich nicht auf die Ausfuhr von Werkstücken und gilt nur für die Veröffentlichung im Hoheitsgebiet des Vertragsstaats, in dem die Lizenz beantragt worden ist. Die Lizenz kann vom Lizenznehmer nicht übertragen werden.

g) Die innerstaatliche Gesetzgebung hat eine genaue Wiedergabe der Ausgabe zu gewährleisten.

h) Eine Lizenz zur Vervielfältigung und Veröffentlichung der Übersetzung eines Werkes wird nach diesem Artikel nicht erteilt,
   i) wenn die Übersetzung nicht vom Inhaber des Übersetzungsrechts oder mit seiner Erlaubnis veröffentlicht worden ist oder
   ii) wenn die Übersetzung nicht in einer Sprache abgefaßt ist, die in dem Staat, der zur Erteilung der Lizenz befugt ist, allgemein gebräuchlich ist.

2. Ferner gelten für die in Absatz 1 vorgesehenen Ausnahmen die folgenden Bestimmungen:

a) Alle Werkstücke, die gemäß einer nach diesem Artikel erteilten Lizenz veröffentlicht werden, haben in der betreffenden Sprache einen Vermerk zu tragen, daß sie nur in dem Vertragsstaat, auf den sich die Lizenz bezieht, in Verkehr gebracht werden dürfen. Trägt die Ausgabe den in Artikel III Absatz 1 bezeichneten Vermerk, so haben die Werkstücke denselben Vermerk zu tragen

b) Auf nationaler Ebene ist dafür zu sorgen, daß
   i) die Lizenz eine angemessene Vergütung vorsieht, die der bei frei vereinbarten Lizenzen zwischen Personen in den beiden betreffenden Ländern üblichen Vergütung entspricht, und
   ii) Zahlung und Transfer der Vergütung bewirkt werden; bestehen nationale Devisenbeschränkungen, so hat die zuständige Behörde unter Zuhilfenahme internationaler Einrichtungen alles ihr Mögliche zu tun, um den Transfer der Vergütung in international konvertierbarer Währung oder gleichgestellten Zahlungsmitteln sicherzustellen.

c) Werden vom Inhaber des Vervielfältigungsrechts oder mit seiner Erlaubnis Werkstücke der Ausgabe eines Werkes in dem Vertragsstaat dem allgemeinen Publikum oder für den Gebrauch im Zusammenhang mit systematischem Unterricht zu einem Preis, der dem für vergleichbare Werke dort üblichen Preis entspricht, zum Kauf angeboten, so erlischt jede nach diesem Artikel erteilte Lizenz, sofern diese Ausgabe in derselben Sprache abgefaßt ist und im wesentlichen den gleichen Inhalt hat wie die aufgrund der Lizenz veröffentlichte Ausgabe. Werkstücke, die bereits vor Erlöschen der Lizenz hergestellt worden sind, dürfen weiterhin in Verkehr gebracht werden, bis der Vorrat erschöpft ist.

d) Eine Lizenz wird nicht erteilt, wenn der Urheber alle Werkstücke der Ausgabe aus dem Verkehr gezogen hat.

3. a) Vorbehaltlich des Buchstaben b ist dieser Artikel nur auf Werke der Literatur, Wissenschaft oder Kunst anwendbar, die im Druck oder in einer entsprechenden Vervielfältigungsform veröffentlicht worden sind.

b) Dieser Artikel ist auch auf die audiovisuelle Vervielfältigung rechtmäßig hergestellter audiovisueller Festlegungen, soweit sie selbst geschützte Werke sind oder geschützte Werke enthalten, und auf die Übersetzung des in ihnen enthaltenen Textes in eine Sprache anwendbar, die in dem Staat, der zur Erteilung der Lizenz befugt ist, allgemein gebräuchlich ist, immer vorausgesetzt, daß die betreffenden audiovisuellen Festlegungen ausschließlich für den Gebrauch im Zusammenhang mit systematischem Unterricht hergestellt und veröffentlicht worden sind.

Art. VI. Eine „Veröffentlichung" im Sinn dieses Abkommens liegt vor, wenn das Werk in einer körperlichen Form vervielfältigt und der Öffentlichkeit durch Werkstücke zugänglich gemacht wird, die es gestatten, das Werk zu lesen oder sonst mit dem Auge wahrzunehmen.

Art. VII. Dieses Abkommen findet keine Anwendung auf Werke oder auf Rechte an Werken, die bei Inkrafttreten des Abkommens in dem Vertragsstaat, in dem der Schutz beansprucht wird, endgültig den Schutz verloren haben oder niemals geschützt waren.

Art. VIII. 1. Dieses Abkommen, das das Datum vom 24. Juli 1971 trägt, wird beim Generaldirektor hinterlegt und liegt nach diesem Datum während eines Zeitraums von 120 Tagen zur Unterzeichnung durch alle Mitgliedstaaten des Abkommens von 1952 auf. Es bedarf der Ratifikation oder Annahme durch die Unterzeichnerstaaten.

2. Jeder Staat, der dieses Abkommen nicht unterzeichnet hat, kann ihm beitreten.

3. Ratifikation, Annahme oder Beitritt werden durch die Hinterlegung einer entsprechenden Urkunde beim Generaldirektor bewirkt.

Art. IX.[1] 1. Dieses Abkommen tritt drei Monate nach Hinterlegung von zwölf Ratifikations-, Annahme- oder Beitrittsurkunden in Kraft.

2. Danach tritt dieses Abkommen für jeden Staat drei Monate nach Hinterlegung seiner Ratifikations-, Annahme- oder Beitrittsurkunde in Kraft.

3. Für einen Staat, der dem Abkommen von 1952 nicht angehört, gilt der Beitritt zu diesem Abkommen zugleich als Beitritt zu dem Abkommen von 1952; hinterlegt jedoch ein Staat seine Beitrittsurkunde vor Inkrafttreten dieses Abkommens, so kann er seinen Beitritt zu dem Abkommen von 1952 von dem Inkrafttreten dieses Abkommens abhängig machen. Nach dem Inkrafttreten dieses Abkommens kann kein Staat nur dem Abkommen von 1952 beitreten.

4. Die Beziehungen zwischen den Staaten, die diesem Abkommen, und den Staaten, die nur dem Abkommen von 1952 angehören, richten sich nach dem Abkommen von 1952. Jedoch kann jeder Staat, der nur dem Abkommen von 1952 angehört, durch eine beim Generaldirektor hinterlegte Notifikation erklären, daß er die Anwendung des Abkommens von 1971 auf Werke seiner Staatsangehörigen oder auf Werke, die zum ersten Mal in seinem Hoheitsgebiet veröffentlicht worden sind, durch alle Staaten, die diesem Abkommen angehören, zuläßt.

Art. X. 1. Jeder Vertragsstaat verpflichtet sich, gemäß seiner Verfassung die notwendigen Maßnahmen zu ergreifen, um die Anwendung dieses Abkommens zu gewährleisten.

2. Es besteht Einverständnis darüber, daß jeder Staat in dem Zeitpunkt, in dem dieses Abkommen für ihn in Kraft tritt, nach seinen innerstaatlichen Rechtsvorschriften in der Lage sein muß, den Bestimmungen dieses Abkommens Wirkung zu verleihen.

Art. XI. 1. Es wird ein Ausschuß von Regierungsvertretern gebildet, dem folgende Aufgaben obliegen:
a) Prüfung von Fragen, die sich auf die Anwendung und Ausführung des Welturheberrechtsabkommens beziehen;
b) Vorbereitung periodischer Revisionen dieses Abkommens;
c) Prüfung aller anderen den zwischenstaatlichen Urheberrechtsschutz betreffenden Fragen in Zusammenarbeit mit den verschiedenen interessierten zwischenstaatlichen Organisationen, insbesondere mit der Organisation der

[1] Das Abkommen ist, auch für die Bundesrepublik, am 10.7.1974 (BGBl. II S. 1309) in Kraft getreten.

Vereinten Nationen für Erziehung, Wissenschaft und Kultur, mit dem Internationalen Verband zum Schutz von Werken der Literatur und Kunst und mit der Organisation der Amerikanischen Staaten;

d) Unterrichtung der Staaten, die dem Welturheberrechtsabkommen angehören, über seine Tätigkeit.

2. Der Ausschuß besteht aus Vertretern von achtzehn Staaten, die diesem Abkommen oder nur dem Abkommen von 1952 angehören.

3. Der Ausschuß wird unter gebührender Beachtung eines angemessenen Ausgleichs der nationalen Interessen auf der Grundlage der geographischen Lage, der Bevölkerung, der Sprachen und des Entwicklungsstadiums ausgewählt.

4. Der Generaldirektor der Organisation der Vereinten Nationen für Erziehung, Wissenschaft und Kultur, der Generaldirektor der Weltorganisation für geistiges Eigentum und der Generalsekretär der Organisation der Amerikanischen Staaten oder ihre Vertreter können an den Sitzungen des Ausschusses als Berater teilnehmen.

Art. XII. Der Ausschuß der Regierungsvertreter beruft eine Revisionskonferenz ein, wenn er es für notwendig erachtet oder wenn mindestens zehn Staaten, die diesem Abkommen angehören, es verlangen.

Art. XIII. 1. Jeder Vertragsstaat kann bei der Hinterlegung seiner Ratifikations-, Annahme- oder Beitrittsurkunde oder später durch eine an den Generaldirektor gerichtete Notifikation erklären, daß dieses Abkommen auf alle oder einzelne der Länder oder Gebiete anwendbar ist, deren auswärtige Beziehungen er wahrnimmt. Das Abkommen ist sodann auf die in der Notifikation bezeichneten Länder oder Gebiete nach Ablauf der in Artikel IX vorgesehenen Frist von drei Monaten anzuwenden. Mangels einer solchen Notifikation ist dieses Abkommen auf diese Länder und Gebiete nicht anwendbar.

2. Dieser Artikel darf jedoch nicht dahin ausgelegt werden, daß er für einen Vertragsstaat die Anerkennung oder stillschweigende Hinnahme der tatsächlichen Lage eines Landes oder Gebiets in sich schließt, auf das dieses Abkommen durch einen anderen Vertragsstaat aufgrund dieses Artikels anwendbar gemacht wird.

Art. XIV. 1. Jeder Vertragsstaat kann dieses Abkommen im eigenen Namen oder im Namen aller oder einzelner der Länder oder Gebiete kündigen, für die er eine Notifikation gemäß Artikel XIII abgegeben hat. Die Kündigung erfolgt durch eine an den Generaldirektor gerichtete Notifikation. Diese Kündigung gilt auch als Kündigung des Abkommens von 1952.

2. Die Kündigung hat nur für den Staat oder für das Land oder Gebiet Wirkung, in dessen Namen sie abgegeben wird; sie wird erst zwölf Monate nach dem Tag des Eingangs der Notifikation wirksam.

Art. XV. Jede Streitigkeit zwischen zwei oder mehr Vertragsstaaten über die Auslegung oder Anwendung dieses Abkommens, die nicht auf dem Verhandlungsweg beigelegt wird, ist dem Internationalen Gerichtshof zur Entscheidung vorzulegen, sofern die beteiligten Staaten keine andere Regelung vereinbaren.

Art. XVI. 1. Dieses Abkommen wird in englischer, französischer und spanischer Sprache abgefaßt. Die drei Texte sind zu unterzeichnen und sind gleichermaßen verbindlich.

2. Amtliche Texte werden vom Generaldirektor nach Konsultierung der beteiligten Regierungen in arabischer, deutscher, italienischer und portugiesischer Sprache hergestellt.

3. Jeder Vertragsstaat oder jede Gruppe von Vertragsstaaten ist berechtigt, im Einvernehmen mit dem Generaldirektor und durch ihn andere Texte in der Sprache ihrer Wahl herstellen zu lassen.

4. Alle diese Texte werden dem unterzeichneten Text dieses Abkommens beigefügt.

Art. XVII. 1. Dieses Abkommen berührt in keiner Weise die Bestimmungen der Berner Übereinkunft zum Schutz von Werken der Literatur und Kunst[1] noch die Mitgliedschaft in dem durch diese Übereinkunft geschaffenen Verband.

2. Zur Ausführung des Absatzes 1 wird diesem Artikel eine Erklärung beigefügt. Diese Erklärung ist ein integrierender Bestandteil dieses Abkommens für die am 1. Januar 1951 durch die Berner Übereinkunft gebundenen und für die ihr später beigetretenen oder beitretenden Staaten. Die Unterzeichnung dieses Abkommens durch solche Staaten gilt auch als Unterzeichnung der Erklärung; die Ratifikation oder Annahme dieses Abkommens oder der Beitritt hierzu durch solche Staaten gilt auch als Ratifikation oder Annahme dieser Erklärung oder Beitritt zu ihr.

Art. XVIII. Dieses Abkommen läßt die mehrseitigen oder zweiseitigen Verträge oder Vereinbarungen über das Urheberrecht unberührt, die ausschließlich zwischen zwei oder mehr amerikanischen Republiken in Kraft sind oder in Kraft treten werden. Weichen die Bestimmungen solcher bereits bestehenden Verträge oder Vereinbarungen von den Bestimmungen dieses Abkommens ab oder weichen die Bestimmungen dieses Abkommens von den Bestimmungen eines neuen Vertrags oder einer neuen Vereinbarung ab, die nach dem Inkrafttreten dieses Abkommens zwischen zwei oder mehr amerikanischen Republiken geschlossen werden, so hat der zuletzt geschlossene Vertrag oder die zuletzt geschlossene Vereinbarung unter den Mitgliedstaaten des Vertrags oder der Vereinbarung den Vorrang. Unberührt bleiben die Rechte an einem Werk, die in einem diesem Abkommen angehörenden Staat aufgrund bestehender Verträge oder Vereinbarungen erworben worden sind, bevor dieses Abkommen für diesen Staat in Kraft getreten ist.

Art. XIX. Dieses Abkommen läßt die mehrseitigen oder zweiseitigen Verträge oder Vereinbarungen über das Urheberrecht unberührt, die zwischen zwei oder mehr diesem Abkommen angehörenden Staaten in Kraft sind. Weichen die Bestimmungen eines solchen Vertrags oder einer solchen Vereinbarung von den Bestimmungen dieses Abkommens ab, so haben die Bestimmungen dieses Abkommens den Vorrang. Unberührt bleiben die Rechte an einem Werk, die in einem diesem Abkommen angehörenden Staat aufgrund bestehender Verträge oder Vereinbarungen erworben worden sind, bevor dieses

[1] Abgedruckt unter Nr. **26**.

Abkommen für diesen Staat in Kraft getreten ist. Die Artikel XVII und XVIII dieses Abkommens werden durch diesen Artikel in keiner Weise berührt.

Art. XX. Vorbehalte zu diesem Abkommen sind nicht zulässig.

Art. XXI. 1. Der Generaldirektor übermittelt gehörig beglaubigte Abschriften dieses Abkommens den interessierten Staaten und zum Zweck der Registrierung dem Generalsekretär der Vereinten Nationen.

2. Er unterrichtet außerdem alle interessierten Staaten über die Hinterlegung der Ratifikations-, Annahme- und Beitrittsurkunden, über den Tag des Inkrafttretens dieses Abkommens, über die aufgrund dieses Abkommens abgegebenen Notifikationen und über die Kündigungen gemäß Artikel XIV.

Zusatzerklärung zu Artikel XVII

Die Mitgliedstaaten des Internationalen Verbandes zum Schutz von Werken der Literatur und Kunst (im folgenden als „Berner Verband" bezeichnet), die diesem Abkommen angehören,

– in dem Wunsch, ihre gegenseitigen Beziehungen auf der Grundlage dieses Verbandes enger zu gestalten und jeden Konflikt zu vermeiden, der sich aus dem Nebeneinanderbestehen der Berner Übereinkunft und des Welturheberrechtsabkommens ergeben könnte.

– in Anerkennung des zeitweiligen Bedürfnisses einiger Staaten, den Umfang des Urheberrechtsschutzes dem Stand ihrer kulturellen, sozialen und wirtschaftlichen Entwicklung anzupassen,

– haben in allseitiger Übereinstimmung folgende Erklärung angenommen:

a) Vorbehaltlich des Buchstaben b werden Werke, die als Ursprungsland im Sinn der Berner Übereinkunft ein Land haben, das nach dem 1. Januar 1951 aus dem Berner Verband ausgetreten ist, in den Ländern des Berner Verbandes nicht durch das Welturheberrechtsabkommen geschützt.

b) Für einen Vertragsstaat, der nach der bestehenden Übung der Generalversammlung der Vereinten Nationen als Entwicklungsland angesehen wird und der bei seinem Austritt aus dem Berner Verband beim Generaldirektor der Organisation der Vereinten Nationen für Erziehung, Wissenschaft und Kultur eine Notifikation hinterlegt hat, daß er sich als Entwicklungsland betrachtet, ist Buchstabe a nicht anwendbar, solange dieser Staat die in diesem Abkommen vorgesehenen Ausnahmen gemäß Artikel V^{bis} in Anspruch nehmen kann.

c) Das Welturheberrechtsabkommen ist in den Beziehungen zwischen den Ländern des Berner Verbandes auf den Schutz der Werke nicht anwendbar, die als Ursprungsland im Sinn der Berner Übereinkunft ein Land des Berner Verbandes haben.

Entschließung zu Artikel XI

Die Revisionskonferenz für das Welturheberrechtsabkommen

– nach Erwägung der Fragen, die den Ausschuß der Regierungsvertreter betreffen, der in Artikel XI dieses Abkommens, dem diese Entschließung beigefügt wird, vorgesehen ist,

– beschließt folgendes:

1. Der Ausschuß besteht am Anfang aus Vertretern der zwölf Staaten, die Mitglieder des nach Artikel XI des Abkommens von 1952 und der ihm beigefügten Entschließung gebildeten Ausschusses der Regierungsvertreter sind, und außerdem aus Vertretern der folgenden Staaten: Algerien, Australien, Japan, Jugoslawien, Mexiko und Senegal.

2. Die Staaten, die dem Abkommen von 1952 nicht angehören und diesem Abkommen nicht vor der ersten ordentlichen Sitzung des Ausschusses nach Inkrafttreten dieses Abkommens beigetreten sind, werden durch andere Staaten ersetzt, die der Ausschuß in seiner ersten ordentlichen Sitzung gemäß Artikel XI Absatz 2 und 3 bestimmt.

3. Mit dem Inkrafttreten dieses Abkommens gilt der in Absatz 1 vorgesehene Ausschuß als gemäß Artikel XI dieses Abkommens gebildet.

4. Innerhalb eines Jahres seit Inkrafttreten dieses Abkommens hält der Ausschuß seine erste Sitzung ab; danach tritt er mindestens alle zwei Jahre einmal zu einer ordentlichen Sitzung zusammen.

5. Der Ausschuß wählt einen Präsidenten und zwei Vizepräsidenten. Er gibt sich seine Geschäftsordnung nach den folgenden Grundsätzen:

a) Die gewöhnliche Dauer des Mandats der Ausschußmitglieder beträgt sechs Jahre; alle zwei Jahre wird der Ausschuß zu einem Drittel erneuert, wobei jedoch Einverständnis darüber besteht, daß von den ersten Mandaten ein Drittel am Ende der zweiten ordentlichen Sitzung des Ausschusses nach dem Inkrafttreten dieses Abkommens, ein weiteres Drittel am Ende der dritten, ordentlichen Sitzung und das verbleibende Drittel am Ende der vierten ordentlichen Sitzung erlischt.

b) Die Regeln für das Verfahren, nach dem der Ausschuß neue Mitglieder beruft, die Reihenfolge, in der die Mandate erlöschen, die Regeln für die Wiederwahl und das Wahlverfahren sollen sowohl einen Ausgleich zwischen der notwendigen Kontinuität der Mitgliedschaft und dem erforderlichen Wechsel in der Vertretung anstreben als auch den in Artikel XI Absatz 3 erwähnten Gesichtspunkten Rechnung tragen –

wünscht, die Organisation der Vereinten Nationen für Erziehung, Wissenschaft und Kultur möge das Sekretariat des Ausschusses stellen.

ZU URKUND DESSEN haben die Unterzeichneten nach Hinterlegung ihrer Vollmachten dieses Abkommen unterschrieben.

GESCHEHEN zu Paris am 24. Juli 1971 in einer einzigen Ausfertigung.

Zusatzprotokoll 1

zum Welturheberrechtsabkommen in der am 24. Juli 1971 in Paris revidierten Fassung über die Anwendung dieses Abkommens auf Werke von Staatenlosen und Flüchtlingen

Die diesem Protokoll angehörenden Staaten, die zugleich Vertragsstaaten des am 24. Juli 1971 in Paris revidierten Welturheberrechtsabkommens (im folgenden als „Abkommen von 1971" bezeichnet) sind,

haben folgendes vereinbart:

1. Staatenlose und Flüchtlinge, die ihren gewöhnlichen Aufenthalt in einem Vertragsstaat haben, werden für die Anwendung des Abkommens von 1971 den Angehörigen dieses Staates gleichgestellt.

2. a) Dieses Protokoll ist zu unterzeichnen, bedarf der Ratifikation oder Annahme durch die Unterzeichnerstaaten und steht zum Beitritt offen; Artikel VIII des Abkommens von 1971 ist zu beachten.

b) Dieses Protokoll tritt für jeden Staat am Tag der Hinterlegung seiner Ratifikations-, Annahme- oder Beitrittsurkunde oder an dem Tag in Kraft, an dem das Abkommen von 1971 für diesen Staat in Kraft tritt, sofern dieser Tag später liegt.

c) Für einen Staat, der dem Zusatzprotokoll 1 zum Abkommen von 1952 nicht angehört, gilt als das genannte Zusatzprotokoll mit Inkrafttreten dieses Protokolls für diesen Staat als in Kraft getreten.

ZU URKUND DESSEN haben die hierzu gehörig bevollmächtigten Unterzeichneten dieses Protokoll unterschrieben.

GESCHEHEN zu Paris am 24. Juli 1971 in einer einzigen Ausfertigung in englischer, französischer und spanischer Sprache, wobei jeder Text gleichermaßen verbindlich ist; diese Ausfertigung wird beim Generaldirektor der Organisation der Vereinten Nationen für Erziehung, Wissenschaft und Kultur hinterlegt. Der Generaldirektor übermittelt beglaubigte Abschriften den Unterzeichnerstaaten und zum Zweck der Registrierung dem Generalsekretär der Vereinten Nationen.

Zusatzprotokoll 2

zum Welturheberrechtsabkommen in der am 24. Juli 1971 in Paris revidierten Fassung über die Anwendung dieses Abkommens auf Werke bestimmter internationaler Organisationen

Die diesem Protokoll angehörenden Staaten, die zugleich Vertragsstaaten des am 24. Juli 1971 in Paris revidierten Welturheberrechtsabkommens (im folgenden als „Abkommen von 1971“ bezeichnet) sind,

haben folgendes vereinbart:

(1) a) Der in Artikel II Absatz 1 des Abkommens von 1971 vorgesehene Schutz wird Werken gewährt, die zum ersten Mal durch die Organisation der Vereinten Nationen, durch die mit ihr verbundenen Sonderorganisationen oder durch die Organisation der Amerikanischen Staaten veröffentlicht worden sind.

b) Ebenso ist Artikel II Absatz 2 des Abkommens von 1971 zugunsten dieser Organisationen anzuwenden.

(2) a) Dieses Protokoll ist zu unterzeichnen, bedarf der Ratifikation oder Annahme durch die Unterzeichnerstaaten und steht zum Beitritt offen; Artikel VIII des Abkommens von 1971 ist zu beachten.

b) Dieses Protokoll tritt für jeden Staat am Tag der Hinterlegung seiner Ratifikations-, Annahme- oder Beitrittsurkunde oder an dem Tag in Kraft, an dem das Abkommen von 1971 für diesen Staat in Kraft tritt, sofern dieser Tag später liegt.

ZU URKUND DESSEN haben die hierzu gehörig bevollmächtigten Unterzeichneten dieses Protokoll unterschrieben.

GESCHEHEN zu Paris am 24. Juli 1971 in einer einzigen Ausfertigung in englischer, französischer und spanischer Sprache, wobei jeder Text gleichermaßen verbindlich ist; diese Ausfertigung wird beim Generaldirektor der Organisation der Vereinten Nationen für Erziehung, Wissenschaft und Kultur hinterlegt. Der Generaldirektor übermittelt beglaubigte Abschriften den Unterzeichnerstaaten und zum Zweck der Registrierung dem Generalsekretär der Vereinten Nationen.

28. Gesetz zu den am 24. Juli 1971 in Paris unterzeichneten Übereinkünften auf dem Gebiet des Urheberrechts

Vom 17. August 1973

(BGBl. II S. 1069)

Der Bundestag hat das folgende Gesetz beschlossen:

Art. 1. Den folgenden von der Bundesrepublik Deutschland am 24. Juli 1971 in Paris unterzeichneten Übereinkünften wird zugestimmt:

1. der Pariser Fassung der Berner Übereinkunft vom 9. September 1886 zum Schutz von Werken der Literatur und Kunst (bisherige Fassung: Artikel 1 bis 20 Bundesgesetzbl. 1965 II S. 1213; Artikel 22 bis 38 Bundesgesetzbl. 1970 II S. 293, 348);
2. dem revidierten Welturheberrechtsabkommen vom 6. September 1952 (bisherige Fassung: Bundesgesetzbl. 1955 II S. 101) sowie seinen Zusatzprotokollen 1 und 2.

Die Übereinkünfte werden nachstehend veröffentlicht.

Art. 2. Die Bundesregierung wird ermächtigt, die in Artikel VI Abs. 1 Ziffer ii des Anhangs zur Pariser Fassung der Berner Übereinkunft zum Schutz von Werken der Literatur und Kunst vorgesehene Erklärung abzugeben.

Art. 3. *(durch Zeitablauf gegenstandslos).*

Art. 4. Für die Berechnung der Dauer des Schutzes, den ausländische Staatsangehörige für ihre Werke nach dem revidierten Welturheberrechtsabkommen im Geltungsbereich dieses Gesetzes genießen, sind die Bestimmungen in Artikel IV Abs. 4 bis 6 des revidierten Welturheberrechtsabkommens anzuwenden.

Art. 5. *(gegenstandslose Berlinklausel)*

Art. 6. (1) Dieses Gesetz tritt am Tage nach seiner Verkündung in Kraft.

(2) Der Tag, an dem

1. die Pariser Fassung der Berner Übereinkunft zum Schutz von Werken der Literatur und Kunst nach ihrem Artikel 28 für die Bundesrepublik Deutschland in Kraft tritt,
2. das revidierte Welturheberrechtsabkommen nach seinem Artikel IX und die Zusatzprotokolle 1 und 2 zu diesem Abkommen jeweils nach ihrer Ziffer 2 Buchstabe b für die Bundesrepublik Deutschland in Kraft treten,
3. die in Artikel VI Abs. 1 Ziffer ii des Anhangs zur Pariser Fassung der Berner Übereinkunft zum Schutz von Werken der Literatur und Kunst vorgesehene Erklärung nach Artikel VI Abs. 2 dieses Anhangs für die Bundesrepublik Deutschland wirksam wird,

ist im Bundesgesetzblatt bekanntzugeben.

29. Internationales Abkommen über den Schutz der ausübenden Künstler, der Hersteller von Tonträgern und der Sendeunternehmen[1), 2)]
(„Rom-Abkommen")[*)]

Vom 26. Oktober 1961

(BGBl. 1965 II S. 1245)

(Offizieller Text in deutscher Sprache)

DIE VERTRAGSCHLIESSENDEN STAATEN,

VON DEM WUNSCHE GELEITET, die Rechte der ausübenden Künstler, der Hersteller von Tonträgern und der Sendeunternehmen zu schützen.

HABEN FOLGENDES VEREINBART:

Art. 1 [Verhältnis zum Urheberrechtsschutz] Der durch dieses Abkommen vorgesehene Schutz läßt den Schutz der Urheberrechte an Werken der Literatur und der Kunst unberührt und beeinträchtigt ihn in keiner Weise. Daher kann keine Bestimmung dieses Abkommens in einer Weise ausgelegt werden, die diesem Schutz Abbruch tut.

Art. 2 [Begriff „Inländerbehandlung"] 1. Für die Zwecke dieses Abkommens ist unter Inländerbehandlung die Behandlung zu verstehen, die der vertragschließende Staat, in dessen Gebiet der Schutz beansprucht wird, auf Grund seiner nationalen Gesetzgebung gewährt:

a) den ausübenden Künstlern, die seine Staatsangehörigen sind, für die Darbietungen, die in seinem Gebiet stattfinden, gesendet oder erstmals festgelegt werden;
b) den Herstellern von Tonträgern, die seine Staatsangehörigen sind, für die Tonträger, die in seinem Gebiet erstmals festgelegt oder erstmals veröffentlicht werden;
c) den Sendeunternehmen, die ihren Sitz in seinem Gebiet haben, für die Funksendungen, die von Sendern ausgestrahlt werden, die in seinem Gebiet gelegen sind.

2. Die Inländerbehandlung wird nach Maßgabe des in diesem Abkommen ausdrücklich gewährleisteten Schutzes und der darin ausdrücklich vorgesehenen Einschränkungen gewährt.

Art. 3 [Weitere Begriffsbestimmungen] Für die Zwecke dieses Abkommens versteht man unter

---

[1)] Siehe hierzu das Ges. v. 15.9.1965 (abgedruckt unter Nr. **30**) sowie die Bek. v. 21.10.1966 (BGBl. II S. 1473), wonach das Abkommen für die Bundesrepublik am 21.10.1966 in Kraft getreten ist.

[2)] Stand der Vertragsparteien siehe BGBl. Fundstellennachweis B, abgeschlossen am 31.12. jedes Jahres, und www.wipo.int.

[*)] Inoffizielle Bezeichnung.

a) „ausübenden Künstlern“ die Schauspieler, Sänger, Musiker, Tänzer und anderen Personen, die Werke der Literatur oder der Kunst aufführen, singen, vortragen, vorlesen, spielen oder auf irgendeine andere Weise darbieten;
b) „Tonträger“ jede ausschließlich auf den Ton beschränkte Festlegung der Töne einer Darbietung oder anderer Töne;
c) „Hersteller von Tonträgern“ die natürliche oder juristische Person, die erstmals die Töne einer Darbietung oder andere Töne festlegt;
d) „Veröffentlichung“ das Angebot einer genügenden Anzahl von Vervielfältigungsstücken eines Tonträgers an die Öffentlichkeit;
e) „Vervielfältigung“ die Herstellung eines Vervielfältigungsstücks oder mehrerer Vervielfältigungsstücke einer Festlegung;
f) „Funksendung“ die Ausstrahlung von Tönen oder von Bildern und Tönen mittels radioelektrischer Wellen zum Zwecke des Empfangs durch die Öffentlichkeit;
g) „Weitersendung“ die gleichzeitige Ausstrahlung der Sendung eines Sendeunternehmens durch ein anderes Sendeunternehmen.

Art. 4 [Inländerbehandlung der ausübenden Künstler] Jeder vertragschließende Staat gewährt den ausübenden Künstlern Inländerbehandlung, wenn eine der folgenden Voraussetzungen vorliegt:
a) Die Darbietung findet in einem anderen vertragschließenden Staat statt;
b) die Darbietung wird auf einem nach Artikel 5 geschützten Tonträger festgelegt;
c) die nicht auf einem Tonträger festgelegte Darbietung wird durch eine nach Artikel 6 geschützte Sendung ausgestrahlt.

Art. 5 [Inländerbehandlung der Hersteller von Tonträgern] 1. Jeder vertragschließende Staat gewährt den Herstellern von Tonträgern Inländerbehandlung, wenn eine der folgenden Voraussetzungen vorliegt:
a) Der Hersteller von Tonträgern ist Angehöriger eines anderen vertragschließenden Staates (Merkmal der Staatsangehörigkeit);
b) die erste Festlegung des Tons ist in einem anderen vertragschließenden Staat vorgenommen worden (Merkmal der Festlegung);
c) der Tonträger ist erstmals in einem anderen vertragschließenden Staat veröffentlicht worden (Merkmal der Veröffentlichung).

2. Wenn die erste Veröffentlichung in keinem vertragschließenden Staat stattgefunden hat, der Tonträger jedoch innerhalb von dreißig Tagen seit der ersten Veröffentlichung auch in einem vertragschließenden Staat veröffentlicht worden ist (gleichzeitige Veröffentlichung), gilt dieser Tonträger als erstmals in dem vertragschließenden Staat veröffentlicht.

3. Jeder vertragschließende Staat kann durch eine beim Generalsekretär der Organisation der Vereinten Nationen hinterlegte Mitteilung erklären, daß er entweder das Merkmal der Veröffentlichung oder das Merkmal der Festlegung[1] nicht anwenden wird. Diese Mitteilung kann bei der Ratifikation, der Annahme oder dem Beitritt oder in jedem späteren Zeitpunkt hinterlegt werden; im letzten Fall wird sie erst sechs Monate nach ihrer Hinterlegung wirksam.

---

[1] Für die Bundesrepublik geschehen gemäß Art. 2 des Ges. v. 15.9.1965 (abgedruckt unter Nr. **30**), Bek. v. 21.10.1966 (BGBl. II S. 1473).

Art. 6 [Inländerbehandlung der Sendeunternehmen] 1. Jeder vertragsschließende Staat gewährt den Sendeunternehmen Inländerbehandlung, wenn eine der folgenden Voraussetzungen vorliegt:
a) Der Sitz des Sendeunternehmens liegt in einem anderen vertragschließenden Staat;
b) die Sendung ist von einem im Gebiet eines anderen vertragschließenden Staates gelegenen Sender ausgestrahlt worden.

2. Jeder vertragschließende Staat kann durch eine beim Generalsekretär der Organisation der Vereinten Nationen hinterlegte Mitteilung erklären, daß er Sendungen nur Schutz gewähren wird, wenn der Sitz des Sendeunternehmens in einem anderen vertragschließenden Staat liegt und die Sendung von einem im Gebiet desselben vertragschließenden Staates gelegenen Sender ausgestrahlt worden ist. Diese Mitteilung kann bei der Ratifikation, der Annahme oder dem Beitritt oder in jedem späteren Zeitpunkt vorgenommen werden; im letzten Fall wird sie erst sechs Monate nach ihrer Hinterlegung wirksam.

Art. 7 [Umfang des Schutzes der ausübenden Künstler] 1. Der in diesem Abkommen zugunsten der ausübenden Künstler vorgesehene Schutz muß die Möglichkeit geben zu untersagen:
a) die Sendung und die öffentliche Wiedergabe ihrer Darbietung ohne ihre Zustimmung, es sei denn, daß für die Sendung oder für die öffentliche Wiedergabe eine bereits gesendete Darbietung oder die Festlegung einer Darbietung verwendet wird;
b) die Festlegung ihrer nicht festgelegten Darbietung ohne ihre Zustimmung;
c) die Vervielfältigung einer Festlegung ihrer Darbietung ohne ihre Zustimmung:
   (i) wenn die erste Festlegung selbst ohne ihre Zustimmung vorgenommen worden ist;
   (ii) wenn die Vervielfältigung zu anderen Zwecken als denjenigen vorgenommen wird, zu denen sie ihre Zustimmung gegeben haben;
   (iii) wenn die erste Festlegung auf Grund der Bestimmungen des Artikels 15 vorgenommen worden ist und zu anderen Zwecken vervielfältigt wird, als denjenigen, die in diesen Bestimmungen genannt sind.

2. (1) Hat der ausübende Künstler der Sendung zugestimmt, so bestimmt sich der Schutz gegen die Weitersendung, gegen die Festlegung für Zwecke der Sendung und gegen die Vervielfältigung einer solchen Festlegung für Zwecke der Sendung nach der nationalen Gesetzgebung des vertragschließenden Staates, in dessen Gebiet der Schutz beansprucht wird.

(2) Die Voraussetzungen, unter denen Sendeunternehmen für Zwecke von Sendungen vorgenommene Festlegungen benützen dürfen, werden von der nationalen Gesetzgebung des vertragschließenden Staates geregelt, in dessen Gebiet der Schutz beansprucht wird.

(3) Die nationale Gesetzgebung darf jedoch in den Fällen der Unterabsätze (1) und (2) dieses Absatzes nicht zur Folge haben, daß den ausübenden Künstlern die Befugnis entzogen wird, ihre Beziehungen zu den Sendeunternehmen vertraglich zu regeln.

Art. 8 [Rechtsvertretung mehrerer beteiligter Künstler] Jeder vertragschließende Staat kann durch seine nationale Gesetzgebung bestimmen, wie die ausübenden Künstler bei der Ausübung ihrer Rechte vertreten werden, wenn mehrere von ihnen an der gleichen Darbietung mitwirken.

Art. 9 [Ausdehnung des Rechtsschutzes] Jeder vertragschließende Staat kann durch seine nationale Gesetzgebung den in diesem Abkommen vorgesehenen Schutz auf Künstler ausdehnen, die keine Werke der Literatur oder der Kunst darbieten.

Art. 10 [Rechte der Hersteller von Tonträgern] Die Hersteller von Tonträgern genießen das Recht, die unmittelbare oder mittelbare Vervielfältigung ihrer Tonträger zu erlauben oder zu verbieten.

Art. 11 [Kennzeichnung des Schutzvorbehalts] Wenn ein vertragschließender Staat in seiner nationalen Gesetzgebung als Voraussetzung für den Schutz der Rechte der Hersteller von Tonträgern oder der ausübenden Künstler oder beider mit Bezug auf Tonträger die Erfüllung von Förmlichkeiten fordert, sind diese Erfordernisse als erfüllt anzusehen, wenn alle im Handel befindlichen Vervielfältigungsstücke des veröffentlichten Tonträgers oder ihre Umhüllungen einen Vermerk tragen, der aus dem Kennzeichen Ⓟ in Verbindung mit der Angabe des Jahres der ersten Veröffentlichung besteht und in einer Weise angebracht ist, die klar erkennen läßt, daß der Schutz vorbehalten wird. Wenn die Vervielfältigungsstücke oder ihre Umhüllungen den Hersteller des Tonträgers oder den Inhaber des vom Hersteller eingeräumten Nutzungsrechts nicht – mit Hilfe des Namens, der Marke oder jeder anderen geeigneten Bezeichnung – erkennen lassen, muß der Vermerk außerdem auch den Namen des Inhabers der Rechte des Herstellers des Tonträgers enthalten. Wenn schließlich die Vervielfältigungsstücke oder ihre Umhüllungen die Hauptpersonen unter den ausübenden Künstlern nicht erkennen lassen, muß der Vermerk auch den Namen der Person enthalten, die in dem Land, in dem die Festlegung stattgefunden hat, die Rechte dieser Künstler innehat.

Art. 12 [Vergütung für Benutzung von Tonträgern] Wird ein zu Handelszwecken veröffentlichter Tonträger oder ein Vervielfältigungsstück eines solchen Tonträgers für die Funksendung oder für irgendeine öffentliche Wiedergabe unmittelbar benützt, so hat der Benützer den ausübenden Künstlern, den Herstellern von Tonträgern oder beiden eine einzige angemessene Vergütung zu zahlen.[1] Für den Fall, daß die Beteiligten sich nicht einigen, kann die nationale Gesetzgebung die Aufteilung dieser Vergütung regeln.

Art. 13 [Rechte der Sendeunternehmen] Die Sendeunternehmen genießen das Recht zu erlauben oder zu verbieten:

a) die Weitersendung ihrer Sendungen;
b) die Festlegung ihrer Sendungen;
c) die Vervielfältigung
   (i) der ohne ihre Zustimmung vorgenommenen Festlegungen ihrer Sendungen;

---

[1] Über die Beschränkung des Schutzes für Tonträger, deren Hersteller Angehöriger eines anderen vertragschließenden Staates ist, vgl. die Anm. zu Art. 16 Abs. 1a (iv).

(ii) der auf Grund der Bestimmungen des Artikels 15 vorgenommenen Festlegungen ihrer Sendungen, wenn die Vervielfältigung zu anderen als den in diesen Bestimmungen genannten Zwecken vorgenommen wird;

d) die öffentliche Wiedergabe ihrer Fernsehsendungen, wenn sie an Orten stattfindet, die der Öffentlichkeit gegen Zahlung eines Eintrittsgeldes zugänglich sind; es obliegt der nationalen Gesetzgebung des Staates, in dem der Schutz dieses Rechtes beansprucht wird, die Bedingungen für die Ausübung dieses Rechtes zu regeln.[1]

Art. 14 [Mindestschutzdauer] Die Dauer des nach diesem Abkommen zu gewährenden Schutzes darf nicht kürzer als zwanzig Jahre sein, gerechnet:

a) vom Ende des Jahres der Festlegung bei Tonträgern und bei Darbietungen, die auf Tonträgern festgelegt sind;
b) vom Ende des Jahres, in dem die Darbietung stattgefunden hat, bei Darbietungen, die nicht auf Tonträgern festgelegt sind;
c) vom Ende des Jahres, in dem die Sendung stattgefunden hat, bei Funksendungen.

Art. 15 [Innerstaatliche Ausnahmen vom Rechtsschutz] 1. Jeder vertragschließende Staat kann in seiner nationalen Gesetzgebung Ausnahmen von dem mit diesem Abkommen gewährleisteten Schutz in den folgenden Fällen vorsehen:

a) für eine private Benützung;
b) für eine Benützung kurzer Bruchstücke anläßlich der Berichterstattung über Tagesereignisse;
c) für eine ephemere Festlegung, die von einem Sendeunternehmen mit seinen eigenen Mitteln und für seine eigenen Sendungen vorgenommen wird;
d) für eine Benützung, die ausschließlich Zwecken des Unterrichts oder der wissenschaftlichen Forschung dient.

2. Unbeschadet der Bestimmungen des Absatzes 1 kann jeder vertragschließende Staat für den Schutz der ausübenden Künstler, der Hersteller von Tonträgern und der Sendeunternehmen in seiner nationalen Gesetzgebung Beschränkungen gleicher Art vorsehen, wie sie in dieser Gesetzgebung für den Schutz des Urheberrechts an Werken der Literatur und der Kunst vorgesehen sind. Zwangslizenzen können jedoch nur insoweit vorgesehen werden, als sie mit den Bestimmungen dieses Abkommens vereinbar sind.

Art. 16 [Gegenseitigkeit. Vorbehalte] 1. Ein Staat, der Mitglied dieses Abkommens wird, übernimmt damit alle Verpflichtungen und genießt alle Vorteile, die darin vorgesehen sind. Jedoch kann ein Staat jederzeit durch eine beim Generalsekretär der Organisation der Vereinten Nationen hinterlegte Mitteilung erklären:

a) hinsichtlich des Artikels 12:
   (i) daß er keine Bestimmung dieses Artikels anwenden wird;
   (ii) daß er die Bestimmungen dieses Artikels für bestimmte Benützungen nicht anwenden wird;

---

[1] Die Bundesrepublik gewährt den in dieser Bestimmung vorgesehenen Schutz gegen die öffentliche Wiedergabe von Fernsehsendungen nicht für Sendungen eines Sendeunternehmens mit Sitz im Gebiet eines Staates, der von dem Vorbehalt des Art. 16 Abs. 1b des Abkommens Gebrauch gemacht hat (Art. 3 des Ges. v. 15.9.1965, abgedruckt unter Nr. **30**).

(iii) daß er die Bestimmungen dieses Artikels für Tonträger nicht anwenden wird, deren Hersteller nicht Angehöriger eines vertragschließenden Staates ist;

(iv)[1] daß er für die Tonträger, deren Hersteller Angehöriger eines anderen vertragschließenden Staates ist, den Umfang und die Dauer des in diesem Artikel vorgesehenen Schutzes auf den Umfang und die Dauer des Schutzes beschränken wird, den dieser vertragschließende Staat den Tonträgern gewährt, die erstmals von einem Angehörigen des Staates, der die Erklärung abgegeben hat, festgelegt worden sind; wenn jedoch der vertragschließende Staat, dem der Hersteller angehört, den Schutz nicht dem oder den gleichen Begünstigten gewährt wie der vertragschließende Staat, der die Erklärung abgegeben hat, so gilt dies nicht als Unterschied im Umfang des Schutzes;

b) hinsichtlich des Artikels 13, daß er die Bestimmungen des Buchstabens d) dieses Artikels nicht anwenden wird; gibt ein vertragschließender Staat eine solche Erklärung ab, so sind die anderen vertragschließenden Staaten nicht verpflichtet, den Sendeunternehmen, die ihren Sitz im Gebiet dieses Staates haben, das in Artikel 13 Buchstabe d) vorgesehene Recht zu gewähren.

2. Wird die in Absatz 1 vorgesehene Mitteilung zu einem späteren Zeitpunkt als dem der Hinterlegung der Ratifikations-, Annahme- oder Beitrittsurkunde hinterlegt, so wird sie erst sechs Monate nach ihrer Hinterlegung wirksam.

Art. 17 [Anwendung des Merkmals „Festlegung"] Jeder Staat, dessen nationale Gesetzgebung am 26. Oktober 1961 den Herstellern von Tonträgern einen Schutz gewährt, der ausschließlich auf dem Merkmal der Festlegung beruht, kann durch eine gleichzeitig mit seiner Ratifikations-, Annahme- oder Beitrittsurkunde beim Generalsekretär der Organisation der Vereinten Nationen hinterlegte Mitteilung erklären, daß er hinsichtlich des Artikels 5 nur dieses Merkmal der Festlegung und hinsichtlich des Artikels 16 Abs. 1 Buchstabe a) (iii) und (iv) das gleiche Merkmal der Festlegung an Stelle des Merkmals der Staatsangehörigkeit des Herstellers anwenden wird.

Art. 18 [Einschränkung und Zurücknahme von Erklärungen] Jeder Staat, der eine der in Artikel 5 Abs. 3, in Artikel 6 Abs. 2, in Artikel 16 Abs. 1 oder in Artikel 17 vorgesehenen Erklärungen abgegeben hat, kann durch eine neue, an den Generalsekretär der Organisation der Vereinten Nationen gerichtete Mitteilung ihre Tragweite einschränken oder sie zurückziehen.

Art. 19 [Erlöschen des Rechtsschutzes nach Art. 7] Unbeschadet aller anderen Bestimmungen dieses Abkommens ist Artikel 7 nicht mehr anwendbar, sobald ein ausübender Künstler seine Zustimmung dazu erteilt hat, daß seine Darbietung einem Bildträger oder einem Bild- oder Tonträger eingefügt wird.

Art. 20 [Übergangsregelung] 1. Dieses Abkommen läßt die Rechte unberührt, die in einem der vertragschließenden Staaten erworben worden sind, bevor dieses Abkommen für diesen Staat in Kraft getreten ist.

---

[1] Von diesem Vorbehalt hat die Bundesrepublik Gebrauch gemacht (Art. 2 des Ges. v. 15.9.1965, abgedruckt unter Nr. **30**, Bek. v. 21.10.1966. BGBl. II S. 1473).

2. Kein vertragschließender Staat ist verpflichtet, die Bestimmungen dieses Abkommens auf Darbietungen oder Funksendungen anzuwenden, die stattgefunden haben, bevor dieses Abkommen für diesen Staat in Kraft getreten ist, oder auf Tonträger, die vor diesem Zeitpunkt festgelegt worden sind.

Art. 21 [Schutz aus anderen Rechtsgründen] Der in diesem Abkommen vorgesehene Schutz läßt den Schutz unberührt, den die ausübenden Künstler, die Hersteller von Tonträgern und die Sendeunternehmen etwa aus anderen Rechtsgründen genießen.

Art. 22 [Erweiterungsabkommen] Die vertragschließenden Staaten behalten sich das Recht vor, untereinander besondere Vereinbarungen zu treffen, soweit diese den ausübenden Künstlern, den Herstellern von Tonträgern oder den Sendeunternehmen weitergehende Rechte verschaffen als diejenigen, die durch dieses Abkommen gewährt werden, oder soweit sie andere Bestimmungen enthalten, die nicht im Widerspruch zu diesem Abkommen stehen.

Art. 23 [Hinterlegung, Unterzeichnung des Abkommens] Dieses Abkommen wird beim Generalsekretär der Organisation der Vereinten Nationen hinterlegt. Es steht bis zum 30. Juni 1962 den Staaten zur Unterzeichnung offen, die zur Diplomatischen Konferenz über den internationalen Schutz der ausübenden Künstler, der Hersteller von Tonträgern und der Sendeunternehmen eingeladen worden sind und die dem Welturheberrechtsabkommen angehören oder Mitglieder des Internationalen Verbandes zum Schutze von Werken der Literatur und der Kunst sind.

Art. 24 [Ratifikation. Beitritt] 1. Dieses Abkommen soll durch die Unterzeichnerstaaten ratifiziert oder angenommen werden.

2. Dieses Abkommen steht für die Staaten, die zu der in Artikel 23 bezeichneten Konferenz eingeladen worden sind, sowie für jeden Mitgliedstaat der Organisation der Vereinten Nationen zum Beitritt offen, vorausgesetzt, daß der beitretende Staat dem Welturheberrechtsabkommen angehört oder Mitglied des Internationalen Verbandes zum Schutze von Werken der Literatur und der Kunst ist.

3. Die Ratifikation, die Annahme oder der Beitritt geschieht durch Hinterlegung einer entsprechenden Urkunde beim Generalsekretär der Organisation der Vereinten Nationen.

Art. 25[1)] [Inkrafttreten] 1. Dieses Abkommen tritt drei Monate nach der Hinterlegung der sechsten Ratifikations-, Annahme- oder Beitrittsurkunde in Kraft.

2. In der Folge tritt dieses Abkommen für jeden Staat drei Monate nach Hinterlegung seiner Ratifikations-, Annahme- oder Beitrittsurkunde in Kraft.

Art. 26 [Innerstaatliche Durchführung] 1. Jeder vertragschließende Staat verpflichtet sich, im Einklang mit seiner Verfassung die notwendigen Maß-

---

[1)] Das Abkommen ist am 18.5.1964 in Kraft getreten, jedoch für die Bundesrepublik am 21.10.1966 (BGBl. II S. 1473).

nahmen zu ergreifen, um die Anwendung dieses Abkommens zu gewährleisten.

2. Im Zeitpunkt der Hinterlegung seiner Ratifikations-, Annahme- oder Beitrittsurkunde muß jeder Staat nach seiner nationalen Gesetzgebung in der Lage sein, die Bestimmungen dieses Abkommens anzuwenden.

Art. 27 [Erklärungen über Anwendungsbereich] 1. Jeder Staat kann im Zeitpunkt der Ratifikation, der Annahme oder des Beitritts oder in jedem späteren Zeitpunkt durch eine an den Generalsekretär der Organisation der Vereinten Nationen gerichtete Mitteilung erklären, daß dieses Abkommen sich auf alle oder einen Teil der Gebiete erstreckt, deren internationale Beziehungen er wahrnimmt, vorausgesetzt, daß das Welturheberrechtsabkommen oder die Internationale Übereinkunft zum Schutze von Werken der Literatur und der Kunst auf die betreffenden Gebiete anwendbar ist. Diese Mitteilung wird drei Monate nach ihrem Empfang wirksam.

2. Die in Artikel 5 Abs. 3, in Artikel 6 Abs. 2, in Artikel 16 Abs. 1, in Artikel 17 oder in Artikel 18 genannten Erklärungen und Mitteilungen können auf alle oder einen Teil der in Absatz 1 genannten Gebiete erstreckt werden.

Art. 28 [Kündigung des Abkommens] 1. Jeder vertragschließende Staat kann dieses Abkommen in seinem eigenen Namen oder im Namen aller oder eines Teiles der in Artikel 27 genannten Gebiete kündigen.

2. Die Kündigung geschieht durch eine an den Generalsekretär der Organisation der Vereinten Nationen gerichtete Mitteilung und wird zwölf Monate nach dem Empfang der Mitteilung wirksam.

3. Von der in diesem Artikel vorgesehenen Möglichkeit der Kündigung kann ein vertragschließender Staat nicht vor Ablauf von fünf Jahren von dem Zeitpunkt an Gebrauch machen, in dem das Abkommen für diesen Staat in Kraft getreten ist.

4. Jeder vertragschließende Staat hört in dem Zeitpunkt auf, Mitglied dieses Abkommens zu sein, in dem er nicht mehr dem Welturheberrechtsabkommen angehört und nicht mehr Mitglied des Internationalen Verbandes zum Schutze von Werken der Literatur und der Kunst ist.

5. Dieses Abkommen hört in dem Zeitpunkt auf, auf eines der in Artikel 27 genannten Gebiete anwendbar zu sein, in dem auf dieses Gebiet weder das Welturheberrechtsabkommen noch die Internationale Übereinkunft zum Schutze von Werken der Literatur und der Kunst weiterhin anwendbar ist.

Art. 29 [Revision des Abkommens] 1. Nachdem dieses Abkommen fünf Jahre lang in Kraft gewesen ist, kann jeder vertragschließende Staat durch eine an den Generalsekretär der Organisation der Vereinten Nationen gerichtete Mitteilung die Einberufung einer Konferenz zur Revision dieses Abkommens beantragen. Der Generalsekretär teilt diesen Antrag allen vertragschließenden Staaten mit. Wenn innerhalb von sechs Monaten seit der Mitteilung des Generalsekretärs der Organisation der Vereinten Nationen mindestens die Hälfte der vertragschließenden Staaten ihm ihre Zustimmung zu diesem Antrag bekanntgegeben hat, unterrichtet der Generalsekretär den Generaldirektor des Internationalen Arbeitsamtes, den Generaldirektor der Organisation der Vereinten Nationen für Erziehung, Wissenschaft und Kultur und den Direktor des Büros des Internationalen Verbandes zum Schutze von Werken der Literatur und der Kunst, die in Zusammenarbeit mit dem in Artikel 32 vorgesehenen Ausschuß von Regierungsvertretern eine Revisionskonferenz einberufen.

2. Jede Revision dieses Abkommens muß mit Zweidrittelmehrheit der bei der Revisionskonferenz anwesenden Staaten angenommen werden, vorausgesetzt, daß diese Mehrheit zwei Drittel der Staaten umfaßt, die im Zeitpunkt der Revisionskonferenz Mitglieder dieses Abkommens sind.

3. Falls ein neues Abkommen angenommen wird, das dieses Abkommen ganz oder teilweise ändert, und sofern das neue Abkommen nichts anderes bestimmt,

a) steht dieses Abkommen vom Zeitpunkt des Inkrafttretens des neuen, revidierten Abkommens an nicht mehr zur Ratifikation, zur Annahme oder zum Beitritt offen,

b) bleibt dieses Abkommen hinsichtlich der Beziehungen zwischen den vertragschließenden Staaten in Kraft, die nicht Mitglieder des neuen Abkommens werden.

Art. 30 [Regelung von Streitigkeiten] Jede Streitfrage zwischen zwei oder mehreren vertragschließenden Staaten über die Auslegung oder die Anwendung dieses Abkommens, die nicht auf dem Verhandlungswege geregelt wird, soll auf Antrag einer der streitenden Parteien zur Entscheidung vor den Internationalen Gerichtshof gebracht werden, sofern die beteiligten Staaten nicht eine andere Art der Regelung vereinbaren.

Art. 31 [Begrenzung der Vorbehalte] Unbeschadet der Bestimmungen des Artikels 5 Abs. 3 des Artikels 6 Abs. 2, des Artikels 16 Abs. 1 und des Artikels 17 ist kein Vorbehalt zu diesem Abkommen zulässig.

Art. 32 [Arbeitsausschuß] 1. Es wird ein Ausschuß von Regierungsvertretern eingesetzt, der folgende Aufgaben hat:

a) die Fragen zu prüfen, die sich auf die Anwendung und Durchführung dieses Abkommens beziehen;

b) die Vorschläge zu sammeln und die Unterlagen vorzubereiten, die sich auf etwaige Revisionen dieses Abkommens beziehen.

2. Der Ausschuß setzt sich aus Vertretern der vertragschließenden Staaten zusammen, die unter Berücksichtigung einer angemessenen geographischen Verteilung ausgewählt werden. Die Zahl der Mitglieder des Ausschusses beträgt sechs, wenn die Zahl der vertragschließenden Staaten zwölf oder weniger beträgt, neun, wenn die Zahl der vertragschließenden Staaten dreizehn bis achtzehn beträgt, und zwölf, wenn die Zahl der vertragschließenden Staaten achtzehn übersteigt.

3. Der Ausschuß wird zwölf Monate nach Inkrafttreten dieses Abkommens auf Grund einer Abstimmung gebildet, die unter den vertragschließenden Staaten – von denen jeder über eine Stimme verfügt – von dem Generaldirektor des Internationalen Arbeitsamtes, dem Generaldirektor der Organisation der Vereinten Nationen für Erziehung, Wissenschaft und Kultur und dem Direktor des Büros des Internationalen Verbandes zum Schutze von Werken der Literatur und der Kunst nach den Regeln durchgeführt wird, die vorher von

der absoluten Mehrheit der vertragschließenden Staaten genehmigt worden sind.

4. Der Ausschuß wählt seinen Vorsitzenden und sein Büro. Er stellt seine Geschäftsordnung auf, die sich insbesondere auf seine künftige Arbeitsweise und die Art seiner Erneuerung bezieht; diese Geschäftsordnung muß namentlich einen Wechsel unter den verschiedenen vertragschließenden Staaten sicherstellen.

5. Das Sekretariat des Ausschusses setzt sich zusammen aus Angehörigen des Internationalen Arbeitsamtes, der Organisation der Vereinten Nationen für Erziehung, Wissenschaft und Kultur und des Büros des Internationalen Verbandes zum Schutze von Werken der Literatur und der Kunst, die von den Generaldirektoren und dem Direktor der drei beteiligten Organisationen bestimmt werden.

6. Die Sitzungen des Ausschusses, der einberufen wird, sobald die Mehrheit seiner Mitglieder es für zweckmäßig hält, werden abwechselnd am Sitz des Internationalen Arbeitsamtes, der Organisation der Vereinten Nationen für Erziehung, Wissenschaft und Kultur und des Büros des Internationalen Verbandes zum Schutze von Werken der Literatur und der Kunst abgehalten.

7. Die Auslagen der Mitglieder des Ausschusses werden von ihren Regierungen getragen.

Art. 33 [Textregelung] 1. Dieses Abkommen wird in englischer, französischer und spanischer Sprache abgefaßt; diese drei Texte sind in gleicher Weise maßgebend.

2. Außerdem werden offizielle Texte dieses Abkommens in deutscher, italienischer und portugiesischer Sprache abgefaßt.

Art. 34 [Unterrichtung über Beitrittserklärungen usw.] 1. Der Generalsekretär der Organisation der Vereinten Nationen unterrichtet die Staaten, die zu der in Artikel 23 genannten Konferenz eingeladen worden sind, und jeden Mitgliedstaat der Organisation der Vereinten Nationen sowie den Generaldirektor des Internationalen Arbeitsamtes, den Generaldirektor der Organisation der Vereinten Nationen für Erziehung, Wissenschaft und Kultur und den Direktor des Büros des Internationalen Verbandes zum Schutze von Werken der Literatur und der Kunst:

a) über die Hinterlegung jeder Ratifikations-, Annahme- oder Beitrittsurkunde;
b) über den Zeitpunkt des Inkrafttretens des Abkommens;
c) über die in diesem Abkommen vorgesehenen Mitteilungen, Erklärungen und sonstigen Anzeigen;
d) über den Eintritt eines in Artikel 28 Abs. 4 oder Abs. 5 genannten Sachverhalts.

2. Der Generalsekretär der Organisation der Vereinten Nationen unterrichtet ferner den Generaldirektor des Internationalen Arbeitsamtes, den Generaldirektor der Organisation der Vereinten Nationen für Erziehung, Wissenschaft und Kultur und den Direktor des Büros des Internationalen Verbandes zum Schutze von Werken der Literatur und der Kunst über die Anträge, die nach Artikel 29 an ihn gerichtet werden, sowie über jede Mitteilung, die er hin-

sichtlich der Revision dieses Abkommens von den vertragschließenden Staaten erhält.

ZU URKUND DESSEN haben die Unterzeichneten, die hierzu in gehöriger Weise ermächtigt sind, dieses Abkommen unterzeichnet.

GESCHEHEN zu Rom am 26. Oktober 1961 in einem einzigen Exemplar in englischer, französischer und spanischer Sprache. Beglaubigte Abschriften übersendet der Generalsekretär der Organisation der Vereinten Nationen an alle Staaten, die zu der in Artikel 23 genannten Konferenz eingeladen worden sind, und an jeden Mitgliedstaat der Organisation der Vereinten Nationen sowie an den Generaldirektor des Internationalen Arbeitsamtes, an den Generaldirektor der Organisation der Vereinten Nationen für Erziehung, Wissenschaft und Kultur und an den Direktor des Büros des Internationalen Verbandes zum Schutze von Werken der Literatur und der Kunst.

30. Gesetz zu dem Internationalen Abkommen vom 26. Oktober 1961 über den Schutz der ausübenden Künstler, der Hersteller von Tonträgern und der Sendeunternehmen

Vom 15. September 1965

(BGBl. II S. 1243)

Der Bundestag hat das folgende Gesetz beschlossen:

Art. 1. Dem in Rom am 26. Oktober 1961 von der Bundesrepublik Deutschland unterzeichneten Internationalen Abkommen über den Schutz der ausübenden Künstler, der Hersteller von Tonträgern und der Sendeunternehmen wird mit den sich aus Artikel 2 ergebenden Vorbehalten zugestimmt. Das Abkommen wird nachstehend veröffentlicht.

Art. 2. Die Bundesrepublik Deutschland macht bei der Hinterlegung der Ratifikationsurkunde von den folgenden in Artikel 5 Abs. 3 und Artikel 16 Abs. 1 Buchstabe a (iv) des Abkommens vorgesehenen Vorbehalten Gebrauch:

1. Sie wendet für den Schutz der Hersteller von Tonträgern das in Artikel 5 Abs. 1 Buchstabe b des Abkommens bezeichnete Merkmal der Festlegung nicht an.
2. Sie beschränkt für die Tonträger, deren Hersteller Angehöriger eines anderen vertragschließenden Staates ist, den Umfang und die Dauer des nach Artikel 12 des Abkommens zu gewährenden Schutzes auf den Umfang und die Dauer des Schutzes, den dieser Staat für die Tonträger gewährt, die erstmals von einem deutschen Staatsangehörigen festgelegt worden sind.

Art. 3. Der in Artikel 13 Buchstabe d des Abkommens vorgesehene Schutz gegen die öffentliche Wiedergabe von Fernsehsendungen wird für Fernsehsendungen eines Sendeunternehmens mit Sitz im Gebiet eines Staates, der von dem Vorbehalt des Artikels 16 Abs. 1 Buchstabe b des Abkommens Gebrauch gemacht hat, nicht gewährt.

Art. 4. Die Bestimmungen des Abkommens sind auf Darbietungen oder Funksendungen, die stattgefunden haben, bevor das Abkommen für die Bundesrepublik Deutschland in Kraft getreten ist, und Tonträger, die vor diesem Zeitpunkt festgelegt sind, nicht anzuwenden.

Art. 5. *(gegenstandslose Berlinklausel)*

Art. 6. (1) Dieses Gesetz tritt am 1. Januar 1966 in Kraft.

(2) Der Tag, an dem das Abkommen nach seinem Artikel 25 Abs. 2 für die Bundesrepublik Deutschland in Kraft tritt, ist im Bundesgesetzblatt bekanntzugeben.

31. Übereinkommen über handelsbezogene Aspekte der Rechte des geistigen Eigentums[1] (TRIPS-Übereinkommen)[2]

Vom 15.4.1994

(BGBl. II S. 1730 bzw. ABl. EG L 336/213)
Geändert durch Protokoll vom 29.11.2007 (ABl. EG L 311/37)

– Auszug –

Übersicht

Die Mitglieder –

von dem Wunsch geleitet, Verzerrungen und Behinderungen des internationalen Handels zu verringern, und unter Berücksichtigung der Notwendigkeit, einen wirksamen und angemessenen Schutz der Rechte des geistigen Eigentums zu fördern sowie sicherzustellen, daß die Maßnahmen und Verfahren zur

[1] Das Übereinkommen ist als Anhang 1 C des Übereinkommens zur Errichtung der Welthandelsorganisation (WTO) zum 1.1.1995 in Kraft getreten. Stand der Vertragsparteien siehe BGBl. Fundstellennachweis B, abgeschlossen am 31.12. jedes Jahres, und www.wto.org. S. a. Zustimmungsgesetz zum WTO (TRIPS) vom 30.8.1994 (BGBl. 1994 II S. 1438).

[2] Der Klammersatz ist nicht amtlich.

Durchsetzung der Rechte des geistigen Eigentums nicht selbst zu Schranken für den rechtmäßigen Handel werden,

in der Erkenntnis, daß es zu diesem Zweck neuer Regeln und Disziplinen bedarf im Hinblick auf

a) die Anwendbarkeit der Grundprinzipien des GATT 1994 und der einschlägigen internationalen Übereinkünfte über geistiges Eigentum,
b) die Aufstellung angemessener Normen und Grundsätze betreffend die Verfügbarkeit, den Umfang und die Ausübung handelsbezogener Rechte des geistigen Eigentums,
c) die Bereitstellung wirksamer und angemessener Mittel für die Durchsetzung handelsbezogener Rechte des geistigen Eigentums unter Berücksichtigung der Unterschiede in den Rechtssystemen der einzelnen Länder,
d) die Bereitstellung wirksamer und zügiger Verfahren für die multilaterale Vermeidung und Beilegung von Streitigkeiten zwischen Regierungen und
e) Übergangsregelungen, die auf eine möglichst umfassende Beteiligung an den Ergebnissen der Verhandlungen abzielen,

in Erkenntnis der Notwendigkeit eines multilateralen Rahmens von Grundsätzen, Regeln und Disziplinen betreffend den internationalen Handel mit gefälschten Waren,

in der Erkenntnis, daß Rechte an geistigem Eigentum private Rechte sind,

in Erkenntnis der dem öffentlichen Interesse dienenden grundsätzlichen Ziele der Systeme der einzelnen Länder für den Schutz des geistigen Eigentums, einschließlich der entwicklungs- und technologiepolitischen Ziele,

sowie in Erkenntnis der besonderen Bedürfnisse der am wenigsten entwickelten Länder, die Mitglieder sind, in bezug auf größtmögliche Flexibilität bei der Umsetzung von Gesetzen und sonstigen Vorschriften im Inland, um es ihnen zu ermöglichen, eine gesunde und tragfähige technologische Grundlage zu schaffen,

unter Betonung der Bedeutung des Abbaus von Spannungen durch die verstärkte Verpflichtung, Streitigkeiten betreffend handelsbezogene Fragen des geistigen Eigentums durch multilaterale Verfahren zu lösen,

in dem Wunsch, eine der gegenseitigen Unterstützung dienende Beziehung zwischen der Welthandelsorganisation und der Weltorganisation für geistiges Eigentum (in diesem Übereinkommen als „WIPO" bezeichnet) sowie anderen einschlägigen internationalen Organisationen aufzubauen –

kommen hiermit wie folgt überein:

Teil I. Allgemeine Bestimmungen und Grundprinzipien

Art. 1 Wesen und Umfang der Pflichten. (1) Die Mitglieder wenden die Bestimmungen dieses Übereinkommens an. Die Mitglieder dürfen in ihr Recht einen umfassenderen Schutz als den durch dieses Übereinkommen geforderten aufnehmen, vorausgesetzt, dieser Schutz läuft diesem Übereinkommen nicht zuwider, sie sind dazu aber nicht verpflichtet. Es steht den Mitgliedern frei, die für die Umsetzung dieses Übereinkommens in ihrem eigenen Rechtssystem und in ihrer Rechtspraxis geeignete Methode festzulegen.

(2) Der Begriff „geistiges Eigentum" im Sinne dieses Übereinkommens umfaßt alle Arten des geistigen Eigentums, die Gegenstand der Abschnitte 1 bis 7 des Teils II sind.

(3) Die Mitglieder gewähren die in diesem Übereinkommen festgelegte Behandlung den Angehörigen der anderen Mitglieder.[1] In bezug auf das einschlägige Recht des geistigen Eigentums sind unter den Angehörigen anderer Mitglieder diejenigen natürlichen oder juristischen Personen zu verstehen, die den Kriterien für den Zugang zum Schutz nach der Pariser Verbandsübereinkunft (1967), der Berner Übereinkunft (1971), dem Rom-Abkommen und dem Vertrag über den Schutz des geistigen Eigentums im Hinblick auf integrierte Schaltkreise entsprächen, wenn alle Mitglieder der Welthandelsorganisation Vertragsparteien dieser Übereinkünfte wären.[2] Ein Mitglied, das von den in Artikel 5 Absatz 3 oder Artikel 6 Absatz 2 des Rom-Abkommens vorgesehenen Möglichkeiten Gebrauch macht, hat eine Notifikation gemäß den genannten Bestimmungen an den Rat für handelsbezogene Aspekte der Rechte des geistigen Eigentums (den „Rat für TRIPS") vorzunehmen.

Art. 2 Übereinkünfte über geistiges Eigentum. (1) In bezug auf die Teile II, III und IV dieses Übereinkommens befolgen die Mitglieder die Artikel 1 bis 12 sowie Artikel 19 der Pariser Verbandsübereinkunft (1967).

(2) Die in den Teilen I bis IV dieses Übereinkommens enthaltenen Bestimmungen setzen die nach der Pariser Verbandsübereinkunft, der Berner Übereinkunft, dem Rom-Abkommen und dem Vertrag über den Schutz des geistigen Eigentums im Hinblick auf integrierte Schaltkreise bestehenden Verpflichtungen der Mitglieder untereinander nicht außer Kraft.

Art. 3 Inländerbehandlung. (1) Die Mitglieder gewähren den Angehörigen der anderen Mitglieder eine Behandlung, die nicht weniger günstig ist als die, die sie ihren eigenen Angehörigen in bezug auf den Schutz[3] des geistigen Eigentums gewähren, vorbehaltlich der jeweils bereits in der Pariser Verbandsübereinkunft (1967), der Berner Übereinkunft (1971), dem Rom-Abkommen oder dem Vertrag über den Schutz des geistigen Eigentums im Hinblick auf integrierte Schaltkreise vorgesehenen Ausnahmen. In bezug auf ausübende Künstler, Hersteller von Tonträgern und Sendeunternehmen gilt diese Verpflichtung nur in bezug auf die durch dieses Übereinkommen vorgesehenen Rechte. Ein Mitglied, das von den in Artikel 6 der Berner Übereinkunft (1971)

---

[1] Soweit in diesem Übereinkommen der Begriff „Angehörige" verwendet wird, bedeutet dieser Begriff im Fall eines gesonderten Zollgebiets, das Mitglied der WTO ist, natürliche oder juristische Personen mit Wohnsitz oder einer wirklichen und tatsächlichen gewerblichen oder Handelsniederlassung in diesem Zollgebiet.

[2] In diesem Übereinkommen bedeutet „Pariser Verbandsübereinkunft" die Pariser Verbandsübereinkunft zum Schutz des gewerblichen Eigentums, „Pariser Verbandsübereinkunft (1967)" die Stockholmer Fassung dieser Übereinkunft vom 14. Juli 1967, „Berner Übereinkunft" die Berner Übereinkunft zum Schutz von Werken der Literatur und Kunst, „Berner Übereinkunft (1971)" die Pariser Fassung dieser Übereinkunft vom 24. Juli 1971 „Rom-Abkommen" das Internationale Abkommen über den Schutz der ausübenden Künstler, der Hersteller von Tonträgern und der Sendeunternehmen, angenommen in Rom am 26. Oktober 1961, „Vertrag über den Schutz des geistigen Eigentums im Hinblick auf integrierte Schaltkreise" (IPIC-Vertrag) den am 26. Mai 1989 in Washington angenommenen Vertrag über den Schutz des geistigen Eigentums im Hinblick auf integrierte Schaltkreise, „WTO-Übereinkommen" das Übereinkommen zur Errichtung der Welthandelsorganisation.

[3] Im Sinne der Artikel 3 und 4 schließt „Schutz" Angelegenheiten ein, welche die Verfügbarkeit, den Erwerb, den Umfang, die Aufrechterhaltung und die Durchsetzung von Rechten des geistigen Eigentums betreffen, sowie diejenigen Angelegenheiten, welche die Ausübung von Rechten des geistigen Eigentums betreffen, die in diesem Übereinkommen ausdrücklich behandelt werden.

oder in Artikel 16 Absatz 1 Buchstabe b des Rom-Abkommens vorgesehenen Möglichkeiten Gebrauch macht, hat eine Notifikation gemäß den genannten Bestimmungen an den Rat für TRIPS vorzunehmen.

(2) Die Mitglieder dürfen in bezug auf Gerichts- und Verwaltungsverfahren, einschließlich der Bestimmung einer Anschrift für die Zustellung oder der Ernennung eines Vertreters innerhalb des Hoheitsgebiets eines Mitglieds, von den in Absatz 1 vorgesehenen Ausnahmen nur Gebrauch machen, wenn diese Ausnahmen notwendig sind, um die Einhaltung von Gesetzen und sonstigen Vorschriften sicherzustellen, die mit den Bestimmungen dieses Übereinkommens nicht unvereinbar sind, und wenn diese Praktiken nicht in einer Weise angewendet werden, die eine verschleierte Handelsbeschränkung bilden würde.

Art. 4 Meistbegünstigung. In bezug auf den Schutz des geistigen Eigentums werden Vorteile, Vergünstigungen, Sonderrechte und Befreiungen, die von einem Mitglied den Angehörigen eines anderen Landes gewährt werden, sofort und bedingungslos den Angehörigen aller anderen Mitglieder gewährt. Von dieser Verpflichtung ausgenommen sind von einem Mitglied gewährte Vorteile, Vergünstigungen, Sonderrechte und Befreiungen,

a) die sich aus internationalen Übereinkünften über Rechtshilfe oder Vollstreckung ableiten, die allgemeiner Art sind und sich nicht speziell auf den Schutz des geistigen Eigentums beschränken;
b) die gemäß den Bestimmungen der Berner Übereinkunft (1971) oder des Rom-Abkommens gewährt werden, in denen gestattet wird, daß die gewährte Behandlung nicht von der Inländerbehandlung, sondern von der in einem anderen Land gewährten Behandlung abhängig gemacht wird;
c) die sich auf die in diesem Übereinkommen nicht geregelten Rechte von ausübenden Künstlern, Herstellern von Tonträgern und Sendeunternehmen beziehen;
d) die sich aus internationalen Übereinkünften betreffend den Schutz des geistigen Eigentums ableiten, die vor dem Inkrafttreten des WTO-Übereinkommens in Kraft getreten sind, vorausgesetzt, daß diese Übereinkünfte dem Rat für TRIPS notifiziert werden und keine willkürliche oder ungerechtfertigte Diskriminierung von Angehörigen anderer Mitglieder darstellen.

Art. 5 Mehrseitige Übereinkünfte über den Erwerb oder die Aufrechterhaltung des Schutzes. Die in den Artikeln 3 und 4 aufgeführten Verpflichtungen finden keine Anwendung auf Verfahren, die in im Rahmen der Weltorganisation für geistiges Eigentum geschlossenen mehrseitigen Übereinkünften betreffend den Erwerb oder die Aufrechterhaltung von Rechten des geistigen Eigentums enthalten sind.

Art. 6 Erschöpfung. Für die Zwecke der Streitbeilegung im Rahmen dieses Übereinkommens darf vorbehaltlich der Artikel 3 und 4 dieses Übereinkommen nicht dazu verwendet werden, die Frage der Erschöpfung von Rechten des geistigen Eigentums zu behandeln.

Art. 7 Ziele. Der Schutz und die Durchsetzung von Rechten des geistigen Eigentums sollen zur Förderung der technischen Innovation sowie zur Weitergabe und Verbreitung von Technologie beitragen, dem beiderseitigen Vorteil der Erzeuger und Nutzer technischen Wissens dienen, in einer dem gesellschaftlichen und wirtschaftlichen Wohl zuträglichen Weise erfolgen und einen Ausgleich zwischen Rechten und Pflichten herstellen.

Art. 8 Grundsätze. (1) Die Mitglieder dürfen bei der Abfassung oder Änderung ihrer Gesetze und sonstigen Vorschriften die Maßnahmen ergreifen, die zum Schutz der öffentlichen Gesundheit und Ernährung sowie zur Förderung des öffentlichen Interesses in den für ihre sozio-ökonomische und technische Entwicklung lebenswichtigen Sektoren notwendig sind; jedoch müssen diese Maßnahmen mit diesem Übereinkommen vereinbar sein.

(2) Geeignete Maßnahmen, die jedoch mit diesem Übereinkommen vereinbar sein müssen, können erforderlich sein, um den Mißbrauch von Rechten des geistigen Eigentums durch die Rechtsinhaber oder den Rückgriff auf Praktiken, die den Handel unangemessen beschränken oder den internationalen Technologietransfer nachteilig beeinflussen, zu verhindern.

Teil II. Normen betreffend die Verfügbarkeit, den Umfang und die Ausübung von Rechten des geistigen Eigentums

Abschnitt 1. Urheberrecht und verwandte Schutzrechte

Art. 9 Verhältnis zur Berner Übereinkunft. (1) Die Mitglieder befolgen die Artikel 1 bis 21 der Berner Übereinkunft (1971) und den Anhang dazu. Die Mitglieder haben jedoch aufgrund dieses Übereinkommens keine Rechte oder Pflichten in bezug auf die in Artikel 6bis der Übereinkunft gewährten oder die daraus abgeleiteten Rechte.

(2) Der urheberrechtliche Schutz erstreckt sich auf Ausdrucksformen und nicht auf Ideen, Verfahren, Arbeitsweisen oder mathematische Konzepte als solche.

Art. 10 Computerprogramme und Zusammenstellung von Daten.
(1) Computerprogramme, gleichviel, ob sie in Quellcode oder in Maschinenprogrammcode ausgedrückt sind, werden als Werke der Literatur nach der Berner Übereinkunft (1971) geschützt.

(2) Zusammenstellungen von Daten oder sonstigem Material, gleichviel, ob in maschinenlesbarer oder anderer Form, die aufgrund der Auswahl oder Anordnung ihres Inhalts geistige Schöpfungen bilden, werden als solche geschützt. Dieser Schutz, der sich nicht auf die Daten oder das Material selbst erstreckt, gilt unbeschadet eines an den Daten oder dem Material selbst bestehenden Urheberrechts.

Art. 11 Vermietrechte. Zumindest in bezug auf Computerprogramme und Filmwerke gewähren die Mitglieder den Urhebern und ihren Rechtsnachfolgern das Recht, die gewerbliche Vermietung von Originalen oder Vervielfältigungsstücken ihrer urheberrechtlich geschützten Werke an die Öffentlichkeit zu gestatten oder zu verbieten. Ein Mitglied ist in bezug auf Filmwerke von dieser Pflicht befreit, es sei denn, diese Vermietung hat zu weit verbreiteter Vervielfältigung dieser Werke geführt, die das den Urhebern und ihren Rechtsnachfolgern in diesem Mitglied gewährte ausschließliche Vervielfältigungsrecht erheblich beeinträchtigt. In bezug auf Computerprogramme findet diese Verpflichtung keine Anwendung auf Vermietungen, bei denen das Programm selbst nicht der wesentliche Gegenstand der Vermietung ist.

Art. 12 Schutzdauer. Wird die Dauer des Schutzes eines Werkes, das kein photographisches Werk und kein Werk der angewandten Kunst ist, auf einer anderen Grundlage als der Lebensdauer einer natürlichen Person berechnet, so darf die Schutzdauer nicht weniger als 50 Jahre ab dem Ende des Kalenderjahrs der gestatteten Veröffentlichung und, wenn es innerhalb von 50 Jahren ab der Herstellung des Werkes zu keiner gestatteten Veröffentlichung kommt, nicht weniger als 50 Jahre ab dem Ende des Kalenderjahrs der Herstellung betragen.

Art. 13 Beschränkungen und Ausnahmen. Die Mitglieder begrenzen Beschränkungen und Ausnahmen von ausschließlichen Rechten auf bestimmte Sonderfälle, die weder die normale Auswertung des Werkes beeinträchtigen noch die berechtigten Interessen des Rechtsinhabers unzumutbar verletzen.

Art. 14 Schutz von ausübenden Künstlern, Herstellern von Tonträgern (Tonaufnahmen) und Sendeunternehmen. (1) In bezug auf die Festlegung ihrer Darbietung auf einem Tonträger haben ausübende Künstler die Möglichkeit, folgende Handlungen zu verhindern, wenn diese ohne ihre Erlaubnis vorgenommen werden: die Festlegung ihrer nicht festgelegten Darbietung und die Vervielfältigung einer solchen Festlegung. Ausübende Künstler haben auch die Möglichkeit, folgende Handlungen zu verhindern, wenn diese ohne ihre Erlaubnis vorgenommen werden: die Funksendung auf drahtlosem Weg und die öffentliche Wiedergabe ihrer lebenden Darbietung.

(2) Die Hersteller von Tonträgern haben das Recht, die unmittelbare oder mittelbare Vervielfältigung ihrer Tonträger zu gestatten oder zu verbieten.

(3) Sendeunternehmen haben das Recht, folgende Handlungen zu verbieten, wenn diese ohne ihre Erlaubnis vorgenommen werden: die Festlegung, die Vervielfältigung von Festlegungen und die drahtlose Weitersendung von Funksendungen sowie die öffentliche Wiedergabe von Fernsehsendungen solcher Funksendungen. Mitglieder, die den Sendeunternehmen solche Rechte nicht gewähren, müssen den Inhabern des Urheberrechts an dem Gegenstand von Funksendungen die Möglichkeit gewähren, die genannten Handlungen vorbehaltlich der Berner Übereinkunft (1971) zu verhindern.

(4) Die Bestimmungen des Artikels 11 betreffend Computerprogramme gelten, wie im innerstaatlichen Recht des Mitglieds bestimmt, sinngemäß auch für Hersteller von Tonträgern und sonstige Inhaber der Rechte an Tonträgern. Ist am 15. April 1994 in einem Mitglied ein System der angemessenen Vergütung für die Inhaber von Rechten in bezug auf die Vermietung von Tonträgern in Kraft, so kann das Mitglied dieses System beibehalten, sofern die gewerbliche Vermietung von Tonträgern die ausschließlichen Vervielfältigungsrechte der Rechtsinhaber nicht erheblich beeinträchtigt.

(5) Die nach diesem Übereinkommen ausübenden Künstlern und Herstellern von Tonträgern gewährte Schutzdauer läuft mindestens bis zum Ende eines

Zeitraums von 50 Jahren, gerechnet ab dem Ende des Kalenderjahrs, in dem die Festlegung vorgenommen wurde oder die Darbietung stattgefunden hat. Die Dauer des nach Absatz 3 gewährten Schutzes beträgt mindestens 20 Jahre ab dem Ende des Kalenderjahrs, in dem die Funksendung stattgefunden hat.

(6) Die Mitglieder können in bezug auf die nach den Absätzen 1, 2 und 3 gewährten Rechte in dem durch das Rom-Abkommen gestatteten Umfang Bedingungen, Beschränkungen, Ausnahmen und Vorbehalte vorsehen. Jedoch findet Artikel 18 der Berner Übereinkunft (1971) sinngemäß auch auf die Rechte der ausübenden Künstler und der Hersteller von Tonträgern an Tonträgern Anwendung.

...

Abschnitt 8. Kontrolle wettbewerbswidriger Praktiken in vertraglichen Lizenzen

Art. 40. (1) Die Mitglieder sind sich darin einig, daß gewisse Praktiken oder Bestimmungen bei der Vergabe von Lizenzen an Rechten des geistigen Eigentums, die den Wettbewerb beschränken, nachteilige Auswirkungen auf den Handel haben können und die Weitergabe und Verbreitung von Technologie behindern können.

(2) Dieses Übereinkommen hindert die Mitglieder nicht daran, in ihren Rechtsvorschriften Lizenzierungspraktiken und Lizenzbedingungen aufzuführen, die in bestimmten Fällen einen Mißbrauch von Rechten des geistigen Eigentums mit nachteiligen Auswirkungen auf den Wettbewerb auf dem entsprechenden Markt bilden können. Wie vorstehend vorgesehen, kann ein Mitglied im Einklang mit den sonstigen Bestimmungen dieses Übereinkommens geeignete Maßnahmen ergreifen, um solche Praktiken, zu denen zum Beispiel Bestimmungen über exklusive Rücklizenzen, über die Verhinderung von Angriffen auf die Gültigkeit sowie erzwungene Paketlizenzen gehören können, unter Berücksichtigung seiner einschlägigen Gesetze und sonstigen Vorschriften zu verhindern oder zu kontrollieren.

(3) Auf Ersuchen tritt ein Mitglied mit einem anderen Mitglied, das Grund zur Annahme hat, daß der Inhaber eines Rechts des geistigen Eigentums, der Angehöriger des Mitgliedes ist, an welches das Ersuchen um Konsultationen gerichtet wurde, oder der dort seinen Wohnsitz hat, Praktiken betreibt, mit denen die den Gegenstand dieses Abschnitts betreffenden Gesetze und sonstigen Vorschriften des ersuchenden Mitglieds verletzt werden, und das die Einhaltung dieser Rechtsvorschriften wünscht, in Konsultationen ein unbeschadet jeder Maßnahme nach dem Recht des jeweiligen Mitglieds und der völligen Freiheit einer abschließenden Entscheidung des jeweiligen Mitglieds. Das Mitglied, an welches das Ersuchen gerichtet wurde, prüft die Frage von Konsultationen mit dem ersuchenden Mitglied umfassend und wohlwollend, bietet angemessene Gelegenheit für solche Konsultationen und wirkt dadurch mit, daß es öffentlich verfügbare nicht vertrauliche Informationen, die für die fragliche Angelegenheit von Bedeutung sind, sowie andere ihm zugängliche Informationen zur Verfügung stellt, vorbehaltlich innerstaatlicher Rechtsvorschriften und des Abschlusses beide Seiten zufriedenstellender Vereinbarungen über die Wahrung ihrer Vertraulichkeit durch das ersuchende Mitglied.

(4) Einem Mitglied, dessen Angehörige oder Gebietsansässige in Verfahren in einem anderen Mitglied wegen einer angeblichen Verletzung der Gesetze

und sonstigen Vorschriften dieses anderen Mitglieds in bezug auf den Gegenstand dieses Abschnitts verwickelt sind, ist auf Ersuchen durch das andere Mitglied Gelegenheit zu Konsultationen unter den in Absatz 3 aufgeführten Bedingungen zu geben.

Teil III. Durchsetzung der Rechte des geistigen Eigentums

Abschnitt 1. Allgemeine Pflichten

Art. 41. (1) Die Mitglieder stellen sicher, daß die in diesem Teil aufgeführten Durchsetzungsverfahren in ihrem Recht vorgesehen werden, um ein wirksames Vorgehen gegen jede Verletzung von unter dieses Übereinkommen fallenden Rechten des geistigen Eigentums einschließlich Eilverfahren zur Verhinderung von Verletzungshandlungen und Rechtsbehelfe zur Abschreckung von weiteren Verletzungshandlungen zu ermöglichen. Diese Verfahren sind so anzuwenden, daß die Einrichtung von Schranken für den rechtmäßigen Handel vermieden wird und die Gewähr gegen ihren Mißbrauch gegeben ist.

(2) Die Verfahren zur Durchsetzung von Rechten des geistigen Eigentums müssen fair und gerecht sein. Sie dürfen nicht unnötig kompliziert oder kostspielig sein und keine unangemessenen Fristen oder ungerechtfertigten Verzögerungen mit sich bringen.

(3) Sachentscheidungen sind vorzugsweise schriftlich abzufassen und mit Gründen zu versehen. Sie müssen zumindest den Verfahrensparteien ohne ungebührliche Verzögerung zur Verfügung gestellt werden. Sachentscheidungen dürfen sich nur auf Beweise stützen, zu denen die Parteien Gelegenheit zur Stellungnahme hatten.

(4) Die Parteien eines Verfahrens erhalten Gelegenheit zur Nachprüfung von Endentscheidungen der Verwaltungsbehörden durch ein Gericht und, vorbehaltlich der Bestimmungen über die gerichtliche Zuständigkeit im innerstaatlichen Recht des Mitglieds in bezug auf die Bedeutung einer Rechtssache, zumindest auch der Rechtsfragen erstinstanzlicher Sachentscheidungen der Gerichte. Es besteht jedoch keine Verpflichtung, eine Gelegenheit zur Nachprüfung von Freisprüchen in Strafverfahren vorzusehen.

(5) Es besteht Einvernehmen darüber, daß dieser Teil weder eine Verpflichtung begründet, ein gerichtliches System für die Durchsetzung von Rechten des geistigen Eigentums getrennt von dem für die Durchsetzung des Rechts im allgemeinen zu errichten, noch die Fähigkeit der Mitglieder berührt, ihr Recht allgemein durchzusetzen. Dieser Teil schafft keine Verpflichtung hinsichtlich der Aufteilung von Mitteln für Zwecke der Durchsetzung von Rechten des geistigen Eigentums und für Zwecke der Durchsetzung des Rechts im allgemeinen.

Abschnitt 2. Zivil- und Verwaltungsverfahren und Rechtsbehelfe

Art. 42 Faire und gerechte Verfahren. Die Mitglieder stellen den Rechtsinhabern[1] zivilprozessuale Verfahren für die Durchsetzung aller unter dieses

[1] Im Sinne dieses Teils schließt der Begriff „Rechtsinhaber" auch Verbände und Vereinigungen ein, die gesetzlich zur Geltendmachung solcher Rechte befugt sind.

Übereinkommen fallenden Rechte des geistigen Eigentums zur Verfügung. Die beklagte Partei hat Anspruch auf rechtzeitige schriftliche Benachrichtigung, die genügend Einzelheiten einschließlich der Grundlage für den Anspruch enthält. Den Parteien ist zu gestatten, sich durch einen unabhängigen Rechtsanwalt vertreten zu lassen, und im Verfahren dürfen keine übermäßig erschwerten Anforderungen hinsichtlich der Notwendigkeit des persönlichen Erscheinens gestellt werden. Alle Parteien solcher Verfahren sind berechtigt, ihre Ansprüche zu begründen und alle sachdienlichen Beweismittel vorzulegen. Das Verfahren muß Möglichkeiten vorsehen, vertrauliche Informationen festzustellen und zu schützen, sofern dies nicht bestehenden verfassungsrechtlichen Erfordernissen zuwiderlaufen würde.

Art. 43 Beweise. (1) Hat eine Partei alle vernünftigerweise verfügbaren Beweismittel zur hinreichenden Begründung ihrer Ansprüche vorgelegt und rechtserhebliche Beweismittel zur Begründung ihrer Ansprüche, die sich in der Verfügungsgewalt der gegnerischen Partei befinden, bezeichnet, so sind die Gerichte befugt anzuordnen, daß diese Beweismittel von der gegnerischen Partei vorgelegt werden, gegebenenfalls unter Bedingungen, die den Schutz vertraulicher Informationen gewährleisten.

(2) In Fällen, in denen eine Prozeßpartei aus eigenem Willen und ohne stichhaltigen Grund den Zugang zu notwendigen Informationen verweigert oder diese nicht innerhalb einer angemessenen Frist vorlegt oder ein Verfahren zur Durchsetzung eines Rechts wesentlich behindert, kann ein Mitglied die Gerichte ermächtigen, auf der Grundlage der ihnen vorgelegten Informationen, einschließlich der Klageschrift oder des Vorbringens der durch die Verweigerung des Zugangs zu den Informationen beschwerten Partei, bestätigende oder abweisende Entscheidungen vorläufiger und endgültiger Art zu treffen, sofern die Parteien die Gelegenheit hatten, zu dem Vorbringen und den Beweisen Stellung zu nehmen.

Art. 44 Unterlassungsanordnungen. (1) Die Gerichte sind befugt, gegenüber einer Partei anzuordnen, daß eine Rechtsverletzung zu unterlassen ist, unter anderem um zu verhindern, daß eingeführte Waren, die eine Verletzung eines Rechts des geistigen Eigentums mit sich bringen, unmittelbar nach der Zollfreigabe in die in ihrem Zuständigkeitsbereich liegenden Vertriebswege gelangen. Die Mitglieder sind nicht verpflichtet, diese Befugnisse auch in bezug auf einen geschützten Gegenstand zu gewähren, der von einer Person erworben oder bestellt wurde, bevor sie wußte oder vernünftigerweise hätte wissen müssen, daß der Handel mit diesem Gegenstand die Verletzung eines Rechts des geistigen Eigentums nach sich ziehen würde.

(2) Ungeachtet der anderen Bestimmungen dieses Teils und unter der Voraussetzung, daß die Bestimmungen des Teils II, in denen es speziell um die Benutzung durch Regierungen oder durch von einer Regierung ermächtigte Dritte ohne Zustimmung des Rechtsinhabers geht, eingehalten werden, können die Mitglieder die gegen eine solche Benutzung zur Verfügung stehenden Ansprüche auf die Zahlung einer Vergütung nach Artikel 31 Buchstabe h beschränken. In anderen Fällen finden die in diesem Teil festgelegten Rechtsbehelfe Anwendung oder sind, wenn diese Rechtsbehelfe nicht im Einklang mit dem Recht eines Mitglieds stehen, Feststellungsurteile und angemessene Entschädigungen vorzusehen.

Art. 45 Schadensersatz. (1) Die Gerichte sind befugt anzuordnen, daß der Verletzer dem Rechtsinhaber zum Ausgleich des von diesem wegen einer Verletzung seines Rechts des geistigen Eigentums durch einen Verletzer, der wußte oder vernünftigerweise hätte wissen müssen, daß er eine Verletzungshandlung vornahm, erlittenen Schadens angemessenen Schadensersatz zu leisten hat.

(2) Die Gerichte sind ferner befugt anzuordnen, daß der Verletzer dem Rechtsinhaber die Kosten zu erstatten hat, zu denen auch angemessene Anwaltshonorare gehören können. In geeigneten Fällen können die Mitglieder die Gerichte ermächtigen, die Herausgabe der Gewinne und/oder die Zahlung eines festgelegten Schadensersatzbetrags selbst dann anzuordnen, wenn der Verletzer nicht wußte oder nicht vernünftigerweise hätte wissen müssen, daß er eine Verletzungshandlung vornahm.

Art. 46 Sonstige Rechtsbehelfe. Um wirksam von Verletzungen abzuschrecken, sind die Gerichte befugt anzuordnen, daß über Waren, die nach ihren Feststellungen ein Recht verletzen, ohne Entschädigung irgendwelcher Art außerhalb der Vertriebswege so verfügt wird, daß dem Rechtsinhaber kein Schaden entstehen kann, oder daß sie vernichtet werden, sofern dies nicht bestehenden verfassungsrechtlichen Erfordernissen zuwiderlaufen würde. Die Gerichte sind ferner befugt anzuordnen, daß über Material und Werkzeuge, die vorwiegend zur Herstellung der rechtsverletzenden Waren verwendet wurden, ohne Entschädigung irgendwelcher Art außerhalb der Vertriebswege so verfügt wird, daß die Gefahr weiterer Rechtsverletzungen möglichst gering gehalten wird. Bei der Prüfung derartiger Anträge sind die Notwendigkeit eines angemessenen Verhältnisses zwischen der Schwere der Rechtsverletzung und den angeordneten Maßnahmen sowie die Interessen Dritter zu berücksichtigen. Bei nachgeahmten Markenwaren reicht das einfache Entfernen der rechtswidrig angebrachten Marke außer in Ausnahmefällen nicht aus, um eine Freigabe der Waren in die Vertriebswege zu gestatten.

Art. 47 Recht auf Auskunft. Die Mitglieder können vorsehen, daß die Gerichte befugt sind anzuordnen, daß der Verletzer dem Rechtsinhaber Auskunft über die Identität Dritter, die an der Herstellung und am Vertrieb der rechtsverletzenden Waren oder Dienstleistungen beteiligt waren, und über ihre Vertriebswege erteilen muß, sofern diese nicht außer Verhältnis zur Schwere der Verletzung steht.

Art. 48 Entschädigung des Beklagten. (1) Die Gerichte sind befugt anzuordnen, daß eine Partei, auf deren Antrag hin Maßnahmen ergriffen wurden und die Durchsetzungsverfahren mißbräuchlich benutzt hat, einer zu Unrecht mit einem Verbot oder einer Beschränkung belegten Partei angemessene Entschädigung für den durch einen solchen Mißbrauch erlittenen Schaden zu leisten hat. Die Gerichte sind ferner befugt anzuordnen, daß der Antragsteller dem Antragsgegner die Kosten zu erstatten hat, zu denen auch angemessene Anwaltshonorare gehören können.

(2) In bezug auf die Anwendung von Rechtsvorschriften über den Schutz oder die Durchsetzung von Rechten des geistigen Eigentums dürfen die Mitglieder sowohl Behörden als auch Beamte von der Haftung auf angemessene

Wiedergutmachung nur freistellen, wenn ihre Handlungen in gutem Glauben bei der Anwendung dieser Rechtsvorschriften vorgenommen oder unternommen werden.

Art. 49 Verwaltungsverfahren. Soweit zivilrechtliche Ansprüche als Ergebnis von Sachentscheidungen im Verwaltungsverfahren zuerkannt werden können, müssen diese Verfahren Grundsätzen entsprechen, die im wesentlichen den in diesem Abschnitt dargelegten gleichwertig sind.

Abschnitt 3. Einstweilige Maßnahmen

Art. 50. (1) Die Gerichte sind befugt, schnelle und wirksame einstweilige Maßnahmen anzuordnen,

a) um die Verletzung eines Rechts des geistigen Eigentums zu verhindern, und insbesondere, um zu verhindern, daß Waren, einschließlich eingeführter Waren unmittelbar nach der Zollfreigabe, in die innerhalb ihres Zuständigkeitsbereichs liegenden Vertriebswege gelangen;
b) um einschlägige Beweise hinsichtlich der behaupteten Rechtsverletzung zu sichern.

(2) Die Gerichte sind befugt, gegebenenfalls einstweilige Maßnahmen ohne Anhörung der anderen Partei zu treffen, insbesondere dann, wenn durch eine Verzögerung dem Rechtsinhaber wahrscheinlich ein nicht wiedergutzumachender Schaden entstünde oder wenn nachweislich die Gefahr besteht, daß Beweise vernichtet werden.

(3) Die Gerichte sind befugt, dem Antragsteller aufzuerlegen, alle vernünftigerweise verfügbaren Beweise vorzulegen, um sich mit ausreichender Sicherheit davon überzeugen zu können, daß der Antragsteller der Rechtsinhaber ist und daß das Recht des Antragstellers verletzt wird oder daß eine solche Verletzung droht, und anzuordnen, daß der Antragsteller eine Kaution zu stellen oder eine entsprechende Sicherheit zu leisten hat, die ausreicht, um den Antragsgegner zu schützen und einem Mißbrauch vorzubeugen.

(4) Wenn einstweilige Maßnahmen ohne Anhörung der anderen Partei getroffen wurden, sind die betroffenen Parteien spätestens unverzüglich nach der Vollziehung der Maßnahmen davon in Kenntnis zu setzen. Auf Antrag des Antragsgegners findet eine Prüfung, die das Recht zur Stellungnahme einschließt, mit dem Ziel statt, innerhalb einer angemessenen Frist nach der Mitteilung der Maßnahmen zu entscheiden, ob diese abgeändert, aufgehoben oder bestätigt werden sollen.

(5) Der Antragsteller kann aufgefordert werden, weitere Informationen vorzulegen, die für die Identifizierung der betreffenden Waren durch die Behörde, welche die einstweiligen Maßnahmen vollzieht, notwendig sind.

(6) Unbeschadet des Absatzes 4 werden aufgrund der Absätze 1 und 2 ergriffene einstweilige Maßnahmen auf Antrag des Antragsgegners aufgehoben oder auf andere Weise außer Kraft gesetzt, wenn das Verfahren, das zu einer Sachentscheidung führt, nicht innerhalb einer angemessenen Frist eingeleitet wird, die entweder von dem die Maßnahmen anordnenden Gericht festgelegt wird, sofern dies nach dem Recht des Mitglieds zulässig ist, oder, wenn es nicht zu einer solchen Festlegung kommt, 20 Arbeitstage oder 31 Kalendertage, wobei der längere der beiden Zeiträume gilt, nicht überschreitet.

(7) Werden einstweilige Maßnahmen aufgehoben oder werden sie aufgrund einer Handlung oder Unterlassung des Antragstellers hinfällig oder wird in der Folge festgestellt, daß keine Verletzung oder drohende Verletzung eines Rechts des geistigen Eigentums vorlag, so sind die Gerichte befugt, auf Antrag des Antragsgegners anzuordnen, daß der Antragsteller dem Antragsgegner angemessenen Ersatz für durch diese Maßnahmen entstandenen Schaden zu leisten hat.

(8) Soweit einstweilige Maßnahmen aufgrund von Verwaltungsverfahren angeordnet werden können, müssen diese Verfahren Grundsätzen entsprechen, die im wesentlichen den in diesem Abschnitt dargelegten gleichwertig sind.

Abschnitt 4. Besondere Erfordernisse bei Grenzmaßnahmen[1)]

Art. 51 Aussetzung der Freigabe durch die Zollbehörden. Die Mitglieder sehen gemäß den nachstehenden Bestimmungen Verfahren[2)] vor, die es dem Rechtsinhaber, der den begründeten Verdacht hat, daß es zur Einfuhr von nachgeahmten Markenwaren oder unerlaubt hergestellten urheberrechtlich geschützten Waren[3)] kommen kann, ermöglichen, bei den zuständigen Gerichten oder Verwaltungsbehörden schriftlich zu beantragen, daß die Zollbehörden die Freigabe dieser Waren in den freien Verkehr aussetzen. Die Mitglieder können vorsehen, daß ein solcher Antrag auch in bezug auf Waren gestellt werden kann, bei denen es um andere Verletzungen von Rechten des geistigen Eigentums geht, sofern die Erfordernisse dieses Abschnitts beachtet werden. Die Mitglieder können ferner entsprechende Verfahren betreffend die Aussetzung der Freigabe rechtsverletzender Waren, die für die Ausfuhr aus ihren Hoheitsgebieten bestimmt sind, vorsehen.

Art. 52 Antrag. Ein Rechtsinhaber, der die in Artikel 51 aufgeführten Verfahren in Gang bringt, muß ausreichende Beweise vorlegen, um die zuständigen Behörden davon zu überzeugen, daß nach Maßgabe des Rechts des Einfuhrlands prima facie eine Verletzung des Rechts des geistigen Eigentums des Rechtsinhabers vorliegt, sowie eine hinreichend genaue Beschreibung der Waren, um sie für die Zollbehörden leicht erkennbar zu machen. Die zustän-

---

[1)] Hat ein Mitglied im wesentlichen alle Kontrollen über den Verkehr von Waren über seine Grenze mit einem anderen Mitglied, mit dem es Teil einer Zollunion bildet, abgebaut, so braucht es die Bestimmungen dieses Abschnitts an der betreffenden Grenze nicht anzuwenden.

[2)] Es besteht Einvernehmen, daß keine Verpflichtung besteht, solche Verfahren auf die Einfuhr von Waren, die in einem anderen Land vom Rechtsinhaber oder mit seiner Zustimmung in den Verkehr gebracht wurden, oder auf Waren im Transit anzuwenden.

[3)] Im Sinne dieses Übereinkommens sind

a) „nachgeahmte Markenwaren" Waren einschließlich Verpackungen, auf denen unbefugt eine Marke angebracht ist, die mit einer rechtsgültig für solche Waren eingetragenen Marke identisch ist oder die sich in ihren wesentlichen Merkmalen nicht von einer solchen Marke unterscheiden läßt und die dadurch nach Maßgabe des Rechts des Einfuhrlands die Rechte des Inhabers der betreffenden Marke verletzt;

b) „unerlaubt hergestellte urheberrechtlich geschützte Waren" Waren, die ohne Zustimmung des Rechtsinhabers oder der vom Rechtsinhaber im Land der Herstellung ordnungsgemäß ermächtigten Person hergestellte Vervielfältigungsstücke sind und die unmittelbar oder mittelbar von einem Gegenstand gemacht wurden, dessen Vervielfältigung die Verletzung eines Urheberrechts oder eines verwandten Schutzrechts nach Maßgabe des Rechts des Einfuhrlands dargestellt hätte.

digen Stellen setzen innerhalb einer angemessenen Frist den Antragsteller davon in Kenntnis, ob sie den Antrag angenommen haben, und davon, innerhalb welchen Zeitraums die Zollbehörden Maßnahmen ergreifen werden, sofern ein solcher von den zuständigen Stellen festgelegt worden ist.

Art. 53 Kaution oder gleichwertige Sicherheitsleistung. (1) Die zuständigen Stellen sind befugt, vom Antragsteller eine Kaution oder eine gleichwertige Sicherheitsleistung zu verlangen, die ausreicht, um den Antragsgegner und die zuständigen Stellen zu schützen und einem Mißbrauch vorzubeugen. Eine solche Kaution oder gleichwertige Sicherheitsleistung darf nicht unangemessen von der Inanspruchnahme dieser Verfahren abschrecken.

(2) Wenn aufgrund eines Antrags nach diesem Abschnitt von den Zollbehörden auf der Grundlage einer nicht von einem Gericht oder einer sonstigen unabhängigen Stelle getroffenen Entscheidung die Freigabe von Waren, welche die Rechte an gewerblichen Mustern und Modellen, Patenten, Layout-Designs oder nicht offenbarten Informationen betreffen, in den freien Verkehr ausgesetzt wurde und wenn die in Artikel 55 festgelegte Frist verstrichen ist, ohne daß die hierzu befugte Stelle eine einstweilige Maßnahme getroffen hat, und sofern alle anderen Einfuhrvoraussetzungen erfüllt sind, hat der Eigentümer, der Einführer oder der Empfänger solcher Waren das Recht auf deren Freigabe nach Leistung einer Sicherheit in Höhe eines Betrags, der zum Schutz des Rechtsinhabers vor einer Verletzung ausreicht. Die Leistung einer solchen Sicherheit darf nicht den Rückgriff des Rechtsinhabers auf andere Rechtsbehelfe beeinträchtigen, wobei davon ausgegangen wird, daß die Sicherheit freigegeben wird, wenn der Rechtsinhaber nicht innerhalb einer angemessenen Frist seinen Anspruch geltend macht.

Art. 54 Mitteilung der Aussetzung. Der Einführer und der Antragsteller werden umgehend von der Aussetzung der Freigabe von Waren nach Artikel 51 in Kenntnis gesetzt.

Art. 55 Dauer der Aussetzung. Sind die Zollbehörden nicht innerhalb einer Frist von zehn Arbeitstagen nach der Mitteilung der Aussetzung an den Antragsteller davon in Kenntnis gesetzt worden, daß ein zu einer Sachentscheidung führendes Verfahren von einer anderen Partei als dem Antragsgegner in Gang gesetzt worden ist oder daß die hierzu befugte Stelle einstweilige Maßnahmen getroffen hat, um die Aussetzung der Freigabe der Waren zu verlängern, so sind die Waren freizugeben, sofern alle anderen Voraussetzungen für die Einfuhr oder Ausfuhr erfüllt sind; in geeigneten Fällen kann diese Frist um weitere zehn Arbeitstage verlängert werden. Ist ein zu einer Sachentscheidung führendes Verfahren eingeleitet worden, so findet auf Antrag des Antragsgegners eine Prüfung, die das Recht zur Stellungnahme einschließt, mit dem Ziel statt, innerhalb einer angemessenen Frist zu entscheiden, ob diese Maßnahmen abgeändert, aufgehoben oder bestätigt werden sollen. Ungeachtet der vorstehenden Bestimmungen findet Artikel 50 Absatz 6 Anwendung, wenn die Aussetzung der Freigabe von Waren nach Maßgabe einer einstweiligen gerichtlichen Maßnahme durchgeführt oder fortgeführt wird.

Art. 56 Entschädigung des Einführers und des Eigentümers der Waren. Die zuständigen Stellen sind befugt anzuordnen, daß der Antragsteller dem Einführer, dem Empfänger und dem Eigentümer der Waren angemessenen Ersatz für alle Schäden zu leisten hat, die sie aufgrund der unrechtmäßigen Zurückhaltung von Waren oder aufgrund der Zurückhaltung von nach Artikel 55 freigegebenen Waren erlitten haben.

Art. 57 Recht auf Untersuchung und Auskunft. Unbeschadet des Schutzes vertraulicher Informationen ermächtigen die Mitglieder die zuständigen Stellen, dem Rechtsinhaber ausreichend Gelegenheit zu geben, die von den Zollbehörden zurückgehaltenen Waren untersuchen zu lassen, um seine Ansprüche begründen zu können. Die zuständigen Stellen haben ferner die Befugnis, dem Einführer eine gleichwertige Gelegenheit zu bieten, solche Waren untersuchen zu lassen. Ist eine Sachentscheidung zugunsten des Rechtsinhabers ergangen, so können die Mitglieder die zuständigen Stellen ermächtigen, dem Rechtsinhaber die Namen und Anschriften des Absenders, des Einführers und des Empfängers und die Menge der fraglichen Waren mitzuteilen.

Art. 58 Vorgehen von Amts wegen. Sofern Mitglieder verlangen, daß die zuständigen Stellen von sich aus tätig werden und die Freigabe der Waren aussetzen, hinsichtlich deren ihnen eine Prima-facie-Beweis für eine Verletzung eines Rechts des geistigen Eigentums vorliegt,

a) können die zuständigen Stellen jederzeit vom Rechtsinhaber Auskünfte einholen, die ihnen bei der Ausübung dieser Befugnisse helfen können,
b) werden Einführer und Rechtsinhaber umgehend von der Aussetzung in Kenntnis gesetzt. Hat der Einführer bei den zuständigen Stellen ein Rechtsmittel gegen die Aussetzung eingelegt, so unterliegt die Aussetzung sinngemäß den in Artikel 55 festgelegten Bedingungen,
c) stellen die Mitglieder sowohl Behörden als auch Beamte von der Haftung auf angemessene Wiedergutmachung nur frei, wenn Handlungen in gutem Glauben vorgenommen oder unternommen werden.

Art. 59 Rechtsbehelfe. Unbeschadet anderer Rechte des Rechtsinhabers und vorbehaltlich des Rechts des Antragsgegners, die Überprüfung durch ein Gericht zu beantragen, sind die zuständigen Stellen befugt, die Vernichtung oder Beseitigung der rechtsverletzenden Waren im Einklang mit den in Artikel 46 aufgeführten Grundsätzen anzuordnen. In bezug auf nachgeahmte Markenwaren gestatten die zuständigen Stellen nur ausnahmsweise die Wiederausfuhr der rechtsverletzenden Waren in unverändertem Zustand und unterwerfen sie nur in Ausnahmefällen einem anderen Zollverfahren.

Art. 60 Einfuhren in Kleinstmengen. Die Mitglieder können kleine Mengen von Waren ohne gewerblichen Charakter, die sich im persönlichen Gepäck von Reisenden oder in kleinen Sendungen befinden, von der Anwendung der vorstehenden Bestimmungen ausnehmen.

Abschnitt 5. Strafverfahren

Art. 61. Die Mitglieder sehen Strafverfahren und Strafen vor, die zumindest bei vorsätzlicher Nachahmung von Markenwaren oder vorsätzlicher unerlaubter Herstellung urheberrechtlich geschützter Waren in gewerbsmäßigem Umfang Anwendung finden. Die vorgesehenen Sanktionen umfassen zur Abschreckung ausreichende Haft- und/oder Geldstrafen entsprechend dem Strafmaß, das auf entsprechend schwere Straftaten anwendbar ist. In geeigneten Fällen umfassen die vorzusehenden Sanktionen auch die Beschlagnahme, die Einziehung und die Vernichtung der rechtsverletzenden Waren und allen Materials und aller Werkzeuge, die überwiegend dazu verwendet wurden, die Straftat zu begehen. Die Mitglieder können Strafverfahren und Strafen für andere Fälle der Verletzung von Rechten des geistigen Eigentums vorsehen, insbesondere wenn die Handlungen vorsätzlich und in gewerbsmäßigem Umfang begangen werden.

Teil IV. Erwerb und Aufrechterhaltung von Rechten des geistigen Eigentums und damit im Zusammenhang stehende Inter-partes-Verfahren

Art. 62. (1) Die Mitglieder sind befugt, als Voraussetzung für den Erwerb oder die Aufrechterhaltung der in den Abschnitten 2 bis 6 des Teils II vorgesehenen Rechte des geistigen Eigentums die Beachtung angemessener Verfahren und Förmlichkeiten vorzuschreiben. Solche Verfahren und Förmlichkeiten müssen mit den Bestimmungen dieses Übereinkommens in Einklang stehen.

(2) Wenn der Erwerb eines Rechts des geistigen Eigentums die Erteilung oder Eintragung des Rechts voraussetzt, stellen die Mitglieder sicher, daß die Verfahren für die Erteilung oder Eintragung, vorbehaltlich der Erfüllung der materiellrechtlichen Bedingungen für den Erwerb des Rechts, die Erteilung oder Eintragung innerhalb einer angemessenen Frist möglich machen, um eine ungerechtfertigte Verkürzung der Schutzdauer zu vermeiden.

(3) Artikel 4 der Pariser Verbandsübereinkunft (1967) findet sinngemäß auf Dienstleistungsmarken Anwendung.

(4) Die Verfahren betreffend den Erwerb oder die Aufrechterhaltung von Rechten des geistigen Eigentums und, sofern das Recht eines Mitglieds solche Verfahren vorsieht, der Widerruf im Verwaltungsweg und Inter-partes-Verfahren wie zum Beispiel Einspruch, Widerruf und Löschung, unterliegen den in Artikel 41 Absätze 2 und 3 dargelegten allgemeinen Grundsätzen.

(5) Verwaltungsgerichtliche Endentscheidungen in einem der in Absatz 4 genannten Verfahren unterliegen der Nachprüfung durch ein Gericht oder eine gerichtsähnliche Einrichtung. Es besteht jedoch keine Verpflichtung, die Gelegenheit zu einer solchen Überprüfung von Entscheidungen in Fällen eines erfolglosen Einspruchs oder Widerrufs im Verwaltungsweg vorzusehen, sofern die Gründe für solche Verfahren Gegenstand von Nichtigkeitsverfahren sein können.

Teil V. Streitvermeidung und -beilegung

Art. 63 Transparenz. (1) Gesetze und sonstige Vorschriften sowie allgemein anwendbare rechtskräftige gerichtliche Entscheidungen und Verwaltungsverfügungen in bezug auf den Gegenstand dieses Übereinkommens (die Verfügbarkeit, den Umfang, den Erwerb und die Durchsetzung von Rechten des geistigen Eigentums sowie die Verhütung ihres Mißbrauchs), die in einem Mitglied rechtswirksam geworden sind, sind in einer Amtssprache zu veröffentlichen oder, wenn eine solche Veröffentlichung nicht durchführbar ist, in einer Weise öffentlich zugänglich zu machen, die es Regierungen und Rechtsinhabern ermöglicht, sich damit vertraut zu machen. Zwischen der Regierung oder einer Regierungsbehörde eines Mitglieds und der Regierung oder einer Regierungsbehörde eines anderen Mitglieds in Kraft befindliche Übereinkünfte über den Gegenstand dieses Übereinkommens sind gleichfalls zu veröffentlichen.

(2) Die Mitglieder notifizieren dem Rat für TRIPS die in Absatz 1 genannten Gesetze und sonstigen Vorschriften, um den Rates bei der Überprüfung der Wirkungsweise dieses Übereinkommens zu unterstützen. Der Rat versucht, die im Zusammenhang mit der Erfüllung dieser Pflicht entstehende Belastung der Mitglieder möglichst gering zu halten, und kann beschließen, auf die Pflicht zur Notifikation dieser Gesetze und sonstigen Vorschriften unmittelbar an den Rat zu verzichten, wenn Konsultationen mit der WIPO über die Einrichtung eines gemeinsamen Registers dieser Gesetze und sonstigen Vorschriften erfolgreich sind. In diesem Zusammenhang berücksichtigt der Rat auch die im Hinblick auf die Notifikation erforderlichen Maßnahmen, die sich in Erfüllung der aus diesem Übereinkommen erwachsenden Verpflichtungen aus Artikel 6ter der Pariser Verbandsübereinkunft (1967) ergeben.

(3) Die Mitglieder sind bereit, in Beantwortung eines schriftlichen Ersuchens eines anderen Mitglieds Informationen der in Absatz 1 angeführten Art zur Verfügung zu stellen. Ein Mitglied, das Grund zu der Annahme hat, daß eine bestimmte gerichtliche Entscheidung oder Verwaltungsverfügung oder zweiseitige Übereinkunft auf dem Gebiet der Rechte des geistigen Eigentums seine Rechte nach diesem Übereinkommen berührt, kann auch schriftlich darum ersuchen, Zugang zu solchen bestimmten Entscheidungen oder Verwaltungsverfügungen oder zweiseitigen Übereinkünften zu erhalten oder davon ausreichend genau in Kenntnis gesetzt zu werden.

(4) Die Absätze 1, 2 und 3 verpflichten die Mitglieder nicht, vertrauliche Informationen zu offenbaren, wenn dies die Durchsetzung der Gesetze behindern oder sonst dem öffentlichen Interesse zuwiderlaufen oder den berechtigten kommerziellen Interessen bestimmter öffentlicher oder privater Unternehmen schaden würde.

Art. 64 Streitbeilegung. (1) Die Artikel XXII und XXIII des GATT 1994, wie sie durch die Vereinbarung über Streitbeilegung im einzelnen ausgeführt und angewendet werden, finden auf Konsultationen und die Streitbeilegung nach diesem Übereinkommen Anwendung, sofern hierin nicht ausdrücklich etwas anderes vorgesehen ist.

(2) Artikel XXIII Absatz 1 Buchstaben b und c des GATT 1994 findet während eines Zeitraums von fünf Jahren, gerechnet ab dem Zeitpunkt des Inkrafttretens des WTO-Übereinkommens, keine Anwendung auf die Streitbeilegung im Rahmen dieses Übereinkommens.

(3) Während des in Absatz 2 genannten Zeitraums untersucht der Rat für TRIPS den Anwendungsbereich und die Modalitäten für Beschwerden der in Artikel XXIII Absatz 1 Buchstaben b und c des GATT 1994 vorgesehenen Art, die nach diesem Übereinkommen erhoben werden, und legt seine Emp-

fehlungen der Ministerkonferenz zur Billigung vor. Entscheidungen der Ministerkonferenz, diese Empfehlungen zu billigen oder den in Absatz 2 genannten Zeitraum zu verlängern, können nur durch Konsens getroffen werden, und die gebilligten Empfehlungen werden für alle Mitglieder ohne einen weiteren förmlichen Annahmevorgang rechtswirksam.

…

32. Übereinkommen zum Schutz der Hersteller von Tonträgern gegen die unerlaubte Vervielfältigung ihrer Tonträger[1) · 2)]

Vom 29. Oktober 1971

(BGBl. 1973 II S. 1670)

– Amtlicher deutscher Text gemäß Artikel 13 Absatz 2 –

Die Vertragsstaaten

– in Sorge über die weitverbreitete und zunehmende unerlaubte Vervielfältigung von Tonträgern und über den Schaden, der dadurch den Interessen der Urheber, ausübenden Künstler und Hersteller von Tonträgern zugefügt wird,

in der Überzeugung, daß der Schutz der Hersteller von Tonträgern gegen solche Handlungen auch den ausübenden Künstlern und Urhebern zugute kommen wird, deren Darbietungen und Werke auf diese Tonträger aufgenommen worden sind,

in Anerkennung der wertvollen Arbeit, die die Organisation der Vereinten Nationen für Erziehung, Wissenschaft und Kultur und die Weltorganisation für geistiges Eigentum auf diesem Gebiet geleistet haben,

in dem Bestreben, bereits in Kraft befindliche internationale Verträge in keiner Weise zu beeinträchtigen und insbesondere die weitere Annahme des Abkommens von Rom vom 26. Oktober 1961, das den ausübenden Künstlern und Sendeunternehmen ebenso wie den Herstellern von Tonträgern Schutz gewährt, in keiner Weise zu behindern,

– haben folgendes vereinbart:

Art. 1 [Begriffsbestimmungen] Für die Zwecke dieses Übereinkommens versteht man unter

a) „Tonträger“ jede ausschließlich auf den Ton beschränkte Festlegung der Töne einer Darbietung oder anderer Töne;
b) „Hersteller von Tonträgern“ die natürliche oder juristische Person, die zum ersten Mal die Töne einer Darbietung oder andere Töne festlegt;
c) „Vervielfältigungsstück“ einen Gegenstand, der einem Tonträger unmittelbar oder mittelbar entnommene Töne enthält und der alle oder einen wesentlichen Teil der in dem Tonträger festgelegten Töne verkörpert;
d) „Verbreitung an die Öffentlichkeit“ jede Handlung, durch die Vervielfältigungsstücke eines Tonträgers der Allgemeinheit oder einem Teil der Allgemeinheit unmittelbar oder mittelbar angeboten werden.

Art. 2 [Umfang des Schutzes] Jeder Vertragsstaat schützt die Hersteller von Tonträgern, die Angehörige anderer Vertragsstaaten sind, gegen die Herstellung

---

1) Siehe hierzu das G v. 10.12.1973 (abgedruckt unter Nr. **33**) sowie die Bek. v. 29.3.1974 (BGBl. II S. 336), wonach das Übereinkommen für die Bundesrepublik am 18.5.1974 in Kraft getreten ist.

2) Stand der Vertragsparteien siehe BGBl. Fundstellennachweis B, abgeschlossen am 31.12. jedes Jahres, und www.wipo.int.

von Vervielfältigungsstücken ohne Zustimmung des Herstellers des Tonträgers und gegen die Einfuhr solcher Vervielfältigungsstücke, sofern die Herstellung oder die Einfuhr zum Zweck der Verbreitung an die Öffentlichkeit erfolgt, und auch gegen die Verbreitung solcher Vervielfältigungsstücke an die Öffentlichkeit.

Art. 3 [Ausführung durch innerstaatliche Gesetzgebung] Die Mittel zur Ausführung dieses Übereinkommens sind Sache der innerstaatlichen Gesetzgebung jedes Vertragsstaats; sie müssen eine oder mehrere der folgenden Regelungen umfassen: Schutz durch Gewährung eines Urheberrechts oder eines anderen besonderen Rechtes; Schutz durch Rechtsvorschriften über den unlauteren Wettbewerb; Schutz durch Strafbestimmungen.

Art. 4 [Dauer des Schutzes] Die Dauer des Schutzes ist Sache der innerstaatlichen Gesetzgebung jedes Vertragsstaats. Sofern die innerstaatlichen Rechtsvorschriften eine bestimmte Schutzdauer vorsehen, darf sie jedoch nicht kürzer sein als zwanzig Jahre seit Ende entweder desjenigen Jahres, in dem die Töne, die der Tonträger verkörpert, zum ersten Mal festgelegt worden sind, oder desjenigen Jahres, in dem der Tonträger zum ersten Mal veröffentlicht worden ist.

Art. 5 [Schutzvermerk] Fordert ein Vertragsstaat in seinen innerstaatlichen Rechtsvorschriften als Voraussetzung für den Schutz der Hersteller von Tonträgern die Erfüllung von Förmlichkeiten, so sind diese Erfordernisse als erfüllt anzusehen, wenn alle erlaubten Vervielfältigungstücke des Tonträgers, die an die Öffentlichkeit verbreitet werden, oder ihre Umhüllungen einen Vermerk tragen, der aus dem Kennzeichen ℗ in Verbindung mit der Angabe des Jahres der ersten Veröffentlichung besteht und in einer Weise angebracht ist, die klar erkennen läßt, daß der Schutz beansprucht wird; lassen die Vervielfältigungsstücke oder ihre Umhüllungen den Hersteller, seinen Rechtsnachfolger oder den Inhaber einer ausschließlichen Lizenz nicht (durch den Namen, die Marke oder eine andere geeignete Bezeichnung) erkennen, so muß der Vermerk außerdem den Namen des Herstellers, seines Rechtsnachfolgers oder des Inhabers der ausschließlichen Lizenz enthalten.

Art. 6 [Gleichstellung mit Urhebern von Werken der Literatur und Kunst] Jeder Vertragsstaat, der den Schutz durch ein Urheberrecht oder ein anderes besonderes Recht oder durch Strafbestimmungen gewährt, kann in seinen innerstaatlichen Rechtsvorschriften den Schutz der Hersteller von Tonträgern gleichartigen Beschränkungen unterwerfen, wie sie für den Schutz der Urheber von Werken der Literatur und Kunst zulässig sind. Jedoch darf eine Zwangslizenz nur vorgesehen werden, wenn alle folgenden Bedingungen erfüllt sind:

a) die Vervielfältigung ist ausschließlich für den Gebrauch im Unterricht oder in der wissenschaftlichen Forschung bestimmt;
b) die Lizenz ist nur für die Vervielfältigung im Hoheitsgebiet des Vertragsstaats, dessen zuständige Behörde die Lizenz erteilt hat, gültig und erstreckt sich nicht auf die Ausfuhr von Vervielfältigungsstücken;
c) die Vervielfältigung aufgrund der Lizenz begründet einen Anspruch auf eine angemessene Vergütung, die von der zuständigen Behörde unter anderem

unter Berücksichtigung der Anzahl derjenigen Vervielfältigungsstücke festgesetzt wird, die unter der Lizenz hergestellt werden sollen.

Art. 7 [Übereink. nicht als Beschränkung des Schutzes] (1) Dieses Übereinkommen darf in keiner Weise als Beschränkung oder Beeinträchtigung des Schutzes ausgelegt werden, der den Urhebern, ausübenden Künstlern, Herstellern von Tonträgern oder Sendeunternehmen durch innerstaatliche Rechtsvorschriften oder durch internationale Verträge gewährt wird.

(2) Es ist Sache der innerstaatlichen Gesetzgebung jedes Vertragsstaats, den Umfang des Schutzes zu bestimmen, der den ausübenden Künstlern, deren Darbietungen auf einem Tonträger festgelegt sind, gegebenenfalls gewährt wird, sowie die Bedingungen, zu denen sie einen solchen Schutz genießen.

(3) Kein Vertragsstaat ist verpflichtet, die Bestimmungen dieses Übereinkommens auf Tonträger anzuwenden, die vor dem Zeitpunkt festgelegt worden sind, in dem dieses Übereinkommen für den betreffenden Staat in Kraft tritt.

(4)[1] Jeder Vertragsstaat, dessen innerstaatliche Rechtsvorschriften am 29. Oktober 1971 den Herstellern von Tonträgern einen ausschließlich auf dem Merkmal des Ortes der ersten Festlegung beruhenden Schutz gewähren, kann durch eine beim Generaldirektor der Weltorganisation für geistiges Eigentum hinterlegte Notifikation erklären, daß er dieses Merkmal anstelle des Merkmals der Staatsangehörigkeit des Herstellers anwenden wird.

Art. 8 [Internat. Büro der WO für geist. Eigentum] (1) Das Internationale Büro der Weltorganisation für geistiges Eigentum sammelt und veröffentlicht Informationen über den Schutz von Tonträgern. Jeder Vertragsstaat teilt dem Internationalen Büro so bald wie möglich alle neuen Gesetze und anderen amtlichen Texte auf diesem Gebiet mit.

(2) Das Internationale Büro erteilt jedem Vertragsstaat auf Verlangen Auskünfte über Fragen, die dieses Übereinkommen betreffen; es unternimmt Untersuchungen und leistet Dienste zur Erleichterung des in diesem Übereinkommen vorgesehenen Schutzes.

(3) Das Internationale Büro nimmt die in den Absätzen 1 und 2 bezeichneten Aufgaben, soweit es sich um Fragen handelt, die den Zuständigkeitsbereich der Organisation der Vereinten Nationen für Erziehung, Wissenschaft und Kultur oder der Internationalen Arbeitsorganisation berühren, in Zusammenarbeit mit der jeweils betroffenen Organisation wahr.

Art. 9 [Hinterlegung, Ratifikation, Annahme, Beitritt] (1) Dieses Übereinkommen wird beim Generalsekretär der Vereinten Nationen hinterlegt. Es liegt bis 30. April 1972 für jeden Staat zur Unterzeichnung auf, der Mitglied der Vereinten Nationen, einer der mit den Vereinten Nationen verbundenen Spezialorganisationen oder der Internationalen Atomenergie-Organisation ist oder das Statut des Internationalen Gerichtshofs angenommen hat.

(2) Dieses Übereinkommen bedarf der Ratifikation oder Annahme durch die Unterzeichnerstaaten. Es steht jedem der in Absatz 1 bezeichneten Staaten zum Beitritt offen.

---

[1] Siehe hierzu Bek. v. 24.3.1977 (BGBl. II S. 626) und v. 9.10.1986 (BGBl. II S. 953).

(3) Die Ratifikations-, Annahme- oder Beitrittsurkunden werden beim Generalsekretär der Vereinten Nationen hinterlegt.

(4) Es besteht Einverständnis darüber, daß jeder Staat in dem Zeitpunkt, in dem er durch dieses Übereinkommen gebunden wird, nach seinen innerstaatlichen Rechtsvorschriften in der Lage sein muß, den Bestimmungen dieses Übereinkommens Wirkung zu verleihen.

Art. 10 [Keine Vorbehalte] Vorbehalte zu diesem Übereinkommen sind nicht zulässig.

Art. 11 [Inkrafttreten] (1) Dieses Übereinkommen tritt drei Monate nach Hinterlegung der fünften Ratifikations-, Annahme- oder Beitrittsurkunde in Kraft.[1)]

(2) Für jeden Staat, der dieses Übereinkommen nach Hinterlegung der fünften Ratifikations-, Annahme- oder Beitrittsurkunde ratifiziert, annimmt oder ihm beitritt, tritt das Übereinkommen drei Monate nach dem Zeitpunkt in Kraft, in dem der Generaldirektor der Weltorganisation für geistiges Eigentum die Staaten gemäß Artikel 13 Absatz 4 über die Hinterlegung der Urkunde dieses Staates unterrichtet.

(3) Jeder Staat kann bei der Ratifikation, der Annahme oder dem Beitritt oder zu jedem späteren Zeitpunkt durch eine an den Generalsekretär der Vereinten Nationen gerichtete Notifikation erklären, daß dieses Übereinkommen auf alle oder einzelne der Gebiete anwendbar ist, für deren auswärtige Beziehungen er verantwortlich ist. Diese Notifikation wird drei Monate nach ihrem Eingang wirksam.

(4) Absatz 3 darf jedoch keinesfalls dahin ausgelegt werden, daß er für einen Vertragsstaat die Anerkennung oder stillschweigende Hinnahme der tatsächlichen Lage eines Gebiets in sich schließt, auf das dieses Übereinkommen durch einen anderen Vertragsstaat aufgrund von Absatz 3 anwendbar gemacht wird.

Art. 12 [Kündigung) (1) Jeder Vertragsstaat kann dieses Übereinkommen durch eine an den Generalsekretär der Vereinten Nationen gerichtete schriftliche Notifikation im eigenen Namen oder im Namen einzelner oder aller der in Artikel 11 Absatz 3 bezeichneten Gebiete kündigen.

(2) Die Kündigung wird zwölf Monate nach dem Tag wirksam, an dem die Notifikation beim Generalsekretär der Vereinten Nationen eingegangen ist.

Art. 13 [Textregelung, Notifizierung] (1) Dieses Übereinkommen wird in einer einzigen Ausfertigung in englischer, französischer, russischer und spanischer Sprache unterzeichnet; die vier Texte sind gleichermaßen verbindlich.

(2) Amtliche Texte werden vom Generaldirektor der Weltorganisation für geistiges Eigentum nach Konsultierung der beteiligten Regierungen in arabischer, deutscher, italienischer, niederländischer und portugiesischer Sprache hergestellt.

[1)] Das Übereinkommen ist am 18.4.1973, jedoch für die Bundesrepublik am 18.5.1974 (BGBl. II S. 336) in Kraft getreten.

(3) Der Generalsekretär der Vereinten Nationen notifiziert dem Generaldirektor der Weltorganisation für geistiges Eigentum, dem Generaldirektor der Organisation der Vereinten Nationen für Erziehung, Wissenschaft und Kultur sowie dem Generaldirektor des Internationalen Arbeitsamts

a) die Unterzeichnungen dieses Übereinkommens,
b) die Hinterlegung von Ratifikations-, Annahme- oder Beitrittsurkunden,
c) den Tag des Inkrafttretens dieses Übereinkommens,
d) jede Erklärung, die gemäß Artikel 11 Absatz 3 notifiziert worden ist, und
e) den Eingang der Notifikationen von Kündigungen.

(4) Der Generaldirektor der Weltorganisation für geistiges Eigentum unterrichtet die in Artikel 9 Absatz 1 bezeichneten Staaten über die Notifikationen, die bei ihm gemäß Absatz 3 eingegangen sind, und über alle gemäß Artikel 7 Absatz 4 abgegebenen Erklärungen. Er notifiziert diese Erklärungen auch dem Generaldirektor der Organisation der Vereinten Nationen für Erziehung, Wissenschaft und Kultur sowie dem Generaldirektor des Internationalen Arbeitsamts.

(5) Der Generalsekretär der Vereinten Nationen übermittelt den in Artikel 9 Absatz 1 bezeichneten Staaten zwei beglaubigte Abschriften dieses Übereinkommens.

ZU URKUND DESSEN haben die hierzu gehörig bevollmächtigten Unterzeichneten dieses Übereinkommen unterschrieben.

GESCHEHEN zu Genf am 29. Oktober 1971.

33. Gesetz zu dem Übereinkommen vom 29. Oktober 1971 zum Schutz der Hersteller von Tonträgern gegen die unerlaubte Vervielfältigung ihrer Tonträger

Vom 10. Dezember 1973

(BGBl. II S. 1669)

Der Bundestag hat das folgende Gesetz beschlossen:

Art. 1. [1] Dem in Genf am 29. Oktober 1971 von der Bundesrepublik Deutschland unterzeichneten Übereinkommen zum Schutz der Hersteller von Tonträgern gegen die unerlaubte Vervielfältigung ihrer Tonträger wird zugestimmt. [2] Das Übereinkommen wird nachstehend veröffentlicht.

Art. 2. (1) [1] Angehörige eines Vertragsstaats des Übereinkommens und Unternehmen mit Sitz in einem Vertragsstaat des Übereinkommens genießen vom Zeitpunkt des Inkrafttretens des Übereinkommens für die Bundesrepublik Deutschland an für ihre Tonträger die in § 85 des Urheberrechtsgesetzes vom 9. September 1965 (Bundesgesetzbl. I S. 1273), zuletzt geändert durch das Gesetz zur Änderung des Urheberrechtsgesetzes vom 10. November 1972 (Bundesgesetzbl. I S. 2081), vorgesehenen Rechte mit der Maßgabe, daß Schutz nur gegen die in Artikel 2 des Übereinkommens genannten Handlungen gewährt wird. [2] Bei Verletzung dieser Rechte ist auch § 108 Nr. 5 des Urheberrechtsgesetzes anzuwenden.

(2) § 136 des Urheberrechtsgesetzes ist entsprechend anzuwenden.

Art. 3. *(gegenstandslose Berlinklausel)*

Art. 4. (1) Dieses Gesetz tritt am Tage nach seiner Verkündung in Kraft.[1)]

(2) Der Tag, an dem das Übereinkommen nach seinem Artikel 11 für die Bundesrepublik Deutschland in Kraft tritt, ist im Bundesgesetzblatt bekanntzugeben.

[1)] In Kraft getreten am 14.12.1973.

34. Übereinkommen über die Verbreitung der durch Satelliten übertragenen programmtragenden Signale[1), 2)]

Vom 21. Mai 1974

(BGBl. 1979 II S. 114)

– Amtlicher deutscher Text gemäß Artikel 12 Abs. 2 –

Die Vertragsstaaten,

IM BEWUSSTSEIN, daß die Verwendung von Satelliten für die Verbreitung programmtragender Signale sowohl im Umfang als auch in der geographischen Reichweite rasch zunimmt;

IN BESORGNIS DARÜBER, daß es kein weltweites System gibt, um die Verbreitung der durch Satelliten übertragenen programmtragenden Signale durch Verbreiter zu verhindern, für die sie nicht bestimmt sind, und daß dieser Mangel die Verwendung von Satellitenverbindungen beeinträchtigen kann;

IN ANERKENNUNG der diesbezüglichen Bedeutung der Interessen der Urheber, der ausübenden Künstler, der Hersteller von Tonträgern und der Sendeunternehmen;

IN DER ÜBERZEUGUNG, daß ein internationales System errichtet werden soll, das Maßnahmen vorsieht, um die Verbreitung der durch Satelliten übertragenen programmtragenden Signale durch Verbreiter zu verhindern, für die sie nicht bestimmt sind;

EINGEDENK der Notwendigkeit, bereits in Kraft befindliche internationale Übereinkünfte, einschließlich des Internationalen Fernmeldevertrags und der zugehörigen Vollzugsordnung für den Funkdienst, in keiner Weise zu beeinträchtigen und insbesondere die weitere Annahme des Abkommens von Rom vom 26. Oktober 1961, das den ausübenden Künstlern, den Herstellern von Tonträgern und den Sendeunternehmen Schutz gewährt, in keiner Weise zu behindern, haben folgendes vereinbart:

Art. 1. Für die Zwecke dieses Übereinkommens bedeutet

i) „Signal" einen elektronisch erzeugten, zur Übertragung von Programmen geeigneten Träger;

ii) „Programm" eine aufgenommene oder nicht aufgenommene Gesamtheit von Bildern, Tönen oder beiden, die in den letztlich zum Zweck der Verbreitung ausgestrahlten Signalen enthalten ist;

iii) „Satellit" jede zur Übertragung von Signalen geeignete Vorrichtung im außerirdischen Raum;

iv) „ausgestrahltes Signal" jedes an oder über einen Satelliten geleitete programmtragende Signal;

---

1) Siehe hierzu das Gesetz v. 14.2.1979 (abgedruckt unter Nr. **34**) sowie die Bek. v. 5.7.1979 (BGBl. II S. 816), wonach das Übereinkommen für die Bundesrepublik am 25.8.1979 in Kraft getreten ist.

2) Stand der Vertragsparteien siehe BGBl. Fundstellennachweis B, abgeschlossen am 31. 12. jedes Jahres, und www.wipo.int.

v) „abgeleitetes Signal“ ein Signal, das durch Änderung der technischen Merkmale des ausgestrahlten Signals gewonnen wird, gleichviel ob inzwischen eine oder mehrere Festlegungen vorgenommen worden sind;

vi) „Ursprungsunternehmen“ die natürliche oder juristische Person, die darüber entscheidet, welches Programm die ausgestrahlten Signale tragen werden;

vii) „Verbreiter“ die natürliche oder juristische Person, die über die Übertragung der abgeleiteten Signale an die Allgemeinheit oder einen Teil der Allgemeinheit entscheidet;

viii) „Verbreitung“ die Tätigkeit, durch die ein Verbreiter abgeleitete Signale an die Allgemeinheit oder einen Teil der Allgemeinheit überträgt.

Art. 2. (1) Jeder Vertragsstaat verpflichtet sich, angemessene Maßnahmen zu treffen, um die Verbreitung von programmtragenden Signalen in seinem Hoheitsgebiet oder von seinem Hoheitsgebiet aus durch einen Verbreiter zu verhindern, für den die an den Satelliten ausgestrahlten oder darüber geleiteten Signale nicht bestimmt sind. Diese Verpflichtung gilt für den Fall, daß das Ursprungsunternehmen Staatsangehöriger eines anderen Vertragsstaats ist und die verbreiteten Signale abgeleitete Signale sind.

(2) In jedem Vertragsstaat, in dem die Anwendung der in Absatz 1 vorgesehenen Maßnahmen zeitlich begrenzt ist, wird deren Dauer durch innerstaatliche Rechtsvorschriften festgelegt. Diese Dauer wird dem Generalsekretär der Vereinten Nationen bei der Ratifikation, der Annahme oder dem Beitritt oder, wenn die diesbezüglichen innerstaatlichen Rechtsvorschriften später in Kraft treten oder geändert werden, innerhalb von sechs Monaten nach Inkrafttreten der Rechtsvorschriften oder ihrer Änderung schriftlich notifiziert.

(3) Die in Absatz 1 vorgesehene Verpflichtung gilt nicht für die Verbreitung von abgeleiteten Signalen, die von Signalen stammen, die bereits durch einen Verbreiter, für den die ausgestrahlten Signale bestimmt waren, verbreitet worden sind.

Art. 3. Dieses Übereinkommen ist nicht anzuwenden, wenn die von dem Ursprungsunternehmen oder für dieses ausgestrahlten Signale dazu bestimmt sind, von der Allgemeinheit unmittelbar vom Satelliten empfangen zu werden.

Art. 4. Kein Vertragsstaat ist verpflichtet, die in Artikel 2 Absatz 1 vorgesehenen Maßnahmen anzuwenden, wenn die in seinem Hoheitsgebiet durch einen Verbreiter, für den die ausgestrahlten Signale nicht bestimmt sind, verbreiteten Signale

i) kurze, aus Berichten über Tagesereignisse bestehende Auszüge aus dem von den ausgestrahlten Signalen getragenen Programm tragen, jedoch nur in dem durch den Informationszweck der Auszüge gerechtfertigten Ausmaß, oder

ii) als Zitate kurze Auszüge aus dem von den ausgestrahlten Signalen getragenen Programm tragen, vorausgesetzt, daß die Zitate anständigen Gepflogenheiten entsprechen und durch ihren Informationszweck gerechtfertigt sind, oder

iii) falls es sich um das Hoheitsgebiet eines Vertragsstaats handelt, der nach der bestehenden Übung der Generalversammlung der Vereinten Nationen als

Entwicklungsland angesehen wird, ein von den ausgestrahlten Signalen getragenes Programm tragen, vorausgesetzt, daß die Verbreitung ausschließlich zu Zwecken des Unterrichts, einschließlich der Erwachsenenbildung, oder der wissenschaftlichen Forschung geschieht.

Art. 5. Kein Vertragsstaat ist verpflichtet, dieses Übereinkommen auf Signale anzuwenden, die vor dem Inkrafttreten dieses Übereinkommens für den betreffenden Staat ausgestrahlt worden sind.

Art. 6. Dieses Übereinkommen darf in keiner Weise als Beschränkung oder Beeinträchtigung des Schutzes ausgelegt werden, der den Urhebern, ausübenden Künstlern, Herstellern von Tonträgern oder Sendeunternehmen durch innerstaatliche Rechtsvorschriften oder internationale Übereinkünfte gewährt wird.

Art. 7. Dieses Übereinkommen darf in keiner Weise als Beschränkung des Rechtes eines Vertragsstaats auf Anwendung seiner innerstaatlichen Rechtsvorschriften zur Verhinderung von Monopolmißbräuchen ausgelegt werden.

Art. 8. (1) Mit Ausnahme der Absätze 2 und 3 sind keine Vorbehalte zu diesem Übereinkommen zulässig.

(2) Jeder Vertragsstaat, dessen innerstaatliche Rechtsvorschriften dies am 21. Mai 1974 vorsehen, kann durch eine beim Generalsekretär der Vereinten Nationen zu hinterlegende schriftliche Notifikation erklären, daß für seine Zwecke die in Artikel 2 Absatz 1 enthaltenen Worte „für den Fall, daß das Ursprungsunternehmen Staatsangehöriger eines anderen Vertragsstaats ist" als durch die Worte „für den Fall, daß die Signale vom Hoheitsgebiet eines anderen Vertragsstaats aus ausgestrahlt werden" ersetzt angesehen werden.

(3) a) Jeder Vertragsstaat, der am 21. Mai 1974 den Schutz hinsichtlich der Verbreitung von programmtragenden Signalen durch Draht, Kabel oder andere ähnliche Verbindungsmittel an einen öffentlichen Abonnentenkreis beschränkt oder ausschließt, kann durch eine beim Generalsekretär der Vereinten Nationen zu hinterlegende schriftliche Notifikation erklären, daß er, soweit und solange seine innerstaatlichen Rechtsvorschriften den Schutz beschränken oder ausschließen, dieses Übereinkommen auf solche Verbreitungen nicht anwenden wird.

b) Jeder Staat, der eine Notifikation nach Buchstabe a hinterlegt hat, hat dem Generalsekretär der Vereinten Nationen jede Änderung seiner innerstaatlichen Rechtsvorschriften, durch die der Vorbehalt nach dem genannten Buchstaben unanwendbar oder in seiner Tragweite eingeschränkt wird, innerhalb von sechs Monaten nach ihrem Inkrafttreten schriftlich zu notifizieren.

Art. 9. (1) Dieses Übereinkommen wird beim Generalsekretär der Vereinten Nationen hinterlegt. Es liegt bis zum 31. März 1975 für jeden Staat zur Unterzeichnung auf, der Mitglied der Vereinten Nationen, einer der mit den Vereinten Nationen in Beziehung gebrachten Sonderorganisationen oder der Internationalen Atomenergie-Organisation oder Vertragspartei des Statuts des Internationalen Gerichtshofs ist.

(2) Dieses Übereinkommen bedarf der Ratifikation oder Annahme durch die Unterzeichnerstaaten. Es steht jedem der in Absatz 1 bezeichneten Staaten zum Beitritt offen.

(3) Die Ratifikations-, Annahme- oder Beitrittsurkunden werden beim Generalsekretär der Vereinten Nationen hinterlegt.

(4) Es besteht Einverständnis darüber, daß jeder Staat in dem Zeitpunkt, in dem er durch dieses Übereinkommen gebunden wird, nach seinen innerstaatlichen Rechtsvorschriften in der Lage sein muß, den Bestimmungen dieses Übereinkommens Wirkung zu verleihen.

Art. 10. (1) Dieses Übereinkommen tritt drei Monate nach Hinterlegung der fünften Ratifikations-, Annahme- oder Beitrittsurkunde in Kraft.

(2) Für jeden Staat, der dieses Übereinkommen nach Hinterlegung der fünften Ratifikations-, Annahme- oder Beitrittsurkunde ratifiziert, annimmt oder ihm beitritt, tritt das Übereinkommen drei Monate nach Hinterlegung seiner Urkunde in Kraft.

Art. 11. (1) Jeder Vertragsstaat kann dieses Übereinkommen durch eine beim Generalsekretär der Vereinten Nationen zu hinterlegende schriftliche Notifikation kündigen.

(2) Die Kündigung wird zwölf Monate nach dem Tag des Eingangs der in Absatz 1 vorgesehenen Notifikation wirksam.

Art. 12. (1) Dieses Übereinkommen wird in einer Urschrift in englischer, französischer, russischer und spanischer Sprache unterzeichnet, wobei jeder Wortlaut gleichermaßen verbindlich ist.

(2) Amtliche Texte werden vom Generaldirektor der Organisation der Vereinten Nationen für Erziehung, Wissenschaft und Kultur und vom Generaldirektor der Weltorganisation für geistiges Eigentum nach Konsultierung der beteiligten Regierungen in arabischer, deutscher, italienischer, niederländischer und portugiesischer Sprache hergestellt.

(3) Der Generalsekretär der Vereinten Nationen notifiziert den in Artikel 9 Absatz 1 bezeichneten Staaten sowie dem Generaldirektor der Organisation der Vereinten Nationen für Erziehung, Wissenschaft und Kultur, dem Generaldirektor der Weltorganisation für geistiges Eigentum, dem Generaldirektor des Internationalen Arbeitsamts und dem Generalsekretär der Internationalen Fernmelde-Union

i) die Unterzeichnungen dieses Übereinkommens,
ii) die Hinterlegung von Ratifikations-, Annahme- oder Beitrittsurkunden,
iii) den Tag des Inkrafttretens dieses Übereinkommens nach Artikel 10 Absatz 1,
iv) die Hinterlegung jeder Notifikation nach Artikel 2 Absatz 2 oder 3 sowie ihren Wortlaut,
v) den Eingang der Notifikationen von Kündigungen.

(4) Der Generalsekretär der Vereinten Nationen übermittelt allen in Artikel 9 Absatz 1 bezeichneten Staaten zwei beglaubigte Abschriften dieses Übereinkommens.

ZU URKUND DESSEN haben die hierzu gehörig bevollmächtigten Unterzeichneten dieses Übereinkommen unterschrieben.

GESCHEHEN zu Brüssel am 21. Mai 1974.

35. Gesetz zu dem Übereinkommen vom 21. Mai 1974 über die Verbreitung der durch Satelliten übertragenen programmtragenden Signale

Vom 14. Februar 1979

(BGBl. II S. 113)

Der Bundestag hat das folgende Gesetz beschlossen:

Art. 1 Zustimmung zu dem Übereinkommen. [1]Dem in Brüssel am 21. Mai 1974 von der Bundesrepublik Deutschland unterzeichneten Übereinkommen über die Verbreitung der durch Satelliten übertragenen programmtragenden Signale wird zugestimmt. [2]Das Übereinkommen wird nachstehend veröffentlicht.

Art. 2 Ausschließliches Recht zur Weitersendung. (1) [1]Sendeunternehmen mit Sitz in einem Vertragsstaat des Übereinkommens haben das ausschließliche Recht, Sendungen, die zur Ausstrahlung an die Allgemeinheit oder einen Teil der Allgemeinheit bestimmt sind und die sie über außerirdische, zur Übertragung von Signalen geeignete Vorrichtungen (Satelliten) an andere Sendeunternehmen übertragen, an die Allgemeinheit oder einen Teil der Allgemeinheit weiterzusenden. [2]Das Recht erstreckt sich nicht auf Weitersendungen, die unmittelbar oder mittelbar auf einer mit Einwilligung des berechtigten Sendeunternehmens vorgenommenen Weitersendung der geschützten Sendung beruhen.

(2) [1]Das Recht erlischt fünfundzwanzig Jahre nach der Übertragung über Satelliten. [2]Die Frist ist nach § 69 des Urheberrechtsgesetzes[1)] vom 9. September 1965 (BGBl. I S. 1273), zuletzt geändert durch Artikel 144 des Gesetzes vom 2. März 1974 (BGBl. I S. 469), zu berechnen.

(3) Zulässig ist das Weitersenden von kurzen Auszügen aus den geschützten Sendungen, wenn die Auszüge

a) der Berichterstattung über Tagesfragen dienen oder
b) in eine selbständige Sendung zur Erläuterung des Inhalts aufgenommen werden

und den durch den Zweck gebotenen Umfang nicht überschreiten.

(4) Wird das ausschließliche Recht verletzt, so sind die Vorschriften des Zweiten Abschnitts des Vierten Teils des Urheberrechtsgesetzes, die die Verletzung des Rechts zur Weitersendung von Funksendungen (§ 87 Abs. 1 Nr. 1 des Urheberrechtsgesetzes) betreffen, entsprechend anzuwenden.

(5) Die Vorschriften der Absätze 1 bis 4 sind nicht anzuwenden, wenn die Übertragung über Satelliten vor dem Inkrafttreten des Übereinkommens für die Bundesrepublik Deutschland stattgefunden hat.

(6) § 87 des Urheberrechtsgesetzes bleibt unberührt.

---

1) Abgedruckt unter Nr. **2**.

Art. 3 Berlin-Klausel. *(gegenstandslos)*

Art. 4 Inkrafttreten. (1) Dieses Gesetz tritt am Tage nach seiner Verkündung in Kraft.[1)]

(2) Der Tag, an dem das Übereinkommen nach seinem Artikel 10 für die Bundesrepublik Deutschland in Kraft tritt, ist im Bundesgesetzblatt bekanntzugeben.

[1)] In Kraft getreten am 17.2.1979.

36. Europäisches Abkommen zum Schutz von Fernsehsendungen[1)] · [2)]

Vom 22. Juni 1960

(BGBl. 1965 II S. 1235)

(Übersetzung)

DIE UNTERZEICHNERREGIERUNGEN, Mitglieder des Europarats,

IN DER ERWÄGUNG, daß es Ziel des Europarats ist, eine engere Verbindung zwischen seinen Mitgliedern herzustellen,

IN DER ERWÄGUNG, daß der Austausch von Fernsehprogrammen zwischen den europäischen Ländern zur Verwirklichung dieses Zieles beitragen kann,

IN DER ERWÄGUNG, daß dieser Austausch dadurch behindert wird, daß es den meisten Fernsehsendeunternehmen unmöglich ist, die Weitersendung, Festlegung und öffentliche Wiedergabe ihrer Sendungen zu untersagen, während insbesondere die Veranstalter von künstlerischen Darbietungen oder sportlichen Ereignissen die Genehmigung zur Sendung in andere Länder von der Zusicherung abhängig machen, daß die Übertragungen ausschließlich zum privaten Empfang benutzt werden,

IN DER ERWÄGUNG, daß der internationale Schutz von Fernsehsendungen etwaige Rechte Dritter an diesen Sendungen nicht berührt,

IN DER ERWÄGUNG, daß dieses Problem insofern dringlich ist, als die Schaffung von Einrichtungen und Verbindungen in ganz Europa schon jetzt den Programmaustausch zwischen europäischen Fernsehsendeunternehmen in technischer Hinsicht erleichtert,

IN DER ERWÄGUNG, daß es bis zum Abschluß des zur Zeit geplanten umfassenden Abkommens über die sogenannten „verwandten Schutzrechte" angebracht ist, ein regionales Abkommen zu schließen, das auf Fernsehsendungen beschränkt und von begrenzter Dauer ist,

SIND WIE FOLGT ÜBEREINGEKOMMEN:

Art. 1 [Schutz der Sendeunternehmen] Die Sendeunternehmen, die im Hoheitsgebiet einer Vertragspartei nach deren Rechtsvorschriften errichtet sind oder in diesem Hoheitsgebiet Sendungen durchführen, genießen für ihre sämtlichen Fernsehsendungen:

1. im Hoheitsgebiet aller Vertragsparteien das Recht, folgendes zu erlauben oder zu verbieten:

[1)] Siehe hierzu das Gesetz vom 15.9.1965 (abgedruckt unter Nr. **37**). Die Änderungsprotokolle vom 22.1.1965, vom 14.1.1974 und vom 21.3.1983 sind unter Nr. **36a, 36b** und **36c** abgedruckt. Das Dritte Zusatzprotokoll vom 20.4.1989 (BGBl. 1989 II S. 986) ist nicht von allen Vertragsstaaten des Abkommens unterzeichnet worden und daher nicht in Kraft getreten (Bek. v. 7.3.1990, BGBl. 196).

[2)] Für die Bundesrepublik in Kraft getreten am 9.10.1967 (Bek. v. 14.2.1968, BGBl. II 134). Vertragsparteien siehe BGBl. Fundstellennachweis B, abgeschlossen am 31.12. jedes Jahres, und www.coe.int.

a) die Weitersendung dieser Sendungen;
b) die öffentliche Übertragung dieser Sendungen durch Drahtfunk;
c) die öffentliche Wiedergabe dieser Sendungen mittels einer Vorrichtung zur Übertragung von Zeichen, Tönen oder Bildern;
d) jede Festlegung dieser Sendungen oder ihrer Einzelbilder sowie jede Vervielfältigung einer solchen Festlegung und
e) die Weitersendung, Übertragung durch Drahtfunk oder öffentliche Wiedergabe mittels der unter Buchstabe d bezeichneten Festlegung oder Vervielfältigung, sofern nicht das berechtigte Unternehmen den öffentlichen Verkauf dieser Festlegungen oder Vervielfältigungsstücke gestattet hat.

2. im Hoheitsgebiet jeder anderen Vertragspartei den gleichen Schutz, den diese Partei Sendeunternehmen gewährt, die nach ihren Rechtsvorschriften in ihrem Hoheitsgebiet errichtet sind oder dort Sendungen durchführen, wenn dieser Schutz umfassender ist als der in Absatz 1 vorgesehene.

Art. 2 [Dauer des Schutzes] Vorbehaltlich des Artikels 1 Absatz 2 sowie der Artikel 13 und 14 darf der in Artikel 1 Absatz 1 vorgesehene Schutz nicht kürzer als zwanzig Jahre sein, gerechnet vom Ende des Jahres, in dem die Sendung stattgefunden hat.

Art. 3 [Beschränkung des Schutzes] (1) Die Vertragsparteien sind berechtigt, mit der in Artikel 10 vorgesehenen Erklärung für ihr Hoheitsgebiet:
a) für Sendeunternehmen, die in ihrem Hoheitsgebiet errichtet sind oder dort Sendungen durchführen, den in Artikel 1 Absatz 1 Buchstabe b) vorgesehenen Schutz auszuschließen und die Ausübung dieses Schutzes für Sendungen von Sendeunternehmen, die auf dem Gebiet einer anderen Partei dieses Abkommens errichtet sind oder dort Sendungen durchführen, auf einen Hundertsatz der Sendungen dieser Unternehmen zu beschränken; dieser Hundertsatz darf nicht geringer sein als 50 vom Hundert der durchschnittlichen wöchentlichen Dauer der Sendungen dieser Unternehmen;
b) den in Artikel 1 Absatz 1 Buchstabe c vorgesehenen Schutz auszuschließen, wenn die öffentliche Wiedergabe nicht gegen Entgelt im Sinne ihres innerstaatlichen Rechts erfolgt;
c) den in Artikel 1 Absatz 1 Buchstabe d vorgesehenen Schutz auszuschließen, wenn es sich um die Festlegung oder die Vervielfältigung dieser Festlegung zum Privatgebrauch oder ausschließlich zu Unterrichtszwecken handelt;
d) den in Artikel 1 Absatz 1 Buchstaben d und e vorgesehenen Schutz auszuschließen, wenn es sich um die Festlegung von Einzelbildern oder die Vervielfältigung einer solchen Festlegung handelt;
e) unbeschadet der Bestimmungen des Absatzes 1 Buchstabe a) dieses Artikels Fernsehsendungen von Sendeunternehmen, die nach ihren Rechtsvorschriften in ihrem Hoheitsgebiet errichtet sind oder dort Sendungen durchführen, von jedem in diesem Abkommen vorgesehenen Schutz auszuschließen, wenn diese Sendungen auf Grund ihres innerstaatlichen Rechts Schutz genießen;
f) die Anwendung dieses Abkommens auf Sendeunternehmen zu beschränken, die im Hoheitsgebiet einer Vertragspartei nach deren Rechtsvorschriften errichtet sind und dort Sendungen durchführen.

(2) Die genannten Parteien sind berechtigt, Ausnahmen von dem Schutz der Fernsehsendungen für ihr Hoheitsgebiet vorzusehen

a) wenn es sich anläßlich der Berichterstattung über ein Tagesereignis um die Weitersendung, Festlegung oder Vervielfältigung einer Festlegung, Übertragung durch Drahtfunk oder öffentliche Wiedergabe kurzer Ausschnitte einer Sendung handelt, die selbst ganz oder teilweise Teil dieses Ereignisses ist;

b) wenn es sich um die vorübergehende Festlegung von Fernsehsendungen handelt, die von einem Sendeunternehmen mit eigenen Mitteln für seine Sendungen vorgenommen wird.

(3) Die genannten Parteien sind berechtigt, für ihr Hoheitsgebiet eine Stelle zu bezeichnen, der die Fälle unterbreitet werden können, in denen das in Artikel 1 Absatz 1 Buchstabe b) vorgesehene Recht der öffentlichen Übertragung durch Drahtfunk oder das in Artikel 1 Absatz 1 Buchstabe c) vorgesehene Recht der öffentlichen Wiedergabe von dem berechtigten Sendeunternehmen in willkürlicher Weise verweigert oder unter unangemessenen Bedingungen gewährt worden ist.

Art. 4 [Beschlagnahme erlaubnispflichtiger Festlegungen] (1) Festlegungen einer durch dieses Abkommen geschützten Sendung oder eines ihrer Einzelbilder sowie Vervielfältigungen dieser Festlegungen, die in einem Hoheitsgebiet, auf welches das Abkommen nicht anwendbar ist, hergestellt und in das Hoheitsgebiet einer Vertragspartei eingeführt werden, in dem sie ohne Erlaubnis des berechtigten Sendeunternehmens rechtswidrig wären, können dort beschlagnahmt werden.

(2) Absatz 1 findet Anwendung, wenn Festlegungen von Einzelbildern einer durch dieses Abkommen geschützten Sendung sowie Vervielfältigungen dieser Festlegungen, die im Hoheitsgebiet einer Vertragspartei auf Grund des Artikels 3 Absatz 1 Buchstabe d hergestellt sind, in das Hoheitsgebiet einer anderen Vertragspartei eingeführt werden.

(3) Die Beschlagnahme erfolgt nach dem innerstaatlichen Recht jeder Vertragspartei.

(4) Eine Vertragspartei ist nicht verpflichtet, einen Schutz gegen die Festlegung von Einzelbildern oder gegen die Vervielfältigung dieser Festlegung aus Sendungen eines Sendeunternehmens vorzusehen, die im Hoheitsgebiet einer anderen Vertragspartei nach deren Rechtsvorschriften errichtet ist oder dort Sendungen durchführt, wenn die andere Partei von dem Vorbehalt des Artikels 3 Absatz 1 Buchstabe d Gebrauch gemacht hat.

Art. 5 [Umfang des Schutzes] Der durch dieses Abkommen vorgesehene Schutz umfaßt die Fernsehsendung in ihrem Bild- und ihrem Tonteil. Der getrennt gesendete Tonteil ist nicht geschützt.

Art. 6 [Rechte Dritter] (1) Etwaige Rechte Dritter an Fernsehsendungen, insbesondere Rechte der Urheber, aufführenden oder darstellenden Künstler, Hersteller von Filmen oder Tonträgern und Veranstalter, werden durch den in Artikel 1 vorgesehenen Schutz nicht berührt.

(2) Der Schutz von Fernsehsendungen nach anderen Rechtsvorschriften bleibt gleichfalls unberührt.

Art. 7 [Unterzeichnung und Ratifikation des Abkommens] (1) Dieses Abkommen liegt zur Unterzeichnung durch die Mitglieder des Europarats auf; sie können Vertragspartei werden,
a) indem sie die Vereinbarung ohne Vorbehalt der Ratifikation unterzeichnen;
b) indem sie die Vereinbarung unter Vorbehalt der Ratifikation unterzeichnen und danach ihre Ratifikationsurkunde hinterlegen.

(2) Die Ratifikationsurkunden sind beim Generalsekretär des Europarats zu hinterlegen.

Art. 8 [Inkrafttreten] (1) Dieses Abkommen tritt einen Monat nach dem Tag in Kraft, an dem drei Mitglieder des Europarats es gemäß Artikel 7 ohne Vorbehalt der Ratifikation unterzeichnet oder es ratifiziert haben.

(2) Für jedes Mitglied, das in der Folgezeit das Abkommen ohne Vorbehalt der Ratifikation unterzeichnet oder es ratifiziert, tritt es einen Monat nach seiner Unterzeichnung oder nach Hinterlegung der Ratifikationsurkunde in Kraft.

Art. 9 [Beitritt zum Abkommen] (1) Nach Inkrafttreten dieses Abkommens kann jede europäische Regierung, die nicht Mitglied des Europarats ist, und jede Regierung eines nichteuropäischen Staates mit politischen Bindungen zu einem Mitglied des Europarats nach Zustimmung des Ministerkomitees des Europarats dem Abkommen beitreten.

(2) Der Beitritt erfolgt durch Hinterlegung einer Beitrittsurkunde beim Generalsekretär des Europarats; der Beitritt wird einen Monat nach der Hinterlegung wirksam.

Art. 10 [Bindungswirkung. Vorbehalte] Die Unterzeichnung, die Ratifikation oder der Beitritt schließt ohne weiteres die Annahme aller Bestimmungen dieses Abkommens ein. Jede Partei kann jedoch im Zeitpunkt der Unterzeichnung oder der Hinterlegung der Ratifikations- oder Beitrittsurkunde erklären, von welchen der in Artikel 3 Absatz 1 vorgesehenen Vorbehalten sie Gebrauch machen will.

Art. 11 [Notifikation von Beitrittserklärungen usw.] Der Generalsekretär des Europarats notifiziert den Mitgliedern des Rates, den Regierungen der Staaten, die diesem Abkommen beigetreten sind, sowie dem Direktor des Büros des Internationalen Verbandes zum Schutze von Werken der Literatur und Kunst:
a) jede mit dem etwaigen Vorbehalt der Ratifikation erfolgte Unterzeichnung, jede Hinterlegung einer Ratifikationsurkunde sowie den Zeitpunkt des Inkrafttretens des Abkommens;
b) jede gemäß Artikel 9 erfolgte Hinterlegung einer Beitrittsurkunde;
c) jede Erklärung und jede Anzeige, die er auf Grund der Artikel 12, 13 und 14 erhalten hat;
d) jede gemäß Artikel 13 Absatz 2 getroffene Entscheidung des Ministerkomitees.

Art. 12 [Erklärungen über den Anwendungsbereich] (1) Dieses Abkommen findet auf das Mutterland der Parteien Anwendung.

(2) Jede Partei kann im Zeitpunkt der Unterzeichnung, der Hinterlegung ihrer Ratifikations- oder Beitrittsurkunde oder jederzeit später durch eine an den Generalsekretär des Europarats gerichtete Anzeige erklären, daß dieses Abkommen auf einzelne oder alle Hoheitsgebiete Anwendung findet, deren internationale Beziehungen sie wahrnimmt.

(3) Jede Regierung, die gemäß Absatz 2 eine Erklärung abgegeben hat, mit der die Anwendung dieses Abkommens auf ein Hoheitsgebiet erstreckt wird, dessen internationale Beziehungen sie wahrnimmt, kann das Abkommen nach Artikel 14 für dieses Hoheitsgebiet gesondert kündigen.

Art. 13 [Ablösung des Abkommens] (1) Dieses Abkommen bleibt ohne zeitliche Begrenzung in Kraft.

(2)[1] Jedoch kann vom 1. Januar 1990 an kein Staat Vertragspartei dieses Abkommens bleiben oder werden, wenn er nicht gleichzeitig Vertragspartei des am 26. Oktober 1961 in Rom unterzeichneten Internationalen Abkommens über den Schutz der ausübenden Künstler, der Hersteller von Tonträgern und der Sendeunternehmen ist.

Art. 14 [Kündigung des Abkommens] Jede Vertragspartei kann unter Einhaltung einer Kündigungsfrist von einem Jahr durch eine an den Generalsekretär des Europarats gerichtete Anzeige dieses Abkommen kündigen.

ZU URKUND dessen haben die hierzu gehörig befugten Unterzeichneten dieses Abkommen unterschrieben.

GESCHEHEN zu Straßburg am 22. Juni 1960 in englischer und französischer Sprache, wobei jeder Wortlaut gleichermaßen verbindlich ist, in einer Urschrift, die im Archiv des Europarats hinterlegt wird. Der Generalsekretär übermittelt allen Unterzeichnerregierungen und beitretenden Regierungen sowie dem Direktor des Büros des Internationalen Verbandes zum Schutze von Werken der Literatur und Kunst beglaubigte Abschriften.

---

[1] Eine Neufassung dieses Absatzes durch Art. 1 des 3. Zusatzprotokolls vom 20.4.1989 zu dem Protokoll zu dem Europäischen Abkommen zum Schutz von Fernsehsendungen (BGBl. II S. 987) ist nicht in Kraft getreten (Bek. v. 7.3.1990, BGBl. II S. 196).

36a. Protokoll zu dem Europäischen Abkommen zum Schutz von Fernsehsendungen[1), 2)]

Vom 22. Januar 1965

(BGBl. 1967 II S. 1786)

(Übersetzung)

DIE MITGLIEDSTAATEN DES EUROPARATS, die dieses Protokoll unterzeichnet haben,

IN DER ERWÄGUNG, daß es angebracht ist, das am 22. Juni 1960 in Straßburg unterzeichnete Europäische Abkommen zum Schutz von Fernsehsendungen – nachstehend „Abkommen" genannt – zu ändern;

IN DER ERWÄGUNG, daß das am 26. Oktober 1961 in Rom unterzeichnete Internationale Abkommen über den Schutz der ausübenden Künstler, der Hersteller von Tonträgern und der Sendeunternehmen am 18. Mai 1964 in Kraft getreten ist,

SIND WIE FOLGT ÜBEREINGEKOMMEN:

Art. 1 [Änderungsvorschrift] (1) Artikel 2 Absatz 1 des Abkommens wird wie folgt geändert:[3)]

(2) Artikel 2 Absatz 2 des Abkommens wird gestrichen.[3)]

Art. 2 [Änderungsvorschrift] (1) Artikel 3 Absatz 1 Buchstabe a) des Abkommens wird wie folgt geändert:[3)]

(2) Artikel 3 Absatz 1 Buchstabe e) des Abkommens wird wie folgt geändert:[3)]

(3) Artikel 3 Absatz 3 des Abkommens wird wie folgt geändert:[3)]

(4) Jeder Staat, der nach Artikel 10 des Abkommens vor Inkrafttreten dieses Protokolls von dem in Artikel 3 Absatz 1 Buchstabe a) des Abkommens vorgesehenen Vorbehalt Gebrauch gemacht hat, kann ungeachtet der Bestimmungen in Absatz 1 dieses Artikels diesen Vorbehalt aufrechterhalten.

Art. 3 [Änderungsvorschrift] Artikel 13 des Abkommens wird gestrichen und durch folgende Fassung ersetzt:[3)]

Art. 4 [Mitglieder des Protokolls] (1) Die Unterzeichnerregierungen des Abkommens und die Regierungen, die dem Abkommen beigetreten sind, können nach dem in Artikel 7 oder Artikel 9 des Abkommens vorgesehenen Verfahren Mitglied dieses Protokolls werden, je nachdem, ob es sich um Mitgliedstaaten des Europarats oder um andere Staaten handelt.

(2) Dieses Protokoll tritt einen Monat nach dem Tag in Kraft, an dem alle Mitglieder des Abkommens dieses Protokolls ohne Vorbehalt der Ratifikation

---

1) Siehe hierzu das Gesetz vom 6.6.1967 (BGBl. II S. 1785).
2) Für die Bundesrepublik in Kraft getreten am 9.10.1967 (BGBl. 1968 II S. 135).
3) Die Änderung ist im Abkommen berücksichtigt, abgedruckt unter Nr. **36**.

unterzeichnet haben oder ihre Ratifikations- oder Beitrittsurkunde nach den Bestimmungen des vorhergehenden Absatzes hinterlegt haben.

(3) Nach dem Inkrafttreten dieses Protokolls können die Staaten nur Mitglied des Abkommens werden, wenn sie gleichzeitig Mitglied dieses Protokolls werden.

Art. 5 [Notifikationen] Der Generalsekretär des Europarats notifiziert den Mitgliedstaaten des Rates, den anderen Mitgliedstaaten des Abkommens sowie dem Direktor des Büros des Internationalen Verbandes zum Schutz von Werken der Literatur und Kunst jede Unterzeichnung dieses Protokolls zusammen mit einem etwaigen Vorbehalt der Ratifikation, jede Hinterlegung einer Urkunde über die Ratifikation dieses Protokolls oder über den Beitritt zu diesem Protokoll sowie den in Artikel 4 Absatz 2 dieses Protokolls bezeichneten Tag.

ZU URKUND DESSEN haben die hierzu gehörig befugten Unterzeichneten dieses Protokoll unterschrieben.

GESCHEHEN zu Straßburg am 22. Januar 1965 in englischer und französischer Sprache, wobei jeder Wortlaut gleichermaßen verbindlich ist, in einer Urschrift, die im Archiv des Europarats hinterlegt wird. Der Generalsekretär des Europarats übermittelt allen Unterzeichnerregierungen und beitretenden Regierungen beglaubigte Abschriften.

36b. Zusatzprotokoll zu dem Protokoll zu dem Europäischen Abkommen zum Schutz von Fernsehsendungen[1), 2)]

Vom 14. Januar 1974

(BGBl. II S. 1314)

(Übersetzung)

DIE MITGLIEDSTAATEN DES EUROPARATS, die dieses Zusatzprotokoll unterzeichnet haben,

IN DER ERWÄGUNG, daß es angebracht ist, die Geltungsdauer des Europäischen Abkommens zum Schutz von Fernsehsendungen und des Protokolls zu diesem Abkommen zugunsten der Staaten zu verlängern, die dem in Rom am 26. Oktober 1961 unterzeichneten Internationalen Abkommen über den Schutz der ausübenden Künstler, der Hersteller von Tonträgern und der Sendeunternehmen noch nicht angehören,

SIND WIE FOLGT ÜBEREINGEKOMMEN:

Art. 1. Artikel 3 Absatz 2 des Protokolls zu dem Abkommen wird durch folgende Fassung ersetzt:[3)]

Art. 2. 1. Die Unterzeichnerstaaten des Abkommens und des Protokolls zu dem Abkommen können nach dem in Artikel 7 des Abkommens vorgesehenen Verfahren Mitglied dieses Zusatzprotokolls werden.

2. Die Staaten, die dem Abkommen und dem Protokoll zu dem Abkommen beigetreten sind, können durch Hinterlegung einer Beitrittsurkunde bei dem Generalsekretär des Europarats Mitglied dieses Zusatzprotokolls werden.

Art. 3. 1. Dieses Zusatzprotokoll tritt einen Monat nach dem Tag in Kraft, an dem alle Mitglieder des Abkommens und des Protokolls dieses Zusatzprotokoll ohne Vorbehalt der Ratifikation unterzeichnet oder ihre Ratifikations- oder Beitrittsurkunde gemäß den Bestimmungen des Artikels 2 hinterlegt haben.

2. Nach dem Inkrafttreten dieses Zusatzprotokolls können die Staaten nur Mitglied des Abkommens oder des Protokolls werden, wenn sie gleichzeitig Mitglied dieses Zusatzprotokolls werden.

Art. 4. Der Generalsekretär des Europarats notifiziert den Mitgliedstaaten des Rates, den anderen Vertragsstaaten des Abkommens sowie dem Generaldirektor der Weltorganisation für geistiges Eigentum jede Unterzeichnung dieses Zusatzprotokolls zusammen mit einem etwaigen Vorbehalt der Ratifikation, jede Hinterlegung einer Urkunde über die Ratifikation dieses Zusatzproto-

---

1) Siehe hierzu das Gesetz vom 29.10.1974 (BGBl. II S. 1313).
2) Für die Bundesrepublik in Kraft getreten am 31.12.1974 (BGBl. 1975 II S. 62).
3) Die Änderung ist über Art. 3 Abs. 2 des Protokolls in Art. 13 des Abkommens berücksichtigt, abgedruckt unter Nr. **36**.

kolls oder über den Beitritt zu diesem Zusatzprotokoll sowie den in Artikel 3 Absatz 1 dieses Zusatzprotokolls bezeichneten Tag.

ZU URKUND DESSEN haben die hierzu gehörig befugten Unterzeichneten dieses Zusatzprotokoll unterschrieben.

GESCHEHEN zu Straßburg am 14. Januar 1974 in englischer und französischer Sprache, wobei jeder Wortlaut gleichermaßen verbindlich ist, in einer Urschrift, die im Archiv des Europarats hinterlegt wird. Der Generalsekretär des Europarats übermittelt allen Unterzeichnerstaaten und beitretenden Staaten beglaubigte Abschriften.

36c. Zusatzprotokoll zu dem Protokoll zu dem Europäischen Abkommen zum Schutz von Fernsehsendungen[1), 2)]

Vom 21. März 1983

(BGBl. 1984 II S. 1015)

(Übersetzung)

DIE MITGLIEDSTAATEN DES EUROPARATS, die dieses Zusatzprotokoll unterzeichnen –

IM HINBLICK auf das Europäische Abkommen vom 22. Juni 1960 zum Schutz von Fernsehsendungen – im folgenden als „Abkommen" bezeichnet – in der durch das Protokoll vom 22. Januar 1965 und das Zusatzprotokoll vom 14. Januar 1974 geänderten Fassung;

IM HINBLICK DARAUF, daß die in Artikel 13 Absatz 2 des Abkommens angegebene Frist durch das Zusatzprotokoll vom 14. Januar 1974 verlängert worden ist;

IN DER ERWÄGUNG, daß es angebracht ist, diese Frist zugunsten der Staaten die noch nicht Vertragsparteien des am 26. Oktober 1961 in Rom unterzeichneten Internationalen Abkommens über den Schutz der ausübenden Künstler, der Hersteller von Tonträgern und der Sendeunternehmen sind, erneut zu verlängern –

SIND WIE FOLGT ÜBEREINGEKOMMEN:

Art. 1. Art. 13 Absatz 2 des Abkommens, zuletzt geändert durch Artikel 1 d es Zusatzprotokolls vom 14. Januar 1974, wird durch folgende Fassung ersetzt:[3)]

Art. 2. (1) Dieses Zusatzprotokoll liegt für die Mitgliedstaaten des Europarats, die das Abkommen unterzeichnet haben oder ihm beigetreten sind, zur Unterzeichnung auf; sie können Vertragsparteien dieses Zusatzprotokolls werden,

a) indem sie ohne Vorbehalt der Ratifikation, Annahme oder Genehmigung unterzeichnen oder

b) indem sie es vorbehaltlich der Ratifikation, Annahme oder Genehmigung unterzeichnen oder später ratifizieren, annehmen oder genehmigen.

(2) Jeder Nichtmitgliedstaat des Rates, der dem Abkommen beigetreten ist, kann auch diesem Zusatzprotokoll beitreten.

(3) Die Ratifikations- oder Beitrittsurkunden werden beim Generalsekretär des Europarats hinterlegt.

Art. 3. Dieses Zusatzprotokoll tritt am ersten Tag des Monats in Kraft, der auf den Tag folgt, an dem alle Vertragsparteien des Abkommens nach Artikel 2 Vertragsparteien dieses Zusatzprotokolls geworden sind.

---

1) Siehe hierzu das Gesetz vom 11.12.1984 (BGBl. II S. 1014).
2) Für die Bundesrepublik in Kraft getreten am 1.1.1985 (BGBl. 1986 II S. 473).
3) Die Änderung ist in Art. 13 des Abkommens berücksichtigt, abgedruckt unter Nr. **36**.

Art. 4. Nach Inkrafttreten dieses Zusatzprotokolls kann ein Staat nur Vertragspartei des Abkommens werden, wenn er gleichzeitig Vertragspartei dieses Zusatzprotokolls wird.

Art. 5. Der Generalsekretär des Europarats notifiziert den Mitgliedstaaten des Europarats, jedem Staat, der dem Abkommen beigetreten ist, sowie dem Generaldirektor der Weltorganisation für geistiges Eigentum

a) jede Unterzeichnung dieses Zusatzprotokolls;
b) jede Hinterlegung einer Ratifikations-, Annahme-, Genehmigungs- oder Beitrittsurkunde;
c) den Tag des Inkrafttretens dieses Zusatzprotokolls nach Artikel 3.

ZU URKUND DESSEN haben die hierzu gehörigen befugten Unterzeichneten dieses Zusatzprotokoll unterschrieben.

GESCHEHEN zu Straßburg am 21. März 1983 in englischer und französischer Sprache, wobei jeder Wortlaut gleichermaßen verbindlich ist, in einer Urschrift, die im Archiv des Europarats hinterlegt wird. Der Generalsekretär des Europarats übermittelt allen Mitgliedstaaten des Europarats, allen zum Beitritt zu dem Abkommen eingeladenen Staaten und dem Generaldirektor der Weltorganisation für geistiges Eigentum beglaubigte Abschriften.

37. Gesetz über das Europäische Abkommen vom 22. Juni 1960 zum Schutz von Fernsehsendungen

Vom 15. September 1965

(BGBl. II S. 1234)

Geändert durch Gesetz v. 6.6.1967 (BGBl. II S. 1785)

Der Bundestag hat das folgende Gesetz beschlossen:

Art. 1. [1] Dem in Straßburg am 11. Juli 1960 von der Bundesrepublik Deutschland unterzeichneten Europäischen Abkommen vom 22. Juni 1960 zum Schutz von Fernsehsendungen wird mit den sich aus Artikel 2 Abs. 1 ergebenden Vorbehalten zugestimmt. [2] Das Abkommen wird nachstehend veröffentlicht.

Art. 2. (1) Die Bundesrepublik Deutschland macht nach Artikel 10 des Abkommens bei der Hinterlegung der Ratifikationsurkunde von den in Artikel 3 Abs. 1 Buchstaben b, c und e des Abkommens vorgesehenen Vorbehalten Gebrauch und gewährt den darin bezeichneten Schutz nicht.

(2) Auf den im Abkommen vorgesehenen Schutz von Fernsehsendungen sind die §§ 50 und 55 des Urheberrechtsgesetzes vom 9. September 1965 (Bundesgesetzbl. I S. 1273) sinngemäß anzuwenden.

Art. 3. (1) *(aufgehoben)*[1)]

(2) Der Schutz gegen die Festlegung von Einzelbildern oder gegen die Vervielfältigung dieser Festlegung aus Fernsehsendungen eines Sendeunternehmens, das im Hoheitsgebiet einer anderen Vertragspartei des Abkommens nach deren Rechtsvorschriften errichtet ist oder dort Sendungen durchführt, wird im Geltungsbereich dieses Gesetzes nicht gewährt, wenn die andere Partei von dem Vorbehalt des Artikels 3 Abs. 1 Buchstabe d des Abkommens Gebrauch gemacht hat.

Art. 4. *(gegenstandslose Berlinklausel)*

Art. 5. (1) Dieses Gesetz tritt am 1. Januar 1966 in Kraft.

(2) Der Tag, an dem das Abkommen nach seinem Artikel 8 Abs. 2 für die Bundesrepublik Deutschland in Kraft tritt, ist im Bundesgesetzblatt bekanntzugeben.

[1)] Art. 3 Abs. 1 aufgehoben durch Gesetz vom 6.6.1967 (BGBl. II S. 1785).

38. Europäische Konvention über urheber- und leistungsschutzrechtliche Fragen im Bereich des grenzüberschreitenden Satellitenrundfunks

Vom 11. Mai 1994[1)]

(Europarat – Reihe europäischer Verträge/153)

Präambel

In Erwägung, daß das Ziel des Europarats die Herbeiführung einer engeren Verbindung unter seinen Mitgliedstaaten ist, um die Ideale und die Grundsätze zu wahren und zu fördern, die ihr gemeinsamer Besitzstand sind, und um ihren wirtschaftlichen und sozialen Fortschritt zu begünstigen;

unter Hinweis auf ihre Verpflichtung, für die freie Meinungsäußerung und -verbreitung und für den freien Informationsfluß und Ideenaustausch einzutreten, die insbesondere in der Erklärung des Ministerkomitees des Europarats vom 29. April 1982 über die freie Meinungsäußerung und -verbreitung zum Ausdruck gebracht wurde;

eingedenk der Anliegen, die das Ministerkomitee zur Annahme der Empfehlung Nr. R (86)2 über die Grundsätze betreffend urheberrechtliche Fragen auf dem Gebiet des Satelliten- und Kabelfernsehens veranlaßten, insbesondere der Notwendigkeit, die Rechte und Interessen der Urheber und sonstigen Beteiligten bei der Sendung von Werken und anderen geschützten Beiträgen über Satellitenrundfunk zu wahren;

in Anbetracht der technischen Entwicklungen, insbesondere auf dem Gebiet des Satellitenrundfunks, die die Unterschiede zwischen Direktsatelliten und Festsatelliten verwischten und neue Überlegungen über die rechtliche Behandlung des Satellitenrundfunks in bezug auf Urheber- und Leistungsschutzrechte erforderlich machen;

zugleich in Anbetracht der Notwendigkeit, diese technischen Entwicklungen nicht zu behindern, sowie des Interesses für die Öffentlichkeit im allgemeinen, Zugang zu den Medien zu erhalten;

in dem Wunsch, das Recht der Mitgliedstaaten und der anderen Vertragsstaaten des Europäischen Kulturabkommens auf dem Gebiet der urheber- und leistungsschutzrechtlichen Vorschriften im Hinblick auf die neuen technischen Entwicklungen des Satellitenrundfunks möglichst weitgehend zu harmonisieren –

vereinbaren die unterzeichneten Mitglieder des Europarats und anderen Vertragsstaaten des Europäischen Kulturabkommens folgendes:

Für die Zwecke der urheber- und leistungsschutzrechtlichen Vorschriften:

Kapitel I – Begriff und Vorgang der Ausstrahlung durch Rundfunksendung

Art. 1 Begriff der Rundfunksendung. (1) Die Übertragung von Werken und anderen Rundfunkbeiträgen über Direktsatelliten ist ein Sendevorgang.

---

1) Von Deutschland noch nicht ratifiziert; vgl. BR-Drucks. 377/95 v. 19.6.1995.

(2) Die Übertragung von Werken und anderen Beiträgen über Festsatelliten unter Voraussetzungen, die für den individuellen Direktempfang durch die allgemeine Öffentlichkeit den für Direktsatelliten geltenden Voraussetzungen vergleichbar sind, wird als Sendevorgang behandelt.

(3) Die Übertragung von programmtragenden Signalen in kodierter Form wird als ein Sendevorgang betrachtet, sofern die Mittel zur Dekodierung der Sendung von dem Sendeunternehmen selbst oder mit dessen Zustimmung der Öffentlichkeit zugänglich gemacht worden sind.

Art. 2 Der Vorgang der Ausstrahlung durch Rundfunk. Ein Sendevorgang über Satellit bedeutet die Verbindung zum Satelliten und zurück zur Erde.

Kapitel II – Geltendes Recht

Art. 3 Geltendes Recht. (1) Eine Sendung von Werken und anderen Beiträgen gemäß Artikel 1 findet in dem Vertragsstaat statt, in dem die Erstsendung übermittelt wird, und wird folglich ausschließlich durch das Recht dieses Staates geregelt.

(2) Der Vertragsstaat, in dessen Gebiet die Erstsendung übermittelt wird, bedeutet den Vertragsstaat, in dem die über Satellit geleiteten programmtragenden Signale unter der Kontrolle und Verantwortung des Sendeunternehmens in eine ununterbrochene Kommunikationskette eingegeben werden, die zum Satelliten und zurück zur Erde führt.

(3) Wenn die Erstsendung in einem Staat stattfindet, der der Konvention nicht beigetreten ist und dessen Recht das in den Artikeln 4 und 5 dieser Konvention vorgesehene Schutzniveau der Inhaber von Schutzrechten nicht vorsieht, und wenn die programmtragenden Signale in einem Vertragsstaat dieser Konvention in eine Kommunikationskette eingegeben werden, die zum Satelliten führt, bedeutet dies, daß die Erstsendung in dem betreffenden Vertragsstaat übermittelt wurde. Dies gilt auch, wenn ein in einem Vertragsstaat dieser Konvention gelegenes Sendeunternehmen für die Übermittlung verantwortlich ist.

Art. 4 Urheberrecht. (1) Für grenzüberschreitende Rundfunksendungen über Satelliten sind die Urheber von in Artikel 2 der Berner Übereinkunft zum Schutz von Werken der Literatur und Kunst aufgeführten Werken gemäß den Bestimmungen der genannten Konvention (Pariser Fassung 1971) geschützt. Insbesondere werden die Rechte für grenzüberschreitende Ausstrahlung von Rundfunksendungen über Satellit für diese Werke auf dem Vertragsweg erworben.

(2) Vorbehaltlich von Absatz 3 können in einen kollektiven Vertrag, der mit einem Sendeunternehmen für eine bestimmte Art von Werken abgeschlossen wurde, die nicht vertretenen Inhaber von Schutzrechten derselben Art einbezogen werden, wenn dies durch das nach Artikel 3 geltende einschlägige Recht bereits vorgesehen war, als diese Konvention zur Unterzeichnung aufgelegt wurde, und zwar unter folgenden Bedingungen:

– ein nicht vertretener Inhaber von Schutzrechten kann jederzeit die Einbeziehung seiner Werke in den kollektiven Vertrag individuell ausschließen. Er kann seine Rechte selbst oder über eine zur Verwaltung seiner Rechte befugte Verwertungsgesellschaft wahrnehmen.
– die Übertragung über Satellit wird von demselben Sendeunternehmen über erdgebundene Systeme gesendet.

(3) Absatz 2 findet keine Anwendung auf Filmwerke einschließlich der Werke, die durch ein ähnliches Verfahren wie Filmwerke geschaffen worden sind.

(4) Sehen die Rechtsvorschriften eines Vertragsstaats die Ausdehnung eines kollektiven Vertrags gemäß Absatz 2 vor, so bestimmt dieser Vertragsstaat, welche Sendeunternehmen diese Rechtsvorschriften in Anspruch nehmen können.

Art. 5 Verwandte Schutzrechte. (1) Für die grenzüberschreitende Ausstrahlung über Satellitenrundfunk besteht für den Vertragsstaat der vorliegenden Konvention angehörende ausübende Künstler, Tonträgerhersteller und Sendeunternehmen ein Mindestschutz gemäß dem Rom-Abkommen über den Schutz der ausübenden Künstler, der Hersteller von Tonträgern und der Sendeunternehmen (1961).

(2) Für die Zwecke dieser Konvention sind die Rechte der ausübenden Künstler bezüglich der Festlegung und der Vervielfältigung ihrer Darbietung ausschließliche Rechte, diese Akte zu genehmigen oder zu untersagen. Dasselbe gilt für die Rechte der ausübenden Künstler bezüglich Rundfunksendungen und der öffentlichen Wiedergabe ihrer Darbietung, es sei denn, daß die Darbietung an sich schon eine gesendete Darbietung ist oder die Festlegung einer Darbietung verwendet worden ist.

(3) Ein Vertragsstaat macht von Artikel 19 des Rom-Abkommens über den Schutz der ausübenden Künstler, der Hersteller von Tonträgern und der Sendeunternehmen (1961) keinen Gebrauch.

(4) Unbeschadet der Bestimmungen von Absatz 3 kann ein Vertragsstaat vorsehen, daß die Unterzeichnung eines Vertrags zwischen einem ausübenden Künstler und einem Filmproduzenten für die Herstellung eines Films die Genehmigung der im vorstehenden Absatz genannten Handlungen bewirkt, vorausgesetzt daß dieser Vertrag eine angemessene Vergütung vorsieht, auf die der ausübende Künstler nicht verzichten kann.

(5) Für die Zwecke dieser Konvention sehen die Vertragsstaaten in ihrer nationalen Gesetzgebung für zu gewerblichen Zwecken hergestellte Tonträger oder deren Vervielfältigungen ein Recht vor, wonach von dem betreffenden Rundfunksender eine angemessene und einheitliche Vergütung zu zahlen ist und diese Vergütung zwischen den ausübenden Künstlern und den Herstellern der Tonträger aufgeteilt wird.

Kapitel III – Anwendungsbereich

Art. 6 Weiterverbreitung. Die gleichzeitige vollständige und unveränderte terrestrische Weiterverbreitung von Sendungen über Satellit wird als solche nicht durch die Konvention erfaßt.

Kapitel IV – Multilaterale Konsultationen

Art. 7 Multilaterale Konsultationen. (1) Die Vertragsparteien führen binnen zwei Jahren nach dem Inkrafttreten dieser Konvention und anschließend zweijährlich und jedenfalls auf Verlangen einer Vertragspartei im Rahmen des Europarats multilaterale Konsultationen zur Prüfung der Anwendung der Konvention sowie der Zweckmäßigkeit ihrer Revision oder einer Erweiterung bestimmter Bestimmungen durch. Die Konsultationen finden anläßlich von durch den Generalsekretär des Europarats einberufenen Sitzungen statt.

(2) Jede Vertragspartei ist berechtigt, einen Vertreter für die Teilnahme an diesen Konsultationen zu benennen. Jeder in Artikel 10 dieser Konvention genannte Nichtvertragsstaat sowie die Europäische Gemeinschaft sind berechtigt, sich bei diesen Konsultationen durch einen Beobachter vertreten zu lassen.

(3) Nach jeder Konsultation legen die Vertragsparteien dem Ministerkomitee des Europarats einen Bericht über die Konsultation und über die Anwendung dieser Konvention vor, dem gegebenenfalls Vorschläge zur Änderung der Konvention beigefügt werden.

Kapitel V – Änderungen

Art. 8 Änderungen. (1) Änderungsvorschläge zu dieser Konvention gemäß Artikel 7 Absatz 3 dieser Konvention werden dem Ministerkomitee des Europarats zur Genehmigung vorgelegt. Nach Genehmigung wird der Text den Vertragsparteien zur Annahme übermittelt.

(2) Alle Änderungen treten 30 Tage nach dem Datum, an dem alle Vertragsparteien dem Generalsekretär die Annahme mitgeteilt haben, in Kraft.

Kapitel VI – Andere internationale Abkommen und Vereinbarungen

Art. 9 Andere internationale Abkommen und Vereinbarungen. (1) In ihren gegenseitigen Beziehungen wenden die Vertragsparteien, die EG-Mitgliedstaaten sind, das Gemeinschaftsrecht an; sie wenden also die sich aus dieser Konvention ergebenden Regeln nur an, soweit der betreffende Gegenstand nicht durch eine gemeinschaftsrechtliche Bestimmung geregelt wird.

(2) Die Vertragsparteien behalten sich das Recht vor, internationale Vereinbarungen untereinander zu treffen, sofern diese Vereinbarungen den Urhebern, ausübenden Künstlern, Tonträgerherstellern oder Sendeunternehmen einen mindestens ebenso umfassenden Schutz ihrer Rechte wie diese Konvention gewähren oder andere Bestimmungen zur Ergänzung dieser Konvention und zur Erleichterung ihrer Anwendung enthalten. Die bestehenden Übereinkünfte, die die vorstehend genannten Voraussetzungen erfüllen, gelangen weiter zur Anwendung.

(3) Vertragsparteien, die die in Absatz 2 genannte Möglichkeit für sich in Anspruch nehmen, teilen dies dem Generalsekretär des Europarats mit, der diese Mitteilung den anderen Vertragsparteien übermittelt.

Kapitel VII – Schlußbestimmungen

Art. 10 Unterzeichnung und Inkraftsetzung. (1) Diese Konvention liegt für die Mitgliedstaaten des Europarats und die anderen Vertragsstaaten des Europäischen Kulturabkommens sowie für die Europäische Gemeinschaft zur Unterzeichnung auf; diese können ihre Bindungserklärung abgeben
a) durch Zeichnung ohne Vorbehalt der Ratifikation, Annahme oder Genehmigung oder
b) durch Zeichnung vorbehaltlich der Ratifikation, Annahme oder Genehmigung und anschließender Ratifikation, Annahme oder Genehmigung.

(2) Die Ratifikations-, Annahme- oder Genehmigungsurkunden werden bei dem Generalsekretär des Europarats hinterlegt.

(3) Diese Konvention tritt am ersten Tag des Monats nach Ablauf von drei Monaten nach dem Zeitpunkt in Kraft, an dem sieben Staaten, davon wenigstens fünf Mitglieder des Europarats, ihre Zustimmung zur Bindung durch die Konvention gemäß den Bestimmungen dieses Artikels geäußert haben.

(4) Um jegliche Verzögerung bei der Anwendung dieser Konvention zu vermeiden, kann ein Staat bei der Unterzeichnung oder zu einem späteren Zeitpunkt vor dem ihn betreffenden Wirksamwerden der Konvention erklären, daß er die Konvention vorläufig anwenden wird.

(5) In bezug auf jeden Unterzeichnerstaat oder die Europäische Gemeinschaft, die ihre Zustimmung zur Bindung durch diese Konvention in der Folge zum Ausdruck bringen wird, tritt diese am ersten Tag des Monats in Kraft, der auf Ablauf einer Frist von drei Monaten nach dem Datum der Unterzeichnung oder der Hinterlegung der Ratifikations-, Annahme- oder Genehmigungsurkunde folgt.

Art. 11 Beitritt anderer Staaten. (1) Nach Inkrafttreten dieser Konvention kann das Ministerkomitee des Europarats nach Konsultation der Vertragsstaaten mit der in Artikel 20 Buchstabe d der Satzung des Europarats vorgesehenen Mehrheit und mit einhelliger Zustimmung der Vertreter der im Komitee sitzberechtigten Vertragsstaaten, jeden Staat, der nicht in Artikel 10 Absatz 1 erwähnt wird, einladen, der Konvention beizutreten.

(2) Für jeden beitretenden Staat tritt die Konvention am ersten Tag des Monats nach Ablauf von drei Monaten nach Hinterlegung der Beitrittsurkunde bei dem Generalsekretär des Europarats in Kraft.

Art. 12 Territoriale Anwendung. (1) Jeder Staat kann bei der Unterzeichnung oder bei der Hinterlegung seiner Ratifikations-, Annahme-, Genehmigungs- oder Beitrittsurkunde einzelne oder mehrere Hoheitsgebiete, auf die dieses Übereinkommen Anwendung findet, bezeichnen.

(2) Jeder Staat kann jederzeit danach durch eine an den Generalsekretär des Europarats gerichtete Erklärung die Anwendung dieses Übereinkommens auf jedes weitere in der Erklärung bezeichnete Hoheitsgebiet erstrecken. Das Übereinkommen tritt für dieses Hoheitsgebiet am ersten Tag des Monats nach Ablauf von drei Monaten nach Eingang der Erklärung beim Generalsekretär in Kraft.

(3) Jede nach den Absätzen 1 und 2 abgegebene Erklärung kann in bezug auf jedes darin bezeichnete Hoheitsgebiet durch Notifikation an den Generalsekretär zurückgenommen werden. Die Rücknahme wird am ersten Tag des Monats nach Ablauf von sechs Monaten nach Eingang der Notifikation beim Generalsekretär wirksam.

Art. 13 Übergangsbestimmungen. Jeder Staat bezeichnet bei der Unterzeichnung oder bei der Hinterlegung seiner Ratifikations-, Annahme-, Genehmigungs- oder Beitrittsurkunde die Regeln, die auf bestehende Verträge Anwendung finden. Diese Regeln müssen insbesondere folgendes vorsehen:

a) für Verträge über die Verwertung von Werken und anderen urheberrechtlich geschützten Gegenständen, die am 1. Januar 1995 bestehen, gilt Artikel 3 ab 1. Januar 2000, sofern diese Verträge nach diesem Zeitpunkt ablaufen;

b) sieht ein vor dem 1. Januar 1995 zwischen einem Koproduzenten eines Vertragsstaats und einem oder mehreren Koproduzenten aus anderen Vertragsstaaten oder Drittländern geschlossener Vertrag über internationale Koproduktion ausdrücklich eine Regelung zur Aufteilung der Nutzungsrechte zwischen den Koproduzenten nach geographischen Bereichen für alle Mittel der öffentlichen Wiedergabe ohne Unterscheidung zwischen der auf die öffentliche Wiedergabe über Satellit anwendbaren Regelung und den auf andere Übertragungswege anwendbaren Bestimmung vor und würde die öffentliche Wiedergabe der Koproduktion über Satellit die Exklusivrechte, insbesondere die sprachlichen Exklusivrechte eines der Koproduzenten oder seiner Rechtsnachfolger in einem bestimmten Gebiet beeinträchtigen, so ist für die Genehmigung der öffentlichen Wiedergabe über Satellit durch einen der Koproduzenten oder seine Rechtsnachfolger die vorherige Zustimmung des Inhabers dieser Exklusivrechte – unabhängig davon, ob es sich um einen Koproduzenten oder einen Rechtsnachfolger handelt – erforderlich.

Art. 14 Vorbehalte. Vorbehalte zu diesem Übereinkommen sind nicht zulässig.

Art. 15 Notifizierung der Gesetzgebung. Ein Vertragsstaat, dessen Gesetzgebung zur Ausdehnung von Kollektivvereinbarungen gemäß Artikel 4 der Konvention ermächtigt, notifiziert im Zeitpunkt der Unterzeichnung, Ratifikation, Annahme oder Genehmigung gemäß Artikel 10 Absatz 1 Unterabsatz a oder b, dem Generalsekretär des Europarats den Wortlaut dieser Gesetzgebung sowie ein Verzeichnis der Rundfunkanstalten, die zur Inanspruchnahme dieser ausgedehnten Kollektivvereinbarungen ermächtigt sind. In der Folge notifiziert der betreffende Staat dem Generalsekretär des Europarats jede darauffolgende Änderung der genannten Gesetzgebung und des Verzeichnisses der zu ihrer Inanspruchnahme ermächtigten Rundfunkanstalten.

Art. 16 Kündigung. (1) Jede Vertragspartei kann dieses Übereinkommen jederzeit durch eine an den Generalsekretär des Europarats gerichtete Notifikation kündigen.

(2) Die Kündigung wird am ersten Tag des Monats nach Ablauf von sechs Monaten nach Eingang der Notifikation beim Generalsekretär wirksam.

Art. 17 Notifikationen. Der Generalsekretär des Europarats übermittelt den Mitgliedstaaten des Europarats, den anderen Vertragsstaaten des Europäischen Kulturabkommens, der Europäischen Gemeinschaft und jedem Staat, der dieser Konvention beigetreten ist oder zum Beitritt aufgefordert worden ist,

a) jede Unterzeichnung gemäß Artikel 10;
b) jede Hinterlegung einer Ratifikations-, Annahme-, Genehmigungs- oder Beitrittsurkunde gemäß den Artikeln 10 und 11;
c) jeden Zeitpunkt des Inkrafttretens dieser Konvention nach den Artikeln 10 und 11;
d) jede Notifikation gemäß den Artikeln 10 Absatz 4 und 15;
e) jede andere Handlung, Erklärung, Notifikation oder Mitteilung im Zusammenhang mit dieser Konvention.

ZU URKUND DESSEN haben die hierzu gehörig befugten Unterzeichner diese Konvention unterschrieben.

GESCHEHEN zu Straßburg am 11. Mai 1994 in englischer und französischer Sprache, wobei jeder Wortlaut gleichermaßen verbindlich ist, in einer Urschrift, die im Archiv des Europarats hinterlegt wird. Der Generalsekretär des Europarats übermittelt allen Mitgliedstaaten des Europarats und allen Vertragsstaaten des Europäischen Kulturabkommens, der Europäischen Gemeinschaft und allen zum Beitritt zu diesem Übereinkommen eingeladenen Staaten beglaubigte Abschriften.

39. Übereinkommen zwischen dem Deutschen Reich und den Vereinigten Staaten von Amerika über den gegenseitigen Schutz der Urheberrechte

Vom 15. Januar 1892
(RGBl. S. 473)[1]

Art. 1. Die Bürger der Vereinigten Staaten von Amerika sollen im Deutschen Reich den Schutz des Urheberrechts bezüglich der Werke der Literatur und Kunst sowie den Schutz der Photographien gegen unbefugte Nachbildung auf derselben Grundlage genießen, wie solcher den Reichsangehörigen gesetzlich zusteht.

Art. 2. Dagegen übernimmt die Regierung der Vereinigten Staaten die Verpflichtung, daß der Präsident der Vereinigten Staaten in Gemäßheit der Sektion 13 der Kongreßakte vom 3. März 1891 die hierin vorgesehene Proklamation behufs Ausdehnung der Bestimmungen dieses Gesetzes auf deutsche Reichsangehörige erlassen wird, sobald der Staatssekretär amtlich davon in Kenntnis gesetzt worden ist, daß deutscherseits das gegenwärtige Abkommen die erforderliche gesetzgeberische Genehmigung erhalten hat.

Art. 3. Das gegenwärtige Abkommen soll ratifiziert und die Ratifikations-Urkunden sollen sobald als möglich in Washington ausgetauscht werden.

Das Abkommen tritt mit dem Ablaufe von drei Wochen von dem Tage des Austausches der Ratifikations-Urkunden ab in Kraft[2] und findet nur auf die zur Zeit seines Inkrafttretens noch nicht veröffentlichten Werke Anwendung. Dasselbe bleibt in Wirksamkeit bis zum Ablaufe von drei Monaten nach erfolgter Kündigung seitens eines der vertragschließenden Theile.

Vollzogen zu Washington in zweifacher Ausfertigung in deutscher und in englischer Sprache am 15. Januar 1892.

---

[1] Dieser Vertrag ist nach dem ersten Weltkrieg formell nicht erneuert worden. Der Schutz der Werke Angehöriger der Vereinigten Staaten wurde jedoch in Deutschland durch das Gesetz vom 18.5.1922 (RGBl. II S. 129), abgedr. unter Nr. 40, sichergestellt. Entsprechend stellte der Präsident der Vereinigten Staaten durch Proklamation vom 22.5.1922, fest, daß die deutschen Staatsangehörigen den Schutz der Gesetzgebung der USA bei Wahrung der amerikanischen Förmlichkeiten genießen. Dieser Rechtszustand besteht auch jetzt wieder, seitdem die im zweiten Weltkrieg getroffenen Maßnahmen aufgehoben worden sind. Vgl. Notenwechsel zwischen der Bundesregierung und dem amerikanischen Hohen Kommissar in BAnz. Nr. 144 vom 29.7.1950/GRUR 1950 S. 414.

[2] In Kraft getreten am 6.5.1892 (RGBl. S. 475).

40. Gesetz über den Schutz der Urheberrechte der Angehörigen der Vereinigten Staaten von Amerika

Vom 18. Mai 1922

(RGBl. II S. 129)

Der Reichstag hat das folgende Gesetz beschlossen, das mit Zustimmung des Reichsrats hiermit verkündet wird:

§ 1. [1]Die Angehörigen der Vereinigten Staaten von Amerika genießen für ihre Urheberrechte an Werken der Literatur, der Kunst und der Photographie, in Hinblick auf die in den Vereinigten Staaten von Amerika den Angehörigen des Deutschen Reichs zugesicherte gleiche Stellung, im Deutschen Reiche den gesetzlichen Schutz in dem in dem Übereinkommen vom 15. Januar 1892 (Reichsgesetzbl. S. 473) bezeichneten Umfang. [2]Dies gilt insbesondere auch für die in der Zeit zwischen dem 1. August 1914 und dem 2. Juli 1921 entstandenen Werke; doch bleiben die Rechte unberührt, die ein anderer durch die Vervielfältigung oder Verbreitung eines solchen Werkes vor dem 18. Dezember 1919 erworben haben sollte.

§ 2. Inwieweit im Falle einer Änderung des Schutzes der deutschen Urheberrechte in den Vereinigten Staaten von Amerika eine Änderung des im § 1 vorgesehenen Schutzes für die Angehörigen der Vereinigten Staaten im Deutschen Reiche eintritt, bestimmt die Reichsregierung mit Zustimmung des Reichsrats.

§ 3. Dieses Gesetz tritt mit dem Tage der Verkündung in Kraft.[1)]

---

1) In Kraft getreten am 23.5.1922.

41. Richtlinie 2006/115/EG des Europäischen Parlaments und des Rates zum Vermietrecht und Verleihrecht sowie zu bestimmten dem Urheberrecht verwandten Schutzrechten im Bereich des geistigen Eigentums (kodifizierte Fassung)

vom 12. Dezember 2006

(ABl. Nr. L 376/28)

DAS EUROPÄISCHE PARLAMENT UND DER RAT DER EUROPÄISCHEN UNION –

gestützt auf den Vertrag zur Gründung der Europäischen Gemeinschaft, insbesondere auf Artikel 47 Absatz 2, Artikel 55 und Artikel 95,

auf Vorschlag der Kommission,

nach Stellungnahme des Europäischen Wirtschafts- und Sozialausschusses,

gemäß dem Verfahren des Artikels 251 des Vertrags[1)],

in Erwägung nachstehender Gründe:

(1) Die Richtlinie 92/100/EWG des Rates vom 19. November 1992 zum Vermietrecht und Verleihrecht sowie zu bestimmten dem Urheberrecht verwandten Schutzrechten im Bereich des geistigen Eigentums[2)] ist mehrfach und in wesentlichen Punkten geändert worden[3)]. Aus Gründen der Übersichtlichkeit und Klarheit empfiehlt es sich, die genannte Richtlinie zu kodifizieren.

(2) Das Vermieten und Verleihen von urheberrechtlich geschützten Werken und Gegenständen der verwandten Schutzrechte spielt insbesondere für die Urheber und die ausübenden Künstler sowie für die Hersteller von Tonträgern und Filmen eine immer wichtigere Rolle. Die Piraterie stellt eine zunehmende Bedrohung dar.

(3) Dem angemessenen Schutz von urheberrechtlich geschützten Werken und Gegenständen der verwandten Schutzrechte durch Vermiet- und Verleihrechte sowie dem Schutz von Gegenständen der verwandten Schutzrechte durch das Aufzeichnungsrecht, Verbreitungsrecht, Senderecht und Recht der öffentlichen Wiedergabe kommt daher eine grundlegende Bedeutung für die wirtschaftliche und kulturelle Entwicklung der Gemeinschaft zu.

(4) Der Schutz, den das Urheberrecht und verwandte Schutzrechte gewähren, muss an neue wirtschaftliche Entwicklungen, wie z. B. an neue Nutzungsarten, angepasst werden.

[1)] **Amtl. Anm.:** Stellungnahme des Europäischen Parlaments vom 12. Oktober 2006 (noch nicht im Amtsblatt veröffentlicht).

[2)] **Amtl. Anm.:** ABl. L 346 vom 27.11.1992, S. 61. Zuletzt geändert durch die Richtlinie 2001/29/EG des Europäischen Parlaments und des Rates (ABl. L 167 vom 22.6.2001, S. 10).

[3)] **Amtl. Anm.:** Siehe Anhang I Teil A.

(5) Um ihre Tätigkeit ausüben zu können, bedürfen Urheber und ausübende Künstler eines angemessenen Einkommens als Grundlage für weiteres schöpferisches und künstlerisches Arbeiten. Die insbesondere für die Herstellung von Tonträgern und Filmen erforderlichen Investitionen sind außerordentlich hoch und risikoreich. Die Möglichkeit, ein solches Einkommen sicherzustellen und solche Investitionen abzusichern, kann nur durch einen angemessenen Rechtsschutz für die jeweils betroffenen Rechtsinhaber wirkungsvoll gewährleistet werden.

(6) Diese schöpferischen, künstlerischen und unternehmerischen Tätigkeiten sind großenteils selbständige Tätigkeiten. Die Ausübung dieser Tätigkeiten sollte durch die Schaffung eines gemeinschaftsweit harmonisierten Rechtsschutzes erleichtert werden. Soweit diese Tätigkeiten hauptsächlich Dienstleistungen darstellen, sollte ihre Erbringung durch einen gemeinschaftsweit harmonisierten rechtlichen Rahmen erleichtert werden.

(7) Die Angleichung der Rechtsvorschriften der Mitgliedstaaten sollte in der Weise erfolgen, dass die Rechtsvorschriften nicht in Widerspruch zu den internationalen Übereinkommen stehen, auf denen das Urheberrecht und die verwandten Schutzrechte in vielen Mitgliedstaaten beruhen.

(8) Der rechtliche Rahmen der Gemeinschaft in Bezug auf das Vermiet- und Verleihrecht und bestimmte verwandte Schutzrechte kann sich darauf beschränken festzulegen, dass die Mitgliedstaaten Rechte in Bezug auf das Vermieten und Verleihen für bestimmte Gruppen von Rechtsinhabern vorsehen und ferner die Rechte der Aufzeichnung, Verbreitung, Sendung und öffentlichen Wiedergabe festlegen, die bestimmten Gruppen von Rechtsinhabern im Bereich der verwandten Schutzrechte zustehen.

(9) Es ist erforderlich, die Begriffe „Vermietung“ und „Verleihen“ im Sinne dieser Richtlinie zu definieren.

(10) Der Klarheit halber ist es wünschenswert, von „Vermietung“ und „Verleihen“ im Sinne dieser Richtlinie bestimmte Formen der Überlassung, z. B. die Überlassung von Tonträgern und Filmen zur öffentlichen Vorführung oder Sendung sowie die Überlassung zu Ausstellungszwecken oder zur Einsichtnahme an Ort und Stelle auszuschließen. „Verleihen“ im Sinne dieser Richtlinie sollte nicht die Überlassung zwischen der Öffentlichkeit zugänglichen Einrichtungen umfassen.

(11) Wird bei einem Verleihen durch eine der Öffentlichkeit zugängliche Einrichtung ein Entgelt gezahlt, dessen Betrag das für die Deckung der Verwaltungskosten der Einrichtung erforderliche Maß nicht überschreitet, so liegt keine unmittelbare oder mittelbare wirtschaftliche oder kommerzielle Nutzung im Sinne dieser Richtlinie vor.

(12) Es wird eine Regelung benötigt, durch die ein unverzichtbares Recht auf angemessene Vergütung für die Urheber und ausübenden Künstler gewährleistet wird, denen zugleich die Möglichkeit erhalten bleiben muss, mit der Wahrnehmung dieses Rechts an ihrer Stelle tätig werdende Verwertungsgesellschaften zu beauftragen.

(13) Die angemessene Vergütung kann in Form einer oder mehrerer Zahlungen jederzeit bei Abschluss des Vertrages oder später entrichtet werden. Sie sollte dem Umfang des Beitrages der beteiligten Urheber und ausübenden Künstler zum Tonträger bzw. Film Rechnung tragen.

(14) Die Rechte zumindest der Urheber müssen außerdem in Bezug auf das öffentliche Verleihwesen durch Einführung einer Sonderregelung geschützt werden. Jedoch sollten Ausnahmen vom ausschließlichen öffentlichen Verleihrecht insbesondere mit Artikel 12 des Vertrags vereinbar sein.

(15) Die Bestimmungen dieser Richtlinie zu verwandten Schutzrechten sollten die Mitgliedstaaten nicht daran hindern, den in dieser Richtlinie vorgesehenen Vermutungsgrundsatz hinsichtlich Einzel- oder Tarifvereinbarungen über eine Filmproduktion, die von ausübenden Künstlern mit einem Filmproduzenten abgeschlossen werden, auf diese ausschließlichen Schutzrechte auszudehnen. Darüber hinaus sollten diese Bestimmungen die Mitgliedstaaten nicht daran hindern, für die in den entsprechenden Bestimmungen dieser Richtlinie genannten ausschließlichen Rechte der ausübenden Künstler eine widerlegbare Vermutung der Einwilligung in die Auswertung vorzusehen, sofern eine solche Vermutung mit dem Internationalen Abkommen über den Schutz der ausübenden Künstler, der Hersteller von Tonträgern und der Sendeunternehmen (im Folgenden „Rom-Abkommen" genannt) vereinbar ist.

(16) Die Mitgliedstaaten sollten einen weiterreichenden Schutz für Inhaber von verwandten Schutzrechten vorsehen können, als er in dieser Richtlinie hinsichtlich der öffentlichen Sendung und Wiedergabe vorgeschrieben ist.

(17) Die harmonisierten Vermiet- und Verleihrechte und der harmonisierte Schutz im Bereich der dem Urheberrecht verwandten Schutzrechte dürfen nicht in einer Weise ausgeübt werden, die eine verschleierte Beschränkung des Handels zwischen den Mitgliedstaaten darstellt oder dem in dem Urteil des Gerichtshofs in der Rechtssache *„Cinéthèque gegen FNCF"*[1] anerkannten Grundsatz der Chronologie der Auswertung in den Medien zuwiderläuft.

(18) Diese Richtlinie sollte die Verpflichtungen der Mitgliedstaaten hinsichtlich der in Anhang I Teil B genannten Fristen für die Umsetzung der dort genannten Richtlinien in innerstaatliches Recht unberührt lassen –

HABEN FOLGENDE RICHTLINIE ERLASSEN:

Kapitel I. Vermiet- und Verleihrecht

Art. 1 Regelungszweck. (1) In Übereinstimmung mit den Bestimmungen dieses Kapitels sehen die Mitgliedstaaten vorbehaltlich Artikel 6 das Recht vor, die Vermietung und das Verleihen von Originalen und Vervielfältigungsstücken urheberrechtlich geschützter Werke und anderer in Artikel 3 Absatz 1 bezeichneter Schutzgegenstände zu erlauben oder zu verbieten.

(2) Die in Absatz 1 genannten Rechte werden weder durch die Veräußerung von in Artikel 3 Absatz 1 bezeichneten Originalen und Vervielfältigungsstücken von urheberrechtlich geschützten Werken und anderen Schutzgegenständen noch durch andere darauf bezogene Verbreitungshandlungen erschöpft.

Art. 2 Begriffsbestimmungen. (1) Für die Zwecke dieser Richtlinie gelten die folgenden Begriffsbestimmungen:

a) „Vermietung" ist die zeitlich begrenzte Gebrauchsüberlassung zu unmittelbarem oder mittelbarem wirtschaftlichen oder kommerziellen Nutzen;

---

[1] **Amtl. Anm.:** Verbundene Rechtssachen 60/84 und 61/84, Slg. 1985, 2605.

b) „Verleihen" ist die zeitlich begrenzte Gebrauchsüberlassung, die nicht einem unmittelbaren oder mittelbaren wirtschaftlichen oder kommerziellen Nutzen dient und durch der Öffentlichkeit zugängliche Einrichtungen vorgenommen wird;
c) „Film" bezeichnet vertonte oder nicht vertonte Filmwerke, audiovisuelle Werke oder Laufbilder.

(2) [1]Der Hauptregisseur eines Filmwerks oder audiovisuellen Werks gilt als sein Urheber oder als einer seiner Urheber. [2]Die Mitgliedstaaten können vorsehen, dass weitere Personen als Miturheber gelten.

Art. 3 Rechtsinhaber und Gegenstand des Vermiet- und Verleihrechts. (1) Das ausschließliche Recht, die Vermietung und das Verleihen zu erlauben oder zu verbieten, steht folgenden Personen zu:
a) dem Urheber in Bezug auf das Original und auf Vervielfältigungsstücke seines Werkes;
b) dem ausübenden Künstler in Bezug auf Aufzeichnungen seiner Darbietung;
c) dem Tonträgerhersteller in Bezug auf seine Tonträger;
d) dem Hersteller der erstmaligen Aufzeichnung eines Films in Bezug auf das Original und auf Vervielfältigungsstücke seines Films.

(2) Vermiet- und Verleihrechte an Bauwerken und Werken der angewandten Kunst fallen nicht unter diese Richtlinie.

(3) Die in Absatz 1 bezeichneten Rechte können übertragen oder abgetreten werden oder Gegenstand vertraglicher Lizenzen sein.

(4) Schließen ausübende Künstler mit einem Filmproduzenten einen Vertrag als Einzel- oder Tarifvereinbarung über eine Filmproduktion ab, so wird unbeschadet des Absatzes 6 vermutet, dass der unter diesen Vertrag fallende ausübende Künstler, sofern in den Vertragsbestimmungen nichts anderes vorgesehen ist, sein Vermietrecht vorbehaltlich Artikel 5 abgetreten hat.

(5) Die Mitgliedstaaten können eine ähnliche Vermutung wie in Absatz 4 in Bezug auf die Urheber vorsehen.

(6) [1]Die Mitgliedstaaten können vorsehen, dass die Unterzeichnung des zwischen einem ausübenden Künstler und einem Filmproduzenten geschlossenen Vertrages über eine Filmproduktion als eine Ermächtigung zur Vermietung zu betrachten ist, sofern der Vertrag eine angemessene Vergütung im Sinne von Artikel 5 vorsieht. [2]Die Mitgliedstaaten können ferner vorsehen, dass dieser Absatz sinngemäß auch für die Rechte des Kapitels II gilt.

Art. 4 Vermietung von Computerprogrammen. Artikel 4 Buchstabe c der Richtlinie 91/250/EWG des Rates vom 14. Mai 1991 über den Rechtsschutz von Computerprogrammen[1)] bleibt unberührt.

Art. 5 Unverzichtbares Recht auf angemessene Vergütung. (1) Hat ein Urheber oder ein ausübender Künstler sein Vermietrecht an einem Tonträger oder an dem Original oder einem Vervielfältigungsstück eines Films an einen Tonträgerhersteller oder Filmproduzenten übertragen oder abgetreten, so behält er den Anspruch auf eine angemessene Vergütung für die Vermietung.

[1)] **Amtl. Anm.:** ABl. L 122 vom 17.5.1991, S. 42. Geändert durch die Richtlinie 93/98/EWG (ABl. L 290 vom 24.11.1993, S. 9).

(2) Auf den Anspruch auf eine angemessene Vergütung für die Vermietung kann der Urheber oder ausübende Künstler nicht verzichten.

(3) Die Wahrnehmung des Anspruchs auf eine angemessene Vergütung kann Verwertungsgesellschaften, die Urheber oder ausübende Künstler vertreten, übertragen werden.

(4) Die Mitgliedstaaten können regeln, ob und in welchem Umfang zur Auflage gemacht werden kann, dass der Anspruch auf eine angemessene Vergütung durch eine Verwertungsgesellschaft wahrgenommen werden muss, und gegenüber wem diese Vergütung gefordert oder eingezogen werden darf.

Art. 6 Ausnahme vom ausschließlichen öffentlichen Verleihrecht.
(1) [1] Die Mitgliedstaaten können hinsichtlich des öffentlichen Verleihwesens Ausnahmen von dem ausschließlichen Recht nach Artikel 1 vorsehen, sofern zumindest die Urheber eine Vergütung für dieses Verleihen erhalten. [2] Es steht den Mitgliedstaaten frei, diese Vergütung entsprechend ihren kulturpolitischen Zielsetzungen festzusetzen.

(2) Bringen die Mitgliedstaaten das ausschließliche Verleihrecht nach Artikel 1 in Bezug auf Tonträger, Filme und Computerprogramme nicht zur Anwendung, so führen sie eine Vergütung zumindest für die Urheber ein.

(3) Die Mitgliedstaaten können bestimmte Kategorien von Einrichtungen von der Zahlung der Vergütung im Sinne der Absätze 1 und 2 ausnehmen.

Kapitel II. Dem Urheberrecht verwandte Schutzrechte

Art. 7 Aufzeichnungsrecht. (1) Die Mitgliedstaaten sehen für ausübende Künstler das ausschließliche Recht vor, die Aufzeichnung ihrer Darbietungen zu erlauben oder zu verbieten.

(2) Die Mitgliedstaaten sehen für Sendeunternehmen das ausschließliche Recht vor, die Aufzeichnung ihrer Sendungen zu erlauben oder zu verbieten, unabhängig davon, ob es sich hierbei um drahtlose oder drahtgebundene, über Kabel oder durch Satelliten vermittelte Sendungen handelt.

(3) Einem weiterverbreitenden Kabelsendeunternehmen, das lediglich Sendungen anderer Sendeunternehmen über Kabel weiterverbreitet, steht das Recht nach Absatz 2 jedoch nicht zu.

Art. 8 Öffentliche Sendung und Wiedergabe. (1) Die Mitgliedstaaten sehen für ausübende Künstler das ausschließliche Recht vor, drahtlos übertragene Rundfunksendungen und die öffentliche Wiedergabe ihrer Darbietungen zu erlauben oder zu verbieten, es sei denn, die Darbietung ist selbst bereits eine gesendete Darbietung oder beruht auf einer Aufzeichnung.

(2) [1] Die Mitgliedstaaten sehen ein Recht vor, das bei Nutzung eines zu Handelszwecken veröffentlichten Tonträgers oder eines Vervielfältigungsstücks eines solchen Tonträgers für drahtlos übertragene Rundfunksendungen oder eine öffentliche Wiedergabe die Zahlung einer einzigen angemessenen Vergütung durch den Nutzer und die Aufteilung dieser Vergütung auf die ausübenden Künstler und die Tonträgerhersteller gewährleistet. [2] Besteht zwischen den ausübenden Künstlern und den Tonträgerherstellern kein diesbezügliches Ein-

vernehmen, so können die Bedingungen, nach denen die Vergütung unter ihnen aufzuteilen ist, von den Mitgliedstaaten festgelegt werden.

(3) Die Mitgliedstaaten sehen für Sendeunternehmen das ausschließliche Recht vor, die drahtlose Weitersendung ihrer Sendungen sowie die öffentliche Wiedergabe ihrer Sendungen, wenn die betreffende Wiedergabe an Orten stattfindet, die der Öffentlichkeit gegen Zahlung eines Eintrittsgeldes zugänglich sind, zu erlauben oder zu verbieten.

Art. 9 Verbreitungsrecht. (1) Die Mitgliedstaaten sehen das ausschließliche Recht, die in den Buchstaben a bis d genannten Schutzgegenstände sowie Kopien davon der Öffentlichkeit im Wege der Veräußerung oder auf sonstige Weise zur Verfügung zu stellen (nachstehend „Verbreitungsrecht" genannt), wie folgt vor:

a) für ausübende Künstler in Bezug auf die Aufzeichnungen ihrer Darbietungen;
b) für Tonträgerhersteller in Bezug auf ihre Tonträger;
c) für Hersteller der erstmaligen Aufzeichnung von Filmen in Bezug auf das Original und auf Vervielfältigungsstücke ihrer Filme;
d) für Sendeunternehmen in Bezug auf die Aufzeichnungen ihrer Sendungen nach Maßgabe von Artikel 7 Absatz 2.

(2) Das Verbreitungsrecht in der Gemeinschaft hinsichtlich eines der in Absatz 1 genannten Gegenstände erschöpft sich nur mit dem Erstverkauf des Gegenstands in der Gemeinschaft durch den Rechtsinhaber oder mit seiner Zustimmung.

(3) Die besonderen Bestimmungen des Kapitels I, insbesondere die des Artikels 1 Absatz 2, werden durch das Verbreitungsrecht nicht berührt.

(4) Das Verbreitungsrecht kann übertragen oder abgetreten werden oder Gegenstand vertraglicher Lizenzen sein.

Art. 10 Beschränkung der Rechte. (1) Die Mitgliedstaaten können Beschränkungen der in diesem Kapitel genannten Rechte in folgenden Fällen vorsehen:

a) für eine private Benutzung;
b) für eine Benutzung kurzer Bruchstücke anlässlich der Berichterstattung über Tagesereignisse;
c) für eine ephemere Aufzeichnung, die von einem Sendeunternehmen mit seinen eigenen Mitteln und für seine eigenen Sendungen vorgenommen wird;
d) für eine Benutzung, die ausschließlich Zwecken des Unterrichts oder der wissenschaftlichen Forschung dient.

(2) [1] Unbeschadet des Absatzes 1 kann jeder Mitgliedstaat für den Schutz der ausübenden Künstler, Tonträgerhersteller, Sendeunternehmen und Hersteller der erstmaligen Aufzeichnungen von Filmen Beschränkungen der gleichen Art vorsehen, wie sie für den Schutz des Urheberrechts an Werken der Literatur und der Kunst vorgesehen sind.

[2] Zwangslizenzen können jedoch nur insoweit vorgesehen werden, als sie mit den Bestimmungen des Rom-Abkommens vereinbar sind.

(3) Die in den Absätzen 1 und 2 genannten Beschränkungen dürfen nur in bestimmten Sonderfällen angewandt werden, in denen die normale Verwer-

tung des Schutzgegenstands nicht beeinträchtigt wird und die berechtigten Interessen des Rechtsinhabers nicht ungebührlich verletzt werden.

Kapitel III. Gemeinsame Vorschriften

Art. 11 Zeitliche Anwendbarkeit. (1) Diese Richtlinie findet auf alle von dieser Richtlinie erfassten urheberrechtlich geschützten Werke, Darbietungen, Tonträger, Sendungen und erstmaligen Aufzeichnungen von Filmen Anwendung, deren Schutz durch die Rechtsvorschriften der Mitgliedstaaten auf dem Gebiet des Urheberrechts und der verwandten Schutzrechte am 1. Juli 1994 noch bestand oder die zu diesem Zeitpunkt die Schutzkriterien im Sinne dieser Richtlinie erfüllten.

(2) Diese Richtlinie findet unbeschadet etwaiger vor dem 1. Juli 1994 erfolgter Nutzungshandlungen Anwendung.

(3) [1]Die Mitgliedstaaten können vorsehen, dass davon auszugehen ist, dass die Rechtsinhaber die Vermietung oder das Verleihen eines in Artikel 3 Absatz 1 Buchstaben a bis d bezeichneten Gegenstands gestattet haben, wenn dieser nachweislich vor dem 1. Juli 1994 Dritten zu den genannten Zwecken überlassen oder erworben worden ist.
[2]Die Mitgliedstaaten können insbesondere im Falle von Digitalaufnahmen jedoch vorsehen, dass die Rechtsinhaber einen Anspruch auf eine angemessene Vergütung für die Vermietung oder das Verleihen des betreffenden Gegenstands haben.

(4) Die Mitgliedstaaten brauchen Artikel 2 Absatz 2 auf vor dem 1. Juli 1994 geschaffene Filmwerke und audiovisuelle Werke nicht anzuwenden.

(5) Unbeschadet des Absatzes 3 und vorbehaltlich des Absatzes 7 werden Verträge, die vor dem 19. November 1992 geschlossen worden sind, von dieser Richtlinie nicht berührt.

(6) Vorbehaltlich des Absatzes 7 können die Mitgliedstaaten vorsehen, dass bei Rechtsinhabern, die gemäß den zur Umsetzung dieser Richtlinie erlassenen nationalen Rechtsvorschriften neue Rechte erwerben und vor dem 1. Juli 1994 einer Nutzung zugestimmt haben, davon ausgegangen wird, dass sie die neuen ausschließlichen Rechte abgetreten haben.

(7) [1]Bei vor dem 1. Juli 1994 geschlossenen Verträgen kommt das unverzichtbare Recht auf eine angemessene Vergütung gemäß Artikel 5 nur zur Anwendung, wenn die Urheber oder die ausübenden Künstler oder deren Vertreter vor dem 1. Januar 1997 einen entsprechenden Antrag gestellt haben. [2]Können sich die Rechtsinhaber nicht über die Höhe der Vergütung einigen, so können die Mitgliedstaaten die Höhe der angemessenen Vergütung festsetzen.

Art. 12 Beziehung zwischen Urheberrecht und verwandten Schutzrechten. Der Schutz von dem Urheberrecht verwandten Schutzrechten gemäß dieser Richtlinie lässt den Schutz der Urheberrechte unberührt und beeinträchtigt ihn in keiner Weise.

Art. 13 Mitteilung. Die Mitgliedstaaten teilen der Kommission die wichtigsten innerstaatlichen Rechtsvorschriften mit, die sie auf dem unter diese Richtlinie fallenden Gebiet erlassen.

Art. 14 Aufhebung. [1]Die Richtlinie 92/100/EWG wird unbeschadet der Verpflichtungen der Mitgliedstaaten hinsichtlich der in Anhang I Teil B genannten Fristen für die Umsetzung der dort genannten Richtlinien in innerstaatliches Recht aufgehoben.

[2]Verweisungen auf die aufgehobene Richtlinie gelten als Verweisungen auf die vorliegende Richtlinie und sind nach Maßgabe der Entsprechungstabelle in Anhang II zu lesen.

Art. 15 Inkrafttreten. Diese Richtlinie tritt am zwanzigsten Tag nach ihrer Veröffentlichung im *Amtsblatt der Europäischen Union* in Kraft[1)].

Art. 16 Adressaten. Diese Richtlinie ist an die Mitgliedstaaten gerichtet.

Geschehen zu Straßburg am 12. Dezember 2006.

Anhang I

Teil A. Aufgehobene Richtlinie mit ihren nachfolgenden Änderungen

Richtlinie 92/100/EWG des Rates (ABl. L 346 vom 27.11.1992, S. 61)	
Richtlinie 93/98/EWG des Rates (ABl. L 290 vom 24.11.1993, S. 9)	nur Artikel 11 Absatz 2
Richtlinie 2001/29/EG des Europäischen Parlaments und des Rates (ABl. L 167 vom 22.6.2001, S. 10)	nur Artikel 11 Absatz 1

Teil B. Fristen für die Umsetzung in innerstaatliches Recht

(gemäß Artikel 14)

Richtlinie	Umsetzungsfrist
92/100/EWG	1. Juli 1994
93/98/EWG	30. Juni 1995
2001/29/EG	21. Dezember 2002

Anhang II. Entsprechungstabelle

Richtlinie 92/100/EWG	Vorliegende Richtlinie
Artikel 1 Absatz 1	Artikel 1 Absatz 1
Artikel 1 Absatz 2	Artikel 2 Absatz 1 einleitende Worte und Buchstabe a
Artikel 1 Absatz 3	Artikel 2 Absatz 1 Buchstabe b
Artikel 1 Absatz 4	Artikel 1 Absatz 2
Artikel 2 Absatz 1 einleitende Worte	Artikel 3 Absatz 1 einleitende Worte
Artikel 2 Absatz 1 erster Gedankenstrich	Artikel 3 Absatz 1 Buchstabe a

1) Die Richtlinie ist im ABl. L 376 vom 27.12.2006, S. 28, veröffentlicht worden.

Richtlinie 92/100/EWG	Vorliegende Richtlinie
Artikel 2 Absatz 1 zweiter Gedankenstrich	Artikel 3 Absatz 1 Buchstabe b
Artikel 2 Absatz 1 dritter Gedankenstrich	Artikel 3 Absatz 1 Buchstabe c
Artikel 2 Absatz 1 vierter Gedankenstrich Satz 1	Artikel 3 Absatz 1 Buchstabe d
Artikel 2 Absatz 1 vierter Gedankenstrich Satz 2	Artikel 2 Absatz 1 Buchstabe c
Artikel 2 Absatz 2	Artikel 2 Absatz 2
Artikel 2 Absatz 3	Artikel 3 Absatz 2
Artikel 2 Absatz 4	Artikel 3 Absatz 3
Artikel 2 Absatz 5	Artikel 3 Absatz 4
Artikel 2 Absatz 6	Artikel 3 Absatz 5
Artikel 2 Absatz 7	Artikel 3 Absatz 6
Artikel 3	Artikel 4
Artikel 4	Artikel 5
Artikel 5 Absätze 1 bis 3	Artikel 6 Absätze 1 bis 3
Artikel 5 Absatz 4	–
Artikel 6	Artikel 7
Artikel 8	Artikel 8
Artikel 9 Absatz 1 einleitende und abschließende Worte	Artikel 9 Absatz 1 einleitende Worte
Artikel 9 Absatz 1 erster Gedankenstrich	Artikel 9 Absatz 1 Buchstabe a
Artikel 9 Absatz 1 zweiter Gedankenstrich	Artikel 9 Absatz 1 Buchstabe b
Artikel 9 Absatz 1 dritter Gedankenstrich	Artikel 9 Absatz 1 Buchstabe c
Artikel 9 Absatz 1 vierter Gedankenstrich	Artikel 9 Absatz 1 Buchstabe d
Artikel 9 Absätze 2, 3 und 4	Artikel 9 Absätze 2, 3 und 4
Artikel 10 Absatz 1	Artikel 10 Absatz 1
Artikel 10 Absatz 2 Satz 1	Artikel 10 Absatz 2 Unterabsatz 1
Artikel 10 Absatz 2 Satz 2	Artikel 10 Absatz 2 Unterabsatz 2
Artikel 10 Absatz 3	Artikel 10 Absatz 3
Artikel 13 Absätze 1 und 2	Artikel 11 Absätze 1 und 2
Artikel 13 Absatz 3 Satz 1	Artikel 11 Absatz 3 Unterabsatz 1
Artikel 13 Absatz 3 Satz 2	Artikel 11 Absatz 3 Unterabsatz 2
Artikel 13 Absatz 4	Artikel 11 Absatz 4
Artikel 13 Absatz 5	–
Artikel 13 Absatz 6	Artikel 11 Absatz 5
Artikel 13 Absatz 7	Artikel 11 Absatz 6
Artikel 13 Absatz 8	–
Artikel 13 Absatz 9	Artikel 11 Absatz 7
Artikel 14	Artikel 12
Artikel 15 Absatz 1	–
Artikel 15 Absatz 2	Artikel 13
–	Artikel 14
–	Artikel 15

Richtlinie 92/100/EWG	Vorliegende Richtlinie
Artikel 16	Artikel 16
–	Anhang I
–	Anhang II

42. Richtlinie 93/83/EWG des Rates zur Koordinierung bestimmter urheber- und leistungsschutzrechtlicher Vorschriften betreffend Satellitenrundfunk und Kabelweiterverbreitung

Vom 27. September 1993

(ABl. Nr. L 248/15)

Geändert durch RL 2019/789 v. 17.4.2019 (ABl. Nr. 170/S. 82)

DER RAT DER EUROPÄISCHEN GEMEINSCHAFTEN –

gestützt auf den Vertrag zur Gründung der Europäischen Wirtschaftsgemeinschaft, insbesondere auf die Artikel 57 Absatz 2 und 66,

aufVorschlag der Kommission,[1]

in Zusammenarbeit mit dem Europäischen Parlament,[2]

nach Anhörung des Wirtschafts- und Sozialausschusses,[3]

in Erwägung nachstehender Gründe:

(1) Die im Vertrag niedergelegten Ziele der Gemeinschaft umfassen einen immer engeren Zusammenschluß der europäischen Völker und engere Beziehungen zwischen den Staaten der Gemeinschaft sowie die Sicherung des wirtschaftlichen und sozialen Fortschritts ihrer Länder durch gemeinsames Handeln, das auf die Beseitigung der Europa trennenden Schranken gerichtet ist.

(2) Zu diesem Zweck sieht der Vertrag die Errichtung eines Gemeinsamen Marktes und eines Raumes ohne Binnengrenzen vor. Dazu gehören insbesondere die Beseitigung der Hindernisse für einen freien Dienstleistungsverkehr und die Gewährleistung eines unverfälschten Wettbewerbs innerhalb des Gemeinsamen Marktes. Zu diesem Zweck kann der Rat Richtlinien zur Koordinierung der Rechts- und Verwaltungsvorschriften der Mitgliedstaaten über die Aufnahme und Ausübung selbständiger Tätigkeiten erlassen.

(3) Grenzüberschreitende Rundfunksendungen innerhalb der Gemeinschaft, insbesondere über Satellit und Kabel, sind eines der wichtigsten Mittel zur Förderung der vorgenannten Ziele der Gemeinschaft, die zugleich politischer, wirtschaftlicher, sozialer, kultureller und rechtlicher Art sind.

(4) Zur Erreichung der vorgenannten Ziele hat der Rat bereits die Richtlinie 89/552/EWG vom 3. Oktober 1989 zur Koordinierung bestimmter Rechts- und Verwaltungsvorschriften der Mitgliedstaaten über die Ausübung der Fernsehtätigkeit[4] verabschiedet und darin Regelungen zur Förderung der europäischen Programmverbreitung und -produktion sowie auf den Gebieten von Werbung, Sponsoring, Jugendschutz und im Bereich des Gegendarstellungsrechts getroffen.

(5) Dennoch bestehen bei der grenzüberschreitenden Programmverbreitung über Satelliten gegenwärtig ebenso wie bei der Kabelweiterverbreitung von

---

1) ABl. Nr. C 255 vom 1.10.1991, S. 3, und ABl. Nr. C vom 28.1.1993, S. 43.
2) ABl. Nr. C 305 vom 23.11.1992, S. 129, und ABl. Nr. C 255 vom 20.9.1993.
3) ABl. Nr. C 98 vom 21.4.1992, S. 44.
4) ABl. Nr. L 298 vom 17.10.1989, S. 23.

Programmen aus anderen Mitgliedstaaten noch eine Reihe unterschiedlicher nationaler Urheberrechtsvorschriften sowie gewisse Rechtsunsicherheiten. Dadurch sind die Rechtsinhaber der Gefahr ausgesetzt, daß ihre Werke ohne entsprechende Vergütung verwertet werden oder daß einzelne Inhaber ausschließlicher Rechte in verschiedenen Mitgliedstaaten die Verwertung ihrer Werke blockieren. Vor allem bildet die Rechtsunsicherheit ein unmittelbares Hindernis für den freien Verkehr der Programme innerhalb der Gemeinschaft.

(6) Es besteht gegenwärtig eine urheberrechtliche Ungleichbehandlung der öffentlichen Wiedergabe über Direkt- und derjenigen über Fernmeldesatelliten. Angesichts des bei beiden Satellitentypen möglichen und heute wirtschaftlich vertretbaren Individualempfangs ist diese unterschiedliche rechtliche Regelung nicht länger zu rechtfertigen.

(7) Behindert ist die freie Rundfunksendung von Programmen im weiteren durch die augenblickliche Rechtsunsicherheit, ob die Sendung über Satelliten, deren Signale direkt empfangen werden können, nur die Rechte im Ausstrahlungsland oder aber kumulativ zugleich die Rechte in allen Empfangsländern berührt. Aufgrund der urheberrechtlichen Gleichbehandlung von Fernmelde- und von Direktsatelliten betrifft diese Rechtsunsicherheit jetzt nahezu alle in der Gemeinschaft über Satelliten verbreiteten Programme.

(8) Darüber hinaus fehlt es an der für den freien Verkehr von Rundfunksendungen innerhalb der Gemeinschaft erforderlichen Rechtssicherheit, wo Programme grenzüberschreitend in Kabelnetze eingespeist und weiterverbreitet werden.

(9) Die Entwicklung des vertraglichen Rechteerwerbs durch Erlaubnis trägt schon jetzt nachhaltig zur Schaffung des angestrebten europäischen audiovisuellen Raumes bei. Das Fortbestehen solcher vertraglichen Vereinbarungen ist mithin sicherzustellen und ihre möglichst reibungslose Durchführung in der Praxis nach Möglichkeit zu fördern.

(10) Gegenwärtig können Kabelnetzbetreiber insbesondere nicht sicher sein, tatsächlich alle Rechte an den Programmen erworben zu haben, die Gegenstand einer solchen vertraglichen Vereinbarung sind.

(11) Schließlich unterliegen nicht alle Beteiligten in allen Mitgliedstaaten gleichermaßen Verpflichtungen, die sie daran hindern, Verhandlungen über den Erwerb der zur Kabelweiterverbreitung erforderlichen Rechte ohne triftigen Grund zu verweigern oder scheitern zu lassen.

(12) Die durch die Richtlinie 89/552/EWG festgelegten rechtlichen Rahmenbedingungen für die Schaffung eines einheitlichen audiovisuellen Raumes bedürfen mithin in bezug auf das Urheberrecht einer Ergänzung.

(13) So sollte die in den Mitgliedstaaten unterschiedliche Behandlung der Verbreitung von Programmen über einen Fernmeldesatelliten beseitigt und gemeinschaftsweit einheitlich darauf abgestellt werden, ob Werke und andere Schutzgegenstände öffentlich wiedergegeben werden. Dadurch erfahren auch die Anbieter grenzüberschreitender Rundfunkprogramme eine Gleichbehandlung unabhängig davon, ob sie sich zur Programmverbreitung eines Direktstrahl- oder eines Fernmeldesatelliten bedienen.

(14) Die die grenzüberschreitende Programmverbreitung über Satelliten behindernde Rechtsunsicherheit im Hinblick auf die zu erwerbenden Rechte läßt sich beseitigen, indem die öffentliche Wiedergabe geschützter Werke über

Satellit auf Gemeinschaftsebene definiert wird, wodurch gleichzeitig auch der Ort der öffentlichen Wiedergabe präzisiert wird. Eine solche Definition ist notwendig, um die kumulative Anwendung von mehreren nationalen Rechten auf einen einzigen Sendeakt zu verhindern. Eine öffentliche Wiedergabe über Satellit findet ausschließlich dann und in dem Mitgliedstaat statt, wo die programmtragenden Signale unter der Kontrolle und Verantwortung des Sendeunternehmens in eine nicht unterbrochene Übertragungskette über Satellit bis zur Rückkehr der Signale zur Erde eingebracht werden. Normale technische Verfahren betreffend die programmtragenden Signale dürfen nicht als Unterbrechung der Übertragungskette betrachtet werden.

(15) Der vertragliche Erwerb ausschließlicher Senderechte muß dem Urheberrecht und dem Leistungsschutzrecht des Mitgliedstaats entsprechen, in dem die öffentliche Wiedergabe über Satellit erfolgt.

(16) Der Grundsatz der Vertragsfreiheit, auf den sich diese Richtlinie stützt, gestattet weiterhin eine Einschränkung der Verwertung dieser Rechte, insbesondere was bestimmte Übertragungstechniken oder bestimmte sprachliche Fassungen anbelangt.

(17) Bei der Vereinbarung der Vergütung für die erworbenen Rechte sollten die Beteiligten allen Aspekten der Sendung, wie der tatsächlichen und potentiellen Einschaltquote und der sprachlichen Fassung, Rechnung tragen.

(18) Die Anwendung des in dieser Richtlinie vorgesehenen Ursprungsland-Grundsatzes könnte zu Problemen hinsichtlich bereits bestehender Verträge führen. In dieser Richtlinie sollte ein Übergangszeitraum von fünf Jahren vorgesehen werden, in dessen Verlauf bestehende Verträge gegebenenfalls im Sinne der Richtlinie anzupassen sind. Demzufolge sollte der Ursprungsland-Grundsatz dieser Richtlinie nicht für bereits bestehende Verträge gelten, deren Laufzeit vor dem 1. Januar 2000 endet. Sollten die Vertragsparteien zu jenem Zeitpunkt noch Interesse an dem Vertrag haben, so sollten sie die Vertragsbedingungen erneut miteinander aushandeln können.

(19) Laufende Verträge über internationale Koproduktionen sind unter Berücksichtigung des wirtschaftlichen Zwecks und des Vertragsumfangs, welche die Parteien bei der Unterzeichnung im Auge hatten, auszulegen. Bislang war die öffentliche Wiedergabe über Satellit im Sinne dieser Richtlinie in Verträgen über internationale Koproduktionen häufig nicht ausdrücklich und spezifisch als besondere Form der Nutzung vorgesehen. Grundlage vieler laufender Verträge über internationale Koproduktionen ist ein Konzept, nach dem die Rechte an der Koproduktion von jedem Koproduzenten getrennt und unabhängig ausgeübt werden, indem die Nutzungsrechte nach territorialen Gesichtspunkten unter ihnen aufgeteilt werden. Generell gilt, daß in den Fällen, in denen eine von einem Koproduzenten genehmigte öffentliche Wiedergabe über Satellit den Wert der Nutzungsrechte eines anderen Koproduzenten schmälern würde, der laufende Vertrag normalerweise dahingehend auszulegen wäre, daß der letztere Koproduzent der Genehmigung der öffentlichen Wiedergabe über Satellit durch den ersteren Koproduzenten seine Zustimmung geben müßte. Die sprachlichen Exklusivrechte des letzteren Koproduzenten werden beeinträchtigt, wenn die Sprachfassung(en) der öffentlichen Wiedergabe einschließlich synchronisierter oder mit Untertiteln versehener Wiedergabefassung der (den) Sprache(n) entspricht (entsprechen), die in dem dem letzteren Koproduzenten vertraglich zugeteilten Gebiet

weitgehend verstanden wird (werden). Der Begriff Exklusivrechte sollte in einem weitergehenden Sinne verstanden werden, wenn es sich um die über Satellit erfolgende öffentliche Wiedergabe von Werken handelt, die nur aus Bildern bestehen und keinerlei Dialog oder Untertitel enthalten. Es bedarf einer klaren Regelung für jene Fälle, in denen Verträge über internationale Koproduktionen nicht ausdrücklich eine Aufteilung der Rechte im spezifischen Fall der öffentlichen Wiedergabe über Satellit im Sinne dieser Richtlinie vorsehen.

(20) Sendungen aus Drittstaaten, die öffentlich über Satellit wiedergegeben werden, können unter bestimmten Bedingungen als Sendungen angesehen werden, die innerhalb eines Mitgliedstaats der Gemeinschaft erfolgen.

(21) Es muß gewährleistet werden, daß der Schutz der Urheber, ausübenden Künstler, Hersteller von Tonträgern und Sendeunternehmen in allen Mitgliedstaaten gewährt und daß dieser Schutz nicht von einer gesetzlichen Lizenz abhängig gemacht wird. Nur so lassen sich Wettbewerbsverzerrungen aufgrund eines möglichen Schutzgefälles innerhalb des Gemeinsamen Marktes verhindern.

(22) Es steht zu erwarten, daß die Verwendung der neuen Technologien Auswirkungen auf Qualität und Quantität der Verwertung von Werken und sonstigen Leistungen hat.

(23) In Anbetracht dieser Entwicklung sollte der Schutz, der allen in den Geltungsbereich dieser Richtlinie fallenden Rechtsinhaber in deren Rahmen gewährt wird, laufend geprüft werden.

(24) Die in dieser Richtlinie vorgesehene Rechtsangleichung erfordert, daß die Vorschriften zur Gewährleistung eines hohen Schutzniveaus für Urheber, ausübende Künstler, Hersteller von Tonträgern und Sendeunternehmen harmonisiert werden. Aufgrund dieser Angleichung sollte ein Sendeunternehmen nicht Nutzen aus einem Schutzgefälle ziehen können, indem es den Standort seiner Tätigkeiten auf Kosten der audiovisuellen Produktion verlagert.

(25) Die leistungsschutzrechtlichen Vorschriften für die öffentliche Wiedergabe über Satellit sind an der Richtlinie 92/100/EWG[1)] auszurichten. Auf diese Weise wird sichergestellt, daß die ausübenden Künstler und Hersteller von Tonträgern für die öffentliche Wiedergabe ihrer Leistungen oder Tonträger über Satellit eine angemessene Vergütung erhalten.

(26) Die Bestimmungen von Artikel 4 dieser Richtlinie hindern die Mitgliedstaaten weder, den Vermutungsgrundsatz gemäß Artikel 2 Absatz 5 der Richtlinie 92/100/EWG auf die ausschließlichen Rechte gemäß Artikel 4 auszudehnen, noch für die in diesem Artikel genannten ausschließlichen Rechte der ausübenden Künstler eine widerlegbare Vermutung der Einwilligung in die Auswertung vorzusehen, sofern eine solche Vermutung mit dem Internationalen Abkommen über den Schutz der ausübenden Künstler, der Hersteller von Tonträgern und der Sendeunternehmen vereinbar ist.

(27) Die Kabelweiterverbreitung von Programmen aus anderen Mitgliedstaaten stellt eine Handlung dar, die in den Bereich des Urheberrechts und gegebenenfalls der Leistungsschutzrechte fällt. Daher benötigt ein Kabelnetz-

---

1) ABl. Nr. L 346 vom 27.11.1992, S. 61.

betreiber für jeden weiterverbreiteten Programmteil die Genehmigung sämtlicher Rechtsinhaber. Nach dieser Richtlinie sollten diese Genehmigungen grundsätzlich vertraglich zu erteilen sein, soweit nicht für bereits bestehende gesetzliche Lizenzen eine zeitweilige Ausnahme vorgesehen wird.

(28) Damit das reibungslose Funktionieren vertraglicher Vereinbarungen nicht durch den Einspruch von Außenseitern, die Rechte an einzelnen Programmteilen innehaben, in Frage gestellt werden kann, sollte, soweit die Besonderheiten der Kabelweiterverbreitung dies erfordern, durch Einführung einer Verwertungsgesellschaftspflicht eine ausschließlich kollektive Ausübung des Verbotsrechts vorgesehen werden. Das Verbotsrecht als solches bleibt dabei erhalten, lediglich die Art seiner Ausübung wird in bestimmtem Umfang geregelt. Daraus folgt zugleich, daß die Kabelweiterverbreitungsrechte nach wie vor abtretbar sind. Die Ausübung des Urheberpersönlichkeitsrechts wird vom Regelungsbereich dieser Richtlinie nicht erfaßt.

(29) Die in Artikel 10 vorgesehene Ausnahmeregelung wirkt sich nicht einschränkend auf die Möglichkeit der Rechtsinhaber aus, ihre Rechte einer Verwertungsgesellschaft zu übertragen und sich so eine direkte Beteiligung an der vom Kabelunternehmen für die Kabelweiterverbreitung gezahlten Vergütung zu sichern.

(30) Darüber hinaus sollen die vertraglichen Vereinbarungen über die Genehmigung der Kabelweiterverbreitung durch eine Reihe von Maßnahmen gefördert werden. Will ein Beteiligter einen allgemeinen Vertrag abschließen, sollte er verpflichtet sein, kollektive Vorschläge für eine Vereinbarung zu unterbreiten. Außerdem soll allen Beteiligten jederzeit die Anrufung unparteiischer Vermittler offenstehen, die Verhandlungshilfe leisten und Vorschläge unterbreiten können. Solche Vorschläge oder Einwände gegen diese Vorschläge sollten den Beteiligten nach den für die Zustellung von Rechtsdokumenten geltenden Regeln, wie sie insbesondere in den bestehenden internationalen Übereinkommen niedergelegt sind, zugestellt werden. Schließlich muß dafür gesorgt werden, daß die Vertragsverhandlungen nicht ohne triftigen Grund blockiert werden und daß die Teilnahme einzelner Rechtsinhaber an diesen Verhandlungen nicht ohne triftigen Grund verhindert wird. Keine dieser Maßnahmen zur Förderung des Rechtserwerbs stellt den vertraglichen Charakter des Erwerbs der Kabelweiterverbreitungsrechte in Frage.

(31) Für eine Übergangszeit sollte den Mitgliedstaaten die Aufrechterhaltung bestehender Stellen erlaubt sein, die in ihrem jeweiligen Hoheitsgebiet zuständig sind, mit Fällen befaßt zu werden, in denen das Recht der öffentlichen Weiterverbreitung eines Programms durch Kabel von einem Sendeunternehmen ohne stichhaltigen Grund verweigert oder zu unangemessenen Bedingungen angeboten worden ist. Dabei wird vorausgesetzt, daß das Recht der betreffenden Parteien auf Anhörung durch die Stelle gewährleistet ist und die Existenz der Stelle die betreffenden Parteien nicht darin hindert, den normalen Rechtsweg zu beschreiten.

(32) Dagegen erscheint eine gemeinschaftliche Regelung für all diejenigen Sachverhalte nicht erforderlich, deren Auswirkungen, mit Ausnahme allenfalls eines wirtschaftlich nicht ins Gewicht fallenden Teils, lediglich innerhalb der Grenzen eines Mitgliedstaates spürbar werden.

(33) Es sollten die notwendigen Mindestvorschriften festgelegt werden, um die freie, ungestörte grenzüberschreitende Rundfunksendung über Satelliten

sowie die zeitgleiche, unveränderte Kabelweiterverbreitung von Rundfunkprogrammen aus anderen Mitgliedstaaten auf grundsätzlich vertraglicher Grundlage zu verwirklichen und zu gewährleisten.

(34) Diese Richtlinie sollte weitere Harmonisierungsmaßnahmen im Bereich des Urheberrechts und der verwandten Schutzrechte sowie der kollektiven Wahrnehmung solcher Rechte nicht präjudizieren. Die den Mitgliedstaaten eingeräumte Möglichkeit, die Tätigkeit von Verwertungsgesellschaften zu regeln, beeinträchtigt nicht die in dieser Richtlinie vorgesehene freie vertragliche Aushandlung der Rechte; hierbei wird jedoch davon ausgegangen, daß solche Verhandlungen im Rahmen allgemeiner oder spezifischer nationaler Rechtsvorschriften betreffend des Wettbewerbsrechts oder die Verhinderung der mißbräuchlichen Ausnutzung von Monopolstellungen geführt werden.

(35) Den Mitgliedstaaten sollte es daher vorbehalten bleiben, die zur Verwirklichung der in dieser Richtlinie angestrebten Ziele erforderlichen Rahmenbedingungen durch einzelstaatliche Rechts- und Verwaltungsvorschriften auszufüllen, soweit sie den mit dieser Richtlinie verfolgten Zielen nicht entgegenwirken und mit dem Gemeinschaftsrecht in Einklang stehen.

(36) Die Bestimmungen dieser Richtlinie lassen die Anwendung der Wettbewerbsregeln nach den Artikel 85 und 86 des Vertrages unberührt –

HAT FOLGENDE RICHTLINIE ERLASSEN:

Kapitel I. Definitionen

Art. 1 Definitionen. (1) Für die Zwecke dieser Richtlinie bedeutet „Satellit" einen Satelliten, der auf Frequenzbändern arbeitet, die fernmelderechtlich dem Aussenden von Signalen zum öffentlichen Empfang oder nichtöffentlichen Individual-Kommunikation vorbehalten sind. Im letzteren Fall muß lediglich der Individualempfang der Signale unter Bedingungen erfolgen, die den Bedingungen im ersteren Fall vergleichbar sind.

(2) a) Für die Zwecke dieser Richtlinie bedeutet „öffentliche Wiedergabe über Satellit" die Handlung, mit der unter der Kontrolle des Sendeunternehmens und auf Verantwortung die programmtragenden Signale, die für den öffentlichen Empfang bestimmt sind, in eine ununterbrochene Kommunikationskette, die zum Satelliten und zurück zur Erde führt, eingegeben werden.

b) Die öffentliche Wiedergabe über Satellit findet nur in dem Mitgliedstaat statt, in dem die programmtragenden Signale unter der Kontrolle des Sendeunternehmens und auf dessen Verantwortung in eine ununterbrochene Kommunikationskette eingegeben werden, die zum Satelliten und zurück zur Erde führt.

c) Sind die programmtragenden Signale kodiert, so liegt eine öffentliche Wiedergabe über Satellit unter der Voraussetzung vor, daß die Mittel zur Dekodierung der Sendung durch das Sendeunternehmen selbst oder mit seiner Zustimmung der Öffentlichkeit zugänglich gemacht worden sind.

d) Findet eine öffentliche Wiedergabe über Satellit in einem Drittstaat statt, in dem das in Kapitel II vorgesehene Schutzniveau nicht gewährleistet ist, so gilt folgendes:
   i) Werden die programmtragenden Signale von einer in einem Mitgliedstaat gelegenen aussendenden Erdfunkstation an den Satelliten geleitet, so gilt, daß die öffentliche Wiedergabe über Satellit in diesem Mitgliedstaat stattgefunden hat, und die in Kapitel II vorgesehenen Rechte sind gegenüber der Person ausübbar, die die aussendende Erdfunkstation betreibt.
   ii) Wenn keine in einem Mitgliedstaat gelegene aussendende Erdfunkstation verwendet wird, ein in einem Mitgliedstaat niedergelassenes Sendeunternehmen die öffentliche Wiedergabe jedoch in Auftrag gegeben hat, so gilt, daß die Wiedergabe in dem Mitgliedstaat stattgefunden hat, in dem das Sendeunternehmen seine Hauptniederlassung innerhalb der Gemeinschaft hat, und die in Kapitel II vorgesehenen Rechte sind gegenüber dem Sendeunternehmen ausübbar.

(3) Für die Zwecke dieser Richtlinie bedeutet „Kabelweiterverbreitung" die zeitgleiche, unveränderte und vollständige Weiterverbreitung einer drahtlosen oder drahtgebundenen, erdgebundenen oder durch Satellit übermittelten Erstsendung von Fernseh- oder Hörfunkprogrammen, die zum öffentlichen Empfang bestimmt sind, aus einem anderen Mitgliedstaat durch Kabel- oder Mikrowellensysteme, unabhängig davon, wie der Betreiber eines Kabelweiterverbreitungsdienstes die programmtragenden Signale von dem Sendeunternehmen für die Weiterverbreitung erlangt.

(4) Für die Zwecke dieser Richtlinie bedeutet „Verwertungsgesellschaft" jede Organisation, die Urheber- oder verwandte Schutzrechte als einziges Ziel oder als eines ihrer Hauptziele wahrnimmt oder verwaltet.

(5) Für die Zwecke dieser Richtlinie gilt der Hauptregisseur eines Filmwerks oder audiovisuellen Werks als sein Urheber oder als einer seiner Urheber. Die Mitgliedstaaten können vorsehen, daß weitere Personen als Miturheber des Werks gelten.

Kapitel II. Satellitenrundfunk

Art. 2 Senderecht. Gemäß den Bestimmungen dieses Kapitels sehen die Mitgliedstaaten für den Urheber das ausschließliche Recht vor, die öffentliche Wiedergabe von urheberrechtlich geschützten Werken über Satellit zu erlauben.

Art. 3 Erwerb von Senderechten. (1) Die Mitgliedstaaten sorgen dafür, daß die Erlaubnis nach Artikel 2 ausschließlich vertraglich erworben werden kann.

(2) Ein Mitgliedstaat kann vorsehen, daß ein kollektiver Vertrag, den eine Verwertungsgesellschaft mit einem Sendeunternehmen für eine bestimmte Gruppe von Werken beschlossen hat, auf Rechtsinhaber derselben Gruppe, die nicht durch die Verwertungsgesellschaft vertreten sind, unter der Voraussetzung ausgedehnt werden kann, daß

– gleichzeitig mit der öffentlichen Wiedergabe über Satellit von demselben Sendeunternehmen über erdgebundene Systeme gesendet wird und
– der nicht vertretene Rechtsinhaber jederzeit die Ausdehnung des kollektiven Vertrags auf seine Werke ausschließen und seine Rechte entweder individuell oder kollektiv wahrnehmen kann.

(3) Absatz 2 findet keine Anwendung auf Filmwerke einschließlich der Werke, die durch ein ähnliches Verfahren wie Filmwerke geschaffen worden sind.

(4) Sehen die Rechtsvorschriften eines Mitgliedstaats die Ausdehnung eines kollektiven Vertrages gemäß Absatz 2 vor, so teilt dieser Mitgliedstaat der Kommission mit, welche Sendeunternehmen diese Rechtsvorschriften in Anspruch nehmen können. Die Kommission veröffentlicht diese Angaben im *Amtsblatt der Europäischen Gemeinschaften* (Reihe C).

Art. 4 Rechte der ausübenden Künstler, der Tonträgerhersteller und der Sendeunternehmen. (1) Für die Zwecke der öffentlichen Wiedergabe über Satellit sind die Rechte der ausübenden Künstler, der Tonträgerhersteller und der Sendeunternehmen gemäß den Artikeln 6, 7, 8 und 10 der Richtlinie 92/100/EWG geschützt.

(2) Für die Zwecke von Absatz 1 sind „drahtlos übertragene Rundfunksendungen" gemäß der Richtlinie 92/100/EWG so zu verstehen, daß sie die öffentliche Wiedergabe über Satellit umfassen.

(3) Im Hinblick auf die Ausübung der in Absatz 1 genannten Rechte gelten Artikel 2 Absatz 7 und Artikel 12 der Richtlinie 92/100/EWG.

Art. 5 Beziehung zwischen Urheberrecht und verwandten Schutzrechten. Der Schutz der dem Urheberrecht verwandten Schutzrechte gemäß dieser Richtlinie läßt den Schutz der Urheberrechte unberührt und beeinträchtigt ihn in keiner Weise.

Art. 6 Mindestschutz. (1) Die Mitgliedstaaten können für die Inhaber von dem Urheberrecht verwandten Schutzrechten weitergehende Schutzvorschriften vorsehen als die, die in Artikel 8 der Richtlinie 92/100/EWG vorgeschrieben sind.

(2) Die Mitgliedstaaten beachten bei Anwendung von Absatz 1 die Definition des Artikels 1 Absätze 1 und 2.

Art. 7 Übergangsbestimmungen. (1) Hinsichtlich der zeitlichen Anwendbarkeit der in Artikel 4 Absatz 1 dieser Richtlinie genannten Rechte gilt Artikel 13 Absätze 1, 2, 6 und 7 der Richtlinie 92/100/EWG. Artikel 13 Absätze 4 und 5 der Richtlinie 92/100/EWG gilt sinngemäß.

(2) Für Verträge über die Verwertung der Werke und anderer urheberrechtlich geschützter Gegenstände, die zu dem in Artikel 14 Absatz 1 genannten Zeitpunkt bereits bestehen, gelten Artikel 1 Absatz 2 sowie die Artikel 2 und 3 ab 1. Januar 2000, sofern diese Verträge nach diesem Zeitpunkt ablaufen.

(3) Sieht ein Vertrag über internationale Koproduktion, der vor dem in Artikel 14 Absatz 1 genannten Zeitpunkt zwischen einem Koproduzenten eines Mitgliedstaats und einem oder mehreren Koproduzenten aus anderen Mitgliedstaaten oder Drittländern geschlossen worden ist, ausdrücklich eine Re-

gelung zur Aufteilung der Nutzungsrechte zwischen den Koproduzenten nach geographischen Bereichen für alle Mittel der öffentlichen Wiedergabe ohne Unterscheidung zwischen der auf die öffentliche Wiedergabe über Satellit anwendbaren Regelung und den auf andere Übertragungswege anwendbaren Bestimmungen vor und würde die öffentliche Wiedergabe der Koproduktion über Satellit die Exklusivrechte, insbesondere die sprachlichen Exklusivrechte eines der Koproduzenten oder seiner Rechtsnachfolger in einem bestimmten Gebiet beeinträchtigen, so ist für die Genehmigung der öffentlichen Wiedergabe über Satellit durch einen der Koproduzenten oder seine Rechtsnachfolger die vorherige Zustimmung des Inhabers dieser Exklusivrechte – unabhängig davon, ob es sich um einen Koproduzenten oder einen Rechtsnachfolger handelt – erforderlich.

Kapitel III. Kabelweiterverbreitung

Art. 8 Kabelweiterverbreitungsrecht. (1) Die Mitgliedstaaten sorgen dafür, daß die Kabelweiterverbreitung von Rundfunksendungen aus anderen Mitgliedstaaten in ihrem Staatsgebiet unter der Beachtung der anwendbaren Urheberrechte und verwandten Schutzrechte und auf der Grundlage individueller oder kollektiver Verträge zwischen den Urheberrechtsinhabern, den Leistungsschutzberechtigten und den Kabelunternehmen erfolgt.

(2) Unbeschadet des Absatzes 1 können die Mitgliedstaaten am 31. Juli 1991 bestehende oder nach einzelstaatlichem Recht ausdrücklich vorgesehene Regelungen für gesetzliche Lizenzen bis zum 31. Dezember 1997 beibehalten.

Art. 9 Ausübung des Kabelweiterverbreitungsrechts. (1) Die Mitgliedstaaten sorgen dafür, daß das Recht der Urheberrechtsinhaber und der Inhaber verwandter Schutzrechte, einem Kabelunternehmen die Erlaubnis zur Kabelweiterverbreitung zu erteilen oder zu verweigern, nur durch Verwertungsgesellschaften geltend gemacht werden kann.

(2) Hat ein Rechtsinhaber die Wahrnehmung seiner Rechte keiner Verwertungsgesellschaft übertragen, so gilt die Verwertungsgesellschaft, die Rechte der gleichen Art wahrnimmt, als bevollmächtigt, seine Rechte wahrzunehmen. Nimmt mehr als eine Verwertungsgesellschaft Rechte dieser Art wahr, so steht es dem Rechtsinhaber frei, unter diesen Verwertungsgesellschaften diejenige auszuwählen, die als zur Wahrung seiner Rechte bevollmächtigt gelten soll. Für einen Rechtsinhaber im Sinne dieses Absatzes ergeben sich aus der Vereinbarung zwischen dem Kabelunternehmen und der Verwertungsgesellschaft, die als bevollmächtigt zur Wahrung seiner Rechte gilt, die gleichen Rechte und Pflichten wie für Rechtsinhaber, die diese Verwertungsgesellschaft bevollmächtigt haben, er kann diese Rechte innerhalb eines von dem betreffenden Mitgliedstaat festzulegenden Zeitraums geltend machen, der, gerechnet vom Zeitpunkt der Kabelweiterverbreitung an, die sein Werk oder andere urheberrechtlich geschützte Gegenstände umfaßt, nicht kürzer als drei Jahre sein darf.

(3) Ein Mitgliedstaat kann vorsehen, daß bei einem Rechtsinhaber, der die Erstsendung eines Werks oder eines anderen urheberrechtlich geschützten Gegenstands im Hoheitsgebiet dieses Mitgliedstaats gestattet, davon ausgegan-

gen wird, daß er damit einverstanden ist, seine Kabelweiterverbreitungsrechte nicht auf individueller Grundlage, sondern gemäß dieser Richtlinie auszuüben.

Art. 10 Ausübung des Kabelweiterverbreitungsrechts durch Sendeunternehmen. Die Mitgliedstaaten sorgen dafür, daß Artikel 9 auf die Rechte, die ein Sendeunternehmen in bezug auf seine eigenen Sendungen geltend macht, keine Anwendung findet, wobei es unerheblich ist, ob die betreffenden Rechte eigene Rechte des Unternehmens sind oder ihm durch andere Urheberrechtsinhaber und/oder Inhaber verwandter Schutzrechte übertragen worden sind.

Art. 11 Vermittler. (1) Kommt keine Vereinbarung über die Erteilung einer Erlaubnis zur Kabelweiterverbreitung einer Rundfunksendung zustande, so gewährleisten die Mitgliedstaaten, daß jeder der Beteiligten einen oder mehrere Vermittler anrufen kann.

(2) Die Vermittler haben die Aufgabe, Verhandlungshilfe zu leisten. Sie können den Beteiligten auch Vorschläge unterbreiten.

(3) Erhebt keine der Parteien innerhalb von drei Monaten nach Übermittlung eines Vorschlags nach Absatz 2 Einwände gegen diesen Vorschlag, so gilt dieser als von den Parteien angenommen. Der Vorschlag sowie jedweder Einwand dagegen ist den betreffenden Parteien nach den für die Zustellung von Rechtsdokumenten geltenden Regeln zuzustellen.

(4) Bei der Auswahl der Vermittler ist sicherzustellen, daß diese die volle Gewähr für Unabhängigkeit und Unparteilichkeit bieten.

Art. 12 Verhinderung des Mißbrauchs von Verhandlungspositionen. (1) Die Mitgliedstaaten sorgen durch entsprechende zivil- oder verwaltungsrechtliche Vorschriften dafür, daß die Beteiligten Verhandlungen über die Erlaubnis der Kabelweiterverbreitung nach Treu und Glauben aufnehmen und diese Verhandlungen nicht ohne triftigen Grund be- oder verhindern.

(2) Verfügt ein Mitgliedstaat zu dem in Artikel 14 Absatz 1 genannten Zeitpunkt über eine für sein Hoheitsgebiet zuständige Stelle, der die Fälle unterbreitet werden können, in denen das Recht der öffentlichen Weiterverbreitung eines Programms durch Kabel in diesem Mitgliedstaat ohne stichhaltigen Grund verweigert oder von einem Sendeunternehmen zu unangemessenen Bedingungen angeboten worden ist, so kann er diese Stelle beibehalten.

(3) Absatz 2 gilt für eine Übergangszeit von acht Jahren, gerechnet ab dem in Artikel 14 Absatz 1 genannten Zeitpunkt.

Kapitel IV. Allgemeine Bestimmungen

Art. 13 Kollektive Wahrnehmung von Rechten. Die Regelung der Tätigkeit von Verwertungsgesellschaften durch die Mitgliedstaaten bleibt in dieser Richtlinie unberührt.

Art. 14 Schlußbestimmungen. (1) Die Mitgliedstaaten erlassen die erforderlichen Rechts- und Verwaltungsvorschriften, um dieser Richtlinie bis zum

1. Januar 1995 nachzukommen. Sie setzen die Kommission unverzüglich davon in Kenntnis.

Wenn die Mitgliedstaaten Vorschriften nach Unterabsatz 1 erlassen, nehmen sie in den Vorschriften selbst oder durch einen Hinweis bei der amtlichen Veröffentlichung auf diese Richtlinie Bezug. Die Mitgliedstaaten regeln die Einzelheiten der Bezugnahme.

(2) Die Mitgliedstaaten teilen der Kommission den Wortlaut der innerstaatlichen Rechtsvorschriften mit, die sie auf dem unter dieser Richtlinie fallenden Gebiet erlassen.

(3) Die Kommission legt dem Europäischen Parlament, dem Rat und dem Wirtschafts- und Sozialausschuß spätestens zum 1. Januar 2000 einen Bericht über die Anwendung dieser Richtlinie vor und unterbreitet gegebenenfalls Vorschläge zur Anpassung der Richtlinie an die Entwicklungen im Rundfunk- und Fernsehsektor.

Art. 15. Diese Richtlinie ist an die Mitgliedstaaten gerichtet.

43. Richtlinie 2006/116/EG des Europäischen Parlaments und des Rates über die Schutzdauer des Urheberrechts und bestimmter verwandter Schutzrechte (kodifizierte Fassung)

Vom 12. Dezember 2006

(ABl. Nr. L 372/12)[1]

Geändert durch RL 2011/77/EU vom 27.9.2011 (ABl. Nr. L 265/1)[2]

DAS EUROPÄISCHE PARLAMENT UND DER RAT DER EUROPÄISCHEN UNION –

gestützt auf den Vertrag zur Gründung der Europäischen Gemeinschaft, insbesondere auf Artikel 47 Absatz 2, Artikel 55 und Artikel 95,

auf Vorschlag der Kommission,

nach Stellungnahme des Europäischen Wirtschafts- und Sozialausschusses[3],

gemäß dem Verfahren des Artikels 251 des Vertrags[4],

in Erwägung nachstehender Gründe:

(1) Die Richtlinie 93/98/EWG des Rates vom 29. Oktober 1993 zur Harmonisierung der Schutzdauer des Urheberrechts und bestimmter verwandter Schutzrechte[5] ist in wesentlichen Punkten geändert worden[6]. Aus Gründen der Übersichtlichkeit und Klarheit empfiehlt es sich, die genannte Richtlinie zu kodifizieren.

(2) Die Berner Übereinkunft zum Schutz von Werken der Literatur und Kunst sowie das Internationale Abkommen über den Schutz der ausübenden Künstler, der Hersteller von Tonträgern und der Sendeunternehmen (Rom-Abkommen) sehen nur eine Mindestschutzdauer vor und überlassen es damit den Vertragsstaaten, die betreffenden Rechte längerfristig zu schützen. Einige Mitgliedstaaten haben von dieser Möglichkeit Gebrauch gemacht. Andere Mitgliedstaaten sind dem Rom-Abkommen noch nicht beigetreten.

(3) Diese Rechtslage und die längere Schutzdauer in einigen Mitgliedstaaten führen dazu, dass die geltenden einzelstaatlichen Vorschriften über die Schutzdauer des Urheberrechts und der verwandten Schutzrechte Unterschiede aufweisen, die den freien Warenverkehr sowie den freien Dienstleistungsverkehr behindern und die Wettbewerbsbedingungen im Gemeinsamen Markt

---

[1] **Nichtamtl. Anm.:** Durch Beschluss des Gemeinsamen EWR-Ausschusses Nr. 56/2007 zur Änderung von Anhang XVII (Geistiges Eigentum) des EWR-Abkommens vom 8.6.2007 (ABl. L Nr. 266/17; Erwägungsgrund 2)) wird die RL 2006/116/EG in das EWR-Abkommen aufgenommen

[2] Nr. **43a**.

[3] **Amtl. Anm.:** Stellungnahme vom 26. Oktober 2006 (noch nicht im Amtsblatt veröffentlicht).

[4] **Amtl. Anm.:** Stellungnahme des Europäischen Parlaments vom 12. Oktober 2006 (noch nicht im Amtsblatt veröffentlicht) und Beschluss des Rates vom 30. November 2006.

[5] **Amtl. Anm.:** ABl. L 290 vom 24.11.1993, S. 9. Geändert durch die Richtlinie 2001/29/EG des Europäischen Parlaments und des Rates (ABl. L 167 vom 22.6.2001, S. 10).

[6] **Amtl. Anm.:** Siehe Anhang I Teil A.

verfälschen können. Es ist daher im Hinblick auf das reibungslose Funktionieren des Binnenmarkts erforderlich, die Rechtsvorschriften der Mitgliedstaaten zu harmonisieren, damit in der gesamten Gemeinschaft dieselbe Schutzdauer gilt.

(4) Es ist wichtig, nicht nur die Schutzdauer als solche festzulegen, sondern auch einige ihrer Modalitäten wie den Zeitpunkt, ab dem sie berechnet wird.

(5) Die Bestimmungen dieser Richtlinie sollten die Anwendung von Artikel 14bis Absatz 2 Buchstaben b, c und d und Absatz 3 der Berner Übereinkunft durch die Mitgliedstaaten unberührt lassen.

(6) Die Mindestschutzdauer, die nach der Berner Übereinkunft fünfzig Jahre nach dem Tod des Urhebers umfasst, verfolgte den Zweck, den Urheber und die ersten beiden Generationen seiner Nachkommen zu schützen. Wegen der gestiegenen durchschnittlichen Lebenserwartung in der Gemeinschaft reicht diese Schutzdauer nicht mehr aus, um zwei Generationen zu erfassen.

(7) Einige Mitgliedstaaten haben die Schutzdauer über den Zeitraum von fünfzig Jahren nach dem Tod des Urhebers hinaus verlängert, um einen Ausgleich für die Auswirkungen der beiden Weltkriege auf die Verwertung der Werke zu schaffen.

(8) Bei der Schutzdauer der verwandten Schutzrechte haben sich einige Mitgliedstaaten für eine Schutzdauer von fünfzig Jahren nach der erlaubten Veröffentlichung oder der erlaubten öffentlichen Wiedergabe entschieden.

(9) Die Diplomatische Konferenz, die im Dezember 1996 unter der Schirmherrschaft der Weltorganisation für geistiges Eigentum (WIPO) stattfand, hat zur Annahme des WIPO-Vertrags über Darbietungen und Tonträger geführt, der den Schutz der ausübenden Künstler und der Tonträgerhersteller zum Gegenstand hat. Dieser Vertrag stellt eine wichtige Aktualisierung des internationalen Schutzes der verwandten Schutzrechte dar.

(10) Die Wahrung erworbener Rechte gehört zu den allgemeinen Rechtsgrundsätzen, die von der Gemeinschaftsrechtsordnung geschützt werden. Daher darf die durch den Gemeinschaftsgesetzgeber eingeführte Schutzdauer des Urheberrechts und der verwandten Schutzrechte nicht zur Folge haben, dass der Schutz, den die Rechtsinhaber vor dem Inkrafttreten der Richtlinie 93/98/EWG in der Gemeinschaft genossen haben, beeinträchtigt wird. Damit sich die Auswirkungen der Übergangsmaßnahmen auf ein Mindestmaß beschränken lassen und um das reibungslose Funktionieren des Binnenmarkts zu ermöglichen, ist eine lange Schutzdauer vorzusehen.

(11) Das Schutzniveau des Urheberrechts und der verwandten Schutzrechte muss hoch sein, da diese Rechte die Grundlage für das geistige Schaffen bilden. Der Schutz dieser Rechte erlaubt es, die Aufrechterhaltung und Entwicklung der Kreativität im Interesse der Autoren, der Kulturindustrie, der Verbraucher und der ganzen Gesellschaft sicherzustellen.

(12) Zur Einführung eines hohen Schutzniveaus, das sowohl den Anforderungen des Binnenmarkts als auch der Notwendigkeit entspricht, ein rechtliches Umfeld zu schaffen, das die harmonische Entwicklung der literarischen und künstlerischen Kreativität in der Gemeinschaft fördert, ist die Schutzdauer folgendermaßen zu harmonisieren: siebzig Jahre nach dem Tod des Urhebers bzw. siebzig Jahre, nachdem das Werk erlaubterweise der Öffentlichkeit zugänglich gemacht worden ist, für das Urheberrecht und fünfzig Jahre nach

dem für den Beginn der Frist maßgebenden Ereignis für die verwandten Schutzrechte.

(13) Sammlungen sind nach Artikel 2 Absatz 5 der Berner Übereinkunft geschützt, wenn sie wegen der Auswahl und Anordnung des Stoffes geistige Schöpfungen darstellen. Diese Werke sind als solche geschützt, und zwar unbeschadet der Rechte der Urheber an jedem einzelnen der Werke, die Bestandteile dieser Sammlungen sind. Folglich können für die Werke in Sammlungen spezifische Schutzfristen gelten.

(14) In allen Fällen, in denen eine oder mehrere natürliche Personen als Urheber identifiziert sind, sollte sich die Schutzfrist ab ihrem Tod berechnen. Die Frage der Urheberschaft an einem Werk insgesamt oder an einem Teil eines Werks ist eine Tatsachenfrage, über die gegebenenfalls die nationalen Gerichte zu entscheiden haben.

(15) Die Schutzfristen sollten entsprechend der Regelung in der Berner Übereinkunft und im Rom-Abkommen am 1. Januar des Jahres beginnen, das auf den rechtsbegründenden Tatbestand folgt.

(16) Der Schutz von Fotografien ist in den Mitgliedstaaten unterschiedlich geregelt. Im Sinne der Berner Übereinkunft ist ein fotografisches Werk als ein individuelles Werk zu betrachten, wenn es die eigene geistige Schöpfung des Urhebers darstellt, in der seine Persönlichkeit zum Ausdruck kommt; andere Kriterien wie z.B. Wert oder Zwecksetzung sind hierbei nicht zu berücksichtigen. Der Schutz anderer Fotografien kann durch nationale Rechtsvorschriften geregelt werden.

(17) Um Unterschiede bei der Schutzdauer für verwandte Schutzrechte zu vermeiden, ist für deren Berechnung in der gesamten Gemeinschaft ein und derselbe für den Beginn der Schutzdauer maßgebliche Zeitpunkt vorzusehen. Die Darbietung, Aufzeichnung, Übertragung, erlaubte Veröffentlichung oder erlaubte öffentliche Wiedergabe, d.h. die Mittel, mit denen ein Gegenstand eines verwandten Schutzrechts Personen in jeder geeigneten Weise generell zugänglich gemacht wird, werden für die Berechnung der Schutzdauer ungeachtet des Landes berücksichtigt, in dem die betreffende Darbietung, Aufzeichnung, Übertragung, erlaubte Veröffentlichung oder erlaubte öffentliche Wiedergabe erfolgt.

(18) Das Recht der Sendeunternehmen an ihren Sendungen, unabhängig davon, ob es sich hierbei um drahtlose oder drahtgebundene, über Kabel oder durch Satelliten vermittelte Sendungen handelt, sollte nicht zeitlich unbegrenzt währen. Es ist deshalb notwendig, die Schutzdauer nur von der ersten Ausstrahlung einer bestimmten Sendung an laufen zu lassen. Diese Vorschrift soll verhindern, dass eine neue Frist in den Fällen zu laufen beginnt, in denen eine Sendung mit einer vorhergehenden identisch ist.

(19) Es steht den Mitgliedstaaten frei, andere verwandte Schutzrechte beizubehalten oder einzuführen, insbesondere in Bezug auf den Schutz kritischer und wissenschaftlicher Ausgaben. Um die Transparenz auf Gemeinschaftsebene sicherzustellen, müssen die Mitgliedstaaten, die neue verwandte Schutzrechte einführen, dies jedoch der Kommission mitteilen.

(20) Es empfiehlt sich klarzustellen, dass sich diese Richtlinie nicht auf die Urheberpersönlichkeitsrechte erstreckt.

(21) Bei Werken, deren Ursprungsland im Sinne der Berner Übereinkunft ein Drittland ist und deren Urheber kein Gemeinschaftsangehöriger ist, sollte

ein Schutzfristenvergleich angewandt werden, wobei die in der Gemeinschaft gewährte Schutzfrist die Frist nach dieser Richtlinie nicht überschreiten darf.

(22) Die in dieser Richtlinie vorgesehene Schutzdauer der verwandten Schutzrechte sollte auch für Rechtsinhaber gelten, die nicht Angehörige eines Mitgliedstaats der Gemeinschaft sind, die jedoch aufgrund internationaler Vereinbarungen einen Schutzanspruch haben. Diese Schutzdauer darf jedoch nicht die von dem Drittland vorgesehene überschreiten, dessen Staatsangehöriger der Rechtsinhaber ist.

(23) Die Anwendung der Bestimmungen über den Schutzfristenvergleich darf nicht zur Folge haben, dass die Mitgliedstaaten mit ihren internationalen Verpflichtungen in Konflikt geraten.

(24) Den Mitgliedstaaten sollte es freistehen, Bestimmungen zu erlassen, die die Auslegung, Anpassung und weitere Erfüllung von Verträgen über die Nutzung geschützter Werke oder sonstiger Gegenstände betreffen, die vor der sich aus dieser Richtlinie ergebenden Verlängerung der Schutzdauer geschlossen wurden.

(25) Die Wahrung erworbener Rechte und die Berücksichtigung berechtigter Erwartungen sind Bestandteil der gemeinschaftlichen Rechtsordnung. Die Mitgliedstaaten sollten insbesondere vorsehen können, dass das Urheberrecht und verwandte Schutzrechte, die in Anwendung dieser Richtlinie wiederaufleben, unter bestimmten Umständen diejenigen Personen nicht zu Zahlungen verpflichten, die die Werke zu einer Zeit gutgläubig verwertet haben, als diese gemeinfrei waren.

(26) Diese Richtlinie sollte die Verpflichtungen der Mitgliedstaaten hinsichtlich der in Anhang I Teil B genannten Fristen für die Umsetzung der dort genannten Richtlinien in innerstaatliches Recht und deren Anwendung unberührt lassen –

HABEN FOLGENDE RICHTLINIE ERLASSEN:

Art. 1 Dauer der Urheberrechte. (1) Die Schutzdauer des Urheberrechts an Werken der Literatur und Kunst im Sinne des Artikels 2 der Berner Übereinkunft umfasst das Leben des Urhebers und siebzig Jahre nach seinem Tod, unabhängig von dem Zeitpunkt, zu dem das Werk erlaubterweise der Öffentlichkeit zugänglich gemacht worden ist.

(2) Steht das Urheberrecht den Miturhebern eines Werkes gemeinsam zu, so beginnt die Frist nach Absatz 1 mit dem Tod des längstlebenden Miturhebers.

(3) Für anonyme und pseudonyme Werke endet die Schutzdauer siebzig Jahre, nachdem das Werk erlaubterweise der Öffentlichkeit zugänglich gemacht worden ist. Wenn jedoch das vom Urheber angenommene Pseudonym keinerlei Zweifel über die Identität des Urhebers zulässt oder wenn der Urheber innerhalb der in Satz 1 angegebenen Frist seine Identität offenbart, richtet sich die Schutzdauer nach Absatz 1.

(4) Sieht ein Mitgliedstaat besondere Urheberrechtsbestimmungen in Bezug auf Kollektivwerke oder in Bezug auf eine als Inhaber der Rechte zu bestimmende juristische Person vor, so wird die Schutzdauer nach Absatz 3 berechnet, sofern nicht die natürlichen Personen, die das Werk als solches geschaffen

haben, in den der Öffentlichkeit zugänglich gemachten Fassungen dieses Werks als solche identifiziert sind. Dieser Absatz lässt die Rechte identifizierter Urheber, deren identifizierbare Beiträge in diesen Werken enthalten sind, unberührt; für diese Beiträge findet Absatz 1 oder 2 Anwendung.

(5) Für Werke, die in mehreren Bänden, Teilen, Lieferungen, Nummern oder Episoden veröffentlicht werden und für die die Schutzfrist ab dem Zeitpunkt zu laufen beginnt, in dem das Werk erlaubterweise der Öffentlichkeit zugänglich gemacht worden ist, beginnt die Schutzfrist für jeden Bestandteil einzeln zu laufen.

(6) Bei Werken, deren Schutzdauer nicht nach dem Tod des Urhebers oder der Urheber berechnet wird und die nicht innerhalb von 70 Jahren nach ihrer Schaffung erlaubterweise der Öffentlichkeit zugänglich gemacht worden sind, erlischt der Schutz.

(7) Die Schutzdauer einer Musikkomposition mit Text erlischt – unabhängig von den ausgewiesenen Miturhebern – siebzig Jahre nach dem Tod des letzten Überlebenden folgender Personen: Verfasser des Textes und Komponist der Musikkomposition, sofern beide Beiträge eigens für die betreffende Musikkomposition mit Text geschaffen wurden.

Art. 2 Filmwerke oder audiovisuelle Werke. (1) Der Hauptregisseur eines Filmwerks oder eines audiovisuellen Werks gilt als dessen Urheber oder als einer seiner Urheber. Es steht den Mitgliedstaaten frei, vorzusehen, dass weitere Personen als Miturheber benannt werden können.

(2) Die Schutzfrist für ein Filmwerk oder ein audiovisuelles Werk erlischt 70 Jahre nach dem Tod des Längstlebenden der folgenden Personen, unabhängig davon, ob diese als Miturheber benannt worden sind: Hauptregisseur, Urheber des Drehbuchs, Urheber der Dialoge und Komponist der speziell für das betreffende Filmwerk oder audiovisuelle Werk komponierten Musik.

Art. 3 Dauer der verwandten Schutzrechte. (1) Die Rechte der ausübenden Künstler erlöschen fünfzig Jahre nach der Darbietung. Wird jedoch
- eine nicht auf einem Tonträger erfolgte Aufzeichnung der Darbietung innerhalb dieser Frist erlaubterweise veröffentlicht oder erlaubterweise öffentlich wiedergegeben, so erlöschen die Rechte fünfzig Jahre nach der betreffenden ersten Veröffentlichung oder ersten öffentlichen Wiedergabe, je nachdem, welches Ereignis zuerst stattgefunden hat,
- eine Aufzeichnung der Darbietung auf einem Tonträger innerhalb dieser Frist erlaubterweise veröffentlicht oder erlaubterweise öffentlich wiedergegeben, so erlöschen die Rechte siebzig Jahre nach der betreffenden ersten Veröffentlichung oder ersten öffentlichen Wiedergabe, je nachdem, welches Ereignis zuerst stattfand.

(2) Die Rechte der Hersteller von Tonträgern erlöschen fünfzig Jahre nach der Aufzeichnung. Wurde jedoch der Tonträger innerhalb dieser Frist rechtmäßig veröffentlicht, so erlöschen diese Rechte siebzig Jahre nach der ersten rechtmäßigen Veröffentlichung. Wurde der Tonträger innerhalb der in Satz 1 genannten Frist nicht rechtmäßig veröffentlicht und wurde der Tonträger innerhalb dieser Frist rechtmäßig öffentlich wiedergegeben, so erlöschen diese Rechte siebzig Jahre nach der ersten rechtmäßigen öffentlichen Wiedergabe.

Der vorliegende Absatz bewirkt jedoch nicht, dass die Rechte der Hersteller von Tonträgern, die aufgrund des Ablaufs der Schutzfrist des Artikels 3 Absatz 2 der Richtlinie 93/98/EWG in der Fassung vor der Änderung durch die Richtlinie 2001/29/EG am 22. Dezember 2002 nicht mehr geschützt waren, erneut geschützt sind.

(2a) Unterlässt der Tonträgerhersteller fünfzig Jahre nach der rechtmäßigen Veröffentlichung des Tonträgers oder ohne eine solche Veröffentlichung fünfzig Jahre nach dessen rechtmäßiger öffentlicher Wiedergabe, Kopien des Tonträgers in ausreichender Menge zum Verkauf anzubieten oder den Tonträger öffentlich auf leitungsgebundenem oder drahtlosem Übertragungsweg so zugänglich zu machen, dass die Öffentlichkeit an einem selbst gewählten Ort und zu einem selbst gewählten Zeitpunkt auf ihn zugreifen kann, so kann der ausübende Künstler den Vertrag, mit dem er seine Rechte an der Aufzeichnung seiner Darbietung einem Tonträgerhersteller übertragen oder abgetreten hat (im Folgenden „Übertragungs- oder Abtretungsvertrag"), kündigen. Von dem Recht der Kündigung des Übertragungs- oder Abetretungsvertrags kann Gebrauch gemacht werden, wenn der Tonträgerhersteller innerhalb eines Jahres ab der Mitteilung des ausübenden Künstlers, den Übertragungs- oder Abtretungsvertrag gemäß dem vorstehenden Satz kündigen zu wollen, nicht beide in dem vorstehenden Satz genannten Nutzungshandlungen ausführt. Auf dieses Kündigungsrecht kann der ausübende Künstler nicht verzichten. Enthält ein Tonträger die Aufzeichnung der Darbietungen von mehreren ausübenden Künstlern, so können diese ihre Übetragungs- oder Abtretungsverträge gemäß den geltenden nationalen Rechtsvorschriften kündigen. Wird der Übertragungs- oder Abtretungsvertrag gemäß diesem Absatz gekündigt, so erlöschen die Rechte des Tonträgerherstellers am Tonträger.

(2b) Gibt ein Übertragungs- oder Abtretungsvertrag dem ausübenden Künstler Anspruch auf eine nicht wiederkehrende Vergütung, so hat der ausübende Künstler Anspruch auf eine zusätzliche, jährlich zu zahlende Vergütung vonseiten des Tonträgerherstellers für jedes vollständige Jahr unmittelbar im Anschluss an das 50. Jahr nach der rechtmäßigen Veröffentlichung des Tonträgers oder ohne eine solche Veröffentlichung für das 50. Jahr nach dessen rechtmäßiger öffentlicher Wiedergabe. Auf diesen Anspruch auf eine zusätzliche, jährlich zu zahlende Vergütung kann der ausübende Künstler nicht verzichten.

(2c) Der Tonträgerhersteller hat im Anschluss an das 50. Jahr nach der rechtmäßigen Veröffentlichung des Tonträgers oder ohne eine solche Veröffentlichung im 50. Jahr nach seiner rechtmäßigen öffentlichen Wiedergabe für die Zahlung der im Absatz 2b vorgesehenen zusätzlichen, jährlich zu zahlenden Vergütung insgesamt 20% der Einnahmen beiseite zu legen, die er während des Jahres, das dem Jahr, für das diese Vergütung zu zahlen ist, unmittelbar vorausgeht, aus der Vervielfältigung, dem Vertrieb und der Zugänglichmachung des betreffenden Tonträgers erzielt hat.

Die Mitgliedstaaten gewährleisten, dass die Tonträgerhersteller den ausübenden Künstlern, die Anspruch auf die zusätzliche Vergütung nach Absatz 2b haben, auf Antrag Informationen zur Verfügung zu stellen haben, die erforderlich sein können, um die Zahlung dieser Vergütung sicherzustellen.

(2d) Die Mitgliedstaaten stellen sicher, dass der Anspruch auf die in Absatz 2b genannte zusätzliche jährliche Vergütung von Verwertungsgesellschaften wahrgenommen wird.

(2e) Hat ein ausübender Künstler einen Anspruch auf wiederkehrende Zahlungen, so werden im 50. Jahr nach der rechtmäßigen Veröffentlichung des Tonträgers oder ohne eine solche Veröffentlichung im 50. Jahr nach dessen rechtmäßiger öffentlicher Wiedergabe weder Vorschüsse noch vertraglich festgelegte Abzüge von den Zahlungen an den ausübenden Künstlern abgezogen.

(3) Die Rechte der Hersteller der erstmaligen Aufzeichnung eines Films erlöschen fünfzig Jahre nach der Aufzeichnung. Wird jedoch der Film innerhalb dieser Frist erlaubterweise veröffentlicht oder erlaubterweise öffentlich wiedergegeben, so erlöschen die Rechte fünfzig Jahre nach der betreffenden ersten Veröffentlichung oder öffentlichen Wiedergabe, je nachdem, welches Ereignis zuerst stattgefunden hat. Für die Zwecke dieser Richtlinie bedeutet „Film"vertonte oder nicht vertonte Filmwerke, audiovisuelle Werke oder Laufbilder.

(4) Die Rechte der Sendeunternehmen erlöschen fünfzig Jahre nach der Erstsendung unabhängig davon, ob es sich hierbei um drahtlose oder drahtgebundene, über Kabel oder durch Satelliten vermittelte Sendungen handelt.

Art. 4 Schutz zuvor unveröffentlichter Werke. Wer ein zuvor unveröffentlichtes Werk, dessen urheberrechtlicher Schutz abgelaufen ist, erstmals erlaubterweise veröffentlicht bzw. erlaubterweise öffentlich wiedergibt, genießt einen den vermögensrechtlichen Befugnissen des Urhebers entsprechenden Schutz. Die Schutzdauer für solche Rechte beträgt 25 Jahre ab dem Zeitpunkt, zu dem das Werk erstmals erlaubterweise veröffentlicht oder erstmals erlaubterweise öffentlich wiedergegeben worden ist.

Art. 5 Kritische und wissenschaftliche Ausgaben. Die Mitgliedstaaten können kritische und wissenschaftliche Ausgaben von gemeinfrei gewordenen Werken urheberrechtlich schützen. Die Schutzfrist für solche Rechte beträgt höchstens 30 Jahre ab dem Zeitpunkt der ersten erlaubten Veröffentlichung.

Art 6. Schutz von Fotografien. Fotografien werden gemäß Artikel 1 geschützt, wenn sie individuelle Werke in dem Sinne darstellen, dass sie das Ergebnis der eigenen geistigen Schöpfung ihres Urhebers sind. Zur Bestimmung ihrer Schutzfähigkeit sind keine anderen Kriterien anzuwenden. Die Mitgliedstaaten können den Schutz anderer Fotografien vorsehen.

Art. 7 Schutz im Verhältnis zu Drittländern. (1) Für Werke, deren Ursprungsland im Sinne der Berner Übereinkunft ein Drittland und deren Urheber nicht Staatsangehöriger eines Mitgliedstaats der Gemeinschaft ist, endet der in den Mitgliedstaaten gewährte Schutz spätestens mit dem Tag, an dem der Schutz im Ursprungsland des Werkes endet, ohne jedoch die Frist nach Artikel 1 zu überschreiten.

(2) Die Schutzdauer nach Artikel 3 gilt auch für Rechtsinhaber, die nicht Angehörige eines Mitgliedstaats der Gemeinschaft sind, sofern ihnen der Schutz in den Mitgliedstaaten gewährt wird. Jedoch endet der in den Mitgliedstaaten gewährte Schutz, unbeschadet der internationalen Verpflichtungen der Mitgliedstaaten, spätestens mit dem Tag, an dem der Schutz in dem Drittland endet, dessen Staatsangehöriger der Rechtsinhaber ist, und darf die in Artikel 3 festgelegte Schutzdauer nicht überschreiten.

(3) Mitgliedstaaten, die am 29. Oktober 1993 insbesondere aufgrund ihrer internationalen Verpflichtungen eine längere Schutzdauer als die in den Absätzen 1 und 2 vorgesehene gewährt haben, dürfen diesen Schutz bis zum Abschluss internationaler Übereinkommen zur Schutzdauer des Urheberrechts oder verwandter Schutzrechte beibehalten.

Art. 8 Berechnung der Fristen. Die in dieser Richtlinie genannten Fristen werden vom 1. Januar des Jahres an berechnet, das auf das für den Beginn der Frist maßgebende Ereignis folgt.

Art. 9 Urheberpersönlichkeitsrechte. Diese Richtlinie lässt die Bestimmungen der Mitgliedstaaten zur Regelung der Urheberpersönlichkeitsrechte unberührt.

Art. 10 Zeitliche Anwendbarkeit. (1) Wenn eine Schutzfrist, die länger als die entsprechende Schutzfrist nach dieser Richtlinie ist, am 1. Juli 1995 in einem Mitgliedstaat bereits lief, so wird sie durch diese Richtlinie in dem betreffenden Mitgliedstaat nicht verkürzt.

(2) Die in dieser Richtlinie vorgesehene Schutzfrist findet auf alle Werke oder Gegenstände Anwendung, die zu dem in Absatz 1 genannten Zeitpunkt zumindest in einem der Mitgliedstaaten aufgrund der Anwendung nationaler Bestimmungen im Bereich des Urheberrechts oder verwandter Schutzrechte geschützt waren, oder die zu diesem Zeitpunkt die Schutzkriterien der Richtlinie [92/100/EWG des Rates vom 19. November 1992 zum Vermietrecht und Verleihrecht sowie zu bestimmten dem Urheberrecht verwandten Schutzrechten im Bereich des geistigen Eigentums][1] erfüllten.

(3) Nutzungshandlungen, die vor dem in Absatz 1 genannten Zeitpunkt erfolgt sind, bleiben von dieser Richtlinie unberührt. Die Mitgliedstaaten treffen die notwendigen Bestimmungen, um insbesondere die erworbenen Rechte Dritter zu schützen.

(4) Die Mitgliedstaaten brauchen Artikel 2 Absatz 1 auf vor dem 1. Juli 1994 geschaffene Filmwerke und audiovisuelle Werke nicht anzuwenden.

(5)[2] Artikel 3 Absätze 1 bis 2e in der am 31. Oktober 2011 geltenden Fassung gilt für Aufzeichnungen von Darbietungen und für Tonträger, deren Schutzdauer für den ausübenden Künstler und den Tonträgerhersteller aufgrund dieser Bestimmungen in der am 30. Oktober 2011 geltenden Fassung am 1. November 2013 noch nicht erloschen ist, und für Aufzeichnungen von Darbietungen und für Tonträger, die nach diesem Datum entstehen.

(6) Artikel 1 Absatz 7 gilt für Musikkompositionen mit Text, von denen zumindest die Musikkomposition oder der Text in mindestens einem Mitgliedstaat am 1. November 2013 geschützt sind, und für Musikkompositionen mit Text, die nach diesem Datum entstehen.

Nutzungshandlungen, die vor dem 1. November 2013 erfolgt sind, bleiben von Unterabsatz 1 dieses Absatzes unberührt. Die Mitgliedstaaten treffen die notwendigen Bestimmungen, um insbesondere die erworbenen Rechte Dritter zu schützen.

---

[1] **Amtl. Anm.:** ABl. L 346 vom 27.11.1992, S. 61. Zuletzt geändert durch die Richtlinie 2001/29/EG.

[2] Art. 10 Abs. 5 neugef. durch Ber. RL 2011/77/EU v. 27.4.2013 (ABl. Nr. L 117/23) **(Nr. 43a).**

Art. 10a Übergangsmaßnahmen. (1) Sofern keine eindeutigen vertraglichen Hinweise auf das Gegenteil vorliegen, wird davon ausgegangen, dass ein vor dem 1. November 2013 abgeschlossener Übertragungs- oder Abtretungsvertrag auch nach dem Zeitpunkt seine Gültigkeit behält, zu dem der ausübende Künstler gemäß Artikel 3 Absatz 1 in der am 30. Oktober 2011 geltenden Fassung keinen Schutz bezüglich der Aufzeichnung der Darbietung und des Tonträgers mehr genießen würde.

(2) Die Mitgliedstaaten können bestimmen, dass Übertragungs- oder Abtretungsverträge, die einem ausübenden Künstler einen Anspruch auf wiederkehrende Zahlungen einräumen und die vor dem 1. November 2013 abgeschlossen wurden, nach Ablauf von 50 Jahren, nachdem der Tonträger erlaubterweise veröffenlicht wurde bzw., falls eine solche Veröffentlichung nicht erfolgt ist, nach Ablauf von 50 Jahren, nachdem er erlaubterweise öffentlich wiedergegeben wurde, geändert werden können.

Art. 11 Anmeldung und Mitteilung. (1) Die Mitgliedstaaten teilen der Kommission unverzüglich jeden Gesetzentwurf zur Einführung neuer verwandter Schutzrechte mit und geben die Hauptgründe für ihre Einführung sowie die vorgesehene Schutzdauer an.

(2) Die Mitgliedstaaten teilen der Kommission die innerstaatlichen Rechtsvorschriften mit, die sie auf dem unter diese Richtlinie fallenden Gebiet erlassen.

Art. 12 Aufhebung. Die Richtlinie 93/98/EWG wird unbeschadet der Verpflichtungen der Mitgliedstaaten hinsichtlich der in Anhang I Teil B genannten Fristen für die Umsetzung der dort genannten Richtlinien in innerstaatliches Recht und für die Anwendung dieser Richtlinien aufgehoben.

Verweisungen auf die aufgehobene Richtlinie gelten als Verweisungen auf die vorliegende Richtlinie und sind nach Maßgabe der Entsprechungstabelle in Anhang II zu lesen.

Art. 13 Inkrafttreten. Diese Richtlinie tritt am zwanzigsten Tag nach ihrer Veröffentlichung im *Amtsblatt der Europäischen Union* in Kraft.[1)]

Art. 14 Adressaten. Diese Richtlinie ist an die Mitgliedstaaten gerichtet.

Geschehen zu Straßburg am 12. Dezember 2006.

Anhang I

Teil A. Aufgehobene Richtlinie mit ihrer Änderung

Richtlinie 93/98/EWG des Rates (ABl. L 290 vom 24.11.1993, S. 9)	
Richtlinie 2001/29/EG des Europäischen Parlaments und des Rates (ABl. L 167 vom 22.6.2001, S. 10)	nur Artikel 11 Absatz 2

[1)] Die Richtlinie ist im ABl. L 372 vom 27.12.2006, S. 12, veröffentlicht worden.

Teil B. Fristen für die Umsetzung in innerstaatliches Recht und für die Anwendung

(gemäß Artikel 12)

Richtlinie	Umsetzungsfrist	Datum der Anwendung
93/98/EWG	1. Juli 1995 (Artikel 1 bis 11)	19. November 1993 (Artikel 12) spätestens 1. Juli 1997 in Bezug auf Artikel 2 Absatz 1 (Artikel 10 Absatz 5)
2001/29/EG	22. Dezember 2002	

Anhang II

Entsprechungstabelle

Richtlinie 93/98/EWG	Vorliegende Richtlinie
Artikel 1 bis 9	Artikel 1 bis 9
Artikel 10 Absätze 1 bis 4	Artikel 10 Absätze 1 bis 4
Artikel 10 Absatz 5	–
Artikel 11	–
Artikel 12	Artikel 11 Absatz 1
Artikel 13 Absatz 1 Unterabsatz 1	–
Artikel 13 Absatz 1 Unterabsatz 2	–
Artikel 13 Absatz 1 Unterabsatz 3	Artikel 11 Absatz 2
Artikel 13 Absatz 2	–
–	Artikel 12
–	Artikel 13
Artikel 14	Artikel 14
–	Anhang I
–	Anhang II

43a. Richtlinie 2011/77/EU des Europäischen Parlament und des Rates zur Änderung der Richtlinie 2006/116/EG über die Schutzdauer des Urheberrechts und bestimmter verwandter Schutzrechte

Vom 27. September 2011 (ABl. Nr. L 265/1, ber. ABl. 2013 Nr. L 117/23*)

(Auszug)

DAS EUROPÄISCHE PARLAMENT UND DER RAT DER EUROPÄISCHEN UNION –

gestützt auf den Vertrag über die Arbeitsweise der Europäischen Union, insbesondere auf Artikel 53 Absatz 1, Artikel 62 und Artikel 114,
auf Vorschlag der Europäischen Kommission,
nach Stellungnahme des Europäischen Wirtschafts- und Sozialausschusses[1)],
gemäß dem gemäß dem ordentlichen Gesetzgebungsverfahren[2)],
in Erwägung nachstehender Gründe:

(1) In der Richtlinie 2006/116/EG des Europäischen Parlaments und des Rates[3)] wurde die Schutzdauer für ausübende Künstler und Tonträgerhersteller auf 50 Jahre festgelegt.

(2) Für ausübende Künstler beginnt dieser Zeitraum mit der Darbietung oder, wenn die Aufzeichnung der Darbietung innerhalb von 50 Jahren ab der Darbietung erlaubterweise veröffentlicht oder erlaubterweise öffentlich wiedergegeben wird, mit dieser ersten Veröffentlichung oder ersten öffentlichen Wiedergabe, je nachdem, welches Ereignis zuerst stattgefunden hat.

(3) Für die Tonträgerhersteller beginnt dieser Zeitraum mit der Aufzeichnung oder mit der erlaubten Veröffentlichung des Tonträgers innerhalb von 50 Jahren nach der Aufzeichnung oder, wenn dieser nicht so veröffentlicht wird, mit der erlaubten öffentlichen Wiedergabe innerhalb von 50 Jahren nach der Aufzeichnung.

(4) Die gesellschaftlich anerkannte Bedeutung des kreativen Beitrags ausübender Künstler sollte sich in einem Schutzniveau niederschlagen, das dem kreativen und künstlerischen Beitrag gerecht wird.

(5) Ausübende Künstler beginnen ihre Laufbahn im Allgemeinen relativ jung, so dass ihre Darbietungen bei der derzeitigen Schutzdauer von 50 Jahren für Aufzeichnungen von Darbietungen gegen Ende ihres Lebens häufig nicht mehr geschützt sind. Deshalb entsteht für einige ausübende Künstler am Ende ihres Lebens eine Einkommenslücke. Zudem können ausübende Künstler sich häufig nicht auf ihre Rechte stützen, um eine zweifelhafte Verwertung ihrer Darbietungen während ihres Lebens zu verhindern oder einzuschränken.

(6) Die Einnahmen aus den ausschließlichen Rechten für die Vervielfältigung und Zugänglichmachung im Sinne der Richtlinie 2001/29/EG des Eu-

---

* Eingearbeitet bei RL 2006/116/EG (Nr. **43**).

1) **Amtl. Anm.:** ABl. C 182 vom 4.8.2009, S. 36.

2) **Amtl. Anm.:** Standpunkt des Europäischen Parlaments vom 23. April 2009 (ABl. C 184 E vom 8.7.2010, S. 331) und Beschluss des Rates vom 12. September 2011.

3) **Amtl. Anm.:** ABl. L 372 vom 27.12.2006, S. 12.

ropäischen Parlaments und des Rates vom 22. Mai 2001 zur Harmonisierung bestimmter Aspekte des Urheberrechts und der verwandten Schutzrechte in der Informationsgesellschaft[1)] und dem gerechten Ausgleich für die Vervielfältigung zum privaten Gebrauch im Sinne der genannten Richtlinie sowie die Einnahmen aus den ausschließlichen Rechten für die Verbreitung und Vermietung im Sinne der Richtlinie 2006/115/EG des Europäischen Parlaments und des Rates vom 12. Dezember 2006 zum Vermietrecht und Verleihrecht sowie zu bestimmten dem Urheberrecht verwandten Schutzrechten im Bereich des geistigen Eigentums[2)] sollten den ausübenden Künstlern während ihres gesamten Lebens zur Verfügung stehen.

(7) Die Schutzdauer für Aufzeichnungen von Darbietungen und für Tonträger sollte deshalb auf 70 Jahre nach dem für den Beginn der Frist maßgebenden Ereignis verlängert werden.

(8) Die Rechte an der Aufzeichnung einer Darbietung sollten an den ausübenden Künstler zurückgehen, wenn ein Tonträgerhersteller es unterlässt, eine Aufzeichnung, die ohne die Verlängerung der Schutzdauer gemeinfrei wäre, in einer ausreichenden Anzahl von Kopien im Sinne des Internationalen Abkommens über den Schutz der ausübenden Künstler, der Hersteller von Tonträgern und der Sendeunternehmen zum Verkauf anzubieten oder der Öffentlichkeit zugänglich zu machen. Diese Möglichkeit sollte nach Ablauf einer angemessenen Frist für den Tonträgerhersteller, diese beiden Nutzungshandlungen vorzunehmen, zur Verfügung stehen. Die Rechte des Tonträgerherstellers am Tonträger sollten deshalb erlöschen, um zu vermeiden, dass diese Rechte gleichzeitig mit den Rechten des ausübenden Künstlers an der Aufzeichnung bestehen, die nicht mehr an den Tonträgerhersteller übertragen oder abgetreten werden.

(9) Ausübende Künstler, die eine vertragliche Beziehung mit einem Tonträgerhersteller eingehen, müssen diesem in der Regel ihre ausschließlichen Rechte für Vervielfältigung, Vertrieb, Vermietung und Zugänglichmachung von Aufzeichnungen ihrer Darbietungen übertragen. Im Ausgleich dafür erhalten einige ausübende Künstler einen Vorschuss auf Lizenzgebühren, Zahlungen aber erst dann, wenn der Tonträgerhersteller den Vorschuss wieder hereingeholt und alle vertraglich festgelegten Abzüge vorgenommen hat. Sonstige ausübende Künstler übertragen oder treten ihre ausschließlichen Rechte gegen eine einmalige Zahlung (nicht wiederkehrende Vergütung) ab. Dies ist insbesondere der Fall bei ausübenden Künstlern, die andere Künstler begleiten und nicht unter den Mitwirkenden aufgeführt werden („nicht namentlich genannte ausübende Künstler"), aber bisweilen auch bei ausübenden Künstlern, die unter den Mitwirkenden aufgeführt werden („namentlich genannte Künstler").

(10) Um sicherzustellen, dass ausübende Künstler, die ihre ausschließlichen Rechte an den Tonträgerhersteller übertragen oder abgetreten haben, tatsächlich von dieser Verlängerung profitieren, sollten verschiedene begleitende Maßnahmen ergriffen werden.

(11) Eine erste begleitende Maßnahme sollte darin bestehen, den Tonträgerherstellern eine Verpflichtung aufzuerlegen, mindestens einmal jährlich einen Betrag in Höhe von 20% der Einnahmen beiseite zu legen, die ihnen aus den

---

[1)] **Amtl. Anm.:** ABl. L 167 vom 22.6.2001, S. 10.
[2)] **Amtl. Anm.:** ABl. L 376 vom 27.12.2006, S. 28.

ausschließlichen Rechten für Vertrieb, Vervielfältigung und Zugänglichmachung von Tonträgern zufließen. Der Ausdruck „Einnahmen" bezeichnet die vom Tonträgerhersteller erzielten Einnahmen vor Abzug der Abgaben.

(12) Die Zahlung dieser Beträge sollte ausschließlich ausübenden Künstlern zugute kommen, deren Darbietungen auf einem Tonträger aufgezeichnet wurden und die ihre Rechte gegen eine einmalige Zahlung an den Tonträgerhersteller übertragen oder abgetreten haben. Die auf diese Weise reservierten Beträge sollten wenigstens einmal jährlich auf individueller Basis an nicht namentlich genannte ausübende Künstler ausgezahlt werden. Mit einer solchen Verteilung sollten die Verwertungsgesellschaften betraut werden und es können nationale Bestimmungen für nicht ausschüttungsfähige Einnahmen zur Anwendung kommen. Um die Auferlegung einer unverhältnismäßigen Belastung bei der Erhebung und Verwaltung dieser Einnahmen zu vermeiden, sollten die Mitgliedstaaten regulieren können, in welchem Umfang Kleinstunternehmen beitragspflichtig sind, wenn solche Zahlungen offenbar nicht in einem vernünftigen Verhältnis zu den Kosten für die Erhebung und Verwaltung solcher Einnahmen stehen.

(13) Die ausübenden Künstler haben indessen gemäß Artikel 5 der Richtlinie 2006/115/EG bereits ein unverzichtbares Recht auf eine angemessene Vergütung für die Vermietung von, unter anderem, Tonträgern. Zudem übertragen die ausübenden Künstler in der vertraglichen Praxis den Tonträgerherstellern in der Regel weder ihr Recht auf die einzige angemessene Vergütung für die öffentliche Sendung und Wiedergabe nach Artikel 8 Absatz 2 der Richtlinie 2006/115/EG noch ihr Recht auf einen gerechten Ausgleich für Vervielfältigungen zum privaten Gebrauch gemäß Artikel 5 Absatz 2 Buchstabe b der Richtlinie 2001/29/EG. Einnahmen des Tonträgerherstellers aus der Vermietung von Tonträgern und die einzige angemessene Vergütung für die öffentliche Sendung und Wiedergabe sowie der für Privatkopien erhaltene gerechte Ausgleich sollten deshalb bei der Berechnung des Gesamtbetrags, den er für die Zahlung der ergänzenden Vergütung bereitstellen muss, nicht berücksichtigt werden.

(14) Eine zweite begleitende Maßnahme, die darauf angelegt ist, Verträge, mit denen die ausübende Künstler ihre ausschließlichen Rechte gegen Lizenzen an einen Tonträgerhersteller übertragen, ausgewogen zu gestalten, sollte in einem völligen „Neustart" im Hinblick auf die Verträge für diejenigen ausübenden Künstler bestehen, die ihre oben genannten ausschließlichen Rechte an Tonträgerhersteller gegen Lizenzgebühren oder Vergütung abgetreten haben. Damit ausübende Künstler in den uneingeschränkten Genuss der verlängerten Schutzdauer gelangen können, sollten die Mitgliedstaaten gewährleisten, dass den ausübenden Künstlern während der verlängerten Schutzdauer gemäß den Vereinbarungen zwischen den Tonträgerherstellern und den ausübenden Künstlern eine Lizenzgebühr bzw. Vergütung gezahlt wird, die nicht durch Vorschüsse oder vertraglich festgelegte Abzüge reduziert wird.

(15) Aus Gründen der Rechtssicherheit sollte festgelegt werden, dass, sofern im Vertrag keine eindeutigen Hinweise auf das Gegenteil vorliegen, eine vertragliche Übertragung oder Abtretung der Rechte für die Aufzeichnung einer Darbietung auch während der verlängerten Schutzdauer gültig bleibt, wenn sie vor der Frist für die Umsetzung dieser Richtlinie durch die Mitgliedstaaten erfolgt ist.

(16) Den Mitgliedstaaten sollte es möglich sein, vorzusehen, dass bestimmte Bestimmungen in den Verträgen, die wiederkehrende Zahlungen vorsehen, zugunsten der ausübenden Künstler neu ausgehandelt werden können. Die Mitgliedstaaten sollten Verfahren für den Fall einführen, dass die Neuaushandlung scheitert.

(17) Diese Richtlinie sollte nationale Vorschriften und Vereinbarungen, die mit ihren Bestimmungen vereinbar sind, nicht berühren, z. B. Tarifverträge, die in Mitgliedstaaten zwischen Vertretungsorganisationen von ausübenden Künstlern und Tonträgerherstellern geschlossen werden.

(18) In einigen Mitgliedstaaten erhalten Musikkompositionen mit Text eine einheitliche Schutzdauer, die ab dem Tod des letzten überlebenden Urhebers berechnet wird, während in anderen Mitgliedstaaten für Musik und Text eine unterschiedliche Schutzdauer gilt. Musikkompositionen mit Text werden in der großen Mehrzahl der Fälle gemeinsam geschrieben. So ist beispielsweise eine Oper das Werk eines Librettisten und eines Komponisten. Auch in bestimmten musikalischen Genres wie Jazz, Rock und Pop ist der kreative Prozess häufig kooperativer Art.

(19) Daraus ergeben sich hinsichtlich der Schutzdauer für Musikkompositionen mit Text, bei denen der Text und die Musik zur gemeinsamen Verwendung geschaffen wurden, Harmonisierungslücken, die den freien Verkehr von Waren und Dienstleistungen beispielsweise bei der grenzüberschreitenden kollektiven Verwertung von Urheberrechten behindern. Um sicherzustellen, dass solche Hindernisse beseitigt werden, sollte für alle solche Werke, die zu dem Zeitpunkt, bis zu dem die Mitgliedstaaten diese Richtlinie umsetzen müssen, noch geschützt sind, die gleiche harmonisierte Schutzdauer in allen Mitgliedstaaten gelten.

(20) Die Richtlinie 2006/116/EG sollte daher entsprechend geändert werden.

(21) Da die Ziele der begleitenden Maßnahmen auf Ebene der Mitgliedstaaten nicht ausreichend verwirklicht werden können, weil nationale Maßnahmen auf diesem Gebiet entweder zu einer Wettbewerbsverzerrung führen oder die Reichweite der in Rechtsvorschriften der Union niedergelegten ausschließlichen Rechte der Tonträgerhersteller einschränken würden, und daher besser auf Unionsebene zu verwirklichen sind, kann die Union im Einklang mit dem in Artikel 5 des Vertrags über die Europäische Union niedergelegten Subsidiaritätsprinzip Maßnahmen treffen. Entsprechend dem in demselben Artikel genannten Grundsatz der Verhältnismäßigkeit geht diese Richtlinie nicht über das für die Erreichung dieser Ziele erforderliche Maß hinaus.

(22) Nach Nummer 34 der Interinstitutionellen Vereinbarung über bessere Rechtsetzung[1)] sind die Mitgliedstaaten aufgefordert, für ihre eigenen Zwecke und im Interesse der Union eigene Tabellen aufzustellen, aus denen im Rahmen des Möglichen die Entsprechungen zwischen dieser Richtlinie und den Umsetzungsmaßnahmen zu entnehmen sind, und diese zu veröffentlichen –

HABEN FOLGENDE RICHTLINIE ERLASSEN:

---

1) **Amtl. Anm.:** ABl. C 321 vom 31.12.2003, S. 1.

Art. 1 Änderungen der Richtlinie 2006/116/EG[1]

Art. 2 Umsetzung. (1) Die Mitgliedstaaten setzen die Rechts- und Verwaltungsvorschriften in Kraft, die erforderlich sind, um dieser Richtlinie spätestens bis zum 1. November 2013 nachzukommen. Sie setzen die Kommission unverzüglich davon in Kenntnis.

Wenn die Mitgliedstaaten diese Maßnahmen erlassen, nehmen sie in den Vorschriften selbst oder durch einen Hinweis bei der amtlichen Veröffentlichung auf diese Richtlinie Bezug. Die Mitgliedstaaten regeln die Einzelheiten der Bezugnahme.

(2) Die Mitgliedstaaten teilen der Kommission den Wortlaut der wichtigsten nationalen Rechtsvorschriften mit, die sie auf dem unter diese Richtlinie fallenden Gebiet erlassen.

Art. 3 Berichterstattung. (1) Die Kommission legt dem Europäischen Parlament, dem Rat und dem Europäischen Wirtschafts- und Sozialausschuss bis 1. November 2016 einen Bericht über die Anwendung dieser Richtlinie unter Berücksichtigung der Entwicklung des digitalen Marktes vor; diesem Bericht wird gegebenenfalls ein Vorschlag zu einer weiteren Änderung der Richtlinie 2006/116/EG beigefügt.

(2) Die Kommission legt dem Europäischen Parlament, dem Rat und dem Europäischen Wirtschafts- und Sozialausschuss bis 1. Januar 2012 einen Bericht mit einer Bewertung der möglichen Notwendigkeit einer Verlängerung der Schutzdauer für die ausübenden Künstler und die Produzenten im audiovisuellen Sektor vor; diesem Bericht werden erforderlichenfalls sachdienliche Vorschläge beigefügt. Gegebenenfalls legt die Kommission einen Vorschlag zu einer weiteren Änderung der Richtlinie 2006/116/EG vor.

Art. 4 Inkrafttreten. Diese Richtlinie tritt am zwanzigsten Tag nach ihrer Veröffentlichung *im Amtsblatt der Europäischen Union* in Kraft[2].

Art. 5 Adressaten. Diese Richtlinie ist an die Mitgliedstaaten gerichtet.

---

[1] Eingearbeitet bei RL 2006/116/EG (Nr. **43**).
[2] Die Richtlinie ist im Abl. L 265 vom 11.10.2011, S. 1, veröffentlicht worden.

44. Richtlinie 96/9/EG des Europäischen Parlaments und des Rates über den rechtlichen Schutz von Datenbanken

Vom 11. März 1996

(ABl. EG Nr. L 77/20)

Geändert durch Richtlinie (EU) 2019/790 vom 17.4.2019 (ABl. Nr. L 130/S. 92)

DAS EUROPÄISCHE PARLAMENT UND DER RAT DER EUROPÄISCHEN UNION –

gestützt auf den Vertrag zur Gründung der Europäischen Gemeinschaft, insbesondere auf Artikel 57 Absatz 2 und die Artikel 66 und 100a,
auf Vorschlag der Kommission,[1)]
nach Stellungnahme des Wirtschafts- und Sozialausschusses,[2)]
gemäß dem Verfahren des Artikels 189b des Vertrags,[3)]
in Erwägung nachstehender Gründe:

(1) Ein ausreichender rechtlicher Schutz von Datenbanken besteht zur Zeit nicht in allen Mitgliedstaaten. Wird ein solcher rechtlicher Schutz gewährt, so weist er unterschiedliche Merkmale auf.

(2) Ein derartiger unterschiedlicher rechtlicher Schutz durch die Rechtsvorschriften der Mitgliedstaaten wirkt sich unmittelbar nachteilig auf das Funktionieren des Binnenmarktes für Datenbanken aus, insbesondere auf die Freiheit von natürlichen und juristischen Personen, Online-Datenbankprodukte und -dienste überall in der Gemeinschaft auf einer innerhalb der gesamten Gemeinschaft harmonisierten Rechtsgrundlage zur Verfügung zu stellen. Mit der Einführung neuer Rechtsvorschriften der Mitgliedstaaten auf diesem Gebiet, das weltweit immer mehr Bedeutung erhält, könnten sich diese Unterschiede noch vergrößern.

(3) Bestehende Unterschiede, die sich verzerrend auf das Funktionieren des Binnenmarktes auswirken, müssen beseitigt, und die Entstehung neuer Unterschiede muß verhindert werden; Unterschiede, die das Funktionieren des Binnenmarktes oder die Entwicklung eines Informationsmarktes in der Gemeinschaft zur Zeit nicht beeinträchtigen, brauchen hingegen in dieser Richtlinie nicht berücksichtigt zu werden.

(4) Datenbanken werden in den Mitgliedstaaten in unterschiedlicher Form durch Gesetzes- oder Richterrecht urheberrechtlich geschützt. Solange die Rechtsvorschriften der Mitgliedstaaten weiterhin Unterschiede hinsichtlich des Umfangs und der Bedingungen des Schutzes aufweisen, können solche nichtharmonisierten Rechte des geistigen Eigentums den freien Verkehr von Waren und Dienstleistungen innerhalb der Gemeinschaft behindern.

[1)] **Amtl. Anm.:** ABl. Nr. C 156 vom 23.6.1992, S. 4, und ABl. Nr. C 308 vom 15.11. 1993, S. 1.

[2)] **Amtl. Anm.:** ABl. Nr. C 19 vom 25.1.1993, S. 3.

[3)] **Amtl. Anm.:** Stellungnahme des Europäischen Parlaments vom 23. Juni 1993 (ABl. Nr. C 194 vom 19.7.1993, S. 144), gemeinsamer Standpunkt des Rates vom 10. Juli 1995 (ABl. Nr. C 288 vom 30.10.1995, S. 14) und Beschluß des Europäischen Parlaments vom 14. Dezember 1995 (ABl. Nr. C 17 vom 22.1.1996); Beschluß des Rates vom 26. Februar 1996.

(5) Das Urheberrecht ist eine geeignete Form der ausschließlichen Rechte der Urheber von Datenbanken.

(6) Da es in den Mitgliedstaaten noch keine harmonisierte Regelung betreffend den unlauteren Wettbewerb bzw. noch keine Rechtsprechung auf diesem Gebiet gibt, sind jedoch weitere Maßnahmen erforderlich, um eine unerlaubte Entnahme und/oder Weiterverwendung des Inhalts einer Datenbank zu unterbinden.

(7) Der Aufbau von Datenbanken erfordert die Investition erheblicher menschlicher, technischer und finanzieller Mittel, während sie zu einem Bruchteil der zu ihrer unabhängigen Entwicklung erforderlichen Kosten kopiert oder abgefragt werden können.

(8) Die unerlaubte Entnahme und/oder Weiterverwendung des Inhalts einer Datenbank sind Handlungen, die schwerwiegende wirtschaftliche und technische Folgen haben können.

(9) Datenbanken sind für die Entwicklung des Informationsmarktes in der Gemeinschaft von großer Bedeutung und werden in vielen anderen Bereichen von Nutzen sein.

(10) Die exponentielle Zunahme der Daten, die in der Gemeinschaft und weltweit jedes Jahr in allen Bereichen des Handels und der Industrie erzeugt und verarbeitet werden, macht in allen Mitgliedstaaten Investitionen in fortgeschrittene Informationsmanagementsysteme erforderlich.

(11) Zur Zeit besteht ein großes Ungleichgewicht im Ausmaß der Investitionen zur Schaffung von Datenbanken sowohl unter den Mitgliedstaaten selbst als auch zwischen der Gemeinschaft und den in der Herstellung von Datenbanken führenden Drittstaaten.

(12) Investitionen in moderne Datenspeicher- und Datenverarbeitungs-Systeme werden in der Gemeinschaft nur dann in dem gebotenen Umfang stattfinden, wenn ein solides, einheitliches System zum Schutz der Rechte der Hersteller von Datenbanken geschaffen wird.

(13) Mit dieser Richtlinie werden Sammlungen – bisweilen auch Zusammenstellungen genannt – von Werken, Daten oder anderen Elementen geschützt, bei denen die Zusammenstellung, die Speicherung und der Zugang über elektronische, elektromagnetische, elektrooptische oder ähnliche Verfahren erfolgen.

(14) Der aufgrund dieser Richtlinie gewährte Schutz ist auf nichtelektronische Datenbanken auszuweiten.

(15) Die Kriterien, ob eine Datenbank für den urheberrechtlichen Schutz in Betracht kommt, sollten darauf beschränkt sein, daß der Urheber mit der Auswahl oder Anordnung des Inhalts der Datenbank eine eigene geistige Schöpfung vollbracht hat. Dieser Schutz bezieht sich auf die Struktur der Datenbank.

(16) Bei der Beurteilung, ob eine Datenbank für den urheberrechtlichen Schutz in Betracht kommt, sollten keine anderen Kriterien angewendet werden als die Originalität im Sinne einer geistigen Schöpfung; insbesondere sollte keine Beurteilung der Qualität oder des ästhetischen Wertes der Datenbank vorgenommen werden.

(17) Unter dem Begriff „Datenbank" sollten Sammlungen von literarischen, künstlerischen, musikalischen oder anderen Werken sowie von anderem Mate-

rial wie Texten, Tönen, Bildern, Zahlen, Fakten und Daten verstanden werden. Es muß sich um Sammlungen von Werken, Daten oder anderen unabhängigen Elementen handeln, die systematisch oder methodisch angeordnet und einzeln zugänglich sind. Daraus ergibt sich, daß die Aufzeichnung eines audiovisuellen, kinematographischen, literarischen oder musikalischen Werkes als solche nicht in den Anwendungsbereich dieser Richtlinie fällt.

(18) Diese Richtlinie läßt die Freiheit der Urheber unberührt zu entscheiden, ob oder in welcher Form sie die Aufnahme ihrer Werke in eine Datenbank gestatten und insbesondere ob die Genehmigung ausschließlich ist oder nicht. Der Schutz von Datenbanken durch das Schutzrecht sui generis läßt die an ihrem Inhalt bestehenden Rechte unberührt; hat insbesondere ein Urheber oder Inhaber eines verwandten Schutzrechts in einem nichtausschließlichen Lizenzvertrag die Aufnahme einiger seiner Werke oder Leistungen in eine Datenbank gestattet, so kann ein Dritter diese Werke oder Leistungen im Rahmen der erforderlichen Genehmigung des Urhebers oder des Inhabers des verwandten Rechts nutzen, ohne daß ihm gegenüber das Schutzrecht sui generis des Herstellers der Datenbank geltend gemacht werden kann, sofern diese Werke oder Leistungen weder der Datenbank entnommen noch ausgehend von dieser Datenbank weiterverwendet werden.

(19) Normalerweise fällt die Zusammenstellung mehrerer Aufzeichnungen musikalischer Darbietungen auf einer CD nicht in den Anwendungsbereich dieser Richtlinie, da sie als Zusammenstellung weder die Voraussetzungen für einen urheberrechtlichen Schutz erfüllt, noch eine Investition im Sinne eines Schutzrechts sui generis darstellt, die ausreichend erheblich wäre, um in den Genuß eines Rechts sui generis zu kommen.

(20) Der in dieser Richtlinie vorgesehene Schutz kann sich auch auf Elemente erstrecken, die für den Betrieb oder die Abfrage bestimmter Datenbanken erforderlich sind, beispielsweise auf den Thesaurus oder die Indexierungssysteme.

(21) Der in dieser Richtlinie vorgesehene Schutz bezieht sich auf Datenbanken, in denen die Werke, Daten oder anderen Elemente systematisch oder methodisch angeordnet sind. Es ist nicht erforderlich, daß ihre physische Speicherung in geordneter Weise erfolgt.

(22) Elektronische Datenbanken im Sinne dieser Richtlinie können auch Vorrichtungen wie CD-ROM und CD-I umfassen.

(23) Der Begriff „Datenbank" ist nicht auf für die Herstellung oder den Betrieb einer Datenbank verwendete Computerprogramme anzuwenden; diese Computerprogramme sind durch die Richtlinie 91/250/EWG des Rates vom 14. Mai 1991 über den Rechtsschutz von Computerprogrammen[1] geschützt.

(24) Die Vermietung und der Verleih von Datenbanken werden hinsichtlich des Urheberrechts und verwandter Schutzrechte ausschließlich durch die Richtlinie 92/100/EWG des Rates vom 19. Dezember 1992 zum Vermietrecht und Verleihrecht sowie zu bestimmten dem Urheberrecht verwandten Schutzrechten im Bereich des geistigen Eigentums[2] geregelt.

---

[1] **Amtl. Anm.:** ABl. Nr. L 122 vom 17.5.1991, S. 42. Richtlinie zuletzt geändert durch die Richtlinie 93/98/EWG (ABl. Nr. L 290 vom 24.11.1993, S. 9).

[2] **Amtl. Anm.:** ABl. Nr. L 346 vom 27.11.1992, S. 61.

(25) Die Schutzdauer des Urheberrechts ist bereits durch die Richtlinie 93/98/EWG des Rates vom 29. Oktober 1993 zur Harmonisierung der Schutzdauer des Urheberrechts und bestimmter verwandter Schutzrechte[1] geregelt.

(26) Für urheberrechtlich geschützte Werke und durch verwandte Schutzrechte geschützte Leistungen, die in eine Datenbank aufgenommen sind, gelten jedoch weiterhin die jeweiligen ausschließlichen Rechte; ohne Erlaubnis des Rechtsinhabers oder dessen Rechtsnachfolgers dürfen sie somit nicht in eine Datenbank aufgenommen oder aus dieser vervielfältigt werden.

(27) Das Urheberrecht an Werken bzw. die verwandten Schutzrechte an Leistungen, die auf diese Weise in Datenbanken aufgenommen sind, werden in keiner Weise durch die Existenz eines gesonderten Rechts an der Auswahl oder Anordnung dieser Werke und Leistungen in der Datenbank berührt.

(28) Für die Urheberpersönlichkeitsrechte der natürlichen Person, die die Datenbank geschaffen hat, und deren Ausübung haben die Rechtsvorschriften der Mitgliedstaaten im Einklang mit den Bestimmungen der Berner Übereinkunft zum Schutz von Werken der Literatur und der Kunst zu gelten; sie bleiben deshalb außerhalb des Anwendungsbereichs dieser Richtlinie.

(29) Es bleibt den Mitgliedstaaten überlassen, welche Regelung auf die Schöpfung von Datenbanken in unselbständiger Tätigkeit anzuwenden ist. Diese Richtlinie hindert die Mitgliedstaaten daher nicht daran, in ihren Rechtsvorschriften vorzusehen, daß im Fall einer Datenbank, die von einem Arbeitnehmer in Wahrnehmung seiner Aufgaben oder nach den Anweisungen seines Arbeitgebers geschaffen wird, ausschließlich der Arbeitgeber zur Ausübung aller vermögensrechtlichen Befugnisse an der so geschaffenen Datenbank berechtigt ist, sofern durch vertragliche Vereinbarung nichts anderes bestimmt wird.

(30) Die ausschließlichen Rechte des Urhebers sollten das Recht einschließen, zu bestimmen, in welcher Weise und durch wen das Werk genutzt wird, und insbesondere das Recht, die Verbreitung seines Werkes an unbefugte Personen zu kontrollieren.

(31) Der urheberrechtliche Schutz von Datenbanken schließt auch die Zurverfügungstellung von Datenbanken in einer anderen Weise als durch die Verbreitung von Vervielfältigungsstücken ein.

(32) Die Mitgliedstaaten sind gehalten, zumindest die materielle Gleichwertigkeit ihrer einzelstaatlichen Bestimmungen in bezug auf die in dieser Richtlinie vorgesehenen zustimmungsbedürftigen Handlungen sicherzustellen.

(33) Die Frage der Erschöpfung des Verbreitungsrechts stellt sich nicht im Fall von Online-Datenbanken, die in den Dienstleistungsbereich fallen. Dies gilt auch in bezug auf ein physisches Vervielfältigungsstück einer solchen Datenbank, das vom Nutzer der betreffenden Dienstleistung mit Zustimmung des Rechtsinhabers hergestellt wurde. Anders als im Fall der CD-ROM bzw. CD-I, bei denen das geistige Eigentum an ein physisches Trägermedium, d. h. an eine Ware gebunden ist, stellt jede Online-Leistung nämlich eine Handlung dar, die, sofern das Urheberrecht dies vorsieht, genehmigungspflichtig ist.

---

[1] **Amtl. Anm.:** ABl. Nr. L 290 vom 24.11.1993, S. 9 (abgedruckt unter Nr. **43**).

(34) Hat der Rechtsinhaber sich entschieden, einem Benutzer durch einen Online-Dienst oder durch andere Mittel der Verbreitung eine Kopie der Datenbank zur Verfügung zu stellen, so muß dieser rechtmäßige Benutzer Zugang zu der Datenbank haben und sie für die Zwecke und in der Art und Weise benutzen können, die in dem Lizenzvertrag mit dem Rechtsinhaber festgelegt sind, auch wenn für diesen Zugang und diese Benutzung Handlungen erforderlich sind, die ansonsten zustimmungsbedürftig sind.

(35) Für die zustimmungsbedürftigen Handlungen ist eine Liste von Ausnahmen festzulegen und dabei zu berücksichtigen, daß das Urheberrecht im Sinne dieser Richtlinie nur für die Auswahl und Anordnung des Inhalts einer Datenbank gilt. Den Mitgliedstaaten soll die Wahlmöglichkeit gegeben werden, diese Ausnahmen in bestimmten Fällen vorzusehen. Diese Wahlmöglichkeit muß jedoch im Einklang mit der Berner Übereinkunft ausgeübt werden und beschränkt sich auf Fälle, in denen sich die Ausnahmen auf die Struktur der Datenbank beziehen. Dabei ist zu unterscheiden zwischen Ausnahmen für Fälle des privaten Gebrauchs und Ausnahmen für Fälle der Vervielfältigung zu privaten Zwecken, wobei letzterer Bereich die einzelstaatlichen Vorschriften bestimmter Mitgliedstaaten betreffend Abgaben auf unbeschriebene Datenträger und auf Aufzeichnungsgeräte berührt.

(36) Im Sinne dieser Richtlinie werden mit dem Ausdruck „wissenschaftliche Forschung“ sowohl Naturwissenschaften als auch die Geisteswissenschaften erfaßt.

(37) Artikel 10 Absatz 1 der Berner Übereinkunft wird durch diese Richtlinie nicht berührt.

(38) Der zunehmende Einsatz der Digitaltechnik setzt den Hersteller der Datenbank der Gefahr aus, daß die Inhalte seiner Datenbank kopiert und ohne seine Genehmigung zwecks Erstellung einer Datenbank identischen Inhalts, die aber keine Verletzung des Urheberrechts an der Anordnung des Inhalts seiner Datenbank darstellt, elektronisch neu zusammengestellt werden.

(39) Neben dem Urheberrecht an der Auswahl oder Anordnung des Inhalts einer Datenbank sollen mit dieser Richtlinie die Hersteller von Datenbanken in bezug auf die widerrechtliche Aneignung der Ergebnisse der finanziellen und beruflichen Investitionen, die für die Beschaffung und das Sammeln des Inhalts getätigt wurden, in der Weise geschützt werden, daß die Gesamtheit oder wesentliche Teile einer Datenbank gegen bestimmte Handlungen eines Benutzers oder eines Konkurrenten geschützt sind.

(40) Das Ziel dieses Schutzrechts sui generis besteht darin, den Schutz einer Investition in die Beschaffung, Überprüfung oder Darstellung des Inhalts einer Datenbank für die begrenzte Dauer des Schutzrechtes sicherzustellen. Diese Investition kann in der Bereitstellung von finanziellen Mitteln und/oder im Einsatz von Zeit, Arbeit und Energie bestehen.

(41) Das Schutzrecht sui generis soll dem Hersteller einer Datenbank die Möglichkeit geben, die unerlaubte Entnahme und/oder Weiterverwendung der Gesamtheit oder wesentlicher Teile des Inhalts dieser Datenbank zu unterbinden. Hersteller einer Datenbank ist die Person, die die Initiative ergreift und das Investitionsrisiko trägt. Insbesondere Auftragnehmer fallen daher nicht unter den Begriff des Herstellers.

(42) Das besondere Recht auf Untersagung der unerlaubten Entnahme und/oder Weiterverwendung stellt auf Handlungen des Benutzers ab, die über des-

sen begründete Rechte hinausgehen und somit der Investition schaden. Das Recht auf Verbot der Entnahme und/oder Weiterverwendung der Gesamtheit oder eines wesentlichen Teils des Inhalts bezieht sich nicht nur auf die Herstellung eines parasitären Konkurrenzprodukts, sondern auch auf einen Benutzer, der durch seine Handlungen einen qualitativ oder quantitativ erheblichen Schaden für die Investition verursacht.

(43) Im Fall einer Online-Übermittlung erschöpft sich das Recht, die Weiterverwendung zu untersagen, weder hinsichtlich der Datenbank noch hinsichtlich eines vom Empfänger der Übermittlung mit Zustimmung des Rechtsinhabers angefertigten physischen Vervielfältigungsstücks dieser Datenbank oder eines Teils davon.

(44) Ist für die Darstellung des Inhalts einer Datenbank auf dem Bildschirm die ständige oder vorübergehende Übertragung der Gesamtheit oder eines wesentlichen Teils dieses Inhalts auf einen anderen Datenträger erforderlich, so bedarf diese Handlung der Genehmigung durch den Rechtsinhaber.

(45) In dem Recht auf Untersagung der unerlaubten Entnahme und/oder Weiterverwendung ist in keinerlei Hinsicht eine Ausdehnung des urheberrechtlichen Schutzes auf reine Fakten oder Daten zu sehen.

(46) Die Existenz eines Rechts auf Untersagung der unerlaubten Entnahme und/oder Weiterverwendung der Gesamtheit oder eines wesentlichen Teils von Werken, Daten oder Elementen einer Datenbank führt nicht zur Entstehung eines neuen Rechts an diesen Werken, Daten oder Elementen selbst.

(47) Zur Förderung des Wettbewerbs zwischen Anbietern von Informationsprodukten und -diensten darf der Schutz durch das Schutzrecht sui generis nicht in einer Weise gewährt werden, durch die der Mißbrauch einer beherrschenden Stellung erleichtert würde, insbesondere in bezug auf die Schaffung und Verbreitung neuer Produkte und Dienste, die einen Mehrwert geistiger, dokumentarischer, technischer, wirtschaftlicher oder kommerzieller Art aufweisen. Die Anwendung der gemeinschaftlichen oder einzelstaatlichen Wettbewerbsvorschriften bleibt daher von den Bestimmungen dieser Richtlinie unberührt.

(48) Ziel dieser Richtlinie ist es, ein angemessenes und einheitliches Niveau im Schutz der Datenbanken sicherzustellen, damit der Hersteller der Datenbank die ihm zustehende Vergütung erhält; Ziel der Richtlinie 95/46/EG des Europäischen Parlaments und des Rates vom 24. Oktober 1995 zum Schutz natürlicher Personen bei der Verarbeitung personenbezogener Daten und zum freien Datenverkehr[1] ist es hingegen, den freien Verkehr personenbezogener Daten auf der Grundlage harmonisierter Bestimmungen zu gewährleisten, mit denen die Grundrechte und insbesondere das in Artikel 8 der Europäischen Konvention zum Schutz der Menschenrechte und Grundfreiheiten anerkannte Recht auf Schutz der Privatsphäre geschützt werden sollen. Die Bestimmungen der vorliegenden Richtlinie berühren nicht die Rechtsvorschriften für den Datenschutz.

(49) Ungeachtet des Rechts, die Entnahme und/oder Weiterverwendung der Gesamtheit oder eines wesentlichen Teils einer Datenbank zu untersagen,

---

[1] **Amtl. Anm.:** ABl. Nr. L 281 vom 23.11.1995, S. 31.

ist vorzusehen, daß der Hersteller einer Datenbank oder der Rechtsinhaber dem rechtmäßigen Benutzer der Datenbank nicht untersagen kann, unwesentliche Teile der Datenbank zu entnehmen und weiterzuverwenden. Der Benutzer darf jedoch die berechtigten Interessen weder des Inhabers des Rechts sui generis noch des Inhabers eines Urheberrechts oder eines verwandten Schutzrechts an den in dieser Datenbank enthaltenen Werken oder Leistungen in unzumutbarer Weise beeinträchtigen.

(50) Es ist zweckmäßig, den Mitgliedstaaten die Wahlmöglichkeit einzuräumen, Ausnahmen von dem Recht vorzusehen, die unerlaubte Entnahme und/oder die Weiterverwendung eines wesentlichen Teils des Inhalts einer Datenbank zu untersagen, wenn es sich um eine Entnahme zu privaten Zwecken oder zur Veranschaulichung des Unterrichts oder zu Zwecken der wissenschaftlichen Forschung oder auch um eine Entnahme und/oder Weiterverwendung im Interesse der öffentlichen Sicherheit oder im Rahmen eines Verwaltungs- oder Gerichtsverfahrens handelt. Es ist wichtig, daß diese Maßnahmen die ausschließlichen Rechte des Herstellers zur Nutzung der Datenbank unberührt lassen und daß mit ihnen keinerlei kommerzielle Zwecke verfolgt werden.

(51) Wenn die Mitgliedstaaten von der Möglichkeit Gebrauch machen, dem rechtmäßigen Benutzer einer Datenbank die Entnahme eines wesentlichen Teils des Inhalts zur Veranschaulichung des Unterrichts oder zu Zwecken der wissenschaftlichen Forschung zu genehmigen, können sie diese Genehmigung auf bestimmte Gruppen von Lehranstalten oder wissenschaftlichen Forschungseinrichtungen beschränken.

(52) Die Mitgliedstaaten, die bereits eine spezifische Regelung haben, die dem in dieser Richtlinie vorgesehenen Schutzrecht sui generis gleicht, dürfen die nach diesen Rechtsvorschriften herkömmlicherweise gestatteten Ausnahmen in bezug auf das neue Recht beibehalten.

(53) Der Hersteller der Datenbank trägt die Beweislast für den Zeitpunkt der Fertigstellung einer Datenbank.

(54) Die Beweislast dafür, daß die Voraussetzungen vorliegen, die den Schluß zulassen, daß eine wesentliche Änderung des Inhalts einer Datenbank als eine wesentliche Neuinvestition zu betrachten ist, liegt bei dem Hersteller der aus dieser Neuinvestition hervorgegangenen Datenbank.

(55) Eine wesentliche Neuinvestition, die eine neue Schutzdauer nach sich zieht, kann in einer eingehenden Überprüfung des Inhalts der Datenbank bestehen.

(56) Das Recht auf Schutz vor unrechtmäßiger Entnahme und/oder Weiterverwendung gilt für Datenbanken, deren Hersteller Staatsangehörige von Drittländern sind oder dort ihren gewöhnlichen Aufenthalt haben, und für Datenbanken, die von juristischen Personen erstellt wurden, die nicht im Sinne des Vertrags in einem Mitgliedstaat niedergelassen sind, nur dann, wenn diese Drittländer einen vergleichbaren Schutz für Datenbanken bieten, die von Staatsangehörigen der Mitgliedstaaten oder von Personen erstellt wurden, die ihren gewöhnlichen Aufenthalt im Gebiet der Gemeinschaft haben.

(57) Neben den Sanktionen, die im Recht der Mitgliedstaaten für Verletzungen des Urheberrechts oder anderer Rechte vorgesehen sind, haben die

Mitgliedstaaten geeignete Sanktionen gegen die nicht genehmigte Entnahme und/oder Weiterverwendung des Inhalts von Datenbanken vorzusehen.

(58) Neben dem Schutz, der mit dieser Richtlinie der Struktur der Datenbank durch das Urheberrecht und deren Inhalt durch das Recht sui generis, die nicht genehmigte Entnahme und/oder Weiterverwendung zu untersagen, gewährt wird, bleiben andere Rechtsvorschriften der Mitgliedstaaten betreffend das Anbieten von Datenbankprodukten und -diensten weiter anwendbar.

(59) Diese Richtlinie berührt nicht die Anwendung der gegebenenfalls durch die Rechtsvorschriften eines Mitgliedstaats anerkannten Regeln über die Sendung audiovisueller Programme auf Datenbanken, die audiovisuelle Werke zum Inhalt haben.

(60) In einigen Mitgliedstaaten werden Datenbanken, die den Kriterien für den urheberrechtlichen Schutz gemäß dieser Richtlinie nicht genügen, gegenwärtig durch eine urheberrechtliche Regelung geschützt. Auch wenn die betreffenden Datenbanken für den Schutz durch das in dieser Richtlinie vorgesehene Recht, die unrechtmäßige Entnahme und/oder Weiterverwendung ihres Inhalts zu untersagen, in Frage kommen, liegt die Dauer des Schutzes durch das zuletztgenannte Recht weiter unter der Dauer des Schutzes durch die gegenwärtig geltenden einzelstaatlichen Regelungen. Eine Harmonisierung der Kriterien, die angewendet werden um festzustellen, ob eine Datenbank urheberrechtlich geschützt wird, darf nicht zu einer Verkürzung der Schutzdauer führen, die derzeit den Inhabern der betreffenden Rechte zusteht. Diesbezüglich ist eine Ausnahmeregelung vorzusehen. Die Auswirkungen dieser Ausnahmeregelung müssen auf das Hoheitsgebiet der betreffenden Mitgliedstaaten beschränkt werden –

HABEN FOLGENDE RICHTLINIE ERLASSEN:

Kapitel I. Geltungsbereich

Art. 1 Geltungsbereich. (1) Diese Richtlinie betrifft den Rechtsschutz von Datenbanken in jeglicher Form.

(2) Im Sinne dieser Richtlinie bezeichnet der Ausdruck „Datenbank" eine Sammlung von Werken, Daten oder anderen unabhängigen Elementen, die systematisch oder methodisch angeordnet und einzeln mit elektronischen Mitteln oder auf andere Weise zugänglich sind.

(3) Der durch diese Richtlinie gewährte Schutz erstreckt sich nicht auf für die Herstellung oder den Betrieb elektronisch zugänglicher Datenbanken verwendete Computerprogramme.

Art. 2 Beschränkungen des Geltungsbereichs. Diese Richtlinie gilt unbeschadet der gemeinschaftlichen Bestimmungen

a) über den Rechtsschutz von Computerprogrammen;
b) zum Vermietrecht und Verleihrecht sowie zu bestimmten dem Urheberrecht verwandten Schutzrechten im Bereich des geistigen Eigentums;
c) zur Schutzdauer des Urheberrechts und bestimmter verwandter Schutzrechte.

Kapitel II. Urheberrecht

Art. 3 Schutzgegenstand. (1) Gemäß dieser Richtlinie werden Datenbanken, die aufgrund der Auswahl oder Anordnung des Stoffes eine eigene geistige Schöpfung ihres Urhebers darstellen, als solche urheberrechtlich geschützt. Bei der Bestimmung, ob sie für diesen Schutz in Betracht kommen, sind keine anderen Kriterien anzuwenden.

(2) Der durch diese Richtlinie gewährte urheberrechtliche Schutz einer Datenbank erstreckt sich nicht auf deren Inhalt und läßt Rechte an diesem Inhalt unberührt.

Art. 4 Urheberschaft. (1) Der Urheber einer Datenbank ist die natürliche Person oder die Gruppe natürlicher Personen, die die Datenbank geschaffen hat, oder, soweit dies nach den Rechtsvorschriften der Mitgliedstaaten zulässig ist, die juristische Person, die nach diesen Rechtsvorschriften als Rechtsinhaber gilt.

(2) Soweit kollektive Werke durch die Rechtsvorschriften eines Mitgliedstaats anerkannt sind, stehen die vermögensrechtlichen Befugnisse der Person zu, die das Urheberrecht innehat.

(3) Ist eine Datenbank von einer Gruppe natürlicher Personen gemeinsam geschaffen worden, so stehen diesen die ausschließlichen Rechte daran gemeinsam zu.

Art. 5 Zustimmungsbedürftige Handlungen. Der Urheber einer Datenbank hat das ausschließliche Recht, folgende Handlungen in bezug auf die urheberrechtsfähige Ausdrucksform vorzunehmen oder zu erlauben:

a) die vorübergehende oder dauerhafte Vervielfältigung, ganz oder teilweise, mit jedem Mittel und in jeder Form;
b) die Übersetzung, die Bearbeitung, die Anordnung und jede andere Umgestaltung;
c) jede Form der öffentlichen Verbreitung der Datenbank oder eines ihrer Vervielfältigungsstücke. Mit dem Erstverkauf eines Vervielfältigungsstücks einer Datenbank in der Gemeinschaft durch den Rechtsinhaber oder mit seiner Zustimmung erschöpft sich in der Gemeinschaft das Recht, den Weiterverkauf dieses Vervielfältigungsstücks zu kontrollieren;
d) jede öffentliche Wiedergabe, Vorführung oder Aufführung;
e) jede Vervielfältigung sowie öffentliche Verbreitung, Wiedergabe, Vorführung oder Aufführung der Ergebnisse der unter Buchstabe b) genannten Handlungen.

Art. 6 Ausnahmen von den zustimmungsbedürftigen Handlungen. (1) Der rechtmäßige Benutzer einer Datenbank oder ihrer Vervielfältigungsstücke bedarf für die in Artikel 5 aufgezählten Handlungen nicht der Zustimmung des Urhebers der Datenbank, wenn sie für den Zugang zum Inhalt der Datenbank und deren normale Benutzung durch den rechtmäßigen Benutzer erforderlich sind. Sofern der rechtmäßige Benutzer nur berechtigt ist, einen Teil der Datenbank zu nutzen, gilt diese Bestimmung nur für diesen Teil.

(2) Die Mitgliedstaaten können Beschränkungen der in Artikel 5 genannten Rechte in folgenden Fällen vorsehen:

a) für die Vervielfältigung einer nichtelektronischen Datenbank zu privaten Zwecken;
b) für die Benutzung ausschließlich zur Veranschaulichung des Unterrichts oder zu Zwecken der wissenschaftlichen Forschung – stets mit Quellenangabe –, sofern das zur Verfolgung nichtkommerzieller Zwecke gerechtfertigt ist und unbeschadet der in der Richtlinie (EU) 2019/790 des Europäischen Parlaments und des Rates[1)] festgelegten Ausnahmen und Beschränkungen;
c) für die Verwendung zu Zwecken der öffentlichen Sicherheit oder eines Verwaltungs- oder Gerichtsverfahrens;
d) im Fall sonstiger Ausnahmen vom Urheberrecht, die traditionell von ihrem innerstaatlichen Recht geregelt werden, unbeschadet der Buchstaben a), b) und c).

(3) In Übereinstimmung mit der Berner Übereinkunft zum Schutz von Werken der Literatur und der Kunst können die Bestimmungen dieses Artikels nicht dahin gehend ausgelegt werden, daß dieser Artikel in einer Weise angewendet werden kann, die die rechtmäßigen Interessen des Rechtsinhabers unzumutbar verletzt oder die normale Nutzung der Datenbank beeinträchtigt.

Kapitel III. Schutzrecht sui generis

Art. 7 Gegenstand des Schutzes. (1) Die Mitgliedstaaten sehen für den Hersteller einer Datenbank, bei der für die Beschaffung, die Überprüfung oder die Darstellung ihres Inhalts eine in qualitativer oder quantitativer Hinsicht wesentliche Investition erforderlich ist, das Recht vor, die Entnahme und/oder die Weiterverwendung der Gesamtheit oder eines in qualitativer oder quantitativer Hinsicht wesentlichen Teils des Inhalts dieser Datenbank zu untersagen.

(2) Für die Zwecke dieses Kapitels gelten folgende Begriffsbestimmungen:

a) „Entnahme" bedeutet die ständige oder vorübergehende Übertragung der Gesamtheit oder eines wesentlichen Teils des Inhalts einer Datenbank auf einen anderen Datenträger, ungeachtet der dafür verwendeten Mittel und der Form der Entnahme;
b) „Weiterverwendung" bedeutet jede Form öffentlicher Verfügbarmachung der Gesamtheit oder eines wesentlichen Teils des Inhalts der Datenbank durch die Verbreitung von Vervielfältigungsstücken, durch Vermietung, durch Online-Übermittlung oder durch andere Formen der Übermittlung. Mit dem Erstverkauf eines Vervielfältigungsstücks einer Datenbank in der Gemeinschaft durch den Rechtsinhaber oder mit seiner Zustimmung erschöpft sich in der Gemeinschaft das Recht, den Weiterverkauf dieses Vervielfältigungsstücks zu kontrollieren.

Der öffentliche Verleih ist keine Entnahme oder Weiterverwendung.

(3) Das in Absatz 1 genannte Recht kann übertragen oder abgetreten werden oder Gegenstand vertraglicher Lizenzen sein.

[1)] Richtlinie (EU) 2019/790 des Europäischen Parlaments und des Rates vom 17. April 2019 über das Urheberrecht und die verwandten Schutzrechte im digitalen Binnenmarkt und zur Änderung der Richtlinien 96/9/EG und 2001/29/EG (ABl. L 130 vom 17.5.2019, S. 92).

(4) Das in Absatz 1 vorgesehene Recht gilt unabhängig davon, ob die Datenbank für einen Schutz durch das Urheberrecht oder durch andere Rechte in Betracht kommt. Es gilt ferner unabhängig davon, ob der Inhalt der Datenbank für einen Schutz durch das Urheberrecht oder durch andere Rechte in Betracht kommt. Der Schutz von Datenbanken durch das nach Absatz 1 gewährte Recht berührt nicht an ihrem Inhalt bestehende Rechte.

(5) Unzulässig ist die wiederholte und systematische Entnahme und/oder Weiterverwendung unwesentlicher Teile des Inhalts der Datenbank, wenn dies auf Handlungen hinausläuft, die einer normalen Nutzung der Datenbank entgegenstehen oder die berechtigten Interessen des Herstellers der Datenbank unzumutbar beeinträchtigen.

Art. 8 Rechte und Pflichten der rechtmäßigen Benutzer. (1) Der Hersteller einer der Öffentlichkeit – in welcher Weise auch immer – zur Verfügung gestellten Datenbank kann dem rechtmäßigen Benutzer dieser Datenbank nicht untersagen, in qualitativer und/oder quantitativer Hinsicht unwesentliche Teile des Inhalts der Datenbank zu beliebigen Zwecken zu entnehmen und/oder weiterzuverwenden. Sofern der rechtmäßige Benutzer nur berechtigt ist, einen Teil der Datenbank zu entnehmen und/oder weiterzuverwenden, gilt dieser Absatz nur für diesen Teil.

(2) Der rechtmäßige Benutzer einer der Öffentlichkeit – in welcher Weise auch immer – zur Verfügung gestellten Datenbank darf keine Handlungen vornehmen, die die normale Nutzung dieser Datenbank beeinträchtigen oder die berechtigten Interessen des Herstellers der Datenbank unzumutbar verletzen.

(3) Der rechtmäßige Benutzer einer der Öffentlichkeit – in welcher Weise auch immer – zur Verfügung gestellten Datenbank darf dem Inhaber eines Urheberrechts oder verwandten Schutzrechts an in dieser Datenbank enthaltenen Werken oder Leistungen keinen Schaden zufügen.

Art. 9 Ausnahmen vom Recht sui generis. Die Mitgliedstaaten können festlegen, daß der rechtmäßige Benutzer einer der Öffentlichkeit – in welcher Weise auch immer – zur Verfügung gestellten Datenbank ohne Genehmigung des Herstellers der Datenbank in folgenden Fällen einen wesentlichen Teil des Inhalts der Datenbank entnehmen und/oder weiterverwenden kann:
a) für eine Entnahme des Inhalts einer nichtelektronischen Datenbank zu privaten Zwecken;
b) für eine Entnahme zur Veranschaulichung des Unterrichts oder zu Zwecken der wissenschaftlichen Forschung, sofern er die Quelle angibt und soweit das durch den nichtkommerziellen Zweck gerechtfertigt ist und unbeschadet der in der Richtlinie (EU) 2019/790 festgelegten Ausnahmen und Beschränkungen;
c) für eine Entnahme und/oder Weiterverwendung zu Zwecken der öffentlichen Sicherheit oder eines Verwaltungs- oder Gerichtsverfahrens.

Art. 10 Schutzdauer. (1) Das in Artikel 7 vorgesehene Recht entsteht mit dem Zeitpunkt des Abschlusses der Herstellung der Datenbank. Es erlischt 15 Jahre nach dem 1. Januar des auf den Tag des Abschlusses der Herstellung folgenden Jahres.

(2) Im Fall einer Datenbank, die vor Ablauf des in Absatz 1 genannten Zeitraums der Öffentlichkeit – in welcher Weise auch immer – zur Verfügung ge-

stellt wurde, endet der durch dieses Recht gewährte Schutz 15 Jahre nach dem 1. Januar des Jahres, das auf den Zeitpunkt folgt, zu dem die Datenbank erstmals der Öffentlichkeit zur Verfügung gestellt wurde.

(3) Jede in qualitativer oder quantitativer Hinsicht wesentliche Änderung des Inhalts einer Datenbank einschließlich wesentlicher Änderungen infolge der Anhäufung von aufeinanderfolgenden Zusätzen, Löschungen oder Veränderungen, aufgrund deren angenommen werden kann, daß eine in qualitativer oder quantitativer Hinsicht wesentliche Neuinvestition erfolgt ist, begründet für die Datenbank, die das Ergebnis dieser Investition ist, eine eigene Schutzdauer.

Art. 11 Begünstigte im Rahmen des Schutzrechts sui generis. (1) Das in Artikel 7 vorgesehene Recht gilt für Datenbanken, sofern deren Hersteller oder Rechtsinhaber Staatsangehöriger eines Mitgliedstaats ist oder seinen gewöhnlichen Aufenthalt im Gebiet der Gemeinschaft hat.

(2) Absatz 1 gilt auch für Unternehmen und Gesellschaften, die entsprechend den Rechtsvorschriften eines Mitgliedstaats gegründet wurden und ihren satzungsmäßigen Sitz, ihre Hauptverwaltung oder ihre Hauptniederlassung in der Gemeinschaft haben; haben diese Unternehmen oder Gesellschaften jedoch lediglich ihren satzungsmäßigen Sitz im Gebiet der Gemeinschaft, so muß ihre Tätigkeit eine tatsächliche ständige Verbindung zu der Wirtschaft eines der Mitgliedstaaten aufweisen.

(3) Vereinbarungen über die Ausdehnung des in Artikel 7 vorgesehenen Rechts auf in Drittländern hergestellte Datenbanken, auf die die Bestimmungen der Absätze 1 und 2 keine Anwendung finden, werden vom Rat auf Vorschlag der Kommission geschlossen. Die Dauer des nach diesem Verfahren auf Datenbanken ausgedehnten Schutzes übersteigt nicht die Schutzdauer nach Artikel 10.

Kapitel IV. Gemeinsame Bestimmungen

Art. 12 Sanktionen. Die Mitgliedstaaten sehen geeignete Sanktionen für Verletzungen der in dieser Richtlinie vorgesehenen Rechte vor.

Art. 13 Weitere Anwendbarkeit anderer Rechtsvorschriften. Diese Richtlinie läßt die Rechtsvorschriften unberührt, die insbesondere folgendes betreffen: das Urheberrecht, verwandte Schutzrechte oder andere Rechte und Pflichten, die in bezug auf die in eine Datenbank aufgenommenen Daten, Werke oder anderen Elemente bestehen, Patentrechte, Warenzeichen, Geschmacksmuster, den Schutz von nationalem Kulturgut, das Kartellrecht und den unlauteren Wettbewerb, Geschäftsgeheimnisse, die Sicherheit, die Vertraulichkeit, den Schutz personenbezogener Daten und der Privatsphäre, den Zugang zu öffentlichen Dokumenten sowie das Vertragsrecht.

Art. 14 Anwendbarkeit in zeitlicher Hinsicht. (1) Der urheberrechtliche Schutz nach dieser Richtlinie gilt auch für Datenbanken, die vor dem in Artikel 16 Absatz 1 genannten Zeitpunkt hergestellt wurden, wenn sie zu diesem Zeitpunkt die Anforderungen, wie sie in dieser Richtlinie für den urheberrechtlichen Schutz von Datenbanken niedergelegt sind, erfüllen.

(2) Genügt eine Datenbank, die zum Zeitpunkt der Veröffentlichung dieser Richtlinie in einem Mitgliedstaat durch eine urheberrechtliche Regelung geschützt wird, nicht den Kriterien für den urheberrechtlichen Schutz gemäß Artikel 3 Absatz 1, so bewirkt diese Richtlinie in Abweichung von Absatz 1 in diesem Mitgliedstaat nicht die Verkürzung der verbleibenden Dauer des durch die obengenannte Regelung gewährten Schutzes.

(3) Der in dieser Richtlinie vorgesehene Schutz in bezug auf das in Artikel 7 vorgesehene Recht gilt auch für die Datenbanken, deren Herstellung während der letzten 15 Jahre vor dem in Artikel 16 Absatz 1 genannten Zeitpunkt abgeschlossen wurde und die zu diesem Zeitpunkt die in Artikel 7 vorgesehenen Anforderungen erfüllen.

(4) Der in den Absätzen 1 und 3 vorgesehene Schutz läßt die vor dem in diesen Absätzen genannten Zeitpunkt abgeschlossenen Handlungen und erworbenen Rechte unberührt.

(5) Im Fall einer Datenbank, deren Herstellung während der letzten 15 Jahre vor dem in Artikel 16 Absatz 1 genannten Zeitpunkt abgeschlossen wurde, beträgt die Schutzdauer des in Artikel 7 vorgesehenen Rechts 15 Jahre ab dem 1. Januar, der auf diesen Zeitpunkt folgt.

Art. 15 Verbindlichkeit bestimmter Vorschriften. Dem Artikel 6 Absatz 1 und dem Artikel 8 zuwiderlaufende vertragliche Bestimmungen sind nichtig.

Art. 16 Schlußbestimmungen. (1) Die Mitgliedstaaten erlassen die erforderlichen Rechts- und Verwaltungsvorschriften, um dieser Richtlinie vor dem 1. Januar 1998 nachzukommen.

Wenn die Mitgliedstaaten diese Vorschriften erlassen, nehmen sie in den Vorschriften selbst oder durch einen Hinweis bei der amtlichen Veröffentlichung auf diese Richtlinie Bezug. Die Mitgliedstaaten regeln die Einzelheiten der Bezugnahme.

(2) Die Mitgliedstaaten teilen der Kommission den Wortlaut der innerstaatlichen Rechtsvorschriften mit, die sie auf dem unter diese Richtlinie fallenden Gebiet erlassen.

(3) Spätestens am Ende des dritten Jahres nach dem in Absatz 1 genannten Zeitpunkt und danach alle drei Jahre übermittelt die Kommission dem Europäischen Parlament, dem Rat und dem Wirtschafts- und Sozialausschuß einen Bericht über die Anwendung dieser Richtlinie, in dem sie – vor allem anhand spezifischer Informationen der Mitgliedstaaten – insbesondere die Anwendung des Schutzrechts sui generis, einschließlich der Artikel 8 und 9, prüft und insbesondere untersucht, ob die Anwendung dieses Rechts zu Mißbräuchen einer beherrschenden Stellung oder anderen Beeinträchtigungen des freien Wettbewerbs geführt hat, die entsprechende Maßnahmen rechtfertigen würden, wie insbesondere die Einführung einer Zwangslizenzregelung. Sie macht gegebenenfalls Vorschläge für die Anpassung dieser Richtlinie an die Entwicklungen im Bereich der Datenbanken.

Art. 17 [Adressat]. Diese Richtlinie ist an die Mitgliedstaaten gerichtet.

45. Richtlinie 2001/29/EG des Europäischen Parlaments und des Rates zur Harmonisierung bestimmter Aspekte des Urheberrechts und der verwandten Schutzrechte in der Informationsgesellschaft

vom 22. Mai 2001

(ABl. Nr. L 167/10), ber. ABl. 2002 Nr. L 6/71)
Geändert durch Richtlinie (EU) 2019/790 vom 17.4.2019 (ABl. Nr. L 130/S. 92)

DAS EUROPÄISCHE PARLAMENT UND DER RAT DER EUROPÄISCHEN UNION –

gestützt auf den Vertrag zur Gründung der Europäischen Gemeinschaft, insbesondere auf Artikel 47 Absatz 2, Artikel 55 und Artikel 95,
auf Vorschlag der Kommission[1)],
nach Stellungnahme des Wirtschafts- und Sozialausschusses[2)],
gemäß dem Verfahren des Artikels 251 des Vertrags[3)],
in Erwägung nachstehender Gründe:

(1) Der Vertrag sieht die Schaffung eines Binnenmarkts und die Einführung einer Regelung vor, die den Wettbewerb innerhalb des Binnenmarkts vor Verzerrungen schützt. Die Harmonisierung der Rechtsvorschriften der Mitgliedstaaten über das Urheberrecht und die verwandten Schutzrechte trägt zur Erreichung dieser Ziele bei.

(2) Der Europäische Rat hat auf seiner Tagung in Korfu am 24. und 25. Juni 1994 die Notwendigkeit der Schaffung eines allgemeinen und flexiblen Ordnungsrahmens auf Gemeinschaftsebene für die Förderung der Entwicklung der Informationsgesellschaft in Europa hervorgehoben. Hierzu ist unter anderem ein Binnenmarkt für neue Produkte und Dienstleistungen erforderlich. Wichtige gemeinschaftsrechtliche Bestimmungen, mit denen ein derartiger Ordnungsrahmen sichergestellt werden sollte, wurden bereits eingeführt, in anderen Fällen steht ihre Annahme bevor. In diesem Zusammenhang spielen das Urheberrecht und die verwandten Schutzrechte eine bedeutende Rolle, da sie die Entwicklung und den Vertrieb neuer Produkte und Dienstleistungen und die Schaffung und Verwertung ihres schöpferischen Inhalts schützen und fördern.

(3) Die vorgeschlagene Harmonisierung trägt zur Verwirklichung der vier Freiheiten des Binnenmarkts bei und steht im Zusammenhang mit der Beachtung der tragenden Grundsätze des Rechts, insbesondere des Eigentums einschließlich des geistigen Eigentums, der freien Meinungsäußerung und des Gemeinwohls.

[1)] **Amtl. Anm.:** ABl. C 108 vom 7.4.1998, S. 6, und ABl. C 180 vom 25.6.1999, S. 6.
[2)] **Amtl. Anm.:** ABl. C 407 vom 28.12.1998, S. 30.
[3)] **Amtl. Anm.:** Stellungnahme des Europäischen Parlaments vom 10. Februar 1999 (ABl. C 150 vom 28.5.1999, S. 171), Gemeinsamer Standpunkt des Rates vom 28. September 2000 (ABl. C 344 vom 1.12.2000, S. 1) und Beschluss des Europäischen Parlaments vom 14. Februar 2001 (noch nicht im Amtsblatt veröffentlicht). Beschluss des Rates vom 9. April 2001.

(4) Ein harmonisierter Rechtsrahmen zum Schutz des Urheberrechts und der verwandten Schutzrechte wird durch erhöhte Rechtssicherheit und durch die Wahrung eines hohen Schutzniveaus im Bereich des geistigen Eigentums substantielle Investitionen in Kreativität und Innovation einschließlich der Netzinfrastruktur fördern und somit zu Wachstum und erhöhter Wettbewerbsfähigkeit der europäischen Industrie beitragen, und zwar sowohl bei den Inhalten und der Informationstechnologie als auch allgemeiner in weiten Teilen der Industrie und des Kultursektors. Auf diese Weise können Arbeitsplätze erhalten und neue Arbeitsplätze geschaffen werden.

(5) Die technische Entwicklung hat die Möglichkeiten für das geistige Schaffen, die Produktion und die Verwertung vervielfacht und diversifiziert. Wenn auch kein Bedarf an neuen Konzepten für den Schutz des geistigen Eigentums besteht, so sollten die Bestimmungen im Bereich des Urheberrechts und der verwandten Schutzrechte doch angepasst und ergänzt werden, um den wirtschaftlichen Gegebenheiten, z. B. den neuen Formen der Verwertung, in angemessener Weise Rechnung zu tragen.

(6) Ohne Harmonisierung auf Gemeinschaftsebene könnten Gesetzgebungsinitiativen auf einzelstaatlicher Ebene, die in einigen Mitgliedstaaten bereits in die Wege geleitet worden sind, um den technischen Herausforderungen zu begegnen, erhebliche Unterschiede im Rechtsschutz und dadurch Beschränkungen des freien Verkehrs von Dienstleistungen und Produkten mit urheberrechtlichem Gehalt zur Folge haben, was zu einer Zersplitterung des Binnenmarkts und zu rechtlicher Inkohärenz führen würde. Derartige rechtliche Unterschiede und Unsicherheiten werden sich im Zuge der weiteren Entwicklung der Informationsgesellschaft, in deren Gefolge die grenzüberschreitende Verwertung des geistigen Eigentums bereits stark zugenommen hat, noch stärker auswirken. Diese Entwicklung wird und sollte fortschreiten. Erhebliche rechtliche Unterschiede und Unsicherheiten in Bezug auf den Rechtsschutz können die Erzielung von Größenvorteilen für neue Produkte und Dienstleistungen mit urheber- und leistungsschutzrechtlichem Gehalt beschränken.

(7) Der bestehende Gemeinschaftsrechtsrahmen zum Schutz des Urheberrechts und der verwandten Schutzrechte ist daher anzupassen und zu ergänzen, soweit dies für das reibungslose Funktionieren des Binnenmarkts erforderlich ist. Zu diesem Zweck sollten diejenigen einzelstaatlichen Rechtsvorschriften über das Urheberrecht und die verwandten Schutzrechte, die sich von Mitgliedstaat zu Mitgliedstaat beträchtlich unterscheiden oder eine derartige Rechtsunsicherheit bewirken, dass der Binnenmarkt in seiner Funktionsfähigkeit beeinträchtigt und die Informationsgesellschaft in Europa in ihrer Entwicklung behindert wird, angepasst und uneinheitliches Vorgehen der Mitgliedstaaten gegenüber technischen Entwicklungen vermieden werden, während Unterschiede, die das Funktionieren des Binnenmarkts nicht beeinträchtigen, nicht beseitigt oder verhindert zu werden brauchen.

(8) Angesichts der verschiedenen sozialen, gesellschaftlichen und kulturellen Auswirkungen der Informationsgesellschaft ist die Besonderheit des Inhalts von Produkten und Dienstleistungen zu berücksichtigen.

(9) Jede Harmonisierung des Urheberrechts und der verwandten Schutzrechte muss von einem hohen Schutzniveau ausgehen, da diese Rechte für das geistige Schaffen wesentlich sind. Ihr Schutz trägt dazu bei, die Erhaltung und Entwicklung kreativer Tätigkeit im Interesse der Urheber, ausübenden Künst-

ler, Hersteller, Verbraucher, von Kultur und Wirtschaft sowie der breiten Öffentlichkeit sicherzustellen. Das geistige Eigentum ist daher als Bestandteil des Eigentums anerkannt worden.

(10) Wenn Urheber und ausübende Künstler weiter schöpferisch und künstlerisch tätig sein sollen, müssen sie für die Nutzung ihrer Werke eine angemessene Vergütung erhalten, was ebenso für die Produzenten gilt, damit diese die Werke finanzieren können. Um Produkte wie Tonträger, Filme oder Multimediaprodukte herstellen und Dienstleistungen, z. B. Dienste auf Abruf, anbieten zu können, sind beträchtliche Investitionen erforderlich. Nur wenn die Rechte des geistigen Eigentums angemessen geschützt werden, kann eine angemessene Vergütung der Rechtsinhaber gewährleistet und ein zufrieden stellender Ertrag dieser Investitionen sichergestellt werden.

(11) Eine rigorose und wirksame Regelung zum Schutz der Urheberrechte und verwandten Schutzrechte ist eines der wichtigsten Instrumente, um die notwendigen Mittel für das kulturelle Schaffen in Europa zu garantieren und die Unabhängigkeit und Würde der Urheber und ausübenden Künstler zu wahren.

(12) Ein angemessener Schutz von urheberrechtlich geschützten Werken und sonstigen Schutzgegenständen ist auch kulturell gesehen von großer Bedeutung. Nach Artikel 151 des Vertrags hat die Gemeinschaft bei ihrer Tätigkeit den kulturellen Aspekten Rechnung zu tragen.

(13) Gemeinsame Forschungsanstrengungen und die kohärente Anwendung technischer Maßnahmen zum Schutz von Werken und sonstigen Schutzgegenständen und zur Sicherstellung der nötigen Informationen über die Schutzrechte auf europäischer Ebene sind von grundlegender Bedeutung, weil das Endziel dieser Maßnahmen die Umsetzung der in den Rechtsvorschriften enthaltenen Grundsätze und Garantien ist.

(14) Ziel dieser Richtlinie ist es auch, Lernen und kulturelle Aktivitäten durch den Schutz von Werken und sonstigen Schutzgegenständen zu fördern; hierbei müssen allerdings Ausnahmen oder Beschränkungen im öffentlichen Interesse für den Bereich Ausbildung und Unterricht vorgesehen werden.

(15) Die Diplomatische Konferenz, die unter der Schirmherrschaft der Weltorganisation für geistiges Eigentum (WIPO) im Dezember 1996 stattfand, führte zur Annahme von zwei neuen Verträgen, dem WIPO-Urheberrechtsvertrag und dem WIPO-Vertrag über Darbietungen und Tonträger, die den Schutz der Urheber bzw. der ausübenden Künstler und Tonträgerhersteller zum Gegenstand haben. In diesen Verträgen wird der internationale Schutz des Urheberrechts und der verwandten Schutzrechte, nicht zuletzt in Bezug auf die sog. „digitale Agenda“, auf den neuesten Stand gebracht; gleichzeitig werden die Möglichkeiten zur Bekämpfung der Piraterie weltweit verbessert. Die Gemeinschaft und die meisten Mitgliedstaaten haben die Verträge bereits unterzeichnet, und inzwischen wurde mit den Vorbereitungen zu ihrer Genehmigung bzw. Ratifizierung durch die Gemeinschaft und die Mitgliedstaaten begonnen. Die vorliegende Richtlinie dient auch dazu, einigen dieser neuen internationalen Verpflichtungen nachzukommen.

(16) Die Haftung für Handlungen im Netzwerk-Umfeld betrifft nicht nur das Urheberrecht und die verwandten Schutzrechte, sondern auch andere Bereiche wie Verleumdung, irreführende Werbung, oder Verletzung von Waren-

zeichen, und wird horizontal in der Richtlinie 2000/31/EG des Europäischen Parlaments und des Rates vom 8. Juni 2000 über bestimmte rechtliche Aspekte der Dienste der Informationsgesellschaft, insbesondere des elektronischen Geschäftsverkehrs, im Binnenmarkt („Richtlinie über den elektronischen Geschäftsverkehr")[1] geregelt, die verschiedene rechtliche Aspekte der Dienste der Informationsgesellschaft, einschließlich des elektronischen Geschäftsverkehrs, präzisiert und harmonisiert. Die vorliegende Richtlinie sollte in einem ähnlichen Zeitrahmen wie die Richtlinie über den elektronischen Geschäftsverkehr umgesetzt werden, da jene Richtlinie einen einheitlichen Rahmen für die Grundsätze und Vorschriften vorgibt, die auch für wichtige Teilbereiche der vorliegenden Richtlinie gelten. Die vorliegende Richtlinie berührt nicht die Bestimmungen der genannten Richtlinie zu Fragen der Haftung.

(17) Insbesondere aufgrund der durch die Digitaltechnik bedingten Erfordernisse muss sichergestellt werden, dass die Verwertungsgesellschaften im Hinblick auf die Beachtung der Wettbewerbsregeln ihre Tätigkeit stärker rationalisieren und für mehr Transparenz sorgen.

(18) Diese Richtlinie berührt nicht die Regelungen der betroffenen Mitgliedstaaten für die Verwaltung von Rechten, beispielsweise der erweiterten kollektiven Lizenzen.

(19) Die Urheberpersönlichkeitsrechte sind im Einklang mit den Rechtsvorschriften der Mitgliedstaaten und den Bestimmungen der Berner Übereinkunft zum Schutz von Werken der Literatur und der Kunst, des WIPO-Urheberrechtsvertrags und des WIPO-Vertrags über Darbietungen und Tonträger auszuüben. Sie bleiben deshalb außerhalb des Anwendungsbereichs dieser Richtlinie.

(20) Die vorliegende Richtlinie beruht auf den Grundsätzen und Bestimmungen, die in den einschlägigen geltenden Richtlinien bereits festgeschrieben sind, und zwar insbesondere in den Richtlinien 91/250/EWG[2], 92/100/EWG[3], 93/83/EWG[4], 93/98/EWG[5] und 96/9/EG[6]. Die betreffenden Grundsätze und Bestimmungen werden fortentwickelt und in den Rahmen der Informationsgesellschaft eingeordnet. Die Bestimmungen dieser Richtlinie sollten unbeschadet der genannten Richtlinien gelten, sofern diese Richtlinie nichts anderes bestimmt.

(21) Diese Richtlinie sollte den Umfang der unter das Vervielfältigungsrecht fallenden Handlungen in Bezug auf die verschiedenen Begünstigten bestim-

---

[1] **Amtl. Anm.:** ABl. L 178 vom 17.7.2000, S. 1.

[2] **Amtl. Anm.:** Richtlinie 91/250/EWG des Rates vom 14. Mai 1991 über den Rechtsschutz von Computerprogrammen (ABl. L 122 vom 17.5.1991, S. 42). Richtlinie geändert durch die Richtlinie 93/98/EWG.

[3] **Amtl. Anm.:** Richtlinie 92/100/EWG des Rates vom 19. November 1992 über das Vermietrecht und Verleihrecht sowie bestimmte dem Urheberrecht verwandte Schutzrechte im Bereich des geistigen Eigentums (ABl. L 346 vom 27.11.1992, S. 61). Richtlinie geändert durch die Richtlinie 93/98/EWG.

[4] **Amtl. Anm.:** Richtlinie 93/83/EWG des Rates vom 27. September 1993 zur Koordinierung bestimmter urheber- und leistungsschutzrechtlicher Vorschriften betreffend Satellitenrundfunk und Kabelweiterverbreitung (ABl. L 248 vom 6.10.1993, S. 15).

[5] **Amtl. Anm.:** Richtlinie 93/98/EWG des Rates vom 29. Oktober 1993 zur Harmonisierung der Schutzdauer des Urheberrechts und bestimmter verwandter Schutzrechte (ABl. L 290 vom 24.11.1993, S. 9).

[6] **Amtl. Anm.:** Richtlinie 96/9/EG des Europäischen Parlaments und des Rates vom 11. März 1996 über den rechtlichen Schutz von Datenbanken (ABl. L 77 vom 27.3.1996, S. 20).

men. Dabei sollte der gemeinschaftliche Besitzstand zugrunde gelegt werden. Um die Rechtssicherheit im Binnenmarkt zu gewährleisten, muss die Definition dieser Handlungen weit gefasst sein.

(22) Die Verwirklichung des Ziels, die Verbreitung der Kultur zu fördern, darf nicht durch Verzicht auf einen rigorosen Schutz der Urheberrechte oder durch Duldung der unrechtmäßigen Verbreitung von nachgeahmten oder gefälschten Werken erfolgen.

(23) Mit dieser Richtlinie sollte das für die öffentliche Wiedergabe geltende Urheberrecht weiter harmonisiert werden. Dieses Recht sollte im weiten Sinne verstanden werden, nämlich dahin gehend, dass es jegliche Wiedergabe an die Öffentlichkeit umfasst, die an dem Ort, an dem die Wiedergabe ihren Ursprung nimmt, nicht anwesend ist. Dieses Recht sollte jegliche entsprechende drahtgebundene oder drahtlose öffentliche Übertragung oder Weiterverbreitung eines Werks, einschließlich der Rundfunkübertragung, umfassen. Dieses Recht sollte für keine weiteren Handlungen gelten.

(24) Das Recht der öffentlichen Zugänglichmachung von Schutzgegenständen nach Artikel 3 Absatz 2 sollte dahin gehend verstanden werden, dass es alle Handlungen der Zugänglichmachung derartiger Schutzgegenstände für Mitglieder der Öffentlichkeit umfasst, die an dem Ort, an dem die Zugänglichmachung ihren Ursprung nimmt, nicht anwesend sind; dieses Recht gilt für keine weiteren Handlungen.

(25) Die Rechtsunsicherheit hinsichtlich der Art und des Umfangs des Schutzes der netzvermittelten Übertragung der urheberrechtlich geschützten Werke und der durch verwandte Schutzrechte geschützten Gegenstände auf Abruf sollte durch einen harmonisierten Rechtsschutz auf Gemeinschaftsebene beseitigt werden. Es sollte klargestellt werden, dass alle durch diese Richtlinie anerkannten Rechtsinhaber das ausschließliche Recht haben sollten, urheberrechtlich geschützte Werke und sonstige Schutzgegenstände im Wege der interaktiven Übertragung auf Abruf für die Öffentlichkeit zugänglich zu machen. Derartige interaktive Übertragungen auf Abruf zeichnen sich dadurch aus, dass sie Mitgliedern der Öffentlichkeit von Orten und zu Zeiten ihrer Wahl zugänglich sind.

(26) In Bezug auf Radio- und Fernsehproduktionen, die Musik aus gewerblichen Tonträgern enthalten und von den Sendeunternehmen auf Abruf angeboten werden, sind Vereinbarungen über Sammellizenzen zu fördern, um die Klärung im Zusammenhang mit den betreffenden Rechten zu erleichtern.

(27) Die bloße Bereitstellung der Einrichtungen, die eine Wiedergabe ermöglichen oder bewirken, stellt selbst keine Wiedergabe im Sinne dieser Richtlinie dar.

(28) Der unter diese Richtlinie fallende Urheberrechtsschutz schließt auch das ausschließliche Recht ein, die Verbreitung eines in einem Gegenstand verkörperten Werks zu kontrollieren. Mit dem Erstverkauf des Originals oder dem Erstverkauf von Vervielfältigungsstücken des Originals in der Gemeinschaft durch den Rechtsinhaber oder mit dessen Zustimmung erschöpft sich das Recht, den Wiederverkauf dieses Gegenstands innerhalb der Gemeinschaft zu kontrollieren. Dies gilt jedoch nicht, wenn das Original oder Vervielfältigungsstücke des Originals durch den Rechtsinhaber oder mit dessen Zustimmung außerhalb der Gemeinschaft verkauft werden. Die Vermiet- und Verleihrechte für Urheber wurden in der Richtlinie 92/100/EWG niedergelegt. Das

durch die vorliegende Richtlinie gewährte Verbreitungsrecht lässt die Bestimmungen über die Vermiet- und Verleihrechte in Kapitel I jener Richtlinie unberührt.

(29) Die Frage der Erschöpfung stellt sich weder bei Dienstleistungen allgemein noch bei Online-Diensten im Besonderen. Dies gilt auch für materielle Vervielfältigungsstücke eines Werks oder eines sonstigen Schutzgegenstands, die durch den Nutzer eines solchen Dienstes mit Zustimmung des Rechtsinhabers hergestellt worden sind. Dasselbe gilt daher auch für die Vermietung oder den Verleih des Originals oder von Vervielfältigungsstücken eines Werks oder eines sonstigen Schutzgegenstands, bei denen es sich dem Wesen nach um Dienstleistungen handelt. Anders als bei CD-ROM oder CD-I, wo das geistige Eigentum in einem materiellen Träger, d. h. einem Gegenstand, verkörpert ist, ist jede Bereitstellung eines Online-Dienstes im Grunde eine Handlung, die zustimmungsbedürftig ist, wenn das Urheberrecht oder ein verwandtes Schutzrecht dies vorsieht.

(30) Die von dieser Richtlinie erfassten Rechte können unbeschadet der einschlägigen einzelstaatlichen Rechtsvorschriften über das Urheberrecht und die verwandten Schutzrechte übertragen oder abgetreten werden oder Gegenstand vertraglicher Lizenzen sein.

(31) Es muss ein angemessener Rechts- und Interessenausgleich zwischen den verschiedenen Kategorien von Rechtsinhabern sowie zwischen den verschiedenen Kategorien von Rechtsinhabern und Nutzern von Schutzgegenständen gesichert werden. Die von den Mitgliedstaaten festgelegten Ausnahmen und Beschränkungen in Bezug auf Schutzrechte müssen vor dem Hintergrund der neuen elektronischen Medien neu bewertet werden. Bestehende Unterschiede bei den Ausnahmen und Beschränkungen in Bezug auf bestimmte zustimmungsbedürftige Handlungen haben unmittelbare negative Auswirkungen auf das Funktionieren des Binnenmarkts im Bereich des Urheberrechts und der verwandten Schutzrechte. Diese Unterschiede könnten sich mit der Weiterentwicklung der grenzüberschreitenden Verwertung von Werken und den zunehmenden grenzüberschreitenden Tätigkeiten durchaus noch deutlicher ausprägen. Um ein reibungsloses Funktionieren des Binnenmarkts zu gewährleisten, sollten diese Ausnahmen und Beschränkungen einheitlicher definiert werden. Dabei sollte sich der Grad ihrer Harmonisierung nach ihrer Wirkung auf die Funktionsfähigkeit des Binnenmarkts bestimmen.

(32) Die Ausnahmen und Beschränkungen in Bezug auf das Vervielfältigungsrecht und das Recht der öffentlichen Wiedergabe sind in dieser Richtlinie erschöpfend aufgeführt. Einige Ausnahmen oder Beschränkungen gelten, soweit dies angemessen erscheint, nur für das Vervielfältigungsrecht. Diese Liste trägt den unterschiedlichen Rechtstraditionen in den Mitgliedstaaten Rechnung und soll gleichzeitig die Funktionsfähigkeit des Binnenmarkts sichern. Die Mitgliedstaaten sollten diese Ausnahmen und Beschränkungen in kohärenter Weise anwenden; dies wird bei der zukünftigen Überprüfung der Umsetzungsvorschriften besonders berücksichtigt werden.

(33) Eine Ausnahme vom ausschließlichen Vervielfältigungsrecht sollte für bestimmte vorübergehende Vervielfältigungshandlungen gewährt werden, die flüchtige oder begleitende Vervielfältigungen sind, als integraler und wesentlicher Teil eines technischen Verfahrens erfolgen und ausschließlich dem Ziel dienen, entweder die effiziente Übertragung in einem Netz zwischen Dritten durch einen Vermittler oder die rechtmäßige Nutzung eines Werks oder son-

stiger Schutzgegenstände zu ermöglichen. Die betreffenden Vervielfältigungshandlungen sollten keinen eigenen wirtschaftlichen Wert besitzen. Soweit diese Voraussetzungen erfüllt sind, erfasst diese Ausnahme auch Handlungen, die das „Browsing" sowie Handlungen des „Caching" ermöglichen; dies schließt Handlungen ein, die das effiziente Funktionieren der Übertragungssysteme ermöglichen, sofern der Vermittler die Information nicht verändert und nicht die erlaubte Anwendung von Technologien zur Sammlung von Daten über die Nutzung der Information, die von der gewerblichen Wirtschaft weithin anerkannt und verwendet werden, beeinträchtigt. Eine Nutzung sollte als rechtmäßig gelten, soweit sie vom Rechtsinhaber zugelassen bzw. nicht durch Gesetze beschränkt ist.

(34) Die Mitgliedstaaten sollten die Möglichkeit erhalten, Ausnahmen oder Beschränkungen für bestimmte Fälle, etwa für Unterrichtszwecke und wissenschaftliche Zwecke, zugunsten öffentlicher Einrichtungen wie Bibliotheken und Archive, zu Zwecken der Berichterstattung über Tagesereignisse, für Zitate, für die Nutzung durch behinderte Menschen, für Zwecke der öffentlichen Sicherheit und für die Nutzung in Verwaltungs- und Gerichtsverfahren vorzusehen.

(35) In bestimmten Fällen von Ausnahmen oder Beschränkungen sollten Rechtsinhaber einen gerechten Ausgleich erhalten, damit ihnen die Nutzung ihrer geschützten Werke oder sonstigen Schutzgegenstände angemessen vergütet wird. Bei der Festlegung der Form, der Einzelheiten und der etwaigen Höhe dieses gerechten Ausgleichs sollten die besonderen Umstände eines jeden Falls berücksichtigt werden. Für die Bewertung dieser Umstände könnte der sich aus der betreffenden Handlung für die Rechtsinhaber ergebende etwaige Schaden als brauchbares Kriterium herangezogen werden. In Fällen, in denen Rechtsinhaber bereits Zahlungen in anderer Form erhalten haben, z. B. als Teil einer Lizenzgebühr, kann gegebenenfalls keine spezifische oder getrennte Zahlung fällig sein. Hinsichtlich der Höhe des gerechten Ausgleichs sollte der Grad des Einsatzes technischer Schutzmaßnahmen gemäß dieser Richtlinie in vollem Umfang berücksichtigt werden. In bestimmten Situationen, in denen dem Rechtsinhaber nur ein geringfügiger Nachteil entstünde, kann sich gegebenenfalls keine Zahlungsverpflichtung ergeben.

(36) Die Mitgliedstaaten können einen gerechten Ausgleich für die Rechtsinhaber auch in den Fällen vorsehen, in denen sie die fakultativen Bestimmungen über die Ausnahmen oder Beschränkungen, die einen derartigen Ausgleich nicht vorschreiben, anwenden.

(37) Die bestehenden nationalen Regelungen über die Reprographie schaffen keine größeren Hindernisse für den Binnenmarkt. Die Mitgliedstaaten sollten die Möglichkeit haben, eine Ausnahme oder Beschränkung für die Reprographie vorzusehen.

(38) Die Mitgliedstaaten sollten die Möglichkeit erhalten, unter Sicherstellung eines gerechten Ausgleichs eine Ausnahme oder Beschränkung in Bezug auf das Vervielfältigungsrecht für bestimmte Arten der Vervielfältigung von Ton-, Bild- und audiovisuellem Material zu privaten Zwecken vorzusehen. Dazu kann die Einführung oder Beibehaltung von Vergütungsregelungen gehören, die Nachteile für Rechtsinhaber ausgleichen sollen. Wenngleich die zwischen diesen Vergütungsregelungen bestehenden Unterschiede das Funktionieren des Binnenmarkts beeinträchtigen, dürften sie sich, soweit sie sich auf

die analoge private Vervielfältigung beziehen, auf die Entwicklung der Informationsgesellschaft nicht nennenswert auswirken. Die digitale private Vervielfältigung dürfte hingegen eine weitere Verbreitung finden und größere wirtschaftliche Bedeutung erlangen. Daher sollte den Unterschieden zwischen digitaler und analoger privater Vervielfältigung gebührend Rechnung getragen und hinsichtlich bestimmter Punkte zwischen ihnen unterschieden werden.

(39) Bei der Anwendung der Ausnahme oder Beschränkung für Privatkopien sollten die Mitgliedstaaten die technologischen und wirtschaftlichen Entwicklungen, insbesondere in Bezug auf die digitale Privatkopie und auf Vergütungssysteme, gebührend berücksichtigen, wenn wirksame technische Schutzmaßnahmen verfügbar sind. Entsprechende Ausnahmen oder Beschränkungen sollten weder den Einsatz technischer Maßnahmen noch deren Durchsetzung im Falle einer Umgehung dieser Maßnahmen behindern.

(40) Die Mitgliedstaaten können eine Ausnahme oder Beschränkung zugunsten bestimmter nicht kommerzieller Einrichtungen, wie der Öffentlichkeit zugängliche Bibliotheken und ähnliche Einrichtungen sowie Archive, vorsehen. Jedoch sollte diese Ausnahme oder Beschränkung auf bestimmte durch das Vervielfältigungsrecht erfasste Sonderfälle begrenzt werden. Eine Nutzung im Zusammenhang mit der Online-Lieferung von geschützten Werken oder sonstigen Schutzgegenständen sollte nicht unter diese Ausnahme fallen. Die Möglichkeit, dass die Mitgliedstaaten Ausnahmen vom ausschließlichen öffentlichen Verleihrecht gemäß Artikel 5 der Richtlinie 92/100/EWG vorsehen, bleibt von dieser Richtlinie unberührt. Spezifische Verträge und Lizenzen, die diesen Einrichtungen und ihrer Zweckbestimmung zur Verbreitung der Kultur in ausgewogener Weise zugute kommen, sollten daher unterstützt werden.

(41) Bei Anwendung der Ausnahme oder Beschränkung für ephemere Aufzeichnungen, die von Sendeunternehmen vorgenommen werden, wird davon ausgegangen, dass zu den eigenen Mitteln des Sendeunternehmens auch die Mittel einer Person zählen, die im Namen oder unter der Verantwortung des Sendeunternehmens handelt.

(42) Bei Anwendung der Ausnahme oder Beschränkung für nicht kommerzielle Unterrichtszwecke und nicht kommerzielle wissenschaftliche Forschungszwecke einschließlich Fernunterricht sollte die nicht kommerzielle Art der betreffenden Tätigkeit durch diese Tätigkeit als solche bestimmt sein. Die organisatorische Struktur und die Finanzierung der betreffenden Einrichtung sind in dieser Hinsicht keine maßgeblichen Faktoren.

(43) Die Mitgliedstaaten sollten in jedem Fall alle erforderlichen Maßnahmen ergreifen, um für Personen mit Behinderungen, die ihnen die Nutzung der Werke selbst erschweren, den Zugang zu diesen Werken zu erleichtern, und dabei ihr besonderes Augenmerk auf zugängliche Formate richten.

(44) Bei der Anwendung der Ausnahmen und Beschränkungen im Sinne dieser Richtlinie sollten die internationalen Verpflichtungen beachtet werden. Solche Ausnahmen und Beschränkungen dürfen nicht auf eine Weise angewandt werden, dass die berechtigten Interessen der Rechtsinhaber verletzt werden oder die normale Verwertung ihrer Werke oder sonstigen Schutzgegenstände beeinträchtigt wird. Die von den Mitgliedstaaten festgelegten Ausnahmen oder Beschränkungen sollten insbesondere die gesteigerte wirtschaft-

liche Bedeutung, die solche Ausnahmen der Beschränkungen im neuen elektronischen Umfeld erlangen können, angemessen berücksichtigen. Daher ist der Umfang bestimmter Ausnahmen oder Beschränkungen bei bestimmten neuen Formen der Nutzung urheberrechtlich geschützter Werke und sonstiger Schutzgegenstände möglicherweise noch enger zu begrenzen.

(45) Die in Artikel 5 Absätze 2, 3 und 4 vorgesehenen Ausnahmen und Beschränkungen sollten jedoch vertraglichen Beziehungen zur Sicherstellung eines gerechten Ausgleichs für die Rechtsinhaber nicht entgegenstehen, soweit dies nach innerstaatlichem Recht zulässig ist.

(46) Die Einschaltung einer Schlichtungsinstanz könnte Nutzern und Rechtsinhabern für die Beilegung ihrer Streitigkeiten hilfreich sein. Die Kommission sollte gemeinsam mit den Mitgliedstaaten im Rahmen des Kontaktausschusses eine Untersuchung über neue rechtliche Möglichkeiten durchführen, mit denen Streitigkeiten im Bereich des Urheberrechts und der verwandten Schutzrechte beigelegt werden können.

(47) Im Zuge der technischen Entwicklung werden Rechtsinhaber von technischen Maßnahmen Gebrauch machen können, die dazu bestimmt sind, die Verhinderung oder Einschränkung von Handlungen zu erreichen, die von den Inhabern von Urheberrechten oder verwandten Schutzrechten oder des Sui-generis-Rechts an Datenbanken nicht genehmigt worden sind. Es besteht jedoch die Gefahr, dass die Umgehung des durch diese Vorrichtungen geschaffenen technischen Schutzes durch rechtswidrige Handlungen ermöglicht oder erleichtert wird. Um ein uneinheitliches rechtliches Vorgehen zu vermeiden, das den Binnenmarkt in seiner Funktion beeinträchtigen könnte, muss der rechtliche Schutz vor der Umgehung wirksamer technischer Maßnahmen und vor der Bereitstellung entsprechender Vorrichtungen und Produkte bzw. der Erbringung entsprechender Dienstleistungen harmonisiert werden.

(48) Dieser Rechtsschutz sollte für technische Maßnahmen gelten, die wirksam Handlungen beschränken, die von den Inhabern von Urheberrechten oder verwandten Schutzrechten oder des Sui-generis-Rechts an Datenbanken nicht genehmigt worden sind, ohne jedoch den normalen Betrieb elektronischer Geräte und deren technische Entwicklung zu behindern. Dieser Rechtsschutz verpflichtet nicht dazu, Vorrichtungen, Produkte, Komponenten oder Dienstleistungen zu entwerfen, die den technischen Maßnahmen entsprechen, solange diese Vorrichtungen, Produkte, Komponenten oder Dienstleistungen nicht in anderer Weise unter das Verbot des Artikels 6 fallen. Dieser Rechtsschutz sollte auch das Verhältnismäßigkeitsprinzip berücksichtigen, und es sollten nicht jene Vorrichtungen oder Handlungen untersagt werden, deren wirtschaftlicher Zweck und Nutzen nicht in der Umgehung technischer Schutzvorkehrungen besteht. Insbesondere dürfen die Forschungsarbeiten im Bereich der Verschlüsselungstechniken dadurch nicht behindert werden.

(49) Der Rechtsschutz technischer Maßnahmen lässt einzelstaatliche Rechtsvorschriften unberührt, die den privaten Besitz von Vorrichtungen, Erzeugnissen oder Bestandteilen zur Umgehung technischer Maßnahmen untersagen.

(50) Ein solcher harmonisierter Rechtsschutz lässt die speziellen Schutzbestimmungen gemäß der Richtlinie 91/250/EWG unberührt. Er sollte insbesondere nicht auf den Schutz der in Verbindung mit Computerprogrammen verwendeten technischen Maßnahmen Anwendung finden, der ausschließlich

in jener Richtlinie behandelt wird. Er sollte die Entwicklung oder Verwendung anderer Mittel zur Umgehung technischer Maßnahmen, die erforderlich sind, um Handlungen nach Artikel 5 Absatz 3 oder Artikel 6 der Richtlinie 91/250/EWG zu ermöglichen, nicht aufhalten oder verhindern. Artikel 5 und 6 jener Richtlinie sehen ausschließlich Ausnahmen von den auf Computerprogramme anwendbaren ausschließlichen Rechten vor.

(51) Der Rechtsschutz technischer Maßnahmen gilt unbeschadet des in Artikel 5 zum Ausdruck kommenden Gesichtspunkts des Allgemeininteresses sowie unbeschadet der öffentlichen Sicherheit. Die Mitgliedstaaten sollten freiwillige Maßnahmen der Rechtsinhaber, einschließlich des Abschlusses und der Umsetzung von Vereinbarungen zwischen Rechtsinhabern und anderen interessierten Parteien, fördern, mit denen dafür Sorge getragen wird, dass die Ziele bestimmter Ausnahmen oder Beschränkungen, die im Einklang mit dieser Richtlinie in einzelstaatlichen Rechtsvorschriften vorgesehen sind, erreicht werden können. Werden innerhalb einer angemessenen Frist keine derartigen freiwilligen Maßnahmen oder Vereinbarungen getroffen, sollten die Mitgliedstaaten angemessene Maßnahmen ergreifen, um zu gewährleisten, dass die Rechtsinhaber durch Änderung einer schon angewandten technischen Maßnahme oder durch andere Mittel den von derartigen Ausnahmen oder Beschränkungen Begünstigten geeignete Mittel für die Inanspruchnahme dieser Ausnahmen oder Beschränkungen an die Hand geben. Damit jedoch bei derartigen Maßnahmen, die von den Rechtsinhabern, auch im Rahmen von Vereinbarungen, oder von einem Mitgliedstaat ergriffen werden, kein Missbrauch entsteht, sollten alle technischen Maßnahmen Rechtsschutz genießen, die bei der Umsetzung derartiger Maßnahmen zur Anwendung kommen.

(52) Bei der Umsetzung einer Ausnahme oder einer Beschränkung im Hinblick auf Vervielfältigungen zum privaten Gebrauch nach Artikel 5 Absatz 2 Buchstabe b) sollten die Mitgliedstaaten auch die Anwendung freiwilliger Maßnahmen fördern, mit denen dafür Sorge getragen wird, dass die Ziele derartiger Ausnahmen oder Beschränkungen erreicht werden können. Werden innerhalb einer angemessenen Frist keine derartigen freiwilligen Maßnahmen zur Ermöglichung von Vervielfältigungen zum privaten Gebrauch getroffen, können die Mitgliedstaaten Maßnahmen ergreifen, damit die Begünstigten der betreffenden Ausnahme oder Beschränkung sie tatsächlich nutzen können. Freiwillige Maßnahmen des Rechtsinhabers, einschließlich etwaiger Vereinbarungen zwischen Rechtsinhabern und interessierten Parteien, sowie Maßnahmen der Mitgliedstaaten stehen solchen technischen Maßnahmen der Rechtsinhaber nicht entgegen, die mit den im nationalen Recht vorgesehenen Ausnahmen und Beschränkungen in Bezug auf Vervielfältigungen zum privaten Gebrauch nach Artikel 5 Absatz 2 Buchstabe b) vereinbar sind, wobei der Bedingung des gerechten Ausgleichs nach jener Bestimmung und der Möglichkeit einer Differenzierung zwischen verschiedenen Anwendungsbedingungen nach Artikel 5 Absatz 5, wie z. B. Überwachung der Anzahl der Vervielfältigungen, Rechnung zu tragen ist. Damit bei derartigen Maßnahmen kein Missbrauch entsteht, sollten alle technischen Schutzmaßnahmen Rechtsschutz genießen, die bei der Umsetzung derartiger Maßnahmen zur Anwendung kommen.

(53) Der Schutz technischer Maßnahmen sollte ein sicheres Umfeld gewährleisten für die Erbringung interaktiver Dienste auf Abruf in der Weise,

dass Mitgliedern der Öffentlichkeit Werke und andere Schutzgegenstände von Orten und zu Zeiten ihrer Wahl zugänglich sind. Werden entsprechende Dienste auf der Grundlage von vertraglichen Vereinbarungen erbracht, sollte Artikel 6 Absatz 4 Unterabsätze 1 und 2 keine Anwendung finden. Nicht interaktive Formen der Online-Nutzung sollten im Anwendungsbereich dieser Vorschriften verbleiben.

(54) Die internationale Normung technischer Identifizierungssysteme für Werke und sonstige Schutzgegenstände in digitalem Format hat große Fortschritte gemacht. In einer sich ausweitenden Netzwerkumgebung könnten Unterschiede zwischen technischen Maßnahmen zur Inkompatibilität der Systeme innerhalb der Gemeinschaft führen. Kompatibilität und Interoperabilität der verschiedenen Systeme sollten gefördert werden. Es erscheint in hohem Maße wünschenswert, die Entwicklung weltweiter Systeme zu fördern.

(55) Die technische Entwicklung wird die Verbreitung von Werken, insbesondere die Verbreitung über Netze erleichtern, und dies bedeutet, dass Rechtsinhaber das Werk oder den sonstigen Schutzgegenstand, den Urheber und jeden sonstigen Leistungsschutzberechtigten genauer identifizieren und Informationen über die entsprechenden Nutzungsbedingungen mitteilen müssen, um die Wahrnehmung der mit dem Werk bzw. dem Schutzgegenstand verbundenen Rechte zu erleichtern. Rechtsinhaber sollten darin bestärkt werden, Kennzeichnungen zu verwenden, aus denen bei der Eingabe von Werken oder sonstigen Schutzgegenständen in Netze zusätzlich zu den genannten Informationen unter anderem hervorgeht, dass sie ihre Erlaubnis erteilt haben.

(56) Es besteht jedoch die Gefahr, dass rechtswidrige Handlungen vorgenommen werden, um die Informationen für die elektronische Wahrnehmung der Urheberrechte zu entfernen oder zu verändern oder Werke oder sonstige Schutzgegenstände, aus denen diese Informationen ohne Erlaubnis entfernt wurden, in sonstiger Weise zu verbreiten, zu Verbreitungszwecken einzuführen, zu senden, öffentlich wiederzugeben oder der Öffentlichkeit zugänglich zu machen. Um ein uneinheitliches rechtliches Vorgehen zu vermeiden, das den Binnenmarkt in seiner Funktion beeinträchtigen könnte, muss der rechtliche Schutz vor solchen Handlungen harmonisiert werden.

(57) Die genannten Informationssysteme für die Wahrnehmung der Rechte sind je nach Auslegung in der Lage, gleichzeitig personenbezogene Daten über die individuelle Nutzung von Schutzgegenständen zu verarbeiten und Online-Aktivitäten nachzuvollziehen. Die technischen Funktionen dieser Vorrichtungen sollten dem Schutz der Privatsphäre gemäß der Richtlinie 95/46/EG des Europäischen Parlaments und des Rates vom 24. Oktober 1995 zum Schutz natürlicher Personen bei der Verarbeitung personenbezogener Daten und zum freien Datenverkehr[1)] gerecht werden.

(58) Die Mitgliedstaaten sollten wirksame Sanktionen und Rechtsbehelfe bei Zuwiderhandlungen gegen die in dieser Richtlinie festgelegten Rechte und Pflichten vorsehen. Sie sollten alle erforderlichen Maßnahmen treffen, um die Anwendung dieser Sanktionen und Rechtsbehelfe sicherzustellen. Die vorgesehenen Sanktionen müssen wirksam, verhältnismäßig und abschreckend sein und die Möglichkeit einschließen, Schadenersatz und/oder eine gerichtli-

---

1) **Amtl. Anm.:** ABl. L 281 vom 23.11.1995, S. 31.

che Anordnung sowie gegebenenfalls die Beschlagnahme von rechtswidrigem Material zu beantragen.

(59) Insbesondere in der digitalen Technik können die Dienste von Vermittlern immer stärker von Dritten für Rechtsverstöße genutzt werden. Oftmals sind diese Vermittler selbst am besten in der Lage, diesen Verstößen ein Ende zu setzen. Daher sollten die Rechtsinhaber – unbeschadet anderer zur Verfügung stehender Sanktionen und Rechtsbehelfe – die Möglichkeit haben, eine gerichtliche Anordnung gegen einen Vermittler zu beantragen, der die Rechtsverletzung eines Dritten in Bezug auf ein geschütztes Werk oder einen anderen Schutzgegenstand in einem Netz überträgt. Diese Möglichkeit sollte auch dann bestehen, wenn die Handlungen des Vermittlers nach Artikel 5 freigestellt sind. Die Bedingungen und Modalitäten für eine derartige gerichtliche Anordnung sollten im nationalen Recht der Mitgliedstaaten geregelt werden.

(60) Der durch diese Richtlinie gewährte Schutz sollte die nationalen und gemeinschaftlichen Rechtsvorschriften in anderen Bereichen wie gewerbliches Eigentum, Datenschutz, Zugangskontrolle, Zugang zu öffentlichen Dokumenten und den Grundsatz der Chronologie der Auswertung in den Medien, die sich auf den Schutz des Urheberrechts oder verwandter Rechte auswirken, unberührt lassen.

(61) Um den Bestimmungen des WIPO-Vertrags über Darbietungen und Tonträger nachzukommen, sollten die Richtlinien 92/100/EWG und 93/98/EWG geändert werden –

HABEN FOLGENDE RICHTLINIE ERLASSEN:

Kapitel I. Ziel und Anwendungsbereich

Art. 1 Anwendungsbereich. (1) Gegenstand dieser Richtlinie ist der rechtliche Schutz des Urheberrechts und der verwandten Schutzrechte im Rahmen des Binnenmarkts, insbesondere in Bezug auf die Informationsgesellschaft.

(2) Außer in den in Artikel 11 genannten Fällen lässt diese Richtlinie die bestehenden gemeinschaftsrechtlichen Bestimmungen über folgende Bereiche unberührt und beeinträchtigt sie in keiner Weise:
a) über den rechtlichen Schutz von Computerprogrammen;
b) über das Vermietrecht, das Verleihrecht und bestimmte dem Urheberrecht verwandte Schutzrechte im Bereich des geistigen Eigentums;
c) über das Urheberrecht und die verwandten Schutzrechte im Bereich des Satellitenrundfunks und der Kabelweiterverbreitung;
d) über die Dauer des Schutzes des Urheberrechts und bestimmter verwandter Schutzrechte;
e) über den rechtlichen Schutz von Datenbanken.

Kapitel II. Rechte und Ausnahmen

Art. 2 Vervielfältigungsrecht. Die Mitgliedstaaten sehen für folgende Personen das ausschließliche Recht vor, die unmittelbare oder mittelbare, vorübergehende oder dauerhafte Vervielfältigung auf jede Art und Weise und in jeder Form ganz oder teilweise zu erlauben oder zu verbieten:

a) für die Urheber in Bezug auf ihre Werke,
b) für die ausübenden Künstler in Bezug auf die Aufzeichnungen ihrer Darbietungen,
c) für die Tonträgerhersteller in Bezug auf ihre Tonträger,
d) für die Hersteller der erstmaligen Aufzeichnungen von Filmen in Bezug auf das Original und die Vervielfältigungsstücke ihrer Filme,
e) für die Sendeunternehmen in Bezug auf die Aufzeichnungen ihrer Sendungen, unabhängig davon, ob diese Sendungen drahtgebunden oder drahtlos, über Kabel oder Satellit übertragen werden.

Art. 3 Recht der öffentlichen Wiedergabe von Werken und Recht der öffentlichen Zugänglichmachung sonstiger Schutzgegenstände. (1) Die Mitgliedstaaten sehen vor, dass den Urhebern das ausschließliche Recht zusteht, die drahtgebundene oder drahtlose öffentliche Wiedergabe ihrer Werke einschließlich der öffentlichen Zugänglichmachung der Werke in der Weise, dass sie Mitgliedern der Öffentlichkeit von Orten und zu Zeiten ihrer Wahl zugänglich sind, zu erlauben oder zu verbieten.

(2) Die Mitgliedstaaten sehen für folgende Personen das ausschließliche Recht vor, zu erlauben oder zu verbieten, dass die nachstehend genannten Schutzgegenstände drahtgebunden oder drahtlos in einer Weise der Öffentlichkeit zugänglich gemacht werden, dass sie Mitgliedern der Öffentlichkeit von Orten und zu Zeiten ihrer Wahl zugänglich sind:

a) für die ausübenden Künstler in Bezug auf die Aufzeichnungen ihrer Darbietungen;
b) für die Tonträgerhersteller in Bezug auf ihre Tonträger;
c) für die Hersteller der erstmaligen Aufzeichnungen von Filmen in Bezug auf das Original und auf Vervielfältigungsstücke ihrer Filme;
d) für die Sendeunternehmen in Bezug auf die Aufzeichnungen ihrer Sendungen, unabhängig davon, ob diese Sendungen drahtgebunden oder drahtlos, über Kabel oder Satellit übertragen werden.

(3) Die in den Absätzen 1 und 2 bezeichneten Rechte erschöpfen sich nicht mit den in diesem Artikel genannten Handlungen der öffentlichen Wiedergabe oder der Zugänglichmachung für die Öffentlichkeit.

Art. 4 Verbreitungsrecht. (1) Die Mitgliedstaaten sehen vor, dass den Urhebern in Bezug auf das Original ihrer Werke oder auf Vervielfältigungsstücke davon das ausschließliche Recht zusteht, die Verbreitung an die Öffentlichkeit in beliebiger Form durch Verkauf oder auf sonstige Weise zu erlauben oder zu verbieten.

(2) Das Verbreitungsrecht erschöpft sich in der Gemeinschaft in Bezug auf das Original oder auf Vervielfältigungsstücke eines Werks nur, wenn der Erstverkauf dieses Gegenstands oder eine andere erstmalige Eigentumsübertragung in der Gemeinschaft durch den Rechtsinhaber oder mit dessen Zustimmung erfolgt.

Art. 5 Ausnahmen und Beschränkungen. (1) Die in Artikel 2 bezeichneten vorübergehenden Vervielfältigungshandlungen, die flüchtig oder begleitend sind und einen integralen und wesentlichen Teil eines technischen Verfahrens darstellen und deren alleiniger Zweck es ist,

a) eine Übertragung in einem Netz zwischen Dritten durch einen Vermittler oder

b) eine rechtmäßige Nutzung

eines Werks oder sonstigen Schutzgegenstands zu ermöglichen, und die keine eigenständige wirtschaftliche Bedeutung haben, werden von dem in Artikel 2 vorgesehenen Vervielfältigungsrecht ausgenommen.

(2) Die Mitgliedstaaten können in den folgenden Fällen Ausnahmen oder Beschränkungen in Bezug auf das in Artikel 2 vorgesehene Vervielfältigungsrecht vorsehen:

a) in Bezug auf Vervielfältigungen auf Papier oder einem ähnlichen Träger mittels beliebiger fotomechanischer Verfahren oder anderer Verfahren mit ähnlicher Wirkung, mit Ausnahme von Notenblättern und unter der Bedingung, dass die Rechtsinhaber einen gerechten Ausgleich erhalten;

b) in Bezug auf Vervielfältigungen auf beliebigen Trägern durch eine natürliche Person zum privaten Gebrauch und weder für direkte noch indirekte kommerzielle Zwecke unter der Bedingung, dass die Rechtsinhaber einen gerechten Ausgleich erhalten, wobei berücksichtigt wird, ob technische Maßnahmen gemäß Artikel 6 auf das betreffende Werk oder den betreffenden Schutzgegenstand angewendet wurden;

c) in Bezug auf bestimmte Vervielfältigungshandlungen von öffentlich zugänglichen Bibliotheken, Bildungseinrichtungen oder Museen oder von Archiven, die keinen unmittelbaren oder mittelbaren wirtschaftlichen oder kommerziellen Zweck verfolgen, und unbeschadet der in der Richtlinie (EU) 2019/790 des Europäischen Parlaments und des Rates[1)] festgelegten Ausnahmen und Beschränkungen;

d) in Bezug auf ephemere Aufzeichnungen von Werken, die von Sendeunternehmen mit eigenen Mitteln und für eigene Sendungen vorgenommen worden sind; aufgrund ihres außergewöhnlichen Dokumentationscharakters kann die Aufbewahrung dieser Aufzeichnungen in amtlichen Archiven erlaubt werden;

e) in Bezug auf Vervielfältigungen von Sendungen, die von nicht kommerziellen sozialen Einrichtungen wie Krankenhäusern oder Haftanstalten angefertigt wurden, unter der Bedingung, dass die Rechtsinhaber einen gerechten Ausgleich erhalten.

(3) Die Mitgliedstaaten können in den folgenden Fällen Ausnahmen oder Beschränkungen in Bezug auf die in den Artikeln 2 und 3 vorgesehenen Rechte vorsehen:

a) für die Nutzung ausschließlich zur Veranschaulichung im Unterricht oder für Zwecke der wissenschaftlichen Forschung, sofern – außer in Fällen, in denen sich dies als unmöglich erweist – die Quelle, einschließlich des Namens des Urhebers, wann immer dies möglich ist, angegeben wird und soweit das zur Verfolgung nicht kommerzieller Zwecke gerechtfertigt ist, und unbeschadet der in der Richtlinie (EU) 2019/790 festgelegten Ausnahmen und Beschränkungen;

---

1) Richtlinie (EU) 2019/790 des Europäischen Parlaments und des Rates vom 17. April 2019 über das Urheberrecht und die verwandten Schutzrechte im digitalen Binnenmarkt und zur Änderung der Richtlinien 96/9/EG und 2001/29/EG (ABl. L 130 vom 17.5.2019, S. 92).

b) für die Nutzung zugunsten behinderter Personen, wenn die Nutzung mit der Behinderung unmittelbar in Zusammenhang steht und nicht kommerzieller Art ist, soweit es die betreffende Behinderung erfordert;
c) für die Vervielfältigung durch die Presse, die öffentliche Wiedergabe oder die Zugänglichmachung von veröffentlichten Artikeln zu Tagesfragen wirtschaftlicher, politischer oder religiöser Natur oder von gesendeten Werken oder sonstigen Schutzgegenständen dieser Art, sofern eine solche Nutzung nicht ausdrücklich vorbehalten ist und sofern die Quelle, einschließlich des Namens des Urhebers, angegeben wird, oder die Nutzung von Werken oder sonstigen Schutzgegenständen in Verbindung mit der Berichterstattung über Tagesereignisse, soweit es der Informationszweck rechtfertigt und sofern – außer in Fällen, in denen sich dies als unmöglich erweist – die Quelle, einschließlich des Namens des Urhebers, angegeben wird;
d) für Zitate zu Zwecken wie Kritik oder Rezensionen, sofern sie ein Werk oder einen sonstigen Schutzgegenstand betreffen, das bzw. der der Öffentlichkeit bereits rechtmäßig zugänglich gemacht wurde, sofern – außer in Fällen, in denen sich dies als unmöglich erweist – die Quelle, einschließlich des Namens des Urhebers, angegeben wird und sofern die Nutzung den anständigen Gepflogenheiten entspricht und in ihrem Umfang durch den besonderen Zweck gerechtfertigt ist;
e) für die Nutzung zu Zwecken der öffentlichen Sicherheit oder zur Sicherstellung des ordnungsgemäßen Ablaufs von Verwaltungsverfahren, parlamentarischen Verfahren oder Gerichtsverfahren oder der Berichterstattung darüber;
f) für die Nutzung von politischen Reden oder von Auszügen aus öffentlichen Vorträgen oder ähnlichen Werken oder Schutzgegenständen, soweit der Informationszweck dies rechtfertigt und sofern – außer in Fällen, in denen sich dies als unmöglich erweist – die Quelle, einschließlich des Namens des Urhebers, angegeben wird;
g) für die Nutzung bei religiösen Veranstaltungen oder offiziellen, von einer Behörde durchgeführten Veranstaltungen;
h) für die Nutzung von Werken wie Werken der Baukunst oder Plastiken, die dazu angefertigt wurden, sich bleibend an öffentlichen Orten zu befinden;
i) für die beiläufige Einbeziehung eines Werks oder sonstigen Schutzgegenstands in anderes Material;
j) für die Nutzung zum Zwecke der Werbung für die öffentliche Ausstellung oder den öffentlichen Verkauf von künstlerischen Werken in dem zur Förderung der betreffenden Veranstaltung erforderlichen Ausmaß unter Ausschluss jeglicher anderer kommerzieller Nutzung;
k) für die Nutzung zum Zwecke von Karikaturen, Parodien oder Pastiches;
l) für die Nutzung im Zusammenhang mit der Vorführung oder Reparatur von Geräten;
m) für die Nutzung eines künstlerischen Werks in Form eines Gebäudes bzw. einer Zeichnung oder eines Plans eines Gebäudes zum Zwecke des Wiederaufbaus des Gebäudes;
n) für die Nutzung von Werken und sonstigen Schutzgegenständen, für die keine Regelungen über Verkauf und Lizenzen gelten und die sich in den Sammlungen der Einrichtungen gemäß Absatz 2 Buchstabe c) befinden, durch ihre Wiedergabe oder Zugänglichmachung für einzelne Mitglieder

der Öffentlichkeit zu Zwecken der Forschung und privater Studien auf eigens hierfür eingerichteten Terminals in den Räumlichkeiten der genannten Einrichtungen;

o) für die Nutzung in bestimmten anderen Fällen von geringer Bedeutung, soweit solche Ausnahmen oder Beschränkungen bereits in einzelstaatlichen Rechtsvorschriften vorgesehen sind und sofern sie nur analoge Nutzungen betreffen und den freien Waren- und Dienstleistungsverkehr in der Gemeinschaft nicht berühren; dies gilt unbeschadet der anderen in diesem Artikel enthaltenen Ausnahmen und Beschränkungen.

(4) Wenn die Mitgliedstaaten gemäß Absatz 2 oder 3 eine Ausnahme oder Beschränkung in Bezug auf das Vervielfältigungsrecht vorsehen können, können sie entsprechend auch eine Ausnahme oder Beschränkung in Bezug auf das Verbreitungsrecht im Sinne von Artikel 4 zulassen, soweit diese Ausnahme durch den Zweck der erlaubten Vervielfältigung gerechtfertigt ist.

(5) Die in den Absätzen 1, 2, 3 und 4 genannten Ausnahmen und Beschränkungen dürfen nur in bestimmten Sonderfällen angewandt werden, in denen die normale Verwertung des Werks oder des sonstigen Schutzgegenstands nicht beeinträchtigt wird und die berechtigten Interessen des Rechtsinhabers nicht ungebührlich verletzt werden.

Kapitel III. Schutz von technischen Maßnahmen und von Informationen für die Wahrnehmung der Rechte

Art. 6 Pflichten in Bezug auf technische Maßnahmen. (1) Die Mitgliedstaaten sehen einen angemessenen Rechtsschutz gegen die Umgehung wirksamer technischer Maßnahmen durch eine Person vor, der bekannt ist oder den Umständen nach bekannt sein muss, dass sie dieses Ziel verfolgt.

(2) Die Mitgliedstaaten sehen einen angemessenen Rechtsschutz gegen die Herstellung, die Einfuhr, die Verbreitung, den Verkauf, die Vermietung, die Werbung im Hinblick auf Verkauf oder Vermietung und den Besitz zu kommerziellen Zwecken von Vorrichtungen, Erzeugnissen oder Bestandteilen sowie die Erbringung von Dienstleistungen vor,

a) die Gegenstand einer Verkaufsförderung, Werbung oder Vermarktung mit dem Ziel der Umgehung wirksamer technischer Maßnahmen sind oder
b) die, abgesehen von der Umgehung wirksamer technischer Maßnahmen, nur einen begrenzten wirtschaftlichen Zweck oder Nutzen haben oder
c) die hauptsächlich entworfen, hergestellt, angepasst oder erbracht werden, um die Umgehung wirksamer technischer Maßnahmen zu ermöglichen oder zu erleichtern.

(3) Im Sinne dieser Richtlinie bezeichnet der Ausdruck „technische Maßnahmen" alle Technologien, Vorrichtungen oder Bestandteile, die im normalen Betrieb dazu bestimmt sind, Werke oder sonstige Schutzgegenstände betreffende Handlungen zu verhindern oder einzuschränken, die nicht von der Person genehmigt worden sind, die Inhaber der Urheberrechte oder der dem Urheberrecht verwandten gesetzlich geschützten Schutzrechte oder des in Kapitel III der Richtlinie 96/9/EG verankerten Sui-generis-Rechts ist. Technische Maßnahmen sind als „wirksam" anzusehen, soweit die Nutzung eines geschützten Werks oder eines sonstigen Schutzgegenstands von den Rechtsinhabern durch eine Zugangskontrolle oder einen Schutzmechanismus wie Ver-

schlüsselung, Verzerrung oder sonstige Umwandlung des Werks oder sonstigen Schutzgegenstands oder einen Mechanismus zur Kontrolle der Vervielfältigung, die die Erreichung des Schutzziels sicherstellen, unter Kontrolle gehalten wird.

(4) Werden von Seiten der Rechtsinhaber freiwillige Maßnahmen, einschließlich Vereinbarungen zwischen den Rechtsinhabern und anderen betroffenen Parteien, nicht ergriffen, so treffen die Mitgliedstaaten ungeachtet des Rechtsschutzes nach Absatz 1 geeignete Maßnahmen, um sicherzustellen, dass die Rechtsinhaber dem Begünstigten einer im nationalen Recht gemäß Artikel 5 Absatz 2 Buchstaben a), c), d), oder e) oder Absatz 3 Buchstaben a), b) oder e) vorgesehenen Ausnahme oder Beschränkung die Mittel zur Nutzung der betreffenden Ausnahme oder Beschränkung in dem für die Nutzung der betreffenden Ausnahme oder Beschränkung erforderlichen Maße zur Verfügung stellen, soweit der betreffende Begünstigte rechtmäßig Zugang zu dem geschützten Werk oder Schutzgegenstand hat.

Ein Mitgliedstaat kann derartige Maßnahmen auch in Bezug auf den Begünstigten einer Ausnahme oder Beschränkung gemäß Artikel 5 Absatz 2 Buchstabe b) treffen, sofern die Vervielfältigung zum privaten Gebrauch nicht bereits durch die Rechtsinhaber in dem für die Nutzung der betreffenden Ausnahme oder Beschränkung erforderlichen Maße gemäß Artikel 5 Absatz 2 Buchstabe b) und Absatz 5 ermöglicht worden ist; der Rechtsinhaber kann dadurch nicht gehindert werden, geeignete Maßnahmen in Bezug auf die Zahl der Vervielfältigungen gemäß diesen Bestimmungen zu ergreifen.

Die von den Rechtsinhabern freiwillig angewandten technischen Maßnahmen, einschließlich der zur Umsetzung freiwilliger Vereinbarungen angewandten Maßnahmen, und die technischen Maßnahmen, die zur Umsetzung der von den Mitgliedstaaten getroffenen Maßnahmen angewandt werden, genießen den Rechtsschutz nach Absatz 1.

Die Unterabsätze 1 und 2 gelten nicht für Werke und sonstige Schutzgegenstände, die der Öffentlichkeit aufgrund einer vertraglichen Vereinbarung in einer Weise zugänglich gemacht werden, dass sie Mitgliedern der Öffentlichkeit von Orten und zu Zeiten ihrer Wahl zugänglich sind.

Wenn dieser Artikel im Zusammenhang mit der Richtlinie 92/100/EWG und 96/9/EG angewandt wird, so findet dieser Absatz entsprechende Anwendung.

Art. 7 Pflichten in Bezug auf Informationen für die Rechtewahrnehmung. (1) Die Mitgliedstaaten sehen einen angemessenen rechtlichen Schutz gegen Personen vor, die wissentlich unbefugt eine der nachstehenden Handlungen vornehmen, wobei ihnen bekannt ist oder den Umständen nach bekannt sein muss, dass sie dadurch die Verletzung von Urheberrechten oder dem Urheberrecht verwandten gesetzlich geschützten Schutzrechten oder die Verletzung des in Kapitel III der Richtlinie 96/9/EG vorgesehenen Sui-generis-Rechts veranlassen, ermöglichen, erleichtern oder verschleiern:

a) die Entfernung oder Änderung elektronischer Informationen für die Wahrnehmung der Rechte,
b) die Verbreitung, Einfuhr zur Verbreitung, Sendung, öffentliche Wiedergabe oder öffentliche Zugänglichmachung von Werken oder sonstigen unter diese Richtlinie oder unter Kapitel III der Richtlinie 96/9/EG fallenden Schutzgegenständen, bei denen elektronische Informationen für die Wahrnehmung der Rechte unbefugt entfernt oder geändert wurden.

(2) Im Sinne dieser Richtlinie bezeichnet der Ausdruck „Informationen für die Rechtewahrnehmung" die von Rechtsinhabern stammenden Informationen, die die in dieser Richtlinie bezeichneten Werke oder Schutzgegenstände oder die durch das in Kapitel III der Richtlinie 96/9/EG vorgesehene Sui-generis-Recht geschützten Werke oder Schutzgegenstände, den Urheber oder jeden anderen Rechtsinhaber identifizieren, oder Informationen über die Modalitäten und Bedingungen für die Nutzung der Werke oder Schutzgegenstände sowie die Zahlen oder Codes, durch die derartige Informationen ausgedrückt werden.

Unterabsatz 1 gilt, wenn irgendeine der betreffenden Informationen an einem Vervielfältigungsstück eines Werks oder eines sonstigen Schutzgegenstands, der in dieser Richtlinie genannt wird oder unter das in Kapitel III der Richtlinie 96/9/EG vorgesehene Sui-generis-Recht fällt, angebracht wird oder im Zusammenhang mit der öffentlichen Wiedergabe eines solchen Werks oder Schutzgegenstands erscheint.

Kapitel IV. Allgemeine Bestimmungen

Art. 8 Sanktionen und Rechtsbehelfe. (1) Die Mitgliedstaaten sehen bei Verletzungen der in dieser Richtlinie festgelegten Rechte und Pflichten angemessene Sanktionen und Rechtsbehelfe vor und treffen alle notwendigen Maßnahmen, um deren Anwendung sicherzustellen. Die betreffenden Sanktionen müssen wirksam, verhältnismäßig und abschreckend sein.

(2) Jeder Mitgliedstaat trifft die erforderlichen Maßnahmen, um sicherzustellen, dass Rechtsinhaber, deren Interessen durch eine in seinem Hoheitsgebiet begangene Rechtsverletzung beeinträchtigt werden, Klage auf Schadenersatz erheben und/oder eine gerichtliche Anordnung sowie gegebenenfalls die Beschlagnahme von rechtswidrigem Material sowie von Vorrichtungen, Erzeugnissen oder Bestandteilen im Sinne des Artikels 6 Absatz 2 beantragen können.

(3) Die Mitgliedstaaten stellen sicher, dass die Rechtsinhaber gerichtliche Anordnungen gegen Vermittler beantragen können, deren Dienste von einem Dritten zur Verletzung eines Urheberrechts oder verwandter Schutzrechte genutzt werden.

Art. 9 Weitere Anwendung anderer Rechtsvorschriften. Diese Richtlinie lässt andere Rechtsvorschriften insbesondere in folgenden Bereichen unberührt: Patentrechte, Marken, Musterrechte, Gebrauchsmuster, Topographien von Halbleitererzeugnissen, typographische Schriftzeichen, Zugangskontrolle, Zugang zum Kabel von Sendediensten, Schutz nationalen Kulturguts, Anforderungen im Bereich gesetzlicher Hinterlegungspflichten, Rechtsvorschriften über Wettbewerbsbeschränkungen und unlauteren Wettbewerb, Betriebsgeheimnisse, Sicherheit, Vertraulichkeit, Datenschutz und Schutz der Privatsphäre, Zugang zu öffentlichen Dokumenten sowie Vertragsrecht.

Art. 10 Zeitliche Anwendbarkeit. (1) Die Vorschriften dieser Richtlinie finden auf alle von ihr erfassten Werke und Schutzgegenstände Anwendung, die am 22. Dezember 2002 durch die Rechtsvorschriften der Mitgliedstaaten auf dem Gebiet des Urheberrechts und der verwandten Schutzrechte geschützt sind oder die die Schutzkriterien im Sinne dieser Richtlinie oder der in Artikel 1 Absatz 2 genannten Bestimmungen erfüllen.

(2) Die Richtlinie berührt Handlungen und Rechte nicht, die vor dem 22. Dezember 2002 abgeschlossen bzw. erworben wurden.

Art. 11 Technische Anpassungen. (1) Die Richtlinie 92/100/EWG wird wie folgt geändert:

a) Artikel 7 wird gestrichen.

b) Artikel 10 Absatz 3 erhält folgende Fassung:

„(3) Die Beschränkungen dürfen nur in bestimmten Sonderfällen angewandt werden, in denen die normale Verwertung des Schutzgegenstands nicht beeinträchtigt wird und die berechtigten Interessen des Rechtsinhabers nicht ungebührlich verletzt werden."

(2) Artikel 3 Absatz 2 der Richtlinie 93/98/EWG erhält folgende Fassung:

„(2) Die Rechte der Hersteller von Tonträgern erlöschen fünfzig Jahre nach der Aufzeichnung. Wurde jedoch der Tonträger innerhalb dieser Frist rechtmäßig veröffentlicht, so erlöschen diese Rechte fünfzig Jahre nach der ersten rechtmäßigen Veröffentlichung. Wurde der Tonträger innerhalb der in Satz 1 genannten Frist nicht rechtmäßig veröffentlicht und wurde der Tonträger innerhalb dieser Frist rechtmäßig öffentlich wiedergegeben, so erlöschen diese Rechte fünfzig Jahre nach der ersten rechtmäßigen öffentlichen Wiedergabe.

Sind jedoch die Rechte der Hersteller von Tonträgern aufgrund des Ablaufs der Schutzfrist gemäß dem vorliegenden Absatz in seiner Fassung vor der Änderung durch die Richtlinie 2001/29/EG des Europäischen Parlaments und des Rates vom 22. Mai 2001 zur Harmonisierung bestimmter Aspekte des Urheberrechts und der verwandten Schutzrechte in der Informationsgesellschaft[1] am 22. Dezember 2002 nicht mehr geschützt, so bewirkt dieser Absatz nicht, dass jene Rechte erneut geschützt sind."

Art. 12[2] Schlussbestimmungen. (1) Spätestens am 22. Dezember 2004 und danach alle drei Jahre unterbreitet die Kommission dem Europäischen Parlament, dem Rat und dem Wirtschafts- und Sozialausschuss einen Bericht über die Anwendung dieser Richtlinie, in dem sie unter anderem auf der Grundlage der von den Mitgliedstaaten mitgeteilten Informationen insbesondere die Anwendung der Artikel 5, 6 und 8 anhand der Entwicklung des digitalen Marktes prüft. Im Falle des Artikels 6 prüft sie insbesondere, ob dieser ein ausreichendes Schutzniveau sicherstellt und ob sich der Einsatz wirksamer technischer Maßnahmen nachteilig auf gesetzlich erlaubte Handlungen auswirkt. Erforderlichenfalls legt sie – insbesondere um das Funktionieren des Binnenmarkts im Sinne von Artikel 14 des Vertrags sicherzustellen – entsprechende Änderungsvorschläge zu dieser Richtlinie vor.

(2) Der Schutz der dem Urheberrecht verwandten Schutzrechte im Sinne dieser Richtlinie lässt den Schutz des Urheberrechts unberührt und beeinträchtigt ihn in keiner Weise.

---

[1] **Amtl. Anm.:** ABl. L 167 vom 22.6.2001, S. 10.

[2] **Amtl. Anm.:** Berichtigt in ABl. L 6 vom 10.1.2002, S. 71.

(3) Es wird ein Kontaktausschuss eingesetzt. Dieser Ausschuss setzt sich aus Vertretern der zuständigen Behörden der Mitgliedstaaten zusammen. In ihm führt ein Vertreter der Kommission den Vorsitz, und er tritt entweder auf Initiative des Vorsitzenden oder auf Antrag der Delegation eines Mitgliedstaats zusammen.

(4) Der Ausschuss hat folgende Aufgaben:

a) Prüfung der Auswirkungen dieser Richtlinie auf den Binnenmarkt und Benennung etwaiger Schwierigkeiten;
b) Durchführung von Konsultationen zu allen mit der Anwendung dieser Richtlinie zusammenhängenden Fragen;
c) Erleichterung des Informationsaustauschs über einschlägige Entwicklungen in der Gesetzgebung und Rechtsprechung sowie über die einschlägigen wirtschaftlichen, sozialen, kulturellen und technischen Entwicklungen;
d) Wahrnehmung der Funktion eines Forums zur Bewertung des digitalen Markts für Werke und andere Gegenstände, einschließlich Privatkopien und der Verwendung technischer Maßnahmen;
e) Prüfung der Auswirkungen der Umsetzung der Richtlinie (EU) 2019/790 auf den Binnenmarkt und Benennung etwaiger Schwierigkeiten bei der Umsetzung;
f) Erleichterung des Informationsaustauschs über einschlägige Entwicklungen in der Gesetzgebung und Rechtsprechung sowie über die praktische Anwendung der von den Mitgliedstaaten zur Umsetzung der Richtlinie (EU) 2019/790 ergriffenen Maßnahmen;
g) Behandlung von sonstigen Fragen aus der Anwendung der Richtlinie (EU) 2019/790.

Art. 13 Umsetzung. (1) Die Mitgliedstaaten erlassen die erforderlichen Rechts- und Verwaltungsvorschriften, um dieser Richtlinie vor dem 22. Dezember 2002 nachzukommen. Sie setzen die Kommission hiervon unverzüglich in Kenntnis.

Wenn die Mitgliedstaaten diese Vorschriften erlassen, nehmen sie in den Vorschriften selbst oder durch einen Hinweis bei der amtlichen Veröffentlichung auf diese Richtlinie Bezug. Die Mitgliedstaaten regeln die Einzelheiten dieser Bezugnahme.

(2) Die Mitgliedstaaten teilen der Kommission den Wortlaut der innerstaatlichen Rechtsvorschriften mit, die sie auf dem unter diese Richtlinie fallenden Gebiet erlassen.

Art. 14 Inkrafttreten. Diese Richtlinie tritt am Tag ihrer Veröffentlichung im *Amtsblatt der Europäischen Gemeinschaften* in Kraft[1)].

Art. 15 Adressaten. Diese Richtlinie ist an die Mitgliedstaaten gerichtet.

[1)] Die Richtlinie ist im ABl. L 167 vom 22.6.2001, S. 10, veröffentlicht worden.

46. Richtlinie 2001/84/EG des Europäischen Parlaments und des Rates über das Folgerecht des Urhebers des Originals eines Kunstwerks

vom 27. September 2001

(ABl. Nr. L 272/32)

DAS EUROPÄISCHE PARLAMENT UND DER RAT
DER EUROPÄISCHEN UNION –

gestützt auf den Vertrag zur Gründung der Europäischen Gemeinschaft, insbesondere auf Artikel 95,

auf Vorschlag der Kommission[1],

nach Stellungnahme des Wirtschafts- und Sozialausschusses[2],

gemäß dem Verfahren des Artikels 251 des Vertrags[3], aufgrund des vom Vermittlungsausschuss am 6. Juni 2001 gebilligten gemeinsamen Entwurfs,

in Erwägung nachstehender Gründe:

(1) Im Bereich des Urheberrechts ist das Folgerecht das unabtretbare und unveräußerliche Recht des Urhebers des Originals eines Werks der bildenden Künste auf wirtschaftliche Beteiligung am Erlös aus jeder Weiterveräußerung des betreffenden Werks.

(2) Das Folgerecht ist seinem Wesen nach ein vermögenswertes Recht, das dem Urheber/Künstler die Möglichkeit gibt, für jede Weiterveräußerung seines Werks eine Vergütung zu erhalten. Gegenstand des Folgerechts ist das materielle Werkstück, d. h. der Träger, der das geschützte Werk verkörpert.

(3) Das Folgerecht soll den Urhebern von Werken der bildenden Künste eine wirtschaftliche Beteiligung am Erfolg ihrer Werke garantieren. Auf diese Weise soll ein Ausgleich zwischen der wirtschaftlichen Situation der bildenden Künstler und der Situation der anderen Kunstschaffenden hergestellt werden, die aus der fortgesetzten Verwertung ihrer Werke Einnahmen erzielen.

(4) Das Folgerecht ist Bestandteil des Urheberrechts und stellt ein wesentliches Vorrecht der Urheber dar. Um den Urhebern ein angemessenes und einheitliches Schutzniveau zu gewährleisten, ist die Einführung des Folgerechts in allen Mitgliedstaaten notwendig.

(5) Die Gemeinschaft ist nach Artikel 151 Absatz 4 des Vertrags gehalten, bei ihrer Tätigkeit aufgrund anderer Bestimmungen des Vertrages den kulturellen Aspekten Rechnung zu tragen.

(6) Nach der Berner Übereinkunft zum Schutz von Werken der Literatur und Kunst kann das Folgerecht nur dann in Anspruch genommen werden, wenn der Heimatstaat des Urhebers dieses Recht anerkennt. Das Folgerecht ist

---

[1] **Amtl. Anm.:** ABl. C 178 vom 21.6.1996, S. 16, und ABl. C 125 vom 23.4.1998, S. 8.

[2] **Amtl. Anm.:** ABl. C 75 vom 10.3.1997, S. 17.

[3] **Amtl. Anm.:** Stellungnahme des Europäischen Parlaments vom 9. April 1997 (ABl. C 132 vom 28.4.1997, S. 88), bestätigt am 27. Oktober 1999, Gemeinsamer Standpunkt des Rates vom 19. Juni 2000 (ABl. C 300 vom 20.10.2000, S. 1) und Beschluss des Europäischen Parlaments vom 13. Dezember 2000 (ABl. C 232 vom 17.8.2001, S. 173). Beschluss des Europäischen Parlaments vom 3. Juli 2001 und Beschluss des Rates vom 19. Juli 2001.

demnach fakultativ und durch die Gegenseitigkeitsregel beschränkt. Aus der Rechtsprechung des Gerichtshofes der Europäischen Gemeinschaften zur Anwendung des Diskriminierungsverbots gemäß Artikel 12 des Vertrags, insbesondere dem Urteil vom 20. Oktober 1993 in den verbundenen Rechtssachen C-92/92 und C-326/92, Phil Collins und andere[1], folgt, dass einzelstaatliche Bestimmungen, die Gegenseitigkeitsklauseln enthalten, nicht geltend gemacht werden dürfen, um den Angehörigen anderer Mitgliedstaaten die Inländerbehandlung vorzuenthalten. Die Anwendung solcher Klauseln im Gemeinschaftskontext steht im Widerspruch zu dem Gleichbehandlungsgebot, das sich aus dem Verbot jeder Diskriminierung aus Gründen der Staatsangehörigkeit ergibt.

(7) Bedingt durch den Prozess der Globalisierung des Marktes der modernen und zeitgenössischen Kunst der Gemeinschaft, der zurzeit durch die Auswirkungen der neuen Wirtschaft beschleunigt wird, und angesichts einer Rechtslage, wonach nur wenige Staaten außerhalb der Europäischen Union das Folgerecht anerkennen, ist es wesentlich, dass die Europäische Gemeinschaft auf außenpolitischer Ebene Verhandlungen einleitet, um Artikel 14ter der Berner Übereinkunft zu einer zwingenden Vorschrift zu machen.

(8) Angesichts eben dieser Realität des internationalen Marktes und der Tatsache, dass das Folgerecht in diversen Mitgliedstaaten überhaupt nicht existiert und die einzelstaatlichen Regelungen, in denen dieses Recht anerkannt wird, sehr unterschiedlich sind, ist es wesentlich, sowohl hinsichtlich des Inkrafttretens als auch in Bezug auf die inhaltliche Regelung dieses Rechts Übergangsbestimmungen einzuführen, durch die die Wettbewerbsfähigkeit des europäischen Marktes gewahrt bleibt.

(9) Das Folgerecht ist derzeit in den innerstaatlichen Rechtsvorschriften der meisten Mitgliedstaaten vorgesehen. Diese Rechtsvorschriften weisen – soweit sie bestehen – Unterschiede insbesondere in Bezug auf die erfassten Werke, die Anspruchsberechtigten, die Höhe des Satzes, die diesem Recht unterliegenden Transaktionen und die Berechnungsgrundlage auf. Die Anwendung oder Nichtanwendung eines solchen Rechts hat insofern erhebliche Auswirkungen auf die Wettbewerbsbedingungen im Binnenmarkt, als das Bestehen oder Nichtbestehen einer aus dem Folgerecht resultierenden Abführungspflicht ein Aspekt ist, der von jeder an dem Verkauf eines Kunstwerks interessierten Person in Betracht zu ziehen ist. Daher ist dieses Recht einer der Faktoren, die zu Wettbewerbsverzerrungen und Handelsverlagerungen in der Gemeinschaft beitragen.

(10) Diese Unterschiede hinsichtlich des Bestehens des Folgerechts und seiner Anwendung durch die Mitgliedstaaten haben unmittelbare negative Auswirkungen auf das reibungslose Funktionieren des Binnenmarkts im Sinne von Artikel 14 des Vertrags, soweit er Kunstwerke betrifft. Artikel 95 des Vertrags ist daher die geeignete Rechtsgrundlage.

(11) Zu den im Vertrag verankerten Zielen der Gemeinschaft gehören die Schaffung der Grundlagen für einen immer engeren Zusammenschluss der europäischen Völker, die Herstellung engerer Beziehungen zwischen den Mitgliedstaaten der Gemeinschaft und die Sicherung des wirtschaftlichen und sozialen Fortschritts durch gemeinsames Handeln, das die Europa trennenden Schranken beseitigt. Zur Verwirklichung dieser Ziele sieht der Vertrag die Er-

---

[1] **Amtl. Anm.:** Slg. 1993, I-5145.

richtung eines Binnenmarkts vor, in dem die Hindernisse für den freien Waren- und Dienstleistungsverkehr sowie für die Niederlassungsfreiheit beseitigt sind, und die Schaffung eines Systems, das den Wettbewerb innerhalb des Binnenmarkts vor Verfälschungen schützt. Die Harmonisierung der Bestimmungen der Mitgliedstaaten zum Folgerecht trägt zur Verwirklichung dieser Ziele bei.

(12) Die Sechste Richtlinie 77/388/EWG des Rates vom 17. Mai 1977 zur Harmonisierung der Rechtsvorschriften der Mitgliedstaaten über die Umsatzsteuern – Gemeinsames Mehrwertsteuersystem: einheitliche steuerpflichtige Bemessungsgrundlage[1)] sieht die schrittweise Einführung einer gemeinschaftlichen Regelung u. a. für die Besteuerung von Kunstgegenständen vor. Steuerliche Maßnahmen allein reichen jedoch nicht aus, um das reibungslose Funktionieren des Kunstmarkts zu gewährleisten. Erreicht werden kann dies nur mit Hilfe einer Harmonisierung des Folgerechts.

(13) Bestehende rechtliche Unterschiede sollten beseitigt werden, soweit sie den Binnenmarkt in seiner Funktion beeinträchtigen, und es sollte verhindert werden, dass neue Unterschiede auftreten. Unterschiede hingegen, die sich voraussichtlich nicht nachteilig auf den Binnenmarkt auswirken, können bestehen bleiben bzw. müssen nicht verhindert werden.

(14) Eine Voraussetzung für das reibungslose Funktionieren des Binnenmarktes sind Wettbewerbsbedingungen, die keine Verzerrungen aufweisen. Unterschiede zwischen den nationalen Rechtsvorschriften zum Folgerecht lassen Wettbewerbsverzerrungen und Handelsverlagerungen in der Gemeinschaft entstehen und führen – je nachdem, wo die Werke verkauft werden – zu einer Ungleichbehandlung der Künstler. Die zur Prüfung stehende Frage weist somit transnationale Aspekte auf, die sich durch Maßnahmen der Mitgliedstaaten nicht befriedigend regeln lassen. Eine Untätigkeit der Gemeinschaft wäre unvereinbar mit dem Gebot des Vertrags, Wettbewerbsverzerrungen und Ungleichbehandlung entgegenzuwirken.

(15) In Anbetracht des Ausmaßes der Unterschiede zwischen den nationalen Bestimmungen ist es daher erforderlich, Harmonisierungsmaßnahmen zu erlassen, um Disparitäten zwischen den Rechtsvorschriften der Mitgliedstaaten in den Bereichen zu beheben, in denen diese Disparitäten die Schaffung oder die Aufrechterhaltung von Wettbewerbsverzerrungen zur Folge haben könnten. Eine Harmonisierung sämtlicher Bestimmungen der Mitgliedstaaten zum Folgerecht erscheint jedoch nicht erforderlich; damit so viel Spielraum wie möglich für einzelstaatliche Entscheidungen bleibt, genügt es, nur diejenigen einzelstaatlichen Vorschriften zu harmonisieren, die sich am unmittelbarsten auf das Funktionieren des Binnenmarkts auswirken.

(16) Diese Richtlinie entspricht daher in ihrer Gesamtheit dem Subsidiaritäts- und Verhältnismäßigkeitsprinzip nach Artikel 5 des Vertrags.

(17) Gemäß der Richtlinie 93/98/EWG des Rates vom 29. Oktober 1993 zur Harmonisierung der Schutzdauer des Urheberrechts und bestimmter verwandter Schutzrechte[2)] erstreckt sich der Schutz des Urheberrechts auf einen Zeitraum von 70 Jahren nach dem Tod des Urhebers. Es empfiehlt sich, die gleiche Dauer für das Folgerecht vorzusehen. Folglich erstreckt sich der An-

---

[1)] **Amtl. Anm.:** ABl. L 145 vom 13.6.1977, S. 1. Richtlinie zuletzt geändert durch die Richtlinie 1999/85/EG (ABl. L 277 vom 28.10.1999, S. 34).

[2)] **Amtl. Anm.:** ABl. L 290 vom 24.11.1993, S. 9.

wendungsbereich des Folgerechts nur auf Originale moderner und zeitgenössischer Kunstwerke. Damit jedoch die Mitgliedstaaten, die zum Zeitpunkt der Annahme dieser Richtlinie ein Folgerecht zugunsten von Künstlern nicht anwenden, dieses Recht in ihre jeweiligen Rechtsordnungen übernehmen können und damit es ferner den Wirtschaftsteilnehmern in den betreffenden Mitgliedstaaten ermöglicht wird, sich schrittweise unter Wahrung ihrer wirtschaftlichen Rentabilität an das Folgerecht anzupassen, sollte den betreffenden Mitgliedstaaten ein begrenzter Übergangszeitraum eingeräumt werden, während dessen sie sich dafür entscheiden können, das Folgerecht zugunsten der nach dem Tode des Künstlers anspruchsberechtigten Rechtsnachfolger nicht anzuwenden.

(18) Der Folgerechtsanspruch sollte bei allen Weiterveräußerungen mit Ausnahme der Weiterveräußerungen zwischen Privatpersonen ohne Beteiligung eines Vertreters des Kunstmarkts entstehen. Dieser Folgerechtsanspruch sollte sich nicht auf Weiterveräußerungen durch Privatpersonen an Museen, die nicht auf Gewinn ausgerichtet und der Öffentlichkeit zugänglich sind, erstrecken. Im Hinblick auf die besondere Situation von Kunstgalerien, die Werke unmittelbar von ihren Urhebern erwerben, sollte den Mitgliedstaaten die Möglichkeit eingeräumt werden, die Weiterveräußerung solcher Werke vom Folgerecht auszunehmen, wenn sie binnen drei Jahren, vom Erwerb an gerechnet, erfolgt. Durch Begrenzung dieser Ausnahme auf Weiterveräußerungen, bei denen der Verkaufspreis 10000 EUR nicht übersteigt, sollte auch den Interessen der Künstler Rechnung getragen werden.

(19) Es sollte klargestellt werden, dass sich die durch diese Richtlinie bewirkte Harmonisierung nicht auf die Originalhandschriften von Schriftstellern und Komponisten erstreckt.

(20) Anhand der Erfahrungen, die mit dem Folgerecht auf nationaler Ebene gesammelt wurden, sollte eine tragfähige Regelung eingeführt werden. Die Folgerechtsvergütung sollte als prozentuale Beteiligung am Verkaufspreis und nicht am Mehrerlös, den das Kunstwerk durch eine etwaige Wertsteigerung erzielt, berechnet werden.

(21) Die Werkgattungen, die dem Folgerecht unterliegen, sollten harmonisiert werden.

(22) Der Verzicht auf die Geltendmachung des Folgerechts unterhalb des Mindestbetrags kann dazu beitragen, Erhebungs- und Verwaltungskosten zu vermeiden, die im Verhältnis zum Gewinn des Künstlers unverhältnismäßig sind. Den Mitgliedstaaten sollte jedoch nach dem Subsidiaritätsprinzip die Möglichkeit gegeben werden, unter dem gemeinschaftlichen Mindestbetrag liegende nationale Mindestbeträge festzusetzen, um unbekannte Künstler zu fördern. Diese Ausnahmeregelung dürfte sich aufgrund der niedrigen Beträge nicht nennenswert auf das ordnungsgemäße Funktionieren des Binnenmarkts auswirken.

(23) Die Höhe der Folgerechtssätze in den einzelnen Mitgliedstaaten ist derzeit sehr unterschiedlich. Um die Leistungsfähigkeit des Binnenmarkts im Bereich moderner und zeitgenössischer Kunstwerke zu gewährleisten, müssen die Sätze so weit wie möglich vereinheitlicht werden.

(24) In dem Bemühen um einen Ausgleich der verschiedenen Interessen auf dem Markt für Originale von Kunstwerken empfiehlt es sich, ein System mit degressiven Sätzen für bestimmte Preisspannen festzulegen. Die Gefahr einer

Handelsverlagerung und Umgehung der gemeinschaftlichen Bestimmungen zum Folgerecht muss verringert werden.

(25) Die Folgerechtsvergütung sollte grundsätzlich vom Veräußerer abzuführen sein. Die Mitgliedstaaten sollten die Möglichkeit haben, in Bezug auf die Haftung für die Zahlung der Folgerechtsvergütung Ausnahmen von diesem Grundsatz vorzusehen. Veräußerer sind die Personen oder Unternehmen, in deren Namen die Veräußerung erfolgt.

(26) Es sollte die Möglichkeit einer regelmäßigen Anpassung des Mindestbetrags und der Sätze vorgesehen werden. Zu diesem Zweck sollte die Kommission beauftragt werden, regelmäßig über die tatsächliche Anwendung des Folgerechts in den Mitgliedstaaten sowie über dessen Folgen für den Kunstmarkt in der Gemeinschaft zu berichten und gegebenenfalls Vorschläge zur Änderung der vorliegenden Richtlinie vorzulegen.

(27) Es erscheint angezeigt, unter Wahrung des Subsidiaritätsprinzips den Kreis der Personen zu bestimmen, denen die Folgerechtsvergütung zusteht. Das Erbrecht der Mitgliedstaaten sollte von dieser Richtlinie unberührt bleiben. Die Rechtsnachfolger des Urhebers müssen jedoch, zumindest nach Ablauf des oben genannten Übergangszeitraums, das Folgerecht nach dem Tod des Urhebers in vollem Umfang in Anspruch nehmen können.

(28) Es ist Sache der Mitgliedstaaten, die Ausübung des Folgerechts, insbesondere die Modalitäten für die Wahrnehmung des Folgerechts zu regeln. Die Wahrnehmung des Folgerechts durch eine Verwertungsgesellschaft ist nur eine der möglichen Wahrnehmungsformen. Die Mitgliedstaaten sollten gewährleisten, dass Verwertungsgesellschaften transparent und effizient arbeiten. Die Mitgliedstaaten müssen auch dafür sorgen, dass die Vergütungen für Urheber aus anderen Mitgliedstaaten tatsächlich eingezogen und verteilt werden. In den Mitgliedstaaten bestehende Regelungen und Vereinbarungen für die Einziehung und Verteilung werden durch diese Richtlinie nicht berührt.

(29) Das Folgerecht sollte den Angehörigen der Gemeinschaft sowie Urhebern aus Drittländern vorbehalten werden, die den Urhebern aus den Mitgliedstaaten einen solchen Schutz gewähren. Einem Mitgliedstaat sollte es möglich sein, dieses Recht auf Urheber aus Drittländern mit gewöhnlichem Aufenthalt in diesem Mitgliedstaat zu erstrecken.

(30) Für die Kontrolle der Weiterveräußerungen sind geeignete Verfahren einzurichten, die in der Praxis gewährleisten, dass das Folgerecht in den Mitgliedstaaten tatsächlich angewandt wird. Hierzu zählt auch das Recht des Urhebers oder seines Bevollmächtigten, alle notwendigen Auskünfte bei der abführungspflichtigen natürlichen oder juristischen Person einzuholen. Die Mitgliedstaaten, die eine Wahrnehmung des Folgerechts durch eine Verwertungsgesellschaft vorsehen, können auch vorsehen, dass nur die zuständigen Verwertungsgesellschaften ein Auskunftsrecht haben –

HABEN FOLGENDE RICHTLINIE ERLASSEN:

Kapitel I. Anwendungsbereich

Art. 1 Gegenstand des Folgerechts. (1) Die Mitgliedstaaten sehen zugunsten des Urhebers des Originals eines Kunstwerks ein Folgerecht vor, das als unveräußerliches Recht konzipiert ist, auf das der Urheber auch im Voraus nicht verzichten kann; dieses Recht gewährt einen Anspruch auf Beteiligung am Verkaufspreis aus jeder Weiterveräußerung nach der ersten Veräußerung durch den Urheber.

(2) Das Recht nach Absatz 1 gilt für alle Weiterveräußerungen, an denen Vertreter des Kunstmarkts wie Auktionshäuser, Kunstgalerien und allgemein Kunsthändler als Verkäufer, Käufer oder Vermittler beteiligt sind.

(3) Die Mitgliedstaaten können vorsehen, dass das Recht nach Absatz 1 auf Weiterveräußerungen nicht anzuwenden ist, wenn der Veräußerer das Werk weniger als drei Jahre vor der betreffenden Weiterveräußerung unmittelbar beim Urheber erworben hat und wenn der bei der Weiterveräußerung erzielte Preis 10 000 EUR nicht übersteigt.

(4) Die Folgerechtsvergütung wird vom Veräußerer abgeführt. Die Mitgliedstaaten können vorsehen, dass eine – vom Veräußerer verschiedene – natürliche oder juristische Person nach Absatz 2 allein oder gemeinsam mit dem Veräußerer für die Zahlung der Folgerechtsvergütung haftet.

Art. 2 Unter das Folgerecht fallende Kunstwerke. (1) Als „Originale von Kunstwerken" im Sinne dieser Richtlinie gelten Werke der bildenden Künste wie Bilder, Collagen, Gemälde, Zeichnungen, Stiche, Bilddrucke, Lithographien, Plastiken, Tapisserien, Keramiken, Glasobjekte und Lichtbildwerke, soweit sie vom Künstler selbst geschaffen worden sind oder es sich um Exemplare handelt, die als Originale von Kunstwerken angesehen werden.

(2) Exemplare von unter diese Richtlinie fallenden Kunstwerken, die vom Künstler selbst oder unter seiner Leitung in begrenzter Auflage hergestellt wurden, gelten im Sinne dieser Richtlinie als Originale von Kunstwerken. Derartige Exemplare müssen in der Regel nummeriert, signiert oder vom Künstler auf andere Weise ordnungsgemäß autorisiert sein.

Kapitel II. Besondere Bestimmungen

Art. 3 Mindestbetrag. (1) Die Mitgliedstaaten setzen einen Mindestverkaufspreis fest, ab dem die Veräußerungen im Sinne des Artikels 1 dem Folgerecht unterliegen.

(2) Dieser Mindestverkaufspreis darf 3000 EUR in keinem Fall überschreiten.

Art. 4 Sätze. (1) Die Folgerechtsvergütung nach Artikel 1 beträgt:
a) 4% für die Tranche des Verkaufspreises bis zu 50 000 EUR,
b) 3% für die Tranche des Verkaufspreises von 50 000,01 bis 200 000 EUR,
c) 1% für die Tranche des Verkaufspreises von 200 000,01 bis 350 000 EUR,
d) 0,5% für die Tranche des Verkaufspreises von 350 000,01 bis 500 000 EUR,
e) 0,25% für die Tranche des Verkaufspreises über 500 000 EUR.
Der Gesamtbetrag der Folgerechtsvergütung darf jedoch 12 500 EUR nicht übersteigen.

(2) Abweichend von Absatz 1 können die Mitgliedstaaten einen Satz von 5% auf die Tranche des Verkaufspreises nach Absatz 1 Buchstabe a) anwenden.

(3) Setzt ein Mitgliedstaat einen niedrigeren Mindestverkaufspreis als 3000 EUR fest, so bestimmt er auch den Satz, der für die Tranche des Verkaufspreises bis zu 3000 EUR gilt; dieser Satz darf nicht unter 4% liegen.

Art. 5 Berechnungsgrundlage. Als Verkaufspreis im Sinne der Artikel 3 und 4 gilt der Verkaufspreis ohne Steuern.

Art. 6 Anspruchsberechtigte. (1) Die Folgerechtsvergütung nach Artikel 1 ist an den Urheber des Werks und, vorbehaltlich des Artikels 8 Absatz 2, nach seinem Tod an seine Rechtsnachfolger zu zahlen.

(2) Die Mitgliedstaaten können vorsehen, dass die Wahrnehmung des Folgerechts nach Artikel 1 obligatorisch oder fakultativ einer Verwertungsgesellschaft übertragen wird.

Art. 7 Anspruchsberechtigte aus Drittländern. (1) Die Mitgliedstaaten sehen vor, dass Urheber, die Staatsangehörige von Drittländern sind, und – vorbehaltlich des Artikels 8 Absatz 2 – deren Rechtsnachfolger das Folgerecht gemäß dieser Richtlinie und den Rechtsvorschriften des betreffenden Mitgliedstaats nur dann in Anspruch nehmen können, wenn die Rechtsvorschriften des Landes, dessen Staatsangehörigkeit der Urheber oder sein Rechtsnachfolger hat, den Schutz des Folgerechts für Urheber aus den Mitgliedstaaten und deren Rechtsnachfolger in diesem Land anerkennen.

(2) Auf der Grundlage der von den Mitgliedstaaten gemachten Angaben veröffentlicht die Kommission so bald wie möglich ein als Hinweis dienendes Verzeichnis der Drittländer, die die Bedingung nach Absatz 1 erfüllen. Dieses Verzeichnis wird laufend aktualisiert.

(3) Ein Mitgliedstaat kann Urheber, die nicht Staatsangehörige eines Mitgliedstaats sind, ihren gewöhnlichen Aufenthalt jedoch in diesem Mitgliedstaat haben, für die Zwecke des Folgerechtsschutzes genauso behandeln wie seine eigenen Staatsangehörigen.

Art. 8 Schutzdauer des Folgerechts. (1) Die Schutzdauer des Folgerechts entspricht der in Artikel 1 der Richtlinie 93/98/EWG vorgesehenen Schutzdauer.

(2) Abweichend von Absatz 1 brauchen die Mitgliedstaaten, die das Folgerecht am 13. Oktober 2001 nicht anwenden, während eines Zeitraums, der spätestens am 1. Januar 2010 abläuft, ein Folgerecht zugunsten der nach dem Tod des Künstlers anspruchsberechtigten Rechtsnachfolger nicht anzuwenden.

(3) Ein Mitgliedstaat, auf den Absatz 2 Anwendung findet, verfügt erforderlichenfalls über einen zusätzlichen Zeitraum von höchstens zwei Jahren, um die Wirtschaftsteilnehmer in diesem Mitgliedstaat in die Lage zu versetzen, sich unter Wahrung ihrer wirtschaftlichen Lebensfähigkeit allmählich an das Folgerechtssystem anzupassen, bevor dieses Recht zugunsten der nach dem Tod des Künstlers anspruchsberechtigten Rechtsnachfolger angewandt werden muss. Spätestens zwölf Monate vor dem Ende des in Absatz 2 genannten Zeitraums unterrichtet der betreffende Mitgliedstaat die Kommission hierüber unter Angabe der Gründe, so dass die Kommission nach entsprechenden Konsultationen innerhalb von drei Monaten nach dieser Unterrichtung eine Stellungnahme abgeben kann. Falls der Mitgliedstaat der Stellungnahme der Kom-

mission nicht folgt, unterrichtet er die Kommission innerhalb eines Monats hiervon und rechtfertigt seine Entscheidung. Die Unterrichtung und die Rechtfertigung des Mitgliedstaats sowie die Stellungnahme der Kommission werden im *Amtsblatt der Europäischen Gemeinschaften* veröffentlicht und dem Europäischen Parlament übermittelt.

(4) Kommt es innerhalb der in Artikel 8 Absätze 2 und 3 genannten Zeiträume zu einem erfolgreichen Abschluss von internationalen Verhandlungen zur Ausweitung des Folgerechts auf internationaler Ebene, so legt die Kommission geeignete Vorschläge vor.

Art. 9 Auskunftsrecht. Die Mitgliedstaaten sehen vor, dass die Anspruchsberechtigten nach Artikel 6 in einem Zeitraum von drei Jahren nach dem Zeitpunkt der Weiterveräußerung von jedem Vertreter des Kunstmarkts nach Artikel 1 Absatz 2 alle Auskünfte einholen können, die für die Sicherung der Zahlung der Folgerechtsvergütung aus dieser Weiterveräußerung erforderlich sein können.

Kapitel III. Schlussbestimmungen

Art. 10 Zeitliche Anwendbarkeit. Diese Richtlinie gilt für alle Originale von Kunstwerken im Sinne des Artikels 2, die am 1. Januar 2006 noch durch die Urheberrechtsbestimmungen der Mitgliedstaaten geschützt sind oder die Kriterien für einen Schutz nach dieser Richtlinie zu diesem Zeitpunkt erfüllen.

Art. 11 Anpassungsklausel. (1) Die Kommission legt dem Europäischen Parlament, dem Rat und dem Wirtschafts- und Sozialausschuss spätestens bis 1. Januar 2009 und danach alle vier Jahre einen Bericht über die Durchführung und die Auswirkungen dieser Richtlinie vor, wobei besonders auf die Wettbewerbsfähigkeit des Marktes für moderne und zeitgenössische Kunst in der Gemeinschaft einzugehen ist, vor allem auf die Position der Gemeinschaft gegenüber den einschlägigen Märkten, die ein Folgerecht nicht anwenden, und auf die Förderung des künstlerischen Schaffens sowie auf die Verwaltungsmodalitäten der Mitgliedstaaten. In dem Bericht sind insbesondere die Auswirkungen auf den Binnenmarkt und die Folgen der Einführung des Folgerechts in den Mitgliedstaaten zu prüfen, die vor dem Inkrafttreten dieser Richtlinie ein Folgerecht nicht angewandt haben. Die Kommission legt gegebenenfalls Vorschläge für eine Anpassung des Mindestbetrags und der Folgerechtssätze an die Entwicklung des Sektors, Vorschläge bezüglich des in Artikel 4 Absatz 1 genannten Höchstbetrags sowie weitere Vorschläge vor, die sie für notwendig hält, um die Richtlinie in ihrer Wirkung zu verbessern.

(2) Hiermit wird ein Kontaktausschuss eingerichtet. Dieser Ausschuss setzt sich aus Vertretern der zuständigen Behörden der Mitgliedstaaten zusammen. In ihm führt ein Vertreter der Kommission den Vorsitz, und er tritt entweder auf dessen Initiative oder auf Antrag der Delegation eines Mitgliedstaats zusammen.

(3) Der Ausschuss hat folgende Aufgaben:
- Durchführung von Konsultationen zu allen sich aus der Anwendung dieser Richtlinie ergebenden Fragen,

– Erleichterung des Informationsaustauschs zwischen der Kommission und den Mitgliedstaaten über relevante Entwicklungen des Kunstmarkts in der Gemeinschaft.

Art. 12 Umsetzung der Richtlinie. (1) Die Mitgliedstaaten setzen die Rechts- und Verwaltungsvorschriften in Kraft, die erforderlich sind, um dieser Richtlinie vor dem 1. Januar 2006 nachzukommen. Sie setzen die Kommission unverzüglich davon in Kenntnis.

Wenn die Mitgliedstaaten diese Vorschriften erlassen, nehmen sie in den Vorschriften selbst oder durch einen Hinweis bei der amtlichen Veröffentlichung auf diese Richtlinie Bezug. Die Mitgliedstaaten regeln die Einzelheiten der Bezugnahme.

(2) Die Mitgliedstaaten teilen der Kommission den Wortlaut der innerstaatlichen Rechtsvorschriften mit, die sie auf dem unter diese Richtlinie fallenden Gebiet erlassen.

Art. 13 Inkrafttreten. Diese Richtlinie tritt am Tag ihrer Veröffentlichung im *Amtsblatt der Europäischen Gemeinschaften* in Kraft[1)].

Art. 14 Adressaten. Diese Richtlinie ist an alle Mitgliedstaaten gerichtet.

[1)] Die Richtlinie ist im ABl. L 272 vom 13.10.2001, S. 32, veröffentlicht worden.

47. Richtlinie 2012/28/EU des Europäischen Parlaments und des Rates über bestimmte zulässige Formen der Nutzung verwaister Werke

vom 25. Oktober 2012

(ABl. Nr. L 299 S. 5)

DAS EUROPÄISCHE PARLAMENT UND DER RAT DER EUROPÄISCHEN UNION –

gestützt auf den Vertrag über die Arbeitsweise der Europäischen Union, insbesondere auf Artikel 53 Absatz 1, Artikel 62 und Artikel 114,

auf Vorschlag der Europäischen Kommission,

nach Zuleitung des Entwurfs des Gesetzgebungsakts an die nationalen Parlamente,

nach Stellungnahme des Europäischen Wirtschafts- und Sozialausschusses[1],

gemäß dem ordentlichen Gesetzgebungsverfahren[2],

in Erwägung nachstehender Gründe:

(1) Öffentlich zugängliche Bibliotheken, Bildungseinrichtungen und Museen sowie Archive, im Bereich des Film- oder Tonerbes tätige Einrichtungen und öffentlich-rechtliche Rundfunkanstalten in den Mitgliedstaaten sind mit der groß angelegten Digitalisierung ihrer Sammlungen oder Archivbestände befasst, um europäische digitale Bibliotheken zu schaffen. Sie tragen zur Bewahrung und Verbreitung des europäischen Kulturerbes bei, was auch für die Schaffung europäischer digitaler Bibliotheken wie Europeana wichtig ist. Technologien für die Massendigitalisierung gedruckter Materialien und für die Suche und Indexierung vergrößern den Forschungswert der Sammlungen der Bibliotheken. Die Einrichtung großer Online-Bibliotheken erleichtert die Verwendung elektronischer Hilfsmittel zum Suchen und Finden, die Forschern und Wissenschaftlern, die sich sonst mit traditionelleren, analogen Suchmethoden begnügen müssten, neue Erkenntnisquellen eröffnen.

(2) Die Notwendigkeit, den freien Austausch von Wissen und Innovation im Binnenmarkt zu fördern, stellt eine bedeutende Komponente der Strategie Europa 2020 dar; dies ergibt sich aus der Mitteilung der Kommission „Europa 2020: Eine Strategie für intelligentes, nachhaltiges und integratives Wachstum", die als eine ihrer Leitinitiativen die Entwicklung einer Digitalen Agenda für Europa beinhaltet.

(3) Die Schaffung eines Rechtsrahmens zur Erleichterung der Digitalisierung und Verbreitung von urheberrechtlich oder durch verwandte Schutzrechte geschützten Werken und sonstigen Schutzgegenständen, deren Rechteinhaber unbekannt ist oder, selbst wenn dieser bekannt ist, nicht ausfindig gemacht werden kann – sogenannter „verwaister Werke" – ist eine Schlüsselmaßnahme der Digitalen Agenda für Europa, wie dies in der Mitteilung der Kommis-

---

[1] **Amtl. Anm.:** ABl. C 376 vom 22.12.2011, S. 66.

[2] **Amtl. Anm.:** Standpunkt des Europäischen Parlaments vom 13. September 2012 (noch nicht im Amtsblatt veröffentlicht) und Beschluss des Rates vom 4. Oktober 2012.

sion „Eine Digitale Agenda für Europa" dargelegt ist. Diese Richtlinie hat das spezifische Problem der gesetzlichen Regelung des Status als verwaistes Werk und deren Folgen in Bezug auf die zulässigen Nutzer und zulässigen Formen der Nutzung des als verwaist geltenden Werkes oder Tonträgers zum Gegenstand.

(4) Diese Richtlinie lässt in den Mitgliedstaaten entwickelte spezifische Lösungen zur umfassenderen Massendigitalisierung, wie im Fall der sogenannten „vergriffenen Werke", unberührt. Diese Lösungen berücksichtigen die Besonderheiten der verschiedenen Arten von Inhalten und der verschiedenen Nutzer und bauen auf dem Konsens der maßgeblichen Interessengruppen auf. Dieser Ansatz wurde auch in der am 20. September 2011 von Vertretern europäischer Bibliotheken, Autoren, Verlegern und Verwertungsgesellschaften unterzeichneten und von der Kommission bezeugten Absichtserklärung über die Grundprinzipien der Digitalisierung und der Bereitstellung vergriffener Werke verfolgt. Diese Richtlinie lässt diese Absichtserklärung unberührt, in der die Mitgliedstaaten und die Kommission aufgefordert werden, zu gewährleisten, dass zwischen Nutzern, Rechteinhabern und Verwertungsgesellschaften auf freiwilliger Basis geschlossenen Vereinbarungen über die Vergabe von Lizenzen für die Nutzung vergriffener Werke nach den in der Absichtserklärung enthaltenen Grundsätzen die erforderliche Rechtssicherheit im nationalen und grenzüberschreitenden Rahmen zugute kommt.

(5) Das Urheberrecht stellt die wirtschaftliche Grundlage der Kreativwirtschaft dar, weil es Innovation, künstlerisches Schaffen, Investitionen und Produktion anregt. Daher dient die Massendigitalisierung und -verbreitung von Werken dem Schutz des europäischen Kulturerbes. Das Urheberrecht ist ein wichtiges Instrument, um die Vergütung des Kreativsektors für seine Arbeit sicherzustellen.

(6) Die ausschließlichen Rechte der Rechteinhaber an der Vervielfältigung ihrer Werke und sonstigen Schutzgegenstände und an ihrer öffentlichen Zugänglichmachung, die mit der Richtlinie 2001/29/EG des Europäischen Parlaments und des Rates vom 22. Mai 2001 zur Harmonisierung bestimmter Aspekte des Urheberrechts und der verwandten Schutzrechte in der Informationsgesellschaft[1)] harmonisiert wurden, erfordern für die Digitalisierung und die öffentliche Zugänglichmachung eines Werks oder sonstigen Schutzgegenstands die vorherige Zustimmung des Rechteinhabers.

(7) Im Falle verwaister Werke ist es nicht möglich, eine solche vorherige Zustimmung zur Vervielfältigung oder zur öffentlichen Zugänglichmachung einzuholen.

(8) Die unterschiedlichen Ansätze der Mitgliedstaaten bei der Anerkennung des Status als verwaistes Werk können das Funktionieren des Binnenmarkts, die Nutzung von verwaisten Werken und den grenzüberschreitenden Zugang dazu behindern. Solche unterschiedlichen Ansätze können auch zu Beschränkungen des freien Waren- und Dienstleistungsverkehrs in Bezug auf kulturelle Inhalte führen. Daher ist eine gegenseitige Anerkennung dieses Status sinnvoll, da dies den Zugang zu verwaisten Werken in allen Mitgliedstaaten ermöglichen wird.

[1)] **Amtl. Anm.:** ABl. L 167 vom 22.6.2001, S. 10, abgedruckt unter Nr. 45.

(9) Insbesondere ist ein gemeinsames Konzept zur Bestimmung des Status als verwaistes Werk und der zulässigen Formen der Nutzung verwaister Werke erforderlich, um im Binnenmarkt Rechtssicherheit im Hinblick auf die Nutzung verwaister Werke durch öffentlich zugängliche Bibliotheken, Bildungseinrichtungen und Museen sowie durch Archive, im Bereich des Film- oder Tonerbes tätige Einrichtungen und öffentlich-rechtliche Rundfunkanstalten zu gewährleisten.

(10) Film- oder audiovisuelle Werke und Tonträger in den Archiven öffentlich-rechtlicher Rundfunkanstalten, die von diesen produziert wurden, enthalten verwaiste Werke. Unter Berücksichtigung der besonderen Stellung von Rundfunkanstalten als Hersteller von Tonträgern und audiovisuellem Material und der Tatsache, dass Vorschriften erlassen werden müssen, die das Vorkommen verwaister Werke in Zukunft begrenzen, sollte für die Anwendung dieser Richtlinie auf die in den Archiven von Rundfunkanstalten enthaltenen Werke und Tonträger ein Stichtag festgelegt werden.

(11) Als Film- und audiovisuelle Werke sowie Tonträger, die in den Archiven öffentlich-rechtlicher Rundfunkanstalten enthalten sind und von diesen produziert wurden, sollten für die Zwecke dieser Richtlinie auch Film- und audiovisuelle Werke sowie Tonträger gelten, die öffentlich-rechtliche Rundfunkanstalten für die ausschließliche Verwertung durch sie oder andere koproduzierende öffentlich-rechtliche Rundfunkanstalten in Auftrag gegeben haben. Film- und audiovisuelle Werke sowie Tonträger, die in den Archiven öffentlich-rechtlicher Rundfunkanstalten enthalten sind und die diese Einrichtungen nicht produziert oder in Auftrag gegeben haben, zu deren Nutzung diese Einrichtungen jedoch im Rahmen eines Lizenzvertrags berechtigt sind, sollten nicht in den Anwendungsbereich dieser Richtlinie fallen.

(12) Aufgrund der diplomatischen Gepflogenheiten sollte die Richtlinie nur für Werke und Tonträger gelten, die zuerst auf dem Hoheitsgebiet eines Mitgliedstaats veröffentlicht wurden oder, sofern sie nicht veröffentlicht wurden, die auf dem Hoheitsgebiet eines Mitgliedstaats gesendet, oder, sofern sie weder veröffentlicht noch gesendet wurden, durch die Begünstigten dieser Richtlinie mit Zustimmung der Rechteinhaber der Öffentlichkeit zugänglich gemacht wurden. Im letzteren Fall sollte diese Richtlinie nur gelten, wenn vernünftigerweise anzunehmen ist, dass sich die Rechteinhaber der Nutzung gemäß dieser Richtlinie nicht widersetzen würden.

(13) Bevor ein Werk oder Tonträger als verwaistes Werk gelten kann, sollte nach Treu und Glauben eine sorgfältige Suche nach den Inhabern der Rechte an dem Werk oder Tonträger, einschließlich der Inhaber der Rechte an Werken und sonstigen Schutzgegenständen, die in das Werk oder in den Tonträger eingebettet oder eingebunden sind, durchgeführt werden. Den Mitgliedstaaten sollte es gestattet sein, vorzusehen, dass eine sorgfältige Suche von den in dieser Richtlinie genannten Einrichtungen oder von anderen Einrichtungen durchgeführt werden kann. Solche anderen Einrichtungen können für die Durchführung der sorgfältigen Suche Entgelte erheben.

(14) Damit ein hohes Sicherheitsniveau für Urheberrechte und verwandte Schutzrechte in der Union gewährleistet wird, sollte ein harmonisiertes Konzept für eine solche sorgfältige Suche erstellt werden. Eine sorgfältige Suche sollte die Konsultation von Quellen beinhalten, die von dem Mitgliedstaat, in

dem die sorgfältige Suche durchzuführen ist, in Übereinstimmung mit dieser Richtlinie festgelegt werden und die Informationen über die Werke und sonstige Schutzgegenstände liefern. Dabei könnten die Mitgliedstaaten auf die von der im Rahmen der Initiative für digitale Bibliotheken i2010 eingesetzten Hochrangigen Arbeitsgruppe zu digitalen Bibliotheken vereinbarten Leitlinien für sorgfältiges Suchen verweisen.

(15) Um Doppelarbeit bei der Suche zu vermeiden, sollte eine sorgfältige Suche in dem Mitgliedstaat durchgeführt werden, in dem das Werk oder der Tonträger zuerst veröffentlicht wurde, oder, wenn es nicht veröffentlicht wurde, in dem es zuerst gesendet wurde. Die sorgfältige Suche nach Film- oder audiovisuellen Werken, deren Hersteller seine Hauptniederlassung oder seinen gewöhnlichen Aufenthalt in einem Mitgliedstaat hat, sollte in diesem Mitgliedstaat durchgeführt werden. Im Falle von Film- oder audiovisuellen Werken, die von Herstellern aus verschiedenen Mitgliedstaaten koproduziert wurden, sollte die sorgfältige Suche in jedem dieser Mitgliedstaaten durchgeführt werden. Für Werke und Tonträger, die weder veröffentlicht noch gesendet wurden, die jedoch durch die Begünstigten dieser Richtlinie mit Zustimmung der Rechteinhaber der Öffentlichkeit zugänglich gemacht wurden, sollte die sorgfältige Suche in dem Mitgliedstaat durchgeführt werden, in dem die Einrichtung, die das Werk oder den Tonträger mit Zustimmung des Rechteinhabers der Öffentlichkeit zugänglich gemacht hat, ihren Sitz hat. Die sorgfältige Suche nach den Inhabern der Rechte an Werken oder sonstigen Schutzgegenständen, die in ein Werk oder einen Tonträger eingebettet oder eingebunden sind, sollte in dem Mitgliedstaat durchgeführt werden, in dem die sorgfältige Suche nach dem Werk oder dem Tonträger, das bzw. der das eingebettete oder eingebundene Werk oder den sonstigen Schutzgegenstand enthält, durchgeführt wird. In anderen Ländern verfügbare Informationsquellen sollten auch konsultiert werden, wenn Hinweise dafür vorliegen, dass relevante Informationen zu den Rechteinhabern in diesen anderen Ländern gefunden werden können. Die Durchführung einer sorgfältigen Suche kann verschiedene Arten von Informationen hervorbringen, wie etwa ein Suchprotokoll und das Ergebnis der Suche. Das Suchprotokoll sollte archiviert werden, damit die betreffenden Einrichtungen nachweisen können, dass die Suche sorgfältig durchgeführt wurde.

(16) Die Mitgliedstaaten sollten gewährleisten, dass die betroffenen Einrichtungen ihre sorgfältigen Suchen protokollieren und dass die Ergebnisse solcher Suchen, die im Einzelnen in der Feststellung, dass ein Werk oder ein Tonträger als ein verwaistes Werk im Sinne diese Richtlinie anzusehen ist, sowie aus Informationen über die Änderung des Status und die Verwendung von verwaisten Werken durch diese Einrichtungen bestehen, erfasst und der Allgemeinheit zugänglich gemacht werden, insbesondere indem die relevanten Informationen in einer Online-Datenbank aufgezeichnet werden. Insbesondere in Anbetracht der gesamteuropäischen Dimension und um Doppelarbeit zu vermeiden, sollte für die Einrichtung einer einheitlichen Online-Datenbank für die Union gesorgt werden, die solche Informationen enthält, und dafür, dass diese Informationen der Allgemeinheit in transparenter Weise zur Verfügung gestellt werden. Dadurch können sowohl die Einrichtungen, die sorgfältige Suchen durchführen, als auch die Rechteinhaber leicht auf solche Informationen zugreifen. Die Datenbank könnte auch eine wichtige Rolle bei der Verhinderung und Beendigung möglicher Urheberrechtsverletzungen spielen,

insbesondere im Fall einer Änderung des Status eines Werks oder Tonträgers als verwaistes Werk. Gemäß Verordnung (EU) Nr. 386/2012[1] ist das Harmonisierungsamt für den Binnenmarkt (im Folgenden „das Amt") mit bestimmten Aufgaben und Aktivitäten betraut, die es aus eigenen Haushaltsmitteln finanziert, mit dem Ziel, die Aktivitäten nationaler Behörden, des privaten Sektors und der Organe der Union bei der Verhütung und bei der Bekämpfung der Verletzung der Rechte des geistigen Eigentums zu fördern und zu unterstützen.

Im Einzelnen schließen diese Aufgaben gemäß Artikel 2 Absatz 1 Buchstabe g der genannten Verordnung die Schaffung von Mechanismen ein, die zur Verbesserung des Online-Austauschs von relevanten Informationen zwischen den betroffenen Behörden der Mitgliedstaaten und zur Förderung der Zusammenarbeit zwischen diesen Behörden beitragen. Daher sollte es dem Amt obliegen, die in dieser Richtlinie genannte europäische Datenbank mit Informationen über verwaiste Werke einzurichten und zu verwalten.

(17) Bestimmte Werke und Tonträger können mehrere Rechteinhaber haben, und Werke und Tonträger können ihrerseits selbst andere Werke oder Schutzgegenstände beinhalten. Diese Richtlinie sollte die Rechte ermittelter und ausfindig gemachter Rechteinhaber nicht berühren. Wenn mindestens ein Rechteinhaber ermittelt und ausfindig gemacht wurde, ist ein Werk oder ein Tonträger nicht als verwaistes Werk anzusehen. Den Begünstigten dieser Richtlinie sollte es nur dann gestattet sein, ein Werk oder einen Tonträger zu verwenden, von dem ein oder mehrere Rechteinhaber nicht ermittelt oder ausfindig gemacht wurden, wenn sie von den ermittelten und ausfindig gemachten Rechteinhabern einschließlich den Inhabern der Rechte an Werken und sonstigen Schutzgegenständen, die in den Werken oder Tonträgern eingebettet oder eingebunden sind, ermächtigt wurden, gemäß den Artikeln 2 und 3 der Richtlinie 2001/29/EG das Werk zu vervielfältigen oder öffentlich zugänglich zu machen. Rechteinhaber, die ermittelt und ausfindig gemacht wurden, können die Zustimmung nur in Bezug auf die Rechte geben, die sie selbst innehaben, entweder weil die Rechte ihre eigenen Rechte sind oder weil ihnen die Rechte übertragen wurden, und sie sollten gemäß dieser Richtlinie die Nutzung nicht im Namen von Rechteinhabern, die nicht ermittelt oder ausfindig gemacht wurden, gestatten können. Entsprechend kann, wenn vorher nicht ermittelte oder ausfindig gemachte Rechteinhaber Ansprüche an ihrem Werk oder Tonträger geltend machen, die rechtmäßige Nutzung des Werks oder Tonträgers durch die Begünstigten nur fortgesetzt werden, wenn diese Rechteinhaber gemäß Richtlinie 2001/29/EG ihre Zustimmung dazu in Bezug auf die Rechte geben, die sie innehaben.

(18) Rechteinhaber sollten berechtigt sein, den Status als verwaistes Werk zu beenden, wenn sie ihre Rechte an dem Werk oder sonstigen Schutzgegenstand geltend machen wollen. Rechteinhaber, die den Status eines Werks oder sonstigen Schutzgegenstands als verwaistes Werk beenden, sollten einen gerechten Ausgleich für die Nutzung ihrer Werke oder anderen Schutzgegenstände ge-

---

[1] **Amtl. Anm.:** Verordnung (EU) Nr. 386/2012 des Europäischen Parlaments und des Rates vom 19. April 2012 zur Übertragung von Aufgaben, die die Durchsetzung von Rechten des geistigen Eigentums betreffen, einschließlich der Zusammenführung von Vertretern des öffentlichen und des privaten Sektors im Rahmen einer Europäischen Beobachtungsstelle für Verletzungen von Rechten des geistigen Eigentums, auf das Harmonisierungsamt für den Binnenmarkt (Marken, Muster und Modelle) (ABl. L 129 vom 16.5.2012, S. 1).

mäß dieser Richtlinie erhalten, die von dem Mitgliedstaat, in dem die ein verwaistes Werk nutzende Einrichtung ihren Sitz hat, festzulegen ist. Es steht den Mitgliedstaaten frei, die Umstände der Zahlung dieses Ausgleichs festzulegen, einschließlich des Zeitpunkts, zu dem die Zahlung fällig ist. Bei der Festlegung der Höhe des gerechten Ausgleichs sollten unter anderem die kulturpolitischen Zielsetzungen des Mitgliedstaats, der nicht kommerzielle Charakter der Nutzung durch die betreffenden Einrichtungen zur Erreichung der mit ihren im Gemeinwohl liegenden Aufgaben verbundenen Ziele, wie Förderung von Lernen und Verbreitung von Kultur, sowie der eventuelle Schaden für Rechteinhaber angemessen berücksichtigt werden.

(19) Wurde ein Werk oder ein Tonträger nach einer Suche, die nicht sorgfältig war, zu Unrecht als verwaistes Werk eingestuft, so kann auf die Rechtsbehelfe zurückgegriffen werden, die in den Rechtsvorschriften der Mitgliedstaaten gemäß den maßgeblichen einzelstaatlichen und unionsrechtlichen Bestimmungen bei Verletzungen des Urheberrechts vorgesehen sind.

(20) Um das Lernen und die Verbreitung von Kultur zu fördern, sollten die Mitgliedstaaten eine Ausnahme oder Beschränkung – zusätzlich zu den in Artikel 5 der Richtlinie 2001/29/EG vorgesehenen Ausnahmen oder Beschränkungen – vorsehen. Diese Ausnahme oder Beschränkung sollte den in Artikel 5 Absatz 2 Buchstabe c der Richtlinie 2001/29/EG genannten bestimmten Einrichtungen und im Bereich des Film- oder Tonerbes tätigen Einrichtungen, die gemeinnützig tätig sind, sowie öffentlich-rechtlichen Rundfunkanstalten gestatten, verwaiste Werke im Sinne der genannten Richtlinie zu vervielfältigen und öffentlich zugänglich zu machen, sofern eine solche Nutzung der Erfüllung ihrer im Gemeinwohl liegenden Aufgaben dient, insbesondere der Bewahrung, der Restaurierung sowie der Bereitstellung des kulturellen und bildungspolitischen Zwecken dienenden Zugangs zu ihren Sammlungen, einschließlich ihrer digitalen Sammlungen. Der Begriff der im Bereich des Film- oder Tonerbes tätigen Einrichtungen sollte für die Zwecke dieser Richtlinie Einrichtungen umfassen, die von den Mitgliedstaaten zur Sammlung, Katalogisierung, Erhaltung und Restaurierung von Filmen und anderen audiovisuellen Werken oder Tonträgern, die Teil ihres kulturellen Erbes sind, ausgewiesen sind. Der Begriff der öffentlich-rechtlichen Rundfunkanstalten sollte für die Zwecke dieser Richtlinie Rundfunkanstalten umfassen, die einen öffentlich-rechtlichen Auftrag erfüllen, der vom jeweiligen Mitgliedstaat erteilt, festgelegt und gestaltet wird. Die in dieser Richtlinie festgelegte Ausnahme oder Beschränkung in Bezug auf die Genehmigung der Nutzung verwaister Werke gilt unbeschadet der in Artikel 5 der Richtlinie 2011/29/EG vorgesehenen Ausnahmen und Beschränkungen. Sie kann nur in bestimmten Sonderfällen angewandt werden, in denen die normale Verwertung des Werks oder des sonstigen Schutzgegenstands nicht beeinträchtigt wird und die berechtigten Interessen des Rechtsinhabers nicht ungebührlich verletzt werden.

(21) Um Anreize für die Digitalisierung zu bieten, sollten die Begünstigten dieser Richtlinie Einnahmen im Zusammenhang mit ihrer Nutzung verwaister Werke gemäß dieser Richtlinie erwirtschaften dürfen, um Ziele im Zusammenhang mit ihren im Gemeinwohl liegenden Aufgaben zu verwirklichen, auch im Rahmen öffentlich-privater Partnerschaftsübereinkommen.

(22) Vertragliche Vereinbarungen können bei der Förderung der Digitalisierung des europäischen Kulturerbes eine Rolle spielen, denn öffentlich zugäng-

liche Bibliotheken, Bildungseinrichtungen und Museen sowie Archive, im Bereich des Film- oder Tonerbes tätige Einrichtungen und öffentlich-rechtliche Rundfunkanstalten sollten im Hinblick auf die im Rahmen dieser Richtlinie zulässigen Arten der Nutzung Vereinbarungen mit kommerziellen Partnern über die Digitalisierung und öffentliche Zugänglichmachung verwaister Werke schließen dürfen. Diese Vereinbarungen können finanzielle Beiträge solcher Partner beinhalten. Solche Vereinbarungen sollten die Nutzung verwaister Werke durch die Begünstigten dieser Richtlinie nicht beschränken und dem kommerziellen Partner keine Rechte zur Nutzung oder Kontrolle der Nutzung der verwaisten Werke einräumen.

(23) Um den Zugang der Unionsbürger zum europäischen Kulturerbe zu fördern, muss außerdem dafür gesorgt werden, dass verwaiste Werke, die in einem Mitgliedstaat digitalisiert und der Öffentlichkeit zugänglich gemacht wurden, auch in anderen Mitgliedstaaten der Öffentlichkeit zugänglich gemacht werden können. Öffentlich zugängliche Bibliotheken, Bildungseinrichtungen und Museen sowie Archive, im Bereich des Film- oder Tonerbes tätige Einrichtungen und öffentlich-rechtliche Rundfunkanstalten, die ein verwaistes Werk zur Erfüllung ihrer im Gemeinwohl liegenden Aufgaben nutzen, sollten die Möglichkeit haben, das verwaiste Werk der Öffentlichkeit in anderen Mitgliedstaaten zugänglich zu machen.

(24) Diese Richtlinie gilt unbeschadet der in den Mitgliedstaaten bestehenden Regelungen für die Verwaltung von Rechten, beispielsweise der erweiterten kollektiven Lizenzen, der gesetzlichen Vermutungen in Bezug auf die Vertretung oder Übertragung, der kollektiven Verwertung oder ähnlicher Regelungen oder einer Kombinationen dieser Elemente, einschließlich ihrer Anwendung auf Massendigitalisierungen.

(25) Da das Ziel dieser Richtlinie, nämlich im Zusammenhang mit der Nutzung verwaister Werke Rechtssicherheit zu gewährleisten, auf Ebene der Mitgliedstaaten nicht ausreichend verwirklicht werden kann und daher wegen der erforderlichen Einheitlichkeit der Regeln über die Nutzung verwaister Werke besser auf Unionsebene zu verwirklichen ist, kann die Union im Einklang mit dem in Artikel 5 des Vertrags über die Europäische Union niedergelegten Subsidiaritätsprinzip tätig werden. Entsprechend dem in demselben Artikel genannten Grundsatz der Verhältnismäßigkeit geht diese Richtlinie nicht über das für die Erreichung dieses Ziels erforderliche Maß hinaus –

HABEN FOLGENDE RICHTLINIE ERLASSEN:

Art. 1 Gegenstand und Anwendungsbereich. (1) Diese Richtlinie betrifft bestimmte Formen der Nutzung verwaister Werke durch öffentlich zugängliche Bibliotheken, Bildungseinrichtungen und Museen sowie Archive, im Bereich des Film- oder Tonerbes tätige Einrichtungen und öffentlich-rechtliche Rundfunkanstalten, die in den Mitgliedstaaten ihren Sitz haben, um die Ziele im Zusammenhang mit ihren im Gemeinwohl liegenden Aufgaben zu erreichen.

(2) Gegenstand dieser Richtlinie sind:

a) Werke, die in Form von Büchern, Fachzeitschriften, Zeitungen, Zeitschriften oder in sonstiger Schriftform veröffentlicht wurden und die in Sammlungen öffentlich zugänglicher Bibliotheken, Bildungseinrichtungen oder

Museen sowie in den Sammlungen von Archiven oder im Bereich des Film- oder Tonerbes tätigen Einrichtungen enthalten sind,

b) Film- oder audiovisuelle Werke und Tonträger, die in den Sammlungen von öffentlich zugänglichen Bibliotheken, Bildungseinrichtungen oder Museen sowie in den Sammlungen von Archiven oder Einrichtungen im Bereich des Film- oder Tonerbes enthaltenen Einrichtungen enthalten sind, und

c) Film- oder audiovisuelle Werke und Tonträger, die von öffentlich-rechtlichen Rundfunkanstalten bis zum und einschließlich am 31. Dezember 2002 produziert wurden und in ihren Archiven enthalten sind,

die urheberrechtlich oder durch verwandte Schutzrechte geschützt sind und zuerst in einem Mitgliedstaat veröffentlicht oder, wenn sie nicht veröffentlicht wurden, gesendet wurden.

(3) Diese Richtlinie gilt auch für Werke und Tonträger gemäß Absatz 2, die weder veröffentlicht noch gesendet wurden, die jedoch durch die Einrichtungen gemäß Absatz 1 mit Zustimmung der Rechteinhaber der Öffentlichkeit zugänglich gemacht wurden, sofern vernünftigerweise anzunehmen ist, dass sich die Rechteinhaber der Nutzung gemäß Artikel 6 nicht widersetzen würden. Die Mitgliedstaaten können die Anwendung dieses Absatzes auf Werke und Tonträger beschränken, die bei diesen Einrichtungen vor dem 29. Oktober 2014 hinterlegt wurden.

(4) Diese Richtlinie gilt auch für Werke und sonstige Schutzgegenstände, die in Werke oder Tonträger gemäß den Absätzen 2 und 3 eingebettet oder eingebunden oder integraler Bestandteil dieser sind.

(5) Diese Richtlinie lässt jegliche Regelungen über die Verwaltung von Rechten auf nationaler Ebene unberührt.

Art. 2 Verwaiste Werke. (1) Ein Werk oder Tonträger gilt als verwaistes Werk, wenn keiner der Rechteinhaber dieses Werks oder Tonträgers ermittelt ist oder, selbst wenn einer oder mehrere von ihnen ermittelt sind, keiner ausfindig gemacht worden ist, obwohl eine sorgfältige Suche nach den Rechteinhabern gemäß Artikel 3 durchgeführt und dokumentiert worden ist.

(2) Gibt es für ein Werk oder Tonträger mehr als einen Rechteinhaber und sind nicht alle von ihnen ermittelt oder, selbst wenn ermittelt, ausfindig gemacht worden, obwohl eine sorgfältige Suche gemäß Artikel 3 durchgeführt und dokumentiert worden ist, so kann das Werk oder der Tonträger gemäß dieser Richtlinie genutzt werden, vorausgesetzt, die Rechteinhaber, die ermittelt und ausfindig gemacht worden sind, haben in Bezug auf die von ihnen gehaltenen Rechte die in Artikel 1 Absatz 1 genannten Einrichtungen ermächtigt, die Werke bzw. Tonträger gemäß den Artikeln 2 bzw. 3 der Richtlinie 2001/29/EG zu vervielfältigen und öffentlich zugänglich zu machen.

(3) Absatz 2 gilt unbeschadet der Rechte ermittelter und ausfindig gemachter Rechteinhaber an dem Werk oder Tonträger.

(4) Artikel 5 gilt entsprechend für die Inhaber der Rechte an den Werken gemäß Absatz 2, die nicht ermittelt und ausfindig gemacht worden sind.

(5) Diese Richtlinie lässt nationale Regelungen zu anonymen oder pseudonymen Werken unberührt.

Art. 3 Sorgfältige Suche. (1) Zur Feststellung, ob ein Werk oder Tonträger ein verwaistes Werk ist, sorgen die in Artikel 1 Absatz 1 genannten Einrichtungen dafür, dass eine sorgfältige Suche nach jedem einzelnen Werk oder sonstigen Schutzgegenstand durch Konsultation der für die betreffende Kategorie des Werks und sonstigen Schutzgegenstands geeigneten Quellen nach Treu und Glauben durchgeführt wird. Die sorgfältige Suche wird vor der Nutzung des Werks oder Tonträgers durchgeführt.

(2) Welche Quellen für die einzelnen Kategorien der betreffenden Werke oder Tonträger geeignet sind, wird von jedem Mitgliedstaat in Absprache mit den Rechteinhabern und den Nutzern bestimmt; sie schließen mindestens die im Anhang aufgeführten relevanten Quellen ein.

(3) Eine sorgfältige Suche wird in dem Mitgliedstaat durchgeführt, in dem das Werk zuerst veröffentlicht oder, wenn es nicht veröffentlicht wurde, zuerst gesendet wurde, außer im Falle von Film- oder audiovisuellen Werken, deren Hersteller seine Hauptniederlassung oder seinen gewöhnlichen Aufenthalt in einem Mitgliedstaat hat. In diesem Fall wird die sorgfältige Suche in dem Mitgliedstaat seiner Hauptniederlassung oder seines gewöhnlichen Aufenthalts durchgeführt.

In dem in Artikel 1 Absatz 3 genannten Fall wird die sorgfältige Suche in dem Mitgliedstaat durchgeführt, in dem die Einrichtung, die das Werk oder den Tonträger mit Zustimmung des Rechteinhabers der Öffentlichkeit zugänglich gemacht hat, ihren Sitz hat.

(4) Wenn es Hinweise darauf gibt, dass relevante Informationen zu Rechteinhabern in anderen Ländern gefunden werden können, sind auch verfügbare Informationsquellen in diesen anderen Ländern zu konsultieren.

(5) Die Mitgliedstaaten sorgen dafür, dass die in Artikel 1 Absatz 1 genannten Einrichtungen ihre sorgfältigen Suchen dokumentieren und dass diese Einrichtungen die folgenden Informationen an die zuständigen nationalen Behörden weiterleiten:

a) die Ergebnisse der sorgfältigen Suchen, die die Einrichtungen durchgeführt haben und die zu der Schlussfolgerung geführt haben, dass ein Werk oder ein Tonträger als verwaistes Werk zu betrachten ist;
b) die Art der Nutzung des verwaisten Werkes durch die Einrichtung gemäß dieser Richtlinie;
c) jede gemäß Artikel 5 erfolgende Änderung des Status von Werken und Tonträgern, die die Einrichtung nutzt, als verwaiste Werke;
d) die jeweiligen Kontaktangaben der betreffenden Einrichtung.

(6) Die Mitgliedstaaten ergreifen die erforderlichen Maßnahmen, um sicherzustellen, dass die Information gemäß Absatz 5 in einer einzigen öffentlich zugänglichen Online-Datenbank erfasst wird, die in Übereinstimmung mit der Verordnung (EU) Nr. 386/2012 vom Harmonisierungsamt für den Binnenmarkt (im Folgenden „das Amt") eingerichtet und verwaltet wird. Zu diesem Zweck leiten sie diese Informationen unverzüglich nach deren Erhalt von den in Artikel 1 Absatz 1 genannten Einrichtungen an das Amt weiter.

Art. 4 Gegenseitige Anerkennung des Status als verwaistes Werk. Ein Werk oder Tonträger, das bzw. der nach Artikel 2 in einem Mitgliedstaat als verwaistes Werk gilt, gilt in allen Mitgliedstaaten als verwaistes Werk. Dieses Werk oder dieser Tonträger kann entsprechend der Vorgaben dieser Richtlinie in allen Mitgliedstaaten genutzt werden und es kann auf diese zugegriffen werden. Dies gilt auch für die in Artikel 2 Absatz 2 genannten Werke und Tonträger, soweit die Rechte von nicht ermittelten oder nicht ausfindig gemachten Rechteinhabern betroffen sind.

Art. 5 Ende des Status als verwaistes Werk. Die Mitgliedstaaten stellen sicher, dass der Inhaber der Rechte an einem als verwaist qualifizierten Werk oder Tonträger jederzeit die Möglichkeit hat, in Bezug auf seine Rechte den Status als verwaistes Werk zu beenden.

Art. 6 Zulässige Formen der Nutzung verwaister Werke. (1) Die Mitgliedstaaten sehen Ausnahmen oder Beschränkungen in Bezug auf die Rechte auf Vervielfältigung und öffentliche Zugänglichmachung gemäß den Artikeln 2 bzw. 3 der Richtlinie 2001/29/EG vor, um sicherzustellen, dass es den in Artikel 1 Absatz 1 genannten Einrichtungen gestattet ist, in ihren Sammlungen enthaltene verwaiste Werke auf folgende Weise zu nutzen:
a) öffentliche Zugänglichmachung des verwaisten Werks im Sinne von Artikel 3 der Richtlinie 2001/29/EG;
b) Vervielfältigung im Sinne von Artikel 2 der Richtlinie 2001/29/EG zum Zweck der Digitalisierung, Zugänglichmachung, Indexierung, Katalogisierung, Bewahrung oder Restaurierung.

(2) Die in Artikel 1 Absatz 1 genannten Einrichtungen nutzen ein verwaistes Werk gemäß Absatz 1 dieses Artikels nur, um Ziele im Zusammenhang mit ihren im Gemeinwohl liegenden Aufgaben zu verfolgen, insbesondere die Bewahrung, die Restaurierung sowie die Bereitstellung des kulturellen und bildungspolitischen Zwecken dienenden Zugangs zu Werken und Tonträgern, die in ihrer Sammlung enthalten sind. Die Einrichtungen dürfen bei einer solchen Nutzung ausschließlich zur Deckung ihrer Kosten für die Digitalisierung verwaister Werke und ihre öffentliche Zugänglichmachung Einnahmen erwirtschaften.

(3) Die Mitgliedstaaten stellen sicher, dass die in Artikel 1 Absatz 1 genannten Einrichtungen die Namen ermittelter Urheber und anderer Rechteinhaber bei jeder Nutzung eines verwaisten Werks angeben.

(4) Diese Richtlinie lässt die Vertragsfreiheit solcher Einrichtungen bei der Erfüllung ihrer im Gemeinwohl liegenden Aufgaben unberührt, insbesondere hinsichtlich des Abschlusses von öffentlich-privaten Partnerschaften.

(5) Die Mitgliedstaaten stellen sicher, dass Rechteinhaber, die den Status ihrer Werke oder sonstiger Schutzgegenstände als verwaistes Werk beenden, für die vorherige Nutzung solcher Werke und sonstiger Schutzgegenstände gemäß Absatz 1 dieses Artikels durch die in Artikel 1 Absatz 1 genannten Einrichtungen einen gerechten Ausgleich erhalten. Es steht den Mitgliedstaaten frei, die Umstände für die Zahlung eines solchen Ausgleichs festzulegen. Die Höhe dieser Vergütung wird im Rahmen der unionsrechtlichen Vorgaben durch die Rechtsvorschriften des Mitgliedstaats geregelt, in dem die Einrichtung, die das verwaiste Werk nutzt, ihren Sitz hat.

Art. 7 Weitere Anwendung anderer Rechtsvorschriften. Diese Richtlinie lässt andere Rechtsvorschriften insbesondere in folgenden Bereichen unberührt: Patentrechte, Marken, Musterrechte, Gebrauchsmuster, Topographien von Halbleitererzeugnissen, typographische Schriftzeichen, Zugangskontrolle,

Zugang zum Kabel von Sendediensten, Schutz nationalen Kulturguts, Anforderungen im Bereich der gesetzlich angeordneten Hinterlegung von Pflichtexemplaren, Rechtsvorschriften über Wettbewerbsbeschränkungen und unlauteren Wettbewerb, Betriebsgeheimnisse, Sicherheit, Vertraulichkeit, Datenschutz und Schutz der Privatsphäre, Zugang zu öffentlichen Dokumenten, Vertragsrecht sowie Regelungen betreffend die Presse- und Meinungsfreiheit in den Medien.

Art. 8 Stichtag für die Anwendbarkeit. (1) Diese Richtlinie findet auf alle in Artikel 1 genannten Werke und Tonträger Anwendung, die am oder nach dem 29. Oktober 2014 durch die Rechtsvorschriften der Mitgliedstaaten auf dem Gebiet des Urheberrechts geschützt sind.

(2) Diese Richtlinie gilt unbeschadet der Rechtsakte und Rechte, die vor dem 29. Oktober 2014 erlassen bzw. erworben wurden.

Art. 9 Umsetzung. (1) Die Mitgliedstaaten erlassen die erforderlichen Rechts- und Verwaltungsvorschriften, um dieser Richtlinie bis zum 29. Oktober 2014 nachzukommen. Sie teilen der Kommission unverzüglich den Wortlaut dieser Rechtsvorschriften mit.

Bei Erlass dieser Vorschriften nehmen die Mitgliedstaaten in den Vorschriften selbst oder durch einen Hinweis bei der amtlichen Veröffentlichung auf diese Richtlinie Bezug. Die Mitgliedstaaten regeln die Einzelheiten dieser Bezugnahme.

(2) Die Mitgliedstaaten teilen der Kommission den Wortlaut der wichtigsten innerstaatlichen Rechtsvorschriften mit, die sie auf dem unter diese Richtlinie fallenden Gebiet erlassen.

Art. 10 Überprüfungsklausel. Die Kommission verfolgt laufend die Entwicklung von Informationsquellen für Rechte und legt bis zum 29. Oktober 2015 und danach in jährlichen Abständen einen Bericht über die mögliche Einbeziehung von Verlegern und von Werken oder sonstigen Schutzgegenständen in den Anwendungsbereich dieser Richtlinie vor, die derzeit nicht unter ihren Anwendungsbereich fallen, insbesondere eigenständige Fotografien und andere Bilder.

Bis zum 29. Oktober 2015 legt die Kommission im Lichte der Entwicklung digitaler Bibliotheken dem Europäischen Parlament, dem Rat und dem Europäischen Wirtschafts- und Sozialausschuss einen Bericht über die Anwendung dieser Richtlinie vor.

Erforderlichenfalls legt die Kommission – insbesondere um das Funktionieren des Binnenmarkts sicherzustellen – Änderungsvorschläge zu dieser Richtlinie vor.

Ein Mitgliedstaat, der berechtigten Grund zu der Annahme hat, dass die Umsetzung dieser Richtlinie eine der in Artikel 1 Absatz 5 genannten nationalen Regelungen über die Verwaltung von Rechten behindert, kann die Kommission mit dieser Angelegenheit befassen und ihr dabei alle maßgeblichen Nachweise vorlegen. Die Kommission berücksichtigt diese Nachweise bei der Erstellung des in Absatz 2 dieses Artikels genannten Berichts und bei der Prüfung der Erforderlichkeit der Vorlage von Änderungsvorschlägen zu dieser Richtlinie.

Art. 11 Inkrafttreten. Diese Richtlinie tritt am Tag nach ihrer Veröffentlichung[1] im *Amtsblatt der Europäischen Union* in Kraft.

Art. 12 Adressaten. Diese Richtlinie ist an die Mitgliedstaaten gerichtet.

Anhang

Bei den Quellen im Sinne von Artikel 3 Absatz 2 handelt es sich unter anderem um folgende:

1. für veröffentlichte Bücher:
   a) Depots amtlich hinterlegter Pflichtexemplare, von Bibliotheken und anderen Einrichtungen geführte Bibliothekskataloge und Schlagwortlisten;
   b) Verleger- und Autorenverbände im jeweiligen Land;
   c) bestehende Datenbanken und Verzeichnisse, WATCH (Writers, Artists and their Copyright Holders), die ISBN (International Standard Book Number) und Datenbanken der lieferbaren Bücher;
   d) die Datenbanken der entsprechenden Verwertungsgesellschaften, insbesondere der mit der Wahrnehmung von Vervielfältigungsrechten betrauten Organisationen;
   e) Quellen, die mehrere Datenbanken und Verzeichnisse zusammenfassen, einschließlich VIAF (Virtual International Authority Files) und ARROW (Accessible Registries of Rights Information and Orphan Works);
2. für Zeitungen, Zeitschriften, Fachzeitschriften und Periodika:
   a) die ISSN (International Standard Serial Number) für regelmäßige Veröffentlichungen;
   b) Indexe und Kataloge von Bibliotheksbeständen und -sammlungen;
   c) Depots amtlich hinterlegter Pflichtexemplare;
   d) Verlegerverbände und Autoren- und Journalistenverbände im jeweiligen Land;
   e) die Datenbanken der entsprechenden Verwertungsgesellschaften, einschließlich der mit der Wahrnehmung von Vervielfältigungsrechten betrauten Organisationen;
3. für visuelle Werke, einschließlich Werke der bildenden Künste, Fotografien, Illustrationen, Design- und Architekturwerke sowie deren Entwürfe und sonstige derartige Werke, die in Büchern, Zeitschriften, Zeitungen und Magazinen oder anderen Werken enthalten sind:
   a) die in den Absätzen 1 und 2 genannten Quellen;
   b) die Datenbanken der entsprechenden Verwertungsgesellschaften, insbesondere der Verwertungsgesellschaften für bildende Künste, einschließlich der mit der Wahrnehmung von Vervielfältigungsrechten betrauten Organisationen;
   c) ggf. die Datenbanken von Bildagenturen;
4. für audiovisuelle Werke und Tonträger:
   a) Depots amtlich hinterlegter Pflichtexemplare;
   b) Produzentenverbände im jeweiligen Land;
   c) Datenbanken von im Bereich des Film- oder Tonerbes tätigen Einrichtungen und nationalen Bibliotheken;

---

[1] Veröffentlicht am 27.10.2012.

d) Datenbanken mit einschlägigen Standards und Kennungen wie ISAN (International Standard Audiovisual Number) für audiovisuelles Material, ISWC (International Standard Music Work Code) für Musikwerke und ISRC (International Standard Recording Code) für Tonträger;
e) die Datenbanken der entsprechenden Verwertungsgesellschaften, insbesondere für Autoren, ausübende Künstler sowie Hersteller von Tonträgern und audiovisuellen Werken;
f) Aufführung der Mitwirkenden und andere Informationen auf der Verpackung des Werks;
g) Datenbanken anderer maßgeblicher Verbände, die eine bestimmte Kategorie von Rechteinhabern vertreten.

48. Richtlinie (EU) 2019/790 des Europäischen Parlaments und des Rates über das Urheberrecht und die verwandten Schutzrechte im digitalen Binnenmarkt und zur Änderung der Richtlinien 96/9/EG und 2001/29/EG

vom 17. April 2019

(ABl. Nr. L 130/S. 92), ber. ABl. v. 17.5.2019 Nr. L 130

(Text von Bedeutung für den EWR)

DAS EUROPÄISCHE PARLAMENT UND DER RAT DER EUROPÄISCHEN UNION –

gestützt auf den Vertrag über die Arbeitsweise der Europäischen Union, insbesondere auf Artikel 53 Absatz 1, Artikel 62 und Artikel 114,
auf Vorschlag der Europäischen Kommission,
nach Zuleitung des Entwurfs des Gesetzgebungsakts an die nationalen Parlamente, nach Stellungnahme des Europäischen Wirtschafts- und Sozialausschusses[1)],
nach Stellungnahme des Ausschusses der Regionen[2)], gemäß dem ordentlichen Gesetzgebungsverfahren[3)], in Erwägung nachstehender Gründe:

(1) Der Vertrag über die Europäische Union (EUV) sieht die Errichtung eines Binnenmarkts und die Einführung eines Systems vor, mit dem der Wettbewerb auf dem Binnenmarkt vor Verzerrungen geschützt wird. Die weitere Harmonisierung der Rechtsvorschriften der Mitgliedstaaten über das Urheberrecht und die verwandten Schutzrechte sollte einen Beitrag zur Verwirklichung dieser Ziele leisten.

(2) Die bestehenden Richtlinien über das Urheberrecht und verwandte Schutzrechte tragen zum Funktionieren des Binnenmarktes bei, gewähren Rechteinhabern ein hohes Maß an Schutz, erleichtern die Rechteklärung und bieten einen Regelungsrahmen, in dem Werke und sonstige Schutzgegenstände verwertet werden können. Dieser harmonisierte Rechtsrahmen trägt dazu bei, dass der Binnenmarkt ordnungsgemäß funktioniert, und schafft Anreize für Innovation, Kreativität, Investitionen und die Produktion neuer Inhalte, auch im digitalen Umfeld, damit die Fragmentierung des Binnenmarktes verhindert wird. Der von diesem Rechtsrahmen gebotene Schutz leistet zudem einen Beitrag zu dem Ziel der Union, die kulturelle Vielfalt zu wahren und zu fördern und gleichzeitig das gemeinsame kulturelle Erbe Europas hervorzuheben. Nach Artikel 167 Absatz 4 des Vertrags über die Arbeitsweise der Europäischen Union trägt die Union bei ihrer Tätigkeit den kulturellen Aspekten Rechnung.

[1)] **Amtl. Anm.:** ABl. C 125 vom 21.4.2017, S. 27.
[2)] **Amtl. Anm.:** ABl. C 207 vom 30.6.2017, S. 80.
[3)] **Amtl. Anm.:** Standpunkt des Europäischen Parlaments vom 26. März 2019 (noch nicht im Amtsblatt veröffentlicht) und Beschluss des Rates vom 15. April 2019.

(3) Die rasanten technologischen Entwicklungen führen zu einem ständigen Wandel in der Art und Weise, wie Werke und sonstige Schutzgegenstände geschaffen, erzeugt, vertrieben und verwertet werden. Es entstehen laufend neue Geschäftsmodelle, und neue Akteure treten auf den Plan. Die einschlägigen Rechtsvorschriften müssen zukunfts- tauglich sein, damit die technologische Entwicklung nicht behindert wird. Die im Urheberrechtsrahmen der Union festgelegten Ziele und Grundsätze gelten zwar nach wie vor, doch bleibt sowohl für die Rechteinhaber als auch die Nutzer im Hinblick auf bestimmte, auch grenzüberschreitende Nutzungen von Werken und sonstigen Schutzgegenständen in einem digitalen Umfeld die Rechtsunsicherheit bestehen. Wie bereits in der Mitteilung der Kommission vom 9. Dezember 2015 mit dem Titel „Schritte zu einem modernen, europäischeren Urheberrecht" dargelegt, ist es in einigen Bereichen notwendig, den geltenden Urheberrechtsrahmen der Union anzupassen und zu ergänzen und gleichzeitig ein hohes Maß an Schutz des Urheberrechts und verwandter Schutzrechte aufrecht- zuerhalten. Diese Richtlinie enthält Vorschriften für die Anpassung bestimmter Ausnahmen und Beschränkungen des Urheberrechts und verwandter Schutzrechte an ein digitales und grenzüberschreitendes Umfeld sowie für Maßnahmen, mit denen bestimmte Lizenzierungsverfahren vor allem, aber nicht nur im Hinblick auf die Verbreitung vergriffener Werke und sonstiger Schutzgegenstände und die Online-Verfügbarkeit audiovisueller Werke auf Plattformen für den Videoabruf erleichtert werden sollen, um einen größeren Zugang zu Inhalten zu ermöglichen. Sie enthält zudem Vorschriften zur Erleichterung der Nutzung gemeinfreier Inhalte. Für einen gut funktionierenden und fairen Urheberrechtsmarkt sollten auch Vorschriften über die Rechte an Veröffentlichungen, über die Nutzung von Werken oder sonstigen Schutzgegenständen durch Anbieter von Online-Diensten, die von Nutzern hochgeladene Inhalte speichern und zugänglich machen, über Transparenz bei Verträgen mit Urhebern und ausübenden Künstlern, über die Vergütung von Urhebern und ausübenden Künstlern sowie ein Verfahren für den Widerruf der von Urhebern und ausübenden Künstlern übertragenen ausschließlichen Rechte festgelegt werden.

(4) Diese Richtlinie stützt sich auf und ergänzt die einschlägigen geltenden Richtlinien, insbesondere die Richtlinien 96/9/EG[1)], 2000/31/EG[2)], 2001/29/EG[3)], 2006/115/EG[4)], 2009/24/EG[5)], 2012/28/EU[6)] und 2014/26/EU[7)] des Europäischen Parlaments und des Rates.

[1)] **Amtl. Anm.:** Richtlinie 96/9/EG des Europäischen Parlaments und des Rates vom 11. März 1996 über den rechtlichen Schutz von Datenbanken (ABl. L 77 vom 27.3.1996, S. 20).

[2)] **Amtl. Anm.:** Richtlinie 2000/31/EG des Europäischen Parlaments und des Rates vom 8. Juni 2000 über bestimmte rechtliche Aspekte der Dienste der Informationsgesellschaft, insbesondere des elektronischen Geschäftsverkehrs, im Binnenmarkt (Richtlinie über den elektronischen Geschäftsverkehr) (ABl. L 178 vom 17.7.2000, S. 1).

[3)] **Amtl. Anm.:** Richtlinie 2001/29/EG des Europäischen Parlaments und des Rates vom 22. Mai 2001 zur Harmonisierung bestimmter Aspekte des Urheberrechts und der verwandten Schutzrechte in der Informationsgesellschaft (ABl. L 167 vom 22.6.2001, S. 10).

[4)] **Amtl. Anm:** Richtlinie 2006/115/EG des Europäischen Parlaments und des Rates vom 12. Dezember 2006 zum Vermietrecht und Verleihrecht sowie zu bestimmten dem Urheberrecht verwandten Schutzrechten im Bereich des geistigen Eigentums (ABl. L 376 vom 27.12.2006, S. 28).

(Restliche Fußnoten siehe nächste Seite)

(5) In den Bereichen Forschung, Innovation, Bildung und Erhaltung des Kulturerbes ermöglicht die Digitaltechnik neue Nutzungen, die von den geltenden Unionsvorschriften über Ausnahmen und Beschränkungen nicht eindeutig abgedeckt sind. Zudem könnte das Funktionieren des Binnenmarkts dadurch beeinträchtigt werden, dass die in den Richtlinien 96/9/EG, 2001/29/EG, und 2009/24/EG für diese Bereiche festgelegten Ausnahmen und Beschränkungen fakultativ sind. Das trifft vor allem auf die grenzüberschreitende Nutzung zu, die in einem digitalen Umfeld zunehmend an Bedeutung gewinnt. Daher sollten die für die wissenschaftliche Forschung, Innovation, Unterrichtszwecke und die Erhaltung des Kulturerbes im Unionsrecht bestehenden Ausnahmen und Beschränkungen im Hinblick auf diese neuen Nutzungen neu bewertet werden. So sollten für die Nutzung von Verfahren zum Text und Data Mining, für die Veranschaulichung des Unterrichts in einem digitalen Umfeld und für die Erhaltung des Kulturerbes verbindliche Ausnahmen und Beschränkungen eingeführt werden. Die im Unionsrecht festgelegten Ausnahmen und Beschränkungen sollten nach wie vor gelten, auch für das Text und Data Mining, Bildung sowie Tätigkeiten im Bereich Erhaltung, sofern dadurch der Geltungsbereich der in dieser Richtlinie vorgesehenen verbindlichen Ausnahmen und Beschränkungen, die von den Mitgliedstaaten in ihr jeweiliges nationales Recht umgesetzt werden müssen, nicht beschränkt wird. Die Richtlinien 96/9/EG und 2001/29/EG sollten daher geändert werden.

(6) Mit den in dieser Richtlinie vorgesehenen Ausnahmen und Beschränkungen soll ein angemessener Rechte- und Interessenausgleich zwischen den Urhebern und anderen Rechteinhabern einerseits und den Nutzern andererseits gewahrt werden. Sie können nur in bestimmten Sonderfällen geltend gemacht werden, in denen die normale Verwertung des Werks oder des sonstigen Schutzgegenstands nicht beeinträchtigt wird und die berechtigten Interessen des Rechteinhabers nicht ungebührlich verletzt werden.

(7) Der in der Richtlinie 2001/29/EG festgelegte Schutz technischer Maßnahmen ist für den Schutz und die wirksame Wahrnehmung der den Urhebern und anderen Rechteinhabern nach dem Unionsrecht gewährten Rechten nach wie vor unerlässlich. Ein solcher Schutz sollte aufrechterhalten werden, wobei sichergestellt sein muss, dass durch den Einsatz technischer Maßnahmen die Inanspruchnahme der in dieser Richtlinie festgelegten Ausnahmen und Beschränkungen nicht behindert wird. Die Rechteinhaber sollten die Möglichkeit haben, das durch freiwillige Maßnahmen sicherzustellen. Ihnen sollte es freistehen, die Mittel festzulegen, die geeignet sind, den Begünstigten die Wahrnehmung der in dieser Richtlinie vorgesehenen Ausnahmen und Beschränkungen zu ermöglichen. Werden keine freiwilligen Maß-

---

(Restliche Fußnoten von Seite 689)

[5] **Amtl. Anm.:** Richtlinie 2009/24/EG des Europäischen Parlaments und des Rates vom 23. April 2009 über den Rechtsschutz von Computerprogrammen (ABl. L 111 vom 5.5.2009, S. 16).

[6] **Amtl. Anm.:** Richtlinie 2012/28/EU des Europäischen Parlaments und des Rates vom 25. Oktober 2012 über bestimmte zulässige Formen der Nutzung verwaister Werke (ABl. L 299 vom 27.10.2012, S. 5).

[7] **Amtl. Anm:** Richtlinie 2014/26/EU des Europäischen Parlaments und des Rates vom 26. Februar 2014 über die kollektive Wahrnehmung von Urheber- und verwandten Schutzrechten und die Vergabe von Mehrgebietslizenzen für Rechte an Musikwerken für die Online-Nutzung im Binnenmarkt (ABl. L 84 vom 20.3.2014, S. 72).

nahmen ergriffen, so sollten die Mitgliedstaaten die geeigneten Maßnahmen entsprechend Artikel 6 Absatz 4 Unterabsatz 1 der Richtlinie 2001/29/EG festlegen, auch in den Fällen, in denen Werke und sonstige Schutzgegenstände über Abrufdienste der Öffentlichkeit zugänglich gemacht werden.

(8) Mit neuen, im Allgemeinen als Text und Data Mining bekannten Verfahren können in digitaler Form vorliegende Informationen wie Texte, Töne, Bilder oder Daten mit Computern automatisch ausgewertet werden. Mittels Text und Data Mining lassen sich große Informationsmengen verarbeiten, um neue Erkenntnisse zu gewinnen und neue Trends zu erkennen. Das Text und Data Mining ist die vorherrschende Technik in der Digitalwirtschaft, doch besteht weitgehend Einvernehmen darüber, dass diese Technik vor allem für die Forschung von besonderem Nutzen ist und damit auch Innovationen gefördert werden. Von Nutzen ist diese Technik zudem für Hochschulen und andere Forschungsorganisationen sowie für Einrichtungen des Kulturerbes, da diese möglicherweise ebenfalls Forschung im Zusammenhang mit ihrer hauptsächlichen Tätigkeit betreiben könnten. In der Union sehen sich derartige Organisationen und Einrichtungen allerdings damit konfrontiert, dass hinsichtlich des möglichen Umfangs des Text und Data Mining von Inhalten Rechtsunsicherheit herrscht. Mitunter kann das Text und Data Mining Handlungen umfassen, die durch das Urheberrecht, das Sui-generis-Recht an Datenbanken oder beides geschützt sind, vor allem wenn es um die Vervielfältigung von Werken oder sonstigen Schutzgegenständen, die Entnahme von Inhalten aus einer Datenbank oder beides geht, also Handlungen, die beispielsweise erfolgen, wenn die Daten während des Vorgangs des Text und Data Mining normalisiert werden. Können keine Ausnahmen oder Beschränkungen geltend gemacht werden, so ist für solche Handlungen die Erlaubnis des Rechteinhabers erforderlich.

(9) Das Text und Data Mining kann auch für reine, nicht urheberrechtlich geschützte Fakten oder Daten erfolgen, und in diesen Fällen ist nach dem Urheberrecht keine Erlaubnis erforderlich. Es kann auch Fälle des Text und Data Mining geben, in denen keine Vervielfältigungshandlung erfolgt oder die Vervielfältigungen unter die in Artikel 5 Absatz 1 der Richtlinie 2001/29/EG vorgesehene verbindliche Ausnahme für vorübergehende Vervielfältigungshandlungen fallen, die auch künftig auf Verfahren des Text und Data Mining angewandt werden sollte, die nicht die Anfertigung von Kopien in einem über diese Ausnahme hinausgehenden Umfang einschließen.

(10) Das Unionsrecht sieht bestimmte Ausnahmen und Beschränkungen für die Nutzung zu Zwecken der wissenschaftlichen Forschung vor, die auf Handlungen des Text und Data Mining angewandt werden können. Diese Ausnahmen und Beschränkungen sind jedoch fakultativ und noch nicht vollständig an die Techniken in der wissenschaftlichen Forschung angepasst. Zudem könnten die Lizenzbedingungen in den Fällen, in denen Forscher rechtmäßig Zugang zu Inhalten haben, etwa durch das Abonnieren von Veröffentlichungen oder durch Lizenzen für den offenen Zugang, einen Ausschluss von des Text und Data Mining vorsehen. Da die Unterstützung durch die Digitaltechnik in der Forschung immer wichtiger wird, besteht die Gefahr, dass die Wettbewerbsposition der Union in der Forschung hiervon beeinträchtigt wird, wenn die Rechtsunsicherheit im Hinblick auf Text und Data Mining nicht beseitigt wird.

(11) Die Rechtsunsicherheit im Hinblick auf Text und Data Mining sollte beseitigt werden, indem für Hochschulen und andere Forschungsorganisationen sowie für Einrichtungen des Kulturerbes eine verbindliche Ausnahme für das ausschließliche Recht auf Vervielfältigung, aber auch auf das Recht, Entnahmen aus einer Datenbank zu untersagen, eingeführt wird. Im Einklang mit der derzeitigen Forschungspolitik der Union, die Hochschulen und Forschungsinstitute zur Zusammenarbeit mit der Privatwirtschaft anhält, sollten auch Forschungsorganisationen eine solche Ausnahme nutzen dürfen, sofern ihre Forschungstätigkeit im Rahmen öffentlich-privater Partnerschaften durchgeführt wird. Forschungsorganisationen und Einrichtungen des Kulturerbes sollten auch künftig zu den Begünstigten der Ausnahmeregelung zählen, sich aber bei der Durchführung des Text und Data Mining auch ihrer privaten Partner bedienen können, einschließlich unter Nutzung ihrer technischen Werkzeuge.

(12) In der Union gibt es eine Vielzahl von Forschungsorganisationen, deren vorrangiges Ziel die wissenschaftliche Forschung oder die Forschung und Lehre ist. Im Sinne dieser Richtlinie bezieht sich der Ausdruck „wissenschaftliche Forschung" sowohl auf die Naturwissenschaften als auch auf die Geisteswissenschaften. Angesichts der Vielfalt dieser Einrichtungen sollte Einvernehmen darüber erzielt werden, was als Forschungsorganisation gilt. Beispielsweise sollten zusätzlich zu Universitäten und anderen Hochschuleinrichtungen und ihren Bibliotheken auch Einrichtungen wie Forschungsinstitute und Forschungskliniken darunter fallen. Trotz unterschiedlicher Rechtsformen und Strukturen ist den Forschungsorganisationen in den Mitgliedstaaten in der Regel gemein, dass sie entweder nicht gewinnorientiert sind oder in staatlich anerkanntem Auftrag im öffentlichen Interesse handeln. Kennzeichnend für einen solchen Auftrag im öffentlichen Interesse könnten beispielsweise die Finanzierung durch die öffentliche Hand oder Bestimmungen im nationalen Recht oder öffentlichen Verträgen sein. Hingegen sollten für die Zwecke dieser Richtlinie Organisationen nicht als Forschungsorganisationen gelten, wenn solche Organisationen dem bestimmenden Einfluss gewerblicher Unternehmen unterliegen, die aufgrund der strukturellen Gegebenheiten beispielsweise in ihrer Eigenschaft als Anteilseigner oder Mitglieder Kontrolle ausüben können und dadurch einen bevorzugten Zugang zu den Forschungsergebnissen erhalten könnten.

(13) Als Einrichtungen des kulturellen Erbes sollten öffentlich zugängliche Bibliotheken und Museen unabhängig von der Art der dauerhaft in ihren Sammlungen befindlichen Werke oder sonstigen Schutzgegenstände sowie Archive und im Bereich des Film- oder Tonerbes tätige Einrichtungen gelten. Als solche sollten unter anderem auch Nationalbibliotheken und Nationalarchive gelten sowie die Archive und die öffentlich zugänglichen Bibliotheken von Bildungseinrichtungen, Forschungsorganisationen und öffentlich-rechtlichen Rundfunkanstalten.

(14) Forschungsorganisationen und Einrichtungen des kulturellen Erbes einschließlich der ihnen angehörenden Personen sollten unter die Ausnahme für das Text und Data Mining fallen, was die Inhalte betrifft, zu denen sie rechtmäßig Zugang haben. Als rechtmäßiger Zugang sollte der Zugang zu Inhalten auf der Grundlage einer Open Access Strategie oder durch vertragliche Vereinbarungen zwischen Rechteinhabern und Forschungsorganisationen bzw. Einrichtungen des Kulturerbes, etwa durch Abonnements, oder durch

andere rechtmäßige Mittel gelten. So sollten beispielsweise im Fall von Abonnements durch Forschungsorganisationen oder Einrichtungen des Kulturerbes die ihnen angehörenden und das Abonnement nutzenden Personen als Personen mit rechtmäßigem Zugang gelten. Als rechtmäßiger Zugang sollte auch der Zugang zu im Internet frei verfügbaren Inhalten gelten.

(15) In bestimmten Fällen, etwa zur anschließenden Überprüfung der Ergebnisse wissenschaftlicher Forschung, könnte es erforderlich sein, dass Forschungsorganisationen und Einrichtungen des Kulturerbes die im Rahmen der Ausnahme zum Zwecke der Durchführung eines Text und Data Mining angefertigten Kopien aufbewahren. In diesen Fällen sollten die Kopien in einer sicheren Umgebung gespeichert werden. Den Mitgliedstaaten sollte es freigestellt sein, auf nationaler Ebene und nach Diskussionen mit den einschlägigen Interessenträgern weitere spezifische Regelungen für die Aufbewahrung der Kopien festlegen, darunter auch die Fähigkeit, zum Zwecke der Speicherung derartiger Kopien vertrauenswürdige Stellen zu benennen. Damit die Inanspruchnahme der Ausnahme nicht ungebührlich eingeschränkt wird, sollten diese Regelungen verhältnismäßig und darauf beschränkt sein, was für die sichere Aufbewahrung der Kopien und die Verhinderung der unbefugten Nutzung erforderlich ist. Die Nutzung zum Zwecke der wissenschaftlichen Forschung außerhalb des Text und Data Mining, etwa die Begutachtung unter wissenschaftlichen Fachkollegen und gemeinsame Forschungsarbeiten, sollte nach wie vor unter die Ausnahme oder Beschränkung im Sinne von Artikel 5 Absatz 3 Buchstabe a der Richtlinie 2001/29/EG fallen, sofern diese Bestimmung anwendbar ist.

(16) Im Hinblick auf eine große Anzahl von Zugangs- und Download-Anfragen für ihre Werke oder sonstige Schutzge- genstände sollten die Rechteinhaber Maßnahmen treffen dürfen, wenn die Sicherheit und Integrität ihrer Systeme oder Datenbanken gefährdet sein könnte. Mit solchen Maßnahmen könnte beispielsweise sichergestellt werden, dass nur Personen mit rechtmäßigem Zugang zu den Daten der Rechteinhaber auf diese Daten zugreifen können, auch mittels Überprüfung von IP-Adressen oder Nutzerauthentifizierung. Solche Maßnahmen sollten im Hinblick auf die diesbezüglichen Risiken verhältnismäßig bleiben und nicht über das zur Verwirklichung des Ziels – d. h. die Wahrung der Sicherheit und Integrität des Systems – notwendige Maß hinausgehen, und der wirksamen Anwendung der Ausnahme nicht entgegenstehen.

(17) In Anbetracht der Art und des Umfangs der Ausnahme, die auf Einrichtungen beschränkt ist, die wissenschaftliche Forschung betreiben, würde der den Rechteinhabern im Zuge dieser Ausnahme möglicherweise entstehende Schaden minimal sein. Daher sollten die Mitgliedstaaten keinen Ausgleich für Rechteinhaber bei Nutzungen im Rahmen der mit dieser Richtlinie eingeführten Ausnahmen für das Text und Data Mining vorsehen.

(18) Verfahren des Text und Data Mining haben nicht nur im Zusammenhang mit der wissenschaftlichen Forschung hohe Bedeutung, sondern sie werden auch in großem Umfang sowohl von privaten als auch öffentlichen Einrichtungen eingesetzt, um große Datenmengen in verschiedenen Lebensbereichen und zu unterschiedlichen Zwecken zu analysieren, auch für staatliche Dienste, komplexe unternehmerische Entscheidungen und die Entwicklung neuer Anwendungen oder Technologien. Die Rechteinhaber sollten auch künftig Lizenzen für die Nutzung ihrer Werke oder sonstigen Schutzgegen-

stände erteilen können, die weder unter die in dieser Richtlinie vorgesehene verbindliche Ausnahme für Text und Data Mining zum Zwecke der wissenschaftlichen Forschung noch unter die gemäß der Richtlinie 2001/29/EG geltenden Ausnahmen und Beschränkungen fallen. Gleichzeitig sollte berücksichtigt werden, dass die Nutzer des Text und Data Mining mit Rechtsunsicherheit hinsichtlich der Frage konfrontiert sein könnten, ob Vervielfältigungen und Entnahmen zum Zwecke des Text und Data Mining bei rechtmäßigem Zugang zu Werken oder sonstigen Schutzgegenständen vorgenommen werden dürfen, insbesondere wenn bei den zum Zwecke der Durchführung des technischen Vorgangs vorgenommenen Vervielfältigungen und Entnahmen möglicherweise nicht alle Bedingungen der für vorübergehende Vervielfältigungshandlungen in Artikel 5 Absatz 1 der Richtlinie 2001/29/EG vorgesehenen Ausnahme erfüllt sind. Um in diesen Fällen für mehr Rechtssicherheit zu sorgen und auch in der Privatwirtschaft zu Innovationen anzuregen, sollte diese Richtlinie unter bestimmten Bedingungen eine Ausnahme oder Beschränkung für Vervielfältigungen und Entnahmen von Werken oder sonstigen Schutzgegenständen für die Zwecke des Text und Data Mining vorsehen und es ermöglichen, dass die angefertigten Kopien so lange wie zum Zwecke dieses Text und Data Mining erforderlich aufbewahrt werden.

Diese Ausnahme oder Beschränkung sollte nur gelten, wenn der Begünstigte rechtmäßigen Zugang zu dem Werk oder sonstigen Schutzgegenstand hat, wozu auch gehört, dass es bzw. er der Öffentlichkeit im Internet zugänglich gemacht wurde, und soweit die Rechteinhaber sich nicht in angemessener Weise das Recht, Vervielfältigungen und Entnahmen zum Zwecke des Text und Data Mining anzufertigen, vorbehalten haben. Wurden Inhalte im Internet öffentlich zugänglich gemacht, so sollte es als angemessen erachtet werden, einen Rechtsvorbehalt mit maschinenlesbaren Mitteln auszusprechen; Das gilt auch für Metadaten und Geschäftsbedingungen einer Website oder eines Dienstes. Andere Nutzungen sollten von dem Rechtsvorbehalt für die Zwecke des Text und Data Mining nicht betroffen sein. In anderen Fällen kann es angemessen sein, einen Rechtsvorbehalt mit anderen Mitteln, etwa in vertraglichen Vereinbarungen oder durch eine einseitige Erklärung, auszusprechen. Die Rechteinhaber sollten in der Lage sein, Maßnahmen zu treffen, mit denen sie sicherstellen, dass ihre diesbezüglichen Vorbehalte Beachtung finden. Diese Ausnahme oder Beschränkung sollte die in dieser Richtlinie niedergelegte verbindliche Ausnahme für das Text und Data Mining zu wissenschaftlichen Forschungszwecken sowie die in Artikel 5 Absatz 1 der Richtlinie 2001/29/EG vorgesehene Ausnahme für vorübergehende Vervielfäl- tigungshandlungen unberührt lassen.

(19) Nach Artikel 5 Absatz 3 Buchstabe a der Richtlinie 2001/29/EG können die Mitgliedstaaten Ausnahmen oder Beschränkungen für das Vervielfältigungsrecht, das Recht der öffentlichen Wiedergabe und das Recht der öffentlichen Zugänglichmachung von Werken oder sonstigen Schutzgegenständen in der Weise vorsehen, dass sie Mitgliedern der Öffentlichkeit für den ausschließlichen Zweck der Veranschaulichung des Unterrichts von Orten und zu Zeiten ihrer Wahl zugänglich sind. Zudem sind nach Artikel 6 Absatz 2 Buchstabe b und Artikel 9 Buchstabe b der Richtlinie 96/9/EG die Benutzung einer Datenbank und die Entnahme eines wesentlichen Teils ihres Inhalts für die Zwecke der Veranschaulichung des Unterrichts gestattet. In welchem Umfang diese Ausnahmen oder Beschränkungen für die digitale Nutzung gelten, ist

unklar. Zudem ist unklar, ob diese Ausnahmen oder Beschränkungen auch dann gelten, wenn der Unterricht online und als Fernunterricht stattfindet. Überdies wird von dem geltenden Rechtsrahmen der grenzüberschreitende Aspekt nicht erfasst. Dadurch könnte die Weiterentwicklung digital unterstützter Lehrtätigkeiten und des digital unterstützten Fernunterrichts behindert werden. Daher ist es erforderlich, eine neue verbindliche Ausnahme oder Beschränkung einzuführen, damit Bildungseinrichtungen uneingeschränkte Rechtssicherheit erhalten, wenn sie Werke oder sonstige Schutzgegenstände bei digital unterstützten Lehrtätigkeiten – auch online oder grenzüberschreitend – verwenden.

(20) Zwar werden Fernlernprogramme oder grenzüberschreitende Bildungsprogramme meist für die Ebene der höheren Bildung entwickelt, doch finden digitale Werkzeuge und Ressourcen zunehmend auf allen Bildungsebenen Einsatz, um vor allem die Lernerfahrung zu verbessern und zu bereichern. Die in dieser Richtlinie vorgesehenen Ausnahmen und Beschränkungen sollten daher allen von einem Mitgliedstaat anerkannten Bildungs- einrichtungen – einschließlich denen der Primar- und Sekundarstufe sowie den Berufsbildungseinrichtungen und den Einrichtungen der höheren Bildung – zugutekommen. Sie sollen nur insofern gelten, als die Nutzungen durch den nichtkommerziellen Zweck der jeweiligen Lehrtätigkeit gerechtfertigt sind. Für die Feststellung, ob die Tätigkeiten nichtgewerblicher Art sind, sollten die Organisationsstruktur und die Finanzierung einer Bildungseinrichtung nicht entscheidend sein.

(21) Die in dieser Richtlinie vorgesehene Ausnahme oder Beschränkung zu dem alleinigen Zweck der Veranschaulichung des Unterrichts sollte so ausgelegt werden, dass sie sich auf die digitale Nutzung von Werken oder sonstigen Schutzgegenständen erstreckt, mit denen der Unterricht und die Lerntätigkeiten unterstützt, bereichert und ergänzt werden. Der im Rahmen der Ausnahme oder Beschränkung zulässige Vertrieb von Software sollte auf die digitale Übermittlung von Software beschränkt sein. In den meisten Fällen würde sich daher aus dem Begriff der Veranschaulichung ergeben, dass nur Teile oder Auszüge von Werken genutzt werden dürfen, was nicht an die Stelle des Erwerbs von vorrangig für den Bildungsmarkt konzipiertem Material treten sollte. Bei der Umsetzung der Ausnahme oder Beschränkung sollte es den Mitgliedstaaten nach wie vor freistehen, für die einzelnen Arten von Werken oder sonstigen Schutzgegenständen in ausgewogener Art und Weise festzulegen, welcher Anteil eines Werkes oder sonstigen Schutzgegenstands für den alleinigen Zweck der Veranschaulichung des Unterrichts verwendet werden darf. Bei der zulässigen Nutzung sollte davon ausgegangen werden, dass die Ausnahme oder Beschränkung für die Veranschaulichung des Unterrichts die besonderen Barrierefreiheitsanforderungen von Menschen mit Behinderungen abdeckt.

(22) Die Ausnahme oder Beschränkung für die Nutzung von Werken oder sonstigen Schutzgegenständen zu dem alleinigen Zweck der Veranschaulichung des Unterrichts gemäß dieser Richtlinie sollte nur im Zusammenhang mit unter der Verantwortung der Bildungseinrichtungen durchgeführten Lehr- und Lerntätigkeiten einschließlich Prüfungen und für Lehrtätigkeiten, die außerhalb der Räumlichkeiten der jeweiligen Bildungseinrichtung – beispielsweise in Museen, Bibliotheken oder anderen Einrichtungen des Kulturerbes – stattfinden, gelten und sollte auf das für die Zwecke dieser Tätigkeiten

Notwendige beschränkt sein. Die Ausnahme oder Beschränkung sollte sich sowohl auf Nutzungen von Werken oder sonstigen Schutzgegenständen im Unterrichtsraum oder in anderen Räumlichkeiten auf elektronischem Wege – beispielsweise auf elektronischen Tafeln oder Digitalgeräten, die mit dem Internet verbunden sein können – als auch auf Nutzungen im Rahmen des Fernunterrichts in einer gesicherten elektronischen Umgebung – beispielsweise im Rahmen von Online-Kursen oder auf den Zugang zu Lehrmaterial als Ergänzung zu einem bestimmten Kurs – erstrecken. Unter einer sicheren elektronischen Umgebung sollte eine digitale Lehr- und Lernumgebung verstanden werden, die nur dem Lehrpersonal einer Bildungseinrichtung und den dort angemeldeten Schülerinnen und Schülern bzw. den dort in einen Studiengang eingeschriebenen Studierenden zugänglich ist, vor allem mittels eines geeigneten Authentifizierungsverfahrens einschließlich der Authentifizierung mittels eines Kennworts.

(23) Hinsichtlich der Umsetzung der in der Richtlinie 2001/29/EG festgelegten Ausnahme oder Beschränkung oder der Lizenzvereinbarungen über weitere Nutzungen bestehen in einigen Mitgliedstaaten unterschiedliche Regelungen, um die Verwendung von Werken und sonstigen Schutzgegenständen für Bildungszwecke zu vereinfachen. Diese Regelungen orientieren sich meist an den Bedürfnissen der Bildungseinrichtungen und der verschiedenen Bildungsebenen. Es ist zwar von großer Bedeutung, den Umfang der neuen verbindlichen Ausnahme oder Beschränkung für digitale Nutzungen und grenzüberschreitende Lehrtätigkeiten zu harmonisieren, doch die Regelungen zur Umsetzung können von Mitgliedstaat zu Mitgliedstaat abweichen, solange sie die wirksame Anwendung der Ausnahme oder Beschränkung oder grenzüberschreitende Nutzungen nicht behindern. Die Mitgliedstaaten sollten beispielsweise auch künftig vorschreiben dürfen, dass bei der Nutzung von Werken oder sonstigen Schutzgegenständen die Persönlichkeitsrechte von Urhebern und ausübenden Künstlern zu wahren sind. Das dürfte es den Mitgliedstaaten ermöglichen, auf den auf nationaler Ebene vereinbarten Regelungen aufzubauen. So könnten Mitgliedstaaten insbesondere beschließen, die Anwendung der Ausnahme oder Beschränkung vollständig oder teilweise von der Verfügbarkeit geeigneter Lizenzen abhängig zu machen, die mindestens dieselben Nutzungen abdecken wie die im Rahmen der Ausnahme oder Beschränkung genehmigten. Die Mitgliedstaaten sollten dafür Sorge tragen, dass in dem Fall, dass Lizenzen die im Rahmen der Ausnahme oder Beschränkung zulässigen Nutzungen nur zum Teil abdecken, alle übrigen Nutzungen auch künftig unter die Ausnahme oder Beschränkung fallen.

Die Mitgliedstaaten könnten dieses Verfahren beispielsweise anwenden, um den Lizenzen für Materialien, die vor allem für den Bildungsmarkt gedacht sind, oder Lizenzen für Notenblätter Vorrang einzuräumen. Damit es nicht zu Rechtsunsicherheit oder Verwaltungsaufwand für Bildungseinrichtungen führt, wenn die Anwendung der Ausnahme von der Verfügbarkeit von Lizenzen abhängig gemacht wird, sollten die Mitgliedstaaten, die sich für ein solches Konzept entscheiden, konkrete Maßnahmen ergreifen, um die einfache Verfügbarkeit von Lizenzierungsmodellen zu gewährleisten, die die digitale Nutzung von Werken und sonstigen Schutzgegenständen für Zwecke der Veranschaulichung des Unterrichts ermöglichen, und dafür sorgen, dass diese Lizenzierungsmodelle den Bildungseinrichtungen auch bekannt sind. Solche Lizenzierungsmodelle sollten den Bedürfnissen der Bildungseinrichtungen entsprechen. Zudem könnten Informationsinstrumente mit dem Ziel entwickelt werden, die bestehenden Lizenzierungsmodelle allgemein bekannt zu machen. Diese Modelle könnten beispielsweise auf der kollektiven Lizenzvergabe oder auf der erweiterten kollektiven Lizenzvergabe beruhen, damit die Bildungseinrichtungen nicht einzeln mit den Rechteinhabern verhandeln müssen. Zur Gewährleistung der Rechtssicherheit sollten die Mitgliedstaaten festlegen, unter welchen Voraussetzungen eine Bildungseinrichtung geschützte Werke oder sonstige Schutzgegenstände gemäß der Ausnahmeregelung nutzen kann und wann sie hingegen einer Lizenzierung unterliegen.

(24) Die Mitgliedstaaten sollten auch künftig festlegen dürfen, dass Rechteinhaber für die digitale Nutzung ihrer Werke oder sonstigen Schutzgegenstände einen gerechten Ausgleich im Rahmen der in dieser Richtlinie vorgesehenen Ausnahme oder Beschränkung zu Zwecken der Veranschaulichung des Unterrichts erhalten. Bei der Festlegung der möglichen Höhe des gerechten Ausgleichs sollte unter anderem den Bildungszielen der Mitgliedstaaten und dem Schaden Rechnung getragen werden, der den Rechteinhabern entsteht. Mitgliedstaaten, die beschließen, einen gerechten Ausgleich festzulegen, sollten den Rückgriff auf Systeme nahelegen, die Bildungseinrichtungen keinen Verwaltungsaufwand verursachen.

(25) Einrichtungen des Kulturerbes setzen sich dafür ein, ihre Sammlungen für künftige Generationen zu erhalten. Für die Erhaltung eines Werks oder sonstigen Schutzgegenstands in der Sammlung einer Einrichtung des Kulturerbes kann es notwendig sein, eine Vervielfältigung vorzunehmen, wofür wiederum die Erlaubnis des jeweiligen Rechteinhabers benötigt werden könnte. Zwar bietet die Digitaltechnik neue Möglichkeiten, das in diesen Sammlungen bewahrte Erbe zu erhalten, doch schafft sie dabei auch neue Herausforderungen. Angesichts dieser neuen Herausforderungen ist es notwendig, den geltenden Rechtsrahmen anzupassen, indem eine verbindliche Ausnahme von dem Vervielfältigungsrecht für solche der Erhaltung dienenden Handlungen derartiger Einrichtungen eingeführt wird.

(26) Aufgrund der Existenz unterschiedlicher Konzepte in den Mitgliedstaaten für die der Erhaltung dienenden Vervielfältigungen durch Einrichtungen des Kulturerbes wird derartigen Einrichtungen im Binnenmarkt die grenzüberschreitende Zusammenarbeit, die gemeinsame Nutzung von Mitteln für die Erhaltung und die Gründung grenzüberschreitender Netzwerke zur Erhaltung des Kulturerbes erschwert, was dazu führt, dass Ressourcen ineffizient eingesetzt werden. Dies kann sich nachteilig auf die Erhaltung des Kulturerbes auswirken.

(27) Die Mitgliedstaaten sollten daher dafür sorgen müssen, dass Einrichtungen des Kulturerbes die in ihren ständigen Sammlungen befindlichen Werke und sonstigen Schutzgegenstände im Wege einer Ausnahme (beispielsweise bei technischer Veralterung oder Schäden an den Original-Datenträgern oder zum Zweck der Versicherung von Werken und sonstigen Schutzgegenständen) für Erhaltungszwecke vervielfältigen dürfen. Im Rahmen einer solchen Ausnahme sollte es möglich sein, mit für die Erhaltung geeigneten Werkzeugen, Mitteln oder Techniken Kopien in jedem Format, auf jedem Medium, in der erforderlichen Anzahl, zu jedem Zeitpunkt in der Lebensdauer eines Werks oder sonstigen Schutzgegenstands und in dem Umfang anfertigen zu dürfen, der für Erhaltungszwecke notwendig ist. Vervielfältigungen, die von Einrichtungen des Kulturerbes zu anderen Zwecken als zur Erhaltung von Werken

und sonstigen Schutzgegenständen in ihren ständigen Sammlungen vorgenommen werden, sollten auch künftig der Erlaubnis durch die Rechteinhaber unterliegen, es sei denn, es sind nach dem Unionsrecht andere Ausnahmen oder Beschränkungen zulässig.

(28) Einrichtungen des Kulturerbes verfügen nicht unbedingt über die technischen Mittel oder Fachkenntnisse, die erforderlich sind, um ihre Sammlungen insbesondere im digitalen Umfeld selbst zu erhalten, und könnten deshalb zu diesem Zweck auf die Unterstützung anderer Kultureinrichtungen und Dritter zurückgreifen. Im Rahmen der Ausnahme für Erhaltungszwecke gemäß dieser Richtlinie sollten Einrichtungen des Kulturerbes die Möglichkeit haben, Dritte – einschließlich in anderen Mitgliedstaaten niedergelassener Dritter – in ihrem Namen und unter ihrer Verantwortung Kopien anfertigen zu lassen.

(29) Für die Zwecke dieser Richtlinie sollten Werke und sonstige Schutzgegenstände als dauerhaft in der Sammlung einer Einrichtung des Kulturerbes befindlich gelten, wenn eine derartige Einrichtung, beispielsweise infolge einer Eigentumsübertragung, von Lizenzvereinbarungen, Pflichtexemplar- oder Dauerleihgaberegelungen Eigentümerin bzw. dauerhafte Besitzerin von Exemplaren dieser Werke oder sonstigen Schutzgegenstände ist.

(30) Einrichtungen des Kulturerbes sollten sich auf einen klaren Rechtsrahmen für die Digitalisierung und die auch grenzüberschreitende Verbreitung von Werken oder sonstigen Schutzgegenständen stützen können, die im Sinne dieser Richtlinie als vergriffen gelten. Es ist jedoch der Natur der Sammlungen vergriffener Werke oder sonstiger Schutzgegenstände und der Anzahl der in Massendigitalisierungsprojekte einbezogenen Werke und sonstigen Schutzgegenstände geschuldet, dass es sehr schwierig sein kann, die vorherige Erlaubnis der jeweiligen Rechteinhaber einzuholen. Das kann am Alter der Werke oder sonstigen Schutzgegenstände, an ihrem geringen Handelswert oder an der Tatsache liegen, dass sie ursprünglich nicht für gewerbliche Zwecke gedacht waren oder niemals gewerblich genutzt wurden. Daher ist es notwendig, Maßnahmen vorzusehen, die bestimmte Nutzungen von vergriffenen Werken oder sonstigen Schutzgegenständen, die sich dauerhaft in den Sammlungen von Einrichtungen des Kulturerbes oder Bibliotheken befinden, erleichtern.

(31) Alle Mitgliedstaaten sollten daher über rechtliche Mechanismen verfügen, die es ermöglichen, dass Lizenzen, die Einrichtungen des Kulturerbes von einschlägigen und hinreichend repräsentativen Verwertungsgesellschaften für bestimmte Nutzungen vergriffener Werke oder sonstiger Schutzgegenstände erteilt wurden, auch für die Rechte von Rechteinhabern gelten, die diesbezüglich keine repräsentative Verwertungsgesellschaft bevollmächtigt haben. Es sollte gemäß dieser Richtlinie möglich sein, dass solche Lizenzen für alle Mitgliedstaaten gelten.

(32) Die durch diese Richtlinie eingeführten Bestimmungen über die kollektive Lizenzierung von vergriffenen Werken oder anderen Schutzgegenständen könnten möglicherweise keine Lösung für alle Fälle bieten, in denen es Einrichtungen des Kulturerbes schwerfällt, von Rechteinhabern alle erforderlichen Erlaubnisse für die Nutzung solcher vergriffenen Werke oder sonstigen Schutzgegenstände zu erhalten. Das könnte beispielsweise der Fall sein, wenn für eine bestimmte Art von Werken oder sonstigen Schutzgegenständen die

kollektive Rechtewahrnehmung keine gängige Praxis ist oder wenn die maßgebliche Verwertungsgesellschaft für die Kategorie der Rechteinhaber und die jeweiligen Rechte nicht hinreichend repräsentativ ist. In solchen Fällen sollte es Einrichtungen des Kulturerbes möglich sein, vergriffene Werke oder sonstige Schutzgegenstände, die sich dauerhaft in ihrer Sammlung befinden, im Rahmen einer einheitlichen Ausnahme vom Urheberrecht und den verwandten Schutzrechten oder einer entsprechenden Beschränkung dieser Rechte in allen Mitgliedstaaten online zugänglich zu machen. Wichtig ist dabei, dass Nutzungen nur dann unter eine solche Ausnahme oder Beschränkung fallen dürfen, wenn bestimmte Voraussetzungen vorliegen, insbesondere bei der Verfügbarkeit von lizenzgestützten Lösungen. Liegt keine Vereinbarung über die Bedingungen der Lizenzvergabe vor, so sollte das nicht so ausgelegt werden, dass keine lizenzgestützten Lösungen verfügbar sind.

(33) Der mit dieser Richtlinie vorgegebene Rechtsrahmen sollte den Mitgliedstaaten einen Handlungsspielraum einräumen, entsprechend ihrer Rechtstradition, ihrer gängigen Praxis oder ihren Gegebenheiten ein spezifisches Lizenzvergabeverfahren, etwa die erweiterte kollektive Lizenzvergabe oder Vermutungen für die Vertretung, für die Nutzung vergriffener Werke oder sonstiger Schutzgegenstände durch Einrichtungen des Kulturerbes festzulegen. Die Mitgliedstaaten sollten überdies bei der Festlegung flexibel sein, welche Anforderungen die Verwertungsgesellschaften erfüllen müssen, um als hinreichend repräsentativ zu gelten, solange als Grundlage für diese Festlegung herangezogen wird, ob eine beträchtliche Zahl von Rechteinhabern im Bereich der einschlägigen Arten von Werken oder sonstigen Schutzgegenständen ein Mandat zur Lizenzerteilung für die entsprechende Nutzungsart erteilt hat. Die Mitgliedstaaten sollten besondere Regeln für Fälle, in denen mehr als eine Verwertungsgesellschaft für die jeweiligen Werke oder sonstigen Schutzgegenstände repräsentativ ist, festlegen und zum Beispiel gemeinsame Lizenzen oder eine Vereinbarung zwischen den einschlägigen Gesellschaften vorschreiben dürfen.

(34) Für diese Lizenzvergabeverfahren ist es wichtig, über ein strenges und reibungslos funktionierendes System der kollektiven Rechteverwertung zu verfügen. Die Richtlinie 2014/26/EU sieht ein solches System vor, das insbesondere Vorschriften für verantwortungsvolles Handeln, Transparenz und Berichtswesen umfasst sowie die regelmäßige, sorgfältige und genaue Weiterleitung und Auszahlung der den einzelnen Rechteinhabern zustehenden Beträge.

(35) Angemessene Schutzbestimmungen sollten für alle Rechteinhaber verfügbar sein, denen die Möglichkeit gegeben werden sollte, die Anwendung der Lizenzvergabeverfahren und der mit dieser Richtlinie eingeführten Ausnahme oder Beschränkung für die Nutzung vergriffener Werke oder sonstiger Schutzgegenstände, für alle ihre Werke oder sonstigen Schutzgegenstände, für alle Lizenzen oder alle Nutzungen im Rahmen der Ausnahme oder Beschränkung, für bestimmte Werke oder sonstige Schutzgegenstände oder für bestimmte Lizenzen oder Nutzungen im Rahmen der Ausnahme oder Beschränkung zu jedem Zeitpunkt vor oder während der Laufzeit der Lizenz oder vor oder während der Nutzung im Rahmen der Ausnahme oder Beschränkung auszuschließen. Die Bedingungen für diese Lizenzvergabeverfahren sollten deren praktische Relevanz für Einrichtungen des Kulturerbes nicht beeinträchtigen. Wichtig ist dabei, dass in dem Fall, dass ein Rechteinhaber die Anwendung

solcher Verfahren oder einer solchen Ausnahme oder Beschränkung auf eines oder mehrere Werke oder sonstige Schutzgegenstände ausschließt, alle laufenden Nutzungen innerhalb einer angemessenen Frist beendet werden und dass in dem Fall, dass diese Nutzungen im Rahmen einer kollektiven Lizenz durchgeführt werden, die Verwertungsgesellschaft, sobald sie in Kenntnis gesetzt wurde, keine Lizenzen mehr für die einschlägigen Verwendungen erteilt. Ein derartiger Ausschluss seitens der Rechteinhaber sollte ihre Ansprüche auf Vergütung für die tatsächliche Nutzung des Werks oder anderen Schutzgegenstands im Rahmen der Lizenz nicht beeinträchtigen.

(36) Diese Richtlinie lässt die Fähigkeit der Mitgliedstaaten unberührt, zu bestimmen, wer verantwortlich dafür ist, dass bei der Lizenzierung und Nutzung vergriffener Werke oder sonstiger Schutzgegenstände die Bedingungen dieser Richtlinie erfüllt werden und dass die Parteien die einschlägigen Bedingungen dieser Lizenzen erfüllen.

(37) Angesichts der Vielfalt der Werke und sonstigen Schutzgegenstände in den Sammlungen der Einrichtungen des Kulturerbes kommt es darauf an, dass die Lizenzvergabeverfahren gemäß dieser Richtlinie und die mit dieser Richtlinie eingeführte Ausnahme oder Beschränkung auch zur Verfügung stehen und in der Praxis für unterschiedliche Arten von Werken und sonstigen Schutzgegenständen verwendet werden können, auch für Fotografien, Software, Tonträger, Tonaufzeichnungen, audiovisuelle Werke und einzigartige Kunstwerke, einschließlich wenn sie bislang niemals im Handel erhältlich waren. Zu den nicht für den Handel bestimmten Werken können unbeschadet sonstiger anwendbarer rechtlicher Beschränkungen – z. B. nationaler Regelungen hinsichtlich der Persönlichkeitsrechte – Plakate, Faltblätter, Schützengrabenzeitungen oder von Laien geschaffene audiovisuelle Werke, aber auch unveröffentlichte Werke oder sonstige Schutzgegenstände zählen. Ist ein Werk oder ein anderer Schutzgegenstand in einer seiner verschiedenen Fassungen, etwa in nachfolgenden Ausgaben literarischer Werke und anders geschnittenen Filmfassungen, oder in einer seiner verschiedenen Veröffentlich- ungsformen, etwa in der digitalen oder gedruckten Fassung des gleichen Werks, verfügbar, so sollte dieses Werk oder dieser sonstige Schutzgegenstand nicht als vergriffen gelten. Hingegen sollte die Verfügbarkeit von Adaptionen, einschließlich anderer Sprachfassungen oder audiovisueller Adaptionen eines literarischen Werks, nicht daran hindern, ein Werk oder einen anderen Schutzgegenstand in einer bestimmten Sprache als vergriffen einzustufen. Um den Besonderheiten der verschiedenen Arten von Werken und sonstigen Schutzgegenständen im Hinblick auf die Art und Weise ihrer Veröffentlichung und ihrer Verbreitung Rechnung zu tragen und die Nutzung dieser Verfahren zu vereinfachen, müssen möglicherweise für die praktische Anwendung dieser Lizenzvergabeverfahren besondere Anforderungen und Verfahrensweisen festgelegt werden, beispielsweise eine Anforderung, dass eine bestimmte Zeit verstrichen sein muss, seit das Werk oder der andere Schutzgegenstand erstmals kommerziell verfügbar war. Bei der Festlegung solcher Anforderungen und Verfahrensweisen sollten die Mitgliedstaaten die Rechteinhaber, Einrichtungen des Kulturerbes und Verwertungsgesellschaften konsultieren.

(38) Wenn bestimmt wird, ob Werke oder sonstige Schutzgegenstände vergriffen sind, sollte vertretbarer Aufwand zu betreiben sein, um ihre öffentliche Verfügbarkeit über die üblichen Vertriebswege zu bewerten, wobei den Besonderheiten des jeweiligen Werks oder anderen Schutzgegenstands oder der je-

weiligen Werke oder anderen Schutzgegenstände Rechnung zu tragen ist. Die Mitgliedstaaten sollten festlegen dürfen, wer dafür verantwortlich ist, diesen vertretbaren Aufwand auf sich zu nehmen. Der vertretbare Aufwand sollte keine sich im Laufe der Zeit wiederholenden Handlungen umfassen müssen, doch sollte allen leicht zugänglichen Nachweisen für die bevorstehende Verfügbarkeit von Werken oder sonstigen Schutzgegenständen über die üblichen Vertriebswege Rechnung getragen werden. Eine Bewertung der einzelnen Werke sollte nur dann erforderlich sein, wenn das im Hinblick auf die Verfügbarkeit einschlägiger Informationen, die Wahrscheinlichkeit der kommerziellen Verfügbarkeit und die erwarteten Transaktionskosten als vertretbar erachtet wird. Die Überprüfung der Verfügbarkeit eines Werks oder anderen Schutzgegenstands sollte in der Regel in dem Mitgliedstaat stattfinden, in dem die Einrichtung des Kulturerbes ihren Sitz hat, es sei denn, eine grenzüberschreitende Überprüfung wird als vertretbar erachtet, etwa in Fällen, in denen leicht verfügbare Informationen darüber vorliegen, dass ein literarisches Werk in einer bestimmten Sprachfassung in einem anderen Mitgliedstaat erstmals veröffentlicht wurde. In vielen Fällen ließe sich mittels eines verhältnismäßigen Verfahrens wie der Erhebung von Stichproben bestimmen, ob Werke oder sonstige Schutzgegenstände als vergriffen einzustufen sind. Die begrenzte Verfügbarkeit von Werken oder sonstigen Schutzgegenständen, z. B. die Verfügbarkeit in Gebrauchtwarenläden, oder die theoretische Möglichkeit, dass eine Lizenz für ein Werk oder einen anderen Schutzgegenstand erhalten werden könnte, sollte nicht als öffentliche Verfügbarkeit über die üblichen Vertriebswege gelten.

(39) Diplomatische Gepflogenheiten gebieten es, dass die in dieser Richtlinie festgelegten Lizenzvergabeverfahren und die in dieser Richtlinie festgelegte Ausnahme oder Beschränkung für die Digitalisierung und die Verbreitung vergriffener Werke oder sonstiger Schutzgegenstände nicht für vergriffene Werke oder sonstige Schutzgegenstände gelten sollten, wenn es Anzeichen gibt, dass sie vorwiegend aus Werken oder sonstigen Schutzgegenständen von Drittländern bestehen, es sei denn, die Verwertungsgesellschaft ist – beispielsweise aufgrund einer Repräsentationsvereinbarung – hinreichend repräsentativ für dieses Drittland. Diese Bewertung könnte auf Anzeichen beruhen, die sich daraus ergeben, dass vertretbarer Aufwand betrieben wurde, um zu bestimmen, ob es sich um vergriffene Werke oder sonstige Schutzgegenstände handelt, wobei keine weiteren Nachweise erforderlich sind. Eine Bewertung der Herkunft jedes einzelnen vergriffenen Werks oder anderen Schutzgegenstands sollte nur insoweit erforderlich sein, als das auch im Rahmen des vertretbaren Aufwands erforderlich ist, der betrieben wird, um zu bestimmen, ob sie kommerziell verfügbar sind.

(40) Den die Vereinbarung schließenden Einrichtungen des Kulturerbes und Verwertungsgesellschaften sollte es auch künftig freistehen, sich auf den räumlichen Geltungsbereich der Lizenzen zu einigen – einschließlich der Möglichkeit, alle Mitgliedstaaten abzudecken – sowie auf die Lizenzgebühr und auf die zulässigen Verwendungszwecke. Die unter diese Lizenzen fallenden Nutzungen sollten nicht der Gewinnerzielung dienen, was auch für die Verteilung von Kopien, z. B. zur Bewerbung von Ausstellungen, durch die Einrichtungen des Kulturerbes gilt. Da die Digitalisierung der Sammlungen von Einrichtungen des Kulturerbes erhebliche Investitionen nach sich ziehen können, sollten Lizenzen, die im Rahmen der in dieser Richtlinie vorgesehenen Verfahren erteilt werden, zugleich nicht bewirken, dass Einrichtungen des Kulturerbes die Li-

zenzkosten sowie die Kosten der Digitalisierung und Verbreitung der unter die Lizenz fallenden Werke oder sonstigen Schutzgegenstände nicht decken können.

(41) Informationen über die laufende und künftige Nutzung vergriffener Werke und sonstiger Schutzgegenstände durch Einrichtungen des Kulturerbes gemäß dieser Richtlinie sowie über die geltenden Regelungen, die es Rechteinhabern ermöglichen, die Erteilung von Lizenzen für oder die Anwendung der Ausnahme oder Beschränkung auf ihre Werke und sonstigen Schutzgegenstände auszuschließen, sollten je nach Sachlage vor und während der Nutzung im Rahmen einer Lizenz oder im Rahmen einer Ausnahme oder Beschränkung in angemessener Form bekannt gemacht werden. Vor allem bei grenzüberschreitenden Nutzungen im Binnenmarkt ist das besonders wichtig. Daher sollten Vorkehrungen für die Einrichtung eines zentralen und öffentlich zugänglichen Online-Portals für die Union getroffen werden, damit der Öffentlichkeit diese Informationen in einer angemessenen Frist bekannt gegeben werden, bevor die Nutzung erfolgt. Ein derartiges Portal sollte es Rechteinhabern erleichtern, die Erteilung von Lizenzen für oder die Anwendung der Ausnahmen oder Beschränkungen auf ihre Werke oder sonstigen Schutzgegenstände auszuschließen. Gemäß der Verordnung (EU) Nr. 386/2012 des Europäischen Parlaments und des Rates[1)] ist das Amt der Europäischen Union für geistiges Eigentum mit bestimmten Aufgaben und Aktivitäten betraut, die es aus eigenen Haushaltsmitteln finanziert und mit denen das Ziel verfolgt wird, die Aktivitäten nationaler Behörden, der Privatwirtschaft und der Organe der Union bei der Verhinderung und bei der Bekämpfung der Verletzung der Rechte geistigen Eigentums zu fördern und zu unterstützen. Daher sollte dieses Amt mit der Einrichtung und der Verwaltung des Portals betraut werden, auf dem diese Informationen bekannt gegeben werden.

Neben der Bereitstellung der Informationen über das Portal müssen möglicherweise je nach Einzelfall weitere geeignete Informationsmaßnahmen ergriffen werden, um die betroffenen Rechteinhaber dahingehend zu sensibilisieren, indem beispielsweise zusätzliche Kommunikationskanäle genutzt werden, um ein breiteres Publikum anzusprechen. Ob zusätzliche Informationsmaßnahmen erforderlich sind, welcher Art sie sind und welchen geografischen Bereich sie abdecken, sollte von den Eigenheiten der jeweiligen vergriffenen Werke oder sonstigen Schutzgegenstände, den Bedingungen der Lizenzen oder der Art der Nutzung im Rahmen der Ausnahme oder Beschränkung und der gängigen Praxis in den Mitgliedstaaten abhängen. Informations- maßnahmen sollten wirksam sein, ohne dass jeder Rechteinhaber einzeln informiert werden muss.

(42) Damit die in dieser Richtlinie festgelegten Lizenzvergabeverfahren für vergriffene Werke oder sonstige Schutzgegenstände sachdienlich sind und ordnungsgemäß funktionieren, Rechteinhaber angemessen geschützt werden, Lizenzen ordnungsgemäß veröffentlicht werden und Rechtssicherheit bei der

---

[1)] **Amtl. Anm.:** Verordnung (EU) Nr. 386/2012 des Europäischen Parlaments und des Rates vom 19. April 2012 zur Übertragung von Aufgaben, die die Durchsetzung von Rechten des geistigen Eigentums betreffen, einschließlich der Zusammenführung von Vertretern des öffentlichen und des privaten Sektors im Rahmen einer Europäischen Beobachtungsstelle für Verletzungen von Rechten des geistigen Eigentums, auf das Harmonisierungsamt für den Binnenmarkt (Marken, Muster und Modelle) (ABl. L 129 vom 16.5.2012, S. 1).

Repräsentativität der Verwertungsgesellschaften und die Kategorisierung der Werke besteht, sollten die Mitgliedstaaten den branchenspezifischen Dialog mit den Interessenträgern fördern.

(43) Die in dieser Richtlinie vorgesehenen Maßnahmen zur Erleichterung der kollektiven Lizenzvergabe für Rechte an vergriffenen Werken oder sonstigen Schutzgegenständen, die sich dauerhaft in den Sammlungen von Einrichtungen des Kulturerbes befinden, sollten die Nutzung solcher Werke oder sonstiger Schutzgegenstände im Rahmen von im Unionsrecht vorgesehenen Ausnahmen oder Beschränkungen oder aus anderen Lizenzen mit erweiterter Wirkung unberührt lassen, sofern eine solche Lizenzvergabe nicht darauf beruht, dass die betreffenden Werke oder sonstigen Schutzgegenstände als vergriffen eingestuft werden. Diese Maßnahmen sollten auch die nationalen Verfahren für die Nutzung von vergriffenen Werken oder sonstigen Schutzgegenständen auf der Grundlage von Lizenzvereinbarungen zwischen Verwertungsgesellschaften und anderen Nutzern als Einrichtungen des Kulturerbes unberührt lassen.

(44) Verfahren für die kollektive Lizenzvergabe mit erweiterter Wirkung ermöglichen es einer Verwertungsgesellschaft, Lizenzen als Instanz für die kollektive Lizenzvergabe im Namen von Rechteinhabern anzubieten, unabhängig davon, ob diese die Gesellschaft dazu ermächtigt haben. Auf Verfahren wie z. B. die erweiterte kollektive Lizenzvergabe, gesetzliche Berechtigungen oder Vermutungen für die Vertretung beruhende Systeme, sind in mehreren Mitgliedstaaten gängige Praxis und können in verschiedenen Bereichen angewandt werden. Damit der Urheberrechtsrahmen für alle Beteiligten funktioniert, müssen verhältnismäßige rechtliche Mechanismen für die Lizenzierung von Werken oder sonstigen Schutzgegenständen verfügbar sein. Die Mitgliedstaaten sollten daher auf Verfahren zurückgreifen können, die es Verwertungsgesellschaften gemäß der Richtlinie 2014/26/EU erlauben, Lizenzen für eine potenziell große Anzahl von Werken oder sonstigen Schutzgegenständen für bestimmte Nutzungen anzubieten und die Einnahmen aus diesen Lizenzen an die Rechteinhaber auszuschütten.

(45) Bei einigen Nutzungen sind – zusammen mit der üblicherweise großen Anzahl an betroffenen Werken oder sonstigen Schutzgegenständen – die Transaktionskosten für die Klärung der einzelnen Rechte mit jedem betroffenen Rechteinhaber exorbitant hoch. Folglich wären ohne wirksame kollektive Lizenzvergabeverfahren alle für die Nutzung solcher Werke oder sonstigen Schutzgegenstände in den betroffenen Bereichen erforderlichen Transaktionen unwahrscheinlich. Mithilfe der erweiterten kollektiven Lizenzvergabe durch Verwertungsgesellschaften und ähnliche Verfahren kann unter Umständen der Abschluss von Vereinbarungen in solchen Bereichen ermöglicht werden, in denen die auf der Erlaubnis der Rechteinhaber beruhende kollektive Lizenzvergabe keine umfassende Lösung für alle zu nutzenden Werke oder sonstigen Schutzgegenstände bietet. Mit derartigen Verfahren wird die kollektive Rechtewahrnehmung, die auf der individuellen Erlaubnis der Rechteinhaber beruht, ergänzt, indem den Nutzern in bestimmten Fällen uneingeschränkte Rechtssicherheit geboten wird. Zugleich bieten sie den Rechteinhabern die Möglichkeit, Vorteile aus der rechtmäßigen Nutzung ihrer Werke zu ziehen.

(46) Da im digitalen Zeitalter die Fähigkeit, flexible Lizensierungsmodelle anzubieten, immer wichtiger wird und immer häufiger von solchen Modellen

Gebrauch gemacht wird, sollten die Mitgliedstaaten Lizenzvergabeverfahren vorsehen können, die es Verwertungsgesellschaften ermöglichen, Lizenzen auf freiwilliger Grundlage zu vergeben, unabhängig davon, ob alle Rechteinhaber die betroffene Gesellschaft dazu ermächtigt haben. Es sollte den Mitgliedstaaten möglich sein, derartige Verfahren entsprechend ihrer Rechtstradition, ihrer gängigen Praxis oder ihren Gegebenheiten vorbehaltlich der in dieser Richtlinie vorgesehenen Schutzbestimmungen und unter Wahrung des Unionsrechts und der internationalen Verpflichtungen der Union beizubehalten und einzuführen. Sofern im Unionsrecht nichts anderes bestimmt wird, sollten derartige Modelle nur im Hoheitsgebiet des betroffenen Mitgliedstaats Wirkung haben. Den Mitgliedstaaten sollte Handlungsspielraum eingeräumt werden, ein besonderes Verfahren festzulegen, mit dem Lizenzen für Werke oder sonstige Schutzgegenstände auf die Rechte von Rechteinhabern ausgedehnt werden können, die die Gesellschaft, die die Vereinbarung geschlossen hat, nicht ermächtigt haben, sofern diese Verfahren mit dem Unionsrecht vereinbar sind, einschließlich der Vorschriften für die kollektive Wahrnehmung von Rechten gemäß der Richtlinie 2014/26/EU. Mit derartigen Verfahren sollte insbesondere sichergestellt werden, dass Artikel 7 der Richtlinie 2014/26/EU für Rechteinhaber gilt, die der Gesellschaft, die die Vereinbarung schließt, nicht angehören. Solche Verfahren können die erweiterte kollektive Lizenzvergabe, gesetzliche Berechtigungen und Vermutungen für die Vertretung umfassen. Die Vorschriften dieser Richtlinie für die kollektive Lizenzvergabe sollten die bestehende Möglichkeit der Mitgliedstaaten, die obligatorische kollektive Rechtewahrnehmung oder andere kollektive Lizenzvergabeverfahren mit erweiterter Wirkung wie das Verfahren nach Artikel 3 der Richtlinie 93/83/EWG des Rates[1)] anzuwenden, unberührt lassen.

(47) Es ist wichtig, dass kollektive Lizenzvergabeverfahren mit erweiterter Wirkung nur in genau bestimmten Bereichen der Nutzung Anwendung finden, in denen die Einholung der Erlaubnis der Rechteinhaber in jedem Einzelfall normalerweise beschwerlich und in einem Maße praxisfern ist, dass die erforderliche Erteilung der Lizenz, mithin einer Lizenz, die für sämtliche beteiligten Rechteinhaber gilt, aufgrund der Art der Nutzung oder des Typs der jeweiligen Werke oder anderen Schutzgegenstände unwahrscheinlich wird. Diese Verfahren sollten bei der Behandlung der Rechteinhaber, einschließlich Rechteinhabern, die nicht Mitglieder der Verwertungsgesellschaft sind, auf objektiven, transparenten und diskriminierungsfreien Kriterien beruhen. Insbesondere sollte die bloße Tatsache, dass die betroffenen Rechteinhaber keine Staatsangehörigen oder Einwohner des Mitgliedstaats des die Lizenz beantragenden Nutzers oder dort niedergelassen sind, nicht allein ausreichen, die Klärung der Rechte als derart beschwerlich und unpraktisch anzusehen, dass das die Anwendung solcher Verfahren rechtfertigt. Ebenso wichtig ist es, dass die lizenzierte Nutzung weder den wirtschaftlichen Wert der einschlägigen Rechte beeinträchtigt noch die Rechteinhaber um beträchtliche wirtschaftliche Vorteile bringt.

(48) Die Mitgliedstaaten sollten dafür Sorge tragen, dass geeignete diskriminierungsfreie Bestimmungen für den Schutz der berechtigten Interessen derjenigen Rechteinhaber gelten, die die Gesellschaft, welche die Lizenz anbietet,

---

[1)] **Amtl. Anm.:** Richtlinie 93/83/EWG des Rates vom 27. September 1993 zur Koordinierung bestimmter urheber- und leistungsschutzrechtlicher Vorschriften betreffend Satellitenrundfunk und Kabelweiterverbreitung (ABl. L 248 vom 6.10.1993, S. 15).

nicht beauftragt haben. Damit die erweiterte Wirkung der Verfahren zur kollektiven Lizenzvergabe gerechtfertigt ist, sollte eine derartige Organisation insbesondere aufgrund der ihr von den Rechteinhabern erteilten Erlaubnisse ausreichend repräsentativ für die Art von Werken oder sonstigen Schutzgegenständen sowie für die Rechte sein, die Gegenstand der Lizenz sind. Gemäß der Richtlinie 2014/26/EU sollten die Mitgliedstaaten die Anforderungen festlegen, die erfüllt werden müssen, damit diese Organisationen als ausreichend repräsentativ gelten, wobei die Kategorie der von der Organisation wahrgenommenen Rechte, die Fähigkeit der Organisation, die Rechte wirksam zu verwalten und die Kreativbranche, in der sie tätig ist, sowie die Frage zu berücksichtigen ist, ob der Organisation eine ausreichend große Zahl von Rechteinhabern im Bereich der einschlägigen Arten von Werken oder sonstigen Schutzgegenständen angehört, die ein Mandat zur Lizenzerteilung für die entsprechende Nutzungsart erteilt haben. Damit Rechtssicherheit geboten und für Vertrauen in die Verfahren gesorgt ist, sollten die Mitgliedstaaten bestimmen dürfen, wer die Verantwortung für durch die Lizenz genehmigten Nutzungen trägt. Die Gleichbehandlung aller Rechteinhaber, deren Werke im Rahmen der Lizenz genutzt werden, sollte gewahrt sein, insbesondere auch im Hinblick auf Informationen zur Lizenzvergabe und die Aufteilung der Vergütung. Während der gesamten Laufzeit der Lizenz sollten Maßnahmen zur Information der Öffentlichkeit durchgeführt werden und dadurch sollte Nutzern, Verwertungsgesellschaften oder Rechteinhabern kein unverhältnismäßiger Verwaltungsaufwand entstehen, und es sollte nicht jeder Rechteinhaber einzeln informiert werden müssen.

Um sicherzustellen, dass die Rechteinhaber die Kontrolle über ihre Werke einfach zurückgewinnen und eine wie auch immer geartete Nutzung ihrer Werke, die ihren Interessen zuwiderlaufen würde, verhindern können, ist es wesentlich, dass die Rechteinhaber die reale Möglichkeit haben, die Anwendung der Verfahren auf ihre Werke oder sonstige Schutzgegenstände für jede Nutzung und alle Werke oder sonstige Schutzgegenstände oder für eine bestimmte Nutzung und bestimmte Werke oder sonstige Schutzgegenstände auch vor dem Abschluss einer Lizenzvereinbarung sowie während der Laufzeit der Lizenz auszuschließen. In derartigen Fällen sollte jede stattfindende Nutzung innerhalb einer angemessenen Frist beendet werden. Eine derartige Ausschließung durch die Rechteinhaber sollte ihre Ansprüche auf Vergütung für die tatsächliche Nutzung des Werks oder anderen Schutzgegenstands im Rahmen der Lizenz nicht beeinträchtigen. Die Mitgliedstaaten sollten zudem beschließen können, dass weitere Maßnahmen zum Schutz der Rechteinhaber angebracht sind. Zu solchen weiteren Maßnahmen könnte etwa die Förderung des Informationsaustausches zwischen Verwertungsgesellschaften und anderen Beteiligten in der gesamten Union zählen, um eine Sensibilisierung für solche Verfahren zu erreichen und die den Rechteinhabern zur Verfügung stehende Möglichkeit, ihre Werke oder sonstige Schutzgegenstände von diesen Verfahren auszuschließen.

(49) Die Mitgliedstaaten sollten sicherstellen, dass Zweck, Reichweite und erfasste Nutzungen jeder Lizenz, die im Wege des kollektiven Lizenzvergabeverfahrens mit erweiterter Wirkung vergeben wurde, immer sorgfältig und klar gesetzlich bestimmt werden oder aber, sofern das zugrunde liegende Gesetz allgemeiner Natur ist, mit Rahmenvereinbarungen, die das allgemeine Gesetz umsetzen, oder aber in den vergebenen Einzel-Lizenzen. Die Fähigkeit zur

Ausübung einer Lizenz im Rahmen eines solchen Verfahrens sollte zudem auf Verwertungsgesellschaften beschränkt sein, die den nationalen Vorschriften zur Umsetzung der Richtlinie 2014/26/EU unterliegen.

(50) Angesichts der in den Mitgliedstaaten unterschiedlichen Traditionen und Erfahrungen mit Verfahren zur kollektiven Lizenzvergabe mit erweiterter Wirkung und ihrer Anwendbarkeit auf die Rechteinhaber ungeachtet ihrer Staatsangehörigkeit oder ihres Wohnsitzmitgliedstaats ist es wichtig, für Transparenz und einen Dialog auf Unionsebene über die praktische Umsetzung solcher Verfahren Sorge zu tragen, auch in Bezug auf die Wirksamkeit der Schutzbestimmungen für Rechteinhaber, die Nutzbarkeit solcher Verfahren, ihre Auswirkungen auf Rechteinhaber, die nicht Mitglieder der Verwertungsgesellschaft sind, oder auf Rechteinhaber, die Staatsangehörige eines anderen Mitgliedstaats oder in einem anderen Mitgliedstaat wohnhaft sind, und die Auswirkungen auf die grenzüberschreitende Erbringung von Dienstleistungen, einschließlich der sich möglicherweise ergebenden Notwendigkeit, Regeln festzulegen, damit derartige Verfahren grenzüberschreitend innerhalb des Binnenmarkts Gültigkeit erlangen. Damit Transparenz sichergestellt ist, sollte die Kommission regelmäßig Informationen über die Anwendung dieser Verfahren im Rahmen dieser Richtlinie veröffentlichen. Mitgliedstaaten, die derartige Verfahren eingeführt haben, sollten daher die Kommission über ihre einschlägigen einzelstaatlichen Bestimmungen und ihre Anwendung in der Praxis, wie etwa den Geltungsumfang und die Arten der auf der Grundlage der allgemeinen Bestimmungen eingeführten Lizenzvergabe, den zahlenmäßigen Umfang und die beteiligten Verwertungsgesellschaften in Kenntnis setzen. Diese Informationen sollten mit den Mitgliedstaaten in dem gemäß Artikel 12 Absatz 3 der Richtlinie 2001/29/EG errichteten Kontaktausschuss erörtert werden. Die Kommission sollte einen Bericht über die Anwendung dieser Verfahren in der Union und ihre Auswirkungen auf die Lizenzvergabe und die Rechteinhaber, die Verbreitung kultureller Inhalte und die grenzüberschreitende Erbringung von Dienstleistungen im Bereich der kollektiven Wahrnehmung des Urheberrechts und verwandter Schutzrechte sowie über die Auswirkungen auf den Wettbewerb veröffentlichen.

(51) Bei der Verbreitung audiovisueller Werke in der Union werden Videoabrufdienste voraussichtlich eine entscheidende Rolle spielen. Die Verfügbarkeit dieser Werke, und insbesondere von europäischen Werken, über Videoabrufdienste ist jedoch weiterhin verhältnismäßig gering. Der Abschluss von Vereinbarungen zur Online-Verwertung derartiger Werke kann aufgrund von Problemen bei der Lizenzierung von Rechten auf Probleme stoßen. Derartige Probleme könnten sich beispielsweise dann stellen, wenn der Rechteinhaber für ein bestimmtes Gebiet nur einen geringen wirtschaftlichen Anreiz dafür hat, sein Werk online verwerten zu lassen, und keine Lizenz für die Online-Rechte vergibt oder diese zurückhält, was dazu führen kann, dass audiovisuelle Werke über Videoabrufdienste nicht verfügbar sind. Andere Probleme könnten sich auf das Auswertungsfenster beziehen.

(52) Damit die Lizenzen für Rechte an audiovisuellen Werken leichter an Videoabrufdienste vergeben werden können, sollten die Mitgliedstaaten verpflichtet sein, einen Verhandlungsmechanismus einzurichten, der es allen Parteien, die eine Vereinbarung abschließen möchten, ermöglicht, auf die Hilfe einer unabhängigen Instanz oder auf einen oder mehrere Mediatoren zurückzugreifen. Für diese Zwecke sollten die Mitgliedstaaten entweder ein neues

Gremium schaffen oder ein bereits bestehendes Gremium heranziehen dürfen, das den in dieser Richtlinie niedergelegten Bedingungen entspricht. Die Mitgliedstaaten sollten ein oder mehrere zuständige Gremien oder Mediatoren benennen können. Diese Gremien oder die Mediatoren sollten Sitzungen mit den Parteien abhalten und die Verhandlung durch professionelle, unparteiische und externe Beratung unterstützen. Sind an einer Verhandlung Akteure aus mehreren Mitgliedstaaten beteiligt und entscheiden diese Akteure, den Verhandlungsmechanismus in Anspruch zu nehmen, so sollten sie sich vorab darauf einigen, welcher Mitgliedstaat zuständig ist. Das Gremium oder die Mediatoren können sich mit den beteiligten Akteuren treffen, um die Aufnahme von Verhandlungen zu fördern, oder sich im Verlauf der Verhandlungen mit ihnen treffen, um den Abschluss einer Vereinbarung zu fördern. Die Beteiligung an diesem Verhandlungsmechanismus und der anschließende Abschluss einer Vereinbarung sollten freiwillig sein und die Vertragsfreiheit der Parteien nicht beeinträchtigen. Die Mitgliedstaaten sollten über das spezifische Funktionieren des Verhandlungsmechanismus entscheiden können, einschließlich der Fristen für und die Länge der Unterstützung der Verhandlungen und wer die Kosten trägt. Die Mitgliedstaaten sollten dafür sorgen, dass der Verwaltungsaufwand und die finanziellen Lasten verhältnismäßig bleiben, damit die Effizienz des Verhandlungsmechanismus gewährleistet ist. Die Mitgliedstaaten sollten den Dialog zwischen Vertretungsorganisationen fördern, ohne jedoch dazu verpflichtet zu sein.

(53) Endet die Schutzdauer eines Werkes, wird dieses Werk gemeinfrei, und die Rechte, die das Urheberrecht der Union für dieses Werk gewährt, erlöschen. Im Bereich der bildenden Kunst trägt die Verbreitung von originalgetreuen Vervielfältigungen gemeinfreier Werke zum Zugang zur Kultur und ihrer Förderung und zum Zugang zum kulturellen Erbe bei. In einem digitalen Umfeld ist der Schutz solcher Vervielfältigungen durch das Urheberrecht oder verwandte Schutzrechte nicht mit dem Ablauf des urheberrechtlichen Schutzes eines Werks in Einklang zu bringen. Zudem führen Unterschiede zwischen den nationalen Urheberrechtsgesetzen, die den Schutz solcher Vervielfältigungen regeln, zu Rechtsunsicherheit und wirken sich auf die grenzüberschreitende Verbreitung von gemeinfreien Werken der bildenden Kunst aus. Bestimmte Vervielfältigungen von gemeinfreien Werken der bildenden Kunst sollten daher nicht durch das Urheberrecht oder verwandte Schutzrechte geschützt werden. All das sollte mit der Erhaltung des Kulturerbes betraute Einrichtungen nicht daran hindern, Reproduktionen wie etwa Postkarten zu verkaufen.

(54) Für Qualitätsjournalismus und den Zugang zu Informationen für die Bürger ist eine freie und pluralistische Presse unabdingbar. Sie leistet einen grundlegenden Beitrag zur öffentlichen Debatte und zum reibungslosen Funktionieren einer demokratischen Gesellschaft. Die große Verfügbarkeit von Presseveröffentlichungen im Internet hat zur Entstehung neuer Online-Dienste wie Nachrichtenaggregatoren oder Medienbeobachtungsdiensten geführt, für die die Weiterverwendung von Presseveröffentlichungen wichtiger Bestandteil ihres Geschäftsmodells und Einnahmequelle sind. Für Presseverlage ergeben sich Probleme bei der Vergabe von Lizenzen für die Online-Nutzung ihrer Veröffentlichungen an Anbieter derartiger Dienste, was ihnen eine Amortisierung ihrer Investitionen erschwert. Sofern Verlage als Rechteinhaber von Presseveröffentlichungen nicht gewürdigt werden, gestalten sich die Lizenzvergabe

und die Durchsetzung ihrer Rechte an Presseveröffentlichungen bei der Online-Nutzung durch Anbieter von Diensten der Informationsgesellschaft im digitalen Umfeld häufig komplex und ineffizient.

(55) Um die Tragfähigkeit des Verlagswesens zu erhalten, gilt es, den organisatorischen und finanziellen Beitrag, den Verlage bei der Produktion von Presseveröffentlichungen leisten, zu würdigen und die Verlage auch künftig in dieser Tätigkeit zu bestärken, um so die Verfügbarkeit verlässlicher Informationen zu fördern. Daher ist auf Unionsebene ein harmonisierter Rechtsschutz für Presseveröffentlichungen im Hinblick auf ihre Online-Nutzung durch Anbieter von Diensten der Informationsgesellschaft erforderlich, der die bestehenden Urheberrechte im Rahmen des Unionsrechts, die für die private und nichtgewerbliche Nutzung von Presseveröffentlichungen durch einzelne Nutzer auch bei ihrer Verbreitung online gelten, unberührt lässt. Ein derartiger Rechtsschutz sollte wirksam gewährleistet werden, indem im Unionsrecht die Vervielfältigung und öffentliche Zugänglichmachung von Presseveröffentlichungen von Verlagen, die in einem Mitgliedstaat ansässig sind, im Hinblick auf deren Online-Nutzung durch Anbieter von Diensten der Informationsgesellschaft gemäß Richtlinie (EU) 2015/1535 des Europäischen Parlaments und des Rates[1)] urheberrechtlich geschützt werden. Der Rechtsschutz für Presseveröffentlichungen gemäß der vorliegenden Richtlinie sollte für in einem Mitgliedstaat ansässige Verlage gelten, die ihren satzungsmäßigen Sitz, ihre Hauptverwaltung oder ihre Hauptniederlassung in der Union haben.

Der Begriff des Verlags von Presseveröffentlichungen sollte für Dienstleister wie Presseverlage oder -agenturen gelten, die Presseveröffentlichungen gemäß der vorliegenden Richtlinie veröffentlichen.

(56) Für die Zwecke der vorliegenden Richtlinie muss der Begriff der „Presseveröffentlichung" so definiert werden, dass er nur journalistische Veröffentlichungen umfasst, die, unabhängig vom Medium, also auch in Papierform, im Rahmen einer wirtschaftlichen Tätigkeit, die im Sinne des Unionsrechts eine Dienstleistungserbringung darstellt, veröffentlicht werden. Zu diesen Presseveröffentlichungen sollten beispielsweise Tageszeitungen oder wöchentlich oder monatlich erscheinende, einschließlich abonnierter Zeitschriften von allgemeinem oder besonderem Interesse, sowie Nachrichtenwebsites gehören. Presseveröffentlichungen enthalten vorwiegend Textbeiträge, zunehmend aber auch andere Arten von Werken und Schutzgegenständen, insbesondere Fotografien und Videos. Periodika wie beispielsweise Wissenschaftsjournale, die für wissenschaftliche oder akademische Zwecke verlegt werden, sollten nicht unter den auf der Grundlage dieser Richtlinie gewährten Schutz für Presseveröffent- lichungen fallen. Auch sollte dieser Schutz nicht für Internetseiten wie etwa Blogs gelten, die im Rahmen einer Tätigkeit, die nicht auf Initiative sowie unter der redaktionellen Verantwortung und der Aufsicht eines Dienstleisters wie etwa eines Presseverlags stattfindet, Informationen zur Verfügung stellen.

(57) Bei der die Online-Nutzung durch Anbieter von Diensten der Informationsgesellschaft sollten die Rechte, die Presseverlagen auf der Grundlage dieser Richtlinie gewährt werden, den gleichen Umfang haben wie die in der

---

1) **Amtl. Anm.:** Richtlinie (EU) 2015/1535 des Europäischen Parlaments und des Rates vom 9. September 2015 über ein Informationsverfahren auf dem Gebiet der technischen Vorschriften und der Vorschriften für die Dienste der Informationsgesellschaft (ABl. L 241 vom 17.9.2015, S. 1).

Richtlinie 2001/29/EG festgelegten Rechte auf Vervielfältigung und öffentliche Wiedergabe und öffentliche Zugänglichmachung. Die Rechte der Presseverlage gelten nicht für die Verwendung von Hyperlinks. Sie gelten außerdem nicht für in Presseveröffentlichungen angeführte reine Fakten. Die Rechte, die Presseverlagen auf der Grundlage dieser Richtlinie gewährt werden, sollten zudem denselben Bestimmungen für Ausnahmen und Beschränkungen unterliegen, die auch für die in der Richtlinie 2001/29/EG festgelegten Rechte gelten, einschließlich der Ausnahme bei Zitaten zu Zwecken wie Kritik oder Rezensionen gemäß Artikel 5 Absatz 3 Buchstabe d jener Richtlinie.

(58) Die Nutzung von Presseveröffentlichungen durch Anbieter von Diensten der Informationsgesellschaft kann aus der Nutzung von ganzen Veröffentlichungen oder Artikeln, aber auch von Teilen von Presseveröffentlichungen bestehen. Diese Verwendung von Teilen von Presseveröffentlichungen ist inzwischen ebenfalls wirtschaftlich bedeutsam. Gleichzeitig dürfte die Nutzung einzelner Wörter oder sehr kurzer Abschnitte von Presseveröffentlichungen durch Anbieter von Diensten der Informationsgesellschaft die Investitionen, die Presseverlage für die Herstellung der Inhalte getätigt haben, wohl nicht zunichtemachen. Daher sollte vorgesehen sein, dass die Nutzung einzelner Wörter oder sehr kurzer Abschnitte von Presseveröffentlichungen nicht in den Geltungsbereich der in der vorliegenden Richtlinie festgelegten Rechte fallen. Angesichts der umfassenden Kumulierung und Nutzung von Presseveröffentlichungen durch Anbieter von Diensten der Informationsgesellschaft ist es wichtig, dass der Ausschluss von sehr kurzen Abschnitten so interpretiert wird, dass die Wirksamkeit der in der vorliegenden Richtlinie festgelegten Rechte nicht beeinträchtigt wird.

(59) Der Schutz, der Presseverlagen auf der Grundlage dieser Richtlinie gewährt wird, sollte die Rechte der Urheber oder sonstiger Rechteinhaber an den in Presseveröffentlichungen enthaltenen Werken und sonstigen Schutzgegenständen nicht beeinträchtigen, auch nicht im Hinblick auf den Umfang, in dem Urheber und sonstige Rechteinhaber ihre Werke oder sonstigen Schutzgegenstände unabhängig von der Presseveröffentlichung, in der sie enthalten sind, verwerten können. Presseverlage sollten sich daher gegenüber Urhebern und sonstigen Rechteinhabern oder gegenüber sonstigen befugten Nutzern derselben Werke oder sonstigen Schutzgegenstände nicht auf den ihnen im Rahmen dieser Richtlinie gewährten Schutz berufen können. Das sollte unbeschadet der vertraglichen Vereinbarungen gelten, die zwischen den Presseverlagen einerseits und den Urhebern und anderen Rechteinhabern andererseits geschlossen wurden. Urheber, deren Werke in einer Presseveröffentlichung erscheinen, sollten Anspruch darauf haben, einen angemessenen Anteil an den Einnahmen zu erhalten, die die Presseverlage für die Nutzung ihrer Presseveröffentlichungen durch Anbieter von Diensten der Informationsge- sellschaft erhalten. Das sollte nationale Vorschriften zu Rechten und ihrer Ausübung im Rahmen von Arbeitsverträgen unberührt lassen, sofern diese Vorschriften in Einklang mit dem Unionsrecht stehen.

(60) Verlage, die unter anderem etwa Presseveröffentlichungen, Bücher, wissenschaftliche Veröffentlichungen oder Musikveröffentlichungen verlegen, arbeiten häufig auf der Grundlage vertraglicher Vereinbarungen oder gesetzlicher Bestimmungen über die Übertragung von Urheberrechten. Das stellt eine Investition der Verlage im Hinblick auf die Verwertung der in ihren Veröffentlichungen enthaltenen Werke dar, sodass ihnen unter Umständen Einnahmen

entgehen können, wenn diese Werke im Rahmen von etwa für die Vervielfältigung zu privaten Zwecken oder die Reprografie geltenden Ausnahmen oder Beschränkungen, genutzt werden, etwa im Rahmen der in den Mitgliedstaaten bestehenden nationalen Regelungen über die Reprographie oder im Rahmen des Verleihprogramms für öffentliche Einrichtungen. In einigen Mitgliedstaaten wird die für diese Ausnahmen oder Beschränkungen gewährte Ausgleichsleistung auf die Urheber und Verlage aufgeteilt. Um dieser Situation Rechnung zu tragen und um die Rechtssicherheit für alle Beteiligten zu erhöhen, gestattet die vorliegende Richtlinie den Mitgliedstaaten, die über Regelungen zur Aufteilung der Ausgleichleistung zwischen Urhebern und Verlagen verfügen, diese beizubehalten. Das ist für Mitgliedstaaten von besonderer Bedeutung, in denen in der Zeit vor dem 12. November 2015 Regelungen zur Aufteilung der Ausgleichleistung bestanden, auch wenn die Ausgleichleistung in anderen Mitgliedstaaten nicht aufgeteilt wird und im Einklang mit der nationalen Kulturpolitik ausschließlich dem Urheber ausgezahlt werden muss. Zwar sollte die vorliegende Richtlinie für alle Mitgliedstaaten in gleicher Weise gelten, doch sollte sie die bisher übliche Praxis in diesem Bereich wahren und jene Mitgliedstaaten, in denen derzeit keine Regelungen zur Aufteilung des Ausgleichs bestehen, nicht zu ihrer Einführung verpflichten. Sie sollte geltende oder zukünftige Regelungen in den Mitgliedstaaten über Vergütungen im Rahmen des Verleihrechts für öffentliche Einrichtungen nicht beeinträchtigen.

Auch sollte sie nationale Regelungen über die Rechtewahrnehmung sowie Vergütungsrechte nicht beeinträchtigen, sofern diese dem Unionsrecht entsprechen. Allen Mitgliedstaaten sollte freigestellt sein, festzulegen, dass Verlage ein Anrecht auf einen Anteil an der Ausgleichsleistung haben, wenn Urheber ihre Rechte an einen Verlag übertragen, diesem eine Lizenz erteilt oder anderweitig mit ihren Werken zu einer Veröffentlichung beigetragen haben, soweit Systeme bestehen, um den ihnen durch eine Ausnahme oder Beschränkung entstandenen Schaden etwa durch Verwertungsgesellschaften, die sowohl Urheber als auch Verlage vertreten, auszugleichen. Die Mitgliedstaaten sollten gemäß ihren nationalen Regelungen frei festlegen können, wie Verlage ihre Ansprüche auf eine Ausgleichsleistung oder Vergütung zu begründen haben, sowie die Bedingungen für die Aufteilung dieser Vergütung oder Ausgleichsleistung zwischen Urhebern und Verlagen.

(61) In den letzten Jahren wurde der Markt für Online-Inhalte immer komplexer. Dienste für das Teilen von Online-Inhalten, die Zugang zu einer großen Menge von urheberrechtlich geschützten Inhalten bieten, die von ihren Nutzern hochgeladen wurden, sind zu einer Hauptquelle für den Zugriff auf Online-Inhalte geworden. Online-Dienste dienen dazu, einen breiteren Zugang zu kulturellen und kreativen Werken zu schaffen, und bieten der Kultur- und Kreativwirtschaft umfangreiche Möglichkeiten, neue Geschäftsmodelle zu entwickeln. Dennoch, auch wenn sie Vielfältigkeit und einen leichten Zugang zu Inhalten ermöglichen, bringen sie auch Herausforderungen mit sich, wenn urheberrechtlich geschützte Inhalte ohne vorherige Erlaubnis der Rechteinhaber hochgeladen werden. Es besteht Rechtsunsicherheit bei der Frage, ob derartige Dienstleister urheberrechtlich relevante Handlungen vornehmen und für das Hochladen von Inhalten durch ihre Nutzer, die nicht Inhaber der einschlägigen Rechte an den hochgeladenen Inhalten sind, unbeschadet der Anwendung der Ausnahmen und Einschränkungen

gemäß dem Unionsrecht die Erlaubnis der Rechteinhaber einholen müssen. Diese Unsicherheit schränkt die Möglichkeit der Rechteinhaber ein, festzustellen, ob und unter welchen Umständen ihre Werke oder sonstigen Schutzgegenstände verwendet werden, sowie ihre Möglichkeit, eine angemessene Vergütung zu für eine derartige Nutzung zu erhalten. Daher muss die Entwicklung des Markts für die Vergabe von Lizenzen zwischen Rechteinhabern und Diensteanbietern für das Teilen von Online-Inhalten gefördert werden. Diese Lizenzvereinbarungen sollten gerechte Lösungen und ein ausgewogenes Gleichgewicht zwischen beiden Parteien vorsehen. Die Rechteinhaber sollten eine angemessene Vergütung für die Nutzung ihrer Werke und sonstigen Schutzgegenstände erhalten. Da aber die Vertragsfreiheit von den vorliegenden Bestimmungen nicht eingeschränkt werden sollte, sollten Rechteinhaber nicht verpflichtet sein, eine Erlaubnis zu erteilen oder eine Lizenzvereinbarung abzuschließen.

(62) Bestimmte Dienste der Informationsgesellschaft sind so gestaltet, dass sie im Rahmen ihrer gängigen Nutzung von den Nutzern dieser Dienste hochgeladene urheberrechtlich geschützte Inhalte oder sonstige Schutzgegenstände öffentlich zugänglich machen. Die für die vorliegende Richtlinie geltende Begriffsbestimmung von Diensteanbietern für das Teilen von Online-Inhalten sollte sich nur auf Online-Dienste beziehen, die auf dem Markt für Online-Inhalte eine wichtige Rolle spielen, indem sie mit anderen Online-Inhaltediensten, wie Audio- und Video-Streamingdiensten, um dieselben Zielgruppen konkurrieren. Die vorliegende Richtlinie gilt für Dienste, deren wichtigster Zweck es ausschließlich oder unter anderem ist, eine große Menge von urheberrechtlich geschützten Inhalten zu speichern und Nutzern das Hochladen und Weiterleiten dieser Inhalte zu ermöglichen, um daraus in direkter oder indirekter Weise Gewinne zu ziehen, indem die Inhalte mit dem Ziel, ein größeres Publikum anzuziehen, strukturiert und beworben werden, auch indem die Inhalte Kategorien zugeordnet werden und gezielte Werbung in die Inhalte eingefügt wird. Derartige Dienste sollten keine Dienste einschließen, deren wichtigster Zweck ein anderer ist als der, Nutzern das Hochladen und Weiterleiten einer großen Menge von urheberrechtlich geschützten Inhalten zu ermöglichen, um aus dieser Tätigkeit Gewinne zu ziehen. Zu diesen Diensten gehören etwa elektronische Kommunikationsdienste gemäß der Richtlinie (EU) 2018/1972 des Europäischen Parlaments und des Rates[1] sowie Anbieter von zwischen Unternehmen erbrachten Cloud- Diensten sowie von Cloud-Diensten, die ihren Nutzern das Hochladen von Inhalten für den Eigengebrauch ermöglichen, wie etwa Online-Datenspeicherdienste, bei denen der Nutzer Dateien unmittelbar speichern kann (Cyberlocker), oder digitale Marktplätze, deren wichtigste Tätigkeit der Online-Einzelhandel und nicht die Gewährung von Zugang zu urheberrechtlich geschützten Inhalten ist.

Diensteanbieter wie Plattformen für die Entwicklung und Verbreitung von quelloffener Software, nicht gewinnorientierte bildungsbezogene und wissenschaftliche Archive sowie nicht gewinnorientierte Online- Enzyklopädien sollten ebenfalls von der Begriffsbestimmung von Diensteanbietern für das Teilen von Online-Inhalten ausgenommen sein. Um schließlich ein hohes Maß an urheberrechtlichem Schutz sicherzustellen, sollte das Verfahren zur

[1] **Amtl. Anm.:** Richtlinie (EU) 2018/1972 des Europäischen Parlaments und des Rates vom 11. Dezember 2018 über den europäischen Kodex für die elektronische Kommunikation (Neufassung) (ABl. L 321 vom 17.12.2018, S. 36).

Freistellung von der Verantwortlichkeit gemäß dieser Richtlinie nicht für Diensteanbieter gelten, deren Hauptzweck es ist, sich an Urheberrechtsverletzungen zu beteiligen oder sie zu erleichtern.

(63) Die Bewertung, ob ein Diensteanbieter für das Teilen von Online-Inhalten eine große Menge von urheberrechtlich geschützten Inhalte speichert und Zugang zu diesen Inhalten gewährt, sollte im Einzelfall getroffen werden, und es sollten dabei mehrere Faktoren, wie etwa das Publikum der Dienste und die Anzahl der Dateien urheberrechtlich geschützter Inhalte, die von Nutzern der Dienste hochgeladen werden, berücksichtigt werden.

(64) Es ist angemessen, in dieser Richtlinie klarzustellen, dass ein Diensteanbieter für das Teilen von Online-Inhalten eine Handlung der öffentlichen Wiedergabe oder eine Handlung der öffentlichen Zugänglichmachung vornimmt, wenn er der Öffentlichkeit Zugang zu von seinen Nutzern hochgeladenen urheberrechtlich geschützten Werken oder sonstigen Schutzgegenständen verschafft. Daher sollten die Diensteanbieter für das Teilen von Online-Inhalten die Erlaubnis der einschlägigen Rechteinhaber einholen, etwa durch den Abschluss einer Lizenzvereinbarung. Das gilt unbeschadet des im Unionsrecht an anderer Stelle verwendeten Begriffs der öffentlichen Wiedergabe oder öffentlichen Zugänglichmachung und auch die mögliche Anwendung von Artikel 3 Absätze 1 und 2 der Richtlinie 2001/29/EG auf andere Diensteanbieter, die urheberrechtlich geschützte Inhalte nutzen, wird hiervon nicht eingeschränkt.

(65) Ist ein Diensteanbieter für das Teilen von Online-Inhalten für Handlungen der öffentlichen Wiedergabe oder der öffentlichen Zugänglichmachung unter den in der vorliegenden Richtlinie festgelegten Bedingungen verantwortlich, so sollte Artikel 14 Absatz 1 der Richtlinie 2000/31/EG auf die Verantwortlichkeit gemäß der Bestimmung der vorliegenden Richtlinie über die Nutzung geschützter Inhalte durch Diensteanbieter für das Teilen von Online-Inhalten keine Anwendung finden. Die Anwendung von Artikel 14 Absatz 1 der Richtlinie 2000/31/EG auf solche Diensteanbieter für Zwecke außerhalb des Geltungsbereichs der vorliegenden Richtlinie wird hiervon nicht eingeschränkt.

(66) Da Diensteanbietern für das Teilen von Online-Inhalten Inhalte zugänglich machen, die nicht sie selbst, sondern ihre Nutzer hochladen, sollte für die Zwecke dieser Richtlinie ein spezielles Haftungsverfahren für Fälle eingerichtet werden, in denen keine Genehmigung erteilt wurde. In nationalem Recht vorgesehene Rechtsbehelfe für Fälle, in denen es nicht um die Haftung für Verletzungen des Urheberrechts geht, und die Möglichkeit nationaler Gerichte oder Verwaltungsbehörden, im Einklang mit dem Unionsrecht Verfügungen zu erlassen, sollten davon unberührt bleiben. Insbesondere sollte die besondere Regelung für neue Diensteanbietern für das Teilen von Online-Inhalten mit einem Jahresumsatz von weniger als 10 Mio. EUR, deren durchschnittliche Zahl der einmaligen monatlichen Besucher in der Union 5 Mio. nicht übersteigt, die Verfügbarkeit von Rechtsbehelfen nach Unionsrecht und nationalem Recht nicht beeinträchtigen. Wurde Diensteanbietern keine Genehmigung erteilt, so sollten sie nach Maßgabe hoher branchenüblicher Vorschriften für die berufliche Sorgfalt alle Anstrengungen unternehmen, um zu verhindern, dass über ihre Dienste nicht genehmigte und sonstige von den jeweiligen Rechteinhabern erkannte Schutzgegenstände verfügbar sind. Hierfür sollten die Rechteinhaber den Diensteanbietern unter Berücksichtigung

der Größe der Rechteinhaber, der Art ihrer Werke und sonstigen Schutzgegenstände sowie anderer Faktoren die einschlägigen und notwendigen Informationen bereitstellen. Die Maßnahmen, die Diensteanbieter für das Teilen von Online-Inhalten in Zusammenarbeit mit Rechteinhabern ergreifen, sollten nicht dazu führen, dass Inhalte, bei denen kein Verstoß gegen das Urheberrecht vorliegt, einschließlich Werke oder andere Schutzgegenstände, deren Nutzung durch Lizenzvereinbarungen abgedeckt ist, oder eine Ausnahme vom Urheberrecht und den verwandten Schutzrechten oder einer entsprechenden Beschränkung dieser Rechte vorliegt, nicht verfügbar sind. Die von solchen Diensteanbietern vorgenommenen Maßnahmen sollten daher Nutzer, welche die Dienste für das Teilen von Online-Inhalten nutzen, um Informationen über diese Dienste rechtmäßig hochzuladen, nicht beeinträchtigen.

Außerdem sollten mit den in dieser Richtlinie festgelegten Verpflichtungen die Mitgliedstaaten nicht dazu veranlasst werden, eine allgemeine Pflicht zur Überwachung einzuführen. Wenn beurteilt wird, ob ein Diensteanbieter für das Teilen von Online-Inhalten nach Maßgabe hoher branchenüblicher Standards für die berufliche Sorgfalt alle Anstrengungen unternommen hat, sollte berücksichtigt werden, ob der Diensteanbieter alle Maßnahmen ergriffen hat, die ein sorgfältiger Betreiber ergreifen würde, um sicherzustellen, dass auf seiner Website keine nicht genehmigten Werke oder sonstige Schutzgegenstände verfügbar sind, wobei auch bewährte Verfahren in der Branche, die Wirksamkeit der unternommenen Schritte vor dem Hintergrund aller einschlägigen Faktoren und Entwicklungen und der Grundsatz der Verhältnismäßigkeit beachtet werden sollten. Für die Zwecke dieser Bewertung sollten mehrere Faktoren beachtet werden, etwa die Größe des Diensts, der sich entwickelnde Stand der Technik bei den bestehenden Mitteln, einschließlich möglicher künftiger Entwicklungen, um verschiedenartige Inhalte und die für die Dienste anfallenden Kosten dieser Mittel zu verhindern. Je nach Art der Inhalte können unterschiedliche Mittel angemessen und verhältnismäßig sein, um zu verhindern, dass nicht genehmigte urheberrechtlich geschützte Inhalte verfügbar sind, weshalb es nicht ausgeschlossen werden kann, dass die Verfügbarkeit nicht genehmigter Inhalte in manchen Fällen nur vermieden werden kann, wenn die Rechteinhaber den Anbieter benachrichtigt haben. Die Maßnahmen, die Diensteanbieter ergreifen, sollten im Hinblick auf die angestrebten Ziele wirksam sein; sie sollten jedoch nicht über das hinausgehen, was nötig ist, um sicherzustellen, dass nicht genehmigte Werke und sonstige Schutzgegenstände nicht bzw. nicht mehr verfügbar sind.

Wenn nicht genehmigte Werke und sonstige Schutzgegenstände verfügbar werden, obwohl in Zusammenarbeit mit den Rechteinhabern alle in dieser Richtlinie vorgesehenen Anstrengungen unternommen wurden, sollten die Diensteanbieter für das Teilen von Online-Inhalten im Hinblick auf die betroffenen Werke und sonstigen Schutzgegenstände, zu denen ihnen die Rechteinhaber die einschlägigen und notwendigen Informationen übermittelt haben, verantwortlich sein, es sei denn, diese Anbieter erbringen den Nachweis, dass sie gemäß hoher branchenüblicher Standards für die berufliche Sorgfalt alle Anstrengungen unternommen haben.

Wenn bestimmte nicht genehmigte Werke oder sonstige Schutzgegenstände über die Dienste für das Teilen von Online-Inhalten verfügbar geworden sind, sollten die Diensteanbieter für das Teilen von Online-Inhalten – auch unabhängig davon, ob alle Anstrengungen unternommen wurden und ob die Rechteinhaber die einschlägigen und notwendigen Informationen vorab bereitgestellt haben – für nicht erlaubte Handlungen der öffentlichen Wiedergabe von Werken oder sonstigen Schutzgegenständen verantwortlich sein, wenn sie nach Erhalt eines hinreichend begründeten Hinweises nicht schnell gehandelt haben, um den Zugang zu diesen Werken und sonstigen Schutzgegenständen zu sperren oder die betreffenden Werke und sonstigen Schutzgegenstände von ihren Internetseiten zu entfernen. Darüber hinaus sollten Diensteanbieter für das Teilen von Online-Inhalten auch verantwortlich sein, wenn sie nicht den Nachweis erbringen, dass sie auf der Grundlage der von den Rechteinhabern zu diesem Zweck bereitgestellten einschlägigen und notwendigen Informationen alle Anstrengungen unternommen haben, um das künftige Hochladen bestimmter nicht genehmigter Werke zu verhindern.

Wenn die Rechteinhaber den Diensteanbietern für das Teilen von Online-Inhalten nicht die einschlägigen und notwendigen Informationen zu ihren jeweiligen Werken oder sonstigen Schutzgegenständen zur Verfügung stellen oder diesen Diensteanbietern nicht mitteilen, dass der Zugang zu bestimmten nicht genehmigten Werke oder sonstigen Schutzgegenständen gesperrt oder bestimmte nicht genehmigte Werke oder sonstige Schutzgegenstände entfernt werden sollen, und diese Diensteanbieter folglich nicht nach Maßgabe der hohen branchenüblichen Vorschriften für die berufliche Sorgfalt alle Anstrengungen unternehmen können, um zu verhindern, dass über ihre Dienste nicht genehmigte Inhalte verfügbar sind, sollten solche Diensteanbieter nicht für nicht erlaubte Handlungen der öffentlichen Wiedergabe oder der öffentlichen Zugänglichmachung solcher nicht spezifizierten Werke oder sonstigen Schutzgegenstände verantwortlich sein.

(67) Ähnlich wie Artikel 16 Absatz 2 der Richtlinie 2014/26/EU legt diese Richtlinie spezielle Vorschriften für neue Onlinedienste fest. Mit den in dieser Richtlinie festgelegten Vorschriften soll die spezielle Situation von Startup-Unternehmen berücksichtigt werden, die Inhalte, die Nutzer hochladen, nutzen, um neue Geschäftsmodelle zu entwickeln. Die spezielle Regelung für neue Diensteanbieter mit geringem Umsatz und kleinem Publikum sollte echten Jungunternehmen zugutekommen, daher sollte ihre Geltung jeweils drei Jahre, nachdem ihre Dienste erstmals in der Union online verfügbar wurden, enden. Diese Regelung sollte nicht durch Vereinbarungen missbraucht werden, die dazu dienen, ihre Vorteile über die ersten drei Jahre hinaus auszudehnen. Insbesondere sollte sie nicht für neu gegründete Dienste oder für Dienste gelten, die unter einem neuen Namen angeboten werden, jedoch die Tätigkeit eines bereits bestehenden Diensteanbieters für das Teilen von Online-Inhalten fortführen, dem diese Regelung nicht oder nicht mehr zugutekommt.

(68) Diensteanbieter für das Teilen von Online-Inhalten verhalten sich gegenüber den Rechteinhabern bezüglich der Maßnahmen, die sie im Zusammenhang mit der Zusammenarbeit ergreifen, transparent. Da Diensteanbieter für das Teilen von Online-Inhalten verschiedene Maßnahmen ergreifen könnten, sollten sie den Rechteinhabern auf deren Ersuchen angemessene Informationen über die Art der ergriffenen Maßnahmen und darüber, wie sie umgesetzt werden, bereitstellen. Diese Informationen sollten ausführlich genug sein, um den Rechteinhabern ausreichende Transparenz zu bieten, ohne sich dabei auf Geschäftsgeheimnisse von Diensteanbietern für das Teilen von Online-Inhalten auszuwirken. Allerdings sollten Diensteanbieter nicht verpflichtet sein, Rechteinhabern detaillierte und individuelle Informationen zu jedem einzel-

nen festgelegten Werk oder sonstigen Schutzgegenstand bereitzustellen. Im Fall des Abschlusses von Verträgen zwischen Diensteanbietern und Rechteinhabern getroffene Vertragsvereinbarungen, die detailliertere Bestimmungen über die bereitzustellenden Informationen umfassen könnten, sollten hiervon unbeschadet bleiben.

(69) Werden Diensteanbietern für das Teilen von Online-Inhalten – etwa mittels Lizenzvereinbarungen – Erlaubnisse für die Nutzung von Inhalten, die die Nutzer des Dienstes hochgeladen haben, im Rahmen des Dienstes erteilt, so sollten diese Erlaubnisse auch die urheberrechtlich relevanten Handlungen abdecken, die von Nutzern hochgeladene Inhalte innerhalb des Geltungsbereichs der den Diensteanbietern erteilten Erlaubnis betreffen, – allerdings nur in Fällen, in denen diese Nutzer für nichtgewerbliche Zwecke handeln, etwa wenn sie ihre Inhalte ohne Gewinnerzielungsabsicht teilen oder wenn die Gewinne, die die hochgeladenen Inhalte einbringen, im Verhältnis zu den abgedeckten urheberrechtlich relevanten Handlungen der von diesen Erlaubnissen abgedeckten Nutzer nicht erheblich sind. Wenn Rechteinhaber Nutzern ausdrücklich die Erlaubnis erteilt haben, Werke und sonstige Schutzgegenstände über einen Dienst für das Teilen von Online-Inhalten verfügbar zu machen, so wird dem Diensteanbieter die Handlung der öffentlichen Wiedergabe innerhalb des Geltungsbereichs der vom Rechteinhaber erteilten Erlaubnis genehmigt. Jedoch sollte nicht zugunsten der Diensteanbieter für das Teilen von Online-Inhalten vermutet werden, dass ihre Nutzer alle einschlägigen Rechte geklärt haben.

(70) Maßnahmen, die Diensteanbieter für das Teilen von Online-Inhalten in Zusammenarbeit mit Rechteinhabern ergreifen, sollten die Anwendung der Ausnahmen und Beschränkungen des Urheberrechts und der verwandten Schutzrechte, insbesondere derjenigen, die das Recht der Nutzer auf freie Meinungsäußerung gewährleisten, nicht beeinträchtigen. Nutzer sollten Inhalte, die von Nutzern generiert wurden, zu Zwecken des Zitierens, der Kritik, Rezension, Karikatur, Parodie oder Pastiche hochladen dürfen. Das ist besonders wichtig, um ein Gleichgewicht zwischen den in der Charta der Grundrechte der Europäischen Union verankerten Grundrechten (im Folgenden „Charta"), insbesondere dem Recht auf freie Meinungsäußerung und der Freiheit der Kunst, und dem Eigentumsrecht, auch betreffend das geistige Eigentum, zu schaffen. Diese Ausnahmen und Beschränkungen sollten deshalb verpflichtend gelten, um sicherzustellen, dass Nutzer in der gesamten Union einheitlichen Schutz erhalten. Es ist wichtig, dafür zu sorgen, dass Diensteanbieter für das Teilen von Online-Inhalten wirksame Beschwerde- und Rechtsbehelfsverfahren anwenden, um Nutzungen zu diesen speziellen Zwecken zu unterstützen.

Diensteanbieter für das Teilen von Online-Inhalten sollten auch wirksame und zügig funktionierende Beschwerde- und Rechtsbehelfsverfahren einrichten, damit Nutzer sich über Maßnahmen, die im Zusammenhang mit den von ihnen hochgeladenen Inhalten ergriffenen wurden, beschweren können, insbesondere wenn sie im Hinblick auf hochgeladene Inhalte, zu denen der Zugang gesperrt oder die entfernt wurden, Nutzen aus einer Ausnahme oder Beschränkung des Urheberrechts ziehen könnten. Im Rahmen dieser Verfahren eingereichte Beschwerden sollten unverzüglich bearbeitet werden und sollten einer von Menschen durchgeführten Überprüfung unterzogen werden. Wenn Rechteinhaber die Diensteanbieter auffordern, im Zusammenhang mit von

Nutzern hochgeladenen Inhalten Maßnahmen zu ergreifen, etwa diese Inhalte zu sperren oder zu entfernen, sollten diese Rechteinhaber ihre Ersuchen gebührend begründen. Überdies sollte die Zusammenarbeit weder zur Identifizierung einzelner Nutzer führen noch als Rechtsgrundlage für die Verarbeitung personenbezogener Daten dienen, ausgenommen die gemäß der Richtlinie 2002/58/EG des Europäischen Parlaments und des Rates[1)] und der Verordnung (EU) 2016/679 des Europäischen Parlaments und des Rates[2)]. Die Mitgliedstaaten sollten zudem gewährleisten, dass die Nutzer Zugang zu außergerichtlichen Rechtsbehelfsverfahren zur Beilegung von Streitigkeiten haben. Derartige Verfahren sollten die unparteiische Beilegung von Streitigkeiten ermöglichen. Die Nutzer sollten auch Zugang zu einem Gericht oder einem anderen einschlägigen Organ der Rechtspflege haben, um die Inanspruchnahme einer Ausnahme oder Beschränkung des Urheberrechts und verwandter Schutzrechte geltend machen zu können.

(71) So bald wie möglich nach dem Tag des Inkrafttretens dieser Richtlinie sollte die Kommission in Zusammenarbeit mit den Mitgliedstaaten Dialoge zwischen den Interessenträgern veranstalten, um eine einheitliche Anwendung der Verpflichtung zur Zusammenarbeit zwischen Diensteanbietern für das Teilen von Online-Inhalten und Rechteinhabern zu gewährleisten und bewährte Verfahren im Hinblick auf die angemessenen branchenüblichen Vorschriften für die berufliche Sorgfalt zu entwickeln. Zu diesem Zweck sollte die Kommission die einschlägigen Interessenträger, darunter Nutzerorganisationen, und Technologieanbieter, konsultieren, und den Entwicklungen des Marktes Rechnung tragen. Nutzerorganisationen sollten auch Zugang zu Informationen über die Maßnahmen haben, die Diensteanbieter für das Teilen von Online-Inhalten im Hinblick auf die Verwaltung von Online-Inhalten ergreifen.

(72) Urheber und ausübende Künstler haben in der Regel die schwächere Verhandlungsposition bei der Lizenzvergabe oder der Übertragung ihrer Rechte für die entgeltliche Verwertung, auch wenn sie über ihre eigenen Unternehmen erfolgt, und diese natürlichen Personen benötigen den in dieser Richtlinie vorgesehenen Schutz, um die nach Unionsrecht harmonisierten Rechte umfassend wahrnehmen zu können. Dieses Schutzbedürfnis besteht nicht, wenn der Vertragspartner als Endnutzer handelt und das Werk oder die Darbietung selbst nicht verwertet – das könnte etwa im Rahmen bestimmter Arbeitsverträge der Fall sein.

(73) Die Vergütung der Urheber und ausübenden Künstler sollte angemessen sein und in einem ausgewogenen Verhältnis zum tatsächlichen oder potenziellen wirtschaftlichen Wert der Rechte, die erteilt oder übertragen wurden, stehen, wobei der Beitrag des Urhebers oder des ausübenden Künstlers zum Gesamtwerk oder sonstigen Schutzgegenstand in seiner Gesamtheit und alle sonstigen Umstände des jeweiligen Falls zu berücksichtigen sind, etwa die Marktpraktiken oder die tatsächliche Verwertung des Werks. Auch eine Pau-

---

1) **Amt. Anm.:** Richtlinie 2002/58/EG des Europäischen Parlaments und des Rates vom 12. Juli 2002 über die Verarbeitung personenbezogener Daten und den Schutz der Privatsphäre in der elektronischen Kommunikation (Datenschutzrichtlinie für elektronische Kommunikation) (ABl. L 201 vom 31.7.2002, S. 37).

2) **Amt. Anm.:** Verordnung (EU) 2016/679 des Europäischen Parlaments und des Rates vom 27. April 2016 zum Schutz natürlicher Personen bei der Verarbeitung personenbezogener Daten, zum freien Datenverkehr und zur Aufhebung der Richtlinie 95/46/EG (Datenschutz-Grundverordnung) (ABl. L 119 vom 4.5.2016, S. 1).

schalzahlung kann eine verhältnismäßige Vergütung sein, sollte jedoch nicht die Regel sein. Die Mitgliedstaaten sollten die Möglichkeit haben, unter Berücksichtigung der Besonderheiten jeder Branche Sonderfälle zu bestimmen, in denen eine Pauschalzahlung geleistet werden kann. Es sollte den Mitgliedstaaten freistehen, den Grundsatz der angemessenen und verhältnismäßigen Vergütung mit verschiedenen bestehenden oder neu eingerichteten Verfahren, die unter anderem Kollektivverhandlungen und andere Verfahren umfassen könnten, umzusetzen, sofern sie dem geltenden Unionsrecht entsprechen.

(74) Urheber und ausübende Künstler benötigen Informationen, um den wirtschaftlichen Wert ihrer nach Unionsrecht harmonisierten Rechte bewerten zu können. Das ist vor allem dann der Fall, wenn natürlichen Personen die Lizenzvergabe oder Rechteübertragung für Verwertungszwecke vergütet wird. Dieser Schutz wird nicht benötigt, wenn die Verwertung eingestellt wurde oder wenn der Urheber oder der ausübende Künstler sein Werk gemeinfrei und unentgeltlich zur Verfügung gestellt hat.

(75) Da Urheber und ausübende Künstler in der Regel die schwächere Verhandlungsposition bei der Lizenzvergabe oder der Übertragung ihrer Rechte haben, benötigen sie Informationen, um fortlaufend bewerten zu können, wie sich der wirtschaftliche Wert ihrer Rechte im Vergleich zu ihrer Vergütung für die Lizenzvergabe oder die Rechteübertragung entwickelt, doch hier fehlt es häufig an Transparenz. Daher ist es wichtig für die Transparenz und Ausgewogenheit des Systems, das die Vergütung von Urhebern und ausübenden Künstlern regelt, dass zwischen den Vertragsparteien oder deren Rechtsnachfolgern geeignete und richtige Informationen ausgetauscht werden. Diese Informationen sollten aktuell sein, um den Zugang zu den neuesten Daten zu ermöglichen, für die Verwertung des Werks oder der Darbietung relevant und so umfassend sein, dass alle für den Fall relevanten Einnahmequellen abgedeckt sind, gegebenenfalls auch Merchandising-Einnahmen. Solange die Vermarktung stattfindet, sollten die Vertragspartner der Urheber und ausübenden Künstler ihnen vorliegende Informationen zu sämtlichen Arten der Verwertung und allen relevanten Einnahmen weltweit mit einer Regelmäßigkeit bereitstellen, die für die jeweilige Branche angemessen ist, jedoch mindestens einmal jährlich. Die Informationen sollten in einer Art und Weise bereitgestellt werden, in der sie für den Urheber oder ausübenden Künstler verständlich sind, und eine wirksame Bewertung des wirtschaftlichen Werts der betreffenden Rechte ermöglichen. Die Transparenzpflicht sollte dennoch nur insofern gelten, als urheberrechtlich relevante Rechte betroffen sind. Die Verarbeitung von personenbezogenen Daten wie Kontaktdaten und Informationen zur Vergütung, die erforderlich sind, um die Urheber und ausübenden Künstler über die Verwertung ihrer Werke und Darbietungen zu informieren, sollte gemäß Artikel 6 Absatz 1 Buchstabe c der Verordnung (EU) 2016/679 erfolgen.

(76) Damit den Urhebern und ausübenden Künstlern die Informationen bezüglich der Verwertung auch ordnungsgemäß zur Verfügung gestellt werden, wenn Unterlizenzen an andere Parteien vergeben wurden, die die Rechte verwerten, gibt diese Richtlinie Urhebern und ausübenden Künstlern in Fällen, in denen der erste Vertragspartner die ihm vorliegenden Informationen bereitgestellt hat, diese Informationen jedoch nicht ausreichen, um den wirtschaftlichen Wert ihrer Rechte zu bewerten, das Recht, zusätzliche einschlägige Informationen über die Verwertung ihrer Rechte anzufordern. Diese Aufforderung sollte entweder direkt an die Partei, der die Unterlizenz erteilt

wurde, oder an die Vertragspartner der Urheber und ausübenden Künstler gerichtet werden. Urheber und ausübende Künstler und ihre Vertragspartner sollten sich bereiterklären können, die übermittelten Informationen vertraulich zu behandeln, jedoch sollten Urheber und ausübende Künstler immer die Möglichkeit haben, die übermittelten Informationen für die Ausübung ihrer Rechte gemäß dieser Richtlinie zu nutzen. Die Mitgliedstaaten sollten gemäß dem Unionsrecht weitere Maßnahmen vorsehen dürfen, mit denen Transparenz für Urheber und ausübende Künstler sichergestellt wird.

(77) Bei der Umsetzung der in dieser Richtlinie vorgesehenen Transparenzpflicht sollten die Mitgliedstaaten die Besonderheiten der Inhalte unterschiedlicher Branchen, etwa jener der Musikbranche, der Branche der audiovisuellen Medien und des Verlagswesens, berücksichtigen und bei der Festlegung solcher branchenspezifischen Pflichten sollten alle einschlägigen Interessenträger eingebunden werden. Falls angezeigt, sollte auch der Bedeutung des Beitrags der Urheber und ausübenden Künstler zum Gesamtwerk oder zur Darbietung in ihrer Gesamtheit Rechnung getragen werden. Kollektivverhandlungen sollten im Hinblick auf die Transparenz als eine Möglichkeit für die jeweiligen Interessenträger gesehen werden, eine Einigung zu erzielen. Solche Einigungen sollten für Urheber und ausübende Künstler dasselbe Maß an Transparenz wie die in dieser Richtlinie vorgesehene Mindestanforderung oder ein noch höheres Maß sicherstellen. Für die Anpassung der geltenden Praxis in der Berichterstattung an die Transparenzpflicht sollte eine Übergangsfrist vorgesehen werden. Im Hinblick auf Vereinbarungen zwischen Rechteinhabern und Verwertungsgesellschaften, unabhängigen Verwertungsein- richtungen oder anderen Stellen, die den nationalen Vorschriften zur Umsetzung der Richtlinie 2014/26/EU unterliegen, sollten die Transparenzpflichten nicht angewandt werden müssen, da diese Organisationen oder Einrichtungen bereits den Transparenzpflichten nach Artikel 18 der Richtlinie 2014/26/EU unterliegen. Artikel 18 der Richtlinie 2014/26/EU gilt für Organisationen, die im Namen mehrerer Rechteinhaber zu deren kollektivem Nutzen Urheberrechte oder verwandte Schutzrechte wahrnehmen. Zwischen Rechteinhabern und ihren Vertragspartnern, die in ihrem eigenen Interesse handeln, individuell ausgehandelte Vereinbarungen sollten jedoch der in dieser Richtlinie vorgesehenen Transparenzpflicht unterliegen.

(78) Bestimmte Verträge über die Verwertung von unionsweit harmonisierten Rechten haben eine lange Laufzeit und bieten den Urhebern und ausübenden Künstlern nur wenig Spielraum, diese mit ihren Vertragspartnern oder Rechtsnachfolgern neu zu verhandeln, wenn sich herausstellt, dass der wirtschaftliche Wert der Rechte deutlich höher ist als ursprünglich angenommen. Unbeschadet des in den Mitgliedstaaten geltenden Vertragsrechts sollte daher ein Verfahren für die Anpassung der Vergütung für die Fälle eingeführt werden, in denen die ursprünglich im Rahmen einer Lizenzvergabe oder Rechteübertragung vereinbarte Vergütung, gemessen an den einschlägigen Einnahmen aus der späteren Verwertung eines Werks oder der Aufzeichnung einer Darbietung durch einen Vertragspartner des Urhebers oder des ausübenden Künstlers, eindeutig unverhältnismäßig niedrig wird. Bei der Bewertung, ob die Vergütung unangemessen niedrig ist, sollten alle für den Fall relevanten Einnahmen berücksichtigt werden, gegebenenfalls auch Merchandising-Einnahmen. Bei der Bewertung der Sachlage sollten die besonderen Umstände jedes Falls, etwa der Beitrag des Urhebers oder ausübenden Künstlers, sowie

die Besonderheiten und Vergütungspraktiken einzelner Branchen und die Frage, ob der Vertrag auf einer Kollektivvereinbarung beruht, berücksichtigt werden. Vertreter von Urhebern und ausübenden Künstlern, die gemäß dem nationalen Recht und gemäß dem Unionsrecht ordnungsgemäß bestellt wurden, sollten einen oder mehrere Urheber oder ausübende Künstler im Hinblick auf Anträge zur Vertragsanpassung unterstützen können, wobei sie, falls angezeigt, auch die Interessen anderer Urheber oder ausübender Künstler berücksichtigen.

Diese Vertreter sollten die Identität der Urheber und ausübenden Künstlern, die sie vertreten, so lange wie möglich schützen. Können sich die Parteien nicht auf eine Anpassung der Vergütung einigen, sollte der Urheber oder der ausübende Künstler das Recht haben, seinen Anspruch vor Gericht oder einer anderen zuständigen Behörde geltend zu machen. Dieses Verfahren sollte nicht für Verträge gelten, die von Organisationen im Sinne von Artikel 3 Buchstaben a und b der Richtlinie 2014/26/EU oder sonstigen Einrichtungen, die den nationalen Vorschriften zur Umsetzung der Richtlinie 2014/26/EU unterliegen, abgeschlossen wurden.

(79) Urheber und ausübende Künstler scheuen häufig davor zurück, ihre Rechte gegenüber ihren Vertragspartnern vor einem Gericht einzuklagen. Die Mitgliedstaaten sollten daher ein alternatives Streitbeilegungsverfahren vorsehen, das sich mit den Forderungen von Urhebern und ausübenden Künstlern und Forderungen von Vertretern von Urhebern und ausübenden Künstlern in deren Namen im Zusammenhang mit den Transparenzpflichten und dem Vertragsanpassungsmechanismus befasst. Für diese Zwecke sollten die Mitgliedstaaten entweder ein neues privatwirtschaftliches oder öffentlich-rechtliches Gremium oder Verfahren einrichten oder ein bereits bestehendes heranziehen können, das die in dieser Richtlinie niedergelegten Bedingungen erfüllt, und zwar ungeachtet dessen, ob bei diesen Gremien oder Verfahren die Branche selbst oder die Allgemeinheit federführend ist, und zwar auch dann, wenn es Bestandteil des nationalen Rechtssystems ist. Die Mitgliedstaaten sollten über die nötige Flexibilität bei der Entscheidung verfügen, wie die Kosten des Streitbeilegungsverfahrens aufzuteilen sind. Dieses alternative Streitbeilegungsverfahren sollte nicht das Recht der Streitparteien berühren, ihre Rechte gerichtlich geltend zu machen und durchzusetzen.

(80) Wenn Urheber und ausübende Künstler Lizenzen vergeben oder ihre Rechte übertragen, erwarten sie, dass ihr Werk oder ihre Darbietung verwertet wird. Es könnte aber auch vorkommen, dass Werke oder Darbietungen, für die Lizenzen vergeben oder Rechte übertragen wurden, überhaupt nicht verwertet werden. Wenn dabei ausschließliche Rechte übertragen wurden, können sich die Urheber und ausübenden Künstler nicht an einen anderen Partner wenden, um ihre Werke und Darbietungen verwerten zu lassen. In einem solchen Fall sollten die Urheber und ausübenden Künstler nach Ablauf einer angemessenen Frist ein Verfahren für den Widerruf ihrer Rechte in Anspruch nehmen können, damit sie einer anderen Person die Rechte übertragen oder eine Lizenz an eine andere Person vergeben können. Da die Verwertung von Werken oder sonstigen Darbietungen je nach Branche voneinander abweichen kann, könnten besondere Bestimmungen auf nationaler Ebene erlassen werden, um den Besonderheiten der Branchen, etwa der Branche der audiovisuellen Medien, oder der Werke oder sonstigen Darbietungen Rechnung zu tragen, vor allem was die Festlegung von Zeitrahmen für die Ausübung des

Widerrufsrechts anbelangt. Die Urheber und ausübenden Künstler sollten erst nach Ablauf einer bestimmten Frist nach Abschluss der Lizenz- oder Übertragungsvereinbarung die Möglichkeit haben, ihr Widerrufsrecht auszuüben, und dabei an bestimmte Verfahrensvorschriften gebunden sein, damit die berechtigten Interessen der Lizenznehmer oder Rechteerwerber geschützt sind, Missbrauch verhindert wird und der Tatsache Rechnung getragen wird, dass ein bestimmter Zeitraum erforderlich ist, bis ein Werk bzw. eine Darbietung tatsächlich verwertet werden kann. Im Fall von Werken bzw. Darbietungen, an denen mehrere Urheber bzw. ausübende Künstler beteiligt sind, sollten die Mitgliedstaaten die Ausübung des Widerrufsrechts regeln dürfen, wobei der relativen Bedeutung der jeweiligen Beiträge Rechnung getragen werden sollte.

(81) Die in dieser Richtlinie festgelegten Bestimmungen über Transparenz, Vertragsanpassungsmechanismen und alternative Streitbeilegungsverfahren sollten bindend sein und die Parteien sollten von diesen Bestimmungen nicht abweichen können, sei es in den Verträgen zwischen Urhebern, ausübenden Künstlern und ihren Vertragspartnern oder in Vereinbarungen zwischen diesen Vertragspartnern und Dritten, etwa in Geheimhaltungsvereinbarungen. Artikel 3 Absatz 4 der Verordnung (EG) Nr. 593/2008 des Europäischen Parlaments und des Rates[1)] sollte folglich zum Tragen kommen, indem die Anwendung der in dieser Richtlinie festgelegten Bestimmungen über Transparenz, Vertragsanpassungsmechanismen und alternative Streitbeilegungsverfahren in der von dem Mitgliedstaat des angerufenen Gerichts umgesetzten Form von der Wahl des Rechts eines Drittstaats unberührt bleibt, wenn sich alle anderen Elemente des Sachverhalts zum Zeitpunkt der Rechtswahl in einem oder mehreren Mitgliedstaaten befinden.

(82) Diese Richtlinie sollte nicht dahingehend ausgelegt werden, dass sie die Inhaber exklusiver Rechte im Rahmen des Urheberrechts der Union an der Vergabe von Lizenzen für die unentgeltliche Nutzung ihrer Werke oder sonstigen Schutzgegenstände hindert, etwa in Form von nichtausschließlichen Lizenzen, von denen alle Nutzer profitieren können.

(83) Das Ziel dieser Richtlinie, nämlich bestimmte Aspekte des Urheberrechtsrahmens der Union zu modernisieren, indem der technischen Entwicklung sowie den neuen Wegen für die Verbreitung geschützter Inhalte im Binnenmarkt Rechnung getragen wird, von den Mitgliedstaaten allein nicht ausreichend verwirklicht werden kann, sondern vielmehr wegen seines Umfangs, seiner Wirkungen und seiner grenzüberschreitenden Dimension besser auf Unionsebene zu verwirklichen ist, kann die Union im Einklang mit dem in Artikel 5 des Vertrags über die Europäische Union niedergelegten Subsidiaritätsprinzip tätig werden. Entsprechend dem in demselben Artikel genannten Grundsatz der Verhältnismäßigkeit geht diese Richtlinie nicht über das für die Verwirklichung dieser Ziele erforderliche Maß hinaus.

(84) Diese Richtlinie steht im Einklang mit den Grundrechten und Grundsätzen, die insbesondere mit der Charta anerkannt wurden. Diese Richtlinie sollte folglich in Einklang mit diesen Rechten und Grundsätzen ausgelegt und angewandt werden.

[1)] **Amtl. Anm.:** Verordnung (EG) Nr. 593/2008 des Europäischen Parlaments und des Rates vom 17. Juni 2008 über das auf vertragliche Schuldverhältnisse anzuwendende Recht (Rom I) (ABl. L 177 vom 4.7.2008, S. 6).

(85) Die Verarbeitung personenbezogener Daten nach dieser Richtlinie sollte unter Achtung der Grundrechte, unter anderem des Rechts auf Achtung des Privat- und Familienlebens und des Rechts auf Schutz personenbezogener Daten nach den Artikeln 7 bzw. 8 der Charta, erfolgen und sollte mit der Richtlinie 2002/58/EG und der Verordnung (EU) 2016/679 im Einklang stehen.

(86) Gemäß der Gemeinsamen Politischen Erklärung der Mitgliedstaaten und der Kommission vom 28. September 2011 zu erläuternden Dokumenten[1] haben sich die Mitgliedstaaten verpflichtet, in begründeten Fällen zusätzlich zur Mitteilung ihrer Umsetzungsmaßnahmen ein oder mehrere Dokumente zu übermitteln, in denen der Zusammenhang zwischen den Bestandteilen einer Richtlinie und den entsprechenden Teilen nationaler Umsetzungsinstrumente erläutert wird. Für diese Richtlinie hält der Gesetzgeber die Übermittlung derartiger Dokumente für gerechtfertigt –

HABEN FOLGENDE RICHTLINIE ERLASSEN:

Titel I. Allgemeine Bestimmungen

Art. 1 Gegenstand und Anwendungsbereich. (1) Mit dieser Richtlinie werden Vorschriften mit dem Ziel der weiteren Harmonisierung des Unionsrechts auf dem Gebiet des Urheberrechts und der verwandten Schutzrechte im Rahmen des Binnenmarkts unter besonderer Berücksichtigung der digitalen und grenzüberschreitenden Nutzung geschützter Inhalte festgelegt. Außerdem enthält sie Vorschriften zu Ausnahmen und Beschränkungen des Urheberrechts und verwandter Schutzrechte und zur Erleichterung der Lizenzvergabe sowie Vorschriften, mit denen das Ziel verfolgt wird, das ordnungsgemäße Funktionieren des Marktes für die Verwertung von Werken und sonstigen Schutzgegenständen sicherzustellen.

(2) Mit Ausnahme der in Artikel 24 genannten Fälle lässt diese Richtlinie die bereits bestehenden Vorschriften, die in den einschlägigen geltenden Richtlinien, insbesondere in den Richtlinien 96/9/EG, 2000/31/EG, 2001/29/EG, 2006/115/EG, 2009/24/EG, 2012/28/EU und 2014/26/EU, festgelegt sind, unberührt und beeinträchtigt sie in keiner Weise.

Art. 2 Begriffsbestimmungen. Für die Zwecke dieser Richtlinie gelten folgende Begriffsbestimmungen:

1. „Forschungsorganisation" bezeichnet eine Hochschule einschließlich ihrer Bibliotheken, ein Forschungsinstitut oder eine sonstige Einrichtung, deren vorrangiges Ziel die wissenschaftliche Forschung oder die Lehrtätigkeit – auch in Verbindung mit wissenschaftlicher Forschung – ist, die
   a) in ihrer Tätigkeit nicht gewinnorientiert ist oder alle Gewinne in ihre wissenschaftliche Forschung reinvestiert, oder
   b) im Rahmen eines von einem Mitgliedstaat anerkannten Auftrags im öffentlichen Interesse tätig ist,

---

[1] **Amtl. Anm.:** ABl. C 369 vom 17.12.2011, S. 14.

wobei kein Unternehmen, das einen bestimmenden Einfluss auf diese Organisation hat, bevorzugten Zugang zu den Ergebnissen der wissenschaftlichen Forschung erhält.

2. „Text und Data Mining" bezeichnet eine Technik für die automatisierte Analyse von Texten und Daten in digitaler Form, mit deren Hilfe Informationen unter anderem – aber nicht ausschließlich – über Muster, Trends und Korrelationen gewonnen werden können.
3. „Einrichtung des Kulturerbes" bezeichnet eine öffentlich zugängliche Bibliothek oder Museum, Archiv oder eine im Bereich des Film- oder Tonerbes tätige Einrichtung.
4. „Presseveröffentlichung" bezeichnet eine Sammlung, die hauptsächlich aus literarischen Werken journalistischer Art besteht, aber auch sonstige Werke oder sonstige Schutzgegenstände enthalten kann, und die
   a) in einer unter einem einheitlichen Titel periodisch erscheinenden oder regelmäßig aktualisierten Veröffentlichung, etwa Zeitungen oder Magazinen von allgemeinem oder besonderem Interesse, eine Einzelausgabe darstellt;
   b) dem Zweck dient, die Öffentlichkeit über Nachrichten oder andere Themen zu informieren und
   c) unabhängig vom Medium auf Initiative eines Diensteanbieters unter seiner redaktionellen Verantwortung und Aufsicht veröffentlicht wird.

   Periodika, die für wissenschaftliche oder akademische Zwecke verlegt werden, etwa Wissenschaftsjournale, sind keine Presseveröffentlichungen im Sinne dieser Richtlinie.
5. „Dienst der Informationsgesellschaft" bezeichnet eine Dienstleistung im Sinne des Artikels 1 Absatz 1 Buchstabe b der Richtlinie (EU) 2015/1535.
6. „Diensteanbieter für das Teilen von Online-Inhalten" bezeichnet den Anbieter eines Dienstes der Informationsgesellschaft, bei dem der Hauptzweck bzw. einer der Hauptzwecke darin besteht, eine große Menge an von seinen Nutzern hochgeladenen, urheberrechtlich geschützten Werken oder sonstigen Schutzgegenständen zu speichern und der Öffentlichkeit Zugang hierzu zu verschaffen, wobei dieser Anbieter diese Inhalte organisiert und zum Zwecke der Gewinnerzielung bewirbt.

   Anbieter von Diensten, etwa nicht gewinnorientierte Online-Enzyklopädien, nicht gewinnorientierte bildungsbezogene und wissenschaftliche Repositorien, Entwicklungs- und Weitergabeplattformen für quelloffene Software, Anbieter elektronischer Kommunikationsdienste im Sinne der Richtlinie (EU) 2018/1972, Online-Marktplätze, zwischen Unternehmen erbrachte Cloud-Dienste sowie Cloud-Dienste, die ihren Nutzern das Hochladen von Inhalten für den Eigengebrauch ermöglichen, sind keine Diensteanbieter für das Teilen von Online-Inhalten im Sinne dieser Richtlinie.

Titel II. Maßnahmen zur Anpassung von Ausnahmen und Beschränkungen an das digitale und grenzüberschreitende Umfeld

Art. 3 Text und Data Mining zum Zwecke der wissenschaftlichen Forschung. (1) Die Mitgliedstaaten sehen eine Ausnahme von den in Artikel 5 Buchstabe a und Artikel 7 Absatz 1 der Richtlinie 96/9/EG, Artikel 2 der Richtlinie 2001/29/EG, und Artikel 15 Absatz 1 der vorliegenden Richtlinie festgelegten Rechten für Vervielfältigungen und Entnahmen vor, die durch Forschungsorganisationen und Einrichtungen des Kulturerbes vorgenommen werden, um für Zwecke der wissenschaftlichen Forschung Text und Data Mining von Werken oder sonstigen Schutzgegenständen, zu denen sie rechtmäßig Zugang haben, durchzuführen.

(2) Vervielfältigungen und Entnahmen von Werken oder sonstigen Schutzgegenständen, die gemäß Absatz 1 angefertigt wurden, sind mit angemessenen Sicherheitsvorkehrungen zu speichern und dürfen zum Zwecke der wissenschaftlichen Forschung, auch zur Überprüfung wissenschaftlicher Erkenntnisse, aufbewahrt werden.

(3) Die Rechteinhaber müssen Maßnahmen durchführen können, um die Sicherheit und Integrität der Netze und Datenbanken zu wahren, in denen die Werke oder sonstigen Schutzgegenstände gespeichert sind. Diese Maßnahmen dürfen über das für die Verwirklichung dieses Ziels Notwendige nicht hinausgehen.

(4) Die Mitgliedstaaten wirken darauf hin, dass Rechteinhaber, Forschungsorganisationen und Einrichtungen des Kulturerbes einvernehmlich bewährte Vorgehensweisen bei der die Umsetzung der in Absatz 2 genannten Verpflichtung bzw. die Durchführung der in Absatz 3 genannten Maßnahmen definieren.

Art. 4 Ausnahmen und Beschränkungen für das Text und Data Mining. (1) Für zum Zwecke des Text und Data Mining vorgenommene Vervielfältigungen und Entnahmen von rechtmäßig zugänglichen Werken und sonstigen Schutzgegenständen sehen die Mitgliedstaaten eine Ausnahme oder Beschränkung von den Rechten vor, die in Artikel 5 Buchstabe a und Artikel 7 Absatz 1 der Richtlinie 96/9/EG, Artikel 2 der Richtlinie 2001/29/EG, Artikel 4 Absatz 1 Buchstaben a und b der Richtlinie 2009/24/EG und Artikel 15 Absatz 1 der vorliegenden Richtlinie niedergelegt sind.

(2) Vervielfältigungen und Entnahmen nach Absatz 1 dürfen so lange aufbewahrt werden, wie es für die Zwecke des Text und Data Mining notwendig ist.

(3) Die Ausnahmen und Beschränkungen nach Absatz 1 finden Anwendung, sofern die jeweiligen Rechteinhaber die in Absatz 1 genannten Werke und sonstigen Schutzgegenstände nicht ausdrücklich in angemessener Weise, etwa mit maschinenlesbaren Mitteln im Fall von online veröffentlichten Inhalten, mit einem Nutzungsvorbehalt versehen haben.

(4) Dieser Artikel lässt die Anwendung von Artikel 3 unberührt.

Art. 5 Nutzung von Werken und sonstigen Schutzgegenständen für digitale und grenzüberschreitende Unterrichts- und Lehrtätigkeiten. (1) Die Mitgliedstaaten sehen eine Ausnahme oder Beschränkung für die in Artikel 5 Buchstabe a, b, d und e und Artikel 7 Absatz 1 der Richtlinie 96/9/EG, Artikel 2 und 3 der Richtlinie 2001/29/EG, Artikel 4 Absatz 1 der Richtlinie 2009/24/EG und Artikel 15 Absatz 1 der vorliegenden Richtlinie festgelegten Rechte vor, damit Werke und sonstige Schutzgegenstände für den alleinigen Zweck der Veranschaulichung des Unterrichts digital und in dem Maße genutzt werden dürfen, soweit das zur Verfolgung nicht-kommerzieller Zwecke gerechtfertigt ist, sofern diese Nutzung

a) unter der Verantwortung einer Bildungseinrichtung in ihren Räumlichkeiten oder an anderen Orten oder in einer gesicherten elektronischen Umgebung stattfindet, zu denen bzw. zu der nur die Schüler, die Studierenden und das Lehrpersonal der Bildungseinrichtung Zugang haben, und

b) mit Quellenangaben erfolgt, indem unter anderem der Name des Urhebers angegeben wird, außer in Fällen, in denen sich das als unmöglich erweist.

(2) Unbeschadet des Artikels 7 Absatz 1 können die Mitgliedstaaten festlegen, dass die Ausnahme oder Beschränkung nach Absatz 1 insoweit nicht oder nicht für bestimmte Nutzungen oder nicht für bestimmte Arten von Werken oder sonstigen Schutzgegenständen – etwa vor allem für den Bildungsmarkt vorgesehenes Material oder Notenblätter – gilt, als auf dem Markt geeignete und den Bedürfnissen und Besonderheiten von Bildungseinrichtungen entsprechende Lizenzen, die die in Absatz 1 des vorliegenden Artikels genannten Handlungen erlauben, leicht verfügbar sind.

Mitgliedstaaten, die sich entscheiden, von Unterabsatz 1 des vorliegenden Absatzes Gebrauch zu machen, ergreifen die notwendigen Maßnahmen, damit die Lizenzen, die die in Absatz 1 des vorliegenden Artikels genannten Handlungen erlauben, in angemessener Weise für die Bildungseinrichtungen verfügbar und auffindbar sind.

(3) Die Nutzung von Werken und sonstigen Schutzgegenständen über gesicherte elektronische Umgebungen für den alleinigen Zweck der Veranschaulichung des Unterrichts gemäß nationalem Recht, das auf der Grundlage dieses Artikels erlassen wurde, gilt allein als in dem Mitgliedstaat erfolgt, in dem die Bildungseinrichtung ihren Sitz hat.

(4) Werden Werke oder sonstige Schutzgegenstände nach Absatz 1 genutzt, so können die Mitgliedstaaten hierfür einen gerechten Ausgleich für die jeweiligen Rechteinhaber vorsehen.

Art. 6 Erhaltung des Kulturerbes. Die Mitgliedstaaten sehen eine Ausnahme für die in Artikel 5 Buchstabe a und Artikel 7 Absatz 1 der Richtlinie 96/9/EG, Artikel 2 der Richtlinie 2001/29/EG, Artikel 4 Absatz 1 Buchstabe a der Richtlinie 2009/24/EG und Artikel 15 Absatz 1 der vorliegenden Richtlinie festgelegten Rechte vor, um es Einrichtungen des Kulturerbes zu gestatten, Werke und sonstige Schutzgegenstände, die sich dauerhaft in ihren Sammlungen befinden, unabhängig vom Format oder Medium für die Zwecke der Erhaltung dieser Werke oder sonstigen Schutzgegenstände in dem für diese Erhaltung notwendigen Umfang zu vervielfältigen.

Art. 7 Gemeinsame Bestimmungen. (1) Vertragsbestimmungen, die den in den Artikeln 3, 5 und 6 festgelegten Ausnahmen zuwiderlaufen, sind nicht durchsetzbar.

(2) Artikel 5 Absatz 5 der Richtlinie 2001/29/EG findet auf die unter diesem Titel genannten Ausnahmen und Beschränkungen Anwendung. Artikel 6 Absatz 4 Unterabsatz 1, 3 und 5 der Richtlinie 2001/29/EG finden auf die Artikel 3 bis 6 der vorliegenden Richtlinie Anwendung.

Titel III. Maßnahmen zur Verbesserung der Lizenzierungspraxis und zur Gewährleistung eines breiteren Zugangs zu Inhalten

Kapitel 1. Vergriffene Werke und sonstige Schutzgegenstände

Art. 8 Nutzung von vergriffenen Werken und sonstigen Schutzgegenständen durch Einrichtungen des Kulturerbes. (1) Die Mitgliedstaaten legen fest, dass eine Verwertungsgesellschaft entsprechend den ihr von den Rechteinhabern erteilten Mandaten mit einer Einrichtung des Kulturerbes eine nicht ausschließliche Lizenzvereinbarung für nicht- kommerzielle Zwecke abschließen darf, die sich auf die Vervielfältigung, die Verbreitung, die öffentliche Wiedergabe oder die öffentliche Zugänglichmachung vergriffener Werke oder sonstiger Schutzgegenstände erstreckt, die sich dauerhaft in der Sammlung dieser Einrichtung befinden, unabhängig davon, ob alle Rechteinhaber, die unter die Lizenzvereinbarung fallen, der Verwertungsgesellschaft ein Mandat erteilt haben, sofern

a) die Verwertungsgesellschaft aufgrund ihrer Mandate ausreichend repräsentativ für die Rechteinhaber der einschlägigen Art von Werken oder sonstigen Schutzgegenständen sowie für die Rechte ist, die Gegenstand der Lizenz sind und
b) die Gleichbehandlung aller Rechteinhaber in Bezug auf die Lizenzbedingungen gewährleistet wird.

(2) Die Mitgliedstaaten sehen eine Ausnahme oder Beschränkung für die in Artikel 5 Buchstabe a, b, d und e und Artikel 7 Absatz 1 der Richtlinie 96/9/EG, den Artikeln 2 und 3 der Richtlinie 2001/29/EG, Artikel 4 Absatz 1 der Richtlinie 2009/24/EG und Artikel 15 Absatz 1 der vorliegenden Richtlinie festgelegten Rechte zu dem Zweck vor, Einrichtungen des Kulturerbes zu gestatten, vergriffene Werke oder sonstige Schutzgegenstände, die sich dauerhaft in ihren Sammlungen befinden, für nicht-kommerzielle Zwecke zugänglich zu machen, sofern

a) der Name des Urhebers oder eines anderen identifizierbaren Rechteinhabers angegeben wird, außer in Fällen, in denen sich das als unmöglich erweist; und
b) die Werke oder sonstigen Schutzgegenstände auf nicht-kommerziellen Internetseiten zugänglich gemacht werden.

(3) Die Mitgliedstaaten sehen vor, dass die in Absatz 2 vorgesehene Ausnahme oder Beschränkung nur für Arten von Werken oder sonstigen Schutzgegenständen gilt, für die keine Verwertungsgesellschaft vorhanden ist, die die Bedingungen nach Absatz 1 Buchstabe a erfüllt.

(4) Die Mitgliedstaaten sehen vor, dass alle Rechteinhaber ihre Werke oder sonstigen Schutzgegenstände auch nach dem Abschluss einer Lizenzvereinbarung oder nach dem Beginn der jeweiligen Nutzung entweder generell oder in bestimmten Fällen jederzeit einfach und wirksam von dem Lizenzvergabeverfahren nach Absatz 1 oder von der Anwendung der in Absatz 2 vorgesehenen Ausnahme oder Beschränkung ausschließen können.

(5) Ein Werk oder sonstiger Schutzgegenstand gilt als vergriffen, wenn nach Treu und Glauben davon ausgegangen werden kann, dass das gesamte Werk oder der gesamte sonstige Schutzgegenstand auf den üblichen Vertriebswegen für die Öffentlichkeit nicht erhältlich ist, nachdem ein vertretbarer Aufwand betrieben wurde, um festzustellen, ob es bzw. er für die Öffentlichkeit erhältlich ist.

Die Mitgliedstaaten können besondere Anforderungen wie einen Stichtag vorsehen, um zu bestimmen, ob für ein Werk oder einen sonstigen Schutzgegenstand eine Lizenz nach Absatz 1 erteilt oder ob es bzw. er im Rahmen einer in Absatz 2 vorgesehenen Ausnahme oder Beschränkung verwendet werden kann. Diese Anforderungen dürfen weder über das Notwendige und Vertretbare hinausgehen noch die Möglichkeit ausschließen, eine Reihe von Werken oder sonstigen Schutzgegenständen insgesamt als vergriffen einzustufen, wenn nach billigem Ermessen davon auszugehen ist, dass all diese Werke oder sonstigen Schutzgegenstände vergriffen sind.

(6) Die Mitgliedstaaten sehen vor, dass die in Absatz 1 genannten Lizenzen bei einer Verwertungsgesellschaft anzufordern sind, die in dem Mitgliedstaat repräsentativ ist, in dem die Einrichtung des Kulturerbes ihren Sitz hat.

(7) Dieser Artikel gilt nicht für Reihen vergriffener Werke oder sonstiger Schutzgegenstände, wenn nach Prüfung mit vertretbarem Aufwand gemäß Absatz 5 nachweislich festgestellt wurde, dass derartige Reihen überwiegend aus Folgendem bestehen:

a) aus Werken oder sonstigen Schutzgegenständen, mit Ausnahme von Kinofilmen oder sonstigen audiovisuellen Werken, die zuerst in einem Drittland veröffentlicht wurden oder, sofern sie nicht veröffentlicht wurden, zuerst in einem Drittland gesendet wurden;
b) aus Kinofilmen oder sonstigen audiovisuellen Werken, deren Produzenten ihren Hauptsitz oder ihren gewöhnlichen Wohnsitz in einem Drittland haben; oder
c) aus Werken oder sonstigen Schutzgegenständen von Drittstaatsangehörigen, sofern sich gemäß den Buchstaben a und b und nach vertretbarem Aufwand kein Mitgliedstaat oder Drittland bestimmen lässt;

Abweichend von Unterabsatz 1 gilt dieser Artikel, wenn die Verwertungsgesellschaft im Sinne von Absatz 1 Buchstabe a ausreichend repräsentativ für Rechteinhaber des jeweiligen Drittlandes ist.

Art. 9 Grenzüberschreitende Nutzung. (1) Die Mitgliedstaaten stellen sicher, dass nach Artikel 8 erteilte Lizenzen die Nutzung von vergriffenen Werken oder sonstigen Schutzgegenständen durch Einrichtungen des Kulturerbes in jedem Mitgliedstaat erlauben dürfen.

(2) Die Nutzung von Werken und sonstigen Schutzgegenständen im Rahmen einer in Artikel 8 Absatz 2 vorgesehenen Ausnahme oder Beschränkung gilt allein als in dem Mitgliedstaat erfolgt, in dem die Einrichtung des Kulturerbes ihren Sitz hat.

Art. 10 Informationsmaßnahmen. (1) Die Mitgliedstaaten stellen sicher, dass Informationen von Einrichtungen des Kulturerbes, Verwertungsgesellschaften oder einschlägigen öffentlichen Stellen zum Zwecke der Identifizierung vergriffener Werke oder sonstiger Schutzgegenstände, für die eine Lizenz nach Artikel 8 Absatz 1 erteilt wurde oder die im Rahmen einer in Artikel 8

Absatz 2 vorgesehenen Ausnahme oder Beschränkung genutzt werden, sowie Informationen über die den Rechteinhabern nach Artikel 8 Absatz 4 zur Verfügung stehenden Möglichkeiten und – sobald vorhanden und sofern relevant – Informationen über die Parteien der Lizenz, die abgedeckten Gebiete und die Nutzungen dauerhaft, einfach und tatsächlich über ein öffentliches zentrales Online-Portal zugänglich gemacht werden, und zwar mindestens sechs Monate, bevor die Werke oder sonstigen Schutzgegenstände gemäß der Lizenz oder im Rahmen der Ausnahme oder Beschränkung verbreitet, öffentlich wiedergegeben oder der Öffentlichkeit zugänglich gemacht werden.

Das Portal wird vom Amt der Europäischen Union für geistiges Eigentum entsprechend der Verordnung (EU) Nr. 386/2012 eingerichtet und verwaltet.

(2) Sofern es der allgemeine Informationsbedarf der Rechteinhaber erfordert, sehen die Mitgliedstaaten vor, dass zusätzliche angemessene Informationsmaßnahmen ergriffen werden, und zwar im Hinblick auf die Fähigkeit von Verwertungsgesellschaften, Lizenzen für Werke und sonstige Schutzgegenstände nach Artikel 8 zu erteilen, auf erteilte Lizenzen, auf die Nutzungen im Rahmen einer in Artikel 8 Absatz 2 vorgesehenen Ausnahme oder Beschränkung und auf die den Rechteinhabern zur Verfügung stehenden Möglichkeiten nach Artikel 8 Absatz 4.

Die angemessenen Informationsmaßnahmen gemäß Unterabsatz 1 des vorliegenden Absatzes werden in dem Mitgliedstaat ergriffen, in dem um die Lizenz nach Artikel 8 Absatz 1 ersucht wird, oder – bei Nutzungen im Rahmen einer in Artikel 8 Absatz 2 vorgesehenen Ausnahme oder Beschränkung – in dem Mitgliedstaat, in dem die Einrichtung des Kulturerbes ihren Sitz hat. Gibt es Anzeichen, etwa den Ursprung der Werke oder sonstigen Schutzgegenstände, die darauf hindeuten, dass die Rechteinhaber in anderen Mitgliedstaaten oder Drittländern effizienter informiert werden könnten, so erstrecken sich die Informationsmaßnahmen auch auf diese Mitgliedstaaten und Drittländer.

Art. 11 Dialog der Interessenträger. Die Mitgliedstaaten konsultieren die Rechteinhaber, Verwertungsgesellschaften und Einrichtungen des Kulturerbes in den einzelnen Branchen, bevor sie besondere Anforderungen nach Artikel 8 Absatz 5 festlegen, und fördern den regelmäßigen Dialog zwischen den Interessenvertretungen der Nutzer und Rechteinhaber einschließlich der Verwertungsgesellschaften sowie anderen einschlägigen Organisationen der Interessenträger, um für die einzelnen Branchen die Bedeutung und den Nutzwert des Lizenzvergabeverfahrens nach Artikel 8 Absatz 1 zu fördern und sicherzustellen, dass die in diesem Kapitel genannten Schutzbestimmungen für die Rechteinhaber wirksam sind.

Kapitel 2. Maßnahmen zur Erleichterung der kollektiven Lizenzvergabe

Art. 12 Kollektive Lizenzvergabe mit erweiterter Wirkung.
(1) Die Mitgliedstaaten können vorsehen, dass – sofern es die Nutzung in ihrem Hoheitsgebiet betrifft und vorbehaltlich der in diesem Artikel genannten Schutzbestimmungen – für den Fall, dass eine Verwertungsgesellschaft, die den nationalen Vorschriften zur Umsetzung der Richtlinie 2014/26/EU unterliegt, gemäß ihren von den Rechteinhabern erteilten Mandaten eine

Lizenzvereinbarung über die Nutzung von Werken oder sonstigen Schutzgegenständen abschließt:

a) die Geltung einer solchen Vereinbarung auch auf die Rechte von Rechteinhabern ausgeweitet werden kann, die dieser Verwertungsgesellschaft weder auf der Grundlage einer Abtretungs-, Lizenz- noch einer sonstigen vertraglichen Vereinbarung zur Wahrnehmung eingeräumt wurden; oder

b) im Hinblick auf eine solche Lizenzvereinbarung die Verwertungsgesellschaft eine gesetzliche Berechtigung hat oder die Vermutung gilt, dass sie Rechteinhaber vertritt, die der Verwertungsgesellschaft kein entsprechendes Mandat erteilt haben.

(2) Die Mitgliedstaaten stellen sicher, dass das in Absatz 1 genannte Lizenzvergabeverfahren nur in genau bestimmten Bereichen der Nutzung Anwendung findet, in denen die Einholung der Erlaubnis der Rechteinhaber in jedem Einzelfall normalerweise beschwerlich und in einem Maße praxisfern ist, dass die erforderliche Erteilung der Lizenz aufgrund der Art der Nutzung oder des Typs der jeweiligen Werke oder sonstigen Schutzgegenstände unwahrscheinlich wird, und sie stellen sicher, dass mit diesem Lizenzvergabeverfahren die berechtigten Interessen der Rechteinhaber geschützt werden.

(3) Für die Zwecke von Absatz 1 sehen die Mitgliedstaaten die folgenden Schutzbestimmungen vor:

a) die Verwertungsgesellschaft ist aufgrund ihrer Mandate ausreichend repräsentativ für die Rechteinhaber der einschlägigen Art von Werken oder sonstigen Schutzgegenständen sowie für die Rechte, die Gegenstand der Lizenz für den jeweiligen Mitgliedstaat sind;

b) die Gleichbehandlung aller Rechteinhaber, auch in Bezug auf die Lizenzbedingungen, wird gewährleistet;

c) Rechteinhaber, die der Verwertungsgesellschaft, die die Lizenz gewährt, kein Mandat erteilt haben, können jederzeit einfach und wirksam ihre Werke und sonstigen Schutzgegenstände von dem gemäß diesem Artikel eingeführten Lizenzvergabeverfahren ausschließen; und

d) es werden eine angemessene Zeitspanne vor Beginn der lizenzierten Nutzung der Werke oder sonstigen Schutzge- genstände angemessene Informationsmaßnahmen ergriffen, um Rechteinhaber darüber zu informieren, dass die Verwertungsgesellschaft in der Lage ist, Lizenzen für Werke und sonstige Schutzgegenstände zu erteilen, dass die Lizenzvergabe gemäß diesem Artikel erfolgt und dass den Rechteinhabern die Möglichkeiten nach Buchstabe c zur Verfügung stehen. Informationsmaßnahmen sind wirksam, ohne dass jeder Rechteinhaber einzeln informiert werden muss.

(4) Dieser Artikel lässt die Anwendung von Verfahren für die kollektive Lizenzvergabe mit erweiterter Wirkung gemäß anderen Bestimmungen des Unionsrechts einschließlich Bestimmungen über die Zulässigkeit von Ausnahmen oder Beschränkungen unberührt.

Dieser Artikel findet keine Anwendung auf die zwingende kollektive Rechtewahrnehmung.

Artikel 7 der Richtlinie 2014/26/EU findet auf die in dem vorliegenden Artikel vorgesehenen Lizenzvergabeverfahren Anwendung.

(5) Sieht ein Mitgliedstaat in seinem nationalen Recht ein Lizenzvergabeverfahren gemäß dem vorliegenden Artikel vor, so informiert dieser Mitgliedstaat die Kommission über den Geltungsbereich der entsprechenden nationalen Rechtsvorschriften, über die Zwecke und die Arten der möglicherweise

nach dieser Vorschriften eingeführten Lizenzen sowie über die Kontaktangaben für Organisationen, die Lizenzen nach diesem Lizenzvergabeverfahren erteilen, und über welche Mittel und Wege Informationen über die Lizenzvergabe und die den Rechteinhabern gemäß Absatz 3 Buchstabe c zur Verfügung stehenden Möglichkeiten bezogen werden können. Diese Informationen werden von der Kommission veröffentlicht.

(6) Auf der Grundlage der nach Absatz 5 des vorliegenden Artikels eingegangenen Informationen und der Konsultationen in dem gemäß Artikel 12 Absatz 3 der Richtlinie 2001/29/EG eingerichteten Kontaktausschuss übermittelt die Kommission dem Europäischen Parlament und dem Rat bis zum 10. April 2021 einen Bericht über die Nutzung der in Absatz 1 des vorliegenden Artikels genannten Lizenzvergabeverfahren in der Union, ihre Auswirkungen auf die Lizenzvergabe und die Rechteinhaber, einschließlich der Rechteinhaber, die keine Mitglieder der Gesellschaft, die die Lizenzen vergibt, sind oder Staatsangehörige eines anderen Mitgliedstaats sind bzw. in einem anderen Mitgliedstaat wohnhaft sind, über ihre Wirksamkeit für die Vereinfachung der Verbreitung kultureller Inhalte und über ihre Auswirkungen auf den Binnenmarkt einschließlich der grenzüberschreitenden Erbringung von Dienstleistungen und des Wettbewerbs. Diesem Bericht wird erforderlichenfalls ein Gesetzgebungsvorschlag beigefügt, auch über die grenzüberschreitenden Auswirkungen derartiger nationaler Verfahren.

Kapitel 3. Zugänglichkeit und Verfügbarkeit audiovisueller Werke über Videoabrufdienste

Art. 13 Verhandlungsmechanismus. Die Mitgliedstaaten gewährleisten, dass Parteien, die mit Schwierigkeiten im Zusammenhang mit der Lizenzierung von Rechten konfrontiert sind, wenn sie den Abschluss einer Vereinbarung für die Zwecke der Zugänglichmachung audiovisueller Werke über Videoabrufdienste beabsichtigen, sich an eine unparteiische Instanz oder Mediatoren wenden können. Die von einem Mitgliedstaat zum Zwecke dieses Artikels eingerichtete oder benannte unparteiische Instanz leistet und die Mediatoren leisten den Parteien Unterstützung bei ihren Verhandlungen und hilft bzw. helfen ihnen bei der Erzielung von Vereinbarungen, was bei Bedarf auch die Übermittlung von Vorschlägen an die Parteien einschließt.

Die Mitgliedstaaten teilen der Kommission spätestens bis zum 7. Juni 2021 den Namen der in Absatz 1 genannten Instanz bzw. die Namen der in Absatz 1 genannten Mediatoren mit. In den Fällen, in denen die Mitgliedstaaten beschlossen haben, sich auf Mediationsverfahren zu stützen, muss die Mitteilung an die Kommission mindestens die Quelle enthalten, wo einschlägige Informationen über die mit dieser Aufgabe betrauten Mediatoren zu finden sind.

Kapitel 4. Gemeinfreie Werke der bildenden Kunst

Art. 14 Gemeinfreie Werke der bildenden Kunst. Die Mitgliedstaaten sehen vor, dass nach Ablauf der Dauer des Schutzes eines Werkes der bildenden Kunst Material, das im Zuge einer Handlung der Vervielfältigung dieses Werkes entstanden ist, weder urheberrechtlich noch durch verwandte Schutzrechte geschützt ist, es sei denn, dieses Material stellt eine eigene geistige Schöpfung dar.

Titel IV. Maßnahmen zur Schaffung eines funktionsfähigen Marktes für den Urheberrechtsschutz

Kapitel 1. Rechte an Veröffentlichungen

Art. 15 Schutz von Presseveröffentlichungen im Hinblick auf die Online-Nutzung. (1) Die Mitgliedstaaten legen Bestimmungen fest, mit denen Presseverlage mit Sitz in einem Mitgliedstaat die in Artikel 2 und Artikel 3 Absatz 2 der Richtlinie 2001/29/EG genannten Rechte für die Online-Nutzung ihrer Presseveröffentlichungen durch Anbieter von Diensten der Informationsgesellschaft erhalten.

Die in Unterabsatz 1 vorgesehenen Rechte gelten nicht für die private oder nicht-kommerzielle Nutzung von Presseveröf- fentlichungen durch einzelne Nutzer.

Der nach Unterabsatz 1 gewährte Schutz gilt nicht für das Setzen von Hyperlinks.

Die in Unterabsatz 1 vorgesehenen Rechte gelten nicht für die Nutzung einzelner Wörter oder sehr kurzer Auszüge aus einer Presseveröffentlichung.

(2) Die in Absatz 1 vorgesehenen Rechte lassen die im Unionsrecht festgelegten Rechte von Urhebern und sonstigen Rechteinhabern an den in einer Presseveröffentlichung enthaltenen Werken und sonstigen Schutzgegenständen unberührt und beeinträchtigen diese Rechte in keiner Weise. Die in Absatz 1 vorgesehenen Rechte dürfen nicht zum Nachteil dieser Urheber und sonstigen Rechteinhaber geltend gemacht werden und dürfen diesen insbesondere nicht das Recht nehmen, ihre Werke und sonstigen Schutzgegenstände unabhängig von der Presseveröffentlichung zu verwerten, in der sie enthalten sind.

Ist ein Werk oder ein sonstiger Schutzgegenstand auf der Grundlage einer nicht ausschließlichen Lizenz in einer Presseveröffentlichung enthalten, so dürfen die in Absatz 1 vorgesehenen Rechte nicht zu dem Zweck geltend gemacht werden, die Nutzung durch andere berechtigte Nutzer zu untersagen. Die in Absatz 1 vorgesehenen Rechte dürfen nicht zu dem Zweck geltend gemacht werden, die Nutzung von Werken oder sonstigen Schutzgegenständen, deren Schutzdauer abgelaufen ist, zu untersagen.

(3) Die Artikel 5 bis 8 der Richtlinie 2001/29/EG, die Richtlinie 2012/28/EU und die Richtlinie (EU) 2017/1564 des Europäischen Parlaments und des Rates[1)] finden sinngemäß auf die in Absatz 1 des vorliegenden Artikels vorgesehenen Rechte Anwendung.

(4) Die in Absatz 1 vorgesehenen Rechte erlöschen zwei Jahre nach der Veröffentlichung der Presseveröffentlichung. Die Berechnung dieser Zeitspanne erfolgt ab dem 1. Januar des auf den Tag der Veröffentlichung der Presseveröffentlichung folgenden Jahres.

[1)] **Amtl. Anm.:** Richtlinie (EU) 2017/1564 des Europäischen Parlaments und des Rates vom 13. September 2017 über bestimmte zulässige Formen der Nutzung bestimmter urheberrechtlich oder durch verwandte Schutzrechte geschützter Werke und sonstiger Schutzgegenstände zugunsten blinder, sehbehinderter oder anderweitig lesebehinderter Personen und zur Änderung der Richtlinie 2001/29/EG zur Harmonisierung bestimmter Aspekte des Urheberrechts und der verwandten Schutzrechte in der Informationsgesellschaft (ABl. L 242 vom 20.9.2017, S. 6).

Absatz 1 findet keine Anwendung auf Presseveröffentlichungen, deren erstmalige Veröffentlichung vor dem 6. Juni 2019 erfolgt.

(5) Die Mitgliedstaaten sehen vor, dass Urheber der in einer Presseveröffentlichung enthaltenen Werke einen angemessenen Anteil der Einnahmen erhalten, die die Presseverlage aus der Nutzung ihrer Presseveröffentlichungen durch Anbieter von Diensten der Informationsgesellschaft erhalten.

Art. 16 Ansprüche auf einen gerechten Ausgleich. Die Mitgliedstaaten können festlegen, dass für den Fall, dass ein Urheber einem Verleger ein Recht übertragen oder ihm eine Lizenz erteilt hat, diese Übertragung oder Lizenzierung eine hinreichende Rechtsgrundlage für den Anspruch des Verlegers auf einen Anteil am Ausgleich für die jeweilige Nutzung des Werkes im Rahmen einer Ausnahme oder Beschränkung für das übertragene oder lizenzierte Recht darstellt.

Satz 1 lässt die in den Mitgliedstaaten derzeit und künftig geltenden Regelungen über das öffentliche Verleihrecht unberührt.

Kapitel 2. Bestimmte Nutzungen geschützter Inhalte durch Online-Dienste

Art. 17 Nutzung geschützter Inhalte durch Diensteanbieter für das Teilen von Online-Inhalten. (1) Die Mitgliedstaaten sehen vor, dass ein Diensteanbieter für das Teilen von Online-Inhalten eine Handlung der öffentlichen Wiedergabe oder eine Handlung der öffentlichen Zugänglichmachung für die Zwecke dieser Richtlinie vornimmt, wenn er der Öffentlichkeit Zugang zu von seinen Nutzern hochgeladenen urheberrechtlich geschützten Werken oder sonstigen Schutzgegenständen verschafft.

Ein Diensteanbieter für das Teilen von Online-Inhalten muss deshalb die Erlaubnis von den in Artikel 3 Absatz 1 und 2 der Richtlinie 2001/29/EG genannten Rechteinhabern einholen, etwa durch den Abschluss einer Lizenzvereinbarung, damit er Werke oder sonstige Schutzgegenstände öffentlich wiedergeben oder öffentlich zugänglich machen darf.

(2) Die Mitgliedstaaten sehen vor, dass eine von einem Diensteanbieter für das Teilen von Online-Inhalten – zum Beispiel durch Abschluss einer Lizenzvereinbarung – eingeholte Erlaubnis auch für Handlungen gilt, die von Nutzern von Diensten ausgeführt werden und die in den Geltungsbereich des Artikels 3 der Richtlinie 2001/29/EG fallen, sofern diese Nutzer nicht auf der Grundlage einer gewerblichen Tätigkeit handeln oder mit ihrer Tätigkeit keine erheblichen Einnahmen erzielen.

(3) Nimmt ein Diensteanbieter für das Teilen von Online-Inhalten eine Handlung der öffentlichen Wiedergabe oder der öffentlichen Zugänglichmachung unter den in diesem Artikel festgelegten Bedingungen vor, so findet die Beschränkung der Verantwortlichkeit nach Artikel 14 Absatz 1 der Richtlinie 2000/31/EG auf die in diesem Artikel beschriebenen Situationen keine Anwendung.

Unterabsatz 1 des vorliegenden Absatzes lässt die mögliche Anwendung von Artikel 14 Absatz 1 der Richtlinie 2000/31/EG auf die Anbieter derartiger Dienste für Zwecke außerhalb des Geltungsbereichs dieser Richtlinie unberührt.

(4) Wird die Erlaubnis nicht erteilt, so ist der Diensteanbieter für das Teilen von Online-Inhalten für nicht erlaubte Handlungen der öffentlichen Wiedergabe, einschließlich der öffentlichen Zugänglichmachung, urheberrechtlich geschützter Werke oder sonstiger Schutzgegenstände verantwortlich, es sei denn, der Anbieter dieser Dienste erbringt den Nachweis, dass er

a) alle Anstrengungen unternommen hat, um die Erlaubnis einzuholen; und
b) nach Maßgabe hoher branchenüblicher Standards für die berufliche Sorgfalt alle Anstrengungen unternommen hat, um sicherzustellen, dass bestimmte Werke und sonstige Schutzgegenstände, zu denen die Rechteinhaber den Anbietern dieser Dienste einschlägige und notwendige Informationen bereitgestellt haben, nicht verfügbar sind; und in jedem Fall
c) nach Erhalt eines hinreichend begründeten Hinweises von den Rechteinhabern unverzüglich gehandelt hat, um den Zugang zu den entsprechenden Werken oder sonstigen Schutzgegenständen zu sperren bzw. die entsprechenden Werke oder sonstigen Schutzgegenstände von seinen Internetseiten zu entfernen, und alle Anstrengungen unternommen hat, um gemäß Buchstabe b das künftige Hochladen dieser Werke oder sonstigen Schutzgegenstände zu verhindern.

(5) Bei der Feststellung, ob der Diensteanbieter den in Absatz 4 festgelegten Verpflichtungen nachgekommen ist, wird im Lichte des Grundsatzes der Verhältnismäßigkeit unter anderem Folgendes berücksichtigt:

a) die Art, das Publikum und der Umfang der Dienste sowie die Art der von den Nutzern des Dienstes hochgeladenen Werke oder sonstigen Schutzgegenstände; und
b) die Verfügbarkeit geeigneter und wirksamer Mittel und die Kosten, die den Anbietern dieser Dienste hierfür entstehen.

(6) Die Mitgliedstaaten sehen vor, dass die Geltung der in Absatz 4 festgelegten Verantwortung für neue Diensteanbieter für das Teilen von Online-Inhalten, deren Dienste der Öffentlichkeit in der Union seit weniger als drei Jahren zur Verfügung stehen und deren Jahresumsatz, berechnet nach der Empfehlung der Kommission 2003/361/EG[1)], 10 Mio. EUR nicht übersteigt, darauf beschränkt ist, Absatz 4 Buchstabe a einzuhalten und nach Erhalt eines hinreichend begründeten Hinweises von den Rechteinhabern unverzüglich zu handeln, um den Zugang zu den entsprechenden Werken und sonstigen Schutzgegenständen zu sperren bzw. die entsprechenden Werke und sonstigen Schutzgegenstände von ihren Internetseiten zu entfernen.

Übersteigt – berechnet auf der Grundlage des vorausgegangenen Kalenderjahrs – die durchschnittliche monatliche Anzahl unterschiedlicher Besucher der Internetseiten derartiger Diensteanbieter 5 Mio., so müssen die Anbieter derartiger Dienste außerdem den Nachweis erbringen, dass sie alle Anstrengungen unternommen haben, um das künftige Hochladen der gemeldeten Werke und sonstigen Schutzgegenstände, zu denen die Rechteinhaber einschlägige und notwendige Informationen bereitgestellt haben, zu verhindern.

(7) Die Zusammenarbeit zwischen den Diensteanbietern für das Teilen von Online-Inhalten und den Rechteinhabern darf nicht bewirken, dass von Nutzern hochgeladene Werke oder sonstige Schutzgegenstände, bei denen kein Ver-

---

[1)] **Amtl. Anm.:** Empfehlung der Kommission vom 6. Mai 2003 betreffend die Definition der Kleinstunternehmen sowie der kleinen und mittleren Unternehmen (ABl. L 124 vom 20.5.2003, S. 36).

stoß gegen das Urheberrecht oder verwandte Schutzrechte vorliegt, nicht verfügbar sind, und zwar auch dann, wenn die Nutzung eines Werkes oder sonstigen Schutzgegenstandes im Rahmen einer Ausnahme oder Beschränkung erlaubt ist.

Die Mitgliedstaaten stellen sicher, dass sich alle Nutzer, die nutzergenerierte Inhalte auf Diensten für das Teilen von Online-Inhalten hochladen oder auf Diensten für das Teilen von Online-Inhalten zugänglich machen, in jedem Mitgliedstaat auf jede der folgenden Ausnahmen oder Beschränkungen stützen können:

a) Zitate, Kritik und Rezensionen;
b) Nutzung zum Zwecke von Karikaturen, Parodien oder Pastiches.

(8) Die Anwendung dieses Artikels darf nicht zu einer Pflicht zur allgemeinen Überwachung führen.

Die Mitgliedstaaten sehen vor, dass Diensteanbieter für das Teilen von Online-Inhalten den Rechteinhabern auf deren Ersuchen angemessene Informationen über die Funktionsweise ihrer Verfahren im Hinblick auf die Zusammenarbeit nach Absatz 4 und – im Fall von Lizenzvereinbarungen zwischen den Anbietern dieser Dienste und den Rechteinhabern – Informationen über die Nutzung der unter diese Vereinbarungen fallenden Inhalte bereitstellen.

(9) Die Mitgliedstaaten sehen vor, dass Diensteanbieter für das Teilen von Online-Inhalten den Nutzern ihrer Dienste im Fall von Streitigkeiten über die Sperrung des Zugangs zu den von diesen hochgeladenen Werken oder sonstigen Schutzgegenständen bzw. über die Entfernung der von diesen hochgeladenen Werke oder sonstigen Schutzgegenstände wirksame und zügige Beschwerde- und Rechtsbehelfsverfahren zur Verfügung stellen.

Verlangen Rechteinhaber die Sperrung des Zugangs zu ihren Werken oder sonstigen Schutzgegenständen oder die Entfernung dieser Werke oder sonstigen Schutzgegenstände, so begründen sie ihr Ersuchen in angemessener Weise. Im Rahmen des in Unterabsatz 1 vorgesehenen Verfahrens eingereichte Beschwerden sind unverzüglich zu bearbeiten, und Entscheidungen über die Sperrung des Zugangs zu hochgeladenen Inhalten bzw. über die Entfernung hochgeladener Inhalte sind einer von Menschen durchgeführten Überprüfung zu unterziehen. Die Mitgliedstaaten gewährleisten zudem, dass zur Beilegung von Streitigkeiten außergerichtliche Rechtsbehelfsverfahren zur Verfügung stehen. Unbeschadet der Rechte der Nutzer auf wirksamen gerichtlichen Rechtsbehelf müssen derartige Verfahren die unparteiische Beilegung von Streitigkeiten ermöglichen und dürfen den Nutzern den Rechtsschutz nach nationalem Recht nicht vorenthalten. Insbesondere müssen die Mitgliedstaaten gewährleisten, dass die Nutzer Zugang zu einem Gericht oder einem anderen einschlägigen Organ der Rechtspflege haben, um die Inanspruchnahme einer Ausnahme oder Beschränkung für das Urheberrecht und verwandte Schutzrechte geltend machen zu können.

Diese Richtlinie beeinträchtigt in keiner Weise die berechtigte Nutzung, etwa die Nutzung im Rahmen der im Unionsrecht festgelegten Ausnahmen oder Beschränkungen, und darf weder zur Identifizierung einzelner Nutzer führen noch als Rechtsgrundlage für die Verarbeitung personenbezogener Daten dienen, außer dies erfolgt im Einklang mit der Richtlinie 2002/58/EG und der Verordnung (EU) 2016/679.

Die Diensteanbieter für das Teilen von Online-Inhalten informieren ihre Nutzer in ihren Geschäftsbedingungen, dass sie Werke und sonstige Schutzgegenstände im Rahmen der im Unionsrecht festgelegten Ausnahmen und Beschränkungen für das Urheberrecht und verwandte Schutzrechte nutzen können.

(10) Ab dem 6. Juni 2019 veranstaltet die Kommission in Zusammenarbeit mit den Mitgliedstaaten Dialoge zwischen den Interessenträgern, in deren Rahmen bewährte Verfahren für die Zusammenarbeit zwischen den Diensteanbietern für das Teilen von Online-Inhalten und Rechteinhabern erörtert werden. Die Kommission gibt in Absprache mit den Diensteanbietern für das Teilen von Online-Inhalten, Rechteinhabern, Nutzerorganisationen und anderen einschlägigen Interessenträgern und unter Berücksichtigung der Ergebnisse der Dialoge zwischen den Interessenträgern Leitlinien zur Anwendung dieses Artikels heraus, insbesondere im Hinblick auf die Zusammenarbeit nach Absatz 4. Bei der Erörterung bewährter Verfahren wird unter anderem die notwendige Ausgewogenheit zwischen den Grundrechten und die Inanspruchnahme von Ausnahmen und Beschränkungen besonders berücksichtigt. Für die Zwecke des Dialogs zwischen den Interessenträgern haben die Nutzerorganisationen Zugang zu angemessenen, von den Diensteanbietern für das Teilen von Online-Inhalten bereitgestellten Informationen über die Funktionsweise ihrer Verfahren im Hinblick auf Absatz 4.

Kapitel 3. Faire Vergütung in Verwertungsverträgen mit Urhebern und ausübenden Künstlern

Art. 18 Grundsatz der angemessenen und verhältnismäßigen Vergütung. (1) Die Mitgliedstaaten stellen sicher, dass Urheber und ausübende Künstler, die eine Lizenz- oder Übertragungsvereinbarung für ihre ausschließlichen Rechte an der Verwertung ihrer Werke oder sonstigen Schutzgegenstände abschließen, das Recht auf eine angemessene und verhältnismäßige Vergütung haben.

(2) Bei der Umsetzung des in Absatz 1 festgelegten Grundsatzes in nationales Recht steht es den Mitgliedstaaten frei, auf verschiedene Mechanismen zurückzugreifen und sie tragen dem Grundsatz der Vertragsfreiheit und dem fairen Ausgleich der Rechte und Interessen Rechnung.

Art. 19 Transparenzpflicht. (1) Die Mitgliedstaaten stellen sicher, dass die Urheber und ausübenden Künstler regelmäßig – mindestens einmal jährlich – und unter Berücksichtigung der branchenspezifischen Besonderheiten aktuelle, einschlägige und umfassende Informationen über die Verwertung ihrer Werke und Darbietungen, vor allem über die Art der Verwertung, sämtliche erzielten Einnahmen von und die fälligen Forderungen gegenüber denjenigen, denen sie Lizenzrechte erteilt oder an die sie Rechte übertragen haben, sowie von deren Rechtsnachfolgern erhalten.

(2) Die Mitgliedstaaten stellen sicher, dass in den Fällen, in denen für die in Absatz 1 genannten Rechte später Unterlizenzen erteilt wurden, die Urheber und ausübenden Künstler oder ihre Vertreter auf Verlangen von den Unterlizenznehmern zusätzliche Informationen erhalten, falls die erste Vertragspartei nicht über alle Informationen verfügt, die für die Zwecke von Absatz 1 notwendig wären.

Werden diese zusätzlichen Informationen angefordert, so stellt der erste Vertragspartner der Urheber und ausübenden Künstler Informationen über die Identität der Unterlizenznehmer bereit.

Die Mitgliedstaaten können vorsehen, dass sämtliche an Unterlizenznehmer gerichteten Verlangen gemäß Unterabsatz 1 direkt oder indirekt über den Vertragspartner des Urhebers oder ausübenden Künstlers gestellt werden.

(3) Die in Absatz 1 genannte Pflicht muss verhältnismäßig und im Hinblick auf die Sicherstellung eines hohen Maßes an Transparenz in jeder Branche effektiv sein. Die Mitgliedstaaten können vorsehen, dass in hinreichend begründeten Fällen, in denen der Verwaltungsaufwand aufgrund der in Absatz 1 genannten Pflicht im Verhältnis zu den durch die Verwertung des Werks oder der Darbietung erzielten Einnahmen unverhältnismäßig hoch wäre, die Pflicht auf die Arten und den Umfang der Informationen beschränkt ist, deren Bereitstellung in derartigen Fällen nach billigem Ermessen erwartet werden kann.

(4) Die Mitgliedstaaten können festlegen, dass die in Absatz 1 des vorliegenden Artikels genannte Pflicht keine Anwendung findet, wenn der Beitrag des Urhebers oder ausübenden Künstlers vor dem Hintergrund des Gesamtwerks oder der Gesamtdarbietung nicht erheblich ist, es sei denn, der Urheber oder ausübende Künstler legt dar, dass er die Informationen zur Ausübung seiner Rechte nach Artikel 20 Absatz 1 benötigt und zu diesem Zweck anfordert.

(5) Die Mitgliedstaaten können vorsehen, dass bei Vereinbarungen, die Gegenstand von Kollektivvereinbarungen sind oder auf Kollektivvereinbarungen beruhen, die Transparenzvorschriften der einschlägigen Kollektivvereinbarung gelten, sofern diese Vorschriften die in den Absätzen 1 bis 4 vorgesehenen Kriterien erfüllen.

(6) Ist Artikel 18 der Richtlinie 2014/26/EU anwendbar, so findet die in Absatz 1 des vorliegenden Artikels genannte Pflicht keine Anwendung auf Vereinbarungen, die von Organisationen im Sinne von Artikel 3 Buchstabe a und b jener Richtlinie oder sonstigen Einrichtungen, die den nationalen Vorschriften zur Umsetzung jener Richtlinie unterliegen, geschlossen wurden.

Art. 20 Vertragsanpassungsmechanismus. (1) Bestehen keine anwendbaren Kollektivvereinbarungen, die einen Mechanismus vorsehen, der dem in diesem Artikel festgelegten vergleichbar ist, so gewährleisten die Mitgliedstaaten, dass Urheber und ausübende Künstler oder ihre Vertreter das Recht haben, eine zusätzliche, angemessene und faire Vergütung von der Partei, mit der sie einen Vertrag über die Verwertung ihrer Rechte geschlossen haben, oder von den Rechtsnachfolgern einer solchen Partei zu verlangen, wenn sich die ursprünglich vereinbarte Vergütung im Vergleich zu sämtlichen späteren einschlägigen Einnahmen aus der Verwertung der Werke oder Darbietungen als unverhältnismäßig niedrig erweist.

(2) Absatz 1 des vorliegenden Artikels findet keine Anwendung auf Vereinbarungen, die von Organisationen im Sinne von Artikel 3 Buchstabe a und b der Richtlinie 2014/26/EU oder sonstigen Einrichtungen, die bereits den nationalen Vorschriften zur Umsetzung jener Richtlinie unterliegen, geschlossen wurden.

Art. 21 Alternative Streitbeilegungsverfahren. Die Mitgliedstaaten tragen dafür Sorge, dass Streitigkeiten über die Transparenzpflicht nach Artikel 19 und den Vertragsanpassungsmechanismus nach Artikel 20 zum Gegenstand eines freiwilligen, alternativen Streitbeilegungsverfahrens gemacht werden können. Die Mitgliedstaaten stellen sicher, dass Vertretungsorganisationen von

Urhebern und ausübenden Künstlern derartige Verfahren auf besonderen Antrag eines oder mehrerer Urheber oder ausübender Künstler einleiten können.

Art. 22 Widerrufsrecht. (1) Hat ein Urheber oder ein ausübender Künstler eine ausschließliche Lizenz für seine Rechte an einem Werk oder sonstigen Schutzgegenstand erteilt oder eine ausschließliche Übertragung seiner Rechte daran vorgenommen, so gewährleisten die Mitgliedstaaten, dass der Urheber oder ausübende Künstler diese Lizenz oder Übertragung ganz oder teilweise widerrufen kann, wenn dieses Werk oder dieser sonstige Schutzgegenstand nicht verwertet wird.

(2) Für das in Absatz 1 vorgesehene Widerrufsverfahren können im nationalen Recht besondere Bestimmungen vorgesehen werden, mit denen Folgendem Rechnung getragen wird:
a) den Besonderheiten der unterschiedlichen Branchen und den unterschiedlichen Arten von Werken und Darbietungen sowie
b) der jeweiligen Bedeutung der einzelnen Beiträge und den berechtigten Interessen aller Urheber und ausübenden Künstler, die von der Anwendung des Widerrufsverfahrens durch einen einzelnen Urheber oder ausübenden Künstler betroffen sind, sofern an einem Werk oder sonstigen Schutzgegenstand mehr als ein Urheber oder ausübender Künstler beteiligt ist.

Die Mitgliedstaaten können Werke oder sonstige Schutzgegenstände von der Anwendung des Widerrufsverfahrens ausnehmen, wenn diese Werke oder sonstigen Schutzgegenstände in der Regel Beiträge mehrerer Urheber oder ausübender Künstler enthalten.

Die Mitgliedstaaten können vorsehen, dass die Anwendung des Widerrufsverfahrens nur innerhalb eines bestimmten Zeitraums zulässig ist, sofern das eine derartige Beschränkung aufgrund der Besonderheiten der Branche oder der Art des Werkes oder sonstigen Schutzgegenstands hinreichend gerechtfertigt ist.

Die Mitgliedstaaten können vorsehen, dass Urheber oder ausübende Künstler die Ausschließlichkeit eines Vertrags kündigen können, anstatt die Lizensierung oder die Übertragung der Rechte zu widerrufen.

(3) Die Mitgliedstaaten sehen vor, dass der in Absatz 1 vorgesehene Widerruf nur nach Ablauf eines angemessenen Zeitraums nach Abschluss der Lizenz- oder Übertragung der Rechte erfolgen darf. Der Urheber oder ausübende Künstler benachrichtigt die Person, der die Lizenz für die Rechte erteilt wurde bzw. der die Rechte übertragen wurden, und setzt ihr eine angemessene Frist, bis zu deren Ablauf die Verwertung der lizenzierten oder übertragenen Rechte erfolgen muss. Nach Ablauf dieser Frist kann der Urheber oder ausübende Künstler die Ausschließlichkeit des Vertrags kündigen, anstatt die Lizenz für die Rechte bzw. die Übertragung der Rechte zu widerrufen.

(4) Absatz 1 findet keine Anwendung, wenn die nicht erfolgte Nutzung vorwiegend auf Umstände zurückzuführen ist, deren Behebung nach billigem Ermessen von dem Urheber oder ausübenden Künstler erwartet werden kann.

(5) Die Mitgliedstaaten können vorsehen, dass Vertragsbestimmungen, die vom Widerrufsverfahren des Absatzes 1 abweichen, nur durchsetzbar sind, wenn sie auf einer Kollektivvereinbarung beruhen.

Art. 23 Gemeinsame Bestimmungen. (1) Die Mitgliedstaaten gewährleisten, dass Vertragsbestimmungen, durch die die Einhaltung der Artikel 19, 20 und 21 verhindert wird, gegenüber den Urhebern und ausübenden Künstlern nicht durchsetzbar sind.

(2) Die Mitgliedstaaten sehen vor, dass die Artikel 18 bis 22 der vorliegenden Richtlinie keine Anwendung auf Urheber eines Computerprogramms im Sinne von Artikel 2 der Richtlinie 2009/24/EG finden.

Titel V. Schlussbestimmungen

Art. 24 Änderungen der Richtlinien 96/9/EG und 2001/29/EG[1)]

Art. 25 Verhältnis zu Ausnahmen und Beschränkungen gemäß anderen Richtlinien. Die Mitgliedstaaten können für Arten oder Bereiche der Nutzung, für die die Ausnahmen oder Beschränkungen der vorliegenden Richtlinie gelten, umfassendere Bestimmungen erlassen oder aufrechterhalten, die mit den in den Richtlinien 96/9/EG und 2001/29/EG vorgesehenen Ausnahmen und Beschränkungen vereinbar sind.

Art. 26 Zeitliche Anwendung. (1) Diese Richtlinie findet auf alle Werke und sonstigen Schutzgegenstände Anwendung, die ab dem 7. Juni 2021 oder danach durch das Recht der Mitgliedstaaten auf dem Gebiet des Urheberrechts geschützt sind.

(2) Diese Richtlinie berührt nicht Handlungen und Rechte, die vor dem 7. Juni 2021 abgeschlossen bzw. erworben wurden.

Art. 27 Übergangsbestimmung. Vereinbarungen über die Lizenzvergabe oder die Übertragung von Rechten von Urhebern und ausübenden Künstlern unterliegen ab dem 7. Juni 2022 der Transparenzpflicht nach Artikel 19.

Art. 28 Schutz personenbezogener Daten. Die Verarbeitung personenbezogener Daten im Zusammenhang mit dieser Richtlinie muss nach Maßgabe der Richtlinie 2002/58/EG und der Verordnung (EU) 2016/679 erfolgen.

Art. 29 Umsetzung. (1) Die Mitgliedstaaten setzen die Rechts- und Verwaltungsvorschriften in Kraft, die erforderlich sind, um dieser Richtlinie bis zum 7. Juni 2021 nachzukommen. Sie setzen die Kommission unverzüglich davon in Kenntnis.

Bei Erlass dieser Vorschriften nehmen die Mitgliedstaaten in den Vorschriften selbst oder durch einen Hinweis bei der amtlichen Veröffentlichung auf die vorliegende Richtlinie Bezug. Die Mitgliedstaaten regeln die Einzelheiten dieser Bezugnahme.

(2) Die Mitgliedstaaten teilen der Kommission den Wortlaut der wichtigsten nationalen Rechtsvorschriften mit, die sie auf dem unter diese Richtlinie fallenden Gebiet erlassen.

Art. 30 Überprüfung. (1) Frühestens am 7. Juni 2026 führt die Kommission eine Bewertung dieser Richtlinie durch und legt dem Europäischen Par-

---

[1)] Eingearbeitet bei Nr. **44** und **45**.

lament, dem Rat und dem Europäischen Wirtschafts- und Sozialausschuss die wichtigsten Ergebnisse der Bewertung dieser Richtlinie vor.

Die Kommission bewertet bis zum 7. Juni 2024 die Auswirkungen der besonderen Verantwortlichkeit nach Artikel 17, die nach Maßgabe von Artikel 17 Absatz 6 für Diensteanbieter für das Teilen von Online-Inhalten gilt, deren Jahresumsatz 10 Mio. EUR nicht übersteigt und deren Dienste der Öffentlichkeit in der Union seit weniger als drei Jahren zur Verfügung stehen, und ergreift anhand der Ergebnisse ihrer Bewertung erforderlichenfalls entsprechende Maßnahmen.

(2) Die Mitgliedstaaten übermitteln der Kommission alle Angaben, die für die Ausarbeitung des in Absatz 1 genannten Berichts erforderlich sind.

Art. 31 Inkrafttreten. Diese Richtlinie tritt am zwanzigsten Tag nach ihrer Veröffentlichung im *Amtsblatt der Europäischen Union* in Kraft.

Art. 32 Adressaten. Diese Richtlinie ist an die Mitgliedstaaten gerichtet.

49. Richtlinie (EU) 2019/789 des Europäischen Parlaments und des Rates mit Vorschriften für die Ausübung von Urheberrechten und verwandten Schutzrechten in Bezug auf bestimmte Online-Übertragungen von Sendeunternehmen und die Weiterverbreitung von Fernseh- und Hörfunkprogrammen und zur Änderung der Richtlinie 93/83/EWG des Rates

vom 17. April 2019

(ABl. Nr. L 130/S. 82), ber. ABl. v. 17.5.2019 Nr. L 130

(Text von Bedeutung für den EWR)

DAS EUROPÄISCHE PARLAMENT UND DER RAT DER EUROPÄISCHEN UNION –

gestützt auf den Vertrag über die Arbeitsweise der Europäischen Union, insbesondere auf Artikel 53 Absatz 1 und Artikel 62,

auf Vorschlag der Europäischen Kommission,

nach Zuleitung des Entwurfs des Gesetzgebungsakts an die nationalen Parlamente, nach Stellungnahme des Europäischen Wirtschafts- und Sozialausschusses[1)],

nach Anhörung des Ausschusses der Regionen, gemäß dem ordentlichen Gesetzgebungsverfahren[2)], in Erwägung nachstehender Gründe:

(1) Um das ordnungsgemäße Funktionieren des Binnenmarkts zu fördern, sollte in den Mitgliedstaaten im Interesse der Verbraucher in der gesamten Union für eine weitere Verbreitung von Fernseh- und Hörfunkprogrammen aus anderen Mitgliedstaaten gesorgt und dafür die Lizenzierung von Urheberrechten und verwandten Schutzrechten an Werken und sonstigen Schutzgegenständen, die Gegenstand der Übertragung bestimmter Arten von Fernseh- und Hörfunkprogrammen sind, erleichtert werden. Fernseh- und Hörfunkprogramme sind ein wichtiges Mittel zur Förderung der kulturellen und sprachlichen Vielfalt und des sozialen Zusammenhalts und zur Erweiterung des Zugangs zu Informationen.

(2) Durch die Weiterentwicklung digitaler Technologien und des Internets hat sich die Art und Weise der Verbreitung von Fernseh- und Hörfunkprogrammen und des Zugangs zu diesen Programmen verändert. Verbraucher erwarten in zunehmendem Maße, dass Fernseh- und Hörfunkprogramme sowohl live als auch auf Abruf zugänglich sind, und zwar sowohl über her-

---

1) **Amtl. Anm.:** ABl. C 125 vom 21.4.2017, S. 27.

2) **Amtl. Anm.:** Standpunkt des Europäischen Parlaments vom 28. März 2019 (noch nicht im Amtsblatt veröffentlicht) und Beschluss des Rates vom 15. April 2019.

kömmliche Kanäle wie Satellit oder Kabel als auch über Online-Dienste. Daher bieten die Sendeunternehmen in zunehmendem Maße über ihre eigenen Übertragungen von Fernseh- und Hörfunkprogrammen hinaus Online-Dienste wie Simultansendungen und Nachholdienste an, die ihre Übertragungen ergänzen. Betreiber von Weiterverbreitungsdiensten, die Übertragungen von Fernseh- und Hörfunkprogrammen zu Paketen aggregieren und diese den Verbrauchern unverändert und vollständig zeitgleich mit den jeweiligen Erstsendungen anbieten, nutzen unterschiedliche Weiterverbreitungstechnologien wie Kabel, Satellit, digitale terrestrische Netze und mobile Netze oder geschlossene internetprotokollgestützte Netze sowie das offene Internet. Darüber hinaus haben Betreiber, die Nutzern Fernseh- und Hörfunkprogramme bereitstellen, verschiedene Möglichkeiten, programmtragende Signale von Sendeunternehmen zu erlangen, z. B. mittels Direkteinspeisung. Seitens der Nutzer wächst die Nachfrage nach Zugang zu Übertragungen von Fernseh- und Hörfunkprogrammen, die ihren Ursprung nicht in ihrem Mitgliedstaat, sondern auch in anderen Mitgliedstaaten haben. Zu diesen Nutzern gehören Personen, die den sprachlichen Minderheiten in der Union angehören oder in einem anderen Mitgliedstaat als dem ihrer Herkunft wohnen.

(3) Sendeunternehmen übertragen Tag für Tag viele Stunden lang Fernseh- und Hörfunkprogramme. Diese Programme enthalten eine Fülle an Inhalten wie audiovisuelle, musikalische, literarische oder grafische Werke, die nach dem Unionsrecht urheberrechtlich oder durch verwandte Schutzrechte bzw. beides geschützt sind. Folglich müssen in einem komplizierten Prozess die Rechte einer Vielzahl von Rechteinhabern geklärt werden, die zudem verschiedene Arten von Werken und sonstigen Schutzgegenständen betreffen. Oft müssen die Rechte in kürzester Zeit geklärt werden, insbesondere für Nachrichtensendungen oder Sendungen zum aktuellen Geschehen. Damit Sendeunternehmen ihre Online-Dienste über Staatsgrenzen hinweg verfügbar machen können, müssen sie die erforderlichen Rechte an Werken und sonstigen Schutzgegenständen für alle betroffenen Gebiete innehaben, was die Klärung dieser Rechte noch komplizierter macht.

(4) Betreiber von Weiterverbreitungsdiensten bieten normalerweise eine Vielzahl an Programmen an, die eine Vielzahl von Werken und sonstigen Schutzgegenständen enthalten, und haben nur sehr wenig Zeit, die erforderlichen Lizenzen zu erwerben; sie müssen daher erheblichen Aufwand im Zusammenhang mit der Klärung der die Rechte betreffenden Fragen betreiben. Für Urheber, Produzenten und sonstige Rechteinhaber besteht zudem das Risiko, dass ihre Werke und sonstigen Schutzgegenstände ohne Erlaubnis oder angemessene Vergütung verwertet werden. Eine derartige Vergütung für die Weiterverbreitung ihrer Werke und sonstigen Schutzgegenstände ist wichtig, damit vielfältige Inhalte angeboten werden können, was auch im Interesse der Verbraucher liegt.

(5) Die Rechte an Werken und sonstigen Schutzgegenständen wurden unter anderem durch die Richtlinie 2001/29/EG des Europäischen Parlaments und des Rates[1] und die Richtlinie 2006/115/EG des Europäischen Parlaments

---

[1] **Amtl. Anm.:** Richtlinie 2001/29/EG des Europäischen Parlaments und des Rates vom 22. Mai 2001 zur Harmonisierung bestimmter Aspekte des Urheberrechts und der verwandten Schutzrechte in der Informationsgesellschaft (ABl. L 167 vom 22.6.2001, S. 10).

und des Rates[1)] harmonisiert, durch die Rechteinhaber in hohem Maße geschützt werden.

(6) Durch die Richtlinie 93/83/EWG[2)] wird die grenzüberschreitende Übertragung über Satellit und die Kabelweiterverbreitung von Fernseh- und Hörfunkprogrammen aus anderen Mitgliedstaaten erleichtert. Die Vorschriften der Richtlinie für Übertragungen von Sendeunternehmen gelten jedoch nur für Übertragungen über Satellit und daher nicht für Online-Dienste, die Übertragungen ergänzen. Zudem gelten die Vorschriften für die Weiterverbreitung von Fernseh- und Hörfunkprogrammen aus anderen Mitgliedstaaten nicht für die Weiterverbreitung mittels anderer Technologien, sondern nur für die zeitgleiche, unveränderte und vollständige Weiterverbreitung über Kabel- oder Mikrowellensysteme.

(7) Demgemäß sollte die grenzüberschreitende Bereitstellung von Online-Diensten, die Übertragungen ergänzen, und die Weiterverbreitung von Fernseh- und Hörfunkprogrammen aus anderen Mitgliedstaaten erleichtert werden, indem der Rechtsrahmen für die Ausübung von Urheberrechten und verwandten Schutzrechten, die für diese Tätigkeiten relevant sind, angepasst wird. Bei dieser Anpassung sollte der Finanzierung und Produktion kreativer Inhalte und insbesondere audiovisueller Werke Rechnung getragen werden.

(8) Diese Richtlinie sollte sich auf ergänzende Online-Dienste erstrecken, die von einem Sendeunternehmen bereitgestellt werden und die eindeutig auf die Übertragungen des Sendeunternehmens bezogen und ihnen untergeordnet sind. Zu diesen Diensten gehören Dienste, die Fernseh- und Hörfunkprogramme zeitgleich mit ihrer Übertragung ausschließlich linear zugänglich machen, sowie Dienste, die vom Sendeunternehmen bereits übertragene Fernseh- und Hörfunkprogramme für einen begrenzten Zeitraum nach ihrer Übertragung zugänglich machen, sogenannte Nachholdienste. Außerdem schließen die von dieser Richtlinie erfassten ergänzenden Online-Dienste Dienste ein, die Materialien zugänglich machen, die die vom Sendeunternehmen übertragenen Fernseh- und Hörfunkprogramme ergänzen oder anderweitig erweitern, auch durch Vorschauen, Erweiterungen, Beilagen oder Besprechungen zum jeweiligen Programminhalt. Diese Richtlinie sollte für ergänzende Online-Dienste gelten, die den Nutzern von den Sendeunternehmen zusammen mit dem Rundfunkdienst bereitgestellt werden. Sie sollte auch für ergänzende Online-Dienste gelten, die zwar eindeutig auf die jeweilige Übertragung bezogen und ihr untergeordnet, den Nutzern jedoch unabhängig von dem Rundfunkdienst zugänglich sind, ohne dass von ihnen verlangt wird, beispielsweise über ein Abonnement Zugang zu dem Rundfunkdienst zu erlangen. Dies lässt die Freiheit des Sendeunternehmens unberührt, derartige ergänzende Online-Dienste kostenlos oder gegen Zahlung eines Geldbetrags anzubieten. Die Bereitstellung von einzelnen Werken oder sonstigen Schutzgegenständen, die in einem Fernseh- oder Rundfunkprogramm enthalten sind, oder von Werken oder sonstigen Schutzgegenständen,

---

[1)] **Amtl. Anm.:** Richtlinie 2006/115/EG des Europäischen Parlaments und des Rates vom 12. Dezember 2006 zum Vermietrecht und Verleihrecht sowie zu bestimmten dem Urheberrecht verwandten Schutzrechten im Bereich des geistigen Eigentums (ABl. L 376 vom 27.12.2006, S. 28).

[2)] **Amtl. Anm.:** Richtlinie 93/83/EWG des Rates vom 27. September 1993 zur Koordinierung bestimmter urheber- und leistungsschutzrechtlicher Vorschriften betreffend Satellitenrundfunk und Kabelweiterverbreitung (ABl. L 248 vom 6.10.1993, S. 15).

die nicht mit einem von dem Sendeunternehmen übertragenen Programm in Verbindung stehen, etwa Dienste, die einzelne Musik- oder audiovisuelle Werke, Musikalben oder Videos, z. B. über Videoabrufdienste, zugänglich machen, sollte nicht als Online-Dienst im Sinne dieser Richtlinie gelten.

(9) Um die Klärung und den Erwerb von Rechten für die grenzüberschreitende Bereitstellung eines ergänzenden Online-Dienstes zu erleichtern, sollte festgelegt werden, dass für die Ausübung von Urheberrechten und verwandten Schutzrechten, die für Vorgänge im Zusammenhang mit der Bereitstellung eines ergänzenden Online-Dienstes, dem Zugang zu diesem oder dessen Nutzung relevant sind, das Ursprungslandprinzip gilt. Dieses Prinzip sollte die Klärung aller Rechte umfassen, die erforderlich sind, damit ein Sendeunternehmen im Rahmen der Bereitstellung ergänzender Online-Dienste seine Programme öffentlich wiedergeben oder sie öffentlich zugänglich machen kann, einschließlich der Klärung der Urheberrechte und verwandten Schutzrechte an den in den Programmen verwendeten Werken oder sonstigen Schutzgegenständen, beispielsweise der Rechte an Tonträgern oder Darbietungen. Dieses Ursprungslandprinzip sollte ausschließlich für die Beziehungen zwischen den Rechteinhabern oder Einrichtungen, die Rechteinhaber vertreten, wie Verwertungsgesellschaften, und den Sendeunternehmen und nur im Hinblick auf die Bereitstellung eines ergänzenden Online-Dienstes, den Zugang zu diesem und dessen Nutzung gelten. Das Ursprungslandprinzip sollte nicht für eine nachfolgende drahtgebundene oder drahtlose öffentliche Wiedergabe von Werken oder sonstigen Schutzgegenständen, oder die nachfolgende drahtgebundene oder drahtlose öffentliche Zugänglichmachung von Werken und sonstigen Schutzgegenständen in einer Weise, dass sie Mitgliedern der Öffentlichkeit an Orten und zu Zeiten ihrer Wahl zugänglich sind oder für eine spätere Vervielfältigung von Werken und sonstigen Schutzgegenständen gelten, die in dem ergänzenden Online-Dienst enthalten sind.

(10) Angesichts der Besonderheiten der Finanzierungs- und Lizenzierungsverfahren für bestimmte audiovisuelle Werke, die häufig auf ausschließlichen Gebietslizenzen beruhen, ist es in Bezug auf Fernsehprogramme angezeigt, den Geltungsbereich des in dieser Richtlinie festgelegten Ursprungslandprinzips auf bestimmte Programmarten zu beschränken. Zu diesen Programmarten sollten Nachrichtensendungen und Sendungen zum aktuellen Geschehen sowie Eigenproduktionen eines Sendeunternehmens gehören, die ausschließlich von ihm finanziert werden, einschließlich solcher Produktionen, für die die Finanzierungsmittel der Sendeunternehmen aus öffentlichen Quellen stammen. Für die Zwecke dieser Richtlinie sollten als Eigenproduktionen von Sendeunternehmen Produktionen gelten, die von ihnen mit eigenen Mitteln produziert werden, nicht jedoch von Sendeunternehmen bei von ihnen unabhängigen Produzenten in Auftrag gegebene Produktionen und Koproduktionen. Aus denselben Gründen sollte das Ursprungslandprinzip nicht für Fernsehübertragungen von Sportereignissen im Sinne dieser Richtlinie gelten. Das Ursprungslandprinzip sollte nur dann gelten, wenn die Programme von dem Sendeunternehmen in seinen eigenen ergänzenden Online-Diensten verwendet werden. Es sollte nicht für die Lizenzierung der Eigenproduktionen eines Sendeunternehmens an Dritte, auch nicht an andere Rundfunk- anstalten, gelten. Das Ursprungslandprinzip sollte die Freiheit der Rechteinhaber und das Sendeunternehmen, im Einklang mit dem Unionsrecht Einschränkungen der Verwertung ihrer Rechte, auch in territorialer Hinsicht, zu vereinbaren, nicht beeinträchtigen.

(11) Das in dieser Richtlinie festgelegte Ursprungslandprinzip sollte zu keinerlei Verpflichtung für Sendeunternehmen führen, Sendungen in ihren ergänzenden Online-Diensten öffentlich wiederzugeben oder zugänglich zu machen oder derartige ergänzende Online-Dienste in einem anderen Mitgliedstaat als dem Mitgliedstaat ihrer Hauptniederlassung zu erbringen.

(12) Da die Bereitstellung eines ergänzenden Online-Dienstes, der Zugang zu diesem und dessen Nutzung im Rahmen der vorliegenden Richtlinie nur in dem Mitgliedstaat als erfolgt gelten, in dem das Sendeunternehmen seine Hauptniederlassung hat, der ergänzende Online-Dienst faktisch aber über Staatsgrenzen hinweg in anderen Mitgliedstaaten angeboten werden kann, muss sichergestellt werden, dass die Parteien bei der Festsetzung der Vergütung für die betreffenden Rechte alle Aspekte des ergänzenden Online-Dienstes, wie die Eigenschaften des Dienstes, einschließlich des Zeitraums, in dem die im Rahmen des Dienstes bereitgestellten Programme online verfügbar sind, das Publikum, sowohl in dem Mitgliedstaat, in dem das Sendeunternehmen seine Hauptniederlassung hat, als auch in anderen Mitgliedstaaten, in denen der Zugang zu dem ergänzenden Online-Dienst und dessen Nutzung erfolgt, und die bereitgestellten Sprachfassungen berücksichtigen. Es sollte jedoch auch künftig möglich sein, besondere Methoden für die Berechnung der Höhe der Vergütung für die dem Ursprungslandprinzip unterliegenden Rechte anzuwenden, wie zum Beispiel Methoden, bei denen die Einnahmen des Sendeunternehmens aus dem Online-Dienst als Grundlage herangezogen werden, die insbesondere von Hörfunksendeunternehmen angewandt werden.

(13) Unter Berücksichtigung des Grundsatzes der Vertragsfreiheit bleibt auch künftig eine Einschränkung der Verwertung der Rechte zulässig, für die das in dieser Richtlinie festgelegte Ursprungslandprinzip gilt, vorausgesetzt, dass diese Einschränkung mit dem Unionsrecht im Einklang steht.

(14) Betreiber von Weiterverbreitungsdiensten können auf unterschiedliche Technologien zurückgreifen, um eine zum öffentlichen Empfang bestimmte Erstsendung von Fernseh- oder Hörfunkprogrammen aus einem anderen Mitgliedstaat zeitgleich, unverändert und vollständig weiterzuverbreiten. Betreiber von Weiterverbreitungsdiensten können die programmtragenden Signale von Sendeunternehmen, die diese Signale ihrerseits öffentlich übertragen, auf unterschiedliche Weise erlangen, z. B. durch den Empfang der von den Sendeunternehmen übertragenen Signale oder durch den Direktempfang der Signale mittels des technischen Verfahrens der Direkteinspeisung. Die Dienste solcher Betreiber können über Satellit, digitale terrestrische Netze, mobile oder geschlossene internetprotokollgestützte Netze und ähnliche Netze oder durch Internetzugangsdienste im Sinne der Verordnung (EU) 2015/2120 des Europäischen Parlaments und des Rates[1] angeboten werden. Betreiber von Weiterverbreitungs- diensten, die solche Technologien zur Weiterverbreitung verwenden, sollten daher von dieser Richtlinie erfasst sein und der Mechanismus, mit dem die obligatorische kollektive Rechtewahrnehmung eingeführt wird, sollte ihnen zugutekommen. Um ausreichende Schutzmaßnahmen gegen die

---

[1] **Amtl. Anm.:** Verordnung (EU) 2015/2120 des Europäischen Parlaments und des Rates vom 25. November 2015 über Maßnahmen zum Zugang zum offenen Internet und zur Änderung der Richtlinie 2002/22/EG über den Universaldienst und Nutzerrechte bei elektronischen Kommunikationsnetzen und -diensten sowie der Verordnung (EU) Nr. 531/2012 über das Roaming in öffentlichen Mobilfunknetzen in der Union (ABl. L 310 vom 26.11.2015, S. 1).

unbefugte Nutzung von Werken und sonstigen Schutzgegenständen sicherzustellen, was bei kostenpflichtigen Diensten von besonderem Belang ist, sollten über Internetzugangsdienste angebotene Weiterverbreitungsdienste nur dann von dieser Richtlinie erfasst werden, wenn solche Weiterverbreitungsdienste in einer Umgebung angeboten werden, in der nur vertraglich berechtigte Nutzer Zugang zu den Weiterverbreitungen haben, und die Sicherheit der bereitgestellten Inhalte auf einem Niveau liegt, das mit dem Sicherheitsniveau von Inhalten vergleichbar ist, die über geordnete Netzwerke (z. B. Kabelnetze oder geschlossene internetprotokollgestützte Netzwerke) übertragen werden, in denen weiterverbreitete Inhalte verschlüsselt werden. Diese Anforderungen sollten erfüllbar und angemessen sein.

(15) Für die Weiterverbreitung von Erstsendungen von Fernseh- und Hörfunkprogrammen müssen Betreiber von Weiterverbreitungsdiensten eine Erlaubnis von den Inhabern des ausschließlichen Rechts der öffentlichen Wiedergabe der Werke oder sonstigen Schutzgegenstände einholen. Um den Betreibern von Weiterverbreitungsdiensten Rechtssicherheit zu gewährleisten und Unterschiede im nationalen Recht für Weiterverbreitungsdienste zu beseitigen, sollten Bestimmungen gelten, die mit den Vorschriften der Richtlinie 93/83/EWG für die Kabelweiterverbreitung vergleichbar sind. Die Vorschriften im Rahmen der genannten Richtlinie sehen unter anderem vor, dass das Recht, dem Betreiber eines Weiterverbreitungsdienstes die Erlaubnis zur Weiterverbreitung zu erteilen oder zu verweigern, nur durch eine Verwertungsgesellschaft geltend gemacht werden kann. Nach diesen Vorschriften bleibt das Recht, die Erlaubnis zu erteilen oder zu verweigern, als solches unangetastet, lediglich die Ausübung dieses Rechts wird zu einem gewissen Teil geregelt. Die Rechteinhaber sollten eine angemessene Vergütung für die Weiterverbreitung ihrer Werke und sonstigen Schutzgegenstände erhalten. Bei der Festlegung angemessener Lizenzbedingungen, einschließlich der Lizenzgebühr, für die Weiterverbreitung gemäß der Richtlinie 2014/26/EU des Europäischen Parlaments und des Rates[1)] sollte unter anderem dem wirtschaftlichen Wert der Nutzung der Rechte Rechnung getragen werden, was auch den Wert der Mittel für die Weiterverbreitung umfasst. Dies sollte die kollektive Wahrnehmung des Rechts auf eine einzige angemessene Vergütung für ausübende Künstler und Tonträgerhersteller für die öffentliche Wiedergabe von gewerblichen Tonträgern gemäß Artikel 8 Absatz 2 der Richtlinie 2006/115/EG, sowie die Richtlinie 2014/26/EU, insbesondere deren Bestimmungen über die Rechte der Rechteinhaber in Bezug auf die Wahl einer Verwertungsgesellschaft, unberührt lassen.

(16) Nach der vorliegenden Richtlinie sollte es zulässig sein, dass Vereinbarungen zwischen einer Verwertungsgesellschaft und Betreibern von Weiterverbreitungsdiensten in Bezug auf Rechte, die gemäß der vorliegenden Richtlinie der verbindlichen kollektiven Rechtewahrnehmung unterliegen, auf die Rechte von Rechteinhabern, die nicht von dieser Verwertungsgesellschaft vertreten werden, ausgedehnt werden, ohne dass diese Rechteinhaber ihre Werke oder sonstigen Schutzgegenstände von der Anwendung dieses Mechanismus ausschließen können. Nimmt mehr als eine Verwertungsgesellschaft die

---

[1)] **Amtl. Anm.:** Richtlinie 2014/26/EU des Europäischen Parlaments und des Rates vom 26. Februar 2014 über die kollektive Wahrnehmung von Urheber- und verwandten Schutzrechten und die Vergabe von Mehrgebietslizenzen für Rechte an Musikwerken für die Online-Nutzung im Binnenmarkt (ABl. L 84 vom 20.3.2014, S. 72).

Rechte der betreffenden Art für ihr Hoheitsgebiet wahr, so sollte es dem Mitgliedstaat, in dessen Hoheitsgebiet der Betreiber eines Weiterverbreitungsdienstes die Rechte für die Weiterverbreitung zu klären sucht, obliegen, festzulegen, welche Verwertungsgesellschaft bzw. Verwertungsgesellschaften das Recht hat bzw. haben, die Erlaubnis für die Weiterverbreitung zu erteilen oder zu verweigern.

(17) Rechte, die die Sendeunternehmen selbst in Bezug auf ihre Übertragungen halten, einschließlich der Rechte am Inhalt von Programmen, sollten von der obligatorischen kollektiven Rechtewahrnehmung für die Weiterverbreitung ausgenommen sein. Betreiber von Weiterverbreitungsdiensten und Sendeunternehmen unterhalten im Allgemeinen laufende Geschäftsbeziehungen, sodass Sendeunternehmen den Betreibern von Weiterverbreitungs- diensten bekannt sind. Daher können diese Betreiber die Rechte mit Sendeunternehmen vergleichsweise leicht klären. Folglich verursacht der Erwerb der erforderlichen Lizenzen von Sendeunternehmen den Betreibern von Weiterverbreitungsdiensten nicht denselben Aufwand wie der Erwerb der Lizenzen von Inhabern von Rechten an Werken und sonstigen Schutzgegenständen, die in den Fernseh- und Hörfunkprogrammen enthalten sind, die sie weiterverbreiten. Daher ist es nicht notwendig, das Lizenzierungsverfahren in Bezug auf die von Sendeunternehmen gehaltenen Rechte zu vereinfachen. Wenn jedoch Sendeunternehmen und Betreiber von Weiterverbreitungsdiensten Verhandlungen aufnehmen, muss dafür Sorge getragen werden, dass sie die Lizenzierung von Rechten für die von dieser Richtlinie erfasste Weiterverbreitung nach Treu und Glauben aushandeln. Die Richtlinie 2014/26/EU enthält ähnliche Vorschriften für Verwertungsgesellschaften.

(18) Durch die in dieser Richtlinie festgelegten Bestimmungen über die Weiterverbreitungsrechte, die Sendeunternehmen in Bezug auf eigene Übertragungen wahrnehmen, sollten nicht die Möglichkeiten der Rechteinhaber eingeschränkt werden, ihre Rechte entweder einem Sendeunternehmen oder einer Verwertungsgesellschaft zu übertragen, und so unmittelbar an der Vergütung, die der Betreiber eines Weiterverbreitungsdienstes entrichtet, beteiligt zu werden.

(19) Die Mitgliedstaaten sollten in der Lage sein, die in dieser Richtlinie und in der Richtlinie 93/83/EWG festgelegten Vorschriften für die Weiterverbreitung in den Fällen anzuwenden, in denen sowohl die Erstsendung als auch die Weiterverbreitung in ihrem Hoheitsgebiet stattfindet.

(20) Damit für Rechtssicherheit gesorgt und ein hohes Maß an Schutz für die Rechteinhaber aufrechterhalten wird, sollte dann, wenn Sendeunternehmen ihre programmtragenden Signale mittels Direkteinspeisung lediglich an Signalverteiler übertragen, ohne sie zugleich selbst unmittelbar öffentlich zu übertragen, und die Signalverteiler diese programmtragenden Signale an ihre Nutzer übertragen, damit sie die Programme sehen oder hören können, gelten, dass nur eine einzige öffentliche Wiedergabe erfolgt, an der sowohl die Sendeunternehmen als auch die Signalverteiler mit ihren jeweiligen Beiträgen beteiligt sind. Die Sendeunternehmen und die Signalverteiler sollten daher von den Rechteinhabern eine Erlaubnis für ihren jeweiligen Beitrag zu dieser einzigen öffentlichen Wiedergabe einholen. Die Beteiligung eines Sendeunternehmens und eines Signalverteilers an dieser einzigen öffentlichen Wiedergabe sollte nicht bewirken, dass Sendeunternehmen und Signalverteiler für diese öffentliche Wiedergabe gemeinsam haftbar gemacht werden. Auch künftig sollte es

den Mitgliedstaaten freistehen, die Modalitäten für die Erlaubnis einer solchen einzigen öffentlichen Wiedergabe und die jeweils den betroffenen Rechteinhabern zu zahlenden Vergütungen unter Berücksichtigung der jeweiligen Verwertung der Werke und sonstigen Schutzgegenstände durch das Sendeunternehmen und den Signalverteiler im Zusammenhang mit der einzigen öffentlichen Wiedergabe auf nationaler Ebene festzulegen. Signalverteilern entstehen, ähnlich wie Betreibern von Weiterverbreitungsdiensten, bei der Klärung von Rechten – mit Ausnahme von Rechten, deren Inhaber Sendeunternehmen sind – erhebliche Lasten. Deshalb sollten die Mitgliedstaaten vorsehen dürfen, dass Signalverteilern im gleichen Maße und im gleichen Umfang wie Betreibern von Weiterverbreitungsdiensten in Bezug auf die Weiterverbreitung im Sinne der Richtlinie 93/83/EWG und der vorliegenden Richtlinie ein Mechanismus der obligatorischen kollektiven Rechtewahrnehmung für ihre Übertragungen zugutekommt. Stellen die Signalverteiler den Sendeunternehmen ausschließlich technische Mittel im Sinne der Rechtsprechung des Gerichtshofs der Europäischen Union zur Verfügung, um den Empfang der Sendung sicherzustellen oder den Empfang dieser Sendung zu verbessern, so sollten sie nicht als Mitwirkende an der öffentlichen Wiedergabe angesehen werden.

(21) Wenn Sendeunternehmen ihre programmtragenden Signale unmittelbar öffentlich übertragen, mithin eine Erstsendung vornehmen, und diese Signale auch gleichzeitig mittels des technischen Verfahrens der Direktein- speisung an andere Veranstalter übertragen, z. B. zur Sicherung der Qualität der Signale für die Weiterverbreitung, handelt es sich bei den von diesen anderen Veranstaltern durchgeführten Übertragungen um eine gesonderte öffentliche Wiedergabe, die sich von derjenigen, die Sendeunternehmen vornehmen, unterscheidet. In diesen Fällen sollten die Vorschriften für die Weiterverbreitung gemäß dieser Richtlinie und der durch die vorliegende Richtlinie geänderten Richtlinie 93/83/EWG gelten.

(22) Damit für effiziente kollektive Rechtewahrnehmung und die korrekte Verteilung der Einnahmen im Rahmen des mit dieser Richtlinie eingeführten verbindlichen Mechanismus zur kollektiven Rechtewahrnehmung gesorgt wird, ist es wichtig, dass die Verwertungsgesellschaften im Einklang mit den in der Richtlinie 2014/26/EU festgelegten Transparenzpflichten über Mitglieder, Lizenzen und die Nutzung von Werken und sonstigen Schutzgegenständen ordnungsgemäß Buch führen.

(23) Um zu verhindern, dass das Ursprungslandprinzip für die Bereitstellung des Online-Dienstes, den Zugang zu diesem und dessen Nutzung umgangen wird, indem die Laufzeit bestehender Vereinbarungen über die Ausübung von Urheberrechten und verwandten Schutzrechten verlängert wird, sollte das Ursprungslandprinzip auch für bestehende Vereinbarungen gelten, wobei jedoch eine Übergangszeit vorgesehen werden sollte. In dieser Übergangszeit sollte das Prinzip nicht für diese bestehenden Vereinbarungen gelten, damit es erforderlichenfalls zeitlich möglich ist, sie mit dieser Richtlinie in Einklang zu bringen. Zudem muss eine Übergangszeit vorgesehen werden, damit sich Sendeunternehmen, Signalverteiler und Rechteinhaber an die neuen Vorschriften über die Verwertung von Werken und sonstigen Schutzgegenständen mittels Direkteinspeisung gemäß den Bestimmungen dieser Richtlinie über die Übertragung von Programmen mittels Direkteinspeisung anpassen können.

(24) Entsprechend den Grundsätzen der besseren Rechtsetzung sollte diese Richtlinie einschließlich ihrer Vorschriften über die Direkteinspeisung überprüft werden, nachdem sie für einen bestimmten Zeitraum in Kraft gewesen ist, unter anderem um festzustellen, welche Vorteile sie den Verbrauchern in der Union gebracht hat, wie sie sich auf die Kreativwirtschaft in der Union und auf das Niveau der Investitionen in neue Inhalte ausgewirkt hat und damit der kulturellen Vielfalt in der Union zugutegekommen ist.

(25) Diese Richtlinie steht mit den Grundrechten und Grundsätzen im Einklang, die mit der Charta der Grundrechte der Europäischen Union anerkannt wurden. Zwar könnte diese Richtlinie insofern die Ausübung der Rechte von Rechteinhabern beeinträchtigen, als für die Ausübung des Rechts der öffentlichen Wiedergabe in Bezug auf Weiterverbreitungsdienste die kollektive Rechtewahrnehmung obligatorisch ist, doch ist es notwendig, die Geltung der obligatorischen kollektiven Rechtewahrnehmung gezielt und auf bestimmte Dienste beschränkt vorzuschreiben.

(26) Da die Ziele dieser Richtlinie, nämlich die Förderung der grenzüberschreitenden Bereitstellung ergänzender Online-Dienste in Bezug auf bestimmte Arten von Programmen und die Erleichterung der Weiterverbreitung von Fernseh- und Hörfunkprogrammen aus anderen Mitgliedstaaten, von den Mitgliedstaaten nicht ausreichend verwirklicht werden kann, sondern wegen ihres Umfangs und ihrer Wirkungen auf Unionsebene besser zu verwirklichen ist, kann die Union im Einklang mit dem in Artikel 5 des Vertrags über die Europäische Union verankerten Subsidiaritätsprinzip tätig werden. Entsprechend dem in demselben Artikel genannten Grundsatz der Verhältnismäßigkeit geht diese Richtlinie nicht über das für die Verwirklichung dieser Ziele erforderliche Maß hinaus. Was die grenzüberschreitende Bereitstellung ergänzender Online-Dienste betrifft, verpflichtet diese Richtlinie weder Sendeunternehmen, die vorgenannten Dienste über Ländergrenzen hinweg bereitzustellen, noch Betreiber von Weiterverbreitungsdiensten, Fernseh- und Rundfunkprogramme aus anderen Mitgliedstaaten in ihre Dienste aufzunehmen. Diese Richtlinie betrifft die Ausübung bestimmter Weiterverbreitungsrechte nur in dem Maße, das zur Vereinfachung der Lizenzierung von Urheberrechten und verwandten Schutzrechten für die betreffenden Dienste erforderlich ist, und nur im Hinblick auf Fernseh- und Hörfunkprogramme aus anderen Mitgliedstaaten.

(27) Gemäß der Gemeinsamen Politischen Erklärung vom 28. September 2011 der Mitgliedstaaten und der Kommission zu erläuternden Dokumenten[1)] haben sich die Mitgliedstaaten verpflichtet, in begründeten Fällen zusätzlich zur Mitteilung ihrer Umsetzungsmaßnahmen ein oder mehrere Dokumente zu übermitteln, in denen der Zusammenhang zwischen den Bestandteilen einer Richtlinie und den entsprechenden Teilen nationaler Umsetzungsinstrumente erläutert wird. Bei dieser Richtlinie hält der Gesetzgeber die Übermittlung derartiger Dokumente für gerechtfertigt –

HABEN FOLGENDE RICHTLINIE ERLASSEN:

[1)] **Amtl. Anm.:** ABl. C 369 vom 17.12.2011, S. 14.

Kapitel I. Allgemeine Bestimmungen

Art. 1 Gegenstand. In dieser Richtlinie werden Vorschriften festgelegt, durch die der grenzüberschreitende Zugang zu einer größeren Anzahl an Fernseh- und Hörfunkprogrammen verbessert werden soll, indem die Klärung der Rechte für die Bereitstellung von Online-Diensten, die Übertragungen bestimmter Arten von Fernseh- und Hörfunkprogrammen ergänzen, und für die Weiterverbreitung von Fernseh- und Hörfunkprogrammen erleichtert wird. Des Weiteren werden darin Vorschriften für die Übertragung von Fernseh- und Hörfunkprogrammen mittels des Verfahrens der Direkteinspeisung festgelegt.

Art. 2 Begriffsbestimmungen. Für die Zwecke dieser Richtlinie bezeichnet der Ausdruck

1. „ergänzender Online-Dienst" einen Dienst, der darin besteht, dass durch ein Sendeunternehmen oder unter dessen Kontrolle und Verantwortung Fernseh- oder Hörfunkprogramme zeitgleich mit oder für einen begrenzten Zeitraum nach ihrer Übertragung durch das Sendeunternehmen sowie alle Materialien, die eine derartige Übertragung ergänzen, online öffentlich bereitgestellt werden;
2. „Weiterverbreitung" eine zum öffentlichen Empfang bestimmte zeitgleiche, unveränderte und vollständige Weiterverbreitung einer Erstsendung von zum öffentlichen Empfang bestimmten Fernseh- und Hörfunkprogrammen aus einem anderen Mitgliedstaat, ausgenommen die Kabelweiterverbreitung im Sinne der Richtlinie 93/83/EWG, sofern diese Erstsendung drahtgebunden oder drahtlos, einschließlich über Satellit, aber nicht online erfolgt, vorausgesetzt,
   a) die Weiterverbreitung erfolgt durch eine andere Partei als das Sendeunternehmen, durch den oder unter dessen Kontrolle und Verantwortung diese Erstsendung erfolgte, und zwar unabhängig davon, wie die weiterverbreitende Partei die programmtragenden Signale von dem Sendeunternehmen für die Weiterverbreitung erlangt, und
   b) die Weiterverbreitung über einen Internetzugangsdienst im Sinne von Art. 2 Absatz 2 Nummer 2 der Verordnung (EU) 2015/2120 erfolgt in einer geordneten Umgebung;
3. „geordnete Umgebung" eine Umgebung, in der der Betreiber von Weiterverbreitungsdiensten berechtigten Nutzern einen sicheren Weiterverbreitungsdienst erbringt;
4. „Direkteinspeisung" ein technisches Verfahren, bei dem ein Sendeunternehmen einer Einrichtung, die kein Sendeunternehmen ist, seine programmtragenden Signale in einer Weise übermittelt, dass sie der Öffentlichkeit während dieser Übertragung nicht zugänglich sind.

Kapitel II. Ergänzende Online-Dienste von Sendeunternehmen

Art. 3 Anwendung des „Ursprungslandprinzips" auf ergänzende Online-Dienste. (1) Die drahtgebundene oder drahtlose öffentliche Wiedergabe und Zugänglichmachung von Werken oder sonstigen Schutzgegenständen in einer Weise, dass sie Mitgliedern der Öffentlichkeit von Orten und zu Zeiten ihrer Wahl zugänglich sind und die erfolgt, wenn

a) Hörfunkprogramme und
b) Fernsehprogramme, die
   i) Nachrichtensendungen und Sendungen zum aktuellen Geschehen oder
   ii) von dem Sendeunternehmen vollständig finanzierte Eigenproduktionen sind,

in einem ergänzenden Online-Dienst durch ein Sendeunternehmen oder unter dessen Kontrolle und Verantwortung bereitgestellt werden, und die Vervielfältigung solcher Werke oder sonstigen Schutzgegenstände, die für die Bereitstellung eines derartigen Online-Dienstes, den Zugang zu diesem oder dessen Nutzung in Bezug auf dieselben Programme erforderlich ist, gelten für die Zwecke der Ausübung des Urheberrechts und verwandter Schutzrechte, die für diese Handlungen relevant sind, als nur in dem Mitgliedstaat erfolgt, in dem das Sendeunternehmen seine Hauptniederlassung hat.

Unterabsatz 1 Buchstabe b gilt nicht für die Übertragung von Sportveranstaltungen und für in ihnen enthaltene Werke und sonstige Schutzgegenstände.

(2) Die Mitgliedstaaten tragen dafür Sorge, dass die Parteien bei der Festsetzung der Vergütung für die Rechte, für die das in Absatz 1 genannte Ursprungslandprinzip gilt, alle Aspekte des ergänzenden Online-Dienstes, wie die Eigenschaften des Dienstes, einschließlich des Zeitraums, in dem die im Rahmen des Dienstes bereitgestellten Programme online verfügbar sind, das Publikum und die bereitgestellten Sprachfassungen berücksichtigen.

Unterabsatz 1 schließt die Berechnung der Höhe der Vergütung auf der Grundlage der Einnahmen des Sendeunternehmens nicht aus.

(3) Das in Absatz 1 genannte Ursprungslandprinzip lässt die Vertragsfreiheit der Rechteinhaber sowie des Sendeunternehmens unberührt, im Einklang mit dem Unionsrecht die Verwertung solcher Rechte, einschließlich der Rechte gemäß der Richtlinie 2001/29/EG, einzuschränken.

Kapitel III. Weiterverbreitung von Fernseh- und Hörfunkprogrammen

Art. 4 Ausübung der Rechte an der Weiterverbreitung durch andere Rechteinhaber als Sendeunternehmen. (1) Jede Weiterverbreitung von Programmen bedarf der Erlaubnis der Inhaber des ausschließlichen Rechts der öffentlichen Wiedergabe.

Die Mitgliedstaaten tragen dafür Sorge, dass Rechteinhaber ihr Recht zur Erteilung oder Verweigerung einer Erlaubnis für die Weiterverbreitung nur über eine Verwertungsgesellschaft geltend machen dürfen.

(2) Hat ein Rechteinhaber die Ausübung der in Absatz 1 Unterabsatz 2 genannten Rechte keiner Verwertungsge- sellschaft übertragen, so gilt die Verwertungsgesellschaft, die Rechte der gleichen Art für das Hoheitsgebiet des Mitgliedstaats wahrnimmt, für den der Betreiber von Weiterverbreitungsdiensten die Rechte für die Weiterverbreitung zu klären und zu erwerben sucht, als

bevollmächtigt, die Erlaubnis der Weiterverbreitung für den Rechteinhaber zu erteilen oder zu verweigern.

Nimmt jedoch mehr als eine Verwertungsgesellschaft Rechte dieser Art für das Hoheitsgebiet des betreffenden Mitgliedstaats wahr, obliegt es dem Mitgliedstaat, für dessen Hoheitsgebiet der Betreiber eines Weiterverbreitungsdienstes die Rechte für die Weiterverbreitung zu klären sucht, zu entscheiden, welche Verwertungsgesellschaft bzw. Verwertungsgesellschaften berechtigt ist bzw. sind, die Erlaubnis der Weiterverbreitung zu erteilen oder zu verweigern.

(3) Die Mitgliedstaaten tragen dafür Sorge, dass sich für einen Rechteinhaber aus der Vereinbarung zwischen einem Betreiber von Weiterverbreitungsdiensten und einer Verwertungsgesellschaft bzw. mehreren Verwertungsgesellschaften, die gemäß Absatz 2 tätig wird bzw. werden, die gleichen Rechte und Pflichten wie für Rechteinhaber ergeben, die diese Verwertungsgesellschaft bzw. Verwertungsgesellschaften bevollmächtigt haben. Die Mitgliedstaaten stellen auch sicher, dass dieser Rechteinhaber in der Lage ist, diese Rechte innerhalb eines von dem betroffenen Mitgliedstaat festzulegenden Zeitraums geltend zu machen, der – gerechnet vom Zeitpunkt der Weiterverbreitung an, die sein Werk oder sonstige Schutzgegenstände umfasst – nicht kürzer als drei Jahre sein darf.

Art. 5 Ausübung der Rechte an der Weiterverbreitung durch Sendeunternehmen. (1) Die Mitgliedstaaten tragen dafür Sorge, dass Artikel 4 auf die Rechte an der Weiterverbreitung, die ein Sendeunternehmen in Bezug auf seine eigene Übertragung geltend macht, keine Anwendung findet, wobei es unerheblich ist, ob die betreffenden Rechte eigene Rechte sind oder ihm durch andere Rechteinhaber übertragen worden sind.

(2) Die Mitgliedstaaten bestimmen, dass, wenn Verhandlungen über die Erlaubnis der Weiterverbreitung gemäß dieser Richtlinie zwischen Sendeunternehmen und Betreibern von Weiterverbreitungsdiensten geführt werden, diese nach Treu und Glauben zu führen sind.

Art. 6 Vermittlung. Die Mitgliedstaaten tragen dafür Sorge, dass die Inanspruchnahme von Unterstützung durch einen oder mehrere Vermittler gemäß Artikel 11 der Richtlinie 93/83/EWG möglich ist, wenn keine Vereinbarung zwischen der Verwertungsgesellschaft und dem Betreiber von Weiterverbreitungsdiensten oder zwischen dem Betreiber von Weiterverbreitungsdiensten und dem Sendeunternehmen über die Erlaubnis der Weiterverbreitung von Sendungen geschlossen wird.

Art. 7 Weiterverbreitung einer Erstsendung aus demselben Mitgliedstaat. Die Mitgliedstaaten können vorsehen, dass die Vorschriften dieses Kapitels und des Kapitels III der Richtlinie 93/83/EWG in den Fällen Anwendung finden, in denen sowohl die Erstsendung als auch die Weiterverbreitung in ihrem Hoheitsgebiet stattfindet.

Kapitel IV. Übertragung von Programmen mittels Direkteinspeisung

Art. 8 Übertragung von Programmen mittels Direkteinspeisung. (1) Überträgt ein Sendeunternehmen seine programmtragenden Signale mittels Direkteinspeisung an einen Signalverteiler, ohne sie gleichzeitig selbst öffentlich zu übertragen, und überträgt der Signalverteiler diese programmtragenden Signale unmittelbar öffentlich, so gelten das Sendeunternehmen und der Signalverteiler als Teilnehmer an einer einzigen öffentlichen Wiedergabe, für die sie die Erlaubnis der Rechteinhaber einholen müssen. Die Mitgliedstaaten können die Modalitäten für die Einholung der Erlaubnis der Rechteinhaber festlegen.

(2) Die Mitgliedstaaten können vorsehen, dass die Artikel 4, 5 und 6 der vorliegenden Richtlinie entsprechend für die Ausübung des Rechts von Rechteinhabern gelten, Signalverteilern die Erlaubnis, eine Übertragung gemäß Absatz 1, die mit einem der in Artikel 1 Absatz 3 der Richtlinie 93/83/EWG oder in Artikel 2 Nummer 2 der vorliegenden Richtlinie genannten technischen Mittel durchgeführt wird, zu erteilen oder zu verweigern.

Kapitel V. Schlussbestimmungen

Art. 9 Änderung der Richtlinie 93/83/EWG.[1]

Art. 10 Überprüfung. (1) Die Kommission führt bis zum 7. Juni 2025 eine Überprüfung dieser Richtlinie durch und legt dem Europäischen Parlament, dem Rat und dem Europäischen Wirtschafts- und Sozialausschuss einen Bericht mit den wichtigsten Ergebnissen vor. Dieser Bericht wird veröffentlicht und der Öffentlichkeit auf der Website der Kommission zugänglich gemacht.

(2) Die Mitgliedstaaten übermitteln der Kommission rechtzeitig alle erheblichen und notwendigen Angaben, die für die Ausarbeitung des in Absatz 1 genannten Berichts erforderlich sind.

Art. 11 Übergangsbestimmung. Am 7. Juni 2021 bestehende Vereinbarungen über die Ausübung von Urheberrechten und verwandten Schutzrechten für die drahtgebundene oder drahtlose öffentliche Wiedergabe und öffentliche Zugänglichmachung von Werken oder sonstigen Schutzgegenständen in einer Weise, dass sie Mitgliedern der Öffentlichkeit von Orten und zu Zeiten ihrer Wahl zugänglich sind, und die erfolgt, wenn ein ergänzender Online-Dienst bereitgestellt wird, bzw. für die Vervielfältigung, die für die Bereitstellung eines derartigen Online-Dienstes, den Zugang zu diesem oder dessen Nutzung erforderlich ist, unterliegen ab dem 7. Juni 2023 Artikel 3, sofern sie nach diesem Zeitpunkt ablaufen.

Für die öffentliche Wiedergabe gemäß Artikel 8 eingeholte Erlaubnisse, die am 7. Juni 2021 in Kraft sind, unterliegen ab dem 7. Juni 2025 Artikel 8, sofern sie nach diesem Zeitpunkt ablaufen.

---

[1] Eingearbeitet in Nr. **42**.

Art. 12 Umsetzung. (1) Die Mitgliedstaaten setzen die Rechts- und Verwaltungsvorschriften in Kraft, die erforderlich sind, um dieser Richtlinie bis zum 7. Juni 2021 nachzukommen. Sie setzen die Kommission unverzüglich davon in Kenntnis.

Bei Erlass dieser Vorschriften nehmen die Mitgliedstaaten in den Vorschriften selbst oder durch einen Hinweis bei der amtlichen Veröffentlichung auf diese Richtlinie Bezug. Die Mitgliedstaaten regeln die Einzelheiten dieser Bezugnahme.

(2) Die Mitgliedstaaten teilen der Kommission den Wortlaut der nationalen Rechtsvorschriften mit, die sie auf dem unter diese Richtlinie fallenden Gebiet erlassen.

Art. 13 Inkrafttreten. Diese Richtlinie tritt am zwanzigsten Tag nach ihrer Veröffentlichung im *Amtsblatt der Europäischen Union* in Kraft.

Art. 14 Adressaten. Diese Richtlinie ist an die Mitgliedstaaten gerichtet.

Sachverzeichnis

Die fetten Zahlen kennzeichnen die Nummern, unter denen die Gesetze, Satzungen und Übereinkommen abgedruckt sind. Die mageren Zahlen stehen für die Paragraphen bzw. Artikel.

Sachverzeichnis